3 0116 00489 2616

This book is due for return not later than the last date stamped below, unless recalled sooner.

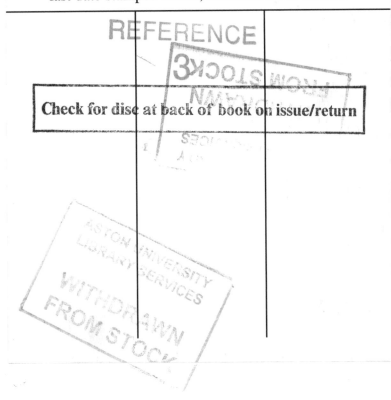

HANSE
BLAMPAIN

NOUVEAU DICTIONNAIRE DES DIFFICULTÉS DU FRANÇAIS MODERNE

NOUVEAU CÉDÉROM INCLUS

5ᵉ ÉDITION

 de boeck

Ce dictionnaire a bénéficié du soutien du Service de la langue française de la
Communauté française de Belgique.

Pour toute information sur notre fonds et les nouveautés dans votre domaine
de spécialisation, consultez notre site web : **http://www.deboeck.com**

© De Boeck & Larcier s.a., 2005   5e édition
Éditions Duculot
rue des Minimes 39, B-1000 Bruxelles

Imprimé en Espagne

Dépôt légal :
Bibliothèque nationale, Paris : septembre 2005
Bibliothèque royale de Belgique : 2005/0035/9   ISBN 2-8011-1369-7

AVANT-PROPOS

DE LA QUATRIÈME ÉDITION (2000)

« Mais je n'ai jamais renoncé à la volonté de rendre aisée et rapide la consultation de cet instrument de travail. » Ainsi J. Hanse terminait-il l'avant-propos de la deuxième édition. Aujourd'hui sa volonté est prolongée et doublement exaucée, sous la forme d'une double naissance : un dictionnaire imprimé et un dictionnaire électronique.

Les milliers d'interventions, mises à jour et additions, auxquelles on a procédé pour cette quatrième édition, permettent une consultation d'autant plus aisée et efficace que l'ensemble du dictionnaire a été revu en fonction de la systématisation informatique dont il a été l'objet, sur la base d'un balisage S.G.M.L.

Le dictionnaire électronique, lui, l'autre nouveau-né, a pris la forme d'un cédérom. Il rend instantanée la consultation d'un mot ou la recherche d'une information dans l'ensemble du dictionnaire. Une nouvelle liberté est donnée à l'usager, qui peut multiplier les questions et même constituer le répertoire de ses propres difficultés.

Pour réaliser ce *Nouveau dictionnaire des difficultés du français moderne*, une première dans le monde de l'édition, les éditions De Boeck-Duculot ont constitué une équipe, aujourd'hui dirigée par P.-Y. Thomas : V. Bertrand, J. Pinpin, B. Van Gysel, T. Van Gysel. Qu'ils soient ici cordialement remerciés pour leur remarquable travail et leur volonté inébranlable d'arriver à un produit de qualité. Le dialogue permanent a permis d'instaurer entre eux et moi une réflexion féconde dans l'approche des nombreux problèmes soulevés par l'entreprise. Toute ma reconnaissance va également à I. Goffin qui m'a aidé dans l'expérimentation des différentes versions et dans la correction des épreuves.

L'imprimé et l'électronique se sont donc conjugués dans une parfaite harmonie, l'un tirant les avantages de l'autre, l'autre gardant les qualités du premier et les transcendant pour une consultation toujours plus aisée, plus systématique, plus formative. Un nouveau dictionnaire. Une révolution dans l'édition.

Daniel BLAMPAIN

Avant-propos

DE LA PREMIÈRE ÉDITION (1983) [1]

Ce Nouveau dictionnaire des difficultés du français moderne *n'est ni une réédition ni une mise à jour du* Dictionnaire des difficultés grammaticales et lexicologiques *paru aux éditions Baude en 1949 et qui n'était qu'une étape dans la réalisation d'un vaste projet, conçu et annoncé dès 1933, sous le coup de la déception causée en 1932 par la trop fameuse* Grammaire de l'Académie française. *C'est dire que le présent ouvrage, s'il reste fidèle aux principes et à la méthode du précédent, est le fruit de recherches, d'enquêtes et de réflexions poursuivies sans désemparer depuis cinquante ans.*

Le nombre de points traités est trois fois plus abondant qu'en 1949, malgré quelques suppressions justifiées par la vie même du langage et par la publication d'excellents dictionnaires de langue qui n'existaient pas en 1949 et qui ont rendu inutiles certaines démonstrations.

Quant aux jugements et aux développements qui ont été conservés, ils ont été complètement remaniés, en fonction des nouveaux matériaux sans cesse engrangés.

On peut se demander comment a été faite la sélection des difficultés ici rassemblées. Elle s'est opérée tout naturellement et progressivement, au cours d'un demi-siècle d'expérience. Passionné par les problèmes de langage, sur lesquels j'ai été si souvent consulté, je n'ai cessé de les enregistrer à l'occasion de mes cours, de mes enquêtes, de mes voyages, de mes lectures.

L'oreille toujours attentive et l'esprit toujours aux aguets, je notais soigneusement telle faute, telle hésitation, telle option, tel bonheur d'expression chez mes interlocuteurs, dans les copies que je corrigeais, dans des journaux belges, français, québécois ou suisses et dans les milliers de volumes ou d'articles, d'une extrême variété, que je lisais. J'ajoute avec reconnaissance que je dois aussi beaucoup à mes amis, à mes

lecteurs, de toutes conditions et de tous pays, aux observations qu'ils m'ont faites, aux questions qu'ils m'ont posées.

Un livre comme celui-ci ne prétend pas dispenser d'un bon dictionnaire, d'une bonne grammaire. Mais il retient des difficultés précises concernant le vocabulaire, l'orthographe, la prononciation, la grammaire, les problèmes d'accord ou de construction. Déçu par l'insuffisance des données des meilleurs dictionnaires, dans bien des cas, sur la construction d'un nom, d'un adjectif, d'un verbe, j'ai tâché de combler ces lacunes.

Jamais je n'ai perdu de vue que celui qui consulte un dictionnaire des difficultés veut y trouver rapidement une solution nette et tranchante ; cela n'empêche pas de lui montrer, quand il y a lieu, que l'usage est souvent plus variable ou plus instable que ne le prétendent la grammaire scolaire traditionnelle ou les puristes.

En 1949, au temps où triomphaient les Ne dites pas... mais dites, *j'ai régulièrement et nommément dénoncé certains puristes malfaisants. Il est devenu inutile aujourd'hui de les nommer. Mais il ne l'est pas de continuer à réformer certains jugements non fondés et de définir nettement le bon usage. Celui-ci peut s'établir scientifiquement si on tient compte non seulement des bons linguistes et des meilleurs dictionnaires, mais dans chaque cas du nombre et de la qualité des gens cultivés et des écrivains qui peuvent offrir leur caution dans la mesure où l'on perçoit, et c'est facile, l'importance qu'ils accordent, les uns et les autres, à la correction du langage en général.*

Je m'en tiens donc à l'attitude que je m'impose depuis cinquante ans : une information scrupuleuse, une réflexion qui me laisse à distance des laxistes comme des puristes, de l'archaïsme comme du laisser-aller ou du laisser-faire. À maintes reprises, je note que tel usage est vieilli ou rare ou littéraire, que tel autre appartient à un français régional ou au registre

---

1. Voir ci-après l'*Avant-propos* des deuxième et troisième éditions.

familier ou populaire. Je prends soin d'ailleurs, très souvent, de nuancer ces dernières épithètes.

Chacun comprendra que le français familier, celui de la conversation, surtout entre intimes, n'est pas fautif parce qu'il est détendu, mais qu'il se distingue du français soigné, surveillé, imposé souvent par les circonstances dans le langage écrit ou même parfois dans le langage oral. Quant au français populaire, il a lui aussi ses degrés, mais il faut savoir que dans l'ensemble il se caractérise par la spontanéité, par l'invention et la liberté, par l'absence de tout souci de norme ou de distinction, sans aller d'ailleurs pour cela jusqu'à la vulgarité.

Sachant que mon ouvrage sera, comme le précédent, largement consulté dans les pays non francophones, j'ai voulu renseigner mon lecteur, quel qu'il soit, sur le français vivant, sur celui de la vie courante.

J'ai pensé aussi à ces nombreux lettrés qui, au-delà d'un renseignement immédiat, sont désireux de lire de plus longs développements sur des questions de syntaxe d'une portée plus générale. Ayant souvent moi-même approfondi celles-ci dans mes cours ou dans mes recherches, j'ai voulu mettre à la portée de l'homme cultivé le fruit d'une longue expérience.

Avant-propos

DE LA DEUXIÈME ÉDITION (1987)

On trouvera dans cette édition la solution de plus de onze cent cinquante difficultés nouvellement signalées, s'ajoutant à celles qui ont été recensées en 1983.

Ces compléments m'ont été suggérés par la poursuite de mes enquêtes, les innombrables questions de mes lecteurs, la deuxième édition du *Grand Robert*, singulièrement enrichie par Alain Rey (1985), et la douzième édition du *Bon Usage* de Maurice Grevisse, entièrement refondue et modernisée par André Goosse (1986). J'ai tenu compte aussi du premier fascicule de la neuvième édition du *Dictionnaire de l'Académie française* (1986) [1]. Celle-ci ayant annulé en 1987, sauf en ce qui concerne le verbe *dessiller*, doublé de *déciller*, toutes les modifications orthographiques qu'elle avait admises ou recommandées en 1975, j'ai dû me résoudre à ne plus les signaler que pour dire qu'elles sont abandonnées.

Soucieux d'abord de modifier le moins possible la mise en pages de la première édition afin de respecter les nombreux renvois d'une page à l'autre, j'ai dû y renoncer partiellement à mesure que se multipliaient les additions. Mais je n'ai jamais renoncé à la volonté de rendre aisée et rapide la consultation de cet instrument de travail.

---

1. On a gardé des exemples et des jugements qu'on trouvait dans la huitième édition et qui ne figurent pas dans les premiers fascicules de la neuvième édition.

AVANT-PROPOS

DE LA TROISIÈME ÉDITION (1994)

À la mort de mon père, le 7 novembre 1992, j'ai trouvé sur son bureau un dossier rose sur lequel était écrit *Notes pour la troisième édition du dictionnaire* et dans lequel il y avait d'une part cent quatre-vingt-six pages de notes d'une écriture serrée et d'autre part les documents administratifs relatifs aux rectifications de l'orthographe. Je n'ai voulu laisser à personne cet acte de piété filiale qui me semblait un devoir: classer et recopier fidèlement article après article ces notes éparses pour assurer jusqu'au bout le respect total de la pensée de ce travailleur infatigable malgré ses 90 ans.

Pour ne pas risquer de trahir ses intentions, j'ai décidé de reproduire in extenso, à la fin du livre, le texte publié le 6 décembre 1990 dans le *Journal officiel de la République française* au sujet des rectifications de l'orthographe, qu'il avait approuvées en tant que président du Conseil de la langue française de la Communauté française de Belgique. Pour chaque rubrique concernée, la nouvelle graphie a été introduite comme alternative à celle qui est toujours acceptée, et ce avec un renvoi [1] au texte de l'addenda.

En ce qui concerne la concordance de cette troisième édition avec le *Dictionnaire des termes officiels* [2], qui publie les résultats du travail des Commissions françaises de terminologie, seules ont été reproduites les options prises par mon père, qui n'ignorait pas les équivalents français que ces commissions ont proposés pour faire face aux termes anglais dans un certain nombre de domaines. En la matière, il aimait souvent permettre à l'usager de choisir entre deux termes de la langue française.

Qu'il me soit permis de remercier ici Monsieur Daniel Blampain pour l'aide et l'encouragement qu'il m'a si généreusement accordés. Je sais combien mon père estimait sa compétence, mais qu'il ait trouvé le temps de veiller fraternellement sur le bon déroulement de mon travail, m'a tout particulièrement touchée.

Ghislaine Hanse

*
* *

Depuis 1972, j'ai eu le privilège de rencontrer régulièrement J. Hanse. Après un premier échange de vues, qui eut lieu à Grenoble lors du deuxième Congrès de la Fédération internationale des professeurs de français, nous avons partagé nos réflexions en matière de langue et de littérature, tant sur le plan scientifique que sur le plan pédagogique qu'il affectionnait particulièrement.

Que ce soit comme directeur d'une collection d'analyse littéraire, comme membre du Conseil de la langue française, dont il était président, comme représentant scientifique de la Communauté française de Belgique au sein du Réseau international de néologie et de terminologie, qu'il avait contribué à fonder, que ce soit simplement comme professeur enseignant la linguistique française à des universitaires venus des quatre coins d'Europe et utilisant son *Dictionnaire*, j'ai toujours consulté le professeur Hanse et il aimait m'interroger. De Bruxelles à Québec, j'ai travaillé à ses côtés. Ses nombreuses questions sur le traitement informatique de la néologie et

---

1. (*RO* X.x) pour un renvoi à la classification du texte de l'addenda situé en fin de volume, où l'on trouvera les règles et principes régissant ces rectifications orthographiques.
2. Voir *Renseignements bibliographiques*.

de la terminologie traduisaient un esprit curieux, constamment en éveil. Il aimait savoir comment je traitais tel ou tel problème de langue avec les étudiants francophones ou plus spécifiquement avec les étudiants allophones.

C'est pour avoir partagé sa réflexion et son approche pendant près de vingt années, pour avoir pu soumettre à son analyse et à sa critique mes propres méthodes que je me retrouve humble et serein au moment où je suis amené à continuer son travail. J'ai ainsi examiné dans un premier temps les nombreuses notes qu'il a laissées pour la mise à jour de cette troisième édition et que sa fille, Madame Ghislaine Hanse, a déchiffrées, rassemblées, organisées avec minutie et affection. Interpréter, reformuler, achever ou prolonger une recherche, intégrer un mot ou une phrase, autant de démarches qui ont été constamment guidées par le respect des intentions et de la personnalité de J. Hanse. Aucune révision d'article n'a été proposée si elle n'a été envisagée par l'auteur. Cette troisième édition du *Nouveau dictionnaire des difficultés du français moderne* est bien *nouvelle* et est sienne, de A à Z.

Daniel Blampain

NOUVEAU DICTIONNAIRE DES DIFFICULTÉS DU FRANÇAIS MODERNE

UN DICTIONNAIRE *électronique*

Pour la première fois, un dictionnaire des difficultés prend une forme électronique.

Le cédérom exploite toutes les qualités qui font du Hanse la référence parmi les dictionnaires de difficultés. La convivialité du cédérom vient s'ajouter aux qualités de l'imprimé : accès facile, formulation simple, sens didactique, ton de la proximité.

La liberté de l'usager est considérablement accrue. Les chemins d'accès aux difficultés sont multipliés : des 5 000 entrées du dictionnaire imprimé, on passe à 11 000 entrées électroniques ! Les réponses aux questions posées traitent l'ensemble des cas et renvoient systématiquement à d'autres cas analogues (7 500 liens hypertextes). L'ensemble de la matière du dictionnaire est parcouru pour chaque question posée.

Vous pouvez consulter le dictionnaire électronique de deux façons : ou vous recherchez un mot particulier, ou vous vous interrogez sur un type de difficultés spécifique.

Dans le premier cas, grâce au support informatique, les chemins d'accès au lexique et les liens qui unissent les mots entre eux ont été multipliés par deux par rapport à la version imprimée. La recherche d'un mot par sa forme orthographique offre la souplesse de la lemmatisation (recherche sur un pluriel, un féminin ou une forme conjuguée), de la recherche floue ou tronquée (approximation dans l'orthographe d'un mot ou partie du mot), de la recherche contextuelle (recherche d'un mot en proximité avec d'autres mots). Chaque entrée présente de façon structurée les informations de type orthographique, phonétique, morphologique, sémantique, syntaxique, ainsi que tous les liens hypertextes.

Dans le deuxième cas, un regroupement thématique des difficultés vous permet de comparer et de mieux comprendre les problèmes que pose la langue française. Plus d'une centaine de requêtes sont proposées. Vous pouvez par exemple faire des recherches sur le choix des prépositions après un verbe, sur les usages des mots et plus particulièrement sur les régionalismes, sur les différentes tournures pléonastiques… Toute requête débouche sur une liste de mots dans lesquels la difficulté est illustrée. L'analogie se trouve exploitée pleinement. Vous rebondissez instantanément d'information en information, aux endroits précis du texte où la difficulté est traitée.

En outre, parmi les autres avantages que vous apporte le cédérom Hanse, citons :

- Une information sonore. Plus de mille mots difficiles à prononcer peuvent être écoutés.
- Une consultation comparative. Une information lexicale peut être confrontée sur le même écran avec une information grammaticale.
- Un accès à la conjugaison complète des verbes difficiles.
- Une sélection des difficultés qui sont les vôtres et la possibilité de constituer votre propre dictionnaire.

Les autres qualités se découvrent au cours du voyage électronique.

Les gens curieux de leur langue, les professionnels de l'écrit, les étudiants et les professeurs trouvent ici, pour la première fois dans l'histoire du français, une multiplication et une synthèse de l'information qui dépassent l'apport traditionnel des grammaires et des dictionnaires imprimés.

Abréviations, locutions
et signes conventionnels

Les crochets [ ] n'encadrent pas toutes les expressions non françaises mais certaines d'entre elles qui ont paru mériter cette attention particulière.

Le grisé ▒ de certaines entrées signifie qu'il s'agit plus spécifiquement de rubriques à portée grammaticale.

absol.	: absolument, en construction absolue		*impér.*	: impératif
adj.	: adjectif		*impers.*	: impersonnel
adv.	: adverbe		*ind.*	: indicatif ou (avec *compl.* ou *tr.*, transitif) indirect
appos.	: apposition. Exemple: *adjoint*, dans le *directeur adjoint*		*indéf.*	: indéfini
card.	: cardinal (dét. numéral cardinal)		*inf.*	: infinitif
cf.	: reportez-vous à...		*interj.*	: interjection
ch.	: chapitre		*intr.*	: intransitif
comp.	: composé		*inv.*	: invariable
compl.	: complément		*loc.*	: locution — *loc.adj., adv., conj., prép., v.,* locution adjective, adverbiale, conjonctive, prépositive, verbale
cond.	: conditionnel			
conj.	: conjonction		*m.*	: masculin
conjug.	: conjugaison		*n.*	: nom
dém.	: démonstratif		*num.*	: numéral
dét.	: déterminant		*op. cit.*	: œuvre citée
dir.	: direct		*p.*	: page
etc.	: et cetera		*pp.*	: pages
f.	: féminin		*part.*	: participe
fam.	: familier, familièrement		*part.p.*	: participe passé
fig.	: au figuré		*pass.*	: passif
Ibid.	: *Ibidem* (dans le même livre ou article)		*p.c.*	: passé composé
Id.	: *Idem*, le (ou la) même auteur		*p.-q.-parf.*	: plus-que-parfait
imparf.	: imparfait		*p.s.*	: passé simple

péj.	: péjoratif		*rem.*	: remarque
pers.	: personne ou personnel		*RO*	: Les *Rectifications de l'orthographe*, 1990. Texte du *Journal officiel* présenté en fin de volume
pl.	: pluriel			:
pop.	: populaire		*sc.*	: scène
poss.	: possessif		*sg.*	: singulier
prép.	: préposition		*subst.*	: substantif
prés.	: présent		*suiv.*	: suivant(s)
pr.	: pronom ou, à côté de *v.*, pronominal		*t.*	: tome
pron.	: prononcer		*tr.*	: transitif
qqn	: quelqu'un		*v.*	: verbe
qqch.	: quelque chose			

RENSEIGNEMENTS BIBLIOGRAPHIQUES

Dictionnaire de l'Académie française, 2 vol., 8e éd., Paris, Hachette; *Dictionnaire de l'Académie française A-Enz.*, 1994: 9e   : **Ac.**
éd., Paris, et fascicules de la suite de la 9e édition.

Bal (W.), Doppagne (A.), Goosse (A.), Hanse (J.), Lenoble-Pinson (M.), Pohl (J.), Warnant (L.), 1994: *Belgicismes*,
Louvain-la-Neuve, Duculot.

Brunot (F.), 1936: *La pensée et la langue*, 3e éd., Paris, Masson.

Delcourt (C.), 1998-1999: *Dictionnaire du français de Belgique*, Bruxelles, Le Cri.

Colin (J.-P.), 1994: *Dictionnaire des difficultés du français*, Paris, Le Robert.

Damourette (J.), Pichon (E.), 1930-1950: *Des mots à la pensée. Essai de grammaire de la langue française*, 7 vol., Paris,   : **D. et P.**
d'Artrey.

Hatzfeld (A.), Darmesteter (A.), Thomas (A.), 1890-1900: *Dictionnaire général de la langue française*, 2 vol., Paris, Delagrave.   : **Dict.gén.**

Dictionnaire de la langue française, 1999: Paris, Flammarion.   : **DLF**

Dictionnaire des termes officiels, 1994: Paris, Délégation générale à la langue française, Journal officiel de la République française.   : **DTO**

Dictionnaire du français contemporain, 1980: Paris, Larousse.

Dictionnaire historique de l'orthographe française, sous la direction de N. Catach, 1995: Paris, Larousse.

Dictionnaire historique du français québécois, sous la direction de C. Poirier, 1998: Québec, Presses de l'Université Laval.

Dictionnaire québécois d'aujourd'hui, sous la direction de J.-C. Boulanger, 1992: Paris, Le Robert.

Doppagne (A.), 1998: *La bonne ponctuation*, 3e éd., Paris-Bruxelles, Duculot.

Dupré (P.), 1972: *Encyclopédie du bon français dans l'usage contemporain*, 3 vol., Paris, Éd. de Trévise.

Girodet (J.), 1997: *Pièges et difficultés de la langue française*, 3e éd., Paris, Larousse-Bordas.

Grand Larousse encyclopédique, 1959-1974: 10 vol., 2 suppléments.   : **GLE**

Grand Larousse de la langue française, 1971-1978: 7 vol.   : **GLLF**

Goosse (A.), 1991: *La "nouvelle" orthographe*, Paris - Louvain-la-Neuve.

Le Grand Robert, 1985: 9 vol., 2e éd. par Alain Rey, Paris.   : **GR**

Grevisse (M.), 1982: *Le français correct*, 5e éd. révisée et actualisée par M. Lenoble-Pinson, 1998, Bruxelles.   : **FC**

Grevisse (M.), 1993: *Le bon usage*, 13e éd., Paris-Gembloux, Duculot, refondue par André Goosse.   : **BU**

Inventaire des particularités lexicales du français en Afrique noire, 1988: Équipe IFA, Paris, EDICEF, 2e éd.

Le Bidois (G. et R.), 1935-1938: *Syntaxe du français moderne*, 2 vol., Paris, Picard, 2ᵉ éd. avec notes complémentaires, 1967.

Lexis, Dictionnaire de langue française, 1977: Paris, Larousse. : Lexis

Martinet (A.), Walter (H.), 1973:*Dictionnaire de la prononciation française dans son usage réel*, Paris, France-Expansion.

Nyrop (Kr.), 1899-1930: *Grammaire historique de la langue française*, 6 vol., Paris, Picard.

Le Petit Robert, 1999: Paris, Le Robert. : PR

Le Robert méthodique, 1990: Paris, Le Robert. : RM

Sandfeld (K.), 1928-1943: *Syntaxe du français contemporain*, 3 vol., Paris, Champion, Droz.

Thibault (A.), 1997: *Dictionnaire suisse romand*, Genève, Zoé.

Trésor de la langue française, 1971-1994: Dictionnaire de la langue du XIXᵉ et du XXᵉ siècle, Paris, Éditions du CNRS. : TLF

Variétés géographiques du français de France, sous la direction de P. Rézeau, 1999: Paris-Bruxelles, Duculot.

Wagner (R.-L.), Pinchon (J.), 1967:*Grammaire du français classique et moderne*, 2ᵉ éd., Paris, Hachette. : W. et P.

Warnant (L.), 1987: *Dictionnaire de la prononciation française dans sa norme actuelle*, Paris-Gembloux, Duculot.

Wilmet (M.), 1997: *Grammaire critique du français*, Paris - Louvain-la-Neuve, Duculot.

À, prép. (accent grave).

À, préposition

1. VOIR AUSSI...

▶ ACOMPTE ; DÉTERMINANTS POSSESSIFS, 1 (*avoir mal à la tête*) ; AFFAIRE (*avoir affaire*) ; ALLER, 9 (*à ou chez*) ; AUTRE, 2 (*à d'autres qu'à moi*) ; AVANCE ; CAUSE (*à cause que*) ; CAUSER ; CE, 2.5.4.A (*c'est gentil à vous*) ; CENT, 3 (*pour cent*) ; CHAQUE (*à chaque fois*) ; COMBIEN (*à deux*) ; COMPARAISON ; COMPARER ; COMPLÉMENT DU NOM ; CONDITION (*à condition que*) ; CONFRONTER ; CÔTE ; CÔTÉ ; COURT (*à court*) ; CROIRE ; DATES ; DEMAIN ; DEMI ; ENCONTRE ; ENDROIT ; ÊTRE ; FEMME ; FIANCER ; FIN ; HEURE, 1 ; HIER ; ICI (*d'ici à*) ; IDENTIFIER ; JOUER ; JOUR ; JUSQUE ; L'UN et UN, 9 (*réciprocité*) ; MAL ; MARCHÉ (*à bon marché*) ; MARIER ; MÉPRENDRE ; MESSE ; MOINS ; NÉCESSAIRE ; NOUVEAU ; PARAÎTRE ; PARLER ; PARTIR ; PEINE ; PIED ; PLAN ; PLUS ; POINT DE VUE ; PORTE ; PRÉPOSITION ; PRÊT ; PREUVE ; PRONOMS PERSONNELS, 1.4 (*à lui confié*) ; QUE, conj., 6 (*à ce que, de ce que*) ; RAISON ; REVOIR (*au revoir*) ; SERVIR ; SONNER ; SUITE ; SUPPOSER ; SUR ; TANT, 4 ; TERRE (*à terre*) ; TOURNER ; TRAVERS.

2. QUELQUES WALLONISMES

Notons quelques wallonismes : *aller [aux muguets]* pour *aller cueillir du muguet* ; *mener la vache [au taureau]* pour *à la saillie* ; *planter, arracher [aux pommes de terre, aux betteraves]* pour *les pommes de terre, les betteraves* ; *couper [aux cerises, aux groseilles]* pour *cueillir des cerises, des groseilles* ; *une maison [à rue]* pour *donnant sur la rue* ; *son entrée [est à rue]* pour *donne sur la rue* ; *la femme [au lait]* pour *la laitière* ; *l'homme [au mazout]* pour *le livreur de mazout* ; plusieurs de ces tours s'entendent en France.

3. À DEVANT UN NOM DE NOMBRE

À devant un nom de nombre (ou *quelques-uns*, *plusieurs*, etc.) ne s'emploie que s'il s'agit de **personnes** et pour ajouter à la simple idée de nombre celle d'une communauté d'efforts, de situation :

> Ils étaient trois. Nous étions **à dix** pour soulever ce fardeau. Ils dormaient à six dans une chambre. Louer une maison à trois (Ac.). Nous sommes venus à trois. Ils y sont allés à dix (ou *au nombre de dix*). Nous avons dîné à dix (mais *Nous étions dix à ce dîner*). Se mettre à deux, à trois pour faire quelque chose (Ac.).

▶ COMBIEN, 1.

À et *de*, prépositions

1. DEVANT UN COMPLÉMENT DÉTERMINATIF DE PRIX

Le complément déterminatif de prix indiquant la valeur de ce qui est désigné par le nom déterminé peut toujours s'introduire par **de**. Il peut l'être aussi par **à**. **Un timbre à un franc**. Le livre à trois francs cinquante a été autrefois le nom d'une collection à bon marché. Cet emploi de *à* n'implique toutefois pas nécessairement une nuance péjorative ni l'idée d'une série. La langue populaire ne craint pas d'employer *à* pour des objets coûteux, mais le français un peu châtié le réserve, sans l'imposer, à l'expression d'un prix peu élevé :

> Un timbre **à dix sous**, un cigare à cent sous. Prendre des places à dix francs. Un cahier à trois sous (Green, J., *Jeunesse*). Un magazine à un franc cinquante (Curtis, J.-L., *Un jeune couple*).

Comparer à d'autres **compléments déterminatifs** : *un billet de cent francs, un prix de mille francs*.

2. À ET *DE* APRÈS *AVOCAT, CONSEILLER, ATTACHÉ,* ETC.

Quand on énonce les **titres**, on dit : *avocat au barreau de Paris, juge au tribunal de, attaché de cabinet, attaché d'ambassade, attaché de consulat, attaché de presse, conseiller d'ambassade, conseiller à la cour d'appel, conseiller maître à..., conseiller du travail, conseiller culturel de l'ambassade de..., président de chambre à la cour d'appel de..., premier président de la cour d'appel de...*

Mais on dit : *X, attaché à l'ambassade de..., attaché au cabinet du ministre de..., attaché au parquet, directeur du cabinet du ministre. Un avocat du barreau de Paris.*

Expert près la cour d'appel de... ▶ PRÈS.

3. *C'EST À VOUS À* (OU *DE*) + INFINITIF

Même sens (mais **de** est plus fréquent). Il est faux de dire que le tour avec **à** signifie «votre tour est venu» et celui avec **de** «c'est à vous qu'il convient de».

4. À MARQUE L'APPARTENANCE OU LA POSSESSION

4.1. L'APPARTENANCE MARQUÉE PAR *À* APRÈS UN VERBE

La maison de mes parents. Le fils de Jules. L'appartenance, qui s'exprime avec *à* après un verbe (*Cette maison appartient à mes parents. L'avenir est à Dieu*), ne le fait plus entre deux noms, sauf par archaïsme ou dans l'usage très familier et dans des locutions figées : *une bête à bon Dieu, un fils à papa.*

> C'est sans doute par archaïsme que Gide écrit : *Quelques anciens vêtements à Sarah et du linge propre remplacèrent les sordides haillons qu'Amélie venait de jeter au feu* (*La symphonie pastorale*).

Mais *à* s'emploie devant un pronom : *Un oncle à moi. Il a un style, une manière à lui. C'est notre devoir à tous* (insistance). **Renforcement du possessif** ▶ DÉTERMINANTS POSSESSIFS, 6.

4.2. LA POSSESSION MARQUÉE PAR *À* APRÈS LE NOM DU POSSESSEUR

La possession (sens de «qui a») est marquée par *à* après le nom du possesseur :

> L'empereur **à la barbe fleurie**. *Berthe aux grands pieds. La cigogne au long bec. La dame au nez pointu. L'homme à la pipe. La dame au chapeau vert.*

5. À INDIQUE LE CONTENANT, *DE* INDIQUE LE CONTENU

Il est bon de maintenir, quand la clarté de la communication le demande, l'utile et facile distinction entre **un verre de vin** (contenant du vin) et **un verre à vin** (destiné à contenir du vin) :

> *Une boîte de cigares et à cigares, un pot d'eau et à eau* (*pot à l'eau est sorti de l'usage*), *une boîte de bonbons et à bonbons* (▶ CONSERVE), *un pot de confiture et à confiture, un pot de lait et un pot au lait* (fréquent, sans doute à cause de la fable bien connue) ou *un pot à lait,* etc.

Mais on dit et on écrit couramment *à* dans : *une boîte à clous, à outils, à chapeau, aux lettres* (▶ LETTRE, 5), *un pot ou une blague à tabac, un carton à chapeau, un étui à (ou de) violon, un étui à saxophone, un étui à lunettes, un étui à aiguilles, à cigarettes, une corbeille à papier.* On remarque la tendance à employer *à* pour ce qui ne s'achète que vide. On distinguera *un sac à pommes de terre* et *un sac de pommes de terre.*

On dit : **boîte de conserves**.

> *J'ai vu (...) parmi les vieux seaux et les boîtes de conserves rouillées* (Duhamel, G., *Chronique des saisons amères*). *Chiffons, boîtes de conserves crevées, ordures...* (Peyré, J., *Croix du Sud*). *Villers, pour le remercier, lui offrit plusieurs boîtes de conserves vides* (Mallet, R., *Région inhabitée*). *Un dépotoir de boîtes de conserves* (Giono, J., *Noé*).

On trouve ailleurs *de* au lieu de *à*: *Une bonne parut, balançant comme les gosses une boîte de lait vide* (Lanoux, A., *Le berger des abeilles*). *Boîtes de lait vides* (Mallet-Joris, Fr., *Allegra*).

6. AVEC UN INFINITIF

Devant un infinitif, après *aimer, commencer,* etc. ▶ AIMER, COMMENCER. **À vous entendre** (ou *à ce que j'entends*) **on croirait que**: valeur causale.

7. [*AVOIR QQCH. À QQN*]

J'ai [eu] cinq francs [à] mon oncle. Wallonisme pour : *J'ai reçu cinq francs de mon oncle. Mon oncle m'a donné cinq francs.*

8. *CONFITURE DE FRAISES. OMELETTE AU JAMBON*

Le sens justifie ces emplois de *à* (accompagnement) et *de.* En Belgique, on parle de *confiture [aux] fraises,* de *compote [aux] prunes.*

9. VOIR AUSSI...

▶ ÉMÉRITE, HABITER, HEURE, NOUVEAU, POINT DE VUE, RESSORTIR, SERVIR, ZÉRO.

À (au, à la, aux) et en

1. AVEC LES NOMS INDIQUANT UN MOYEN DE TRANSPORT

À ou **en vélo**. On a opposé légitimement *à cheval* à *en voiture*, mais on a prétendu que *en* ne pouvait signifier que *dans*: *en auto, en train* (▶ TRAIN). On dit pourtant fort bien *en* ou *à bicyclette, vélo, moto, skis*. On dit toujours *en bécane, en tandem, en scooter, en patins, en traîneau*. Devant un article, un déterminant démonstratif ou possessif ou un nombre, on dit *sur*: *sur sa bicyclette, sur une bécane*, etc.

Il est clair que c'est une faute de dire [*partir au train, revenir au bus*]. C'est *en* qui s'impose, malgré un usage populaire, fréquent en Belgique et en Suisse. *On voyage* **en train** ou *par le train*. Ne pas dire [*par train*] comme on dit: *par mer*. Éviter [*sur le train*].

2. AVEC LES NOMS *BOUCHE, LÈVRES*

On dit *avoir la cigarette aux lèvres*, **à la bouche**, *avoir la pipe à la bouche* (ou *au bec*) plutôt que *en bouche*, plus rare. On préfère garder *à en* son sens normal: *une pastille en bouche*. Comparer: *avoir toujours l'injure à la bouche. À cette date, à cette époque. En ce siècle, en cette période troublée.*

3. AVEC LE NOM *BOURSE*

À la Bourse, en Bourse. Noter la majuscule.

Aller, travailler à la Bourse se dit plutôt lorsqu'il s'agit du bâtiment (*TLF*, I et Dupré). *Aller en Bourse*, donné par certains comme la construction normale, concerne plutôt les opérations financières que le bâtiment. *Une action est cotée en Bourse* ou *à la Bourse*. L'emploi de *à* dans ce sens devient le plus courant si *Bourse* a un complément déterminatif: *à la Bourse de Paris* est beaucoup plus fréquent que *en Bourse de Paris*. — On dit plutôt: *jouer à la Bourse*, comme *jouer aux cartes*, mais on dit aussi *jouer en Bourse, perdre son argent en Bourse*.

4. AVEC LE NOM *SORBONNE*

Au tour traditionnel *en Sorbonne* (*professeur en Sorbonne, faire un cours en Sorbonne*), qui reste correct, les maîtres eux-mêmes de l'illustre maison substituent couramment, aujourd'hui, *à la*: *professeur, assistant à la Sorbonne. On se rend à la Sorbonne. Un colloque se tient à la Sorbonne.*

5. AVEC LES NOMS DE VILLES, DE PAYS, ETC.

L'usage a fini par établir des distinctions assez nettes. Bornons-nous à l'essentiel. Voir Grevisse, *B.U.*, nº 1003.

On emploie **à** devant les **noms de villes**: *à Paris, au Havre, à Monaco*. — *En Avignon, en Arles* sont des provincialismes provençaux imités à tort et sans discernement en français et appliqués abusivement à d'autres villes. On dit plutôt: *à Avignon, à Arles*, comme *à Athènes, à Alger*.

Pour les **noms de pays**, de régions ou de provinces, on dit **en** (sans article) lorsqu'ils sont féminins ou commencent par une voyelle (*en France, en Flandre, en Espagne, en Israël, en Artois*); on dit cependant *dans la Gironde, en Inde* (ou *dans l'Inde*) et généralement **à** (plus l'article) lorsque, masculins, ils commencent par une consonne ou un *h* aspiré (*au Luxembourg, au Canada, au Honduras*); mais on hésite souvent entre *en* (qui est en progrès) et *dans le* devant les noms masculins de provinces commençant par une consonne (*en* — ou *dans le* — *Poitou, Limousin, Hainaut*); *dans* et l'article est général s'il s'agit de départements (*dans le Nord, dans la Seine-Maritime*). On dit donc *dans la Seine* (département), alors qu'on dit *en Vendée*. On emploie généralement *en* devant les noms de départements formés de deux termes unis par *et*: *en Saône-et-Loire*; mais on emploie aussi *dans*: *dans le Lot-et-Garonne, dans le Loir-et-Cher*. ▶ NOMS PROPRES, 1.

Pour les **noms d'îles**, on emploie **à** devant ceux qui ne s'énoncent jamais avec un article et devant ceux qui en réclament toujours un: *à Malte, à Jersey, à Guernesey, à Chypre, à Cuba, à Madagascar, à Tahiti, à Haïti, à Terre-Neuve*; *à la Martinique, au Groenland. En Haïti*, quoique fréquent, est plutôt à déconseiller. — Pour l'île d'Elbe et l'île de Ré, on dit *à l'île de* ou *dans l'île de*. De même pour l'île de Rhodes.

On dit cependant: **en** *Irlande, en Corse, en Sardaigne, en Crète*.

On emploie *aux* devant les noms au pluriel: **aux** *Antilles, aux Baléares*.

6. À ET *EN* OU *DANS*

On dira couramment: *Il travaille à l'usine, dans une usine, dans cette usine*. Mais on dit aussi, en songeant moins à telle usine déterminée: *Il travaille en usine*, comme on dit *travailler en chambre* (mais *travailler à domicile*). *Il travaille* **dans le secteur** *alimentaire*. On dit: *Elle est à la cuisine* ou *elle est dans la (dans sa) cuisine, au grenier. Pêcher dans la Meuse*. Mais: *Ses bureaux sont place du Trône*.

Mon mari est **à son bureau**, *dans l'immeuble où il a son occupation. Il est* **dans son bureau**, *dans le local qui s'appelle son bureau. À la maison, à l'atelier, au bureau, à l'école, tout le monde grelotte* (Gaulle, Ch. de, *Le salut*).

7. AVEC LE NOM *PERFECTION*

L'Académie admet *en perfection* et *à la perfection*; seule cette dernière expression est vraiment vivante.

8. *À SA PLACE* ET *EN PLACE*

Une chose, une réflexion, un mot est *à sa place*, au propre et au figuré. On met ou on remet qqch. *en place* ou *à sa place*. On dit aussi *en sa place* mais surtout *en bonne place*. C'est à tort que dans une bonne partie de la Wallonie on dit [*à place*]. La *mise en place* de qqch. Au figuré, on remet qqn *à sa place*.

On se met (ou on désigne une personne) *à la place* de qqn. *En son lieu et place* appartient au langage de la procédure.

On ne peut dire, comme en Belgique, [*à la place de faire qqch.*] pour *au lieu de faire qqch.* On dit: *Il parle au lieu d'écouter.*

Au propre et au figuré, *on se tient à sa place, on reste à sa place.* Au propre, *on demeure en place, on ne tient pas en place.*

9. *AU* PEUT REMPLACER *EN* OU *DANS*

Dans certaines expressions, on dit *au* par suite d'un ancien usage, bien que le sens permette d'attendre *en* ou *dans*: *Mettre au jeu, au monde, aux fers. Tomber au pouvoir de, aux mains de. Aux heures de deuil, de découragement*, etc.

On notera les **oppositions**: *En mon nom et au vôtre; aller au ciel, au paradis ou en paradis; aux enfers, en enfer; à l'église* (parfois *en l'église de...*); *en classe, à l'école; au bagne, en prison* et, dans le sens de *en prison, à l'ombre*, mais *dans* (ou *à*) *la prison de telle ville; au bois, en forêt; en quête de, à la recherche de; au bar, dans un bar; en dernière minute, au dernier moment; mettre à terre* (sur le sol), *mettre en terre.*

10. *À BAS (DE), AU BAS (DE), EN BAS (DE)*

Les deux locutions prépositives *au bas de* et *en bas de* ont le même sens, «au pied de, dans la partie inférieure de»: *En bas* (ou *au bas*) *de la page, de la colline, de l'échelle*; on dit aussi *en bas de page*. Noter: *Il habite dans le bas de la ville.*

Même choix théorique entre *en haut de* et *au haut de*, le premier étant préféré par l'oreille.

On trouve aussi *dans le bas de* pour désigner la partie inférieure d'une surface plane, verticale: *Dans le bas de la porte, du tableau.*

Avec un verbe de mouvement comme *sauter, tomber*, on emploie *à bas de*, un peu plus rarement *en bas de*, mais le plus souvent *de*: *Il sauta ou il tomba* (*à bas* ou *en bas*) *de son cheval*. On trouve aussi

au bas de dans ce sens, mais c'est plutôt à déconseiller: *Il sauta au bas de son lit* (Sarraute, N., *Portrait d'un inconnu*).

Parfois le verbe ne précise pas par lui-même le sens du mouvement; il faut alors *à bas de* (ou *en bas de*): *Il le mit à bas de son cheval.*

[*Bas de*] ne peut s'employer pour *à bas de, en bas de*. Emploi belge: [*Sauter, tomber bas de son lit, bas de l'échelle*].

Adverbe *en bas*: *Il dort en bas* (au rez-de-chaussée). *À bas*: *mettre à bas, jeter à bas, sauter à bas*. Et *je sautai à bas* (Alain-Fournier, *Le grand Meaulnes*).

11. AVEC LE NOM DES SAISONS

On dit: *au printemps, en été* (mais: *dans l'été de 1940*), *en automne* (parfois *à l'automne*), *en hiver*.

12. AVEC LE NOM *MAIN*

On peut dire: *le livre en main* ou *à la main* ▷ MAIN.

13. AVEC LE NOM *MORCEAU*

Wallonisme: *couper* [*à morceaux*] pour *en morceaux*.

14. AVEC LE NOM *TÊTE*

Distinguer: *à la tête* (ou *en tête*) *d'un cortège, à la tête d'une société, d'une fortune, en tête d'un écrit, d'un poème, d'une proposition.*

15. VOIR AUSSI...

▷ DÉTERMINANTS POSSESSIFS, 1; CROIRE; DANS, 2; EN, prép., 3; RUE.

À et *ou* pour exprimer une évaluation

Si les deux nombres sont consécutifs et se rapportent à des unités indivisibles, le tour logique est *ou*, mais de bons auteurs emploient *à* depuis longtemps:

> **Six ou sept** personnes. Des groupes **de cinq ou six** personnes. Sept ou huit arbres. Quatre ou cinq fois.

Si l'une de ces deux conditions n'est pas réalisée, on emploie logiquement soit *ou*, soit *de... à* (on peut omettre *de*):

> **Quatre ou cinq** heures ou **de quatre à cinq** heures. Il y avait là **dix ou quinze** personnes ou (**de**) **dix à quinze** personnes. Cela me donne au moins **cinq à six** jours.

Proprement il y a une différence de sens entre: *Il a écrit là-dessus quatre ou cinq pages* (on hésite sur le nombre) et *quatre à cinq pages* ou *de quatre à cinq pages* (entre quatre et cinq).

À et *par*

On dit: *mangé **aux vers**, aux mites*; ou aussi ***des*** ou ***par les** vers*.

À l'emporte sur *par* dans une tournure factitive avec *faire*: *Cela nous faisait désirer **à tous** de le rencontrer*. Il faut toutefois éviter l'équivoque: *Je l'ai fait dire à tous* ne sera compris avec le sens de *Je l'ai fait dire par tous* que si le contexte dégage ce sens. — *Le danger que cela faisait courir à notre cause*. ▶ INFINITIF, 2.1.2.B.

Par avec *laisser* (ou *faire*) + infinitif: *Il se laisse émouvoir par leurs larmes*.

▶ INFINITIF, 2.1.2: *Je l'ai entendu dire à mon ami* ou *par mon ami*.

▶ TERRE (*à terre, par terre*).

ABAISSER et **BAISSER**, v.tr.dir., signifient tous deux «faire descendre à un niveau inférieur», mais sont loin de s'employer toujours indifféremment; *baisser* a d'ailleurs gagné beaucoup de terrain sur *abaisser* transitif; *on **baisse** la tête, les yeux, les bras, le nez, le ton, la voix, la lumière*, etc.; mais *on **baisse** ou on **abaisse** les paupières, une vitre*. *Abaisser* se dira surtout au sens moral; c'est ainsi qu'*on **abaisse** dédaigneusement les regards sur quelqu'un*. En mathématiques, *on **abaisse** un chiffre* (en faisant une division) ou *une perpendiculaire*. — On notera qu'à la différence d'*abaisser*, *baisser* peut être intransitif: *on baisse* (ou *on abaisse*) *les prix, les prix baissent. Le jour baisse*. Quant à *s'abaisser*, il faut surtout observer que, lorsque le sujet est une personne, le verbe a un sens figuré, moral (s'humilier ou perdre de sa dignité, s'avilir): *on s'abaisse par humilité, on s'abaisse pour réussir, on s'abaisse à* (ou *jusqu'à*) *un marchandage, on s'abaisse à* (ou *jusqu'à*) *faire une chose*.

Au sens physique, on dit SE BAISSER.

En termes de cuisine, *abaisser une pâte* (au rouleau de pâtisserie). ▶ BAISSER.

ABAJOUE, n.f., poche entre la joue et la mâchoire chez certains animaux.

ABAQUE, n.m. dans tous ses emplois. *Un abaque*.

ABASOURDIR, v.tr.dir. On prononce normalement *z* parce que le mot ne vient pas de *sourd* mais du vieux mot d'argot *basourdir* (tuer). Sous l'influence d'*assourdir*, le sens est cependant «étourdir par un grand bruit» ou, par extension, «sous l'effet de la surprise».

ABAT, dans les **noms composés**: *un abat-jour, un abat-son, un abat-vent, des **abat-jour(s)**, des **abat-son(s)**, des **abat-vent(s)***. ▶ NOMS COMPOSÉS, 2.5 et *RO* II.2.

ABÂTARDIR s'écrit avec un accent circonflexe, comme *bâtard*.

ABATS, n.m.pl., désigne en termes de boucherie certaines parties accessoires, mais comestibles, d'animaux. **ABATTIS**, également m.pl., est réservé à la volaille; dans le langage populaire, il désigne les bras et les jambes de qqn (*numéroter ses abattis*). *Un abattis*, amas de choses abattues.

ABATTAGE, n.m., a deux *t* comme *abattre* et ses dérivés. On parle de *l'abattage des arbres, des animaux, du charbon* et de **l'ABATTEMENT** *d'un malade, des salaires, de la matière imposable*. — *Un animateur a de l'abattage*, il tient son public en haleine.

ABHORRER, v.tr.dir., a l'*h* et les deux *r* de *horreur*.

ABÎMER ou **ABIMER** (*RO* II.4), v.tr.dir., vieilli dans son sens propre (précipiter dans un abîme) et dans ceux de *ruiner* et même *critiquer*, signifie «endommager, mettre en mauvais état»: *Abîmer un chapeau*.

On écrit ABÎME, ABÎMÉ ou ABIME, ABIMÉ (*RO* II.4).

ABJECT, adj. On prononce les *deux* consonnes finales.

ABOIEMENT, n.m. Noter *ie*, comme *chatoiement* ou *rudoiement*.

ABONDER, v.intr., a pour sujet ce qui est en grande quantité ou bien le lieu où il y a cette abondance: *Les fautes abondent dans ce texte. Ce texte abonde en fautes. **Abonder de** est vieilli.* Autre sens: *On abonde dans le sens de qqn*, on est tout à fait de son avis.

ABORD (D'), adv. **D'ABORD** signifie *en premier lieu, pour commencer, à première vue*: *Je me suis d'abord étonné*. Emploi fautif wallon, dans le sens de *donc, alors, dans ce cas. Si tu crois que c'est facile, fais-le [d'abord]*. **D'ABORD QUE**, classique (*aussitôt que*), est vieilli. Il s'entend encore en Wallonie dans ce sens (*Je l'ai reconnu [d'abord que] je l'ai vu*) et dans celui de *pourvu que, du moment que* (*Je le recevrai [d'abord qu'] il en fait la demande*).

On dit: *dès l'abord*, DE (et non *à*) PRIME ABORD, AU PREMIER ABORD.

ABORDER, v.intr., s'emploie couramment avec l'auxiliaire *avoir*. *Nous **avons** abordé au rivage depuis une heure*. Synonyme dans ce sens: *accoster*.

V.tr.dir., a parfois le même sens qu'*accoster*. On *aborde* ou on *accoste* qqn, mais *on* **aborde** *un virage, un village, la vie, une question, une profession, le théâtre.* ▸ ACCOSTER.

ABOUCHER, v.tr.dir. *On* **abouche** *deux tuyaux, deux personnes ; on abouche une personne* **avec** *une autre ; on s'abouche* **avec** *qqn.*

ABOULER, v.intr., et S'ABOULER sont vulgaires. On dit : *arriver, venir.* Vulgaire aussi l'emploi transitif d'*abouler* dans le sens de *donner*.

ABOUTIR, v.intr. *On aboutit* **dans** *une chambre, à qqch. Vous aboutirez à ce qu'on ne vous consultera plus* (indicatif). Éviter de dire : *un travail* [*abouti*] au lieu de *achevé, réussi*.

[ABOUTONNER], v.tr.dir., est une forme dialectale qui s'entend en Belgique et dans plusieurs régions de France pour *boutonner* (un vêtement).

ABOYER, v.intr. ; *i* devant *e* muet. **Complément** : *Ce chien aboie aux voleurs, après les passants* (*contre les passants*).

ABRACADABRANT, adj., se dit de ce qui (discours, projet, jugement, etc.) est aussi incompréhensible ou déconcertant qu'une formule magique (*abracadabra*), de ce qui surprend par son incohérence, son illogisme.

ABRASER, v.tr.dir., ABRASION, n.f., et ABRASIF, adj., se disent d'une usure par frottement (*usure abrasive*) ; aucun rapport avec *braise, brasier, embraser*.

ABRÈGEMENT, n.m., l'accent n'a pas été modifié dans la 9e éd. de l'Ac.

ABRÉGER, v.tr.dir., conjug. J'*abrège*, nous **abrégeons**, nous **abrégerons** ou nous **abrègerons** (RO II.3) ▸ VERBE, Conjugaison, 1.1.

Abréviations et symboles

1. ABRÉVIATIONS

Avant de noter quelques abréviations usuelles telles qu'on les emploie aujourd'hui (car il y a eu et il peut y avoir encore une évolution dans l'usage), faisons une remarque générale et importante à propos du **point** intervenant dans les abréviations (en dehors des symboles) : il se place après la dernière lettre d'une abréviation quand cette dernière lettre n'est pas la dernière du mot et quand l'abréviation ne forme pas un mot tronqué (comme *auto, métro*) qui peut d'ailleurs prendre la marque du pluriel.

On fera attention, dans la liste ci-dessous, à la situation des lettres sur une même ligne ou non.

On écrit, quand on abrège, M. (Monsieur) et non [*Mr.*], à l'anglaise, MM. (Messieurs), Mme ou Mme (Madame), Mmes ou Mmes, Mlle ou Mlle, Mlles ou Mlles, M^e (Maître, quand il s'agit d'un homme de loi, avocat, notaire, avoué, huissier), D^r pour Docteur, Mgr (ou Mgr) pour Monseigneur, Mgrs (Messeigneurs), NN.SS. (Nosseigneurs), St, Ste (Saint, Sainte ; saint, sainte), S.M. (Sa Majesté), LL.MM. (Leurs Majestés), S.A. (Son Altesse), LL.AA. (Leurs Altesses), S.Exc. (Son Excellence), Cie (compagnie), Vve (veuve), E.V. (en ville), n^o (numéro), p. ex. (par exemple), p. (page), pp. (pages), c.-à-d. (c'est-à-dire), cf. (latin *confer*, reportez-vous à), ch. ou chap. (chapitre), P.P. (port payé), P.-S. (*post-scriptum*), N.B. (*nota bene*).

On écrit généralement 1er, 1ers, 1re, 1res, 2e ou 2e, 1°, 2°, etc. Pas de trait horizontal sous la ou les lettres mises à droite du chiffre.

2. SYMBOLES

Les symboles des unités de mesure et des unités monétaires ne sont suivis ni d'un point ni d'un s : *a* (are), *A* (ampère), *cm* (centimètre), *mm* (millimètre), *km* (kilomètre), *m* (mètre), *m²* (mètre carré), *km²* (kilomètre carré), *m³* (mètre cube), *t* (tonne), *kg* (kilogramme), *g* (gramme), *h* (heure), *min* (minute), *s* (seconde), *l* (litre), *cl* (centilitre), *ha* (hectare), *100 km/h* ou *100 kmh* (avec ou sans barre oblique, mais généralement avec barre : 100 kilomètres à l'heure), *kW* (kilowatt), *kWh* (kilowattheure), *0,3* (trois dixièmes). Les devises sont abrégées selon des normes internationales (ISO) : *BEF* (franc belge), *FRF* (franc français), *NLG* (florin), *ITL* (lire), *ESP* (pesetas) et *EUR* (euro).

On écrit : *10 F, 5 km, 3 h 15 min 10 s* (3 heures 15 minutes 10 secondes), *20,5 km* (20 km 500 mètres) ; la virgule sépare les unités des chiffres décimaux. Ailleurs on laisse un intervalle : *17 255 310 F*. De même, en plaçant le symbole après le nombre : *1 350 F, 3,50 F, 3,50 m, 37,5 °* (37 degrés et demi). Mais pour les millésimes : *en 1675*.

On notera que *20'* ou *40"* (minutes et secondes) s'emploient pour la mesure des angles et non pour celle du temps.

ABSCISSE, n.f. *Sc*, comme dans *scission*, s'explique par le sens (ligne coupée).

ABSCONS, adj. (*b* se prononce *p*), signifie : presque impossible à comprendre : *Un écrivain abscons*.

ABSENT, adj., et S'ABSENTER ne s'accommodent pas de la préposition *à* pour indiquer le lieu, la situation d'où l'on est absent : *Il est* **absent** *de son bureau. Il s'est absenté de mon cours.* On peut employer *absent* de façon absolue, avec éventuellement un complément de temps : *Il était absent à* *l'appel* ou *lors de cette séance*. Néanmoins on entend *absent à, en*. On trouve surtout la construction introduite par le pronom relatif *où* : *Une Grèce titanesque et sauvage où le marbre est absent* (Lacarrière, J., *La Grèce des dieux et des hommes*). Au sens de *distrait* : *absent à tout* (GR).

ABSENTÉISME, n.m., se dit de l'habitude de s'absenter.

ABSOLU, adj., écarte, par définition, toute restriction, toute variation de degré : *un pouvoir absolu, une discrétion absolue*. Il est donc anormal de mettre cet adjectif au comparatif ou au superlatif (*plus*, *le plus*), comme le font cependant de bons auteurs. Mais on peut employer *trop*, pour marquer l'excès. Adverbe : **ABSOLUMENT**.

Absolu

En grammaire, on parle d'un sens absolu, d'un emploi absolu, d'une construction absolue quand un verbe transitif est employé sans complément d'objet : *Il cherche, il mange*.

ABSOUDRE, v.tr.dir. Conjug. : *J'absous*, il *absout*, nous *absolvons*, ils *absolvent*. *J'absolvais*. *J'absoudrai*. Que j'*absolve*. *Absolvant*. *J'ai absous* ou j'*ai absout* (RO III.10). Elle *a été absoute*. Passé simple inusité.

ABSOUTE, n.f., est mis fautivement au pluriel en Belgique, même lorsqu'il n'y a qu'*une absoute*.

ACABIT, n.m. (*t* non prononcé), est péjoratif. *Un filou de cet acabit* (de cette sorte).

ACADÉMICIEN, n.m., **ACADÉMIE**, n.f., **ACADÉMIQUE**, adj. Dans l'usage français, *académique* reste en rapport avec *Académie* pris dans le sens de «société, compagnie de savants, d'écrivains ou d'artistes» et dans celui, noté plus bas, de «circonscription universitaire». Il se dit donc de *prix*, de *discours*, de *réceptions* ou de *séances* quand il s'agit d'une compagnie appelée *Académie*. Dans un sens péjoratif, il qualifie ce qui est *conventionnel*, *compassé*, en art et en littérature.

En Belgique, on parle couramment de **SÉANCE ACADÉMIQUE** (comme en flamand) pour une séance solennelle avec discours, séance d'hommage, de commémoration, de clôture d'un congrès, et l'on appelle **SALLE ACADÉMIQUE** la salle destinée aux séances solennelles.

Une autre extension d'emploi (qu'on trouve aussi partiellement en Suisse et au Canada) substitue en Belgique *académique* à *universitaire*. On parle en Belgique d'*année académique* (au lieu d'*année universitaire*), de la *rentrée académique*, du *calendrier académique*, des *autorités académiques*, des *grades académiques*, du *corps académique*, de la *liberté académique*. Tandis qu'au Canada, *académique* prend la place tantôt d'universitaire, tantôt de *scolaire*, tantôt de *pédagogique*, etc.

Ce qu'on appelle en Belgique le **QUART D'HEURE ACADÉMIQUE** (retard théoriquement toléré) s'appelle en français le *quart d'heure de grâce*.

L'usage belge a été influencé par l'allemand. Cette influence est plus sensible encore au grand-duché de Luxembourg où **ACADÉMICIEN** se dit de tout diplômé de l'université et même de tout étudiant inscrit à l'université.

Notons qu'on ne s'adresse pas à un académicien seul, à un membre d'une Académie en lui disant «Monsieur l'Académicien». Le pluriel s'emploie si l'on s'adresse à plusieurs.

Il est utile d'observer qu'en France l'*Université* comprend tout l'enseignement public et qu'il est réparti en *académies* ayant à leur tête un recteur et des **INSPECTEURS D'ACADÉMIE**. L'adjectif *académique* s'y applique non seulement aux sociétés appelées *Académies*, mais à ce qui a rapport aux circonscriptions de l'Université : *l'inspection académique*. Les **PALMES ACADÉMIQUES** sont une décoration récompensant les mérites de ceux qui ont servi l'Université, ses académies, son enseignement. ▸ UNIVERSITAIRE.

ACAGNARDER (S'), v.pr. *S'acagnarder*, c'est s'installer paresseusement dans une vie oisive. **CAGNE**, ancien mot signifiant *paresse*, se dit, par ironie et antiphrase, de la classe de lycée préparant à l'École normale supérieure (section lettres) ; on écrit plutôt *khâgne*. ▸ KHÂGNE.

ACANTHE, n.f., s'écrit avec *th*.

À CAUSE QUE. ▸ CAUSE.

ACCALMIE, n.f. Deux *c* (préfixe *ad* devenu *ac*).

ACCAPARER, v.tr.dir. On *accapare qqn* ou *qqch*. On *s'empare de qqch*. Ne pas dire [*s'accaparer qqch.*] ni, sous l'influence de *s'emparer de*, [*s'accaparer de qqch.*].

ACCENT, n.m. *Mettre l'accent sur qqch.*, c'est insister sur qqch.

ACCENTUER, v.tr.dir., peut signifier : donner plus d'intensité. **S'ACCENTUER** est correct : *La résistance s'est accentuée. Le froid s'accentue*.

ACCEPTATION, n.f. ; ne pas l'employer pour *acception*. ▸ ACCEPTION.

ACCEPTER, v.tr.dir. *J'accepte de le faire moi-même* ou *J'accepte qu'il le fasse* (subjonctif). *J'ai accepté de dîner chez Untel* (*Accepter à dîner* est plutôt un tour théorique : se laisser offrir de quoi dîner).

ACCEPTION, n.f., veut dire : sens, nuance de sens d'un mot (ne pas employer dans ce sens *acceptation*) ou, dans les expressions SANS ACCEPTION DE, SANS FAIRE ACCEPTION DE, préférence, prise en considération : *On ne fera pas acception de la nationalité des candidats. Sans acception d'âge ni de sexe.* C'est donc tout autre chose que *sans exception*.

ACCESSOIRE, n.m. *Un accessoire.* Dérivé : **ACCESSOIRISTE**, n.m., marchand d'accessoires ou, au théâtre, dans un studio, le responsable des accessoires du décor, des éléments mobiles.

ACCIDENT, n.m. On peut parler au figuré d'un *accident de parcours* pour un imprévu qui a troublé le cours normal des choses.

ACCIDENTÉ, adj., ne se dit pas seulement d'un relief, d'un terrain ou, au figuré, d'une vie, d'une carrière, mais, dans l'usage général, d'une voiture, d'une personne qui a été victime d'un accident : *Un piéton accidenté. Un camion accidenté* (Ac.). D'où le nom : *un accidenté du travail.* Les dictionnaires refusent le verbe **ACCIDENTER**. *Il a accidenté deux personnes* est considéré comme inutile ; on dira : *blessé, renversé,* etc.

ACCISE, n.f., **ACCISIEN**, n.m. On donne en Belgique le nom d'*accises* (au pluriel) à l'ensemble des impôts indirects sur le commerce de certaines boissons : *Service des douanes et accises.* Le nom *accise* (au singulier) n'est pas inconnu en France ; il y désigne depuis longtemps, lorsqu'on parle de l'Angleterre et de la Belgique, un impôt indirect sur certains biens de consommation, notamment sur l'alcool et les boissons alcoolisées. L'administration française parle d'**IMPÔTS INDIRECTS**.

En Belgique, il est donc normal qu'un «agent des accises» soit appelé un *accisien*.

Il est bon de savoir que ces appellations *accises* et *accisien*, officielles et courantes en Belgique, sont régionales.

ACCLAMATION, n.f., reste au singulier dans **ÉLIRE PAR ACCLAMATION** (sans recours au scrutin ; cela suppose l'unanimité ou une très large majorité).

ACCLIMATATION, n.f., se dit des animaux et des plantes ; **ACCLIMATEMENT** des organismes ou des personnes.

ACCOMMODER, v.tr.dir. Deux *c*, deux *m*. *On accommode les restes, on accommode du poisson à telle sauce* (ou *avec telle sauce*) ; *on accommode une chose à une autre, on* **S'ACCOMMODE à** *qqch.* (on s'y adapte) ou *on s'accommode de qqch.* (on s'en contente). — Ne pas confondre **ACCOMMODATION** (d'un organe, d'une conduite) et **ACCOMMODEMENT** (*accord, compromis,*

expédient) qui lui-même ne peut être confondu avec *aménagement, commodité*.

ACCOMPAGNER, v.tr.dir., exige un complément, sauf s'il s'agit d'un accompagnement musical. *Il m'a accompagné. Il a accompagné son cadeau d'une lettre très aimable. Je me suis fait accompagner. Il était accompagné de sa tante* (ou *par sa tante* ; Littré conseille *par* si la personne qui accompagne est d'un rang supérieur ; cela ne s'impose pas). *Il m'a accompagné au piano* (le complément est nécessaire au sens). *Il accompagne à la perfection* (accompagnement musical).

On peut lire en France, dans des églises, une invitation à *accompagner la porte* (à la maintenir pendant qu'elle se ferme, à ne pas la laisser se fermer bruyamment).

[ACCONDUIRE]. Ancien verbe, resté vivant dans le Hainaut picard dans le sens de *amener, conduire* qqn ou qqch.

ACCORD, n.m., ÊTRE D'ACCORD.

1. On doit dire : **D'UN COMMUN ACCORD**. On trouve cependant en Belgique : [**DE COMMUN ACCORD**].

2. L'accord consiste en une entente. Proprement, donc, on ne *donne pas son accord,* mais *on est d'accord avec qqn sur une question, on se déclare d'accord, on marque son accord, on en tombe* (ou *on en demeure*) *d'accord, on est* (*on tombe*) *d'accord pour faire qqch.,* ou *que c'est grave.*

   Cependant, *on demande, on sollicite l'accord de qqn, on obtient l'accord de qqn* ; il est dès lors naturel qu'on en vienne ainsi à l'expression **DONNER SON ACCORD**, qui prend le sens de *accepter, autoriser, permettre* (*PR*).

3. Ne pas substituer **D'ACCORD** et surtout *d'ac* ou *d'acc* (très familiers) à *oui* : *Oui, merci j'ai compris.* Pourquoi remplacer *d'accord* par *O.K.* ?

4. *Être* (ou *tomber*) *d'accord pour faire qqch.*

Accord

Accord de l'**adjectif** (▸ ADJECTIFS QUALIFICATIFS), du nom **attribut** (▸ ATTRIBUT, 3), du **verbe** (▸ VERBE, Accord), du **participe passé** (▸ PARTICIPE PASSÉ), etc.

ACCORDER, v.tr.dir. *Accorder à qqn l'autorisation de faire qqch. Je vous accorde que je me suis trompé. Ils se sont accordés à dire...*

ACCOSTER, v., s'emploie de façon absolue (*Le navire accoste le long des quais*) ou est transitif direct : *Le navire accoste le quai.*

Accoster qqn (l'aborder) n'implique pas nécessairement une façon cavalière, une manière de sans-gêne. ▷ ABORDER.

ACCOTOIR, n.m., vieilli dans le sens d'*appui* pour le bras, d'*accoudoir*.

ACCOUCHER, v.intr. On dira: *Le chirurgien l'assistait quand elle a accouché* et non pas *quand elle [s'est accouchée]*; la faute s'entend en France comme en Belgique. On emploie parfois l'auxiliaire *être*, uniquement pour indiquer l'état résultant de l'action accomplie: *Elle est accouchée depuis hier.* Mais: *elle a accouché hier. Il y a trois mois qu'elle a accouché.* *Accoucher* s'emploie absolument dans la langue très familière pour «parler, dire quelque chose», surtout à l'impératif: *Allons, accouche, dis-moi ce qui ne va pas* au lieu de: *Explique-toi, parle!*

V.tr. *Le médecin l'a accouchée*, l'a aidée à mettre un enfant au monde. Au passif, sans complément d'agent: *Sa mère lui ferma les yeux après qu'elle eut été accouchée d'une fille* (Pernoud, R., *La femme au temps des cathédrales*). Au figuré, *on accouche les esprits. On fait accoucher les esprits* (Ac.). *Une femme accouche d'un garçon, de deux jumeaux* (Ac.). Au figuré, *on accouche* aussi *d'une idée.*

ACCOURCIR, v.tr.dir., est vieux. On dit: **RACCOURCIR**. *Raccourcir une robe.*

ACCOURIR, v.intr., s'est davantage employé autrefois avec l'auxiliaire *avoir*: *D'autres gens qui avaient accouru* (Romains, J., *Mort de quelqu'un*). Aujourd'hui on emploie couramment *être*, sans exclure *avoir*.

ACCOUTUMÉE, n.f., ne s'emploie que dans l'expression vieillie À L'ACCOUTUMÉE, généralement introduite par *comme*. On dit: *d'ordinaire, comme à l'ordinaire, d'habitude, à son habitude, comme d'habitude*, mais non [*comme à l'habitude*].

ACCOUTUMER, v.tr.dir., **S'ACCOUTUMER**. — On accoutume qqn à qqch., on s'accoutume à qqn, à qqch., à faire qqch. On est *accoutumé à qqch., à faire qqch.*, on est habitué à, on a pris l'habitude de. *Avoir accoutumé de faire qqch.* vieillit, mais reste correct: *Ceux qu'il avait accoutumé de pourchasser* (Tournier, M., *Vendredi*). *Ils s'y sont accoutumés. Ils se sont accoutumés à ce qu'on leur obéisse.*

ACCRO, adj. et n. Néologisme créé par troncation de *accroché*. Se dit, en langue familière, pour désigner quelqu'un de passionné par une activité: *les accros de l'escalade.* Plus rarement, pour marquer la dépendance par rapport à une drogue: *Il est accro à l'héroïne.*

ACCROCHE-CŒUR, n.m. Pluriel: des *accroche-cœurs*.

[ACCROCHE-PIED], n.m. Belgicisme pour *croche-pied* ou *croc-en-jambe*.

ACCROCHE-PLAT, n.m. Des *accroche-plats*. ▷ NOMS COMPOSÉS, 2.5.

ACCROCHER, v.tr.dir., connaît beaucoup d'emplois nouveaux. Retenons: *Une chanson, une publicité, un orateur accroche* ou *accroche le public* (retient l'attention). *On s'accroche* (avec ténacité, avec énergie), *on s'accroche à qqch.* D'où la qualité d'**ACCROCHEUR**.

ACCROIRE, v.tr.dir., ne s'emploie qu'à l'infinitif avec *faire* (ou *laisser*): **FAIRE ACCROIRE** *qqch. à qqn*, **EN FAIRE ACCROIRE** *à qqn* (le tromper). *Ne t'en laisse pas accroire* (ou, plus souvent, *conter*).

ACCROÎTRE ou **ACCROITRE** (RO II.4), v.tr.dir., se conjugue comme *croître*, sauf en ce qui concerne l'accent circonflexe. *Ses revenus sont accrus* ou *se sont accrus.* ▷ CROÎTRE.

ACCUEIL, n.m. ▷ RÉSERVER. S'écrit avec *ue*.

ACCUEILLIR, v.tr.dir., se conjugue comme *cueillir*. Il signifie *recevoir bien ou mal, froidement* ou *à coups de fusil* ou *chaleureusement.*

ACCULTURATION, n.f., adoption et assimilation d'une autre culture.

ACCUSER, v.tr.dir. *On accuse qqn de qqch., d'un méfait, d'avoir commis un crime. On accuse* (ou *on confesse*) *ses péchés. On s'accuse de qqch.* On disait couramment autrefois: *accuser la réception d'une lettre*; le tour reste correct, mais on dit de préférence aujourd'hui: **ACCUSER RÉCEPTION** *d'une lettre.* On peut dire: *Veuillez m'accuser réception de cette lettre*, ou, d'une manière absolue: *Veuillez m'accuser réception.*

Accuser peut signifier *rendre manifeste, faire ressortir*: *Son visage accuse une fatigue, de la fatigue. Il accuse la soixantaine. Ses traits sont trop accusés. Sa robe accuse sa grosseur. Cela accuse la ressemblance, la différence.* On peut dire: *Ces comptes accusent un bénéfice.*

À CE QUE. ▷ QUE, conj., 6.

ACÉTAL, n.m. Des *acétals*.

ACHALANDÉ, adj., d'après son étymologie (*chaland* signifie client, de *chaloir*, s'intéresser; *peu me chaut*) veut dire: qui a beaucoup de clients. Par un passage de l'effet à la cause, le mot en est venu à signifier couramment: bien approvisionné (en marchandises). Les dictionnaires enregistrent ce nouveau sens et déclarent l'autre vieilli en prétendant que *chaland* est vieux dans le sens d'*acheteur* et désigne surtout un bateau plat.

L'ancienne signification avait l'avantage de pouvoir s'appliquer à autre chose qu'à des magasins. On pouvait parler d'un cinéma, d'un bureau de placement, d'un café, d'un restaurant, d'un hôtel (Yourcenar, M., *Souvenirs pieux*) bien, *mal* ou *peu achalandés* (ayant beaucoup ou peu de clients): *À chaque extrémité, un cinéma public, en plein air, chargé d'achalander les cafés* (Gide, A., *Journal*).

D'autre part ACHALANDER et ACHALANDAGE, moins usuels, il est vrai, continuent à se rapporter à la clientèle qu'on attire, plutôt qu'à la marchandise; ceci montre que CHALAND garde une certaine vitalité dans le sens de *client*: *Fred décourageait les chalands* (Bazin, H., *La mort du petit cheval*). *Des aboyeurs qui s'engueulent et se coupent la parole par-dessus la tête des chalands* (Giono, J., *Les grands chemins*).

On voit qu'on ne manquerait pas de raisons pour continuer à essayer de garder à *achalandé* son sens étymologique: qui a beaucoup de clients. Mais on peut craindre qu'on ne puisse triompher d'un usage aussi solidement établi et admis par les dictionnaires, sauf par l'Académie.

ACHARNER (S'). *On s'acharne au jeu, à jouer; on s'acharne contre qqn. Ils se sont acharnés contre nous. Le vautour s'acharne sur sa proie. Le vent s'était acharné après nous* (familier).

ACHEMINER, v.tr.dir. *On achemine les bagages à l'aéroport ou vers l'aéroport. Ils se sont acheminés vers la ville.*

ACHETER, v.tr.dir. On *achète* au comptant, à crédit, à tempérament, par correspondance, *en gros, au* détail. *On achète des marchandises, un livre, un journal, une voiture, une maison, un droit, un billet de loterie,* etc., mais on **prend** *un permis de pêche, on prend un billet de théâtre ou de cinéma ou de chemin de fer* (bien qu'on les acquière aussi contre paiement).

Acheter français est calqué sur *parler français*.

On achète qqch. *à* qqn. *J'ai acheté ce meuble à tel anti-quaire.* On ne dit plus: [*acheter qqch. de qqn*]. S'il n'y a pas d'équivoque, *à* peut introduire le complément désignant la personne pour qui on fait l'achat: *J'ai acheté cette poupée à ma fille.* Mais il y a lieu de distinguer: *J'ai acheté ce livre à un ami* (c'est lui qui me l'a vendu) et *J'ai acheté ce livre pour mon ami* (pour le lui remettre). On dit: *J'ai acheté ce livre cinquante francs ou pour cinquante francs.* On écrit: *Elle s'est acheté un beau manteau.*

Acheter, employé absolument pour *acheter un bébé,* d'où *être enceinte,* s'est dit davantage autrefois en Wallonie et au Québec.

ACHEVÉ, adj. Le tour **achevé de** ne s'emploie plus devant un verbe actif, pris dans un sens passif, ni devant un verbe passif: [*Un château achevé de bâtir* ou *d'être bâti*], etc. On dit: *Un château qu'on vient d'achever de construire, où l'on achève de s'installer, une lettre qu'on a fini de lire,* etc.

ACHEVÉ D'IMPRIMER est une expression figée d'après un ancien usage et devenue légale. Substantivement: *L'achevé d'imprimer.*

ACHÈVEMENT, n.m., action d'achever, de mener à bien, ou état final. On ne peut employer ce mot au pluriel dans le sens de *perfectionnements.*

ACHEVER, v.tr.dir. *Il achève de s'habiller. Vos propos achèvent de me convaincre,* pour: *J'en suis maintenant sûr. Laissez-moi achever.* ▶ ACHEVÉ.

ACHOPPER (deux *p*), v.intr. *On achoppe à* (on heurte du pied contre) *un obstacle; on s'y achoppe.* Une PIERRE D'ACHOPPEMENT (au figuré).

ACNÉ, n.f. *Une acné.*

ACOLYTE, n.m., parfois f., désigne celui qui sert à l'autel (l'*enfant de chœur* ou le *servant,* appelé parfois en Belgique le CHORAL ou le SERVEUR), mais aussi, familièrement et de façon souvent péjorative, celui qui accompagne habituellement un autre pour l'assister; d'où le sens de *complice.* Le sens péjoratif n'est pas constant. Hervé Bazin donne encore le nom d'acolyte au greffier d'un juge (*Madame Ex*). Le sens péjoratif apparaît le plus souvent au pluriel. Pas toujours. Jean Giono appelle *acolytes* les personnages secondaires qui, dans son imagination, accompagnent les principaux héros de ses romans (*Noé*).

ACOMPTE, n.m. L'origine du mot est *à compte* (à valoir): *Prenez cette somme à compte.* D'où un seul *c* dans *acompte.* Le mot désigne un paiement partiel à déduire du paiement total ultérieur (*Verser un acompte*). Au figuré, un acompte est un petit plaisir ou avantage qu'on prend ou qu'on reçoit en attendant. — Ne pas confondre avec les ARRHES (n.f.pl.): somme versée par une des parties concluant un contrat et qu'elle perdra si elle le rompt.

À CONDITION QUE. ▶ CONDITION.

À CÔTÉ, loc.adv., **À-CÔTÉ,** n.m. La loc.adv. *à côté* et la loc.prép. *à côté de* ne prennent pas de trait d'union tandis que l'usage a opté pour le trait d'union dans le nom. *Les à-côtés de ce métier sont pénibles.* On écrit: *La maison d'à côté. Il habite à côté (de chez moi).* On ne dira pas: [*La maison à côté*] pour *la maison voisine.* ▸ L'UN et UN, 6.

À-COUP, n.m. *Des à-coups. Travailler par à-coups.* Mais: *à coups de poing.*

ACOUSTIQUE, n.f. et adj. *Une bonne acoustique. Cornet acoustique.*

ACQUÉREUR, n.m., n'a pas de féminin. *Elle s'est portée acquéreur de...*

ACQUÉRIR, v.tr.dir. *J'acquiers*, il *acquiert*, nous *acquérons*, ils *acquièrent. J'acquérais. J'acquis. J'acquerrai.* Que j'*acquière*, que nous *acquérions.* Qu'il *acquît. Acquérant. Acquis, acquise. Un droit acquis à qqn, une personne acquise à une cause. Un point acquis.* ▸ ACQUIS.

ACQUIESCER, v.tr.ind. *J'acquiesce.* Nous *acquiesçons.* Nous *acquiescions. En acquiesçant à son désir.*

ACQUIS, n.m., part.p. (f.: *acquise*) et adj., **ACQUIT**, n.m. Attention à la lettre finale. L'**acquis**, c'est ce qu'on a acquis (verbe *acquérir*) en fait de connaissances ou par l'expérience (opposé à ce qui est naturel à l'individu ou à ce qui lui a été transmis): *Avoir de l'acquis.* — **ACQUISITION** désigne l'action d'acquérir ou un bien acquis. — **Acquit** est en rapport avec l'idée de paiement, avec *quittance*, avec *acquitter. Signer un acquit*; la mention **POUR ACQUIT.** — **PAR ACQUIT DE CONSCIENCE**: comme pour libérer sa conscience et n'avoir rien à se reprocher. Ne pas confondre *acquit* avec le terme de droit **ACQUÊT**, n.m., désignant, dans la communauté conjugale, ce qui fait partie de la masse commune, acquise pendant le mariage: *communauté réduite aux acquêts.*

ÂCRE, adj., **ÂCRETÉ**, n.f. *L'âcreté d'un propos.*

ACRIBIE, n.f. peu usité, qualité de l'érudit qui travaille avec le soin le plus scrupuleux (*Larousse du XXᵉ siècle*).

ACRIMONIE, n.f., mauvaise humeur. *Sans acrimonie*, sans hargne.

ACROSTICHE, n.m. *Un acrostiche.*

ACTE, n.m., **ACTER**, v.tr.dir. ▸ POSER. On dit: *prendre acte d'une déclaration, prendre acte de ce qu'il s'abstient, donner acte à qqn de ce qu'il est d'un autre avis.* Le verbe *acter*, courant en Belgique dans le sens de *prendre acte de*, a été autrefois enregistré dans des dictionnaires français et l'est encore dans le *Lexis*: *Acter une décision.*

ACTE (au théâtre), n.m. On dit: *Au troisième acte* ou *dans (pendant) le troisième acte. À la première scène du troisième acte.*

ACTIVER, v.tr.dir., **S'ACTIVER.** On *active* une personne, le feu, la circulation du sang, le travail, les préparatifs, etc. Le pronominal *s'activer* est incontestablement correct, avec une valeur passive, pour les choses qu'on peut activer. Mais on en critique l'emploi lorsqu'il s'agit de personnes; on exige *s'affairer.* Il est pourtant assez courant et n'est pas récent: *Tout un peuple industrieux s'active dans les demi-ténèbres* (Claudel, P., *Le soulier de satin*), ou chez A. Daudet (*Port-Tarascon*), M. Prévost (*L'homme vierge*), etc. Le GLLF enregistre cet emploi et l'Académie donne l'exemple: *Le cuisinier s'active devant ses fourneaux.*

ACTUELLEMENT, adv. Pléonasme à éviter: [*actuellement en cours*].

ACUPONCTEUR, n.m., **ACUPONCTURE**, n.f., la graphie reproduisant la prononciation est préférable à **ACUPUNCTEUR** et **ACUPUNCTURE**, plus proches du latin; il existe d'autres mots, comme *ponction, ponctuel, ponctuer*, où la graphie *on* correspond au latin *un.*

ADAGIO, n.m., s'écrit au pluriel des *adagios.*

ADDENDA (pron. *a-din-da*), n.m. normalement invariable: un *addenda*, des *addenda*, mais on admet maintenant des *addendas* (RO II.7). Le mot désigne les notes additionnelles à la fin d'un ouvrage (parfois un ouvrage complémentaire). **ADDENDUM** s'impose lorsqu'il n'y a qu'une addition.

ADDITIF, adj. (*Un paragraphe additif*) ou n.m. (*Voter un additif à la loi*). Ne prononcer qu'un seul *d*, comme dans *addition, additionner.*

ADDUIRE, parfois **ADUIRE**, v.tr.dir., s'emploie en Wallonie et en France dans le langage des colombophiles pour habituer un pigeon au pigeonnier: *Le bon pigeon s'adduit facilement.*

ADÉQUAT, adj., suppose une conformité rigoureuse, une appropriation exacte. Il dit donc plus que *convenable.* Strictement il ne comporte pas de degré de comparaison, mais le *TLF* cite *la plus adéquate* (Flaubert), *merveilleusement adéquat* (Rivière, J.), *tout à fait adéquat.*

ADHÉRENT, adj. et n.m., **ADHÉRER**, v.tr.ind. ▸ VERBE, Conjugaison, 1.1. Dans l'adj. et le nom *adhérent*, on écrit *en* comme dans *adhérence.* **ADHÉRANT** est le participe présent d'*adhérer.* Une matière *adhérente* (ou *adhérant*) à une autre. On adhère à qqch. (parfois, en politique, à qqn). L'**ADHÉSION** à un parti. L'**ADHÉRENCE** d'une surface à une autre. *L'adhérence de deux surfaces.*

ADIEU, interj., s'oppose en principe à *au revoir* et n'est pas normalement, comme dans le Midi, une formule de politesse employée pour aborder ou quitter qqn. On dit: *faire ses adieux à qqn*, *dire adieu à qqn*. On écrit: *un dîner d'adieu* ou *d'adieux*.

À DIEU VAT. ► ALLER, 1.

Adjectif

► ADJECTIFS COMPOSÉS, DÉTERMINANTS DÉMONSTRATIFS, DÉTERMINANTS POSSESSIFS, ADJECTIFS QUALIFICATIFS. Pour l'adjectif verbal ► PARTICIPE PRÉSENT.

Adjectifs composés (Accord)

Les deux adjectifs varient quand ils qualifient tous deux le même nom: *Des filles* **sourdes-muettes**; *des paroles aigres-douces*; *les listes sociales-chrétiennes*.

Substantivement: *Les sociaux-démocrates*.

N.B. *Mort* est invariable dans *mort-né* (traité comme *nouveau-né*): *Des enfants mort-nés*.

Si le premier élément présente, par abréviation, la finale *o* ou *i*, il reste invariable: *les guerres* **franco-allemandes**, *des poèmes* **héroï-comiques**.

Le premier élément reste invariable si c'est un mot invariable ou un adjectif à valeur adverbiale: *des attaques* **sous-marines**; *une fillette* **court-vêtue**; *nous sommes* **fin prêts**; *des enfants* **nouveau-nés**. ► NOUVEAU.

Toutefois, suivant un ancien usage, il varie dans certains cas: *des fleurs* **fraîches écloses**, *fraîches cueillies*; *des fenêtres* **larges ouvertes**, **grandes ouvertes**; *ils sont* **bons premiers**; *les enfants* **premiers-nés**, *derniers-nés*. Il arrive que *grand*, *large* et même *frais* restent invariables dans ce cas (► GRAND, LARGE, FRAIS). Pour *tout-puissant* ► TOUT, 4.4.12.

Si l'adjectif composé est tiré d'un nom composé, le premier élément reste invariable: *La cour* **grand-ducale**; *les théories saint-simoniennes*; *les langues bas allemandes* (pas de trait d'union); *les populations bas bretonnes*; *les officiers long-courriers*. ► BAS.

Franc, dans *franc-comtois* et *franc-maçon* (ou *franc-maçonnique*), ne varie qu'au masculin pluriel: *Des notables francs-comtois, des horloges franc-comtoises*; *les journaux francs-maçons, les loges franc-maçonnes*. On écrit sans trait d'union: *Les Franches Montagnes du Jura, les Francs Montagnards*.

► ADJECTIFS QUALIFICATIFS, 2.3.3 (Couleur), CLAIR-OBSCUR, DEMI, FIN, HAUT, IVRE, NUMÉRAUX, 1, RAIDE.

Adjectifs démonstratifs

► DÉTERMINANTS DÉMONSTRATIFS.

Adjectifs possessifs

► DÉTERMINANTS POSSESSIFS.

Adjectifs qualificatifs

Accord de l'adjectif qualificatif, épithète, attribut, adjectif détaché.

1. RÈGLE GÉNÉRALE

L'adjectif qualificatif et l'épithète ou l'attribut s'accordent en genre et en nombre avec le nom ou le pronom auquel ils se rapportent: *Elle est sauve. Lui et elle sont saufs.* L'adjectif peut ne se rapporter qu'au dernier des noms coordonnés: *Il sort avec son frère et sa sœur cadette.* ► VERBE, Accord, 2.2.

S'il y a apocope, l'adjectif ainsi formé (*sympa*, *extra*, *rétro*, *porno*, *maxi*, etc.) est invariable en genre; il serait souhaitable que ces mots, adjectifs ou noms, varient au pluriel.

2. CAS PARTICULIERS

2.1. *NOUS* DE MODESTIE, DE MAJESTÉ; *VOUS* DE POLITESSE

Nous, *vous* peuvent ne désigner visiblement qu'une personne: *nous* de modestie ou de majesté ou *vous* de politesse; l'adjectif (ou le participe) qui s'y rapporte reste au singulier: *Dans le désir de leur être agréable, nous avons décidé... Nous avons été consulté... Soyons modeste, se dit-il. Vous êtes fâchée.*

L'employé agissant au nom de la société, de ses dirigeants, écrira: *Dans le désir de vous être agréables, nous...*

2.2. TERME PLURIEL ET ADJECTIFS AU SINGULIER

Les adjectifs qui se rapportent chacun à un seul des êtres ou à une seule des choses qu'on n'exprime qu'une fois *au pluriel* restent au singulier: *Dans plusieurs secteurs des fronts méridional et occidental.* Cela se présente souvent avec *siècle*: **Les douzième et treizième siècles**. Mais on écrit: **Le seizième et le dix-septième siècle**. *Du douzième au quatorzième siècle. L'ancien et le nouveau maire étaient là.*

Il est logique de mettre au pluriel le troisième adjectif dans une phrase comme celle-ci où le nom reste au singulier : ***La première et la troisième déclinaison latines***. Les trois déclinaisons sont latines.

On a le choix entre *Les codes civil et pénal. Les histoires ancienne et moderne* et *Le code civil et le code pénal. L'histoire ancienne et l'histoire moderne*. ▶ ARTICLE, 3.

2.3. LA COULEUR

La couleur peut être indiquée par un ou plusieurs adjectifs, un ou plusieurs noms.

2.3.1. **Adjectif simple**

L'adjectif s'accorde toujours : *Une robe verte, une toile bise*. Seuls *kaki* et *auburn* restent invariables.

On notera que **kaki** n'est pas le nom du fruit, mais un adjectif emprunté à l'anglais qui l'a lui-même emprunté à un mot de l'Union indienne signifiant «couleur de poussière» : *Des uniformes **kaki**, des tenues kaki.*

▶ AUBURN.

A. Variabilité d'adjectifs provenant de noms

Écarlate, mauve, pourpre et *rose*, qui sont originairement des noms, sont reconnus comme adjectifs et variables : *Des étoffes pourpres.* Mais *carmin, garance, nacarat, ponceau* restent invariables en fonction d'adjectifs.

B. *Châtain*

Châtain a fini par prendre une forme féminine. On a dit longtemps et l'on dit encore : *Une femme châtain*, mais le féminin *châtaine* est devenu assez courant.

2.3.2. **Nom**

Couleur indiquée par un nom, employé seul, ou par deux noms coordonnés. L'invariabilité s'impose en dépit de quelques hésitations pour certains noms : *Des gants paille* (de la couleur de la paille ; il y a ellipse) ; *des yeux marron, des gants crème, des rubans orange, des chevaux pie* (▶ PIE). Mais on écrit : *des rouges, des émeraudes* (nom de la couleur).

A. *Couleur* + nom

Couleur, sans article, déterminé par un autre *nom*, forme des expressions invariables : *des bas couleur de chair* ou *couleur chair*. Mais *des écharpes de couleur brune, de couleur bleu foncé* (▶ 2.3.3).

B. Nom de la couleur + adjectif

Si le nom désignant la couleur est qualifié par un adjectif, celui-ci s'accorde avec lui : *des robes topaze brûlée* (de la couleur de la topaze brûlée, ayant pris une teinte rose).

C. Nom de la couleur + nom

Si le nom de la couleur est qualifié par un adjectif, celui-ci varie ; s'il l'est par un nom, celui-ci reste invariable : *Un brun foncé, des jaunes pâles, des jaunes paille, un rose clair, des roses clairs, des roses chair, des roses bonbon*. Pas de trait d'union. Accord fautif dans cette phrase, où *galonné* se rapporte à *culotte* : *Ça, c'était le secret du mystérieux petit lieutenant à la culotte orange galonné d'or, à la tunique vert pomme* (Bernanos, G., *Monsieur Ouine*).

Ne pas confondre le nom *orange* et l'adjectif *orangé*.

2.3.3. **Adjectif joint à un autre adjectif ou à un nom**

Si l'adjectif est joint à un autre adjectif qui nuance la couleur ou à un nom apposé ou introduit par *de*, adjectifs et nom restent invariables à cause de l'ellipse :

> *Des cheveux (d'un)* **châtain clair**, *des étoffes jaune paille* (d'un jaune de paille), *des yeux bleu clair, une robe de couleur bleu foncé, une tenue bleu horizon, des foulards vert bouteille, vert aiguille de pin, des cheveux noir de jais.*

Pas de trait d'union, normalement, même quand les deux adjectifs désignent une couleur composée : *gris bleu, gris brun, gris bleuâtre, gris bleuté*, etc. : *Une robe gris bleu. Des robes jaune doré* ou *des robes feuille-morte* ou *feuille morte* (▶ FEUILLE). On notera cependant que le trait d'union est de plus en plus fréquent entre les deux adjectifs de couleur : *des yeux gris-brun*.

Les couturiers emploient, en présentant leurs collections, toutes sortes d'appellations du même type : *des robes noir bronze, vert pomme, gris bois mort, rouge colère, bleu pétrole, rose bonheur, gris ardoise mouillée*, etc.

2.3.4. **Plusieurs mots unis par *et***

Plusieurs mots unis par *et* peuvent désigner des **couleurs juxtaposées** dans un ou plusieurs objets. Le *nom* désignant une couleur est toujours invariable (*poivre et sel*) ; pour l'*adjectif* il y a hésitation : les uns l'accordent, les autres le laissent invariable et les deux tendances se justifient ; nous conseillons, par souci de simplification et d'unification, l'invariabilité de l'adjectif. Celle-ci est déjà la règle, nous venons de le voir, lorsqu'un adjectif qualifie un autre adjectif de couleur auquel il est apposé (il n'y a donc pas de *et*) : *châtain clair, bleu gris* sont traités comme d'un *châtain clair*, d'un *bleu nuancé de gris*.

Lorsqu'il y a coordination, on peut interpréter de deux façons différentes. *Une écharpe bleue et grise* est une écharpe qui est à la fois bleue et grise. *De grands yeux verts et bleus* (Arland, M., *Antarès*). *Deux rayons de faïence blanche et bleue* (Butor, M., *Passage de Milan*). D'autre part, *une écharpe bleu et gris* est une écharpe où il y a du bleu et du gris, dont les couleurs sont le bleu et le gris. *Un peu partout sur les maisons se déployaient les drapeaux blanc et jaune* (Aragon, L., *La mise à mort*). D'où l'invariabilité dans une phrase comme celle-ci: *Il aperçut la voiturette d'un marchand de glaces,* **jaune et vert***, avec ses couvercles en forme de dômes byzantins* (Sabatier, R., *Trois sucettes à la menthe*). *La fillette mangeait une glace vert et rose* (Modiano, P., *Rue des boutiques obscures*. Du même: *Une vieille petite gare, jaune et gris*). *Les drapeaux italiens, vert, blanc, rouge.*

Cependant on trouve souvent l'accord de l'adjectif ou des adjectifs: *Une écharpe* **rouge et blanche** (Thérive, A., *Fils du jour*). *Trois cache-nez pareils de grosse laine bleue et blanche* (Id., *Sans âme*). *Ces chiens noirs et feu* (Saint Pierre, M. de, *Les aristocrates*). Le même auteur écrit cependant: *Les murs blanc et or* (*Les écrivains*).

Robert Sabatier, qui écrit: *la voiturette jaune et vert*, fait ailleurs l'accord au pluriel: *Sur des claies reposaient des pommes* **rouges et vertes***, bien espacées, pour éviter les tachures.* Il ne semble pas qu'il veuille, par l'accord des adjectifs, laisser entendre qu'il y a des pommes rouges et des pommes vertes. Il aurait pu écrire: *des pommes rouges et des vertes.* Il s'agit plutôt de pommes dont chacune est rouge et verte. Il pouvait dire, comme pour la voiturette, *des pommes* **rouge et vert***.* Redisons que l'accord de l'adjectif n'est pas rare et qu'il n'étonne pas si toute équivoque est exclue:

> *Une blouse à petites rayures blanches et bleu ciel* (Bataille, M., *Les jours meilleurs*). Mais Brunot écrit: *des étoffes rayées blanc et noir.* Elsa Triolet: *Malgré les rideaux de toile rayée blanc et rouge* (*Le premier accroc...*). M. Druon: *Une soie à bandes or et noir* (*Rendez-vous aux enfers*). R. Sabatier: *Les murs sont recouverts de tapisseries aux tons* **vert et or** (*La mort du figuier*). M. Déon: *Ses maisons rouge et blanc* et *Les maisons rose et gris du village*; mais, non sans raison: *La grande affiche bleue et blanche — la mer et le village chaulé — du syndicat d'initiative* (*Un parfum de jasmin*).

On comprend que Paul Morand écrive: *Le pavillon à trois bandes, orangée, blanche et bleue* (*Montociel*); le masculin aurait l'air de rapporter les adjectifs à *pavillon*. Mais ailleurs il écrit: *Son salon, jolie pièce carrelée de faïences jaune et aubergine. Un de ces grands papillons bleu et noir qu'on met sous verre* (Green, J., *Journal*); l'accord des adjectifs pourrait créer une équivoque. Cet accord ne s'impose que dans une phrase comme celle-ci, à cause de l'adverbe: *Un gilet à raies alternativement jaunes et puce.*

Ce qui est illogique et indéfendable, c'est de traiter différemment deux adjectifs coordonnés: *une marinière rayée blanc et bleue* (Curtis, J.-L., *Un jeune couple*). Il fallait: *blanche et bleue* ou *blanc et bleu*.

En conclusion, nous proposons volontiers, avec Brunot, **l'invariabilité** de l'adjectif comme du nom dans les expressions composées désignant la couleur, quitte à écrire: **des drapeaux blancs et des bleus** pour indiquer qu'il y a des drapeaux blancs et des drapeaux bleus. Mais: *La tasse de porcelaine bleu et rose* (Ormesson, J. d', *Mon dernier rêve*).

2.4. ADJECTIFS PRIS ADVERBIALEMENT

Les adjectifs employés adverbialement sont invariables. ▸ BON, CHER, CLAIR, COURT, DOUX, DROIT, DRU, DUR, FAUX, FRANC, HAUT, JUSTE, NET, etc. et ADJECTIFS COMPOSÉS. On remarque que ces adjectifs sont généralement courts et apparaissent dans des expressions usuelles (*sentir bon, voir clair*, etc.). La langue littéraire ne craint pas d'élargir ces emplois avec une audace cherchant l'effet: *flamber rouge, penser universel, sourire vilain*, etc. (B.U., nº 926).

2.5. APRÈS UN COMPLÉMENT INTRODUIT PAR *DE*

Le sens règle l'accord soit avec le premier nom, soit avec son complément déterminatif:

> **Des bas de soie tachés***. Des bas* **de soie artificielle***. Un groupe de soldats blessés. Une collection de tableaux tout à fait complète. Une multitude de plantes aquatiques. Un peu de laine grise.*

On écrira donc: *Une partie du linge est usée.* On s'inspirera de ce qui est dit de l'accord du verbe (▸ VERBE, Accord, 2.1.2.A et C): *La moitié du village était plongée dans l'obscurité. Trop d'hésitation devenait dangereux.*

Tout différent est le cas de deux noms unis par *de* et entre lesquels il y a un rapport d'apposition. On écrit: *Cette canaille de Pierre. Quel monstre de femme!* Mais: *Cette canaille de Pierre est heureuse — ou est* **heureux** *— de notre échec.* ▸ DIABLE.

Après *une espèce de, une sorte de, une façon de, une manière de,* l'accord se fait avec le nom qui suit ces expressions: **Une espèce de balcon branlant***, une sorte de gardien mal embouché.*

2.6. *DES PLUS, DES MOINS, DES MIEUX*

Des plus, des moins, des mieux réussie ou **réussies**? L'adjectif s'accorde toujours en genre et souvent en nombre avec le nom pluriel impliqué par *des*: *Cette femme est* **des plus loyales***. Ces toiles sont des mieux réussies.* Il se met toutefois au singulier — c'est l'usage général et logique — s'il se rapporte à un pronom neutre : *Il lui était des plus difficile de s'abstenir. Cela est des plus immoral.*

On rencontre d'ailleurs aussi le singulier en rapport avec un mot au singulier. Cet emploi est logique dans la mesure où *des plus* a couramment le sens de *très* ; la tendance à l'employer dans ce sens, sans idée réelle de comparaison est si nette qu'on le trouve — et c'est correct — devant un adverbe :

> *Cela s'est terminé **des plus tragiquement**. Il chante des plus juste (ou des moins juste). Il n'était pas des moins mal. Il n'y voit pas des plus clair. On l'a traité des plus rudement. Il était des moins bien. — Des plus paisiblement il s'étire* (Verlaine, P., *Épigrammes*).

L'adjectif peut donc rester au singulier comme le nom : *La situation était **des plus embarrassante*** (Duhamel, G., *Les maîtres*). *Tu as été des plus aimable avec elle* (Bernstein, H., *Le marché*). Il serait assez ridicule de mettre le pluriel dans cette phrase : *Il était des plus content de sa femme. C'était un homme des plus loyal.* Mais si l'on peut dire que le singulier est logique et courant dans ce cas, il faut reconnaître que le pluriel est correct et fréquent et que dès lors il est vain de vouloir établir une nuance de sens entre les deux emplois (*B.U.*, nº 954, g). Si un pluriel précède *des plus*, on emploie le pluriel : *Ils étaient **des plus sages**.*

On fait l'accord de *des meilleurs, des moindres, des pires* et de l'adjectif après *des plus mal* : *La réponse n'est pas des meilleures. Ce couple était des plus mal assortis.*

On notera la différence entre cet emploi de *des plus* et l'emploi du superlatif après un nom précédé de *un des*. Il est normal d'écrire : *Un des hommes les plus sots que la terre ait encore vus* (Green, J., *Les années faciles*). *Une des conséquences les plus inattendues.* Il est évident que le superlatif se rapporte au nom pluriel et qu'il est abusif d'écrire *la plus inattendue* comme on le ferait logiquement si l'on disait : *La conséquence la plus inattendue.* Cet accord n'est pas rare, cependant.

2.7. L'ADJECTIF SE RAPPORTE À PLUSIEURS NOMS

2.7.1. **Les noms suivent l'adjectif**

Attribut, il se met au masculin pluriel si un des sujets est masculin : *Nombreux sont les garçons et les filles.*

Épithète, il se répète généralement : *Un bon dîner et une bonne bouteille. Cher oncle et chère tante* (ou *Chers oncle et tante*).

Si les noms sont *synonymes* ou placés *en gradation*, sans être unis par une conjonction, l'accord se fait par voisinage avec le nom le plus rapproché : *Il conserve tout entière l'habileté, le talent qu'il*

avait. *Nous trouvons singulier son étonnement, sa mauvaise foi.* On notera cependant que si, dans la subordonnée, un participe devait s'accorder, il ne pourrait s'accorder avec le premier nom ; il faudrait donc unifier les accords : *Il conserve tout entiers le talent, l'habileté qu'il a montrés deux ans plus tôt.* Noter le masc. sing. dans : *J'en étais arrivé au point (...) de considérer comme nul et radicalement disqualifié tout auteur, tout personnage historique, toute œuvre, toute matière d'enseignement quelconque, dès l'instant que les autres paraissaient se l'être approprié* (Tournier, M., *Le roi des aulnes*).

Locutions figées : *Un certificat de bonne vie et mœurs. En pleine liberté et indépendance.*

On dit : *Mon cher collègue et ami* (une seule personne est représentée par les deux noms).

2.7.2. **Les noms précèdent l'adjectif**

Celui-ci se met au masculin pluriel si un des noms est masculin : *Avec un élan, une verve naturels* (Saint Pierre, M. de, *Les aristocrates*). *Son oncle et sa tante sont trop indulgents.* L'oreille — non la syntaxe — demande plutôt que, si les noms sont de genres différents, le masculin soit en deuxième position si elle perçoit une différence entre le masculin et le féminin de l'adjectif ; elle est plus accommodante si un mot (le verbe dans le cas d'un adjectif attribut ; un adverbe dans le cas d'épithètes) sépare le nom féminin mis en deuxième position et l'adjectif mis au masculin pluriel.

> *Il n'est pas interdit de dire : Un caractère et une énergie particuliers. Dans les costumes et les poses les plus divers* (Léautaud, P., *Journal littéraire*). *On dit plus souvent : Une énergie et un caractère particuliers. Une facilité et un charme délicieux. Un charme et une facilité vraiment délicieux.*

On peut aussi accorder l'adjectif avec le dernier nom seulement, à condition qu'il n'y ait pas d'équivoque. Cela se fait surtout avec des noms abstraits ou presque synonymes : *Il a soulevé l'indignation et la colère générale(s).* Cette latitude sera mise à profit particulièrement pour éviter le heurt d'un adjectif en *-aux* et d'un nom au singulier ou le rapprochement discordant d'un masculin et d'un féminin : *L'esprit et le caractère national. Le drame et la comédie humaine* (plutôt que *nationaux* et *humains*).

Il faut éviter l'équivoque : on ne peut, pour éviter la discordance de *Des bas et une toque gris*, dire *Une toque et des bas gris* ; rien ne montre que *gris* se rapporte aux deux noms. On dira donc de préférence : *Une toque grise et des bas gris.*

Académie royale de langue et de littérature françaises est l'orthographe officielle et logique ; en écrivant *française*, on ne crée pas vraiment une équivoque, mais on néglige de montrer que l'adjectif se rapporte aux deux noms. ▶ PROCHAIN.

Si les noms sont **synonymes** et non coordonnés ou s'ils sont **en gradation**, l'adjectif s'accorde avec le plus rapproché :

> *Il a montré un sang-froid, une présence d'esprit étonnante. Une complaisance, une générosité exceptionnelle. L'imprudence, la bêtise humaine.*

Lorsque les noms sont unis par *avec, comme, ainsi que*, etc., marquant l'accompagnement ou la comparaison, l'adjectif (comme le verbe) s'accorde avec le premier nom ; on le met au pluriel si ces mots ont vraiment le sens de *et* :

> *L'autruche a la tête, ainsi que le cou, garnie de duvet. Le général, avec ses officiers, immobile et anxieux, attendait le passage de l'Empereur. Il a remis une rédaction ainsi qu'une dictée remplies de fautes.* Remarquer l'utilité de la présence ou de l'absence des virgules.

Si les noms sont unis par *ou*, il faut surtout veiller à éviter toute équivoque. L'adjectif se rapportant aux deux noms peut toujours se mettre logiquement au pluriel ; il le doit quand il faut dissiper une équivoque :

> *Il en sortira avec une côte ou un bras cassés. On demande un homme ou une femme âgés. De la viande ou du poisson grillés.*

S'il n'y a pas d'équivoque possible, on fait souvent l'accord avec le nom le plus proche ; cet accord est imposé parfois par le sens : *Il voulait donner à son fils un métier ou une situation lucrative. Une statuette en pierre ou en bois très dur.*

Si les noms ne sont pas du même genre et qu'il y ait exclusion d'un des sujets, l'adjectif *attribut* (ou le participe employé avec *être*) reste au masculin : *Est-ce le père ou la mère qui est le plus âgé ?*

2.8. *IL N'Y A DE... QUE*

Avec *il n'y a de... que*, l'adjectif reste généralement invariable : *Dans cet essai, il n'y a de bon que l'introduction* (rien n'est bon, sauf l'introduction). *Il n'y a d'obscur ici que ses intentions* (ce qui est obscur, ce sont seulement ses intentions). L'accord se rencontre quelquefois ; sans s'imposer, il se justifie lorsqu'on ne peut logiquement penser à un nom comme *rien* que l'adjectif qualifierait. On écrirait : *Dans cette classe il n'y a de travailleurs que ces deux frères* (on pense : seuls ces deux frères sont travailleurs) ▸ DE, 2.

La différence de traitement peut exprimer des vues différentes. Lorsque Flaubert écrit : *Ils s'en revenaient à la nuit close, quand il n'y avait plus d'éclairé sur la place que la lucarne de Binet,* nous comprenons plutôt : rien n'était éclairé, sauf... *Éclairée* suggérerait l'idée : de toutes les lucarnes de la place, seule était éclairée...

On pourrait de même opposer : *Il n'y a d'important que les qualités morales* (rien n'est important, sauf les qualités morales) et *Il n'y a d'importantes que les qualités morales* (de toutes les qualités, physiques, intellectuelles ou morales, seules les qualités morales sont importantes). Mais il faut redire que l'adjectif est généralement laissé invariable.

Même usage (invariabilité habituelle de l'adjectif) si, au lieu d'être impersonnel, le verbe a pour sujet un être ou une chose : *Ce livre n'a d'intéressant que ses illustrations* (n'a rien d'intéressant, sauf ses illustrations).

Pour *n'avoir d'égal que* ▸ ÉGAL, 3.

2.9. *TOUT CE QU'IL Y A DE*

Avec *tout ce qu'il y a de*, l'invariabilité de l'adjectif est courante : *Ces pêches sont tout ce qu'il y a de plus mûr.* Même en parlant d'une personne, on dira : *C'est une jeune fille tout ce qu'il y a de plus sérieux ;* mais on pourra dire *sérieuse* en rapportant l'adjectif à *jeune fille.*

2.10. *IL N'Y A PAS PLUS... QUE*

Après *il n'y a pas plus... que*, l'invariabilité est la norme : *Il n'y a pas plus grand que cette salle. Il n'y a pas plus bruyant que ces petites filles.*

2.11. *CE QU'A DE*

Avec *ce qu'a de*, l'adjectif reste invariable : *On voit ce qu'a d'intéressant cette théorie.*

2.12. ACCORD AVEC UN TITRE HONORIFIQUE

On dit : *Sa Majesté est-elle présente ?* (Accord avec le titre quand il est seul.) *Sa Majesté le roi est-il présent ?* (Accord avec le nom commun auquel le titre est apposé.) — *Sa Sainteté le Pape est content. Il a reçu de bonnes nouvelles.*

2.13. VOIR AUSSI...

Accord avec un titre de livre ▸ VERBE, Accord, 2.1.4.

▸ ADJECTIFS COMPOSÉS, ON et IMPERSONNELS.

▸ AIR : *avoir l'air.*

Substantifs attributs ou pris adjectivement ▸ BON ENFANT, CANAILLE, PORTEUR, etc., à leur rang alphabétique.

▸ BON, CHER, COURT, DEMI, DROIT, DRU, ÉGAL, FEU (adjectif), FORT, FRAIS, FRANC DE PORT, GENS, GRAND, GUERRE, HAUT, LARGE, MARCHE, MÊME, MORT-NÉ, NOUVEAU, NU, QUEL, 1, QUELQUE, PASSÉ, PLEIN, POSSIBLE, PROCHE, SAUF, SEUL, TEL, TOUT, etc.

ADJOINT, *ointe*, adj. et n., ne se lie pas par un trait d'union au nom qui le précède : *Les sous-directeurs adjoints. Le chef de cabinet adjoint.*

ADJUDICATAIRE, et **ADJUDICATEUR**, *trice*, renvoient respectivement (voir *donataire* et *donateur*) à celui ou celle qui bénéficie de l'adjudication et à celui ou celle qui met qqch. en adjudication ou qui est chargé de le faire.

ADJUGER, v.tr.dir., **S'ADJUGER**. *Adjuger*, c'est attribuer par un jugement ou une décision, ou décerner une récompense. Celui à qui on adjuge une chose est considéré comme y ayant droit, comme pouvant y prétendre.

L'Académie donne, pour illustrer, le sens d'*accorder, attribuer* : *on lui adjugea une excellente note* ; *elle s'est adjugé la meilleure place.* On n'en conclura pas qu'il est normal de dire [*il s'est adjugé le premier prix*] si l'attribution est faite par un autre ; on dira : *il a obtenu* (ou *remporté*) *le premier prix* ; *on lui a adjugé le premier prix.*

ADJURER, v.tr.dir. *Il les a adjurés de réagir.* Ne pas confondre avec *abjurer.*

ADMETTRE QUE est suivi du subjonctif ou de l'indicatif selon sa signification : *Admettons* (supposons, tenons pour possible) *que cela **soit** vrai. J'admets que vous ayez raison dans ce que vous pensez* (Camus, A., *Les justes*), dit le directeur de la police à un accusé ; il se garde bien de reprendre à son compte l'affirmation de celui-ci. *Nous admettons* (nous tolérons, nous permettons) *qu'il le fasse. Je n'admets pas qu'il parte aussitôt. En fait, pour Alan, c'était : «Tu admets* (tu acceptes, tu tolères) *que je doive partager toute ta vie»*, et *pour Josée : «Tu admets* (tu reconnais comme vrai) *que tu n'es pas toute la vie»* (Sagan, Fr., *Les merveilleux nuages*). *J'admets que c'est un cas difficile.* Ce dernier sens, «reconnaître pour vrai, pour bon, considérer comme acceptable au nom de l'évidence ou de la conciliation», est très large : *Il admet nos raisons, nos excuses, notre compétence.* Mais on va trop loin lorsqu'on substitue purement et simplement *admettre* à *reconnaître, avouer.* S'il est normal de dire : *Il admet qu'il a tort* (ou *Il reconnaît, il avoue qu'il a tort*), avec *faute*, on dirait plutôt : *Il reconnaît* (ou *il avoue*) *ses fautes.*

Admettre que, quand le sens exige l'indicatif, est suivi du subjonctif lorsqu'il est accompagné d'une négation ou employé à la forme interrogative ou introduit par *si* (► CROIRE) : *Admettez-vous qu'il **ait** cru cela ? Si vous admettez qu'il **ait** cru cela.* Si l'idée exprimée dans la subordonnée est une évidence, *admettre que* est suivi de l'indicatif : *Admettez-vous que chacun peut se tromper ? Admettez-vous, oui ou non, que deux et deux **font** quatre ? Il n'admet pas que chacun **doit** faire son possible.* **EN ADMETTANT QUE** est suivi du subjonctif : *en admettant qu'il le fasse.*

ADMETTONS! implique une certaine réserve.

ADMINISTRATEUR, n.m. Pas de trait d'union dans **ADMINISTRATEUR DÉLÉGUÉ**.

ADMINISTRATION, n.f., ne prend une majuscule que pour désigner l'ensemble indifférencié des services publics. On parle de l'*administration des États-Unis* pour l'ensemble du gouvernement et des milliers de personnes qui dépendent directement de la présidence.

ADMIRER QUE est suivi du subjonctif.

ADMONESTATION, **ADMONITION**, n.f. Tous deux signifient «avertissement sévère, réprimande», sens qu'on retrouve dans **ADMONESTER**. Il n'est pas étonnant qu'*admonestation* évince de plus en plus *admonition.*

ADONNER (S'). *On s'adonne à qqch., à une activité, au jeu, aux plaisirs, à l'étude, à un penchant, à un travail, on s'y livre.*

ADORER, v.tr.dir.

1. *Adoré de* ou *par.* ► DE, 8.

2. On abuse d'*adorer* dans le sens d'«avoir un goût très vif pour qqch.». Devant un infinitif, il se construit aujourd'hui sans préposition (*de* est très rare) : *Ils adoraient boire* (Perec, G., *Les choses*). *Il adore plaisanter.*

ADOSSER, v.tr.dir. *On adosse qqch.* (ou *on s'adosse*) *à un mur, **contre** un mur.*

ADVENIR, v.intr., ne se conjugue qu'à la 3ᵉ pers. du sing. : *Qu'adviendra-t-il ? Qu'est-il advenu des prisonniers ? Quoi qu'il advienne* ou *Quoi qui advienne.* Auxiliaire *être* : *Il est advenu que nous soyons en retard.* Après *il advient que*, on emploie généralement le subjonctif ; l'indicatif peut souligner la constatation d'une réalité : *Il advenait qu'il se trompait. Fais ce que dois, advienne que pourra.*

Le très ancien verbe **AVENIR** ne s'emploie plus.

Adverbe

1. ORTHOGRAPHE DES ADVERBES EN -*MENT*

On sait qu'ils sont formés de la combinaison de l'adjectif féminin avec l'ablatif du nom latin (féminin) *mens*, esprit, manière. D'où :

vivement, bellement, follement. Exceptions: *gentiment, impunément, traîtreusement.*

Certains adjectifs avaient, comme en latin, une seule forme pour le masculin et pour le féminin: d'où *éloquemment, puissamment*; on notera qu'on y retrouve respectivement, devant deux *m*, la voyelle, *e* ou *a*, de l'adjectif *éloquent* ou *puissant*. D'autres ont été formés par analogie avec la série la plus riche: *présent, présentement.*

Tout cela ne devrait présenter aucune difficulté dans l'usage. Mais on hésite à bon droit sur l'orthographe des adverbes issus d'adjectifs terminés par une voyelle: l'*e* qui suivait celle-ci ne s'est plus prononcé et ou bien a disparu de l'orthographe ou bien a été gardé ou bien a été remplacé par un accent circonflexe que l'Académie, arbitrairement, maintient dans certains cas et supprime dans d'autres: *aisément, gaiement, assidûment, absolument.*

N'insistons pas sur les cas où, par analogie avec les adverbes formés sur un adjectif en *é* (*assurément*), on a changé en *é* l'*e* final de l'adjectif: *conformément, intensément, profondément, expressément.* Mais: *inversement.* L'orthographe y est conforme à la prononciation. Une hésitation subsiste, à tort, pour deux graphies de l'Académie, *exquisément* et *opiniâtrement.*

Mais il est anormal de ne pas mettre de l'ordre dans le chaos des adverbes formés sur des adjectifs terminés par *i* ou par *u*. L'Académie écrit *gaiement*, d'autres dictionnaires donnent *gaiement* et *gaîment.* Pourquoi ne pas écrire *gaiment* comme *vraiment*? L'Académie écrit *résolument, absolument, éperdument*, etc., mais conserve l'accent circonflexe dans *assidûment, congrûment, continûment, crûment, dûment, goulûment, incongrûment, indûment, nûment.* Elle devrait renoncer à cet accent circonflexe, même dans *dûment* et *indûment.* L'accent circonflexe que prend *dû* au masculin singulier ne se justifie que par le souci d'établir une distinction dans la graphie avec l'article contracté *du.* Aucune confusion de ce genre n'est à craindre dans *dûment*; ni non plus dans *indûment*; l'adjectif *indu* s'écrit d'ailleurs sans accent circonflexe. On doit écrire: *gentiment.* Cela dit, dans l'usage actuel, il convient d'écrire: *gaiement* et de se conformer aux décisions de l'Académie pour l'accent circonflexe. Voir également *RO* II.4. Rem.

2. Adverbes employés substantivement

Invariabilité au pluriel des adverbes employés substantivement: **Des oui** *et des non.* **Des pourquoi** *inquiétants.*

3. Place de l'adverbe

À moins d'entrer dans un très grand nombre de cas particuliers, il faut se borner à quelques indications sur la place de l'adverbe par rapport au mot (adjectif, adverbe, participe, verbe) auquel il se rapporte. Cette place est d'ailleurs souvent susceptible d'être modifiée intentionnellement, pour des raisons de style (équilibre, mise en relief, rythme).

Sous ces réserves, et en excluant les adverbes interrogatifs, on notera que l'adverbe précède l'adjectif ou un autre adverbe (toutefois ▶ N.B.), précède (mais peut suivre souvent) le participe passé employé seul (à moins qu'il ne s'agisse d'adverbes monosyllabiques comme *bien, mal, fort, mieux, peu, plus, moins, tard, très, trop*, qui précèdent), suit généralement l'infinitif (cependant ▶ INFINITIF, 4 et 5), suit le verbe à un temps simple (cependant ▶ N.B.), suit souvent l'auxiliaire dans les temps composés (sauf les adverbes de temps et de lieu: *Il est parti hier*).

N.B. *Encore* peut précéder ou suivre un comparatif ou un autre adverbe: *Encore aujourd'hui* ou *aujourd'hui encore. Encore plus beau* ou *plus beau encore.* ▶ ENCORE, 7. On dit aussi: *Aujourd'hui seulement* ou *seulement aujourd'hui.*

L'adverbe précède le verbe ou l'auxiliaire dans les tours impersonnels sans *il*: *mieux vaut, peu importe, peu s'en est fallu, bien lui prend*, etc.

4. Voir aussi...

AINSI, ASSEZ, AUSSI, BEAUCOUP, BIEN, COMME, adv. et conj., 1, EN, adv. ou pr., INVERSION, MOINS, NE, omission, NE PAS, OÙ, PAS MAL, PEUT-ÊTRE, PLUS, QUAND, QUE, TOUT, TRÈS, VOULOIR, Y, etc.

ADVERSE, adj., ne s'emploie plus que dans quelques expressions, notamment avec *parti, partie, équipe, opinion, camp.*

AÉRO-. Ne pas déplacer *r* dans une *aérogare*, un *aéroport*, etc. Mais **ARÉOPAGE** n'a aucun rapport avec *air* et *aéro*: il désigne proprement le tribunal qui siégeait à Athènes sur la colline d'Arès et, par extension, une assemblée de gens très compétents. ▶ AÉROMÈTRE.

AÉRODYNAMIQUE, adj., peut s'appliquer à des objets ou surfaces (*train, voiture, phare, profil*, etc.) dont la forme est calculée (en fonction des principes de l'aérodynamique) pour offrir moins de résistance à l'air.

AÉROGARE, n.f. *Une aérogare.*

AÉROGLISSEUR, n.m., doit remplacer *hovercraft.*

AÉROLITHE (ou **AÉROLITE**), n.m., s'écrit plus souvent avec *th*: un *aérolithe.*

AÉROMÈTRE, **ARÉOMÈTRE**, n.m., désignent des instruments de mesure de la densité, soit de l'air (*aéromètre*), soit des liquides (*aréomètre*).

AÉRONEF, n.m. *Un aéronef.* Autrefois féminin.

AFFABLE, adj. On est affable *avec* (ou *envers*) qqn.

AFFABULATION, FABULATION, n.f. *Affabulation* est rare et vieilli dans le sens de *morale*, *moralité* d'une fable, d'un apologue. Il désigne au contraire couramment, plus encore que l'organisation d'un sujet en intrigue, l'intrigue elle-même d'une pièce de théâtre, la trame d'un roman ; c'est à tort qu'on lui fait désigner un récit infidèle ou la manière infidèle de rapporter les faits. Le verbe est **AFFABULER** (agencer l'intrigue d'une œuvre, d'une question) ; à ne pas confondre avec **FABULER**.

Fabulation désigne, en psychologie, l'action de *fabuler*, c'est-à-dire d'imaginer des histoires fictives, plus ou moins cohérentes, et de les présenter comme réelles, sans nécessairement l'intention de tromper (par exemple chez les mythomanes, chez les enfants) : *Une nature vouée à la sincérité comme d'autres à la fabulation* (Faure, L., *Mardi à l'aube*).

AFFAIRE, n.f., **AFFAIRES**.

1. **AVOIR AFFAIRE** ou **À FAIRE**.

   La logique peut justifier souvent les deux façons d'écrire. Elles sont alors correctes l'une et l'autre et ont pratiquement le même sens. Mais il est certain que, dans l'usage, *affaire* l'emporte nettement et est à conseiller, sauf si le sens *faire qqch.* apparaît clairement. À *faire* s'impose en effet lorsque le contexte établit qu'il s'agit du verbe ; ce que peut montrer un complément d'objet direct ou un adverbe de quantité (*assez, beaucoup, fort, peu, tant, trop*) : *On a* **affaire** (beaucoup plus rarement *à faire*) *à qqn, à qqch.* (*à une plaisanterie, à de la mauvaise foi, à un complot*, etc.). *J'ai affaire à lui. Nous avons affaire à un imprévu. J'ai affaire ici aussi bien que J'ai à faire ici* (qqch.). Mais : *Qu'ai-je à faire ici ?* (complément d'objet direct) ou *qu'ai-je à faire de cela ? J'ai une démarche à faire. Elle a fort à faire.*

2. **Avoir affaire** (plus rarement **à faire**) **à** ou **avec**.

   Avec, vieilli, s'emploie surtout lorsqu'il s'agit de rapports prolongés (d'intérêts professionnels ou commerciaux, de transactions, etc.). *J'ai eu affaire avec lui tous les jours. J'ai affaire avec mon associé. C'était avec ce Dieu-là qu'elle voulait avoir affaire* (Troyat, H., *Les Eygletière*). Mais, même dans le cas de rapports prolongés, *à* est plus courant qu'*avec* : *Au reste, l'organisation à laquelle ils avaient affaire dans leurs contacts avec nous facilitait la cohésion* (Gaulle, Ch. de, *L'unité*). *J'ai eu souvent affaire à M. Eden* (Id., *L'appel*).

   Avoir affaire à peut traduire une menace, un rapport de fort à faible ou quelque chose de passager : *Vous aurez affaire à moi. J'ai eu affaire à forte partie. Nous avons affaire à une difficulté inattendue.*

3. **Avoir affaire** (ou plutôt **à faire**) **de qqn** ou **qqch.** L'Académie note «*avoir affaire de* (vieilli), être concerné par. *Qu'avons-nous affaire de ces querelles ?* On dit plutôt *avoir à faire de...*». *Qu'ai-je à faire maintenant de cette longue confession ?* (Mauriac, Fr., *Le nœud de vipères*).

4. Quelques expressions : *C'est mon affaire. Être à son affaire. Prendre l'affaire en main. C'est l'affaire d'une seconde. Cela ne fait rien à l'affaire. J'en fais mon affaire, je m'en occupe, j'en réponds.*

5. [**ÊTRE EN AFFAIRE**] se dit couramment en Belgique dans un sens qu'on ne pourrait pas traduire exactement dans tous les cas par *s'affairer, être affairé*, parce qu'à l'idée d'agitation s'ajoute celle d'émotion. *Une dame est fort [en affaire] en attendant ses invités. Les enfants sont [en affaire] dans les jours qui précèdent la Saint-Nicolas.*

6. **Affaires**, n.f.pl., peut s'employer pour *effets, vêtements, objets personnels.* On a parlé à tort de belgicisme : *Tandis qu'il remet ses affaires à l'ouvreuse* (Proust, M., *À la recherche...*). *Je ne sais plus où mettre mes affaires* (Mauriac, Fr., *Les mal-aimés*). Dans la région liégeoise, on entend parfois *affaire* dans ce sens au masculin, singulier ou pluriel.

   Quelques expressions : *Être dans les affaires. Se retirer des affaires. Un homme d'affaires. Un chargé d'affaires. Expédier les affaires courantes. S'occuper des affaires d'un tel. Mettre de l'ordre dans ses affaires. Une lettre d'affaires. Toute(s) affaire(s) cessante(s)* (Ac.). *Un voyage d'affaires. Le ministre des Affaires étrangères.*

   Si l'on dit en bon français *faire des affaires avec qqn* (avoir avec lui des relations commerciales), c'est un wallonisme d'employer *faire des affaires* (sans complément) dans le sens de «compliquer et exagérer les choses» : [*Il fait des affaires pour un rien*].

AFFAIRÉ, adj., **S'AFFAIRER**. **ÊTRE AFFAIRÉ**, c'est s'agiter parce qu'on est surchargé d'occupations ou comme si on l'était. **S'affairer**, c'est se montrer empressé ou s'occuper avec agitation : *Il s'affairait autour des clients. Elle s'affairait à habiller les enfants pour la messe.* ▶ AFFAIRE, 5.

AFFAIRISTE, n.m., désigne un homme d'affaires sans scrupules.

AFFECTATAIRE, adj., est employé par Maurice Genevoix dans le sens de «qui a une affectation précise, une destination bien déterminée» : *Ces fondations (...) sont presque toutes affectataires* (*La perpétuité*).

AFFECTER, v.tr.dir. Distinguons quatre sens parmi ceux des divers verbes *affecter* :

1) feindre avec une certaine ostentation : *On affecte l'insouciance* ; *on affecte d'être indifférent* ;

2) agir sur (en bien ou en mal), avoir un effet fâcheux, une influence néfaste : *Ce remède affecte le cœur. Affecter un nombre d'un exposant. Elle est affectée de telle maladie. Cette querelle a affecté notre amitié* ;

3) toucher, en faisant souffrir : *Son échec l'a beaucoup affecté. Je suis très affecté par cette perte. Elle s'est affectée de nos malheurs* ;

4) destiner, réserver à : *Affecter qqch. à qqn. Affecter qqn à une fonction. Affecter une part de ses revenus à l'achat d'un terrain. Affecter une résidence à un fonctionnaire. Affecter un fonctionnaire à un poste.*

AFFECTIONNÉ, adj., dans les formules de fin de lettre, est souvent précédé de *votre* et signifie : qui éprouve de l'affection, attaché, dévoué. L'expression paraît vieillie, recherchée. Quant au verbe **AFFECTIONNER**, employé avec un nom de chose comme complément, il ne semble utile que pour exprimer l'idée «avoir une prédilection pour» : *Le genre de robe qu'elle affectionne.*

AFFÉRENT, adj., et *afférente* s'écrivent avec *en*. [AFFÉRANT] n'existe pas.

AFFÉTERIE ou **AFFÈTERIE**, n.f., a pu s'écrire, en 1975, avec un accent grave (Ac.), conformément à la prononciation habituelle. Décision annulée en 1987 et rétablie en 1990 (*RO* III.7.E). L'**AFFECTATION** implique un manque de naturel, l'*afféterie* exagère l'affectation et tombe dans un excès de recherche, dans une fausse grâce, en vue de plaire. L'adjectif **AFFÉTÉ** est vieux ou littéraire. On dit plutôt *affecté*.

AFFICHER, v.tr.dir., au sens figuré, c'est montrer publiquement et avec ostentation. **S'AFFICHER**, c'est se montrer avec ostentation dans un lieu public. Le mot est pris généralement en mauvaise part.

AFFIDÉ, adj. et n., qui signifie proprement «à qui on peut se fier, en qui on a confiance», ne s'emploie plus guère que dans un sens péjoratif : qui est attaché à, complice de, jusqu'aux excès.

AFFILER, v.tr.dir., ne se dit pas, comme au Canada, pour tailler un crayon, tailler un piquet en pointe. *On affile un instrument tranchant émoussé, ébréché, une lame, une faux*, on lui rend son tranchant. Au figuré, *la langue peut être bien affilée*, très médisante. Ne pas confondre avec **EFFILER** : *Effiler une toile, de la charpie. Un visage effilé* (mince et allongé).

AFFIRMER, v.tr.dir., peut avoir le sens de «manifester nettement». D'où l'emploi correct de **S'AFFIRMER** dans cette acception, à ne pas confondre avec celle de *s'affermir* : *Sa puissance s'affirme tous les jours. Sa personnalité s'affirme. Il s'affirme comme romancier. Ils se sont affirmés plus travailleurs qu'intelligents.* **Mode** après *affirmer* ▸ CROIRE.

Affixe

Les affixes servent à former des mots nouveaux (dits *dérivés*). S'ils apparaissent devant le mot, on les appelle *préfixes* (**dé**brancher, **in**égal, **mé**content) ; s'ils apparaissent derrière le mot, on les appelle *suffixes* (feuill**age**, index**ation**, musical**ité**). On forme également de nouveaux mots, surtout dans les domaines technique et scientifique, en utilisant des éléments savants empruntés au latin et au grec : *calorifère, digitigrade, hendécagone, pseudonyme*. Cette composition savante ou *interfixation* peut être associée à la dérivation affixale et un certain nombre de ces éléments savants sont appelés *préfixes* ou *suffixes* dans les dictionnaires. Les conditions d'utilisation des interfixes sont cependant différentes, notamment en ce qui concerne leur position : certains peuvent, à la différence des préfixes par exemple, être utilisés en 1re ou en 2e position : *pithécanthrope, anthropopithèque*. En outre, l'association de deux éléments savants permet la formation d'un mot, ce qui n'est pas vrai de deux préfixes ou de deux suffixes.

AFFLEURER, v.tr.dir. et intr. *La rivière affleure ses bords. Le roc affleure. Il affleure à la surface. Ses instincts affleurent.* Ne pas confondre avec **EFFLEURER**, toucher légèrement.

AFFLIGER, v.tr.dir. On dit : *Je suis affligé* (profondément attristé) ou *Je m'afflige de lui avoir fait du tort* ou *qu'il s'en aille* (subjonctif). On peut employer *de ce que*, généralement avec l'indicatif, parfois avec le subjonctif, sans nuance particulière. *Elle s'est affligée de notre échec. Ne vous affligez pas pour cela.*

AFFLUANT, part.prés. d'*affluer*. On écrit *en* dans les noms **AFFLUENT** (*les affluents de la Seine*) et **AFFLUENCE**.

AFFOLEMENT, n.m., **AFFOLER**, **RAFFOLER** : deux *f*, un *l*.

AFFRANCHIR (rendre libre, délivrer de ce qui gêne, d'une règle, d'une servitude), v.tr.dir. En français régional de Belgique, sous l'influence du wallon, *affranchir* prend le sens de «donner de l'assurance, enhardir, mettre à l'aise» et **S'AFFRANCHIR** celui de *prendre de l'assurance*.

AFFRÉTER, v.tr.dir., ▸ VERBE, Conjugaison, 1.1. Prendre en location un navire, un avion; à ne pas confondre avec **FRÉTER** qui signifie donner en location. ▸ FRÉTER.

AFFRONTER QQN est vieilli, mais reste vivant dans des français régionaux dans le sens de «lui faire un affront». Mais *on affronte un adversaire* (on le brave), *un danger* (on va au-devant). *On est affronté à qqch., à un problème. On s'affronte à qqch. Deux partis se sont affrontés.*

AFICIONADO, n.m. Un seul *f*. Des *aficionados*.

[À-FOND]. Si la locution adverbiale À FOND est française (*Étudier à fond une question, serrer à fond un écrou, vider son verre à fond*), l'emploi d'*à-fond* comme nom est un belgicisme qui est surtout courant chez les jeunes: [FAIRE UN À-FOND], c'est vider son verre d'un trait, *faire cul sec* en buvant.

A FORTIORI (ou **À FORTIORI**), loc.adv. ▸ A PRIORI.

AFTER SHAVE, n.m. Dire: **APRÈS-RASAGE**, n.m.

AGAPE, n.f., le plus souvent pluriel (repas entre amis): *de fameuses agapes*.

AGAVE, n.m. *Un agave*. On écrit aussi **AGAVÉ**.

ÂGE, n.m. On dit: *Il est **en âge de** comprendre. Il est **d'âge à** comprendre.* On emploie **à notre âge** (plutôt qu'**à nos âges**, qui se rencontre) si la personne qui parle s'adresse à une personne qui a sensiblement le même âge qu'elle. — On dit: *un homme d'âge* (âgé), *un homme* (ou *une femme*) *sur l'âge* (près de la vieillesse), *un homme d'un certain âge* (qui n'est plus jeune), *un enfant en bas âge.* ▸ PORTER, 1. Tour elliptique après un comparatif: *Elle est plus grande* (ou *Il fait plus jeune*) **que son âge.** ▸ MOYEN ÂGE.

AGENDA, n.m. Pron. *jin.* Pluriel: des *agendas*.

AGENT, n.m., reste masculin quand il s'agit d'une femme: *Cette femme est un bon agent.* Usage vieilli d'*agente* en mauvaise part.

AGENT DE POLICE (ou *agent*), courant et officiel en Belgique pour désigner celui qu'en France on appelle un *gardien de la paix*, est aussi courant en France, où l'on dit: «*Monsieur l'agent*» à un agent de la force publique.

AGENT DE CHANGE se dit, dans des régions de France et de Belgique, de petits bonbons pour la gorge.

AGGLOMÉRAT, n.m., **AGGLOMÉRATION**, n.f., **AGGLOMÉRER**, v.tr., ▸ VERBE, Conjugaison, 1.1. Deux *g* partout.

AGGRAVATION, n.f., **AGGRAVER**, v.tr.dir. Deux *g*. ***On aggrave*** (on rend plus grave, plus lourd à supporter) *un malheur, une défaite, une maladie, les impôts, une peine*, mais non *une victoire*. Ne pas dire que [*le temps va s'aggraver*] pour: *Le temps va se gâter.*

AGIR, v.intr.

1. *On agit bien ou mal **envers** qqn, on agit **sur** qqn, **sur** les événements.* On rencontre cependant depuis le XVIIᵉ siècle, mais cet emploi reste rare, *être agi* au passif, être mis en mouvement.

2. **EN AGIR** (*Il en agit mal avec moi*) a été calqué sur *en user*; condamnée depuis des siècles, l'expression a pour elle un long usage, attesté par de très bons écrivains. On dira cependant plutôt: *Il agit mal avec moi.*

3. **S'AGIR**: *De quoi s'agit-il? Il ne peut s'agir que de lui. Il s'agissait de faire attention. Une réunion est prévue, il s'y agira surtout de...* Aux temps composés, on ne peut dire [*il a s'agi de*] au lieu de *il s'est agi.* — Le participe **s'agissant** s'emploie absolument dans le sens de «puisqu'il s'agit»: *S'agissant de vous, nous n'insisterons pas.* — *S'agir que* (falloir que) est suivi du subjonctif: *Il s'agit qu'il le fasse.*

AGISSEMENTS, n.m.pl., a un sens péjoratif. Pour éviter cette connotation, on dira: «façons d'agir».

AGNELER, v.intr. (*mettre bas*, en parlant d'une brebis): *Cette brebis **agnellera** bientôt*, elle **agnelle** (Ac.).

AGNOSTIQUE, adj. Prononcer *g* + *n*.

AGONIR, v.tr.dir., *accabler*: *agonir qqn de sottises, d'injures, de reproches*; se conjugue comme *finir*: *il l'**agonit**, l'**agonissait**, l'a **agoni** d'injures.*

AGONISER, v.intr. «être à l'agonie»: *il **agonise**, il **agonisait**, il a **agonisé***; est parfois utilisé pour **AGONIR** par de bons écrivains: confusion à éviter.

AGORA, n.f. *Une agora.* Chez les anciens Grecs, c'était une grande place où siégeaient les assemblées politiques. Le mot s'emploie parfois aujourd'hui pour désigner une grande place où l'on a rassemblé le maximum de services publics.

AGRAFE, n.f., **AGRAFER**, v.tr.dir. Un seul *g*, un seul *f*. On ne dira pas [DÉSAGRAFER] au lieu de **DÉGRAFER**.

AGRANDIR, v.tr.dir. Un seul *g*.

AGRÉATION, n.f., **AGRÉER**, v.tr.dir., **AGRÉGATION**, n.f., **AGRÉMENT**, n.m. **Agréation** est resté beaucoup plus vivant en Belgique qu'en France, où Littré lui donnait le sens général d'«action d'agréer» (accueillir avec faveur, donner son approbation) mais avec une citation d'un ministre belge, tandis que Capitant lui donne un sens limité et précis en droit international (*agrément*, d'après l'Ac.): procédure par laquelle un gouvernement s'assure que le diplomate qu'il veut accréditer auprès d'un autre gouvernement sera agréé par celui-ci. Les dictionnaires français n'accueillent plus ce mot, sauf le *GR* qui le donne comme un régionalisme belge.

En Belgique, *agréation* est employé couramment par l'administration, les juristes et les hommes politiques pour l'homologation de certificats d'études, la reconnaissance officielle de certains actes administratifs, d'écoles, de cliniques, de manuels scolaires, de certains titres, du droit d'exercer certaines professions, de documents, d'une denrée soumise à examen, etc., et même dans le sens d'*autorisation*.

Le terme français traduisant une approbation de ce genre est **agrément**. On parle en effet de *l'agrément donné par un ministre*, de *l'agrément obtenu par des cliniques, des villages de vacances*, etc. Au Québec, on ne craint pas de parler de *l'agrément d'un manuel scolaire*, non pour dire qu'il est agréable mais pour faire état de l'approbation officielle qu'il a reçue.

Il n'y a pas lieu de condamner en Belgique un usage bien établi, mais il faut savoir qu'il est archaïque et se garder surtout de condamner **agrément**. On peut d'ailleurs employer dans certains cas, selon le sens, *approbation*, *autorisation*, *reconnaissance officielle*, etc.

Quant à **agrégation**, il a aussi, dans le domaine de l'enseignement, un emploi beaucoup plus étendu en Belgique qu'en France, où le titre d'*agrégé* n'est accordé qu'à la suite d'un concours (auquel se présentent les **AGRÉGATIFS**) pour le recrutement de professeurs de l'enseignement secondaire et dans certaines Facultés. Les trois titres d'agrégé de l'enseignement secondaire inférieur, de l'enseignement secondaire supérieur, et de l'enseignement supérieur sont décernés en Belgique à tous ceux qui réussissent un examen déterminé, suivant un programme fixé, sans qu'il y ait concours.

On agrée une demande (on l'accueille favorablement), *un candidat, des salutations. Une proposition ou un candidat agrée à qqn* (lui convient).

AGRESSER, v.tr.dir., **AGRESSIF**, adj., **AGRESSION**, n.f. Le verbe **agresser**, encore courant au XVIe siècle, a ensuite disparu du français commun mais a été reformé à l'époque moderne sur les mots *agression* et *agresseur*. Il se répand surtout à l'infinitif et aux temps composés, malgré des condamnations injustifiées: *Certaines de ces peintures particulièrement provocantes m'avaient agressé* (Genevoix, M., *La perpétuité*). On voit que, dans une telle phrase, *attaquer* ne conviendrait pas. Il faut adopter *agresser* en lui laissant le sens qu'implique **agression**, qui dit plus qu'*attaque*: il s'agit d'une attaque imprévue, non justifiée, brutale. Le sens d'*agression* se retrouve évidemment dans **agressif** qu'on ne peut, malgré l'exemple anglais, séparer de l'idée d'attaque brutale, injustifiée. Il est donc ridicule d'employer cet adjectif, sous une influence américaine ou anglaise, dans le sens de *dynamique, actif, persuasif, entreprenant*: [*On demande un vendeur agressif*].

Le langage médical abuse des mots *agression* et *agresser*.

AGRUMES, m.pl., nom générique des fruits du genre citrons, oranges, etc. ou des arbres qui portent ces fruits.

AH! et **HA!**, onomatopées (invariables), ne traduisent pas toujours des émotions différentes dans l'usage courant. Tout au plus peut-on dire que *ha!* marque et surtout marquait mieux la surprise, la douleur, le soulagement et, dans la suite *Ha, ha, ha!*, traduit le rire. On écrira *Ah!* pour exprimer un sentiment de joie, d'admiration, d'impatience, etc. ou pour insister: *Ah bon!* (ou *Ah! bon*), *Ah mais ça! Ah! ah! vous arrivez enfin!*

[AHEURÉ], adj., wallonisme étendu au français du Nord dans le sens de «qui mange à des heures fixes». Autre régionalisme: **[DÉSHEURÉ]**.

AHI, interj., qu'on trouve dans la comédie classique pour exprimer la douleur, est aujourd'hui remplacé par **AÏE!**

AIDANT (**aidante**), adj., s'emploie abusivement en Belgique comme nom au lieu d'*un* (ou *une*) *aide* (personne qui aide).

AIDE, n. Distinguer *une aide*, un secours, une assistance, une femme qui aide et *un aide*, celui qui aide. Dans les noms composés, traditionnellement *aide* varie s'il s'agit de personnes (des **aides-maçons**) et reste invariable s'il s'agit de choses (des **aide-mémoire**) mais on écrit aussi des **aide-mémoires** (*RO* II.2). ▸ NOMS COMPOSÉS, Marque du pluriel. **AIDE DE CAMP** s'écrit sans traits d'union.

AIDER, v. *Aider à qqn* est vieilli. **Aider à qqch.**, c'est contribuer à sa réalisation (*aider au succès d'une entreprise*). Devant un infinitif, on emploie *à*: *Je l'ai aidé à mettre son pardessus. Aider à ce que* (et subj.) est à déconseiller.

AÏEUL, n., ne se dit guère pour *grand-père, grand-mère* (**aïeule**); le pluriel est alors **aïeuls**; **BISAÏEUL**, père ou mère des aïeuls; TRISAÏEUL, père, mère des bisaïeuls. *Aïeux* signifie *ancêtres*. L'exclamation *Mes aïeux!* (comme si l'on prenait ses ancêtres à témoin) est très familière.

AIGLE est **masculin** quand il désigne l'oiseau en général ou l'oiseau mâle ou quand il est pris au sens figuré pour un talent supérieur, quand il est le nom d'une décoration (*l'aigle blanc de Pologne*) ou d'un certain pupitre d'église ou d'un format de papier.

Il est **féminin** quand il désigne expressément l'oiseau femelle ou quand il s'agit de blasons, d'armoiries, d'étendards: *L'aigle napoléonienne, l'aigle impériale.* Proprement, il faudrait, à propos de l'aigle du monument de Plancenoit, près de Waterloo, écrire *l'Aigle blessée.* Mais on écrit toujours *l'Aigle blessé.* On peut, semble-t-il, conserver le masculin en admettant que, dans cet emploi, vieux de près de trois quarts de siècle, la référence précise à l'aigle impériale, à l'étendard, n'est plus perçue. On pense plutôt à un emploi métaphorique. — Un AIGLON, une *aiglonne*.

AIGLEFIN, n.m. ▸ ÉGLEFIN.

AIGREFIN, n.m., escroc.

AIGU, adj., au féminin *aiguë* ou *aigüe* (*RO* III.4). ▸ TRÉMA.

AIGUILLAGE, n.m. L'expression une ERREUR D'AIGUILLAGE désigne fort bien, au figuré, une erreur d'orientation; on est victime d'une erreur d'aiguillage quand on a été mal dirigé. C'est abusivement que cela se dit d'une erreur de jugement, d'appréciation, etc.

AIGUILLE, n.f., AIGUILLER, v.tr.dir., et leurs dérivés AIGUILLAGE, AIGUILLÉE, AIGUILLETER (v.tr. ▸ VERBE, Conjugaison, 1.1.), AIGUILLIER (ou AIGUILLER, *RO* III.11): étui à aiguilles, AIGUILLON, etc. se prononcent avec *u* semi-voyelle comme dans *lui*.

AIGUISER, v.tr.dir., et ses dérivés. On prononce *ui* comme dans *lui* ou, beaucoup plus souvent (Martinet, Warnant), *g + i* comme dans *guitare*.

AIL, n.m. Le pluriel *aulx* est vieilli. Des *ails*, *des gousses d'ail*.

AILLEURS, adv., (prononcer *ayeur*). L'opposition entre D'AILLEURS et PAR AILLEURS est nette quand *ailleurs* garde son sens premier: *Vous lui attribuez mal à propos votre disgrâce, elle vient d'ailleurs* (Ac.), d'un autre endroit, d'une autre cause. *Des gens venus d'ailleurs,* d'un autre endroit. — *Nous nous y rendrons par ailleurs,* par un autre chemin.

Mais, partant de là, les deux locutions ont des sens et des emplois qu'il faut tâcher de préciser, d'autant plus que *par ailleurs*, que Littré n'admettait qu'au sens propre (par une autre voie), est surtout employé au sens figuré, où il fait souvent concurrence à *d'ailleurs*.

D'ailleurs montre qu'on ajoute une nouvelle considération, toujours en rapport avec un autre énoncé, soit pour le renforcer ou le confirmer, soit pour le corriger, soit pour concéder qqch. ou simplement compléter la pensée. *Malicroix*, d'Henri Bosco, commence ainsi: *De mon grand-oncle Malicroix je n'attendais rien. D'ailleurs, jamais personne n'avait rien attendu de lui.* La seconde phrase n'introduit pas une cause, comme le ferait *parce que*, ni même une justification, mais ajoute une nouvelle considération à ce qui précède, en le renforçant. De même: *Je ne le lui ai pas demandé; d'ailleurs il ne m'aurait pas répondu. Ne prenez pas cette route, qui est plus longue; elle est d'ailleurs en mauvais état.* — *Cet attachement, réel d'ailleurs, ne répond pas à son amour* (GLLF). *Ce roman, d'ailleurs bien écrit, m'a déplu* (concession nuançant l'énoncé et expliquant que la cause est ailleurs). *Il ne s'en portait pas plus mal, ni mieux d'ailleurs.* **Par ailleurs** signifie «en outre» ou «pour le reste», mais avec la nuance: «d'un autre côté, d'autre part, d'un autre point de vue, à d'autres égards». Il ajoute un complément d'information qui, partant d'un autre point de vue que l'énoncé qu'il complète, peut s'y opposer ou être sans rapport avec lui: *Elle souhaitait qu'il cultivât des relations si utiles, mais elle était par ailleurs portée à les croire peu chic* (M. Proust, cité par TLF). À propos de Madeleine Béjart, René Doumic a écrit: *Nous lui savons surtout gré d'avoir été la «soubrette» du théâtre de Molière (...). C'était par ailleurs une femme de tête très entendue aux questions d'argent* (Le Misanthrope de Molière). *Cette méthode, qui peut être par ailleurs si féconde, est ici inopérante.*

Par ailleurs est devenu dans l'usage actuel un concurrent sérieux de *d'ailleurs*. Rien n'empêcherait de l'employer dans l'ensemble cité plus haut: *Ce roman, d'ailleurs (ou par ailleurs, puisqu'il s'agit d'une tout autre considération) bien écrit, m'a déplu.* Grevisse (B.U., n° 986, c) cite Maurois: *Des scènes de sang qui lui rendaient pénible à lire le récit, par ailleurs si beau, de la Révolution française.* Mais on respectera la distinction qui vient d'être faite. Jamais, par exemple, on ne pourrait employer *par ailleurs* dans la phrase de Bosco ni dans celle-ci: *J'ignorais cet accident; j'étais d'ailleurs absent depuis plusieurs semaines.* Ni *d'ailleurs* dans celles de Proust et de Doumic où domine l'idée «d'un autre côté, d'autre part, en d'autres circonstances».

AILLOLI, n.m., mayonnaise à l'ail. On trouve **AÏOLI**. *S* au pluriel.

AIMER, v.tr.dir., conjug. *Aimé-je?* ou *Aimè-je?* (RO II.3).

1. **Devant un infinitif**, trois constructions sont possibles: la plus courante en France est **aimer** sans préposition; **aimer à**, s'il est moins fréquent, n'est pas rare, surtout en littérature, et est le tour habituel dans l'expression *j'aime à croire*; **aimer de** reste vivant.

2. **Aimer que, aimer à ce que** sont suivis du subjonctif. *Aimer à ce que*, favorisé par *aimer à faire qqch.*, est plus lourd. *J'aime qu'on soit sincère.*

3. **Aimer quand.** Dans la langue familière, *aimer* s'emploie absolument devant *quand* dans le sens de «je suis content»: *J'aime quand tu me parles comme ça* (GR). *J'aime bien quand il fait froid et qu'on reste au coin du feu* (Ac.).

4. **Aimer autant** ▶ AUTANT, 8.

   Aimer mieux est le comparatif d'*aimer bien*: *Il aime mieux cela.*

   a) L'infinitif qui suit immédiatement se construit régulièrement sans préposition: *J'aime mieux ne pas y penser.* Celui qui exprime le second terme de la comparaison est facultativement précédé de *de*: *J'aime mieux lire que (de) jouer.* Si c'est le même que celui qui vient d'être employé, il n'est généralement pas répété: *J'aime mieux le demander à mon père qu'à ma mère.*

   On peut aussi employer *plutôt que*: mis en tête de phrase, il est suivi de *de*; souvent aussi (pas nécessairement) dans le corps de la phrase: *Plutôt que de jouer, j'aime mieux lire. J'aime mieux lire plutôt que de jouer* (*plutôt que jouer*).

   b) Si les deux termes de la comparaison sont introduits par *que* suivi du subjonctif, on ne peut pas (ou plus) dire: [*J'aime mieux qu'il parte que qu'il s'ennuie*]. On tourne donc la phrase autrement. Divers tours classiques sont pour ainsi dire abandonnés (ou littéraires), y compris celui qui recourait à *que si*: *J'aime mieux qu'il parte que s'il reste.*

   Nous recourons en un tel cas à un ou deux infinitifs; parfois le sens demande l'intervention de *voir* ou *savoir*: *Il aime mieux nous voir partir que rester.* L'opposition marque bien que *rester* a le même sujet que *partir* et que tous deux dépendent de *voir*. — *J'aime mieux qu'il parte que de rester* ou *J'aime mieux qu'il parte plutôt que de rester.* On doit mettre *de* quand le premier terme de la comparaison n'est pas un infinitif. *Mon oncle aime mieux que nous partions que de nous voir nous ennuyer* (*que de nous ennuyer* aurait un autre sens: mon oncle ne veut pas risquer de nous ennuyer, de nous agacer).

5. **Ne pas aimer** s'emploie souvent par litote, au sens de «je réprouve, je blâme, je déteste»: *Je n'aime pas ses manières. Je n'aime pas sa façon de me saluer.*

6. *Aimé de* ou *par*. ▶ DE, 8.

   BIEN-AIMÉ, MAL-AIMÉ, adj. ou n. Trait d'union.

AINSI, adv.

1. *Ainsi*, signifiant *de cette manière*, détermine un verbe, qui généralement le précède, ou un participe passé, qui généralement le suit: *Pourquoi agir ainsi? Il commença ainsi: ... Un compliment ainsi tourné.* On trouve *ainsi* en tête de phrase devant un verbe dans le sens de «c'est ainsi que»: *Ainsi dit le renard. Ainsi parlait-il. Ainsi la fête se poursuivait-elle dans la joie.*

   Plus rare, dans la langue châtiée, est l'emploi d'*ainsi* comme attribut: *Comment suis-je resté ainsi?* (TLF) *Pierre est ainsi; il faut le prendre comme il est* (DFC). *Ainsi* se substitue ici à l'emploi familier de *comme ça*. On ne s'autorisera pas de cet emploi, où *ainsi* accompagne un verbe, pour l'employer dans le même sens comme épithète, ce qui n'est pas rare en Wallonie: [*Je n'ai jamais vu un homme ainsi, des choses ainsi*]. On dira: *un tel homme, un homme semblable, de telles choses, pareilles choses.*

   Ne pas confondre avec **il en est ainsi**, se disant d'une situation: *Puisqu'il en est ainsi, je n'insiste pas. S'il en est ainsi, acceptez.*

2. *Ainsi*, introduisant une conclusion, doit se placer en tête de la proposition: *Ainsi vous refusez?* Il a le sens de *donc*, mais il ne peut, comme celui-ci, se placer après le verbe. On peut dire: *Vous refusez donc?* mais non [*Vous refusez, ainsi?*]

   AINSI DONC est dénoncé comme pléonastique. Le redoublement peut cependant se justifier s'il renforce l'expression de la surprise, de l'émotion: *Ainsi donc vous refusez?* — *Ainsi donc, sans cet avis fidèle, Deux traîtres dans son lit assassinaient le roi* (Racine, J., *Esther*). Mais on abuse d'*ainsi donc* en l'employant sans la moindre raison affective au lieu de *ainsi* ou de *donc*.

   Plus flagrant est le pléonasme dans [**AINSI, PAR CONSÉQUENT**]. Inutile aussi semble **AINSI PAR EXEMPLE**; une des deux expressions suffit; *ainsi* ne signifie toutefois pas strictement *par exemple*; il marque seulement (mais est-ce utile?) le rapport avec ce qui précède. ▶ EXEMPLE, 1, a.

3. **PAR AINSI** au lieu de *ainsi* est un archaïsme qui se trouve encore chez des écrivains modernes.

4. AINSI QUE et non [AINSI COMME]: problèmes d'accord ▸ ADJECTIFS QUALIFICATIFS, 2.7, et VERBE, Accord, 2.2.6.

AÏOLI, n.m. ▸ AILLOLI.

AIR, n.m. ▸ CONDITIONNÉ.

1. *Se donner **des airs**, prendre de grands airs* (un air de supériorité) est français; mais non [*faire de ses airs*]. Familier: AVOIR UN AIR DE DEUX AIRS (dont il faut se méfier).

2. AIR-HOSTESS se dit en français *hôtesse de l'air*.

3. *Une idée* EN L'AIR, comme *une promesse **en l'air**,* ne mérite pas d'être prise au sérieux; *une idée* qui est **dans l'air** appartient aux tendances d'une époque, d'un milieu. *Il y a de l'orage* (ou *de la joie*) *dans l'air.*

4. AIR FERRY se dit en français *bac aérien.* AIRBUS s'écrit en un mot.

5. AVOIR L'AIR peut signifier «sembler, paraître, avoir l'air d'être», et l'accord de l'adjectif se fait avec le sujet; ou «avoir un air, une mine, une physionomie, une allure, etc.», et l'accord se fait avec *air*. Dans certains cas, on a le choix entre les deux interprétations; dans d'autres, non.

Quand il s'agit de choses, c'est normalement le premier sens: *Cette maison a l'air caduque. Ces propositions ont l'air sérieuses. Cette poire a l'air bonne.* Il arrive qu'on puisse les traiter comme des personnes ou comme si l'on disait «un air»: *Ces arbres n'ont pas l'air réel.* Mais on écrira fort bien: *n'ont pas l'air réels* (ils n'ont pas l'air d'être réels). Toutefois, même si *avoir l'air* se rapporte à une chose, on doit faire l'accord avec *air* quand il est suivi d'un complément: *La ville a l'air tout à la fois animé et désœuvré d'un dimanche* (Tharaud, J. et J.). *Aucune rose n'a l'air suspect de l'orchidée* (exemples cités dans *B.U.*, n° 248, c).

S'il s'agit de personnes, les deux sens sont plus souvent possibles. On accorde couramment l'adjectif avec le sujet: *Cette femme a l'air douce* (bien qu'on puisse dire: *a l'air doux*). Mais *Une femme a l'air enceinte.*

Impossible, notons-le, d'accorder avec le sujet si l'expression est *trouver à qqn l'air...*: *Je ne lui avais pas trouvé l'air triste, mais fatigué. Elle était repartie pour Paris* (Bazin, H., *Le matrimoine*). Il est normal qu'une femme, évoquant l'embarras où elle s'est trouvée, dise: *Inventer que c'était mon anniversaire... Je devais avoir l'air fin* (Curtis, J.-L., *La parade*).

Comme pour les choses, il faut toujours accorder avec *air* si celui-ci est déterminé par un complément: *Elle est à demi allongée sur un canapé (...) elle a l'air fort et tranquille d'un menhir* (Green, J., *Journal*). *Les gens avaient l'air stupide que donne la surprise* (Ibid.).

La distinction, même quand elle ne s'impose pas, reste utile pour exprimer des nuances: *Elle a l'air faux, mais elle est loyale.* Colette a écrit: *Si je n'ai pas l'air fatigué, c'est que je ne suis pas très fatiguée.*

AIRELLE, n.f. ▸ MYRTILLE.

AISE, n.f., exprime l'absence totale de gêne: *Mettre qqn* À L'AISE, *à son aise. Se mettre à l'aise. En parler à son aise. En prendre à son aise. Combler d'aise qqn.* — *Être à l'aise, à son aise* peut se rapporter à une situation financière. Au pluriel: AIMER SES AISES, PRENDRE SES AISES.

L'adjectif (content) est toujours précédé de *bien, fort,* etc.: *Nous sommes bien aises* (noter l'accord) *que vous soyez là* (subjonctif).

AISÉ, adj., peut se dire d'une personne qui dispose de moyens de vivre largement suffisants: *Une famille aisée. Les classes aisées.*

Dans le sens de *facile,* on dit d'une chose qu'*elle **est aisée à faire**,* qu'*il **est aisé de la faire**,* qu'*elle **se fait aisément**.*

AÎTRES, n.m.pl., disposition intérieure d'une habitation. Terme vieilli. Parfois orthographié: ÊTRES.

AJOURNER, v.tr.dir. *On ajourne un candidat, un conscrit* et, dans un autre sens (remettre à plus tard), *on ajourne un voyage, une démarche.* On se gardera du pléonasme [*ajourner à plus tard*].

AJOUT, n.m., AJOUTAGE, n.m., AJOUTE, n.f., AJOUTÉ, n.m., AJOUTIS, n.m., AJOUTURE, n.f., RAJOUT, n.m., RAJOUTURE, n.f. Cette liste, incomplète, montre que le français cherche un mot pour désigner (en dehors d'*addition,* etc.) une chose ajoutée à une autre. Les dictionnaires n'accueillent pas tous ces termes.

Un **ajouté** est courant, dans le vocabulaire de l'imprimerie, pour une addition faite après la correction des épreuves. Pour un texte imprimé ou manuscrit, on peut dire également *ajout,* et, selon les cas, *addition, annexe, complément, supplément, surcharge,* etc. ▸ BÉQUET.

Un **ajout** peut aussi avoir un sens plus large, notamment en art: *Une église gâtée par des ajouts.* Forme à conseiller.

On emploie parfois **rajout** pour une addition, un complément à la fin d'un article. *Rajout* peut être synonyme d'*ajout,* comme *allonge* de *rallonge.*

Le mot une **ajoute** n'est pas un belgicisme; on le trouve en France, parfois dans le sens d'addition, parfois dans un sens technique (*GLE*). Mais il n'y est pas courant et ces emplois ne justifient pas l'usage belge d'*ajoute* pour *ajout, ajouté, allonge* ou *rallonge, annexe.* Il faut parler d'une *allonge* ou d'une *rallonge* à propos d'un fil électrique, d'une table, d'un vêtement.

ALACRITÉ, n.f., signifie *enjouement, entrain* et non *rapidité* ni *âcreté, âpreté.*

ALARMANT, ALARMISTE, adj. à ne pas confondre. *Une nouvelle alarmante, une situation alarmante,* inquiétante; tandis qu'*alarmiste* signifie «qui répand intentionnellement des bruits de nature à inquiéter l'opinion».

ALBINOS (pron. *eau* et *s*), adj. et n.: *Un* (ou *une*) *albinos.*

ALCARAZAS, n.m. emprunté à l'espagnol (pron. *s* final): sorte de vase ou de cruche. *Un alcarazas blanc.*

ALCOOL, n.m., et ses dérivés se prononcent avec le même *o* que *col.* — Distinguer en principe *une boisson* **ALCOOLIQUE**, à base d'alcool (l'expression vieillit) et *une boisson* **ALCOOLISÉE**, à laquelle on ajoute de l'alcool.

ALCOOTEST, n.m., nom d'une marque déposée, est devenu usuel pour désigner l'épreuve (appelée aussi *éthylotest*) qui permet d'estimer immédiatement l'**ALCOOLÉMIE**, la présence d'alcool dans le sang. Il désigne également l'appareil (appelé aussi par l'administration française *éthylomètre*). — Ne pas confondre *l'alcootest* avec l'**ALCOOMÈTRE**, qui sert à mesurer le degré d'alcool des vins et liqueurs.

ALÉA, n.m. Ce mot latin, signifiant *jeu de dés, hasard,* désigne proprement le hasard, favorable ou non: *Il faut compter avec les aléas de l'examen.* Mais l'usage courant est d'employer *aléa* dans un sens péjoratif et de l'assimiler, surtout au pluriel (des *aléas*), à *risques, inconvénients.*

ALÉMANIQUE, adj. *La Suisse alémanique* est la Suisse de langue allemande.

ALÈNE (poinçon), n.f. *Une alène.* Accent circonflexe.

ALENTIR, v.tr.dir., est devenu rare et régional. On dit **RALENTIR**.

ALENTOUR, adv. (dans l'espace environnant): *Il regardait* **tout** *alentour. Je voyais* **alentour** *quelques curieux. Ils volent alentour. Ils rôdent alentour.* On écrit moins: *à l'entour.* — *Les bois d'alentour* (des environs).

Alentour de et *à l'entour de* sont vieillis et littéraires. On dit plutôt: *autour de.*

Le mot comme nom ne s'emploie plus qu'au pluriel et surtout au sens propre (*Les* **alentours** *de la ville*) ou en parlant d'une date, d'une heure, d'une indication d'âge: *aux alentours de 1900, de minuit; il a aux alentours de 40 ans.*

ALÈSE, n.f., est parfois écrit **ALAISE**.

ALEZAN, adj. et n.m., s'écrit avec *z. Une jument* **alezane**.

ALGÈBRE, n.f. *Une algèbre nouvelle.*

ALIBI, n.m., signifie étymologiquement *ailleurs,* mais on a retenu surtout l'idée qu'en justice, grâce à l'alibi, on se disculpe et *alibi* s'emploie pour *prétexte, excuse: Ces démarches ne sont que des alibis.*

ALIGNER une chose *sur* une autre, c'est la mettre en conformité avec celle-ci; *on aligne les horaires* ou *les salaires de certaines personnes sur ceux d'autres personnes; on s'aligne sur qqn. Ils se sont alignés sur nous.*

ALIGOTÉ (un seul *l*), adj., nom d'un cépage blanc: *Un bourgogne aligoté.*

ALIZÉ, adj. et n.m., s'écrit avec *z.*

ALLÉGATION, n.f., prend généralement un sens péjoratif.

ALLÈGEMENT, n.m., **ALLÈGREMENT**, adv. Bien que l'Académie écrivît ces mots avec un accent aigu, on y prononçait toujours et on y écrivait parfois *è.* L'Académie a accueilli l'accent grave en 1975, mais elle est revenue au seul accent aigu en 1987, et les rectifications orthographiques reproposent l'accent grave en 1990 (*RO III*). Il faut favoriser celui-ci, surtout dans *allègrement* où l'on retrouve *allègre.*

ALLÉGRO, n.m. Le nom (pluriel: des **allégros**) s'écrit généralement avec un accent, comme le fait l'Académie; de même un **ALLÉGRETTO**. L'accent est à conseiller dans tous les cas, même s'il s'agit de l'adverbe indiquant le temps.

ALLÉLUIA, n.m. Accent aigu. Des **alléluias**.

ALLER, v.intr., **S'EN ALLER**.

1. Je *vais* (et non *je vas*), tu *vas,* il *va,* nous *allons,* ils *vont. Va-t-il.* J'*allais.* J'*allai.* J'*irai.* Que j'*aille,* que nous *allions,* qu'ils *aillent.* Impératif: *va, allons, allez.* On écrit: **Vas-y, va-t'en,** allons-nous-en (impératifs de *s'en aller*). Sans trait d'union: *Va en classe* (*en* est préposition), *va en chercher* (*en* est complément de l'infinitif), *va y voir* (familièrement: *vas-y voir*). Mais: *Malbrough s'en va-t-en guerre.*

On écrit généralement À **DIEU VAT**! L'expression est d'origine obscure; on a pu se demander si le *t* final n'est pas analogue à celui qui apparaît, dans la langue populaire, devant une voyelle, en dehors de l'impératif de *s'en aller: s'en va-t-en guerre,* mais on trouve de nombreuses autres graphies, avec ou sans *t,* avec ou sans traits d'union, avec *à(-)Dieu* ou *adieu;* empruntée à la langue des marins, l'expression s'est figée dans un sens voisin de : *à la grâce de Dieu !* On prononce *t* dans *à Dieu vat.*

2. *Aller,* marquant un mouvement avec ou sans retour, peut être remplacé par *être* aux **temps composés** (parfois au **passé simple** et au **subjonctif imparfait**), surtout devant un infinitif : *Je n'y suis pas allé* ou *je n'ai pas été ; je suis allé* (ou *j'ai été*) *à Paris, à telle école ; j'allai* ou *je fus le voir.*

Dans *s'en aller, aller* ne peut être remplacé par *être* qu'au passé simple et au subjonctif imparfait, particulièrement devant un infinitif : *Il s'en alla* (*le trouver*) ou *Il s'en fut* (*le trouver*). *Nous laissâmes Giraud dans sa villa et nous en fûmes dans la nôtre* (Gaulle, Ch. de, *L'unité*).

Si *aller* est employé au **sens figuré** en parlant de la santé, d'un vêtement, d'une horloge, de qqch. qui « va bien », on doit, aux temps composés, employer *être* (*avoir été*) : *Il a été plus mal hier, il va mieux aujourd'hui. Ce commerce va bien, a bien été. Ce chapeau lui va bien. Cette robe ne lui va pas bien et d'ailleurs ne lui a jamais bien été.*

3. *Je m'en suis allé,* elle *s'en était allée* : formes normales, puisque *en,* dans *s'en aller,* n'est pas soudé à *aller* (tandis qu'il l'est dans *s'enfuir : il s'est enfui*). Cependant on dit depuis longtemps, et c'est devenu correct : ***Je me suis en allé,*** etc. On dit : *la chose* (ou *la personne*) *en allée.*

4. COMMENT VA ? est une réduction très familière de *Comment ça va ?* Ne pas dire [*Comment que ça va ?*] ni, tour populaire en Flandre et à Bruxelles : [*Comment ça va-t-il avec vous ?*]. Mais on peut très bien dire : *Comment ça va-t-il chez vous ?*

Wallonisme populaire : [*Comment vous va-t-il ? Comment va-t-il ?*] — Ne pas répondre [*Ça va encore*] pour *Ça va passablement.* On notera qu'*Il me va bien* ne peut se dire pour la santé, mais se dit d'un vêtement.

5. **Aller sur,** on peut dire : *Il va* (ou *il marche*) *sur ses trente ans.*

6. **Aller pour,** *suivi d'un infinitif,* s'emploie à l'indicatif présent (parfois à l'imparfait, rarement au passé simple et au participe présent) pour marquer qu'on se dispose à faire aussitôt une action, mais qu'elle n'a pas lieu, qu'elle est interrompue. Ce tour est courant dans les indications scéniques : *Il va pour l'embrasser, mais elle le repousse. Il va pour lui répondre, puis il y renonce.*

7. *Aller,* **suivi directement d'un infinitif,** peut avoir deux sens :

A. Il marque à tous les temps **un déplacement** en vue de ce qui est exprimé par l'infinitif : *Où vont-ils ? Ils vont faire leur promenade quotidienne.* — *Allez me chercher cela. Ils vont retirer leur valise à la consigne* (Comparer avec *venir : Ils viennent retirer...*). *Je suis allé me renseigner. Allez le trouver de ma part. Nous irons nous baigner.*

Le mouvement ainsi marqué par *aller* peut être fictif, figuré ; on veut exprimer d'une manière affective une éventualité qu'on imagine se produisant : *Pourvu qu'il n'aille pas se fâcher ! N'allez pas vous imaginer que je suis content. Que n'ira-t-il pas supposer ? Vous iriez lui dire cela ?* On peut fort bien dire : *S'il allait ne pas venir !* — Expression très familière en parlant de qqch. : *Ça ira chercher dans les deux mille,* cela pourra coûter dans les deux mille francs.

S'en aller suivi d'un infinitif marque souvent de nos jours un déplacement : *Je m'en vais dîner. Je m'en vais voir ce qui se passe.* On ne le trouve plus guère qu'à l'indicatif présent, et surtout à la 1re pers. du singulier. Il peut aussi indiquer un futur proche (B).

B. À l'indicatif présent ou imparfait, *aller* peut devenir un auxiliaire de temps et exprimer **un fait très proche,** vu à partir du présent ou du passé : *Il va mourir. Je vais dîner. Il allait partir quand nous sommes arrivés. Il allait bientôt le regretter.* Il faut noter qu'il n'y a pas là un équivalent du futur ou du futur du passé, mais un véritable temps supplémentaire.

Même emploi de *s'en aller,* mais seulement à la 1re pers. du sing. de l'indicatif présent : *Je m'en vais vous le dire.*

N.B. a) Quand il n'est pas possible, à un autre temps que ceux qui ont été notés, d'employer *aller* comme auxiliaire, on tourne la phrase autrement. On recourt à *être sur le point de* (ou à une autre expression) ou à *devoir* (DEVOIR, 5), mais non à *vouloir* (VOULOIR) : *Quand vous serez sur le point de venir* (ou *prêt à venir*)...

b) *Aller,* conjugué au présent de l'indicatif, peut être suivi de l'infinitif du même verbe : ***Je vais aller le voir. Ils vont aller chez le coiffeur.*** On hésite (sauf en Belgique) à employer immédiatement devant *aller* une forme verbale ayant le même radical. Simple affaire d'oreille. *Nous allons aller le voir* ne nous choque pas : *Nous allons aller aux sources de la Hure* (Mauriac, Fr., *Journal*). Personne en tout cas ne serait choqué si un mot était intercalé entre les deux verbes : *Nous allons y aller.*

c) Noter l'emploi de l'adverbe *y* pour remplacer l'infinitif qui vient d'être employé comme complément d'un premier emploi d'*aller : On m'a dit que je n'oserais pas aller le lui dire ; eh bien, j'y vais. Allons prendre un bain ; moi, en tout cas, j'y vais.* Mais on omet toujours *y* devant le futur et le conditionnel présent d'*aller : On m'écrit de Paris ; j'y vais la semaine prochaine,* mais : *j'irai la semaine prochaine.*

d) Notons qu'on doit dire : *Va te promener. Allons nous promener.* ▶ PROMENER.

8. *Aller et s'en aller* **suivis d'un participe présent** ou d'un **gérondif** avec *en*, qui restent invariables :

A. Suivis d'un participe présent, ils ont pu marquer la progression, la continuité : *Cette femme s'en va mourant. Ceux qui allaient conseillant la course matinale.* Cet usage subsiste en littérature. Aujourd'hui le participe présent qui suit *aller* est celui d'un verbe qui marque lui-même un mouvement réel ou figuré, une progression : *Le mal va croissant* (Ac.). On peut dans ce cas, surtout aux temps composés (▶ 2), remplacer *aller* par *être* : *La plupart de ces difficultés ont été s'aggravant* (Duhamel, G., *Paroles de médecin*).

B. Surtout avec *en*, on peut vouloir marquer principalement la manière : *Un mal qui va en augmentant* (Ac.). Même remarque que celle qui vient d'être faite pour *être* substitué à *aller*.

9. **Aller à**, **chez** ou **dans**, **en**. Sans entrer dans trop de subtilités, bornons-nous à quelques remarques.

Le complément de lieu, sauf les noms de pays ou de régions (▶ À et EN, 5), s'introduit par *à* : *aller au bois, à la mer, à son bureau, à l'église, au café, au cinéma, à l'épicerie, au lycée, au Bon Marché.*

À peut aussi introduire un *nom de chose* désignant le but du déplacement : *aller aux urnes, à la messe, aux vêpres, au feu (à la bataille), à la pêche, à sa toilette, à la mort, aux provisions, aux champignons.* ▶ 10. Devant un nom de gibier : *aller au sanglier,* à la chasse au sanglier.

Aller à l'eau, au bois, aux vivres, etc. peut signifier : aller faire provision d'eau, de bois, etc. Si le complément est un *nom propre de personne,* on dit : *Aller* **chez** *Pierre,* etc.

Aller à, en dehors des cas cités, signifie encore, notamment : a) se diriger vers (*J'irai à lui, aller à la mer*) ; b) s'adresser à un supérieur ou à ses services (*Aller à Dieu, à l'évêque. J'irai à toi, Seigneur*).

Quand il s'agit de se rendre *chez* qqn, c'est *chez* qui est normal et qui souvent même est seul possible : *Je vais chez ma voisine, chez le curé.* Le remplacement de *chez* par *à* après *aller, venir, se rendre* n'est certes pas nouveau ; il ne se rencontre toutefois qu'avec quelques noms de professions comme *coiffeur, boucher, boulanger, épicier, docteur, médecin, garagiste, cordonnier.* Cet emploi courant est sévèrement condamné non seulement par l'Académie mais par la plupart des lexicographes. On prétend le réserver à

la langue populaire (nous dirions plutôt : familière) : *Il vaut mieux aller au boulanger qu'au médecin.* Nous ne parvenons pas à considérer cela comme grave, mais il est bon de savoir que, pour certains, c'est grave.

L'emploi d'*aller* sans complément est normal dans *aller et venir* ou dans le sens de *marcher.* Mais tel n'est pas le cas dans *Est-ce que nous allons ?* et *Nous allons,* où *aller* signifie *partir.* Ces tours appartiennent plutôt au langage relâché (▶ 17).

10. **ALLER À LA MESSE, À CONFESSE.** La langue a gardé quelques expressions dans la forme figée qui rappelle le temps où l'article n'était pas généralisé. C'est ainsi qu'on dit *aller à confesse.* Mais le français régional de Belgique, influencé d'ailleurs par les dialectes, omet parfois l'article dans *aller à la messe* : [*aller à messe*]. On dit : *après* **la** *messe.*

11. **ALLER DOUCEMENT.** ▶ DOUCEMENT.

12. *Aller avec.* ▶ AVEC, 1.

13. **FAIRE ALLER QQN** se dit en France, moins d'ailleurs qu'autrefois, pour « lui faire croire des choses fausses, le tromper par de vaines promesses ». Mais en Wallonie il a couramment le sens de : *taquiner, faire marcher* ; à éviter.

14. Dans *faire s'en aller qqn* ou *qqch.,* le pronom réfléchi peut être omis : *Faire en aller la fièvre* ou *qqn* (Ac.). *Un produit pour faire en aller les taches* (GR). *Cette tache s'en ira au lavage. Cette tache ne s'en va pas.*

15. *Y aller* signifie « se décider à parler, à agir ». *Vas-y !* Au jeu de cartes, on dit *j'y vais* et non *je vais* (courant en Wallonie).

16. **Interjections.** Les formes de l'impératif, *va, allons, allez* sont employées, surtout familièrement, comme interjections pour exprimer ou accentuer un jugement, un encouragement, une menace, un agacement, etc. : *Crétin,* **va** ! *Ne t'inquiète pas,* **va** ! **Allons**, *ne t'inquiète pas. Allez* ou *allons, viens* ou *décidez-vous* ou *venez ici. Allons, ça recommence. Allons donc* ou *allez donc, c'est impossible.*

17. Ne pas dire : *Nous irons* pour *Nous partons* (annonce du départ).

18. ▶ AUTOUR, AVOIR, 18. [*Il a loin à aller*], VENIR, 5.

ALLER, n.m. *Match aller et match retour. Prendre un aller pour Paris. Prendre deux allers* ou *prendre* **deux** **allers et retours** ou *deux allers-retours.* Des auteurs écrivent, à tort, des **aller et retour** et même des **aller**.

ALLIER, v.tr.dir. Sauf quand il s'agit de l'union par le mariage (*Une famille alliée à une autre* ou *qui s'allie à une autre*), *allier et s'allier* sont suivis de *à* ou *avec* : *La jalousie alliée* **à**

la haine, **avec la haine.** *Il faut que nous* **alliions** *la patience au courage. Ils se sont alliés avec nous.*

ALLONGER, v.tr.dir. ou intr., peut remplacer s'*allonger* en parlant du temps: *Les jours allongent* ou s'*allongent.* — *Comme les jours avaient allongé* (Mauriac, Fr., *La robe prétexte*). *Je vois les jours allonger* (Colette). On entend *rallonger* dans le même sens: *Les jours rallongent.* Certains auteurs, telle Colette (*Ibid.*), substituent même *allonger* à *croître* en parlant d'autre chose que du temps: *J'ai beau brosser mes cheveux, ils n'allongent pas si vite.* De même: *Ses cheveux allongèrent* (Mallet-Joris, Fr., *La maison de papier*). Ce n'est pas courant. Transitivement: *allonger* ou *rallonger une robe, une sauce.*

ALLUMER, v.tr.dir. *On allume le gaz, le feu, ses phares, l'électricité, une radio, un cigare, une lampe,* etc. *Une voiture allume ses phares.*

On a voulu interdire **allumer** *la lumière* ou *les lumières* et imposer *donner de la lumière.* On trouve cependant l'expression (admise par *PR*) chez d'excellents auteurs: *Je rallumai les lumières* (Gracq, J., *Le rivage des Syrtes*). *Ils allument la lumière* (Anouilh, J., *Pièces noires*). *La lumière se rallume* (Druon, M., *Les grandes familles*). De même chez Hugo, Boylesve, Duhamel, Malraux, etc.

Allumer s'emploie aussi dans le même sens **sans complément**: *Voulez-vous que j'allume?* (Vercors, *Les armes de la nuit*). *Attends que j'allume, on n'y voit plus* (Colette). C'est une faute de dire *il allume* (impersonnel) pour *il fait des éclairs* (ou *il éclaire*), en parlant d'un orage. ▸ ÉCLAIRER.

Le complément d'*allumer* **peut être le lieu,** le local qu'on éclaire: *Allumer* **le salon,** *allumer une chambre.* Cela se dit, comme: *Éteins le salon, je te prie* (Butor, M., *Passage de Milan*). *La cuisine est éteinte* (Aragon, L., *La mise à mort*). *Au carrefour (...), un café est encore allumé* (Modiano, P., *Rue des boutiques obscures*).

ALLURE, n.f.

1. À TOUTE ALLURE (Ac.) est parfois condamné. À tort, semble-t-il. Sans doute on dit fort bien: *à vive allure, à grande allure.* Mais *allure* signifiant ici «vitesse de déplacement», **à toute allure,** qui est courant, n'est pas plus anormal que *à toute vitesse; tout* marque le maximum, comme dans *en toute sûreté.* L'expression est admise par *GR.*

2. AVOIR DE L'ALLURE, appliqué aux personnes, c'est «avoir de la distinction, de l'élégance»: *Cette femme* (ou *cet officier*) *a de l'allure.* Appliqué aux choses, «sortir du commun»: *Cette manière de refuser les faveurs avait de l'allure* (Lexis). *Cette demeure a fière allure* ou *a de l'allure.*

En Wallonie, on dévie de ce sens en parlant de personnes. *Avoir de l'allure* y signifie «avoir du savoir-faire, de l'ordre, dans son activité ménagère ou manuelle»: [*Cette mère de famille n'a pas d'allure*]. [*Ce jeune apprenti a déjà de l'allure*]. D'où l'emploi de SANS ALLURE, dans le sens de *négligent, mal organisé* ou *peu soigné*: [*C'est une femme sans allure*]. Substantivement: [*Un sans-allure*]. [*Une sans-allure*].

ALLURÉ, adj. Néologisme admis par des dictionnaires: *Une grande fille blonde et bien allurée* (Aymé, M., *Le confort intellectuel*). Dans le vocabulaire de la mode, on parle d'une *robe allurée* (qui a bonne allure).

ALLUVION, n.f. *Des alluvions récentes.*

ALORS (s ne se prononce pas), adv., dans son sens temporel signifie «à ce moment-là, à cette époque-là, dans le passé ou dans l'avenir»: *Alors il s'endormait. Alors ils le reconnurent. Alors comme aujourd'hui. Jusqu'alors.* Il ne s'emploie pas dans ce cas avec un présent, sauf si c'est un présent historique: *Alors il commence à le regarder.* Il ne signifie pas *après cela.*

PUIS ALORS, fort répandu, n'est pas à recommander, car c'est un pléonasme inutile: *Il comptait seulement jusqu'à vingt, puis il levait un doigt de la main et ainsi de suite. Puis alors il fallait encore marquer...* (Giono, J., *L'oiseau bagué*). *Alors* (ou *ensuite, puis, et puis*) suffisait.

En dehors de ce sens temporel, *alors* s'emploie fort bien avec un présent et signifie «dans ce cas, s'il en est ainsi»: *Alors n'en parlons plus.* Avec un conditionnel, *même alors* signifie «même s'il en était ainsi»: *Même alors je ne le dirais pas.* — OU ALORS ne signifie pas «ou s'il en est ainsi», mais «ou s'il n'en est pas ainsi, ou sinon»: *Allez le voir ou alors écrivez-lui.*

Alors peut aussi s'employer avec affectivité pour marquer, notamment dans une question, une certaine curiosité ou simplement pour appuyer. Cet emploi devient facilement très familier: *Alors, ça va? Chic, alors! Alors quoi? Et alors, vous avez bientôt fini?*

ALORS QUE, loc.conj., s'emploie beaucoup moins qu'autrefois dans le sens uniquement temporel de *lorsque, au moment où.* Dans l'usage courant, aujourd'hui l'expression marque surtout une opposition (à un moment où au contraire) et est suivie de l'indicatif ou du conditionnel selon le sens: *Il flâne alors que les autres sont occupés. Il parle, parle, alors qu'il faudrait agir.* On peut renforcer l'expression en disant ALORS MÊME QUE. Suivi d'un conditionnel, *alors même que* signifie *quand même*: *Alors même qu'on m'en prierait, je ne le ferais pas.* ▶ LORS.

ALPAGA, n.m., désigne couramment l'animal, la laine ou le tissu.

ALPIN, adj., **ALPINISME**, n.m., **ALPINISTE**, n.m., peuvent assurément se rapporter aux Alpes, mais par extension s'appliquent à la haute montagne en général. **ALPESTRE** se réfère davantage aux Alpes.

ALTERNATIF, adj., comporte soit l'idée d'alternance (*une présidence alternative, un échange alternatif de rôles, un mouvement alternatif, un courant alternatif*), soit l'idée de choix (*une obligation alternative*) ou une idée de rechange: *une médecine alternative, une solution alternative.* — *Une proposition alternative* énonce deux assertions dont l'une exclut l'autre.

On parle couramment en Belgique de *stationnement alternatif*; l'expression est certainement correcte, mais en France on dit, non moins correctement: *stationnement* **ALTERNÉ**. On doit parler de *voix alternées*, de *rimes alternées*, d'une *série alternée*.

ALTERNATIVE, n.f.

1. Le mot s'emploie au pluriel lorsqu'il signifie «alternance, succession répétée de choses opposées»: *Des alternatives de succès et de revers.* On est alors *dans* ces alternatives.

2. Au singulier, «situation dans laquelle on n'a le choix qu'entre deux partis à prendre»: *Il se trouvait dans* (ou *devant*) *l'alternative de se soumettre ou de se démettre.* Mais un emploi très répandu, même chez d'excellents écrivains et chez des lexicographes qui le condamnent (Littré, Hatzfeld), applique *alternative* à chacun des termes du choix. Le mot prend ainsi le sens de *possibilité, option, parti, éventualité, hypothèse, solution*, et l'on parle de deux alternatives (ce qui proprement supposerait quatre solutions) ou de trois ou de quatre!

Robert Le Bidois a montré quelque indulgence, «sans l'excuser tout à fait», pour ce fâcheux glissement de sens. On fera bien d'éviter cet emploi, condamné ou suspecté par ceux qui ont le souci de maintenir utilement le sens étymologique, dont l'abandon favorise un glissement de sens de *dilemme.* ▶ DILEMME.

3. Autre emploi plus récent, venu de l'anglais: *une alternative à qqch.*, une solution de remplacement, de rechange.

ALTERNER, v.intr.: *Prières et menaces alternaient*; ou tr.dir.: *Cet enfant alterne les pleurs et les rires.*

ALTESSE, n.f., désigne en Belgique une sorte de prune appelée en France *prune de Monsieur.*

ALUNIR, v.intr., **ALUNISSAGE**, n.m., s'écrivent avec un seul *l*, comme *aligner, alourdir*, tandis qu'on écrit deux *t* dans **ATTERRIR**. L'Académie a voulu généraliser *atterrir* (avec un éventuel complément): *atterrir sur la Lune.*

Faut-il vraiment condamner *alunir* par crainte de voir se former un jour d'autres composés quand on mettra le pied sur d'autres astres, Vénus ou Mars? La querelle et la crainte sont vaines. L'usage a admis *alunir* et *alunissage.*

ALVÉOLE, nom masculin d'après l'Académie; mais les meilleurs dictionnaires enregistrent la tendance très nette, et qui n'est pas récente, à en faire un féminin. Le *PR* dit même: «n.m. (vieux) ou f.».

AMALGAME, n.m. *Un amalgame.* — **AMALGAMER**, c'est réunir des personnes ou des choses qui ne s'accordent guère, tandis que **FUSIONNER** veut dire: unir en un nouveau groupement des choses ou collectivités auparavant distinctes: *A fusionne avec B. On fusionne A et B.*

AMANDE, n.f. *Pâte d'amandes, huile d'amandes. Casser le noyau d'un fruit pour en avoir l'amande.*

AMARANTE, adj. de couleur, est invariable.

AMARRER, v.tr.dir., a élargi son sens; il ne s'agit plus seulement de retenir (avec des amarres) un navire, une embarcation ou un ballon, mais de maintenir en place un objet assez lourd au moyen de cordages, de chaînes: *Amarrer solidement une malle sur le toit d'une voiture* (GLLF).

On va plus loin et *amarrer* remplace correctement *attacher*. Gilbert Cesbron écrit: *Ployant sous les linges fumants, des fils se croisaient au-dessus du poêle; ils étaient amarrés à des tuyauteries rouillées* (Je suis mal dans ta peau). Laissons à l'île Maurice: *J'ai amarré le cadeau avec un ruban rose.* Et à l'Acadie: *amarrer son pantalon.*

AMATEUR, n.m., s'emploie pour une femme comme pour un homme: *Une musicienne amateur* (GLLF). *Cette femme est un amateur d'art. Elle est amateur de nouveautés.* — [*Amatrice*] n'a pu s'imposer.

AMBAGES, n.f.pl., *détours*: *Parler sans ambages.*

AMBASSADEUR a pour féminin *ambassadrice*, dans tous les sens.

AMBIANCE, n.f., milieu matériel, intellectuel ou moral. C'est le même sens figuré qu'on donne à *atmosphère, milieu* et *climat*. Ce qui est vivement contesté, c'est *ambiance* dans le sens (répandu et familier) d'«ambiance agréable, jeune, gaie», d'«enthousiasme collectif», d'*entrain*, de *gaieté*. Par exemple, on dit qu'*il y a de l'ambiance* ou qu'*il y a beaucoup d'ambiance* dans tel appartement, tel restaurant, telle réunion; on parle d'*un éclairage d'ambiance*, fournissant une lumière favorable à la détente.

Maurice Piron, qui a écrit d'excellentes pages *Sur l'évolution d'«ambiance»* dans les *Mélanges* offerts à Maurice Grevisse, a noté finement qu'*ambiance*, passant du sens général à un sens restreint, impliquant la joie, l'entrain, a subi la même évolution que *succès*, qui a signifié d'abord «issue heureuse ou malheureuse». Ce qui reste gênant, c'est qu'*ambiance* a en même temps le sens large et le sens restreint. Mais le contexte et les circonstances sont là pour préciser le sens. On peut refuser d'employer les expressions *il y a de l'ambiance* ou *créer une ambiance*, on peut estimer qu'elles doivent être réservées à la langue familière, mais on n'a pas le droit d'affirmer qu'elles ne veulent rien dire et qu'elles sont linguistiquement inexplicables.

On doit être plus sévère pour MILIEU AMBIANT, qui n'est pourtant pas nouveau ni rare. Il est normal de parler de l'AIR AMBIANT, de l'*atmosphère ambiante*, de la *vie ambiante*, de *colorations ambiantes*, de la *température ambiante*; dans toutes ces expressions *ambiant* a son sens: «qui entoure, qui circule autour». Mais un *milieu*, dans ce sens, est ambiant par définition et l'on devrait parler de l'*influence du milieu* et non de l'influence «du milieu ambiant».

AMBIGU, adj., au féminin **ambiguë**. L'Académie a imposé le tréma sur le *e* en 1987. Les *Rectifications de l'orthographe* ont proposé de le placer sur le *u* en 1990: **ambigüe** (*RO* III.4).

AMBIGUÏTÉ ou AMBIGÜITÉ, n.f., pour les raisons ci-dessus, le tréma est soit sur le *i* ou sur le *u*... C'est ambigu! (*RO* III.4). ▶ TRÉMA.

AMÉLIORER, v.tr.dir. *Il a amélioré sa situation. Son état s'est amélioré. La situation est maintenant améliorée.*

AMEN, n.m., est invariable: *Des* **amen**.

AMENDABLE, adj., ne se dit pas seulement du sol mais de ce qui, tel un projet de loi par exemple, peut être amélioré. (Au Canada, AMENDER s'emploie pour *modifier*.)

AMENER ET RAMENER, v.tr.dir., ne peuvent être substitués à *apporter* et *rapporter* ni se dire quand le complément est, au sens propre, qqch. que l'on porte sur soi. **Apportez**-*moi cette lettre. Le pétrole est* **amené** *par un tuyau. On* **conduit** *(ou on* **mène***) sa voiture au garage, on* **apporte** *ses livres, on*

rapporte un cadeau. Le plombier **apporte** *ses outils. Je me propose d'***emmener** *(ou d'***amener***) cet ami à cette réunion.* Le pronominal S'AMENER (venir, arriver) est considéré comme familier.

AMÉNITÉS, n.f.pl., ne peut s'employer pour traduire l'anglais *amenities* désignant les attraits, les agréments qui rendent agréable l'habitation ou le cadre de vie: matières, couleurs, ensoleillement, verdure, etc.

Au singulier, **aménité** signifie *amabilité*; au pluriel, il ne s'emploie que par antiphrase, ou ironiquement, pour des paroles blessantes, injurieuses.

ÂME QUI VIVE est généralement figé au présent: *Nous n'avons rencontré âme qui vive.* Mais parfois on trouve l'imparfait: *Pas plus qu'à l'aller ils ne rencontrèrent âme qui vivait* (Déon, M., *Un parfum de jasmin*).

AMERRIR (se poser sur l'eau), v.intr. Les deux *r* (aussi dans AMERRISSAGE) sont dus à l'influence d'*atterrir* et à la prononciation de *mer*. AMÉRIR n'a pu s'imposer.

AMERTUME, n.f., peut s'appliquer à une saveur, à un mets, à une odeur ou à un sentiment. AMERTUMÉ, adj. ou n., reste insolite: *Jacques n'était plus qu'un amertumé* (Peyré, J., *Croix du Sud*).

-ÂMES et -ÂTES, finales des 1re et 2e personnes du pluriel du passé simple des verbes en *-er*, se prononcent avec un *a* bref.

AMÉTHYSTE, n.f. *Une améthyste*. Invariable comme adj. de couleur.

AMEUBLISSEMENT, n.m., est un terme de droit désignant la convention par laquelle les époux font entrer dans la communauté, comme des meubles, des immeubles propres à l'un d'eux. AMEUBLIR le sol, le rendre meuble.

AMI, n.m. Préférer *être ami de* à *être ami avec*. BON AMI, *bonne amie* sont des régionalismes vieillis au sens de *fiancé, fiancée*.

AMIABLE, adj.; *une solution* **amiable** *ou à l'amiable*; *vente à l'amiable* (de gré à gré).

AMIANTE, n.m. *De l'amiante très blanc.*

AMICT, n.m., doit se prononcer comme *ami*.

AMIDONNÉ et EMPESÉ. L'usage, celui des écrivains comme celui du grand public, ne se soucie pas de la différence des techniques: il fait d'*empesé* et *amidonné* deux synonymes. On parle d'une blouse amidonnée, d'un col (assez raide) amidonné ou empesé: *Vêtu d'un blanc impeccable, amidonné et bien repassé, taillé dans le meilleur tissu anglais* (Cendrars). *Tout près, les cols bien amidonnés chevauchaient la jeannette* (Sabatier, R., *Trois sucettes à la menthe*). Au sens figuré (*raide, compassé*), on préfère *empesé*.

AMIGO, n.m., n'est pas français. Ce terme bruxellois, qui désigne familièrement, ainsi qu'en Wallonie, le cachot de police (le *violon*), est dû à un jeu de mots plaisant qui a rapproché de l'espagnol *amigo* (ami), au XVIᵉ siècle, sous le régime espagnol, les deux mots quasi homonymes qui, dans le parler bruxellois, désignaient la prison et l'ami.

AMMONAL, n.m. d'un mélange pour explosif. Des **ammonals**.

AMMONIAC, s'emploie plus souvent comme adjectif que comme nom masculin: *le gaz ammoniac*. Quant à la solution de *gaz ammoniac* dans de l'eau, on l'appelle de l'**AMMONIAQUE** (féminin). Ce dernier nom est parfois donné aussi au *gaz ammoniac*.

AMNISTIE, n.f. *Une amnistie*. Ne pas confondre avec *armistice*.

AMODIER, v.tr.dir., ne signifie pas «modifier légèrement, aménager, amender», mais «donner à ferme un domaine, une terre». Une **AMODIATION** est la «location d'une terre moyennant une prestation périodique en nature ou en argent versée par l'**AMODIATAIRE** à l'**AMODIATEUR**» (*GR*).

À MOINS QUE, À MOINS DE. ▶ MOINS, 3.

AMOLLIR, v.tr.dir., et ses dérivés: deux *l*.

AMONCELER, v.tr.dir., conjug. **amoncelle, amoncellera** ou **amoncèle, amoncèlera**.

AMORCER, v.tr.dir., est devenu d'un emploi très fréquent dans le sens de *commencer, entreprendre qqch. On amorce une conversation, un travail, un virage, une détente*; on dit même qu'*un fleuve amorce une lente décrue*; d'où avec **S'AMORCER**: *La décrue s'est amorcée*.

AMOUR, n.m. *L'amour filial. Peindre de petits amours joufflus.* Masculin en latin, souvent féminin dans l'ancienne langue et au XVIIᵉ s., *amour* est aujourd'hui parfois féminin dans l'usage littéraire, souvent emphatique, mais uniquement dans le sens de «passion d'un sexe pour l'autre»: *les pures amours de sa jeunesse*. Si un singulier est associé à un pluriel, *amour* est généralement masculin: *Un de ses plus vieux amours. De tous ses amours, celui-là est le plus célèbre*. Le masculin est toujours permis. Le féminin singulier se rencontre en français recherché, mais n'est pas à conseiller.

AMOUR-PROPRE, n.m. (trait d'union). Des **amours-propres**.

AMPHITRYON, n.m., emploi rare: l'hôte qui reçoit.

AMUÏR (S') se dit en phonétique d'un son qui cesse de se prononcer. Tréma sur *i* (Ac.): *amuïr*, **AMUÏSSEMENT** (*u* semi-voyelle).

AMUSE-GUEULE, n.m., est légèrement familier mais courant pour désigner les canapés, gâteaux secs, amandes salées, etc. servis avec l'apéritif ou au cours d'une réception. Pluriel: des **amuse-gueules**. ▶ NOMS COMPOSÉS, 2.5.

AMUSER, v.tr.dir., **S'AMUSER**. **Amuser** qqn, le *distraire*, lui procurer de l'agrément. *Il amuse la galerie; un rien l'amuse; ça m'amuse de sortir avec lui*. Un ancien emploi, toujours vivant en Belgique: «faire perdre son temps à qqn». *Il est venu m'amuser, je n'ai pas terminé mon travail*. — **S'amuser**, se distraire agréablement: *elle s'amuse à regarder tomber la pluie* (Ac.); perdre son temps: *s'amuser à des riens. Nous n'avons qu'une heure, il ne faudra pas nous amuser en route; faire la noce*, mener une vie dissipée; *s'amuser aux dépens de quelqu'un*, se moquer de lui. — Éviter le tour belge (wallon) *s'amuser* ou [*s'amuser bien*] pour *se plaire* et [*s'amuser mal*] pour *s'énerver, s'ennuyer*.

AMUSETTE, n.f., est français dans le sens de «petit amusement sans importance, distraction qu'on ne prend pas au sérieux». En français régional de Wallonie et de Bruxelles, comme d'ailleurs dans le nord de la France, il désigne abusivement une personne qui est dissipée ou qui s'amuse à des bagatelles, qui se laisse retarder par un rien: [*Comment voudriez-vous que cet enfant réussisse? C'est une amusette. — Il rentre toujours très tard; c'est une amusette*].

AN, n.m., et **ANNÉE**, n.f., ont des emplois diversifiés à cause de la différence de leur consistance phonique (*an* se réduit à une voyelle) et surtout à cause du suffixe *-ée* qui, comme dans *journée, matinée, cuillerée*, fait penser à ce qui emplit, donc ici à la durée. On dit *an* pour une date ou avec un numéral cardinal pour indiquer l'âge ou une période de douze mois commençant à n'importe quel moment de l'année: *L'an 1970. Il est mort à 50 ans. Il y a dix ans. Il s'est engagé pour trois ans. Tous les ans*. La répartition est subtile; on ne dit pas: [*Tout l'an, il y a quelques ans, tant d'ans se sont écoulés, l'an suivant*]. Tandis qu'on dit: *L'année civile. L'année scolaire. L'année théâtrale. L'année compte 365 jours*. Bien qu'on dise *il y a dix ans* (avec un numéral), *cinq fois par an*, on dit toujours *il y a quelques années, il y a une dizaine d'années, il y a tant d'années, dans les années quarante*. Avec un numéral ordinal: *La première année. Il est dans sa dixième année* (il a donc *neuf ans*). Mais on emploie *an* ou *année* quand on dit: *Il a passé dix ans* (ou *dix années*) *en Afrique. Il est parti l'an dernier* ou *l'année dernière. L'an*

précédent ou *l'année précédente. Il reviendra l'an prochain*
ou *l'année prochaine. Le nouvel an* ou *la nouvelle année.*

On dit toujours : *Bon an mal an. Le jour de l'an. Le premier
de l'an. Verser tant par an.* — *La fin de l'année. Souhaiter
la bonne année. L'année sainte.* Une ANNÉE-LUMIÈRE, *des*
années-lumière. ▶ ANNÉE.

S'il est normal de *souhaiter une bonne année* ou de dire
qu'*un vin est d'une bonne année*, l'expression [ÊTRE DE LA
BONNE ANNÉE], ayant le sens de *être naïf*, est belge.

ANA (recueil d'anecdotes, de pensées, de bons mots concernant un auteur), n.m., est invariable (Ac.). Il est formé
d'après la terminaison du titre latin de recueils de ce genre
(*Menagiana*, etc.). On se gardera donc de mettre un *s* au
pluriel par analogie avec *opéra*, *agenda*. Cependant, selon
les principes des *Rectifications de l'orthographe* (1990), on
pourrait écrire *anas* (RO II.7).

ANACOLUTHE (rupture dans la construction), n.f. *Une anacoluthe.*

ANAGRAMME, n.f. *Une anagramme.* ***Lace*** *est l'anagramme de* ***cela.***

ANALOGIE, ANALOGUE. Une chose est *analogue* (comparable) *à*
une autre. Elle a *de l'analogie avec* elle. Il y a *entre* elles *de
l'analogie* ou *une analogie.*

ANANAS, n.m. L's final se prononce parfois.

ANCIEN, adj., s'appliquant, devant le nom, à ce qui existe depuis
longtemps, en est arrivé à se dire de ce qui a existé ou a
rempli telle fonction (ou a servi à tel usage) autrefois mais
ne le fait plus : *L'Ancien et le Nouveau testament. Un
ancien acteur, un ancien combattant, un ancien élève, un
ancien hôtel.* Mais *une amitié déjà ancienne* vit toujours.

ANCRE, n.f. *Une ancre.* On dit fort bien : *jeter l'ancre* (mouiller).

ANDANTE, n.m. Pluriel : Des ***andantes.***

ANDROGYNE, n.m. et adj., ne s'oppose pas à MISOGYNE (qui méprise
les femmes), mais signifie : qui tient des deux sexes.

ANÉVRISME, n.m., est écrit avec *i* par l'Académie française et
dans l'usage courant, bien qu'il vienne d'un mot grec, *ane-
vrusma*, qui signifie *dilatation.* L'Académie de médecine
accepte ANÉVRYSME et *anévrisme.*

ANGE, n.m., est masculin, même s'il s'agit d'une femme : *Il faudra que je la voie demain,* ***cet*** *ange* (Dutourd, J., *Pluche*).
Elle est son mauvais ange.

ANGELOT, n.m., a remplacé couramment ANGELET.

ANGÉLUS, n.m., peut s'écrire avec une minuscule. Noter *é.*

ANGLO-NORMAND, adj. et n.m. : *les îles anglo-normandes* ; fém. : *une
Anglo-Normande* ; *la langue anglo-normande* ; *un cheval
anglo-normand.*

ANGORA, n.m., prend aujourd'hui *s* au pluriel, généralement.

ANHIDROSE, n.f. (absence ou forte diminution de la transpiration), s'écrit avec *i* ; on y retrouve le grec *hidros*, signifiant
sueur et non *hydre* (eau).

ANICROCHE (petite difficulté, petit obstacle), n.f. *Une anicroche.*

ANIMATEUR, ***animatrice.*** À distinguer d'*annonceur* (▶ ANNONCEUR).

ANIS, n.m. L's final se prononce souvent.

ANNÉE, n.f. ▶ AN.

1. Une ANNÉE-LUMIÈRE. Des ***années-lumière.*** Des scientifiques refusent *année de lumière*, admis par les dictionnaires. Sens : distance parcourue par la lumière en une année
   dans le vide.

2. [ÊTRE DE LA BONNE ANNÉE]. ▶ AN.

3. L'*année civile* (celle du calendrier) s'oppose à l'*année budgétaire.*

ANNELER, v.tr., conjugué comme *amonceler* (Ac.) ▶ VERBE, Conjugaison, 1.1.

ANNEXE, n.f., peut être employé adjectivement (et varier) pour
annexé, en annexe : *Une école annexe. Des documents
annexes* (*des* ***annexes***).

ANNEXIONNISME, n.m., et ANNEXIONNISTE, adj. et n.m. Deux fois
deux *n.*

ANNIVERSAIRE, adj. et n.m., est lié pour le sens au mot *année* et
ne se dit que pour ce qui a eu lieu une ou plusieurs années
auparavant. *On célèbre un service anniversaire. Fêter un
anniversaire. Nous fêtons l'anniversaire de sa naissance.*

ANNONCEUR est vieilli pour désigner le comédien qui venait
annoncer le prochain spectacle. Aujourd'hui ce nom
s'applique à celui qui, dans un journal, à la radio, paie une
annonce, une publicité (d'où *annonceur publicitaire*).

On appelle aussi *annonceur* en France celui qui, à la radio,
distinct du *journaliste*, annonce les émissions, lit les som-
maires, les bulletins, les communiqués. Mieux vaut, pour
éviter toute confusion, l'appeler PRÉSENTATEUR ou
présentatrice : celui ou celle qui présente les programmes
(anglais SPEAKER, *speakerine*). L'ANIMATEUR fait davantage :
il présente un programme de musique ou bien de variétés
en intervenant personnellement au cours de l'émission. Le

MENEUR DE JEU (anglais *disc-jockey*) fait plus et autre chose que l'animateur : c'est un animateur responsable de l'animation d'une soirée, d'une fête, d'un bal, où il se charge d'un programme varié de musique enregistrée et où il intervient personnellement, par des commentaires, des imitations, etc., pour animer la salle.

ANNONCIER, employé par Claudel dans *Le soulier de satin* pour désigner celui qui vient annoncer ou commenter les événements, s'applique aujourd'hui à celui qui, dans un journal ou une entreprise de publicité, est chargé de la composition et de l'insertion des annonces. Une ***annoncière***.

ANNOTER, v.tr.dir., c'est ajouter une note ou des notes à un texte, une édition, un rapport, etc. : *J'ai annoté mon exemplaire. Une édition annotée.* C'est abusivement qu'on dit *annoter les marges* au lieu de *annoter un texte dans les marges*. Le verbe est couramment utilisé en Belgique au sens de *noter*, *prendre en note* (un *renseignement*, une *adresse*).

ANOBLIR, v.tr.dir., ANOBLISSEMENT, n.m. Sens propre : *Le roi a anobli cet écrivain* ; on prononce *a*. Au sens figuré, *élever moralement*, ENNOBLIR, ENNOBLISSEMENT, où l'on prononce *an*.

ANOMAL, adj., ANORMAL, adj., ANOMALIE, n.f. **Anomal** est un mot savant (sans rapport avec *normal*) où l'on retrouve le grec *omalos*, *pareil*. Il se dit de ce qui est non pas une incorrection, mais une **exception prévue** par rapport à la règle, soit d'une certaine vision soit, en grammaire, d'un pluriel comme *yeux* ou d'une conjugaison irrégulière ; on parle d'ailleurs plutôt de *verbes irréguliers*. Substantif : **anomalie**.

Anormal se dit de ce qui n'est pas normal, de ce qui est contraire aux règles établies, à l'usage général, qu'il s'agisse d'une personne, d'un sentiment, d'une démarche, etc. Le mot est souvent dépréciatif.

Anomal étant d'un emploi limité et *anormal* n'ayant pas de substantif correspondant usuel (*anormalité* étant peu répandu), l'usage a étendu le sens d'*anomalie*, qui peut donc se dire pour une irrégularité, une bizarrerie, une déficience, et celui d'*anormal*, qui peut se dire de ce qui n'est pas conforme à l'ordre habituel des choses, de ce qui est exceptionnel ou insolite. On notera qu'en psychologie on préfère parler aujourd'hui d'*enfants inadaptés* que d'*enfants anormaux*.

ANTAN. D'ANTAN, loc.adv., aurait dû garder son sens propre : de l'année dernière (latin *ante annum*). Il a pris, même dans les milieux cultivés, un sens plus large : d'anciennement, de jadis. De Gaulle, après la guerre de 1939-1945, pense au régime de l'entre-deux-guerres : *Tout m'annonce que le régime d'antan va reparaître (...). Les partis reprennent leurs jeux d'antan* (*Le salut*). L'Académie admet cette extension de sens.

ANTENNE, n.f., s'emploie au figuré : NE PAS AVOIR D'ANTENNES (pluriel), c'est ne pas avoir d'intuition, ne pas se rendre compte de ce qui peut arriver. En langage technique, *donner l'antenne à un poste émetteur*, c'est lui donner l'autorisation d'émettre ou de retransmettre.

ANTÉRIEUR, adj. Une chose est antérieure *à* une autre, elle s'est passée avant ; on ne met pas *antérieur* au comparatif, mais, comme on peut préciser le temps de l'antériorité par un complément (*antérieur de plusieurs mois* ou *de plusieurs siècles à*), on peut dire : *très antérieur à tel fait*.

ANTHRACITE, n.m. *Du gros anthracite.*

ANTI- intervient comme préfixe, avec une valeur très nette d'opposition, dans un grand nombre de mots que les dictionnaires n'accueillent pas toujours : *antiatomique*, *antiacide*, *l'antiroman*, etc.

Généralement on ne met le trait d'union que dans des formations rares ou occasionnelles ou devant *i* (*anti-intellectuel*, *anti-infectieux*, *anti-inflammation*, mais *antihygiénique*), ou dans les composés de trois éléments (*anti-sous-marin*) et devant un nom propre (*il est anti-Dupont*).

Il est normal de ne mettre un *s* qu'au pluriel : *Un produit antimite, des produits* **antimites**, *un antimite, des antimites. La loi anticasseur. Un canon antichar, des canons* **antichars**. *Un phare antibrouillard, des phares* **antibrouillards**. *Un antibrouillard, des antibrouillards.* L'Académie écrit *des antibrouillard*. On trouve aussi : *la loi anticasseurs* ; *des produits* **antirouille**, *des mines* **antipersonnel**.

ANTICHAMBRE, n.f. *Une antichambre.*

ANTICIPATIF, adj., ANTICIPATIVEMENT, adv. Sans être des belgicismes, ces deux mots sont peu usités en France. Le *TLF* les accueille avec réserve. On peut les éviter, surtout *anticipativement*, en parlant d'un *remboursement anticipé*, en présentant ses *remerciements anticipés*, en remerciant *à l'avance*, *par avance*, en disant qu'*on règle une dette par anticipation*. Notons l'adjectif ANTICIPATEUR : *une vision anticipatrice*.

ANTICIPER.

1. **V.tr.dir.** : *On anticipe une chose*, on l'exécute avant le moment prévu (*on anticipe un retour, un paiement, on l'anticipe de huit jours*). Plus rarement : on imagine, on connaît à l'avance (*on anticipe une douleur, l'avenir, un destin*).

2. **V.intr.** (courant, suivi de *sur*): *anticiper sur un écrit* (évoquer des faits qui ne devraient l'être que plus tard), *anticiper sur les faits, sur ce qui va suivre, sur des conclusions. Il s'est ruiné à force d'anticiper sur ses revenus* (Ac.). *Anticiper sur l'avenir* (GR), le prévoir. Dans un sens absolu: *n'anticipons pas* (ne devançons pas l'événement, ne disons pas cela dès maintenant). *Il faut savoir anticiper. Je ne veux pas anticiper.*

ANTIDATER (une lettre, un document), v.tr.dir., mettre une ANTI-DATE, une date antérieure à la date véritable. Contraire: *postdater.*

ANTIDOTE, n.m. *Le lait est un bon antidote* (Ac.). *Il n'y a pas de meilleur antidote contre* (ou *à*) *l'ennui. L'antidote de l'ennui.*

ANTIPATHIE, n.f. Pas d'*y*. Opposé à *sympathie.*

ANTIPODE, n.m. *Un antipode.*

ANTISEPSIE, ASEPSIE, n.f., mots savants où l'on retrouve, avec le préfixe *anti* (marquant l'opposition à qqch.) ou *a* privatif (indiquant l'absence), le grec *sêpsis*, infection. — Adjectifs: ANTISEPTIQUE et ASEPTIQUE, avec *t* comme dans les verbes ANTISEPTISER (vieilli; on dit plutôt *désinfecter*) et ASEPTISER (rendre aseptique ou exempt de tout germe infectieux).

ANTRE, n.m. *Un antre.*

ANVERS, ville belge. Prononcer l's final.

AOÛT, AOÛTIEN ou AOUT, AOUTIEN (*RO* II.4), n.m., etc. *Août* se prononce *ou*; beaucoup de Français prononcent le *t* final et même le *a* initial, celui-ci se prononce couramment dans les dérivés *aoûtat, aoûté, aoûtement* et dans *aoûtien, aoûtienne* (où l'on prononce *s*): personne qui prend ses vacances en août comme estivant. On écrit aussi *aouté, aoutement, aoutienne.*

AOÛTAT ou AOUTAT, n.m., larve d'acarien, prononcer le *a* et pas le *t* final.

APAISEMENTS, n.m.pl., peut s'employer dans les expressions *donner des apaisements, donner à qqn tous* (*ses*) *apaisements* (rassurer). *Avoir ses apaisements* et *avoir tous ses apaisements* ne sont pas incorrects mais s'entendent moins en France qu'en Belgique.

APANAGE, n.m. *Un apanage.* Comme le mot désigne ce qui est l'exclusivité de qqn ou de qqch., il est insolite et inutile d'ajouter *exclusif* comme renforcement; mais cet emploi, à déconseiller, n'est pas rare.

APARTÉ, n.m. *Un aparté,* ce qu'on dit à part soi ou en marge d'un groupe.

APARTHEID (n.m.; prononcer *èd*). Traduire par (*politique de*) *ségrégation.*

APERCEVOIR, v.tr.dir. Attention à l'orthographe: un seul *p*; cédille devant *o, u.* On ne dit plus guère, comme on le faisait au XVIIe siècle: *J'aperçois que j'ai tort.* On dit: **Je m'aperçois que** *j'ai tort* (je m'en rends compte, j'en prends conscience). *Ils se sont aperçus de leur erreur.*

APESANTEUR, n.f., *a* privatif, un seul *p.* Mais APPESANTIR, APPESANTISSEMENT.

À PEU PRÈS, loc.adv. *J'ai à peu près terminé.* Mais: un À-PEU-PRÈS.

Aphérèse et apocope

Aphérèse, apocope, n.f., désignent l'abrègement d'un mot, soit (*aphérèse*) par la suppression du début (*scopie* pour *radioscopie*), soit (*apocope*) par celle de la fin (*radio* pour *radioscopie*).

APHTE, n.m. *Un aphte.*

À-PIC, n.m., pl. des **à-pic** (invar.). Trait d'union, cependant on dit: *un rocher à pic.*

APITOYER, v.tr.dir. *Apitoyer qqn. Ils se sont apitoyés sur ce malheureux.*

APLANIR: un seul *p*, comme dans APLATIR. **Aplanir** *une route, les difficultés.* **Aplatir** *à coups de marteau. Aplatir ses cheveux, un pli.*

APLOMB (D'), loc.adv. *D'aplomb* s'emploie fort bien au figuré: *avoir l'air d'aplomb, remettre d'aplomb,* en bon état, physique ou moral.

APOCRYPHE, adj., se dit des écrits, des livres d'une authenticité douteuse.

APOGÉE, n.m. *Un apogée triomphal. Des apogées triomphaux.*

APOLOGIE (*défense, justification*), n.f., n'est pas synonyme de PANÉGYRIQUE, n.m. (discours à la louange de qqn).

APOLOGUE, n.m. *Un apologue,* petite fable morale.

APOPHTEGME, n.m., parole sentencieuse.

APOSTER, v.tr.dir., un seul *p*; poster (qqn) en un endroit.

A POSTERIORI, loc.adv. ou adj. ▶ A PRIORI.

APOSTROPHE, n.f. *Une apostrophe.*

Apostrophe

Emploi ▶ ÉLISION et IMPÉRATIF, 2.2.

APOTHICAIRE, n.m. En Wallonie et à Bruxelles: [*Un* DRÔLE D'APO-THICAIRE] pour: un drôle d'individu, un original. En français normal, un COMPTE D'APOTHICAIRE, un compte obscur, très compliqué ou fortement majoré.

APPARAÎTRE, v.intr. **Auxiliaire**. Si *apparaître* peut encore s'employer avec *avoir* quand on marque l'action en train de s'accomplir (*La difficulté qui nous avait apparu*), **être** est vingt fois plus fréquent, qu'il s'agisse de l'action ou de son résultat: *La difficulté qui nous est apparue. Les premières étoiles sont apparues* (Butor, M., *La modification*).

Il apparaît que signifie «il est évident que, on voit que» et est suivi de l'indicatif. Ne pas confondre avec *il paraît que*, on dit que.

Une chose **apparaît évidente** ou **comme évidente** (avec un adjectif) ou (avec un nom) **comme une évidence**. **Apparaître comme**, se présenter à l'esprit sous tel ou tel aspect.

APPARAT, n.m. On parle indifféremment de l'APPARAT CRITIQUE ou de l'APPAREIL CRITIQUE d'une édition.

APPAREMMENT QUE en tête de phrase: *Apparemment qu'il viendra* (Ac.).

APPARENCE, n.f., désigne l'aspect sous lequel une réalité se manifeste ou l'aspect trompeur d'une chose, mais peut aussi désigner la trace de qqch. On peut donc dire: *Il n'y a plus apparence de maladie* aussi bien pour dire «il n'y a plus de signe, de marque extérieure» que pour dire «il n'y a plus de trace, aucun vestige de». *Il y a* **toute apparence** *qu'il s'est trompé* ou *qu'il n'aurait pas affirmé cela sans preuve*.

APPARENTÉ, adj., au propre et au figuré, se construit, comme S'APPARENTER, sans complément ou avec *à*. Il faut éviter *avec*.

APPAROIR, v.intr., n'est plus usité que dans le langage juridique, à l'infinitif et à la 3e pers. du sing. de l'ind. prés.: *Il appert* (il est évident), *il appert que* (+ indicatif), *il appert de* (il ressort manifestement de qqch.).

APPÂT (*ât* comme dans *appâter*), n.m. *Mordre à l'appât*. Pluriel: *appâts*. À distinguer de *les* APPAS, attraits, charmes du corps féminin (Ac., 1987, annulant une décision de 1975, mais contredite par les *Rectifications de l'orthographe de 1990*: *appâts*, RO III.10).

APPEL, n.m. *On* **lance**, *on* **adresse** *un appel à qqn. On* *fait appel à qqn. On fait* **appel d'un jugement** *à un tribunal supérieur*.

APPELER, v.tr.dir. ou indir. *J'***appelle**. *Appeler qqn à l'aide, aux armes. En appeler d'une décision. L'*APPELLATION *de ce vin est un abus*.

APPENDICE (pron. *in*), n.m. *Un appendice*. Mais **une** APPENDICITE.

APPÉTIT, n.m. *On demeure* (*on reste*) *sur son appétit*, on a encore faim (au propre et au figuré).

APPLAUDIR, v.tr.dir. ou ind. ou intr. *Ils ont applaudi*. Voici les constructions actuelles, qui ne correspondent pas toujours à l'usage classique:

Si le complément est un **nom de personne**, on l'emploie sans préposition, au sens propre (battre des mains en signe d'approbation ou d'admiration) ou au sens figuré (louer, approuver chaleureusement): *Applaudir un acteur. J'applaudis ces jeunes gens. — Applaudir à qqn* est vieilli.

Si le complément est un **nom de chose**, il s'emploie sans préposition au sens propre (*applaudir un discours, une réplique*) et avec *à* au sens figuré, très fort, de «approuver avec force, se réjouir de, être content de et le manifester» (*J'applaudis à son initiative, à ses efforts*).

APPLAUDIR DES DEUX MAINS est un pléonasme évident, mais courant au sens figuré de «louer, approuver pleinement», «applaudir très fort».

S'APPLAUDIR de qqch., c'est s'en réjouir: *Elle s'est applaudie du résultat. Ils se sont applaudis de votre succès*.

APPLICATION, n.f. *En application du règlement*. APPLICABLE, adj.

APPOINTEMENTS, n.m., ne s'emploie plus qu'au pluriel et se dit spécialement de la rémunération fixe et périodique d'un employé.

APPORTER, v.tr.dir. ▶ AMENER.

APPRÉCIER, v.tr.dir., peut avoir un sens favorable. APPRÉCIATION, n.f., a un sens neutre.

APPRÉHENDER, v.tr.dir. Sens courant: envisager qqch. avec crainte; autre sens courant: *arrêter* (un voleur); le sens neutre de *saisir par l'esprit* est vieilli. Se construit comme *craindre*: *de* devant un infinitif, *que* suivi du subjonctif accompagné généralement de *ne* (plus souvent qu'après *craindre*).

APPRÉHENSION, n.f., en dehors du langage philosophique, ne s'emploie qu'avec le sens de *crainte*, nuancé comme il vient d'être dit, et ne correspond plus à l'autre sens courant d'**APPRÉHENDER**, *arrêter* (un voleur).

APPRENDRE, v.tr.dir.

1. *On apprend un métier, la reliure, une science, une technique. Ce jeune homme apprend la natation, le russe, la géographie, le droit, le dessin. Quelqu'un lui apprend la reliure, le russe, etc. Cet enfant apprend à lire. J'apprends à me servir de cet appareil. Cela lui apprend à vivre.* Absolument: *Cet enfant apprend bien.*

   Dans certaines régions de Wallonie, on emploie *apprendre* avec pour complément le nom de celui qui exerce un métier, une profession: [*apprendre le relieur*]; parfois, dans le même sens, on trouve *apprendre pour*, sans article: [*apprendre pour médecin*].

   On trouve, dans des français régionaux de France, [*apprendre pasteur*] pour *faire des études de pasteur.*

2. Le proverbe IL FAUT ÊTRE PRIS POUR ÊTRE APPRIS, resté vivant en Belgique, l'est infiniment moins en France. Il reflète un ancien usage selon lequel on pouvait *apprendre qqn* et qui autorisait donc à dire que qqn pouvait être appris et être rendu prudent par l'expérience ou une mésaventure. Le français connaît d'ailleurs encore deux expressions s'appliquant à une personne bien ou mal élevée: BIEN APPRIS et surtout MALAPPRIS (aujourd'hui écrit en un mot).

APPRÊTER, v.tr.dir. L'expression classique **apprêter à**, suivie d'un nom ou d'un infinitif dans le sens de **prêter à**, est vieillie: *S'il n'apprête pas à la familiarité, il n'affiche aucune morgue* (Estang, L., *Les stigmates*). *Apprêter à rire* est couramment remplacé par **prêter à** *rire.* Ne pas confondre avec un autre emploi: *apprêter à dîner*, préparer le dîner. — **S'APPRÊTER**, avec un sujet désignant une chose, signifie *être en préparation*: *La noce s'apprête.* Avec un sujet désignant une personne, *s'apprêter* signifie, avec **à**, *se disposer à* (*s'apprêter à la résistance, à résister*), avec **pour**, *s'équiper* (*il s'apprête pour le combat*), *s'habiller, faire sa toilette* (*elle s'apprête pour le bal, pour la cérémonie*); dans ce sens on peut parfois trouver *pour* devant un infinitif: *elle s'apprête pour descendre* (emploi absolu dans le sens de *se préparer*).

APPRIVOISER, v.tr.dir., et dérivés: deux *p.*

APPROCHE, n.f., désigne non seulement le fait de s'approcher de qqn (*il s'enfuit à mon approche*), mais la façon d'aborder une question quant au point de vue et à la méthode: *Ces deux approches sont complémentaires.*

APPROCHER, v.tr.dir., **S'APPROCHER**. Dans le sens de *s'avancer vers qqn*, on dit: *approcher qqn* (*Il est furieux, ne l'approchez pas*) et surtout *s'approcher de qqn.* — *Approcher qqn* peut en outre signifier: *avoir facilement accès auprès de.* On se gardera du pléonasme [*s'approcher près de qqn*]. On entend: *s'approcher plus près de*; mieux vaut dire: *s'approcher davantage de qqn* ou *de qqch. Approchez-vous davantage. Elle s'est davantage approchée.*

On approche (ou *on s'approche*) *d'une chose, des vacances. Approcher qqch.* ne se dit plus guère (emploi classique) dans le sens de *venir près de, s'avancer vers.* Il est courant dans le sens de *mettre plus près*: *Approchez cette chaise. Approchez la glace de votre visage.* Dans le sens de *faire paraître plus proche*, on emploie plutôt *rapprocher*; bien qu'on parle encore d'*une lunette d'approche*, on dit: *Cette lunette rapproche les objets.*

Dans le sens d'«être sur le point d'atteindre», on ne dit pas qu'*une ville* [*approche les 300 000 habitants*]. On dit: *Elle a près de* (ou *sa population approche de*) *300 000 habitants.*

APPROPRIER (S'). *Les idées qu'elle s'est appropriées.*

APPROUVÉ, part.p.: *Approuvé les déclarations ci-dessus.* ▸ PARTICIPE PASSÉ, 2.1.1.

APPUI, n.m., **APPUIE**, v., sont corrects l'un et l'autre dans les **composés.** Cependant les rectifications orthographiques (1990) favorisent *appuie* avec, au pluriel, un *s* au deuxième élément; l'Académie écrit au pluriel *appuie-bras, appuie-main(s), appuie-têtes*; mais on notera la différence de traitement entre *appui* et *appuie*: un *appui-tête, main, nuque, bras, coude*; des **appuis-tête**, etc. (le deuxième élément déterminant le premier est invariable); un *appui-livre(s)*; un *appuie-tête*, un *appuie-livre*, des **appuie-têtes**, des **appuie-livres**, etc. ▸ NOMS COMPOSÉS.

APPUYER, v.tr.dir., **APPUYÉ**. Attention aux formes *y, i, yi* (▸ VERBE, Conjugaison, 1.1): *Il **appuie**, il faut que nous **appuyions**. Appuyer les coudes sur la table. Appuyer sur une note, sur un bouton. Appuyer sur les pédales, accélérer.* ▸ CHANTERELLE, GÂCHETTE. Au jeu de cartes, en Wallonie, on dit parfois [*un AS APPUYÉ*] pour *un as gardé.* **S'APPUYER**: *Ils se sont appuyés sur nous.*

APRÈS, prép. ou adv. *Après* marque:

a) un rapport de postériorité dans le temps (*Un an après*; *après son départ*) ou dans l'espace (*Après la maison, il y a un sentier*) ou une subordination dans une hiérarchie (*Après le lieutenant vient le sous-lieutenant*). On écrit: *ci-après.* Au lieu de l'infinitif passé (*après avoir bu*), dans quelques expressions, on emploie l'infinitif présent devenu nom, mais sans l'article: *Après boire, déjeuner, goûter, dîner, souper.*

Insolite cet emploi devant un participe passé: *Certaines somnolences d'après bien mangé et bien bu* (Aymé, M., *Le vin de Paris*).

L'emploi d'*après* pour marquer la postériorité dans l'espace suppose plutôt un mouvement: *Après le pont, vous trouverez deux chemins.* Mais on le trouve dans le sens de *derrière: Après la maison est un beau jardin. Après ce vestibule est un magnifique salon* (Ac.);

b) un sentiment d'hostilité ou d'attachement, la recherche d'un contact avec qqn ou qqch.: *Le chien aboie après les passants, il saute après les visiteurs.* COURIR APRÈS *qqn* ou *qqch.*, chercher à rejoindre; *courir après une femme*, la poursuivre de ses assiduités. Comparer: *courir derrière qqn*, qui marque seulement la position. *Ils l'entendaient encore grogner après les loups* (Clavel, B., *La saison des loups*). *Soupirer après sa mère.*

Quelques cas particuliers (▶ TIRER, AVOIR, 10):

1. ATTENDRE APRÈS *qqn* ou *qqch.* doit marquer le besoin ou l'impatience: *J'attends après le médecin, après des nouvelles* (Littré). *Il y a longtemps qu'on attend après vous* (Ac.). *Je n'attends pas après lui pour me tirer d'affaire.* Avec l'adverbe: *Cette somme est une bagatelle et je n'attends pas après* (Ac.). Sans cette nuance, *attendre après* est considéré comme régional; on dit: *attendre qqn* ou *qqch. Je vous attendrai jusqu'à trois heures. J'attends l'autobus.* Mais on dira, pour marquer l'impatience: *Soyez exact, ne faites pas attendre après vous.*

2. CHERCHER APRÈS *qqn* ou *qqch.* Cette expression, fort répandue en Belgique, en Wallonie comme en Flandre, n'est pas un belgicisme. Elle est très vivante en français familier (Bauche, *Le langage populaire*). Brunot la déclare très usuelle. On peut préférer: *Je le cherche. Je suis à sa recherche.* On dit très bien: *soupirer après qqn ou qqch.*

3. COURIR APRÈS *qqn* ou *qqch.* est correct avec la nuance notée plus haut (▶ b): *Courir après qqn, après un voleur, après ses souvenirs, après les honneurs, après un emploi, après son maître. — Il écrivait très vite. On aurait dit qu'il courait toujours après une pensée qui le devançait!* (Mallet, R., *Une mort ambiguë.*) On dit aussi *sauter après, envoyer après*, etc. *Envoyez un chasseur après elle* (Anouilh, J., *Pièces roses*). ▶ COURIR, 3. *Ils couraient après les chèvres* (Sabatier, R., *La mort du figuier*).

De même: *pleurer après qqn* ou *languir après qqn.*

Avec l'**adverbe**: *Les uns attendent les emplois, les autres courent après* (Ac.). Plutôt que *Il m'a couru après*, qui n'est pas rare et que certains considèrent comme familier ou populaire (Ac.) (*Ses parents ne lui avaient pas couru après*, Triolet, E., *Le premier accroc...*), le français scrupuleux dit: *Il a couru après moi.*

4. CRIER APRÈS *qqn* ou *qqch.* est plutôt familier et implique (▶ b) un sentiment de mécontentement ou d'impatience. Le sens n'est donc pas simplement *appeler en criant: Un gardien criait après les enfants qui couraient sur les pelouses. — Amélie n'obtiendrait-elle point davantage en criant un peu moins fort et moins constamment après eux?* (Gide, A., *La symphonie pastorale.*) Familiers: *s'emporter, être furieux, être en colère*, etc. *après qqn.* À l'emploi suspect avec l'adverbe (*je ne vais pas crier après, il m'a crié après*), on préfère celui avec la préposition: *Il a crié après moi* (▶ 3).

5. DEMANDER APRÈS *qqn* est familier et régional. Il signifie «demander où il est, demander à le voir»: *On a demandé après vous.* En français soigné: *On vous a demandé.*

6. ÊTRE APRÈS *qqn*, c'est le suivre sans cesse, s'en occuper constamment, le harceler: *Cette mère est toujours après ses enfants* (Ac.) dans le sens de *s'en prendre à.*

   SE METTRE APRÈS *qqn* ou *qqch. Ils se mirent tous après lui. Les mites se sont mises après cette veste.*

   ÊTRE APRÈS *qqch.* (ou EN ÊTRE APRÈS *qqch.*) est admis par l'Académie et par le *GLLF*: «s'en occuper activement, ou être justement en train d'y travailler». *Copeau s'étonnait que j'en sois encore après le Journal de Stendhal* (Gide, A., *Journal*). *J'ai trouvé que mon avocat était après mon affaire* (Ac.). L'expression a nettement vieilli.

   En Belgique: [ÊTRE APRÈS SES SOUS], *regarder à la dépense.*

7. On laissera à la langue très familière ou, mieux, on évitera l'emploi de *après qqch.*, au lieu de *à, autour de, contre, sur* après *être, accrocher, grimper, se pendre, enrouler, être furieux*, etc. On dira plutôt: *La clef est sur* (ou *à*) *la porte* (dans la serrure). *J'ai une tache à* (ou *sur*) *mon veston. Accrocher un vêtement au portemanteau. Grimper à* (ou *sur*) *un arbre. Se retenir à qqch. Enrouler la corde autour du poteau. Je suis furieux contre lui*, etc.

8. ÊTRE APRÈS À FAIRE *qqch.* (être occupé à) était admis par l'Académie mais a vieilli: *Je suis après à écrire* (Ac.).

   Quant à ÊTRE APRÈS FAIRE *qqch.* (ellipse de *à*), on s'étonne que Damourette et Pichon (III, p. 655) considèrent que c'est «le seul tour aujourd'hui vivant» dans le même sens.

Ce tour est nettement régional: *Vous êtes toujours après laver et peigner* (Sand).

Les tours vivants sont ÊTRE À, ÊTRE EN TRAIN DE, ou le recours à un autre verbe ou à un adverbe: *Vous êtes toujours à vous plaindre. Vous ne cessez de vous plaindre. Vous vous plaignez toujours,* etc.

9. [*Il ne faut pas regarder après moi*] est un belgicisme pour: *Il ne faut pas vous soucier de moi, faire attention à moi.*

10. La locution adverbiale PAR APRÈS, employée au lieu de *après, ensuite,* a été française mais a vieilli et est devenue régionale; elle est restée très vivante en Belgique et au Canada; elle a repris une certaine vitalité en France dans des écrits (*B.U.,* n° 928, c, 2).

11. L'adverbe *après* peut signifier *ensuite* ou *plus tard*: *Ce qui s'est passé après. Aussitôt* (ou *longtemps*) *après.* On évitera *puis après,* inutilement redondant.

12. D'APRÈS, loc.prép. (*d'après vous, d'après cela*). Ne pas dire [*d'après que*] pour *selon que.* Adv.: *la semaine d'après.*

Après que et *avant que*

1. CONCURRENCE DE L'INDICATIF ET DU SUBJONCTIF

Après que réclame **l'indicatif** dans tous les cas. C'est à notre époque seulement que l'emploi du subjonctif est devenu en assez peu de temps une habitude, dans la presse, à la radio, dans l'usage courant et même chez des écrivains. Au point que des grammairiens, ne tenant pas compte des exemples infiniment plus nombreux de l'emploi de l'indicatif dans les milieux cultivés et dans la langue littéraire, tolèrent le subjonctif au nom de l'usage et tentent même de le justifier au nom de la logique et de l'histoire de la langue. Or cette histoire montre que les emplois certains du subjonctif sont exceptionnels, rarissimes pendant huit siècles. Les exemples de formes comme *eust souffert* et *fust ressuscité* dans l'ancienne langue n'ont aucune valeur probante, car elles pouvaient parfois, jusque dans la première moitié du XVIIe siècle, représenter un indicatif passé antérieur aussi bien qu'un subjonctif plus-que-parfait.

C'est à partir de ces formes du passé que s'est faite la substitution du subjonctif à tous les temps, à cause de l'analogie avec *avant que* et sans doute de la possibilité de construire *après* comme *avant de* avec un infinitif passé. Mais cela s'est fait au mépris de l'opposition fondamentale entre les deux conjonctions et entre les deux modes.

2. DISTINCTION ENTRE *AVANT QUE* ET *APRÈS QUE*

2.1. *AVANT QUE*

Avant que a toujours requis le subjonctif. Pour mieux justifier celui-ci, faisons une distinction.

Si le fait introduit par *avant que* n'est pas encore accompli au moment de l'énoncé, on peut le craindre, vouloir l'empêcher ou le retarder ou le modifier: *Écrivez-lui vite* (A) *avant qu'il prenne une décision* (B). *J'aurai soin de le voir* (A) *avant qu'il parte* (B). Il n'est même pas exclu, dans certains cas, que, A étant accompli, B (la décision ou le départ) n'ait pas lieu. Lorsqu'il doit encore se produire, B n'est donc pas placé sur le plan de la réalité. Simple limite dans le temps, avant laquelle se fait ou se fera A, B n'est pas saisi dans sa réalité, mais simplement dans une visée, comme un point de repère. Jamais sa réalisation effective n'est nécessaire à celle de A, qui le précède.

Mais B peut être réalisé dans le passé, aussi bien que A. *J'ai pu lui parler* (A) *avant qu'il lût votre lettre* (B). *Avant qu'il fût malade* (B), *on le voyait chaque jour sur le chantier* (A).

On peut se demander s'il y a eu ici extension de l'emploi du subjonctif, normal quand il s'agit de l'avenir. Mais à y regarder de près, on constate que, même passé, même réalisé, B n'est présenté que comme devant encore se produire, donc dans l'avenir par rapport à A et que celui-ci se serait réalisé même dans le cas où B ne l'aurait pas été. On voit qu'il y a similitude non seulement de présentation, mais de conception des rapports, qu'il s'agisse de l'avenir ou du passé.

2.2. *APRÈS QUE*

Au contraire, *après que* présente comme *lorsque,* mais dans un rapport de postériorité, deux faits que la pensée considère avec autant de réalité l'un que l'autre, qu'ils soient passés ou futurs: *Il nous a reçus après que son ami l'en a eu prié. Il ne partira qu'après que vous serez arrivé.* Comme d'habitude, le conditionnel doit remplacer l'indicatif si le sens le demande: *S'il consentait à nous promettre de venir, nous ne partirions qu'après qu'il serait arrivé.* Les deux faits sont liés chronologiquement et conceptuellement dans l'éventualité peu probable qui est envisagée; celui qui est introduit par *après que* ne se met pas au subjonctif; du même type que l'autre, qui est appelé à lui succéder, il s'énonce comme lui au conditionnel. Tous deux resteraient à l'indicatif si l'éventualité n'était pas présentée comme peu probable: *Si vous venez me voir après que j'aurai terminé ce travail, nous aurons le temps de bavarder.*

On a tenté de justifier par une idée d'éventualité, de valeur conditionnante, l'emploi du subjonctif dans cet article de la Constitution de la IVe République française (1946): *Le Président du
Conseil et les ministres ne peuvent être nommés qu'après que le Président du Conseil ait été investi de la confiance de l'Assemblée.*

Mais jamais le subjonctif n'est substitué à l'indicatif dans d'autres
cas, par exemple avec *lorsque* ou *dès que*, pour faire apparaître
cette valeur conditionnante d'une proposition temporelle. Cette
valeur renforce d'ailleurs le lien entre les deux faits et la nécessité
de la réalisation de l'un d'eux pour que l'autre se réalise. Il n'y a
aucune raison de renoncer à l'indicatif.

On ne peut donc prétendre justifier le subjonctif par une idée de
condition ou d'éventualité. On peut moins encore imaginer qu'il
s'est employé d'abord ou surtout dans de tels cas: très souvent les
faits appartiennent au passé, ils sont donc bien réels. Le subjonctif
semble dû à une analogie qui ne tient compte ni de la différence
d'optique entre *avant que* et *après que*, ni de l'opposition fondamentale entre l'indicatif et le subjonctif; celui-ci devrait toujours
être évité après *après que*, en dépit de sa fréquence croissante dans
la langue parlée et même écrite. L'indicatif est certainement à
recommander, mais l'on ne taxera pas d'ignorance ceux qui,
influencés par un large usage écrit et oral, emploient le subjonctif.

APRÈS-DEMAIN, n.m., s'écrit toujours avec un trait d'union.

APRÈS-DÎNER ou **APRÈS-DINER** (*RO* II.4), n.m. En dehors de l'emploi
d'*après dîner*, sans article, pour *après le dîner* (▸ APRÈS, a), on
met toujours un trait d'union: un *après-dîner*, des **après-
dîners**. Même remarque pour **APRÈS-SOUPER**.

APRÈS-GUERRE, n.m. (*Ac.*, *GR*) ou f. *Un* (ou *une*) *après-guerre*. Le
féminin est cependant plus rare. Des **après-guerres**.

APRÈS-MIDI, n., est au choix masculin ou féminin et *invariable*,
mais les *Rectifications de l'orthographe* proposent **des
après-midis** (*RO* II.2). Trait d'union obligatoire après un
article ou un démonstratif: **dans l'après-midi, ces après-
midi**. Pas de trait d'union si l'expression est employée
seule sans article dans le sens de *après douze heures* (*Je
viendrai* **après midi**) ou vient après *heures* ou *peu* (**À trois
heures après midi**. **Peu après midi**). Il y a une certaine
hésitation (mais on met beaucoup plus souvent le trait
d'union) si un nom de jour ou *hier, demain, le lendemain*
précède: **Dimanche après-midi**, *il y avait du soleil*. *Le
samedi après-midi* (Giraudoux, J., *Bella*). *Les dimanches
après-midi d'hiver* (Sarraute, N., *Portrait d'un inconnu*).
Dès le lendemain après-midi (Cesbron, G., *Notre prison est
un royaume*). *Hier après-midi* (Green, J., *Journal*).

APRÈS-RASAGE, n.m. invariable, à préférer à *after shave*: *Un après-
rasage*. *Des lotions après-rasage* ou des **après-rasages** (*RO* II.2).

APRÈS-SKI, n.m., désigne aujourd'hui une sorte de chaussures.
Normalement invariable: Des **après-ski** ou des **après-skis**
(*RO* II.2).

APRÈS-VENTE, loc.adj.inv. *Les services après-vente*. Trait d'union
courant.

A PRIORI, loc.adv. ou adj. ou n.m., **A FORTIORI**, **A POSTERIORI**. Renoncer à l'accent sur *a*; l'usage et les dictionnaires s'en dispen-
sent couramment, mais les *Rectifications de l'orthographe*
conseillent **À PRIORI** comme loc.adv. et **APRIORI** (*s* au pl.)
comme n. Il est inutile aussi d'écrire *a priori*, etc. entre
guillemets. Un *a priori*, des **a priori**. *Un raisonnement a
priori*. *Il lui donne raison a priori* (au premier abord, avant
tout examen, toute expérience). Le nom **APRIORISME** désigne
une attitude intellectuelle et l'adjectif **APRIORISTE** qualifie
une méthode ou une attitude fondée sur des idées a priori.

À-PROPOS, n.m. *Agir avec à-propos*; un *esprit d'à-propos*; *un à-
propos*. Mais pas de trait d'union dans la loc.prép. *à propos
de* ni dans *arriver à propos*.

APTE, adj., **APTITUDE**, n.f. **Être apte à qqch.**, **à le faire**. *Avoir de
l'aptitude* (ou *une grande aptitude*) *aux* (ou *pour les*)
mathématiques, *à faire qqch*.

APURER, **ÉPURER**, v.tr.dir. *On* **épure** (rendre plus pur) *de l'huile*, *un
minerai*, *les mœurs*. — **Apurer**, en comptabilité, c'est
«établir l'exactitude d'un compte après vérification» (*Ac.*)
pour déclarer quitte le comptable. Bien que les dictionnaires s'en tiennent à ce sens pour *apurer* et refusent celui de
régler, *liquider*, **APUREMENT** a un sens plus large: «opérations
par lesquelles on vérifie un compte ou on en règle le solde»
(*GLLF*); «règlement définitif d'un compte. L'apurement
permet à un comptable public d'obtenir décharge, puis
quitus» (*Vocabulaire de l'administration*, CILF). C'est ainsi
que l'administration des contributions prévoit l'éventuel
*apurement total ou partiel d'impositions fiscales par des
dégrèvements*. Mais on n'*apure* pas une dette (on la *paie*, on
la *règle*, on l'*éteint*) ni une situation (on l'*assainit*).

AQUAPLANAGE, n.m., remplace officiellement *aquaplaning* (DTO).

À QUIA, loc.adv., s'écrit avec un accent sur la préposition: *mettre
qqn à quia* (à court d'arguments).

AQUILIN (prononcer *ki*), adj., n'a pas de féminin très vivant. On
ne peut citer que de très rares exemples d'**aquiline**.

ARABE, n. et adj. *Les Arabes. C'est une Arabe. Les peuples arabes.*

ARAIGNÉE, n.f. On écrit: *Des toiles d'araignée* ou *des toiles d'araignées* selon qu'on pense à une ou plusieurs araignées; fig., *des pattes d'araignée.*

En Belgique plus qu'en France, dans le langage de l'automobilisme et du camping, *araignée* se dit souvent pour ce qu'on appelle aussi, en France et parfois en Belgique, une *pieuvre*, un *câble à bagages.*

ARAIRE, n.m., ancienne charrue.

ARBORÉ, adj. ARBORER *un drapeau*, c'est le dresser comme un arbre. Au figuré, *on arbore un insigne, des décorations, des opinions, un sourire*, on les montre avec une certaine ostentation. Le français normal s'en tient à ces sens pour l'adj. **arboré**. Mais ce mot est vivant en Wallonie depuis longtemps dans le sens de «planté d'arbres par la main de l'homme»; il semble avoir été formé directement sur le latin *arbor.*

Est-ce à partir de cet emploi qui a franchi la frontière franco-belge ou plutôt par une nouvelle création savante que géographes et journalistes français utilisent le mot dans *savane arborée* (où il y a quelques arbres, assurément non plantés)? D'autre part, pour un quartier, un parc où l'on plante ou laisse subsister quelques arbres, *boisé* peut aussi paraître trop fort, car il suppose des arbres plus nombreux et plus rapprochés. C'est sans doute pourquoi, en Belgique et même en France et en Suisse (cf. Gilbert), on lit dans des annonces: *belle **propriété arborée**, parc arboré, quartier arboré.* Cela ne nous choque pas, car quel autre terme employer? Sans doute le *TLF* note-t-il le néologisme ARBORISER *une région*, y planter des arbres. Mais *quartier arborisé* n'est guère vivant et applique à un espace un adjectif qui s'est appliqué aux pierres sur la coupe desquelles se trouvent des dessins ressemblant à des végétations. Nous pensons qu'il faut adopter, là où *boisé* ne convient pas, *savane arborée, maquis arboré* et qu'il n'y a pas lieu de condamner *propriété arborée, quartier arboré.*

ARC, n.m. Trait d'union dans les composés un ARC-BOUTANT (des ***arcs-boutants***), ARC-BOUTER (un mur, une voûte). Les *Rectifications de l'orthographe* proposent ARCBOUTANT et ARCBOUTER (*RO* III.2B).

ARCANES, n.m.pl. (*des arcanes déroutants*), se dit pour *secrets, mystères.*

ARC-EN-CIEL, n.m. On ne prononce pas s dans le pluriel ***arcs-en-ciel.***

ARCHELLE, n.f. *Une archelle* est une étagère fixée sur un mur et formée de deux planches à angle droit, l'une horizontale, supérieure, sur laquelle on dresse de la vaisselle plate ou creuse, des objets d'ornementation, l'autre verticale, dans laquelle sont fixés des crochets auxquels on suspend des ustensiles à anse, des bibelots, parfois des vêtements. Parce que le mot et le meuble qu'il désigne sont très connus en Belgique et infiniment moins en France, on a parlé à tort de belgicisme. Le mot est connu en France dans le monde des antiquaires, surtout dans le Nord et jusqu'en Bretagne. En Artois et en Picardie on trouve comme équivalents *potière, barre à pots*, etc.

Archelle semble une déformation de la forme picarde *achelle* de l'ancien français *aisselle*, assez répandu, diminutif de *ais* (planche; latin *assis*); *aisselle* désignait une petite planche et spécialement, dans plusieurs provinces, une planche de cuisine.

La forme picarde *achelle*, attestée aussi en Champagne et en Flandre, s'est déformée en Belgique et dans le Nord, où le meuble a connu une fortune particulière et pris son aspect décoratif, qui a étendu l'aire de diffusion du meuble.

L'r ajouté à *achelle* en Belgique et dans le Nord est déconcertant. On voudrait l'expliquer par *arche*, mais il ne s'agit pas d'un coffre, premier sens d'*arche*. Il y a peut-être eu influence d'*arc*, à cause des festons, des arcs qui parfois ornent le bas de la planche verticale du meuble.

ARCHÉTYPE, n.m. (prononcer *k*), modèle primitif ou idéal.

ARCHI-. Pas de trait d'union dans les composés savants. On en forme aujourd'hui très librement avec des adjectifs en mettant ou non le trait d'union; mieux vaut écrire: ARCHIFAUX, *archicompétent, archivieux, archiplein*, etc., mais *archi-intéressant* ▶ ANTI.

ARCHIDIOCÈSE (pron. *ch*) désigne le diocèse d'un archevêque.

On prononce plutôt *k* dans ARCHIATRE (médecin en chef).

ARCHIVER, v.tr.dir., classer (un document) dans des archives. D'où ARCHIVAGE.

ARDENNE, n.f. de l'ensemble de la région ou de sa partie belge; les ARDENNES, département français. ARDENNAIS se dit des deux.

ARDILLON, n.m., pointe métallique qui, faisant partie d'une boucle, s'engage dans un trou de ceinture, etc.

ARDOISIER, n.m., désigne celui qui exploite une ARDOISIÈRE ou qui y travaille; nom donné en Belgique au *couvreur*, qui place les ardoises, etc.

ARÉOPAGE, n.m. ▶ AÉRO-.

ARÊTE, n.f. Un seul *r*, accent circonflexe.

ARGENTÉ, adj., «recouvert d'une couche d'argent» (*métal argenté*), «qui a la couleur de l'argent» (*papier, glace, cheveux*); familièrement, «qui a de l'argent», surtout dans des phrases négatives (*Il n'est pas très argenté en ce moment*). *Il fréquentait des gens argentés* (Ac.).

ARGILE, n.f. *Une argile lourde.*

ARGUER ou **ARGÜER** (*RO* III.5), v.tr.dir. ou intr., a pu s'écrire, de 1975 à 1987, par une sage décision de l'Académie française, avec un tréma sur *u* pour marquer qu'il fallait prononcer *u*. Mais cette décision a été annulée en 1987, bien que cette prononciation soit requise; en 1990 les *Rectifications de l'orthographe* proposent à nouveau le tréma: *Il ne peut rien argüer. On argüe de qqch.*, on en tire argument.

ARGUMENTER, v.intr. *Argumenter sur, pour, contre qqch., en faveur de qqn ou de qqch., avec qqn, contre qqn.*

ARGUTIE, n.f. *Une argutie*; *t* se prononce *s*.

ARIA, n.m. familier, plutôt vieilli, souvent au pluriel: *embarras, ennuis* (des **arias**); n.f., en musique: *une aria de Bach.*

ARMISTICE, n.m. *Un armistice.*

AROBASE ou **ARROBAS, AROBAS, AROBE**, n.m., désigne, en informatique, le caractère en forme de *a* entouré d'une boucle: @. L'origine du mot est obscure: de l'arabe *ar-roub* (le quart), devenu en espagnol *arroba*, il désignait, en Espagne, une mesure de poids. L'arobase, présent depuis plusieurs années sur les claviers mais peu utilisé, a été choisi lorsque se sont développés les réseaux informatiques pour séparer le nom de l'utilisateur de son site d'accès (exemple: daniel.blampain@duculot.be). L'arobase se lit *à* ou *chez* (*at* en anglais) dans une adresse électronique. Il est parfois appelé *a commercial* (Québec), *a boucle* et en Belgique, de manière amusante, *a crolle*. À ne pas confondre avec l'*esperluette*, qui est le signe typographique représentant le mot *et*: &.

ARÔME, n.m. Accent circonflexe, correspondant à la prononciation; mais *o* est bref et n'a pas d'accent dans **AROMATE, AROMATIQUE, AROMATISER**.

ARRACHE. On écrit: **D'ARRACHE-PIED** ou **D'ARRACHEPIED** (*RO* III.1.A), loc.adv. (avec acharnement, sans désemparer). Noms composés: un **ARRACHE-CLOU**, des *arrache-clous* ▶ NOMS COMPOSÉS, 2.5.

ARRACHÉ (À L'), loc.adv. *À l'arraché* signifie: «grâce à un effort violent, avec de grandes difficultés».

ARRACHER, v.tr.dir. *On arrache des pommes de terre, des betteraves, une dent.* Wallonisme: [*arracher aux pommes de terre, aux betteraves*].

ARRANGER, RANGER, v.tr.dir. En dépit de certaines confusions entre les deux verbes, il convient aujourd'hui de dire **ranger** *une chambre* pour «la remettre en ordre». On dit de même: *ranger des livres, des papiers, ses affaires*, etc. *Ranger*, à la différence d'*arranger*, s'emploie sans complément: *Je vais ranger.* Mais *une femme* **arrange** *sa coiffure, un bouquet, un plat, la table pour un dîner, une mansarde pour en faire une chambre. On arrange un différend* (régler par un accord à l'amiable). *Une personne mal accoutrée ou en piètre état est dite* **bien** (par antiphrase) ou *mal arrangée.*

Cela m'arrangerait, ce serait préférable pour moi.

En français populaire, **arranger qqn**, c'est le tromper dans une transaction. S'ARRANGER: *Ils se sont arrangés pour nous voir.*

ARRÊT, n.m., *interruption* ou *immobilisation*: *Un arrêt total* (ou *temporaire* ou *prolongé*) *du travail. L'arrêt complet du train. La voiture est à l'arrêt. Descendre au prochain arrêt. Le chien tombe* (ou *est*) *en arrêt devant le gibier.*

ARRÊTER, v.tr.dir., et **S'ARRÊTER** peuvent signifier, en emploi absolu, *cesser d'avancer* ou *cesser d'agir*: *Il m'a crié d'***arrêter**. *Arrête* ou *Arrête-toi. L'autobus s'arrête.* Devant *de* et un infinitif, *arrêter* et *s'arrêter* peuvent fort bien signifier aussi *cesser*: *Arrête de faire l'idiot.* **Il n'arrête pas de fumer. Il s'arrête de parler.** Sur cet emploi, *B.U.*, n° 876, Remarque 1. Grevisse cite Gide, Camus, Mauriac, Henriot, etc. L'emploi impersonnel (*Il n'arrête pas de pleuvoir*) semble aussi normal que *il ne cesse de.*

ARRÊTER PILE, S'ARRÊTER PILE (brusquement); *pile* est invariable.

Arrêter que, dans le sens de *décider que*, est suivi de l'indicatif: *Le maire arrête que ce chemin* **sera** *interdit aux voitures.*

ARRHES, n.f.pl. ▶ ACOMPTE.

ARRIÈRE, adv., reste invariable dans les composés: *des arrière-cuisines, des arrière-goûts, des arrière-grands-mères.* Et aussi comme adj.: *Les roues arrière. Ses pattes arrière.* Mais comme nom: *Protéger ses arrières. Les arrières de l'équipe,* etc. **EN ARRIÈRE**: *Il marchait derrière nous, puis il a ralenti le* *pas et est resté en arrière* (Darbelnet). Se garder d'ajouter, comme en Suisse, *en arrière à Il y a vingt ans.*

ARRIVER, v.intr. Auxiliaire *être.*

1. **IL ARRIVE QUE** s'est construit autrefois, et même naguère, avec l'indicatif aussi bien qu'avec le subjonctif. Mais il est aujourd'hui couramment suivi du subjonctif, sauf après **il arriva que**, en quelque sorte explétif et signifiant: «il se fit que», sans idée de répétition; on le traduirait facilement par «un jour»: *Il arriva que je le* **rencontrai**. — *Il arriva que les vues américaines l'emportèrent* (Gaulle, Ch. de, *L'unité*). *Il arriva que le ménage se trouva dans une gêne extrême* (Aymé, M., *Le passe-muraille*).

    Aux autres temps, c'est à tort que des grammairiens règlent l'emploi du mode sur l'emploi affirmatif ou négatif d'*arriver* ou sur la façon dont le fait qui arrive est envisagé dans sa réalité ou dans la pensée.

    Il arrive (arrivait, etc.) *que* évoque généralement une réalité occasionnelle et répétée; l'usage actuel est plutôt d'employer le subjonctif, que la chose soit réelle, possible ou éventuelle. On peut préciser par *souvent, assez souvent,* etc. la fréquence de la répétition. On trouve aussi *parfois*: *Il arrivait parfois que l'un ou l'autre d'entre eux (...)* **semât** *la discorde au sein du groupe* (Perec, G., *Les choses*).

    Dans certains cas, notamment avec *il peut (il pourra,* etc.) *arriver,* toute idée de répétition peut être exclue.

    C'est évidemment par extension et par analogie que le subjonctif est devenu le mode habituel dans tous les cas (sauf après *il arriva que*), encore que l'indicatif subsiste: *Il arrive qu'on ne la comprend pas: il faut la deviner* (Jouhandeau, M., *Chaminadour*). — *Il arrive qu'elle vienne à ma rencontre. Il arrive assez souvent qu'elle* **soit** *en retard.* — *Il arrivait qu'elle apportât une solution mûrie* (Plisnier, Ch., *Mariages*). *Il arrivait, de loin en loin, qu'un pas lourd fît trembler les lames du plancher* (Genevoix, M., *Rroû*). *Il arrivait fréquemment qu'un équipage perdît la moitié de ses bêtes en quelques semaines* (Clavel, B., *Le seigneur du fleuve*). *Il peut même arriver que l'affaire prenne un aspect absolument inattendu* (Floriot, R., *Les erreurs judiciaires*).

2. Avec un complément indirect et un infinitif (dont le sujet est exprimé par ce complément): **Il lui arrive de se tromper**. *Il arrive à chacun de se tromper. Il m'arrive de me fâcher.* Mais après *Il arrive* sans complément, il faut *que*: *Il arrive qu'on s'en souvienne.*

J'arriverai bien à faire ce travail. Parallèlement, *arriver* **à ce que** et le subjonctif suivi d'un autre sujet: *Nous arriverons à ce que chacun fasse son travail.*

3. Il n'est pas logique de dire d'une personne ou d'une chose, comme un train, un car: **il n'arrive pas vite**; l'action d'*arriver* ne peut être lente ni rapide (sauf dans le sens d'*approcher*: *il arrive à grands pas*). L'expression est pourtant courante, mais familière (*GLLF*); elle exprime l'idée: *il est en retard, il tarde à venir.*

    On entend, en quelques endroits de France et de Belgique: *Il n'arrive pas souvent,* dans le même sens. C'est, semble-t-il, une survivance d'une extension d'un ancien sens de *souvent,* qui a pu marquer autrefois une succession rapide en peu de temps. L'emploi est fautif.

4. **ARRIVER COMME MARS** (ou **MARÉE**) **EN CARÊME**. Maurice Rat (*Parlez français*) prétend qu'*arriver comme mars en carême* n'a «aucun sens» et qu'il faut dire: *comme marée.* Les Dictionnaires Robert et *GLLF* donnent cependant *arriver comme mars en carême.* Cela veut dire: immanquablement, mars tombant toujours en carême. L'autre expression, que Littré considérait comme populaire et que l'Académie donne comme familière, a un autre sens: arriver à propos, comme la marée (c'est-à-dire le poisson de mer) en carême. On se gardera d'intervertir les sens: mars n'arrive pas exceptionnellement, et à propos, en carême et une marée (le poisson) n'arrive pas plus inévitablement en carême qu'à un autre moment.

5. **Ce qu'il** *arrive* ou **ce qui** *arrive.* ▸ CE QUI, 4.

ARROGER (**S'**) a un complément d'objet direct, qui régit l'accord s'il précède: *Elle s'est arrogé des droits. Les droits qu'elle s'est arrogés.*

ARSOUILLE, adj. ou n.f., appartient au français populaire.

ARTÉRIOSCLÉROSE, n.f. On notera l'orthographe, où l'on retrouve *artère, io* qui apparaît aussi dans d'autres composés (une *artériole,* petite artère; *artériologie, artériotomie,* incision chirurgicale d'une artère) et *sclérose,* signifiant *durcissement.* Autre mot courant, dans le langage médical, désignant un phénomène localisé, l'**ATHÉROSCLÉROSE**; il a pour base l'*athérome* (latin *atheroma,* d'un mot grec signifiant *bouillie*), dépôt gras (cholestérol, calcium) à la surface interne d'une artère, lésion pouvant provoquer la formation d'un caillot et l'infarctus.

ARTICHAUT, n.m. *Des cœurs* (ou *des têtes*) *d'artichauts* ou *d'artichaut.*

Article

1. L'ARTICLE DEVANT *PLUS, MOINS, MIEUX*

L'article devant *plus*, *moins*, *mieux*, suivis d'un adjectif (ou d'un participe employé adjectivement) en fonction d'attribut ou d'épithète : **le plus travailleuse** ou **la plus travailleuse** ?

Le reste invariable si l'expression détermine uniquement un adverbe : *Ceux qui ont crié le plus fort.* Et aussi quand elle détermine un verbe : *Les compliments qu'il tourne le mieux* ou *qu'il a* **le mieux tournés**. *Ceux qui se sont le mieux amusés*. Dans ces cas, l'auxiliaire *avoir*, au passé, et la forme pronominale montrent qu'il s'agit d'un verbe. Avec *être*, on pourrait parfois hésiter. *Ceux qui sont arrivés le plus tôt* ; on a un verbe : *le plus* détermine d'ailleurs un adverbe. Mais dans *Les compliments les mieux tournés* ou *qui sont les mieux tournés*, le participe est pris adjectivement et l'on peut hésiter entre *le* ou *les*. Ce qu'on ne pourrait faire, notons-le, s'il y avait un complément d'agent : *Les compliments qui sont le mieux tournés par cet enfant.* La «règle» est apparemment très simple : accord de *le* (devant un adjectif ou un participe employé adjectivement) s'il y a comparaison entre des êtres ou des objets différents ; invariabilité de *le* (formant avec *plus, moins, mieux* une locution adverbiale) s'il y a comparaison entre divers états (à divers moments) d'un même être ou objet. *Cette gamine est la plus travailleuse de sa classe. C'est au moment des compositions qu'elle est le plus travailleuse.*

Procédé commode, semble-t-il : dans le premier cas on peut ajouter *de tous, de toutes* ; dans le second, l'idée est : *particulièrement travailleuse. C'est avec son personnel qu'elle est le moins aimable.* On pourrait, en exprimant le contraire d'*aimable*, dire : *qu'elle est particulièrement désagréable.*

L'Académie écrit (à *Plus*), sans un mot de justification : *De ces deux sœurs, la cadette est celle qui est le plus aimée, la plus aimée.* On ne s'étonne pas de l'accord, puisqu'il y a comparaison entre deux êtres ; l'invariabilité peut à la rigueur s'expliquer par l'idée de *particulièrement*. Ceci n'est qu'un exemple des hésitations que peut faire naître la règle. C'est surtout fréquent lorsque le nom est au pluriel.

Littré écrit (*Le*, 14) : *Les Égyptiens et les Chaldéens sont* **les nations les plus anciennement policées**, mais *Les monuments des* **nations le plus anciennement policées**.

On remarquera qu'ici l'adverbe est suivi d'un adjectif (ou participe pris adjectivement) et que, si **le plus** détermine **anciennement**, l'ensemble **le plus anciennement** détermine l'adjectif. Dans cette phrase, l'accord peut paraître normal, parce qu'il y a comparaison avec d'autres nations ; l'invariabilité se justifie par le fait que *le plus* porte sur *anciennement* et que la comparaison porte sur le degré de la qualité dans un même ensemble.

On prétend que Giono aurait dû écrire : *L'hiver, c'est la saison où les nuits sont le plus longues.* Certes on pourrait dire : *particulièrement longues.* N'y a-t-il pas cependant comparaison entre les nuits d'hiver et d'autres nuits ? Giono a bien fait d'écrire : *sont* **les plus longues**.

Comme l'usage courant fait souvent varier l'article dans tous les cas et que de bons écrivains en font parfois autant, on peut laisser suivre la règle par ceux qui y tiennent mais faire l'accord sans scrupule dans tous les cas devant un adjectif ou un participe pris adjectivement.

2. ARTICLES PARTITIF ET INDÉFINI PLURIEL

Articles partitif (ou *massif*) *du, de la, des* et indéfini pluriel *des*. Il s'agit au singulier d'une quantité indéterminée ou d'un degré indéterminé de substances abstraites ou concrètes prises dans leur aspect massif, toute idée de mesure numérique étant exclue dans ce cas : *manger du pain, du raisin, avoir de la fièvre, du courage.* L'emploi partitif ou massif s'étend facilement : *Faire du cent à l'heure. Il y a de la truite dans cette rivière. Il y a du révolutionnaire en lui. Faire du cheval.*

Au pluriel, l'article indéfini **des** exprime un nombre indéterminé et est généralement le pluriel de *un* : *des enfants, des glands, des raisins.* Il peut aussi exprimer avant tout la substance, mais toujours, quand il s'agit de choses qui se comptent, qui se prennent normalement en une ou plusieurs unités, en l'associant à une idée numérique :

> *Pour être en bonne santé, mangez des fruits, des pommes, des raisins. Manger des épinards. Avoir de l'esprit et des lettres.*

Ceci fait comprendre que *des* soit traité comme *du, de la* quand il n'est pas perçu comme une combinaison de la préposition *de* avec l'article défini (▶ 2.1). Bornons-nous à quelques remarques essentielles, après avoir noté les sens de *Il a* **les** *yeux bruns* (ses yeux sont bruns), *Il a les jambes fatiguées* et de *Il a* **des** *yeux bruns* (il possède des yeux bruns). *Il a une cravate noire.*

2.1. *DE (DU, DE LA)* OU *DES* ?

On n'exprime pas après *de* l'article partitif *du, de la* ni l'article indéfini pluriel devant un complément déterminatif, un complément circonstanciel, un complément indirect ou le complément d'un adverbe de quantité autre que *bien* ▶ BIEN, 2 :

Une bouteille de vin. Vivre de pain. Je me souviens de reproches qu'on m'a faits. Il a montré beaucoup de courage, lu beaucoup de livres. Il a infiniment d'esprit.

Comparer *Il fait **du bruit*** et *Il fait **tant de bruit**.*

*Il fallait crier pour s'entendre, tant la trompette faisait **de bruit*** (Ormesson, J. d', *L'amour est un plaisir*).

Mais *de* se combine avec l'article défini dans les mêmes cas pour former *du, de la, des* lorsqu'il y a détermination du nom et qu'on envisage une certaine quantité d'un tout déterminé :

Une bouteille du vin que vous m'avez offert. Vivre du pain qu'on reçoit. Des renseignements que j'ai reçus, on peut déduire... (de tous les renseignements que j'ai reçus...). *Je me souviens des reproches que vous m'avez faits* (de tous les reproches). *Un grand nombre des trésors conservés dans cette bibliothèque. — Un grand nombre des industries françaises ont été pillées* (Gaulle, Ch. de, *Le salut*).

C'est ainsi que *beaucoup des* n'a pas le même sens que *beaucoup de*. Celui-ci veut dire : *un grand nombre de*, sans plus, que les êtres ou les choses soient ou non déterminés ; *beaucoup des* (comme *un grand nombre des*) marque qu'on pense en outre à l'ensemble de ces êtres ou de ces choses : *Le sommeil qui protège beaucoup des trésors de la Bibliothèque nationale... Pour beaucoup des hommes qui étaient en charge des relations extérieures* (Gaulle, Ch. de, *Le salut*). Dans ces deux phrases, *beaucoup de* n'évoquerait pas une grande partie d'une totalité, mais simplement un grand nombre de trésors ou d'hommes.

2.2. *DE, DU* OU *DE LA* ?

L'usage courant, même littéraire, a pratiquement renoncé à suivre la règle formulée avec trop de rigueur et qui prétendait imposer la réduction de *du, de la* à *de* devant un adjectif suivi d'un nom. On dit toujours : *Est-ce du bon vin ?*

Il est bon comme du bon pain. Mais même quand le nom est un complément direct, ou avec *c'est* ou *il y a*, on ne dit pour ainsi dire jamais et l'on n'écrit plus guère : *Avoir de bon tabac* (Ac.). *Manger de bonne viande* (Ac.). On dit : *Avoir du bon tabac, de l'agréable tabac. Manger de la bonne viande. Boire de la bonne bière. Il y a du bon feu. Faire de la bonne peinture. De* seul est devenu une fausse élégance.

Avec *en* : *De la bière, j'en ai de la bonne* (*j'en ai de bonne* est affecté).

Noter que dans *vivre de bonne soupe, faire preuve de bonne humeur*, l'article partitif est supprimé en vertu de la remarque précédente (2.1). On dirait : *vivre de soupe*, comme *vivre d'amour et d'eau fraîche*.

Il faut dire : *de la bonne volonté, de la bonne humeur, du bon sens*, parce que l'adjectif fait corps avec le nom : *Il montre de la bonne volonté.* Mais on dira (▸ 2.1) : *Faire preuve de bonne volonté.* Et, parce qu'il s'agit d'une totalité déterminée : *Il fait preuve de la bonne volonté qu'on attendait de lui.*

2.3. *DE* OU *DES* ?

De grands enfants ou *des grands enfants* (en phrase affirmative). Devant un adjectif suivi d'un nom, on emploie généralement *de* au lieu de *des* : *Certains s'en feront même de simples griefs pour plus tard* (Gaulle, Ch. de, *Le salut*). On pourrait multiplier les exemples. Mais on entend très souvent *des* dans la langue parlée et on le lit sous la plume de bons écrivains (voir plus loin).

On emploie toujours *d'* devant un adjectif commençant par une voyelle ou un *h* muet :

D'utiles distinctions, d'autres difficultés, d'honnêtes gens.

On oppose *J'ai mangé de bonnes cerises* à *J'ai mangé des bonnes cerises que vous m'aviez offertes* (▸ 2.1). Dans *J'ai mangé de bonnes cerises, qui m'ont été offertes par mon voisin*, noter la pause.

Devant l'adjectif seul, on emploie *des* :

La nuit, on voyait des lanternes, des vertes et des rouges (Bosco, H., *Antonin*). *C'était un bon cottage de trois pièces, aux cloisons encollées de pages d'illustrés, des noires et des en couleur* (Bazin, H., *Les bienheureux de la désolation*). *Ces garçons-là étaient des hommes du Rhône, des vrais* (Clavel, B., *Le seigneur du fleuve*).

Avec *en*, on emploie *de* devant l'adjectif seul : *Des livres, j'en ai de précieux.* Mais avec *il y en a*, on trouve *de* ou *des* ; celui-ci est même plus fréquent :

Il y en a de toute sorte : des ronds et des bouclés, des noirs et des tressés (Pesquidoux, J. de, *Chez nous*). *On dressa des pavillons dans les prairies ; il y en avait des jaunes, des blancs, des rouges, plus de cinq cents* (Langlois, Ch.-V., *La vie en France au moyen âge*).

Il y en avait des grands, des gros (Charles-Roux, E., *Oublier Palerme*). Mais on dirait : *de très grands, de très gros.*

Le maintien de *des* devant l'adjectif suivi du nom n'est pas rare en littérature, mais il reste moins fréquent que l'emploi de *de* et est parfois considéré comme une négligence, ce qui est excessif :

Des mauvais magiciens sont brûlés sur un bûcher (Malraux, A., *La tentation de l'Occident*). *Des petits talons furieux ont fouillé les allées* (Colette). *Il leur combinerait des petits menus soignés* (...). *Vous nous ferez des petites visites* (...).

Avec des petites valises (Anouilh, J., *Pièces brillantes*). *La veuve d'un agent voyer, ayant des petites rentes (...). Alexis et Henriette faisaient des petites promenades (...). Je pensais aller trouver des vieux amis de mes parents* (Triolet, E., *Le premier accroc coûte deux cents francs*). *Des petits carrés semblables à des notes grégoriennes* (Butor, M., *Passage de Milan*). *Des petites cuillers d'argent* (Perec, G., *Les choses*). *En poussant des petits cris (...). Des petits nuages roses* (Cesbron, G., *Les innocents de Paris*). *Un sommeil fiévreux haché par de brusques réveils et des brèves, mais arides insomnies* (Tournier, M., *Vendredi*).

Il est normal d'écrire *des* quand l'adjectif forme avec le nom un véritable nom composé ou une sorte de nom composé:

> *Des grands-parents. Des jeunes gens. Des petits pois. Des petites-filles. Des doubles fenêtres.*

Il y a parfois de l'hésitation dans ce cas, mais *des* l'emporte:

> *De petits enfants voient cela* (Gide, A., *Journal*). *Nous sommes restés des petits garçons* (Anouilh, J., *La valse des toréadors*). *Des grandes personnes s'occupaient de lui* (Mauriac, Fr., *Le sagouin*).

On écrit *de bons jeunes gens, de tout petits enfants*, parce qu'un autre adjectif intervient. On dira aussi: *Mon Dieu! que cette femme a de petits enfants!* dans le sens de: *des enfants qui sont petits*. L'adjectif ne forme pas ici un composé avec le nom.

2.4. NÉGATION COMPOSÉE

Avec la négation composée (*ne pas, ne jamais*, etc.) ou avec *nulle part, aucun, personne, nul, rien, sans, ni... ni*, etc., mais uniquement devant le sujet réel d'un verbe impersonnel ou devant un complément direct, la tendance très nette de la langue soignée est d'employer *de* au lieu de *du, de la, des*, bien que le français parlé incline parfois à employer *du, de la, des*:

> *Il n'a pas d'excuses. Je n'ai pas de pain. Il n'y a plus de feu. Personne n'a de cigarettes? Ni l'un ni l'autre n'ont montré de zèle. Rien de tout cela n'a d'importance. — Et l'homme qui n'était pas méchant, qui ne souhaitait du mal à personne* (Romains, J., *Mort de quelqu'un*).

Je ne lis pas des livres, moi (Clavel, B., *Le voyage du père*); l'emploi de *des* marque mieux l'opposition (voir plus loin, *exception importante*) à *Tu lis des livres, toi*; c'est moins l'idée de pluriel qu'on veut exprimer que la négation d'un tel genre d'occupation. De même: *Je n'ai pas des cauchemars pour si peu.* On comprend qu'il soit nécessaire d'employer *des*, opposé à *la*, dans cette phrase: *Il n'y a pas des routes, il y a la route* (Clavel, B., *Pirates du Rhône*).

Devant un adjectif suivi d'un nom **au singulier**, la généralisation de l'emploi de *du, de la* dans une phrase affirmative (▶ 2.2) peut favoriser une certaine tendance au même emploi dans des phrases négatives:

> *Il ne vend pas de la bonne viande. Je n'ai pas du bon pain* (à côté de *de bon pain*).

L'hésitation qui a été notée devant un adjectif suivi d'un nom au pluriel (▶ 2.3), avec une préférence du langage soigné pour *de*, se retrouve en phrase négative: *Il n'a pas fait de grosses fautes* (plutôt que *des grosses fautes*).

Il est important de noter que, dans de telles phrases négatives, *un* est, lui aussi, souvent remplacé par *de* si le nom n'est pas précédé d'un adjectif: *J'ai une maison de campagne. Je n'ai **pas de maison** de campagne. Il a une belle maison de campagne. Il n'a **pas une belle maison** de campagne.* En dehors de ce dernier cas (adjectif + substantif), il y a beaucoup d'hésitation. *De* est courant dans des phrases négatives comme: *Il n'a pas de livre, il ne court pas de risque, de danger, il ne fait pas d'efforts, cela ne pose pas de problème, cela ne permet pas de conclusion, je ne lui ai pas donné d'autorisation, je n'attends pas de réponse, je ne trouve pas de solution*, etc. Mais il suffit que *un* ait davantage une valeur numérale et corresponde à *un seul* pour qu'il se maintienne:

> *Il ne fait pas un effort. Il n'a jamais vu un médecin. Je n'ai jamais vu une femme aussi belle. Je n'attends pas une réponse, mais deux.*

Il se maintient aussi lorsqu'une opposition réduit la portée de la négation: *Elle ne portait pas une robe bleue mais une noire* (voir ci-dessous, *exception importante*).

> *Il n'a pas un gilet mais un pull-over.*

> On dira: *J'ai dû renoncer, sans avoir trouvé une solution* ou *de solution.*

Avec *ni... ni* devant le complément, on supprime généralement *du, de la, des* sans les remplacer par *de*:

> *Je n'ai ni pain ni beurre, ni bon pain ni bon beurre. Il n'a ni ennemis ni rivaux* (▶ NI, 1.1).

On peut voir reparaître *de* remplaçant *des* devant un adjectif (▶ 2.3):

> *Il n'a ni de bonnes dispositions ni de bonnes habitudes.*

La règle générale du remplacement de *du, de la, des* par *de* après une négation devant le complément direct ou le sujet réel d'un verbe impersonnel comporte une **exception importante**. La langue soignée fait une distinction qu'elle a certes raison de maintenir, mais qui est souvent trop subtile pour que la langue courante s'en préoccupe. Tandis que dans les phrases citées plus haut il y a une négation pure et simple de la présence d'excuses, de pain, de feu, etc., parfois le contexte, une opposition de termes, un adjectif ou un complément peuvent réduire la portée de la négation; une affirmation est implicite et dès lors cette idée positive entraîne le maintien de *du, de la, des* après *ne pas*: *Je n'ai pas des remords, mais des regrets. Il ne demande pas du pain, mais du gâteau. — De l'autre côté, il n'y avait pas des libertins (...). Il y avait ceux qui aimaient la vertu et leur religion* (Mornet, D., *Molière*): on ne nie pas l'existence de libertins, on affirme que ce n'étaient pas des libertins qui étaient de l'autre côté.

> *Cela n'a pas empêché des réponses satisfaisantes*: ce qu'on veut dire, c'est qu'il y a eu des réponses satisfaisantes. *Il regrettait de ne pas rapporter de son expédition des nouvelles plus encourageantes* (Gary, R., *Les racines du ciel*): il rapportait des nouvelles, mais pas assez encourageantes. *Je ne vous ferai pas des reproches inutiles*: je vous ferai des reproches, mais non des reproches inutiles. *Il n'a pas choisi des critères pertinents*; il avait des critères, mais non pertinents. Voir d'autres exemples plus haut. *Il n'a pas obtenu des résultats brillants. On ne sert pas du whisky dans une coupe.* Comparer: *Il n'a pas servi de whisky.* — *Après tout, il n'y a rien entre nous. Je ne lui demande pas des confidences* (Aragon, L., *La mise à mort*); je lui demande une réponse à ma question, mais non des confidences. *Du reste elle ne me fit point précisément des reproches; mais son silence même était accusateur* (Gide, A., *La symphonie pastorale*); le silence était une sorte de reproche.

L'hésitation de l'usage courant à tenir compte de cette exception, encore respectée par le français très soigné, apparaît dans cette phrase anormale: *Je ne porterai pas des manches courtes cet hiver, ni de cols hauts en été* (Colette). On attendrait la même forme dans les deux cas, soit *de* selon la règle générale, soit plutôt *des* en vertu de l'exception: la personne portera en effet des manches, mais non des manches courtes, et des cols, mais non des cols hauts.

Cet emploi de *de* au lieu de *du, de la, des, un* est très net dans certains cas, très flottant dans d'autres.

Il faut noter que ce qui importe, c'est **le sens** de la phrase. La négation peut être exprimée non seulement par *ne pas*, mais par *sans* portant sur le verbe: *Un jour et une nuit sans prendre de repos.* D'autre part la négation peut n'être qu'une figure de style; on emploie alors *du, de la, des*: *N'a-t-il pas du souci, des inquiétudes? N'y a-t-il pas toujours des gens qui se plaignent?* Ou le tour négatif est là pour affirmer en marquant une opposition: *On ne saurait faire une omelette sans casser des œufs* (Ac.).

Avec **ne... que**, il faut distinguer:

Si le nom suit *que*, on traite toujours la phrase comme positive; *ne... que* est compris comme signifiant *seulement, uniquement*:

> *Il n'a que des amis, il a uniquement des amis. Il ne boit que du lait. Il ne prend que des biscuits salés.*

Si l'adjectif précède le nom pluriel, on emploie *de*:

> *Il ne prend que de légers biscuits.*

Si le nom précède *que*, on peut comprendre et traiter la phrase de la même façon:

> *Il ne boit du lait qu'au petit déjeuner. Il ne fait des photos qu'en voyage.*

Plus fréquemment, on traite la phrase en y percevant plutôt une négation complète accompagnée d'une restriction (*sauf, excepté*) et l'on emploie simplement *de*:

> *Je n'ai d'espoir qu'en vous. Il n'a de pouvoir qu'à cause de votre faiblesse. Je n'accepterai de responsabilité qu'à partir du mois prochain.*

Après **ce n'est pas**, **ce ne sont pas**, on emploie toujours *du, de la, des*. C'est qu'il s'agit uniquement de la nature de la substance ou de l'être, considérée dans sa qualité (il n'y a aucune idée de quantité):

> *Ce n'est pas du café. Ce ne sont pas des enfants. Cela n'est pas de la mauvaise fabrication*

3. RÉPÉTITION DE L'ARTICLE

3.1. DEVANT DES NOMS

L'article **se répète** normalement devant les noms d'une série: *Le cheval, l'âne et le marchand. De la bière et du vin.* À moins qu'on ne le supprime devant le premier et les suivants pour donner au style plus de vivacité: *Femmes, moine, vieillards, tout était descendu* (La Fontaine).

Il ne se répète pas si le second nom est l'explication du premier (*La fièvre aphteuse ou cocotte. Le crotale ou serpent à sonnette*) ou s'il désigne le même être ou objet (*L'empereur et roi. Un collègue et ami*; dans ces deux cas, où l'article est au singulier, il faut que les noms soient du même genre) ou si la suite des noms forme un tout, un ensemble dont les éléments sont unis dans la pensée.

> *Les frères et sœurs. Les arts et métiers. Les eaux et forêts. Les us et coutumes. Les parents et amis sont invités. Aux officiers, sous-officiers et soldats. Les nom, prénoms, âge et profession du candidat.*

3.2. DATES ET JOURS DE LA SEMAINE

À côté de: *le 15 et le 16 janvier*, on trouve *les 15 et 16 janvier*; ce dernier tour marque mieux l'ensemble.

On dit au choix: *le mardi et le vendredi de chaque semaine, les mardi et vendredi de chaque semaine* (Brunot, p. 186), *les mardis et les vendredis*. On trouve même *les mardis et vendredis de chaque semaine* (Le Bidois, I, p. 50), mais ce n'est pas à conseiller. *On change de linge les premiers et troisièmes dimanches du mois* (Martin du Gard, R., *Les Thibault*). On écrirait plutôt: *le premier et le troisième dimanche du mois* ou *les premier et troisième dimanches du mois* (▶ 3.4).

Avec *ou*: *Le 15 ou le 16 janvier, le 15 ou 16 janvier. On le transportera le 4 ou 5 mai à Baden* (Rolland, R., *Beethoven. Les derniers quatuors*).

3.3. DEVANT DES ADJECTIFS NON COORDONNÉS

Devant des adjectifs non coordonnés, l'article se répète: *La bonne, la charmante femme.*

3.4. DEVANT DES ADJECTIFS COORDONNÉS

3.4.1. DEVANT DES ADJECTIFS SUIVIS D'UN NOM

Devant des adjectifs coordonnés placés devant un nom au singulier, on ne répète pas l'article s'il n'y a qu'un seul être ou objet (on ne dirait plus: *La douce et l'innocente proie*, mais: *La douce et innocente proie*). *La prudente et louable habitude.* Mais on le répète si le nom employé une seule fois forme avec chacun des deux adjectifs une entité bien distincte de l'autre:

> *Le grand et le petit commerce. Il y a un bon et un mauvais goût.*

Il est logique de laisser le nom au singulier. Cependant l'usage s'est introduit de le mettre parfois au pluriel après des adjectifs numéraux ordinaux (ajoutons-y *le dernier*). *Quant à la seconde et à la troisième lettres* (Mondor, H., *Vie de Mallarmé*). Avec l'article au pluriel: *Les premier et deuxième violons* (Anouilh, J., *Pièces noires*).

À côté de *Le premier et le deuxième acte* (tour habituel) ou *Les premier et deuxième actes*, on peut donc écrire *Le premier et le deuxième actes*. Le nombre et la qualité des exemples garantissent la correction de ce dernier tour. Observons cependant qu'on ne trouve aucun exemple de deux articles et adjectifs au singulier suivis d'un pluriel distinct, pour l'oreille, du singulier. Dirait-on *Le premier et le deuxième chevaux*? Mais l'Académie elle-même écrit: *Au XVIIᵉ et au XVIIIᵉ siècles.*

À propos de cette dernière expression, voici donc les trois tours réguliers: *Au XVIIᵉ et au XVIIIᵉ siècle. Au XVIIᵉ et au XVIIIᵉ siècles. Aux XVIIᵉ et XVIIIᵉ siècles.* Un quatrième tour est beaucoup plus rare et à déconseiller: *Au XVIIᵉ et XVIIIᵉ siècle* (singulier sans répétition de l'article).

Si les deux noms sont au pluriel et introduits par un article mis au pluriel, celui-ci se répète toujours quand les entités sont distinctes:

> *Les bons et les mauvais jours. Les premiers et les derniers jours de l'année.*

3.4.2. DEVANT DES ADJECTIFS PRÉCÉDÉS D'UN NOM

Lorsque les adjectifs coordonnés suivent le **nom au singulier**, quatre tours se rencontrent; il n'est pas nécessaire, pour qu'on mette le nom au pluriel, que les choses soient considérées comme un tout: 1) *l'histoire ancienne et l'histoire moderne* (tour à recommander); 2) *l'histoire ancienne et moderne* (tour moins net); 3) *l'histoire ancienne et la moderne* (tour moins vivant); 4) *les histoires ancienne et moderne* (tour blâmé par certains grammairiens quand les choses ne forment pas un bloc, mais certainement usuel sans souci de cette nuance).

Le deuxième tour peut être moins net; il peut en effet se prêter à une équivoque dans certains cas: *le roman policier et grivois* peut être compris comme *le roman qui est à la fois policier et grivois* ou comme *le roman policier et le roman grivois*. Mais on apprécie au contraire ce tour dans le vers de Baudelaire (*Une gravure fantastique*): *Les peuples de l'histoire ancienne et moderne*. Loin d'opposer l'histoire ancienne et l'histoire moderne, le poète les fusionne dans «le cimetière immense et froid, sans horizon», du monde.

Si les noms sont au pluriel, trois tours seulement sont possibles, puisqu'on met toujours l'article et les adjectifs au pluriel: 1) *les historiens anciens et les historiens modernes*; 2) *les historiens anciens et modernes*; 3) *les historiens anciens et les modernes*.

4. L'ARTICLE DEVANT LES NOMS PROPRES

Le nom officiel sans article (*Gaz de France*) se fait précéder de l'article quand il est intégré dans une phrase; l'accord se fait normalement:

> *Le Gaz de France est ouvert. Les Archives et Musée de la littérature sont ouverts. Le CILF (ou le Conseil international de la langue française) s'est réuni. À renvoyer aux Trois Suisses.*

Mais avec des composés ou des noms propres: *Air France est ouvert. France-Électricité sera ouvert. Hydro-Québec* (féminin parce qu'on sous-entend *société*) *est fermée. Crémieux, Bourgand et Cie ont été transférés...*

Noms propres ▸ À et EN, 5. Construction de *à* avec un nom de lieu commençant par *le*: *Je vais au Havre.* ▸ ATTRIBUT. Noter qu'*on va à Marivaux* si c'est un lycée, *au Marivaux* si c'est un cinéma.

5. ABSENCE OU PRÉSENCE DE L'ARTICLE

Distinctions: *Êtes-vous médecin?* (Avez-vous cette qualité?) *Êtes-vous le médecin?* (tel médecin auquel on pense, le médecin de ce malade, par exemple.) *Rendre justice à qqn, rendre la justice.*

Absence de l'article dans beaucoup d'expressions usuelles (*avoir faim, mettre sous enveloppe, prendre patience, passer sous silence,* etc.) et dans des tours comme *un pot de faïence, un transport par mer,* etc.

6. *DES* EMPHATIQUE

Des emphatique est familier:

> *Il soulève des cinquante kilos comme un rien. Se coucher à des une heure du matin* (RM, à Des, 2).

7. VOIR AUSSI...

Choix entre l'article et le déterminant possessif ▸ DÉTERMINANTS POSSESSIFS, 1.

Articles dans les titres d'ouvrages ▸ TITRES, 2.

Tous deux ou ***tous les deux*** ▸ TOUT, 2.2.2.A.a.

ARTICULET, n.m., longtemps absent des dictionnaires, n'est pas un belgicisme et est admis par l'Ac. (1986) et employé par maints auteurs français.

ARTIFICE, n.m., est un terme générique quand il désigne une composition pyrotechnique. On écrit donc: *un feu d'artifice, des feux d'artifice* (ensemble de pièces d'artifice). Mais: *un artifice oratoire, user d'artifice(s).*

ARTIFICIEL, ARTIFICIEUX, adj. **Artificiel**, opposé à naturel, se dit d'un lac, d'une fleur, d'un langage, etc. **Artificieux** implique l'idée d'ingénieux jusqu'à la ruse; il se dit d'une personne, de paroles.

ARTILLERIE, n.f. Prononcer *ille* comme dans *fille*.

ARTISAN, n.m. Le féminin *artisane* ne s'emploie guère que pour l'adj.

ARTISTE, adj., et **ARTISTEMENT**, adv., sont plus anciens qu'**ARTISTIQUE** et **ARTISTIQUEMENT**. Renvoyant tous à la notion d'art, ces quatre mots répartissent leurs emplois plutôt que de se superposer. L'adjectif *artiste* s'applique aux personnes, à un peuple, à un tempérament, au goût, à l'écriture (*l'écriture artiste des Goncourt*), à une façon de se coiffer ou de s'habiller qui fait penser à celle d'un artiste. *Artistique* se dit d'une œuvre d'art, d'une société, d'une soirée, d'une vocation, d'une activité, d'un sens du beau, de ce qui est fait avec art, de la propriété d'une œuvre d'art, d'une présentation.

On s'exprime, on se coiffe, on s'habille **artistement** (avec art, avec goût), *on arrange une salle, une vitrine* **artistiquement** (d'une manière artistique). Mais les deux adverbes se rejoignent plus souvent que les adjectifs dans leurs emplois.

ARUM, n.m. Un *arum*, des **arums**. Pron. *ro*.

ARUSPICE (nom du devin qui examinait les entrailles des victimes), n.m., s'écrit parfois HARUSPICE.

ASCENSIONNEL, adj. Deux *n*.

ASEPSIE, n.f. ▸ ANTISEPSIE.

ASILE, n.m., a vieilli dans le sens d'«établissement qui recueille les vieillards» (*hospice, maison de retraite*); il s'emploie encore pour «établissement où l'on soigne les aliénés» (*asile d'aliénés*), surtout en Belgique et au Canada; on dit plutôt *maison de santé* ou *hôpital psychiatrique.*

ASPHALTE, n.m. Un *asphalte.*

ASPIRER, v.tr.dir. *Aspirer l'air.* Tr.ind. *Aspirer à* (plutôt que *après*) *qqch., à faire qqch.*

ASSAILLIR, v.tr.dir. J'*assaille*, nous *assaillons.* J'*assaillais*, nous *assaillions.* J'*assaillirai* (futur formé sur l'infinitif). *On assaille qqn de questions.*

ASSENER ou **ASSÉNER**, v.tr.dir. *Il assène un coup, un argument.* Il *assènera* ou il *asséner.* L'Académie, après avoir admis les deux orthographes en 1975, comme plusieurs bons dictionnaires et l'usage courant, a voulu imposer *assener* en 1987 mais les *Rectifications de l'orthographe* proposent *asséner* en 1990 (*RO III.6D*).

ASSENTIMENT, n.m. *On fait qqch. avec l'assentiment de qqn,* **avec son assentiment préalable**, et non [**après son assentiment préalable**].

Maurice Genevoix emploie **ASSENTIR** dans le sens de *donner son assentiment: Je n'en appelle ici à quelques répondants de choix (...) que pour* **assentir** *totalement à cette affirmation de l'un d'eux* (La perpétuité).

ASSEOIR ou **ASSOIR** (*RO III.10H*), v.tr.dir. J'*assieds*, il *assied*, nous *asseyons.* J'*asseyais*, nous *asseyions.* J'*assis.* J'*assiérai.* *Assieds, asseyons.* Que j'*asseye*, que nous *asseyions.* *Asseyant. Assis.*

Il existe aussi une conjugaison en *oi* (sauf au passé simple et au participe passé), moins vivante que l'autre: J'*assois*, nous *assoyons*, ils *assoient*. *J'assoyais*. *J'assoirai*. Que *j'assoie*, que nous *assoyions*, etc. Il est excessif de déclarer qu'elle est vulgaire. On se gardera, malgré l'exemple de certains écrivains, d'écrire *eoi* ailleurs qu'à l'infinitif.

ASSERMENTER, v.tr.dir., faire prêter serment. **ASSERMENTÉ** se dit des personnes: *Un expert assermenté*. Mais: *Une déclaration faite sous serment*.

ASSEZ, adv., ne signifie plus, comme autrefois, *beaucoup*, mais exprime proprement une quantité suffisante: *C'est assez. J'ai assez de deux jours. Cet enfant n'est pas assez couvert*. Il peut, selon le contexte, introduire un certain degré de relativité (*J'y suis resté assez peu, assez longtemps. Je le vois assez souvent*), renforcer la qualité exprimée par le mot qu'il accompagne (*C'est assez surprenant. Une enquête assez difficile*) ou l'atténuer: *Assez bien. Voilà un assez bon exemple. C'est assez l'usage*.

C'EST ASSEZ peut n'exprimer que l'idée «C'est suffisant», mais peut aussi, dans une exclamation, signifier que le maximum tolérable est atteint.

Remarques:

1. **Place de *assez* dans la phrase**. *Assez* précède l'adjectif, l'adverbe ou le nom qu'il modifie; il suit le verbe (ou l'auxiliaire): *Il est assez facile de s'entendre. Vous êtes resté assez longtemps. Il va assez vite. J'ai assez d'argent. Je le connais assez. Je l'ai assez vu*.

   Sa position après l'adjectif, l'adverbe ou le nom pour marquer la suffisance est courante en Belgique alors qu'en France elle est régionale ou populaire: *Laissez-le faire, il est grand assez. Il a de l'argent assez. Il court vite assez*. On trouve encore *grand assez* chez des écrivains français. Mais on dit normalement: *Il est assez grand. Il court assez vite*. Ne pas dire: [*Vous avez de la place assez?*] au lieu de: *Vous avez assez de place?*

2. À côté de **AVOIR ASSEZ** de qqch.(en avoir suffisamment), notons *avoir* (ou plus souvent *en avoir*) *assez de qqn, de qqch.*, en être excédé, ne plus en vouloir: ***J'en ai assez de** ce parasite, de ses négligences*.

3. **ASSEZ POUR** et l'infinitif, **ASSEZ POUR QUE** et le subjonctif marquent la conséquence: *Il est assez grand pour se tirer d'affaire* ou *pour que nous lui fassions confiance* ou *pour que nous ne nous inquiétions plus à son sujet* (noter la négation). Devant *pour*, *assez* peut suivre l'adjectif. Belgicisme à éviter: [*assez grand que pour se tirer d'affaire*].

4. Le démonstratif *ce* de **C'EST ASSEZ** peut être précisé par *de* et un infinitif ou par *que* et un subjonctif: ***C'est assez de** le

demander. **C'est assez qu'**on le sache* (noter l'atteinte du maximum tolérable). La conséquence s'exprime par *pour* ou *pour que*: ***C'est assez pour** être reçu. C'est assez pour qu'on nous reçoive*.

5. Ne pas dire: [*suffisamment assez*].

6. À Liège, on emploie *c'est assez dire que* pour *c'est-à-dire que* dans un dialogue comme ceci: *Vous viendrez demain? — C'est assez dire que, si j'ai le temps, je viendrai*.

7. ▸ POUR, 7.

ASSEZ BIEN marque la qualité, la manière appréciable, suffisante (*Il réussit assez bien. Il gagne assez bien sa vie*) et non la quantité, comme le fait un usage courant en Belgique (et dans le nord de la France) en l'employant pour *beaucoup, pas mal*. Au lieu de [*Il y avait assez bien de monde*], on dira, selon le sens: *Il y avait assez de monde* (*assez* nuance *Il y avait du monde*) ou *Il y avait beaucoup de monde* ou *Il y avait pas mal de monde*. On corrigera [*Il a fait assez bien de fautes. Il a plu assez bien. Il y a assez bien de brouillard*] en: *Il a fait beaucoup de fautes. Il a beaucoup plu. Il y a beaucoup de brouillard* ou *un fort brouillard*. À la question *Y avait-il beaucoup de manifestants?* on répondra *assez* (*moyennement*) ou *pas mal*.

Le sens de la phrase *On parle assez bien de lui* est donc: «On parle de lui en termes assez élogieux» et non «On parle beaucoup (ou assez, ou assez souvent) de lui».

De même *J'ai assez bien mangé* n'évoque pas la quantité, mais la qualité: *J'ai fait un assez bon repas*. Tandis que *j'ai bien mangé* pourrait exprimer la quantité (beaucoup) ou la qualité (un bon repas).

ASSIDÛMENT ou **ASSIDUMENT** (*RO* II.4), adv. ▸ ADVERBE, 1.

ASSIETTE, n.f. **ASSIETTE PROFONDE** se dit en Belgique, en Suisse et dans certaines régions françaises pour *assiette creuse*. — *Assiette* peut remplacer *assiettée* (contenu d'une assiette). ▸ SAUCER.

ASSIGNER, v.tr.dir. *On assigne une tâche* (ou *une place*) *à qqn*.

ASSIMILER, v.tr.dir. *On assimile des aliments, des connaissances. Ces étrangers se sont parfaitement assimilés*. Comme *semblable*, assimiler se construit avec *à*: *assimiler un caporal à un sergent, l'apparence à la réalité*. Ne pas dire: [*assimiler avec*]. On dit à tort en Belgique: *Ces caporaux ont été* [*assimilés sergents*] au lieu de: *assimilés à des sergents*. On peut dire: *Les fonctionnaires et assimilés. Les farines et produits assimilés*.

ASSISTANAT, n.m. qui désigne la fonction d'*assistant* dans l'enseignement universitaire. Sans tenir compte du *t* final, on a formé le mot par analogie avec *artisan, artisanat.* — ASSISTANT, n.m., a un féminin, *assistante.* Un MAÎTRE-ASSISTANT, une *maître-assistante.*

ASSISTER, v.tr.dir., dans le sens d'*aider*, a eu des emplois plus larges qui expliquent sa fréquence, par archaïsme, dans certaines régions comme le Hainaut. Il se dit surtout aujourd'hui de l'aide qu'on apporte à qqn dans sa tâche, dans ses fonctions. — *On se fait assister par qqn.* On dit aussi qu'*un avocat assiste son client.* Mais d'autres emplois sont plutôt vieillis: *assister un indigent, un malade.* — Transitif indirect: *assister à un cours, à un match.*

ASSOCIER, v.tr.dir. On associe *des personnes* ou *des choses.* On associe *qqn à qqch., une chose à une autre* (ou *avec une autre* ou *et une autre*), *on s'associe qqn, on s'associe à qqn* ou *avec qqn* pour faire qqch. *On s'associe à qqch., à un deuil. Une chose s'associe à une autre.*

ASSONANCE, n.f., et **composés** de SONNER. *Assonance* s'écrit avec un seul *n* comme *assonancer, assonancé, assoner* et *assonant, dissonance* et *dissoner, dissonant, consonance, consonant, consonantique, consonantisme.*

Le verbe *résonner* ayant deux *n* comme *sonner*, il y a quelque hésitation entre *résonance* (Ac.) et *résonnance* (vieilli), *résonnant* (Ac.) et, surtout en physique, *résonant*; on écrit *résonateur* mais *résonnement* (remplacé généralement par *résonance*). ▸ CONSONANCE.

ASSORTIR, S'ASSORTIR (conjugaison comme *finir*) à ou de: *Assortir une personne à une autre, une couleur assortie à une autre. Les unes et les autres sont (bien) assorties.* Mais on dira qu'*une règle est assortie* (accompagnée) *de plusieurs exceptions,* qu'*un magasin est assorti d'un grand choix*; il semble qu'on puisse dire que *les salaires seront assortis d'une majoration de dix pour cent.* Adjectivement, on dira *une boutique bien assortie* (bien fournie), ou qui présente *des articles assortis* (variés).

S'assortir: *Des couleurs s'assortissent bien*; *les gants de cette dame s'assortissent à ses chaussures*; *un discours s'assortit d'allusions à l'actualité*; le *Petit Robert* note avec raison comme rare le sens de *se fournir, se pourvoir*: *Ce libraire s'assortit de tous les livres qui paraissent.* Moins rare: *La mercière vient de s'assortir en laines* (Bordas).

ASSUMER, v.tr.dir., c'est prendre à son compte, se charger de: *on assume une fonction, une tâche, un rôle, une responsabilité.*

Par extension, *on assume un état, sa condition,* etc., on l'accepte consciemment avec toutes ses conséquences. ▸ ASSURER. Absolument: *Ne craignez pas d'assumer* (de prendre vos responsabilités).

ASSURANCE, n.f.

1. L'anglais *comprehensive insurance* se traduit par *assurance multirisque*, couvrant plusieurs risques par un même contrat. Des **assurances multirisques.**

2. Une *prime d'assurance. Compagnie* (ou *agent*) *d'assurances.*

3. *Assurance* est suivi d'un trait d'union et varie dans les composés: des **assurances-vie,** des **assurances-vol.** Mais des *assurances tous risques.*

4. Dans les formules de politesse qui terminent une lettre: *Veuillez agréer* (et non: *croire à*) *l'assurance de ma considération distinguée.* Le pluriel *les assurances* est permis, mais il est beaucoup moins courant et paraît recherché.

ASSURER, v.tr.dir., peut parfois se rapprocher d'*assumer* (*assurer un service, une direction*) mais on n'envisage alors que le fait, le fonctionnement et non la responsabilité personnelle. Divers sens d'*assurer* et de S'ASSURER entraînent des accords différents du participe passé: voir ci-dessous et ▸ PARTICIPE PASSÉ, 6.

1. **Assurer qqch. à qqn** a deux sens: 1) certifier (avec *que*, ou bien avec ou sans *l'*): *Je leur ai assuré qu'ils se trompaient. Je t'assure. Je te l'assure*; 2) garantir l'obtention ou l'usage; à la forme pronominale, se donner la garantie de, se pourvoir de façon à ne pas manquer: *Il leur avait assuré sa protection* (ou *un salaire élevé*). *La protection qu'il leur avait assurée. On leur a assuré* (ou *ils se sont assuré*) *des vivres pour six mois.*

2. **Assurer qqn de qqch.**, c'est le rendre certain de cette chose: *Je les ai assurés de notre dévouement.* Avec *que*: *Je les ai assurés qu'ils pouvaient compter sur moi.* Comparer avec *je leur ai assuré que* (▸ 1).

3. À la forme pronominale: *Elle s'est assuré une retraite. La protection qu'il s'est assurée. Ils se sont assurés de notre bonne foi* (Ils se sont rendus certains de). *Ils se sont assurés que rien ne manquait*; il faut déconseiller dans ce sens l'invariabilité du participe, expliquée par «donner à soi-même l'assurance» (▸ 1). ▸ PARTICIPE PASSÉ, 6.2. — *S'assurer de qqn* a vieilli; c'est se ménager son appui ou garder sur lui un contrôle, ou l'arrêter.

4. Quand il s'agit d'un contrat d'assurance: *La maison que j'ai assurée à telle compagnie. Ils se sont assurés contre l'incendie.*

5. *Assurer que* est suivi des mêmes modes que *croire.*

ASTÉRISQUE, n.m. *Un astérisque.* Ne pas prononcer un *x* final.

ASTHME, n.m., **ASTHMATIQUE**, adj. On ne prononce pas *th.*

ASTICOTER, v.tr.dir., est correct mais familier dans le sens de «contrarier, tracasser qqn sur de petites choses» (Ac.).

ASTRAGALE, n.m. *Un astragale.*

ASTRAL, adj. Pluriel *astraux.*

ASTUCE, n.f., **ASTUCIEUX**, adj. S'il est vrai qu'*astuce* avait autrefois un sens défavorable (manière d'agir pour tromper), ce nom et *astucieux* n'évoquent plus aujourd'hui, couramment, que l'idée d'une trouvaille ingénieuse: *Une astuce malicieuse. Un vendeur astucieux.*

ASYMÉTRIE, n.f. Un seul *s.*

ATERMOIEMENT, n.m., s'écrit avec *ie*: action d'*atermoyer*, de remettre à plus tard, par des faux-fuyants, ce qu'il faudrait faire tout de suite.

ATHÉNÉE, n.m., a désigné en France autrefois certains établissements où l'on faisait des cours ou des lectures. *L'Athénée louisianais*, fondé en 1876, est une sorte d'Académie. En Belgique, *un athénée* est un établissement officiel d'enseignement secondaire, dépendant des communautés, d'une province ou d'une ville et réservé aux garçons; *lycée* y était réservé à des établissements pour jeunes filles. Aujourd'hui, la population de ces établissements est mixte. Contrairement à *lycée*, le mot n'a aucun dérivé courant, comme *lycéen*, pour désigner un des élèves. — Prononcer *é* après *th.* — Attention au genre masculin.

ATHÉROSCLÉROSE. ▶ ARTÉRIOSCLÉROSE.

ATLANTIQUE, adj., prend une majuscule dans *l'océan Atlantique*, mais non dans *Pacte atlantique, stratégie atlantique*, etc.

ATMOSPHÈRE, n.f. *Une atmosphère.*

ATOME, n.m., et ses dérivés: pas d'accent circonflexe.

ATOUT, n.m. C'est un wallonisme de le remplacer, au jeu de cartes, par *triomphe.*

ATTACHE, n.f. ▶ TROMBONE et LICHETTE. **ATTACHÉ**, n.m. ▶ À et DE, 2.

ATTACHÉ-CASE, n.m. Ce mot anglais, qui peut se prononcer à la française, désigne proprement une mallette rectangulaire et rigide d'attaché (diplomatique). D'où le pluriel normal, des **attaché-cases** (le complément *attaché* reste invariable), bien qu'on écrive aussi des **attachés-cases**. Les partisans de cet anglicisme trouvent que *mallette* est trop général et *porte-document(s)* trop précis!

ATTACHEMENT, n.m. *L'attachement de Paul à* (ou **pour**) *ses parents.*

ATTACHER, emploi intr. *La compote a attaché* (au fond du récipient). Pronominal: *Ils se sont attachés à nous* ou *à ce qu'on soit content d'eux.*

ATTAQUE, ATTEINTE, n.f. On parle des atteintes, en général, d'un mal: *À la première atteinte de la goutte* (Littré). Mais c'est *attaque* qui est courant pour les manifestations brusques d'un mal: *une attaque de goutte, de nerfs, d'épilepsie, d'apoplexie* (un accès de goutte, une **CRISE** d'appendicite, d'asthme, d'épilepsie, de nerfs). Sans complément, *une attaque* désigne une attaque d'apoplexie, une congestion cérébrale; *atteinte*, dans cet emploi, est régional (Wallonie et Bruxelles). — **ÊTRE D'ATTAQUE** est familier: *Me voici, je suis d'attaque, je suis en pleine forme, prêt à affronter les fatigues*, etc.

ATTARDER (S'). *On s'attarde un peu, assez, beaucoup, trop longtemps. Ne vous attardez pas trop à ces recherches* (Ac.).

ATTEINDRE, v.tr.dir. ou indir., se conjugue comme *peindre.* **Atteindre qqn** ou **qqch.** (le rejoindre, parvenir à le toucher ou à le prendre). *Où puis-je vous atteindre? Je finirai bien par l'atteindre. Atteindre la côte, la cote d'alerte, un but, une limite, la soixantaine, l'âge de la retraite, la bouteille qui est sur l'étagère, son objectif, sa majorité. Atteindre qqn dans son honneur. La balle l'a atteint en plein cœur* (Ac.). On dit: *son moral est atteint.* **Être atteint par** *un poursuivant, une décision, l'ennemi, la calomnie.* Mais il est absurde de dire qu'on est atteint par la limite d'âge puisque c'est elle qu'on atteint. S'il s'agit d'un mal, d'une maladie, *de* est courant: **Être atteint de** *tuberculose, de typhoïde, de folie, de la folie des grandeurs, de la rage* (en souffrir).

Atteindre à qqch. (devant un nom ou même un infinitif, parvenir à) marque toujours l'effort, la difficulté, souligne la distance: *atteindre à la vérité, à la perfection, à l'héroïsme, au bonheur, au dernier rayon de la bibliothèque. Atteindre à faire sourire un neurasthénique.* On dit plus souvent *parvenir à.*

ATTEINTE, n.f. ▶ ATTAQUE. **PORTER ATTEINTE À** signifie *porter préjudice à*: *Sa conduite porte atteinte à son prestige.*

ATTENANT, adj., est le participe présent de l'ancien verbe *attenir*, toucher à. Il signifie *contigu, qui touche à* et s'emploie sans complément ou avec *à*: *la maison attenante* ou *attenante à la ferme*. L'emploi comme participe présent est vieilli et semble affecté: *Elle avait ouvert une petite remise attenant le pavillon* (Pieyre de Mandiargues, A., *La motocyclette*). On ne dit plus *attenant de*.

ATTENDRE, v.tr.dir.

1. **Attendre qqn ou qqch.** signifie: a) rester dans un lieu où qqn doit venir, rester dans une situation (ou suspendre sa décision) avant de faire qqch. ou jusqu'à ce que qqch. arrive: *Attendez-moi. Je l'attends au tournant* (expression familière: c'est à ce moment difficile que je le jugerai ou qu'il montrera sa faiblesse ou que je pourrai agir contre lui). *Se faire attendre. Attendre un bébé, attendre un heureux événement*. Notons à ce propos qu'*attendre famille* est un provincialisme qu'on trouve notamment en Belgique et en Lorraine; il faut éviter dans le même sens l'emploi absolu, régional aussi: *Elle attend. — Le dîner vous attend. Qu'attendez-vous pour le dire? J'attendrai demain* (ou *jusqu'à demain*). On ne dit plus: *J'attendrai à demain*.

   b) compter (sur), espérer (c'est le contexte qui fait apparaître ce sens): *Vous êtes en retard, on ne vous attendait plus.* **Attendre qqch. de qqn.** *Voici ce que j'attends de vous. Quelle aide attendez-vous (de moi)? Qu'attendez-vous de moi?* **Attendre de qqn qu'il fasse qqch.** n'est pas rare. En dehors de cette construction, cet emploi est surtout fréquent dans des phrases négatives (▸ 5).

2. **Attendre après qqn** ou **qqch.** ▸ APRÈS, 1.

3. Employé **absolument**: *Perdre son temps à attendre. Ne rien perdre pour attendre. Attendre longtemps, un moment. J'attendrai jusqu'à ce qu'il s'en aille*.

4. **Attendre à** est devenu rare: *La seule idée d'attendre au lendemain pour voir Florence* (Duras, M., *Le marin de Gibraltar*). Au lieu de: *Il attend à la belle saison, au printemps* (Littré), on dit: *Il attend la belle saison*. Devant un infinitif, *attendre à* signifiait, dans la langue classique, *différer de: J'attendais à me plaindre que l'occasion s'en présentât.* Nous disons: *J'attendais* **pour me plaindre**... *J'attends,* **pour** *le juger,* **de** *savoir exactement ce qu'il a fait.* On voit que *de* introduit ici l'action qui doit permettre de faire qqch. Ailleurs *de* introduit simplement l'action qu'on attend: *J'attendais de pouvoir le rencontrer*.

5. **Attendre que**, au premier sens (▸ 1, a), est suivi du subjonctif: *J'attendrai* **qu'il s'en aille**. On dit aussi: *J'attendrai* **jusqu'à ce qu'il s'en aille**. Au second sens

(▸ 1, b), on emploie aussi le subjonctif: *N'attendez pas qu'il vous réponde*; mais on recourt fréquemment à **s'attendre que**, suivi aujourd'hui du subjonctif plus souvent que de l'indicatif: *Je m'attends que vous viendrez demain* (Ac.). *Je m'attendais que M. Lancelot jetât de hauts cris* (Hermant, A., *Xavier*). *On s'attendait que les autocars du matin amenassent journellement de Paris une cinquantaine ou une centaine d'auditeurs* (Billy, A., *Le narthex*). On dit aussi, couramment: **s'attendre à ce que** (▸ 6).

On peut s'étonner de l'emploi du subjonctif après *attendre que* et *s'attendre que* signifiant *compter sur qqch., espérer qqch.* On l'expliquera par l'analogie avec les autres emplois d'*attendre* (▸ 1, a), qui peut même aller parfois jusqu'à signifier presque *exiger: on attend de qqn qu'il fasse qqch.* (▸ 1, b).

Ne pas attendre que est plus courant qu'*attendre que* dans le sens d'*espérer*. Il est suivi du subjonctif: *N'attendez pas que ces ingrats vous soient reconnaissants de ce que vous avez fait pour eux*.

6. **S'ATTENDRE** se construit avec *à* devant un nom de chose ou un infinitif et signifie *compter sur, se préparer à: Attendez-vous à des reproches. Il ne s'attendait pas à me trouver là.* **Attendez-vous-y** et non [*Attendez-y-vous*]. *Attends-t'y*.

   S'attendre que est généralement suivi du subjonctif (▸ 5): *S'attend-il que nous partions?* La langue courante emploie plus souvent **s'attendre à ce que**, suivi du subjonctif: *Il s'attend à ce que je revienne* (Ac., au mot *Ce*). *Surtout ne t'attends pas à ce que je puisse te parler* (Gide, A., *La porte étroite*). *Il s'attendait à ce que les souvenirs lui sautassent à la gorge* (Déon, M., *Un parfum de jasmin*).

7. **EN ATTENDANT** ▸ ATTENTE.

ATTENDRIR (S'). On s'attendrit *sur* qqn ou qqch.

ATTENDU, part.p. ▸ PARTICIPE PASSÉ, 2.1.1. **ATTENDU QUE** est suivi de l'indicatif.

ATTENTAT, n.m., se construit tantôt avec *à* (*attentat* **à** *la pudeur*), tantôt avec *contre* (*attentat* **contre** *le chef de l'État,* **contre** *la sûreté de l'État*).

ATTENTE, n.f. Il est incorrect d'écrire: [*Dans l'attente d'une réponse favorable* (ou *en attendant une réponse favorable*), *veuillez agréer...*]. Les expressions *dans l'attente de, en attendant, espérant...* demandent que le sujet du verbe conjugué soit celui qui attend, qui espère: *Dans l'attente d'une réponse favorable* (ou *Dans l'attente de vous lire*), **je vous prie**...

ATTENTIF, adj. On est attentif *à qqch., à faire* qqch. *Rendre qqn attentif à* qqch.

ATTENTION, n.f.

1. On dit: *L'attention de qqn* **pour** *qqn ou qqch. Attirer l'attention* **sur** *qqch.* **Faites attention** (ou *prêtez attention*) *à ses paroles.* **Faites attention à la marche, à la vaisselle.** Elliptiquement on dit fort bien: *Attention! Attention, les enfants.* **Attention à la marche.** *Attention à la couleur* (prenez garde à la peinture). *Attention* (à l'endroit) *où tu mets les pieds.* On peut dire: *faire* **très** *attention à.*

2. **PRENDRE ATTENTION** (par analogie avec *prendre garde*) n'est pas un belgicisme: *Je ne prenais guère attention aux allées et venues de Didier* (Duhamel, G., *Cri des profondeurs*). Mais l'expression courante est *faire attention.*

3. **Avec un infinitif**, on emploie *à* mais aussi, très souvent, *de*: *Faites attention* (ou *Attention*) *à* ou **de ne pas vous tromper.** *Attention de ne pas le réveiller.* L'infinitif est employé négativement (on veille *à ne pas*). Dupré (*Contre*) écrit cependant: *Attention à bien distinguer «contrechant» (...) et «contrechamp»*; le sens est clair.

4. **Avec que**, le mode change selon le sens: *Faites attention* **que** *cela* **est** *fautif* (ne perdez pas de vue, notez). — *Faites attention* **que** *personne ne vous* **surprenne** (veillez à ce que). Dans ce dernier sens, où le subjonctif s'impose, on trouve, avec le subj., *faire attention* **à ce que.**

5. On dit souvent [une **FAUTE D'ATTENTION**] au lieu de une **FAUTE D'INATTENTION** dans le sens d'*étourderie*. On s'accorde pourtant à condamner la première expression, à imposer la seconde et à ne permettre l'emploi de *faute d'attention* que sans article ou déterminatif, avec le sens de *par manque de*: *Il s'est encore trompé, faute d'attention.*

Nombreuses et répétées, les condamnations d'*une faute d'attention* sont-elles pleinement justifiées? A-t-on hésité à donner pour complément à *une faute* un nom indiquant la matière, le domaine où se produit le manquement et non sa cause? On parle d'*une faute de goût* (et non d'une faute de mauvais goût), d'*une faute d'harmonie* dans une composition musicale, d'*une faute de grammaire, de français, d'orthographe, de langage.* Et nul n'est gêné parce qu'on dit *une faute de goût* (manquement au bon goût) et *faute de goût* (par manque de goût).

Quoi qu'il en soit, si la langue connaît l'expression *une faute d'inattention* (ou *une faute de distraction*), on emploie dans le même sens [*une faute d'attention*] pour *un défaut d'attention.*

6. On peut écrire, en laissant *attention* au singulier: **ÊTRE PLEIN D'ATTENTION POUR QQN** (de sollicitude, de gentillesse) ou, en donnant à *attentions* au pluriel le sens de «marques de prévenance, de délicatesse»: **ÊTRE PLEIN D'ATTENTIONS POUR QQN**, être plein d'égards pour qqn, lui prodiguer mille attentions. ▶ FAIRE, 18.

7. Ne pas confondre **À L'ATTENTION DE** (mention en tête d'une lettre) et **À L'INTENTION DE.**

ATTENTIONNÉ, adj., ne se dit plus dans le sens général de «qui fait attention à», mais signifie: «plein d'attentions, de prévenances pour qqn»: *Un mari attentionné.*

ATTÉNUER, v.tr.dir., porte sur la qualité de qqch., plutôt que sur la quantité de ce qui est réduit. On **atténue** *une impression, une douleur, les termes d'une appréciation*; on **réduit** *ses frais, sa vitesse, la longueur d'un article, un délai. La douleur s'est atténuée.*

ATTERRIR, v.intr. ▶ ALUNIR. *Ils* **ont** *atterri hier. Ils* **sont** *atterris depuis hier.*

ATTESTER, v.tr.dir. On atteste la vérité d'un fait, sa réalité, l'innocence de qqn. Son regard atteste sa sincérité (plus rare: *de sa sincérité*), en porte témoignage. J'atteste le ciel ou les dieux qu'il est innocent ou de son innocence. J'en atteste les dieux. J'atteste qu'il est venu. Ce fait est attesté par plusieurs témoins.

ATTIFER, v.tr.dir., et **S'ATTIFER** (un seul *f*) ont aujourd'hui un sens péjoratif.

ATTITUDE, n.f. On parle de l'*attitude adoptée* ou *prise envers, devant, en face de, vis-à-vis de, à l'égard de qqn ou qqch.* Noter que l'on dit *changer* **d'***attitude* mais *avoir, prendre, adopter, affecter, garder* **une** *attitude bienveillante, décidée, excessive, hautaine. Prendre attitude,* dans le sens de *prendre position,* se rencontre en français de Belgique.

ATTRAIRE, v.tr.dir., dont l'ancien sens d'*attirer* se retrouve dans *attrayant*, aujourd'hui adjectif, et dans *attrait*, qui est le participe passé substantivé, subsiste dans **ATTRAIRE EN JUSTICE**, expression dénoncée comme un belgicisme mais admise en 1947 par l'Académie française dans le sens de *citer, traduire en justice* qui ne l'a toutefois pas reprise dans la 9e éd. de son dictionnaire; mais elle est dans le *GR* avec le sens de *poursuivre en justice.*

ATTRAPE, n.f. Deux *t*, un seul *p*. **Une attrape** a signifié un *piège*, une *plaisanterie*, mais aujourd'hui signifie une *tromperie*. Malgré les contradictions des dictionnaires, on écrira, comme d'ailleurs le dictionnaire de l'Académie (9e édition): un ATTRAPE-NIGAUD, des *attrape-nigauds*, un ATTRAPE-MOUCHE, des *attrape-mouches*. ▸ NOMS COMPOSÉS, 2.5.

ATTRAPER, v.tr.dir. On dit fort bien: *J'ai attrapé* (reçu) *un coup de soleil, une contravention. J'ai attrapé* (contracté) *un rhume, la rougeole. Il a attrapé froid. On attrape une mouche, un poisson, le train*, etc. *Il m'a bien attrapé* (trompé). *Il va encore m'attraper* (me faire des reproches).

ATTRIBUER, v.tr.dir., suppose une volonté, une réflexion, un choix délibéré. Noter: *On **attribue** une bourse, on **décerne** un prix, on **confère** un grade, on **délivre** un diplôme. On attribue à qqn des qualités, une responsabilité, une récompense. On ne dira donc pas qu'un lot a été attribué par tirage au sort; il est *échu*.

S'ATTRIBUER. *Elle s'est attribué des titres. Les titres qu'elle s'est attribués.*

Attribut

1. ADJECTIF ATTRIBUT

▸ ADJECTIFS QUALIFICATIFS.

2. PRONOM ATTRIBUT

▸ LE, LA, LES, 2.

3. NOM ATTRIBUT

3.1. ACCORD. RÈGLE GÉNÉRALE

Pour le nom en fonction d'attribut, on s'inspirera des exemples suivants: *L'oisiveté est la mère de tous les vices. Ces vertus sont sœurs. Paul et Pierre sont mes voisins. Émile et Denise sont nos cousins. La jalousie et l'amour-propre sont de mauvais conseillers.*

Plutôt que de dire *Sa nourriture sont des fruits* (Buffon), on dira aujourd'hui: *Sa nourriture se compose de fruits* ou *Sa nourriture, ce sont des fruits*. Mais Grevisse (B.U., nº 897) cite plusieurs exemples analogues avec *est*: *Tout le reste était des bêtises. Tout cela était peines perdues*. Avouons qu'ils ne choquent pas, mais faisons deux remarques.

3.2. REMARQUES

3.2.1. ATTRIBUT À VALEUR GÉNÉRALE

Le nom attribut **reste au masculin singulier** s'il prend une valeur générale: *Cette femme est un de ceux qui ont préparé la révolution de 1848. Mme X est le philosophe le plus réputé du groupe. Elles en sont le témoignage vivant. L'homme est un apprenti, la douleur est son maître* (Musset). *Votre Majesté n'a cessé de se montrer le protecteur des Arts.*

3.2.2. NOMINATIONS ET PROMOTIONS

Décrets et arrêtés de nominations et de promotions. Nous avons consulté à ce propos le *Journal officiel de la République française*, le *Moniteur belge* et la presse des deux pays. D'incontestables divergences apparaissent, même d'un ministère français à un autre ou d'un décret à l'autre signés tous deux le même jour par le même ministre! Il n'est toutefois pas difficile de dégager l'usage le plus fréquent et le meilleur.

A. L'attribut se rapporte à une personne

Aucun problème si l'on écrit: *Sont nommés: M. X, **notaire** à la résidence de (...). M. Y, **notaire** à la résidence de (...)*. Ou bien: *Sont nommés: Conseiller à la Cour d'appel de Paris, M. X. Juge d'instruction à (...), M. Y.*

B. L'attribut se rapporte à plusieurs personnes

Quand plusieurs personnes reçoivent le même titre, l'usage est de mettre l'attribut au pluriel: *Sont nommés **juges de paix**: Nogent, M. X, Saint-Maur, M. Y. — Ont été nommés **secrétaires administratifs stagiaires** de préfecture: À la préfecture de l'Ain, M. X. À la préfecture des Basses-Alpes, M. Y. — L'Assemblée nationale a élu **conseillers** de l'Union française: MM. X, Y, Z.*

L'invariabilité du titre apparaît aussi dans de tels cas, en France beaucoup plus rarement qu'en Belgique; mais, malgré l'idée distributive, ce n'est pas à conseiller.

C. L'expression *au grade de*

Dans les décrets portant promotions et nominations dans les *ordres nationaux*, l'usage français le plus général est de recourir à l'expression *au grade de*, suivie du titre, évidemment au singulier: *Ont été promus ou nommés...: **Au grade d'officier**, MM. X, Y et Z. Au grade de chevalier: MM. A. et B.*

Cela peut donner: *Sont promu* (singulier; une seule personne est promue) *ou nommés dans l'ordre national de la Légion d'honneur: Au grade d'officier, M. X. Au grade de chevalier, MM. A, B*, etc. Ou bien (avec *élevé à la dignité* pour *grand-croix*): *Sont élevé ou promus dans l'ordre national de (...): À la dignité de grand-croix, M. X. Au grade de commandeur, M. Y. Au grade d'officier, MM. A, B, C.*

Autre formule, également courante et normale: *Sont **promus officiers**, nommés chevaliers...* Mais il arrive que les journaux français emploient le singulier. On s'est efforcé de justifier le singulier par l'idée distributive; mais cette argumentation est spécieuse. Du moment qu'il y a plusieurs sujets, plusieurs personnes nommées ou promues à un même grade, il convient de mettre au pluriel le nom de celui-ci, à moins qu'on ne dise *au grade de*. Il est souhaitable qu'on introduise plus de logique et d'uniformité en cette matière.

D. Nominations à des fonctions

Pour les nominations à des fonctions, nous avons vu (▶ 3.2.2.B) qu'on emploie *nommé*: *Sont **nommés juges**, **directeurs**, etc.* Mais souvent les décrets français recourent à des expressions comme *au grade de* (usage constant à l'armée, mais qu'on trouve aussi dans d'autres administrations: *au grade d'ingénieur en chef*), *en qualité de*, ou même *à l'emploi de*. Le nom de la fonction reste alors invariable. *Sont désignés* ou *titularisés* ou *promus* ou *nommés*, etc.

AUBAINE, n.f., dans son sens moderne, désigne un avantage ou un profit inattendu, inespéré, une occasion exceptionnelle. Malgré l'autorité du *PR* et du *GR* qui donnent l'exemple *Quelle bonne aubaine!*, l'adjectif *bonne* est superflu. Mais on pourra parler d'une *fameuse aubaine*. Au Québec, *aubaine* se dit pour *solde*.

AUBETTE, n.f. Le mot est ancien et, dans plusieurs de ses emplois, incontestablement français. N'insistons pas sur l'emploi comme nom de lieu en France, du Nord à Strasbourg, ni sur certains sens anciens ou trop localisés (débit de boissons, buvette, bureau de douane ou de l'ancien octroi, guichet de renseignements, poste de garde).

Né dans le nord du domaine français (sous la forme *hobette*, dérivée de *hobe*, d'origine germanique, qui a pu signifier bâche, abri, maisonnette), le mot a été répandu dans le vocabulaire militaire mais aussi dans les français régionaux comme dans les patois wallons, picards, lorrains. Il est très vivant dans le français de Belgique, mais il a été conservé aussi en Bretagne et dans le nord et l'est de la France.

Aubette, attesté à Valenciennes dès 1475 dans sa forme française pour désigner une sorte de loggia dans une maison bourgeoise, a aujourd'hui en Belgique deux sens courants: 1) kiosque à journaux; 2) abri pour piétons, où l'on attend un tram, un autobus. Ce double sens ne gêne pas les Belges; il pourrait gêner l'extension souhaitée du mot à la France et à toute la francophonie.

La langue française n'a pas besoin d'un mot nouveau pour désigner le kiosque à journaux; *kiosque* est si vivant qu'on a même formé un dérivé *kiosquier*, pour les marchands de journaux établis dans des kiosques.

Le mot *aubette*, s'il peut garder ses deux sens en Belgique et là où ils sont bien connus, ne mérite d'être généralisé à travers toute la francophonie que dans son deuxième sens, en opposition à *abribus*.

Il le mérite d'autant plus qu'on le trouve avec cette acception non seulement en Belgique mais dans le nord, l'ouest et l'est de la France, particulièrement en Bretagne, à Saint-Malo, à Brest, à Rochefort, à Nantes. Julien Gracq l'emploie dans plusieurs de ses livres, en évoquant Nantes ou la campagne: *Le cœur de Nantes battra toujours pour moi avec les coups de timbre métalliques des vieux tramways jaunes virant devant l'aubette de la place du Commerce...* (*Lettrines*, 1967).

André Goosse a signalé la fabrication par une usine française, dans l'Indre, d'*aubettes* monoblocs à divers usages: toilettes pour terrains de campement, pour places publiques, pour usines, abris pour attendre le car, cabines téléphoniques, postes de gardiens, cabanes de jardins, etc.

AUBURN (*u* se prononce comme *eu* dans *peur*), adj. invariable (mot anglais), se dit d'une couleur de cheveux châtain roux aux reflets cuivrés.

AUCUN, adj. et pronom.

1. **Pronom.** *Sens*: Le pronom *aucun* n'a plus guère son sens positif que dans l'expression vieillie ou littéraire *d'aucuns*, parfois *d'aucunes* (***D'aucuns** le croiront*) employée comme sujet (mais on dit plus souvent: *Certains, quelques-uns*) et dans certains tours: *Je doute qu'**aucun** le veuille. Aucun d'eux l'a-t-il vraiment voulu? Il est parti sans aucun de ses compagnons.*

S'il renvoie à deux noms de genres différents, *aucun* se met au masculin: *J'ai consulté un lexique et une encyclopédie; aucun ne donne la date.*

Pour des personnes, *aucun*, au singulier, ne s'emploie guère qu'avec un complément partitif (voir les exemples ci-dessus); en dehors de cela, on emploie généralement *personne* ou *quelqu'un* selon le sens. Le complément partitif peut être sous-entendu quand on vient de désigner les personnes en question: *Il avait plusieurs collaborateurs, mais il n'accordait à aucun une pleine confiance* (remarquer l'emploi de *ne* seul au lieu de *ne pas* ▸ 3). *Lui connaissez-vous des ennemis? Aucun* (Ac.).

Aucun est d'un emploi assez fréquent pour des choses ou des animaux: *Parmi tant de livres, je n'en ai presque aucun de relié* (Ac.). Noter l'emploi courant, tout à fait usuel après *en*, de la préposition *de* devant l'adjectif ou le participe qualifiant *aucun*. L'absence de *de* est archaïque.

2. **Adjectif**. Il ne s'emploie au pluriel — et rarement — que devant des noms qui n'ont pas de singulier ou qui changent de sens au pluriel: *Sans **aucuns frais**. Sans aucuns ciseaux.* Il garde rarement son sens premier, positif: *Croyez-vous que le pouvoir a aucun* (quelque) *charme pour moi?* (Ac.). Mais on dit: *Sans faire **aucun bruit**. Il ne fait aucun bruit.*

3. **Négation**. *Aucun*, adjectif ou pronom, exclut *pas* ou *point* (mais non *plus, ni, jamais*) de la phrase où il se trouve: *Aucun d'eux ne le dira. Je n'y vois aucun inconvénient.* Mais: *Aucun d'eux ne le dira jamais. Aucun ordre ni aucune prière ne purent le faire changer d'avis.* Noter la répétition de *aucun* devant le second sujet. ▸ VERBE, Accord, 2.2.9. Ne pas écrire: *Aucune des personnes qui l'ont interrogé ne lui* [ont] *demandé...* Le sujet d'*interroger* est *qui* (les personnes), mais celui de *demander* est *aucune*. Il faut donc: *ne lui a demandé.*

AUCUNEMENT, adv., n'est plus vivant dans son sens positif (*en quelque façon*: *s'il en est aucunement question*); il s'emploie avec *ne* ou *sans* ou dans une réponse négative (pas du tout): *Il n'en a aucunement été question. Sans prétendre l'expliquer aucunement. Vous l'avez déjà dit. — Aucunement.*

Il arrive qu'on l'emploie sans que la phrase contienne un mot négatif, mais le sens négatif est rendu évident par le contraste de l'opposition: *Il s'agit là de documents officiels, mais aucunement de papiers intimes.* On laissera à l'emploi familier: *Aucunement troublé par cette nouvelle, il continua.* Plus courant: *nullement troublé...*

AU-DELÀ (▸ DELÀ), **AU(-)DEHORS** (▸ DEHORS), **AU-DESSOUS** (▸ DESSOUS), **AU-DESSUS** (▸ DESSUS), adv.

AU-DEVANT DE, loc.prép., fait référence au devant, à la face. *On va au-devant de qqn, au-devant du danger*, on se dirige vers eux, à leur rencontre.

À ne pas confondre avec EN AVANT DE: *L'éclaireur marche en avant de la troupe et au-devant de l'ennemi.* Absurde est donc cette phrase de René Barjavel (*Ravage*): *Quand, parti au-devant de tous, il restait trop longtemps sans revenir...* Il fallait: *en avant de tous.*

AUDIOVISUEL, adj., s'écrit sans trait d'union. Il est normal qu'*audiovisuel* s'aligne sur *audiogramme, audiomètre, audiophone*.

AUDIT s'écrit généralement en un mot, comme *ledit, susdit*: *audit lieu* (on ne prononce pas le *t* au masculin), *ladite maison*.

AUDIT, n.m. (anglicisme; prononcer le *t* final), expertise (qui se faisait autrefois oralement), contrôle de la gestion et de la comptabilité d'une entreprise. Pluriel: *des **audits**.* Par extension, *audit* s'applique à la personne qui est chargée de cette expertise; on dit également *auditeur* (traduction de l'anglais *auditor*).

AUDITIONNER, v.intr. ou tr.dir., se dit soit de l'artiste qui se fait entendre en vue d'obtenir un engagement, soit de celui qui procède à cette audition. *L'acteur auditionne. Auditionner un acteur.* Abusivement: *Auditionner un disque.*

AUDITOIRE, n.m., a d'abord désigné le lieu où l'on se réunissait pour écouter des orateurs. Ce sens n'est plus conservé que dans une spécialisation limitée: endroit où se tiennent les audiences d'un tribunal. Cette acception très particulière n'est même plus mentionnée par les dictionnaires courants. On dit: le *prétoire*.

Le seul sens actuel d'*auditoire*, en français, c'est «l'ensemble des personnes qui écoutent». C'est donc un archaïsme d'employer encore le mot, en Belgique, pour une *salle* (*de cours* ou *de conférences*). Le mot courant dans les universités françaises est *amphithéâtre* ou *amphi*, quelle que soit la forme de la salle. En Belgique, on pense alors davantage à la forme spéciale d'un amphithéâtre; *auditoire* peut se justifier dans un sens général; on dit aussi: *salle de cours*.

AUDITORIUM, n.m., se dit d'une salle aménagée pour les émissions de radio ou de télévision, pour un concert. Des ***auditoriums**.*

AUGMENTER, v., quand il est intransitif, se conjugue le plus souvent avec *avoir*: *La vie a augmenté.* — Être exprime le passif ou est copule: *Son salaire **est** augmenté. Cet ouvrier **est** augmenté.* On peut dire en effet: *augmenter qqn* pour *augmenter son salaire* ou *son traitement*. On dit couramment et familièrement: *Le pain augmente. La vie augmente.* Et même: *Le boulanger a augmenté son pain*, tour qui est critiqué davantage.

AUGURE, n.m. *Un heureux augure.*

AUGURER, v.tr.dir., a aujourd'hui pour sujet un nom de personne; *de* introduit ce qui permet de conjecturer: ***De** ses premiers* *résultats on peut augurer sa réussite* (ou *qu'il réussisse*). En construction absolue: *J'augure bien* (ou *mal*) *de tout cela.* Parfois *de* introduit ce que l'on attend: *J'augure bien de l'avenir.* Avec pour sujet un nom de chose, on dit plutôt **laisser augurer**: *Sa conduite ne laisse augurer rien de bon.*

AUJOURD'HUI, adv.

1. **Le jour d'aujourd'hui**, *au jour d'aujourd'hui*, pléonastiques pour insister sur l'opposition avec le temps passé, appartiennent à la langue familière. On rencontre: *à l'heure d'aujourd'hui.*

2. On dit: ***jusqu'aujourd'hui*** ou ***jusqu'à aujourd'hui***.

3. **D'AUJOURD'HUI EN HUIT** ou **AUJOURD'HUI EN HUIT** (dans huit jours).

4. *Ce **n'est pas d'aujourd'hui** que je le connais.*

5. *On a remis l'affaire **à aujourd'hui*** (Ac.).

6. Noter que l'usage français, qui admet *hier matin* et *hier au matin*, *hier soir* et *hier au soir*, et même *aujourd'hui à midi* (Ac.), *aujourd'hui après-midi* (PR), préfère, pour le jour où l'on est, ***ce matin***, ***ce soir***. L'expression **aujourd'hui matin** est même nettement blâmée par le *GR*.

AULNE ou **AUNE**, n.m. Les deux graphies, pour le nom de l'arbre, sont admises. Mais *Le roi des aulnes* (Tournier).

AUMAILLE, n.f., désignant une tête de gros bétail, ou de bétail qu'on engraisse, n'est plus vivant aujourd'hui que dans des français régionaux.

AUNAGE, n.m., autrefois, mesurage à l'aune. On trouve encore ce mot en Belgique, dans des enseignes, pour annoncer qu'on vend des tissus.

AUPARAVANT, adv., s'est employé autrefois comme préposition. Il est toujours adverbe aujourd'hui: *Un mois auparavant.* — On dit: *Avant de partir. Avant que vous partiez* et non [*auparavant de* ou *que*].

[AU PLUS... AU PLUS]. ▶ PLUS, 1 et 4.

AUPRÈS, AU PRIX.

1. Dans le sens de *en comparaison de*, *auprès de*, loc. prép., est de moins en moins concurrencé par **AU PRIX DE**. Cette dernière locution ne survit guère qu'en littérature. Littré demandait, vu son sens, qu'elle introduisît seulement des choses ou des personnes appréciées favorablement; les écrivains n'ont pas toujours ce souci. *Au prix de* s'emploie surtout, aujourd'hui, pour marquer non la comparaison, mais le prix payé; au figuré: *Il y est parvenu au prix d'efforts considérables.*

En dehors de la proximité ou de la comparaison, **AUPRÈS DE**, au figuré, veut dire *en s'adressant à* (*faire une démarche auprès de qqn*) ou *dans l'opinion de* (*jouir d'un grand crédit auprès de ses collègues*).

Si l'on peut employer *auprès de* dans le sens de *en s'adressant à* (*Il a trouvé auprès de lui du réconfort*), il est anormal de parler des *dépôts faits auprès de la Caisse d'épargne*. Il faut dire: *à la Caisse d'épargne*.

L'UN AUPRÈS DE L'AUTRE ou **AUPRÈS L'UN DE L'AUTRE**. ▶ L'UN et UN, 6.

2. **Auprès** peut s'employer comme **adverbe**: *Un ruisseau coule auprès et forme un doux murmure* (La Fontaine). Mais c'est un flandricisme, assez fréquent à Bruxelles, de l'employer avec *mettre* dans le sens d'*ajouter*: [*Mettez encore quelques francs auprès*] au lieu de: *Ajoutez encore quelques francs.* On entend aussi: [*Mettez quelques francs tout près*].

AURÉOLE, n.f. Ne pas employer *une auréole* pour une **ARÉOLE** (du sein).

AU REVOIR. La formule utilisée pour prendre congé est *au revoir.* L'Académie signale encore *à revoir*, forme vieillie dont les dialectes ont l'équivalent.

À cause de l'absence de trait d'union, les dictionnaires, qui placent à leur rang alphabétique des noms comme *après-midi*, ne signalent le nom *au revoir* et son pluriel qu'exceptionnellement: *Des au revoir.*

AUROCHS, n.m., a un *s* final, qui ne se prononce pas.

AUSPICES, n.m.pl. *Sous d'heureux auspices.*

Aussi, adv.

1. *AUSSI* MARQUANT LA COMPARAISON D'ÉGALITÉ

Marquant la comparaison d'égalité, cet adverbe est généralement suivi de *que* (jamais de *comme*); mais *que* et le second terme de la comparaison peuvent être sous-entendus. *Aussi* s'emploie devant un adjectif (ou un participe pris adjectivement ou un complément ayant valeur d'adjectif) ou un adverbe:

> *Il est aussi attentif que vous êtes distrait. Il est aussi prudent que nous. Il est toujours aussi prudent* (sous-entendu: *que d'habitude*). *Je suis presque aussi en peine que lui* (Ac.). *J'ai aussi faim* (*froid*, etc.) *que vous. Il travaille toujours aussi bien* (*qu'autrefois*). *Est-on aussi expérimenté à vingt ans qu'à trente?*

Avec *possible*: *Je le ferai aussi soigneusement que possible.* Dans une interrogation positive: *Est-il aussi travailleur que vous le dites? Est-il toujours aussi attentif?*

On remarquera que son sens comparatif, dans les emplois où *que* et le second terme de comparaison sont sous-entendus, peut glisser vers l'idée d'intensité, sans vraiment exprimer celle-ci comme le ferait *si*.

Dans les phrases négatives (ou de sens négatif), *aussi*, qui peut toujours s'employer, est souvent remplacé par **si** devant un adjectif ou (moins souvent) devant un adverbe:

> *Il n'est pas aussi (ou si) habile que vous le dites. Avez-vous jamais rien vu d'aussi beau (de si beau)? Il n'ira pas aussi loin (plus courant que si loin) que nous. Il ne travaille pas aussi soigneusement que je le voudrais. Il ne se porte pas si bien que cela (Ac.). Ne courez pas si vite. Ne criez pas si fort.*

Devant **peu**, on emploie *aussi* dans les phrases affirmatives (*Ils sont aussi peu attentifs que vous*), mais on trouve *si peu que vous voudrez* à côté d'*aussi peu que vous voudrez* et l'on dit *si peu que rien* (très peu).

Aussi et ***autant***. À *aussi... que* devant un adjectif ou un adverbe correspondent *autant que* après l'adjectif ou l'adverbe et *autant de* devant le nom exprimant la qualité:

> *Il est modeste autant qu'habile (Ac.). Il a autant de modestie que d'habileté.*

Autrefois, *autant* pouvait précéder l'adjectif. Aujourd'hui, au lieu de *Jamais je n'avais été autant enthousiaste* (Borgeaud, G., *Le voyage à l'étranger*), il convient d'écrire: *aussi enthousiaste* ou *si enthousiaste*.

Autant suit le verbe exprimant l'idée à propos de laquelle on fait la comparaison: *Il travaille autant que nous. Il ne travaille plus autant.*

2. *AUSSI* MARQUANT L'ADDITION

2.1. DÉFINITION

Marquant l'addition, *aussi* signifie *également*; ce qui vient d'être dit de qqn ou de qqch. (agent ou complément) l'est également d'une autre personne ou d'autre chose: *Vous êtes surpris? Je le suis aussi.*

2.2. PLACE DE *AUSSI*

On s'étonne que les grammaires et les dictionnaires ne précisent pas la place, très mobile, de *aussi*.

Voici l'essentiel:

2.2.1. **Un nouveau sujet refait l'action**

Un nouveau sujet, qui ne peut être *on*, fait l'action exprimée une seconde fois par le verbe. *Aussi* se place après le nouveau sujet (à moins que ce ne soit *je, tu, il, ils, elle, elles*) ou après le verbe:

Paul est déjà parti, Pierre aussi s'en va ou *Pierre s'en va aussi*. On peut, dans les deux cas, ajouter la forme tonique du pronom devant *aussi*: *Pierre, lui aussi, s'en va* ou *Pierre s'en va, lui aussi*.

Si le nouveau sujet est *nous, vous*, l'adverbe suit le pronom ou le verbe; le pronom peut être répété avant ou après le verbe: *Nous aussi partons; nous aussi nous partons; nous partons aussi; nous partons, nous aussi*.

Le pronom relatif *qui* ne peut être suivi que de *lui (elle) aussi, eux (elles) aussi*, tandis que le verbe de la relative l'est de *aussi* ou de *lui aussi*, etc.:

> *L'homme boitait; le cheval qui, lui aussi, boitait* ou *le cheval qui boitait aussi* ou *le cheval qui boitait, lui aussi*.

Si le nom a un complément déterminatif, on place *lui aussi* (rarement *aussi*) après le complément ou bien *aussi* ou *lui aussi* après le verbe:

> *Le fils de Pierre, lui aussi, s'en va* ou *Le fils de Pierre s'en va aussi* ou *s'en va lui aussi*.

Si le sujet est *je, tu, il, ils, elle, elles*, on ne peut mettre *aussi* qu'après la forme tonique du pronom: *moi aussi*, etc. Il peut également se placer après le verbe. Après *moi aussi, toi aussi*, on doit répéter le pronom, avant le verbe, sous sa forme atone. Aux autres personnes, cette répétition est facultative:

> *Moi aussi je le ferai. Je le ferai aussi. Je le ferai, moi aussi. — Eux aussi le disent* ou *Eux aussi ils le disent* ou *Ils le disent aussi* ou *Ils le disent, eux aussi*.

2.2.2. **Le deuxième verbe est sous-entendu**

Si le verbe est sous-entendu, *(et) aussi* suit le second sujet: *Son père ira, sa mère aussi. Il sera absent, (et) moi aussi.* On laissera à la langue populaire l'emploi d'*aussi* devant le nom: *Voilà l'orfèvre, aussi sa femme, en grand émoi* (Pourrat, H., *Le trésor des contes*).

2.2.3. **Le deuxième verbe a un complément**

Si le verbe répété a un complément, six tours sont possibles. Les quatre notés au début de 2.2.1: *Pierre aide son ami, Paul aussi aidera le sien* ou *Paul, lui aussi, aidera le sien* ou *Paul aidera aussi le sien* ou *Paul aidera, lui aussi, le sien*. Et deux autres où *aussi* suit le complément direct: *Paul aidera le sien aussi* et *Paul aidera le sien, lui aussi*.

2.2.4. **L'addition porte sur le complément**

Si l'addition porte sur le complément du verbe (le sujet restant le même), on peut, si les deux compléments sont dans la même proposition, renforcer *et* par *aussi*: *Ils ont offert des chocolats et aussi des fleurs.*

Si un seul complément est exprimé dans la proposition où intervient *aussi*, celui-ci ne peut se placer qu'après le verbe ou son complément: *Après avoir aidé son ami, Pierre aidera aussi le vôtre* ou *Pierre aidera le vôtre aussi.*

2.2.5. Tournures équivoques

Aussi pouvant dans certains cas occuper la même place, soit qu'il porte sur le sujet, soit qu'il porte sur le complément, certains tours peuvent être à déconseiller si le contexte ou la situation ne suffisent pas à dissiper l'équivoque éventuelle.

Une phrase comme *Vous aidez aussi vos ennemis* peut, isolée de tout contexte, signifier: *Vous aussi, vous aidez vos ennemis* ou *vous aidez vos ennemis, eux aussi.* De même, *Embrasse aussi ta tante* ou *Embrasse ta tante aussi* peuvent signifier, si l'on s'adresse à un enfant qui vient d'embrasser une autre personne: *Embrasse ta tante, elle aussi,* ou si la sœur de cet enfant vient d'embrasser sa tante: *Embrasse ta tante, toi aussi.* On voit que l'équivoque peut toujours être dissipée. Elle l'est d'ailleurs généralement par le contexte: *Vous avez rencontré le directeur, je le verrai aussi* (moi aussi, je le verrai). *J'ai vu l'ingénieur, je verrai aussi le contremaître* (je verrai en outre le contremaître).

C'est à tort que Maritain a condamné la nouvelle traduction du *Notre Père*: *Pardonne-nous nos offenses comme nous pardonnons aussi à ceux qui nous ont offensés.* Il déclarait: «Non, non, c'est *comme nous aussi pardonnons* qu'il faut dire.» (Cf. J. Green, *Ce qui reste de jour.*) *Aussi,* même placé après le verbe, ne peut dans cette phrase se rapporter qu'au sujet. On aurait pu dire: *comme nous aussi pardonnons* ou *comme nous aussi nous pardonnons* ou *comme nous pardonnons, nous aussi.* On pouvait d'ailleurs ne pas faire intervenir *aussi* dans cette phrase où *comme* suffit à montrer qu'un deuxième sujet est comparé au premier à propos du pardon des offenses.

2.2.6. *Aussi* se rapporte à un adj., un adv. de temps

Aussi peut porter sur un adjectif, un adverbe ou une locution de temps. Il les suit: *Un meuble cossu, élégant aussi. Quelquefois aussi. Maintenant aussi. Ce soir aussi.* Devant ou après un **attribut**: *C'est aussi mon opinion* ou *C'est mon opinion aussi. Vous devez aussi être prudent* ou *être aussi prudent* (peut être équivoque, au contraire d'*également prudent*). *Vous devez être prudent aussi.*

2.2.7. Remarques

Parfois, le second verbe n'est pas l'équivalent du premier; deux procès s'additionnent, le sujet étant le même; *aussi* se place après le verbe:

> *Ils regardent, ils parlent aussi ensemble. Il écrit, il dessine aussi. Il dessine et fait aussi de l'aquarelle. On s'impatiente, on s'inquiète aussi.*

Avec une négation, on emploie généralement *non plus* au lieu de *aussi* dans le sens d'*également*: *Il ne disait rien, (ni) moi non plus. Lui non plus ne partira pas.* ▶ NON, 9.1.

Avec ne que, qui a pris le sens (affirmatif) de *seulement,* on peut mieux justifier *aussi* à côté de *non plus.* ▶ NON, 9.1.

3. *AUSSI* MARQUANT LA CONSÉQUENCE

Marquant la conséquence d'une proposition précédente, *aussi* signifie *c'est pourquoi, à cause de cela* et se met en tête de la proposition; il y a le plus souvent inversion du pronom sujet ou répétition du nom sujet sous la forme du pronom personnel:

> *Ces étoffes sont belles, aussi coûtent-elles cher. Tout paraissait normal; aussi les voyageurs se sont-ils étonnés du retard.* ▶ INVERSION, 3.3.2.

4. *AUSSI* MARQUANT L'EXPLICATION

Marquant l'explication de ce qui précède, *aussi,* qui réclame également plutôt l'inversion s'il est en tête de la proposition, prend plus ou moins le sens de *au demeurant, tout compte fait, après tout, somme toute*: *Il s'est perdu; aussi est-ce sa faute* (ou *c'est sa faute, aussi*), *il n'avait pas consulté sa carte.* Cet emploi est beaucoup moins vivant que les autres. ▶ AUSSI BIEN.

5. *AUSSI* ET *SI*

Aussi et *si* sont normalement distincts; *si* marque l'intensité: *La crise était si grave qu'il a fallu intervenir.* Nous avons vu cependant que *si* peut remplacer *aussi* marquant la comparaison dans une phrase négative (▶ 1). Par contre *aussi* remplace parfois *si* devant un adjectif dans une proposition d'opposition (*si... que*):

> *Aussi saoul qu'il fût* (Mauriac, Fr., *Les chemins de la mer*). *Ils restèrent juste le temps de ramasser un pécule, aussi léger fût-il* (Tharaud, J. et J., *Quand Israël est roi*).

On ne peut employer *aussi... que* ni *si... que* dans le sens de *dès que, aussitôt que*:

> [*Aussi vite qu'il sera là*]. [*Si vite qu'il sera là*]. [*Si vite qu'il m'a vu, il a couru vers moi*].

6. Voir également...

▶ LOIN, SINON.

Emploi de *aussi* avec *avoir chaud*, etc. ▶ AVOIR, 17.

AUSSI BIEN, en dehors du sens comparatif (sensible dans: *Il travaille aussi bien que son frère. Je pourrais aussi bien dire qu'il n'a rien fait*), sert à justifier une proposition qui précède; il correspond à un certain emploi d'**aussi** (▶ AUSSI, 4), après *tout, somme toute, d'ailleurs, tout compte fait: Je ne veux point y aller; aussi bien il est trop tard* (ou *aussi bien est-il trop tard*). *Je n'ai que faire de ses offres, aussi bien sont-elles déplacées.* — **Puisque aussi bien** *on le tient, (...) rien n'empêche de le mettre à même de justifier ce qu'il dit* (Duhamel, G., *Cri des profondeurs*). *Vous me permettrez de partir, puisque aussi bien vous n'avez plus besoin de moi.*

AUSSITÔT, adv.

1. *Aussitôt* est un adverbe (*Il est parti aussitôt*) qui est devenu préposition dans certains emplois. Malgré la caution de Littré, qui admettait *aussitôt le jour* à côté de *aussitôt que le jour paraît*, on ne dit guère: *aussitôt son arrivée*; on dit: *dès son arrivée* ou **aussitôt après** *son arrivée* (*aussitôt après* s'oppose à *juste avant*). Mais on n'hésite pas à dire, si le nom est suivi d'un participe: *Aussitôt sa lettre reçue* (*aussitôt que sa lettre a été reçue*). Devant un participe: *Aussitôt arrivé, il a élevé la voix. Aussitôt lu sa lettre.* Avec **SITÔT**, également adverbe devenu préposition, on dit: *Sitôt le dessert, il se retirait dans sa chambre* (tour plutôt littéraire). *Sitôt le jour levé, sitôt ses devoirs finis. Sitôt parti, il le regretta.*

   AUSSITÔT QUE, comme **DÈS QUE**, signifie «à l'instant où, dans le moment même où» et peut marquer une antériorité si réduite qu'elle se confond avec la simultanéité. D'où un temps antérieur à celui du verbe principal, mais aussi le même temps soulignant cette rapidité dans la succession: *Aussitôt qu'on lui fit* (ou *eut fait*) *ce reproche, il se mit en colère. Il vous recevra aussitôt que vous arriverez* (ou *serez arrivé*). *Chaque fois, il nous faisait signe aussitôt qu'il nous apercevait. Aussitôt qu'il aura fini, il pourra partir. Aussitôt qu'il m'a vu, il m'a fait signe.* ▶ DÈS QUE.

2. **Aussitôt** et **aussi tôt**. Le premier signifie «dans le moment même», «au même instant», le second s'oppose à *aussi tard*.

   a) C'est **aussitôt** qu'on trouve dans les expressions *Aussitôt dit, aussitôt fait; Aussitôt fait que dit*, comme dans *Il le fera aussitôt*.

   b) On distingue **Aussitôt qu'**il m'aperçut, il vint à moi (Au moment même où, *dès que*) et *Je n'arriverai pas* **aussi tôt** *que je le voudrais*. On écrira, à cause de l'opposition de *aussi tôt* et *aussi tard* dans la même phrase: *Je vous attends de bonne heure; nous commencerons aussi tôt que possible et nous travaillerons aussi tard que possible.* Mais en dehors de tels cas, on écrit *aussitôt que: Venez aussitôt que possible, aussitôt que vous le pourrez.*

   Si l'on garde *aussi* dans une phrase négative de comparaison au lieu d'employer *si* (▶ AUSSI, 1), il est normal d'écrire: *Je ne vous attendais pas aussi tôt* (on voit d'ailleurs l'opposition à *aussi tard*). On dit plus souvent: *Je ne vous attendais pas si tôt.* ▶ SITÔT.

3. **Aussitôt que** n'est plus guère employé, comme il l'était dans la langue classique, devant un participe remplaçant le verbe conjugué: *J'ai collé cette lettre de Boulard sur mon cahier aussitôt que reçue* (Dutourd, J., *Pluche*). On dit: *Aussitôt que nous serons arrivés* ou on supprime *que: Aussitôt arrivés* ou *Sitôt arrivés* (▶ 1).

4. Distinguer *Il n'était pas aussitôt parti que l'autre arriva* (RM; à peine était-il parti) et *Il n'est pas parti aussitôt qu'on l'a appelé* (▶ 1).

AUTANT, adv.

1. Pour les tours *Il est* **aussi modeste qu'**habile et *Il est* **habile autant que** *modeste* ▶ AUSSI, 1.

   On peut dire *Il est autant que vous sensible à cette injure*; c'est l'inversion du tour normal *Il est sensible, autant que vous, à cette injure.* On voit qu'*autant* ne précède en tout cas pas immédiatement l'adjectif.

   Avec *le* représentant l'adjectif: *Il l'est autant que vous.*

2. Belgicisme très répandu, à tous les niveaux de langue, dans tout le pays et favorisé par le wallon: [*Supposons qu'ils soient autant et qu'ils restent autant de jours*], alors qu'il n'y a aucune comparaison. *Autant* est abusivement substitué à *tant* pour exprimer une quantité qu'on ne veut ou ne peut pas préciser. Il faut dire: *Supposons que vous soyez* **tant**, *que vous restiez* **tant** *de jours, que vous payiez* **tant** *pour le voyage,* **tant** *pour l'hôtel.* S'il y a comparaison, *autant* s'impose: *Supposons que vous gagniez* **autant que** *lui. Vous payerez* **autant chez le voisin** (que chez lui).

   Il faut noter que **deux** (*trois*, etc.) **fois autant** au lieu de *deux fois plus* n'est pas un belgicisme. L'Académie écrit d'ailleurs: *Il entre deux fois autant de monde dans cette salle que dans l'autre.* On notera toutefois que, si l'on dit souvent en Belgique (et au Canada) *deux fois autant*, on dit plus souvent en France *deux fois plus*. ▶ FOIS, 3.

3. **D'AUTANT PLUS** (ou **moins** ou **mieux**) **que** :

a) En corrélation, avec *plus* (*moins*, *mieux*), *d'autant* indique un degré proportionnel à autre chose, qui est aussi normalement au comparatif: *L'intérêt qu'il prendra aux nouveaux épisodes sera **d'autant plus vif qu'il se sera mieux remémoré** les événements* (Romains, J., *Les hommes de bonne volonté*). *Il lui sembla qu'il serait **d'autant moins ridicule** qu'il aurait eu moins de hâte à courir à sa déconvenue* (*Ibid.*). *Il l'accepte d'autant meilleure grâce que son intérêt s'en trouve mieux* (Genevoix, M., *Rroû*); on accepte une chose *de bonne grâce, de meilleure grâce*; ne pouvant exprimer à la fois le *de* de cette expression et celui de *d'autant*, l'auteur en supprime un. On pourrait écrire: *Il l'accepte d'autant mieux que son intérêt y trouve son profit* (▶ b). *Cela se fera d'autant mieux que vous m'aiderez davantage.*

b) Sans cette corrélation entre deux comparatifs, *d'autant plus* (*moins, meilleur, mieux*) *que* marque aussi un degré sur lequel influe la cause qui suit: *Il est **d'autant plus prudent qu'il est averti**. Il a d'autant plus de reconnaissance qu'il n'a rien demandé. Cela se fera d'autant mieux que vous m'aiderez.* Mais ce serait une faute d'écrire sans qu'un comparatif marque le degré: [*C'est d'autant difficile qu'il fait sombre*]. On doit dire: *C'est d'autant plus difficile qu'il fait plus sombre* ou *C'est d'autant plus difficile qu'il fait sombre* ou (▶ 4) *C'est difficile, d'autant qu'il fait sombre.*

On peut, surtout avec un impératif, renverser l'ordre des propositions et employer **en** (pour cela) dans la seconde devant le verbe précédant *d'autant plus* (*mieux, moins*). Au lieu de dire: ***Vous serez d'autant plus estimé que** vous vous serez montré désintéressé*, on peut dire: *Montrez-vous désintéressé, **vous en serez d'autant plus estimé** ou **on vous en estimera d'autant plus**.* L'Académie donne les exemples: *Je l'en aime d'autant mieux. Il en est d'autant moins à craindre.* Un contexte ferait sans nul doute apparaître que *en*, dans ces exemples, renvoie à qqch. qui précède et qu'il signifie *pour cela*: *Tout le monde l'abandonne, je l'en aime d'autant mieux.* L'emploi de *en* est normal, sans être vraiment nécessaire. En dehors d'une deuxième proposition, *en* serait insolite: *Il fut d'autant plus facile de le repousser* (Littré).

c) **D'autant plus que**, placé après un énoncé complet, peut aussi marquer une certaine proportion dans le degré: *La chaleur était étouffante, d'autant plus qu'il n'y avait pas la moindre brise.* Mais souvent il n'introduit qu'une justification particulière de l'énoncé qui précède: *Il est prudent, d'autant plus qu'il a été averti* (on ne pense pas nécessairement à un degré de prudence). *Il éprouve une vive reconnaissance, d'autant plus qu'il n'avait rien demandé. Vous pouvez partir immédiatement, d'autant plus que vous êtes tout à fait libre.*

Si l'énoncé qui précède est négatif ou tend vers la négation (ou comporte une interrogation correspondant à une négation), on peut hésiter parfois entre **d'autant plus** et **d'autant moins**.

Évidemment, si on répète le verbe sous sa forme positive, c'est *d'autant moins* qui s'impose: *Je ne le crains guère, **et je le crains d'autant moins que** j'ai pris toutes mes précautions.* On peut supposer l'ellipse de cette répétition du verbe à la forme positive et employer *d'autant moins*: *Je n'ai jamais supporté d'attendre, **et d'autant moins que** je suis tourmenté* (Vercors, *La puissance du jour*). Ici, *et* renforce l'impression de l'ellipse du verbe; il semble qu'on énonce une nouvelle proposition qui comprend nécessairement l'expression d'un degré, *et je le supporte d'autant moins que je suis tourmenté*. Damourette et Pichon (t. VI, p. 689) citent cette phrase de M. Boulanger: *On ne résiste point à tant de furieux: **d'autant moins que** le Parlement, désormais seul souverain dans la capitale, ne tenait nullement à temporiser.* Les deux points (et le changement de temps) marquent aussi qu'une nouvelle phrase commence, dont le verbe sous-entendu ne peut être qu'affirmatif et doit donc être accompagné de *d'autant moins*. On trouve aussi *d'autant moins* après un point ou une virgule: *Je ne puis me bercer d'illusions. **D'autant moins que** je me sens dépourvu* (Gaulle, Ch. de, *Le salut*). *Pourquoi donc concéder quelque chose à cette oligarchie sans avenir et sans espoir? D'autant moins que, dans l'instant même où elle s'instaurait à Alger, ailleurs des espérances bien préparées nous faisaient grandir nous-mêmes* (Gaulle, Ch. de, *L'unité*). Dans *Cela l'impressionna très peu, d'autant moins que cette image n'avait rien de neuf pour lui* (Kafka, Fr., *Le procès*, trad. Vialatte), on attendrait plutôt *d'autant plus*, mais *très peu* a été assimilé à une négation: *cela ne l'impressionna guère.* — *Il ne comprenait rien, d'autant moins qu'on parlait bas.*

D'autant moins est donc tout à fait justifié. Mais **d'autant plus** l'est certainement aussi, par l'ellipse de *et cela*; la locution prend le sens de «surtout parce que»: *La notice ne sera pas commode à écrire, **d'autant plus qu'**elle sera le plus possible une étude* (Léautaud, P., *Journal littéraire*). *La course n'était pas facile, d'autant plus que la piste était détrempée. Il ne comprenait rien, d'autant plus que ses voisins bavardaient.*

4.	**D'AUTANT QUE** peut remplacer *d'autant plus* (ou *moins*) *que*, après un énoncé complet, affirmatif ou négatif: *Il faut qu'on me laisse traiter chaque scène amplement, sereinement, sans hâte, d'autant qu'on ne gagnerait rien à passer au tableau suivant* (Barrès, M., *Colette Baudoche*). *À votre place, je n'irais point là, d'autant que rien ne vous y oblige* (Ac.).

5.	**POUR AUTANT QUE** a exprimé autrefois la cause: *Le rat ne sçavoit Sortir d'un lieu pour autant qu'il avoit Mangé le lard et la chair toute crue* (Marot). L'expression, après être sortie de l'usage, a repris vie dans un sens nouveau, influencé par l'idée de corrélation attachée à *autant*. Elle signifie normalement *dans la mesure où*, mais elle a un sens restrictif: *Pour autant que je pouvais m'en rendre compte, il était préoccupé. Ces idées, pour autant qu'elles se répandraient, pourraient devenir dangereuses. Pour autant que je m'en souvienne, pour autant que je puisse en juger.*

On voit qu'il est légitime d'employer, selon le sens, l'indicatif, le conditionnel ou le subjonctif; celui-ci accuse la nuance d'incertitude; il s'impose dans *pour autant que je le sache.* Au Québec: [*en autant que je le sache*].

Cet emploi n'a pas éliminé celui de *dans la mesure où* (avec l'indicatif ou le conditionnel) ni celui d'**AUTANT QUE** qui, dans son sens restrictif, peut aussi être suivi de l'indicatif, du conditionnel ou du subjonctif: *Autant que j'en puis juger* (Ac.). *Autant que je m'en souviens, il avait...* (Bosco, H., *Le sanglier*). *Autant qu'il m'en souvient* (Gide, A., *La symphonie pastorale*). *Autant que je m'en souvienne. Je ne lui accorderais cette permission qu'autant que ses parents m'en prieraient.*

Une remarque encore à propos d'**autant que**. Nous avons vu son sens comparatif et nous venons de voir son sens restrictif. Fr. Mauriac, dépassant celui-ci, emploie *autant que* pour marquer le degré, avec le subjonctif d'opposition: *Autant qu'il ait bu, il sait à peu près se tenir (...). Tu la feras souffrir, bien sûr (...) mais autant qu'elle souffre, si elle était ta femme, elle serait sauvée* (*Les mal-aimés*). Cette extension de sens est trop insolite (et trop éloignée du sens *dans la mesure où*) pour qu'on l'accepte sans réserves, malgré sa concision. On voit d'autre part *autant que* glisser vers le sens de *si... que* pour exprimer l'intensité ou la quantité devant un verbe ou un nom. À *si attentif qu'il soit* on substitue *autant qu'il ait d'attention* ou même *autant qu'il soit attentif*. Tours affectés ou vieillis. De même **TANT... QUE** encadrant un adjectif, au lieu de *si... que*: *Tant affaibli qu'on soit* (Sully Prudhomme).

6.	**POUR AUTANT**, joignant à l'idée de cause celle d'opposition, signifie «cependant pour cela» et s'emploie très correctement

dans une proposition négative ou dubitative exprimant une opposition par rapport à ce qui précède: *Aujourd'hui son retard dépassera les dix minutes réglementaires. Il ne se presse pas pour autant* (Estang, L., *Les stigmates*). *Va-t-il se presser pour autant?*

Tout en tenant compte de l'extension de *en* dans de véritables gallicismes où sa valeur causale est tantôt assez nette, tantôt fort affaiblie (▶ EN, adv. ou pr., 7), et en n'oubliant pas que la langue de tous les jours le double parfois de *pour cela*, on prendra garde, quand on surveille son langage, de ne pas employer *pour autant* quand il est tout à fait inutile.

Mais ce voisinage de *en* et de *pour autant* a une conséquence plus grave: on double parfois *pour autant* d'un *en* parasite et nettement incorrect. On dit fort bien: *Nous avons beau être habitués à leurs extravagances, elles ne cessent pas de nous étonner.* On peut ajouter non pas *en*, mais *pour autant*; ***elles ne cessent pas pour autant de nous étonner.*** C'est une faute de dire et d'écrire: [*Elles n'en cessent pas pour autant de nous étonner*].

7.	**D'AUTANT**, loc.adv., signifie «dans la même proportion»: *Cela nous soulage d'autant* (Ac.). *Donnez cent francs, vous serez quitte d'autant* (Ac.). *Tu les imites (...) et te diminues d'autant* (Colette).

Dans *boire d'autant*, le rapport de proportion s'atténue; l'expression, assez rare, signifie: «boire encore plus» ou simplement «boire beaucoup».

8.	**J'AIME AUTANT** exprime proprement l'égalité: *J'aime autant cet objet que tel autre.* Par litote ou politesse, le français emploie *j'aime autant* pour *j'aime mieux*: *J'aime autant ça. J'aime autant qu'il fasse la commande lui-même* (PR). *J'aime autant payer au comptant.* Cet emploi, familier en France, est trop fréquent en Belgique. On l'y trouve dans des réponses: *Veux-tu de la confiture ou du miel? — J'aime autant du miel*; ceci est correct, mais on emploie souvent le tour pour marquer un simple acquiescement: *Veux-tu venir avec moi? — J'aime autant* au lieu de *J'y consens, je veux bien. Tu veux un bonbon? — J'aime autant* au lieu de *Oui, merci.*

9.	*Autant* ou **AU TEMPS**? Le commandement *Au temps!*, en termes militaires et en termes de gymnastique, ne devrait pas s'écrire *autant* (*refaites-en autant*), bien que Thérive (*Querelles*, II, p. 26) et Damourette et Pichon (VI, p. 664) trouvent normale cette confusion. Le sens technique est clair: on commande «de revenir à la position précédente (au temps précédent) en vue de recommencer le mouvement» (Ac.). «Fig. *Au temps* *pour moi*, se dit quand on admet son erreur et la nécessité de reprendre et reconsidérer les choses.» (*GR*)

Autant, tant, adv.

1. EMPLOI D'*AUTANT*

Autant s'oppose à *tant* comme *aussi* à *si* (▶ AUSSI, 5). Il s'emploie avec des **verbes** ou avec *de* devant des **noms** (mais on n'emploie pas *du, de la, des*): *Ils travaillent autant que nous* (comparaison). *Autant il est attentif, autant vous êtes distrait* (*autant... autant* porte sur les ensembles comprenant les verbes). *S'il a fait cela, j'en puis faire autant. Il a autant de livres que nous. Autant il a de fermeté, autant il a de courtoisie.* — *Il a* **tant** (ou *tellement*) *de travail qu'il n'en sort pas. Il travaille tant!*

Autant ne s'employant **pas devant un adjectif**, on ne peut dire: [*Cela est autant sinon plus difficile*]. On dira: *Cela est aussi difficile, sinon plus.*

Notons les expressions: **Autant que possible. Autant que faire se peut.**

> *Il ne travaille plus autant* (sous-entendu: qu'auparavant). *Autant vaut faire cela* ou, plus souvent, *Autant faire cela. Autant dire la vérité. Autant que je sache. Autant qu'on puisse en juger. C'est autant de gagné. Pouvoir en faire autant. Autant dire qu'il est malhonnête. Cela est fini ou autant vaut* (Ac.; ou *à peu près*, ou *peu s'en faut*).

Devant un participe pris adjectivement, on emploie *si* et non *tant*: *Il a l'air* **si abattu**! Si le participe a vraiment la valeur d'un verbe, c'est *tant* ou *autant* qu'on emploie: **On l'a tant sollicité!** *On l'a* **autant sollicité que** la veille. Mais sans auxiliaire ou avec *être*, le participe s'accommode aisément de *si*: *Cette femme* **tant** *aimée!* (Ac.) *Elle est* **si** *enviée!*

Notons l'emploi d'**autant de** devant un substantif attribut pour exprimer, en insistant sur l'identité, la totalité sans exception: *Ses réflexions étaient* **autant de sottises**. De même avec un verbe comme *constituer*: *Cette région et ses voisines constituent autant de foyers insurrectionnels.*

2. *TANT* EMPLOYÉ POUR *AUTANT*

Tant ne s'emploie pour *autant* que dans des cas précis:

2.1. DANS DES PHRASES NÉGATIVES

Ce livre ne me plaît pas **autant** (ou **tant**) *que l'autre. Jamais il n'avait montré autant* (ou *tant*) *de courage.*

2.2. DANS QUELQUES EXPRESSIONS

Tant (ou *autant*) *qu'il peut* ou *qu'il veut*; *tant* (ou *autant*) *pour ce motif que pour un autre.*

On emploie toujours *tant* dans *tant bien que mal, tant et si bien, tant et plus, tant mieux, tant pis, tant s'en faut que, à tant faire que*. **Tant que** exprime l'idée d'*aussi longtemps que* et est suivi de l'indicatif: *Tant qu'il pleuvra, on ne pourra faire cette réparation.* On dit **Tous autant que** *nous sommes* ou **Tous tant que** *nous sommes*.

AUTARCIE, n.f., s'est substitué à AUTARCHIE pour désigner l'état d'un pays qui cherche à se suffire à lui-même au point de vue économique. Il fallait en effet représenter le grec *autarkeia* (*arkein*, suffire) et non *autarchia* (pouvoir personnel absolu; comparer avec *monarchie*).

AUTEUR, n.m., s'applique aux femmes: *Elle est l'auteur réputé d'un fort joli roman. Une femme auteur* (on rencontre *une auteur*). Au Québec, *une* **auteure**.

AUTHENTICITÉ, n.f. La critique littéraire emploie ce mot en l'appliquant par exemple à un roman qui donne une impression de vérité. Or *authentique* signifie: dont l'exactitude, la vérité ou l'origine ne peut être contestée.

AUTHENTIFIER, AUTHENTIQUER, v.tr.dir. Au terme de droit ancien *authentiquer* (attention à l'orthographe) qui signifie «rendre authentique, donner une valeur légale à un acte», l'Académie, en 1950, a décidé d'ajouter *authentifier*, qui est aujourd'hui préféré dans tous les sens: rendre authentique, légaliser, certifier l'exactitude de (d'une signature, par exemple), etc.

AUTO dans les **composés**.

> Le **préfixe** *auto* (de soi-même) reste invariable; il est généralement uni au second élément sans trait d'union, même devant une voyelle, sauf devant *i* ou *u*: *autoadhésif, autoallumage, autodéfense, auto-infection. Des auto-infections.* Le **nom** *auto* (abréviation de *automobile*) est féminin; on rencontre très souvent *auto-école* et parfois *auto-stop* et ses dérivés. Au pluriel, *auto-* est toujours invariable: *Un autorail, des autorails, une autoroute, une autopompe*, etc. *Une autoécole* ou *une auto-école, des auto-écoles*; *un autostop* (ou *auto-stop*), *des autostops* (ou *des auto-stops*), *des autostoppeurs* (ou *des auto-stoppeurs*), *une autoneige*.
>
> L'AUTOCAR (de ligne régulière) transporte les personnes hors des villes, tandis que l'AUTOBUS est urbain. On parle d'*un car de tourisme*, d'*une excursion en car*. En France, AUTOCARISTE, «propriétaire, exploitant, gérant, etc., d'une

compagnie d'autocars» (*GR*) ; en Belgique, le mot peut désigner un conducteur d'autocar.

On écrit un AUTO-CANON, des *autos-canons*, une AUTO-MITRAILLEUSE, des *autos-mitrailleuses* ou de préférence un AUTOCANON (Ac.), une AUTOMITRAILLEUSE (Ac.), des *autoca-nons*, des *automitrailleuses*.

On écrit : un TRAIN AUTOS-COUCHETTES, des *trains autos-cou-chettes* (train transportant des autos et offrant des cou-chettes). ▶ AUTORADIO.

AUTOSTRADE (italianisme), dont le genre avait été hésitant et qui s'était imposé comme nom féminin, a cédé progressi-vement la place à AUTOROUTE, n.f. : *Une autoroute*.

Auto s'emploie aussi comme deuxième élément, invaria-ble, de noms composés, avec la valeur de «pour l'auto»: une ASSURANCE-AUTO, des *centres-auto*, etc.

AUTOCLAVE, n.m. *Un autoclave.*

AUTOGIRE, n.m., s'écrit avec *i* à cause de son origine espagnole : *Un autogire.*

AUTOGRAPHE, n.m. *Un autographe.*

AUTOMATE, n.m. On a protesté avec raison en Suisse contre le germanisme qui appelle *automates* les *distributeurs auto-matiques*, les *machines* (ou *appareils*) *à sous*. ▶ BILLETTERIE.

AUTOMATION, AUTOMATISATION, n.f. L'Académie française a pro-posé, comme équivalents du mot américain *automation*, souvent francisé, «*automatisation* ou *automatique*, n.f.». Les trois mots ont continué à être employés. L'Académie, dans la 9e éd. de son dictionnaire, ne parle pas d'*automation*.

AUTOMNAL, adj. Pluriel: *automnaux*. AUTOMNE, n.m. On ne peut prononcer *m* dans *automne*; on l'entend parfois dans *automnal*. *Des brouillards automnaux. Un automne plu-vieux. J'irai vous voir en automne* ou *à l'automne.*

AUTORADIO, adj. et n.m. (*GR*) ou f. (Ac.), poste récepteur de radio à bord d'une auto. Le masculin est courant. Des *autoradios.*

AUTORAIL, n.m., «voiture automotrice sur rails», a remplacé *micheline.*

AUTORISER, v.tr.dir. *On autorise qqch.; on autorise qqn à faire qqch.; Une chose autorise qqch. ou autorise qqn à faire qqch. On est autorisé à faire qqch. On s'autorise à faire qqch. Ils se sont autorisés de qqn* (ou *de qqch.*) *pour faire qqch.* Éviter: *Autoriser qqch.* (l'entrée, l'accès) *à qqn*, mais on dit: *autoriser* (permettre) *qqch.*

AUTOROUTE, n.f. En France, le masculin s'entend de plus en plus souvent : *un autoroute*. Au sens figuré, dans le domaine des télécommunications et de l'information, on parle des *autoroutes de l'information* pour désigner ce réseau, à débit élevé, qui permet de fournir de multiples services à un très grand nombre d'usagers.

AUTOUR, adv. ▶ ALENTOUR. À côté de la locution prépositive AUTOUR DE (*autour de la place, d'une femme, d'une question, d'une date*), signalons l'adverbe **autour** (*Il y avait une table et cinq ou six chaises disposées autour. Tout autour*). On ne peut, comme dans une partie de la Wallonie, employer ALLER AUTOUR ou ALLER AUTOUR DE QQCH. au lieu de *toucher à qqch., y toucher*: [*Le chat n'a pas été autour* ou *n'a pas été autour de son lait*]; de même, on évitera ÊTRE AUTOUR DE QQCH. dans le sens de *s'en occuper* (ce dernier emploi n'est pas inconnu comme provincialisme en France) : [*Ce gamin est toujours autour de son vélo. Il est autour de ses pommes de terre*].

AUTRE, adj. ou pr. Pluriel de *un autre*: D'AUTRES.

1. Quelques emplois: *D'autres*, complété par le pronom **en** qui précède sans renvoyer à un nom précis, veut dire *d'autres choses*: *J'en ai vu bien d'autres. Il n'en fait jamais d'autres.*

On dit avec *nous, vous*, pour souligner l'opposition: NOUS AUTRES, *vous autres, nous autres femmes*. [*Eux autres*] est aujourd'hui fautif.

À d'autres! est familier et marque l'incrédulité.

Autres suit le nombre: **cent autres**. *Les dix autres*. ▶ NOMS DE NOMBRE, 2.

Autres précède le nom: **Un autre chemin**. *Les autres che-mins.*

L'autre jour: un jour plus ou moins récent, dans le passé. **Un autre jour** peut s'opposer à *un jour* (*Un jour il fait ceci, un autre jour il fait cela*) ou indiquer un jour imprécis: *Je viendrai vous voir un autre jour.*

Ces objets coûtent tant L'UN DANS L'AUTRE (Ac.), en moyenne.

ET AUTRES renvoie à d'autres personnes ou choses de la même espèce. On peut employer après *autres* un nom générique englobant obligatoirement ce qui précède: *et autres malfaiteurs. Tables, chaises et autres meubles.*

Aucun autre n'a dit cela. Plusieurs autres l'ont dit. Beau-coup d'autres, bien d'autres.

Comparer en notant l'emploi ou l'absence de *en*: *Un clou chasse l'autre. Un clou en chasse un autre.*

2. **Répétition de la préposition** après *autre* ou *autre chose* suivis de *que* amené par eux: elle n'est jamais obligatoire, mais elle se fait habituellement. On dit plus souvent: *Je parle d'un autre que de vous*, mais on peut dire: *Je parle d'un autre que vous*. — *Adressez-vous à d'autres qu'à moi* (ou *que moi*). *Cherchez avec d'autres que lui* (ou *qu'avec lui*). *Je n'en parlerai pas à d'autres que vous* (ou *qu'à vous*).

On notera que cette remarque ne s'applique pas aux cas où *que*, suivant *autre*, dépend d'un autre mot, par exemple dans: *Je n'ai jamais eu à me plaindre autant d'un autre que de lui* (*que* dépend de *autant*).

3. On dit D'AUTRE après *rien, personne, quelqu'un, quelque chose*, et les interrogatifs *que, qui, quoi*: *Personne d'autre. Que voulez-vous d'autre? Qui d'autre cherchez-vous? À quoi d'autre pensez-vous?* Les tours *rien autre* et *personne autre*, peu vivants, ne se trouvent, et rarement, que dans la langue littéraire. On dit: *Je n'ai **rien d'autre à** faire qu'à l'avertir.*

4. Après le nominal indéfini AUTRE CHOSE, on emploie *de* et un adjectif ou participe masculin: *Autre chose **de bon**, **de bien*** (*bien* est employé comme adjectif). *C'est autre chose que j'ai **dit***. Mais: *Quelle autre chose intéressante avez-vous vue?*

   Avec *que*: *J'ai autre chose à faire que de me plaindre.*

   On dit en corrélation: ***Autre chose** est de dire ceci, **autre chose** d'affirmer cela* (Ac.). Parfois, *autre* est employé sans *chose*, comme épithète: ***Autre** est votre situation, **autre** est celle de votre ami.*

5. La langue refuse d'employer *de* devant *d'autres* (pluriel de *un autre*). Avec *à* on dit: *Je ne pense pas à eux, mais à d'autres*, mais avec *de*: *Je ne parle pas d'eux, mais d'autres*. S'il faut préciser, on ajoutera un nom: *mais d'autres contestataires*. On dira donc: *Je me souviens d'autres mésaventures.*

6. ▶ ENTRE (*entre autres*), L'UN et UN, 4 (*l'un l'autre, l'un et l'autre, l'un dans l'autre*, etc.), NE employé seul, 11, NE explétif, 2, PERSONNE, QUELQU'UN, RIEN, 2, e, SINON, 1, TOUT, 4.4.4.

AUTREFOIS, adv. Ne pas confondre *autrefois*, qu'on retrouve dans D'AUTREFOIS (de jadis), avec *une autre fois*, D'AUTRES FOIS.

AUTREMENT, adv. On comprend et on admet qu'*autrement* ait ajouté à son sens, *d'une autre manière*, glissant vers *beaucoup, spécialement*, dans une phrase négative (*Il ne s'en émeut pas autrement*), l'idée d'une supériorité dans une comparaison, où il se substitue à *plus*: ***Cela est autrement respectable***. *Ce travail est autrement difficile.* Mais, dans la mesure précisément où cet adverbe prend ce sens de *plus*, il paraît abusif de lui adjoindre *plus* ou *mieux* et de justifier

ce pléonasme flagrant par «une nuance affective». Bien que le *TLF* admette *autrement plus* et que quelques bons auteurs cautionnent ce tour familier, nous conseillons d'employer plutôt **bien plus**, **beaucoup plus** (ou **mieux**). *C'est **bien plus** difficile.*

AUTREMENT QUE (*ne*). ▶ NE explétif, 2.

Autrui

Ce pronom indéfini, invariable, ne se dit que des personnes; il ne peut être accompagné d'un article ni déterminé. Le plus souvent il suit une préposition: *Le bien **d'autrui**. Agir pour le compte d'autrui. Prêter à autrui. Reprocher à autrui ses précautions.* Mais on ne peut condamner son emploi, beaucoup plus rare, comme complément d'objet direct (*Amuser autrui. Utiliser autrui*) ou comme sujet (*Autrui est plus sévère que nous*).

AUXILIAIRE, n.m., à prononcer *ksi*.

Auxiliaires *avoir* et *être*

1. CHOIX DE L'AUXILIAIRE

On trouvera à leur rang alphabétique les verbes qui appellent une observation à propos de l'emploi des auxiliaires. Nous noterons seulement ici deux faits importants:

À la forme pronominale, on emploie toujours *être*:

> *Ils ont souri, ils se sont souri.*

La remarque maintenue par les grammaires à propos de plus de cinquante verbes intransitifs, qui se conjugueraient avec *avoir* quand ils expriment l'action en train de se faire et avec *être* quand ils expriment l'état résultant de l'action accomplie, ne correspond plus guère au bon usage actuel. C'est d'autant plus frappant que beaucoup d'écrivains ont pu être tentés de suivre à la lettre les remarques faites par Littré, par l'Académie et par des lexicographes, mais devenues désuètes.

Un grand nombre de verbes classés comme ayant deux auxiliaires ne se conjuguent plus, en fait, qu'avec *avoir*; s'ils sont employés avec *être*, ce n'est jamais pour exprimer un antérieur; *être* est alors une simple copule devant un participe devenu adjectif et l'état constaté se situe au moment marqué par le temps de l'auxiliaire.

On dit et on écrit couramment: *Elle **a** embelli, épaissi, changé, grandi, grossi, maigri*, même pour constater un état présent; l'énoncé du procès au passé avec *avoir* implique un résultat constaté.

D'autres verbes intransitifs, comme *apparaître, descendre, tomber*, qui, dit-on, se construisent avec *avoir* ou *être* selon qu'on exprime l'action ou l'état, se construisent presque toujours avec *être*, sans qu'on puisse faire une distinction relative à l'aspect entre l'action en train de s'accomplir et son résultat. *Elle **est** apparue en plein midi.*

Quand le verbe est transitif direct (a un complément d'objet direct), il se conjugue toujours avec *avoir* : *Il a descendu l'escalier. Nous avons passé nos vacances à la mer.*

2. Répétition ou ellipse des auxiliaires

Répétition ou ellipse des auxiliaires *avoir* et *être*. Il y a une logique à observer, mais elle est parfois transgressée par les écrivains.

2.1. À l'intérieur d'une même phrase

On fait l'ellipse de l'auxiliaire, à l'intérieur d'une même phrase, s'il y a identité du sujet (non répété) et si le même auxiliaire vient d'être employé comme tel et au même temps :

> *Il a grimpé par le poirier, suivi les tuiles à la crête du mur, enfin sauté dans les jardins sauvages* (Genevoix, M., *Rroû*). *Après avoir appelé, crié, s'être fâché.*

Incorrecte cette phrase : [*Il s'était affalé sur le lit, pleuré, gémi, crié*] (Giono, J., *Le hussard sur le toit*) ; il faudrait : *avait pleuré, gémi, crié.* On ne dira pas : [*Il avait une artère coupée et perdu beaucoup de sang*], *avoir* n'étant pas auxiliaire dans le premier emploi.

Avoir doit aussi se répéter, en dépit d'exemples anciens, s'il est d'abord auxiliaire du verbe *être* puis d'un autre verbe : *Moi qui **ai été** à Paris et **ai vu** l'exposition.*

La phrase suivante est doublement anormale : *C'est ici que l'effort de ceux qui n'avaient jamais cédé et autour desquels s'étaient, à partir du 18 juin 1940, rassemblé l'instinct national et reformée la puissance française tira des événements sa décisive justification* (Gaulle, Ch. de, *Le salut*). Il fallait répéter *s'était*, puisque les sujets sont différents ; au lieu de cela, le verbe en inversion est mis au pluriel et les participes sont au singulier, l'un au masculin, l'autre au féminin.

2.2. Deux propositions marquent une opposition

Si les deux propositions s'opposent avec un sujet identique, l'une étant affirmative et l'autre négative, l'ellipse n'est permise qu'après *non, non pas, et non, et non pas, mais, mais non, mais non pas, ou non plus, non seulement... mais*, etc. :

> *Il m'a menacé, mais non frappé. Il ne m'a pas frappé, mais menacé. Il m'a non seulement menacé mais frappé.*

On peut évidemment répéter le sujet et l'auxiliaire : *Il m'a menacé, mais il ne m'a pas frappé.* L'auxiliaire doit se répéter quand on passe à *ne pas, ne plus* : *Il a menacé et n'a pas frappé.*

Sans conjonction de coordination, on répète le sujet et l'auxiliaire : *Non seulement il a menacé, il a frappé.*

2.3. Pronom personnel, complément commun

Le pronom personnel complément commun et qui n'est pas répété doit se rapporter aux deux verbes et avoir la même forme : ***Il nous a écrit et proposé son aide***. Il est logique qu'on exige qu'il ait la même fonction, comme dans cet exemple ; mais l'usage, même parfois celui des écrivains, semble passer au-dessus de cette exigence et se contenter d'une forme identique : *Il m'a parlé et félicité. Il m'a embrassé et demandé pardon.* Le moins qu'on puisse dire est que de telles phrases restent suspectes.
▶ COMPLÉMENT COMMUN.

Si le pronom personnel n'est complément que du premier verbe, il convient, pour marquer la chose, de répéter l'auxiliaire : *Nous ne jugerons personne **sans l'avoir entendu et avoir écouté ses explications**.*

> Ici aussi les écrivains manquent parfois de rigueur : *Cela l'eût gêné au-delà de ce qui peut se croire et peut-être mis fin à notre correspondance* (Green, J., *Jeunesse*) ; il faudrait : *et eût peut-être mis fin. Il les avait rassemblés et fait former les faisceaux* (Boulle, P., *Le pont de la rivière Kwaï*). Il fallait écrire : *et avait fait former les faisceaux. Chevance-Bertin l'avait fait et confié à son adjoint la conduite de ce vaste et tumultueux groupement* (Gaulle, Ch. de, *Le salut*). *Le gouvernement français l'avait invité, en novembre, à se rendre à Paris et beaucoup regretté qu'il n'ait pu s'y rendre alors* (*Ibidem*). En bonne logique, il eût fallu écrire : *et avait confié..., et avait beaucoup regretté.*

> ▶ PRONOMS PERSONNELS, 2.2.

AVAL, n.m. (pluriel, des ***avals***). **BON POUR AVAL.** *Donner son aval à un projet.*

AVANCE, n.f.

1. **D'AVANCE, À L'AVANCE** et **PAR AVANCE** (celui-ci devenu moins fréquent) peuvent s'employer indifféremment. C'est une erreur de croire que *par avance* ajoute une idée d'empressement.

2. **Prévenir d'avance, prévoir d'avance, prédire d'avance, préparer d'avance** (ou **à l'avance**) doivent-ils être tous condamnés comme pléonastiques ? Il faudrait d'abord distinguer. Dans **prédire, prévoir**, on sent encore nettement la valeur du préfixe *pré* : dire d'avance, voir (imaginer, organiser)

d'avance; également, quoique d'une façon moins nette, dans **pressentir**, qui a cependant glissé vers l'idée de *deviner*. Lorsque le verbe simple est perçu dans le composé, on peut estimer qu'il y a pléonasme quand on fait suivre celui-ci de *d'avance*. C'est pourquoi il vaut mieux éviter *prédire d'avance*, *prévoir d'avance* et même *pressentir d'avance*. Mais **préparer**, quoiqu'il puisse impliquer l'idée d'un travail préalable, qui peut d'ailleurs se ramener essentiellement à l'idée de travail (*préparer un cours*), ne se décompose pas en *pré* + *parer*; en effet *parer qqch.*, *un coup* par exemple, c'est le détourner. De même **prévenir**, signifiant *avertir* (et l'on peut avertir — informer — d'avance), n'est pas senti comme ajoutant *pré* à *venir*. On peut donc dire qu'il n'y a qu'un pléonasme apparent dans *préparer d'avance*; on pourrait même tâcher de justifier *prévenir d'avance*.

Il faut toutefois prendre en considération un autre fait, en relation d'ailleurs avec l'affaiblissement de la valeur du préfixe *pré*. Lorsqu'on examine les emplois de *d'avance* ou *à l'avance* avec **préparer** ou **prévoir** par d'excellents écrivains depuis deux siècles, on observe qu'il s'agit d'une préparation ou d'une prévision faite plus ou moins longtemps d'avance; l'idée d'antériorité est donc nettement renforcée. Lorsque Baudelaire (*Les paradis artificiels, Du vin et du haschisch, VI*) parle des malheureux qui en Égypte se droguent et viennent «chez le pharmacien prendre, sous le prétexte d'acheter une autre drogue, leur petite dose *préparée à l'avance*», il veut parler d'une dose préparée avant la venue du client. Lorsque Faguet, généralement puriste, dit d'André Chénier: «*comme s'il prévoyait à l'avance les théories qu'Ernest Havet allait exposer dans son ouvrage sur l'hellénisme*» (*Histoire de la poésie française, t. XIV*), il s'agit d'une prévision faite par Chénier un siècle avant le livre d'Ernest Havet. De même, quand le général de Gaulle (*L'appel*) dit qu'il remet à un interlocuteur «une note préparée à l'avance», il veut préciser que la note a été rédigée avant l'entrevue.

On voit dans ces exemples s'affaiblir et même disparaître le pléonasme, au profit d'une nouvelle idée. Il en va de même lorsque Littré et l'Académie française définissent *coup monté*: «coup préparé à l'avance, prémédité»; *prémédité* (qui garde son sens *pré* + *médité*) montre bien que *préparé à l'avance* implique des préparatifs qui n'ont pas été faits au dernier moment. L'idée fondamentale est: *par anticipation*.

Sans doute on peut se mettre à l'abri de tout reproche en disant: *soigneusement préparé, prévu* ou *préparé longtemps d'avance*. Lorsqu'en termes de cuisine on parle de **plats préparés d'avance**, on pourrait remplacer *préparés* par *cuisinés*. Mais ne peut-on trouver acceptable la définition d'*un en-cas* par le Dictionnaire Bordas: «repas léger préparé à l'avance (en cas de besoin)»?

On notera que, si on précise la longueur de l'avance, on dit: *Prévenez-moi deux jours d'avance*.

3. ÊTRE EN AVANCE. *On est en avance à un rendez-vous, sur l'horaire, sur son temps, sur ses contemporains, etc.*

4. On peut employer **avance** dans le sens d'«avantage acquis antérieurement»; c'est le sens figuré correspondant à «espace parcouru avant qqn»: *Il a commencé son programme pendant les vacances, c'est déjà une avance sensible* (GLLF). — *Il est en avance sur nous. Avoir* ou *prendre de l'avance sur qqn*. On dira aussi: *la belle avance!* dans le sens ironique de *être bien avancé* (avoir fait des efforts pour rien). Mais le bon français ignore les expressions, courantes en Wallonie et dans le nord de la France: [*il n'y a pas d'avance*] et [*n'avoir pas d'avance de faire qqch.*] dans le sens de: *ne pas y avoir un avantage*. On dira: *C'est peine perdue, c'est inutile, cela ne sert à rien, cela ne nous avancera pas* (on a ici **avancer qqn**: lui faire gagner du temps ou lui être utile). On évitera aussi de dire *Quelle avance?* dans le sens de *À quoi bon?*

AVANCER, v.tr.dir. *On avance le pied gauche*, on le porte en avant. Au figuré: *Il avançait une hypothèse. On avance une date, un départ. On avance* (on fait progresser) *un travail, ses affaires. L'affaire n'avance pas*. Avec un complément de personne: *Cela vous avancera* (vous fera gagner du temps ou vous procurera un avantage). *Me voilà bien avancé!* (je n'ai rien gagné.) *Cela m'avancerait. Cela ne m'avance pas beaucoup*. — *À quoi cela vous avancera-t-il?* (Ac.) *Cela ne m'avancerait pas* ou *Cela ne m'avancerait à rien*. La langue classique disait: *Cela n'avancerait rien*.

AVANCER (S') ne signifie pas *se hâter*, mais *se porter en avant, se rapprocher* ou *se risquer: Je m'avance* (ou *je m'avance trop*) *en disant cela. Ils se sont avancés jusqu'à dire*.

AVANIE, n.f., affront, traitement humiliant.

AVANT, adv., prép., n., adj., AVANT DE, AVANT QUE.

1. **Avant**, lorsqu'il est nom, varie. **La ligne des avants, un avant-centre, des avants-centres** (*centre* est un nom, comme *avant*). Mais l'adverbe est invariable dans les composés: **des avant-goûts**.

Adj. invariable, *avant* peut se joindre à un nom pour désigner ce qui est à l'avant: **Les roues avant**, *une traction avant. Les sièges avant.*

2. On peut dire: ***le jour d'avant***, *la nuit d'avant* (Ac.). *Quelques jours avant* ou **auparavant**.

3. EN AVANT DE: *Il marche en avant de ses hommes. Il est en avant de son siècle* (Ac.: en avance sur son siècle). *On dira: Il reste une place libre* **à l'avant du car** *ou à l'avant ou en avant* (adverbe); mais *en avant du car* signifierait: «devant le car»!

4. **Devant un infinitif**, on emploie aujourd'hui *avant de: Il ne partira pas avant d'avoir fini. Avant que de* est un vieux tour classique, devenu un régionalisme français.

5. **Adverbe**: *Il doit venir ici le mois prochain, mais je le verrai avant* (ou *bien avant*). *La réunion s'est prolongée fort avant dans la soirée.*

6. AVANT QUE exige le subjonctif. ▷ APRÈS QUE et AVANT QUE, 2. L'emploi de *ne* explétif est facultatif. Certains grammairiens veulent conférer à sa présence une valeur qui peut apparaître chez certains écrivains (doute ou désir que la chose ne se produise pas ou soit retardée). Mais l'usage, même celui des meilleurs écrivains, ne se préoccupe pas de cette intention. On pourrait multiplier les exemples qui justifient dans n'importe quel sens *J'ai voulu la voir* **avant qu'elle s'en allât** ou **qu'elle ne s'en allât**.

Si la principale est négative, *avant que* peut se réduire à *que*, suivi de *ne* et du subjonctif: *Ne partez pas avant que tout* (*ne*) *soit fini. Ne partez pas* (ou *Vous ne partirez pas*) **que tout ne soit fini**. ▷ QUE, conj., 3.2

7. AVANT LE MOMENT OÙ est suivi de l'indicatif.

Avant et *devant*

Normalement, *avant* s'oppose à *après* (priorité dans le temps) et *devant* à *derrière*. On part *avant* la fin de la séance. On s'assied *devant* le feu. On peut dire qu'on place l'article *avant* le nom (on pense à la langue parlée) ou *devant* le nom (on pense à la langue écrite). *Avant* marque aussi la priorité de situation ou de rang: *Mettre la charrue avant* (ou *devant*) *les bœufs. La dernière maison avant le carrefour.* Mais on dit: *Je marcherai devant vous. J'irai le voir avant vous.*

AVANTAGE, n.m.

1. **J'ai l'avantage de vous informer...** Sans doute n'est-ce qu'une formule de politesse qui ne veut plus rien dire; raison de plus pour la remplacer par: *J'ai le plaisir de* ou *je crois devoir* ou *je me permets de* ou *permettez-moi de* ou *veuillez me permettre de*.

2. Ne pas confondre D'AVANTAGE (de bénéfice; opposé à *de désavantage, d'inconvénient, d'ennui*) et DAVANTAGE, adv.: *Il n'avait pas d'avantage à faire cette démarche. Il n'a pas tiré d'avantage de l'erreur de son adversaire. J'y tiens davantage.* ▷ DAVANTAGE ou PLUS.

3. TIRER AVANTAGE de qqch. contre qqn et non [*prendre avantage de qqch.*]; mais dans une lutte *on prend* (ou *on a*) *l'avantage sur son adversaire.*

AVANT-COUREUR, n.m., n'a pas de féminin. On comble parfois cette lacune en employant le féminin littéraire d'*avant-courrier*, des **avant-courrières**.

AVANT-GARDISTE, adj. et n., se dit d'un écrivain, etc. qui est à l'avant-garde.

AVANT-GUERRE, n.f. (Ac.) ou m. Des **avant-guerres**. ▷ GUERRE.

AVANT-HIER (on prononce *t*), loc.adv., désignant l'avant-veille, s'écrit toujours avec un trait d'union: *Il est arrivé avant-hier.*

AVANT-MIDI, n.m. invariable (très rarement f.), est dans le *TLF*. Les rectifications orthographiques de 1990 proposent des **avant-midis**. Courant en Belgique et au Canada, il est régional en France, où l'on dit généralement: *le matin,* (*dans*) *la matinée.* ▷ APRÈS-MIDI pour le trait d'union: *Je viendrai* **avant midi**, *dans l'avant-midi.*

AVANT-PLAN, n.m., est qualifié de belgicisme. C'est un fait que les Français ont toujours dit plutôt PREMIER PLAN, qui est à préférer. Mais dans la prolifération des composés de *avant*, on trouve parfois en France *avant-plan* (GLE), opposé à ARRIÈRE-PLAN qui, lui, est bien attesté.

AVARIE, n.f., signifie proprement «dommage survenu à un navire ou aux marchandises qu'il transporte», mais par extension: «dommage survenu pendant un transport ou dans un entrepôt, une usine». AVARIÉ ne se dit pas seulement du navire qui a subi une avarie, mais, par extension, de ce qui est gâté, endommagé, détérioré: *Des produits alimentaires avariés.*

AVATAR, n.m., a été emprunté au sanskrit *avâtara*, proprement «descente» (du ciel à la terre), pour désigner chacune des incarnations successives des divinités dans la mythologie hindoue. Appliqué aux neuf avatars de Vichnou, en poisson, en tortue, etc., il s'est dit des réincarnations, puis des métamorphoses, des transformations successives d'un être, d'un héros, d'un homme politique, ou des choses, d'une doctrine, d'un texte littéraire, d'un mot, d'un suffixe, etc. Ces emplois sont réguliers. Dans la mesure où l'on ne connaissait plus son sens premier et celui qui en était dérivé, le mot a pris celui d'*aventure*, dont il se rapproche phonétiquement, et de là celui de *mésaventures*, d'ennuis, d'incidents fâcheux, de péripéties. J.-P. Sartre, parlant de l'affreuse timidité de Baudelaire (*Baudelaire*), évoque *ses **avatars de conférencier**: il bafouille en lisant, presse son débit, etc.* J. Peyré (*Sahara éternel*): *Je ne m'intéresse plus aux **avatars** d'une voiture de touriste qui croit avoir bafoué le désert et ses hommes parce qu'elle a fait Alger-Gas.* Charles de Gaulle emploie plusieurs fois le mot dans ses *Mémoires de guerre*: *Il s'était convaincu qu'à son échelon l'essentiel était d'arrêter, une fois pour toutes, sa volonté sur un plan défini et de ne s'en laisser ensuite détourner par aucun **avatar** (L'appel).* On pourrait citer d'autres très bons auteurs qui ont le tort de donner au mot le sens un peu flottant d'*aventures, mésaventures, péripéties, incidents fâcheux, ennuis*.

Il faut reconnaître cependant que les initiés et les délicats répugnent à cet emploi et que d'ailleurs, inutile et assez imprécis dans ce sens, *avatar* est au contraire utile pour désigner sans équivoque des métamorphoses, des changements, des transformations d'un être ou d'une chose. Mieux vaut s'en tenir là.

À VAU-L'EAU, loc.adv., est formé de *à, val* et *eau* et signifie «au fil de l'eau, du courant, à sa perte».

AVE ou **AVÉ**, n.m. On écrit normalement, comme l'Académie, pour la prière, *un* ou *des Ave* (ou *Ave Maria*) avec majuscule et sans accent. Mais on trouve aussi l'accent et la minuscule (sans *Maria*): *un avé, des **avés***; cette dernière graphie est courante pour les grains du chapelet.

AVEC, prép.

1. ***Il s'en est allé avec.*** [*Viens-tu avec?*]. Commençons par observer qu'en dépit des similitudes avec le néerlandais il ne faut pas nécessairement parler de germanisme, même pour *Viens-tu avec?*, refusé par le français normalisé. Le passage de la préposition à l'adverbe se remarque aussi bien en français qu'en allemand; mais dans certains cas le français châtié le réserve à la langue populaire ou familière. Ces limites peuvent varier avec les prépositions. M. Genevoix, parlant d'un nez qui fascine un chat, écrit: *C'est bien dommage qu'il soit trop haut perché pour que l'on puisse **jouer avec** (Rroû). Il a pris un manteau et **s'en est allé avec** (Ac.)* est familier, mais certainement acceptable, parce que le complément

vient d'être exprimé et est une chose. L'Académie donne cet autre exemple, également familier, qui va plus loin: *Il a été bien traité et il a encore eu de l'argent **avec**.* Cette fois, *avec* ne renvoie plus à un nom de chose précis, mais à une idée assez large de «bon traitement»; *avec* ne marque pas ici l'accompagnement mais signifie «en plus».

Si au contraire *avec* exprime l'idée «*en compagnie d'*une personne ou d'un animal» dont il vient d'être question ou non, il faut, en bon français, employer *avec moi, toi*, etc.: *Vous allez vous compromettre **et moi avec vous**. — Je vais à la foire. Viens-tu **avec moi**?* Familier quand il renvoie à un nom de personne ou d'animal qui a été exprimé, le tour du type [*Viens-tu avec?*] est considéré en France comme une des caractéristiques du français de Belgique ou du Nord, où il est effectivement assez courant.

2. **Déjeuner avec qqn ou qqch.**: on déjeune, on dîne, on soupe *avec* des amis, on déjeune *d'*un croissant ou (c'est aussi correct) *avec* un croissant, on dîne *avec* de la viande, etc.

3. [*Se voir avec qqn*]. Belgicisme: [*Il ne se voit plus avec son frère*]. On dit: *Il ne voit plus son frère. Son frère et lui ne se voient plus.*

Si l'on dit fort bien: *J'ai fait ce voyage avec mon frère* ou *Nous avons fait ce voyage ensemble, mon frère et moi*, il est absurde de dire dans le même sens (*nous* désignant mon frère et moi): [*Nous avons fait ce voyage avec mon frère*]; tour à déconseiller malgré quelques emplois littéraires et l'indulgence du *B.U.*, n° 261 (remarque).

4. Quelques expressions où *avec* a son sens habituel (accompagnement, moyen) et qui sont condamnées à tort: *Payer **avec** son argent. Faire signe (ou saluer) **avec** la main. Se fâcher **avec** qqn* (se brouiller avec lui; tandis que *se fâcher contre qqn*, c'est se mettre en colère contre lui). *Il m'importune avec ses questions. Vous allez vous attirer des ennuis avec votre franchise. C'est un homme avec des cheveux gris. «Appelle» s'écrit avec deux p et deux l.*

Avec et **par** peuvent avoir des sens voisins dans la mesure où ils servent tous deux à exprimer le moyen ou l'accompagnement. Toutefois on ne peut pas dire: *Commencer — ou finir — [avec qqch.]*, mais *par qqch.* On ne s'enrhume pas [*avec*] *ce mauvais temps* mais *par ce mauvais temps*. Il peut paraître excusable de dire qu'on envoie des marchandises *avec* le chemin de fer, puisqu'il s'agit de moyen, ou qu'on arrivera *avec* le train de 10 heures, puisqu'on peut interpréter: «en même temps que» (comme dans *se lever avec le jour*). Mais est-ce bien ce qu'on veut dire et ce que dit *avec* dans ces deux cas? Le bon usage n'hésite pas; il dit: *par*. **Voyager par Air France**. Mais on dit fort bien: *en finir avec qqch.* ▶ FINIR.

On dit: **Avec le temps** (grâce au temps) *cela s'arrangera*; mais on ne peut dire: [*Avec la fin de l'année 1631, nous perdons sa trace*]. Le sens exige: *à la fin de...* ou *à partir de la fin de...*

Il est déconseillé d'employer *avec* au lieu de *sans* et de dire: *Je suis revenu [avec] rien.* À éviter, en dépit de rares exemples littéraires. Dire plutôt: *Revenir* (ou *partir*) *sans rien*. ▶ RIEN, 2, d.

5. *Avec* peut signifier parfois *malgré*: **Avec le respect que je vous dois**, *je vous ferai remarquer...* **Avec toute sa science**, *il n'a pu en venir à bout* ou *il reste naïf*. **Avec cela** (ou *avec ça* ou *avec tout cela*), *je ne suis pas rassuré*. Autre sens ▶ 6.

Avec peut marquer des relations entre personnes: *Je suis lié* **avec lui**. *Je suis bien* (ou *mal*) *avec lui. Je suis d'accord avec lui. Comment se comporte-t-il avec vous? Il est gentil avec* (ou *pour*) *moi. Il est sévère avec* (ou *pour*) *moi.*

6. AVEC CELA (ou ÇA), AVEC CELA (ou ÇA) QUE.

a) **Avec cela** (ou *ça*). Distinguer les usages réguliers, français, d'un usage belge (surtout bruxellois).

En français normal, *avec cela* (ou *ça*) signifie *malgré cela* (▶ 5) ou correspond à un usage où *cela* peut fort bien être remplacé par un autre mot. Par exemple: *En avoir terminé avec cela* (comme *avec tel travail*). *Que ferez-vous avec ça?* (au moyen de cela, avec cet objet). Autre emploi bien français, chez les commerçants, dans le sens de «en outre»: *Et avec ça, Madame?* Ou bien: *Et avec ça* (et en plus), *mal élevé* (Ac.).

À Bruxelles on entend [*Il n'y a rien avec ça*] au lieu de: *Cela ne fait rien, cela n'a pas d'importance.*

b) **Avec cela** (ou *ça*) **que**. Distinguer l'usage du français populaire et un certain usage belge. Emploi populaire français, dans le sens de «sans compter que, indépendamment du fait que»; on fait état d'une difficulté supplémentaire, d'une objection, parfois en phrase exclamative: *Avec ça qu'il se fâche pour un rien* (Ajoutez qu'il...). *Avec ça qu'il ne s'est jamais trompé!* (comme s'il ne s'était jamais trompé!) *Avec ça qu'il n'aurait pas réagi comme moi* (Pensez-vous qu'il n'aurait pas réagi comme moi?).

Avec, en inversion, peut exprimer la cause (en raison de, étant donné): *C'est avec ça que je suis en retard. Avec ce mauvais temps, rien ne pousse dans le jardin. Avec le temps qu'il fait, je préfère ne pas sortir* (GLLF). *Avec ce froid, toutes les fleurs ont gelé* (Ac.). Français de Belgique: *Avec cela, j'arriverai en retard!*

7. **Avec lui**, **vous**, etc., en tête de phrase, peut signifier «à l'entendre, à vous entendre»: *Avec lui, il n'y a que l'argent qui compte.*

8. **Distinguer d'avec** marque plus nettement la distinction que *distinguer de*: *Distinguer l'ami d'avec le flatteur.*

9. ▶ CAUSER, COMMUNIQUER, COMPARER, CONFORME, CONFRONTER, CONNAISSANCE, DIVORCER, FÂCHER, FIANCER, IDENTIFIER, MARIER, OCCUPÉ, 3, QUITTE, SÉPARER. ADJECTIFS QUALIFICATIFS, 2.7.2, VERBE, Accord, 2.2.6.

AVENANT. À L'AVENANT, signifie «en accord, en harmonie avec ce qui précède». *Elle avait une robe très chic et tout à l'avenant*. Par extension, «en rapport, de même, pareillement»: *Les loyers augmentent et tout à l'avenant*. Une autre extension retrouve le sens de «comme il advient, comme cela se présente»: *Il raconte tout cela à l'avenant*.

À L'AVENANT DE, loc.prép., signifie «en harmonie avec», «en accord avec»: *Le dessert était à l'avenant du repas*.

AVENTURE, n.f. **À L'AVENTURE**: au hasard, sans but précis. — **D'AVENTURE** et **PAR AVENTURE**: par hasard (et non: parfois). — *Un roman d'aventures*.

AVENUE, n.f. ▶ DANS, 4.

AVÉRÉ, adj., **S'AVÉRER**, v.pr. Le verbe **AVÉRER** (reconnaître ou établir comme vrai) ne s'emploie plus aujourd'hui qu'à l'infinitif, rare (*C'est une chose qu'on ne peut avérer*, Ac.), et surtout au participe passé *avéré*, qui, devenu adjectif, a gardé le sens du verbe (reconnu comme vrai) et à la forme pronominale, *s'avérer*, resurgie avec un sens un peu différent. C'est ce qu'il importe de bien voir. ▶ VERBE, Conjugaison, 1.1.

Avéré: *C'est un fait avéré*, c'est un fait reconnu comme vrai. On rencontre: *C'est un criminel avéré*, c'est-à-dire reconnu indiscutablement comme tel.

S'avérer ne s'emploie plus dans le sens original: se faire reconnaître comme vrai, se vérifier. On ne dit plus: *cette nouvelle s'avère*. Le verbe ne nous intéresse plus que dans son emploi moderne (suivi d'un adjectif) et dans son sens actuel. Encore faut-il bien définir celui-ci. Brunot lui donnait le sens trop faible de «passer pour». *S'avérer* dit plus que cela, il signifie «se montrer à la lumière de l'expérience ou de la réflexion, se révéler réellement»: *Des promesses qui s'avèrent illusoires. Un remède qui s'avère inefficace*. On a donc tort de critiquer ce verbe, qui est utile et enrichit la langue. D'innombrables écrivains le prennent d'ailleurs dans ce sens.

Le sens de *s'avérer* étant bien établi, il n'y a rien d'anormal, en soi, à dire S'AVÉRER FAUX ni même S'AVÉRER VRAI, puisque *s'avérer* ne signifie plus «se faire reconnaître pour vrai». Admettons toutefois que l'oreille établit encore un rapport entre *vrai* et *s'avérer*; c'est pourquoi (bien que d'excellents écrivains n'aient pas craint d'employer *s'avérer faux*), nous évitons de dire *s'avérer vrai* et même *s'avérer faux*; mais c'est affaire de style et nous nous refusons à condamner comme illogique *s'avérer faux* («non-sens», dit l'Académie). Est-ce plus illogique que *s'avérer impuissant, inefficace* ou *illusoire* ou *être vraiment faux* ou *c'est bien mauvais*?

AVERTIR, v.tr.dir. Littré exigeait le subjonctif après **avertir que** lorsque le verbe «emporte avec lui le sens d'un désir, d'un ordre, etc.: *Je l'avertis que son travail soit prêt demain*». On dirait aujourd'hui: *Je l'avertis que son travail doit être prêt demain*. En effet, *avertir* ne signifie plus que «faire savoir qqch. à qqn pour qu'il y prenne garde» et il est donc suivi de l'indicatif: *Je vous avertis qu'on vous fera subir un interrogatoire serré*. On évitera l'inutile *avertir de ce que*. — Vu son sens, *avertir* s'accommode mal de *d'avance*. Ou il faut préciser: *(assez) longtemps d'avance*. ▸ AVANCE, 2.

AVEU, n.m. En Belgique, on dit couramment que *l'accusé* (ou *le ministre* ou *l'élève) est en aveu* ou qu'*il est entré en aveu(x)*. Ces tours ne semblent pas usuels en France. On les y comprend cependant.

ÊTRE EN AVEU, ENTRER EN AVEU(X) sont clairs et ne sont pas plus étranges qu'*être* ou *entrer en prière, en conversation, en discussion*. L'emploi d'*en aveu* comme apposé permet, à défaut d'adjectif, de caractériser l'état de celui qui avoue.

Faut-il se laisser arrêter par le fait qu'*en aveu* pourrait avoir l'air de s'opposer à *sans aveu*? Ce n'est pas à craindre, car il n'y a rien de commun entre les deux expressions. *Un homme sans aveu*, c'était en droit féodal celui qui n'était pas *avoué* (reconnu) par un seigneur; d'où, aujourd'hui: un homme sans moralité, capable des pires actions. Nul danger qu'on donne à *en aveu* le sens de «qui a de la moralité».

Ces expressions sont courantes en Belgique. Mais signalons qu'en France on dit (comme d'ailleurs en Belgique): ENTRER DANS LA VOIE DES AVEUX (*Elle se troubla et entra dans la voie des aveux*, Beaumont, G., *La harpe irlandaise*). Ou bien: PASSER AUX AVEUX (*L'accusé est passé aux aveux*), *avouer*, FAIRE DES AVEUX, PASSER DES AVEUX. Cf. R. Floriot, *Les erreurs judiciaires*.

AVION, n.m. Trait d'union et accord des deux éléments dans *avion-cargo, avion-cible, avion-citerne, avion-école, avion-suicide*.

AVIS, n.m. ÊTRE D'AVIS QUE suit, selon le sens, la règle des verbes d'opinion (▸ CROIRE) ou celle des verbes de volonté, qui exigent le subjonctif: *Je suis d'avis qu'il s'en ira demain* (je crois), *qu'il s'en aille demain* (je souhaite).

M'EST AVIS QUE est suivi de l'indicatif ou, pour un fait éventuel ou irréel, du conditionnel: *M'est avis qu'il a tort, qu'il ferait mieux de se taire, qu'il aurait mieux fait de se taire*. On voit qu'on emploie le même mode que si la proposition n'était pas précédée de *m'est avis que*.

FAIRE CHANGER D'AVIS, ▸ INFINITIF, 2.1.1.

AVISANCE, n.f., belgicisme utilisé dans les régions de Namur et Charleroi pour désigner des friands (petits pains) contenant une saucisse cuite avec la pâte: *Les échoppes de marchands de frites, d'avisances, de saucisses...* Ce mot désigne aussi, dans la région de Liège, «l'ingéniosité» d'un ouvrier.

AVISER, v.tr.dir. S'AVISER. *J'avisai un passant* (je le vis brusquement). *On avise qqn de qqch. Il est temps d'aviser, de réfléchir*. **Aviser à**: *J'aviserai à ce que je dois faire* (je penserai à). — **S'aviser de**: *On s'avise de qqch.* (on remarque cela pour la première fois). *On s'avise de critiquer* (on a l'audace de).

Aviser que est normal et correct et exige, comme *avertir*, l'indicatif. **S'aviser que** (éviter *de ce que* au lieu de *que*) est suivi de l'indicatif: *Elle ne s'est pas avisée qu'elle était en retard*.

Remarque: Dans le jargon bancaire, il est question d'[*aviser un crédit*], d'[*aviser un chèque*]. En bon français, on *avise une personne* (le bénéficiaire), on *avise une banque* qu'on a tiré un chèque à son profit.

AVOCAT, n.m. Féminin *avocate* ▸ GENRE, 1. *Elle s'est faite l'avocate de votre cause*. — Nom du fruit de l'avocatier: *un avocat*.

AVOIR, v.tr.dir. ▸ AUXILIAIRES, 1.

1. Conjugaison. Attirons l'attention sur quelques formes. Subjonctif prés.: *que j'aie, que tu aies, qu'il ait* (avec *t), que nous ayons, que vous ayez* (sans *i), qu'ils aient*. Impératif présent: *Aie, ayons, ayez*. À l'indicatif, *eut* n'a pas d'accent circonflexe (*il eut, il eut dit*). Mais on écrit *eût* au subjonctif imparfait (*j'eusse, il eût*) ou plus-que-parfait (*qu'il eût fini), il eût dit* (il aurait dit). C'est une faute fréquente d'écrire sans accent circonflexe *on eût dit* dans le sens d'*on aurait dit* ou *j'eus* pour *j'eusse*. Conjug. *eussé-je* ou *eussè-je* (RO II.3b). ▷ CONDITIONNEL, 1.

Avoir n'a de **passif** qu'au sens plaisant et familier de «duper, attraper» : (*se faire avoir*) : *J'ai encore été eu.* ▷ 2.

2. Quelques emplois d'**avoir qqn** ou **qqch.** et **avoir de quoi.** On dit fort bien : *Je l'aurai demain à dîner.* À distinguer de l'emploi familier d'**avoir qqn** dans le sens de «tromper, rouler» : *Il nous a eus* (ou *Il nous a possédés*). *Je me suis laissé avoir. J'ai encore été eu.*

Si les emplois d'**avoir qqch.** sont nombreux et variés (*Cet appartement a deux pièces* ; *avoir un chapeau sur la tête* ; *avoir un geste de dépit* ; *avoir son train* ; *avoir la fièvre* ; *avoir une dispute avec qqn*), ce n'est pas *avoir* mais *donner, porter* qu'on emploie en parlant d'un *arbre* : *Mon cerisier **donne** de beaux fruits cette année.*

AVOIR DE QUOI suivi d'un infinitif, avoir ce qui permet de : *Il a de quoi écrire.* Employé seul, familièrement «être dans l'aisance».

3. **Avoir qqch.** peut signifier «se procurer, obtenir» et exprimer l'entrée en possession au sens large : *J'ai eu ce livre pour dix francs. Voulez-vous me faire avoir la communication avec Paris ?* Il arrive qu'on supprime *faire* : *Pouvez-vous m'avoir cette communication ?* Elliptiquement : *J'ai eu Paris, j'ai eu le directeur au téléphone.* Mais on se gardera de dire : [*avoir eu qqch. à qqn*], assez courant en Belgique pour *avoir reçu qqch. de qqn,* ou [*avoir à prêter*] pour *recevoir en prêt, emprunter.*

4. AVOIR AFFAIRE. ▷ AFFAIRE. N'AVOIR QUE FAIRE DE QQCH.

   AVOIR L'AIR. ▷ AIR, 5.

   N'AVOIR D'ÉGAL. ▷ ÉGAL, 3.

   IL N'Y A DE, CE QU'IL Y A DE (+ adjectif) ▷ ADJECTIFS QUALIFICATIFS, 2.8.

5. AVOIR BEAU suivi d'un infinitif : *Ils eurent beau se plaindre, on ne les écouta pas* (en vain ils se plaignirent). Autre sens dans le proverbe *A beau mentir qui vient de loin* (il est à l'aise pour mentir, celui qui vient de loin, puisqu'on ne peut vérifier ce qu'il dit).

   AVOIR BELLE à (ou parfois *de*) + **infinitif** (avoir la partie belle pour) est très rare dans la langue écrite : *Ils auront belle à trouver entre eux un terrain d'entente* (Carcopino, J., *Souvenirs de sept ans*). De même L'AVOIR BELLE : *Vous ne l'aurez jamais plus belle* (Ac.).

   En français régional de Belgique, *belle* se substitue à *bonne* employé en français général par antiphrase : *Il m'en est arrivé* [*une belle*] ! *Il en a* [*une belle*] *avec son fils* (il a beaucoup de difficultés, de soucis). ▷ BEAU.

6. AVOIR PLUS COURT. ▷ COURT, 5.

7. **Avoir + adjectif.** À côté des séquences *avoir chaud, froid,* etc., appartenant au français correct et généralisé, d'autres, d'une origine différente et d'un emploi plus large autrefois qu'aujourd'hui, n'apparaissent qu'en français populaire, dans des dialectes ou dans certains français régionaux, comme en Lorraine, en Picardie, en Normandie, en Belgique.

   [AVOIR BON], dont [AVOIR MEILLEUR] est le comparatif, a en Wallonie (sauf dans le Hainaut occidental) plusieurs sens : se trouver bien, avoir suffisamment chaud, avoir du plaisir, avoir la bonne réponse ; dans le langage scolaire en France aussi d'ailleurs, opposé à : [AVOIR MAUVAIS] ou [FAUX].

   [AVOIR DUR] est un belgicisme. [*Il a dur à s'habituer, à gagner sa vie*], dans le sens de : *Il lui est difficile de. Il a des difficultés à.* On dit même [*Il a dur*] pour *Il gagne difficilement sa vie.* Le français populaire emploie L'AVOIR DUR ; à remplacer par *avoir la vie dure.*

   [AVOIR FACILE, DIFFICILE]. Il ne s'agit pas de belgicismes proprement dits ; on entend ces expressions en France, particulièrement dans le Nord et dans l'Est ; mais en Belgique elles sont courantes à tous les niveaux de la société. Au lieu de [*Il a facile, lui. Il a facile à dire, lui*], on dira : *Il ne court aucun risque à dire cela.* Au lieu de [*Il aurait difficile de* (ou *à*) *faire cela tout seul*], on dira : *Il lui serait difficile de faire cela.* On dira : *Il est facile de se tromper. Vous ferez cela facilement. C'est facile à dire. Il n'a pas eu pareille facilité. Il s'habitue difficilement. Il éprouve* (ou *il a*) *des difficultés à marcher sur ces pierres* ou *Il marche difficilement sur ces pierres. Il a du mal à s'habituer,* etc. Avec le pronom *l'* : [*L'avoir facile* ou *difficile*]. Dire : *avoir des facilités* ou *des difficultés.*

8. Autres **régionalismes.** On entend en Wallonie : [AVOIR MAL SA TÊTE], [AVOIR CHAUD SES PIEDS] pour *avoir mal à la tête, avoir chaud aux pieds* ou *avoir les pieds chauds.*

   [AVOIR QUELQU'UN] dans le sens d'«avoir une liaison». *Elle a quelqu'un.*

   [AVOIR LE TEMPS LONG] s'entend en Belgique, sauf dans le Hainaut occidental, dans le sens de «trouver le temps long». [*J'ai le temps long* (*après lui*)], il me tarde de le revoir.

   [AVOIR BIEN LE TEMPS] se dit abusivement en Hainaut pour «être dans l'aisance», expression traduite ailleurs par [*avoir pour faire*].

   [AVOIR DE BON]. Belgicisme courant : [*J'ai encore un coup de bon* ou *dix francs de bon*] pour *J'ai encore droit à un coup, à dix francs. J'ai encore un coup à jouer. Vous me devez encore dix francs.*

On dit très bien, dans un tout autre sens: *Cet enfant a cela de bon que...*: il a cette qualité (cela, qui est bon) que...

[AVOIR ÇA PROPRE]. Belgicisme: [*Je n'ai pas pu avoir ça propre*] pour: *Je n'ai pas pu rendre cela plus propre* ou *le nettoyer mieux.*

[AVOIR DEHORS]. Belgicisme: [*Je n'ai pas pu avoir ces taches dehors*] pour *Je ne suis pas parvenu à les enlever.* [*Je n'ai pas pu avoir ces individus dehors*] pour *Je ne suis pas parvenu à faire sortir ces individus.*

[AVOIR POUR FAIRE, AVOIR BIEN POUR FAIRE], expressions liégeoises pour: être dans l'aisance, être riche. On donne le même sens, en Hainaut, à *avoir bien le temps.* ▶ COURT, adj., 7 et fin de RETOUR.

9. On dit fort bien AVOIR UNE CHOSE POUR AGRÉABLE dans le sens de «considérer comme agréable», «tenir pour agréable».

10. EN AVOIR À QQN, c'est être irrité contre lui, lui en vouloir (et non s'adresser à lui). On dit aussi EN AVOIR CONTRE QQN ou (fam.) **après qqn**.

11. *Avoir à* + **infinitif** marque l'obligation, parfois la simple faculté: *J'ai un travail à finir. J'ai une visite à faire* ou *J'ai à faire une visite. Il a sa famille à nourrir. Vous n'avez rien à répliquer? Vous n'avez qu'un quart d'heure à attendre. Il a bien des choses à nous apprendre.* — Accord de *eu* dans *avoir eu à* ▶ PARTICIPE PASSÉ, 5.2.14.B.a. — ▶ 18.

N'AVOIR QU'À + **infinitif** signifie «il suffit de»: *Vous n'avez qu'à m'avertir.* Parfois aussi «il ne reste qu'à»: *Si vous ne pouvez lui faire visite, vous n'avez qu'à lui écrire* ou *il n'y a qu'à lui écrire.*

La langue populaire emploie *n'avoir qu'à* à l'imparfait au lieu du conditionnel passé de *devoir*: «*Vous n'aviez qu'à faire attention, vous auriez dû*» (PR). On s'explique cet emploi: il vous suffisait de faire attention pour éviter ce mécompte.

Un certain usage belge va plus loin, trop loin, en utilisant [*Il n'a qu'à le savoir*] dans le sens approximatif de «Tant pis pour lui». Sans doute est-on passé du sens «Il devrait le savoir» à celui de «S'il ne le sait pas, tant pis pour lui».

12. N'AVOIR DE CESSE QUE (ou N'AVOIR PAS DE CESSE QUE), où l'on retrouve le nom féminin *cesse* (repos, répit; *sans cesse*, sans s'arrêter), veut dire: ne pas s'arrêter tant que (n'avoir point de repos avant que). Cette locution est suivie du subjonctif, accompagné nécessairement de *ne*, non explétif: *Il n'aura point de cesse **que vous ne lui ayez donné** ce qu'il*

demande (Ac.). *Il n'aura de cesse qu'il n'obtienne ce qu'il veut* (tour plus moderne, sans *point*). ▶ QUE, conj., 3.2.

On trouve, quand le sujet ne change pas, *n'avoir de cesse que de* + *infinitif*: *Il n'aura de cesse **que d'obtenir** ce qu'il veut.* Ce tour n'est pas très vivant, parce qu'il correspond à un autre tour peu courant, *avant que* (remplacé par *que*) *de* ▶ AVANT, 4. Si d'autre part on supprime *que*, on n'exprime plus l'équivalent d'*avant que*; on trouve cependant *Il n'aura de cesse **de le rencontrer*** (construit comme *ne cesser de*, qui a un autre sens). Certains tournent la difficulté en employant *avant de* + *infinitif*: *Il n'aura de cesse **avant de le rencontrer***, correspondant fort bien à: *Il n'aura pas de repos, de répit avant de le rencontrer.*

13. N'AVOIR GARDE DE + **infinitif** (être bien éloigné de): *Je n'ai garde de l'accuser.* Ainsi *n'avoir garde de* a presque pris en fait, au cours des temps, le sens de **se garder de** (éviter de ▶ GARDER, 2). De rares auteurs, oubliant cette évolution, qui est ancienne, emploient dans ce sens AVOIR GARDE DE: *J'ai toujours eu garde de bercer d'illusions ceux qui voulaient bien m'écouter* (Gaulle, Ch. de, *Le salut*). Ce tour, qui n'a jamais été bien vivant, est à éviter parce qu'il n'est pas toujours clair.

14. AVOIR LE DROIT DE + **infinitif**. Bien que l'Académie laisse encore *le* facultatif dans cette expression, il convient de l'employer: *Avoir le droit de voter.*

15. AVOIR LIEU DE est aussi correct avec un nom de personne comme sujet (*j'ai lieu de me plaindre*) qu'à la forme impersonnelle *il y a lieu de.*

16. On a dénoncé comme un flandricisme l'expression **avoir beaucoup de qqn**, lui ressembler. Elle est correcte: *J'ai beaucoup d'elle dans l'expression du visage* (Léautaud, P., *In memoriam*). Le *GLLF* note (*Avoir*, 7): «*Avoir de qqn*, présenter une certaine ressemblance avec cette personne.» Il cite: *Il avait de sa mère, qui était Française* (Goncourt).

17. **Avoir chaud, envie, faim, froid, mal, peur, soif, soin, sommeil,** considérés comme des locutions verbales, s'accommodent des adverbes de comparaison *aussi, plus* et *très* et de *assez, si* et *trop*: *J'ai **aussi** (ou *plus*) **peur** que vous, j'ai **très peur**, si peur, **trop** peur.* — *J'ai très envie* (Camus, A., *L'étranger*). *J'ai très envie de vous* (Anouilh, J., *Pièces brillantes*). Les Le Bidois auraient voulu réserver à la langue populaire ou familière *J'ai aussi faim que vous.* Ils exigeaient *J'ai autant faim que vous.* Il ne fait aucun doute qu'on peut dire, et non seulement en français familier: *J'ai **aussi** (ou *plus*) faim que vous, j'ai si faim, très*

faim, trop faim. On peut évidemment dire: *J'ai bien soif* (ou *fort soif*), etc.

Mais, si cet emploi d'*aussi* ne cesse de s'étendre, il y a encore des limites que l'usage hésite à franchir. Malgré quelques exemples relevés çà et là, nous ne dirons pas qu'il est permis d'employer *très* dans **avoir besoin, hâte, plaisir, pitié, raison, tort**. On emploiera *grand* ou *extrêmement*, etc.: *Vous avez pleinement raison.* Cependant on entendra sans s'étonner *aussi... que*, *plus* et *trop* avec ces expressions: *J'en ai aussi besoin que vous, j'en ai plus besoin que vous, j'en ai trop besoin.* ▸ TRÈS.

18. AVOIR... À. Il est normal de placer le complément de l'infinitif après *avoir* dans des phrases comme: *Il a **un devoir à faire**. Il a beaucoup à dire*, parce que le sens le permet. Mais il paraît beaucoup moins normal de dire: [*Il a loin à aller*] au lieu de *Il a à aller loin* (qui ne se dit pas) ou ***Il lui faut aller loin***, où *loin*, adverbe, est mis près du verbe qu'il détermine.

On dit cependant en Belgique: [*Il a loin à aller*] (il a une longue traite à faire) et même [*Vous avez encore loin pour trouver un garage*].

19. Avec attribut de l'objet: *Avoir les yeux bleus, la tête bandée, un bras cassé, la tête dure, le ventre creux, la parole facile*, etc.

20. ▸ DÉTERMINANTS POSSESSIFS, 1.2 (*avoir mal*), BESOIN, 1, CONFIANCE, FAIRE, 19, GRÂCE, INTÉRÊT, PARTICIPE PASSÉ, 5.2, PRÊTER, TROP, 5.

AVOISINER, v.tr.dir., se dit, au propre et au figuré, de ce qui est proche de: *Les bois qui **avoisinent la ville**. Sa bonté avoisine la bêtise. La température **avoisinera 10 degrés**.* ▸ VOISINER.

AVORTER, v.intr., doit s'employer avec *faire* s'il y a un complément direct: *Une femme, un projet avorte, a avorté. Une femme se fait avorter, le médecin la fait avorter. La malchance fait avorter un projet.* On ne peut donc parler d'une femme qui [*s'avorte*], pas plus que d'une femme qui [*s'accouche*].

On parle cependant, en employant l'adjectif AVORTÉ, d'*un projet avorté* (qui n'a pas atteint sa réalisation). Le substantif *une* AVORTÉE se répand pour désigner une femme qui s'est fait avorter.

ABORTIF se dit de ce qui fait avorter: *Des manœuvres abortives.*

AVUNCULAIRE, adj., on prononce *von*, qui a rapport à un oncle ou à une tante.

AXER, v.tr.dir., au propre et au figuré, c'est orienter qqch. (une allée, une vie, un tableau, etc.) sur un certain axe, organiser autour d'un thème fondamental, centrer sur, diriger vers: *Axer sa vie sur qqch.* S'AXER **sur** qqch. Il ne semble pas qu'on dise encore au sens propre: *axer **autour** de qqch.* (*GLE*) au lieu de *sur*; l'Académie définit **axer**: «Fig. Construire autour d'une idée directrice.»

AXIOME, n.m. *Un axiome. L'évidence d'un axiome.* Pas d'accent circonflexe.

AYANT CAUSE, AYANT DROIT (même sens), employés comme noms. Accord, au pluriel, de *ayant*, suivant un usage ancien: les ***ayants droit***, les ***ayants cause***.

AZALÉE, n.f. *Une belle azalée.*

AZIMUT, n.m. L'expression TOUS AZIMUTS a été empruntée au langage militaire (*tirer dans tous les azimuts*, dans toutes les directions) et s'emploie avec une valeur d'adjectif: *des négociations tous azimuts, une concurrence tous azimuts.*

AZTÈQUE, adj. Z se prononce couramment *s*, d'après les meilleures enquêtes.

AZUR, n.m. *Un ciel d'azur.* Le mot tend à s'employer comme adjectif (invariable) de couleur: *des tissus azur.* On écrit avec deux majuscules et sans trait d'union: la CÔTE D'AZUR.

BABA, adj. invariable (*Elles sont restées **baba**, très étonnées*), est familier. N.m.: *Des **babas** au rhum.*

[BABELAIRE], n.m., se dit familièrement à Bruxelles d'un radoteur.

[BABELER], v.intr., s'emploie très familièrement à Bruxelles pour «bavarder, papoter, commérer, radoter».

[BABELUTE], n.f., et parfois [BABULAIRE], n.m., nom d'une friandise belge.

BABIOLE, n.f. *Une **babiole**, qqch. de peu important, de peu de valeur.

BÂBORD, (accent circonflexe, prononcer un *a* bref), n.m., côté gauche d'un navire, quand on tourne le dos à l'arrière. L'accent circonflexe, installé par l'Académie française (édition de 1762), a été adopté par la plupart des lexicographes mais est généralement omis par les spécialistes de la mer. *Babord* vient du néerlandais *backboord* et est à distinguer de *bas-bord* (*vaisseau de bas-bord* tel que les navires à rames), où le *â* aurait pu remplacer le *as* (F. Herbulot). **TRIBORD**, côté droit du bateau (rapprocher, pour s'en souvenir, *tr* et *dr*).

BABY, n.m. Plutôt que d'hésiter entre *des **babys*** ou *des **babies***, qu'on écrive *des bébés* ou *des enfants*. Et qu'on dise *un* (ou *une*) *garde-enfant* (comme *garde-malade*) au lieu de **BABY-SITTER**, *la garde des* (*d'*)*enfants* pour **BABY-SITTING**, l'action de garder des enfants. **BABY-FOOT** pourra être remplacé par *football miniature*.

BAC, n.m., s'emploie abusivement en Belgique et parfois dans le nord de la France avec divers compléments: bac à cendres d'un poêle (*cendrier*), à charbon (*seau à charbon*; s'il y a couvercle: *boîte à charbon*, *baquet à charbon*, *coffre à charbon*), à outils (*caisse à outils*), de bière, d'eau minérale (*porte-bouteilles*), à lumière (*lanterne* pour aveugler le gibier), à ordures (*poubelle*), à schnick (*cabaret* de bas étage). On emploie *bac* en français régulier pour le *bac* d'un évier, le *bac à vaisselle*, un *bac à oranger*, un *bac à fleurs* ou *jardinière* et, en parlant d'un réfrigérateur, pour le *bac à glaçons*, *à poisson*, *à viande*.

BACCARA, n.m., jeu. **BACCARAT** (avec *t*, comme le nom de la ville), cristal.

BACCHANAL, n.m., **BACCHANALE(S)**, n.f. **Un bacchanal** (sans pluriel), un grand bruit, un tapage. Ce mot est peu usité. **Les bacchanales** (f.pl.), les fêtes religieuses célébrées en l'honneur de Bacchus. **Une bacchanale**, c'est une danse tumultueuse ou, plus souvent, une débauche bruyante.

BACHIQUE (qui a rapport à Bacchus), adj. Un seul *c*: *Chanson bachique.*

BACHOT, n.m., signifie *baccalauréat* (ou *bac*); **BACHOTAGE**, **BACHOTER**, **BACHOTEUR** sont français; ils visent la préparation intensive et surtout mnémonique, d'un examen, dans le seul but d'une réussite, sans souci d'une véritable acquisition de connaissances.

BACILLE (prononcer *il*), n.m.: *Le bacille tuberculeux.*

BACKGROUND, n.m., se traduira souvent par *arrière-plan* dans ses emplois généraux, parfois par *antécédents*, ou par *acquis*, *base de connaissances*, ou encore par *contexte*.

BÂCLER, v.tr.dir. Accent circonflexe: *Il bâcle son travail*, sens péjoratif.

BACON, n.m., désigne en France une sorte de lard et garde une prononciation plus ou moins anglaise. En Belgique et parfois aussi en France, le mot désigne du filet de porc salé et fumé, coupé en tranches fines et on le prononce *bacon*.

BADAUD, n.m. Féminin: ***badaude**.*

BADGE, n.m. dans tous les sens, peut désigner l'insigne rond à inscription humoristique ou revendicative porté sur un vêtement ou l'insigne indiquant le nom de la personne qui le porte (un *porte-nom*).

BADINER (plaisanter avec légèreté), v.intr. *Il ne badine pas. On ne badine pas avec l'amour.* L'emploi transitif (*badiner qqn*, le taquiner) est vieilli et rare. **BADINERIE** est rare et littéraire, à côté de **BADINAGE**.

BAES (féminin *baesine*), n.m., est du flamand: patron de café, homme robuste, logeur d'un étudiant.

BAFFE, n.f., gifle (d'une racine onomatopéique, *baf*), n'est pas propre à la Belgique. Il appartient au français populaire.

BAFOUER, v.tr.dir. (un seul *f*), traiter avec un mépris insultant.

BAGAGE, n.m., se met généralement au pluriel pour désigner les valises, etc., qu'un voyageur emporte: *Faire, emporter ses **bagages à main**. Placer ses bagages dans le filet. Un voyageur sans bagages. Chariot à bagages.* Au figuré: *Plier bagage* (partir hâtivement). *Ce candidat a un bagage impressionnant. Son bagage scientifique. Voilà tout son bagage.* — *Donner un pourboire au* **BAGAGISTE**. Le verbe [**BAGAGER**] n'est pas admis.

À distinguer de **BAGUAGE**, action de baguer un oiseau; résultat de cette action.

BAGNOLE, n.f., désigne familièrement une mauvaise (ou une vieille) automobile et en langage populaire toute automobile: *Une belle bagnole.*

BAGOU, n.m. On écrit aussi **BAGOUT**. *Un sacré bagou.*

BAH!, interj., marque, suivant le ton ou le contexte, l'étonnement ou l'indifférence. *Ah! bah! est-ce possible? Bah! on en viendra bien à bout. Bah! nous en avons vu d'autres.*

BAI, *baie*, adj., d'un brun rouge en parlant d'un cheval: *Une jument baie.*

BAIGNER, **v.intr.**: *Ces concombres baignent dans le vinaigre. Il baigne dans son sang.* **Tr.dir.**: *Baigner un enfant, baigner ses pieds, baigner les yeux avec de l'eau boriquée. Les larmes baignaient ses joues. Être baigné de sueur* (Ac.). *Un visage baigné de pleurs.* — **FAIRE BAIGNER** *des chevaux, un chien.* — **SE BAIGNER**: *Nous allons nous baigner (dans...). Il se baigne* (dans la mer, dans une rivière). Plus rarement, dans sa baignoire (*il prend un bain*).

BAIL, n.m. Un bail, des *baux*. *Passer un bail, donner à bail, prendre à bail, dénoncer ou résilier un bail, céder un bail, renouveler un bail, un bail de trois, six, neuf.*

BAILLE, n.f., signalé par Littré comme régional au sens de «clôture de pâturage», est encore parfois employé dans la région liégeoise au sens de «barrière, rampe, garde-fou».

BAILLER, v.tr.dir.; **BÂILLER**, v.intr.; **BAYER**, v.intr. Groupons, pour la commodité du lecteur, ces trois verbes qui n'ont ni la même origine ni le même sens.

Bailler (donner) est vieilli ou régional. On dit encore: *Vous la lui avez* **BAILLÉ BELLE**; *belle* (parfois *bonne*) se réfère à la chose; sorte de neutre, participe invariable. Cela veut dire, par antiphrase: «Vous lui avez donné qqch. qui ne lui plaît pas du tout.» Sens actuel: Vous avez cherché à lui en faire accroire. — *Un* **BAILLEUR** *de fonds.* En parlant de bail, le *bailleur* (qui donne à bail), la *bailleresse*, opposé à *preneur* (*preneuse*), locataire.

Bâiller. *On bâille de fatigue, de faim, d'ennui. Un* **BÂILLEMENT**. *Un* **BÂILLEUR**, *une bâilleuse* (personne qui bâille).

Bayer (s'ouvrir; même prononciation que *bailler*), s'est dit de celui qui garde la bouche ouverte (**BOUCHE BÉE**). Ce verbe ne s'emploie plus que dans **BAYER AUX CORNEILLES**, regarder niaisement en l'air, perdre son temps, rêvasser.

BAILLIAGE, n.m., est en rapport avec *bailli* (circonscription ou tribunal du bailli). D'où l'*i* devant la terminaison *age*.

BÂILLON, n.m., et **BÂILLONNER**, v.tr.dir., sont en rapport avec *bâiller*.

BAIN, n.m. On écrit: *Un **tapis de bain**, un peignoir de bain*, mais une ***salle de bains*** (Ac.). — On *verse* un bain, on *prend* un bain; *on fait couler le bain*; au figuré, *on est dans le bain* (on est engagé ou compromis dans une affaire). — *Un bain de boue, un bain de bouche, un bain de pieds, un bain de siège.* Un **CHAUFFE-BAIN**, *des **chauffe-bains***.

BAIN-MARIE, n.m. Pluriel: des ***bains-marie***. — *Faire chauffer au bain-marie.*

BAISE, n.f., formé sur le verbe *baiser*, se dit couramment, en Belgique et dans le nord de la France, pour «baiser affectueux» qui est à préférer aux mots familiers **BÉCOT** ou **BISE**.

BAISEMAIN, n.m., s'écrit en un mot.

BAISSER, v.tr. *On baisse les yeux*, la voix, la lumière, la radio, ses prix. Intr.: *Le niveau de l'eau a baissé, la mer a baissé. Les prix ont baissé. La fièvre a baissé.* **Auxiliaire** *avoir.* On ne trouve plus *être* que comme copule devant l'attribut ou au passif: *Les rideaux sont baissés.* — **SE BAISSER**: *Ils se sont baissés pour ramasser les morceaux.* ▶ ABAISSER.

BAKCHICH, n.m., transcription d'un mot turc, *pourboire, pot-de-vin*.

BAKÉLITE, n.f. *De la bakélite.*

BALADE, BALLADE, n.f., etc. On distingue une *ballade* (sorte de poème) d'une *balade*, promenade sans but précis. On écrit : SE BALADER (familier), BALADEUR, une BALADEUSE. Un seul *l* aussi à BALADIN (autre origine).

BALAFRE, n.f., **BALAFRER**, v.tr., n'ont qu'un *f*.

BALAI, n.m. ; pas d's au singulier. En Belgique, on a tendance à réserver *balai* aux assemblages de crins ou de fibres plus dures ou de brindilles. Or *balai*, s'il convient dans ce sens, est le terme utilisé en France pour le nettoyage du sol, chaque fois qu'il y a un long manche, appelé *manche à balai* ou *manche de balai*. Tandis qu'on parle d'une BROSSE *à dents, à cheveux, à habits, à chaussures*, de la brosse d'un aspirateur ou d'un peintre. Même distinction entre les verbes BALAYER et BROSSER. Quant au BALAI MÉCANIQUE, c'est un balai à brosses roulantes. On parle des *balais de l'essuie-glace*.

Le français connaît cependant BALAI-BROSSE, n.m., brosse de chiendent montée sur un manche à balai pour frotter le carrelage : *L'eau savonneuse que pousse un balai-brosse sur les dalles* (Colette, *La naissance du jour*). BALAYETTE, n.f., petit balai à manche court, spécialement utilisé pour le nettoyage des cuvettes de W.-C.

BALANCE, n.f., est employé en Belgique, en argot estudiantin, pour désigner une note non satisfaisante mais qui à elle seule n'entraîne pas l'ajournement et laisse donc en balance (dans l'incertitude) le sort de l'étudiant qui [*a une balance*] dans une branche ou [*a fait une balance*] chez un professeur.

BALANCELLE, n.f., signalé par les dictionnaires comme le nom d'une embarcation napolitaine, se dit aussi en France d'un siège de jardin à plusieurs places et dans lequel on peut se balancer. Dans certaines régions de Wallonie, une *balancelle* est un petit meuble à bascule en forme d'X sur lequel on peut poser les pieds.

BALANCER, v.tr.dir. On balance *les épaules, une cruche, ses phrases. J'ai envie de tout balancer.* **V.intr.** Au figuré : *Il balance* (hésite) *entre vous et lui, entre deux avis. Il balance à faire ce que vous lui demandez. Sans balancer davantage, il répondit...*

BALCON, n.m. A. Camus, dans *La peste*, écrit successivement : *au balcon, sur un balcon* (plus rare), *à son balcon*.

BALEINE, n.f. On s'est moqué de l'expression familière RIRE COMME UNE BALEINE. On a prétendu qu'elle était le résultat d'une collision entre *rire comme un bossu* et *se tordre comme une baleine de parapluie* ! L'expression est normale et veut dire : rire en ouvrant la bouche toute grande.

BALER, v.intr., qui a signifié *danser* en vieux français, s'emploie encore en Wallonie pour «tasser, en le battant, le sol qu'on vient d'ensemencer». Dans certaines régions, cela se fait avec des [BALÈTES], planchettes auxquelles on a attaché des sabots ou des étriers.

BALIVEAU, n.m., désigne en français un jeune arbre qu'on a décidé de ne pas couper dans un taillis pour qu'il puisse croître en futaie. C'est donc un contresens, qui n'est pas nouveau, de désigner par là un jeune arbre coupé.

BALLE, n.f. Une seule graphie dans tous les sens.

BALLON, n.m. On écrit : des pneus *ballon*, des verres *ballon*. BALLONNER.

BALLOTIN, n.m., désigne couramment en Belgique le petit emballage en carton, de la forme d'un parallélépipède, qui contient des *pralines* (au sens belge). Ignoré de la plupart des dictionnaires français, le mot s'emploie cependant aussi en France, notamment à Nancy, pour désigner un petit sachet où l'on met des dragées pour un baptême ; on l'entend même en Lorraine, et aujourd'hui à Paris, s'appliquant à un emballage pour bonbons qui correspond au ballotin belge. Il convient de respecter ces usages régionaux, en sachant qu'ils sont tels. La 9e éd. du dictionnaire de l'Académie met par erreur deux *t* à ce mot, défini comme «petit carton destiné à contenir des bonbons».

BALLOTTER, v.tr. et intr., et BALLOTTAGE, n.m., ont deux *l* et deux *t* (BALLOTER avec un *t*, cf. *RO* IV.6).

BALUCHON, n.m., s'écrit aussi BALLUCHON.

BALUSTRE, n.m. *Un balustre.*

BAMBOCHE (petite débauche), n.f. ; BAMBOCHER, etc., sont familiers.

BAN, n.m. On dit : *ouvrir* ou *fermer le ban, un ban pour l'orateur, le ban et l'arrière-ban, mettre qqn au ban de* (la société), *rupture de ban* ; *publier* ou *afficher les bans* (de mariage).

BANAL, adj., au sens propre, féodal, «qui appartient au seigneur» et, par extension, «qui est à la disposition de tous» (*moulin, four, chemin, puits*), fait au masculin pluriel *banaux* ; au sens figuré, courant, il fait généralement *banals* : *des compliments banals.* Mais *banaux* se répand ; beaucoup hésitent à employer le pluriel.

BANANE, n.f. On dit une **peau** ou une **pelure** de banane.

BANC, n.m. BANC DE MENUISIER est français. Un CHAR À BANCS (ou À BANC).

BANCAIRE, adj., est français: système, chèque, opération, crédit *bancaire*.

BANCAL, n. et adj. Pluriel: *bancals*.

BANDEROLE, n.f. Un seul *l*.

BANDOULIÈRE, n.f. Noter *li*.

BANG, n.m. *Un bang* est le bruit produit par un avion dépassant la vitesse du son. Comme c'est proprement une interjection onomatopéique, *bang* devrait rester invariable au pluriel, mais on écrit parfois *des bangs*.

BANLIEUE, n.f. Un TRAIN DE BANLIEUE transporte les BANLIEUSARDS. — Belgicisme: [*un banlieue, un train banlieue*] pour *un* **omnibus**.

BANQUE, n.f., reste invariable dans *des* **billets de banque**.

BANQUETER, v.intr. Il *banquette*. ▶ VERBE, Conjugaison, 1.1.

BARAGOUIN, n.m., et dérivés. — Attention à l'orthographe.

[**BARAQUIER**], n.m., est un belgicisme (pour *forain*).

BARATIN (discours abondant, destiné le plus souvent à tromper), n.m., **BARATINER**, v.intr. ou tr.dir., **BARATINEUR**, n. et adj., sont populaires. *Faire du baratin (à qqn)* ou **baratiner**. *Il m'a encore baratiné pour que je le laisse faire.*

BARATTE, n.f., **BARATTER**, v.tr.dir., **BARATTAGE**, n.m., **BARATTEUSE**, n.f. Deux *t*. *Une baratte à beurre.*

BARBECUE, n.m., courant en français, doit se prononcer à la française.

BARBIFIER, v.tr.dir., familier, raser, faire la barbe ou ennuyer, barber.

BARBOTER (un seul *t*, comme **BARBOTEUR**, **BARBOTEUSE**, vêtement d'enfant, et **BARBOTIÈRE**, mare), **v.intr.**, fouiller l'eau avec le bec (*les canards barbotent dans l'eau*), s'agiter dans l'eau, marcher dans une eau bourbeuse, patauger (au propre et au figuré: *barboter dans ses explications*).

Tr.dir., *barboter* est vieilli dans le sens de «marmotter, bredouiller, prononcer d'une manière confuse» et très familier dans celui de «voler, subtiliser».

Dans certaines régions wallonnes, ce verbe s'emploie transitivement, dans le sens de *gronder, réprimander, bavarder*. On a souvent conscience que c'est un mot dialectal.

BARBOUZE, n.f. *Une barbouze*: membre d'une police secrète (ainsi appelé à cause de la fausse barbe qu'il porte parfois et qui, en argot, est appelée une barbouze). On dit aussi: *un barbouze*.

[**BARDAF!**] est en Belgique une interjection signifiant *patatras!*

BARDER, v.tr.dir., ou intr. Rien de commun pour l'origine et le sens entre le verbe tr.dir. *barder* (couvrir d'une **BARDE**, armure du cheval de guerre ou tranche de lard; couvrir à profusion, bourrer de) et le verbe intr. populaire **BARDER**: *ça va barder* (prendre une tournure violente), *ça barde*.

BARÈME (accent grave), n.m., a en Belgique un dérivé, **BARÉMIQUE** (relatif aux barèmes): *Les variations barémiques des traitements.*

BARGUIGNER, v.intr., vieilli (comme **BARGUIGNAGE**) dans le sens de «marchander», ne s'emploie plus que dans *sans barguigner*, sans hésiter.

BARIL (un seul *r*), n.m. On prononce *l* (Martinet).

BARIOLÉ, adj. Un seul *r*. *Une étoffe bariolée.*

[**BARLOQUER**], v.intr., est du wallon: *pendiller, vaciller*.

BARMAID, **BARMAN**. Ces mots anglais s'emploient pour *serveuse de bar, garçon de bar*. Pluriel: des **barmaids**, des **barmen** ou des **barmans**.

BARON, n.m. désignant une pièce de viande (*un baron d'agneau*: les deux gigots et les filets), ne peut s'écrire [**BAS-ROND**].

BARONNET, n.m., **BARONNIE**, n.f. Deux *n*.

BARRE, n.f.

1. Parce qu'elles sont empruntées au JEU DE BARRES, l'Académie écrit **barres** avec s dans les expressions AVOIR BARRES *sur qqn* (avoir sur lui quelque avantage) et TOUCHER BARRES (ne faire que passer dans un lieu). On trouve cependant beaucoup plus souvent AVOIR BARRE *sur qqn*, et c'est normal puisqu'il s'agit proprement de l'avantage qu'un joueur acquiert sur un autre du camp opposé en quittant son camp, sa barre, après lui. Au figuré, familièrement, avoir l'avantage, influencer, dominer. *Toucher barres* (ou *barre*) ne se dit plus guère. On trouve aussi PRENDRE BARRE *sur qqn* (prendre un avantage sur lui): *Ils cherchèrent, d'abord, à prendre barre sur nous* (Gaulle, Ch. de, *Le salut*).

2. Dans le langage des techniques nucléaires, il faut, pour traduire l'anglais *control rod*, parler de BARRE DE COMMANDE (et non de BARRE DE CONTRÔLE, donné par le *TLF*); cette barre mobile est en effet utilisée en vue de la commande d'un réacteur. Si elle sert à des ajustements faibles et précis, elle s'appelle une BARRE DE PILOTAGE.

3. ▶ BILLE.

BARRIÈRE NADAR, n.f. Le nom de Nadar est resté lié en Belgique aux barrières utilisées pour canaliser ou contenir les foules. Lors de l'ascension de sa montgolfière, à Bruxelles, l'aérostier avait utilisé ce type de barrières pour tenir la foule à l'écart.

BAS, adj. ou adv.

1. On dit : *Bas les mains ! Bas les pattes !* mais *À bas la guerre !* Pas de trait d'union dans : *en bas (de), les dents d'en bas.*

2. ▶ À et EN, 10 : *à bas (de), au bas (de), en bas (de).* **Belgicismes** : [TOMBER BAS *de qqch.*], [COUPER BAS], [SAUTER BAS *de qqch.*], [AVOIR BAS] (enlever) : [*Je ne parviens pas à avoir cette tache bas, à l'avoir bas*].

3. **Pléonasme** à éviter : [*Descendre en bas*]. *On descend* ou, avec une précision, *on descend à tel étage, à la cave.*

4. METTRE À BAS ou METTRE BAS : abattre, renverser (une maison, un adversaire). *Mettre bas* a en plus deux autres sens : déposer un vêtement, un fardeau, les armes, déposer ou abaisser un masque ; en parlant de la femelle de certains animaux, mettre au monde.

5. Les **composés** *bas-côté, bas-bleu, bas-fond, bas-relief, basse-cour, basse-fosse* s'écrivent avec trait d'union. Au pluriel, *basse* varie, ainsi que le deuxième élément : des ***bas-côtés***, des ***basses-cours***.

   On écrit sans trait d'union : *la basse Bretagne, la basse Loire, les basses Alpes,* etc., sauf s'il s'agit d'une unité administrative officielle, politique ou historique bien délimitée : *la Basse-Saxe, le Bas-Rhin, l'industrie bas-rhinoise.* On écrit : *le Bas-Empire, les Pays-Bas.*

   Dans *bas allemand, bas breton,* etc. (les ***bas Bretons***), généralement on ne met pas de trait d'union (comme dans *bas latin*) ; *bas* y est invariable : *des formes bas allemandes, la race bas normande.*

BASE, n.f. [SUR BASE DE] au lieu de SUR LA BASE DE est un flandricisme. Si l'on dit fort bien À BASE DE en parlant d'un composant fondamental, on dit que tel événement est À LA BASE DE (à l'origine de) tel autre et que telle chose est faite, tel rapport établi **sur la base de** tels éléments.

BASER, v.tr.dir., employé comme synonyme de *fonder* (*baser sur qqch., se baser sur*), a des ennemis irréductibles, dont l'Académie. Cet emploi n'est pourtant ni récent ni rare, même dans la langue cultivée ou littéraire. Il est correct.

BASKET, n.m. d'un sport (on a dit : le BASKET-BALL), ou f. d'une chaussure.

BASSE. Les **composés** de *basse* perdent leur trait d'union dans la nouvelle orthographe de 1990 et prennent un *s* au pluriel : *bassecontre, bassecontriste, bassecour, bassecourier, basselisse, basselissier, bassetaille* (RO III).

BASSIN DE NATATION s'est dit en France et s'y emploie encore (Bataille, M., *Les jours meilleurs* : *dans le bassin de natation*), mais il y a été généralement remplacé par *piscine,* tandis qu'il est resté très vivant en Belgique comme nom composé sans trait d'union.

BASTINGAGE, n.m., peut désigner le garde-corps le long du pont d'un navire : *S'accouder au bastingage, se pencher par-dessus le bastingage.*

BASTRINGUE, n.m. *Un bastringue.* Familier dans les sens de : bal de guinguette, dancing populaire (*Une musique de bastringue*), orchestre tapageur (*Un bastringue infernal*), orgue détraqué : *Tout s'était détraqué en lui. Une mécanique qui s'emballe. Un vieux bastringue qui se met à moudre tous les airs de son répertoire pêle-mêle, avec des sautes de rythme, des arrêts brusques, des départs grinçants, des mesures qui se chevauchent* (Clavel, B., *Le voyage du père*). Populaire dans les sens de : tapage (*Quel bastringue !*), ensemble d'objets hétéroclites, matériel disparate, encombrant : *Il a emporté tout son bastringue.* C'est à tort qu'en certains endroits de Belgique on l'applique (péjorativement) à un seul objet ou qu'on le met au pluriel pour une pluralité d'objets.

BÂT (accent circonflexe), n.m., désigne le dispositif qu'on pose sur le dos d'une bête de somme. D'où les expressions figurées : *Chacun sait où **le bât blesse** cet homme. C'est là que le bât le blesse.*

BATAILLON, n.m. On écrit : *des chefs de bataillon.*

BÂTARD, adj. et n., et **composés**. Noter l'accent circonflexe : BÂTARDISE, etc. Mais BATARDEAU (digue, etc.) est sans rapport avec *bâtard.*

BATEAU, n.m. Pas d'accent circonflexe. **Genre** des noms de bateaux ▶ GENRE, 4.2.2. On écrit : *Un bateau à vapeur, à voiles, un bateau-citerne, un bateau-mouche, un bateau-école,* etc. *Des **bateaux-citernes**, des **bateaux-mouches**.*

BATIK, n.m. *Du batik.*

BÂTON, BÂTONNET, BÂTONNIER, BÂTONNAT, n.m. Accent circonflexe.

BATTRE, v.tr.dir. ou intr.

1. **Conjugaison** : *Je **bats**. Je **battis**. Je **battrai**.*

2. BATTANT NEUF. ▶ FLAMBANT NEUF.

3. On dit: *une pluie battante, une porte battante*.

4. **BATTRE** (ou **REBATTRE**) **LES OREILLES**, et non [RABATTRE...].

5. **BATTRE SON PLEIN** s'est dit d'abord de la mer qui atteint son plein, sa plus grande hauteur en battant la côte. *Son* reste un adjectif possessif se rapportant à *plein* (*la fête bat son plein*) mais devenant naturellement *leur* si le sujet est au pluriel (*Les fêtes battent **leur** plein*).

6. En Belgique et dans certaines régions françaises, par référence au battage de la crème pour en faire du beurre, ce qui se dit **BATTRE LE BEURRE**, on emploie cette expression pour *s'embrouiller dans ses explications, patauger* (au figuré), *être à côté de la question*, etc.

7. **SE BATTRE** *avec qqn. Ils se sont battus courageusement*.

8. **BATTRE FROID** *à qqn*, et non [BATTRE FROID QQN].

BAVETTE, n.f., **BAVOIR**, n.m. Tandis qu'en France *bavette* est très souvent remplacé par *bavoir*, on continue, non sans raison, à distinguer en Belgique le *bavoir* des bébés, pièce de lingerie qui protège leur poitrine, et *la bavette*, sorte de grand bavoir porté par les enfants sur la poitrine pour recevoir leur bave ou pendant les repas. Dans certaines régions wallonnes, de l'expression française **TAILLER UNE BAVETTE** (bavarder) on a tiré *une bavette* pour *un bavard* et surtout *une bavarde*. Ce n'est pas français.

BAYER, v.intr. ▸ BAILLER.

BAZAR, n.m., s'écrit sans *d*, bien que le verbe familier soit *bazarder* (d'après les dérivés des substantifs en -*ard*), «se débarrasser de qqch.».

Un bazar peut désigner familièrement *un ensemble d'objets désordonnés, de peu de valeur ou mal définis: Range **ton bazar**. Tout le bazar*, sens très large et très vague à la fois. On dit d'une pièce ou d'effets en désordre: *Quel bazar!* Mais l'appliquer à un seul objet quelconque, comme on le fait en Belgique, c'est parler en français régional.

BÉAT, BÉANT, BÉE, adj. **Béat** signifie proprement «heureux»; on le trouve encore dans ce sens à la première ligne de *Le hussard sur le toit*, de Giono. Mais généralement cet adjectif est péjoratif et exprime un contentement niais: *un sourire béat, un optimisme béat, une admiration béate*. Cette acception péjorative se retrouve dans **BÉATEMENT**, mais non dans *béatifier, béatification, béatitude, béatifique*. — **Bée** (grande ouverte) ne s'emploie qu'avec *bouche*: *être, rester, demeurer bouche bée*, dans une attitude passive de surprise ou d'admiration: *Ils sont restés bouche bée*. — **Béant**, participe présent du verbe rare **BÉER**, s'emploie comme adjectif dans le sens de «grand ouvert» et se dit d'une plaie, d'un trou, d'une armoire, d'un gouffre, etc. ou, au figuré, d'une personne qui, étonnée, attentive, admirative, demeure la bouche ouverte, bouche bée: *Nous l'écoutons bouche béante* (Ac.). *Et les peuples béants ne purent que se taire* (Hugo).

BEATING se dit en français *une battade* (technique de massage).

BEATNIK (pron. *bitnik*), n.m. ou f. *Les beatniks. Une civilisation beatnik*.

BEAU, BEL, adj. Sauf dans les locutions *bel et bon, bel et bien* et dans *Charles le Bel* et *Philippe le Bel*, *bel* ne doit se substituer à l'adjectif *beau* qu'immédiatement devant un nom masculin singulier commençant par une voyelle ou un *h* muet: *un bel enfant*.

Notons ici que *nouveau, fou, mou, vieux* font *nouvel, fol, mol, vieil* dans la même situation. En dehors de cette obligation, on peut employer *bel*, etc. devant *et* suivi d'un autre adjectif précédant le nom, surtout si ce nom commence par une voyelle ou un *h* muet. On peut donc dire: *un bel et charmant enfant*. On dit beaucoup plus rarement: *un bel et charmant garçon* que *un beau et charmant garçon*. Et l'on dira (en dépit de quelques exemples): *un enfant beau et charmant*. À éviter: *L'œil bel et sans malice* (Tournier, M., *Le roi des aulnes*).

Beau s'emploie par antiphrase dans des expressions comme *une belle dose de naïveté, une belle peur, la belle affaire, un bel état, il ferait beau voir, c'est du beau!* Elliptiquement, au pluriel seulement, en parlant de choses surprenantes: *en voir* (*conter, entendre, dire, faire voir, apprendre*) *de belles*.

▸ AVOIR, 5; BAILLER (*la bailler belle*); BELLE.

BEAUCOUP, adv., pris absolument pour «un grand nombre de **personnes**», peut s'employer non seulement comme sujet du verbe mais aussi comme complément prépositionnel ou comme attribut: *Beaucoup s'en plaignent. Chez beaucoup. Pour beaucoup. Nous sommes beaucoup ce soir*.

Avec un verbe impersonnel, *beaucoup*, sujet, est accompagné de *en*: *Il y en a beaucoup qui le croient. Il en faut beaucoup*. De même, l'objet direct: *J'en connais beaucoup* (je connais beaucoup de gens) *qui seraient contents*. ▸ BIEN, 2 (*beaucoup de, bien des*); ARTICLE, 2.

Beaucoup s'emploie aussi en parlant de **choses**, surtout comme attribut ou complément: *C'est beaucoup. Il a beaucoup* vu. *C'est beaucoup dire. Compter pour beaucoup. Des pays, il en a vu beaucoup.*

Beaucoup peut déterminer un **verbe**. *Vous me surprenez beaucoup. Travailler beaucoup. Plaire beaucoup. S'intéresser beaucoup à qqch.* (PR). ▷ VERBE, Accord, 2.1.2.

Beaucoup, de beaucoup, bien.

1. *Il s'en faut beaucoup* (il manque beaucoup) est vieilli; on dit: *il s'en faut* (*de beaucoup*) ou *il s'en faut bien*, qu'il s'agisse de qualité ou de quantité. Avec une expression de sens négatif, on peut remplacer *il s'en faut de beaucoup* par *à beaucoup près*: *Il n'est pas si raisonnable que son frère, il s'en faut de beaucoup* ou *à beaucoup près*.

2. Dans une **comparaison** d'inégalité (*plus, moins, mieux, trop*):

   a) On emploie *bien* ou *beaucoup* **devant l'adverbe** de comparaison, non suivi d'un adjectif: *Il travaille bien mieux* ou *beaucoup mieux, bien plus* ou *beaucoup plus*.

   b) **Devant un adjectif au comparatif**, on peut employer *bien, beaucoup, de beaucoup*. On emploie aussi *de loin* ou un adverbe comme *infiniment, joliment, incomparablement, sensiblement* (▷ AUTREMENT): *Il est bien* (ou *beaucoup, etc.*) *plus savant.*

   On dit *beaucoup meilleur* (Ac.) ou, plus souvent, **bien meilleur**; devant *pire*, c'est *bien* qu'on emploie aujourd'hui.

   Après un comparatif, on emploie *de beaucoup*: *Il est plus savant de beaucoup.*

   c) On emploie aussi *de beaucoup* (ou *de loin*) **après un verbe** exprimant une idée de supériorité: *Ce projet l'emporte de beaucoup sur l'autre.*

   d) **Devant un superlatif relatif**, on emploie *de beaucoup* (ou *de loin*): *Il est de beaucoup* (ou *de loin*) *le plus savant.*

   Après ce superlatif: *C'est le plus malin de beaucoup.*

3. En dehors d'une comparaison, *devant un nom*, généralement on emploie *bien du, de la, des* (*bien*, dans une phrase positive, introduit un élément d'appréciation plus subjectif) ou *beaucoup de* (qui exprime simplement la grande quantité et peut être assimilé à un adjectif ou déterminant indéfini). Comparer: *Il a beaucoup de courage* et *Il a bien du courage.* ▷ BIEN, 2. Emploi de *beaucoup des* ▷ ARTICLE, 2.1. Noter qu'on dit: ***Beaucoup des nôtres** l'ont aperçu.* Dans une phrase négative: *Il n'a pas beaucoup de courage* ou *Il n'a guère de courage.*

   N.B. *Devant un pronom personnel, on emploie* beaucoup d'entre *ou* parmi (*et non* beaucoup de): ***Beaucoup d'entre** (ou* parmi) **nous** *le croient.*

4. Avec les adjectifs et les adverbes au positif, on emploie *bien* (ou *très*) et non *beaucoup*: *Vous êtes **bien aimable**.* Dans une phrase négative: *Vous n'êtes pas très aimable.*

   Après le verbe *être* précédé du pronom personnel représentant un adjectif, on emploie *beaucoup*: *Dévoué, **il l'est beaucoup**.*

5. BEAUCOUP TROP, UN PEU TROP ▷ TROP, 3.

6. Plus souvent que *grand merci*, on dit couramment *merci bien* ou *merci beaucoup*. ▷ MERCI.

BÉBÉ-ÉPROUVETTE, n.m. Le trait d'union est généralisé. Si, au pluriel, *bébé* doit varier, *éprouvette*, n'étant pas une apposition, doit rester invariable: *des **bébés-éprouvette**.*

Remarque: *des bébés chiens, des bébés phoques*, etc. s'écrivent sans le trait d'union.

BÉBÊTE, adj. familier, signifie «un peu sot, niais».

BEC, n.m.

1. *Tenir qqn* LE BEC DANS L'EAU, c'est le laisser en suspens. *Rester le bec dans l'eau*, «être frustré dans son attente; rester court, être incapable de répondre».

2. Dans les *composés* où *bec* est déterminé par un nom (*bec-de-cane, bec-de-corbeau, bec-de-lièvre, bec-de-perroquet*), seul *bec* prend s au pluriel.

3. Il est normal d'écrire: *Le merle donnait des **coups de bec** rapides* et *Les charognards donnaient quelques **coups de becs** rapides* (Gary, R., *Les racines du ciel*).

BÉCANE, n.f., désignant une bicyclette, est familier. Si l'on dit *aller à vélo* ou *en vélo*, on dit toujours *en bécane*. ▷ À et EN, 1.

BÉCARD, n.m. (poisson), ne s'écrit plus avec deux c.

BÉCHAMEL ou **BÉCHAMELLE** (Ac.), n.f.: *Une béchamelle épaisse, une béchamel, des vols-au-vent à la béchamel* (Ac.). *Une sauce béchamel, des sauces **béchamel*** (adj. invar.: «à la Béchamel» du nom d'un fin gourmet), ou, parfois, *une sauce béchamelle, des sauces **béchamelles**.*

BECQUÉE, n.f., s'écrit avec *cqu*.

BECQUET, n.m. ▷ BÉQUET.

BECQUETER, v.tr. ou intr.; ne plus écrire **BÉQUETER**. ▷ VERBE, Conjugaison, 1.1. **BECTANCE**, n.f. en rapport avec **BECTER** (familier), manger.

BÉE, BÉER. ▷ BÉAT.

BÉGAIEMENT, n.m., s'écrit avec *ie* plutôt qu'avec *ye*. On prononce *èman*.

BÉGAYER, v. intr. Il *bégaye* ou il *bégaie*. Je *bégayais*, nous *bégayions*.

BEIGE, adj. et n.m. *Des robes beiges. De beaux beiges.*

BEIGNET, n.m. Tandis qu'on dit *des beignets d'écrevisses, d'aubergine(s), beignets aux pommes* est devenu plus courant que *beignets de pommes.*

[BÊK], interj., en Wallonie et à Bruxelles, [BÊTCH] ou [BÂTCH] à Liège, sont des onomatopées à éviter. Dire: *pouah!*

BELGEOIS, BELGEOISANT, BELGEOISIE, BELGICAIN, BELGITUDE sont des termes qui se sont répandus en Belgique récemment. **Belgeois**, *belgeoise*, adj. ou nom: belge (péj.). **Belgeoisant**, adj. ou nom: attaché à un certain nationalisme belge (péj.). **Belgeoisie**, n.f.: ensemble des «Belgeois». **Belgicain**, adj. ou nom: belge (péj.). **Belgitude**, n.f., implique l'affirmation de l'appartenance, des points de vue sociologique et esthétique, à une Belgique ayant ses caractères propres.

Belgicisme

Mot couramment adopté en Belgique et à l'étranger (des Français ont en vain voulu lui opposer *belgisme*) pour désigner les particularités (lexicales, sémantiques, phonétiques ou syntaxiques) du français (ou des français) de Belgique. Un belgicisme peut être plus ou moins répandu, plus ou moins localisé, dépasser plus ou moins la frontière franco-belge, se retrouver même loin d'elle, provenir du wallon ou du picard (wallonisme) ou du flamand (germanisme), être parfois d'un usage surtout bruxellois; il peut être aussi simplement un archaïsme qui a survécu en Belgique, comme tant de mots l'ont fait dans les provinces françaises; ce provincialisme français mérite le nom de belgicisme dans la mesure où sa vitalité caractérise l'usage belge.

BÉLITRE ou **BÉLITRE** (*RO* II.4), n.m., est depuis longtemps plus courant que **BELÎTRE** (imposé en 1987 par l'Académie).

BELLE, n.f., s'emploie en Belgique au singulier, par antiphrase, en parlant d'une chose étonnante, inattendue, là où en français correct on dit *une bonne* ou, au pluriel, *de belles* ou *de bonnes.* [*Il m'en est arrivé une belle. Il en a encore fait une belle*]. ▶ BON, 9, f.

En français, *la belle* se dit de la partie décisive entre joueurs à égalité; en argot, se dit pour l'occasion favorable. *Faire la belle*, s'évader.

BEN, adv. (pron. *bin*), est substitué parfois à *eh bien* dans le langage rural ou familier. *Ben quoi? Ben, mon vieux!*

BÉNÉDICITÉ, n.m. Des *bénédicités.*

BÉNÉFICIER, v.tr.ind., ne peut signifier que «tirer profit d'un avantage» et doit donc avoir pour sujet la personne ou la chose qui tire profit: *Il a bénéficié de circonstances atténuantes. Ils bénéficient de certaines primes.*

PROFITER a à peu près le même sens que *bénéficier*, en ajoutant généralement l'idée que celui qui profite d'une chose en tire consciemment parti: *Il a profité des vacances.* Mais, ce que ne peut faire *bénéficier*, profiter peut avoir par extension le sens d'«être utile à» et avoir pour sujet la chose qui apporte un profit: *Cette mesure profite à chacun de nous*, mais non [*bénéficie à chacun de nous*]. *Notre entreprise* **bénéficie** (ou *profite*) *de votre collaboration. Votre collaboration* **profite** *à notre entreprise.* Au lieu de [*Le vent a bénéficié à l'équipe de Nice*], on doit dire qu'*elle a bénéficié du vent* ou que *le vent lui a été* **BÉNÉFIQUE** (favorable, avantageux).

BENELUX, n.m., s'écrit sans accents, mais on prononce deux *é.*

BENÊT (prononcer *be*), adj. et n.m., n'a pas de féminin.

BÉNÉVOLAT, n.m., formé sur *bénévole* et signalé comme mot nouveau par Charles Bruneau en 1954 à propos des donneurs de sang, s'est généralisé dans un sens élargi: action volontaire et gratuite, don généreux de soi.

BÉNI, part. et adj., **BÉNIT**, adj. Voici le meilleur usage, malgré des hésitations sensibles: **Bénit** ne s'emploie que comme *adjectif*, à propos de *choses* consacrées par la bénédiction du prêtre: *cierge bénit, buis bénit, eau* **bénite**, *médailles bénites. Les cloches bénites la veille.* C'est aussi ce qu'a décidé l'Académie française dans la 9e éd. de son Dictionnaire: *Elles sont bénites*; donc **bénit** est toujours épithète ou attribut: *Cette lettre, c'est du pain bénit.*

Béni, participe passé de *bénir*, s'emploie toujours pour les personnes quand il y a bénédiction d'un prêtre ou au sens figuré; pour les choses, il s'emploie au sens figuré ou à l'actif avec *avoir*, au passif avec ou sans *être* et un complément d'agent introduit par *par*: *La foule* **bénie** *se prosterne. Le prêtre a béni la foule. Un roi béni par son peuple. Un pays béni. Un jour béni. Le curé a béni le mariage. Le mariage a été béni par le curé. Une médaille bénie par le pape.*

BÉNIN, adj., féminin **bénigne**, ne se dit plus, en parlant des personnes, dans le sens de «bon, bienveillant, indulgent». On le dit encore des choses qui sont clémentes, inoffensives, qui ne sont pas graves, accablantes, rigoureuses: *Un hiver bénin, une influence bénigne, une maladie bénigne, un remède* *bénin, une faute bénigne.* On voit dans ces exemples le sens actuel: «sans gravité, sans importance, inoffensif».

BENOÎT, adj. et prénom: accent circonflexe. Depuis 1990, on peut écrire aussi l'adj. sans accent circonflexe: **BENOIT** (*RO* II.4) ainsi que **BENOITE**, n.f. et **BENOITEMENT**,

BENZINE, n.f., *ne peut s'employer pour* essence.

BÉOTIEN, nom propre devenu adj. ou nom commun, s'écrit avec une minuscule dans ce sens: *Cet homme est un béotien.*

BÉQUET, n.m., peut s'écrire **BECQUET**: en termes d'imprimerie, morceau de papier ajouté en marge d'un manuscrit ou d'une épreuve d'imprimerie pour y introduire une addition ou une modification.

BERCAIL, n.m. Le pluriel (*bercails*) est très rare.

BERCE, n.f., **BERCEAU**, n.m. Ce n'est pas seulement en Wallonie, mais aussi dans des provinces françaises, qu'on dit *une berce* (nom d'une plante), beaucoup plus rarement *un berce*, pour un *berceau* de petit enfant.

Berceau signifie aussi «voûte de feuillage couvrant une allée, tonnelle». **TIRER AU BERCEAU**, c'est tirer à l'arc ou à l'arbalète dans une allée couverte.

[BERDELLER], v. Belgicisme pour «faire des reproches, ronchonner».

BERME, n.f., emprunté par le français au néerlandais, désigne un passage étroit entre une tranchée, un fossé ou un canal et les terres de déblai provenant de son creusement ou entre le pied d'un rempart et un fossé. Il ne peut, comme en néerlandais, désigner l'endroit de la route où les voitures ne circulent pas. La terminologie officielle belge, conforme à la française, parle d'ailleurs d'*accotement* et de *terre-plein* central (et non de «berme centrale»).

BERNARD-L'ERMITE, n.m., désignation plaisante du crustacé qui se loge dans une coquille vide, prend normalement la graphie moderne d'*ermite*, sans *h*. — Des *bernard-l'ermite*.

BERNIQUE!, interj. familière pour dire avec désappointement: «rien à faire, rien de fait, cela ne se fera pas».

BESICLES ou **BÉSICLES** (*RO* III.6D), n.f.pl. L'Académie est revenue en 1987 à la forme traditionnelle, abandonnant *bésicles* (1975), conforme à la prononciation. **BERICLE** est une forme ancienne de ce nom plaisant des lunettes.

BESOGNEUX, adj., influencé par *besogne* et signifiant «qui fait de médiocres et dures besognes mal rétribuées», a supplanté **BESOIGNEUX**, en rapport avec *besoin* (qui est dans le besoin, dans la gêne). *Besogneux* a aussi ce sens.

BESOIN, n.m.

1. On a besoin *de qqn, de qqch.*: *Il a besoin d'air, d'argent. Il n'a besoin de rien de plus que d'exister. Il a besoin d'une aide. Il n'a pas besoin d'être aidé. Quel besoin a-t-il qu'on lui **vienne** en aide?*

   Il faut donc dire: *La chose **dont** j'ai besoin. De quoi avez-vous besoin?* Le français populaire dit, et c'est à éviter: *La chose [que j'ai besoin].* ▸ QUE, pr., 2.2. On entend à Bruxelles et en Flandre [*Je l'ai besoin*] pour *J'en ai besoin.* Ou [*Je n'ai rien besoin*] pour *Je n'ai besoin de rien.*

   Les plantes ont besoin d'eau, ont besoin d'être arrosées (Ac.).

   On dit même familièrement: *Cette pièce a besoin d'un fameux coup d'aspirateur* (GR). *Cette porte a besoin d'être repeinte.* On peut voir fictivement, dans ces cas, un besoin qui, satisfait, améliorera la situation. Mais nous ne dirions pas qu'un travail a besoin d'être refait, qu'une personne n'a pas besoin de se tracasser. Nous emploierions *devoir*: *Ce travail doit être refait. La chambre doit être faite. Vous ne devez pas vous tracasser.*

2. **L'impersonnel**: *il n'y a pas besoin* ou *y a-t-il besoin de* est tout à fait correct dans une phrase négative, interrogative, dubitative ou conditionnelle, bien qu'il ne soit pas mentionné dans les dictionnaires, qui s'en tiennent à des tours littéraires ou archaïques: *Est-il besoin? Qu'est-il besoin? Point n'est besoin. Il est à peine besoin* (de ou que). *Il n'était pas besoin qu'on l'invitât* peut être remplacé par: *Il n'y avait pas besoin* (ou *Il n'était pas nécessaire*) *de l'inviter.*

3. **AVOIR BIEN BESOIN DE**, suivi d'un infinitif, s'emploie par antiphrase pour «avoir tort»: *Vous aviez bien besoin de l'inviter!*

4. Éviter [*Ce n'est pas besoin de*] au lieu de: *Il n'est pas besoin.*

BEST-SELLER (pluriel *best-sellers*), n.m., désigne ce qu'on a vendu à un grand nombre d'exemplaires pendant une certaine période. Il se dit surtout d'un livre à succès; on peut alors parler de *succès* (*de librairie*); pour un autre article on dit *succès* (*de vente*): *Cette voiture est le grand succès de l'année.*

BÉTAIL, BESTIAUX, n.m. *Bétail* désigne, comme le pluriel *bestiaux*, l'ensemble des animaux d'une ferme, à l'exception de la volaille. Pour désigner individuellement les bestiaux, on doit dire, au singulier, *une bête*, mais on dit au pluriel: *plusieurs bêtes* ou *plusieurs bestiaux*. On distingue le *gros bétail* et le *petit* ou *menu bétail*.

BÊTE, adj. *C'est bête* (stupide, regrettable) *qu'il **ait** dit cela.*

BÉTONNIÈRE (machine à préparer le béton), n.f., est fortement concurrencé par **BÉTONNEUSE**, n.f., plus récent.

BETTERAVE, n.f. On écrit: *une salade de betteraves, un champ de betteraves*, mais *du sucre de betterave, du sirop de betterave*.

BEURRE, n.m. ▶ BATTRE.

BEURRIER, n.m. Le récipient dans lequel on conserve le beurre pour le servir à table s'appelle *un beurrier*. On l'appelle en Belgique *une* **BEURRIÈRE**; en français ce mot est le féminin de l'adjectif *beurrier* (*industrie beurrière*) ou désigne le vase où l'on conserve le beurre.

BEUVERIE, n.f., qui implique une idée d'excès, a remplacé **BUVERIE**.

BI-, BIS-. Ce préfixe n'a plus, dans certains cas comme *bihebdomadaire, bimensuel*, le sens que lui donnait Littré (toutes les deux semaines, tous les deux mois). Voici, notés dans une série dégressive, quelques adjectifs marquant la périodicité: *biquotidien, quotidien, bihebdomadaire* (qui a lieu ou paraît deux fois par semaine), *hebdomadaire, bimensuel, mensuel, bimestriel, trimestriel, semestriel, annuel, bisannuel* (et non *biannuel*). **BISANNUEL** se dit aussi d'une plante qui vit deux ans. Il a pour synonyme *biennal* lorsqu'on parle de qqch. (concours, manifestation, prix) qui revient tous les deux ans (d'où le substantif *la biennale*); mais **BIENNAL** se dit aussi de ce qui dure deux ans: *une charge biennale*. Ce qui revient tous les 3, 4 ou 5 ans ou qui dure ce temps est dit *triennal, quadriennal, quinquennal*.

[BIBICHE], adj. belge signifiant «bébête, mièvre, gnangnan, naïf». Comme nom, dans le langage enfantin de Belgique, petite bête.

BIBLIOLÂTRE, n.m., sans être accueilli par les dictionnaires, qui s'en tiennent à *bibliophile* et *bibliomane*, s'applique à ceux qui ne se contentent pas de collectionner les livres rares ou précieux mais prétendent en favoriser la lecture. Ainsi s'est formée une Société des bibliolâtres de France. Mais le terme n'a pas réussi à s'imposer, sauf comme adjectif péjoratif.

BICHONNER, v.tr.dir., traiter avec soin (comme un *bichon*, un petit *barbichon* ou barbet): *Elle passe des heures à se bichonner*.

BICYCLISTE, n.m., a cédé la place, dans l'usage, à **CYCLISTE**.

BIDON, n.m., désigne un récipient en métal pour liquides. C'est à tort qu'on l'emploie au pluriel en Belgique pour «affaires, au sens matériel ou moral»: [*Ce ne sont pas mes bidons*]. En langage français très familier, *du bidon* signifie «tromperie, mensonge». D'où son emploi comme adjectif (généralement invariable), dans le sens de «factice, simulé»: *un attentat bidon, une offre bidon, des chèques bidon*.

BIDONNANT, adj. **SE BIDONNER**, «rire, s'amuser beaucoup», est populaire, ainsi que *bidonnant*, «qui fait se bidonner».

BIDONVILLE, n.m. *Un bidonville* (groupe d'habitations misérables dans des zones suburbaines).

BIEN, adv. et adj.

1. Cet adverbe peut exprimer non seulement une approbation, mais un degré, comme *très*, devant un adjectif (*bien jeune, bien mauvais*) ou un adverbe (*bien solidement*). On l'emploie aussi devant une préposition (*bien avant l'heure*) et avec certains noms sans article (*c'est bien dommage, j'ai bien faim, bien peur*, etc.).

   Avec des verbes: *Je crois bien, je l'espère bien, bien parler, parlons bien, il fera bien de se taire, ça tombe bien, vous feriez bien de vous en souvenir*, etc. — **Je l'aime bien** peut dire moins que *je l'aime*.

2. **Bien du, de la, des**. On dit: *J'ai bien du mal, de la peine* ou *J'ai beaucoup de mal, de peine*. *Il a vu beaucoup de gens* ou *bien des gens*. Avec une négation, c'est *beaucoup* qui s'impose devant un complément direct. *Il n'a pas eu beaucoup de peine. Il n'a pas vu beaucoup de gens*. Notons aussi que, même en phrase affirmative, *bien du, bien de la* ne s'emploient que devant certains noms abstraits pour marquer une quantité (*Il a bien du courage*), mais non, généralement, devant un nom singulier désignant une matière concrète (*Il a mangé beaucoup de pain*). ▶ BEAUCOUP.

   C'est *beaucoup* qui est complété par *en*: *J'en ai beaucoup. Des raisons, j'en ai beaucoup*. Dans: *J'en ai bien quelques-uns*, c'est à *quelques-uns* et non à *bien* que *en* se rattache.

   On dit *Bien des femmes* (à côté de *Beaucoup de femmes*). Si un adjectif précède le nom, l'usage hésite un peu, mais tend à employer *des* après *bien* devant une consonne: *Bien des jolies femmes*.

   On dit toujours **bien d'autres** et non [*bien des autres*]: *J'ai reçu bien d'autres plaintes*. On emploie d'ailleurs plus souvent *beaucoup*.

3. *Bien* s'emploie adjectivement comme épithète ou comme attribut ou avec les pronoms *quelqu'un, rien, personne*, dans le sens de «comme il faut»: *Une fille bien, une femme très bien, des gens bien, il fait des choses très bien, ce spectacle est bien, c'est bien, aujourd'hui le malade est bien, je suis bien avec lui, c'est quelqu'un de bien. Il n'y avait là personne de bien*.

4. MAIS BIEN, après une proposition négative, introduit une rectification: *Ce n'est pas un volume, **mais bien** une plaquette.*

5. [MOI BIEN; *mais Pierre, bien*, etc.] au lieu de *moi si*; *mais Pierre, si* est un tour belge, aussi fréquent en Wallonie qu'en Flandre et qui rappelle l'ancien *Oui bien*. On dira: *Il ne veut pas y aller; moi, si. Le plat de viande ne lui plut pas; mais le dessert, si.*

6. L'interjection s'écrit EH BIEN! ou HÉ BIEN!, non pas [ET BIEN]. ▷ EH!

7. *Bien* peut prendre dans une même phrase, selon le contexte ou l'intonation, des valeurs différentes. *Il éprouve bien des difficultés* signifie «il éprouve beaucoup de difficultés»; mais avec une légère pause après *bien*, il y a une opposition (*bien* signifie *assurément, sans doute*): *Il éprouve bien des difficultés, mais il ne se décourage pas.*

C'EST BIEN FAIT peut signifier «c'est fait correctement, selon les règles» ou «c'est un châtiment bien mérité». Dans *Je le ferai, tu l'as bien fait*, *bien* n'évoque nullement l'idée de «convenablement», mais une raison, une justification: *puisque tu l'as fait.*

8. BIEN SÛR, BIEN ENTENDU (pas de trait d'union) sont corrects et, en tête de phrase, peuvent être suivis de *que*.

9. SI BIEN QUE. Emploi du mode. ▷ SI, adv., 2, b.

10. ▷ ALLER, 2, ASSEZ BIEN, AUSSI BIEN, BEAUCOUP, ENCORE, MERCI, MEILLEUR, VOULOIR.

11. **Composés**. Trait d'union dans *bien-aimé(e)*, adj. et nom, et les **noms** *le bien-dire, le bien-être, le bien-fondé, un bien-fonds, un bien-pensant* (qui pense conformément à l'ordre établi), *bien-disant*, (une sensation de) *bien-aise*. Mais: *un journal bien pensant* (adj.), sans trait d'union tout comme dans: *j'en suis bien aise.*

En un mot: *bienfaisance, bienfait, bienheureux, bienséance, bienséant, bientôt, bienveillant, bienveillance, bienvenir* (se faire *bienvenir* de qqn), *bienvenu, bienvenue*. Mais: *un morceau fort bien venu, une idée bien venue*. ▷ VENIR, 7.

BIEN, n.m. [*Sa mère ne fait pas de bien*] quand il est en retard. Tour dialectal et du français régional de Belgique, au lieu de: «elle s'impatiente, elle s'inquiète dans l'attente». En français normal, *on fait du bien à qqn*, on lui rend service (matériellement ou moralement).

Bien que, loc.conj.

1. MODE

Après *bien que, quoique, malgré que*, on doit employer le subjonctif. L'indicatif n'est pas rare dans la langue parlée, il se rencontre chez des écrivains modernes; des grammairiens tentent de le justifier plus ou moins, mais il faut le considérer comme familier ou archaïque. ▷ SI (*si... que*) et ENCORE, 2 (*encore que*).

Le subjonctif s'explique par l'opposition qui écarte comme sans effet, comme aussi inopérant que s'il n'existait pas, le fait, pourtant certain, introduit par *bien que*:

*Il n'est pas venu, bien que nous l'**ayons** invité.*

Le subjonctif dans ce cas n'était pas encore généralisé au XVIIᵉ siècle; c'est pourquoi il ne faut pas citer en faveur de l'indicatif des exemples classiques; l'usage du subjonctif s'est depuis lors fermement établi et ne peut être remis en cause par des écarts, infiniment moins nombreux que les emplois réguliers, même si ces écarts se trouvent sous la plume de bons écrivains.

C'est aussi une erreur de vouloir justifier l'indicatif en disant qu'il marque la réalité du fait. Celle-ci est toujours affirmée en même temps que le fait est retiré, en esprit, du plan de la réalité:

*Bien qu'il **fût** mécontent, il s'est montré très aimable.*

Comme plus haut l'invitation, le mécontentement est certain, affirmé, mais c'est comme s'il n'existait pas.

On peut mieux expliquer, sans vraiment le justifier, l'emploi de l'indicatif futur, pour éviter l'équivoque du subjonctif présent, qui exprime aussi bien un présent qu'un futur, et l'emploi du conditionnel, pour mieux marquer l'éventualité:

*Bien qu'on **pourra** nous le reprocher, nous assisterons à cette réunion. Je vous permets d'y aller, bien que j'**aimerais** mieux vous voir rester ici.*

Toutefois, plutôt que de se permettre ces écarts, on tournera la phrase autrement, en remplaçant la subordonnée par une indépendante et en recourant éventuellement à *mais, cependant, pourtant*:

On pourra sans doute nous le reprocher, mais nous assisterons à cette réunion. Je vous permets d'y aller; cependant j'aimerais mieux vous voir rester ici.

Notons aussi que l'indicatif ou le conditionnel peut s'expliquer — toujours sans se justifier — par l'insertion, entre *bien que* et le verbe qu'il introduit, d'un membre de phrase assez long:

Bien que, comme on l'a fait l'an dernier, on pourra nous le reprocher, etc.

Même dans ce cas on emploiera le subjonctif.

2. AVEC LE PARTICIPE

Ces mêmes conjonctions, sauf *malgré que*, s'emploient avec un participe présent (ou un gérondif) ou un participe passé dont le sujet, non exprimé, est celui du verbe principal :

> **Bien qu'étant malade**, je suis sorti. *Bien qu'ayant vécu chez eux, tu les connais mal.* ▶ 3.

3. AVEC LE VERBE *ÊTRE* ET LE SUJET SOUS-ENTENDUS

Elles s'emploient aussi en sous-entendant le verbe *être* et son sujet :

> *Il eut encore beaucoup de rêves quoique tenu à moitié éveillé.* (Giono, J., *Le hussard sur le toit*). **Bien que malade**, il est sorti. *Les lumières éclairaient vivement le trottoir, bien que d'une façon oblique.* (Romains, J., cité par les Le Bidois ; on peut comprendre : *bien que ce fût d'une façon oblique*).

4. L'EXPRESSION *MALGRÉ QUE J'EN AIE*

La vieille expression française *malgré que j'en aie* (▶ MALGRÉ) a donné naissance à *quoi que j'en aie*, qui est correct (▶ QUI, 1) et à l'absurde [*bien que j'en aie*], rebelle à toute analyse.

Absurde aussi, *bien que* substitué à *quoi que* dans une phrase comme celle-ci : *Quoi que certains aient dit.*

BIENTÔT, adv., et **BIEN TÔT** n'ont pas le même sens : *À bientôt. C'est pour bientôt ? Aurez-vous bientôt fini ?*, dans peu de temps. *C'est bientôt dit*, vite dit. — *Vous arrivez* **bien tôt** (très tôt ; s'oppose à *bien tard*). — *Très bientôt* renforce familièrement *bientôt. À très bientôt.*

BIÈRE, n.f. *Ce n'est pas de la petite bière* (familier), ce n'est pas peu de chose. — On parle de *bière à la pression* ou, couramment, d'une **BIÈRE PRESSION** ou d'une **PRESSION** ; en Belgique, on dit : *bière à pression.*

BIFFER, v.tr.dir. On a critiqué l'expression : *biffer la mention inutile* en faisant valoir que *biffer* implique une idée d'autorité ou d'impatience. C'est limiter abusivement le sens du verbe. *Biffer* est en rapport avec l'ancien français *biffe*, étoffe rayée, et peut s'employer dans l'expression en cause, aussi bien que *rayer, supprimer.*

BIFIDE, adj., fendu en deux. *Une langue bifide.*

BIFTECK, n.m. Pluriel : des **biftecks**. Ne pas écrire **BEEFSTECK** ni **BEEFSTEAK** ; on dit et on écrit d'ailleurs *un steak*.

BIFURQUER, v.intr., se dit d'un chemin qui se divise *en deux*, en forme de fourche à deux branches, mais aussi, par extension, d'une personne, d'un train, d'un véhicule qui abandonne une voie pour en suivre une autre : *bifurquer à un carrefour, bifurquer sur une voie de garage.* On ne dit plus qu'une route **SE BIFURQUE**.

BIGAME, adj. et n. Un seul *m*.

BIJOU, n.m. Des **bijoux**.

BILAN, n.m., vient d'un mot italien signifiant «balance». Il a été longtemps associé à l'idée d'une comparaison entre les pertes et les profits. Mais si l'on admet que l'idée étymologique de «pesée» peut être retenue, on ne s'étonne pas d'entendre parler du *bilan de qqch.*, dans le sens d'«inventaire général». On fait le *bilan d'une vie, d'une guerre, d'une bataille, d'une journée, d'un congrès, d'une discussion.* Le mot prend facilement un sens particulier, on pense surtout aux éléments négatifs ou fâcheux et l'on fait le *bilan d'un accident* (nombre de morts et de blessés). On trouve parfois **BILANCIEL**, relatif à un bilan.

BILAN DE SANTÉ. Le *Langage médical moderne* de J. C. Sournia traduit l'anglais *check-up* par *examen de santé*. On peut dire aussi, comme on le fait couramment en France et en Belgique, *bilan de santé*, approuvé d'ailleurs par l'Académie.

BILIEUX, adj., se dit d'une personne irascible, acariâtre, mélancolique ou inquiète. Ne pas confondre avec l'adj. familier **BILEUX**, «qui se fait de la bile», «anxieux».

BILINGUISME, n.m. On prononce *u* comme semi-voyelle.

BILLE, n.f., venu d'un mot signifiant «tronc d'arbre», se dit d'une grosse pièce de bois prise dans la longueur du tronc : *une bille de chêne.* D'où l'emploi, aujourd'hui vieilli et régional, de *bille de chocolat* pour une barre de chocolat (*plaque* et *tablette* désignent normalement plus qu'une barre). On dit couramment : *un chocolat.*

En Belgique, on a employé couramment **billes** pour les **TRAVERSES** en bois supportant les voies d'un chemin de fer. Au Canada, **DORMANT**.

BILLET et **TICKET**, n.m. L'usage fait un choix. *Ticket* est courant pour les transports urbains : *Un ticket de métro ; billet* pour le train, le bateau, l'avion, les spectacles. *Un billet de quai.* **COUPON** se dit en français régional pour un titre de transport. **OPEN TICKET** se traduit par **BILLET OUVERT** (billet d'avion à date libre).

BILLETTERIE, n.f., «lieu, guichet où sont émis, vendus des billets de transport, de théâtre, de loterie, etc.» ou «distributeur automatique de billets de banque fonctionnant à l'aide d'une carte magnétique» (Ac.).

BILLEVESÉE, n.f. On prononce plutôt *bil*, parfois *biy* comme dans *bille*.

BILLION, n.m., est vieilli dans son sens anglais de *milliard*. Il désigne aujourd'hui non pas mille millions, mais un million de millions. On prononce *l + y*, tandis que **BILLON**, petite monnaie, se prononce *bi-yon*.

BIMBELOTERIE, n.f. Le nom **BIMBELOT**, désignant autrefois des jouets d'enfant et, par extension, des objets de peu de valeur, est tombé en désuétude. Il a été en fait remplacé par **BIBELOT**, qui désigne de petits objets décoratifs, ayant ou non une valeur. Mais pour désigner un ensemble de menus objets (souvent sans valeur), il faut dire *bimbeloterie*.

BIMENSUEL, BIMESTRIEL, BISANNUEL, adj. ▶ BI-, BIS-.

BIO-, préfixe, s'agglutine à l'élément suivant: *biobibliographie*.

BIPARTI, *bipartie*, adj., **BIPARTITE**, adj. m. ou f., n.f., **BIPARTISME**, n.m., etc.

En politique prédominent les formes **bipartite, tripartite, quadripartite**: *Un accord tripartite*. Dans les autres domaines, notamment en sciences naturelles, on emploie *biparti, bipartie*, etc.

Le **bipartisme**, c'est le système politique reposant sur la répartition des forces politiques en deux partis dominants (*le bipartisme américain*) ou la forme de gouvernement associant deux partis. En Belgique, on parle couramment de *bipartite, tripartite* (noms féminins) pour de telles associations soutenant un gouvernement bipartite, tripartite, alors qu'en français généralisé on parle de *bipartisme, tripartisme*, n.m.

BISAÏEUL, n. Des *bisaïeuls*, des *bisaïeules*.

BISBILLE, n.f., [BISBROUILLE]. *Une bisbille* est une petite querelle, une petite brouille pour un motif futile. En wallon et en français régional, sous l'influence de *brouille*: [*une bisbrouille*], une mésentente.

BISER, v.tr.dir., familier: donner une bise. *Bise ton frère*. En français régional de Belgique, l'impersonnel [*il bise*] s'emploie pour *il y a de la bise*.

BISQUER, v.intr., familier, «éprouver du dépit»: *Cela le fait bisquer*.

BISSECTEUR, *trice*, adj. et n. Deux *s*.

BISSER, v.tr.dir., [BISSEUR]. *Un chanteur bisse un couplet* (le répète). *Le public bisse le chanteur*. — En Belgique *bisser* se dit pour *redoubler* dans le langage des étudiants (▶ DOUBLER) et [*bisseur*] pour *redoublant*.

BISSEXUÉ, BISSEXUEL, adj., BISSEXUALITÉ, n.f. On écrit aussi BISEXUÉ, BISEXUEL, BISEXUALITÉ.

BISTRE, n.m. désignant une sorte de brun, est invariable comme adjectif.

BISTROT (ou BISTRO), n.m., désigne proprement un petit café ou un petit restaurant modeste et sympathique, mais s'applique aussi à des restaurants coûteux. Vieilli et familier: «cabaretier»; féminin **bistrote**.

BIT, n.m. Anglicisme, acronyme de *binary digit*. On prononce le *i* et le *t* comme dans *vite*. En informatique, il désigne une unité d'information binaire. ▶ OCTET, MEGA-OCTET.

BITUMER (enduire de bitume), v.tr.dir., est plus courant aujourd'hui que **BITUMINER**: *Un trottoir bitumé*. **BITUMEUX** ou (plus fréquent) **BITUMINEUX**: qui contient du bitume.

BITURE (ou BITTURE), n.f., familier, comme *cuite*, dans le sens d'*ivresse*.

BIVOUAC, n.m., BIVOUAQUER, v.intr. Prononciation actuelle: *vwa*.

BLACKBOULER, v.tr.dir., d'origine anglaise, est français mais familier dans les sens de «refuser à un examen» (▶ EXAMEN), «infliger un échec au profit d'un autre».

BLAGUE, n.f., BLAGUER, v.tr., BLAGUEUR, n.m., ont perdu leur caractère familier.

BLANC, adj. et n.m., BLANC DE BLANC ou BLANC DE BLANCS, n.m. Le pluriel *de blancs* (Ac.) traduit l'idée: vin blanc fait de raisins blancs. *Muscadet, sauvignon, blanc de blancs* (Mistler, J., *Le bout du monde*). *Un blanc* est un verre de vin blanc. En Belgique, *un blanc* désigne un verre de genièvre (ou du linge blanc, comme en France). — En parlant de la population d'une région africaine, on peut opposer (avec majuscules) *les Blancs* et *les Noirs*.

BLANC-BEC, n.m. Des *blancs-becs*.

BLANCHIMENT, BLANCHISSAGE, BLANCHISSEMENT, BLANCHISSERIE, n. Distinguer: le **blanchiment** d'un mur, d'un plafond, de légumes, de l'argenterie, d'une toile écrue qu'on décolore, de la laine, du lin, de l'argent acquis frauduleusement; *le blanchiment de l'argent du trafic des drogues* (on rend blanc ce qui ne l'était pas); le **blanchissage** du linge ou du

105

sucre; le **blanchissement** des cheveux, d'un accusé; la **blanchisserie**, boutique ou atelier du blanchisseur, où l'on fait le blanchissage du linge ou le blanchiment de la toile. **Blanchissement**: action de rendre une substance blanche ou plus blanche par élimination de certains éléments. Le dictionnaire de l'Académie (1987) donne *blanchir de l'argent* sous la définition générale «opérer le blanchiment» tandis que *blanchir qqn*, l'innocenter, apparaît sous la même rubrique que «blanchir du linge».

BLANCHIR, v.tr. ou intr., dans son emploi intransitif, se conjugue avec *avoir*: *Ses cheveux* **ont** *blanchi. Sa barbe avait blanchi. Il a blanchi.* Dans *être blanchi*, on a l'adjectif *blanchi*: *Il est sorti blanchi de cette affaire.*

BLANC-SEING, n.m., signature au bas d'une feuille blanche, autorisation sans réserves ni contrôle. Des **blancs-seings**. ▸ SEING.

BLASER, v.tr.dir. *La vie l'a blasé* **de** *tout* ou **sur** *tout. Il se blase* (ou *est blasé*) *de tout* (plus fréquent que *sur tout*). *Blasé* **d'aller** *au bal.*

BLESSÉ, adj. et n., **BLESSER**, v.tr.dir.

1. Blessé *de* ou *par* ▸ DE, 8.

2. *Il est blessé* (ou *froissé*) *qu'on ne l'ait pas invité. Il est blessé* (ou *froissé*) *de ce qu'on ne l'a* (ou *ait*) *pas invité.*

3. Les expressions **un grand blessé, un blessé grave, un blessé léger** doivent être admises (Ac.). Pourquoi écarte-t-on parfois les deux dernières alors qu'on admet la première? Il s'agit de qqn qui est blessé *grièvement* ou *légèrement*. Comme on ne peut employer l'adverbe avec le nom, on applique à celui-ci l'adjectif qui qualifie la blessure. Mais ce transfert de l'adjectif est ancien. Il y a des siècles qu'on parle de *malade imaginaire* alors que c'est la maladie qui est imaginaire. Le Pr Sournia observe qu'on parle depuis longtemps des *médaillés militaires* et, en médecine, de *blessé crânien* et d'*abdomen aigu* (*Langage médical moderne*).

4. *La balle a blessé* **le** *poumon. Je me suis blessé* **au** *genou.*

BLEU, adj. et n.m., pl.: **bleus**. Adj.: *Être bleu de froid, de peur. Avoir une peur bleue. En être* (ou *devenir* ou *rester*) *bleu*, «être figé par l'étonnement»; en Belgique: *être bleu de qqn, de qqch., en être bleu* «en être épris»: *Il est bleu de sa voisine. Des robes* **bleu clair**. *Une robe bleu marine, bleu roi, bleu barbeau* (bleu vif). — N.m.: *N'y voir que du bleu* «n'y rien comprendre». *Être couvert de bleus* (de marques sur la peau). *Des bleus de travail. Baptême des bleus* (des nouveaux inscrits).

BLEUET, n.m. On a écrit aussi BLUET.

[BLINQUER]. Belgicisme courant, venu du néerlandais *blinken*, briller; on l'emploie surtout intransitivement, en parlant d'objets qu'on fait briller, pour *reluire* (*Les cuivres blinquent. Faire blinquer les cuivres*) et, à Bruxelles surtout, transitivement pour *astiquer, faire reluire*: [*Blinquer les cuivres*].

BLOC, n.m., dans les *composés*, prend *s* au pluriel comme le second élément; celui-ci ne s'écrit avec *s* au singulier que dans *bloc-notes, bloc-cylindres.* On écrit *bloc-système, bloc-moteur*, mais *bloc opératoire.*

[BLOC, BLOCUS, BLOQUE, BLOQUER]. L'étudiant français *bûche* (étudie avec acharnement), *pioche* ou *potasse*; l'étudiant belge [*bloque*], [*bloque sa chimie*]. On dira: *être en période de* [*bloc*] à Bruxelles, de [*blocus*] à Louvain, de [*bloque*] partout en Belgique. **[BLOQUEUR]** se dit en France *bûcheur* ou *piocheur.*

BLUE-JEAN (pron. *bloudjin'*), n.m., mot américain: pantalon de toile bleue très solide et à piqûres très apparentes. Des **blue-jeans**. Le nom est parfois appliqué à des pantalons d'une autre couleur, mais on emploie plus souvent *jean* comme terme très générique: *Un jean de velours bleu* (Mallet-Joris, Fr., *Allegra*); *jean* désigne aussi la toile de ces vêtements.

BOBONNE, n.f., n'est pas, en Belgique, un nom donné par un mari à son épouse, mais se dit de la grand-mère.

[BOENTJE] (prononcer *bou*) s'emploie en français aussi bien qu'en flamand, à Bruxelles, comme nom masculin ou féminin, pour *béguin*: [*Avoir un boentje pour qqn ou qqch.*].

BŒUF, n.m. On prononce *f*, sauf au pluriel et généralement dans *le bœuf gras*, désignant le bœuf promené en grande pompe pendant le carnaval.

BOGIE. Pron. *boji*: *un wagon à bogies.*

BOGUE, n.m., est en usage depuis les années 1980 pour désigner, en informatique, le *bug* anglais (littéralement: punaise ou papillon de nuit, métaphoriquement: erreur de programmation). Un papillon de nuit aurait provoqué le bloquage d'un des premiers ordinateurs en se grillant dans ses circuits. On a d'abord proposé *une bogue* (1984) en français, par référence à l'enveloppe piquante de la châtaigne et aux inconvénients qu'elle provoque. Le masculin l'a cependant vite emporté, probablement sous l'influence de l'anglicisme: *le bug. Le bogue de l'an 2000 a fait couler* *beaucoup d'encre.* Plusieurs dérivés ont été créés: BOGUER, BOGAGE, DÉBOGUER, DÉBOGAGE, DÉBOGUEUR.

BOHÊME, BOHÈME. Le nom du pays, *la Bohême*, s'écrit avec un accent circonflexe. On écrit *bohémien. Bohème*, avec un accent grave, est un nom masculin et rarement féminin (du latin *bohemus*, habitant de la Bohême) qui désigne soit un vagabond, soit une personne qui vit sans règles ou sans souci du lendemain; s'emploie aussi comme adjectif (*le genre bohème, les mœurs bohèmes*) pour évoquer ce désordre, cette fantaisie insouciante. Comme nom féminin, *la bohème* désigne l'ensemble des bohèmes, des artistes qui mènent ce genre de vie, et ce genre de vie lui-même. *La vie de bohème.*

Bohême, avec accent circonflexe, a désigné comme substantif non seulement le pays, mais un habitant de la Bohême et comme adjectif ce qui concerne la Bohême. Le *TLF* note qu'on dit aujourd'hui plus souvent: «Habitants, peuple, affaires de la Bohême» et que *le bohême* désigne la langue parlée en Bohême et *un bohême* un verre, un cristal de Bohême.

BOIRE, v.tr.dir. Futur: *je boirai.* — On peut dire *prendre* ou *boire* du café, de la bière, de l'eau, etc. — *Il a bu*, pour «il est ivre», est populaire. On ne dit plus aujourd'hui «boire la santé de qqn», mais *boire à sa santé.*

Belgicisme: *boire le café* au sens de *goûter*, prendre le repas de quatre heures. — APRÈS BOIRE ▸ APRÈS (début, a).

BOIS, n.m. ▸ PORTE, VISAGE. **LANGUE DE BOIS**: discours (souvent de propagande) figé, bloquant le dialogue.

BOÎTE, n.f., **BOITER,** v.intr. , **BOITERIE,** n.f.; on a écrit une *boiste, boister.* D'où *boîte, boîtier* (boîte à compartiments), *déboîter, emboîter.* Mais *boiter, boiteux, boiterie, boitiller.* Cependant, en 1990, les *Rectifications de l'orthographe* suggèrent de supprimer cet accent circonflexe (*RO* II.4).

Boîte à ouvrage. Boîte aux lettres. On jette une lettre *à la boîte* ou *dans la boîte* (aux lettres). ▸ LETTRE, 5.

Ne pas confondre la *boîte postale* (B.P.), louée dans un bureau de poste, et la *boîte* (Bte) *aux lettres* individuelle du domicile.

BOLUS ou **BAULUS,** n.m., se disent en Belgique d'une sorte de brioche en forme de spirale.

BOMME, n.f. En Belgique, *une bomme* est un appareil de gymnastique présentant une face plate pour les exercices d'équilibre (poutre horizontale carrée) et une face arrondie pour les exercices de suspension (poutre horizontale ronde). On peut retourner la *poutre* en cas de besoin.

BON, adj. et adv.

1. *Bon à, bon pour, bon en: Du vin bon à boire. Ce plat est bon à servir. Être bon **pour** le service. Être bon **en** mathématiques.*

   Avec mépris ou condescendance: *C'est bon pour les petites gens, pour les sots* (Ac.). *C'est bon pour vous de vous divertir de la sorte.* Elliptiquement: *Bon pour vous de vous divertir, mais pour moi, non!* (Ac.)

2. [C'EST BON QUE] est courant en Belgique pour *heureusement que.* [*C'est bon que vous étiez là, sinon…*].

3. On dit très bien: IL FAIT BON, la température est agréable. Distinguer pour le sens et la construction: *Il fait bon s'informer* ou *Il fait bon de s'informer* ou *Il est bon de s'informer*, il est utile, prudent (avec un verbe conjugué: *Il est bon que vous le **voyiez**. J'ai trouvé bon qu'il vous **voie***), et **C'est bon d'être** ensemble ou *Il fait **bon être** ensemble* ou *d'être* ensemble, c'est agréable. Mais: *Il ne fait pas bon lui répliquer*, c'est dangereux. *Vous êtes très bon de supporter cela.* ▸ FAIRE, 6, b.

4. Dans À QUOI BON? *bon* est invariable. *À quoi bon vos plaintes?* Mais en dehors de la locution toute faite, *bon* varie: *À quoi vos plaintes sont-elles bonnes?* On dit aujourd'hui sans *de* devant un infinitif: *À quoi bon se plaindre?* On trouve le substantif *l'à quoi bon*, sans traits d'union.

5. La loc.adv. TOUT DE BON, «réellement», reste correcte; mais les tours usuels, enregistrés par l'Académie, sont **pour tout de bon** et surtout **pour de bon** qui, au sens de «réellement», ajoutent un sens temporel, «définitivement»: *Ils se sont quittés pour de bon.* Provincialisme français qu'on entend en Belgique: [*pour du bon*].

6. On dit: *une bonne heure, un bon kilomètre* (l'heure et le kilomètre sont dépassés), **une bonne distance** (appréciable). En Belgique: [*un bon cent grammes, trois bons cents grammes*] pour **cent bons grammes, trois cents bons grammes.**

   BON TEINT, BON ENFANT, employés adjectivement, restent invariables: *Une étoffe bon teint* (d'un bon teint). *Des airs bon enfant.*

   BON PREMIER: les deux mots varient au féminin et au pluriel.

   BON PRINCE, dans son sens figuré, n'a pas de féminin: *Elle s'est montrée bon prince.*

7. BON MARCHÉ ▸ MARCHÉ.

8. On emploie en Wallonie et à Bruxelles *bon* pour *le meilleur, le plus beau*, en parlant d'un vêtement, d'un objet personnel: *Mettre son* [*bon*] *costume, emporter sa* [*bonne*] *pipe.*

9. **Comparatif** de *bon: meilleur.*

Le français répugne à mettre **plus** immédiatement devant *bon* pour former le comparatif de l'adjectif.

a) On retrouve cet usage dans ce qui suit: *Il n'est plus bon à rien*, aucun comparatif. *Plus il est bon, plus il est dupe. Des copies plus ou moins bonnes. Il a montré plus de bonne foi* (*plus* est séparé de *bon*).

Il est plus bon vivant, plus bon enfant que moi (*bon* forme des noms composés); cependant ▶ d. On peut dire: *C'est le meilleur bon vivant que j'aie connu.* — Fam.: **Sentir bon** (*les lilas sentent bon*), **sentir meilleur**.

b) Si *bon* est opposé, dans la comparaison, à un autre adjectif, on peut le faire précéder de *plus*: *Il est **plus bon** que sage.* Il est en effet impossible de dire: «*Il est meilleur que sage*». Et *il est bon plus que sage* ou *plus qu'il n'est sage* ou *plutôt que sage* n'ont pas exactement le sens de la première expression.

Dans le même type de phrase, on n'emploie pas *meilleur* devant une qualité opposée à une autre: [*Il est meilleur administrateur que technicien*]. On dira: *Il est meilleur comme administrateur que comme technicien* ou *Il est plutôt bon administrateur que bon technicien.*

c) On ne dit pas [*de plus en plus bon*] ni [*de meilleur en meilleur*], bien qu'on dise: *de mieux en mieux.* On dit: *Il devient toujours meilleur, il ne cesse de s'améliorer,* etc.

d) Si *plus* est acceptable devant *bon enfant, bon vivant* (▶ a), il ne semble pas que l'usage admette le comparatif *meilleur* dans un certain nombre d'expressions figées où *bon* fait corps avec le nom, comme *bon apôtre, bon vivant,* etc.

Certaines s'en accommodent cependant comme *bonne heure, bonne humeur, bonne mine: Demain je viendrai **de meilleure heure**; il sera de meilleure humeur; il a meilleure mine.* Le superlatif *le meilleur* intervient beaucoup plus librement dans de tels cas: *Il a fait cela avec la meilleure foi du monde, avec la meilleure volonté du monde.* Dans certains cas on entend *le meilleur* devant *bon,* figé dans l'expression: **la meilleure bonne foi,** *la meilleure bonne volonté, le meilleur bon mot.* Mais l'usage hésite à généraliser ces tours.

e) Je dirais: *Il est bien bon d'accepter, mais vous l'êtes encore **davantage** de l'inviter* (*bon* signifie *aimable, indulgent, naïf*) et non *et vous êtes encore meilleur,* qui escamote un peu le sens particulier de *bon,* plus sensible encore dans *Vous êtes bien bon!,* à quoi on pourra répondre: *Et vous l'êtes encore davantage.*

f) **BONNE** s'emploie par antiphrase pour une chose ou une aventure surprenante ou comique, un propos inattendu: *En avoir une bonne* (ne signifie pas: avoir du fil à retordre, mais marque l'étonnement), *en raconter une bien bonne, de bonnes, en avoir de bonnes.* ▶ BELLE.

À qqn qui dit: **En voilà une bonne**, on pourra répondre: *En voici une meilleure encore. Il en a fait une bonne.* — *J'en ai fait une meilleure.*

10. [AVOIR BON, MEILLEUR, AVOIR DE BON]. ▶ AVOIR, 7, 8.

11. On écrit: BON-PAPA, BONNE-MAMAN dans les sens de *grand-père, grand-mère.* Distinguer *Dieu est **bon**,* et *le bon Dieu.*

12. *Les bons et les méchants. Des **bons à tirer**. Des **bons à rien**.*

BONACE, n.f., **BONASSE,** adj. *La bonace,* c'est le calme plat de la mer avant ou après une tempête; au figuré, parfois, moment de calme, de répit.

Bonasse, adj. péjoratif: qui est faible, d'une bonté excessive.

BONBON désigne en français généralisé une petite friandise, aromatisée et de consistance ferme, qu'on suce ou qu'on croque: *un bonbon fondant, acidulé, fourré.* S'est dit autrefois de toute espèce de friandise. Dans certains français régionaux de Belgique, *bonbon* s'emploie abusivement pour biscuit. — ROSE BONBON: *Des corsages **rose bonbon**.*

BONBONNE, n.f., s'écrit avec *n* devant *b* puis deux *n,* d'après l'Académie.

[BONDI], n.m., désigne en Belgique un pli horizontal (différent de l'*ourlet,* qui termine un bord) servant à raccourcir ou orner une jupe, etc.

BONDIEUSERIE, n.f., s'écrit en un mot bien qu'on écrive *Au bon Dieu.*

BONHEUR, n.m. Quoi qu'en dise Littré, on ne dit pas: «*De bonheur, j'étais là*», mais *Par bonheur* (par chance), *j'étais là.*

BONHOMME, n.m. et adj. Pluriel du nom, des **bonshommes;** de l'adjectif, **bonhommes**: *des airs bonhommes.* — BONHOMIE est la seule forme admise par l'Académie depuis 1987 (elle avait accepté bonhommie en 1975); la réforme de l'orthographe de 1990 a proposé BONHOMMIE (*RO* III.10H).

BONI, n.m. Un *boni,* des **bonis.** En Belgique, on oppose *mali* à *boni* (excédent sur les prévisions) au lieu de parler de *pertes,* de *déficit.*

BONICHE ou **BONNICHE,** n.f., est péjoratif.

BONIFIER, v.tr.dir.

1. Rendre meilleur: *Le vin **se** bonifie souvent en vieillissant.*

2. Avantager au moyen d'un boni. *Bonifier des intérêts (à qqn)*, prendre en charge une partie des intérêts que doit l'emprunteur. Dans les deux sens, on parle de *bonification*.

BON MOT, BONNE FOI, etc. ▶ BON, 9, a et d.

BONNET, n.m. *Bonnet à poils.* **BONNET DE POLICE** est généralement remplacé aujourd'hui par *calot*.

AVOIR LA TÊTE PRÈS DU BONNET (être très colérique). *Opiner du bonnet. Deux têtes sous un même bonnet. Un gros bonnet* (une personne influente).

BOOMERANG (mot anglais d'origine australienne), n.m., se dit d'un acte qui se retourne contre son auteur (on prononce *bou* et *ran-g*): *Il en va de telles paroles comme de gestes irréparables. Les unes et les autres sont des boomerangs* (Estang, L., *Les stigmates*). *Faire boomerang. Un effet boomerang. L'effet de boomerang* (Ac.).

BORD, n.m. Au lieu de **sur le bord de** ou **sur les bords de** auxquels se tenait l'Académie, elle donne aujourd'hui, comme tous les dictionnaires, **au bord de**: *Se promener au bord de la mer. S'asseoir au bord du chemin.* On dit aussi: *Être au bord des larmes, de la faillite, du tombeau, du précipice.* Avec *sur*: *Il est assis sur le bord de sa chaise* (Ac.).

Familièrement, souvent avec **un peu**, «légèrement, à l'occasion»: *Il est un peu pingre sur les bords.* Quelques expressions: *Le bord d'un verre, de la piscine. Remplir un verre à ras bord, à pleins bords. Le bord d'une jupe. Un chapeau à larges bords. Jeter* (ou *balancer*) *par-dessus bord. Virer de bord* (faire demi-tour, changer de cap). *Être du bord de qqn* (être du même parti, de la même opinion). ▶ CHAPEAU.

BORDEL, n.m. Au figuré, très familier, «grand désordre». *Quel bordel ici! Foutre le bordel dans une administration.*

BORÉAL, adj. Pluriel masculin (rare): **boréals** ou, préféré, **boréaux**. *Les climats boréaux.*

BORGNE, n. et adj. On dit: *un borgne, une* **borgne** (substantif). *Une* **borgnesse** est vieux, rare et péjoratif (*une méchante borgnesse*).

L'adjectif *borgne* se met après le nom: *Une vieille femme borgne. Une rue borgne* (mal famée).

BORNE, n.f. On écrit: *sans borne* ou plutôt *sans bornes* (très grand, qui n'a pas de bornes). On dit: *franchir, passer* ou *dépasser les bornes* (noter le pluriel). L'emploi de *borne* pour *kilomètre* est populaire (et sportif).

Une borne servant à l'amarrage des navires ou des bateaux s'appelle une **BITTE**.

BOSSELER, BOSSUER, v.tr. *Bosseler*, qui se conjugue comme *appeler* (▶ VERBE, Conjugaison, 1.1), outre qu'il doit s'employer dans un sens technique comme terme de métier (faire à dessein des bosses dans des pièces de vaisselle, d'argenterie), a aussi le sens de *bossuer* (déformer accidentellement par des bosses) et s'emploie donc dans le sens général de «faire des bosses, déformer par des bosses». On parle d'un front ou d'un crâne *bosselé* ou *bossué*, d'un champ *bosselé* ou *bossué*. On emploie surtout le participe *bossué* devenu adjectif: *Elle releva de nouveau sa jupe et son jupon, découvrant des jambes énormes et si bossuées qu'on eût dit qu'entre la chair et les bas de coton noir elle avait glissé toute une douzaine d'œufs* (Druon, M., *La chute des corps*).

BOTTERESSE, n.f., a désigné en Belgique les *hotteuses* (femmes portant une hotte) de la région liégeoise.

BOTTIN, n.m., est un nom déposé pour les publications de *Bottin*: *le bottin mondain*. On l'emploie comme nom commun pour ce qui s'appelle officiellement, en Belgique comme en France, *un annuaire du téléphone* ou *des téléphones*.

BOUCAN, n.m., (tapage, vacarme) est familier.

BOUCHE, n.f. *À la bouche* ▶ À et EN, 2. **Composé**: le *bouche-à-bouche*.

BOUCHE-TROU, n.m. Pluriel: des **bouche-trous** (verbe *boucher*).

[BOUCHETTE], n.f. On emploie en Wallonie le mot *bouchette* (en wallon liégeois: ensemble de tiges sortant d'une même source) dans [*tirer à la bouchette*], pour *tirer à la courte paille*.

BOUDDHISME, n.m., **BOUDDHIQUE, BOUDDHISTE**, adj., s'écrivent traditionnellement avec *ddh* comme *Bouddha*. Éviter les graphies *ddi* ou *dhi*.

BOUDER, v.tr.dir. ou intr. *On boude* (intransitif) ou *on boude qqn* ou *qqch.* (une réunion, une réception).

BOUDIN, n.m. On doit écrire *tourner* (ou *s'en aller* ou *finir*) **EN EAU DE BOUDIN**, aboutir à un échec total, à une chose sans valeur, comme l'eau dans laquelle on a lavé le boyau. Sans être admise par tous, cette explication est vraisemblable; elle écarte [EN OS DE BOUDIN] et [EN AUNE DE BOUDIN].

BOUDOIR, n.m., désigne en Belgique (et parfois en France) un biscuit très léger, de forme allongée, semblable au biscuit à la cuiller, mais plus ferme.

BOUEUR, BOUEUX, n.m. *Boueur* ne concurrence plus guère **ÉBOUEUR**, nom officiel de l'employé chargé d'enlever les ordures ménagères. Mais le nom familier est *boueux* (qui peut aussi être adjectif).

BOUGAINVILLÉE, n.f. (pron. *ilé*), est le nom traditionnel des plantes grimpantes appelées très souvent **BOUGAINVILLIER** (n.m., pron. *ilyé*).

BOUGEOTTE, n.f. Attention à l'*e* et aux deux *t*.

BOUGER, v.tr.dir. ou intr.

1. **Intransitif**, il se dit des personnes ou des choses: *Ne bougez pas. Je ne bougerai pas de chez moi. Le peuple bouge. Les feuilles bougent. Les choses ont bougé depuis lors.* À peine familier: *Ce tissu ne bouge pas* (ne change pas) *au lavage.*

2. **Bouger qqch.** est l'objet de condamnations beaucoup trop sévères. Il faudrait d'ailleurs distinguer. Si le complément est une partie du corps (*bouger les yeux, la main, le pied, le petit doigt*), l'expression est certainement correcte et a de bons répondants littéraires. Si le complément est un objet, *bouger* est généralement considéré comme familier mais est permis. Le *PR* et le *GR* admettent *bouger un meuble* (le déplacer) et l'on pourrait citer des exemples d'écrivains: *Tout en parlant, il bouge négligemment son fusil* (Sagan, Fr., *Château en Suède*).

3. **SE BOUGER** (sortir de l'inaction), qu'on trouve dans la langue classique appliqué à une personne, a été souvent condamné à tort. Il paraît aujourd'hui ou bien vieilli ou bien familier.

4. [*Bouger à qqch.*], qu'on entend souvent en Belgique dans le sens de *toucher à*, ne peut se justifier. On ne confondra pas cet emploi avec celui-ci: *Le salon tout entier semblait tenir au bout d'une canne de verrier; on craignait d'y bouger; un seul éternuement eût suffi à le mettre en miettes* (Druon, M., *Les grandes familles*). On a ici le sens (▶ 1): «y faire un mouvement».

5. On entend et on lit: *une photo bougée*, par analogie avec *une photo voilée*: *La photo bougée d'Allegra* (Mallet-Joris, Fr., *Allegra*). Mais s'il est vrai que la photo présente ce qu'en photographie on appelle un *voile*, une partie anormalement obscure, due à un excès de lumière, si l'on dit que *le photographe a voilé la plaque* et si celle-ci ou la photo peuvent donc être voilées, on n'a pas «bougé» la photo; c'est le photographe qui a bougé. Comparer cependant à **TREMBLÉ**, «tracé par une main tremblante»: *dessin tremblé, écriture tremblée*. Le *GR* donne le n.m. **BOUGÉ**: *Éviter le bougé* (d'une photo).

BOUGRE, n.m., a perdu la valeur péjorative et le caractère trivial et grossier que lui attribuait Littré. Il s'accompagne souvent de *sale*, *mauvais*, mais aussi de *sacré*, *vieux*, *pauvre* et peut marquer une certaine sympathie, quelque indulgence. Le féminin **bougresse** est plus souvent péjoratif.

BOUILLIR, v.intr. Conjugaison: Je *bous*, il *bout*. Il *bouillait*, nous *bouillions*. Il *bouillit*. Il *a bouilli*. Il *bouillira*. Qu'il *bouille*, que nous *bouillions*. Attention à l'orthographe d'une **BOUILLOTTE** (deux *t*).

[**BOUJON, BOUSON**], n.m. *Boujon*, attesté dans le *TLF* dans le sens de «barre de fer», est employé en Hainaut (*bouson* en Gaume) pour *barreau de chaise*.

BOULE, n., a des emplois spécifiquement belges: [*chapeau boule*] ou [*un boule*] pour *chapeau melon*, (une) *boule de savon* pour *pain de savon*, *boule* (de laine ou de ficelle) pour *pelote* ou *boule* pour *bonbon* (▶ BONBON). Ne pas dire [*boule sure*] pour *bonbon acidulé*. S'il s'agit de gomme à mâcher, on parle de *pastilles* ou de *boules de gomme*, selon la forme.

BOULER, v.intr., signifie proprement «rouler comme une boule». D'où l'emploi familier *envoyer bouler qqn*, l'éconduire sans ménagements. *Je les ai envoyés bouler. Envoyer bouler l'image qu'on se fait du monde* (Yourcenar, M., *Archives du Nord*).

BOULETTE, n.f., peut se dire d'une petite boule non seulement de pâte, mais de viande hachée (*PR*), qu'on appelle à Liège [**BOULET**], n.m., et ailleurs, notamment à Namur, [**VITOLET**] ou [**VITOULET**], n.m. Le *GLE* donne ce sens à *fricadelle*. *Boulette* se dit dans certaines régions pour la *caillebotte* ou le *fromage blanc*. Le mot est français mais familier dans le sens de «maladresse, gaffe, bévue».

BOULOT, *boulotte*, adj. (petit et rondelet): *un pain boulot, une femme boulotte*. Nom masculin, familièrement, «travail».

Le verbe populaire **BOULOTTER** se disant pour *manger*, c'est **BOULONNER** (proprement: visser au moyen de boulons) qui s'emploie très familièrement pour *bûcher, travailler*.

BOUQUET, n.m. Le nom de **BOUQUET-TOUT-FAIT**, appliqué en Belgique aux œillets de poète, l'était aussi autrefois en France.

BOUQUIN, n.m., est familier, mais courant (senti parfois comme péjoratif), dans le sens de «livre». — **BOUQUINER**: lire, feuilleter des livres, chercher des livres d'occasion.

BOURGMESTRE, n.m., est l'équivalent officiel du *maire* en Belgique. Prononcer *g + m*.

BOURRATIF, adj., est français, mais familier, et se dit d'aliments qui pèsent sur l'estomac ou, au figuré, d'autres choses qui bourrent: *Mes articles étaient plus bourratifs qu'un repas complet* (Charles-Roux, E., *Oublier Palerme*).

BOURRICHON, n.m., ne s'emploie, très familièrement, que dans *monter le bourrichon* (monter la tête, exciter), *se monter le bourrichon*.

BOURSE. ▶ À et EN, 3.

BOURSOUFLER, v.tr., **BOURSOUFLURE** n.f., ou **BOURSOUFFLER**, **BOURSOUFFLURE**, si l'on suit les *Rectifications de l'orthographe* de 1990 (*RO* III). L'Académie a proposé deux *f* en 1975, sur le modèle de *souffler*, mais en 1987 a conseillé un *f*.

BOUSILLER, v.tr.dir. Fam., «exécuter un travail avec négligence, sans goût»: *Il bousille l'ouvrage* (Ac.). En français populaire, «tuer».

BOUSTIFAILLE, n.f., est vulgaire.

BOUTE-EN-TRAIN, n.m. Invariable: *Des boute-en-train ou des boutentrains* (*RO* III), sans traits d'union.

BOUTEFEU, n.m., s'écrit en un mot: *Des boutefeux*.

BOUTEILLE, n.f. Belgicismes wallons: *Bouteille* pour «médicament liquide à absorber ou à appliquer» (une «bouteille» pour le rhume, pour les rhumatismes), pour «biberon». [*Mettre* (ou *tirer* ou encore, parfois, *tourner*) *qqn en bouteille*], le plaisanter, se moquer de lui, le mettre en boîte, le faire marcher.

Du vin en bouteille. Mettre du vin en bouteilles. Prendre de la bouteille, vieillir.

BOUTE-SELLE, n.m., est invariable. *Sonner le boute-selle.*

BOUTEUR, n.m. ▶ BULLDOZER.

BOUTIQUE FRANCHE doit être substitué à *duty free shop* ou *tax free shop* pour désigner une boutique située dans une zone où les marchandises vendues sont exemptes de droits de douane ou de taxes. *Franc* a dans cette expression le même sens (exempt de charges fiscales) que dans *port franc* ou *zone franche*.

BOUTON-D'ARGENT et **BOUTON-D'OR**, n.m. de renoncules, s'écrivent avec un trait d'union. *Des boutons-d'or*.

BOUTONNER, v.tr.dir. On *boutonne* un vêtement. *Un vêtement se boutonne à droite, à gauche, par-derrière*. Le *GLLF* et le *GR* signalent l'emploi familier de *boutonner*, intransitif, dans le sens de «se boutonner»: *Ce corsage boutonne par-derrière*.

BOUTON-POUSSOIR, **BOUTON-PRESSION**, n.m. Des *boutons-poussoirs* (boutons qui sont des poussoirs), des *boutons-pression* (qui se ferment par pression); on dit d'ailleurs aussi *un bouton à pression* ou *une pression*.

BOW-WINDOW, n.m. Un *bow-window*, des *bow-windows*. L'Académie et l'administration française ont recommandé le remplacement de ce nom anglais (fenêtre en saillie sur une façade) par le mot suisse *un oriel*.

BOX, n.m., après s'être dit d'une stalle d'écurie servant à loger un seul cheval, s'est étendu à des emplois analogues et notamment à un espace à demi cloisonné pour isoler des personnes (*le box des accusés*) et à un compartiment cloisonné dans un garage. — Pluriel, à l'anglaise: des *boxes*, ou *box* (*RO* II.7).

BOYARD, n.m. On écrit aussi **BOÏARD**.

BOYAUX, n.m.pl., au sens d'*intestins*, se dit de l'animal; en parlant de personnes, il est, dans ce sens, familier, de même qu'un **TORD-BOYAUX**.

BOYCOTTER, v.tr.dir., étant la traduction française du verbe anglais *to boycott* (tiré d'un nom propre), le substantif à conseiller, plutôt que **BOYCOTT** (des *boycotts*), est **BOYCOTTAGE**.

BOY-SCOUT, n.m. Pluriel: des *boy-scouts*. Le mot s'emploie en bonne part pour une personne dévouée et, avec un peu de condescendance, pour une personne à la fois idéaliste et naïve: *Il a un côté boy-scout*. Au sens propre, on dit plutôt *scout*. Pour les filles, on dit *une* **GUIDE**. **ÉCLAIREUR** se dit des membres de certaines associations du scoutisme français.

BRABANT doit s'employer au masculin, comme le nom de la province belge, pour désigner une sorte de charrue métallique.

BRACELET, n.m. On dit *un bracelet-montre* ou *une montre-bracelet*; au pluriel, chacun des éléments varie.

BRACONNAGE, **BRACONNIER**, n.m. Deux *n*, comme **BRACONNER**.

BRADER, v.tr.dir., **BRADERIE**, n.f. Les mots *brader* et *braderie*, partis du Nord (Belgique et nord de la France), se sont répandus dans toute la France, à l'Est, dans le Midi, comme à Paris et en Suisse. Une *braderie* est une vente de marchandises avec des rabais importants. On parle d'*articles bradés* comme on parlerait de *soldes*; et de *braderie* dans le sens de *vente de soldes*. On emploie *prix de braderie* pour des prix très bas. Le verbe *brader* et le nom **BRADEUR** s'emploient même en politique. Il est normal que l'action de brader s'appelle **BRADAGE**, mais le mot n'est pas enregistré par tous les dictionnaires.

BRAIMENT, n.m. Ni accent circonflexe ni *ie*.

BRAINSTORMING, n.m. (en un mot), «tempête des cerveaux», recherche d'idées, se traduit plaisamment par *remue-méninges*.

BRAIN-TRUST, n.m., américanisme, pourrait se dire: *conseil de direction*.

BRAIRE, v.intr., ne s'emploie guère qu'à l'infinitif et à des troisièmes personnes: il **brait, brayait, a brait, braira**, etc.

BRANCHE, n.f. AVOIR DE LA BRANCHE, c'est avoir de la race, de la distinction (emploi familier). **BRANCHÉ**, adj. et n., qui est à la mode, dans le coup.

BRAQUE, adj. et n.m., appliqué aux personnes, se dit familièrement d'un individu bizarre, un peu fou (cinglé, timbré).

BRAQUER *qqn contre* qqn ou qqch., c'est l'amener à s'opposer résolument à qqn ou à qqch. D'où *être braqué contre, se braquer contre*. Ne pas employer *braquer qqn* au lieu de *braquer une arme à feu sur, vers* ou *contre qqn*. On dit: *braquer les yeux sur qqn, braquer sa voiture vers la droite, braquer à droite. Braquant toute* s'est substitué à *braquant tout à fait* dans l'exemple suivant : *Braquant toute, il démarra des quatre roues motrices. (...) La jeep bondit* (Lanoux, A., *Le berger des abeilles*).

BRAQUET, n.m., s'emploie en termes de cyclisme. En Wallonie, le mot désigne une *scie égoïne* (appelée aussi *scie passe-partout, type égoïne*).

BRAS, n.m.

1. On notera l'emploi, non indifférent, de l'article ou de l'adjectif possessif dans: *Il s'est cassé le bras. Il est blessé au bras. Elle portait un enfant sur ses bras, entre ses bras, dans ses bras. Elle le serrait dans ses bras. Tenir un livre sous le bras, sous son bras. Se jeter dans les bras, entre les bras de qqn. Ouvrir, tendre les bras à qqn. Donner le bras à qqn. Avoir qqn ou qqch. sur les bras* (en avoir la responsabilité, en être embarrassé).

2. On dit indifféremment *être* EN BRAS DE CHEMISE ou *en manches de chemise*, c'est-à-dire être sans veston, qu'on porte ou non un gilet, que les manches soient ou non retroussées. *En corps de chemise*, qui supposait l'absence de gilet, ne se dit plus; on dit couramment *en bras de chemise*.

3. *Prendre, saisir, tenir, porter qqn* À BRAS-LE-CORPS et non [À BRASSE CORPS]: en serrant les bras autour de ses reins. AVOIR LE BRAS LONG.

BRASSIÈRE, n.f., désigne une petite chemise à manches pour bébé. Au pluriel, cela peut désigner des lanières de cuir, d'étoffe ou de corde qui, passées sous les bras, servent à porter un sac, une charge: *Les brassières d'un havresac* (Ac.).

BRAVE, adj., placé devant le nom ou employé comme attribut, prend couramment le sens d'*honnête* ou de *gentil, sympathique*: *Un brave homme. De braves gens. — Ton père est délicieux. Il a de l'humour. Et il est si brave!* (Curtis, J.-L., *Un jeune couple*). Mais, selon les régions, il peut avoir des acceptions diverses, qui vont de *dévoué* à *débonnaire, naïf*.

BRÈCHE-DENT, adj. et n.m. ou f., vieilli, se dit de celui ou de celle qui a perdu une ou plusieurs dents de devant. Des **brèche-dents**.

BREDOUILLE, adj. On écrit: *Ils sont rentrés bredouilles*.

BREF, adv. ENFIN BREF est une formule renforcée pour résumer les choses en conclusion. Féminin de l'adj. *bref*: **brève**. Adverbe: BRIÈVEMENT.

BRETTE, n.f. Du sens français d'«épée de duel» (BRETTEUR, personne qui aime à se battre en duel), *brette* a pris le sens, en Wallonie, de *dispute, altercation*; à éviter.

BRIC. La locution adverbiale DE BRIC ET DE BROC (avec des éléments de toute provenance) est fréquente. *Un* ou *des* BRIC-À-BRAC.

BRICOLE, n.f., désigne en Belgique ce qu'en France on appelle un *lacet*, un nœud coulant utilisé pour la capture du petit gibier. Le français emploie *bricoles*, au pluriel, en termes de chasse, pour désigner les rets destinés à capturer de grands animaux comme les cerfs.

Inutile d'insister sur les sens admis de «menu travail, chose insignifiante» et sur les mots courants BRICOLER, BRICOLAGE, BRICOLEUR.

BRILLANTER, v.tr.dir., c'est rendre brillant: *brillanter ses prunelles, ses pensées*. Enduire de brillantine, c'est BRILLANTINER: *brillantiner ses cheveux*.

BRIMBALER (Ac.), v.tr.dir. et intr.: *Brimbaler les voyageurs. Sa gamelle brimbale*. On dit plus souvent BRINQUEBALER, surtout dans l'emploi intransitif: *Une carriole qui brinquebale*. On trouve aussi BRINGUEBALER.

BRIQUAILLON, n.m., **BRIQUE**, n.f. On écrit: *une maison de (ou en) briques ou de (ou en) brique; une cheminée en briques ou en brique. — Un four à briques. Un teint couleur (de) brique ou un teint brique*. On parle d'une *brique de savon*. On écrit BRIQUETERIE. — *Des étoffes brique, rouge brique*.

Briquaillon (morceau *de brique* cassée) n'est pas un belgicisme. Le mot est dans l'*Encyclopédie* (1751) et dans le *GLLF*. De même que *gravats*, terme courant, qui évoque l'idée de *gravier*, a en français un sens plus large, «débris provenant d'une démolition», *briquaillons* se dit couramment en Belgique dans le même sens général, que ces débris comprennent de la brique ou du mortier, du plâtras. Il s'emploie en France pour les matériaux granulaires provenant du concassage des débris de briques, de terre cuite.

BRIQUER, v.tr.dir., se dit proprement, dans le langage des marins, pour «nettoyer (avec de la brique pilée)». *Briquer les mers* (Gaulle, Ch. de, *L'appel*): les nettoyer, en faisant la chasse à la flotte ennemie. *Briquer* a d'ailleurs le sens général de *nettoyer*, en français familier.

BRIQUET, n.m. Belgicisme quand il désigne le paquet de tartines qu'on emporte pour manger sur le lieu du travail.

BRISE et ses composés: les *Rectifications de l'orthographe* stipulent que les noms composés formés de brise + nom voient ce nom prendre un s au pluriel: des **brise-bises**, des **brise-fers**, etc. *Brisetout* s'écrit sans trait d'union (*RO* III.1); au pluriel: **brisetouts**. ▶ TOUT.

BRISE-GLACE, n.m. On rencontre **BRISE-GLACES** au singulier. Au pluriel: des **brise-glaces**. Pour le pluriel ▶ BRISE et NOMS COMPOSÉS, 2.5.

BRISE-LAME, n.m. Un *brise-lame* (ou un **BRISE-LAMES**), des **brise-lames**. ▶ BRISE et NOMS COMPOSÉS, 2.5.

[**BRISE-VUE**], n.m., n'est pas français. On dit: *un brise-bise*, rideau garnissant le bas d'une fenêtre. Pluriel, avec ou sans s ▶ BRISE et NOMS COMPOSÉS, 2.5.

BROCARD, **BROCART**, n.m. *Brocard* apparaît parfois sous trois entrées dans les dictionnaires: 1) adage juridique (d'après le nom latinisé d'un juriste); 2) raillerie offensante (de l'ancien français *broquer*, piquer); d'où *brocarder*, piquer par des railleries; 3) chevreuil mâle d'au moins un an (après qu'il n'est plus *faon* ou *chevrillard*); le mot, dans ce sens, vient de *broques*, autre forme de *broches*, désignant les bois de l'animal; il faut recommander cet emploi de *brocard*, familier d'ailleurs aux chasseurs; on trouve aussi dans ce sens **BROQUART**, surtout littéraire, et *brocart*, qu'il faut réserver au nom d'une sorte d'étoffe.

BROCHER, v.tr.dir., peut se dire pour «faire à la hâte» un travail, le *bâcler*.

[**BROL**]. Même si l'on sait que le mot n'est pas français, on dit volontiers [*du brol*], à Bruxelles et en Brabant, pour désigner un désordre, un ensemble d'objets en désordre, un objet sans valeur ou à mettre au rebut.

BRONZER, v.tr. ou intr. Auxiliaire: *Elles ont bronzé*. Avec l'adjectif, *être*: *Nous sommes bronzés*.

BROSSE, n.f. ▶ BALAI.

BROSSER, v.tr.dir. Dans l'argot estudiantin, [*brosser un cours*] (s'absenter volontairement) se dit en Belgique, alors qu'en France on dit *sécher un cours*. C'est que *brosser* s'est dit autrefois pour «courir à travers les bois et les broussailles, s'échapper, s'esquiver à travers»; d'où peut-être le sens belge, «se dispenser d'aller». **BROSSEUR** se dit naturellement en Belgique de l'étudiant qui «brosse» (emploi intransitif).

SE BROSSER LE VENTRE (se passer de manger) est très familier, comme **SE BROSSER**, être contraint de se passer de ce qu'on désire.

BROUILLAMINI, n.m. familier, est moins vivant qu'**EMBROUILLAMINI**.

BROUILLARD, n.m. ▶ BRUME, BUVARD.

BROUILLER, **EMBROUILLER**, v.tr.dir. Ces deux verbes sont à peu près synonymes quand ils signifient «mettre en désordre, bouleverser» des fiches, des dossiers. Mais on dit qu'on *brouille* une serrure (on la détraque), une émission radiophonique, des pistes, les cartes, des œufs, des idées, des personnes (faire naître la brouille, la désunion entre elles) et qu'on *embrouille* une question, en la compliquant, ou qqn, en lui faisant perdre le fil de ses idées.

SE BROUILLER, devenir trouble (*ses verres se brouillent*; *le temps se brouille*); avec un sujet désignant une personne, *se brouiller avec qqn* (cesser d'être en bons termes avec lui).

En Wallonie, *se brouiller* se dit d'une personne qui se trompe: [*Il s'est brouillé dans ses comptes*].

BROUILLON, n.m.: *Un cahier de brouillons* ou *de brouillon* (pour le brouillon).

BROUSSAILLE, n.f., rare au singulier, où il a un sens collectif ou figuré (*Une broussaille de préjugés*), s'emploie surtout au pluriel: *Se cacher dans les broussailles. Des cheveux en broussailles.*

BRUIRE, v.intr., qu'il s'agisse de feuilles, du vent, de plantes, d'insectes, etc., évoque toujours l'idée d'un bruit confus et continu, d'un **BRUISSEMENT**. L'existence de ce nom et celle de certaines formes de la conjugaison de *bruire* ont favorisé la création du verbe [BRUISSER], qui n'est pas admis en français, mais que l'on trouve chez des écrivains.

Bruire est non seulement défectif mais irrégulier. Il se conjuguait autrefois comme *fuir*, il le fait comme *finir*: *Les feuilles bruissent*.

En effet, sous l'influence de *bruissement*, les formes en *iss* se sont introduites dans sa conjugaison: imparfait **bruissait**, participe présent **bruissant**; l'ancien participe BRUYANT est aujourd'hui adjectif et a un sens plus fort (*des enfants bruyants*; *une rue bruyante*).

On trouve l'indicatif présent: *La puissante vie nocturne bruit et palpite* (Yourcenar, M., *Souvenirs pieux*); parfois aussi le futur (*bruira*) et le subjonctif présent (*bruisse*). Le participe passé et les temps composés sont pratiquement inusités; on trouve **brui** au participe. Quant à *bruissant*, il peut devenir adjectif verbal: *Et les arbres bruissants défilent* (Genevoix, M., *Rroû*).

BRÛLANT ou **BRULANT** (*RO* II.4), adj. En Wallonie, n.m.: [*avoir le brûlant*], avoir le pyrosis, des aigreurs, des sensations de brûlure à l'estomac.

BRÛLER ou **BRULER** (*RO* II.4), v.tr.dir. ou intr. On dit en Belgique, mais on a dit en France (Renard, J., *Poil de Carotte*) en termes de jeux: *ça brûle* au lieu de l'expression irréprochable et courante: **vous brûlez** (vous êtes près du but). On dit: *brûler* ou *torréfier du café*.

Composés: un BRÛLE-GUEULE, des **brûle-gueules**, des **brûle-tout**, un BRÛLE-PARFUM, des **brûle-parfums**. On écrit: À BRÛLE-POURPOINT. On a proposé d'écrire ces mots sans accent circonflexe (*RO* II.4).

BRUME, n.f. Certains dictionnaires définissent la *brume*: brouillard épais; d'autres: brouillard léger; d'autres: synonyme de brouillard. Actuellement, outre le sens de «brouillard de mer», *brume* a plus particulièrement, par convention, celui de «brouillard léger», n'abaissant pas la visibilité horizontale au sol à moins d'un km. — *Un temps brumeux* n'est donc pas pluvieux mais couvert, chargé de brume. *Un esprit brumeux* manque de clarté.

BRUNCH, n.m., (mot-valise anglais) formé par l'amalgame de deux mots, *breakfast* (petit déjeuner) et *lunch* (déjeuner), désigne un repas tardif, tenant lieu des deux autres, dans la matinée, peu avant midi. Des **brunchs**.

BRUT (pron. *t*). Adjectif (*poids brut, minerai brut, matière brute*) ou adverbe invariable (*Cela pèse brut 600 kilos* ou *600 kilos brut*).

BRUXELLES, BRUXELLOIS. Pron. *s* et non *x*, courant en France.

BU, adj., pour *ivre*, est populaire.

BÛCHER ou **BUCHER** (*RO* II.4), peut s'employer dans le sens de «travailler avec ardeur, sans répit», dans le domaine intellectuel comme dans tout autre: *Il bûche ferme*. **Tr.dir.**: *Il bûche son latin*.

BUDGET, n.m., s'écrit avec *g*. BUDGÉTAIRE. BUDGÉTIVORE. BUDGÉTISER, v.tr. (inscrire au budget), a remplacé BUDGÉTER.

BUÉE, n.f., vieux ou régional dans le sens de *lessive*, survit dans BUANDERIE.

BUFFLE, n.m. Deux *f*.

BUILDING (pron. *bil*), n.m., On dit souvent: *immeuble* ou *gratte-ciel*; au Québec: *édifice*.

BULBE est aujourd'hui masculin: *Un bulbe*.

BULLDOZER, n.m., se prononce francisé (Ac.): *buldozèr*. Les remplaçants proposés n'ont pas réussi leur percée. L'Académie recommande *bouteur*, mais admet la francisation BOULDOZEUR.

BULLE, n.f., se dit, à côté de *phylactère*, n.m., et de *ballon*, pour ce qui entoure les paroles prêtées aux personnages des bandes dessinées.

BUNGALOW, n.m. Pron. *bungalo*.

BUREAU, n.m. On écrit: *des chefs de bureau. Un bureau d'étude, de placement*.

Si *bureau*, au terme d'une évolution sémantique partie du nom d'une étoffe couvrant une table, a pris les sens de table à écrire, pièce où est ce meuble, personnel travaillant dans cette pièce et membres élus pour diriger une assemblée, un parti, une association, il ne désigne pas la réunion de ces dirigeants. On ne peut donc dire [*Au cours de son bureau*], *le parti a décidé* ...; on dira: *Au cours de la réunion de son bureau*, ... ou *le bureau en poste a décidé*. ▶ À et EN, 6. BUREAUTIQUE, n.f. et adj.

BUSE, n.f., désignant le conduit circulaire ou plat raccordant le poêle à la cheminée, est courant en Wallonie et est connu régionalement en France. En Wallonie on applique même [PLATE-BUSE] à l'ensemble du poêle et on emploie le diminutif [BUSETTE] à côté de *buse* pour le bec d'un récipient.

Autres emplois belges:

1. *Buse* ou [CHAPEAU BUSE] pour désigner ce qu'on appelle en France *un chapeau haut de forme* ou *un haut-de-forme* (ou,

si on peut l'aplatir, *un gibus, un claque* ou *un chapeau claque*) ou, familièrement, *un tuyau de poêle* (au Canada, *un tuyau de castor*). ▷ BOULE.

2. Dans l'argot scolaire, mais élargi à l'usage courant, *une buse* se dit en Belgique de l'échec d'un élève, d'un étudiant, d'un homme politique aux élections; d'où le verbe [BUSER] (qqn). On dira: *Il a échoué. Son professeur l'a fait échouer* ou *l'a recalé* ou, en français familier, *l'a collé.*

[BUSETTE], n.f., en Wallonie, désigne le bec d'une cafetière, d'un récipient.

BUSINESS, n.m. On prononce *biznès* et l'on écrit parfois BISNESS ou BIZNESS. Le BIG BUSINESS, le monde du capitalisme. BUSINESSMAN, homme d'affaires.

BUT, n.m. On prononce généralement *t* devant une voyelle et parfois en fin de phrase. Mais l'usage hésite. Au pluriel on prononce souvent *bu.*

Parce qu'un but est d'habitude immobile, on s'est acharné à condamner certaines expressions et le sens figuré: fin qu'on se propose d'atteindre. Le bon usage admet non seulement *aller au but, tendre à un but, atteindre un but,* mais *dans tel ou tel but, dans le but de, dans le simple but de* et *poursuivre un but.* — *Remplir un but* ne peut certes se justifier que si *but* a le sens de «dessein» et si l'on se reporte aux sens figurés de *remplir*: exécuter, accomplir, réaliser; l'expression, moins courante, est ancienne et ne manque pas de répondants littéraires. *Réaliser un but* est très rare; on l'évitera au nom de l'usage. On ne craindra pas de parler d'un *but final,* opposé à *un premier but.*

En langage sportif, on emploie *but* (pour *goal*): *gardien de but, tirer au but, gagner par deux buts à un,* etc.

On écrit: *de but en blanc* (brusquement, sans préliminaires ni formalités); selon un ancien usage, *but* désigne là l'endroit d'où l'on tire (de la butte) au blanc de la cible, sans correction de hausse (*GLLF*).

BUTER, v.tr.dir. et intr., BUTTE, n.f., BUTTER, v.tr.dir. On écrit: *de but en blanc* (▷ BUT), mais on doit écrire: **être en butte à**, être exposé à. *Butte* désigne ici le tertre où est la cible.

On écrit: **butter** *des plantes, des arbres, des pommes de terre,* faire une butte de terre au pied de la plante; c'est le BUTTAGE. Mais on écrit **buter** dans tous les autres sens, notamment dans ceux où l'on retrouve l'idée d'*étayer* (un mur par exemple) ou de *heurter,* au propre et au figuré: *Le cheval bute constamment. Il bute contre* (ou *sur*) *une pierre. On se bute à un obstacle. Je me bute à ses préventions. Il se bute* (s'entête). *Cet enfant est buté. Ils se butent l'un contre l'autre.* — *Buter qqn,* c'est le pousser à une attitude obstinée. *Ses préjugés le butent.* — Le joueur de football ou de rugby qui marque souvent des buts s'appelle un BUTEUR.

BUTIN, n.m. Une armée n'abandonne pas, en fuyant, un butin, mais du matériel qui, pour le vainqueur, devient un butin.

BUTOIR, BUTTOIR, n.m. Les wagons viennent buter contre le *butoir.* — Un *buttoir* est un outil destiné à butter des plantes.

BUVARD, n.m., se dit aussi bien, comme nom, d'une feuille de *papier buvard* (*un buvard, une feuille de buvard*; on a dit autrefois *papier brouillard*) que d'un sous-main contenant un buvard.

BY-PASS ou BYPASS, n.m., dans divers emplois en dehors de la médecine, doit être remplacé par *dérivation*: dédoublement d'un circuit de fluide, canal de dérivation pratiqué sur le trajet d'un fluide, vanne commandant ce dédoublement, robinet à double voie, route de dérivation permanente. Dans le vocabulaire de l'industrie pétrolière, on parle d'*évitement* ou on emploie un BIPASSE. En chirurgie cardio-vasculaire, on recommande, selon les cas, *dérivation* ou *pontage* (union de deux veines ou artères distantes l'une de l'autre).

BYZANTIN, adj. et n.: *Les Byzantins. Un chapiteau byzantin. Une querelle byzantine* (excessivement subtile). BYZANTINER, v.intr., c'est se livrer au BYZANTINISME, à des discussions byzantines.

115

C

ÇA, pr.dém., s'écrit sans accent. À distinguer de l'adverbe *çà*.

1. **Élision**. L'*a* de *ça* ne s'élide pas. On dit fort bien: **Ça ira.** *Ça arrive. Ça allait mieux. Ça a un bon côté. Ça a l'air d'une blague.* Mais on dit avec *ce*: *C'allaient être les vacances* (Lainé, P., *La dentellière*). Notons qu'il aurait fallu écrire: **Ç'allait** *être les vacances;* on dirait d'ailleurs: **Ce va être les vacances.** *Ç'avait l'air d'une blague. Ç'allait être mon tour.*

La langue soignée tend à éviter *ça* devant *a été, avait été, eut été, aura été, aurait été, eût été.* Elle dit: **Ç'aurait été délicieux, mais ç'aurait rompu l'enchantement** (Ormesson, J. d', *L'amour est un plaisir*). **Ç'a été** (ou *cela a été*), *ç'aurait été,* etc. Ne pas oublier la cédille. Dans la conversation, on emploie aussi *ça a été*: *Ça a été encore plus rapide que je ne croyais* (Druon, M., *Les grandes familles*). *Ça a été ma faute* (Dutourd, J., *Pluche*). On écrit parfois *ç'a pu, ç'a dû*: *Ç'a pu ou ç'a dû être une erreur.* Préférer *cela.*

On peut employer *ça* (ou *cela*) immédiatement devant les formes *est* ou *était* quand *être* signifie *exister* et après *tout*: *Ça est ou ça n'est pas. Tout ça est de sa faute.* Mais en dehors de ces deux cas, cet emploi n'appartient qu'à la langue populaire, en France comme en Belgique. Il paraît même, en Belgique, caractériser certains milieux flamands ou bruxellois où l'on entend: [*Ça est difficile*]. On doit dire: **C'est** *difficile* ou **Cela est** *difficile* ou **Ça, c'est difficile.** Mais on peut dire, puisque *est* ne suit pas immédiatement *ça*: *Ça* (ou *cela* ou *ce*) *n'est pas difficile.*

2. Parmi les emplois de **COMME ÇA** (ou **COMME CELA**), il faut noter que l'expression peut prendre le sens de l'adjectif *pareil* ou de l'adverbe *ainsi*: *C'est dur, un chemin comme ça! Moi, je suis comme ça?* ▶ AINSI, 1.

Au sens de «ni bien ni mal»: *Comment se porte-t-il? Comme ça* (Ac.). On dit aussi, dans le même sens: **COMME CI COMME ÇA.** ▶ CI, *pronom.*

Dans le sens de «tout naturellement»: *Ce n'est pas du courage. On fait ça comme ça* (Ormesson, J. d', *L'amour est un plaisir*).

Très familièrement, *comme ça* peut renforcer une interrogation ou une affirmation: *Où allez-vous comme ça? Il dit comme ça que...* Dans ce dernier cas, entre un verbe et la proposition qui le complète, *comme ça* n'est guère qu'un élément de remplissage.

AVEC ÇA insiste sur ce qui vient s'ajouter: *Il est serviable, et poli avec ça!* Chez le commerçant, *Et avec ça?* est courant. **AVEC ÇA QUE** ▶ AVEC, 6, b.

ÇA DÉPEND s'emploie familièrement sans complément pour répondre à une question: *Viendrez-vous? — Ça dépend (peut-être).* Tours familiers: *Ça dépend comment, ça dépend avec qui, ça dépend qui, ça dépend où.*

3. **ÇA FAIT QUE** et **CELA FAIT QUE** sont à éviter en tête de phrase dans le sens de *donc, ainsi donc,* quand le contexte n'indique pas ce que représente *ça*. On n'aborde pas quelqu'un en disant: [*Ça fait que vous ne viendrez pas avec nous?*], emploi courant en Belgique. On dit: *Vous ne viendrez donc pas avec nous?*

Tout autre est l'emploi un peu familier de *ça fait... que* au lieu de *il y a... que* avec une indication de temps: *Ça fait trois mois que j'attends;* autre exemple familier: *J'étais libre, ça fait que je suis sorti;* un autre encore dans la réponse à la question *Qu'est-ce que ça fait? Ça fait que j'en ai assez!*

4. [*Ça ne vient pas à huit jours*] ou [*à un franc*] s'entend souvent en Belgique pour *Je puis attendre huit jours* ou *Huit jours ne font rien à l'affaire* ou *Je n'en* (ou *je ne*) *suis pas à huit jours* (ou *huit francs*) *près.*

5. Autre belgicisme: *ça* avec un comparatif, [*ça mieux, ça moins, ça plus*] pour *d'autant mieux, d'autant moins, d'autant plus*: *Vous le ferez* [*ça mieux*], [*Ce sera ça plus gai*].

Mais on peut évidemment dire, la disjonction de *ça* et de *mieux* étant évidente: *Il fera ça mieux qu'un autre.*

6. *Ça, je sais* ou *je (ne) sais pas* s'entendent en France et non seulement en Belgique; mais en langage soigné on dit: *Ça (ou cela), je le sais* ou *je ne le sais pas.*

Ça, cela, ce

Ça est aujourd'hui courant dans la langue parlée et même écrite.

L'usage habituel le préfère souvent à **cela**, sauf immédiatement devant les formes verbales *est, était, a été, avait été* (▸ ÇA, 1): *Ça n'a aucun rapport. (...) Ah! ça... aucun. (...) C'est entendu. (...) Ça me fait un peu rire. C'est drôle. (...) Qu'est-ce que ça veut dire, ça?* (Achard, M., *Auprès de ma blonde*). *Ça va mal. Ça ira. Ça marche? Ça se voit tous les jours. Ça y est. Il y a de ça quelques jours. Ça doit être lui.* Dans ce dernier cas, devant *pouvoir* ou *devoir* suivis de *être*, on trouve *ce* ou *ça* aussi bien que *cela*: *Ce pouvait être la mort (...). Ça ne pouvait être qu'un accident* (Mauriac, Fr., *Le désert de l'amour*). De même devant *être* (aux formes admises) suivi d'un attribut: *Ça serait chic.*

Ça peut aussi remplacer *ce* (ou même *il* impersonnel) devant *ne pas être* suivi d'un attribut (▸ CE, 2.4): *Ça n'est pas facile de lui faire entendre raison. Ça n'est pas étonnant qu'il ait refusé.*

Ça, qui est proprement un neutre, peut familièrement et avec affectivité, tout comme *cela*, s'employer pour des **personnes**: *Ces petites grandes filles m'agacent, ça a peur de se déchirer aux ronces* (Colette). *Ces vieux, ça n'a qu'une goutte de sang dans les veines* (Daudet, A., cité par *GLLF*).

On se sert aussi de *ça*, beaucoup plus fréquemment que de *cela*, pour renforcer familièrement une exclamation, une interrogation, une affirmation, une négation: **Ça, par exemple!** ▸ ÇÀ. **Qui ça?** *Quand ça? Où ça? Ça oui. Ça non.*

ÇÀ, adv. ou interj., a un accent grave: *Çà et là. De çà de là. Ah! çà, pour qui me prenez-vous?* ou *Ah çà! pour qui me prenez-vous?* L'interjection, dans cette phrase, marque l'impatience. Ailleurs, elle est une sorte d'encouragement: *Çà, l'abbé, interrompit la comtesse, puisque vous êtes là, faites donc la jeune fille de la maison* (Blondin, A., *Les enfants du bon Dieu*). Elle peut aussi marquer l'étonnement, exprimé également, dans la langue familière, par le pronom *ça* ▸ ÇA, CELA, CE. D'où: *Çà, par exemple!* ou parfois *Ça, par exemple!*

Le français classique employait *çà* après un verbe (*Viens çà*) là où nous disons *ici*.

CABALE, n.f., manœuvre occulte, association de ceux qui s'y livrent. En parlant de la tradition juive ou d'une science occulte, on écrit le plus souvent **KABBALE**, n.f., **KABBALISTE**, mais **CABALISTIQUE**, adj.: *Termes ou signes cabalistiques.*

CABARETIER (tenancier d'un cabaret, cafetier), n.m., est vieilli en France, comme d'ailleurs *cabaret* dans le sens d'établissement modeste où l'on sert des boissons et qu'on appelle couramment un *café*. Mais le mot reste vivant en Belgique dans ce sens.

CABAS, n.m., peut se dire d'un sac à provisions en étoffe ou en paille.

CABINET, n.m., s'emploie parfois au singulier, mais plus souvent au pluriel, comme *water-closet*, pour *toilettes*: *Je suis allé au cabinet* (Bataille, M., *Les jours meilleurs*). *Chaque fois qu'il allait aux cabinets* (Triolet, E., *Le premier accroc...*). *Elle va aux cabinets* (Troyat, H., *La tête sur les épaules*). Dans les autres sens: *Un cabinet d'affaires. Directeurs de cabinet. Attaché de cabinet. Le cabinet des Estampes.*

CÂBLE, n.m. et **composés** ou **dérivés**: accent circonflexe, sauf dans **ENCABLURE**, ancienne mesure de longueur.

Dans le langage de l'audiovisuel, ou en télévision, on distingue le **CÂBLISTE** (qui manipule les câbles d'une caméra lors d'une prise de vues) du **CÂBLEUR**, qui effectue le montage des câbles électriques, et du **CÂBLIER**, qui fabrique ou pose des câbles.

[CABOLÉE] ou **[CABOULÉE]**, n.f., est du wallon (*chaudronnée*).

CABOSSÉ, adj., peut se dire d'un chapeau bossué, mais se dit surtout d'un terrain ou d'objets rigides (chaudron, poupée, carrosserie, etc.).

CABRER, v.tr.dir. Pas d'accent circonflexe.

CACAHUÈTE, n.f. Ne pas écrire **CACAHOUETTE**; les *Rectifications de l'orthographe* proposent en 1990 **CACAHOUÈTE**.

[CACAILLE], n.f., désigne en wallon et en français régional un objet sans valeur.

CACAOYER, n.m., remplace de plus en plus **CACAOTIER**.

CACHE, n., est *masculin* en termes d'imprimerie et de photographie et *féminin* au sens de cachette.

Composés formés avec le verbe. Les *Rectifications de l'orthographe* suggèrent de garder le trait d'union et de ne mettre s au nom commun qu'au pluriel: un **CACHE-POT**, des *cache-pots*, un **CACHE-POUSSIÈRE**, des *cache-poussières*, etc. (*RO* II.1 et II.2). ▸ NOMS COMPOSÉS, 2.5.

CACHE-CŒUR et **CHAUFFE-CŒUR** sont des régionalismes (le premier très courant en Belgique, le second connu aussi en France) qui désignent un vêtement court en laine, croisé sur la poitrine. Paul Vialar écrit en 1949 dans *Le bouc étourdi* : *Elle apportait tout. Tout, oui, non seulement les brassières et les pièces tricotées, mais aussi les langes de coton, les chauffe-cœur, les chaussons...* On emploie parfois le mot *chauffe-cœur* pour un vêtement du même genre, mais pour dame. *Chauffe-cœur* est signalé dans le *TLF*.

Le jeu d'enfants appelé en Belgique comme en France le **CACHE-CACHE** reçoit parfois en Belgique le nom de [*cachette-caché*].

CACHE-POUSSIÈRE, n.m. Ce nom, devenu rare en France, est ignoré ou signalé comme vieilli par les dictionnaires et défini : «manteau en tissu léger pour protéger de la poussière». En Belgique, on appelle ainsi un vêtement de teinte terne porté pour des emplois plus ou moins salissants et on l'oppose à *blouse* (généralement blanche). En France, **BLOUSE** se dit de tout vêtement léger de protection, quelle que soit sa couleur, pour l'exercice d'un métier (blouse de peintre, d'ouvrier, de médecin, etc.) ou pour des écoliers ; ce qui n'empêche pas *blouse* de désigner un chemisier de femme.

CACHER, v.tr.dir. *Je ne veux pas vous cacher mon embarras. Je l'ai dit, je ne m'en cache pas. Je ne vous cacherai pas que je suis inquiet.* Pour les **composés** ▶ NOMS COMPOSÉS, 2.5 et CACHE.

CACHET, n.m. Proprement, il faut, en parlant de médicaments, distinguer *un cachet* (enveloppe contenant la poudre) et un **COMPRIMÉ**. L'usage courant chez les francophones européens est d'employer par extension, abusivement, *cachet* pour *comprimé* sans se soucier généralement de l'erreur, devenue banale.

[**CACHETTE-CACHÉ**], belgicisme. ▶ CACHE.

CACHOTTER, v.tr.dir., **CACHOTTERIE**, **CACHOTTIER**. Deux *t*. Les *Rectifications de l'orthographe* de 1990 conseillent **CACHOTER**, **CACHOTERIE**, **CACHOTIER**, *cachotière* (RO IV.6).

CACHOU, n.m. : Des *cachous*. Invariable quand il désigne une couleur brune.

CADAVÉREUX, **CADAVÉRIQUE**, adj. Si l'on doit dire *cadavérique* lorsqu'il s'agit de ce qui est propre aux cadavres (fixité, raideur), il y a concurrence entre *cadavéreux* et *cadavérique* pour ce qui fait penser à un cadavre, en parlant du visage, du teint, de l'aspect et même de l'odeur.

CADDIE, n.m., remplace *caddy* pour désigner le garçon (ou cadet) qui porte les crosses de golf du joueur. *Caddie*, nom déposé, se dit aussi des petits chariots métalliques mis à la disposition des clients ou des voyageurs ; pluriel : des *caddies* (ou *Caddies*). Les Belges emploient dans ce sens les mots *poussette* (▶ POUSSETTE) ou *chariot* alors qu'en France, ce dernier mot est couramment utilisé. Dans certaines gares françaises, **CHARIOT À BAGAGES** paraît le terme officiel.

CADRE, n.m. Le pluriel **les cadres** désigne l'ensemble des employés d'un grade supérieur. L'emploi courant au singulier (*un cadre*, **un cadre moyen**, *un cadre supérieur*, **un jeune cadre**) a été blâmé, sans succès, par l'Académie.

L'expression **DANS LE CADRE DE**, normale quand elle signifie «dans les limites de» (*Il a agi dans le cadre de ses fonctions. Il est sorti du cadre de ses attributions*), s'emploie de plus en plus comme un cliché pour «à l'occasion de», en s'appliquant à un fait qui se situe dans un ensemble : *Une réception est organisée dans le cadre du congrès* (ou *au cours de celui-ci*).

Cadre ne désigne pas un tableau, une gravure (emploi régional français assez courant en Wallonie), mais son encadrement.

CADUC, adj. ; féminin : *caduque*.

CAFARD, n.m. On dit fort bien, en employant ce nom de la blatte, **AVOIR LE CAFARD**, *cela me donne le cafard* (idées noires, lassitude mélancolique).

CAFARDER, v.tr.dir., ne se dit pas dans le sens de *avoir le cafard*, être **CAFARDEUX**, mais est courant dans celui de *dénoncer*, renvoyant à une autre acception de *cafard*, faux dévot, hypocrite ; d'où : délateur, rapporteur.

CAFÉ, n.m. On écrit : Un **CAFÉ FILTRE** (plutôt que : un **CAFÉ-FILTRE** ; on dit aussi *un filtre*), *deux cafés filtres*, *deux cafés au lait*, *deux cafés crème*, *deux cafés rhum*. Mais *Des robes café, des chemises café au lait, des pousse-café*.

C'est (un peu) **FORT DE CAFÉ**, c'est excessif, inadmissible.

Emploi belge : *boire le café* pour «prendre le goûter».

CAFETAN ou **CAFTAN**, n.m. Vêtement oriental.

CAFÉTÉRIA, n.f., avec deux accents (pluriel *cafétérias*) doit être préféré à **CAFETERIA** sans accents ou à **CAFÉTERIA** avec un accent et à **CAFETARIA**. La **CAFÉTERIE** est un local où l'on prépare les cafés et les petits déjeuners.

[**CAFLORAGE**], n.m., wallonisme désignant, surtout au pluriel, les dessins à fleurs sur un tissu ou du papier peint.

CAFOUILLER, v.intr., **CAFOUILLAGE**, n.m., **CAFOUILLIS**, n.m., appartiennent au français familier et évoquent un désordre, un mauvais fonctionnement.

CAGNE, n.f. ▶ KHÂGNE.

CAHOT, n.m. et **CHAOS**, n.m., et **dérivés**. *Les cahots d'une voiture. Une voiture cahotante. Une vie cahotante. Une route cahoteuse* (qui provoque des cahots). *Nous cahotions sur cette route. La vie l'a fort cahoté. Un pays où règne le chaos. Une situation, un style chaotique* (en désordre).

CAHUTE ou **CAHUTTE**, n.f. *Cahute* a été imposé en 1987 par l'Académie, qui en 1975 avait admis *cahutte*, par analogie avec *hutte*, mais les *Rectifications de l'orthographe* de 1990 conseillent deux *t* (RO III.10H).

CAÏEU, n.m., plutôt que **CAYEU**.

CAILLEBOTIS, n.m. Un seul *t*.

CAILLEBOTTE, n.f., masse de lait caillé, s'écrit avec deux *t*, de même que **CAILLEBOTTER**, v.tr., «mettre en lait caillé». ▶ CAILLER.

CAILLER, v.tr.dir.: *La présure caille le lait*. V.intr. (pop.), avoir froid: *On caille*. En Belgique, [*il fait caillant*], il fait très froid.

CAILLOU, n.m. Des *cailloux*.

CAL, n.m. Des *cals*.

CALAMISTRÉ, adj. On n'emploie plus le verbe *calamistrer*, onduler au fer (latin *calamistrum*, fer à friser). Mais on parle encore de *cheveux calamistrés*; l'expression ne peut désigner que des cheveux frisés. Une confusion s'est produite avec **LUSTRÉ**, mais il faut l'éviter: des cheveux dont les ondulations sont fixées à la brillantine peuvent encore être dits *calamistrés*, mais on tend à le dire de cheveux lisses et brillants, pommadés.

CALCAIRE, n.m. et adj.: *Des terrains calcaires*, et non [CALCAREUX], belge. Ne pas dire [DÉCALCARISER], mais: DÉTARTRER une bouilloire, une chaudière, un évier (ou les dents).

CALCÉDOINE, n.f., variété de silice; adjectif: **CALCÉDONIEUX**.

CALE, n.f., s'emploie en Belgique pour *échec*: [*Il aura une belle cale*].

CALÉ, adj., en français familier, *ferré, très instruit, bien préparé*.

CALEÇON, n.m. On dit moins qu'autrefois *des caleçons* pour *un caleçon*. D'autre part, un caleçon très court s'appelle *un slip*.

CALEMBOUR, n.m. Pas de g. **Dérivés** avec d: **CALEMBOURDIER**, **CALEMBOURDISTE**. Certains auteurs emploient **CALEMBOURISTE**,

CALEMBOURESQUE. Des dictionnaires donnent l'adjectif **CALEMBOURDESQUE**.

CALENDES, n.f.pl. Les calendes (romaines) étant le premier jour du mois, *renvoyer aux calendes grecques*, qui n'existent pas, ce n'est pas renvoyer à une autre date mais à jamais ou, par extension, à un avenir très éloigné et imprécis qui risque de ne jamais arriver.

CALEPIN, n.m., (petit carnet de poche). Ne signifie pas *cartable d'écolier*.

CALER, v.tr.dir. *Caler une bille*: la lancer en faisant ressort avec les doigts. *Caler* s'emploie à tort en Belgique pour *lancer* (des boulettes de papier, des pierres).

V. intr. **Un moteur cale**, cesse brusquement de fonctionner. Dérivés d'un autre sens, emplois familiers pour *céder, renoncer*.

[**CALICHE**], n.m., désigne à Bruxelles de la réglisse, du jus de réglisse.

CÂLIN, adj., signifie aujourd'hui en français *gentil, caressant*. Éviter l'emploi liégeois dans le sens vieilli et nettement opposé de *méchant* ou de *méchanceté* pour **CÂLINERIE**.

CALL-GIRL (pron. *colgueurl*), n.f., pluriel: des *call-girls*; on peut écrire **CALLGIRL** sur le modèle de *covergirl* préconisé par la réforme de l'orthographe de 1990. Pas d'équivalent français pour le nom anglais de ces prostituées qu'on appelle par téléphone à leur domicile.

CALOTIN, n.m. Un seul *t*.

CALOTTE (coiffure, tape sur la tête), **CALOTTER**: deux *t*.

CALQUER et **DÉCALQUER**, v.tr.dir., sont souvent confondus. Ils sont considérés comme synonymes dans certains dictionnaires comme dans l'usage. Ils désignent pourtant deux actions différentes. Proprement, **calquer**, c'est reproduire un dessin sur un papier transparent appelé *calque* ou *papier-calque*; on obtient ainsi *un calque*. On **décalque** un dessin après l'avoir calqué: on le reporte (à travers un papier carbone ou par un autre procédé) sur l'objet (toile, bois, papier, etc.) où l'on veut le transposer.

Au figuré, on dit toujours *calquer* (copier, imiter, plagier).

CALVILLE, n.f. (variété de pomme), était déclaré masculin par Littré mais, par l'Académie, est devenu féminin. On prononce *il*.

CAMERAMAN, n.m., quand il ne peut être traduit par *journaliste reporter*, l'est par *cadreur* lorsqu'il s'agit de l'opérateur de prises de vues, en langage de cinéma ou de télévision. On utilise le plus souvent l'anglicisme **cameraman**, n.m., pluriel: *cameramen*, ou CAMÉRAMAN dont le pluriel est alors *caméramans*. On écrit CAMÉRA avec accent aigu.

CAMISOLE, n.f., se dit abusivement en Belgique pour *sous-vêtement*.

CAMPAGNE, n.f. BATTRE LA CAMPAGNE, c'est parcourir une grande étendue à la recherche de qqch., aller à la découverte ou, au figuré, divaguer, extravaguer.

CAMPER, v.intr. Auxiliaire *avoir*. Mais avec l'adjectif CAMPÉ: *Ils sont campés au bord de l'eau.*

CAMPING, n.m., désigne l'action de camper (coucher sous la tente) en touriste (*faire du camping*) ou bien le terrain où l'on campe. CAMPEMENT peut être employé soit pour l'action (*Campement autorisé. Matériel de campement*), soit pour le terrain (*Un campement bien choisi*, GLLF). — On remplacera les anglicismes CAMPING-CAR et MOTOR-HOME par *autocaravane*. En Belgique, le *camping-car* désigne la remorque qui se déploie en tente tandis que la camionnette aménagée pour le logement est appelée *motor-home* ou MOBILE(-)HOME. En France, le *camping-car* est la camionnette aménagée pour le camping tandis que le *mobile home* correspond à la maison transportable ou grande caravane conçue pour être installée à un endroit et n'est pas synonyme de *motor-home*, appliqué lui aussi au véhicule utilisé pour le camping.

CANAILLE, n.f. et adj., est variable: *Des goûts canailles* (vulgaires). On dit: *Cette canaille de marchand.* Lorsque le nom s'applique aux enfants, son sens peut s'adoucir nettement jusqu'à la tendresse: *Petite canaille!*

CANARD, n.m., CANE, n.f. On dit généralement *des œufs de canard.*

CANCÉRIGÈNE, adj., l'emporte nettement sur CANCÉROGÈNE.

CANDÉLABRE, n.m. Accent aigu.

CANDIDAT, n.m., CANDIDATURE, CANDI, n.f. *Elle est candidate à cet emploi. Poser* ou *retirer sa candidature.* En Belgique, le premier grade universitaire, décerné généralement après deux ans d'études (de *candidature*; en langage étudiant, *candi*), est celui de *candidat*: *Est-il en première ou en deuxième candidature?* En langage étudiant: *en première candi?*

CANER, v.intr. très familier, signifie «reculer devant le danger, céder par peur»; il vient de l'ancienne expression *faire la cane*, «faire un plongeon, fuir à l'approche du danger» (comme une cane). Un autre verbe CANER ou CANNER, populaire, a signifié *partir, s'enfuir* (jouer des cannes) et s'emploie pour *mourir.*

CANETTE, n.f., petite bouteille de bière munie d'un bouchon à ressort, boîte métallique contenant une boisson, petite bobine, petite cane. Un seul *n*.

CANICULE, n.f. Belgicisme: [*les canicules*] pour *la canicule.*

CANIN, adj., est surtout employé au féminin: *race canine.*

CANNÉ, CANNELÉ, adj. Un siège *canné* a le fond garni de brins de jonc ou de rotin entrelacés; un siège *cannelé* est garni de cannelures, de rainures. Noms en rapport avec *canner*: CANNAGE, CANNEUR.

CANNELLE, n.f. Deux *n*.

CANNELLONI, n.m. Des *cannellonis* (avec s). Deux *n* comme dans *canne.*

CANNIBALE, n.m., se dit en Belgique d'un toast au steak tartare.

CANONNADE, n.f., CANONNER, v.tr.dir., CANONNIER, n.m. Un *n* (comme dans *canon*), puis deux.

CANTATRICE, n.f. ▶ CHANTEUR.

CANTON, n.m. **Dérivés**: CANTONAL, CANTONADE (un *n* devant *a*), mais CANTONNEMENT, CANTONNER, CANTONNIER. PARLER À LA CANTONADE, parler à quelqu'un qui est supposé être dans les coulisses ou en ne paraissant s'adresser à personne de façon précise.

CANULAR, n.m., signifie aujourd'hui «mystification, farce (*monter un canular*), nouvelle fantaisiste». Adjectif familier: CANULARESQUE.

CANULE, n.f., nom d'un accessoire s'adaptant à une seringue, à un tube; se dit en Belgique d'une personne incapable.

CAOUTCHOUC, n.m. **Dérivés**: CAOUTCHOUTER, CAOUTCHOUTAGE, CAOUTCHOUTEUX.

CAPABLE, adj. *C'est un ouvrier capable. Il est capable de tout*, prêt à n'importe quoi. *Un argument capable d'émouvoir. Cet homme est capable de vous faire du tort*, il est à même de... ou: il n'hésiterait pas à... *Il n'est pas capable de nous tirer d'affaire.* Ne pas ajouter *assez* devant *capable* suivi d'un complément avec *de*. ▶ SUSCEPTIBLE.

CAPACITÉ, n.f., se construit avec **de**, comme *capable* (et non avec *à*, comme *apte*), devant un nom ou un infinitif: *La capacité de production de cette usine* (sa faculté de produire). Mais on trouve à devant un infinitif: *Sa capacité à produire.* ▶ INCAPACITÉ. Employé avec un article partitif ou un article indéfini suivi d'un adjectif et appliqué aux personnes, *capacité* se construit avec **pour**: *Il a de la capacité* (ou *une* *grande capacité) pour les mathématiques.* Même emploi de *pour* dans l'expression juridique AVOIR CAPACITÉ POUR : *Elle a capacité pour tester.* Mais : *Elle a la capacité de signer.*

On se gardera de dire *les capacités* pour les gens capables, compétents.

CAPARAÇONNÉ, adj., **CAPARAÇON**, n.m. Ne pas dire [CARAPAÇONNÉ].

CAPHARNAÜM, n.m. Attention au tréma. Pron. *a-o-m.*

CAPITULANT, adj., se dit d'un religieux qui a voix au chapitre. Certains ordres emploient dans ce sens **CAPITULAIRE**, qui se dit normalement d'une assemblée, d'un règlement, de la salle où se réunit le chapitre d'une église cathédrale.

CAPON (féminin *caponne*), n. et adj. Devenu rare en français, où son sens est *poltron*, *capon* est parfois employé gentiment en Belgique dans le sens d'*espiègle.*

CAPOT, adj. invariable. *Il l'a faite capot. Elles sont capot* (elles n'ont fait aucune levée).

CÂPRE, n.f., bouton du câprier : *De belles câpres dans la sauce.*

CAPTER, v.tr.dir. et **dérivés** ; **CAPTURER**, v.tr.dir. L'action de capter par des manœuvres répréhensibles un héritage, une libéralité, s'appelle une **CAPTATION**. En dehors de ce sens juridique, on capte (on recueille, on intercepte) une source, l'attention, la bienveillance, une émission radiophonique, un courant, un message, et le nom est un **CAPTAGE** : *Le captage des eaux d'une source.* — *On capture un être vivant*, on en fait la **CAPTURE**.

CAQUET, n.m. *On rabat le caquet à qqn* ou *de qqn.*

CAR, conj.

1. On ne peut dire [*car… et que*]. On doit dire : *car il est âgé et supporte mal la fatigue* ou *parce qu'il est âgé et qu'il supporte mal la fatigue.*

2. *Car*, moins usité qu'autrefois, surtout dans la langue parlée, est souvent remplacé par **en effet**, par *parce que* (quand le sens le permet) ou par une juxtaposition de deux phrases ou propositions : *Inutile de l'inviter, il ne viendra pas. J'ai cru vous faire plaisir en vous invitant : vous aviez (en effet) manifesté le désir de nous accompagner.*

3. **EN EFFET**, loc.adv., ayant pris le sens de *car* (*Je ne m'étonne pas ; on m'avait en effet averti*), on doit éviter le pléonasme fréquent **car en effet** quand il n'exprime rien d'autre, fût-ce avec parfois plus de force, que *car* ou *en effet*. Mais *car en effet* est permis quand *en effet* conserve son sens premier de «effectivement, réellement» : *Car en effet, Chrétiens, la*

seule immensité de cette douleur lui aurait donné le coup de la mort (Bossuet, *Sermon pour le vendredi saint*, 1662).

4. Comme **nom**, *car* est invariable : *Des si et des car.*

Car, conj., et *parce que*, loc. conj.

Parce que énonce la cause objective du fait rapporté dans la proposition précédente (parfois dans la suivante).

Car, plus subjectif, explique, justifie l'assertion précédente, phrase, proposition ou même un seul mot. Il introduit donc après coup (d'où la pause, la virgule, courante) en supplément, en laissant à chacune des propositions son indépendance, une explication ou une justification de l'énoncé.

Parce que, qui exprime la cause, est plus étroitement rattaché à la proposition qu'il complète.

On distingue : *Le chat miaule parce qu'il a faim* (cause) et *Le chat a faim, car il miaule* (on dit pourquoi on est autorisé à déclarer que le chat a faim ; on donne la preuve de ce qui est énoncé, on n'exprime évidemment pas la cause de : *Le chat a faim*).

> *Il m'en veut, car il ne m'a pas salué. Le misérable, car il faut bien lui donner ce nom, répondit…* (justification de l'appellation qui précède). *Il ne viendra pas ce soir parce qu'il est malade* : la phrase a pour objet de donner la cause de cette absence annoncée. *Il ne viendra pas ce soir, car il est malade* : on explique pourquoi on déclare qu'il ne viendra pas ce soir. On voit que, s'il est loisible, dans certains cas, d'employer *car* ou *parce que*, il y a même alors une différence entre les deux.

Parce que ne peut être remplacé par *car* lorsqu'on exprime la cause réelle d'un fait : *Je suis ici parce que j'ai torturé ma femme* (Sartre, J.-P., *Huis clos*). On doit dire : *Il me croit fâché parce que je ne l'ai pas salué* (cause de sa croyance) ; mais, parlant de ma propre croyance, je puis dire : *Je le crois fâché parce qu'il ne m'a pas salué* ou *Je le crois fâché, car il ne m'a pas salué* ; pour celui qui parle, la cause de sa croyance rejoint la justification de son propre énoncé.

Pour les emplois nécessaires de cette conjonction à cause de sa situation dans la phrase ▷ PARCE QUE.

CARABINÉ, adj., s'emploie familièrement pour *fort, violent.*

CARABISTOUILLE, n.f., est wallon et courant en français régional en Wallonie et à Bruxelles dans le sens de *parole saugrenue, calembredaine.* On le trouve très exceptionnellement, en France, au lieu de *bobard* : *Racontant ce qu'il faut bien appeler des «carabistouilles».*

CARACAL, n.m., variété de lynx. *Des caracals.*

CARACO, n.m., est un terme français désignant, dans des milieux ruraux, une sorte de blouse droite à manches longues et tombant sur la jupe.

CARACOLE, n.f. Bien que le français *escargot* (issu du provençal) soit courant en Belgique, le wallon et le flamand ont conservé le descendant du mot espagnol *caracol* désignant le mollusque à coquille (en français: LIMAÇON, COLIMAÇON, ESCARGOT). Le français ne connaît *caracole* qu'en langage d'équitation (verbe: CARACOLER). On ne parle plus d'un *escalier en caracole*; on dit: *en colimaçon* ou *en limaçon*. Ces deux mots, comme *escargot*, désignent le mollusque à coquille, par opposition à la *limace*, sans coquille. Seul *escargot* se dit pour l'animal servi comme aliment.

CARACTÉRIEL, adj. *Une personne caractérielle* présente des *troubles caractériels*, des dispositions affectives et anormales du caractère.

CARAMEL, n.m. et adj. C'est sans doute parce qu'on dit en Wallonie une *boule* ou une *chique* (▷ BOULE, CHIQUE) que pour désigner ce bonbon on dit parfois [*une caramel*] au lieu d'*un caramel*. — L'adjectif désignant la couleur est invariable: *une soie caramel*. — *Une crème au caramel* ou, selon le GR, *une crème caramel*. — *Une crème* CARAMÉLÉE est parfumée au caramel. *Du sucre* CARAMÉLISÉ (réduit en caramel). CARAMÉLISER *un moule* (l'enduire de caramel), *une crème* (y inclure du caramel).

CARAPATER (SE) est populaire: s'enfuir, décamper.

CARAQUE, n.m. En Belgique, variété de chocolat.

CARAVANING, n.m., façon de camper en CARAVANE (remorque aménagée à cet effet), pourrait se dire CARAVANAGE, n.m. *Un* CARAVANIER *pratique le caravanage, le tourisme en caravane.*

CARBONADE, n.f. (écrit aussi avec deux *n*), se dit en France d'une préparation de viande grillée sur des charbons et de la viande ainsi grillée: *Tranches de jambon à la carbonade. Manger une carbonade.* Tout autre est la préparation des CARBONNADES (ou CARBONADES) FLAMANDES, morceaux de bœuf de second choix découpés en cubes, mouillés (en principe à la bière) et cuits à l'étouffée.

CARÊME, n.m. Accent circonflexe. ARRIVER COMME MARS EN CARÊME ▷ ARRIVER. — *Faire carême. Rompre le carême.*

CARIATIDE (forme habituelle; on écrit aussi CARYATIDE), n.f., du nom d'une ville grecque à laquelle une tradition discutée rattache ces statues-colonnes représentant des femmes. S'il s'agit d'hommes, dire *un* ATLANTE plutôt qu'*une cariatide*.

CARICOLE, n.f., s'emploie parfois en Belgique pour *bigorneau*.

CARIE, n.f., **CARIÉ**, adj., **CARIER**, v.tr.dir. Un seul *r*. SE CARIER.

CARITATIF, adj., n'est pas emprunté à l'espagnol; c'est un vieux mot français qui a repris vigueur à l'époque moderne pour s'appliquer à des œuvres, à des actions, à des associations inspirées par la charité.

CARNASSIÈRE, n.f., se dit (comme *gibecière* et *carnier*) d'un sac où le chasseur met le gibier tué. Employé en Belgique pour *un cartable*.

CARNET, n.m. On note qqch. *dans* ou *sur* un carnet.

CAROTTE, n.f., **CAROTTER**, v.tr.dir. **Carotter qqch. à qqn**, lui soutirer qqch. par ruse, en particulier une petite somme d'argent; **carotter qqn** ou TIRER UNE CAROTTE à *qqn*, le tromper, lui extorquer qqch.; **carotter le service**, à l'armée, esquiver une corvée, un exercice, tirer au flanc.

CARRIOLE, n.f., est plus souvent péjoratif en français qu'en wallon.

CARROUSEL (on doit prononcer un seul *r* et *z*), n.m., s'est dit en France et se dit encore couramment en Belgique et en Suisse d'un MANÈGE DE CHEVAUX DE BOIS, appelé aussi par abréviation MANÈGE ou CHEVAUX DE BOIS: *Les chevaux, les cochons et les vaches des manèges montent et descendent (...). Les tours de balançoires et de chevaux de bois ne sont peut-être pas étrangers à la fatigue (...). Emporté comme au manège de chevaux de bois...* (Estang, L., *Les stigmates*). L'emploi de MOULIN dans ce sens est un flandricisme. — *Carrousel* s'est dit d'un tournoi et se dit d'un dispositif tournant délivrant les bagages dans les aérogares.

CARTABELLE, n.f., a été autrefois accueilli par certains dictionnaires, mais n'est resté vivant qu'en Belgique et dans le nord de la France, pour désigner ce qu'on appelle en français un ORDO (nom invariable): calendrier liturgique annuel de l'Église catholique, propre à chaque diocèse.

CARTABLE, n.m., est vieilli dans le sens de *sous-main* et ne se dit que du sac à poignée ou à bretelles où les écoliers mettent leurs livres, etc. S'il ne s'agit pas d'écoliers, on parle de *serviette*.

CARTE, n.f. Au restaurant, on mange *à la carte*, mais on choisit un plat *sur la carte*. On distingue la *carte* d'un pays et le *plan* d'une ville.

Quelques expressions où il est question de **cartes à jouer**: *battre les cartes, couper les cartes, brouiller les cartes, abattre* *ses cartes, étaler ses cartes, jouer aux cartes, jouer telle ou telle carte, jouer carte(s) sur table, jouer sa dernière carte.* La CARTOMANCIENNE *tire* les cartes.

Composés: CARTE-LETTRE, CARTE-TÉLÉGRAMME; pluriel: *cartes-lettres*, etc.

CARTER, v., ne s'emploie plus qu'en français régional dans le sens de *battre les cartes*.

Tandis qu'en France on parlait de *femme* (ou *fille*) *en carte* (soumise par la police à des visites médicales), on disait en Belgique [*femme cartée*].

CARTE-VUE, n.f., n'est assurément pas mal formé et a un sens très clair, mais il faut savoir que, courant en Belgique, ce mot ne s'emploie plus en France, où l'on dit *carte postale illustrée* ou, par ellipse, *carte postale* ou *carte illustrée* ou *carte*.

CARTONNIER, n.m., meuble de bureau contenant des boîtes cartonnées en forme de tiroirs, où l'on range des dossiers.

CARTOUCHE, n. On peut parler d'**une cartouche** (ou d'une recharge) de stylo, d'une cartouche de gauloises, de cigarettes: boîte contenant un certain nombre de paquets. On parle aussi d'*une cartouche* de fusil.

Distinguer *une cartouche* et, en termes d'art, de dessin, **un cartouche** (contenant des armoiries, l'ornementation, une devise, une légende, etc.).

CAS, n.m.

1. FAIRE CAS DE QQN, DE QQCH.; *faire grand cas de*; *faire peu* (ou *assez* ou *beaucoup*) *de cas*. Tour régional (wallon): FAIRE DU CAS DE.

2. On écrit EN TOUT CAS (moins souvent EN TOUS CAS), DANS TOUS LES CAS.

3. AU CAS OÙ, DANS LE CAS OÙ, POUR LE CAS OÙ sont suivis du conditionnel. Rares et à éviter, le subjonctif et l'indicatif. AU CAS QUE et EN CAS QUE vieillissent. On les rencontre encore avec le conditionnel, moins avec le subjonctif. DANS LE CAS QUE ne se dit plus. À éviter: [*pour en cas, si en cas, pour si en cas*], qui s'entendent en Belgique. Corrects: *C'est* (*bien*) *le cas de le dire* (on a bien raison de le dire). *C'est le cas ou jamais d'intervenir.*

4. On écrit CAS LIMITE, CAS TYPE (sans trait d'union); au pluriel, des *cas limites*.

5. Un EN-CAS, repas léger ou, anciennement, ombrelle pouvant servir de parapluie. Des *en-cas*. On écrit aussi: un ENCAS.

6. Un CAS D'ESPÈCE échappe à la règle générale. Inutile de dire: *dans plusieurs cas de figure* au lieu de: *dans plusieurs cas.*

CASH, nom anglais, *argent*. Ne pas dire [*payer cash*], mais *payer* COMPTANT, c'est-à-dire immédiatement, en espèces (en liquide).

CASSATE, n.f., traduit l'italien *cassata*, tranche de glace aux fruits confits.

CASSE, n.m. Ce mot d'argot s'est répandu dans l'usage courant pour désigner un cambriolage. D'où CASSEUR, cambrioleur. Les mots CASSE, n.f., et son correspondant CASSEUR gardent leurs sens traditionnels.

CASSER, v.tr.dir. ou intr.

1. *Casser la croûte, du sucre, la tête, une décision, se casser le cou.* En langage de publicité: *casser les prix. La chaîne a cassé* ou *s'est cassée. Cela casse comme du verre. Casser du sucre sur le dos de qqn,* dire du mal de lui.

2. Le verbe *casser* convient pour «faire une cassure, marquer en pliant»: *Casser le coin d'un feuillet* (GLLF). On pourrait dire *plier. La tempête peut casser la tige* (du blé) *avant qu'elle ait eu le temps de fructifier* (Suarès, A. et Claudel, P., *Correspondance*).

3. **Composés**. Des *casse-têtes*, etc. ▸ NOMS COMPOSÉS, 2.5. Selon les *Rectifications de l'orthographe*, les noms composés gardent le trait d'union et le nom ne prend un *s* que s'il est au pluriel: un CASSE-COU, des *casse-cous*, un CASSE-NOISETTE, des *casse-noisettes*, etc. (*RO* II.1 et II.2).

CASSEROLE, n.f., désigne en France tout ustensile de cuisine de forme cylindrique, d'une profondeur moyenne et à manche, donc ce qu'on appelle en Belgique un POÊLON. En France, le *poêlon* n'est qu'une variété de casserole à manche creux, en métal ou en terre, où l'on fait mijoter des aliments. La *casserole* belge s'appelle souvent en France un FAITOUT (ou FAIT-TOUT, invariable). Il est caractérisé par deux poignées et un couvercle. La casserole française a parfois un couvercle. En Belgique comme en France on parle de COCOTTE pour une petite marmite en fonte dont le couvercle est lourd: *un poulet cocotte* (préparé dans une cocotte).

CASSETTE, n.f., se dit en français d'un coffret (petite caisse) ou d'un étui en matière plastique renfermant une bande magnétique enregistrée (on parle d'un magnétophone à cassettes), mais non, comme dans les écoles belges, d'un étui où l'on met des crayons, etc. ou, comme à Namur, d'un fromage blanc.

CASSE-VITESSE, n.m., se dit en Belgique pour désigner les ralentisseurs, ces petits dos d'âne, de plus en plus nombreux, aménagés en travers de la route pour inciter à ralentir.

CASSIS, n.m. On prononce l's final dans le nom de la plante, du fruit, de la liqueur, mais non dans celui de la ville ou d'une rigole pratiquée dans une route.

CASSONADE, n.f., sucre roux. Un seul *n*.

[CASTAR] s'emploie à Bruxelles comme nom masculin ou comme adjectif pour *costaud*, *gaillard* ou comme adjectif pour *formidable*, etc.

CASUEL, adj., signifie *fortuit*, *accidentel*, *qui peut arriver ou non* ; le sens de *fragile* est populaire et, assez largement, régional.

CATACLYSME, n.m., en dépit de son sens étymologique dont on n'a plus conscience (en grec, bouleversement de la surface du globe), peut se dire de tout grand bouleversement. Par extension : désastre, bouleversement dans la situation d'un État ; mais le mot n'est pas synonyme de CATASTROPHE, qui peut être moins fort.

CATADIOPTRE, n.m. *Un catadioptre.*

CATAFALQUE, n.m. ▶ CÉNOTAPHE.

CATALOGAGE, n.m., est français : action de CATALOGUER ; son résultat. Noter *ga*. On dit aussi **CATALOGUEMENT**.

CATALYSEUR, n.m., et non [CATALYSATEUR], est le nom donné à ce qui agit par CATALYSE (n.f.), en accélérant un processus ; le verbe est **CATALYSER**.

CATARRHE, n.m., **CATHARE**, n. et adj. Distinguer un *catarrhe*, un rhume, et un *Cathare*, adepte de la religion cathare.

CATASTROPHÉ, adj., est très familier et excessif dans le sens de *consterné*, *abattu*, *découragé* par un événement qu'on assimile, hyperboliquement, à une catastrophe, à un grand malheur, et qui serait catastrophique.

CATCH, n.m., anglicisme désignant une sorte de lutte libre, a donné le verbe français **CATCHER** (faire du catch) et le nom **CATCHEUR**.

CATÉNAIRE, adj. et n.f. *Une suspension caténaire* maintient le fil à distance constante ; elle peut s'appeler *une caténaire*.

CATHOLIQUE, adj., est familier dans son emploi, en sens négatif, pour apprécier ce qui n'est pas régulier, correct, ce qui est sujet à caution : *un propos peu catholique*, *des moyens plus ou moins catholiques*.

CATLEYA, n.m. Un *t* ou deux *t*, du nom du botaniste anglais *W. Cattley*. Cette orchidée a été célébrée par Proust (*Du côté de chez Swann*) et on a retenu de l'évocation littéraire l'expression métaphorique *faire catleya*, langage convenu entre les personnages pour signifier la possession physique.

CAUCHEMAR, n.m. **Adjectifs dérivés** : CAUCHEMARDESQUE ou CAUCHEMARESQUE, CAUCHEMARDEUX. *Une maison cauchemardesque. Un sommeil cauchemardeux* (rempli de cauchemars).

CAUSAL, adj. Pluriel masculin (très rare) : ***causals***.

CAUSANT, adj., « qui aime à causer » : *Elle n'est pas très causante.*

CAUSE, n.f.

1. **POUR CAUSE DE**, loc.prép., est suivi du nom exprimant de façon précise la cause : *Fermé pour cause d'agrandissement, d'inventaire, de décès. Il a été congédié pour cause d'incapacité.*

   On dit donc : **POUR CAUSE DE MALADIE** et non, malgré l'avis du GR, comme en Belgique, [**POUR CAUSE DE SANTÉ**] ; la santé, pouvant être bonne ou mauvaise, ne peut être donnée comme la cause précise d'une absence, d'une défection, de la fermeture d'un magasin, etc. On pourrait dire : *pour cause de mauvaise santé* ; on dit : **POUR RAISON DE SANTÉ**. ▶ RAISON, 5.

2. **POUR CAUSE** s'emploie seul en fin de phrase dans le sens de « pour une raison bien connue, qu'il est inutile de rappeler » : *Je n'en dirai pas davantage, et pour cause.*

3. **À CAUSE QUE**, synonyme de *parce que*, a appartenu à la langue classique. Cette conjonction n'est pas incorrecte mais, restée vivante dans la langue populaire, elle est rare chez les écrivains et en langage soigné.

4. **Cause**, employé comme attribut sans article, est invariable : *Ces ennuis sont cause que je n'ai pas pu assister à la fête.*

5. On dit en Belgique [HORS CAUSE] au lieu de **HORS DE CAUSE**. *Mettre en cause, être en cause, mettre (ou être) hors de cause.*

CAUSER, v.intr. et tr.dir. ou ind.

1. Notons quelques emplois de *causer* dans le sens de **parler** : *Ils ont causé longtemps. C'est assez causé.* **Causer affaires** ou **politique** ou **littérature** (à côté de *causer d'affaires*, etc.) : *Rodolphe, avec Madame Bovary, causait rêves, pressentiments, magnétisme* (Flaubert, G., *Mme Bovary*). **Causer français** et **causer le français** sont critiqués trop sévèrement, étant donné que *causer* y fonctionne comme *parler* ; ils sont populaires. On ne dira pas [*causer qqn*]. Mais peut-on dire **causer à qqn** ? Le tour a été plus ou moins vivement critiqué et il l'est encore. Très répandu dans le langage populaire ou familier, il s'est depuis longtemps introduit en littérature. L'usage soigné continue à opposer cependant

parler à qqn et *causer* **avec** *qqn*; mais *parler avec qqn* est un tour devenu correct et *causer à qqn*, encore blâmé, est peut-être en voie d'être toléré par analogie avec *parler à qqn*.

2. Dans le sens de **être cause de**, **occasionner**, on dit: *causer des désagréments, du scandale, un malheur*; rarement: *un effet agréable, une joie*, bien qu'on dise: *Cela m'a causé une agréable surprise*. Mais, si on cause qqch., on ne cause pas qqn. On dit donc: *Cet accident a causé des dégâts et a fait plusieurs blessés* et non pas [*Cet accident a causé des morts et des dégâts*].

CAUTION, n.f., CAUTIONNER, v.tr.dir., ne se disent pas pour verres consignés. *On cautionne un ami* (pour une certaine somme), *une politique* (par un vote).

Ce, cet, c'est, cela

1. *CE* ET *CET*, DÉTERMINANTS DÉMONSTRATIFS

Au masculin, *cet* est remplacé par *ce* devant un mot commençant par une consonne ou un *h* aspiré: *Cet enfant, cet hôpital, cet extraordinaire bouleversement. Ce bouleversement, cette aventure. Ce midi* ▸ MIDI, 3. Au pluriel: *ces*.

2. *CE*, *CELA* PRONOMS DÉMONSTRATIFS

▸ ÇA et CECI, CELA.

2.1. PRONOM *CE*. ÉLISION DE *CE* EN *C'*

Devant *avoir* ou les formes du verbe *être* commençant par une voyelle, devant *en* et devant *aller* employé comme auxiliaire (devant un infinitif), le pronom *ce* s'élide en *c'* (*ç'* devant *a* ou *o*): *C'est, c'était, c'eût été, ç'aurait été difficile, c'en est fait, ç'allait être difficile*. ▸ ÇA, 1.

2.2. *CE* ET *CELA* APRÈS *ET* OU UNE PRÉPOSITION

On dit: *Il a déclaré, et cela* (ou *et ce*) *devant témoins...* **Sur ce** (ou *sur cela*), *il est parti*. On ne dit guère *pour ce, de ce*; on dit plutôt *pour cela, de cela*.

2.3. *CE DISANT, CE FAISANT*

Ce disant, ce faisant peuvent remplacer *en disant cela, en faisant cela*. Mais devant d'autres participes présents, le tour appartient au style affecté. On dit très bien: **pour ce faire** (pour faire cela).

2.4. *CE*, *CELA*, *IL* DEVANT *ÊTRE* SUIVI D'UN ADJECTIF

Ce, cela et *il* impersonnel devant *être* suivi d'un adjectif annoncent un infinitif ou une proposition qui suit. On emploie *il* ou de plus en plus *ce* (surtout pour insister), mais on ne dit guère *cela* dans de telles phrases. **Il est** (ou **C'est**) **utile de réfléchir** (noter *de*), *que vous* **réfléchissiez**. Noter: *Est-ce utile? Ce l'est*.

Devant un autre verbe, on emploie *cela*: **Cela m'étonne** *que vous* **soyez** *parti si brusquement*. ▸ ÇA, CELA, CE. Emplois de c'est ▸ 2.5.4.

Pour renvoyer à ce qui précède, on emploie *ce* ou *cela*: *Faut-il en parler?* **C'est inutile** ou **cela est inutile**. Avec *vrai*, on peut trouver *il*: *Il me l'a dit*, **c'est vrai**, **il est vrai**, **cela est vrai**. *C'est vrai qu'il* **a** *raison*.

Dans le deuxième terme d'une comparaison, on dit, avec *être* suivi d'un attribut, *c'est* ou *il est*: *Ces malades s'agitent* **plus qu'il n'est souhaitable** ou **que ce n'est souhaitable**. Devant d'autres verbes: **comme il arrive** ou **comme cela arrive**.

2.5. *C'EST*

2.5.1. ACCORD

▸ VERBE, Accord, 2.3.1.

2.5.2. *C'EST... QUI, C'EST... DONT, C'EST... QUE*

C'est... qui, c'est... dont, c'est... que, etc. mettent en relief n'importe quel élément de la phrase, sauf le verbe à un mode personnel:

> *C'est* **moi qui** *l'ai dit. C'est un fripon que cet homme. C'est bien lui que j'ai vu. C'est ce dont je me plains. C'est bien de cela qu'il s'agit. C'est demain que j'irai. C'est pour lui que je l'ai fait. C'est en forgeant qu'on devient forgeron.*

Si le complément ainsi mis en relief est prépositionnel, on le fait précéder de la préposition: **C'est à vous que je parle**. **C'est de cela que** *tu as besoin*. Rare et affecté est le tour: *C'est vous à qui je parle. C'est cela dont tu as besoin*. Cette construction s'impose toutefois si le complément prépositionnel est précédé d'un autre, non prépositionnel: *C'est vous que je cherche* **et à qui** *je voudrais parler*. Plutôt que: *C'est de cela qu'il est question* **et dont** *ils parlent à mots couverts*, on dira en répétant *que*: *...***et qu'***ils parlent à mots couverts*.

On évitera de dire comme autrefois: *C'est à vous à qui je veux parler. C'est de cela dont il a besoin. C'est de sa mauvaise foi dont je me plains*. On dira: **que** *je veux parler, qu'il a besoin, que je me plains*.

Notons qu'on emploie *que* plutôt que *où* pour marquer le temps, le lieu dans des phrases du type *C'est là* **que** *je l'attends. C'est en classe seulement qu'il est obéissant*. ▸ QUE, pr., 2.2.

2.5.3. Emploi du mode et du temps

A. Dans une proposition principale

Dans *c'est... qui, c'est... que, c'est*, en proposition principale, reste généralement au présent :

> **C'est** *Stella peut-être qui serait morte* (Cassou, J., *Le bel automne*). *S'il était trois heures, c'est donc qu'il restait au moins quatre heures avant l'aube* (Clavel, B., *La saison des loups*). *C'est lui qui le prétendait.*

C'est peut (non *doit*) se mettre au temps et au mode de la proposition qui suit, mais si ce temps est un temps composé, on emploie généralement le temps simple correspondant :

> **C'était** *lui qui le prétendait. C'était lui qui l'avait demandé* (ou *C'est lui qui l'avait demandé*). *Dans ce cas,* **ce serait** *lui qui vous accueillerait, qui vous aurait accueilli. Ce sera lui qui le dira.* Remarquer, dans la phrase suivante, l'imparfait préféré à *fut-ce* : *Était-ce là ou aux Trois Quartiers que j'achetai ces gants ?* (Green, J., *Partir avant le jour*).

À distinguer du tour où *c'est* ne sert pas à mettre en relief ; on explique ou on illustre un fait qui vient d'être énoncé au passé ; on emploie alors *c'était* :

> *On sonna, c'était le facteur. — Aussitôt les solliciteurs l'assaillirent : c'étaient d'anciens collègues, des amis, des parents qui venaient présenter des requêtes.*

B. Dans une subordonnée

Si *c'est* se trouve dans une subordonnée, il se met au présent ou à un temps simple comme plus haut, mais au mode où serait mis n'importe quel autre verbe dans cette proposition :

> *J'ai confiance, parce que c'est lui qui l'a dit. Quand même ce ne serait pas lui qui l'aurait dit* (on entend : *Quand même ce n'aurait pas été lui qui l'aurait dit). Bien que ce soit lui qui l'ait dit* (▷ QUOIQUE, 1). *Que ce soit vous qui ayez dit cela, je ne m'y attendais pas.*

On emploie donc le même mode dans les deux subordonnées : *Ne croyez pas que ce soit la gourmandise qui me fasse parler de cette fraise de veau* (Aymé, M., *Contes du chat perché*).

Après **si c'était** (ou *si ç'avait été*)... **qui** ou **que**, on emploie couramment l'indicatif : *Si c'était lui qui l'avait demandé.* Le conditionnel s'entend parfois dans la relative mais n'est pas à conseiller. Au contraire, le subjonctif imparfait (ou plus-que-parfait) après *si c'était* (ou *si ç'avait été*)... *qui* ou *que* n'est pas rare dans la langue littéraire (à côté de l'indicatif) :

> *Si c'était au prix de la guerre qu'il fallût acheter le mot volupté, je m'en passerais* (Giraudoux, J., *La guerre de Troie n'aura pas lieu*). *Si c'était lui qui l'eût demandé* ou *qui l'avait demandé.*

C. *Ce qui est..., c'est que ; ce que..., c'est que*

Après *c'est que* suivant la mise en relief par *ce qui est* ou *ce que*, on emploie le même mode que s'il n'y avait pas cette mise en relief :

> *Ce qui est certain, c'est qu'il* **a** *tort* (comparer : *Il est certain qu'il a tort*). *Ce qui est surprenant, c'est qu'il* **soit** *en retard* (*Il est surprenant qu'il soit en retard*). *Ce que je sais, c'est qu'il* **était** *là* (*Je sais qu'il était là*). *Ce que je veux, c'est qu'on en* **finisse** (*Je veux qu'on en finisse*). *Ce qu'il est bête !* (combien il est bête) exclamatif. ▷ 2.6.

D. *Ce qui* ou *ce qu'il se passe*

▷ CE QUI, 4.

2.5.4. *C'EST* suivi d'un attribut puis d'un infinitif

▷ 2.4.

A. L'attribut est un adjectif

Si cet attribut est un adjectif ou équivaut à un adjectif, le nom qui précise *ce* est précédé d'une virgule : *C'est dangereux, l'obstination.* L'infinitif qui précise *ce* est introduit par *de* ou parfois par *que de* :

> *C'est dangereux* **de** *s'obstiner. C'est horrible que de haïr* (Mauriac, Fr., *Asmodée*). *C'est sans intérêt de faire cela.* Notons qu'on dit : **C'est gentil de** *me prévenir* ou *Vous êtes gentil de me prévenir* ou *C'est gentil à vous de me prévenir.* Ce dernier tour, avec un adjectif comme *gentil, aimable*, n'est pas un belgicisme ; il est français : *C'est gentil à vous d'accepter* (PR).

B. L'attribut est un nom

Si cet attribut est un nom avec ou sans article, on emploie, devant l'infinitif, *de* ou *que de* ; *que* seul est aujourd'hui plutôt archaïque :

> *C'est une belle chose* **de garder** *le secret* ou **que de** *garder le secret* (Ac., à Que). *C'est folie de faire cela* ou *que de faire cela. — C'était une bénédiction que d'avoir rencontré cette femme* (Triolet, E., *Le premier accroc...*). *C'était pitié que de voir le Rhône dans cet état* (Clavel, B., *Le seigneur du fleuve*).

Après le nom attribut, on met une virgule ou on emploie *que* devant un nom ou un pronom précisant *ce* :

> *C'est un grand défaut, l'avarice. C'est un artiste, celui-là. C'est un grand défaut* **que** *l'avarice. C'est un grand défaut que le sien* ou *que celui-là.*

C. L'attribut est un infinitif

Si cet attribut est un infinitif, on emploie *que* ou *que de* devant l'infinitif précisant *ce* :

> *C'est se tromper **que croire** cela ou **que de croire** cela.*
> *Est-ce diminuer une chose qu'en montrer les difficultés?*
> (Tharaud, J., *Petite histoire des juifs*). *C'est rendre un mauvais service à une jeune fille que de lui faire un compliment*
> (Maurois, A., *Climats*).

On trouve beaucoup plus rarement *de* seul : *C'est se tromper de croire...* ou *que de croire...* (Ac., à *Que*). Quand un infinitif précède *ce*, il faut employer *ce* devant *être* à la forme affirmative : ***Partir, c'est mourir** un peu. Vouloir, c'est pouvoir.* Mais *ce* est facultatif si la phrase est négative : *Promettre n'est pas toujours tenir* ou *Promettre, **ce** n'est pas toujours tenir.*

D. L'attribut est un adverbe de quantité

Si l'attribut est un adverbe de quantité (*assez, trop*, etc.), on emploie *de* (ou, moins souvent, *que de*) devant un infinitif :

> *C'était peu pour lui **d**'avoir obtenu cet avantage* (Ac., à *De*).
> *C'était assez de savoir les lire et de les réciter par cœur*
> (Tharaud, J., *Petite histoire des juifs*).

E. *C'est... de* ou *ce que c'est de*

a. *C'est* après un autre verbe

Si *c'est* intervient après un autre verbe pour expliciter un autre *ce*, il faut tenir compte de la construction de ce premier verbe. Ainsi *de* est normal dans : *Ce qui n'arrive pas à n'importe qui, c'est **de** trouver là-dessous des armes* (Gide, A., *Les faux-monnayeurs*) parce qu'on dit : *il arrive à qqn **de** trouver.* Mais *de* est fautif dans : *Ce qu'il faudrait maintenant, c'est d'avoir le sang comme celui des caméléons* (Giono, J., *L'oiseau bagué*), parce qu'on ne dit pas [*Il faut d'avoir*]. Mais : *Ce qu'il faut éviter, c'est de le voir.*

De même, après **le difficile, le mieux, l'important**, etc., sans verbe, *c'est* est suivi de *de* et d'un infinitif parce qu'on dit :

> ***C'est difficile de** faire cela (ce qui est difficile, c'est de faire cela). Le difficile dans la vie **c'est de prendre** au sérieux longtemps de suite la même chose* (Gide, A., *Ibid.*). *Le mieux, ce serait d'aller vous coucher. L'ennui, c'est de partir.*

b. Après *ce que c'est*

Après *ce que c'est*, on emploie *que de* ou *de* devant l'infinitif : *Voilà ce que c'est **que de désobéir*** (Ac.) ou *Voilà ce que c'est **de** désobéir.* — *Voilà ce que c'est de s'engager trop vite* (Rolland, R., *La nouvelle journée*).

2.5.5. *C'EST QUE*

C'est que, introduisant un verbe, s'emploie aussi bien que *c'est parce que* et est suivi de l'indicatif. *C'est* est généralement au présent, mais on trouve *c'était* devant un temps passé : *Si elle arrivait à faire de bons petits plats, c'était qu'elle était une cuisinière remarquable* (Triolet, E., *Le premier accroc...*).

2.5.6. *CE N'EST PAS QUE*

Ce n'est pas que, introduisant un verbe, écarte quelque chose, généralement une cause, et est suivi normalement du subjonctif :

> *Ce n'est pas que je **sois** très content de lui. Ce n'était pas qu'elle **ne trouvât** dans son cœur un semblant d'affection pour la petite Hélène ni qu'elle **manquât** à la cajoler dans ses moments de bonne humeur* (Green, J., *Varouna*). Attention au sens et à la présence ou à l'absence de *ne* (rarement *ne pas*) ; ce qui est nié, c'est qu'on est content, qu'elle ne trouvait pas, qu'elle manquait.

On trouve parfois *ce n'est pas que* au présent au lieu de *ce n'était pas que* et entraînant une concordance de temps comme après un passé : *Ce n'est pas qu'Alexis préférât le cours Gambetta, il le prenait parce qu'il se présentait* (Triolet, E., *Le premier accroc...*). *Ce n'est pas que je lusse beaucoup... Je lisais et relisais les mêmes* (Colette, *La maison de Claudine*).

Le subjonctif est normal, puisqu'on rejette ou du moins on ne retient pas une cause, un fait. L'indicatif est rare et peut se justifier quand il s'agit d'un fait passé sur le contraire duquel on veut insister :

> *Ce n'était pas qu'elle le **quittait** ou le **trompait*** (Aragon, L., *La mise à mort*). *Ce n'était pas que je visais mal* (Gracq, J., *Le rivage des Syrtes*). Notons que le subjonctif imparfait *visasse* est inconcevable et que le subjonctif présent, semblable à l'indicatif présent, étonnerait. *Ce n'est pas que je soupçonnais Vladimir* (Triolet, E., *Le premier accroc...*).

On peut introduire une opposition en employant *mais, mais bien* : *Ce n'est pas qu'on oublie les faits, mais bien qu'on en perd le fil* (Green, J., *Jeunesse*) ; on n'oublie pas, on perd le fil.

2.6. *CE QUE* EXCLAMATIF

Ce que exclamatif, exprimant l'intensité, la quantité, est correct avec une légère teinte familière : ***Ce que c'est** difficile!* (Comme c'est difficile! Que c'est difficile!). *Ce que ça m'agace!* (Comme, combien, que). *Ce qu'il est bête!* Mais on laissera à la langue populaire l'emploi dans le même sens de *qu'est-ce que*, assez courant dans le langage oral : [*Qu'est-ce que c'est beau! Qu'est-ce que j'ai* *faim!*] Quant à *comment que* dans le même sens, il est vulgaire. En subordonnée: *Imaginez ce que j'ai souffert.*

On peut dire: *Ce que c'est que la vie! Ce que c'est que de nous! Ce que c'est que d'avoir étudié!* (voir Henry, A., *Études de syntaxe expressive*).

2.7. C'EST POUR

C'est pour devant un infinitif a été ridiculisé par Faguet dans son fameux distique: «*Malgré qu'il pleut, on part à Gif, nous deux mon chien. C'est pour sortir Azor, surtout qu'il n'est pas bien.*» Le tour n'a rien d'incorrect: *C'est pour rire. Ce n'est pas pour dire, mais il a du culot.*

Ne pas abuser de *c'est pour*: *C'est pour le gaz,* etc.

2.8. C'EST-À-DIRE

Traits d'union. Abréviation: *c.-à-d.*

2.9. [C'EST AUJOURD'HUI DEUX ANS]

[*C'est aujourd'hui deux ans*] est incorrect. On dira: *Il y a aujourd'hui deux ans.*

2.10. C'EST À VOUS À OU DE

C'est à vous à ou *de + infinitif.* ▸ À et DE, 3.

2.11. C'EST ÇA QUE

[*C'est ça que*] ne peut remplacer *c'est pour cela* (ou *ça*) *que*: *C'est pour ça qu'il est parti.*

2.12. C'ÉTAIT SEPTEMBRE

C'était septembre, employé par A. Daudet au début de *Port-Tarascon,* peut se dire à côté de *On était en septembre.*

2.13. VOIR AUSSI...

▸ TOUT, 3.2, *tout ce qu'il y a de,* CE QUI, EST-CE QUE.

2.14. C'EN EST FAIT

C'en est fait s'emploie sans complément (*C'en est fait, je démissionne, la chose est décidée*) ou, malgré les puristes qui veulent s'en tenir à *c'est fait de,* avec un complément: **C'en est fait de nous** (Ac.; nous sommes perdus). *C'en est fait de notre liberté.*

Ceci, cela, pronoms démonstratifs

(▸ ÇA). Lorsque les deux termes sont opposés, *ceci* continue à désigner ce qui est le plus rapproché ou a été nommé en dernier lieu: **Ceci** est à moi, **cela** est à lui.

Employé seul, *ceci* annonce ce qui va suivre: **Ceci** est mon testament. Dites-lui ceci de ma part: je ne céderai pas. Mais *cela* tend à l'emporter nettement sur *ceci* en dehors des cas où il y a opposition. La Bruyère écrivait déjà: *La vertu a cela d'heureux qu'elle se suffit à elle-même.*

Mais *cela dit* est souvent remplacé par *ceci dit* et *prenez ceci* par *prenez cela.* La langue populaire et familière utilise très peu *ceci* et emploie *cela* ou *ça* (▸ ÇA). Elle en arrive à dire étrangement *ça* ou *ça* au lieu de *ceci* ou *cela.*

Éviter la faute courante de l'accent sur *cela.*

CÉDÉROM, n.m., désigne, en informatique, un disque à mémoire dont seule la lecture est possible (*Compact Disc Read Only Memory*) et qu'il convient d'introduire dans un lecteur intégré à un ordinateur. La graphie *cédérom* a été proposée par l'Académie française en 1996 pour *CD-ROM* (écrit parfois *CD-Rom*), sur un modèle bien connu (*bédéphile* ou *pédégé*). L'acronyme *DOC* (Disque Optique Compact), proposé en 1989, a échoué en raison de sa concurrence avec *doc.,* troncation de *documentation.*

CEINTURER, v.tr.dir. *On ceinture qqn, une ville, on entoure un monument.*

CÉLERI, n.m. *É* est souvent prononcé *è*: *sèlri. Des pieds de céleri.* On écrit: *un* **CÉLERI-RAVE,** *des* **céleris-raves.** On peut s'étonner qu'on dise *du* **SEL DE CÉLERI** alors qu'il paraît logique de parler de *sel au céleri.* C'est cependant la forme usuelle et la seule connue des bons dictionnaires, malgré la définition: «aromatisé avec du céleri séché ou pulvérisé». On peut aussi écrire **CÈLERI** (*RO* III.7E).

CELUI, pron.dém.

1. **FAIRE CELUI QUI** est correct lorsqu'on parle d'un être animé qui «fait semblant de»: *Il fait celui qui ne comprend pas.* Parfois en proposition elliptique: *Est-il fâché ou fait-il celui qui?*

2. [*IL Y EN A DE CEUX QUI*] est un archaïsme encore vivant en Belgique. On doit dire: *Il y en a* (ou *il en est*) *qui ne comprennent pas* ou *Certains ne comprennent pas.* Mais on dit fort bien: *Il est de ceux* (ou *de ceux-là*) *qui ne veulent pas comprendre* ou *Il est parmi ceux qui...*

3. *Ceux* renvoie à un nom exprimé auparavant: *Les habitants de Paris et ceux de Lyon.* En langue populaire: [*Les ceux de Paris; les ceux qui...*].

4. Emploi de *celui* **dans les comparaisons.** L'ellipse du sujet et celle du verbe sont courantes dans le second terme d'une

comparaison. *Il court comme un fou* (comme court un fou). *Il nous regardait comme des étrangers* (comme il aurait regardé des étrangers). *Il me connaissait comme sa poche.*

Mais il y a des limites que la logique et la clarté ne permettent pas de franchir. D'où le recours à *celui* comme terme corrélatif dans des phrases comme celles-ci : *Ses études sont plus intéressantes que **celles de son frère**. Il suit des cours plus passionnants que ceux de sa sœur.*

Celui, celle, ceux, pronoms démonstratifs

1. DEVANT UNE PRÉPOSITION, UN PARTICIPE OU UN ADJECTIF

Certains grammairiens et l'Académie n'admettent que *celui de, celui qui* ou *que*. Ils rejettent donc l'emploi de *celui* devant une autre préposition que *de*, devant un participe et devant un adjectif, sauf si ceux-ci sont entre deux virgules et suivis d'une proposition relative ou de *de* :

> *La lettre de votre père et celle de votre frère* ou *et celle qu'a écrite votre frère. Ma lettre et celle, écrite par lui, que vous verrez. Cette édition et celle, rare, de 1727.*

Le bon usage est certainement beaucoup plus libéral, malgré la persistance des condamnations :

1.1. DEVANT UNE PRÉPOSITION

Celui n'est pas encore suivi de n'importe quelle préposition. Outre *de*, on trouve cependant de plus en plus *à, après, avant, avec, dans, devant, derrière, en, entre, envers, par, pour, sans, sur* :

> *Les bibelots rares et ceux **à** quatre sous. Les jours avant cette rencontre et ceux **après** elle. Passez-moi son dossier, celui **avec** une chemise grise. Les statues en bronze et celles **en** marbre. Les chocolats pour vous et ceux **pour** votre sœur. On mêlait les critiques sur son œuvre et celles **sur** sa personne.*

On dit avec un pronom personnel : *Ceux d'entre vous* ou *Ceux de vous.*

1.2. DEVANT UN PARTICIPE

On peut employer *celui* devant un participe complété. On ne dira pas : *Les livres prêtés et [ceux perdus]*. Mais : *et **ceux perdus dans le déménagement**. On dit fort bien : Les auteurs que je vais citer et ceux **déjà mentionnés**;* il y a détermination par un adverbe.

> *Une autre édition que celle prêtée par mon ami. Votre position et celle prise par votre parti. Ceux marqués d'un astérisque. Ceux y **séjournant** temporairement. Les notes de l'avant-propos et celles se rapportant aux premières pages.*

1.3. DEVANT UN ADJECTIF

Devant un adjectif, l'emploi de *celui* est beaucoup moins fréquent. Il est exclu s'il est possible de substantiver l'adjectif en recourant à l'article. On doit donc dire : *Lisez les bons auteurs et non les médiocres.*

On a vu plus haut que *celui* peut s'employer devant un adjectif entre deux virgules ou entre deux pauses, suivi d'un complément de *celui* : *Au souci de rajeunir son Dictionnaire l'Académie a joint celui, non moins vif, de lui conserver sa physionomie* (Préface de la 8e éd. du Dict. de l'Ac. fr., p. IV). La phrase suivante paraîtrait normale si l'on percevait deux pauses encadrant *cannées* : *Ils arrivaient en traînant leurs chaises (...); on voyait **celles cannées** qui accompagnaient les buffets Henri II* (Sabatier, R., *Les allumettes suédoises*).

L'emploi de *celui* peut ne pas choquer si l'adjectif est complété autrement que par une relative : *Mesnard a accompli la marche inverse de **celle habituelle à** l'artiste* (Dutourd, J., *Pluche*). *Je me méfie de ces gens-là et surtout de ceux capables de mentir.* Mais on recourra plus souvent à une relative : *et surtout de ceux qui sont capables...*

2. OMISSION DE *CELUI*

Elle ne s'impose jamais. Elle se rencontre notamment :

Après *être, sembler*, etc., devant un complément déterminatif : *Ses réflexions sont (celles) d'un homme désabusé.*

Devant un second complément déterminatif coordonné : *L'invasion allemande bouleversa la face de la France et (celle) du monde.* On évitera l'équivoque ou l'absurdité : *Le livre de Pierre et de Paul* (qui leur est commun) n'a pas le même sens que *Le livre de Pierre et celui de Paul*. On doit dire : *La femme de Pierre et celle de Paul.* On dit fort bien : *Ceux de France et de Navarre*, mais *celui* doit se répéter lorsque la clarté l'exige.

Quand on veut faire bref, surtout après *comme* ou *que* corrélatif : *Un cri puissant comme d'un cor* (Verlaine). *Je n'ai d'autre désir que de vous être agréable.*

Celui-ci, celui-là, pronoms démonstratifs

Ces pronoms s'emploient (parfois au lieu d'un pronom personnel) pour traduire un geste, même fictif, ou pour renforcer l'expression, ou par besoin de clarté. Bien que *celui-là* gagne du terrain sur *celui-ci* (comme *cela* sur *ceci*), la langue garde conscience de l'opposition qui rapporte le premier à ce qui est plus éloigné, à ce qui a été nommé d'abord, et le second à ce qui est présenté comme plus rapproché.

Celui-là s'emploie aussi d'une manière emphatique, soit seul (au lieu de *il*), soit lorsqu'il reprend un sujet ou un complément précédent, soit lorsque la relative qu'il détermine est rejetée après la principale :

> *J'ai rencontré Pierre ; il (ou celui-là) a de la chance. Il a de la chance, celui-là. Un nouveau visiteur survint, plus poli celui-là. Je l'ai déjà rencontré, celui-là. Celui-là est heureux qui...*

On entend parfois substituer sans raison *celui-là qui* à *celui qui* : *Celui-là qui l'a dit ferait bien de l'avouer*. C'est admis. Mais la langue littéraire dit, en séparant *celui-là* de *qui* : *Celui-là sera puni qui...* Après *c'est*, on emploie très bien *celui-là qui* : *C'est celui-là qui l'a dit*.

———

CÉNESTHÉSIE, n.f., CÉNESTHÉSIQUE, adj., ont été écrits CŒNESTHÉSIE, CŒNESTHÉSIQUE. *Cénesthésie*, qui désigne une impression générale d'aise ou de malaise, ne doit pas être confondu avec SYNESTHÉSIE, correspondant à un trouble de la perception.

———

CÉNOTAPHE, n.m., par son étymologie (grec *kenos*, vide), désigne un tombeau vide, un monument élevé à la mémoire d'un mort, mais qui ne contient pas ses restes. Il ne faut pas confondre un *cénotaphe* avec un MAUSOLÉE (sépulture somptueuse, tombeau somptueux) ni avec un CATAFALQUE (élevé dans une église lors d'une cérémonie funèbre), ni avec un SARCOPHAGE, qui désignait un tombeau où les anciens mettaient les corps qu'ils ne voulaient pas brûler, et qui aujourd'hui désigne la partie qui, dans un monument funéraire, simule un cercueil.

———

CENSE, n.f., est un ancien mot français, qui survit quelque peu en Belgique et dans certaines régions de France pour désigner une ferme, une métairie. Mais on ne peut pas employer CENSIER pour *fermier*.

———

CENSÉ, adj. (supposé, réputé, considéré comme ; ancien verbe *censer* : estimer, juger) ne peut être confondu avec SENSÉ (qui a du bon sens, du jugement : penser à *insensé*) : *Il est censé capable. Il est censé être en voyage. Un homme, un projet sensé*. La faute est fréquente. Même distinction entre CENSÉMENT (par supposition, en apparence) et (rare) SENSÉMENT (d'une manière sensée).

———

CENT, n.m. Comme unité monétaire, CENT (prononcé *sèn't*) est variable : *Cinquante cents*.

Cent, numéral

Dix-neuf cents et **mille neuf cents**. ▸ MILLE, 3.

1. ACCORD DE *CENT* ET DE *VINGT*, DÉTERMINANTS NUMÉRAUX

Ils ne prennent *s* que dans le cas où, multipliés par un autre nombre, ils terminent le déterminant numéral :

> *Deux cents ans. Trois cent quatre-vingts pages. Trois cent quatre-vingt-quatre pages. La somme s'élève à deux cents et quelques francs. Deux cent mille francs. Les cent francs versés. Les deux cents francs versés. Prenez ces cent francs.*

On écrit : *Deux cents millions quatre cent mille francs. Deux cents milliards*, parce que *million* et *milliard* sont des noms. *Quatre-vingt mille kilomètres. Quatre-vingts milles marins*. ▸ MILLE.

On notera : ***Tous les cent ans***. *Tous les quatre-vingts ans. Tous les deux cents mètres* ; il n'y a pas multiplication par *les* ; on écrirait : *en cent ans, en quatre-vingts ans, sur deux cents mètres*. ***Trois cents et des jours***. *Quatre-vingts et quelques pages* ; *vingt* et *cent*, multipliés, ne sont pas suivis d'un autre nombre. Employés par abréviation pour *vingtième* et *centième*, *vingt* et *cent* sont invariables :

> ***Page deux cent***. *Le n° quatre-vingt. L'an neuf cent quatre-vingt. En mille trois cent. Au cours de l'année quatre-vingt* ou ***des années quatre-vingt*** ou *seize cent* (commençant par...).

2. *CENT*, NOM

Cent, nom, pris pour *centaine*, varie : *Des mille et **des cents**. **Quelques cents de fagots***. À distinguer de *faire quelques cents mètres*, où *cent*, multiplié par l'indéfini *quelques* au lieu de l'être par un nombre précis, est traité comme dans *quatre cents mètres*. *Depuis des cents et cents années* (La Varende). Le *B.U.*, qui cite cette phrase, note aussi ces deux autres où «*cent* est invariable parce que l'idée de pluralité est relative, non au seul mot *cent*, mais à l'ensemble des deux mots *cent mille*» : *Qu'un fabricant ait la fantaisie d'ajouter cette année quelques cent mille francs à son revenu* (Vigny). *Il y a des cent et cent mille ans* (Loti).

3. POURCENTAGE

On dit : *Quarante élèves sur cent* (ou *quarante pour cent des élèves*) *ont réussi. Il a placé son argent à cinq pour cent. Cela lui rapporte dix pour cent*. L'expression *cinq du cent* est populaire et à éviter.

4. TRAIT D'UNION

Cent n'est ni précédé ni suivi d'un trait d'union : *Deux cent trois. Le deux cent cinquantième.* Parfois cependant : *le deux cent-cinquantième.* Les *Rectifications de l'orthographe* de 1990 proposent d'écrire avec trait d'union les numéraux formant un nombre complexe : *cent-un, cent-deux, deux-cents, deux-cent-soixante-et-onze*, etc. (*RO* II.1). ▶ CENTENAIRE.

5. *CENT UN*, ETC.

On dit sans *et* : *cent un, cent dix*, etc. On emploie *cent et un* (comme *mille et un*) pour un nombre indéterminé ; mais plus souvent on emploie *cent* dans le même sens : *Il y a cent choses à dire là-dessus.*

CENTENAIRE, n.m., etc. On parle du centenaire, du **BICENTENAIRE**, du **TRICENTENAIRE** d'une ville, etc. Pour 150 ans, on dit *le* **CENT CINQUANTENAIRE** (écrit aussi parfois avec un trait d'union) ou *le cent cinquantième anniversaire.*

CENTRAL, n.m. *Un central téléphonique* (où aboutissent les fils du réseau).

CENTRALISER, v.tr.dir. On centralise des renseignements, etc.

CENTRE, n.m.

1. À *shopping center* correspond **CENTRE COMMERCIAL**, appelé aussi, surtout au Québec, *centre d'achats.*

2. En termes de sport, un **centre** désigne un joueur de la ligne du centre ou l'action de *centrer*, c'est-à-dire d'envoyer le ballon vers l'axe du terrain. Le joueur placé au centre des avants s'appelle un **AVANT-CENTRE** ; en Belgique [un **CENTRE-AVANT**]. *Avant* et *centre* étant deux noms, ils doivent varier tous deux au pluriel : *des avants-centres* ; mais on écrit les *demi-centres*. En politique, *le centre, le centre droit.*

CENTRER, v.tr.dir. On centre une activité, une réflexion *sur* qqch. ou qqn, on centre un titre sur une page. *Centrer le sujet* (d'une photo), *l'image.* En sport : *L'ailier a centré.* ▶ CENTRE, 2.

CENTRIPÈTE (qui tend — latin *petere* — à se rapprocher du centre), s'oppose à *centrifuge.*

CEP, n.m., pied de vigne. **CÈPE**, n.m., sorte de champignon.

CEPENDANT, adv., n'est plus guère vivant dans le sens de «pendant ce temps», seul cas où il peut se joindre normalement à *mais*. — *Cependant que* est plus vivant dans ce sens, mais moins que *pendant que.*

Ce qui, ce qu'il, ce que, ce dont

1. *CE QUE*

Pour *ce que* ▶ CE, 2.6.

2. RÉPÉTITION DE *QUI* OU *QUE* DANS *CE QUI* OU *CE QUE*

Il n'y a pas lieu de répéter *qui* ou *que* si on ne répète pas *ce* : *Voilà ce qui m'a toujours intéressé et m'intéresse encore* (ou *et ce qui m'intéresse encore*). *Ce que je vois et entends me suffit* (ou *ce que je vois et ce que j'entends*). ▶ PRONOMS PERSONNELS, 2 et 4.

3. *CE QUI*, *CE QUE* ET *CE DONT* COORDONNÉS

Il ne faut pas s'étonner que **qui** et **que** voisinent malgré des fonctions différentes : *Ce qui m'a étonné et que je ne m'explique pas encore, c'est votre silence* (ou *et ce que je ne m'explique pas encore*).

Avec **ce dont** : *Ce dont il se souvient et se plaint*, les deux verbes réclamant **de**.

4. *CE QUI* OU *CE QU'IL*

Ce qui arrive ou *ce qu'il arrive, ce qui te plaît* ou *ce qu'il te plaît*, etc. Il n'y a d'hésitation possible que si le verbe peut ou non être impersonnel. S'il est toujours impersonnel, comme *falloir*, on doit employer **ce qu'il** (prononcé familièrement et couramment «ce qui») : *Il faut ce qu'il faut. Vous ferez ce qu'il faut* (sous-entendu : faire).

D'autre part, le pronom *il* est parfois voulu par la structure de la phrase. On dit : *Voilà un homme qui arrive.* Et donc : *Le voilà qui arrive.* Mais *Voilà que cet homme arrive* ; et donc : *Voilà qu'il arrive* (le verbe n'est pas impersonnel). Tandis qu'on peut hésiter entre *Voilà ce qui m'arrive* (la chose qui m'arrive) et *Voilà ce qu'il m'arrive* (qui peut faire pendant à *Il m'arrive qqch.*). ▶ 4.2.3 ; IMPORTER.

4.1. *CE QUI* OU *CE QU'IL* SUIVIS DE *PLAIRE*

Mettons à part *plaire*. La distinction de sens est plus théorique que réelle ; d'où de fréquentes confusions. *Fais ce qui te plaît* (ce qui te donne ou te donnera du plaisir). *Fais ce qu'il te plaît* sous-entend l'infinitif du verbe précédent : *Fais ce qu'il te plaît de faire.* Dans les deux cas, le sens peut se ramener à *Fais ce que tu voudras.* De même : *Choisis ce qu'il te plaît* (sous-entendu : de choisir). *Choisis ce qui te plaît* (ce qui a pour toi un attrait). Sens commun : ce que tu aimes, ce que tu veux.

4.2. Le cas des autres verbes

Pour les autres verbes (**arriver**, **advenir**, **convenir**, **en résulter**, **se passer**, **rester**, **pouvoir**, **prendre**, etc.), la distinction est plus nette dans certains cas que dans d'autres ; on peut souvent hésiter.

4.2.1. *Rester*

Rester se prête facilement aux deux tours :

> *Il sait **ce qui lui reste** à faire* et ***ce qu'il lui reste** à faire*. On peut dire en effet : *Telle chose lui reste à faire* ou *il lui reste à faire telle chose*. De même : *Toutes les démarches qui me restent à faire* ou *qu'il me reste à faire*. D'où : *ce qui me reste à faire* ou *ce qu'il me reste à faire*. De même : *ce qui lui reste d'argent* ou *ce qu'il lui reste d'argent*.

On emploie plus souvent *ce qui*.

4.2.2. *Se passer*

Avec *se passer*, l'impersonnel n'est pas rare, mais on a le choix :

> *Sans que Nicole pût seulement se douter de **ce qu'il se passait*** (t'Serstevens, A., *L'amour autour de la maison*). *Si vous saviez ce qu'il se passe là-bas* (Chalais, Fr., *Les chocolats de l'entracte*). *Qu'est-ce **qui se passe**?* ou *Qu'est-ce qu'il se passe?*

4.2.3. *Arriver*

Avec *arriver* (▸ 4, le cas de *Voilà*) :

> *Qu'est-ce **qui arrive**?* ou *Qu'est-ce **qu'il arrive**? Quoi qu'il arrive* ou *quoi qui arrive : Elle ne comprend pas ce qu'il lui arrive* (Aragon, L., *La mise à mort*).

4.2.4. *Pouvoir, advenir, prendre, résulter, convenir*

De même :

> *Arrive ce qui pourra* ou *ce qu'il pourra. Quoi qu'il **advienne*** ou *Quoi qui advienne. Qu'est-ce qu'il lui **prend**?* ou *Qu'est-ce qui lui prend? Voilà ce qu'il **en est résulté*** ou *ce qui en est résulté*.

> *Faites ce qu'il **convient** de faire* ou *ce qui convient (de faire)* ou *ce qui convient*.

4.2.5. *Sembler bon*

Attention à *sembler bon*. On dira : *Faites ce qu'il vous semble bon (de faire)* ou *ce qui vous semble bon*. Mais avec l'inversion de *bon* : *Faites ce que bon vous semble*.

CÉRÉMONIAL, n.m. *Un cérémonial*, *des **cérémonials***.

CÉRÉMONIE, n.f. *Le maître de cérémonie* ou *des cérémonies*.

CERF, n.m. Prononciation rare, non conseillée, de *f* au singulier et au pluriel.

CERISE, n.f. *Tarte aux cerises. Liqueur aux cerises* ou *de cerise. Confiture de cerises. Des rubans cerise. Des étoffes rouge cerise.* ▸ QUEUE.

CERTAIN, adj. ou pronom.

1. On distingue, après l'article indéfini *un*, le qualificatif qui suit le nom (*Il a une autorité certaine*, indiscutable), et l'adjectif indéfini qui précède celui-ci avec une valeur d'atténuation ou pour marquer l'imprécision : *Il a une certaine autorité. J'ai pour lui un certain respect. Un certain soir.* Cela peut aller jusqu'au dédain : *On lit dans une certaine presse.* Aussi devant un nom propre : *Un certain Durand est venu me voir.* La langue classique avait un pluriel **de certains** correspondant à *un certain.* Le tour n'est plus guère vivant, mais il subsiste : *Il y a certaines choses, de certaines choses pour lesquelles on éprouve de la répugnance* (Ac.). À côté de *à certains moments*, on trouve *à de certains moments*.

2. **Certain soir** (ou **jour**) a le même sens qu'*un certain soir* (ou *jour*). Au pluriel : *certains soirs*.

3. **Le pronom indéfini** ne s'emploie qu'au pluriel : *Certains, certaines s'interrogent. Chez certains... J'en connais certains qui le disent.* On n'emploie guère le pronom comme **attribut**. L'adjectif qualificatif a au contraire facilement cette fonction : *Nous sommes certains qu'il réussira.* Théoriquement on peut dire, avec le pronom indéfini : *Nous sommes certains qui pensons qu'il réussira* ; mais on voit l'équivoque suscitée, ne fût-ce qu'un instant, par *certains*.

4. IL EST CERTAIN QUE est suivi de l'indicatif ou du conditionnel : *Il est certain qu'il **est** venu, qu'il **serait** venu si on le lui avait demandé.* Comme après *croire*, on peut avoir le subjonctif ou l'indicatif (ou le conditionnel) après la forme négative ou interrogative : *Il n'est pas certain qu'il **soit** venu (qu'il **est** venu, qu'il viendra, qu'il viendrait si on le lui demandait). Est-on certain qu'il **viendra**, qu'il **ait** l'intention de venir?*

> Même emploi des modes après AVEC LA CERTITUDE, SANS LA CERTITUDE.

CERTAINEMENT QUE est suivi de l'indicatif ou du conditionnel. Pas plus qu'après *certes*, on ne fait l'inversion régulièrement après *certainement*. ▸ INVERSION, 3.3.2.

CERTIFIÉ, part.p. La formule administrative belge [*Certifié sincère et véritable à la somme de*] est due à l'omission d'une partie de la formule qui a cours en France : *Certifié sincère*

*et véritable la présente facture arrêtée à la somme de. —
Une copie certifiée conforme.*

CERVICAL, adj. se dit de ce qui appartient au cou, à la nuque ou au col de l'utérus, de la vessie. Ne pas confondre avec **CÉRÉBRAL**, «qui appartient au cerveau». Pluriel: *cervicaux.*

CESSE, n.f. N'*avoir de cesse de rencontrer* ou *que de rencontrer* ou *avant de rencontrer* ou *que et le subjonctif.* ▶ AVOIR, 12.

CESSER, v.tr.dir. (*Cesser les recherches*), intr. (*Le bruit a cessé*). Noter *Il cesse de chercher.* Même dans son emploi intr., *cesser* se conjugue aujourd'hui avec *avoir*: *La pluie a cessé. Tout travail a cessé dans les ateliers. La neige n'a pas cessé de tomber. Il n'a pas cessé de neiger.*

Emploi de *ne* ou de *ne pas.* ▶ NE employé seul, 5.3.

On écrit: **TOUTE AFFAIRE CESSANTE** ou **TOUTES AFFAIRES CESSANTES.**

CESSION, n.f., terme juridique ou commercial en rapport avec *céder* (*la cession d'un bail, une cession de créance, d'un fonds de commerce*), ne peut être confondu avec **SESSION** qui, en rapport avec *s'asseoir*, se dit d'une assemblée politique, d'un tribunal, d'un jury qui *siègent.*

C'EST. ▶ CE, 2.5 et VERBE, Accord, 2.3.1. **C'EST-À-DIRE,** ▶ CE, 2.8.

CEUX. ▶ CELUI.

CHACAL, n.m. Pluriel: des *chacals.*

Chacun, chaque

1. EMPLOI

Le pronom indéfini *chacun* (féminin *chacune*) n'a pas de pluriel. On dit, avec le **déterminant** indéfini *chaque*: *chaque page* ou avec le **pronom**: *chacune des pages, chacune d'entre elles, chacune d'elles, chacune desquelles. Chacun de nous* (ou *d'entre nous*) *s'en aperçoit. Interrogez ces hommes et ces femmes* **chacun à part.** *Elles sont* **chacune** *accompagnées d'un chien.* Noter l'accord du participe avec *elles.*

On ne rencontre plus guère, sauf régionalement, *tout chacun*; mais **un chacun** et **tout un chacun** gardent leur vitalité; ils restent invariables: *Les opinions d'un chacun. Cela peut arriver à tout un chacun.*

Sa chacune est familier: *Chacun s'en va avec sa chacune.*

On dit: **chaque** (ou *à chaque*) *automne*, *chaque* (ou *à chaque*) *fois*.

2. CHACUN

2.1. CHACUN ET LE DÉTERMINANT POSSESSIF

2.1.1. *Chacun* ne reprend pas un pluriel

Quand *chacun* ne reprend pas un pluriel qui le précède, on emploie *son, sa, ses*:

> *Chacun à* **sa** *place. Chacune a ses défauts. Chacun des orateurs parlera à son tour. On vivait chacun à sa guise.*

2.1.2. *Chacun* renvoie à un sujet pluriel qui le précède

Lorsque **le verbe est à la 1re ou à la 2e personne du pluriel**, on emploie *notre, votre*, si l'être ou l'objet possédé par chacun est unique; *nos, vos* si chacun en possède plusieurs: *Nous avons allumé chacun notre lampe. Nous emporterons chacun nos livres*, si chacun possède plusieurs livres; *chacun notre livre*, si chacun ne possède qu'un livre. Ici, *livre* est complément du verbe. Si le rapport est moins étroit, on peut employer *son, sa, ses. Nous irons chacun de notre côté* (ou, tour assez fréquent: *chacun de son côté*). *Nous gagnâmes chacun notre place. Nous gagnâmes chacun nos places* est anormal. Dirait-on: *Nous monterons chacun nos chevaux*, alors que chacun ne peut monter qu'un cheval à la fois?

Lorsque **le verbe est à la 3e personne du pluriel**, on emploie *son, sa, ses* ou *leur, leurs*. L'usage laisse le choix, c'est affaire d'oreille ou de clarté, d'orientation de la pensée vers le sens collectif ou le sens disjonctif: *Ils s'en allèrent* **chacun de leur côté** ou (exigé par l'Académie) **chacun de son côté.** D'où, si chacun n'a qu'un livre: *Ils ont emporté chacun son livre* ou *chacun leur livre*; si chacun en a plusieurs: *Ils ont emporté chacun ses livres* ou *chacun leurs livres*. L'opposition *son, ses* est plus claire à l'audition.

2.1.3. *Chacun* renvoie à un complément pluriel

Quand *chacun* renvoie à un complément pluriel qui précède, on a le choix: *Vous remettrez ces livres chacun à* **sa** *place* ou *chacun à* **leur** *place*. Mais si *chacun* **renvoie au sujet**, on doit dire: *Vous lirez ce livre chacun à votre tour* (▶ 2.1.2); à la 3e personne: *Ils ont lu ce livre chacun à son tour* (ou *à leur tour*). Éviter d'omettre *à*. On dit aussi: **à chacun** *son livre.* ▶ INVERSION, 3.1.1.B.

2.1.4. *Chacun* se rapporte à un participe présent

Si *chacun* est en rapport avec un participe présent s'appliquant à une 3e personne, on emploie normalement *son, sa, ses*: *Ils se taisaient, ruminant, chacun à sa façon, ces histoires admirables* (Rolland, R., *Jean-Christophe*). *On ne les comprenait plus, chacun parlant sa langue.* Mais on peut employer *leur* si le participe précède *chacun*: *Ils entraient, déposant chacun son* (ou *leur*) *fardeau.*

2.2. PRONOM PERSONNEL OU POSSESSIF APRÈS *CHACUN*

On s'inspirera des mêmes principes (▶ 2.1.2) pour l'emploi, après *chacun*, du pronom personnel *nous, vous, le, lui* ou *les, leur* et du pronom possessif *le nôtre, le vôtre, le sien, la sienne* ou *le leur, la leur*:

> *Nous soutiendrons chacun l'opinion qui nous paraîtra la meilleure. Ils soutiendront chacun l'opinion qui lui (ou leur) paraîtra la meilleure. Ils feront leur possible, chacun en ce qui le concerne (plutôt que les).* — *Rassemblons nos souvenirs; nous évoquerons chacun les nôtres. Nous y mettrons chacun du nôtre. Ils y mettent chacun du sien (plutôt que du leur).*

2.3. *SOI* OU *LUI (EUX)* RENVOYANT À *CHACUN* SUJET

2.3.1. *Chacun* a un sens indéterminé

Après *chacun* ayant un sens général et indéterminé (toute personne), on emploie généralement *soi*:

> *Chacun travaille pour soi.* Mais on trouve *lui*: *Chacun emmène derrière lui son portrait idéal* (Nimier, R., *Les épées*).

2.3.2. *Chacun* représente une personne précise

Si *chacun* représente une personne précisée par le contexte:

S'il n'est **pas complété**, on emploie généralement *lui* ou *elle*: *Après cette conversation, chacun retournera chez lui.* L'emploi de *soi* est à recommander s'il convient d'éviter l'équivoque: *Après s'être tous amusés au café avec Pierre, chacun retourna chez soi* (*lui* pourrait renvoyer à Pierre).

S'il est suivi d'un **complément déterminatif**, on emploie généralement *lui (elle)* ou *lui-même (elle-même)*: *Chacun de nous pense du bien de lui-même. Chacun d'eux travaille pour lui-même. Soi* est plus rare.

Si *chacun* renvoie à un **sujet déterminé pluriel** et se trouve après un verbe au pluriel, on a le choix entre *soi* et *eux*: *Ils retournèrent chacun chez soi* ou *chez eux.*

3. *CHAQUE*

En français soigné, il est normal que *chaque*, adjectif, soit suivi d'un nom. On se gardera donc, malgré les exemples de bons écrivains, les tolérances de certains dictionnaires et les tendances très nettes du français non seulement populaire mais familier ou commercial, de dire: *Ils ont visité cinq ou six villes et passé trois jours dans chaque* (sous-entendu: *ville*). On dira: *dans* **chacune**. De même: *Ces cravates coûtent cinq francs chacune* ou *chacune cinq francs* ou *cinq francs (la) pièce.*

Autre tour courant, qui a pour lui l'ancienneté et quelques bons répondants littéraires: *(À) chaque cinq minutes. Chaque huit jours.*

On peut s'en tenir aux tours réguliers, simples et commodes: *Toutes les cinq minutes. De cinq en cinq minutes. Tous les huit jours.*

Par contre, il n'y a aucune raison, selon moi, d'éviter *chaque* devant un nombre ordinal suivi d'un nom. *Chaque troisième année, chaque septième jour. À chaque cinquième minute.*

▶ FOIS, 4 et VERBE, Accord, 2.2.9.

CHAGRIN, adj., a un féminin: **chagrine**.

CHAH, n.m., graphie francisée de SHAH (ou SCHAH). C'est proprement un pléonasme de parler de l'ancien *Shah de Perse* ou *d'Iran.*

CHAHUT, n.m., ne désigne plus, comme au XIXᵉ siècle, une danse désordonnée accompagnée de cris, mais un grand bruit, un vacarme en général et spécialement un tapage organisé dans les écoles. CHAHUTER, CHAHUTEUR.

CHAI, n.m. *Un chai de coopérative vinicole.*

CHAÎNE, n.f., et les mots de la même famille: *chaînage, chaîner, chaînette, chaîneur, chaînier, chaîniste, chaînon* s'écrivent tous avec un accent circonflexe, mais les *Rectifications de l'orthographe* de 1990 proposent la suppression de celui-ci (*RO* II.4).

CHAIRE, n.f. L'expression CHAIRE DE VÉRITÉ, «chaire où l'on prêche l'Évangile», est sortie de l'usage en France, où l'on se contente généralement de *chaire*; on a dit aussi CHAIRE À PRÊCHER; mais *chaire de vérité* est resté vivant dans le Nord et en Belgique jusqu'à la nouvelle liturgie.

CHALAND, n.m. ▶ ACHALANDÉ.

CHALLENGE, n.m., anglicisme provenant d'un ancien mot français, se prononce à la française. «Compétition sportive dont le vainqueur garde le titre et le trophée (appelé aussi un *challenge*) jusqu'à ce qu'un autre vainqueur les lui enlève.»

CHALLENGER, n.m., désigne celui qui, dans une épreuve sportive, cherche à enlever le titre et le trophée au champion. Les *Rectifications de l'orthographe* de 1990 ont proposé de franciser le mot conformément à sa prononciation, CHALLENGEUR (*RO* IV.9).

CHAMBRE, n.f. Un malade *garde la chambre, est dans sa chambre,* tandis qu'un ouvrier travaille *en chambre* (chez lui). ▶ ROBE.

CHAMOISETTE, n.f., a été formé en Belgique, à partir de *chamois* et de *peau de chamois*, pour désigner un chiffon à enlever la poussière, un torchon d'entretien; CHAMOISINE, n.f. créé en France dans le même sens, n'a pu s'y imposer vraiment, mais est dans le *GR* et le *TLF*.

CHAMP, n.m. ▸ CHANT. SUR-LE-CHAMP, adverbe, À TOUT BOUT DE CHAMP.

CHAMPAGNE.

1. n.m. SABLER LE CHAMPAGNE, c'est le boire. *Sabrer la bouteille,* c'est l'ouvrir d'un coup de sabre. D'où, parfois, *sabrer le champagne.*

2. Adj. invariable : *De la soie champagne.*

3. De la même famille : CHAMPAGNISER, CHAMPAGNISATION.

CHANCE, n.f., peut avoir un sens général et se dire, dans un contexte non équivoque, de la manière, favorable ou défavorable, dont les faits s'enchaînent (*La chance a tourné*). Il signifie alors *hasard* et, le sens étant précisé par un adjectif, peut s'employer pour *risque* (d'où *bonne chance, mauvaise chance, malchance*), tandis que *risque* et *risquer* ne se disent que dans la prévision d'un danger, d'un événement malheureux.

Mais *chance* ne se dit plus guère aujourd'hui que d'un hasard heureux : *On a une chance* ou *des chances de réussir, on a de la chance, on tente sa chance, on donne sa chance à qqn, on a une chance sur deux d'arriver à temps. Par chance,* par bonheur.

C'EST UNE CHANCE QUE est suivi du subjonctif parce que le sens est « Il est heureux que » : *C'est une chance qu'il soit là.* Mais on trouve l'indicatif, toujours requis après *heureusement que.*

IL Y A DES CHANCES (ou *x pour cent de chances*) QUE est suivi de l'indicatif ou du conditionnel comme *il est vraisemblable que, on peut espérer que.* Mais on dira avec une négation : *Il n'y a aucune chance qu'il le fasse.* Dans une question : *Y a-t-il une chance qu'il le fasse ?*

CHANCEUX, adj., appliqué aux choses avec le sens de « hasardeux, incertain », vieillit : *Une entreprise chanceuse.* Il s'emploie plutôt, appliqué aux personnes, dans le sens de « favorisé par la chance », VEINARD, CHANÇARD (très familier) ou VERNI (populaire).

CHANDAIL, n.m. (des *chandails*), peut remplacer *pull-over* ou *pull.*

CHANDELLE, n.f. On écrit : *C'est une économie de bouts de chandelles* (Ac.) ou *de bouts de chandelle* (Ac.). *Il lui doit une fière chandelle. Brûler la chandelle par les deux bouts.*

CHANGER, v.tr.dir. ou ind. ou intr.

1. **Auxiliaire.** *Avoir* est beaucoup plus fréquent dans tous les sens ▸ AUXILIAIRES, 1. *Être,* qui n'est pas rare mais qui ne s'impose jamais, marque, avec le verbe intransitif, un état qui se situe au moment indiqué par le temps du verbe ; *changé* est alors plutôt un adjectif : *Comme les choses ont changé ! Les choses sont bien changées. Le temps a changé. Le temps est changé aujourd'hui. Pierre n'a pas changé. Décidément, vous avez bien changé (ou vous êtes bien changé). Les immeubles n'avaient pas changé (...). Les temps avaient changé* (Modiano, P., *Rue des boutiques obscures*). *Rien n'est changé (...). Les mots qui sont changés* (Céline, F., *Voyage au bout de la nuit*).

2. *On change de cravate, de chemise, de place, de main, de fournisseur.*

   À côté de *changer de vêtements,* on a dit simplement *changer* (langue classique), mais on dit couramment SE CHANGER. — *Changer qqn* se dit pour un malade ou un enfant dont on change le linge ou les draps.

3. *On change qqn* ou *qqch.* **de place** ; *changer le fusil d'épaule.*

4. **Changer contre.** On *change* ou on *échange* un objet contre un autre, des billets contre de la monnaie. *Changer pour* est vieilli.

   Elliptiquement : *On change un billet de cent francs.* De même : *On lui a changé son pardessus au vestiaire. Changer les draps.*

5. **Changer en** (sans article ou avec *un*) signifie « transformer en » : *Changer un doute en certitude, l'eau en vin. Changer le titre de roi en celui d'empereur.* L'emploi de à dans ce sens devant un article défini est devenu très rare : *Le pain est changé au corps de Notre-Seigneur* (Ac.).

6. **Le** ou **lui faire changer de** ▸ INFINITIF, 2.1.1.

CHANT (DE), loc.adv. Telle est l'orthographe actuelle de l'expression écrite autrefois « de champ » : *poser, mettre* (une planche, un livre, une brique) *de chant* (sur la face étroite et longue). De même : *sur chant.* Ce mot *chant* vient d'un mot latin signifiant « bande ».

CHANTERELLE, n.f., dans un instrument à cordes, celle qui a le son le plus aigu : *Appuyer sur la chanterelle,* insister avec force.

CHANTEUR, n.m. Au féminin, *chanteuse* est le terme général, remplacé par CANTATRICE (qui n'a pas de masculin) pour une chanteuse d'opéra. — On écrit : MAÎTRE CHANTEUR sans trait d'union.

CHANTIER, n.m. *On a* (ou *on met*) *un ouvrage sur le chantier* ou *en chantier.*

CHANTOIR, n.m., est la francisation en Belgique d'un mot wallon désignant une BÉTOIRE, excavation où s'engouffre un cours d'eau.

CHAOS, n.m. ▶ CAHOT.

CHAPEAU, n.m. *Un chapeau à larges bords.* ▶ BOULE, BUSE, MELON.

CHAPITRE, n.m., et ses dérivés n'ont pas d'accent circonflexe.

CHAQUE ▶ CHACUN, FOIS et VERBE, Accord, 2.2.9.

CHAR, n.m. On écrit généralement CHAR À BANCS, parfois CHAR À BANC.

CHARBONNIÈRE, n.f., se dit de la *mésange charbonnière*, à la tête noire. Emploi belge, dans le sens de «seau à charbon» ▶ BAC. *Manufrance* appelle aussi *charbonnière* un coffre à charbon.

CHARCUTER, v.tr.dir., a un sens péjoratif.

CHARIOT ou **CHARRIOT**, n.m., a pu s'écrire *charriot* (Ac., 1975), avec deux r, comme *charrette*, etc., mais l'Académie a imposé *chariot* en 1987 et les *Rectifications de l'orthographe* de 1990 réinstallent les deux r (RO III.10H).

CHARISME, n.m., **CHARISMATIQUE**, adj. (pron. *ka*). Étymologiquement, *charisme* signifie «don gratuit, grâce». En langage théologique, ce nom s'est appliqué aux dons spirituels octroyés par l'Esprit-Saint à des individus. Par extension, le mot (ainsi que l'adjectif *charismatique*) s'est dit d'une certaine Église postconciliaire donnant libre cours à des dons spirituels transitoires et a dévié vers un sens impliquant, pour un chef, un orateur, etc., une autorité fascinante, irrésistible.

CHARLATAN, n.m., a eu un féminin, *charlatane*.

CHARMEUR, n.m. et adj., a aujourd'hui pour féminin *charmeuse*.

CHARRÉE, n.f., s'est dit autrefois en français commun pour CHARRETÉE.

CHARRETTE, n.f. On notera deux expressions courantes en Belgique : *Ça ne veut pas dire charrette* pour *Ça ne prouve pas grand-chose*; *Pousser à la charrette* pour *pousser à la roue*, dans le sens de *faire évoluer un processus*.

CHARRIER, v.tr.dir. ou intr. **Tr.**: *On charrie de l'eau, des betteraves. La Meuse charrie des glaçons.* Populaire, *charrier qqn*, se moquer de lui. — **Intr.**, populaire: *Charrier ou charrier dans les bégonias*, exagérer.

CHARROI, n.m., a élargi son sens. Il ne se dit pas seulement de l'action de transporter par charrettes ou tombereaux. Comme le nom *transport*, il peut se dire aussi du matériel de transport, d'un convoi, de véhicules qui font route ensemble.

CHARRUE, n.f. ▶ AVANT et DEVANT.

CHARRUER, v.tr.dir., dans le sens de «travailler avec la charrue», resté vivant en Belgique, n'est plus signalé qu'exceptionnellement par les dictionnaires français. Il est cependant bien connu en France, en dehors de Paris.

CHARTER, n.m., se prononce à la française avec *è*: on entend aussi et même on écrit *charteur*. On peut d'ailleurs dire: *avion* (ou *vol*) *nolisé* (ou *affrété*). On peut parler de *tarif de nolisement*. Quant au verbe **CHARTÉRISER** (ou **CHARTER**), on le remplacera par *affréter, fréter* ou *noliser*. ▶ AFFRÉTER.

CHARYBDE. Prononcer *ka*. TOMBER DE CHARYBDE EN SCYLLA (dans le détroit de Messine), n'échapper à un mal que pour tomber dans un plus grand.

CHAS, n.m. *Le chas d'une aiguille.*

CHASSE, n.f. *On va à la chasse. On est en chasse. On prend en chasse qqn* ou *qqch.* (un voleur, une voiture). *La chasse aux canards, à l'éléphant, au mari.* — *Actionner* (ou *tirer*) *la chasse d'eau* ou *la chasse.*

CHASSER, v. L'emploi intransitif, avec pour sujet la pluie, le vent, n'est pas propre à la Wallonie, où il est courant et où l'on dit: *ça chasse*, mais est un régionalisme français: *Mademoiselle Verdure interrompit la bésigue pour aller voir dans les chambres «si la pluie ne chassait pas»* (Gide, A., *Isabelle*). Mais on dit fort bien que *les nuages chassent du Nord* (viennent du Nord). L'impersonnel [IL CHASSE], pour *il y a un courant d'air*, est belge.

Les composés de *chasse* et d'un complément d'objet direct donnent des noms composés qui gardent le trait d'union mais dont le pluriel est invariable ou prend un s: *un chasse-marée, des chasse-marée(s), un chasse-mouche, des chasse-mouche(s)* (RO II.1). ▶ NOMS COMPOSÉS, 2.5.

CHASSEUR, n.m. Féminin: *chasseuse* ou, rare et poétique, *chasseresse. Chasseur de têtes*, «chercheur de cadres supérieurs».

CHÂSSIS, n.m. Accent circonflexe.

CHAT, n.m. *Chat de gouttières* ou *de gouttière* (Ac.). Des CHATTERIES.

CHÂTAIGNE, n.f., fruit du CHÂTAIGNIER, nom général d'un arbre qui a beaucoup de variétés; le fruit comestible s'appelle généralement *marron*, parfois *châtaigne: des châtaignes bouillies, grillées*.

CHÂTAIN, adj., a été longtemps considéré comme n'ayant pas de féminin. On disait: *une chevelure châtain*. Mais *châtaine* s'est développé depuis plus d'un siècle. *Châtain* est invariable en composition: *Des cheveux châtain foncé. Une chevelure châtain roux.*

CHÂTEAU (accent circonflexe), n.m. Un CHÂTEAU FORT. Des *châteaux forts.*

CHATEAUBRIAND ou **CHÂTEAUBRIANT**, n.m. variables, à écrire avec une minuscule comme terme de cuisine. Selon qu'on estime que le nom vient de celui de l'écrivain ou de celui de la ville de Châteaubriant, on peut adopter l'une ou l'autre orthographe, mais non la forme mixte [CHATEAUBRIANT]: *Ils avaient voué aux chateaubriands et aux filets un véritable culte* (Perec, G., *Les choses*).

CHATON, n.m. ▸ POUSSIÈRE.

CHATOUILLE, n.f., synonyme bien français, mais familier, de *chatouillement*.

On ne peut dire [*faire chatouille*]. On dit: *Faire une chatouille, des chatouilles* (ou *chatouiller*). *Elle avait des chatouilles dans le dos.*

CHATOUILLER, v.tr.dir., a pour sujet ce qui, personne ou chose, produit l'excitation, au propre ou au figuré: *Tu me chatouilles. Ces compliments chatouillent son amour-propre. Le fumet de ce plat me chatouille les narines.* On peut dire *ça me chatouille* si ça désigne vaguement ce qui provoque le chatouillement, mais non s'il désigne un endroit du corps.

C'est une faute assez répandue en Belgique de donner pour sujet à *chatouiller* la partie du corps où l'on éprouve une démangeaison. Il faut dire, avec un complément indirect: *Le bras* (*la jambe, sa cicatrice*) **lui démange**. L'emploi de *le* au lieu de *lui* (*le démange*) est populaire mais tend à se répandre parce qu'aux autres personnes (*me, te, nous, vous*) on ne voit pas la différence qui apparaît entre *le* et *lui.*

CHAUD, adj. *Avoir très chaud* ▸ AVOIR, 17. On parle du **point chaud** d'une discussion, mais d'une **question brûlante**.

CHAUD-FROID, n.m., terme de cuisine. Des *chauds-froids.*

CHAUFFE, dans les **composés**. ▸ NOMS COMPOSÉS, 2.5 et RO II.2.

Un CHAUFFE-ASSIETTES ou CHAUFFE-ASSIETTE, des *chauffe-assiettes*, un CHAUFFE-BAIN, des *chauffe-bains*, un CHAUFFE-BIBERON, des *chauffe-biberons*, un CHAUFFE-CŒUR, des *chauffe-cœurs* (▸ CACHE-CŒUR), un CHAUFFE-PIEDS ou CHAUFFE-PIED, des *chauffe-pieds*, un CHAUFFE-PLATS ou CHAUFFE-PLAT, des *chauffe-plats*. Les alternatives correspondent aux nouvelles propositions des *Rectifications de l'orthographe* de 1990 (*RO* II.2).

CHAUFFER, v.tr.dir. On chauffe un fer **au rouge** ou, plus fort, **à blanc**. *Chauffer qqn à blanc*, le pousser à l'extrême. *Il lui chauffait* (ou *échauffait*) *les oreilles*, il l'exaspérait. — V.intr. *Le four* (*le radiateur, la roue*) *chauffe. Ça va chauffer* (ou *barder*). — CHAUFFOIR, n.m. (salle d'accueil chauffée), était vieilli, mais a été remis en usage.

CHAUFOUR (four à chaux), n.m. Ne pas confondre avec divers mots wallons.

CHAUSSÉE, n.f., donné en Belgique et dans le nord de la France à certaines rues qui partent vers une autre localité; par exemple, à Bruxelles, *chaussée de Charleroi, de Mons, de Wavre, d'Ixelles*. On y donne aussi ce nom à l'ensemble d'une voie pavée. Dans l'usage français habituel, *chaussée* se dit de la partie bombée d'une voie publique, réservée aux véhicules, par opposition aux bas-côtés.

CHAUSSE-PIED, n.m. Des *chausse-pieds.*

CHAUSSER, v.tr.dir. ou intr. *On chausse des souliers, des skis, du 42, des lunettes. Ces souliers chaussent petit. Elle chausse son enfant.*

CHAUSSE-TRAPPE, n.f., recommandé quelque temps par l'Académie pour son rapport avec *trappe*, est assez bien installé dans l'usage à côté de CHAUSSE-TRAPE, que l'Académie a voulu imposer en 1987. Les *Rectifications de l'orthographe* de 1990 proposent deux *p* et la fusion. Une CHAUSSETRAPPE, des *chaussetrappes* (*RO* III.1A).

CHAUSSURE, n.f. *Faire les chaussures* (les nettoyer, les cirer) est une expression française, aussi normale que *faire la vaisselle, le lit, la chambre.*

CHAVIRER, v.tr.dir. ou intr. **Auxiliaire** de l'intr.: *La barque a chaviré.* Le verbe pouvant être transitif (et être employé au passif), au propre (tourner la tête en bas; *chavirer un navire*, le renverser, *chavirer les chaises*, les renverser, les retourner) ou au figuré (émouvoir, troubler profondément), on emploie CHAVIRÉ avec ou sans *être* pour marquer l'état: *La barque est chavirée. J'en suis tout chaviré. Une voix chavirée.*

CHECK-UP ou **CHECKUP**, n.m., au pluriel invariable. ▸ BILAN DE SANTÉ. Conformément à l'esprit de la réforme de l'orthographe, on pourrait écrire: *un checkup, des checkups.*

CHEF, n.m., n'a pas de féminin: *Mme X est le chef de service.* **Cheffesse** est de l'argot ou est plaisant. *Chef* est vieilli dans le sens général d'article, de point principal d'un exposé, mais se dit encore des divers points d'une accusation : *Le procureur a retenu plusieurs chefs d'accusation*. On dit : **au premier chef**, avant tout. *Il importe au premier chef que nous l'écoutions*. Trait d'union devant *chef* apposé : INFIRMIÈRE-CHEF. Des *infirmières-chefs*. *Adjudant-chef*. Mais : *un chef jardinier, chef mécanicien, chef correcteur*, etc.

DE SON PROPRE CHEF : de lui-même, de sa propre initiative.

[DANS LE CHEF DE] est courant en Belgique, dans le langage judiciaire, administratif ou journalistique, alors qu'il suffit de dire : *chez, pour, de la part de*, etc. : *Une erreur de* (et non *dans le chef de*) *l'opinion publique. Des revenus envisagés séparément chez le déclarant* (et non *dans le chef du déclarant*).

CHEF-D'ŒUVRE, n.m. Des *chefs-d'œuvre*.

CHEF-GARDE, n.m. ▶ GARDE.

CHEF-LIEU d'une province, d'un département, d'un arrondissement, d'un canton. Des *chefs-lieux*.

CHEIK, n.m., est l'orthographe courante, à préférer à SCHEIK ou à CHEIKH.

CHELEM, n.m., altération de l'anglais *slam*, écrasement, se prononce *chlèm* et s'écrit parfois, en une graphie prétendument anglaise, SCHELEM ou SCHLEM.

CHÉLIDOINE, n.f. Pron. *ké*.

CHEMIN, n.m.

1. On dit fort bien : *aller en chemin de fer, voyager en chemin de fer* ou *par chemin de fer*.

2. Flandricisme : [NE SAVOIR PAS DE CHEMIN AVEC] ▶ SAVOIR, 10.

CHEMISE, n.f. ▶ BRAS, FARDE. Une CHEMISETTE n'est pas un sous-vêtement.

CHÊNE-LIÈGE, n.m. Pluriel : des *chênes-lièges* (Ac.). On a tort d'écrire, en pensant abusivement à des chênes à liège : *des chênes-liège*. On écrit avec un trait d'union CHÊNE-VERT, variété de chêne méditerranéen.

CHENIL, n.m. On prononce généralement *l* final.

CHEPTEL, n.m. On prononce aujourd'hui généralement *chèptel*.

CHÈQUE, n.m. On fait, on tire, on émet *un chèque, un chèque postal, un chèque bancaire, un chèque au porteur, un chèque de voyage* (éviter : TRAVELLER'S CHÈQUE). *Toucher* ou *encaisser un chèque*. En Belgique et dans plusimeurs pays, on a un compte *aux chèques postaux* ; en France, où ce service a été fragmenté et réparti entre des villes, on a *un compte chèque postal* ou *un compte courant postal*.

CHER. **Adjectif**. *Des oranges chères. Ces fruits sont chers*. **Adverbe** et invariable : *Ils coûtent cher. Je les ai achetés cher. Ils me reviennent cher. Vous faites cette étoffe trop cher. Il a vendu cher sa vie. Il fait cher vivre ici* : pas de préposition devant l'infinitif.

CHERCHER, v.tr.dir. *Chercher à faire qqch. Chercher qu'on soit content* ou *à ce qu'on soit content*. — *Il me cherche* est familier dans le sens de : il me provoque (souvent, continuellement). On dit abusivement en Belgique dans un sens voisin : [*chercher misère à qqn*], « lui chercher des ennuis ». Expression parallèle en français familier : *faire des misères à qqn*, lui causer des ennuis, le harceler, le tracasser.

Laisser à la langue familière : *Cela va chercher dans les dix mille francs* (cela vaut dans les dix mille francs ; ou environ dix mille francs).

CHERCHER APRÈS *qqn* ou *qqch*. ▶ APRÈS, 2.

CHÉRIF, n.m. Distinguer le *chérif* (prince) arabe (pluriel français : des *chérifs*) et le SHÉRIF américain.

CHERRY, n.m. Distinguer le *cherry* ou *cherry-brandy* (liqueur de cerise) et le SHERRY, nom anglais du *xérès*. Pluriel *des cherries* ou des *cherrys* (RO II.7).

CHEVAL, n.m. Pron. *ch(e)val*, avec *v*. Trait d'union dans *Une cinq-chevaux*. Un CHEVAL-VAPEUR, des *chevaux-vapeur*.

CHEVAUCHER, v.tr.dir. ou intr. *Elle chevauchait un mulet, un manche à balai. Ces tuiles chevauchent* (se recouvrent en partie). *Les lignes chevauchent* (l'une sur l'autre). Dans le même sens : *se chevauchent*.

CHEVAU-LÉGER, n.m. Ce singulier est tiré du pluriel *des chevau-légers*, qui représente un ancien usage.

CHEVESNE, n.m. Les graphies plus courantes de ce nom de poisson sont *chevesne*, CHEVAINE et CHEVENNE. La prononciation la plus répandue, d'après Martinet, fait entendre *e* dans la première syllabe (cela ne s'impose pas) et *è* dans la seconde ; *s* n'est jamais prononcé.

CHEVEU, n.m. *Elle est sortie en cheveux*, nu-tête. *Venir, arriver, tomber comme un cheveu sur la soupe* se rencontre en Belgique sous la forme *Venir, arriver, tomber comme un cheveu (des cheveux) dans la soupe*.

CHEVIOTTE, n.f. Deux *t*.

CHEVRETTE, n.f., jeune chèvre ou femelle du chevreuil.

CHEWING-GUM (on ne prononce pas *e*; *u* est prononcé *o* comme dans *gomme*), n.m. Pluriel: des **chewing-gums**.

CHEZ, prép., se dit en parlant d'êtres animés. ▸ ALLER, 9. *Viens* **chez** *moi* (dans ma maison) et *viens* **près de** *moi* n'ont pas le même sens. *Revenir* **de chez** *qqn. Passer par chez qqn. Aller jusque chez lui.*

On peut dire: *J'ai lu chez cet auteur* (dans son œuvre)... *C'est chez lui une habitude.*

Ne pas dire: [*un élève de chez les Jésuites*], pour *un élève* **des Jésuites**.

Mon **CHEZ-MOI**, *ton chez-toi, son chez-soi, son chez-lui, son chez-elle, notre chez-nous, votre chez-vous, leur chez-eux.*

CHIALER (sans accent circonflexe), v.intr., est populaire (pleurer).

CHIC peut être nom, adjectif ou interjection. L'adjectif est normalement invariable en genre et en nombre: *un homme chic, une femme* **chic**, *des femmes chic*; cependant l'accord en nombre se généralise: *Les gens* **chics**. *Des femmes chics.*

CHICHE, interjection familière exprimant un défi (*Chiche!*), s'emploie aussi très familièrement avec *que*: *Chiche que je le fais!*

CHICHI, n.m. *En voilà du chichi! Faire des chichis*, se comporter sans simplicité. *Sans chichis* ou *sans chichi*. — **CHICHITEUX** est très familier.

CHICON, n.m., **CHICORÉE DE BRUXELLES**. Les dictionnaires français donnent généralement à *chicon* le sens de *laitue romaine*, parfois aussi de **WITLOOF**. Ce dernier sens, courant en Belgique, n'est pas ignoré en France, non seulement dans le Nord, mais même à Paris; on y entend, pour ce légume, *chicon* ou *witloof* ou *chicorée de Bruxelles* ou, plus souvent, **ENDIVE**. Mais les marchands qui donnent ce dernier nom au *chicon* le distinguent nettement de la (*chicorée*) *scarole* et de la (*chicorée*) *frisée*.

CHIENLIT est un vieux nom français (peut-être dérivé de *chie-en-lit*) dont le sens premier est clair et qui a désigné, au **masculin**, une personne masquée, un personnage grotesque ou répugnant, et, au **féminin**, une mascarade, un désordre anarchique.

CHIENNE, f. de *chien*, s'est dit d'une femme sans moralité. En Belgique, *une chienne* (ou *des chiennes*) a désigné ce qu'en français, à partir de *coiffure* **à la chien**, on a appelé *des chiens*: cheveux formant une sorte de frange sur le front.

CHIFFE, n.f. (étoffe de mauvaise qualité), se retrouve normalement dans l'emploi familier, appliqué à une personne sans énergie: *mou comme une chiffe*. À préférer à l'autre expression française *mou comme une chique*.

CHIFFONNER, v.tr.dir., appliqué aux personnes, peut signifier «préoccuper, contrarier»: *Cela le chiffonne* (Ac.). **Intransitif**, ce verbe signifie «s'occuper de petits travaux de couture».

CHIFFONNIER, n.m. **CHIFFONNIÈRE**, n.f. Un *chiffonnier*, une *chiffonnière*, c'est celui ou celle qui ramasse et revend les chiffons, etc. Les deux mots, mais surtout le masculin, ont désigné et désignent encore un meuble à tiroirs superposés; en Belgique, le féminin est courant.

CHIFFRE, n.m. On écrit: *mille francs* **en chiffre rond** ou **en chiffres ronds**.

CHIFFRER, v.tr.dir. On dit: *chiffrer ses dépenses* (Ac.), *chiffrer le coût d'une réparation* (évaluer) *à telle somme. Les dépenses se chiffrent à tant par mois.*

CHINE, n.m. *De vieux chines* (en porcelaine). *Un livre imprimé sur chine.*

CHINER *qqn* est français et familier: le taquiner sans méchanceté.

CHINOIS, n.m., peut désigner une petite passoire conique.

CHIPER, v.tr.dir., est familier dans le sens de *dérober*.

CHIPOTER, v.tr. ou intr.

1. **Intransitif**: est français dans le sens de «manger par petits morceaux, du bout des dents et sans plaisir, grignoter» et de «travailler, agir avec lenteur en s'arrêtant à des vétilles» ou encore, spécialement, «marchander mesquinement» (GR): *Il chipote sur toutes les dépenses*. En Wallonie, «s'occuper à de petites choses» (*Il chipote à sa voiture. Elle chipote dans son sac*).

2. **Transitif** avec pour sujet un nom de chose: *Cela me chipote*, me préoccupe, me tracasse. — **Dérivés**: en français, **CHIPOTAGE**, **CHIPOTEUR**; en français de Wallonie: **CHIPOTIER**, **CHIPOTERIE** (vétille); on dit aussi un **CHIPOT**, une **chipote**.

CHIPS (emprunté à l'anglais; on prononce généralement le *s* final), est féminin dans des dictionnaires récents, après avoir été noté comme masculin. *Des pommes chips, des chips.*

CHIQUE, n.f. Au pays de Liège, bonbon, friandise. Ailleurs, tabac à mâcher. À Bavai, on vend des *chiques de Bavai*, friandises.

— AVOIR UNE CHIQUE (être en état d'ivresse) est vieux, populaire et régional (survit en Belgique et en Suisse).

CHIQUET, n.m., n'appartient qu'à des français régionaux, y compris ceux de Wallonie, pour désigner un petit morceau, notamment de pain.

CHIROMANCIE, n.f. *Chi* se prononce ici *ki*.

CHIROPRACTIE (ou CHIROPRAXIE), n.f., CHIROPRACTEUR, CHIROPRATI-CIEN (à préférer), n.m., se prononcent tous avec un *k* initial.

CHIURE, n.f., désignant les excréments d'insectes, n'a pas le caractère trivial du verbe *chier* ni du nom *les chiottes*.

CHOC, n.m., CHOQUER, v.tr.dir. *J'ai reçu un choc, j'ai été heurté*, ou simplement: *j'ai été impressionné. Choquer* a toujours un sens défavorable. **Adjectif**, *choc* est invariable: *Des prix choc*.

CHOCOLAT, n.m. ▶ BILLE, CARAQUE, PRALINE. *Un chocolat. Une barre, une plaque, une tablette de chocolat. Des teints chocolat*.

CHOESELS, n.m.pl., désigne un plat bruxellois à base de pancréas frais.

CHOIR, v.intr., vieilli, s'entend à l'ind.prés., au p.s. et au futur (*choira* ou *cherra*), ainsi qu'aux temps composés. **Auxiliaire** *avoir* (plus fréquent aujourd'hui que *être*): *elle a chu. Laisser choir*.

CHOISIR, v.tr.dir. *Il a choisi de s'en aller. Ils l'ont choisi pour chef. On l'a choisi parmi les meilleurs. Ils ont choisi entre trois solutions. De deux maux* (ou *entre deux maux*), *il faut choisir le moindre. On peut choisir arbitrairement ou non, mais par définition on ne peut* [*choisir au hasard*].

CHÔMER, v.tr.dir. ou intr. **Transitif**: *On chôme un saint, une fête. Une fête est chômée*. **Intr.**: *Il n'a pas chômé*, il n'est pas resté inactif.

CHOPER, v.tr.dir. (avec un *p*), est très familier: *On lui a chopé sa montre* (chipé). *Il s'est fait choper* (attraper) *par la police*.

CHOPPER, v.intr. (deux *p*). Avec *contre*, trébucher, heurter du pied contre: *chopper contre un obstacle*. Sans complément, se tromper, faire une erreur, avoir un écart de conduite: *Il n'a choppé qu'une fois*.

CHOQUER, v.tr.dir. *On choque les verres en trinquant*. L'emploi absolu n'est plus vivant. On dit: *Voulez-vous trinquer?* Au figuré, *Sa conduite m'a choqué. Je suis choqué qu'il ait dit cela*.

CHORAL, adj. et n.m., **chorale**, n.f. Un **choral** est un chant religieux. Pluriel: des **chorals**. Tandis que le pluriel masculin de l'adjectif peut être **chorals** ou **choraux**: *des chants choraux*.

Le nom *choral*, dans le sens de «enfant de chœur», est devenu archaïque; il survit un peu en Belgique. — Une **chorale** exécute des chœurs.

CHORÉE (pron. *k*), n.f., maladie nerveuse appelée communément *danse de Saint-Guy* parce qu'on invoquait contre elle saint Gui (ou Guy).

CHOSE, n.f.

1. Distinguer le **nom** (*C'est une chose facile, c'est chose facile. Quelle autre chose lui plairait mieux? C'est toujours la même chose. Quelque chose que je lui aie **dite**, il s'obstine. Il y a toujours quelque chose urgente à faire. Toute autre chose le contenterait*) et les **locutions pronominales** indéfinies: *Quelque chose d'urgent. Il se rappelle quelque chose que j'ai **dit**. Autre chose d'intéressant. Faites donc quelque chose. Je cherche autre chose d'aussi beau. C'est tout autre chose* ▶ TOUT, 4.4.4. *Je ne puis vous offrir que cela, c'est peu de chose. Il n'a pas dit **grand-chose*** (avec négation).

2. *C'est **peu de chose**, à peu de chose près*, mais *un **état de choses***.

3. Familiers: *Il est **tout chose*** (emploi comme adjectif), *elle est toute chose*, mal à l'aise. *Un* (ou *une*, ou *des*) *pas grand-chose*.

   Ne pas dire: *C'est toujours la même chose* [*avec lui*], au lieu de: *Il est toujours le même*.

CHOU, n.m. *Des **chou**x. Un CHOU-FLEUR, des **choux-fleurs**. Des **choux-raves**. Des **choux-navets**. Un CHOU ROUGE* (sans trait d'union), *des **choux rouges***.

On dit en Belgique: C'EST CHOU VERT ET VERT CHOU, alors que l'expression, si elle n'est pas inconnue en France, y a pour correspondant usuel: *c'est bonnet blanc et blanc bonnet* (les deux choses se valent). Un ancien usage permettait à l'adjectif de couleur de précéder le nom. Il en reste des traces dans des usages régionaux.

CHOUCHOU, n.m., (favori, préféré). Féminin: **chouchoute**. *Des **chouchous**. Il aime à se faire **chouchouter*** (gâter, dorloter). Le CHOUCHOUTAGE. Le sens, devenu courant, de morceau de tissu froncé autour d'un élastique utilisé pour regrouper les cheveux est rarement attesté dans les dictionnaires.

CHRÊME, n.m., huile consacrée. *Le saint chrême*.

CHROMO, n.m. (Un *chromo*, des **chromos**); abréviation de CHROMOLITHOGRAPHIE, n.f. désignant le procédé ou l'image.

CHRYSANTHÈME, n.m. *Un chrysanthème*.

CHUT, interjection et n.m. invariable.

CHUTE, n.f. On fait une chute *de* bicyclette.

CHUTER, v.intr., «tomber, faire une chute», «fauter» en parlant d'une femme, «subir un échec» en parlant d'une pièce de théâtre.

CHYPRIOTE, adj. et n., est devenu beaucoup plus courant que **CYPRIOTE**.

CI, **adverbe**, est précédé ou suivi d'un trait d'union, sauf en style commercial pour annoncer une somme: **ci dix francs**. On écrit: *ci-joint, ci-gît, ci-dessus, ci-dessous, ci-devant*, invariable (et non, comme en Belgique, *ci-avant*), *ci-annexé, ci-contre, ci-inclus, ci-après* et *cet homme-ci, celui-ci, ceux-ci, celles-ci, ces deux-ci, de-ci de-là, par-ci par-là*. On ne dit plus: *Qu'est-ce ci?* ni *Ci et là*, mais: *Qu'est-ce? Qu'est ceci? Çà et là*.

CI, **pronom**, fait pendant à *ça*: *Il faut faire ci, il faut faire ça. L'un dit ci, l'autre dit ça. Il se porte comme ci comme ça* (ni bien ni mal). *Avant, elle était ci, elle était ça* (Ormesson, J. d', *L'amour est un plaisir*).

CI-ANNEXÉ, CI-JOINT, etc. ▸ PARTICIPE PASSÉ, 2.1.5.

CICATRISER, v.tr.dir.: *Un remède qui cicatrise la plaie. Le temps cicatrise* (guérit, apaise) *les douleurs*. **V.intr.** ou **pron.**: *La blessure cicatrise vite, se cicatrise lentement*. Par extension, se dit parfois des personnes: *Les jeunes gens n'ont pas de mémoire. Ils cicatrisent vite* (Troyat, H., *Les Eygletière*). Attention à la terminaison du n.f. **CICATRICE**.

CICÉRONE, n.m. La forme francisée (un *cicérone*, des *cicérones*) est à préférer à un **CICERONE**, des *ciceroni*. Elle est conseillée par les *Rectifications de l'orthographe* de 1990 (RO III.9G).

CIEL, n.m., ne s'emploie qu'au singulier pour désigner la partie de l'espace au-dessus de nos têtes (*le ciel est gris*) ou Dieu (*le ciel — ou le Ciel — vous en saura gré*).

Ciel fait au **pluriel** *cieux*, emphatiquement, pour le paradis, *ciels* ou beaucoup plus souvent *cieux* pour «pays, climat» (*sous tous les cieux*, dans tous les climats) et en astronomie (*les cieux des planètes*); *ciels* dans les autres sens: *ciel de lit, de tableau, de carrière*, ou en termes d'aviation (*ciel d'une région*) et pour désigner l'atmosphère, les parties du ciel, au-dessus d'une région, perçues dans leur aspect pittoresque (*des ciels brouillés, mouillés, grisâtres, des ciels marins, des ciels d'hiver, de beaux ciels sans nuages, des ciels qui se confondent avec l'horizon*).

CIGARE, n.m., s'emploie abusivement en Belgique dans le sens de *réprimande* (ou de *savon*) avec des verbes comme *attraper*, *passer*, *recevoir*, etc. Il faut dire: *passer un savon à qqn, lui laver la tête*, etc.

CIGARILLO, n.m., petit cigare. Des **cigarillos**. Pron.: *iyo*.

CIL, n.m. On prononce *l*, non prononcé dans *sourcil*.

CIME, pas d'accent circonflexe.

CINÉRAIRE, n.f. de plante: *Une cinéraire*.

CINÉROMAN, n.m. Des **cinéromans**. On écrit aussi un **CINÉ-ROMAN**, des **ciné-romans**.

CINGALAIS, adj. et n. Renoncer à la forme **CINGHALAIS**.

CINGLÉ, adj., est très familier dans le sens de: qui a l'esprit dérangé.

CINQ. On prononce toujours *q* en liaison et devant une pause: *Cinq amis. Le cinq août. J'en ai cinq*.

Dans les autres positions, l'usage considère le plus souvent *q* comme muet, surtout devant un pluriel commençant par une consonne ou un *h* aspiré: *Cinq francs, cinq millions*, mais on l'entend souvent prononcer dans les dates devant consonne: *le cinq mai*. On le prononce quand il s'agit du chiffre *cinq*: *Le cinq romain*. Et aussi dans: *en cinq sec*. On ne prononce ni *q* ni *s* dans le nom propre **CINQ-MARS**.

EN CINQ SEC (Ac.), très vite. L'expression invariable semble venir d'une partie d'écarté jouée en cinq coups, sans perdre un seul point, donc très rapidement; d'où le sens de l'adverbe *sec*, comme dans *répondre sec*. On écrit aussi **EN CINQ SECS** (*en cinq points secs*, sans revanche). Certains disent et écrivent **EN CINQ-SEPT**: *Il délibéra en cinq-sept* (Robert, J., *Ma clé des champs*). On peut comprendre cette hésitation, due à l'ignorance du sens premier de l'expression. Mieux vaut s'en tenir à *en cinq sec*.

CINQUANTENAIRE, n.m. *On fête le cinquantenaire d'un quinquagénaire*.

CINTRE, n.m. Un *cintre* est un support léger auquel on suspend un vêtement par les épaules. Ne pas dire: [un *esse*] ▸ ESSE. Un **PORTEMANTEAU** n'est pas proprement un cintre; c'est un support, à pied ou à accrochage mural, auquel on suspend des vêtements ou des chapeaux. ▸ VESTIAIRE.

CIRCONCIRE, v.tr.dir. Notons les formes *Je circoncis, il circoncisait, qu'il circoncise, circoncisant, circoncis, -e*.

CIRCONSCRIRE, v.tr.dir., se conjugue comme *écrire*.

CIRCONVENIR, v.tr.dir., se conjugue comme *venir*, mais avec l'auxiliaire *avoir*.

CIRCULER, v.intr. Faute : *les routes [les plus circulées]*, à très grand trafic.

CISAILLE, n.f. L'outil en forme de ciseaux, à deux lames égales, servant à découper du carton, du métal en feuille, à élaguer les arbres, à tailler les haies s'appelle *une cisaille* ou plus souvent *des cisailles*. Mais on dit *une cisaille* pour la machine à deux lames, dont l'une est fixe et l'autre mobile : *une cisaille mécanique, une cisaille de ferblantier*.

CISEAU, n.m. *Un ciseau* (formé d'une seule lame) de menuisier, de sculpteur ; *Les ciseaux* (ou *la paire de ciseaux*) de la couturière.

CITRONNADE, n.f., **CITRONNÉ, CITRONNELLE**, etc. Deux *n*.

CIVIL, adj. *Officier de l'état civil* (sans majuscule ni trait d'union). On distinguera le courage *civil* (opposé au courage militaire) et le courage **CIVIQUE** (propre au bon citoyen).

[CLACHER], en Wallonie, signifie *claquer* (une porte) ou appliquer abondamment, sans soin (de la couleur).

CLAFOUTIS, n.m. *Un clafoutis aux pommes*.

CLAIR-OBSCUR, n.m. (des *clairs-obscurs*). Emploi rare comme adjectif invariable : *La surface clair-obscur où leurs brillants visages apparaissaient* (Proust, M., *À la recherche du temps perdu*).

CLAIRSEMÉ, adj., s'écrit en un mot.

CLAPETTE, n.f., vieilli et familier, est un vieux mot français (venu de l'ancien verbe *clapeter*, babiller) qui signifie *bavardage* et qui, dans le français régional de Belgique, s'emploie pour *une bavarde*.

CLAPPER, v.intr., produire avec la langue un bruit sec, un **CLAPPEMENT**. En wallon et en français régional, [*clapper la porte*], c'est la claquer.

CLAQUE, n.f. *Recevoir une claque. Une tête à claques. La claque d'un théâtre*. Au Canada, chaussure légère en caoutchouc. Populaire : **EN AVOIR SA CLAQUE**, en avoir assez, être excédé, dégoûté de qqch.

CLAQUER, v.intr., est populaire dans le sens de *mourir*.

CLARIFIER, v.tr.dir. *Clarifier un liquide, l'esprit, des idées, une situation*, etc.

CLARINETTE, n.f., peut désigner aussi le musicien (**CLARINETTISTE**, n.m. ou f.).

CLASSE, n.f. ▶ COURS. Ne pas abuser des expressions : *de classe, de grande classe*, de valeur, de qualité. Mais on dit très bien : *Cela a de la classe*. Un soldat de *première classe* s'appelle un **PREMIÈRE CLASSE** ; au pluriel, des *première classe* (il y a ellipse). En parlant des chemins de fer : *une première classe* (ou *une première*), des *premières classes*.

CLAY, n.m., se dit en anglais d'une argile. Le **TIR AUX CLAYS** (aux disques volants) a remplacé le *tir aux pigeons* en Belgique.

CLÉ ou **CLEF**, n.f. On écrit : *roman à clefs* ou *à clés* (parfois *à clé*). Sans trait d'union, apposé, variable au pluriel : *une position clé, une industrie clé, les mots clés, des positions clés*. On dit : *La clé est à la porte* ou **sur la porte**. *Il a laissé la clé sur la porte*, **dans** (ou **sur**) *la serrure. Mettre la clé* **sous la porte** (abandonner — plutôt furtivement — une maison). *Donner un tour de clé. Mettre sous clé. Louer une maison* **clé en main** (prête à l'occupation). *Acheter une maison clé en main* (en Belgique : **CLÉ SUR PORTE**). **PRENDRE LA CLÉ DES CHAMPS**, s'évader.

CLENCHE, n.f. On écrit et on prononce *en* (comme dans *vent*) et non *in*. D'où : *enclencher, déclencher*. **[CLICHE]** est dialectal. **[CLINCHE]** ne peut désigner, comme en Belgique et en Picardie, *la poignée* d'une porte. *La clenche* est le petit levier s'engageant dans le mentonnet fixé sur le chambranle. On actionne la *poignée* ou, si la forme est ronde, le *bouton* pour soulever la clenche ou dégager le pêne.

CLEPSYDRE, n.f., horloge à eau (latin *clepsydra* ; pas de *h*).

CLEPTOMANE, n.m., souvent écrit **KLEPTOMANE**.

CLIGNOTEUR, n.m., est français (*GLLF*). Ce n'est pas en Belgique seulement, mais aussi dans certaines régions françaises, notamment dans le Midi, qu'on emploie souvent ce mot en parlant des autos, au lieu de **CLIGNOTANT**, terme généralisé pour désigner les feux signalant qu'une voiture va changer de direction, ce que le code belge appelle *indicateur de direction*. On appelle toujours **FEUX CLIGNOTANTS** ceux qui annoncent certains carrefours.

CLIMAT, n.m., peut désigner l'ambiance, l'atmosphère intellectuelle ou morale, les conditions de vie.

CLIMATÉRIQUE, adj., a glissé du sens de «qui va par échelons», «qui appartient à un des âges critiques de la vie» à celui de «relatif au climat» : *Les conditions climatériques d'un pays* (Ac.). Mais **CLIMATIQUE**, plus récent, s'est imposé dans ce sens : *Influence climatique. Conditions climatiques. Station climatique* (ayant un climat favorable). — **CLIMATOLOGIQUE** :

se rapporte à la climatologie (étude des climats): *Des études, des cartes climatologiques.*

CLIMATISATION, n.f., **CONDITIONNEMENT**, n.m. On parle de *la climatisation d'une salle* par un *climatiseur,* d'une *salle climatisée,* jouissant du *conditionnement de l'air,* d'un *air conditionné.*

CLIN D'ŒIL, n.m. Pluriel: des **clins d'œil** (ou des **clins d'yeux**). C'est à tort qu'on écrit parfois [*un clin d'yeux*].

CLINIQUE, n.f. *Il est à la clinique. Un séjour en clinique.*

CLIP, n.m., anglicisme, désigne soit un bijou monté sur une pince (boucle d'oreille ou agrafe de corsage) soit une agrafe chirurgicale. Mais il ne peut comme terme général remplacer *agrafe* (qui, quelle que soit sa forme, sert à assembler) ou *attache.* Dans l'audiovisuel, *un clip,* mot américain (*clip-vidéo*), est un petit film réalisé pour promouvoir une personne, une chanson, un produit.

CLIQUES, n.f.pl. *Prendre ses cliques et ses claques.*

CLOCHE, CLOQUE, n.f. Considérés comme vulgaires pour désigner les ampoules de la peau, ces mots sont devenus usuels, mais *cloque,* forme picarde, a pratiquement éliminé *cloche,* resté vivant en Belgique.

[CLOPPE], n.f., est un flandricisme, employé surtout à Bruxelles, avec la conscience, généralement, qu'il ne s'agit pas d'un mot vraiment français, pour désigner la peur éprouvée en face d'un événement, par exemple d'un examen, qu'on va subir. Le mot vient du verbe néerlandais *kloppen,* qui peut s'appliquer au cœur qui bat. Remplacer [AVOIR LA CLOPPE] par *avoir peur,* etc. Ne pas dire [un CLOPPARD] pour un *froussard.*

[CLOPPER], v.intr. belge, vient d'un autre sens du néerlandais *kloppen,* correspondre. Au lieu de [*ça cloppe*], on dira: *c'est juste, ça va,* etc.

CLORE, v.tr.dir. Je *clos,* tu *clos,* il **clôt** (accent circonflexe). Nous **closons** (rare). Je **clorai. Clos** (impératif). Que je **close. clos, close.**

On notera que *clore* s'emploie (en concurrence avec *fermer* et à l'exclusion de *clôturer* ▸ CLÔTURER) dans le sens de *fermer* dans *clore les paupières, le bec, une porte, une lettre, un passage,* etc.

CLOSE UP. Dire en français *plan rapproché* (cinéma) ou *plan serré, gros plan* (photographie, cinéma, télévision).

CLÔTURER, v.tr.dir. *Clôturer un débat, une séance, une session, un congrès,* un *exercice budgétaire* (terminer, mettre fin à) est critiqué depuis longtemps et encore par l'Académie française, qui s'en tient à CLORE *un débat* et **clôturer** *un jardin* (l'entourer d'une clôture). On peut comprendre cette condamnation d'un emploi jugé inutile, mais l'usage admet incontestablement celui-ci. Il se justifie par l'emploi nécessaire de *clôture* avec pour complément: débat, discussion, compte, saison théâtrale, congrès, etc. Dans le jargon de certains comptables, CLÔTURER UN COMPTE, c'est l'arrêter provisoirement, tandis que *clore un compte,* c'est le terminer définitivement.

CLOU, n.m., peut se dire pour *furoncle* et, familièrement, pour «mont-de-piété» (*mettre au clou*), «vieille bicyclette» ou «vieille voiture».

CLOWN, n.m. (Le féminin **clownesse** est très peu usité.) Prononcer *ou.* De même dans: une **CLOWNERIE**, *une attitude* **CLOWNESQUE.**

C.O., C/O. En langage commercial, C.O. signifie «compte ouvert». Remplacer C/O, qui abrège l'expression *care of,* par **A.S.**, qui représente la formule française ayant le même sens: AUX SOINS DE.

CO. Après ce préfixe, on ne met pas de trait d'union: *coauteur, codirecteur,* etc. Tréma sur *i* dans *coïncider* (et dérivés), *coïnculpé.*

COAGULER, v.tr.dir. (*Coaguler du sang*) ou intr. (*Le sang coagule* ou *se coagule.*) *Son aversion s'est coagulée,* s'est figée.

COASSER, CROASSER, v.intr. La grenouille *coasse,* le corbeau *croasse.*

COBAYE, n.m. Prononcer *ail* comme dans *travail.*

COCHON, n.m., en dehors de son sens propre, connaît de nombreux emplois figurés, familiers ou populaires, comme injure; il a alors un féminin, **cochonne.** On dit: *un rôti de porc, de la viande de porc, un cochon de lait.*

Jouer un TOUR DE COCHON (▸ TOUR) et non [*jouer un pied de cochon*], belgicisme. — Les dérivés ont deux *n.*

COCKPIT, n.m. À traduire, dans le langage de l'aviation, par *poste* (ou *cabine*) *de pilotage.*

COCU, adj. et n.m. Féminin de l'adjectif et du nom: **cocue.**

COEFFICIENT, n.m., on prononce *co-é,* mais on écrit *co-e.*

CŒUR, n.m. Quelques expressions: *avoir du cœur, avoir à cœur de faire qqch., avoir à cœur qqch., garder qqch. sur le* *cœur*, *n'avoir pas le cœur à rire*, *prendre qqch. à cœur*, *savoir* ou *apprendre par cœur* (de mémoire; mais éviter [*le par(-)cœur*], le fait d'apprendre par cœur et [*un par cœur*], une leçon de mémoire), *dîner par cœur* (se passer de dîner), *connaître qqn par cœur* (parfaitement).

S'EN DONNER À CŒUR JOIE ▶ DONNER, 4.

TENIR À CŒUR ou **AU CŒUR** *à qqn* (avoir beaucoup d'importance à ses yeux): *Cette affaire lui tient fort à cœur* ou (devenu beaucoup plus rare) *au cœur*.

De gaieté de cœur. À contrecœur.

COFFIN, n.m., désigne l'étui rempli d'eau où le faucheur place sa pierre à aiguiser. Ne pas remplacer par **COUFFIN**, n.m., ou **COUFFE**, n.f., grand cabas.

COFFRE-FORT, n.m. Des *coffres-forts*.

COGNER, v.tr.dir., intr. et tr.ind. *On cogne un meuble*, *on se cogne à un meuble*, *on se cogne la tête* **contre** *un mur*, *on cogne à la porte*, *on cogne au plafond*, **sur** *la table*, etc.; *cogner* peut s'employer sans complément dans le sens de «donner des coups», mais l'expression *cogner qqn* (le battre) est populaire, ainsi que **SE COGNER** pour «se battre».

COI, adj., *tranquille*. Féminin: *coite*.

COIN, n.m. On dit: *le coin de la rue*, *un coin de rue*, *au coin de la rue*. Éviter le pléonasme [*rencogné dans un coin*]. *Le coin cuisine*, *le coin salon*. — *Une réflexion* MARQUÉE AU COIN DU BON SENS (au poinçon garantissant le bon sens).

COÏNCIDANT, participe présent de *coïncider*; **COÏNCIDENT**, adjectif; **COÏNCIDENCE**, n.f.

COING est le nom masculin du fruit du cognassier. Il ne faut donc pas parler, comme on le fait en Wallonie, d'une [POIRE DE COING].

COLÈRE, n.f. et adj. L'adjectif, qui varie comme le nom (*Ils étaient colères*), est vieilli. On dit: *Ils étaient en colère*.

COLÉREUX, adj., «prompt à se mettre en colère, irascible, irritable», est devenu dans ce sens synonyme de *colérique*.

COLLABORATION, n.f., **COLLABORER**, v.intr. *On fait un travail en collaboration avec qqn* ou *avec la collaboration de qqn*. *On collabore avec qqn à qqch*. **COLLABORATIONNISME**, n.m. — Pléonasme: [*collaborer ensemble*].

COLLATION, n.f. (on ne prononce qu'un *l*), peut signifier: repas léger, ou action de conférer un grade universitaire, ou action de collationner, de comparer deux écrits (notamment

un original et sa copie) pour voir s'ils sont identiques. Dans ce dernier sens, on parle plutôt de **COLLATIONNEMENT**.

COLLECTER, v.tr.dir., peut s'employer de façon absolue pour «quêter, faire une collecte» (*TLF*). On collecte (on recueille) *des dons*, *du lait*, etc.

COLLÈGE, n.m., est officiellement suivi en Belgique de *des bourgmestre et échevins* ou d'*échevinal* ▶ ÉCHEVIN. S'y dit aussi d'un établissement d'enseignement secondaire, généralement catholique. En France, se dit de tout établissement du premier cycle de l'enseignement secondaire.

COLLÈGUE, n.m. ou f., **CONFRÈRE**, n.m. Sont *collègues* ceux ou celles qui sont subordonnés à une même autorité ou qui exercent une même fonction ou remplissent en même temps une mission: ministres, parlementaires, ambassadeurs, évêques, professeurs, magistrats, curés, militaires, fonctionnaires de même rang, employés, etc. Sont *confrères* ceux qui appartiennent à une académie ou ont la même profession indépendante, médecins, notaires, avocats, écrivains, journalistes, libraires, etc. Le féminin de *confrère* est **consœur**. ▶ CONSŒUR.

COLLER, v.tr.dir. Familièrement, *coller un élève*, c'est lui infliger une retenue, ou le faire échouer à un examen ou lui poser une question à laquelle il ne peut répondre; dans ce dernier sens, cela se dit de tout interlocuteur qu'on met dans l'impossibilité de répondre ou à qui on pose une *colle*, une question particulièrement embarrassante. *On est collé à un examen* ▶ EXAMEN. — V.intr., dans le sens de «convenir»: *Qu'est-ce qui ne colle pas? Ça colle!* Très familier.

COLLETER, rare comme v.tr., est surtout pronominal. ▶ VERBE, Conjugaison, 1.1.

COLLIMATEUR, n.m., vient de *collimation* (action d'orienter une lunette), formé sur le verbe latin des astronomes *collimare*, lecture fautive du latin classique *collineare* (viser); il désigne un appareil d'optique, mais surtout un appareil de visée pour le tir. D'où l'expression *prendre* (ou *avoir* ou *garder*) *qqn dans son collimateur*, le soumettre à une surveillance étroite pour ne pas le manquer, se tenir prêt à l'attaquer.

COLLISION, n.f., convient au choc de deux corps, même si un seul est en mouvement. À ne pas confondre avec **COLLUSION**, entente généralement secrète au préjudice de qqn.

COLLOQUER, v.tr.dir. En termes de droit, *colloquer des créanciers*, c'est les ranger dans l'ordre suivant lequel ils seront payés. Dans l'usage général, le verbe est peu répandu et a un sens péjoratif: «se débarrasser de qqn ou de qqch.» (*Il m'a colloqué un objet sans valeur*, Ac.). Dans le sens, d'ailleurs vieilli, de «placer qqn dans un endroit peu enviable», le lieu doit être précisé: *On l'a colloqué dans un asile, on l'a colloqué parmi les malfaiteurs.* L'emploi, sans complément de lieu, dans le sens d'*interner, séquestrer, emprisonner,* comme celui de *collocation* dans le même sens, est propre à la Belgique.

COLMATER, v.tr.dir., en dehors de son sens propre et technique (exhausser un bas-fond en y faisant déposer du limon, *colmater un sol infertile*), s'emploie aussi correctement dans le sens de «boucher, fermer, combler»: *Colmater une brèche, une fissure, une ouverture, un mur.* S'il s'agit de boucher soigneusement les fentes, les joints d'une porte, d'une fenêtre, on emploie **CALFEUTRER**, altération, à cause de *feutre*, de **CALFATER** qui signifie: boucher avec de l'étoupe, etc., les fentes de la coque d'un navire.

CÔLON, n.m. (partie du gros intestin). Accent circonflexe.

COLONNADE, n.f. Deux *n*.

COLOPHANE, n.f. *De la colophane.* Un seul *l*.

COLORER, COLORIER, v.tr.dir. On *colore* un verre en bleu; le soleil *colore* le raisin, un paysage; on *colore* un récit (on lui donne de la couleur). Mais on *colorie* une image, une carte, un dessin, on passe son temps à *colorier* (on applique des couleurs sur qqch., on fait du *coloriage*).

COLOSSAL, adj. Pluriel: *colossaux*.

COLVERT, n.m. On écrit aussi un **COL-VERT**, des *cols-verts*.

COMBATIF, adj., **COMBATIVITÉ**, n.f., ont pu s'écrire avec deux *t*, avec l'agrément de l'Académie (1975); celle-ci a voulu imposer un seul *t* en 1987, mais l'usage et les dictionnaires hésitent entre les deux graphies. Les *Rectifications de l'orthographe* de 1990 conseillent **COMBATTIF** et **COMBATTIVITÉ** (*RO* III.10H).

COMBIEN, adv.

1. **Quantité.** On dit *être trois* ou parfois *être à trois* (communauté d'efforts, de situation). À ces deux façons de s'exprimer correspondent normalement deux façons d'interroger avec *combien*: **Combien êtes-vous?** ou **À combien êtes-vous?** ▶ à, prép., 3.

   Mais on affranchit une lettre *à x francs* et l'on demandera donc: *À combien faut-il affranchir cette lettre?*

   Combien de nous (ou *d'entre nous*) *s'en souviennent?*

2. Emploi comme **substantif invariable**: *le* ou *les combien* (date, place, pointure, périodicité)? On peut dire, sans recourir à *combien: Quel jour sommes-nous? Quelle est la date?* ▶ DATES, 2. *Quelle est sa place? Quelle place a-t-il? Quelle est sa pointure? Quelle pointure a-t-il?*

   Le **QUANTIÈME** et *quel quantième* sont vieillis. *Combientième* ne s'est pas imposé pour remplacer *quantième*.

   On est ainsi amené à substantiver *combien* et à dire: **Le combien sommes-nous? Le combien es-tu? Tu chausses du combien?** De même: *Tous les combien est-ce que l'autobus passe?* ou *Tous les combien est-ce que cette revue paraît?* Sinon, il faut dire: *Quelle est la fréquence des autobus? À combien de minutes se suivent-ils? Quelle est la périodicité de cette revue?* L'usage est devenu tel qu'on ne peut plus considérer *le combien* comme incorrect, mais seulement comme familier.

3. *Combien* n'est pas seulement interrogatif, il est aussi **exclamatif**: *Combien de personnes* (ou *Que de personnes*) *se sont plaintes! Combien de temps vous avez perdu! Combien je le regrette!*

   Il marque l'intensité devant un adjectif: *Cette mesure est impopulaire, mais combien efficace!* ou *mais combien plus efficace que les précédentes!*

   Combien peu n'est pas très vivant. Nous ne voyons rien de fautif toutefois dans: *Combien peu de gens s'en inquiètent! Combien peu d'importance a ce détail!*

4. ▶ INVERSION, 3.1.2.A et 3.1.2.C.d; NE PAS, 3; PARTICIPE PASSÉ, 5.2.11.B et 5.2.12; COMME, adv. et conj., 1.1; ENTRE, 5.

COMBINER, v.tr.dir. *On combine une chose avec une autre* ou *et une autre.*

COME BACK ou **COME-BACK**, n.m., *retour* d'une personnalité après une éclipse, un certain oubli.

COMICS, n.m.pl., se dit en français *bande dessinée.*

COMMANDER *que* est (comme *ordonner*) suivi du subjonctif quand il exprime simplement l'idée générale de *donner un ordre, vouloir*; de l'indicatif lorsque le sujet est une personne responsable prenant une décision qui ne peut être discutée (ce cas est rare; on emploie plutôt *ordonner, décréter, décider*): *Commandez qu'il arrête* (Ac.; subjonctif). *Les circonstances lui commandent la fermeté* ou *d'être ferme. Les circonstances commandent qu'il soit ferme. Le colonel commande* (ordonne) *que la première compagnie ouvrira le feu.*

COMMANDO, n.m., désigne un groupe spécialisé dans les coups de main à objectif précis ou un membre de ce groupe. Le même mot (écrit alors plus souvent **KOMMANDO**) s'est appliqué à un groupe de prisonniers qui était provisoirement détaché d'un camp en Allemagne.

COMME, conj.

1. **COMME ÇA.** ▶ ÇA, 2.

2. **COMME CONVENU** s'emploie elliptiquement au sens de *comme c'était convenu*. De même: *comme prévu*. Mais **COMME DE BIEN ENTENDU** est très familier. *Bien entendu* suffit. *Comme de bien entendu, septembre ne coïncidait presque jamais avec les septembre de l'histoire* (Giono, J., *Noé*). Ne pas dire: [*Tel que convenu*] ▶ TEL, 2.

3. **COMME DE JUSTE** est correct et plus vivant que *comme il est juste*.

4. **COMME DE RAISON** est correct (*évidemment, comme de juste*).

5. **COMME DEUX GOUTTES D'EAU.** De l'expression *Ils se ressemblent comme deux gouttes d'eau*, on est venu à *Il lui ressemble comme deux gouttes d'eau*; ce tour, employé depuis longtemps par de très bons auteurs, peut se justifier par la même ellipse: *comme deux gouttes d'eau se ressemblent*. Mais il est encore critiqué, à tort.

6. **COMME IL FAUT** peut s'employer comme adverbe ou avec une valeur d'adjectif: *Il travaille comme il faut. C'est une femme comme il faut.*

7. **COMME PAS UN**: mieux (ou plus) que quiconque.

8. **COMME QUI DIRAIT**: comme si on disait, pour ainsi dire.

9. **COMME QUOI** est une vieille expression dont il ne faut pas abuser; après un verbe, dans le sens de *que*, *comment*, elle a été classique et littéraire, mais elle est aujourd'hui populaire: *Il raconte comme quoi on l'a volé.* Après un nom aussi, on fera mieux de l'éviter; au lieu de «un certificat comme quoi», on dira: *un certificat déclarant que.* Mais en tête de phrase l'expression est régulière et signifie «ce qui prouve que»: *Comme quoi on n'est jamais assez prudent.*

10. **COMME SUITE** ▶ SUITE, 1. **COMME TOUT** ▶ TOUT, 3.

Éviter [*comme dit plus haut*] pour *Comme il est dit plus haut*.

Comme, adverbe et conjonction

1. *COMME*, ADVERBE

1.1. *COMME, COMBIEN* ET *COMMENT*

Comme, combien et *comment*, adverbes. La langue moderne n'emploie plus l'adverbe *comme* mais *comment* dans l'interrogation directe: *Comment le savez-vous?*

Dans l'interrogation indirecte, *comme* s'emploie parfois au lieu de *comment* ou de *combien*: *Voilà* **comme** *je suis. Vous ne savez pas comme il vous aime. Tu sais comme il est taquin.* Il n'a rien d'anormal; mais on emploie généralement *comment* pour exprimer la manière et *combien* pour exprimer la quantité: *Je me demande* **comment** *il le sait. Voilà comment il est. Vous ne savez pas* **combien** *il vous admire.*

On ne confondra pas cet emploi et celui qui, exclamatif, marque le degré, l'intensité et non la manière: *Comme elle est belle! Comme il se fâche! Comme il parle méchamment!* Ces phrases sont conservées en subordonnées: *Voyez comme elle est belle.* Notons les expressions *Dieu sait comme!* (Dieu sait comment; valeur généralement péjorative), *C'est tout comme.* Mais on dit: *Voici comment. Je ne sais comment* (plutôt que *Voici comme. Je ne sais comme*).

1.2. *COMME* SIGNIFIE *EN QUALITÉ DE*

Comme, adverbe, peut signifier «en qualité de, en tant que»: *Je l'ai choisie* **comme secrétaire**. *Comme directeur, il est efficace. Mieux vaut l'avoir comme ami que comme ennemi. Il est remarquable comme épistolier.* ▶ CONSIDÉRER.

Mais on laissera à la langue populaire l'emploi incorrect de *comme* dans le sens de «du point de vue de» [*Je n'ai pas à me plaindre comme santé*] ou de «quant à» [*Cette mesure a été bonne comme effet*].

2. *COMME*, CONJONCTION

2.1. EMPLOI DE *COMME*

Conjonction, *comme* peut avoir un sens temporel avec l'indicatif imparfait ou le présent historique ou le plus-que-parfait (*Comme il entrait, le téléphone sonna*) ou un sens causal. Dans ce dernier cas il se met normalement en tête de phrase: *Comme il était en retard, il prit un taxi*; le fait introduit ici par *comme* n'est pas connu de l'auditeur; on pourrait dire *parce que*. Mais le fait peut être connu, admis; et *comme* se rapproche alors de *puisque*; toutefois il suggère moins que celui-ci un raisonnement qui s'impose ; il présente plutôt une suite logique de faits, comme *parce que*. Le fait justifié par *comme*, et qui est dans l'autre proposition, est toujours nouveau et constitue l'essentiel de l'information : *Comme nous sommes de vieux amis, je vous ferai un prix de faveur* (on pourrait dire *puisque*, soulignant le raisonnement qui, partant d'un fait connu, impose en quelque sorte la conclusion ; c'est bien la seconde proposition qui est l'essentiel de l'information). *Comme on vient de m'avertir que nous sommes attendus, nous devons partir aussitôt* (on ne pourrait dire *puisque*, le fait n'étant pas connu de l'auditeur ; d'autre part, *parce que* accentuerait l'énoncé de la cause). *Comme le train avait du retard, nous n'avons pas vu le début du spectacle* (même explication : ce qu'on veut avant tout énoncer, en le justifiant, c'est qu'on n'a pas vu le début du spectacle). Avec *parce que*, on insisterait sur la cause.

▶ ADJECTIFS QUALIFICATIFS, 2.7 ; VERBE, Accord, 2.2.6.

Comme peut être suivi de **et que** : *Comme il se fait tard et que nous avons encore une longue étape à parcourir, nous allons nous remettre en route* (*Puisque* pourrait ici intervenir, les faits étant connus, vérifiables, si l'on voulait vraiment présenter un raisonnement).

On a vu plus haut d'autres emplois de *comme*, conjonction, dans diverses expressions qu'il a paru préférable d'énumérer (▶ COMME). Il peut en effet exprimer la comparaison et la manière : *Il écrit comme il parle. Il agit comme son père. Beau comme un page. Comme qui dirait. C'est tout comme. Comme si de rien n'était. Dans un cas comme dans l'autre. Une femme comme il faut. Comme ça. Comme de juste. Comme de raison. Comme quoi. Il est gentil comme tout.*

2.2. EMPLOI ELLIPTIQUE DE *COMME*

Comme, **conjonction**, peut s'employer elliptiquement dans le sens de « comme s'il était », « en quelque sorte », « pour ainsi dire » : *Il était comme fou. Il eut comme un étourdissement.* Pour exprimer une approximation, on peut employer *quelque chose comme* : *Il y a quelque chose comme trois mille ans.*

2.3. *COMME SI*

Une distinction s'impose.

2.3.1. À L'INTÉRIEUR DE LA PHRASE

À l'intérieur de la phrase, *comme si* dépend d'un verbe et introduit une hypothèse conditionnelle comparative : *Il parle comme s'il était fâché.* Il y a là une ellipse ; l'énoncé complet serait : *Il parle comme il parlerait s'il était fâché.* Dans les deux tours, où il y a comparaison, on présente comme une pure éventualité une hypothèse qui donnerait l'explication du fait énoncé, *il parle.* L'énoncé complet, avec la reprise du verbe au conditionnel, fait comprendre

pourquoi on emploie après *comme si* le mode indicatif et les deux temps, imparfait et plus-que-parfait, employés dans le système conditionnel de l'irréel avec la valeur qu'ils ont dans celui-ci : l'imparfait situe le fait au présent, au passé ou dans le futur, le plus-que-parfait le situe dans le passé, avec en plus, selon le contexte, une idée d'antériorité par rapport au fait passé (▶ SI, conj.) : *Il hésite comme s'il avait peur. Vous ferez comme si de rien n'était. Il se tait* (ou *se taira* ou *se taisait*) *comme si on le lui avait ordonné. Il pleurait comme si on le battait* ou *comme si on l'avait battu* ou *comme si on l'eût battu.* Comparer : *Il pleurait comme il aurait pleuré si on le battait* ou *si on l'avait battu* ou *si on l'eût battu.* De même qu'après *si* dans la proposition conditionnelle, on peut remplacer l'indicatif plus-que-parfait, mais non l'imparfait, par le subjonctif plus-que-parfait appelé parfois conditionnel passé 2e forme (▶ CONDITIONNEL, 1) : *Il bégayait, bredouillait, sans réussir à se taire, comme si le regard prodigieusement attentif du maître lui eût arraché ce pauvre aveu* (Bernanos, G., *La joie*). *Il fumait sa cigarette, immobile sur sa selle, observant le troupeau avec une joie paisible, comme s'il n'eût pas eu d'autre souci* (Gary, R., *Les racines du ciel*). On pourrait avoir : *comme s'il n'avait pas* ou *n'avait pas eu.* Mais on ne peut dire : *Il parlait sans suite, n'achevant jamais, comme s'il* [*eût*] *peur...* (Cesbron, G., *Les innocents de Paris*). Il fallait écrire : *comme s'il avait peur.*

En dépit de quelques rares exemples d'écrivains, on considère comme insolite l'emploi après *comme si* de l'indicatif présent ou futur, des formes en *-rais* (sauf dans une exclamation) ou du subjonctif présent ou imparfait sauf, en ce qui concerne le subjonctif, après *que* remplaçant *comme si* (▶ QUE, conj., 3.1) : *Comme si je ne m'en serais pas aperçu !* (on affirme en s'exclamant, qu'on s'en serait aperçu). *Comme s'il était imprudent et qu'il fallût le surveiller.* Comme ailleurs, un subjonctif imparfait est parfois remplacé par un subjonctif présent : *On avait besoin que tout soit calme, comme si un bel oiseau allait s'envoler et qu'on attende en retenant son souffle* (Giono, J., *Que ma joie demeure*).

Dans le gallicisme **comme si de rien n'était**, on ne peut supprimer *de* : *Faites comme si de rien n'était* (comme si la chose n'était pas arrivée). ▶ RIEN.

La proposition introduite par *comme si* peut se rapporter à *c'est* : *C'est* ou *c'était* ou *ce sera comme s'il ne m'avait rien demandé.* Pour nous, c'était à peu près comme s'ils eussent parlé du cabaret des Porcherons* (Dorgelès, R., *Au beau temps de la Butte*).

L'expression familière **C'est** (**c'était, ce sera**) **comme si je chantais** exprime l'inutilité totale de l'action qui vient d'être énoncée (ou qui est implicite) : *Il pourra me menacer, ce sera comme s'il chantait.*

2.3.2. EN TÊTE D'UNE PROPOSITION EXCLAMATIVE

En tête d'une proposition exclamative, *comme si* exprime un étonnement, une protestation, un refus, l'ironie, etc.: *Comme si je n'étais pas assez grand pour me tirer d'affaire!* Sans doute on pourrait à la rigueur encore parler d'ellipse ou d'hypothèse (*Il me traite comme si...*), mais sans que le verbe élidé ait été employé. En fait, il n'y a ni ellipse ni hypothèse et la phrase énonciative correspondant à cette négation deviendrait positive: *Je suis pourtant assez grand pour me tirer d'affaire.* À un verbe positif après cet emploi de *comme si*, correspond une négation: *Comme si tu l'ignorais!* (Tu ne l'ignores pourtant pas.)

On remarquera que, dans ces exclamations commençant par *comme si*, l'imparfait et le plus-que-parfait correspondent respectivement à un présent et à un passé composé dans la phrase énonciative: *Comme si on ne te l'avait pas dit!* (On te l'a pourtant dit.)

Dans le discours indirect libre d'un monologue intérieur, on a un décalage du même ordre: *Sa mère aussi avait été ravie de leur réconciliation. Comme s'il y avait eu réconciliation! Comme s'il se réconcilierait jamais avant d'avoir vaincu!* (Troyat, H., *L'araigne.*) En discours direct: *Ma mère aussi a été ravie de notre réconciliation. Comme s'il y avait eu réconciliation!* (Il n'y a pourtant pas eu réconciliation.) *Comme si je me réconcilierai jamais avant d'avoir vaincu!* (Je ne me réconcilierai pourtant jamais avant d'avoir vaincu.) Cette dernière phrase montre que, dans cet emploi affectif de *comme si* en discours direct, on peut même avoir, exceptionnellement, un futur, gardant sa valeur temporelle.

Mais ce qui n'est pas du tout rare, c'est l'emploi du conditionnel, dans ce cas, gardant sa valeur modale et temporelle lorsqu'il serait imposé dans la proposition sans *comme si*: ***Comme si je n'aurais pas pu*** *passer mon chagrin ici, bien tranquillement!* (Colette, *Chéri.*) J'aurais pu passer... *Comme si vous ne* ***devriez*** *pas donner l'exemple!* Vous devriez donner l'exemple. *Comme si vous n'auriez pas pu me le dire plus tôt!* Vous auriez pu me le dire plus tôt.

Le décalage de valeur temporelle ne se fait donc que pour l'indicatif imparfait et plus-que-parfait correspondant respectivement à l'indicatif présent ou passé composé. Mais la transposition du négatif en positif et du positif en négatif se fait toujours.

Parfois *comme si* à l'intérieur d'une phrase garde sa valeur d'exclamation et est donc soumis aux conditions qui viennent d'être précisées. Dans la phrase suivante, il est question de compartiments vides interdits aux civils et dont les portes sont fermées: *Ils secouent les portes des compartiments vides, comme si on ne les aurait pas déjà ouverts si cela avait été possible!* (Triolet, E., *Le premier accroc...*) Le sens n'est pas: Ils secouent les portes comme si on n'avait pas déjà

ouvert ces compartiments. Ce serait absurde. Mais: Ils ont tort de secouer ces portes, on aurait certainement déjà ouvert ces compartiments si cela avait été possible. On remarquera le point d'exclamation conservé par l'auteur. C'est à tort qu'on l'omet parfois; il marque dans le style écrit ce que l'intonation marque toujours dans le style oral: *Vous servirez le café dans mon boudoir, dit-elle. Comme si une pièce plus restreinte (...) limiterait l'angoisse* (Beaumont, G., *La harpe irlandaise*).

COMMÉMORER, v.tr.dir., marquer par une cérémonie (qui s'appelle la **COMMÉMORATION**) le souvenir d'une personne ou d'un événement. Le langage châtié garde à *commémorer* son sens propre et évite de lui donner par extension le sens de *rappeler, célébrer, fêter*. On ne commémore pas une personne, ni un anniversaire, ni un souvenir, ni la mémoire de qqn, on célèbre le souvenir, la mémoire de qqn; mais *on commémore une naissance, une mort, un succès, un mariage.* **COMMÉMORAISON**, ancien terme liturgique, est remplacé par **commémoration**.

COMMENCER, v.tr.dir. ou intr.

1. **Auxiliaire** de l'intr., *avoir*: *La séance a commencé à deux heures.* On n'emploie *être*, en dehors du passif, que pour marquer un état se situant au moment marqué par le temps du verbe *être*: *Nous sommes arrivés trop tard, la séance était commencée* (*avait commencé* marquerait un antérieur). *La séance est déjà commencée, a commencé il y a dix minutes, est commencée depuis dix minutes.* Au passif: *La bouteille est commencée.*

2. *Commencer* **à** ou **de** + *infinitif*. Les deux tours sont corrects et d'un emploi indifférent pour le sens, même s'ils ne le sont pas toujours — mais c'est très subjectif — pour l'oreille.

3. *Commencer* **par**. *Devant un infinitif*: c'est une faute de l'employer, par analogie avec *finir par*, pour le début de l'action exprimée par l'infinitif (*Il finit par m'ennuyer*: À la fin, il m'ennuie). On ne dit donc pas: *Il commence par m'ennuyer* dans le sens de *Il commence à m'ennuyer*.

   Commencer par se dit, en parlant de personnes, dans le sens de «faire en premier lieu»: *Commencez par vous taire, par n'en plus parler.* Devant un nom ou un pronom: *Commençons par un potage. Je commencerai par lui, par cela.* Ne pas dire dans ce sens *avec cela*, qui s'entend en France comme en Belgique. On dit: *La séance commença par un discours du président.* On peut dire: *Commençons par le commencement,* mais non [*Commençons d'abord*] *par cela.*

4. **ÊTRE COMMENCÉ de** (ou **à**) + infinitif sert de passif à *commencer de* (ou *à*) + infinitif. C'est le même tour qu'on a

dans *achevé d'imprimer*, qui est justifié par sa fréquence. Mais *une robe commencée de garnir, un édifice commencé à* (ou *de*) *bâtir* sont très rares, surtout dans la langue écrite.

5. **COMMENCER** (ou **RECOMMENCER**) **À ZÉRO** ▸ ZÉRO.

COMMENT, adv. ▸ COMME, adv. et conj., 1.1. Il est ridicule, quand on admet et doit admettre *Comment vas-tu?*, de vouloir condamner *Dis-moi comment tu vas* (indirect) ▸ ALLER, 4. Mais on ne dira pas: *Comment que tu vas?* Le français actuel rejette *comment que*, soit dans son emploi classique (*comment que ce soit*: de quelque façon que ce soit), soit dans son emploi interrogatif ou exclamatif. On dit: *Comment a-t-il fait?* (ou *Comment est-ce qu'il a fait?* ▸ EST-CE QUE, 1). En subordonnée (jamais le subjonctif) : *Dis-moi comment cela s'est fait.*

COMMERCE, n.m.

1. *Tenir un commerce.* On dit en Belgique: [*commerce à remettre*] pour *commerce à céder, à vendre.*

2. Si *commerce* est plus littéraire que vraiment vivant dans le sens de «rapports sociaux», on dit fort bien: *être d'un commerce agréable.*

3. **HORS COMMERCE** est correct.

COMMETTRE, v.tr.dir. *On **accomplit** une bonne action, un exploit, on **commet** une imprudence, une faute. On **se commet** avec des gens peu recommandables* (on les fréquente).

COMMINATOIRE, adj., *menaçant.* Le verbe **COMMINER** n'est plus employé en France; il survit en Belgique dans les milieux judiciaires (*comminer une peine*, menacer d'une peine). Ne pas confondre avec **COMMUER**, changer en une peine moindre: *Commuer la peine de mort en prison à vie.*

COMMIS, n.m. Un féminin normal, *commise*, s'est introduit dans l'administration et le commerce. Il n'est pas courant. **COMMIS VOYAGEUR**, n.m., s'écrit sans trait d'union.

COMMISSAIRE D'ARRONDISSEMENT, n.m., appartient à la langue officielle belge et correspond de très loin à *sous-préfet.*

COMMISSAIRE-PRISEUR, n.m. L'usage et les dictionnaires actuels mettent un trait d'union.

COMMISSION, n.f. On emploie fort bien *commission* pour une marchandise à acheter, une course d'approvisionnement, un message transmis, un service rendu, etc.: *Il est allé faire des commissions, les commissions, ses commissions, une commission.* **Dérivés**: deux *n*.

FAIRE LA (ou **SA**) **PETITE** ou **GROSSE COMMISSION** appartient au français familier et se dit en parlant des enfants.

COMMOTIONNER, v.tr.dir., frapper d'une commotion. On n'oubliera pas qu'une commotion n'est pas une simple émotion, mais un choc violent et, au figuré, une vive émotion.

COMMUN, adj. Une chose est commune à une personne **et** à une autre, aux deux; une chose a qqch. de commun **avec** une autre; il n'y a pas de commune mesure **entre** une chose *et* une autre. L'Ac. donne l'exemple: *Cette joie m'est commune avec bien des gens.*

COMMUNAL, adj., s'entend et se lit en France à propos par exemple d'une école, d'un bâtiment, d'une fête, de biens, mais beaucoup moins qu'en Belgique où il se substitue à *municipal* et où la mairie, appelée en certaines régions de France *maison commune*, se dit *maison communale*. L'adjectif *communal* s'applique en Belgique au secrétaire de mairie, au conseil et aux conseillers qui dirigent la commune, à la loi qui régit celle-ci et qu'en France on appelle *le code municipal*, aux biens de la commune: stade, piscine, théâtre, etc.

COMMUNAUTAIRE, adj., s'emploie beaucoup en langage d'Église aujourd'hui; on parle de *vie communautaire*, d'*esprit*, de *messe communautaire*. Il s'applique aussi à ce qui appartient au Marché commun, à la Communauté économique européenne: *Les dispositions, les prix, les tarifs communautaires*. Mais dans les États où s'affrontent des communautés linguistiques ou religieuses, et notamment en Belgique, et de là aussi dans la presse française, *communautaire* s'emploie à la fois, à vrai dire sans équivoque, dans le sens de «qui est fondé sur le particularisme de ces communautés» (*les partis communautaires, les objectifs, les problèmes communautaires* qui peuvent opposer deux communautés) et dans celui qu'on aurait pu exprimer par *intercommunautaire*, «entre communautés» (*un accord communautaire, les relations communautaires*).

COMMUNIER, v.intr. ou tr.dir. *Elle communie* (ou *elle va à la communion*) *chaque semaine. Le prêtre communie les fidèles* (*les communiants*). ▸ CONFIRMER.

COMMUNIQUER, v.intr. *Une personne communique avec une autre. Elles communiquent entre elles. Elles communiquent par téléphone.* En parlant de choses: *La cuisine communique avec la salle à manger, ces deux pièces communiquent.* — **SE COMMUNIQUER**. *Ils se sont communiqué leurs impressions. Les flammes se sont communiquées au bâtiment voisin.*

Participe: **COMMUNIQUANT**; adjectif: *vases* **COMMUNICANTS**; nom: *les communicants*.

COMPACT-DISC, n.m. ou **DISQUE COMPACT** (*DTO*).

COMPAGNIE, n.f. *On tient* ou *on fausse compagnie à qqn. On recherche la compagnie de qqn. On voyage en compagnie de qqn.*

COMPAGNON, n.m. Féminin: *compagne*. Rare et plutôt péjoratif, *compagnonne*. Deux *n* après *gno* dans **COMPAGNONNAGE**, n.m.

COMPARAISON, n.f. On ne dit plus: *à comparaison de*. On dit: **EN COMPARAISON DE**, **PAR COMPARAISON AVEC** (plutôt que *par comparaison à*). *Faire une comparaison entre deux êtres* ou *entre l'un et l'autre* ou *entre deux choses*.

COMPARAÎTRE ou **COMPARAITRE** (*RO II.4*), v.intr., se conjugue avec *avoir*: *Ils* **ont** *comparu devant le juge*.

COMPARANT, n. ou adj. On parlera, dans un jugement, de la partie comparante (qui comparaît), du comparant, de la comparante. S'il y a un complément avec *par*, on dit: **COMPARAISSANT** *par* M^e *X*.

COMPARER à ou **avec** sont généralement équivalents; toutefois, s'il s'agit d'un simple rapprochement, on emploie plutôt *à* (on compare une voiture à une autre, une femme à une fleur) et si l'on fait une comparaison minutieuse pour établir les ressemblances et les différences, on dit plutôt *avec* (on compare une traduction avec l'original). S'il est normal de condamner [*comparer ensemble*], il est abusif de condamner *comparer* **entre** *eux*: *Comparer plusieurs auteurs, les comparer entre eux* (Ac.).

COMPARSE, n. Un comparse n'est pas un *complice*, mais au contraire une personne qui joue un rôle secondaire ou insignifiant dans une affaire.

COMPATIR, v.tr.ind. Pas d'accent circonflexe (à la différence de *pâtir*). *On compatit à la peine de qqn.* Absolument: *on compatit*.

COMPENDIEUSEMENT, adv., signifie proprement «en résumé»; d'où: «brièvement, sans rien omettre d'essentiel». Mais, à cause de ce sens «sans rien omettre», l'adverbe s'emploie aussi depuis longtemps dans le sens de «longuement, minutieusement». Éviter le mot plutôt que d'être équivoque.

COMPENSATION, n.f., garde son sens (action de compenser, de contrebalancer heureusement) dans *en compensation* (en revanche, en échange).

COMPÈRE-LORIOT, n.m., nom du loriot ou de l'orgelet; pluriel: des *compères-loriots*.

COMPÉTENCE, n.f., peut se dire d'une personne compétente. Il s'emploie au pluriel dans ce sens mais non dans le sens abstrait (aptitude, capacité). On écrira: *Ces personnes sont sorties de leur compétence* (ou *de leurs attributions*).

COMPÉTITIF, adj., se dit de ce qui permet ou peut supporter la compétition, la concurrence: *Un marché compétitif. Des prix compétitifs* ou *concurrentiels*.

Complément commun (construction)

1. RÈGLE GÉNÉRALE

La langue classique ne craignait pas de dire: *Aller et revenir d'une ville*. On n'employait que la préposition demandée par le second verbe coordonné, au lieu de dire: **Aller dans** *une ville et* **en revenir**.

Aujourd'hui, la langue soignée veut qu'un complément commun convienne à chacun des mots, verbe, adjectif, préposition, etc. dont il dépend: *Arriver et entrer* **dans** *une ville*.

> De même: *Désireux et impatient* **de** *nous rencontrer* (mais: *désireux de se justifier et prêt à le faire*). *Avant et après la classe* (mais: *au début de la classe et pendant celle-ci*).

À moins que la préposition ne précède la loc. prép.: *Malgré ou à cause de cela*. Il suffit qu'un *de* soit commun aux deux locutions prépositionnelles pour que ce type de construction soit permis: *À l'intérieur et à l'extérieur de la classe*.

2. EXEMPLES DE NÉGLIGENCES

Cette exigence de l'usage moderne est très souvent négligée dans la langue parlée. La langue écrite la respecte davantage. Exemples de négligences à éviter **après deux prépositions**: *La danse passionnée de Tenn autour et dans les plaies ouvertes gratuitement sur le corps de Speranza* (Tournier, M., *Vendredi*). **Après deux verbes**: *Des visiteurs parfois, allant ou revenant de Palerme, tentaient leur chance* (Charles-Roux, E., *Oublier Palerme*). *D'autres mannequins entraient ou sortaient des cabines* (Modiano, P., *Rue des boutiques obscures*). Il serait facile, dans ces deux dernières phrases, d'éviter l'incorrection: *allant à Palerme ou en revenant*; *entraient dans les cabines ou en sortaient*. On dira donc: **Sur la plage** *et* **près de celle-ci** (ou *et à proximité*). *Un résultat* **supérieur ou égal à** *10*.

3. AVEC *ME, TE, SE, NOUS, VOUS*

On acceptera la non-répétition des pronoms *me, te, se, nous, vous* qui peuvent, sans changer de forme, être à la fois compléments directs et indirects, d'un verbe à un temps composé dont l'auxiliaire, *avoir* ou *être*, n'est pas répété, mais dont le participe suit la règle d'accord: *Nous ne nous sommes vus depuis longtemps (...) ni, qui plus est, écrit l'un à l'autre* (Molière, *L'École des femmes*).

> *Quand un homme nous aurait suivis, estropiés, brûlé nos maisons, tué notre père* (Pascal, Bl., *Provinciales*). *Il m'a pris par le cou et demandé pardon* (Duhamel, G., *Les plaisirs et les jeux*). *Et un autre de mes aînés dont l'amitié m'avait appelé, appuyé, ouvert la porte* (Genevoix, M., *La perpétuité*).

On évitera des participes avec des accords différents: *Il nous a calomniés et fait du tort. Il nous a parlé et félicités.* Nous écririons: *Il... et nous a fait du tort. Il... et nous a félicités.* ▶ PRONOMS PERSONNELS, 2; AUXILIAIRES, 2.3.

Complément du nom

> ▶ À et DE, À et EN, CHASSE, CLAFOUTIS, CONFITURE, FEMME, JUS, LIQUEUR, MONTRE, NECTAR, NOMS, POINT DE VUE, SAC, TERRAIN, etc.

Complément d'objet (mise en relief)

Mise en relief par inversion et recours à un pronom: *Tu as vu ton ami* devient *Ton ami, tu l'as vu* ou *Tu l'as vu, ton ami.* — *Tu as parlé à cette femme* devient *Cette femme, tu lui as parlé* ou *Tu lui as parlé à cette femme.* Avec *en* ou *y*: *Je tiens à ce livre* devient *Ce livre, j'y tiens.* ▶ PRONOMS PERSONNELS, 1.

Compléments d'un même verbe

1. LANGUE CLASSIQUE

La langue classique hésitait moins que la nôtre à coordonner avec *et* (et aussi avec *ou, ni, mais*) des compléments qui n'étaient pas de même nature grammaticale (noms, adjectifs, pronoms, infinitifs, propositions complétives):

> *J'en suis persuadé et que de votre appui je serai secondé* (Molière). *Je le souhaite fort et de pouvoir remettre en train mon commerce de la poste* (Sévigné). *Le Roi craignait **le poids** des affaires **et de manquer** d'un homme capable* (La Rochefoucauld).

2. AUJOURD'HUI

Certaines de ces asymétries restent courantes ou possibles aujourd'hui; on dit sans hésiter: *C'est un élève intelligent, mais qui* ne travaille pas (adjectif + relative). *J'ai vu son chagrin et combien elle était désemparée* (nom + prop. c.o.d.). *Il demanda son chemin et si c'était loin* (nom ou pronom + interrogation indirecte). On peut sans doute dire encore: *Ah! savez-vous le crime et qui vous a trahie?* (Racine.) On utilise surtout l'asymétrie après un complément prépositionnel: *Demandez-le **au concierge et à qui vous voudrez**. Je m'étonnais **de son aménité et que ses yeux fussent rougis** par les larmes* (Mauriac, Fr., *La robe prétexte*). Même après un nom complément direct on trouve une complétive coordonnée: *Ainsi lui avons-nous appris (...) les soupers au strip-tease et que les plus belles huîtres pouvaient encore se rouvrir devant elle* (Blondin, A., *Quat'saisons*). *Elle attendait mes confidences et que je trahisse le secret.* Une complétive est suivie d'un infinitif complément: *Je voudrais que le mur soit transparent et suivre, autrement que par bribes, cette cérémonie* (Butor, M., *Passage de Milan*). Ou l'inverse: *Tu veux le suivre et qu'on te laisse la paix?* Ou après une proposition infinitive: *J'ai vu sa figure s'allonger et qu'il ne s'attendait pas à cela.*

COMPLÉTAGE, n.m. *Complétage*, utilisé par l'administration pour l'action de compléter, ne s'est pas imposé; **COMPLÈTEMENT** (avec accent grave comme l'adverbe) est rare pour désigner cette action, exprimée couramment par **COMPLÉMENTATION**, n.f. On parle de la *complémentation d'un dossier* plutôt que de son *complètement*; **COMPLÉTUDE**, n.f., désigne le caractère de ce qui est complet.

COMPLEXE, n.m., se dit d'un grand ensemble d'éléments coordonnés: *complexe industriel, cinématographique, hospitalier, universitaire, touristique.* **Une situation complexe** (compliquée). **Souffrir d'un complexe d'infériorité** (GR). *Avoir des complexes. Être sans complexe(s).*

COMPLIANCE, n.f., mot anglais signifiant «harmonie, adaptation», est répandu en mécanique dans le sens de «souplesse adaptative». En médecine, le mot désigne couramment la facilité avec laquelle se fait l'insufflation pulmonaire; c'est à tort qu'en Suisse on lui fait désigner le comportement du patient à l'égard des prescriptions, ce que l'Académie française de médecine appelle l'*observance*.

COMPLICITÉ, n.f., perdant parfois son sens défavorable (participation à un délit), peut exprimer une entente profonde, un concours favorable: *Pour bien réussir (...), il y faut la complicité du printemps* (Gide).

COMPLIMENT, n.m., **COMPLIMENTER**, v.tr.dir. *Compliments* signifie «félicitations», mais aussi «message de politesse dont on charge qqn»: *Des compliments chez vous* ou *pour lui* ou *à votre frère.* On dit généralement *complimenter qqn **sur** qqch.* ou *faire compliment* (ou *faire des* (ou *ses*) *compliments*) *à qqn* sur *qqch.*, parfois *pour*. On trouve *de*: *Je l'ai complimentée de quelque guéridon* (Dutourd, J., *Pluche*).

COMPORTER, v.tr.dir., «comprendre en soi, par nature» ou «admettre»: *Cet appartement comporte deux pièces et une cuisine. Ce problème comporte une difficulté. Cette loi comporte six articles. Cette règle ne comporte aucune exception.* Mais on donne aussi à *comporter* le simple sens de «comprendre» et on dit qu'une robe comporte des dessins à fleurs ou qu'un catalogue comporte telle rubrique. — *Comporter* ne peut pas être complété par *en soi* (pléonasme).

COMPOSTER, v.tr.dir., marquer, numéroter avec un *composteur*, appareil mécanique à lettres ou à chiffres interchangeables et servant à marquer des documents: *Le voyageur est invité à composter lui-même son billet.*

COMPOTE, n.f. On écrit: *Une compote de pommes, de poires*, etc.

COMPRENDRE, v.tr.dir.

1. *On comprend qqn ou qqch. On ne comprend rien à qqch. Il ne comprend rien à rien. Il n'y comprend rien.*

2. **Mode** après **comprendre que**: indicatif, conditionnel ou subjonctif, idéalement selon le sens. *Comprendre* garde toujours dans ce cas le sens fondamental de «saisir par l'esprit». Mais on peut saisir intellectuellement **l'existence même du fait, s'en rendre compte**; celui-ci, qu'on découvre, est alors mis à l'indicatif: *Je comprends, à son air, qu'il va partir. S'ils refusent, tu comprendras que ce n'est pas ma faute. Plus j'y réfléchis et mieux je comprends qu'un écrivain libre n'a pas sa place dans l'Europe telle qu'elle est en train de se constituer* (Green, J., *Journal*). Le sens est bien «se rendre compte d'un fait qu'on découvre» et non pas vraiment «trouver naturel», bien que la nuance puisse paraître faible. — Si ce même fait devait être énoncé au conditionnel en proposition principale, il resterait à ce mode en subordonnée: *Il comprenait enfin qu'il aurait dû agir autrement.*

Il est naturel qu'on emploie généralement l'indicatif quand *comprendre* est accompagné de *bien* ou de *croire*: *J'ai bien compris qu'on ne pouvait compter sur lui. Vous comprenez bien que c'est impossible. Je crois comprendre qu'il ne s'est même pas excusé.* Le conditionnel est possible.

On peut d'autre part saisir **les motifs du fait déjà connu** et le trouver normal, l'admettre; *comprendre* signifie alors «s'expliquer, ne pas (ou ne plus) s'étonner», «comprendre pourquoi» et est suivi d'un subjonctif (comme le serait *je ne m'étonne pas*): *Je comprends qu'il soit parti, qu'il soit*

content, *qu'il n'ait pas réagi.* — *C'était bien raisonné et je comprends qu'elle ait apprécié* (Charles-Roux, E., *Oublier Palerme*). *Ils refusaient tous de comprendre qu'elle pût être là pour son propre compte* (Gary, R., *Les racines du ciel*). Cette nuance n'est pas toujours respectée: *L'homme n'avait pu cependant se tromper aussi souvent et on ne comprenait pas davantage que, s'accusant spontanément d'un crime, il avait donné volontairement des renseignements inexacts* (Floriot, R., *Les erreurs judiciaires*). Le sens est bien «s'expliquer»; l'auteur emploie sans doute l'indicatif à cause de l'évidence du fait relaté dans la subordonnée et parce qu'on l'emploierait nécessairement après **comprendre pourquoi**.

S'il ne s'agit pas d'un fait déjà connu, mais d'un **fait nouveau** que l'on énonce, dont on comprend les raisons, il se met à l'indicatif s'il est vraiment affirmé comme une chose dont on ne peut douter; le subjonctif peut apparaître s'il y a une idée d'éventualité: *Vous comprenez que cela **doit** m'inquiéter* (Ac.). *Vous comprendrez qu'il ne m'**est** pas possible (ou qu'il ne me **soit** pas possible) de faire ce que vous demandez.* On dirait, le fait étant bien connu: *Vous comprendrez qu'il ne m'ait pas été possible de faire ce que vous demandiez.*

Quoi que disent certains grammairiens, ce n'est donc pas la forme positive ou négative de *comprendre* ni la présence ou l'absence de *sans* qui détermine le mode du verbe qui suit; c'est le sens: *Il comprend enfin (ou Il ne comprend pas ou Il ne parvient pas à comprendre ou Il nous regarde, sans comprendre) que nous sommes ses amis. Je comprends (ou Je ne comprends pas ou Je reste là sans comprendre) qu'on nous ait opposé un refus.*

On peut hésiter à donner à un seul emploi de *comprendre*, dans une même phrase, ces deux sens entraînant deux modes différents. Plutôt que: *Je comprends qu'il est trop tard et que vous ne puissiez plus accueillir notre réclamation*, je dirais: *Je vois bien qu'il est trop tard et je comprends que vous ne puissiez plus...*

Il est compréhensible que est suivi du subjonctif.

Notons l'expression: **COMPRENNE QUI POURRA**.

COMPRESSER, COMPRIMER, v.tr.dir. *Compresser* est un vieux verbe français que l'usage avait abandonné et qui fait aujourd'hui concurrence à *comprimer*. Tous deux évoquent l'idée fondamentale de *presser, serrer*. Mais *compresser* ne s'emploie guère que pour des corps entassés: ***Des voyageurs compressés** dans un compartiment.* On doit employer *comprimer* non seulement au sens propre d'«exercer une pression sur qqch. pour en réduire le volume», mais dans les divers sens figurés, en parlant de la pensée, des sentiments, des dépenses: *Cette robe lui comprimait la poitrine.* **Comprimer une artère**, *de l'air, du gaz, un désir, une colère, des larmes*, etc. Le substantif est toujours **COMPRESSION**.

COMPRIS (Y, NON). *Accord* (▶ PARTICIPE PASSÉ, 2.1.1): **y compris** *les annexes*; *les annexes* **y comprises**. On n'est pas tenu de répéter après *y compris* la préposition qui précède le terme dans lequel il y a inclusion: *La plainte a été appuyée par tous les pays arabes, y compris l'Égypte.* On la répète parfois comme si on disait «et aussi, et même»: *Il se préoccupe de tout, y compris du moindre détail.* ▶ PRÉPOSITION, 2.2.3.C.

COMPTANT, n.m., adj. m. ou adv. **Nom**: *Le comptant*, opposé au *terme*, en Bourse. L'**adjectif** ne s'emploie qu'au masculin: *Il a pris cela pour argent comptant* (il l'a vraiment cru). Il varie dans l'expression figée *à (beaux) deniers comptants* mais, perçu comme un **adverbe**, reste invariable après l'indication d'une somme; *mille francs comptant*. Adverbe: *payer comptant, régler comptant.* Loc.adv.: *acheter, vendre* **AU COMPTANT.** Adjectivement: *une vente au comptant.*

COMPTE, n.m.

1. On dit fort bien: *être loin de compte* (être fort éloigné de ce qu'on espérait), *être loin du compte*; *au bout du compte, en fin de compte*; *à la fin du compte*; *tout compte fait* (tout bien considéré).

2. *On* **SE REND COMPTE** *de qqch. Ils* **se sont rendu compte qu'**on *les trompait* (comparer: *rendre compte à qqn*). Il ne faut pas se croire obligé d'employer *de ce que* (très lourd) dans une telle phrase. On hésite à dire: *Rendez-vous compte combien c'est difficile.* On remplace *combien* par *à quel point.*

3. Avec *tenir*, on semble dire plutôt **TENIR COMPTE** *de ce que*: *On tiendra compte de ce que tu dis. Compte tenu de son dévouement.*

4. On écrit: un **RÈGLEMENT DE COMPTE** ou (plus souvent) **DE COMPTES.**

5. **FAIRE SON COMPTE,** très courant en Belgique, s'emploie aussi en France, avec un sens péjoratif, pour «s'y prendre»: *Je ne sais comment il a fait son compte.*

6. **COMPTE COURANT POSTAL,** ▶ CHÈQUE.

COMPTE-GOUTTE, n.m. Un *compte-goutte*, des **compte-gouttes**. ▶ NOMS COMPOSÉS, 2.5. et *RO* II.2.

COMPTER, v.tr.dir. et intr. *Que comptez-vous faire? Je compte sur lui. Il faut compter avec lui* (tenir compte de lui). *Je compte*

qu'il viendra. Je compte l'avertir (je me propose de...). *Compter de + inf.* est vieilli.

COMPTER UNE SOMME *à qqn* peut avoir, selon le contexte, deux sens opposés: *Passez à la caisse, on vous comptera* (paiera) *deux cents francs. On lui a compté* (facturé) *la bouteille quatre francs.*

COMPTE RENDU, n.m. Éviter le trait d'union. Des **comptes rendus**.

COMPTINE, n.f. en rapport avec *compter*, s'écrit avec *pt*.

CON, n.m., est vulgaire, malgré sa fréquence, au propre et au figuré. De même **CONNERIE,** n.f.: *Il a encore fait une connerie* (stupidité).

CONCÉDER, v.tr.dir. dans son emploi général, implique l'idée de faveur; mais en langage sportif, *on concède un but, un coup de coin.* **Je concède qu'**il l'a dit, *qu'il aurait mieux fait de se taire.*

CONCENTRER, v.tr.dir. *Concentrer son attention sur qqch. Ils se sont concentrés là-dessus.*

CONCEPTEUR, n.m., se dit de celui qui est chargé de proposer des idées nouvelles aux firmes commerciales ou industrielles, aux agences, etc.

CONCERNER, v.tr.dir. avec un nom de chose pour sujet: *avoir rapport à*, s'appliquer à: *Cette note concerne tel employé. Cela ne nous concerne pas. Concernant cette affaire* (ou *en ce qui concerne cette affaire*), *j'écrirai à son avocat.* Éviter de le substituer purement et simplement, à la voix active, à *intéresser,* «constituer un objet d'intérêt pour», avec pour sujet une personne ou une chose, au lieu, par exemple, de: *Cette affaire* (ou *cet homme*) *ne m'intéresse pas.*

ÊTRE CONCERNÉ (ou **SE SENTIR CONCERNÉ**), que *concerné* soit participe passé ou adjectif, est correct dans un des deux sens: «être impliqué dans» (▶ IMPLIQUER) ou «être touché par»: *Votre ami est concerné dans cette affaire* ou *par cette restriction. Les milieux concernés. Je ne me sens pas concernée. Les personnes concernées peuvent introduire une réclamation.* Mais non dans le sens général d'*intéresser, retenir l'attention de.*

CONCERT, n.m., **CONSERVE,** n.f. **DE CONCERT** et **DE CONSERVE,** malgré leur différence originelle de sens, ont fini par se rapprocher.

De concert (formé avec le nom *concert*, de l'italien *concerto*, accord), en accord parfait (c'est à tort que certains chroniqueurs veulent qu'on n'emploie cette expression que par référence au verbe *se concerter*: avoir des échanges de vues pour préparer une action commune). On dit très bien: *Ils agissent de concert. Elle fait cela de concert avec lui.*

De conserve est formé avec le nom féminin *conserve* dans son sens maritime: *la conserve*, c'est le navire qui fait route avec un autre pour le protéger. D'où *naviguer de conserve*, ensemble (sans se perdre de vue); puis *de conserve* s'est employé avec d'autres noms et verbes dans le sens de «ensemble», «en même temps». L'Académie admet le sens très large d'*agir de conserve* (avec qqn): agir, opérer d'accord avec qqn. Dans l'usage courant, on dit plus souvent *de concert* (avec qqn) dans ce sens figuré. S'il n'y a pas accord, on dira *ensemble* (ou parfois *de conserve*).

CONCERTATION, n.f., le fait de s'entendre pour agir de concert.

CONCERTO, n.m. Pluriel: des ***concertos***.

CONCETTI, n.m.pl.: Des *concetti* (traits d'esprit trop recherchés). On dit parfois un *concetti*; mieux vaut dire un **CONCETTO**. Les *Rectifications de l'orthographe* de 1990 conseillent **CONCETTI** au sing. et ***concettis*** au pl. (*RO* II.7).

CONCEVOIR QUE est suivi de l'indicatif, du conditionnel ou du subjonctif, selon le sens, comme *comprendre* (▶ COMPRENDRE): *Tu peux aisément concevoir* (saisir le fait par l'esprit, imaginer) *que je ne me laisserai pas faire, qu'ils ne se seraient pas laissé faire. Je conçois* (je m'explique, je trouve naturel) *qu'il n'ait pas été content. Il concevait mal qu'on pût s'y fier. Je ne conçois pas qu'on l'ait fait attendre.*

CONCLURE, v.tr.dir. Attention au passé simple (*je **conclus***) et au futur simple (*je **conclurai***). On trouve [*concluai-je*] et [*je concluerai*], comme si le verbe était [*concluer*]. — On conclut **à qqch.**, après une réflexion, un examen de la question: *Les médecins ont conclu à sa non-responsabilité. J'en ai conclu **qu'**il était jaloux.* On trouve, en termes de procédure: *conclure à ce que.*

CONCOMITANT, adj. Un seul *t* (latin *concomitari*, accompagner). Se construit normalement avec *de*: *La gêne, concomitante de la dévaluation.*

Concordance des temps

1. À L'INDICATIF OU AU CONDITIONNEL

Voir l'emploi de ceux-ci aux divers noms des modes et des temps.

Lorsque la subordonnée est à l'indicatif ou au conditionnel, on emploie le temps requis par le sens. Il suffira de donner ici quelques exemples: *Je sais qu'il le pense, qu'il le pensait, qu'il le pensa,* *qu'il l'a pensé, qu'il le pensera, qu'il le penserait, etc. Je savais qu'il était là, qu'il l'avait dit, qu'avec lui on a toujours tort, que vous vous êtes intéressé à lui, que vous vous intéressez à lui* (d'une manière générale, encore maintenant). *On m'a dit qu'il vous en voulait* ou *qu'il vous en veut, qu'il s'est plaint* ou *qu'il s'était plaint. On m'a affirmé qu'il partirait demain* (futur du passé) ou *qu'il partira* (certainement) *demain, qu'il aura bientôt fini. C'est pour vous que je le fais* ou *faisais* ou *C'était pour vous que je le faisais.* ▶ CE, 2.5.3.

2. SUBORDONNÉE AU SUBJONCTIF

2.1. PRINCIPALE AU PRÉSENT OU AU FUTUR

Lorsque le verbe principal est au présent ou au futur, le verbe subordonné, s'il est au subjonctif, se met au présent pour exprimer la simultanéité ou la postériorité par rapport au fait de la principale ou au passé pour exprimer l'antériorité par rapport au fait de la principale ou à un moment à venir que l'on précise: *Je souhaite qu'il soit là, qu'il s'en aille, qu'il soit parti, qu'il soit parti avant notre arrivée.* ▶ 2.4.2.B et 2.4.3.

Quand on a le choix entre l'indicatif et le subjonctif, on emploie volontiers l'ind. futur au lieu du subj. prés. pour montrer qu'on pense à un futur: *Je ne crois pas qu'il viendra. Êtes-vous certain qu'il viendra?*

2.2. PRINCIPALE AU PASSÉ

Lorsque le verbe principal est à un temps passé, en théorie (▶ 2.4.2.A), le verbe subordonné, s'il est au subjonctif, se met à l'imparfait s'il y a simultanéité ou postériorité par rapport au fait de la principale, au plus-que-parfait s'il y a antériorité par rapport au fait de la principale ou à un autre moment passé que l'on précise:

> *J'étais heureux qu'il fût là. J'attendais qu'il s'en allât. Je souhaitais qu'il fût déjà parti. Je souhaitais qu'il fût parti avant que commençât la discussion.*

2.3. L'ÉVENTUEL DU SUBJONCTIF

▶ 2.4.2.B.

2.4. REMARQUES

2.4.1. **Le conditionnel présent dans la principale**

Le conditionnel présent de la principale peut, quel que soit son sens, être considéré aujourd'hui comme un temps présent ou un temps passé: *Je voudrais qu'il **vînt*** (ou *qu'il **vienne***).

> *Je regretterais qu'il fût parti* (ou *qu'il soit parti*) *sans nous attendre. Pour éviter un accident, il faudrait qu'on appliquât* (ou *qu'on applique*) *rigoureusement le règlement.*

2.4.2. Les subjonctifs imparfait et plus-que-parfait

A. Concurrence du subjonctif présent et du subjonctif imparfait

L'imparfait et le plus-que-parfait du subjonctif s'emploient de moins en moins, surtout dans la langue parlée courante, mais aussi dans la langue écrite, où pourtant ils survivent. Notons d'abord qu'ils subsistent surtout dans des expressions figées qui, à la troisième personne, avec inversion du sujet, expriment l'opposition ou la condition : *fût-il, dût-on, ne fût-ce que,* etc. Parce qu'elles sont figées, elles peuvent s'employer avec un présent ou un futur :

> *Dût-on me le reprocher, je suis prêt à le faire. Je l'écouterai, ne fût-ce qu'un instant.*

De même *rien qui vaille, âme qui vive, coûte que coûte, vaille que vaille* restent couramment au présent, même s'ils dépendent d'un passé. En dehors de tels cas, le remplacement du subjonctif imparfait par le subjonctif présent et du subjonctif plus-que-parfait par le subjonctif passé dans les subordonnées ne cesse de s'accentuer ; même quand le fait subordonné est passé.

On peut certes encore employer l'imparfait ou le plus-que-parfait. Mais on doit savoir qu'aujourd'hui des formes comme *accompagnasse* ou *vinssiez* sont devenues si rares, non seulement dans la langue parlée mais en littérature, qu'elles font sourire jusqu'aux partisans du subjonctif.

On ne trouve guère, plus ou moins couramment, l'imparfait et le plus-que-parfait du subjonctif qu'avec les verbes *être* et *avoir*, à la 1re et surtout à la 3e personne du singulier, plus rarement à la 3e personne du pluriel et, avec les autres verbes, à la 3e personne du singulier (particulièrement avec *pouvoir, devoir, vouloir*) : *Il a regretté qu'on lui refusât* (ou *refuse*) *ce plaisir, qu'on ne voulût* (ou *veuille*) *pas l'attendre. Il regrettait que je fusse là* (*que je sois là*)*, que son ami fût absent, que ses amis fussent absents, qu'on ne l'eût pas averti.* Même dans ces dernières phrases on emploie souvent le subjonctif présent ou passé.

L'usage s'accommode fort bien de certaines discordances et l'on écrit : *Il souhaitait que nous fassions assez d'efforts pour qu'on fût content de nous ; fassions* a beau être au présent, on comprend qu'il s'agit du passé ; *fût* a l'avantage de bien marquer que c'est dans le passé que ce contentement se situe ; *soit* pourrait le situer dans le présent.

Après un passé composé, le présent est nécessaire pour marquer un fait présent ou futur ou qui se vérifie dans tous les temps : *Il a beaucoup vieilli, bien qu'il ait à peine quarante ans.*

Il m'a fait trop de bien pour que j'en dise du mal. Il a souhaité que nous soyons là demain. J'ai alors éprouvé l'humiliation la plus vive qui puisse troubler un père.

Notons enfin que l'on peut souvent éviter des formes insolites du subjonctif en tournant la phrase autrement. On peut dire : *Il souhaitait que j'achète ce livre* ou *Il souhaitait de me voir acheter ce livre.* On ne dira pas d'ordinaire : *Il souhaitait que j'achetasse ce livre.*

B. Subjonctif imparfait dépendant d'un présent ou d'un futur

On trouve très régulièrement un subjonctif imparfait dépendant d'un présent ou d'un futur :

Pour exprimer la durée, un fait passé, comme le ferait en proposition indépendante un **indicatif imparfait** :

> *Il semble même que cette indifférence s'**étendît** chez lui au règne animal* (Yourcenar, M., *Discours de réception à l'Académie française*). *Je ne veux pas laisser croire qu'il mît une ostentation quelconque à ses aventures* (Sagan, Fr., *Bonjour tristesse*). *On comprendra que l'élégance de Madeleine Cédrat, jamais en défaut, fût un enchantement* (Borgeaud, G., *Le voyage à l'étranger*). Dans ces trois phrases, on pourrait employer le subj. passé.

Mais : *Il n'est pas certain qu'il **fût*** (ou ***était***) *docteur. Il n'est pas certain qu'il **ait obtenu** son diplôme.*

Avec la valeur d'un **conditionnel** (c'est l'éventuel du subjonctif) : *En est-il un seul parmi nous qui **consentît*** (Ac.) ou ***consentirait**...* Même valeur du subjonctif plus-que-parfait après *douter que* : *Je doute que tout se **fût** si bien passé sans son intervention* ; ou après *supposer que* : *Supposez que Martine **eût** en effet mérité la haine de sa maîtresse* (Hermant, A., *Xavier*...). ▶ DOUTE, DOUTER, SUPPOSER.

2.4.3. Le subjonctif passé après un présent ou un futur

Le subjonctif passé après un présent ou un futur se substitue au subjonctif présent pour une action future dont on veut marquer l'achèvement : *J'attendrai qu'il **ait terminé**.* Même emploi du subjonctif plus-que-parfait au lieu de l'imparfait : *Je craignais qu'il n'**eût terminé** avant mon arrivée.* On voit l'équivalence de ces temps avec un indicatif futur antérieur et un indicatif futur antérieur du passé :

> *Je suis sûr qu'il **aura terminé**. J'étais sûr qu'il **aurait terminé** avant mon arrivée.*

CONCORDER, v.intr. *Les témoignages concordent* (éviter d'ajouter *entre eux*). *Ses idées concordent **avec** les nôtres.*

CONCRÈTEMENT, adv., de façon concrète, *en fait, en pratique.*

CONCRÉTER, CONCRÉTISER, v.tr.dir. Si *concréter* (▸ VERBE, Conjugaison, 1.1) et SE **CONCRÉTER**, rares, peuvent se dire à propos de liquides épaissis, solidifiés, coagulés, ils sont remplacés dans l'usage actuel par *concrétiser* et SE **CONCRÉTISER** quand il s'agit d'idées, de concepts, de sentiments. *On concrétise un sentiment **dans** une phrase, **par** un acte. Un sentiment se concrétise dans une phrase, par un geste.*

CONCURRENCE, n.f., **CONCURRENCER**, v.tr.dir., **CONCURRENT**, adj. et n., **CONCURRENTIEL**, adj., **CONCURREMMENT**, adv. Deux *r*. *Faire concurrence à qqn* ou *à qqch. Concurrencer qqn* ou *qqch*. On parle d'un *secteur concurrentiel* (où règne la concurrence), d'un *prix concurrentiel* (compétitif). **JUSQU'À CONCURRENCE DE** : jusqu'à ce que telle limite soit atteinte. *On emploie **concurremment** deux langues*, ou *une chose concurremment avec une autre*.

CONCUSSION, CORRUPTION, n.f. La corruption est la faute de toute personne qui se laisse écarter de son devoir par des dons ou des promesses tandis que la concussion s'applique spécifiquement au fonctionnaire qui abuse de son autorité et perçoit illégalement des sommes qui ne sont pas dues. *Être accusé de, être convaincu de, être traduit en justice pour corruption* ou *concussion*, selon le cas.

CONDITION, n.f. On ne dit plus guère *être en condition* pour «servir comme domestique, être en service». **METTRE EN CONDITION** : dans le vocabulaire hippique, *mettre un cheval en condition*, c'est l'entraîner jusqu'à ce qu'il atteigne sa meilleure forme physique. On dit de même qu'un athlète, un coureur est dans une *condition* étonnante. Mais en dehors du langage sportif, *mettre qqn en condition* c'est tout au contraire le mettre progressivement dans un tel état qu'il ne réagira plus au moment décisif.

À (LA) CONDITION QUE, SOUS (LA) CONDITION QUE se construisent beaucoup moins qu'il y a cinquante ans avec l'indicatif (futur ou futur du passé), qui reste permis. Le subjonctif est aujourd'hui le mode courant et il faut renoncer à dire que l'indicatif présente le fait d'une manière plus tranchante ou qu'il est plus fréquent après *à la condition que*.

Sous condition que se dit beaucoup moins qu'*à condition que*. *Sous la condition que* est devenu rare : *J'y consens à condition* (ou *à la condition*) *que vous partiez demain* (ou *que vous partirez demain*). *On n'a autorisé leur départ qu'à la condition que leur père **signât** ou signe* (subj. présent) ou *signerait* (indicatif futur du passé et non conditionnel) *la demande. Le petit port de Rufisque (...) semblait convenir pour l'opération, à la condition toutefois que celle-ci ne rencontrât pas de résistance déterminée* (Gaulle, Ch. de, *L'appel*). On pourrait dire *rencontrerait* (indicatif futur du passé). Pour la différence entre le futur du passé et le conditionnel ▸ CONDITIONNEL, 1 ; SI, conj.

CONDITIONNÉ, adj. **AIR CONDITIONNÉ** s'écrit sans trait d'union et ne s'emploie pas comme adjectif : *Nos bureaux **ont l'air conditionné** ou **sont climatisés***.

Conditionnel

1. MODE OU TEMPS

On a beaucoup discuté, et depuis longtemps, pour savoir si le conditionnel est un mode. Les linguistes préfèrent aujourd'hui le ranger parmi les temps de l'indicatif en lui gardant son nom de conditionnel et en lui reconnaissant deux valeurs :

a) l'une, strictement temporelle, de **futur du passé**, transposition du futur en dépendance d'un temps passé. Comparer : *On est sûr qu'il viendra* ou *qu'il aura bientôt fini* et *On était sûr qu'il viendrait* ou *qu'il aurait bientôt fini*. Le conditionnel présent est appelé dans ce cas futur du passé et le conditionnel passé, futur antérieur du passé.

b) l'autre, incontestablement modale, exprimant non pas la condition mais un **fait conjectural, imaginaire**. Dans le présent ou le futur, ce fait imaginaire est irréel ou plus près de l'irréel ou de l'improbable que de la réalité envisagée comme possible :

> *J'ouvrirais pour si peu le bec ? Je supporterais pareille injustice ! À votre place, je tiendrais bon. Si on m'en priait, je le ferais. À votre place, j'aurais tenu bon. Je l'aurais fait si on me l'avait demandé.*

Cette dernière phrase peut devenir, surtout dans la langue écrite ou littéraire : *Je l'eusse fait si on me l'eût demandé*. Le conditionnel passé est remplacé par le subjonctif plus-que-parfait (▸ SI, conj., 1.3). On a généralement renoncé aujourd'hui à donner à cette forme du subjonctif, dans cet emploi, le nom de conditionnel passé deuxième forme. Cette appellation avait l'avantage de souligner la correspondance entre ce subjonctif et un conditionnel et surtout la possibilité, refusée au subjonctif, d'employer interrogativement cette forme : *Qui l'**eût** dit ?* (attention à l'accent circonflexe sur *eût*, à ne pas confondre avec l'indicatif passé antérieur : *il **eut** dit*).

Mais il est particulièrement anormal de parler de conditionnel passé deuxième forme lorsque, dans la subordonnée après *si*, le subjonctif plus-que-parfait remplace un indicatif plus-que-parfait ; le conditionnel est d'ailleurs exclu après un *si* introduisant une condition.

2. EMPLOIS

2.1. SYSTÈME HYPOTHÉTIQUE

Dans les systèmes hypothétiques ▶ SI, conj., 1, CAS, 3 et INVERSION, 3.3.4 et 3.3.5.

2.2. CONDITIONNEL OU SUBJONCTIF

Je ne pense pas que ce soit un homme à qui l'on pourrait (ou *puisse*) *se fier.* ▶ SUBJONCTIF, 2.3.7.

2.3. CONDITIONNEL D'ATTÉNUATION

Conditionnel d'atténuation ▶ FUTUR, temps verbal, 2.4. Il se substitue par discrétion ou par politesse à un indicatif présent ou futur plus (ou trop) catégorique. Il exprime une volonté atténuée, un conseil, un souhait et parfois suppose ou suggère plus ou moins l'attente d'un consentement fictif comme: *si c'était possible, si vous le vouliez bien, si on y consentait*, etc. C'est ce qui le distingue du futur d'atténuation:

> **Vous plairait-il** *de fermer cette porte? Auriez-vous l'obligeance de m'accompagner demain? Je vous **serais** obligé de me recevoir. Voudriez-vous fermer la fenêtre? Verriez-vous un inconvénient à m'accompagner? Vous devriez le lui dire. Je **voudrais*** (pour *je veux, je désire*) *vous parler sérieusement. Je désirerais un renseignement. Je voudrais un kilo de beurre. Je serais curieux de savoir ce qu'il en pense.*

Avec *savoir* (▶ SAVOIR): *je ne saurais dire* (je ne puis dire) *s'il s'est trompé. Je vous saurais gré de le faire.*

2.4. REFUS, DOUTE, ON-DIT, APPARENCE, ETC.

On voit comment, si l'on part de l'expression de l'imaginaire, d'un fait soumis à une éventualité peu probable, on en arrive à l'emploi du conditionnel dans une exclamation indignée impliquant une négation, un refus (*Moi, j'aurais dit cela? Je pourrais lui mentir!*) ou pour nuancer de doute une question (*Vous l'auriez rencontré? Seriez-vous malade?*) ou pour dire ce qui se serait passé (*Il aurait eu cent ans l'an passé, s'il n'était pas mort*) ou ce qu'on n'ose affirmer nettement, un on-dit (*Il y aurait dix morts. Deux wagons auraient déraillé*) ou, avec *dire* et *croire*, l'apparence: *On dirait* (on est tenté de croire) *qu'il est fâché. On se serait cru au marché.*

2.5. CONDITIONNEL PRÉLUDIQUE

Conditionnel du rêve, conditionnel préludique (notamment dans le langage des enfants imaginant un jeu):

Il s'est arrêté à trois pas pour jouir d'une discussion où fleurit le délicieux conditionnel du surréalisme enfantin: «Ça ce serait la montagne, dit le gamin blond. Alors vous seriez les Indiens et Ian arriverait par-derrière en rampant avec Basil» (Bazin, H., *Les bienheureux de la désolation*).

2.6. EXPRESSION DE L'ANTÉRIORITÉ

Au lieu de dire logiquement, et correctement d'ailleurs: *Je voudrais avoir été là*, on dit fort bien: *J'aurais voulu être là.*

2.7. CONJONCTION OU VERBE ACCEPTANT LE CONDITIONNEL

Remarque importante. Lorsqu'on dit qu'une conjonction ou un verbe suivi de *que* réclame ou accepte l'indicatif, on admet aussi en principe le conditionnel à valeur modale (sauf après *si* conditionnel) si la subordonnée revêt le caractère qui appelle le conditionnel.

> Comparer: *Il est venu parce que nous l'avions convoqué* et *Il est venu parce qu'il aurait voulu intervenir dans le débat, mais l'occasion ne lui en a pas été offerte. Je pense qu'il le fera, qu'il le ferait* (si on le lui demandait).

CONDITIONNER, v.tr.dir. Distinguer:

1. *Conditionner des étoffes, l'air d'un bureau*, les mettre dans l'état requis.

2. *Conditionner des articles de confiserie, un emballage*, les préparer pour leur présentation commerciale et leur vente.

3. *Conditionner un fait, une réussite, un départ*, en être la condition, se dit de ce dont dépend un fait: *Cela conditionnera mon acceptation.*

4. *Conditionner qqn*, le mettre en condition ▶ CONDITION.

CONDOLÉANCE, n.f., ne s'emploie plus qu'au pluriel: *une lettre de condoléances.*

CONDOTTIERE, n.m. Pas d'accent d'après l'Académie et l'ensemble des dictionnaires. On écrit cependant aussi **CONDOTTIÈRE** et on n'a pas tort puisque le mot s'est francisé au point que le pluriel **condottieri** a vieilli au profit de *des* **condottieres** (ou *des* **condottières**); c'est d'ailleurs la suggestion faite par les *Rectifications de l'orthographe* en 1990: *condottière*; s au pluriel. (RO III.9G).

CONDUIRE, v.tr.dir. C'est à tort qu'on a vu un anglicisme dans *conduire un orchestre*, qui n'est pas nouveau. *Conduire* signifiant «mener en étant à la tête», on peut fort bien dire *conduire une entreprise, une enquête*, etc., même si cela semble un anglicisme.

CONDUITE, n.f. *S'acheter une nouvelle conduite* (*s'amender*) est familier. ▸ PAS, n.m.

CÔNE, n.m. Accent circonflexe, mais non dans les dérivés (*conique*, etc.)

CONFÉRENCE, n.f. *On fait, on donne, on prononce une conférence.* **CONFÉRENCIER** n'apparaît dans les dictionnaires que comme nom, alors que le **verbe** se répand à bon droit. *On donne* ou *on tient une conférence de presse. Un directeur est en conférence avec ses collaborateurs.* **AVOIR UNE CONFÉRENCE** (un entretien) *avec qqn* est plus littéraire qu'usuel. On écrit **MAÎTRE DE CONFÉRENCES**.

CONFESSE, n.f. *Aller à confesse. Revenir de confesse. Aller se confesser.* Deux *n* dans **CONFESSIONNAL, CONFESSIONNEL**.

CONFETTI, n.m., est proprement un pluriel (italien *confetto*, dragée). Employé au singulier, il peut rester invariable (*un* ou *des* **confetti**), mais à partir de là s'est formé un pluriel en *s*, accepté aujourd'hui comme celui de *macaroni* (*du macaroni* ou *des macaronis*).

CONFIANCE, n.f., intervient dans plusieurs expressions ou locutions verbales où il convient de noter l'emploi de diverses prépositions.

AVOIR CONFIANCE, *avoir* (*une*) *grande confiance*, **METTRE** ou **PLACER SA CONFIANCE, MANQUER DE CONFIANCE**: *J'ai* (*grande*) *confiance en Dupont, en Dieu, en lui, en* ou *dans mon directeur, en* ou *dans vos capacités, en* ou *dans cet homme, en* ou *dans un remède, dans la capacité de mes collaborateurs.* On emploie plutôt *dans* devant l'article défini.

L'Académie mentionne: **PRENDRE CONFIANCE** en quelqu'un. — *Prendre confiance en qqch.* (Bossuet). **FAIRE CONFIANCE À QQN, À QQCH.**, et non [*en*]: *Faire confiance à Dupont, à un collaborateur, à son expérience, lui faire confiance.* Le tour est correct et très vivant.

AVOIR CONFIANCE QUE est suivi de l'indicatif ou du conditionnel: *J'ai confiance qu'il le fera, qu'il pourrait le faire.*

AVOIR LA CONFIANCE DE QQN, c'est lui inspirer confiance, jouir de sa confiance.

GAGNER, RECHERCHER ou **PERDRE LA CONFIANCE DE QQN**: *Il a gagné la confiance de son directeur. Il a perdu sa confiance.*

Perdre confiance (sans article ni déterminatif) s'emploie surtout absolument: *Il a perdu confiance.* Mais: *Il a perdu la confiance qu'il avait en vous.*

METTRE QQN EN CONFIANCE: *Il les a mis en confiance.*

TÉMOIGNER (ou **DONNER**) **SA CONFIANCE À QQN**: *Il leur a témoigné sa confiance.*

ACHETER UNE CHOSE EN CONFIANCE, EN TOUTE CONFIANCE, sans crainte d'être trompé.

ACHETER UNE CHOSE DE CONFIANCE, les yeux fermés.

FAIRE CELA DE CONFIANCE, sans hésiter.

CONFIDENTIEL, adj., s'écrit avec *en* (comme *confidence*) et *t*.

CONFIER, v.tr.dir. *Elle a confié l'enfant à sa grand-mère. Je lui ai confié une mission, un secret.*

SE CONFIER *dans* ou *en* ou *sur*, «mettre sa confiance dans, s'en remettre à», est vieilli ou littéraire: *Il s'est confié en ses amis* (Ac.). *Se confier sur ses forces, en la bonté de qqn* (Ac.). ▸ FIER. Le tour vivant, qui a un autre sens, est **se confier à qqn**, lui faire des confidences.

CONFIRMER, v.tr.dir., **CONFIRMAND**, n.m. Au sens religieux, *confirmer* veut dire, chez les catholiques, «administrer le sacrement de confirmation» et a donc pour sujet l'évêque (*l'évêque* **CONFIRMANT**). C'est à tort qu'en Belgique et dans certaines régions de France on dit que les enfants «confirment» (emploi intransitif). Il faut dire qu'ils *sont confirmés* et écrire à leur propos *les confirmands* (du latin *confirmandus*, qui va être confirmé). De même l'*ordinand* est celui qui va être ordonné prêtre. Mais le *t* est normal dans **COMMUNIANT**, parce que *communier* ne se dit pas seulement, comme verbe transitif, du prêtre qui donne la communion, mais, comme verbe intransitif, des fidèles qui la reçoivent.

CONFITURE, n.f., s'employait autrefois plus souvent au pluriel là où le singulier est aujourd'hui plus fréquent: *faire, manger de la confiture. Une tartine de confiture.* ▸ À et DE, 8. Le complément (avec *de*) se met généralement au pluriel: *de la* (ou *une*) *confiture de fraises, de groseilles, de myrtilles* (et non *aux*). ▸ MARMELADE.

CONFLUANT, CONFLUENCE, CONFLUENT. Confluant, participe de *confluer*, se joindre, se réunir. **Confluence**, n.f. Action de confluer, convergence. **Confluent**, n.m. et adj.

CONFONDRE, v.tr.dir. *On confond deux choses, deux personnes, l'un et l'autre, l'un avec l'autre. Deux choses se confondent. Une chose se confond avec une autre. On se confond en remerciements, en excuses.*

CONFORME, adj., **CONFORMITÉ**, n.f. *Une copie est conforme à l'original. Ce qui est conforme à la loi est en conformité avec la loi* (*en conformité de* est vieilli). *La conformité d'une chose avec une autre, la conformité entre deux choses.*

CONFORT, n.m., se dit essentiellement d'un bien-être *physique*, *matériel*, résultant des commodités dont on dispose. Mais on parle aussi d'un confort *intellectuel*. ▸ CONFORTABLE.

CONFORTABLE, adj., a été emprunté au XVIIIᵉ siècle à l'anglais *comfortable* (avec *m*), dérivé du verbe *comfort*, correspondant au français *conforter* (voir ce verbe), qui signifiait *aider*, *consoler*, *réconforter* et, en médecine, *fortifier*. *Confortable* se disait en français, dans un texte de 1786, d'une nuit aussi bonne que possible. Son sens vague, tendant vers *agréable*, lui a permis d'être appliqué, au début du XIXᵉ siècle, dans un sens très large, à tout ce qui donnait un bien-être physique, à une maison, à un habit, à une boisson, à une nourriture. Il s'est même appliqué à une personne agréable ou confortablement installée.

Le mot a perdu sa faveur extraordinaire pour ne plus se dire que de ce qui procure (sens actif) le confort, c'est-à-dire un bien-être dû à un ensemble de commodités matérielles : maison, fauteuil, vêtement, pantoufles, etc. Mais une nouvelle vogue, due à une nouvelle vague anglaise, a étendu depuis cinquante ans son emploi au sens moral. D'abord au sens actif, le mot étant appliqué à ce qui procure un bien-être du corps, du cœur ou de l'esprit, une sécurité, une tranquillité d'esprit. C'est ainsi qu'on peut parler d'un *revenu confortable*, d'une *situation confortable*, d'une *majorité confortable*.

Dans *Le confort intellectuel*, Marcel Aymé a défini malicieusement celui-ci : *ce qui assure la santé de l'esprit, son bien-être, ses joies et ses aises dans la sécurité, une commodité permettant à l'intelligence de s'exercer avec toute la vigueur utile*. Et il a appelé *écrivain confortable* celui qui assure à ses lecteurs ce confort intellectuel.

C'est encore ce sens actif qu'on retrouve dans *un ami confortable* si l'on entend : dont la fréquentation procure au cœur ou à l'esprit ce bien-être causé par l'assurance que les heurts sont exclus. On a même parlé d'une *abstinence confortable*, qui ne compromet pas le bien-être : *Une abstinence confortable : les harengs étaient soigneusement cuits, sautés au beurre* (Bazin, H., *Le bureau des mariages*).

Mais on va plus loin et, comme dans la première vogue du terme, on emploie *confortable*, et depuis longtemps, au sens passif en l'appliquant à la personne qui éprouve une sensation de confort, d'aise, ou qui est confortablement installée : *Vous n'êtes pas confortable comme cela, attendez, moi je vais bien vous arranger* (Proust, cité par *GLLF*). *En famille de nouveau, je serais mieux soigné ; un peu plus*

riche ; *probablement plus confortable, peut-être trop* (Valéry, P., *Correspondance Gide-Valéry*). *Elle n'aurait pas juré qu'elle aimait Georges, mais elle se trouvait assez bien auprès de lui, presque confortable* (Curtis, J.-L., *La moitié du chemin*). On abuse lorsqu'on applique *confortable*, au sens actif ou passif, à ce qui n'éveille que l'idée d'agréable, de sympathique : *Ce contrôleur était confortable* (Triolet, E., *Le premier accroc...*). N'est-il pas excessif d'accoler *confortable* à un cigare, à une odeur de cigarette, à un frisson, à un spectacle ?

Le nom abstrait *le confortable* a été employé par maints écrivains comme Taine, Huysmans, Barrès, Bourget. Il n'est plus usité. **CONFORTABILITÉ** est rare.

CONFORTER, v.tr.dir., a autrefois signifié «raffermir moralement» ou «donner des forces physiques». Après être tombé en désuétude, il a repris vie, très vigoureusement, non pas dans les anciens sens, mais dans celui de «donner des forces à une thèse, à un régime, consolider dans une opinion» : *Qqn ou qqch. conforte qqn ou qqch., une situation, des arguments, une volonté*, etc. — *Il s'appuie à cette pensée, il s'en conforte* (Genevoix, M., *Un jour*). Que cette faveur nouvelle puisse être due à une influence anglaise, est-ce une raison pour la rejeter ?

CONFRÈRE, n.m. ▸ COLLÈGUE, CONSŒUR.

CONFRONTER, v.tr.dir., c'est mettre en présence pour comparer, vérifier (mais non pour se battre). On confronte des *témoins*, des *textes*, des *écritures*, des *points de vue* : *Confronter deux personnes ensemble, deux choses ensemble*, dit l'Académie. *Ensemble* paraît superflu. *Confronter des témoins à l'accusé, **avec** l'accusé* (Ac.). *Confronter la copie à l'original* (Ac.). On dit souvent *avec* : *On est confronté avec qqn. Toute croyance qui s'énonce doit se confronter avec elle* (avec l'imposture ; Domenach, J.-M., *Ce que je crois*). Le *GR* note un emploi par extension : au passif et au part. passé, *Être confronté à qqch.* ou *à qqn* ou *avec qqn*, être mis en présence de, avec une citation de Camus (*confronté à son crime*) et une de Mauriac (*une foule confrontée à la peinture de Buffet*). On pourrait sans peine en ajouter d'autres : *Confronté aux problèmes des jeunes mariés* (Butor, M., *La modification*). Et ajouter **SE CONFRONTER À**, *se confronter **avec**, dans un sens analogue : *Je ne m'étais pas confronté avec le cinéma depuis mes figurations dites intelligentes* (Marais, J., *Histoires de ma vie*). ▸ AFFRONTER.

Il faut distinguer parmi les emplois nouveaux dus parfois à l'influence de l'anglais. Il est absurde de dire que certaines questions, certaines difficultés confrontent un gouvernement. Où est, dans cet emploi, le sens de «mettre en présence»? Il est donc également absurde de dire que le gouvernement est confronté *par* une difficulté. On dira: *être aux prises avec, devoir faire face à, devoir affronter (quelque chose)*, etc.

Mais il n'y a rien d'anormal à employer *confronté, être confronté* dans le sens fondamental de «mis en présence», même si n'intervient plus une des composantes de l'acception du verbe: pour comparer, pour vérifier. Glissement de sens courant, même chez les gens cultivés et les écrivains.

[CONFUSIONNER], v.tr.dir., ne peut se dire pour remplir de confusion, de honte, rendre confus.

CONGÉ, n.m. *On **donne congé** à un locataire.* Ne pas dire [*renoncer, donner un renom ou renon*]. — Un BAIL CONGÉABLE, résiliable au gré des propriétaires.

CONGÈRE, n.f. *Une congère* est un amas de neige entassée par le vent. On dit aussi un BANC DE NEIGE.

CONGESTION, n.f. Prononcer *s* + *t*.

CONGRÛMENT ou CONGRUMENT (▶ ADVERBE, 1 et *RO* II.4), adv., «de façon appropriée», est vieilli: *Parler congrûment* (Molière). CONGRUE reste vivant dans *portion congrue*, tout juste suffisante pour vivre. Mais CONGRU est vieilli dans le sens de *convenable*, bien que le contraire se dise encore *incongru*.

CONJECTURE, CONJONCTURE, n.f. Une **conjecture** est une supposition fondée sur des apparences, des probabilités: *Faire des conjectures. Se perdre en conjectures.* — Une **conjoncture** est une situation (particulièrement, mais pas nécessairement, une situation économique) résultant d'un concours de circonstances: *Une conjoncture favorable.*

Adjectifs correspondants: respectivement, CONJECTURAL, CONJONCTUREL.

CONJOINT, n.m. et adj. **Le conjoint**, en termes de jurisprudence, se dit aussi bien de la femme que de l'homme: *À défaut de conjoint survivant... Il a présenté son conjoint. Les futurs conjoints.* «Il n'est pas d'usage d'employer ce nom au féminin» (*GLLF*); l'Académie et le *GR* admettent cependant **la conjointe**. — **Adjectif**, *conjoint*, **conjointe**: *Les problèmes conjoints*, étroitement associés. *Une déclaration conjointe*, une déclaration jointe à une autre (non pas: commune). — **Adverbe**, CONJOINTEMENT: *Nous agirons conjointement. J'agirai conjointement avec vous.*

Conjugaison

▶ VERBE, Conjugaison.

CONNAISSANCE, n.f. *Cet homme est une vieille connaissance que j'ai **retrouvée** avec plaisir. J'ai fait la connaissance **d'un** abbé. J'ai fait sa connaissance. J'ai fait (ou lié) connaissance **avec lui**. Nous avons fait (ou renoué) connaissance. Il a fait connaissance avec la misère, avec la mauvaise foi. On est en pays de connaissance ou entre personnes de connaissance ou entre (anciennes) connaissances.* — *La connaissance d'une langue. Ses connaissances en droit. Avoir connaissance de qqch.* (être informé). *En connaissance de cause. Il a encore toute sa connaissance. Perdre (ou reprendre) connaissance.*

CONNAÎTRE ou CONNAITRE (*RO* II.3), v.tr.dir.

1. **Conjugaison.** Accent circonflexe sur *i* devant *t*. **Interrogation**: *Connais-tu?* etc. Si l'on hésite à dire: *Le connais-je?*, on ne peut dire: [*Le connaissé-je?*]. On dit: *Est-ce que je le connais?*

2. Wallonisme: [*Il s'est donné à connaître*] pour: *Il s'est fait connaître.*

3. Une des trouvailles du purisme est d'avoir voulu remplacer l'expression correcte *Je ne le connais ni d'Ève ni d'Adam* (pas du tout) par l'ahurissant *Je ne le connais ni des lèvres ni des dents!*

4. L'opposition entre CONNAÎTRE et SAVOIR est moins nette qu'on ne le dit, elle tient moins à la signification qu'à certains usages. On oppose *savoir* et *connaître* dans la mesure où celui-ci oppose la connaissance de l'existence d'une chose à la connaissance de la chose elle-même: *connaître sa leçon* ou *une prière*, c'est savoir quelle leçon on doit apprendre ou que telle prière existe. *Les savoir*, c'est être capable de les réciter. Mais si l'on dit *savoir par cœur*, on peut dire *connaître par cœur*. *On **connaît** ou on **sait** l'allemand, la musique, l'orthographe, un métier. On prie qqn de faire **connaître** ou savoir son nom, ses conditions.* Mais on dit plus souvent *connaître son chemin* que *savoir son chemin*.

*On **connaît** une personne, un tableau, une ville, une plante, une référence, sa chance, son erreur, son bonheur.* Mais devant un infinitif ou une subordonnée complément, on doit employer *savoir*: *Il connaît le chant* mais *Il sait chanter. Il sait qu'il a tort. Il ne sait quand il pourra venir. Il nous a fait savoir qu'il ne fallait pas l'attendre.*

De *Je sais que le directeur est* (ou *que vous êtes*) *hostile à ce projet*, on est passé tout naturellement à *Je sais le directeur* (ou *je vous sais*) *hostile à ce projet*. ▶ SAVOIR, 4.

5. **Connaître de qqch.** est un terme de procédure (avoir autorité ou compétence pour juger une affaire).

6. **Connaître à** avec une négation. *Je ne connais pas grand-chose à cela. Je n'y connais rien.*

7. SE CONNAÎTRE, S'Y CONNAÎTRE EN: *Je me connais en cela* (*à cela* vieillit). *Il s'y connaît en peinture.* Pléonasme admis dans *s'y connaître en.*

8. POUR UNE RAISON À MOI CONNUE se dit encore très bien à côté de *Pour une raison de moi connue.* Mais en dehors de cette expression, on doit dire aujourd'hui: *Des vérités connues de tous,* etc.

CONNECTER, v.tr.dir., **CONNEXE**, adj., **CONNEXION**, n.f. *Connecter des appareils électriques. La connexion des idées* ou *entre une chose et une autre,* qui sont *connexes* ou *en connexion.* ▶ INTERCONNEXION.

CONSACRER, v.tr.dir. *Consacrer une semaine* ou *un livre à une question, à son histoire* et non, comme on peut le lire dans un livre officiel sur Genève: [*consacrer une plaquette concernant l'histoire de...*].

CONSCIENCE, n.f. AVOIR CONSCIENCE QUE: *J'ai conscience qu'il **est** tard. Ils **n'ont pas** conscience qu'il **soit** tard* ou *qu'il **est** tard.*

CONSCIENT, adj. **Dérivés**. Adverbe: **CONSCIEMMENT**. Les dictionnaires reculent devant l'adoption de **CONSCIENTISER**, v.tr.dir., et de **CONSCIENTISATION**, n.f., qui se répandent: effort pour rendre les hommes (et les femmes) conscients de leur dignité, de leurs droits, de leurs possibilités, etc.

CONSÉCUTIF, adj. Inutile d'insister sur l'emploi en grammaire de: *une proposition consécutive* ou *une consécutive.* Ni sur *consécutif à* (qui est la conséquence de): *Une boiterie consécutive à un accident.*

L'emploi de *consécutif* au singulier, gardant le sens (qu'il a au pluriel) de: «de suite», est très courant et très clair. On dit: *trois démarches **consécutives**, pendant trois jours consécutifs, pour la troisième fois **consécutive.***

CONSEIL, n.m. Un INGÉNIEUR-CONSEIL, des *ingénieurs-conseils.* Un *avocat-conseil.*

CONSEILLER, v.tr.dir. *On conseille **qqn** ou **qqch.**, on conseille **qqch. à qqn**, on conseille **à qqn de faire qqch.*** D'où l'accord ou l'invariabilité du part. passé dans: *Il les a mal*

conseillés. *Les livres qu'il m'a conseillés. Les romans qu'il leur a conseillé de lire.* **CONSEILLER**, *conseillère*, n.

CONSENSUS, n.m. Prononciation: *con* (comme dans *on*) -*sin-sus* plutôt que *san-sus.*

CONSENTIR, v.tr.dir. et intr.

1. **Consentir une chose** est d'un emploi beaucoup plus limité qu'autrefois. On ne le trouve plus guère qu'avec certains compléments, dans le sens d'«accorder un avantage» ou d'*accepter: consentir un prêt, un délai, une remise, un sacrifice.*

2. Le tour habituel, en dehors de telles expressions, est **consentir à qqch.**, avec pour complément un nom, un pronom ou un infinitif: *Il consent à ce mariage, **à venir** nous voir. J'y consens.* On peut encore employer **de** devant un infinitif, mais le tour est archaïque. *Je consens d'oublier le passé* (Racine).

3. Devant un subjonctif, **consentir à ce que** (ou, plus rare et littéraire, **consentir que**): *Je consens à ce qu'il **vienne*** (ou *je consens qu'il **vienne***). L'emploi de l'indicatif par de rares écrivains après *consentir que*, pour exprimer l'idée de «reconnaître (comme vrai), admettre», est insolite.

4. *Consentir* s'emploie aussi sans complément dans le sens de «donner son consentement, accepter»: *Je consens.*

CONSÉQUENCE, n.f., **CONSÉQUENT**, adj. *Une chose est de conséquence* (voir plus loin); *une chose est sans conséquence, tire à conséquence, a des conséquences graves, est grosse de conséquences, a pour conséquence une remise en cause de la question* ou *a pour conséquence de nous obliger à revoir la question.* **CONSÉQUEMMENT. PAR CONSÉQUENT. *En conséquence du** mauvais temps* ou ***conséquemment au** mauvais temps* (par suite de). *Il pleut; **par conséquent** (ou **en conséquence**) nous ne sortirons pas.* Il faut éviter de mêler plusieurs tours et de dire: [*Par conséquence du mauvais temps*]. On dit très bien: ***Tirer** (ou **déduire**) **une conséquence.***

L'adjectif *conséquent* s'applique à une **personne** qui agit logiquement, avec esprit de suite; si l'on indique en quoi, on emploie généralement ***avec***; beaucoup plus rarement à marque qu'une **action** fait logiquement suite à une autre: *Il se flatte d'être conséquent. Il est conséquent dans sa conduite. Il n'est pas conséquent avec lui-même. Sa conduite est conséquente à ses principes* (Ac.). La langue classique a utilisé DE **CONSÉQUENCE** dans le sens de «qui mérite d'être pris en considération». On parlait (et on peut encore parler) d'*un homme de conséquence,* d'*une affaire de conséquence.* Cette expression, devenue plus rare, a été remplacée par *conséquent*, prenant abusivement le sens d'*important, considérable*. Ce sens est fréquent, on le trouve depuis le XVIIIᵉ siècle chez de bons écrivains (Stendhal, Mérimée, Huysmans, Proust, Giono, Mauriac, Montherlant, Lacretelle, etc.), et non seulement quand ils font parler des gens du peuple. On ferait mieux de garder à *conséquent* le sens de *logique*. On préférera, selon les cas, parler d'une *affaire grave, importante, considérable*, de *frais élevés*, d'une *personne importante, riche, influente*, etc.

CONSERVE, n.f. On écrit : *des aliments* **en conserve** ; *on met des haricots en conserve*. *On fait, on prépare, on mange* **des conserves**. « *On ne dit pas boîte à conserves, mais* **de conserves** » (*GR*). On écrit aussi *une boîte* ou *des boîtes* **de conserve** (*Ibidem*).

On parle de *l'industrie de la conserve* ou de *l'industrie des conserves alimentaires*. Avec *usine* on emploie indifféremment le singulier ou le pluriel.

DE CONSERVE, loc.adv. (ensemble) ▷ CONCERT.

CONSIDÉRER (v.tr.dir. ▷ VERBE, Conjugaison, 1.1) **COMME**. *Considérer* se construit avec *comme* devant la qualité attribuée au complément d'objet direct : *On le considère* **comme** *habile. Je considère cela* **comme** *impossible* ou **comme** *réglé. Il se considère* **comme** *l'héritier légitime*. L'omission de *comme*, influencée par la construction d'autres verbes, est très fréquente. Comparez : *Je le juge* (ou *je le crois* ou *je l'estime* ou *je le trouve*) *habile. Je le tiens pour habile, pour un imposteur, pour un voleur. On l'a traité d'imposteur, de voleur. Je ne sais si elle est infidèle ; en tout cas elle est tenue pour telle, considérée comme telle*.

CONSIGNE, n.f., **CONSIGNER, DÉCONSIGNER**, v.tr.dir. *On consigne ses bagages à la consigne d'une gare, on met sa valise* **à la consigne**, *à la consigne automatique, on reçoit un bulletin de consigne*. *Le commerçant consigne un emballage*, une bouteille (il les facture avec faculté de remboursement), *on paie cinq francs de consigne, on se fait rembourser la consigne d'une bouteille consignée* (▷ VIDANGE), à éviter dans ce sens. Éviter aussi la confusion avec **CAUTION** et **CAUTIONNÉ**. *On* **déconsigne** *sa valise ; le commerçant déconsigne une bouteille* (il rembourse la consigne). Dans un autre sens, l'expression vieillie **consigner qqn à sa porte** (lui interdire d'entrer) est remplacée par **consigner sa porte à qqn**, la lui interdire.

Bien que, par définition, l'instruction appelée une consigne soit stricte, on entend parler de *consignes strictes* (*GR*).

CONSISTANCE, n.f., évoque une idée de fermeté, de cohésion, opposée à celle de fluidité : *Un personnage sans consistance*. Avec l'adj. : *Une sauce* **CONSISTANTE**. On dit : *un plat de résistance* (et non plus *de consistance*).

CONSISTER, v.intr. On n'emploie plus la construction classique *consister à* devant un nom ; mais on l'emploie encore devant un infinitif : *La libéralité consiste moins* **à donner** *beaucoup qu'à donner à propos* (La Bruyère).

Consister se construit avec *en* ou *dans* (▷ EN, prép., 3) : *L'accord consiste* **en trois points**, *en ceci, dans la proposition suivante*.

CONSŒUR, féminin de *confrère*, fait souvent sourire ; à tort. ▷ COLLÈGUE.

CONSOMMER, v.tr.dir. et intr., **CONSUMER**, v.tr.dir. *On* **consomme** *un crime* (on le commet), *le mariage* (on le mène à son accomplissement), *des aliments, du vin ; une voiture consomme de l'essence*. *On* **consume** *des déchets* (on les détruit par le feu), *sa fortune, sa vie, ses forces* (on les épuise). *Le feu consume un édifice, la rouille consume le fer. Un artiste* **CONSOMMÉ**, *une méchanceté* **consommée** (qui atteint une sorte de perfection). *Un consommé* : un bouillon de viande concentré. On peut dire *consommer à la terrasse*, y prendre *une* **CONSOMMATION**.

CONSONANCE, n.f., **CONSONANT, CONSONANTIQUE**, adj. Un seul *n*. ▷ ASSONANCE. *Consonne* a deux *n*.

CONSONER, v.intr., avec un seul *n*, bien que s'écrivant souvent, à tort, avec deux *n*.

Consonnes (genre)

Tous les noms de lettres sont aujourd'hui masculins.

CONSORTIUM, n.m. Pluriel : *des* **consortiums**.

CONSTELLÉ, adj. Ne jamais ajouter *d'étoiles*, puisque c'est le sens de *constellé* ; mais on dira : *constellé de marguerites, de décorations*.

CONSTER, CONSTANT, CONSTAMMENT. IL CONSTE ne se dit plus en français, il a signifié : il est certain, établi. En Belgique, dans la langue du droit et de l'administration : il résulte. L'impers. **IL EST CONSTANT QUE** (avéré que) est suivi de l'indicatif. Autre sens de *constant* : persévérant.

CONSTITUÉ, adj. *Un enfant bien constitué. Une équipe constituée* **de** *volontaires enthousiastes*.

CONSTITUTIONNALISER, v.tr.dir. Tous les dérivés de *constitution* (*constitutionnel, constitutionnaliste*, etc.), s'écrivent avec *-ionn* (deux *n*).

CONSTRUCTION, n.f. On écrit: **un jeu de construction** (sens abstrait, le fait de construire) ou **de constructions** (sens concret, ce qui est construit).

CONSULTER, v., **CONSULTATION**, n.f., **CONSULTANT**, adj. et n. *Le malade* **consulte** *son médecin, il va à la* **consultation** *aux heures de consultation. Le médecin donne une consultation à l'hôpital, il consulte un confrère, il est appelé en consultation* (on ne parle plus d'*une consulte*). *On consulte* aussi *sa montre, ses intérêts, ses proches, ses souvenirs, un livre. Ce médecin ne consulte* (donner des consultations) *que le matin. Les médecins se sont retirés pour consulter* (délibérer). *J'ai préféré consulter* (un médecin). Les sens opposés sont éclairés par le contexte. C'est plus délicat encore avec **consultant**, adj. et n., qui s'applique à celui qui examine et délibère (latin *consulere*) ou à celui qui demande une consultation. *Le médecin consultant* (qui examine occasionnellement) s'oppose au *médecin traitant. Les consultants de ce médecin viennent de tous les pays* : on entend par là les personnes qui demandent une consultation. Un *consultant juridique, en gestion, en informatique…* est une personne reconnue pour sa compétence particulière et qui est appelée pour donner un avis. *Les entreprises font de plus en plus appel aux consultants. Les bureaux de consultants se sont multipliés. La consultance est une pratique largement répandue.*

CONTACT ▷ ÉLARGIR.

CONTACTER QQN est condamné par les puristes et par l'Académie, malgré sa fréquence. On lui reproche son inutilité à côté de *prendre contact avec qqn, entrer en contact* (ou *en relation*) *avec qqn*, etc. À ce compte-là, bien des verbes seraient condamnables: *avantager,* donner un avantage à, *baser, fonder, tamiser*, etc. Comme ces verbes, *contacter* dérive d'un nom français. Formé au XIXe siècle, il ne s'est répandu que cent ans plus tard sous l'influence du verbe anglais *to contact*.

CONTAGIEUX, n. ou adj., se dit du malade ou de la maladie ou encore de ce qui se propage par contact: *Le pavillon des contagieux. La grippe est contagieuse. C'est contagieux.* [CONTAGIONNER] doit être remplacé par **CONTAMINER**.

CONTAINER, n.m. Anglicisme à remplacer par **CONTENEUR**. Dérivés: **CONTENEURISER, CONTENEURISATION**.

CONTENT, SE CONTENTER. **Je suis content que** ▷ HEUREUX.

AVOIR SON CONTENT DE QQCH., *en avoir son content*, en avoir autant qu'on peut en désirer. Se dit aussi par ironie: *Des punitions, il en a son content.*

Se contenter de ne signifie plus «satisfaire ses désirs» mais «ne rien demander de plus, accepter faute de mieux» ou «ne faire que». *On se contente de qqch. Il se contente de sourire.* On ne dit plus «se contenter que» et on ne dit guère: *Je me contente de ce qu'il soit parti.* On dit: *Je me contente de son départ, de savoir qu'il est parti* (cela me suffit).

CONTESTATION, CONTESTE, n.f. *On obtient une chose sans contestation* (singulier), *sans que personne s'y oppose. On élève une contestation, on entre en contestation avec qqn, on tranche une contestation.*

Le nom féminin **conteste** (traité parfois abusivement comme masculin) ne s'emploie plus guère que dans SANS CONTESTE (sans discussion possible).

CONTESTER, v.tr.dir., **CONTESTABLE**, adj. *Contester que* est suivi du subjonctif: *Je conteste qu'il l'ait dit.* Pris négativement (ou dans une proposition correspondant à une négation) ou interrogativement, il est suivi du subjonctif avec ou plus souvent sans *ne* explétif, ou de l'indicatif insistant sur la réalité du fait en cause, ou du conditionnel marquant l'éventualité. *Je ne conteste pas* (ou *il pourrait difficilement contester*) *qu'il l'ait dit* ou *qu'il l'a dit, qu'on ait* (ou *a*) *des chances de réussir, qu'il pourrait s'en tirer* (éventuellement). Même construction de *il n'est pas contestable.*

CONTEXTE, n.m., condamné à tort par l'Académie, n'a pas seulement le sens de «texte qui entoure», il désigne l'ensemble des circonstances qui entourent un fait, qui l'éclairent: *Il faut replacer cette démarche dans son contexte.*

CONTIGU, adj. Fém. *contiguë* ou *contigüe* ▷ TRÉMA et *RO* III.4.

CONTINUER, v.tr.; *à* ou *de* devant un infinitif; on a le choix. *Continuer par* se dit surtout après *commencer par*, pour marquer un second stade. Ne pas confondre **CONTINUATION** et **CONTINUITÉ**.

CONTINÛMENT ou **CONTINUMENT**, adv. (*RO* II.4) ▷ ADVERBE, 1.

CONTONDANT, adj., qui blesse, meurtrit sans couper, par choc.

CONTORSIONNER (SE): faire des contorsions (torsions violentes).

CONTOURNER, v.tr.dir., a pris, à partir de «faire le tour» (*contourner la ville*), un sens figuré, qu'on devrait accepter, où il prend la place de «tourner» mais quand il s'agit d'éviter une difficulté par des moyens détournés: *Contourner la loi, les règlements, un obstacle. Contourner la vérité.*

CONTRAINDRE, v.tr.dir.; **à** ou **de** devant un infinitif: les deux constructions sont correctes et équivalentes. Il y a cependant une nette tendance à employer **à** après les formes actives et quand *être contraint* apparaît vraiment comme une forme verbale, et **de** dans les autres cas, où *contraint* est adjectif: *Il faut le contraindre à s'excuser. Je suis contraint par les circonstances à refuser cette invitation. Je suis contraint de refuser. Elle s'est **vue contrainte** d'accepter* ou *Elle s'est **vu contraindre à** accepter.*

CONTRAIRE, adj., **au pluriel, appliqué sans complément à des choses** du même genre, marque la plus grande différence possible ou des directions opposées: *Deux opinions contraires, des propositions contraires, des chemins contraires (qui s'opposent), des vents contraires.*

Contraire à, «défavorable, opposé, hostile, nuisible à qqn ou à qqch.», est correct: *Cet homme m'a toujours été contraire* (Ac.). *Ce genre de vie est contraire à sa santé* (Ac.). *Le vin lui est contraire* (GR). *Ce médicament est contraire à certains malades. C'est contraire au règlement.*

On trouve *contraire*, dans le sens d'*opposé* ou d'*inverse*, employé au singulier **sans complément**, si celui-ci s'impose à l'esprit: *Je voudrais suivre ici la démarche contraire* (Yourcenar, M., *Archives du Nord*). *Un vent contraire. Langage et pensée sont de nature contraire* (Paulhan, J., cité par GR). *D'une manière contraire, opposée, inverse* (GR, article *Contrairement*). En musique: *Un mouvement contraire*, «progression de deux voix en mouvement opposé» (GLLF).

Emplois belges: 1) *Contraire*, sans complément, appliqué à une personne dans une phrase négative: *J'ai été lui demander conseil, [il n'a pas été contraire]*, «hostile, opposé». 2) *Contraire*, sans complément, appliqué à qqch. fait par erreur, «qui ne convient pas»: *Prendre [un train contraire]. Mettre [une adresse contraire].* 3) Loc.adv. *[Que du contraire, bien du contraire]* au lieu de *(bien* ou *tout)* **au contraire**.

AU CONTRAIRE DE et **CONTRAIREMENT À**, loc.prép., «d'une manière opposée à»: *Il s'est enrichi, au contraire de son frère* ou *contrairement à son frère. Contrairement à ce que vous supposez, il viendra.*

CONTRAIRE, n.m.: *C'est le contraire. «Long» est le contraire de «court». Cet homme est le contraire d'un flatteur.*

CONTRALTO, n.m. Pluriel: des ***contraltos***.

CONTRARIÉ, adj., se construit avec *que* et le subjonctif: *Je suis contrarié qu'il ait dit cela.* Mais on emploie aussi *de ce que* et l'indicatif: *Elle s'informa de ma température et parut contrariée de ce que je ne la prenais pas chaque soir* (Mauriac, Fr., *Les anges noirs*). Ne pas confondre avec *de ce que* où *que*, ayant pour antécédent *ce*, est objet direct: *Je suis contrarié de ce qu'il a dit.*

CONTRASTE, n.m. On parle généralement des contrastes d'une chose **avec** une autre, comme d'une chose qui contraste (verbe) avec une autre. Mais on trouve *d'avec*: *Ce contraste de la pensée courante d'avec les choses, et des mots d'avec la réalité...* (Paulhan, J., *Réception à l'Académie française*).

CONTRAT, n.m. L'expression *être sous contrat* est empruntée à l'anglais. On peut dire assurément: *avoir un contrat.* Mais l'anglicisme *sous contrat* entre dans une série d'emplois français où *sous* marque un rapport de subordination: *sous condition, sous réserve*, etc.

CONTRAVENTION, n.f. *On est **en contravention*** (en infraction). *On attrape* — ou *on récolte* — *une contravention* (une amende ou un procès-verbal). *L'agent dresse* — ou *flanque* — *une contravention à qqn.* **CONTRAVENTIONNALISER,** ▶ CORRECTIONNALISER.

CONTRE, prép. et adv.

1. **Composés.** *Contre* est invariable et souvent suivi d'un trait d'union devant *accusation, allée, amiral, appel, approche, assurance, attaque, chant, courant, digue, enquête, épreuve, espionnage, filet, indication, jour, manifestation, offensive, pied, projet, révolution, ut, valeur, visite, voie*, etc.: *Une **CONTRE-ATTAQUE**, des **contre-attaques**. Des **contre-ut*** (seul invariable).

En un mot: *contrebalancer, contrebande, en contrebas, contrebasse, contrecarrer, contrechamp, à contrecœur, contrecoup, contredanse, contredire, contrefaire, contrefaçon, contrefort, contremaître, contrepartie, contrepèterie, contreplacage, contreplaqué, contrepoids, contrepoint, contresens, contretemps, contrevenir, contrevent, contrevérité.* Pour d'autres mots les dictionnaires hésitent ou s'opposent; l'agglutination peut être considérée comme toujours permise devant une consonne, même dans **CONTRE-VALEUR**; devant une voyelle, plutôt trait d'union, sauf dans **CONTRALTO, CONTRAVIS, CONTRESCARPE, CONTRORDRE.** Les *Rectifications de l'orthographe* (1990) conseillent, dans tous les composés de *contre*, de supprimer le trait d'union (*RO IV.2B*).

2. Flandricismes: *Comparer une chose [contre] une autre* (au lieu de *à* ou *avec*). *Vous n'êtes rien [contre] lui* (pour: *par rapport à lui, près de lui*), mais *Je n'ai rien contre lui* est français.

3. *Contre*, **adverbe**, est critiqué abusivement. Voici des exemples de l'Académie: *Parler pour et contre. Quand on fit cette proposition, tout le monde s'éleva contre. J'étais tout contre. Pour moi, je suis contre. Je n'ai rien à dire contre.* LÀ CONTRE (*contre cela*), s'écrit normalement sans trait d'union; *là-contre* (par analogie avec *ci-contre*) n'est pas rare.

4. **POUSSER LA PORTE CONTRE**. *J'ai poussé la porte contre* (Romains, J., *Les humbles*) veut dire: Je n'ai pas tourné la poignée. On dit en Belgique: *laisser la porte contre*; *la porte est contre*. Ces expressions paraissent très peu courantes chez les Français, qui disent: *La porte est seulement poussée* (contre le chambranle) ou *On n'a pas tourné la clé* ou *la poignée* (il suffit donc d'une pression pour ouvrir la porte).

5. **PAR CONTRE**, loc.adv. qui exprime une opposition de façon plus nuancée que *mais*, est entré depuis très longtemps dans le meilleur usage, malgré Voltaire et les puristes, et est d'ailleurs utile et même parfois nécessaire. On le définit mal en le donnant comme synonyme de «en compensation, en revanche», qui expriment aussi une opposition. **EN COMPENSATION**, comme *en contrepartie*, doit introduire un avantage. **EN REVANCHE** doit aussi logiquement avoir toujours ce sens, lié à celui de *revanche*; mais on le substitue parfois à *par contre*, qu'on n'ose employer: *Il joue fort bien du violon; en revanche c'est un piètre chef d'orchestre* (GLLF). Il faudrait dire *par contre*, qui est plus neutre et (c'est capital) introduit un avantage *ou* un inconvénient opposé à ce qui précède: *Il est un peu paresseux, **par contre** il est honnête* ou *Il est assurément honnête, **par contre** il est trop naïf.* Lorsque *par contre* introduit l'énoncé d'une perte, d'un inconvénient, il ne peut être remplacé par *en compensation* et il ne devrait pas l'être par *en revanche*. André Gide l'a fort bien montré, il y a longtemps déjà: *Trouveriez-vous décent qu'une personne vous dise: «Oui, mon frère et mon mari sont revenus saufs de la guerre; en revanche j'y ai perdu mes deux fils»?* ou *«La moisson n'a pas été mauvaise, mais en compensation toutes les pommes de terre ont pourri»*? C'est *par contre* qui s'impose dans ces phrases.

6. ▶ DÉBLATÉRER, FÂCHER, INVECTIVER, LÀ, VITUPÉRER.

CONTREBASSE, n.f. *Une contrebasse* désigne l'instrument ou le musicien; celui-ci s'appelle aussi un *contrebassiste* ou un *bassiste*.

CONTREDIRE, v.tr.dir. *Vous **contredisez** qqn ou qqch.*

CONTREFAIRE, v.tr.dir., se conjugue comme *faire*.

CONTRE-INDICATION, n.f. *Les contre-indications **à** l'état sacerdotal* (Domenach, J.-M., *Ce que je crois*).

CONTRER, en dehors de son emploi intransitif à certains jeux de cartes, est familier dans le sens transitif de «s'opposer avec succès aux menées de qqn»: *Je l'ai facilement contré. Je me suis fait contrer.*

CONTREVENIR, v.tr.ind., se conjugue comme *venir*, mais avec *avoir*.

CONTROUVER, v.tr.dir., ne signifie pas «démentir, contester», mais «inventer de toutes pièces». *Une nouvelle controuvée* est une nouvelle fausse; c'est pourquoi — mais ce n'est qu'une conséquence — elle peut être démentie.

CONTUMACE, n. ou adj. Le nom abstrait féminin ne s'emploie plus guère que dans l'expression *condamner par contumace* (sans que le prévenu soit présent). L'adj. et le nom *contumace* sont des deux genres. *Un accusé* (ou *une accusée*) *contumace. Un* ou *une contumace. Elle a été déclarée contumace.*

CONVAINCRE, v.tr.dir., se conjugue comme *vaincre*. Attention à *convainc-t-il* et à la distinction entre le participe **CONVAINQUANT** et l'adjectif **CONVAINCANT**. — *On convainc qqn de qqch., de faire qqch., qu'il a eu tort. On est convaincu qu'il a tort.* Plutôt que «Vous serez convaincu combien cela est nécessaire», on dira: *Vous comprendrez combien... Vous serez convaincu de la nécessité de...* — *Elle s'est convaincue qu'on la trompait.*

CONVENANCE, n.f. On peut prier qqn de faire une chose **À SA CONVENANCE** (quand cela lui conviendra). Mais on déconseillerait de l'inviter à la faire «à sa plus prochaine convenance», c'est-à-dire quand cela lui conviendra, mais le plus tôt possible.

CONVENIR, v.tr.ind., se conjugue comme *venir*.

1. **Auxiliaire.** Une règle traditionnelle imposait *avoir* quand le verbe signifie «être approprié, plaire, être à propos (impersonnel)» et *être* dans les sens de «admettre, tomber d'accord, faire une convention»: *Cette maison m'a convenu* (Ac.). *On délibéra sur ce qu'il aurait convenu* (ce qu'il aurait été à propos) *de faire* (Littré). *Nos dispositions lui auraient certainement convenu. Il est convenu de mes arguments* (Nimier, R., *Les épées*). *Il est convenu lui-même de sa méprise* (Ac.). *Ils sont convenus **de se trouver** en tel lieu* (Ac.).

Cette règle est encore respectée par beaucoup d'écrivains. Mais d'autres suivent l'usage courant, qui emploie *avoir* dans tous les cas: *Hier, avec le bourgmestre et les échevins affolés, il a convenu d'un prix* (Peyrefitte, A., *Le mal français*). *Ils avaient convenu de se retrouver à Rome* (Rolland, R., *La nouvelle journée*). *Une tristesse dont il n'eût jamais convenu* (Mauriac, Fr., *Thérèse Desqueyroux*). *Nous avons convenu que chacun avait ses raisons* (Nimier, R., *Les épées*). *Nous avons convenu de ne lui parler de rien* (Gide, A., *La symphonie pastorale*). *Comme nous en avions même convenu ensemble hier* (Léautaud, P., *Journal littéraire*). *Dans un autre moment, les petits en auraient convenu les premiers* (Aymé, M., *Les contes du chat perché*). *J'avais convenu avec Albertine qu'elle viendrait me voir* (Proust, M., *À la recherche du temps perdu*). *Cet endroit, nous en avons convenu la dernière fois* (Bazin, H., *Le matrimoine*). *Nous avons convenu qu'en tout état de cause la 1re Armée devait s'emparer de Stuttgart (...). À Reims, comme on en a convenu (...). Ce dont on avait convenu à la conférence de Crimée* (Gaulle, Ch. de, *Le salut*).

On peut donc sans hésiter employer *avoir* dans tous les cas, sauf dans l'impersonnel *il est convenu ce qui suit, il est convenu que* (▶ 2), signifiant: Une convention est faite, précisant que... On a là l'adjectif *convenu* avec le verbe *être*.

On aura remarqué chez Léautaud un *convenir ensemble* qui peut étonner à bon droit. Il est vrai que l'Académie ne recule pas devant *convenir entre eux*: *Ils convinrent entre eux de faire telle chose*.

2. **Modes et constructions**. Avec un sujet désignant des personnes, *convenir*, s'il signifie «reconnaître, accepter comme vrai», se construit avec un infinitif sans préposition, avec *de* et un nom, avec *que* et l'indicatif ou le conditionnel: *Je conviens l'avoir dit. Je conviens de sa bonne foi. Je conviens qu'il a raison.*

S'il signifie «s'entendre sur une décision à prendre», il se construit avec *de* aussi bien devant un infinitif que devant un nom, ou avec *que* et l'indicatif ou le conditionnel: *Convenons de nous rencontrer dimanche. Ils ont convenu d'une démarche* (▶ 1). *Ils conviennent qu'ils se reverront.* Le subjonctif n'est pas courant; *Ils convinrent que cela fût fait* (Littré).

L'impersonnel *il est convenu que*, dans le même sens, se construit aussi avec l'indicatif ou le conditionnel: *Il a été convenu qu'ils se reverraient.*

Mais l'impersonnel *il convient, il convenait*, etc. signifiant «il est (était) souhaitable, opportun», s'il se construit aussi avec *de* et l'infinitif (*il convient de nous en aller*), exige le subjonctif après *que*: *Il convient qu'il s'en aille.*

3. **CONVENU**. Puisqu'on convient d'une chose, on ne dit pas normalement, au passif avec le verbe et un complément d'agent, qu'une chose, qu'une date par exemple, a été [convenue par] les délégués, qui ont convenu (ou sont convenus) d'une date. Mais on peut fort bien employer l'adjectif *convenu*, signifiant «établi par une convention» et dire qu'on se rencontrera *à une date convenue*, qu'on fera telle chose *pour une somme convenue*.

Puisqu'on dit (▶ 1 et 2) *il est convenu que* (impersonnel), il n'y a rien d'anormal dans le tour elliptique COMME CONVENU (comme il a été convenu, décidé).

CONVENTION, n.f. À ne pas employer dans le sens américain de *congrès*.

CONVENTIONNÉ, adj., se dit d'un médecin ou d'un établissement médical lié par une convention à la Sécurité sociale.

CONVENTIONNEL, adj., ce qui résulte d'une convention: *une clause conventionnelle. Conventionnel* se dit des *armes de type classique*, non atomiques (américanisme).

CONVERGER, v.intr., **CONVERGEANT**, part.prés., **CONVERGENT**, adj., **CONVERGENCE**, n.f.

CONVERTIR, v.tr.dir. *Convertir le doute en certitude. Convertir les païens au christianisme* (les amener à). *Convertir l'eau en vin.*

CONVIER, v.tr.dir. On convie qqn *à qqch., à faire qqch.*

CONVOLER, v.intr. S'il est vrai que *convoler* ne se dit plus que du mariage, il peut se dire d'un homme aussi bien que d'une femme, d'un premier mariage aussi bien que d'un remariage. *On convole, on convole avec qqn, entre les bras de qqn.* L'emploi de ce verbe reste limité. Il est légèrement plaisant, parfois même tout à fait irrespectueux: *Loin de céder aux mouvements lascifs de son sang, comme le gros Luther convolant au sortir du cloître entre les bras d'une nonne, le laïc Calvin avait attendu longtemps avant de contracter avec une veuve le plus chaste des mariages* (Yourcenar, M., *L'œuvre au noir*).

COOL, adj. inv., anglicisme que l'on peut remplacer par *calme, détendu*.

COORDINATEUR, **COORDONNATEUR**, adj. et n.m. **Coordonnateur** a été régulièrement formé sur le verbe *coordonner* et a, comme lui, deux *n*. Mais il a été concurrencé par un néologisme formé sur *coordination* (un seul *n*). *Coordinateur* a été discuté, non sans raison, mais il s'est imposé et il est aujourd'hui admis à côté de *coordonnateur* (à préférer).

COORDONNÉES, n.f.pl., indications précises (adresse) permettant de se mettre en rapport avec une personne: *Donnez-moi vos coordonnées* (déconseillé, à tort, par l'Académie).

COORDONNÉS, n.m.pl., se dit de vêtements assortis.

COPAIN, n.m., a un féminin de formation populaire, *copine*, qui, comme **COPINER** et **COPINAGE**, est très familier.

COPAL, n.m., sorte de résine. Des *copals*.

COPIE-LETTRES ou **COPIE-LETTRE**, n.m.sg., au pl. des *copie-lettres*. Registre contenant les copies de lettres commerciales. ▸ NOMS COMPOSÉS, 2.5.

COPIER, v.tr.dir. On ne copie pas «du» tableau, on copie ce qui est au tableau, on copie son devoir sur le voisin. L'action de copier pour tricher s'appelle **COPIAGE**, n.m., mais ce mot ne peut être pris pour *plagiat*.

[COPION], n.m., appartient à l'argot scolaire belge, où il désigne les papiers, préparés pour la fraude, sur lesquels on copie pendant un concours. Dans l'argot des écoliers français, *une* (ou parfois *un*) *antisèche* (qui empêche de «sécher», d'échouer).

COQ-À-L'ÂNE, n.m. invariable: Des *coq-à-l'âne*. Mais: *passer du coq à l'âne*.

COQUECIGRUE, n.f. *Une coquecigrue* (animal, rêverie ou propos fantasque).

COQUEMAR, n.m., est un vieux mot français resté particulièrement vivant en Belgique: bouilloire à anse.

COQUIN, n.m. On dit: *ce coquin de valet, cette coquine de servante*.

COR, n.m. Sans *s*: À COR ET À CRI (en insistant bruyamment). Les veneurs parlent plutôt de *trompe* mais l'usage général est *cor de chasse*. Un joueur de cor s'appelle un *cor* ou un **CORNISTE** (*une corniste* s'il s'agit d'une femme).

CORAIL, n.m. Des *coraux*.

CORBEAU, n.m. Le corbeau *croasse*.

CORDILLÈRE, n.f. Prononcer *iyèr*.

CORELIGIONNAIRE, n.m. Un seul *r*, pas d'accent, deux *n*.

CORINTHE, n.m., variété de raisin de Corinthe, désigne des raisins secs. Les dialectes et le français de Belgique ont gardé le mot, mais au féminin.

CORNE, n.f., se dit des cornes creuses des bovidés, etc., mais non des bois ou des cors des cerfs. S'est dit, par analogie, de l'avertisseur d'une voiture.

CORNER, n.m. Le nom *corner*, au football, désigne soit la faute du joueur qui envoie le ballon derrière la ligne des buts de son camp (*mettre la balle en corner, la détourner en corner*), soit le *coup de pied de coin* qui en est la sanction (*tirer un corner*) et qui s'appelle souvent *coup de coin*. On prononce le *r* final.

CORNER, v.intr., *bourdonner* en parlant des oreilles (*Les oreilles lui cornent*), se dit aussi d'une trompe (*L'automobiliste corne*) ou, comme tr.dir., dans le sens de publier partout et bruyamment qqch. ou de plier le coin d'une page, d'un livre ou d'une carte de visite.

CORNET, n.m. *Cornet à dés, cornet à la crème, cornet de dragées*. Des *cornets-surprise* (*surprise* est invariable: cornets à surprise).

CORNIAUD, n.m., «chien mâtiné», «imbécile», ne s'écrit plus **CORNIOT**.

COROLLE, n.f. Un *r*, deux *l*. Cependant, les *Rectifications de l'orthographe* de 1990 proposent **COROLE** (*RO* II.12).

CORPS, n.m. Pas de trait d'union dans **CORPS À CORPS**, loc.adv. ou adj. (mais on peut écrire: un **CORPS-À-CORPS**), À **CORPS PERDU**, À **SON** (ou **LEUR**) **CORPS DÉFENDANT** (le premier sens est: «en défendant son corps» (Littré), «en état de légitime défense»; mais on a fini par comprendre: «bien que le corps s'en défende, malgré soi»). Dans l'expression *Le vaisseau a péri* **CORPS ET BIENS** (complètement), *corps* désigne le vaisseau lui-même. Traits d'union dans À **BRAS-LE-CORPS**, À **MI-CORPS**. — **EN CORPS DE CHEMISE** ▸ BRAS.

CORRECTIONNALISER, v.tr.dir. *Correctionnaliser un crime*, c'est ramener une infraction criminelle au rang de délit, relevant du tribunal correctionnel. Dans le langage belge des tribunaux, *contraventionnaliser un délit*, c'est faire passer un délit au rang inférieur de simple contravention. Notons que *contravention* (voir ce mot) peut désigner l'infraction elle-même ou le procès-verbal qui la constate.

CORRÉLATIF, adj. *Les obligations corrélatives des époux. Un fait corrélatif à un autre.* N.m.: *Ce droit est le corrélatif de tel autre* (Ac.).

CORRÉLATION, n.f. Il y a corrélation *entre* une chose et une autre. Une chose est en corrélation *avec* une autre.

CORRESPONDANCE, n.f. Notons trois sens:

1. *Il y a entre eux une parfaite correspondance d'intérêts* (harmonie, rapport de conformité). *La correspondance entre ceci et cela.*

2. *C'est elle qui est chargée de la correspondance. Elle fait la correspondance. La correspondance inédite de Gide et de Claudel ou de Gide avec Claudel. Être en correspondance avec qqn.*

3. *Quand part la correspondance* (du bus)? *Demander une correspondance. Prendre une correspondance.*

CORRIGER, v.tr.dir. C'est un pléonasme de dire qu'on a corrigé *après coup*, mais l'expression peut indiquer que la correction n'a été faite que dans une nouvelle étape.

CORVÉE, n.f. Dans certaines régions de Lorraine et de Belgique, on dit [FAIRE CORVÉE] pour *faire* (ou *trouver*) *buisson creux* (ne pas trouver ce qu'on cherchait), *trouver porte close, faire chou blanc.*

CORYPHÉE, nom toujours masculin, quel que soit son sens.

COSMONAUTE, n.m., s'est imposé à côté d'*astronaute*, plus ancien.

COSSER, v.intr. Ne pas confondre ce verbe, qui est vieux et rare (se heurter de la tête), avec *écosser* (dépouiller de leur cosse des pois, des haricots). ▶ ÉCOSSER.

COSTAUD, adj. et n., n'a plus rien d'argotique ni de populaire. Féminin *costaude*.

COSY, n.m., a ajouté à un sens qu'il avait en anglais, «couvre-théière», celui, plus général, d'enveloppe rembourrée couvrant un plat ou des aliments pour en conserver la chaleur. Il est aussi l'abrégé de **COSY-CORNER**, divan placé dans une encoignure. Pluriel: des *cosys*.

COTE, n.f. (sans accent circonflexe). On parle de *la cote d'un livre* dans une bibliothèque, de *la cote d'un dossier*, de *la cote d'un cheval*, *d'un titre à la Bourse*, *d'une cote foncière, morale*, *d'une cote mal taillée*, etc.

Le français n'ignore pas l'emploi habituel en Belgique de *cote* (et du verbe **COTER**) désignant la «valeur attribuée à un devoir par un correcteur, à une réponse par un examinateur» (*GLLF*): *Ma dissertation qu'il aurait cotée 16* (Beauvoir, S. de, *Mémoires d'une jeune fille rangée*). *La cote d'un devoir* (PR). Mais c'est **NOTE** (parfois *note chiffrée*) et **NOTER** qu'on emploie généralement en France: *Tu porteras des notes sur chaque nom.* (...) *Pour le noter, je devrais lui donner moins*

dix (La Varende, J. de, *Indulgence plénière*). *Les candidats ayant obtenu une note moyenne égale ou supérieure à 12.* On dira d'un élève ou d'un employé qu'il est bien ou mal *coté* (ou *noté*). ▶ QUOTA.

CÔTE (maritime), n.f. On dit: *En juillet, nous partirons **pour** la côte* ou **vers** *la côte* ou *sur la côte, nous serons **sur** la côte, nous passerons nos vacances sur la côte, nous irons voir nos amis sur la côte. Le tour **à** la côte est devenu rare en France* dans ces emplois, mais est resté vivant en Belgique. On dit qu'*un navire **va à la côte*** quand il est poussé vers la côte par le vent, par les courants. On écrit: *la côte d'Azur, d'Émeraude, d'Argent, d'Or.* Mais *la Côte-d'Ivoire* et, pour le département, *la Côte-d'Or.*

CÔTE (*flanc, côté*), n.f. On écrit: *une côte de bœuf, de melon*; *se tenir les côtes de rire* et non *les côtés*; *côte à côte, être à mi-côte.* En parlant de tissage ou de tricot: *du velours à côtes, des chaussettes à côtes.*

CÔTÉ, n.m. (à distinguer de **COTÉ** ▶ COTE). Notons quelques expressions. Un **A-CÔTÉ**, des *à-côtés* ▶ À-CÔTÉ. *Être à côté ou au côté ou aux côtés de quelqu'un, à son côté, à ses côtés*: le pluriel est admis, même en parlant d'une seule personne, bien que celle-ci ne puisse être physiquement qu'à un seul côté de qqn. *Être* (ou *passer*) *à côté de la question.* ▶ L'UN et UN, 6.

À CÔTÉ DE signifie, au figuré, *en comparaison de.*

On parle des *deux côtés d'une étoffe, d'une médaille, du côté de l'endroit* ou *de l'envers. Le côté intérieur, le côté extérieur, le côté de devant, de derrière* (Ac.). On écrit: *de tout côté* ou *de tous côtés* ▶ TOUT, 2.2.3.B et 2.2.3.C. On dit: *chercher de tous côtés*; l'omission de *de* n'est pas rare en Belgique. — *Avoir, mettre de l'argent de côté. Mettre les rieurs de son côté. Prendre qqch. du bon côté.* ▶ PRENDRE, 1.

DU CÔTÉ DE, «quant à, en ce qui concerne»: *Du côté de la discipline*, ou *de ce côté, il n'y a rien à dire*; ces expressions sont trop souvent amputées de l'article intérieur ou même initial: *Du côté discipline* ou *côté discipline.*

COTEAU, n.m. Pas d'accent circonflexe.

COTILLON, n.m. Un seul *t*, alors que *cotte* en a deux. *Courir le cotillon. Un coureur de cotillons* (ou *de jupons*).

COTISER, v.intr. *Chacun doit cotiser. On cotise à un parti, à la Sécurité sociale. Ils ont cotisé* ou *Ils se sont cotisés.* Ne pas ajouter «à plusieurs». Mais on peut préciser: *à deux*, etc.

COTON, n.m. L'étrange expression, familière surtout aux sportifs et évoquant un sérieux effort, **DONNER DU COTON** (faire un effort pour se presser) n'est pas mentionnée par les dictionnaires qui accueillent les expressions familières où *coton* est associé à l'idée de faiblesse: *filer un mauvais coton, avoir les jambes en coton* (sans force), *élever dans du coton*, trop mollement. — Des ***cotons-poudre***. **COTONNADE, COTONNEUX, COTONNETTE**.

CÔTOYER (accent circonflexe; il ***côtoie***) et **COUDOYER** (il ***coudoie***), v.tr.dir., peuvent s'employer l'un pour l'autre dans le sens de «fréquenter, être en contact fréquent avec qqn»: *J'ai côtoyé* (ou *coudoyé*) *des filous*. On distingue ***coudoyer*** *qqn*, le frôler, et ***côtoyer*** *une rivière, le ridicule, la faillite*.

COTTE, n.f. (deux *t*). ▶ COTILLON.

COU ou **COUP**. ▶ MONTER, 4.

COUCHER, v.tr.dir. ou intr. *Coucher un enfant*. **SE COUCHER**, c'est s'étendre dans la position horizontale, se mettre au lit. Avec *aller*, on dit toujours: *Allez vous coucher. Je vais me coucher*. **Coucher**, intransitif, se dit pour «dormir, passer la nuit»: *Coucher dehors, en ville*, ou surtout, en parlant de femmes, «avoir des relations sexuelles, des rapports, des relations»: *coucher avec*.

COUCHE-TÔT, n.m.inv. Des ***couche-tôt***.

COUCI-COUÇA, loc.adv. (ne pas mettre de cédille devant *i*; ne pas oublier le trait d'union), a éliminé **COUCI-COUCI**. On dit aussi: *comme ci comme ça*.

COUDE, n.m. Avec ou sans traits d'union dans **COUDE À COUDE**: *Ils avancent coude à coude. Un coude à coude. Jouer des coudes*, mais être au **COUDE-À-COUDE**!

COU-DE-PIED, n.m. (partie du membre inférieur). Des ***cous-de-pied***.

COUDRE, v.tr.dir. Je ***couds***, il ***coud***, nous ***cousons***. Je ***cousis***, je ***coudrai***. ***Cousu***. — Des gants cousus main.

COUGNOU, n.m., provincialisme; en Belgique, brioche de Noël qui avait initialement la forme d'un berceau (lat. *cunae*) et qui est souvent décorée de motifs en plâtre peints ou d'un petit jésus en sucre. Variantes: une **COUGNOLE**, une **COUNOLE** ou une **CUGNOLE** (région d'Avesnes).

COUILLONNER, v.tr.dir., *duper, attraper, mystifier*, est très familier, comme **COUILLONNADE**. Dans le Midi, **COUILLON** n'est pas injurieux.

COUINER, v.intr., onomatopée (faire entendre un **COUINEMENT**), s'est dit d'abord du lapin, du lièvre, puis d'autres animaux, puis d'autres bruits grinçants (d'un chariot, d'un frein, d'un moteur, etc.).

COULER, v.tr.dir. *Couler des jours heureux. Se couler la vie douce.* **SE LA COULER DOUCE** (mener une vie sans complications ni tracas): *Il se l'était coulée douce* (Maupassant); accord du participe passé parce que le pronom est senti comme remplaçant *la vie*. — Belgicisme: *Un jugement coulé en forme de chose jugée*, contre lequel on ne peut plus interjeter appel.

COULEUR, n.f. ▶ ADJECTIFS QUALIFICATIFS, 2.3. *Deux couleurs bleues. Des rubans couleur de feu. Des hommes* (ou *des serviettes* ou *du linge*) *de* **couleur**. *Un marchand de* **couleurs**, *une boîte de couleurs, un dictionnaire en couleurs*. Avec *en*: *télévision* (ou *film*) **en couleurs** ou **en couleur**, *haut en couleur*. Comme adjectif, invariable: *des télévisions* (ou *des films*) **couleur**. — **SOUS COULEUR DE**, sous prétexte de. — Dans un jeu de cartes, on appelle **couleurs** les quatre séries qui le composent: *pique, cœur, carreau, trèfle*, bien que l'on n'y trouve que le noir et le rouge. Pique et cœur sont des couleurs reconnues comme **COULEURS MAJEURES**, trèfle et carreau comme **COULEURS MINEURES**. **ANNONCER LA COULEUR**, c'est annoncer celle choisie comme **atout**, c'est-à-dire les cartes qui auront, dans la partie, une **valeur** supérieure aux autres. (Au sens figuré, et de manière familière, l'expression signifie: *dévoiler ses intentions*.)

COULON, n.m. noté par Littré, est encore le nom donné en patois liégeois ou tournaisien et en français régional au pigeon domestique.

COUP, n.m. Dans l'usage général, le complément déterminatif de *coup* reste au singulier, même après *les coups*. On écrit: *des coups d'œil*; de même: *des coups de balai, d'épée, de canon, de feu, de fusil, d'épingle, de corne, de patte, de bec, de main, de pied*, etc. On écrit même, au sens propre et au sens figuré: *un coup de griffe, des coups de griffe*. Il ne serait pas illogique de mettre *griffes* au pluriel, car on pense aux griffes d'un animal. On trouve *un coup* (ou *des coups*) *de dé* à côté de *un coup* (ou *des coups*) *de dés*, plus courant.

Recevoir **un coup de poing**. *Frapper avec un* **coup-de-poing** *américain*.

On écrit: *à* **coups de** (bâton, dictionnaire, etc.), **À TOUT COUP** ou plus souvent **À TOUS COUPS, À TOUS LES COUPS, TOUT À COUP** (soudainement), **TOUT D'UN COUP** (proprement «tout en une fois». ▶ TOUT, 4.4.8).

DU MÊME COUP est de plus en plus réduit à DU COUP (marquant un effet brusque se produisant presque en même temps). — ÊTRE, METTRE DANS LE COUP sont familiers. — Un COUP DE TÉLÉPHONE ou, familièrement, un COUP DE FIL. — ▶ MONTER, 4. — *Au coup de midi* ou *sur le coup de midi*. — Un À-COUP, des *à-coups*. *Travailler par à-coups*.

SANS COUP FÉRIR signifie proprement «sans frapper un seul coup, sans combattre», mais veut dire au figuré «sans difficulté, sans rencontrer de résistance». L'idée de *coup* se perçoit encore cependant et il est assez ridicule d'écrire: *Le joueur, rapide comme l'éclair, marque sans coup férir un but magnifique* ou *Ils ont fait feu, abattant leurs victimes sans coup férir.*

Au premier coup ou *du* premier coup, il bondit mais *au premier coup de cloche* ou *de sonnerie. Il est parti sur un coup de tête.*

COUPABLE, adj. PLAIDER COUPABLE ▶ PLAIDER.

COUPE, élément verbal, est toujours invariable dans les noms **composés**. Quant au complément formant la deuxième partie du nom, il ne varie qu'au pluriel ▶ NOMS COMPOSÉS, 2.5. Toutefois:

1. Il peut se mettre au singulier et rester invariable dans *coupe-air, coupe-batterie, coupe-circuit, coupe-feu, coupe-file, coupe-gorge, coupe-jambon, coupe-papier, coupe-pâte, coupe-vent.*

2. Il peut prendre *s* au singulier comme au pluriel dans *coupe-cigares, coupe-cors, coupe-légumes, coupe-ongles, coupe-racines.* On écrit: *Un coupe-chou* ou *un coupe-choux*, mais toujours *des* **coupe-choux**. Les *Rectifications de l'orthographe* de 1990 préconisent le *s* (ou *x*) uniquement au pluriel (*RO* II.2).

COUPE SOMBRE, COUPE RÉGLÉE. La **coupe** que l'on fait dans un bois est une **coupe sombre** ou une COUPE D'ENSEMENCEMENT quand on n'enlève des arbres que pour permettre l'ensemencement naturel; la forêt reste donc sombre et c'est pourquoi on parle d'une coupe sombre, opposée à une COUPE CLAIRE, qui ne laisse que des arbres clairsemés. Ces sens techniques ne sont évidemment pas perçus par l'usage courant qui, en dépit de condamnations répétées, emploie au figuré l'expression FAIRE UNE COUPE SOMBRE (ou *des coupes sombres*) *dans qqch.* (dans un écrit, un budget, un personnel, etc.) en donnant à *sombre* le sens de «sévère, sans pitié». Il faut accepter l'emploi de *coupe sombre* dans ce sens (ou parler de *coupe sévère, radicale*) et

laisser le sens propre aux ouvrages de sylviculture, encore que de telles contradictions ne soient pas à encourager.

METTRE *qqn* ou *qqch*. EN COUPE RÉGLÉE a aussi dévié de son sens au figuré, mais beaucoup moins. Proprement, une *coupe réglée* est une coupe soumise à des règles pour sa périodicité, sa nature. Au figuré, *mettre une personne ou une population en coupe réglée*, c'est l'exploiter systématiquement, lui imposer des sacrifices abusifs et réitérés.

COUPELLE, n.f., petite coupe: *une coupelle de confiture.*

COUPER, v.tr.dir.

1. Notons quelques expressions, blâmées à tort par des puristes: *Couper les cartes. C'est à vous de couper. Se faire couper les cheveux. Couper les blés* ou *le blé, les foins, l'herbe. Couper l'herbe sous le pied de quelqu'un* (Ac.). *Je lui ai coupé l'herbe sous le pied. Couper l'herbe sous les pieds de quelqu'un. Couper son vin.*

2. *Couper* peut certainement signifier *interrompre* quand son complément est une chose: la journée, un travail, le gaz, le courant, une phrase, une communication (téléphonique), etc. Quelle que soit la chose coupée, le verbe garde son sens: mettre fin à une continuité.

   Couper qqn, dans le même sens d'«interrompre, couper la parole à qqn», reste suspect malgré sa fréquence et ses bons répondants: *Il s'écria avec fureur (...). Je le coupai* (Gaulle, Ch. de, *L'unité*). *Gide me coupa* (Mallet, R., *Une mort ambiguë*). *Si vous trouvez que je divague, allez-y carrément, coupez-moi* (Genevoix, M., *Un jour*). *À son tour, il me coupa* (Aragon, L., *La mise à mort*). Ce tour me paraît correct. L'Académie le considère d'ailleurs comme «une négligence de style trop fréquente chez les écrivains contemporains» plutôt que comme une incorrection. Si on coupe votre communication téléphonique, vous pouvez dire: *On a coupé*, mais ne vous croyez ni ridicule ni négligent si vous dites: *On nous a coupés*. — Tr. ind., **couper à** ne se dit plus que dans *couper court à qqch.* (mettre fin à) et, familièrement, dans le sens d'*échapper*: *Vous n'y couperez pas*. On a dit autrefois *couper à qqch.* dans le sens de *couper court à qqch.*

3. Ne pas confondre COUPER, COUPURE et DÉCOUPER, DÉCOUPURE. *On découpe une volaille, un poulet, une aile de poulet, un gigot, une figurine en suivant le contour, des fleurs en papier, un article dans un journal.*

   L'article découpé s'appelle une **coupure**, bien que **découpure** se rencontre dans ce sens chez de rares écrivains et se dise théoriquement, en concurrence avec DÉCOUPAGE, de l'action de découper (et de l'objet découpé). Une DÉCOUPE est, en couture, une incrustation de tissu sur un autre, en guise d'ornement.

On **coupe** un livre, les pages d'un livre. Cette fois encore, en dépit de quelques écrivains faisant la faute, assez courante, on se gardera de dire *découper*. Il convient en effet de respecter la différence entre *couper* (*un livre*) et *découper* (*un poulet, un article*). Distinguer **couper** l'herbe, couper les branches et **cueillir** *des fleurs, des fruits.*

4. **Accord du participe**: *Elle s'est coupée. Elle s'est coupée à la main. Elle s'est coupé les ongles. Elle s'est coupé une robe.* ▶ PARTICIPE PASSÉ, 6.

5. ▶ COURT, 3, 4, 8, RAS.

COUPLE, n.m. ou f. **Un couple**: homme et femme réunis, mâle et femelle d'animaux ou deux êtres unis par l'amitié, l'intérêt, le travail. Le mot a aussi des sens techniques.

Le féminin **une couple** a vieilli et est devenu plus ou moins dialectal ou régional pour désigner deux animaux ou deux choses de même espèce: *Une couple de chiens, d'œufs, d'heures.* S'il s'agit de choses qui vont naturellement par deux, on dit PAIRE: *Une paire de gants, de bas, de boucles d'oreilles.*

COUPON, n.m. ▶ BILLET. L'Union postale nomme *un coupon-réponse* un billet permettant à un correspondant d'obtenir, dans un pays étranger, un timbre pour affranchir une réponse par voie postale ordinaire.

COUPURE, n.f. ▶ COUPER, 3, se dit couramment pour tout billet de banque, bien que proprement le mot ne s'applique qu'aux billets de moindre valeur que «le billet type». Mais quel est le billet type? De cent, de mille ou de cinq mille francs? D'où l'emploi généralisé de *coupure.*

COUQUE, n.f. d'origine néerlandaise (*koek*), est connu dans plusieurs régions de France pour désigner des sortes de pains d'épices ou de gâteaux ou même des petits pains que l'on coupe en deux parties pour les beurrer. En Belgique, le mot a un sens très large (pain d'épices, brioche, etc.) et qui varie selon les régions; le mieux est de respecter les usages locaux. Parmi les spécialités belges, *la couque suisse, la couque de Dinant*, formée d'une pâte très ferme moulée, et *la couque* (dite) *de Reims*, dont le nom, déformé, serait dû à celui d'un ancien pâtissier dinantais appelé Rins.

COUR, n.f. *On joue dans la cour de l'école. Il a vécu à la cour de Louis XIV ou à la Cour de Louis XIV. Premier président de la cour d'appel d'Alger* (Gaulle, Ch. de, *L'unité*). La Cour de cassation, la Cour des comptes. — En Belgique et dans le nord de la France, [ALLER À LA COUR] s'emploie couramment pour *aller aux toilettes.* Cet usage s'explique par la situation des cabinets, autrefois, dans une cour.

COURANT, adj. et n.m. On parle de *prix courant, d'eau courante, de main courante* (rampe), *d'acception courante*, mais *courant* reste parfois invariable, lorsqu'il y a ellipse (du mois courant) dans: *Le 5 courant*, FIN COURANT, *dans le courant du mois de mars* (on dit même: *Il partira courant mars*). *Vos lettres (datées) des 5 et 10 courant.* Vieilli: *le 5 du courant* (Ac.). On dit ÊTRE AU COURANT de qqch., mais non [*en être au courant*]. *Se tenir au courant.* — Il y a aussi *le courant d'air, d'eau, d'électricité* (prise de courant), *d'atmosphère, d'opinion* (au fig.).

COURANTE, n.f. populaire, *diarrhée.* Ne pas dire [COULANTE].

COURBATU (un seul *t*), adj., peut être remplacé correctement par COURBATURÉ, dans le sens de «qui ressent une lassitude extrême dans tout le corps» (*GR*).

COURIR, v.intr. et tr.dir. (ancien infinitif *courre*).

1. **Conjugaison**. Attention aux deux *r* au futur et au conditionnel: **Je courrai**. Ailleurs un seul *r*.

2. On écrit: CHASSE À COURRE, COURRIER, COURRIÈRE, COURRIÉRISTE, mais COUREUR, *coureuse.*

3. On dit COURIR UN RISQUE, mais ENCOURIR DES REPROCHES. R. Sabatier a tort d'écrire: *Il était fier de ne jamais courir de reproches* (*Trois sucettes à la menthe*).

4. Quelques expressions: **courir après qqn** (chercher à l'atteindre en courant, rechercher continuellement sa présence), *courir après une femme* (la poursuivre de ses assiduités), **courir après qqch.** (essayer avec acharnement de l'obtenir), **courir sur qqn** (avec une intention hostile), **courir sur ses trente ans** (s'en approcher), **courir sus à qqn**, *courir à sa perte, à sa ruine, à un échec, courir à toutes jambes, à bride abattue, à perdre haleine.* ▶ APRÈS.

5. **Emploi transitif ou intransitif** et accord de **couru**. *Courir* est intransitif lorsqu'il désigne une certaine façon de se déplacer rapidement. *Couru* reste invariable quand le complément indique la durée, la longueur du trajet: *Les trois heures* (ou *les cinq kilomètres*) *que ce cheval a couru.*

Mais *courir* est transitif (et *couru* devient variable) dans les sens de «poursuivre» (*les lièvres qu'il a courus*), «disputer une course» (*courir le Grand Prix, le quinze cents mètres*), «rechercher avec empressement» (*courir les honneurs, les filles*), «s'exposer à subir, affronter» (*les dangers qu'il a courus*), «fréquenter assidûment ou longuement» (*courir les magasins, les concerts, les spectacles*), «parcourir fréquemment» (*les terres hostiles* — ou *les mers* — *qu'il a courues*; on dit plus souvent: *parcourir, sillonner*). *Cette nouvelle court les rues* (se répand). — *C'est couru*, c'est prévisible.

COURRERIE, n.f., est un provincialisme belge et partiellement français dans le sens spécial (familier) de «le fait de courir les filles (ou les garçons), de les rechercher à des fins galantes»: *Trois filles qui n'avaient que la danse et la courrerie en tête* (Pourrat, H., *Trésor des contes*). Le pluriel [*courreries*], «courses, démarches», est belge.

COURRIER, n.m. **COURRIER ÉLECTRONIQUE**, n.m. En informatique, le mot peut désigner le message ou le service. Dans le sens de service, il a comme synonyme *messagerie électronique* et est abrégé à l'écrit en *mél* (cf. *tél.*, pour téléphone) et correspond au mot anglais **E-MAIL** ou **E-MAIL**. Le mot-valise, d'origine québécoise, est fréquemment utilisé à l'écrit et à l'oral : *courriel* pour *courri(er)-él(ectronique)*. ▶ COURT, 10, MOYEN-COURRIER, LONG-COURRIER.

COURS, n.m.

1. On dit: FAIRE, DONNER, AVOIR, SUIVRE UN COURS (emploi d'un article). On rencontre cependant AVOIR COURS: *Nous avons cours le matin*; *il y a cours ce matin.* **Il y a cours** n'est pas plus insolite qu'*il y a fête*. Quant à *avoir cours*, il est plus d'une fois employé par Paul Guth dans *Le naïf aux 40 enfants*: *Je n'avais cours qu'à onze heures, Dans l'après-midi je n'avais pas cours*. On entend aussi *faire cours*, mais on dit normalement: *faire un cours, faire son cours*.

2. PRENDRE COURS. *Une rivière prend cours* (ou plus souvent *prend son cours*) *à tel endroit. Un contrat prend cours à telle date.* Loc.subst.: *la prise de cours.* Comparer *prise de sang, de possession, de contact,* etc.

3. Autres sens: *Le cours du temps. Un cours urbain* (longue et large avenue servant de promenade). *Ces valeurs n'ont plus cours.*

4. EN COURS DE *route.* AU COURS D'UN *voyage.*

COURT, adj. ou adv.

1. À COURT DE. L'expression *être court de* (où *court* varie) a vieilli. On dit plutôt: *Être à court d'argent, d'idées, de souffle, de vivres,* etc. Tandis qu'on dit en Belgique *être à court d'haleine*, on dit en France: ÊTRE HORS D'HALEINE, AVOIR LE SOUFFLE COURT, L'HALEINE COURTE. AVOIR LA COURTE HALEINE (Ac.) ne semble guère vivant. *Être à court, rester à court, se*

trouver à court s'emploient aussi sans complément: *Je suis resté à court, sans pouvoir répondre.* ▶ 3. Ne pas dire: [*tomber à court*].

2. On dit: *prendre qqn* DE COURT (au dépourvu; ou ne pas lui laisser le temps de faire ce qu'on lui demande). *Tenir qqn de court* (restreindre sa liberté) est vieilli. **Tenir la bride courte à qqn.**

3. *Court* est **adverbe** et invariable dans: *La vérité tout court, pour le faire court, pour faire court, couper court* (abréger), *couper court à qqch.* (en finir), *tourner court, trancher court qqch., arrêter court qqn, s'arrêter court, amarrer court, demeurer court, rester court, se trouver court.*

4. COUPER AU COURT est une expression naturelle et régulière. Elle s'emploie moins qu'autrefois en français généralisé, mais elle reste vivante dans des provinces et particulièrement en Belgique, et elle est encore employée par de bons auteurs: *Mariette coupe au court* (Bazin, H., *Le matrimoine*). On dit et on écrit aussi: *prendre au court, prendre au plus court, couper au plus court, prendre le plus court, par le plus court.* Ou *couper court*: *Je pris un sentier qui coupait court* (Bosco, H., *Malicroix*); autre sens, ▶ 8., *couper les cheveux court.*

5. AVOIR PLUS COURT, resté vivant en Wallonie, est vieilli en France, au sens propre (faire plus rapidement) ou figuré (avoir plus de commodité).

6. Si l'on dit encore *Le plus court est d'agir ainsi*, on ne dit plus, comme La Fontaine: *Votre plus court est de ne dire mot.*

7. [*J'ai* — ou *il y a* — *un franc trop court*] est un flandricisme. On dit: *Il (me) manque un franc.*

8. COUPER (*les cheveux*) COURT. Si *court* reste invariable dans *On lui coupa les cheveux court, Il s'est fait couper les cheveux court*, il y a quelque hésitation quand *coupé* (ou *bouclé* ou *taillé*), adjectif masculin, est épithète ou attribut. On trouve chez de bons auteurs: *Ses cheveux étaient taillés très courts* (Daniel-Rops, *Mort, où est ta victoire?*). *Il avait les cheveux coupés courts* ou *Ses cheveux étaient bouclés courts*. Mais *court* reste souvent invariable: *Des cheveux coupés court et frisés* (Colette, *Julie de Carneilhan*). *Ses cheveux sont défaits, abandonnés; d'un noir de jais; coupés court sur le front* (Gide, A., *Journal*). *Les cheveux coupés court* (Romains, J., *Eros de Paris*). On dit: *une moustache* (ou *une chevelure*) *coupée court.*

9. TOUT COURT est invariable: *La vérité tout court. Je l'appelle Louise, tout court.*

10. Composés de *court*. Pluriel: des ***courts-bouillons***, des ***courts-circuits***, des ***courtes-queues*** (cerises), des ***court-pendus*** (pommes à queue courte), des ***court-courriers***, ***court-vêtus***.

COURT, n.m. désignant un terrain de tennis, a été emprunté à l'anglais mais est une ancienne forme du français *cour* et se prononce comme ce mot.

COURTIL (ne pas prononcer *l*), n.m., est vieilli, comme *courtille*, et dialectal dans le sens de «petit jardin attenant à une maison».

COURTISER (faire la cour à une femme), v.tr.dir., demande un complément: *courtiser une voisine*. On ne dit pas [*Il courtise*] pour *Il est fiancé*. En Belgique, on emploie ce verbe intransitivement avec pour sujet un garçon ou une fille: [*Il courtise avec la fille du boucher*]. ▸ FRÉQUENTER.

COUSSIN, n.m., ne peut se dire, comme en Belgique et dans certaines provinces françaises, pour *oreiller*.

COÛT, n.m., se prononce normalement sans *t* final. Les *Rectifications de l'orthographe* de 1990 conseillent d'écrire **COUT**, **COUTANT**, **COUTEUSEMENT**, **COUTEUX**. (*RO* II.4).

COUTEAU, n.m. On écrit: *Être à couteaux tirés avec qqn. Des manches de couteau*. On dit: *mettre le couteau sur la gorge*, plus rarement: *sous la gorge*.

COÛTER ou **COUTER** (*RO* II.4), v.

1. Emploi transitif ou intransitif et **accord du participe passé**. *Coûter* est toujours considéré comme intransitif au sens propre, lorsqu'il s'agit d'argent (prix, dépense); c'est à la question *combien*? que répond le complément: *Les deux mille francs que cela (m') a coûté*. Mais si le complément est le nom *somme*, désignant une somme d'argent, on hésite sur l'analyse. Certains considèrent que le participe est invariable puisqu'il s'agit de prix, d'argent et du sens propre: *La somme que cet objet m'a coûté* (Littré).

D'autres, assimilant ce cas à celui où l'on parle d'une somme d'efforts, de difficultés qu'une chose a réclamée, font l'accord: *La grosse somme que cette maison m'a coûtée* (Le Bidois). On ne peut dire qu'ils aient vraiment tort. Mais mieux vaut laisser *coûté* invariable quand il s'agit d'argent.

Au sens figuré, lorsque *coûter à qqn* signifie «causer comme perte, occasionner, exiger de la part de qqn, faire perdre à qqn», il n'est pas question d'argent, mais d'efforts, de peines, de difficultés, de soucis, de temps, de perte (mais non en argent); le verbe devient transitif direct et le participe est variable: *Les efforts que ce travail m'a coûtés* (Ac.). *La peine que cet accord m'a coûtée. Les pleurs que cet enfant a coûtés à sa mère. Les semaines que m'a coûtées ma recherche. Les prisonniers que cette défaite leur a coûtés. La somme d'efforts que ce travail m'a coûtés*. Toutefois, une certaine hésitation subsiste, beaucoup plus légère d'ailleurs qu'autrefois, où l'Académie et Littré considéraient le verbe comme toujours intransitif et laissaient toujours *coûté* invariable, par analogie avec l'idée d'une somme exigée ou perdue.

Il faut aujourd'hui considérer *coûter* comme transitif au sens figuré.

Si le verbe est impersonnel, *coûté* est toujours invariable: *Les pleurs qu'il lui en a coûté*.

2. COÛTE QUE COÛTE reste toujours au présent et au singulier.

3. On dit: *au prix coûtant* ou *à prix coûtant*.

COUTIL, n.m. On ne prononce pas *l*.

COUVERT, n.m., dans l'expression LE VIVRE ET LE COUVERT, ne désigne pas les ustensiles de table nécessaires au convive, et qu'on met, dresse ou place ou qu'on lève, ôte ou enlève, mais, selon un sens plus ancien, le logement où l'on est à couvert des intempéries. On dit aussi: *le gîte et le couvert*, parce qu'on ne perçoit plus le sens ancien de *couvert*, qui ferait un pléonasme. En fait, dans les deux cas, on pense seulement à ce qui est essentiel pour vivre. — Autres sens: SOUS LE COUVERT DE, sous la garantie de ou sous le prétexte de.

COUVERTE, n.f. vieilli dans le sens de *couverture*.

COUVERTURE, n.f. FAIRE LA COUVERTURE (préparer le lit pour la nuit en abaissant la couverture) a vieilli mais est loin d'avoir disparu.

COUVRE. Composés ▸ NOMS COMPOSÉS, 2.5.

COUVRIR, v.tr.dir. On dit très bien: *couvrir une distance, un parquet*; *couvrir* (ou *recouvrir*) *un livre* (la couverture d'un livre); *couvrir une faute par un mensonge*; *une étude couvre une période de cinquante ans* (ou *le règne de Louis XIII*); *un chèque couvre des dépenses*. Autre sens dans le langage anglicisé de l'information: *Un journal local couvre la cérémonie*, en assure le reportage, *la couverture*.

COUYON (sorte de jeu de cartes), n.m., est du wallon.

COVER-GIRL (des ***cover-girls***) ou **COVERGIRL** (des ***covergirls***) (*RO* III.8F), n.f., n'a pas d'équivalent français pour désigner un *modèle*, une jeune femme qui pose pour des photographies dont la reproduction figurera en page de couverture d'un journal illustré.

COW-BOY (des *cow-boys*) ou **COWBOY** (des *cowboys*) (RO III.8F), n.m.

CRACHÉ, adj., est ancien mais familier dans **TOUT CRACHÉ**, tout à fait ressemblant : *C'est son père tout craché, sa mère toute crachée.* Certains laissent, à tort, *tout craché* invariable. *C'est elle tout craché* (Curtis, J.-L., *La parade*). *Être le portrait tout craché de son père.* — **CRACHER** : On crache *en l'air, à terre* ou *par terre, sur qqch.* (familier au sens figuré).

CRACK, n.m. (à ne pas confondre avec un **KRACH**, débâcle financière), s'emploie inutilement dans le sens de *as* pour désigner un champion, une personne remarquable dans une discipline, un élève particulièrement doué.

CRACKING, n.m., procédé de raffinage du pétrole, devrait se dire en français **CRAQUAGE**, n.m.

CRAINDRE, v.tr.dir.

1. **Conjugaison**. Je *craignais*, nous **craignions**, je *craignis*, que nous **craignions**.

2. **Craindre que** est suivi du subjonctif. *Ne* explétif n'intervient — et facultativement aujourd'hui — qu'après l'emploi affirmatif ou interrogatif. Il est exclu après la forme négative : *Je crains qu'il (ne) parte. Craignez-vous qu'il (ne) parte ? Ne craignez-vous pas* (interrogation oratoire correspondant à : *vous craignez sans doute*) *qu'il (ne) parte ? Je ne crains pas qu'il parte.*

Ne pas confondre *ne* explétif et *ne pas* ; ils s'opposent : *Je crains qu'il ne vienne* (je crains sa venue). *Je crains qu'il ne vienne pas* (je crains sa non-venue). *Je ne crains pas que ce projet n'aboutisse pas* ; le verbe *aboutir* est vraiment nié.

La présence ou l'absence de *ne* explétif, devenu facultatif après *craindre, redouter, avoir peur*, etc., n'exprime plus aujourd'hui aucune nuance : *Cette injustice, (...) je redoutais seulement qu'elle eût mutilé votre âme même* (Daniel-Rops, *Mort, où est ta victoire ?*). *Il fallait craindre qu'elle fût précaire* (Bosco, H., *Malicroix*). *Je craignais que l'un d'eux finît par me remarquer (...). Je craignais qu'il ne me prît pour un fou (...). Il craignait en effet qu'on le reconnût* (Modiano, P., *Rue des boutiques obscures*). *Il craignait qu'il* (le soleil) *se cachât trop vite* (Sabatier, R., *Les allumettes suédoises*). *Je crains bien qu'elle me soit interdite. (...) Je crains bien qu'il faille attendre* (Aymé, M., *Le confort intellectuel*).

CRAINTE, n.f.

1. **DE CRAINTE DE** (*dans la crainte de, par crainte de*) suivi d'un infinitif ou d'un nom de chose, peut être réduit à **CRAINTE DE** : *Crainte de malheur, d'accident, de pis* (Ac.). *Il se taisait, (de) crainte de les importuner* ou *dans la crainte de* ou *par crainte de les importuner.*

2. **DANS LA CRAINTE QUE, DE CRAINTE QUE, PAR CRAINTE QUE, CRAINTE QUE** sont suivis du subjonctif, souvent avec *ne* explétif (ou *ne pas* si on nie le verbe subordonné) : *De crainte qu'il ne vienne. De crainte qu'il ne voie pas.*

CRAMER, v.tr.dir. ou intr., brûler légèrement : *Cramer du linge en le repassant. Les nouilles ont cramé.*

CRAMIQUE, n.m., mot belge (d'origine flamande) désignant une spécialité belge : pain au lait, au sucre et aux raisins de Corinthe. ▸ CORINTHE.

CRANTER, v.tr.dir., faire des crans à qqch. : *Cranter un objet.*

CRAPULE, n.f., vieilli pour désigner un ensemble de gens débauchés, se dit d'un individu malhonnête, capable des pires actions. L'adjectif **CRAPULEUX** a aussi un sens très sévère : *une vie crapuleuse, un crime crapuleux.*

CRAQUE, n.f. (*mensonge, vantardise*), familier : *Dire des craques.* ▸ CRACK.

CRAQUELIN, n.m., est enregistré par le *GLLF* comme un mot du nord de la France, d'origine néerlandaise ; biscuit sec craquant sous la dent. On le trouve dans un livre évoquant la région de Limoges et du Périgord vert : *Avant de connaître les brioches, on enfilait les tiges de branches de buis dans les craquelins — ou cracalins —, gâteaux à pâte sèche en forme de têtes de gros cèpes renversés avec un grand trou en leur milieu... Le pâtissier de la Nadalie, le père Chaumont, raconte encore comment, avec son père, il fabriquait au temps des Rameaux dix mille à douze mille craquelins qu'il allait vendre à la porte des églises* (Dupuy, F., *L'Albine*). Dans un autre livre, *des craquelins de sésame* (plante oléagineuse originaire de l'Inde) sont, avec des biscuits, des noisettes et des brioches, au menu de Grecs pittoresques voyageant dans le Midi (Cohen, A., *Solal*). En Belgique, le craquelin est un pain au lait et au sucre, c'est à tort qu'on lui fait désigner un **CRAMIQUE**.

CRASSE, n.f. ou adj.f. : *Enlever la crasse* (la saleté). *Faire une crasse* (mauvais tour, indélicatesse) *à qqn. Une ignorance crasse.*

CRASSET, n.m. Ancienne lampe à huile où la mèche brûlait à l'air libre.

CRASSIER, n.m. Amas de scories d'une mine, d'un haut fourneau.

CRAYON, n.m. ▸ FEUTRE.

CRÉDIT-BAIL (inusité au pluriel; cependant dans le *Petit Larousse* on trouve des **crédits-bails**), n.m., traduit l'anglais *leasing* désignant une sorte de location avec possibilité d'achat: *Cette société a acheté des immeubles en crédit-bail.* On pourrait dire *location-vente* ou *location-achat*.

CRÉDITER, v.tr.dir. On crédite *qqn* ou *un compte* d'une somme, mais on ne crédite pas une somme *à qqn* ou *à son compte*, on porte cette somme à son compte, *on crédite son compte de telle somme*.

CREDO, n.m. Pas d'accent. Invariable et avec majuscule quand il s'agit de la prière: *Réciter son Credo*. Variable et avec minuscule dans ses extensions de sens: *leurs* **credos** (leurs opinions fondamentales).

CRÉDULE, adj. On est crédule *à des paroles*, *envers qqn*.

CRÉER, v.tr.dir., conserve toujours *é*: il **crée**, il **créera**, *une chose* **créée**.

CRÈME (accent grave), n.f. désignant une couleur, est invariable: *des gants crème.* Accent aigu dans les **composés et dérivés**: **CRÉMER** (*le lait* **crème**, **crémait**), **ÉCRÉMER**, **CRÉMERIE**, **CRÉMIER**, **crémière**, **CRÉMEUX**. Cependant, en ce qui concerne **CRÈMERIE**, les *Rectifications de l'orthographe* conseillent l'accent grave ainsi que dans les formes verbales de *crémer*: **crèmera**, etc. (*RO III.7E*). Une **crèmerie** peut aussi désigner un petit restaurant. — ▸ GLACE.

CRÉNEAU, n.m., a élargi sensiblement son sens d'ouverture pratiquée dans un parapet, pour s'appliquer à un espace, une place ou un temps disponibles pour une voiture, un emploi du temps, à la radio, un produit, une invention.

CRÉOLE, n.m. ou f., se dit d'une personne de race blanche née dans les plus anciennes colonies comme les Antilles ou la Guyane.

CRÉOSOTE, n.f. *De la créosote.*

CRÊPE, CRÊPER, CRÊPELER, CRÊPIER. Accent circonflexe.

CRÉPI, adj. *Des murs* **crépis**. *Une maison* **crépie**. N.m., *faire un crépi*.

CRÉPUSCULE, n.m., s'est dit longtemps du matin comme du soir, à cause d'une commune «incertitude» de la lumière; aujourd'hui il ne se dit plus guère que du moment qui suit le coucher du soleil.

CRESCENDO, n.m. Des **crescendo** (invariable) ou **crescendos** (*RO I.6*).

CRESSON, n.m. La prononciation avec *é*, donnée comme normale, est beaucoup moins courante que celles avec *e* (surtout à Paris) ou *è*.

CRÊTE, n.f. Accent circonflexe dans *une crête de coq* ou *de montagne* et dans *crêter*, *crêté*. On écrit: *l'île de Crète* (accent grave).

CRETON (pron. *e*), n.m., est un régionalisme français: morceau (de lard, de porc) frit. Haust définit le wallon *crèton* (passé dans le français régional): «petit morceau de lard frit dans la poêle, qu'on mange avec son pain ou qui sert à accommoder certains mets»; il s'agit essentiellement de morceaux de couenne. Le mot français à peu près correspondant, dans l'usage général, est *lardon* (bien que le lardon comprenne plus que la couenne) et non *rillettes*, n.f.pl., qui a un autre sens (charcuterie faite de viande de porc (ou d'oie) hachée et cuite dans la graisse). On peut parler aussi de *rillons*.

CREUX est adverbe et invariable dans *sonner creux*.

CREVANT, adj. (qui fait mourir — par hyperbole — d'ennui, de fatigue ou de rire) est populaire.

CRÈVE-CŒUR, n.m. Un *crève-cœur*, des **crève-cœurs** (ou des *crève-cœur*). ▸ NOMS COMPOSÉS, 2.5.

CREVER, v. **Auxiliaire** de l'intransitif: *Ce pneu a crevé; j'ai crevé deux fois. L'abcès a crevé.* Au sens de «mourir» ou de «se rompre», on emploie *avoir* ou *être*: *Ma chienne a crevé ou est crevée. La digue a crevé ou est crevée.* (Être marque plutôt le résultat). Dans les emplois familiers: *J'ai crevé de faim. Ce voyage m'a crevé. Je suis crevé de fatigue. Il a crevé (épuisé) son cheval. Il se crève au travail.*

CRI, CRIANT, CRIARD, CRIER. *À cor et à cri. Appeler à grands cris. Un abus criant. Une erreur criante. Une vérité criante (manifeste). Une voix criarde, une dette criarde, une couleur criarde.* La substitution de *criant* à *criard* en parlant d'une toilette, d'une couleur est à déconseiller.

Crier. *On crie qqch. à qqn. On crie cela sur les toits. On crie une édition spéciale, une vente (on l'annonce).* On ne dit plus: *crier qqn (le réprimander)*; on dit: *crier contre qqn, crier après qqn (le gronder, le quereller; familier). Crier sur qqn* est considéré comme populaire. *Crier à l'injustice, au secours.* ▸ APRÈS, 4.

CRIN, n.m., s'employant en wallon dans le sens d'«entaille», de «cran», apparaît abusivement dans le français régional de

Belgique pour *coupure, entaille,* ou *division d'une plaque de chocolat.* On écrit À TOUT CRIN ou mieux À TOUS CRINS (complet, énergique ; emploi figuré d'une expression vieillie : *cheval à tous crins,* auquel on a laissé tous ses crins).

CRISTALLISER, v., s'emploie **transitivement et au passif** (*cristalliser du sucre ; du sucre cristallisé ; cristalliser des énergies, des sentiments, une inquiétude, des souvenirs,* rassembler, préciser, donner forme à ; *des souvenirs cristallisés*) ou **intransitivement**, avec le sens de SE CRISTALLISER : *Certains sentiments cristallisent* ou *se cristallisent autour de lui. Un souvenir cristallise* ou *se cristallise. Tandis qu'au-dedans du pays cristallisaient les passions* (Gaulle, Ch. de, *Le salut*). *Tous les quartiers de Paris cristallisaient soudain en une masse unique, en un sentiment unanime* (Maurois, A., *Espoirs et souvenirs*).

CRITÉRIUM, n.m., prend couramment l'accent que lui a refusé l'Académie (CRITERIUM). Pluriel : des ***critériums***. On emploie d'ailleurs plus souvent CRITÈRE, n.m., sauf s'il s'agit d'une épreuve sportive.

CRITIQUABLE, adj., s'écrit avec *qu,* comme *critiquer.*

CROASSER, v.intr., se dit du corbeau ou de la corneille.

CROC, n.m. Le *c* final ne se prononce pas, sauf, au pluriel comme au singulier, dans le nom composé CROC-EN-JAMBE (pluriel : des ***crocs-en-jambe***) ; on entend en Belgique *croc* pour *croc-en-jambe.*

CROCHE-PIED ou CROCHEPIED (*RO* III.1A), n.m. Des ***croche-pieds*** ou des ***crochepieds*** (des crocs-en-jambe).

CROCHETER, v.tr.dir. ou intr. Des dictionnaires ne donnent que les sens : ouvrir une serrure avec effraction, saisir avec un crochet (*crocheter de vieux chiffons* dans un tas de détritus). Ce verbe s'emploie pourtant couramment, en France comme en Belgique, en parlant de travail au crochet, dans des expressions comme *crocheter une maille, une bride, un rang.* Et si l'on dit plus souvent, en France, *faire du crochet,* on y entend aussi *crocheter,* intransitif, dans ce sens. *La vieille dame crochetait, préoccupée* (Mallet-Joris, Fr., *Allegra*). Conjugaison : il ***crochète***.

CROIRE, v.tr.dir. Je *crois,* nous *croyons,* ils *croient.* Je *croyais,* nous *croyions.* Je *crus.* Que je *croie,* que nous *croyions.* Qu'il *crût.*

1. **Croire que**, à la forme affirmative, est suivi de l'indicatif (ou du conditionnel, s'il s'agit d'une éventualité) : *Je crois qu'il viendra. Je croyais qu'il viendrait* (futur du passé). *Je crois qu'il pourrait faire mieux. Je veux croire qu'il ne l'a pas fait exprès. Tout laisse croire qu'il est mécontent.*

Lorsque *croire* est employé à la forme négative ou interrogative ou est mis en question notamment par un *si* conditionnel, le bon usage, qui exigeait autrefois le subjonctif, admet aujourd'hui l'indicatif (ou le conditionnel) ou le subjonctif sans qu'on puisse dire que ce choix exprime nécessairement une nuance quant à la réalité du fait exprimé dans la subordonnée : *Je ne crois pas qu'il se soit trompé* ou *qu'il s'est trompé, qu'il l'aurait fait* ou *qu'il l'eût fait. Croyez-vous qu'il le fasse ?* ou *qu'il le fera ? Ne croyez-vous pas qu'il le fera ?* (l'interrogation négative correspond à une affirmation). *Si vous croyez que cela soit* (ou *est*) *utile... Ce serait une erreur de croire que cela soit* (ou *est*) *nécessaire. J'ai peine à croire qu'il l'ait dit* (ou *l'a dit*). *Rien ne me fait croire qu'il soit* (ou *est*) *coupable.*

L'indicatif s'impose si l'interrogation a la forme affirmative ou est formée avec *est-ce que* : *Tu crois qu'il est parti ? Est-ce que tu crois qu'il est parti ?*

2. **Croire, croire à, croire en.** Distinctions actuelles :

Croire peut s'employer sans complément : *Je crois. Je crois bien.*

Croire qqn, ajouter foi à ce qu'il dit, être assuré de la chose : *Je vous crois.* Avec un attribut : *Je le crois honnête, de bonne foi. On les a cru(s) morts* ▸ PARTICIPE PASSÉ, 5.2.5. Cas particulier du complément d'objet direct ayant un attribut.

En croire qqn, s'en rapporter à lui. **En croire qqch.**, lui accorder sa confiance : *En croire son ami, ses yeux, son expérience.*

Croire qqch., tenir pour certaine, réelle la chose qui est dite : *Je crois cette histoire. Je crois qu'il a raison. Il croit avoir raison. Il est plus malin qu'on ne le croit.* Au lieu de : *croire l'immortalité de l'âme,* on dit *croire en...* (ou *à...* ; cf. plus bas).

Croire à qqn, tenir pour certaine son existence, admettre son pouvoir, mettre sa confiance en lui : *Il croit aux revenants, aux sorciers, aux voyantes. Il ne croit ni à Dieu ni à Diable. Je crois au Saint-Esprit.* On ne dit plus : *croire un Dieu* (Voltaire) pour « croire à son existence ».

Croire à qqch., être convaincu de la vérité, de la réalité, de l'efficacité de cette chose : *Croyez à mes sentiments dévoués,* mais non [*Croyez à l'expression de mes sentiments dévoués*] ▸ ASSURANCE. *Je ne crois plus à ses promesses, à* (*l'efficacité de*) *ce remède. Il ne croit à rien. Il croit à l'immortalité de l'âme. Croyez à ma reconnaissance.*

Croire en qqn ou en qqch. marque un abandon plus confiant que *croire* ou *croire à*, une adhésion, souvent du cœur, pouvant entraîner un comportement moral ou même religieux: *Je crois en Dieu. Je crois en l'homme, en l'humanité. Ne croyez pas en lui. Croire en soi. Croire en la parole de qqn. Croire en la médecine, en l'Évangile. Trop de gens croient en leur valeur d'une manière indécente* (Sion, G., *La conversation française*). *Je crois en lui comme je n'ai jamais cru à personne.* **Mieux vaut donc se garder** de substituer *en* à *à* dans une simple formule de politesse et de dire: *Croyez en mes sentiments dévoués.* Voici trois phrases du général de Gaulle; on y perçoit les nuances: *Je vous prie de croire, mon cher Général,* **à mes sentiments** *les meilleurs et sincèrement dévoués* (L'unité). *On ne se trompe jamais à long terme quand on veut croire en la France* (Ibid.). *Veuillez croire, mon cher Général, à mon entière confiance et* **en ma fidèle amitié** (Le salut). — **N.B. Croire de** + infinitif est vieilli ou régional. On dit en français actuel: *J'ai cru le voir.* Mais après un attribut de l'infinitif complément: *J'ai cru bon de le voir.* — **Accord du part. passé devant un infinitif** exprimé ou sous-entendu ▷ PARTICIPE PASSÉ, 5.2.14.

CROISIÈRE, n.f., ne se dit proprement que pour un voyage en mer. On a tenté d'appliquer le mot à un voyage d'agrément en train ou en avion. Emploi normal: *L'entreprise a atteint son rythme* (ou *son régime* ou *sa vitesse*) *de croisière*.

CROÎTRE, v.intr., prend un accent circonflexe sur *i* devant *t* dans toute sa conjugaison, ainsi qu'aux formes qui se prononcent comme celles du verbe *croire* (*je* **crois**, *tu* **crois**, *je* **crûs**, etc.), sauf au participe passé où seul le masculin singulier s'écrit avec cet accent: **crû, crue, crus**. ▷ CRU.

L'Académie a eu tort d'écrire le subj. imp. *que je* **crusse**, *que tu* **crusses**, sans accent. Ces formes exigent l'accent circonflexe.

Composés. Il y a de l'hésitation dans la conjugaison des composés. L'Académie conjugue ACCROÎTRE comme *croître*, avec l'accent circonflexe aux mêmes formes, bien qu'il n'y ait aucun risque de confusion avec *accroire*. Grevisse (B.U., nº 815, c) ne met l'accent circonflexe dans *accroître, décroître*, que sur *i* devant *t* et aux formes qui le reçoivent dans la conjugaison de tous les verbes. Tel semble être l'usage: *La voix décrut rapidement* (Clavel, B., *La saison des loups*). DÉCROÎTRE se conjugue, d'après l'Académie, comme *croître* (sauf au participe passé *décru*); d'après Grevisse, comme *accroître*. RECROÎTRE se conjugue comme *croître* d'après

l'Académie, comme *accroître* d'après Grevisse (mais **recrû, recrue, recrus** au participe passé; ne pas confondre avec *recru de fatigue*).

Auxiliaires: bien que les grammairiens admettent les deux auxiliaires, c'est *avoir* qui est d'usage courant; *être* est archaïque ou réduit à une copule.

CROIX, n.f. L'expression LA CROIX ET LA BANNIÈRE n'évoque plus une grande pompe mais des difficultés. On écrit: *Le président de la* CROIX-ROUGE.

[**CROLLE, CROLLER**] sont à la fois des wallonismes et des flandricismes. On doit dire *boucle, boucler, friser*. Pour du bois: *des copeaux.* En Belgique, très familièrement: [*son nez crolle après qqch.*], il en a envie.

CROQUE dans les **noms composés**. On écrit *un* ou *des* **croque-en-bouche** (concurrençant *croquembouche*), *un* ou *des* **croque-madame**, *un croque-mitaine, des* **croque-mitaines** ou *un croquemitaine, des* **croquemitaines**, *un* ou *des* **croque-monsieur**, *un croque-mort, des* **croque-morts**, *un croque-note, des* **croque-notes** (on écrit aussi *croquenote*). Cependant les *Rectifications de l'orthographe* de 1990 suppriment le trait d'union et mettent *s* au pluriel pour les composés de *croque* (RO III.1A). On écrit: *manger des radis à la croque au sel* (sans autre assaisonnement que du sel).

En Belgique, [*une croque*] se dit pour certains accidents de santé.

CROQUEMBOUCHE, n.m. invariable, sorte de pâtisserie. On écrit aussi CROQUE-EN-BOUCHE. ▷ CROQUE.

CROQUER, v.tr.dir., c'est proprement «broyer sous la dent». En Belgique, on dit abusivement *croquer* au lieu de *casser* pour une noix qu'on ouvre, le coin d'un feuillet ou un fétu qu'on plie et même dans le sens de «punir»: [*Cet élève se fera croquer. Il a été croqué*] ou au passif pour «avoir un accident de santé» ▷ CROQUE.

CROUSTILLANT, adj., a repris, à côté de son sens propre (*un biscuit croustillant*, qui craque sous la dent), un sens figuré qui avait vieilli et qui le substitue de plus en plus à CROUSTILLEUX: *Une anecdote croustillante*, piquante, amusante et inconvenante à la fois.

CROÛTE, n.f., **CROÛTER**, v.intr., **CROÛTEUX**, adj., **CROÛTON**, n.m. ou **CROUTE, CROUTER, CROUTEUX, CROUTON** (RO II.4).

CRU. Adjectif: *Des légumes crus, en termes crus, des couleurs crues. Le cru et le cuit.* — *Il fait cru* se dit en Belgique, en Suisse, dans le nord de la France et au Canada pour *Il fait* *humide (et froid).* C'est un archaïsme. Ailleurs, on donne à *cru* le sens simple d'*humide*, qui n'est pas non plus généralisé. MONTER À CRU, sans selle.

À distinguer de CRÛ ▸ CROÎTRE. — L'adverbe de *cru* est CRÛMENT ou CRUMENT (RO II.4).

Nom: On écrit: *un grand cru, un vin du cru, des auteurs du cru* (du pays même), *une histoire de son cru*; pas d'accent circonflexe.

[CRUAUD], n.m., est un terme dialectal qui, en Belgique et dans le nord de la France, désigne les mauvaises herbes.

CRUCIAL, adj., a certainement dépassé son sens propre (*une incision cruciale*, en forme de croix). Il signifie «situé à un croisement», d'où «important, décisif»: *Je m'installe à un point crucial. Une question cruciale. Une expérience cruciale. Une heure cruciale.*

CRYPTOGAME (un seul *m*), adj. et n.m., terme de botanique s'appliquant aux champignons, aux fougères, aux algues, etc. CRYPTOGRAMME, n.m., ce qui est écrit en code, en caractères secrets, en CRYPTOGRAPHIE.

CUBE, n.m. *Deux mètres cubes.*

CUEILLIR, v.tr.dir. Je *cueillais*, nous *cueillions*. Je *cueillerai*. Attention à *ue* dans *cueillir, cueillette*, etc.

CUILLER ou CUILLÈRE, n.f. Une cuiller à soupe, à café, à pot. On continue en bon français à distinguer le contenant du contenu (*cuillerée*) alors qu'on prend une *assiette* de potage et qu'on boit un *verre* de vin: *Une cuillerée de confiture gélatineuse* (Perec, G., *Les choses*). — *Un biscuit à la cuiller.* Fam.: NE PAS Y ALLER AVEC LE DOS DE LA CUILLER (y aller généreusement). ÊTRE À RAMASSER À LA CUILLER (être extrêmement las). EN DEUX COUPS DE CUILLER (rapidement et sans soin).

CUIRE, v., ne peut s'employer pour *bouillir* en parlant de l'eau. ▸ ŒUF.

[CUISINE-CAVE], n.f. La **cuisine en sous-sol** est appelée en Belgique *cuisine-cave*. Colette écrivait: *Elle quitta donc la chaude maison belge, la cuisine-de-cave...* (La Maison de Claudine).

CUISINETTE, n.f., doit être substitué à *kitchenette*.

CUISSEAU ou CUISSOT, n.m. L'Académie a rétabli en 1987 la distinction traditionnelle, qu'elle avait supprimée en 1975, entre *cuissot* (de gros gibier) et *cuisseau* (de veau), mais cette distinction est à nouveau supprimée en 1990 au profit de *cuisseau* (RO III.4).

CUITE, n.f., est populaire (comme *se cuiter*) dans le sens d'ivresse, d'état d'ivresse: *prendre une cuite, avoir la cuite, une bonne cuite.*

CUL, n.m. **Composés**: cul-blanc (des **culs-blancs**), cul-de-jatte, cul-de-lampe, cul-de-sac; des **culs-de-jatte**, etc.

CULOTTE, n.f., ne s'emploie plus guère au pluriel pour un seul vêtement masculin. On parle toujours d'*une* culotte de femme; on ne parle plus aussi souvent qu'autrefois de culotte(s) courte(s). C'est sa femme qui porte la culotte. Fam. PRENDRE UNE CULOTTE, faire au jeu une grosse perte.

CULTUREL, adj., s'applique à la culture intellectuelle, aux valeurs de l'esprit et jusqu'à certaines formes de comportement, tandis que CULTURAL se dit de la culture du sol (*procédés culturaux*) et CULTUEL de ce qui a rapport à l'exercice d'un culte religieux (*les libertés cultuelles*).

[CUMULET], n.m., emprunté au wallon (où l'on trouve d'autres mots de même sens), est répandu en Belgique dans le sens de *culbute, galipette.*

CUNICULTURE, n.f., «élevage du lapin domestique», est préférable à CUNICULICULTURE.

CURE. ▸ NOMS COMPOSÉS, 2.5 et RO II.2.

CURER, ÉCURER, RÉCURER. On **cure** un puits, une pipe, un égout, un canal, on **se cure** les dents, les ongles. Écurer ne s'emploie plus guère, soit dans le sens de *curer*, soit dans celui de *récurer* des ustensiles de cuisine (les faire reluire). **Composés** formés avec *cure* ▸ NOMS COMPOSÉS, 2.5.

CURIEUX, adj. On ne dira pas: [*Je suis curieux s'il viendra*]. On dira: *Je suis curieux de voir s'il viendra*. Régionalisme: *curieux* au sens de *soigneux*.

CURRICULUM VITAE, loc. latine invariable. Un (ou des) ***curriculum vitae***. On trouve: des ***curriculums vitae*** (GR). Prononciation à la française.

CUVELLE, n.f., CUVIER, n.m. *Cuvelle* est sorti de l'usage français. Il est resté vivant en Belgique. *Cuvier*, cuve de bois pour faire la lessive, est également vieilli. On dit: *cuve, cuveau, bassine, baquet.*

CYBER, élément savant, issu de la troncation de *cybernétique*, qui, dans le domaine de l'informatique, a permis de créer un nombre important de néologismes portant sur les réseaux et les technologies numériques: la *cyberculture* comporte le *cybercafé*, le *cyberconsommateur*, la *cyberéconomie*, la *cyberentreprise*, le *cyberespace*, le *cybersexe*, etc. Toute cette *cybersociété* et ses diverses inventions lexicales ne devraient pas se transcrire avec le trait d'union, en raison de l'origine interfixale de *cyber*.

CYCLONE, n.m. Pas d'accent circonflexe.

CYLINDRE, n.f. *Une six cylindres.*

CYMBALE, n.f., désigne chacun des disques formant un instrument de musique à percussion; il ne peut être confondu avec **TIM-BALE** (grand tambour semi-sphérique; gobelet de métal).

CYPRIOTE. ▶ CHYPRIOTE.

CZAR ne se dit plus guère pour **TSAR**.

CZARDAS, n.f.; autre graphie pour **CSARDAS** (danse hongroise).

DA renforce familièrement *oui*: OUI-DA.

D'ABORD. ▶ ABORD.

D'ACCORD. ▶ ACCORD.

DADA, n.m. du cheval dans le langage enfantin, remplace avantageusement *hobby* (réduction de *hobby-horse*) dans le sens de «marotte» ou «occupation préférée». *Enfourcher son dada.*

DADAIS (jeune homme sot et gauche), n.m., n'a pas de féminin.

DAHLIA (du nom du botaniste *Dahl*), n.m. Des *dahlias*.

DAIM, n.m. La femelle s'appelle *daine* ou *dine*.

DAM, n.m. (pron. comme *dame*, sans *e*). *Au grand dam de qqn*, à son grand préjudice.

DAMAS, n.m. Prononcer *dama*. *Du damas broché.*

DAME, n.f., employé avec un possessif ou un complément, se dit en parlant de la littérature courtoise du moyen âge, mais appartient aujourd'hui à la langue populaire dans le sens d'«épouse».

On dit: *Une dame vous demande. J'attendais des amis, mais la dame a eu une syncope* (pas de possessif ni de complément). *Ma femme m'accompagnera. Votre femme* (ou *Madame X*) et non [*Votre dame*] *viendra-t-elle? Il est venu avec sa femme. La femme du patron est malade.* Ce n'est qu'en parlant à un domestique qu'un mari dira: *Je sortirai demain soir avec Madame.* En visite, à un domestique: *Madame est-elle là?* — **Interjection**: *Dame! Dame oui. Dame non.* ▶ ÉPOUSE, MADAME, MESSIEURS.

DAME-JEANNE, n.f. Une *dame-jeanne*, des *dames-jeannes*.

DANDY, n.m. Pluriel: des *dandys*.

DANS, prép. *Avoir **dans les quarante ans**, coûter dans les mille francs, durer dans les trois heures*, sont corrects et marquent, avec l'article, l'approximation.

ÊTRE DANS: *Il est dans sa chambre, dans l'embarras, dans la peine.* Avec un nom indiquant le monde auquel quelqu'un appartient, la profession qu'il exerce, on peut dire: *Il est dans le commerce, dans l'administration, dans les affaires, dans l'édition, dans les assurances.* Ces tours, considérés comme familiers, sont nettement négligés ou très familiers si les noms sont concrets: *Il est dans les cuirs et peaux.* — *Lui, il était dans les chemins de fer* (Romains, J., *Mort de quelqu'un*). *Elle a un mari dans les automobiles* (Colette). *Faire dans les cuivres*, encore admis par Littré, est devenu vulgaire. ▶ FAIRE, 25.

Dans

1. *DANS* ET *SUR*

Dans le journal. Littré admettait *lire sur un journal* quand on voulait montrer qu'il s'agissait d'un journal déplié, comparable à une affiche. En dehors de cela il exigeait *dans*, comme avec *un livre*. Ni la langue parlée ni la langue écrite ne font avec constance cette distinction.

Sur est assez courant dans la langue parlée et se rencontre chez des écrivains. Mais *dans* est certainement la seule expression admise sans conteste par le bon usage et *sur* est même parfois considéré comme vulgaire.

On dit: *dans un livre, un catalogue, une revue, un annuaire*, mais on peut employer *sur* ou *dans* devant: *un registre, un carnet, un cahier, un agenda*. On écrit *dans* un journal.

Avec *programme* (feuille ou brochure donnant des indications sur un spectacle, un concert), on emploie *dans*, mais s'il s'agit d'une feuille, on peut employer *sur*; on dit que *telle œuvre est inscrite au programme*.

On dit: s'asseoir **dans la prairie**, *jouer* **dans un pré**; *on se couche* **dans l'herbe** (haute) ou **sur l'herbe** (rase).

On dit: *dans un tram* (comme *dans un train*), mais *sur la plate-forme*; *dans un bois*, *sur la plage*.

On pose un objet **sur un fauteuil**, mais *on s'assied* **dans un fauteuil** (beaucoup plus fréquent que *sur un fauteuil*; c'est qu'on pense aux bras du fauteuil, entre lesquels on s'installe), *dans ou sur une bergère*, *sur une chaise, un canapé, un divan, un sofa*.

On ne dit plus **dans la lune**, sauf dans l'expression figurée et figée *être dans la lune*; on dit: *marcher sur la Lune*.

2. DANS ET À

On s'installe **au soleil**, *on s'assied au soleil. On s'expose à la pluie, on reste* **à la pluie**, **sous la pluie**; *on arrive au soleil*. On peut *se promener* **dans le soleil**. — *Ouf, il fait chaud! Dans le soleil, c'est toujours l'été.* (Ionesco, E., *Présent*.) *Le tour habituel est* au soleil, mais on trouve *dans le soleil*, opposé à *dans l'ombre*.

Devant un nom de ville, on emploie *dans* au lieu de *à* lorsqu'on veut dire vraiment « à l'intérieur de ce territoire »: *Ils sont* **à Paris** *depuis quinze jours. Ils circulent* **dans Paris**.

On a pu dire autrefois [*Les souliers qu'il a dans les pieds*]. Il faut dire: *qu'il a* **aux pieds**. *On dit toujours: donner un coup de poing dans le dos, embrasser dans le cou*.

3. DANS ET EN POUR UNE DATE, UN MOMENT, UNE DURÉE

Dans et *en* pour une date ou un moment que l'on fixe ou une durée. Noter la différence entre *Je lirai ce livre* **dans deux jours** (indique la date) et *Je le lirai* **en deux jours** (durée; ne pas dire, comme en flamand, *sur*). Même opposition entre *dans un moment* et *en un moment*. On dit: *En ce moment, à ce moment. Je ferai cela dans les huit jours, dans le mois* (au cours des prochains huit jours, etc.). *Je ferai cela dans huit jours* (au bout de huit jours), *dans un mois*.

4. DANS, EN, À POUR UN LIEU

Dans, sur, à la rue, en rue. On dit: *Je l'ai rencontré* (ou *il habite*) *rue de Maubeuge, boulevard de Magenta*. Si le nom commun est précédé d'une préposition, on dit: *dans la rue de l'École* (on entend en France, mais surtout en Suisse: *à la rue de*. À éviter), *à un carrefour, sur une place, sur un boulevard, sur ou dans une avenue*.

On se promène, on se rencontre, on joue, on descend dans la rue. On entend dans cet emploi: *sur la rue* et *en rue*; ce tour est vieilli, mais est encore utilisé en France et en Suisse et est très courant en Belgique. On dit: *en pleine rue*. On dit qu'*une maison donne sur la rue*, qu'*on a vue sur la rue. Avoir pignon sur rue*.

Au figuré: *jeter à la rue* (chasser, réduire à la misère), *être à la rue* (se trouver chassé de son domicile).

5. VOIR AUSSI...

▶ EN, prép., 3, BUT, CRAINTE, PERFECTION, POCHE.

DANSE DE SAINT-GUY. ▶ CHORÉE.

D'APRÈS. ▶ APRÈS, 11.

Dates et noms des jours ou des mois

1. NOMS DES MOIS

Les noms des mois ne prennent pas la majuscule après un nombre ou dans le corps de la phrase:

> *Bruxelles, le 10 janvier 1976, le 1ᵉʳ février 1976. Le 5 et le 6 juin. Les 5 et 6 juin. Le lundi 5 juin.*

Le 8 **de** *mai est archaïque*.

▶ COURANT.

Prononciation: devant les noms de mois commençant par une consonne, l'usage se perd de prononcer la consonne finale du numéral, sauf dans *sept* et *neuf*. On n'est donc nullement astreint à prononcer cette consonne devant *mars* dans *cinq, six, huit, dix*, pas plus qu'à supprimer *f* devant *cent* dans 1900. Dans le cas de *cinq*, il y a toutefois hésitation et le *q* se prononce souvent dans les dates devant consonne.

2. COMMENT DEMANDER LA DATE?

Certains tours recommandés par des grammairiens sont très peu usités ou sont vieillis: *Quel est le quantième?* (Littré.) *Quel quantième* (ou *quelle date*) *est-ce aujourd'hui?* (Le Bidois, II, p. 599.) *Quel quantième tenons-nous?* (Littré.) *Quel quantième du mois avons-nous?* (Dict. gén.) *À quel quantième du mois sommes-nous?* (Ac.) *Quel est le quantième du mois? Quel jour est-il aujourd'hui?* (Ac.)

Le tour le plus naturel est: *Quel jour sommes-nous?* Mais il peut aussi bien porter sur le jour de la semaine (*On est lundi*) que sur la date (*Nous sommes le 3 mars*). Pour préciser que c'est celle-ci qu'on demande, on peut dire: *Quel jour du mois sommes-nous?* On trouve aussi: *À quelle date* (ou *à quel jour du mois*) *sommes-nous?*

et *Quelle date avons-nous? Quel jour (du mois) est-ce aujourd'hui? Le combien est-on?* ▶ COMBIEN, 2.

3. COMMENT DONNER LA DATE?

On a prétendu qu'il fallait dire: *Nous sommes au 10 mai* ou employer *c'est* et dire: *C'est le dix mai.* Ce dernier tour est correct, mais on dit très bien: *Nous sommes (ou on est) le 10 mai.* Le tour *être à* est aussi correct, mais moins vivant. *Le vendredi 10 mai 1940. Le vendredi dix mai mille neuf cent quarante.* ▶ MILLE.

On dit: *J'arriverai le lundi 3 mars, le 10 au matin, le 15 au soir, le 5 courant.* ▶ COURANT.

On a critiqué à tort l'emploi du démonstratif: *ce lundi 4 avril.* On ne dit pratiquement plus: *Le 10 de mai.*

4. EMPLOI DES NOMS DE JOURS

Pas de majuscule. On dit: *J'irai le voir demain, le lendemain, jeudi, jeudi prochain, d'aujourd'hui en huit, de jeudi en quinze* (plus familièrement: *aujourd'hui en huit, jeudi en quinze*), *demain matin* ou *demain au matin;* il est venu *hier soir* ou *hier au soir, hier à midi* ou *hier midi. Nous sommes le lundi 6* ou *lundi. Je voudrais être demain. Il vient le lundi* (tous les lundis). *Venez demain.*

5. PLURIEL DES NOMS DES JOURS OU DES MOIS

On hésite rarement pour les **noms des jours**. Voici l'usage: *Ouvert tous les lundis, tous les lundis et mercredis, le lundi et le mercredi, le lundi de chaque semaine, tous les lundis soir* (au soir; des auteurs écrivent *soirs*), *les lundi et mercredi de chaque semaine, les samedis après-midi. Accès interdit les dimanches et jours fériés.*

Pour les **noms de mois**, s'il est normal d'écrire *les premiers janvier* (de janvier) et *les quinze août* (*quinze* est *un numéral* tandis que *premier* est *un ordinal.* ▶ PREMIER), il ne faut pas hésiter à écrire: *des janviers, des févriers, des mais, des juillets,* etc.

6. *DATE, DATÉ*

On dit: *À quelle date m'avez-vous écrit? Je ne sais plus **à** quelle date il m'a écrit. Dans une lettre datée **du** 6 juin* ou **en date** *du 6 juin* (ou **à la date** *du 6 juin*) et non [*sous la date du*], qu'on lit en Belgique. ▶ SOUS.

DATTE, n.f., fruit du *dattier.* Deux *t.*

DAUBE, n.f., désigne une préparation à petit feu, à l'étouffée: *bœuf en daube.*

DAUBER QQN est vieilli. *On daube **sur** qqn,* on se moque de lui, on le dénigre.

DAUPHIN, DELPHINARIUM, n.m. C'est à tort que s'est répandue en Wallonie l'appellation néerlandaise **DOLFINARIUM** pour désigner un établissement où évoluent des dauphins: en français, *delphinarium* (latin *delphinus* + suffixe *arium;* comparer: *terrarium, aquarium*). Pluriel: des **delphinariums.**

DAURADE, n.f., poisson comestible; on trouve aussi **DORADE.**

D'AUTANT PLUS QUE. ▶ AUTANT, 3.

D'AVANCE. ▶ AVANCE.

Davantage ou *plus*

Tandis que *plus* peut modifier un verbe, un adjectif ou un adverbe, *davantage* ne peut modifier un adverbe et modifie très rarement un adjectif:

> *Allons plus loin. Il est plus attentif. Ce livre est aussi intéressant que l'autre, sinon plus. J'aurais voulu faire plus pour lui ou davantage pour lui.*

On dit: *Ni plus ni moins. Je l'aime davantage.*

Si l'adjectif est représenté par le pronom *le,* attribut, on peut employer *davantage: Vous êtes patient, mais votre ami l'est davantage;* si dans une telle phrase on emploie *plus* à la fin de la phrase, on le renforce volontiers par un autre mot: *bien plus, plus encore.*

Remarques:

*Davantage **de**,* suivi d'un nom, est un tour classique qui a gardé quelque vie:

> *J'ai plus d'argent* ou *J'ai davantage d'argent. J'ai davantage de loisirs depuis quelque temps.*

De même avec *en: Je n'en sais pas plus* ou *pas davantage.*

Davantage, substitué à *plus,* permet d'éviter une équivoque:

> *À aucun moment, il n'avait davantage eu confiance. Ce que nous voulons? Davantage d'examens au cours de l'année.*

*Davantage **que**,* courant à l'époque classique, a été ensuite condamné avec obstination. Le tour est aujourd'hui vivant et régulier:

> *Rien n'attire davantage que le mystère* (Claudel, P., *L'œil écoute*).

Davantage peut signifier «le plus» (emploi littéraire):

> *Ils s'empressaient à qui lui plairait davantage* (Ac., à À). *Ne restez pas davantage* (plus longtemps). On ne dit plus [*beaucoup davantage*]; on dit: *beaucoup plus* ou *bien plus.*

Ne pas confondre avec **d'avantage.** ▶ AVANTAGE.

D'AVEC. ▶ AVEC, 8.

De, prép.

1. *DE* ET COMPLÉMENTS DE TEMPS OU DE MATIÈRE

De introduit diverses sortes de compléments. Bornons-nous à des remarques sur les noms exprimant le temps, la durée et la matière.

1.1. TEMPS

De marque le point de départ :

> Le malaise date **de ce jour-là**, de cette époque. Ce n'est pas **d'aujourd'hui** que je le connais.

En corrélation avec *à*, *jusqu'à* ou *en* :

> De juillet à septembre. Du 10 au 15 ou du 10 jusqu'au 15. D'aujourd'hui en huit, en quinze (▶ DATES, 4).

Dans certaines expressions, *de* devient synonyme de *depuis* :

> Sur la pente fatale où une erreur démesurée nous avait de longtemps engagés (Gaulle, Ch. de, *L'appel*). (Ils) le connaissent de ce matin (Troyat, H., *L'araigne*).

Mais il peut exprimer le moment où se fait qqch. :

> Se lever **de bon matin**. Il ne fait rien de toute la journée (pendant). Elle n'avait pas dormi **de la nuit**. Travailler de nuit. De ce temps-là. Du temps de Racine. De tout temps.

De mon temps signifie «quand j'étais jeune».

De exprime aussi la durée dans : *Je ne vous verrai pas de huit jours, de longtemps. Je ne l'ai vu de ma vie.*

1.2. MATIÈRE

On dit *une table de marbre* ou *une table en marbre*. Mais, quoi qu'on ait pu prétendre, *en* est souvent le tour normal. Au figuré, on emploie toujours *de* : *Un cœur de pierre, une santé de fer.*

2. *DE* DEVANT UN ADJECTIF OU UN PARTICIPE PASSÉ

De est facultatif entre *un* ou une indication de nombre, précédant un nom, et un adjectif ou un participe passé pris adjectivement avec des verbes marquant un état, une possession ou une perception, comme *être*, *il y a*, *se trouver*, *rester*, *avoir*, *trouver*, *voir*, *remarquer*, ou *voici*, *voilà* (parfois non exprimés). *De* met l'adjectif en relief :

> Il y eut mille soldats **de tués** (ou mille soldats tués). Il lui reste un bras (de) libre. J'ai une heure (de) libre. Voilà une semaine (de) passée. Encore une semaine (de) passée.

On voit l'emploi de *de* tendre vers le sens de : *qui est.*

> Un de perdu, dix de retrouvés.

Si le nom est remplacé par *en*, on emploie généralement *de* :

> Sur deux cents députés, il y en avait seulement cent vingt de présents. Sur dix, il n'y en avait pas un de bon. Des livres, j'en ai peu de reliés.

Devant les adjectifs, les participes passés et les adverbes *moins* et *plus* se rapportant à *ceci*, *cela*, *qui*, *que*, *quoi*, *personne*, *pas un*, *quelqu'un*, *quelque chose*, *grand-chose*, *autre chose*, *rien*, on emploie *de* :

> Il a cela de beau. **Qui d'autre** l'aurait fait? Quoi d'étonnant? Quelqu'un d'influent. Rien de plus.

▶ AUTRE, 3 et 4.

Avec **il n'y a**, si l'adjectif précède le nom, *de* est obligatoire :

> **Il n'y a de certain** que sa bonne volonté. ▶ ADJECTIFS QUALIFICATIFS, 2.8. On dit aussi : *Ce livre n'a d'intéressant que ses illustrations.*

3. DEVANT UN INFINITIF

3.1. DANS CERTAINES EXPRESSIONS

C'est à vous à ou *de jouer* (▶ À et DE, 3). *Êtes-vous fou de lui parler sur ce ton?* ▶ TOUR, 4.

3.2. AVEC *C'EST*

C'est ou *Il est honteux **de** mentir* (▶ CE, 2.4). Mais : *Mentir est honteux. Partir, c'est mourir un peu* (l'attribut est un infinitif).

> Vouloir, c'est **pouvoir**. L'essentiel, c'est (ou L'essentiel est) **de** le lui dire.

Avec une négation : *Permettre, ce n'est pas exiger* ou *Permettre n'est pas exiger.* En tête de phrase : *(De) l'avoir rencontré nous rendait heureuses* ou *(de) l'avoir rencontré, cela nous rendait heureuses.*

Distinguer : *Ce qu'il veut, c'est capter notre confiance* (il veut capter). *Son projet, c'est* (ou *Son projet est*) *de capter notre confiance* (il a le projet de capter).

3.3. APRÈS *QUE*

Après *que* suivant *ce que c'est* ou dans une phrase de comparaison marquant l'égalité ou la préférence, *de* est facultatif :

> Il faut savoir ce que c'est **que vivre** dans les rues (Giono, J., *Le hussard sur le toit* ; on pourrait dire : ce que c'est que de vivre...). N'ayant d'autre alternative que doubler à droite ou ralentir (Curtis, J.-L., *La parade*). Autant faire cela sur-le-champ que

(de) différer. Mieux vaut rire que (de) pleurer. Plutôt souffrir que (de) mourir. J'aime mieux souffrir que (de) mourir ou plutôt que (de) mourir.

On dit: *Je ne demande qu'à le faire.* Mais avec *mieux*: *Je ne demande pas mieux que de le faire.*

3.4. APRÈS *À MOINS QUE*

Après *à moins que*, l'infinitif est précédé de *de*:

> *Je ne pouvais pas lui parler plus nettement, à moins que de le quereller* (Ac.).

Le tour habituel est *à moins de*: **à moins de** *le quereller.*

3.5. APRÈS *SINON QUE*

Après *sinon que* on emploie *de*: *Il n'avait plus rien à y faire, sinon que de disparaître* (Druon, M., *Les grandes familles*). Mais on peut dire *sinon à disparaître* (il avait à disparaître).

3.6. DEVANT L'INFINITIF DE NARRATION

De s'emploie devant l'infinitif présent historique ou de narration ayant la valeur d'un passé simple: *Ainsi dit le renard, et flatteurs d'applaudir.*

4. *DE* DEVANT UN NOM

Tour familier: *de* devant un nom précise ce qu'a indiqué vaguement un possessif ou *en*:

> *La mienne est faite, d'opinion. J'en connais une, de femme, qui vous donnera raison.*

À côté de **vingt francs le mètre**, on dit en langage populaire *vingt francs du mètre*. On peut dire *Gagner quinze francs l'heure* ou à *l'heure* ou *par heure*. Populaire: *de l'heure*.

N.B. On entend en Belgique: [*Je ne peux pas de mon père. Je dois manger de la viande du docteur. Je suis venu de pied*], au lieu de: *Mon père me le défend. Je n'ai pas la permission de mon père. Je dois manger de la viande par ordre du docteur. Le docteur m'a prescrit de manger de la viande. Je suis venu à pied.* ▸ POUVOIR, 2, a.

5. *DE* DEVANT UN DÉT. POSSESSIF OU DÉMONSTRATIF

De intervient devant le déterminant possessif *ses* ou *leurs* ou devant le déterminant démonstratif *ces* pour introduire une idée partitive:

> *Car je croyais ouïr* **de ces bruits** *prophétiques qui précédaient la mort des paladins antiques* (Vigny). *Ce sont de ces fautes qu'on ne peut pardonner. J'ai vu de ses livres.*

6. *DE* APRÈS UN PRONOM INTERROGATIF

Après un pronom interrogatif développé par une alternative marquée par *ou*, *de* est facultatif, sauf immédiatement après *qui*, où il est obligatoire:

> *Lequel des deux, (de) Corneille ou (de) Racine, fut le plus célèbre? Qu'aimez-vous mieux, (de) partir ou (de) rester? Qui de vous ou de moi le lui dira? Qui le lui dira de vous ou de moi? Qui le lui dira, vous ou moi?*

7. *DE* DANS DES APPOSITIONS ET DES GALLICISMES

De s'emploie dans des appositions (*la ville de Paris*), des tours affectifs comme *un drôle de corps, un coquin d'enfant, un chien de métier, pauvre de moi* et dans des gallicismes: *Ce que c'est que de nous!* (ou *que nous*). *On dirait d'un enfant* (ou *On dirait un enfant*). *Si j'étais de vous* (si j'étais à votre place, dans votre situation). *Si j'étais vous* veut plutôt dire: si j'étais la personne que vous êtes; comparer: *Si j'étais votre père* (*Si j'étais que de vous* est vieilli). *Et d'un! Et de deux! Il est d'un triste! J'ai fait de mon mieux. Peste soit du bavard! J'ai agi de moi-même*, etc.

8. *DE* OU *PAR* DEVANT LE COMPLÉMENT D'AGENT

De ou *par* devant le complément d'agent du verbe passif. Il y a d'autant plus de flottement qu'on employait plus souvent *de* autrefois et que certains écrivains restent fidèles à cet emploi par archaïsme, alors même que *par* est possible. La concurrence n'a lieu qu'avec un passif (verbe conjugué ou participe passé):

> *J'ai été surpris* **de** (ou **par**) *votre refus. Vous m'avez surpris* **par** *votre refus.*

De s'emploie surtout (mais non exclusivement) lorsqu'il s'agit d'exprimer, plutôt que l'action même du verbe pris au sens propre, un sens affaibli ou figuré, une conséquence, un état durable résultant de l'action, un sentiment, une émotion. C'est lui qu'on trouve généralement si le participe passé a la valeur d'un adjectif:

> *Il est adoré de ses condisciples* (mais: *Le soleil a été adoré par certaines peuplades*). *Il est accablé de honte* (mais: *accablé par ce rhume*). *Il est détesté des Parisiens. Aimé de ses sujets. Approuvé de tout le monde. Approuvé par son auditoire. Abandonné par sa mère. Abandonné de tous. Un Indien coiffé de plumes* (mais: *surpris par l'ennemi*). *La tête remplie de projets. Effrayé de son acte* (mais: *effrayé par l'obstacle, par le cheval*). *La tête enveloppée d'un linge* (mais: *le vase enveloppé par les déménageurs*). *La menace a été suivie d'un prompt effet* (mais: *a été formulée par l'agent*).

▸ DONT, 2.

Par s'emploie plus souvent devant un complément accompagné de l'article défini ou d'une détermination :

> *Il était suivi d'une foule. Il était suivi de tous (ou par tous). Il était suivi par la foule de ses admirateurs. La rue était encombrée de curieux. La rue était encombrée dans toute sa largeur par un troupeau de moutons. La gorge nouée par l'émotion...*

On dit d'une personnalité qu'*elle honore une réunion de sa présence* (complément de moyen). *Nous sommes donc honorés de sa présence. La réunion sera honorée de la présence...* Mais on dira plutôt : *L'éclat de cette séance sera rehaussé par la présence de...* Il s'agit d'une action, non d'une conséquence. La langue moderne n'exprime plus l'agent avec un verbe pronominal à sens passif. Au lieu de dire comme Bossuet : *L'élection s'en faisait par tout le peuple*, on dit : *L'élection en était faite par tout le peuple.*

9. *DE*, PARTICULE NOBILIAIRE

De, particule nobiliaire, ne se met généralement qu'après un prénom, un titre de noblesse, une appellation de politesse (*Monsieur, Madame, Mademoiselle, Monseigneur*), un titre marquant la fonction, surtout s'il s'agit d'une haute fonction (*maréchal, général, amiral, cardinal, abbé*), le nom *famille* ou un nom de parenté (*frère, oncle, cousin*, etc.) :

> *Alfred de Vigny, le comte de Vigny. M. de Montherlant. Le maréchal de Villars. Le président de Malesherbes. Le cardinal de Bourbon. La famille de Vigny. Son oncle de Sévigné.*

> On écrit donc : *Vigny est un poète romantique. Les Orléans.* Cependant on dit couramment : *les frères Goncourt.*

Exceptions. *De* est généralement maintenu, malgré une certaine hésitation de l'usage, même sans un de ces éléments placé avant lui :

Devant les noms d'une seule syllabe et devant ceux de deux syllabes dont la seconde contient *e* muet : *De Thou disait... De Bèze a écrit... De Gaulle a dit...* (on dit cependant : *Retz, les Guises*). Mais on trouve *Mun* aussi bien que *de Mun, Maistre* au lieu de *de Maistre*.

Devant les noms commençant par une voyelle ou un *h* muet :

> *Le romancier d'Urfé. D'Alembert et ses intimes. L'Armorial de d'Hozier. Les héritiers des d'Orléans.*

L'hésitation augmente quand le maintien de la particule non élidée crée la suite *de de*. On l'évite souvent : *C'était un des familiers de Ligne.* Mais on n'a pas hésité à dire : *«L'Astrée» de d'Urfé. Les Mémoires de de Gaulle.*

N.B. *Du* et *des* (souvent avec une minuscule, parfois avec une majuscule) ne s'omettent jamais : *Les œuvres de du Bellay* ou *de Du Bellay.*

Lorsque le nom de famille est aussi un nom de lieu, on évite éventuellement l'équivoque en ajoutant le titre de noblesse ou le prénom, etc. : *Le complot du duc de Vendôme.*

Quand il s'agit de noms étrangers, on garde généralement telle quelle en français (quand on ne l'omet pas) la particule *von* ou *van* pour des personnages non entrés dans l'histoire depuis longtemps. On dit donc : *Beethoven, Goethe*, mais *von Wartburg.*

> ▷ NOMS, 3.2, *noms de rues.*

10. VOIR AUSSI...

De par ▷ PAR.

De ce que ▷ QUE, conj., 6.

De dans une évaluation approximative ▷ À et OU.

▷ ADJECTIFS QUALIFICATIFS, 2.6, ARTICLE, 2, AUJOURD'HUI, AUTRE, 4, BEAUCOUP, BON, CERTAINS, DATES, DEPUIS, DEUIL, DÎNER, ÉCHAPPER, ÉLISION, FAIRE, FAUTE, FÉLICITER, FIN, HEURE, JUSTE, MERCI, NOMS, 3.1, *noms de provinces*, NOMS, 3.2, *noms de rues*, NOUVEAU, POINT DE VUE, PRÉPOSITION, 2, PRÈS, QUALIFIER, RAISON, REMERCIER, RÊVER, SERVIR, TITRES, TRAITER, TROP, VIS-À-VIS.

DÉ, n.m. On écrit un *coup de dé* ou un *coup de dés*.

DÉBARQUER, v.intr. **Auxiliaire** : *Nous avons débarqué hier ; nous sommes débarqués depuis hier.*

DÉBATTRE, v.tr.dir. ou ind., s'emploie surtout avec un complément direct. *Nous avons débattu le prix, la question, les conditions du contrat. Prix à débattre. Débattre de qqch. ou sur qqch. — Se débattre contre le sort.*

DÉBAUCHER, v.tr.dir. En namurois, en picard et dans des dialectes de France comme dans le français régional des mêmes contrées, SE DÉBAUCHER a depuis très longtemps le sens de *s'attrister*, alors qu'en français *se débaucher*, utilisé dans la langue classique, signifiait : se jeter dans la débauche, dans l'inconduite. Aujourd'hui **débaucher** s'emploie surtout pour «renvoyer du travail» (parfois «entraîner à l'inconduite»).

DÉBILE, adj., ne s'emploie comme nom que dans *un débile* (mental).

DÉBINER, v.tr.dir. familier, a des origines et des acceptions différentes dans *débiner qqn* (en dire du mal) et SE DÉBINER (prendre la fuite). Ne pas confondre avec *se désister* (renoncer, retirer sa candidature).

DÉBITEUR, n.m., a deux féminins: **débiteuse** (personne qui débite des nouvelles, des marchandises, etc.), **débitrice** (qui a une dette).

DÉBLATÉRER, v.tr.ind. ▶ VERBE, Conjugaison, 1.1. *On déblatère contre qqn.* Sans complément: *Ils sont toujours en train de déblatérer.*

DÉBOÎTER ou DÉBOITER (*RO* II.4; de même DÉBOÎTEMENT ou DÉBOITEMENT, n.m.), v.tr.dir. ou intr., peut s'employer intransitivement pour un véhicule qui sort d'une file de circulation. *L'auto a déboîté.*

DÉBORDER, v.tr.dir. ou intr. Il est utile de distinguer les emplois intransitifs et transitifs et d'examiner les emplois avec *de*.

1. **Intransitif**, *déborder* se dit, au propre et au figuré, du contenu qui se répand par-dessus bord ou du contenant qui laisse échapper un trop-plein. Compléments, contenant et contenu sont introduits par *de*. On emploie *sur* ou *dans*, selon le sens, devant les noms de choses *sur* lesquelles ou *dans* lesquelles se répand le trop-plein.

   a) **Le sujet est le contenu**: *La tasse est trop pleine, le café déborde. La rivière déborde, a débordé* (on ne dit plus *s'est débordée*). *Les pluies ont fait déborder la rivière. Sa bile a débordé* (il s'est emporté). *Sa fureur déborde.*

   Avec *de* devant le contenant: *La rivière déborde de son lit. L'eau déborde du verre. Le linge déborde du tiroir. Les balcons débordent de la façade. La colère lui a débordé du cœur. La cohue débordait de la salle dans le couloir. La foule débordait du trottoir sur la chaussée. L'eau de la baignoire a débordé sur les dalles. Sa réputation débordait des frontières de son pays. Le magasin* (il s'agit des marchandises du magasin) *débordait sur la première des deux pièces où ils vivaient. Des stocks occupaient tous les espaces* (Sabatier, R., *Trois sucettes à la menthe*). *Il* (le brouillard) *débordait de la vallée et s'étalait peu à peu sur les terres* (Clavel, B., *La saison des loups*).

   b) **Le sujet est le contenant**: *La coupe déborde. Un verre plein à déborder. C'est la goutte d'eau qui fait déborder le vase. Mon cœur déborde. Il m'a fait déborder* (m'a mis hors de moi).

   Au figuré, on emploie *de* devant le contenu: *La ville déborde de touristes. Mon cœur déborde de joie. Il déborde de vie.* — *Ma mémoire déborde de leurs images* (Nourrissier, Fr., *Un petit bourgeois*).

N.B. *Déborder* s'emploie aussi intransitivement, dans un autre sens, en parlant d'un bateau ou du bois de flottage: s'éloigner du bord.

2. **Tr.dir.**, *déborder* se dit, au propre et au figuré, de ce qui non seulement atteint mais dépasse les limites de qqch.: *Un peu de café déborda la tasse* (Troyat, H., *La tête sur les épaules*). On pourrait dire (▶ 1, a): *déborda de la tasse. La foule arrêtée débordait le trottoir* (Giono, J., *L'oiseau bagué*). *L'agglomération déborde les boulevards. Cette pierre déborde l'autre de trois centimètres. Cette maison déborde les autres. La première ligne de l'ennemi débordait la nôtre* (Ac.; le sens est: la dépassait, pour pouvoir la contourner). *Nos troupes risquent de se laisser déborder sur la gauche. Cette nappe déborde un peu trop la table. Le toit déborde le mur. Cette maison déborde les autres.* — *Débordant l'angle de cette villa qui me tourne le dos* (Giono, J., *Noé*).

Au figuré: *Les troupes de ce meneur l'ont débordé* (ont dépassé la limite qu'il s'était fixée). *Les chefs de l'émeute auraient voulu cesser, mais ils ont été débordés.* — *Tout ce qui débordait le cadre de la vie banale* (Gracq, J., *Le rivage des Syrtes*). *Cela déborde le cadre de la question. Cette question me déborde. L'orateur déborde son sujet. Une recherche déborde son objet premier*: elle l'étudie, mais elle va au-delà.

De même dans l'adjectif DÉBORDÉ, au figuré: *Je suis débordé* (accablé de travail, jusqu'à ne pouvoir faire dans les délais tout ce que je dois faire). *Il est débordé de soucis. Il est débordé par les événements.*

3. **Nouvel emploi intransitif.** Rappelons que lorsqu'on dit *La rivière déborde de son lit*, la rivière était dans son lit, mais s'est répandue par-dessus bord. Tel n'est pas le sens d'un nouvel emploi de *déborder de* à la faveur du sens de *sortir de, être en dehors de*: *La question déborderait du cadre de ce volume* (Floriot, R., *Les erreurs judiciaires*). C'est-à-dire qu'elle est en dehors des limites que l'auteur s'est fixées. *Je vous demande de tenir votre place et de ne pas déborder de vos fonctions* (Borgeaud, G., *Le voyage à l'étranger*). On entend dire couramment: *Cette affaire déborde du cadre de mes attributions*; elle en est exclue, parce qu'elle n'y a pas sa place. On voit la différence avec *La rivière déborde de son lit*, et l'on constate que le sens rejoint celui qui a été noté plus haut (▶ 2): *Cela déborde le cadre de la question. Cela déborde le cadre du contrat, cela va au-delà.* Le sens n'est cependant pas exactement le même puisque, dans les trois exemples cités ci-dessus, il s'agit de ce qui est en dehors des limites fixées.

N.B. On s'est demandé si l'on pouvait dire: *Bruxelles déborde des dix-neuf communes.* C'est fort bien dit: les dix-neuf communes font partie de Bruxelles, qui s'étend au-delà, qui déborde du contenant dans lequel on veut l'enfermer, comme l'eau déborde du verre (▸ 1, a). On peut dire aussi toutefois: *Bruxelles déborde les dix-neuf communes,* puisque le sens est «dépasser la limite de ce qui est inclus».

4. *Déborder* a encore **deux autres sens transitifs**, où l'idée est «défaire le bord». *On déborde une jupe, un chapeau, un tapis*: on dégarnit l'objet de sa bordure. *On déborde un drap, une couverture, un lit*: on tire le drap et la couverture de dessous les bords du matelas. Dans le même sens, *on déborde un enfant, un malade* et celui-ci SE DÉBORDE.

DÉBOTTÉ, n.m., l'instant où l'on ôte ses bottes. AU DÉBOTTÉ, *à l'improviste, à l'arrivée, sans préparation.*

DÉBOUCHER, v.tr.dir. ou ind. *On débouche une bouteille. — On débouche d'une rue sur une place; on débouche sur des conclusions.*

DÉBOULÉ (AU) (ou AU DÉBOULER), loc.adv., au sortir du gîte, du terrier.

DEBOUT, adv., donc invariable: *Elles étaient debout. La position debout.*

DÉBOUTER, v.tr.dir. *On déboute qqn* (et non une action judiciaire).

DÉBRIS, n.m. *Un débris* s'écrit avec s (penser à *briser*).

DÉBUCHER, sans rapport avec *bûcher*, n'a pas d'accent circonflexe. **Tr.**: *On débuche un lièvre.* **Intr.**, se dit du gros gibier: *Le cerf a débuché* (sortir du bois). *Au débucher du bois.*

DÉBUT, n.m. Le complément de AU DÉBUT est précédé de l'article (ou d'un autre déterminant), à moins que ce complément ne soit un nom de mois ou d'année: *Au début,* il s'est plaint. *Au début* (ou *dès le début* ou *tout au début*) *de la journée, de l'année, de l'hiver, de son mandat, de cette période,* mais *au début d'octobre, de 1998.* On peut dire: *J'irai vous voir début* (ou *fin*) *octobre, début* (ou *fin*) *1999.* Pour *au tout début* ▸ TOUT, 4.4.2. Ne pas mêler les deux tours (*J'irai*) **en début de** semaine (ou *de séance,* sans déterminant; avec quelques noms) et **au début de la** semaine; ne pas dire: [*en début de la séance*]. On a dit: *au commencement qu'il était là* (*que* étant un pronom relatif). *Dans les premiers temps qu'il était là.* On dit plus rarement: *Au début qu'il était là.* ▸ FIN, 2.

DÉBUTER, v.intr. L'emploi transitif est condamné, quoique fréquent et parallèle à celui de *commencer.* On ne débute pas une émission, un programme, on les *commence. Un acteur débute* (fait ses débuts) dans telle pièce. *La chose débute mal.*

Par, suivi d'un nom, introduit ce qu'on fait d'abord: *Il débuta par une citation.* Mais *débuter* ne s'emploie plus guère avec *par* et un infinitif, on dit *commencer par.*

DEÇÀ (accent grave), adv., ne s'emploie guère que par opposition à *delà* (DEÇÀ DELÀ) et dans EN DEÇÀ (*de*), sans trait d'union. ▸ DE-CI DE-LÀ.

DÉCADE, n.f., signifie proprement «série de dix». Il a pris dans le calendrier républicain le sens de «période de dix jours». Il a été repris dans ce sens pendant la guerre pour les distributions de tabac. Mais, ces sens précis étant tombés en désuétude, on a cru pouvoir lui donner celui de «période de dix années» répandu dès avant la guerre, peut-être sous l'influence de l'anglais. On a pu croire que ce nouvel usage allait l'emporter, même en littérature, mais une vigoureuse et triomphante offensive lui a opposé dans ce sens le terme technique DÉCENNIE, réservé jusqu'alors à la sylviculture. Bien que certains veuillent donner à *décade* le sens de «période de dix ans», il faut, *décennie* s'étant largement répandu dans ce sens, maintenir avec l'Académie la distinction: *décade* pour «dix jours» (cela se dit notamment de certaines réunions), *décennie* pour «dix ans».

[**DÉCALCAIRER**] et [**DÉCALCARISER**] n'existent qu'en français régional. *On **détartre** un radiateur, on **adoucit** l'eau.*

DÉCAMPER, v.intr. *L'armée **a** décampé, elle **est** maintenant décampée.*

DÉCAPER, **DÉROCHER**, v.tr.dir. On *décape* une surface métallique ou du bois ou un mur peint ou même une chaussée. On *déroche* un chenal, un cours d'eau, un terrain. Si l'on *déroche* une surface métallique, c'est en recourant à un acide.

[**DÉCAUSER**] est wallon. On dit: DÉNIGRER, v.tr.dir.

DÉCÉDER, v.intr. ▸ VERBE, Conjugaison, 1.1. *Il **est** décédé.*

DE CE QUE. ▸ QUE, conj., 6.

[**DÉCESSER**] (*cesser*) est populaire.

DÈCHE, n.f., est populaire.

DÉCHIREMENT, n.m., **DÉCHIRURE**, n.f. Le premier se dit de l'action de déchirer une étoffe, un muscle, une communauté ou d'une grande douleur physique ou surtout morale. Le second se dit de la rupture faite en déchirant un tissu, un muscle ou des chairs.

DÉCHOIR, v.intr. Je *déchois*, il *déchoit*, nous *déchoyons*. Je *déchoyais*, nous *déchoyions*. Je *déchus*. Je *déchoirai*. Je *déchoirais* (*décherrai* et *décherrais* sont rares et archaïques). Que je *déchoie*, que nous *déchoyions*. *Son autorité a déchu de jour en jour. Elle est déchue de ses droits. Un père déchu de sa puissance paternelle.*

On trouve (très rarement) le verbe employé transitivement: *On l'a déchu de ses grades. Un jugement avait déchu le traître de ses droits civiques* (l'en avait privé). On dira plutôt: *Un jugement l'avait déclaré déchu de ses droits.*

DE-CI DE-LÀ, loc.adv. Deux traits d'union.

DÉCIDER, v.tr.dir. Sans complément de personne: *on décide qqch.* ou *de faire qqch. Le directeur a décidé son renvoi ou de le renvoyer. Qqn* (ou *qqch.*) *décide qqn à qqch.*, à faire qqch. — **Je me décide** à le dire (très rarement *de* + infinitif après *se décider*). *Je suis décidé* à qqch., à faire qqch. (être décidé de faire qqch. est tout à fait exceptionnel). *Cela m'a décidé à partir.* Autres emplois: *Décider du plan d'action. Décider sur le bien-fondé d'une réclamation* (se prononcer sur). *Le sort en décidera. L'arrivée des renforts a décidé de la victoire. Il s'est décidé pour tel candidat.*

Décider que est suivi de l'indicatif ou du conditionnel: *Nous décidons qu'il ira.* Éviter le subjonctif, qui assimile *décider* à *vouloir* en laissant un plus grand doute sur l'exécution.

DÉCIDEUR, n.m. On peut dire: la *décideuse*.

DÉCILLER (*RO* III.10H), v.tr.dir., peut doubler **DESSILLER**.

DÉCIMER, v.tr.dir., a signifié longtemps «mettre à mort une personne sur dix». Mais en dépit des puristes on peut l'employer dans le sens de: «faire périr un grand nombre de personnes», anéantir: *Ce fléau a décimé la population* (Ac.).

DÉCISION, n.f. En langage sportif, on dit abusivement [FAIRE LA DÉCISION] pour **FORCER LA DÉCISION** (prendre un avantage décisif).

DÉCLENCHER, v.tr.dir., s'écrit avec *en* comme *clenche* et non avec *an*.

DÉCLIN, n.m. *L'empire était à son déclin* (sur son déclin).

DÉCLINER, v.tr.dir. *On décline une invitation* (on la refuse courtoisement), *on décline toute responsabilité* (on refuse d'accepter).

DÉCOMBRES, n.m.pl. *Tous ces décombres.*

DÉCOMMANDER, v.tr.dir. *On décommande qqch., un repas, une voiture, un rendez-vous,* mais aussi *qqn, ses invités* (bien qu'on ne les commande pas), *les déménageurs. On se décommande* (on fait savoir qu'on ne pourra se rendre à une invitation d'abord acceptée). **CONTREMANDER** est vieilli.

DÉCONNECTER, v.tr.dir. Substantif: **DÉCONNEXION**, avec *x*.

DÉCOUPE, DÉCOUPER, DÉCOUPURE. COUPER, 3.

DÉCOUPLÉ, adj. En termes de vénerie, **DÉCOUPLER**, c'est détacher les chiens couplés, pour qu'ils courent après la bête. *Découplé* a donc signifié: libéré de ses liens, libre de ses mouvements. S'est ajoutée, en parlant des personnes, l'idée de «bien bâti, bien proportionné et de belle taille, d'allure aisée plutôt que massive». S'emploie surtout dans *bien découplé.*

DÉCRÉPI, DÉCRÉPIT, adj. *Une façade décrépie* (qui n'a plus son crépi). *Décrépit* (en rapport avec *décrépitude*) se dit des personnes ou des choses (déchéance physique, apparence misérable due à l'âge): *un vieillard décrépit, un chêne décrépit, une maison décrépite.*

DÉCRÉTER QUE ne peut être suivi du subjonctif. DÉCIDER; VERBE, Conjugaison, 1.1.

DÉCRISPER, v.tr.dir., **DÉCRISPATION**, n.f., s'appliquent à l'atténuation du caractère tendu d'une situation, surtout dans un sens moral.

DÉCROCHER, v.tr.dir., s'emploie intransitivement et familièrement dans le sens de «rompre le contact», «abandonner une activité». Un **DÉCROCHEZ-MOI-ÇA**, pop., boutique de fripier ou vêtement d'occasion.

DÉCROÎTRE ou **DÉCROITRE** (*RO* II.4; de même que pour le n.m. **DÉCROÎT** ou **DÉCROIT**), v.intr. CROÎTRE. **Auxiliaire** *avoir*.

DÉCUPLER, v.tr.dir. ou intr., «rendre dix fois plus grand», «développer considérablement» ou «devenir beaucoup plus grand».

DÉDAIGNER, v.tr.dir. Tandis qu'on ne dit plus *daigner* [*de*] *faire qqch.*, mais *daigner faire qqch.*, on dit toujours *dédaigner de faire qqch.*

DEDANS, prép. et adv., ne s'emploie plus seul comme préposition, mais dans des composés. On écrit *de dedans, en dedans, en dedans de,* sans trait d'union. On met généralement un trait d'union dans **AU-DEDANS**, *au-dedans de,* toujours dans **LÀ-DEDANS, PAR-DEDANS** (par l'intérieur). — On dit familièrement: *Mettre qqn dedans,* le tromper, l'enfermer ou l'enfoncer au sens figuré (*Elle s'est mise dedans*). — *Rentrer dedans* est populaire au sens de: se précipiter violemment sur (*Il lui est rentré dedans*).

DÉDICACER, DÉDIER, v.tr.dir. Un auteur *dédie* son livre à qqn par une *dédicace* imprimée. Si la dédicace est manuscrite, il *dédicace* son livre à qqn.

DÉDIRE, v.tr.dir. ▷ DIRE (Attention! *Vous vous **dédisez***). — *Elle s'est **dédite**.*

DÉDOUBLER, DOUBLER, v.tr.dir. *Dédoubler* est rare dans le sens de «ramener à l'unité ce qui était double»: *Dédoubler les rangs d'une colonne.* Outre le sens d'«enlever la doublure», *dédoubler* a le sens courant de «partager en deux, faire deux touts d'un seul»: *Dédoubler une classe, un service administratif, un fil de laine. Dédoubler un train,* faire partir, presque à la même heure, un train supplémentaire. — Le **DÉDOUBLEMENT** d'une *classe,* d'un *train,* de la *personnalité.*

Doubler les rangs, c'est mettre sur deux ou quatre rangs ceux qui étaient sur un ou sur deux. *Le* **DOUBLEMENT** *des rangs.* ▷ DOUBLER.

DE FACTO, loc.adv. (*de fait*), se met en italiques ou entre guillemets.

DÉFAILLIR, v.intr., se conjugue comme *assaillir* (il **défaille**, il **défaillira**); malgré quelques hésitations archaïsantes (il **défaut**, il **défaudra**) à éviter.

DÉFAIRE, v.tr.dir., se conjugue comme *faire. Défaire son lit, ses boutons. Se défaire de tout. Sa coiffure est défaite.*

DÉFAUFILER, ÉFAUFILER, v.tr.dir. *Défaufiler,* c'est enlever la *faufilure; éfaufiler,* c'est faire de la charpie.

DÉFAUT, n.m. *La concision lui fait défaut. À défaut de mieux. Être en défaut. Les défauts d'autrui.*

DÉFENDEUR, n.m., désigne celui contre lequel est intentée une action en justice. Féminin: **défenderesse**.

DÉFENDRE, v.tr.dir. **Défendre que** est suivi du subj. sans *ne* explétif. À SON CORPS DÉFENDANT, malgré lui. ▷ CORPS.

DÉFENSEUR, n.m., désigne celui (et spécialement l'avocat) qui défend qqn ou soutient une idée. Pas de féminin. *Elle a toujours été le défenseur des droits de la femme.* ▷ SUCCESSEUR.

DÉFIANCE, MÉFIANCE, n.f. SE DÉFIER de et SE MÉFIER de sont synonymes. *Se méfier* et *méfiance* sont plus courants que *se défier* et *défiance.*

DÉFICIENCE, n.f. (orthographe de la terminaison *-ence* à noter), *faiblesse, insuffisance, manque.*

DÉFICIT, n.m. Des **déficits**. Prononcer le *t* final.

DÉFIER, v.tr.dir. *On défie qqn ou qqch.* (la mort, l'autorité), *on défie qqn de faire qqch.* (*à faire* est vieilli). *Ils s'en sont défiés.* ▷ DÉFIANCE.

DÉFILER, v.intr., c'est marcher en file, l'un derrière l'autre. C'est donc un pléonasme que d'ajouter *successivement.* Mais on dira dans un autre sens (*se dérober*): *Ils se sont défilés l'un après l'autre* (Ac.).

DÉFINITIF, adj. On ne dit plus «EN DÉFINITIF (en jugement définitif)» mais EN DÉFINITIVE (par ellipse, à l'origine, de *sentence*), *pour conclure, tout bien considéré.*

DÉFORCER, v.tr.dir., courant en Belgique dans le sens d'«affaiblir, enlever de la force à, ébranler» (une personne dans sa conduite, un argument, une hypothèse, etc.), est inusité en France.

[DÉFRANCHIR], [DÉSAFFRANCHIR] sont wallons. On dira: *Il a perdu toute confiance, il n'a plus la même assurance.*

DÉFRAYER, v.tr.dir. *Une personne ou une chose défraie la chronique, la conversation,* les alimente. *On défraie qqn* en lui remboursant ses frais, ses dépenses. On peut dire: *Vous serez défrayé de tout,* mais ce serait un pléonasme de dire: *Vous serez défrayé de vos frais* ou *de vos dépenses.* ▷ REMBOURSER.

DÉFRISER, v.tr.dir., signifie «défaire la frisure de» mais aussi *contrarier, décevoir: Il fut tout défrisé par cette nouvelle* (Ac.). *Cela me défrise.*

DÉFROQUER, v.intr. *Ce prêtre a défroqué.* On dit plus souvent SE DÉFROQUER.

DÉFUNT, n.m. *La messe des défunts. Les parents de la défunte.* L'emploi comme adjectif est surtout littéraire: *Ses parents sont défunts. Sa défunte mère. Nos amis défunts.* Provincialisme: *Défunte sa mère.* Rare et à déconseiller: [*Défunt sa mère*].

DÉGAINE, n.f., **DÉGAINER**, v.tr.dir. Pas d'accent circonflexe. *Dégaine* est péjoratif: allure, façon de se tenir, de marcher.

DÉGÂT, n.m. Accent circonflexe (rapport avec *gâter*).

DÉGELER, **v.intr.** *La rivière **a** dégelé,* **est** *maintenant dégelée.* **Tr.dir.** *Dégeler qqn, dégeler l'atmosphère.*

DÉGÉNÉRER, v.intr. ▷ VERBE, Conjugaison, 1.1. *Cette race **a** bien dégénéré, **est** bien dégénérée* (Ac.). *Dégénérer en,* se transformer en qqch. de plus mauvais: *La dispute a dégénéré **en** bataille.* On écrit: **DÉGÉNÉRESCENT**, adj., **DÉGÉNÉRESCENCE**, n.f.

DÉGINGANDER ne s'emploie guère qu'à la forme pronominale **SE DÉGINGANDER**: prendre un air disloqué dans l'attitude, dans la démarche. **DÉGINGANDÉ**, plus vivant, se dit d'une personne dont les mouvements semblent disloqués. Prononcer *gin* avec *j*.

DÉGLINGUER (disloquer), v.tr.dir., est familier. *Un vélo tout déglingué.*

DÉGONDER, v.tr.dir., tirer de ses gonds: *Dégonder une porte.*

DÉGOTER ou **DÉGOTTER** qqch. (*découvrir*) sont très familiers.

DÉGOÛT, n.m. et tous ses dérivés devraient perdre leur accent circonflexe d'après les *Rectifications de l'orthographe* de 1990: **DÉGOUT**, **DÉGOUTAMMENT**, **DÉGOUTANT**, **DÉGOUTATION**, **DÉGOUTÉ** et **DÉGOUTER** (*RO* II.4).

DÉGOÛTER, v.tr.dir., **DÉGOUTTER**, v.intr. *Ses procédés m'ont dégoûté.* — *L'eau dégoutte du toit. Des feuilles dégouttantes de pluie.* ▷ DÉGOÛT.

DÉGRAFER, v.tr.dir. et non [**DÉSAGRAFER**], entendu en France et en Belgique.

DEGRÉ, n.m. On peut écrire *par degré*, mais *par degrés* est courant.

DÉGUERPIR est aujourd'hui intransitif.

DÉGUSTER, v.tr.dir., se dit non seulement au sens de *boire*, mais aussi de *manger*, en appréciant, en savourant. Ou au figuré.

DEHORS, adv. L'Académie met un trait d'union dans les loc.adv. **AU-DEHORS** et **PAR-DEHORS**, qu'on rencontre souvent sans trait d'union. Accord général sur l'absence de trait d'union dans les autres composés. *Nous dînerons dehors* ou *au-dehors. La porte s'ouvre en dehors* ou *de dehors en dedans. Il habite en dehors* (ou *hors*) *de la ville. C'est en dehors de la question. En dehors de vous personne n'est au courant. Cela s'est fait en dehors de moi, sans que j'en sois informé, sans que j'y participe. Marcher les pieds en dehors. Se pencher au-dehors* ou *en dehors. Vue du dehors, la question est simple.*

DÉJÀ, adv., s'emploie familièrement à la fin de questions relatives à un fait qu'on a connu *déjà* mais qu'on a oublié: *Comment s'appelle-t-il déjà?* — Trait d'union dans le n.m. inv. **DÉJÀ-VU**: *Une impression de déjà-vu. Déjà* marque aussi le degré relatif (ou suffisant) dans une constatation: *Ce n'est déjà pas si mal. C'est déjà beaucoup.* On écrit: **D'ORES ET DÉJÀ**.

DÉJETER, v.tr.dir., c'est *déformer* qqch. (particulièrement du bois) en le faisant porter plus d'un côté que de l'autre: *L'humidité déjette (a déjeté) le bois. Le bois de ce meuble s'est déjeté. Dans un sens figuré, à propos d'une partie du corps, subir une déformation: Sa colonne vertébrale s'est un peu déjetée. Cet homme est tout déjeté* (Ac.). Il faut s'en tenir à ces sens physiques, matériels, et ne pas faire de **DÉJETÉ**, comme en wallon, un synonyme de «en désordre» en parlant d'un intérieur, de livres, etc.

DÉJEUNER, **DÎNER**, **SOUPER**, v.intr. et n.m. ▷ AVEC, 2, RESTER, 5. En Belgique et dans beaucoup de régions françaises, on est resté fidèle à un ancien usage, *déjeuner, dîner, souper* correspondant respectivement à ce qu'on nomme, surtout à Paris, mais ailleurs aussi, *petit déjeuner, déjeuner, dîner*, le *souper* y étant un repas tardif, fait à la sortie d'un spectacle, à la fin d'une soirée.

Déjeuner, au contraire de *jeûner*, n'a pas d'accent circonflexe.

DELÀ. Trait d'union obligatoire dans le nom (l'**AU-DELÀ**), recommandé dans **AU-DELÀ**, *au-delà de*, **PAR-DELÀ**, qu'on trouve aussi sans trait d'union; on écrit *en deçà*.

DÉLIBÉRER (▷ VERBE, Conjugaison, 1.1), v.intr. (*Le jury délibère*), ou tr.ind. (*Délibérer sur qqch.; délibérer de qqch.* est rare; on le trouve encore avec un infinitif: *délibérer de partir*). On délibère avec d'autres ou seul, en vue d'une décision à prendre. L'emploi tr. (*délibérer qqch.*) est vieilli. Il en reste le participe (ou adjectif) **DÉLIBÉRÉ**, appliqué aux choses: *un propos délibéré, d'un air délibéré, décidé.* En Belgique: [*Un arrêté délibéré (pris) en Conseil des ministres*]; dans l'argot des étudiants belges: [*Je serai délibéré demain*] au lieu de: *On délibérera sur mon cas.*

DÉLICE, n. Le pluriel (en style soutenu) est féminin, comme le pluriel latin d'où il vient: *Les plus grandes délices.* Au sing. le latin avait un neutre et le français a un masculin: *C'est un vrai délice.* Si un sing. est associé à un pl., on dit: *Un de mes plus grands délices* (▷ AMOUR). Nous ne sommes pas choqué par un emploi masculin: *Au milieu des livres qui faisaient tous ses délices.*

DÉLITER, v.tr.dir., peut signifier, au figuré, «désagréger»: *Il n'en faut pas plus pour déliter une idée fixe* (Duhamel, G., *Cri des profondeurs*).

DÉLIVRANCE, n.f. *La délivrance d'une ville, d'une accouchée, d'un certificat ou d'une ordonnance.*

DELTA, n.m. On écrit *des avions à ailes-delta* (en delta), *des deltas de fleuves.* ▷ LETTRES, 2.

DÉMAILLOTER, v.tr.dir. Un seul *t*.

DEMAIN, adv. On dit: *Demain au matin* ou (plus souvent) *Demain matin, Demain au soir* ou *Demain soir. De demain en huit.* ▷ DATES, 4.

DEMANDE, n.f. *Faire qqch. à* (ou *sur*) *la demande de qqn, à la demande générale. Renseignements sur demande. Faire, adresser, présenter, exprimer, formuler une demande.* On dit aussi (à l'imitation de *introduire une instance*) *introduire une demande. Satisfaire une demande.*

DEMANDER, v.tr.dir.

1. **Demander à** et **demander de** ne s'emploient pas, aujourd'hui, indifféremment devant un infinitif.

   A. Les deux verbes ont le **même sujet**:

   a) Si *demander* n'a pas de complément indirect, on emploie *à*. Le tour avec *de*, permis par Littré, a plutôt vieilli. On dit: *Il demande à partir. Je ne demande qu'à vous faire plaisir.* ▷ B, b.

   b) **Demander pour** est un tour populaire français, qui n'est donc pas propre au wallon, quand l'infinitif exprime l'objet de la demande: [*Il demande pour entrer*] au lieu de *à entrer.* À distinguer du sens causal: *Il demande cent francs pour cela* ou *pour avoir fait cela.*

   B. Les deux verbes n'ont **pas le même sujet**:

   a) On emploie *de*. Généralement *demander* est accompagné d'un complément indirect qui est le sujet de l'infinitif: *Je vous demande de lui parler, de m'écouter. Il lui demanda de venir chez eux.* Si, sans être exprimé, le sujet de l'infinitif est évident, on emploie *de* également: *Je soussigné... demande d'accorder à M. X l'autorisation de...*

   b) Parfois la construction avec *de* présente un complément indirect qui n'est pas le sujet de l'infinitif; mais il faut que le contexte — notamment un pronom personnel ou un déterminant possessif — montre clairement que *demander* et l'infinitif ont le **même sujet**: *Il me demanda, un jour, de se servir du téléphone* (Duhamel, G., *Les espoirs et les épreuves*). *J'ai écrit à ma mère jeudi dernier, pour lui demander de finir mes études à Paris* (Alain-Fournier, *Le grand Meaulnes*). Très rare: *Il m'a demandé à voir ce que j'écrivais* (Gide, A., *L'école des femmes*); on supprime *m'* ou on emploie *de*.

2. **Demander** *que*, **demander à ce que**. Au lieu de *Je vous demande de m'écouter* (▷ 1, B), on peut dire: *Je demande que vous m'écoutiez* (subjonctif). Mais, malgré des exemples de bons écrivains, on évite *demander à ce que*, inutile et lourd. On dira cependant: *Je **ne** demande **qu'à ce qu'**il*

vienne. ▷ NE QUE. À moins de dire: *Je ne demande qu'à le voir venir* ou *qu'à savoir qu'il vient*, etc. (▷ 3).

3. **NE PAS DEMANDER MIEUX QUE.** Pour éviter deux *que* qui se suivent [*Je ne demande pas mieux que que vous réussissiez*], on dit avec l'infinitif et le même sujet (comme dans *Il ne demande pas mieux que de venir*): *Je ne demande pas mieux que de vous voir réussir.* On peut d'ailleurs aussi réduire les deux *que* à un seul: *Je ne demande pas mieux que vous réussissiez* (cf. Le Bidois).

4. **Demander après qqn** est familier. ▷ APRÈS, 5.

5. ▷ EXCUSE.

DEMANDEUR, n.m. Féminin: *demandeuse* dans l'emploi général, *demanderesse* en langage de procédure.

DÉMANGER, v.intr. ▷ CHATOUILLER. *Le bras* ou *la langue lui démange.*

DÉMANTELER, v.tr.dir., qui signifiait proprement «ôter le manteau (démolir les fortifications) d'une ville», a pris depuis longtemps un sens plus général: *démolir, détruire* (*démanteler des murs, un réseau d'espionnage*, etc.).

DÉMARQUAGE, n.m., s'écrit normalement avec *qu* comme **DÉMARQUER**. Ce verbe signifie «ôter, effacer la marque» et de là «baisser le prix d'un article après en avoir ôté la marque»: *des robes démarquées, des marchandises démarquées.* Cette action s'appelle la **DÉMARQUE**. En langage sportif, où l'on parle de *démarquage, un joueur* **SE DÉMARQUE**: il se libère de la surveillance de l'adversaire.

DÉMARRER, v.tr.dir. ou ind. Bien qu'on doive encore déconseiller [*débuter une émission*], on admet *démarrer une émission, démarrer une voiture* (la *mettre en marche*) aussi bien que *la voiture démarre, démarrer un bateau* (*larguer les amarres*). Il est conseillé de dire: *Un commerce démarre*, etc. *Il semblait que le moindre vent allait les* (les montagnes) *démarrer* (Giono, J., *Que ma joie demeure*). *Démarrer un travail* est familier.

DÉMÊLER, v.tr.dir. On démêle une chose *d'*une autre, le vrai du faux (dans la langue classique: *d'avec* qqch.).

DÉMÉNAGER, v.tr.dir. ou intr. Auxiliaire de l'intransitif, *avoir*: *Ils ont déménagé le mois dernier.* Rare: *Ils sont déménagés* (présentement).

DÉMENTIR, v.tr.dir., se conjugue comme *mentir*. Ne pas dire: [*Il dément n'avoir jamais dit cela*] au lieu de *Il dément avoir jamais dit cela.*

Démentir que + ind. ou subj. ▸ NIER. On trouve l'indicatif (plus rare que le subjonctif) après *démentir que* affirmatif.

DÉMERGER, v.tr.dir., s'emploie en Belgique comme le contraire d'*immerger*: *démerger des terres envahies par l'inondation. Démerger une cave.* Le mot est dans Littré avec un exemple belge: *Démerger l'exploitation.*

DEMEURE, n.f., a signifié autrefois «retard». On disait dans ce sens: *Être en demeure envers qqn, envers qqch. Je n'étais pas en demeure de ce côté-là* (Bossuet). *Être en demeure de payer* (être en retard de paiement). Ce sens subsiste seulement dans l'expression IL N'Y A PAS PÉRIL EN LA DEMEURE (noter l'ancien tour *en la*): il n'est pas dangereux d'attendre, rien ne presse. IL Y A PÉRIL EN LA DEMEURE (le moindre retard serait préjudiciable) se dit moins.

Dans le langage juridique, *demeure* désigne l'état de celui qui a reçu une sommation et est donc responsable de son retard: *Mettre qqn en demeure de tenir ses engagements.* Une MISE EN DEMEURE. D'où: *se mettre en demeure de faire qqch.*, s'obliger soi-même à, se préparer à. On voit qu'on ne peut employer *être en demeure de* dans le sens d'*être en mesure de, en état de.*

DEMEURER, v.intr. Auxiliaire *avoir* dans le sens de «tarder» (*Sa plaie a demeuré longtemps à guérir*) ou «mettre du temps à faire qqch.» (*Je n'ai demeuré qu'un quart d'heure à faire ce sonnet*) ou «habiter» (*J'ai demeuré rue de Lille*). On emploie aujourd'hui plutôt *habiter* dans ce dernier sens (*J'ai habité*), *rester* dans les deux autres (*Je suis resté*).

Auxiliaire **être** dans le sens de «s'arrêter, rester en un endroit, en un certain état» (on emploie plutôt *rester*): *Je reprends mon travail où j'en étais demeuré* (Ac.). *Il est demeuré muet* (Ac.). *Ma lettre est demeurée sans réponse.* ▸ COURT.

DEMI, adj. Une DEMI-HEURE. *Toutes les **demi-heures**. Des gaufres demi-cuites. Une demi-après-midi. Une demi-bonne foi* (Druon, M., *Les grandes familles*) si *bonne foi* est considéré comme un nom composé, mais un *demi grand homme, une demi jeune fille.* DEMI-QUEUE et DEMI-SEL restent invariables ou prennent un *s* à *queue* et à *sel* au pl.

[DEMI-OUVRIER] est belge, pour: *manœuvre, aide-ouvrier.*

DEMI-SOLDE, n.f. ou m. *Une demi-solde* (solde réduite), des **demi-soldes**; *un demi-solde* (militaire touchant une demi-solde), inv., des **demi-solde**. **Une heure et demie a sonné.** *Une pomme et demie lui suffit.* **Midi et demi.** *Minuit et demi.* On trouve chez de très bons auteurs (par analogie

sans doute avec *heure et demie*) *midi et demie, minuit et demie*, qu'on peut accepter.

*Quatre demis. Cette pendule sonne **les demies**. La demie de trois heures vient de sonner, trois heures et demie viennent de sonner.*

À DEMI. Trait d'union devant un nom: *à demi-mot*; mais pas devant un adjectif ou un participe: *une bouteille à demi pleine; des malheureuses à demi mortes de faim.*

On dit: **plus** (ou **moins**) **d'à demi fait** ou *plus* (ou *moins*) **qu'**à demi fait.

DÉMISSIONNER, v.tr.dir. ou intr. *Il a démissionné. On démissionne qqn de ses fonctions.* Familièrement: *On l'a démissionné* (renvoyé). Au fig. et fam., *Je démissionne*, je renonce.

DÉMIURGE, n.m. Créateur d'un monde.

DEMOISELLE, n.f. *Votre* (ou *sa*) *demoiselle*, pour *votre* (ou *sa*) *fille*: langage populaire à éviter. ▸ DAME. *Elle est restée demoiselle, célibataire.*

DÉMON, n.m. (*démone* est très rare). *Cette femme est un vrai démon.*

DÉMYSTIFIER, DÉMYTHIFIER, v.tr.dir., sont trop souvent confondus à cause de l'idée commune de tromperie. Proprement, **démystifier**, c'est détromper celui qui est la victime d'une mystification, d'une tromperie (*on démystifie un public trop crédule*), ou enlever à une chose son pouvoir mystificateur; **démythifier**, c'est faire cesser le caractère mythique, imaginaire, irréel, idéalisé (*on démythifie un grand personnage, une œuvre surfaite*).

DÉNICHER, v.tr.dir. ou intr. **Tr.**, s'emploie familièrement pour «trouver à force de recherches ou par chance». **Intr.**: *Les hirondelles ont déniché.*

DÉNIGRER, v.tr.dir. On dénigre qqn, qqch. qui devrait être apprécié, mais on ne dénigre pas des fautes, on les souligne.

DÉNOMMER, v.tr.dir. Deux *m*. DÉNOMINATION, un *m*.

DÉNOUEMENT, n.m., noter *oue*. *Un dénouement heureux ou malheureux.*

DE NOUVEAU, loc.adv. ▸ NOUVEAU.

DENTAL, adj. Pluriel: *dentaux*.

DENTÉ, DENTELÉ, adj. *Une feuille dentée ou dentelée. Une roue dentée. Une mâchoire dentée* (opposé à *édentée*). *Une côte dentelée. Une pièce de monnaie dentelée. Un timbre dentelé. Un mur dentelé.*

DENTELLIÈRE, n.f. Deux *l*. Les *Rectifications de l'orthographe* de 1990 conseillent **DENTELIÈRE** (*RO* III.13). La prononciation hésite entre *tè* (comme dans *dentelle*) et *te*.

DENTIER, n.m., **DENTITION, DENTURE**, n.f. Le *dentier*, c'est l'appareil de prothèse; la *dentition*, c'est la formation et la poussée des dents, mais dans l'usage courant, admis par l'Académie, c'est ce qui s'appelle normalement et devrait continuer à s'appeler la *denture*, l'ensemble des dents.

D'ENTRE. ▸ ENTRE.

DÉNUEMENT, n.m., s'écrit avec *ue*.

DÉODORANT, n.m. et adj. Anglicisme qui s'est imposé malgré l'Ac. pour la toilette des personnes. **DÉSODORISANT**, n.m. et adj. a un sens général plus large, comme **DÉSODORISER, DÉSODORISATION, DÉSODORISEUR** (appareil): *désodoriser une huile, une salle de bains*. On n'emploie pas (ou plus) *déodorer, déodoriser, désodorer, désodorant*.

DE PAR. ▸ PAR.

DÉPAREILLER, DÉPARER, DÉPARIER, DÉSAPPARIER, v.tr.dir. *Un ensemble est* **dépareillé**, *un service de table est* **dépareillé**, *des pigeons ou des souliers sont* **dépariés** *ou* **désappariés**, *une collection est* **déparée** *par un tableau médiocre. Ses sautes d'humeur ne déparent pas trop sa gentillesse.*

DÉPARLER, v.intr., est régional: parler à tort et à travers.

DÉPART, n.m. *Être sur son départ* (près de partir). *Le départ pour* (ou *vers*) *le Midi. Je le verrai avant mon départ pour Paris,* ou *mon départ en voyage, en vacances.* Autre sens: *faire le départ* (la distinction) *entre deux choses.*

DÉPARTIR (SE) se conjugue comme *partir* et non, malgré une tendance très forte sensible chez de bons auteurs, comme *finir*: *Il ne se départ* (ou *se départait*) *jamais de son calme.*

DÉPASSER LES BORNES est correct (à côté de **PASSER LES BORNES**).

DÉPEÇAGE (d'un bœuf), **DÉPÈCEMENT** (d'un État), n.m.

DÉPÊCHER (SE). *On se* **dépêche** *d'en finir* (la langue classique employait aussi dans ce sens *dépêcher*). Éviter [*se dépêcher vite*].

DÉPENDRE (*Je* **dépends**, etc.), v.tr.ind. *Il dépend de vous que cela se fasse ou ne se fasse pas.* Avec négation: *Il n'a pas dépendu de lui que cela se fît* (moins clair: *ne se fît*) ou (*que cela*) *ne se fît pas.* — **CELA** (ou **ÇA**) **DÉPEND** peut s'employer seul ou avec un complément (*ça dépend de vous*) ou avec une interrogation indirecte complète ou, plus familièrement, elliptique: *Ça dépend si c'est lui, comment on s'en sert,*

jusqu'où vous irez; ça dépend qui, comment, pourquoi, avec qui, etc. ▸ ÇA, 2.

DÉPENS, n.m.pl., ne s'emploie qu'au pluriel: **AUX DÉPENS DE**.

DÉPENSE. ▸ SOMPTUAIRE.

DÉPENSER, v.tr.dir. *Les cent francs qu'il a dépensés.* ▸ PARTICIPE PASSÉ, 5.2.3.

DÉPIAUTER, v.tr.dir. d'origine picarde, est familier en France dans le sens de «dépouiller de sa peau» (*écorcher*), «d'une enveloppe adhérente».

DÉPISTER, v.tr.dir., a deux sens opposés: 1) trouver ou retrouver le gibier en suivant sa piste, découvrir la trace de, *découvrir*: *dépister un lièvre, un criminel, une maladie*; 2) faire perdre la trace, la piste aux chiens qui poursuivent, détourner sur une fausse piste: *dépister les agents, les espions*.

DÉPIT, n.m. **EN DÉPIT** de qqn, de qqch., sans tenir compte de. **EN DÉPIT QUE J'EN AIE**, *qu'il en ait*, malgré moi, malgré lui.

DÉPLAIRE, v.tr.ind. *Il* **déplaît** *ou* **déplait** (*RO* II.4). Part. passé invariable: *Ils se sont* **déplu**.

DÉPLUMER *qqn* (en langage populaire), c'est le dépouiller de son argent. **SE DÉPLUMER**, familièrement, c'est perdre ses cheveux.

DÉPOSER, v.tr.dir. Le complément est toujours accompagné d'un déterminant: *on dépose sa carte, un fardeau, ses valises, la plume, son bilan, une plainte.* Donc, *on porte plainte*, mais *on dépose une plainte.* **Intr. DÉPOSER EN JUSTICE**, dans un procès.

DÉPRÉDATION, n.f., acte de pillage, dommage matériel, *gaspillage*.

DEPUIS, prép., marque le point de départ (lieu ou temps): *depuis Paris, depuis hier, depuis peu, depuis toujours, depuis Aristote, depuis le premier jour jusqu'au dernier* (ou *du premier jour au dernier*), *depuis le Rhin jusqu'à l'Océan. Cette institution existe depuis dix ans, elle a été créée il y a dix ans. Depuis dix ans qu'elle existe. Radiodiffusion de tel discours depuis tel poste, depuis telle ville.* On critique ces expressions, comme *depuis ma fenêtre* pour *de ma fenêtre*. Elles sont courantes: *Depuis une table de la terrasse, vous l'avez vue venir* (Butor, M., *La modification*). *Depuis le cimetière, on devait voir la route* (Clavel, B., *L'Espagnol*).

Flandricisme: [*J'y suis déjà deux ans*] pour: *depuis deux ans.*

Adv. *Je l'ai rencontré l'an dernier, mais je ne l'ai plus vu depuis. Il a eu une congestion; depuis, nous sommes inquiets.*

DEPUIS QUE, loc.conj. *Depuis qu'il est revenu. Depuis que nous ne nous voyons plus.* Avec un temps composé, la négation *ne pas* est souvent réduite à *ne*: *Depuis que je ne l'ai* *vu. Depuis qu'on ne s'est vus* ou *Depuis qu'on s'est vus.* ▷ NE employé seul, 10.

DÉPUTÉ, n.m., *Une femme député. Mme X, député. Madame le député.* Ou: *Mme la députée.* ▷ GENRE, 1.

DÉRANGER, v.tr.dir. *Il a l'estomac dérangé. Cela lui a dérangé l'estomac.* On peut employer aussi *déranger* dans un sens plus large: *J'ai mangé un peu plus qu'à l'ordinaire, et cela m'a dérangé* (Littré). On peut donc dire, au passif, dans ce sens: *Je suis dérangé.* Mais ÊTRE DÉRANGÉ se dit aussi, familièrement, pour «avoir la diarrhée». Sens courants: *Déranger des livres, l'esprit, le temps. Pardonnez-moi de vous déranger. Ne vous dérangez pas pour moi.* Classique et littéraire, mais régionalement vivant, «tomber dans le désordre moral, avoir une liaison irrégulière»: *Son mari commence à se déranger.*

DERECHEF (en un mot), adv., *une fois de plus* (vieux ou littéraire).

DÉRISOIRE, adj., qui est vieilli dans son ancien sens, «qui est dit ou fait par dérision, pour se moquer», s'applique à ce qui est si insignifiant, si insuffisant qu'on devrait en rire: *un salaire dérisoire, une proposition dérisoire.*

DERNIER, adj.

1. On dit, en mettant *dernier* après le nom de nombre: *Les sept derniers livres. Les cent derniers mètres;* mais si le groupe *cent mètres* est considéré comme un tout: *D'un élan, il franchit les derniers cent mètres.* C'est ainsi qu'on dit: *Au cours des dix dernières heures,* mais, *vingt-quatre heures* formant un tout: *Au cours des dernières vingt-quatre heures.* Même remarque pour *premier* et *prochain.*

2. AVOIR LE DERNIER MOT; on ne dit plus guère dans ce sens: AVOIR LE DERNIER.

3. [C'EST LE DERNIER DE TOUT] est un provincialisme français, courant en Belgique, pour: c'est un comble, cela passe la mesure, etc.

4. *Le tout dernier, les tout derniers, les toutes dernières.*

5. Après *le dernier qui* (*que, à qui*), on emploie l'indicatif, le subjonctif ou le conditionnel selon la nuance: *C'est la dernière personne que j'ai interrogée, que je recevrai; à qui je veuille m'adresser* (élément subjectif d'appréciation, intention); *qui consentirait à faire cette démarche* (fait hypothétique).

DERNIER-NÉ, n. Les deux éléments varient: la ***dernière-née.*** Les ***derniers-nés.***

DÉROBER, v.tr.dir. *On dérobe qqch. à qqn,* furtivement. *Dérober qqn* est vieilli (le *voler*). SE DÉROBER: *Se dérober à son devoir,*

aux recherches, aux regards. Absolument: *N'essayez pas de vous dérober.* En parlant de choses: *Les genoux se dérobaient sous lui, il était près de tomber.*

DÉROULER (SE). SE DÉROULER peut se dire de toute suite progressive et ininterrompue qui s'expose aux regards, dans l'espace ou le temps (paysage, manifestation, récit, événement, vie, congrès, etc.); on a tort d'appliquer ce verbe à n'importe quoi au lieu de *se passer, avoir lieu.*

Au sens propre, on **déroule** un câble, on ne le [DÉSENROULE] pas.

DERRICK, n.m., dans le langage de l'industrie pétrolière, doit être remplacé par *tour de forage* ou *tour.*

DERRIÈRE, prép., adv. et n.m.

1. On dit fort bien: *les mains derrière le dos.*

2. On est logé sur le derrière (ou sur l'arrière) d'une maison.

3. *Ils traînent et demeurent derrière* ou *en arrière.*

4. *Mettre le feu au derrière de qqn,* c'est le pousser vivement. *Il court comme s'il avait le feu au derrière.* BOTTER LE DERRIÈRE de (ou à) qqn.

5. Trait d'union dans PAR-DERRIÈRE. *Il a été attaqué par-derrière. On dit du mal de vous par-derrière.*

DÈS, prép., immédiatement à partir de, dans le temps (*dès maintenant, dès à présent, dès demain, dès lors*) ou l'espace (*dès l'entrée, dès le seuil*), mais non en parlant d'un prix comme dans cette annonce [*Voyages dès 2 000 francs*], à partir de. DÈS QUE est suivi de l'indicatif: *Dès qu'il arrivera* (ou *sera arrivé*), *nous commencerons.* Avec une nuance de causalité: *Dès qu'il avait bu un verre, il déraisonnait.* ▷ AUSSITÔT. Avec un temps surcomposé: *Dès qu'il a eu téléphoné, il est sorti.*

[DÉSAGRAFER]. ▷ DÉGRAFER.

DÉSAPPRENDRE, v.tr.dir. *On apprend* ou *on désapprend qqch. On apprend à faire qqch., on désapprend de le faire.*

DESCELLER, v.tr.dir. (Pron. *dé-céler* ou *dé-cèler*). *Desceller une grille.* Ne pas confondre avec DESSELLER (ôter la selle), qui a souvent les mêmes prononciations.

DESCENDRE, v.tr. ou intr., en dehors de l'emploi transitif (*Descendre une perdrix, un avion, des ennemis. On a descendu les malles. Nous avons descendu l'escalier*), se conjugue aujourd'hui avec *être* dans tous les sens. Éviter de dire [*descendre en bas*] pour indiquer la direction. Mais on dit: *Descendre au premier étage. Descendre à la cave.*

DÉSERTEUR, n.m. Le féminin *déserteuse* n'est guère usité.

DÉSESPÉRER, v.tr.ind. ▸ VERBE, Conjugaison, 1.1. *Je désespère d'y parvenir. Je désespère que cette affaire réussisse. Je ne désespère pas qu'il réussisse* ou *qu'il ne réussisse* (le *ne* explétif ne peut apparaître qu'après la forme négative). SE DÉSESPÉRER: *Il se désespère de n'avoir pas été reçu, qu'on ne l'ait pas reçu, à la pensée qu'on ne le recevra pas.*

DÉSHÉRITEMENT, n.m., action de déshériter qqn, de le priver de sa part d'héritage; résultat de cette action. *Succession en déshérence*, sans héritier.

DESIDERATUM, n.m., est très rare par rapport au pluriel *desiderata*.

DESIGN, n.m., s'est répandu en France (aussi comme adj.: *Des meubles design*) avec une prononciation anglaise, comme une réduction d'*industrial design* (conception esthétique d'un objet ou d'un ensemble, appropriée à sa nature et à sa fonction). On a essayé de le remplacer par *esthétique industrielle*; on a proposé d'adopter, selon les cas, diverses expressions françaises comme *graphisme publicitaire, esthétisme, stylisme*, etc. Un spécialiste du design s'appelle un DESIGNER. On a proposé *stylicien* et *styliste* (m. ou f.).

DÉSINTÉRESSÉ, adj., SE DÉSINTÉRESSER, DÉSINTÉRESSEMENT, DÉSINTÉRÊT. **Désintéressé** ne se dit plus dans le sens de: qui n'éprouve pas d'intérêt, de curiosité pour qqch.; il signifie «qui ne cherche pas un intérêt personnel, qui n'est inspiré par aucune partialité»: *un arbitre désintéressé, une démarche désintéressée.*

Se désintéresser de qqn ou de qqch., c'est ne plus lui porter d'intérêt. Le **désintéressement**, c'est l'action de dédommager qqn (*le désintéressement des créanciers*) ou l'attitude qui n'est pas inspirée par l'intérêt personnel (*j'apprécie son désintéressement*). Le **désintérêt**, c'est l'indifférence (*je regrette son désintérêt*). Le mot est assez rare: *Le désintérêt des gens à ton égard* (Curtis, J.-L., *La parade*); on le voit remplacé par *désintéressement*: *Il y avait moins de monde et de moindre qualité, mais le désintéressement pour le cadavre était encore plus grand* (Druon, M., *Les grandes familles*). Il y a donc là une extension de sens de *désintéressement*; il faut éviter l'équivoque. On loue le désintéressement de certains sénateurs en pensant à leur intégrité, on regrette leur désintéressement en pensant au peu d'intérêt, d'assiduité qu'ils montrent dans leur travail de parlementaires. Ne serait-il pas plus simple, dans le second cas, de parler d'un manque d'intérêt, de désintérêt?

DÉSIRER, v.tr.dir., se construit aujourd'hui sans *de* devant un infinitif: *Il désire vous voir. Désirer que* est suivi du subjonctif.

DE SITÔT, loc.adv., s'écrit en deux mots et ne s'emploie qu'avec la négation: *Il ne partira pas de sitôt.*

DÉSOBÉIR, v.tr.ind., se rencontre très rarement, par archaïsme, au passif mais sans complément: *Il s'attend à être désobéi.*

DÉSORMAIS, adv., peut se dire (comme *dès lors*) pour le passé.

DÈS QUE, loc.conj. ▸ DÈS.

DESSALER, v.tr.dir. Deux *s* comme dans *dessalage*, etc.

DESSICCATION, n.f. (deux *c*), action de dessécher (des fruits, du lait, etc.).

DESSILLER. ▸ DÉCILLER et *RO* III.10H.

DESSOÛLER prend l'accent circonflexe de *soûl* et de *soûler*. On écrit aussi DESSAOULER ou DESSOULER (*RO* II.4), mais non [DÉSOÛLER].

DESSOUS (*e* muet), adv. et n.m., est archaïque comme préposition, sauf s'il est précédé de *de* ou *par*. Tous les composés ont un trait d'union, sauf EN DESSOUS et DE DESSOUS. On dit: *Chercher sous la table, tirer qqch. de dessous la table, passer par-dessous la table, faire un travail par-dessous la table; faire un travail par-dessous la jambe* (sans soin).

Comme adv.: *bras dessus, bras dessous, sens dessus dessous. Le prix est marqué dessous. Ne la cherchez pas dans la pile, elle est dessous.* L'adverbe EN DESSOUS veut dire: «sur la face inférieure». *Le pain est brûlé en dessous. Cette boîte est rugueuse en dessous.* Ou bien «dessous et tout contre»: *Soulevez ce livre, le billet est en dessous.* Au figuré, «en dissimulant, en manquant de franchise»: *Rire en dessous* (sous cape). *Regarder en dessous, agir en dessous* (subrepticement, hypocritement).

L'adverbe AU-DESSOUS veut dire *en bas, plus bas*: *La citadelle domine; la ville s'étend au-dessous. Vous en trouverez à mille francs et au-dessous* (GR). *Les enfants de six ans et au-dessous. L'étage au-dessous.*

Loc.prép., AU-DESSOUS DE (plutôt qu'*en dessous de*): *Un esprit au-dessous de la moyenne. Un peu au-dessous du genou. Les enfants au-dessous de six ans. Être au-dessous de tout. Orléans est au-dessous de Paris. Le thermomètre est au-dessous de zéro.*

Comme nom, **le dessous**. *Les locataires de l'étage du dessous* (de l'étage immédiatement inférieur). *Le dessous du buffet* (la partie inférieure). *Le dessous d'une étoffe, d'une* assiette, des cartes (l'envers). *Des dessous en dentelle. Avoir le dessous. Être dans le trente-sixième dessous.*

Composés invariables: Un **DESSOUS-DE-BRAS**. Un **DESSOUS-DE-BOUTEILLE**. Un **DESSOUS-DE-PLAT**. Un **DESSOUS-DE-TABLE**, somme supplémentaire donnée secrètement au vendeur. Noter qu'on ne dit pas: [un **DESSOUS-DE-TASSE**] (▸ SOUS-TASSE). On trouve également **DESSOUS DE PLAT** ou **DE BOUTEILLE** sans trait d'union.

DESSUS (*e* muet), adv. et n.m. (*le dessus*). Adverbe: *bras dessus, bras dessous. Prenez ce tabouret et montez dessus. Mettre le doigt dessus. Avoir le nez dessus. Ne comptez pas trop dessus.* Fam., *Il lui a sauté* (ou *Il est tombé*) *dessus.* Très fam., *Il m'a marché dessus* (sur les pieds).

Trait d'union dans tous les composés sauf dans **EN DESSUS** et **DE DESSUS**: **LÀ-DESSUS, AU-DESSUS, PAR-DESSUS** (adv. et prép.), **CI-DESSUS**. On dit: *par-dessus le marché* (en plus) et non [*au-dessus du marché*]. Mais: *au-dessus de la ceinture, au-dessus de mille francs, se sentir au-dessus des autres* (plus haut), *les enfants au-dessus de sept ans, être au-dessus de tout soupçon* ou *d'une telle mesquinerie; c'est au-dessus de ma compétence, vendre au-dessus du prix normal. Le thermomètre est au-dessus de zéro.*

EN DESSUS ne se dit plus guère; il signifie «dans la partie supérieure»: *Dans cette bibliothèque, les auteurs latins sont en dessous, les auteurs grecs en dessus* (plus usuel *au-dessus*), note le *Lexis.* Usage insolite, donc: *L'aiguille (...) est plus souvent au-dessous du chiffre cent qu'en dessus* (Pieyre de Mandiargues, A., *La motocyclette*). Tour normal: *qu'au-dessus.* Il est également insolite d'employer *d'en dessus* pour *d'en haut*: *Les hommes, il faut les voir d'en haut. J'éteignais la lumière et je me mettais à la fenêtre: ils ne soupçonnaient même pas qu'on pût les observer d'en dessus* (Sartre, J.-P., *Le mur*).

DESTINATAIRE, n.m. ou f., (celui à qui est destiné un envoi), a eu pour antonyme **DESTINATEUR** (celui qui destine une chose à qqn), vieilli, mais remis en vogue par la linguistique.

DESTINATION, n.f. *Un train à destination de Paris. Une lettre arrivée à sa destination. Être arrivé à destination.*

DÉSUET, adj., au f. ***désuète***, se prononce normalement avec *z*; **DÉSUÉTUDE** plus souvent avec *s*, mais on peut prononcer *z*. La semi-voyelle est celle qu'on a dans *lui*.

DE SUITE, loc.adv. ▸ TOUT, 4.4.11.

DÉTAIL, n.m. Vu l'opposition entre l'idée d'*ampleur* et celle de *détail*, ne pas dire: *pour de plus amples détails, voyez...* au lieu de *pour **plus de détails**.*

DÉTARTRER, v.tr.dir. ▸ CALCAIRE. *Un (produit) détartrant.*

DÉTENDRE, DISTENDRE, v.tr.dir. *Détendre*, c'est relâcher ce qui était tendu, par exemple un *ressort*, une *situation*, faire cesser un état de tension. *Distendre*, c'est au contraire soumettre à une forte tension, de manière à augmenter la longueur ou le volume: *Distendre un câble, l'estomac. Se distendre un muscle.* ▸ DISTENDRE.

DÉTENTE, GÂCHETTE. n.f. La *gâchette*, dans une arme à feu, est la pièce intérieure qui immobilise le percuteur; la *détente* est la pièce extérieure, le levier coudé, agissant sur la gâchette et permettant ainsi de faire partir le coup. On ne peut donc avoir le doigt sur la *gâchette*! On doit dire: *Presser la détente, avoir le doigt* (ou *appuyer*) *sur la détente*, bien que la faute soit courante et soit faite par quelques bons écrivains.

Déterminant

Ce terme désigne généralement, en grammaire, à la fois l'article et ce qu'on appelait les adjectifs déterminatifs: démonstratifs, possessifs, numéraux, indéfinis, interrogatifs, exclamatifs.

Déterminants démonstratifs

Répétition de *cet, cette, ces*: on applique les règles valables pour la répétition de l'article. ▸ ARTICLE, 3, et CE, 1.

Déterminants possessifs

1. DÉTERMINANT POSSESSIF OU ARTICLE DÉFINI

1.1. ARTICLE DÉFINI ET PARTIES DU CORPS

Choix entre le déterminant possessif et l'article défini (joint éventuellement à un pronom personnel). Il faut appliquer avec souplesse le principe selon lequel on remplace le déterminant possessif par l'article défini quand le rapport de possession ressort du contexte; c'est le cas devant un nom désignant une *partie du corps* (ou une *faculté de l'esprit*): *Il perd **la tête**, la mémoire.*

Il sera toujours ridicule de dire, avec *avoir*: [*J'ai mal à ma tête*]. On dit: ***J'ai mal à la tête*** (voir toutefois la remarque faite plus loin, concernant le caractère habituel d'un acte ou d'un état : *J'ai mal à ma jambe*). ▶ AVOIR, 8. Même avec *avoir* on trouve cependant : *Elle avait de grosses larmes sur ses joues* (Clavel, B., *L'espion aux yeux verts*).

Avec d'autres verbes, dans un contexte qui implique pourtant un rapport évident de possession, l'usage est loin d'être constant. On écrit couramment : *Il allongea les jambes. Il croisa les mains derrière le dos*. Mais le possessif est employé par beaucoup d'écrivains dans des phrases analogues :

> *Marguerite apparut en tablier bleu de cuisine,* **un foulard noué sur sa tête** *comme une Antillaise* (Sabatier, R., *Trois sucettes à la menthe*). *Il croisa ses mains derrière son dos* (Bosco, H., *Le sanglier*). *Sans motif, il se secoua soudain, appuya ses mains sur le bord de son bureau et se leva* (Vian, B., *L'herbe rouge*). *L'abbé Varèmes mit les mains derrière son dos* (Bory, J.-L., *Mon village à l'heure allemande*). *Il dresse et balance sa tête* (Genevoix, M., *Rroû*). *Il s'y assit, se carra sur le siège avec volupté, allongea ses jambes* (Vercors, *La puissance du jour*). *Alors le loup s'arrêta devant la cuisine, posa ses pattes sur le rebord de la fenêtre* (Aymé, M., *Contes du chat perché*). *Les coudes sur la table, il serre ses narines avec ses mains jointes en masquant sa bouche* (Butor, M., *Passage de Milan*). *Se retenant de mettre ses mains dans ses poches* (Ibidem). *Croisant les bras sur sa poitrine, il se recroquevillait* (...). *Mathieu porta machinalement la main à sa poitrine* (Clavel, B., *La saison des loups*). *Ce petit garçon qui marchait en traînant ses pieds* (Cesbron, G., *Les innocents de Paris*). *Le coude sur l'oreiller, le front dans sa main, il avait vieilli tout à coup* (Mauriac, Fr., *Destins*). *Elle avait sa tête sur mes genoux* (Ormesson, J. d', *L'amour est un plaisir*).

Lorsque le contexte ne marque pas suffisamment le possesseur, on l'exprime par un pronom personnel ou réfléchi, complément indirect, placé devant le verbe — mais ce n'est pas toujours possible — ou par le déterminant possessif.

> C'est ainsi qu'on dit : **Je me coupe les ongles**. *Je me lave les mains. Il se mord les doigts. Il se couvre la tête. Elle se teint les cheveux. On lui a coupé les cheveux.* Ou avec le déterminant possessif : *Il tenait toujours sa tête dans ses mains* (Clavel, B., *L'Espagnol*). *Il se laissa tomber dans son fauteuil et prit sa tête dans ses mains* (Clavel, B., *L'espion aux yeux verts*). Mais, *ibid.* : *Il se secoua les pattes. Elle polit ses ongles* (Colette). *Elle resta d'abord interdite, frottant son nez* (Aymé, M., *Contes du chat perché*). *Elle teignait ses cheveux* (Saint Pierre, M. de, *Les aristocrates*).

Beaucoup de verbes ne se prêtent pas à un emploi pronominal. Il faut alors employer le déterminant possessif si c'est nécessaire au sens. Ce que l'on évitera absolument, c'est d'exprimer deux fois le même possesseur, par le pronom personnel et par le déterminant possessif : *Elle se collait à l'aviateur et lui passait les mains, aux ongles rouges, dans ses cheveux* (Fisson, P., *Voyage aux horizons*).

1.2. DÉTERMINANT POSSESSIF ET PARTIES DU CORPS

On emploie souvent le possessif (plutôt que le pronom personnel objet indirect, qui est permis) quand le sujet est le nom de la partie du corps :

> **Sa tête tournait**, *son cœur battait* (ou *La tête lui tournait, le cœur lui battait*). *Sa tête entrait dans son cou gonflé* (Clavel, B., *L'espion aux yeux verts*). *Son front brûlait, ses tempes battaient, du sang séchait sous son nez* (Sabatier, R., *Trois sucettes à la menthe*).

L'usage actuel emploie le déterminant possessif dans des phrases comme : *Sa fièvre redoublait. Ses gencives étaient enflées*, bien qu'on ait dit autrefois : *Les gencives lui étaient enflées. La fièvre lui avait redoublé*. Avec un verbe pronominal, il est impossible d'employer un second pronom personnel. On doit dire : *Son regard s'assombrit*.

1.2.1. Précision de sens

Le dét. possessif est employé pour préciser obligatoirement le sens (*Ils ont gâché* **leur vie**. *J'ai vu mon bras s'enfler*) ou pour éviter une équivoque, en montrant ainsi qu'il ne s'agit pas d'une autre expression au sens bien précis : *Il montra ses dents* (l'expression *montrer les dents* signifie : prendre un air menaçant). Le médecin dira : *Donnez-moi* **votre bras**.

1.2.2. Présence d'une épithète

Le dét. possessif est employé quand le nom de la partie du corps est qualifié par une épithète, mais non avec *avoir*, même sous-entendu :

> *Elle leva* **ses bras chargés de bracelets**. (Mais : *Elle avait les bras chargés de bracelets. Les bras chargés de bracelets, elle...*). *Planté sur ses pieds écartés.* — *Le marquis releva les paupières et tourna ses prunelles blanchâtres* (...) *dans la direction de l'officier* (Druon, M., *La chute des corps*).

Mais si l'adjectif est plus qu'une simple épithète, s'il est nécessaire, on emploie l'article :

> *Elle gardait les yeux ouverts.* **Il a les yeux bleus**. *J'ai reçu un coup sur l'œil gauche. Pliez le bras droit.*

Même usage si la qualification se fait par une proposition relative: *Pliez le bras qui vous fait mal.*

On peut toujours remplacer l'article par le déterminant possessif lorsque l'épithète n'est pas nécessaire.

> Comparer: *Il levait les yeux. Il levait des (ou ses) yeux tristes. Il tendait la main. Il tendait une (ou sa) main secourable. Sa main nous montrait le chemin. Sa main gantée nous montrait le chemin.* Le possesseur ne serait pas indiqué si l'on employait *la* ou *une* dans ces deux dernières phrases.

1.2.3. Expressions

Le dét. possessif est employé dans certaines expressions comme: *Essuyez vos pieds* ou *Essuyez-vous les pieds. J'y perdrai mes cheveux. N'en faire qu'à sa tête. Accorder sa main à un prétendant. Porter un enfant dans ses bras, le serrer dans ses bras.*

1.2.4. Caractère habituel d'un état

Le dét. possessif est employé pour souligner le caractère habituel d'un état ou d'un acte:

> *J'ai* **ma migraine**. *J'ai encore mal à ma jambe (celle qui me fait souffrir habituellement). Il me répondit de son air doux. Déjà elle avançait vers lui, le front haut, avec son regard doré, presque impérieux* (Bernanos, G., *La joie*).

1.2.5. Parties du vêtement

Les parties du vêtement ne sont pas nécessairement assimilées aux parties du corps. Elles sont généralement précédées du déterminant possessif; c'est que celui-ci paraît souvent nécessaire pour préciser le possesseur:

> *Elle se lève, secoue sa robe* (Mauriac, Fr., *Le sagouin*). On dirait: *secoue la tête. — En s'essuyant les mains à son tablier* (Duhamel, G., *La pierre d'Horeb*).

En dehors de cette nécessité, il y a souvent analogie avec les parties du corps:

> *Elle a déchiré sa jupe* ou *Elle s'est déchiré la jupe.*

L'attraction peut faire employer le déterminant possessif devant une partie du corps quand il est normalement employé devant une partie du vêtement.

> Comparer: *Il a (ou met) les mains dans ses poches* ou *dans les poches. Il a ses mains dans ses poches. — Il n'a pas sa langue dans sa poche.*

▸ POCHE.

2. LES DÉSIGNATIONS DE PERSONNES

Mon cher Monsieur et surtout *Ma chère Madame, Ma chère demoiselle* passent facilement pour trop familiers. Dire: *Chère Madame.*

Parenté. *Père, mère, oncle, tante* sont précédés ou non du déterminant possessif quand on s'adresse aux intéressés. On dit généralement *mon frère, ma sœur* et surtout *mon neveu, ma nièce.*

Certains omettent le possessif pour être plus naturels, plus affectueux. L'usage peut varier d'une région à l'autre.

Armée. Dans l'armée de terre ou de l'air (pas dans la marine), un militaire s'adressant à un gradé qui lui est supérieur dans la hiérarchie emploie *mon* pour un officier et même, en France, pour un adjudant: *Mon capitaine.* Mais on dit: *Monsieur le Maréchal.*

Si un civil parle à un officier, il dit *Monsieur*; il peut employer *mon* s'il veut être aimable ou respectueux, surtout s'il a été militaire. Une femme ne le fait jamais; elle dit: *Colonel* ou *Monsieur.*

On dit: *Sa Sainteté, Sa Majesté (Leurs Majestés), Son Altesse, Son Excellence, Monseigneur.* En parlant à la personne: *Très Saint-Père, Sire, Excellence, Monseigneur, Monsieur.* À une femme de haut rang, fût-elle reine, mariée ou non, on dit: *Madame.*

3. FORMES TONIQUES

On n'emploie guère que comme attributs les formes toniques du possessif: *mien, tien, sien, nôtre, vôtre: Je le regarde comme mien. Je fais mienne cette réponse.* Mais plutôt qu'*un mien ami,* elle est *mienne* ou *vôtre,* on dit: *un de mes amis, elle est à moi* ou *à vous.*

On peut écrire à la fin d'une lettre, avant la signature: *Je suis vôtre* ou *Bien vôtre* (ou *Bien à vous*).

4. RÉPÉTITION

Mêmes règles que pour l'article. ▸ ARTICLE, 3.

5. SINGULIER OU PLURIEL DE *LEUR* ET DU NOM CONCRET

Il n'y a d'hésitation et de flottement permis dans l'usage que dans une phrase du type: *Ils ont ouvert* **leur parapluie** ou **leurs parapluies**. Quelle que soit la graphie, on entend que chacun a un seul parapluie, mais comme il y a plusieurs possesseurs et plusieurs parapluies, on est tenté de mettre le pluriel.

Parfois le sens exclut la possibilité d'hésiter: *À de longues tables, des maçons (...) mangeaient lentement leurs portions congrues et buvaient leur litre sans presque causer* (Mauriac, Fr., *Les anges noirs*). Chacun a plusieurs petites portions et un seul litre de vin;

on veut l'indiquer. À la première personne, on dirait: *Je mangeais mes portions et je buvais mon litre. Nous mangions nos portions et nous buvions notre litre.*

L'écriture peut être appelée à tâcher de dissiper l'équivoque: *Ces enfants sont sortis avec leur tante* fera voir qu'il n'y a qu'une seule tante, comme *avec leurs tantes* montrera qu'il y a plusieurs tantes communes... ou (nous retrouvons la difficulté) des tantes respectives.

Le pluriel s'impose s'il y a réciprocité (*Ils ont échangé leurs cartes*) ou comparaison (*Elles ont comparé leurs écritures*). On dirait: *Nous avons échangé nos cartes, comparé nos écritures.*

Mais dans les phrases *Nous avons ouvert nos parapluies* ou *notre parapluie. Ils ont ouvert leur(s) parapluie(s). Ils sont sortis avec leur(s) fiancée(s). Tous deux regardent leur(s) montre(s). Regardons notre montre* ou *nos montres*, bien que le sens soit évident et que chacun ne possède qu'un parapluie, qu'une fiancée, qu'une montre, il y a en cause plusieurs parapluies, etc. La logique pure est incapable de trancher. Contre l'emploi du singulier on pourra dire: N'ont-ils pour eux tous qu'un parapluie, qu'une fiancée, qu'une montre? Mais contre l'emploi du pluriel: Ont-ils chacun plusieurs parapluies, etc.?

C'est pourquoi, depuis des siècles, l'usage hésite et laisse généralement le choix. On peut tourner la difficulté en employant *chacun*: *Ils sont sortis* **chacun avec sa** *fiancée*. Mais, quoique permis, *chacun* paraîtrait un peu insolite dans la phrase: *Ils ont ouvert chacun son parapluie.* La difficulté réapparaît d'ailleurs à la 3e personne, où l'on peut dire: *chacun leur parapluie*, la seule différence étant que le nom doit être au singulier. ▷ CHACUN, 2.1.

Les grammairiens qui tranchent s'opposent les uns aux autres pour justifier ou exiger *Ils ont ouvert leurs parapluies* ou *leur parapluie*. Les écrivains sont hésitants, mais semblent marquer, sans exclusive, une préférence pour le pluriel: *Presque tous avaient ôté leurs vestons et roulé leurs manches* (Green, J., *Moïra*).

> *Certains de ces tribuns relevaient soigneusement en se rasseyant les pans de leurs manteaux* (Druon, M., *Les grandes familles*). *Ils enfourchèrent leurs bicyclettes* (Triolet, E., *Le premier accroc coûte deux cents francs*). *Ils allumèrent leurs pipes* (Giono, J., *Que ma joie demeure*).

Parfois cependant le contexte facilite le choix. Il peut être clair que l'attention se porte sur la pluralité, comme dans ce vers de Leconte de Lisle: *L'écume de la mer collait sur leurs échines* (on dirait: *sur les échines*). De même: *Les peintres, dans les galeries, sifflaient sur leurs échelles* (Druon, M., *Rendez-vous aux enfers*). On écrira: *Nous inviterons nos membres et leurs familles* (et les familles de nos membres) ou *et leurs épouses*.

Dans d'autres cas, c'est le sens distributif, et donc le singulier, qui est suggéré: *Ils étaient assis sur leur derrière*; on dirait: *sur le derrière*. Encore faut-il observer qu'il est souvent plus facile d'interpréter de la sorte des phrases d'écrivains que de décider, quand on doit soi-même en écrire d'analogues, s'il y a lieu d'envisager la pluralité ou le sens distributif. On s'en remettra donc au bon usage qui laisse en fait une très grande latitude.

Avec des *noms abstraits*, le singulier est normal: *Ils manifestent leur haine de l'hypocrisie.* Le pluriel ne s'impose que s'il s'emploie même avec un seul possesseur: *Ils manifestent leurs haines et leurs amours.* Comparer: *Il manifestera ses haines et ses amours.*

Si le possesseur est un collectif, on applique les mêmes règles que pour l'accord du verbe: *La foule des révoltés redoubla ses clameurs. Une multitude de révoltés redoublèrent leurs clameurs.* ▷ VERBE, Accord, 2.1.2.

N.B. On dira: *Vous n'en faites tous qu'à votre tête* (locution toute faite). *Aimons notre prochain* (le mot n'a pas de pluriel dans cet emploi). *Ils l'expérimenteront à leurs dépens* (le nom n'a pas de singulier).

Attention à l'accord en nombre du déterminant **leur** (**leur** *malle*, **leurs** *chevaux*) et à l'invariabilité du pronom *leur* (*Je* **leur** *ai dit*).

6. RENFORCEMENT DU POSSESSIF PAR *À*

Renforcement du possessif par *à* suivi du nom du possesseur ou du pronom qui le représente, pour préciser ou accentuer:

> *Elle se promenait avec* **sa mère à lui**. *Mon ami à moi. Notre opinion, à nous autres Français.*

7. DÉTERMINANT POSSESSIF ET TOUR IMPERSONNEL

Quand le contexte n'indique pas le possesseur, notamment après des tours impersonnels, on emploie le possessif de la première ou de la troisième personne: *Il faut aimer son prochain* ou *notre prochain.* Mais il est anormal d'écrire: *Laisser à ses petits-enfants le soin de découvrir le sens de l'époque qui a été la nôtre...* (Chalais, Fr., *Les chocolats de l'entracte*). À défaut de pouvoir dire *la sienne* en gardant la même personne qu'à *ses*, il fallait écrire: *Laisser à nos petits-enfants... la nôtre.*

8. VOIR AUSSI...

Le déterminant possessif en rapport avec *on*. ▷ ON, 4.

Le possessif après *chacun*. ▷ CHACUN, 2.1.

▷ EN, adv. ou pr., 5.

DÉTESTER, v.tr.dir. *On déteste faire qqch.* ou *de faire qqch.*

DÉTONER, DÉTONNER, v.intr. *Détoner* (un *n* comme le latin *detonare* et le français *détonation*), *exploser* avec force, avec bruit (*un explosif détonant, un détonant*). *Détonner* (deux *n*; dérivé de *ton*), ne pas être dans le ton, *contraster* (en bien ou en mal), rompre l'harmonie. *Cela détonne dans ce milieu. Des propos détonnants.*

DÉTOURNEMENT, DÉTOUR, n.m., **DÉTOURNER,** v.tr.dir., **DÉVIATION,** n.f. ▶ **DÉVIER.** On *détourne* les voitures à cause de certains travaux. Il n'y a donc rien d'anormal à parler du *détournement* des voitures, de la circulation, d'un «*détour* de la circulation pour cause de travaux» (PR). Les Français ont cependant opté pour un autre mot, qui a fini par se substituer à *détournement*: **déviation.** (On dit que *la circulation est déviée*).

En effet, *détournement*, outre son sens péjoratif habituel (*détournement de fonds, détournement de mineur*), est particulièrement appliqué aux cours d'eau détournés. Quant à *évitement*, il s'emploie en termes de chemins de fer.

DÉTRACTEUR, n.m., a un féminin: *détractrice.*

DÉTRIMENT, n.m., *préjudice*, ne s'emploie plus guère qu'avec *à*: *à son détriment, au détriment de.*

DÉTRITUS, n.m. On prononce ou non l's final.

DÉTRUIRE, v.tr.dir., ayant un sens très fort (démolir entièrement), il peut sembler inutile d'ajouter *entièrement.*

DEUIL, n.m. **ÊTRE EN DEUIL** (**PORTER LE DEUIL**) *de qqn,* **FAIRE SON DEUIL** *de qqch.*

DEUX, adj. numéral.

1. *Nous deux, eux deux.* ▶ **NOUS,** 3 et **EUX.** *À deux.* ▶ **À,** prép., 3.

2. ▶ **FOIS,** 3.

3. **Deux ou plusieurs** est correct, *plusieurs* indiquant un nombre indéfini généralement supérieur à deux.

4. On écrit: un **DEUX-MÂTS,** un **DEUX-PIÈCES,** un **DEUX-ROUES.**

DEUXIÈME, SECOND, adj. et n. Jamais la langue n'a fait couramment entre les deux la distinction que des théoriciens ont voulu établir.

Second, qui est apparu avant *deuxième*, se dit comme lui, qu'il y ait deux termes ou plus. La seule distinction est qu'on n'emploie que *deuxième* dans les adjectifs numéraux composés: 22ᵉ, 62ᵉ, etc. Mais il ne s'impose pas si on pense à un 3ᵉ. On dit toujours: les **CAUSES SECONDES,** un **ÉTAT SECOND, DE SECONDE MAIN, À NULLE AUTRE SECONDE** (qui a la première place, la priorité), **CAPITAINE EN SECOND.**

DEUZIO ou **DEUSIO,** abréviation plaisante et familière (alignée sur *primo*).

DEVANCER, v.tr.dir. *Il devance le groupe, son temps, les objections, l'échéance d'un paiement, son siècle* (il est en avance sur son siècle).

DEVANT, prép., adv. et n.m. ▶ **AU-DEVANT DE,** *Aller devant, au-devant.* Trait d'union dans les composés, sauf dans **DE DEVANT: PAR-DEVANT, CI-DEVANT,** etc. — *Devant que* et *devant que de* + infinitif sont vieillis. — *Devant* utilisé pour *avant* est un archaïsme (*être Gros-Jean comme devant*), mais on peut dire: *Mettre la charrue avant les bœufs* ou *devant les bœufs.*

DEVENIR, n.m. *J'aurais des devenirs meilleurs.*

DÉVIER. Intransitif. *L'auto a dévié, a dévié vers la droite.* Au figuré: *La conversation a dévié. Ils ont dévié de leur projet. La doctrine a dévié de ses principes.* Emploi **transitif**: *Une forme de politique que les dirigeants se sont empressés de dévier.* Mieux vaut dire: *se sont empressés de faire dévier* et réserver l'emploi transitif au sens propre, «détourner de sa direction, de son itinéraire normal»: *dévier un coup, des rayons, la circulation, une route, un train, un convoi.* Dérivés: **DÉVIATION, DÉVIATIONNISME.**

DEVIN, DEVINEUR, n. *Devin*, féminin **devineresse,** suppose divination, prédiction de l'avenir. Au figuré et familièrement: *Je ne suis pas devin.* Au sens courant de *deviner*, on dit *devineur*, **devineuse**: celui qui devine.

DEVINER QUE. *Je devine qu'il a des intérêts dans cette affaire. Nous ne pouvions pas deviner qu'il était là.* On trouve le subjonctif après cet emploi négatif: *qu'il fût là.* — *Il n'était pas forcé de deviner qu'il y eût quelqu'un* (Romains, J., *Mort de quelqu'un*).

DÉVISAGER qqn, c'est le regarder avec attention, avec insistance.

DEVOIR, v.tr.dir.

1. *Dussé-je* ou *dussè-je* (RO II.3) *le regretter. Dût sa modestie en souffrir.* Ne pas écrire [*dusse*]. *Sa modestie dût-elle en souffrir* (même si sa modestie devait). ▶ **INVERSION,** 3.3.5.D.

2. Le participe passé *dû* s'écrit avec un accent circonflexe au masculin singulier seulement: *Il a dû partir. Le montant dû. La somme due. Les égards qui lui sont dus.* ▶ **PARTICIPE PASSÉ,** 5.2.14.B.b.

3. CE DOIT ÊTRE suit les mêmes règles que *c'est* (▶ VERBE, Accord, 2.3.1.B).

4. Déplacement de la **négation**. ▶ 5, C, N.B., 6.

5. Sens de *devoir* suivi d'un infinitif. Il exprime l'obligation, la nécessité, la vraisemblance ou l'intention.

A. **Obligation** morale ou de convenance: *Je dois partir avant la nuit. Vous devez respecter le code de la route. Je ne sais pas ce que je dois faire. Je l'ai quitté parce que je devais partir. J'ai dû m'absenter. Il m'a tellement importuné que j'ai dû le mettre à la porte* (j'en ai été réduit à). *Il devait (aurait dû) nous accompagner, mais il en a été empêché*: on voit que l'imparfait peut correspondre à un conditionnel passé. **Atténuation**: *Je dois avouer, reconnaître* (▶ C, N.B., 1).

L'obligation peut correspondre à l'idée d'«avoir des raisons de»: *Elle ne sait si elle doit rire ou pleurer.* Autre nuance: *Moi, je ne sais pas, mais lui doit le savoir* (il est bien placé pour le savoir). Cette dernière phrase peut aussi exprimer la probabilité (▶ C). *Devoir* peut exprimer aussi, plutôt que l'obligation, l'idée d'«être normal, juste et raisonnable que»: *Son succès ne m'étonne pas, il devait réussir. Ça devait arriver* ou *finir comme ça. Il devrait être rentré.*

B. **Nécessité de fait**: *Nous dûmes alors tirer le canot à terre et le porter à bras par-dessus les dunes* (Maupassant, G. de, *Sur l'eau*). Georges Gougenheim, citant cette phrase dans son *Étude sur les périphrases verbales dans la langue française*, observe que cet emploi, non inconnu en France, «semble répandu en particulier dans le nord de la France et en Belgique»; les Français emploient d'ordinaire, dit-il, le tour passif *être obligé de*. Il ne s'agit donc pas d'un belgicisme, quoi qu'on ait prétendu. Ni non plus dans l'expression critiquée: *Je dois rire quand j'y pense*; elle est correcte, à condition de dire plus que *je ris*; elle exprime la nécessité dans laquelle on se trouve après avoir réfléchi. Mais il est bon de savoir que la plupart des Français diront plutôt: *Je ne puis m'empêcher de rire.* De même, plutôt que *Il a dû s'arrêter faute d'essence*, qui est correct, on dira généralement: *Il a été obligé de s'arrêter.* On sera amené à dire: *Il a été obligé de partir* en réservant *Il a dû partir* à l'expression de la probabilité (▶ C, 3), si le contexte n'est pas clair.

C. **Vraisemblance, probabilité, intention, conjecture**:

1) Dans le présent: *Je dois le connaître. La campagne doit être belle en ce moment. Vous devez être fatigué.*

2) Dans le futur: *Le courrier doit être ici dans peu de jours. Il doit y avoir demain une assemblée générale. Je dois le voir demain* (j'ai l'intention de le voir demain). Noter l'emploi de l'indicatif présent.

3) Dans le passé: *Il devait être dix heures quand il est arrivé. Il ne devait pas être bien tard quand ils sont arrivés. Le législateur doit avoir prévu ce cas. Je dois m'être trompé* ou *J'ai dû me tromper.* On remarquera les deux tours avec un temps composé: *Il a déjà dû le dire* et *Il doit l'avoir déjà dit. Il a dû partir ce matin* (Ac.) et *Il doit être parti ce matin. Elle a dû être jolie* et *Elle doit avoir été jolie.* Le premier n'est pas, comme on l'a prétendu, un wallonisme: *Il avait dû y avoir conseil de révision* (Martin du Gard, R., *Les Thibault*). Il est évident qu'il faut que toute équivoque soit dissipée par le verbe (par exemple, *être jolie*) ou par le contexte. À la 1re personne, *J'ai dû partir ce matin* ne peut exprimer que l'obligation. Mais la phrase *Il a dû partir ce matin* peut sembler exprimer aussi l'obligation, tandis que *Il doit être parti ce matin* ne peut exprimer que la vraisemblance. Cette précaution à l'égard de l'équivoque se présente d'ailleurs aussi au futur: *Je dois aller demain à la campagne.*

N.B. 1. On observera que l'emploi de *devoir* exprimant la vraisemblance ou l'idée de «sans doute» permet d'atténuer poliment une affirmation: *Vous devez faire erreur. Vous avez dû faire erreur.*

2. *Devait* suivi d'un infinitif peut se substituer au futur du passé de cet infinitif pour exprimer non pas une obligation mais un devenir, une sorte de fatalité: *Il devait mourir deux ans plus tard. Il devait le regretter l'année suivante* (Il mourrait; il le regretterait).

3. *Devoir* peut aussi servir à marquer le futur au subjonctif: *Je ne crois pas qu'il doive pleuvoir. Quoique je doive y aller un de ces jours.*

4. Après *si*, l'emploi de *devoir* souligne l'éventualité, en même temps qu'il marque plus nettement le futur: *Si cela doit se reproduire, j'interviendrai. S'il devait venir demain, je lui en parlerais. S'il doit revenir seulement à cinq heures, ce n'est pas la peine que nous l'attendions.*

5. On laissera à **se devoir de**, suivi d'un infinitif, le sens de «avoir le devoir de», «être moralement tenu de»: *Je me dois d'intervenir.*

6. Avec la négation, *devoir* peut marquer l'interdiction. ▶ NE PAS, 2.4, déplacement de la négation.

DÉVOT, adj. et n. Pas d'accent circonflexe.

DÉVOUÉ, adj., s'applique à un fils, à un serviteur, à un ami; mais dans la formule finale d'une lettre, sauf si l'on se dit *respectueusement dévoué*, c'est habituellement le supérieur ou au moins l'égal (ou le fournisseur, en style commercial) qui présente l'assurance de ses sentiments dévoués. On parle du temps *consacré* (et non pas *dévoué*) à qqch.

DÉVOYÉ, adj., signifie «moralement perverti». La Société nationale des chemins de fer belges lui donne encore officiellement son sens premier, «sorti du droit chemin», et atteste qu'un voyageur qui s'est trompé de train est dévoyé!

DIA, n.f., est courant en Belgique (une *dia*, des *dias*); en France on dit **DIAPO** (**DIAPOSITIVE**).

DIABLE, n.m., **DIABLE DE** ayant valeur d'adj. (étrange, mauvais.)

1. *Ce diable d'homme. Cette diable de femme* (Ac.). *Cette diable d'habitude* (Aragon, L., *La mise à mort*). *Une diable d'affaire* (Ac.). *Un vent du diable, de tous les diables.* On parle *d'une diablesse, d'une bonne diablesse, d'une pauvre diablesse* et aussi *d'une diablesse de femme.*

2. *[Quelles diable] de questions pose la peinture...?* (Dutourd, J., *Pluche*.) Dans ce type de phrases (avec *diable de*), *diable* doit varier en nombre: *quelles diables* ou *diablesses de questions.*

3. On dit **ALLER AU DIABLE VAUVERT** (aller très loin; allusion possible au château de Vauvert, près de Paris, qui passait pour être hanté par le diable) et par corruption: **AU DIABLE VERT**. Ne pas confondre avec **ENVOYER AU DIABLE**.

4. **DU DIABLE SI** peut être suivi de n'importe quel temps de l'indicatif ou du conditionnel (▶ SI, conj., 2.7): *Du diable si on m'y reprendra* (on ne m'y reprendra certainement pas). *Du diable si je vous aurais reconnu.*

5. *Diable* est français pour désigner un chariot à deux roues qu'on pousse devant soi pour transporter des caisses, des sacs, etc.

DIALOGUE, n.m. Le dialogue de X *et* de Y, de X *avec* Y, *entre* X et Y.

DIESEL ou **DIÉSEL** (*RO* III.9G), n.m., est devenu nom commun et s'écrit donc sans majuscule: un *diesel*, des *diesels*. Pron. *dié-zèl. Un moteur diesel. Un camion diesel.*

DIÉTÉTICIEN, n.m., et non [**DIÉTICIEN**], spécialiste de la *diététique*.

DIFFÉRÉ, adj. et n.m. *Une émission en différé* (s'oppose à *en direct*).

DIFFÉRENCIER, v.tr.dir., et ses dérivés s'écrivent avec *c*, sauf en sciences, en calcul, en technique, où l'on écrit **DIFFÉREN-TIER, DIFFÉRENTIATION, DIFFÉRENTIEL, DIFFÉRENTIELLE**. *Se différencier des autres joueurs.* La **DIFFÉRENCIATION** *sociale. Le calcul **différentiel**. Prendre la différentielle d'une fonction.*

On parle aussi de *paiement différentiel* (aide au revenu des agriculteurs).

DIFFÉRENT, adj., **DIFFÉREND**, n.m. (contestation), à ne pas confondre; ni non plus avec le part.prés. **DIFFÉRANT**. *Les acceptions différentes d'un mot. J'ai consulté des sources différentes (autres, dissemblables) ou j'ai consulté différentes sources (plusieurs sources distinctes).* On écrit: *deux robes de longueurs différentes* ou *de longueur différente. Différent* se construit avec *de* et non [*que*]: *Une situation différente d'une autre, de celle qu'on a connue.* On peut dire aussi: *différent chez vous et chez lui.* ▶ PLURIEURS.

DIFFÉRER, v.tr.dir. ▶ VERBE, Conjugaison, 1.1. *On diffère (on retarde) sa réponse, de répondre (moins souvent à répondre). On diffère de qqn. On diffère d'avis, on diffère sur une question. Mon opinion diffère de la vôtre. Nous différons entre nous, nous différons en cela, par cela, nous différons beaucoup, du tout au tout.*

DIFFICILE, adj. Éviter [**AVOIR DIFFICILE**]. ▶ AVOIR, 7. — *Un aveu difficile à faire. Une chose difficile à dire. Une question à laquelle il est difficile de répondre. Un homme difficile à vivre.*

DIFFICULTÉ, n.f. *La difficulté d'un problème; la difficulté de ou à le résoudre, la difficulté qu'il y a à le résoudre.* On a (on éprouve) *des difficultés ou de la difficulté à faire qqch. Avoir des difficultés avec qqn. Être (ou se trouver) en difficulté. Réussir sans difficulté ou sans difficultés. Faire des difficultés (pour accepter). Soulever, surmonter des difficultés.*

DIFFICULTUEUX, adj. «Cet adjectif qualifie une personne qui soulève ou qui fait des difficultés sur toutes choses. Ex.: *Ce partenaire est difficultueux. Un problème, un travail peuvent être difficiles, mais non difficultueux.*» (Mise en garde de l'Ac.). À vrai dire, on dira d'une personne d'un caractère peu sociable ou qui est peu accommodante et donc difficile à satisfaire, que c'est une personne **DIFFICILE**. C'est aussi *difficile* qu'on préférera sans hésiter à *difficultueux* pour un problème, un règlement, une affaire, une opération, etc., comportant des difficultés.

DIGEST (des *digests*), n.m. prononcé à la française (avec *i, s* et *t*), se dit d'un résumé, du *condensé* d'un livre, ou d'un recueil de tels résumés ou condensés.

DIGESTE, adj., synonyme de *digestible*, est le contraire d'*indigeste*. **DIGESTIF**: relatif à la digestion (*troubles digestifs*) ou qui sert (*tube digestif*) ou favorise la digestion (*une liqueur digestive, un digestif*).

DIGITAL, adj., appliqué aux montres et aux pendules, doit être remplacé par *numérique* (▶ NUMÉRIQUE). Autres anglicismes: **DIGITALISER**, **DIGITALISATION**, à remplacer par *numériser*, *numérisation*.

DIJONNAIS, LYONNAIS, MÂCONNAIS, n. et adj., Deux *n*.

DILEMME (deux *m* et non *mn* comme *indemne*), n.m., ne peut être pris pour un simple synonyme d'*alternative* (voir ce mot). Proprement, un dilemme est un raisonnement où, partant de deux propositions contraires ou contradictoires entre lesquelles on laisse le choix, on arrive chaque fois à la même conclusion. C'est le seul sens admis par l'Académie. Cependant l'usage courant et les meilleurs dictionnaires lui donnent le sens d'*alternative* très difficile ou impossible à résoudre, comportant dans les deux cas de graves conséquences, avec mise en demeure de choisir: *Orthodoxie ou hérésie, nous ne pouvons accepter ce dilemme* (Henriot, É., *La vie de Beethoven*). *Le lui dire, ou le lui cacher, c'est m'attirer sa mauvaise humeur. — Je m'agite dans ce dilemme: être moral; être sincère. La morale consiste à supplanter l'être naturel (...) par un être factice préféré. Mais alors, on n'est plus sincère* (Gide, A., *Journal*).

DILETTANTE, n. Pluriel actuel: des ***dilettantes***.

DIMENSION, n.f. L'Académie accepte l'emploi figuré de ce mot au sens de *importance, ampleur*: *Ces projets sont à la dimension des ambitions de leur auteur. La dimension européenne d'une décision. Les dimensions nouvelles des objectifs d'un parti politique*. Mais on ne peut faire de ce mot une sorte de mot passe-partout, par exemple dans: *la dimension psychique d'une maladie physique, la dimension urbanistique de l'architecture*, etc. On pourrait dire: la *composante*. Adjectif: **DIMENSIONNEL**.

DIMENSIONNER, v.tr.dir., calculer les dimensions en fonction d'un usage. Ne pas l'employer dans le sens d'«avoir des dimensions».

DIMINUER, v.tr.dir. ou intr., se conjugue avec *avoir*, même lorsqu'il s'agit de constater l'état: *L'enflure avait diminué. Sa cigarette avait diminué de moitié*. Pour une diminution de prix: *La viande a diminué de prix* ou *a diminué*. — Au sens figuré, *être* est courant: *Il était depuis lors diminué à leurs yeux*. Avec l'adjectif: *Il n'est pas fini, mais diminué* (amoindri).

DINDON, n.m. **ÊTRE LE DINDON DE LA FARCE** (jouer le rôle ridicule de dupe) s'explique peut-être par le fait que *dindon* se dit d'un homme vaniteux et stupide, facile à berner, dans les farces du moyen âge.

DÎNER ainsi que tous ses dérivés peuvent perdre leur accent circonflexe (*Rectifications de l'orthographe* de 1990): **DINATOIRE, DINER** (n. et v.), **DINETTE, DINEUR**, *dineuse* (*RO* II.4). ▶ AVEC, 2, DÉJEUNER, RESTER, 6.

DINGUER, v.intr. familier: *Je l'ai envoyé dinguer*, je l'ai éconduit.

DIONYSIAQUE (de *Dionysos*), adj. Attention à la place de *y*.

DIPLÔME, DIPLOMATE, n.m. Accent circonflexe sur *diplôme, diplômer*, non sur *diplomate, diplomatie, diplomatique*. *Délivrer un diplôme, obtenir un diplôme*. Être **DIPLÔMÉ** *en droit*. *Un diplômé de telle école. Avoir **un** diplôme de droit, de fin d'études, de telle université* ou *avoir **son** diplôme*.

DIPTYQUE, n.m. Attention à l'orthographe. Comparer à *triptyque, polyptyque*. On retrouve dans *di* l'*i* du grec *di* (deux), comme dans *diptère*.

DIRE, v.tr.dir.

1. **Conjugaison** de **dire** et de ses dérivés. Seul *redire* se conjugue comme *dire*. On dit: ***contredisez, dédisez, interdisez, prédisez***, etc. Mais vous ***maudissez***.

2. **ON DIRAIT D'UN FOU**, tour classique encore en usage dans la langue distinguée, est généralement remplacé par *On dirait un fou* (Ac.), etc.

3. **AVOIR SON MOT À DIRE** peut signifier «avoir le droit d'exprimer son opinion, de placer une observation, dans une discussion ou avant une décision». *Cet homme n'a rien à dire chez lui* (il n'a pas d'autorité).

4. *Tout s'est passé **comme j'avais dit*** ou *comme je l'avais dit*. Après *comme*, le *le* est facultatif. Mais dans une incise, *comme vous dites, comme on dit* veulent dire: «pour parler comme vous, ou comme on parle généralement» (*Il est un peu scandalisé, **comme vous dites***), tandis que *comme vous le dites, comme on le dit* veulent dire: «comme vous l'affirmez, comme on le prétend» (*S'il ne m'en veut pas, **comme vous le dites**, faisons la paix*).

5. **TROUVER À DIRE** à *qqch.* (trouver à critiquer, à reprendre) appartient à la langue classique et est généralement remplacé par **TROUVER À REDIRE**.

6. Dans certains tours, *dire* peut signifier «objecter»: *Qu'avez-vous à dire à cela? Rien à dire. Il n'y a pas à dire*.

7. S'il est normal de remplacer l'**incise** *dit-il* (ou *répondit-il*) par *soupira-t-il, insista-t-il, s'exclama-t-il, interrogea-t-il, reprit-il*, etc., où se retrouve l'idée de *dire*, il est abusif de remplacer dans des incises le verbe *dire* par *sursauter, sourire, s'apaiser*, etc.

8. *Dire* passe pour être parfois un verbe de **commandement** ou d'invitation. En réalité, il ne change pas de sens dans *Je dis qu'il parte* comparé à *Je dis qu'il part*. C'est la mise en discours indirect qui fait employer dans le premier cas un subjonctif, correspondant à un impératif en discours direct (*Partez*) et dans le second un indicatif reprenant l'indicatif d'énonciation, de constatation du discours direct (*Il part*).

C'est pourquoi il est permis de n'employer qu'une seule fois le verbe *dire* devant un indicatif et un subjonctif; le changement de mode en discours indirect ne fait que traduire le changement de mode en discours direct. *Je lui dis qu'elle soit patiente, qu'elle m'attende, que je viendrai sûrement, qu'elle ne s'en fasse pas* (Giono, J., *Les grands chemins*). La même remarque s'applique à *écrire* : *Je lui écris qu'il vienne, que nous l'attendons.*

Au lieu de *Il dit qu'il l'a entendu* ou *Il lui dit qu'il vienne*, on peut dire avec un infinitif : *Il dit l'avoir entendu, il lui dit de venir*. De même : *Il dit qu'il est malade* ou *Il dit être malade*.

Après **ON DIRAIT QUE** (il semble que, on pourrait croire que) on emploie l'indicatif ou le conditionnel. Le subjonctif, courant à l'époque classique, est aujourd'hui exceptionnel et ne survit plus que dans la langue littéraire.

Dire que, «quand on pense que», exprime l'étonnement : *Dire que je n'y avais pas songé!* Indicatif (ou conditionnel).

9. Ne pas oublier les traits d'union dans **C'EST-À-DIRE, C.-À-D.**

DIRECTIVE, n.f., peut s'employer au singulier comme au pluriel dans le sens de «ligne de conduite, instruction générale donnée» : *Les directives que j'avais reçues. Je lui donnai comme directive de ne pas se faire connaître.* Ne pas faire de *directives* un synonyme d'*ordre* ni de *mode d'emploi*.

DIRIGER, v.tr.dir. On dirige une école, un service, un débat, un orchestre, etc.

DISCIPLINE, n.f., peut prendre le sens de «matière étudiée ou enseignée».

DISC-JOCKEY (ou **DISQUE-JOCKEY**), n.m., désigne le responsable de l'animation d'une soirée, d'une fête, d'un bal, où il se charge d'un programme varié de musique enregistrée et où il intervient personnellement, par des commentaires, des imitations, etc., pour animer la salle. En français : *animateur* (DTO) ou *meneur de jeu*. ▸ ANNONCEUR.

DISCONVENIR, v.tr.ind., ne s'emploie qu'avec une négation : *Ne pas disconvenir de qqch., d'avoir fait qqch. Il n'en disconvient pas. Je ne disconviens pas qu'il se soit trompé* ou, plus rare, *qu'il ne se soit trompé, qu'il (n')ait raison* ou *qu'il a raison* (indicatif moins fréquent).

Auxiliaire : le verbe s'aligne naturellement sur *convenir*.

DISCOUNT, n.m., voulant dire «escompte», «rabais, remise, ristourne», *discount-house* a désigné un type de magasin pratiquant une politique systématique de vente avec bénéfices réduits. Le mot a été officiellement remplacé, sans succès, par *un minimarge* (ellipse de *un magasin minimarge*).

DISCRIMINER, v.tr.dir. Le verbe est beaucoup plus rare que le nom **DISCRIMINATION** et l'adjectif **DISCRIMINATOIRE**.

DISCURSIF, adj., se rapporte étymologiquement à l'idée de *discours* et implique la soumission à un raisonnement, à un enchaînement : *une pensée discursive* s'oppose à une *pensée intuitive*. Mais, sous l'influence fâcheuse de *cursif*, *discursif* a pris le sens tout opposé de «qui court de droite à gauche, qui ne s'astreint pas à une continuité rigoureuse, qui procède par digressions» : *Un récit discursif*. Attention à l'équivoque!

DISCUTER, v.tr.dir. ou intr. On discute qqch., une opinion, une affaire, un ordre. *Taisez-vous, ne discutez pas. On discute de politique* (elliptiquement : *on discute politique*), *on discute avec qqn*, on échange avec lui des idées. On dit aussi *discuter sur qqch.*, sur un point, sur des détails. Interrogation indirecte : *On discute encore si c'est vrai.*

DISGRACIER, v.tr., **DISGRACIEUX**, adj. Pas d'accent circonflexe. ▸ GRACIER.

DISPARAÎTRE ou **DISPARAITRE** (*RO* II.4), v. intr. **Auxiliaire** : *avoir* l'emporte nettement aujourd'hui, même pour marquer l'état constaté, résultant de l'action, comme dans les phrases suivantes d'Henri Bosco : *Un nuage vint et les emporta. Lorsqu'il fut passé, la barque avait disparu des hauts fonds* (...). *Le soir, tout avait disparu* (Malicroix). *Le mousqueton avait disparu* (Le sanglier). On dit : *La valise avait disparu. Les moindres traces de sa fatigue avaient disparu. Un usage qui a disparu.* — *Là-bas, à l'orée du bois, le peloton des jeunes a, depuis longtemps, disparu* (Curtis, J.-L., *Un jeune couple*). *Une atmosphère d'où les dernières traces d'humidité avaient disparu* (Gary, R., *Les racines du ciel*). *Au-delà de la fenêtre sur laquelle les gouttes d'eau ont maintenant disparu* (Butor, M., *La modification*).

DISPARATE, adj. et n.f. *Une disparate*. Mais le masc. est très fréquent, même chez de bons auteurs; on y voit la forme normale de l'adj. substantivé.

DISPATCHING, n.m., se traduit, en télécommunications, par *poste* (ou *centre*) *de distribution*, *de répartition*, et dans le domaine général ou celui du commerce, par *répartition*. Éviter le verbe [**DISPATCHER**], *répartir*, *organiser*.

DISPENDIEUX, adj., se dit de ce qui occasionne de grands frais, une dépense importante: *Des goûts dispendieux*. Au Québec, se dit d'objets coûteux.

DISPOS, adj., a un féminin **dispose**, très peu usité.

DISPOSER, v.tr.dir. ou ind. On dispose *les fleurs* dans un vase, on dispose *de qqn*, *de qqch.*, *d'un compte en banque*.

DISPUTER, v.tr.dir. ou ind.

1. *On dispute* **qqch.**, un *prix*, un *match*, les *droits de qqn*. *Nous disputons encore qui le fera ou si on ira*. *On dispute qqch. à qqn*, *on lui dispute son droit* (on le lui conteste).

2. *Disputer* **qqn** (le quereller, le réprimander), condamné par l'Académie, doit être considéré comme très familier: *Il a peur de se faire disputer*. On trouve *disputer qqn à qqn* comme *disputer qqch. à qqn*: *Il lui a disputé son amie*. — **LE DISPUTER** *à qqn*, *rivaliser* avec lui.

3. **SE DISPUTER** (se quereller) est courant: *Il s'est disputé* **avec** *son frère*. *Ils se sont disputés*. — *On se dispute qqch.*: *Ils se disputaient sa main*.

4. *On dispute* **de qqch.** *avec qqn*; cet emploi rejoint le sens de *discuter*. Le tour est plutôt littéraire.

5. Classique: *Disputer* (lutter) *contre qqn*, *qqch.*

DISQUE, n.m.: Un **DISQUE COMPACT**. On aurait pu passer de *disque* à **DISCAIRE** comme de *bibliothèque* à *bibliothécaire*. Mais seul **DISQUAIRE** est attesté dans les dictionnaires.

DISSEMBLABLE, adj. Préfixe *dis-* (comme dans *dissymétrie*) et donc deux *s*. ▸ DYS-. *Une chose dissemblable* **d'**une autre.

DISSENSION, n.f., dit plus que *dissentiment* ou *désaccord*.

DISSERTER, v.intr. *On disserte de qqch. ou sur qqch.*

DISSIMULER, v.tr.dir.: *Ils se sont dissimulé les périls qu'ils couraient.*

Dissimuler que est suivi aujourd'hui, selon la pensée, du moins théoriquement, de l'indicatif, du subjonctif ou du conditionnel, qu'il soit employé affirmativement, négativement, interrogativement ou pronominalement. *Il faudra dissimuler que nous le savions ou que nous l'aurions souhaité*. *Il ne se dissimule pas qu'on le lui reprochera* (ou *reprocherait*) *bientôt*. L'usage actuel préfère l'indicatif (présentant le fait comme une réalité qu'on cache) ou le conditionnel (le présentant comme une éventualité). Après *ne pas* (*se*) *dissimuler que*, on peut employer *ne* explétif avec le subjonctif: *Je ne dissimule pas que j'ai changé d'avis*, *qu'il* (*n'*)*en soit ainsi*, *que je préférerais être loin d'ici*.

DISSONER, v.intr., **DISSONANT**, **DISSONANCE**: un seul *n*.

DISSOUDRE, v.tr.dir., conjug. **dissous**, **dissoute** ou **dissout**, **dissoute** (*RO* III.10H). ▸ ABSOUDRE.

DISSYLLABE, adj. et n.m. *Un dissyllabe*. Attention aux deux *s*.

DISTANCE, n.f., **DISTANCER**, v.tr.dir., **DISTANCIATION**, n.f., **DISTANCIER**, v.tr.dir. **Distancer** *qqn*, c'est le dépasser: *Se faire distancer par un concurrent*. **PRENDRE SES DISTANCES** se dit du gymnaste qui étend les bras pour se séparer des autres; au figuré, *prendre ses distances* (par rapport à *qqn*) ou **GARDER SES DISTANCES** (ou **LES DISTANCES**) entre *soi et lui*, c'est repousser la familiarité, la compromission. Dans ce sens figuré, **on se distancie** (ou **on se distance**) de *qqn*, *d'un parti*. On parle alors proprement de **DISTANCIATION**, mais, à cause de l'emploi de *se distancer* dans ce sens, on dit souvent en Belgique **DISTANCEMENT** ou **DISTANCIEMENT**.

DISTENDRE un corps, c'est en accroître les dimensions en le tendant très fort: *Distendre un ressort, un muscle, un câble, l'estomac*. *La peau se distend*. Sens figuré: relâcher les liens qui attachent à qqch.: *Distendre les liens familiaux*.

DISTINCTION, n.f. Les mentions *avec distinction, avec grande distinction, avec la plus grande distinction*, qui accompagnent les certificats ou les diplômes, sont d'usage courant en Belgique mais non en France.

DISTINGUER, v.tr.dir., peut être employé intransitivement: *Avant de tirer les conséquences, distinguons* (Ac.). *On distingue* **entre** *deux choses ou* **parmi** *les solutions proposées*.

Distinguer en (*se distinguer en*) avec plusieurs compléments et le sens de *diviser en* (*se diviser en*); généralement, *en* n'est pas répété: *Les participes se distinguent en participes présents et participes passés* (Littré). *Ils ont été distingués en indispensables, nécessaires ou utiles*.

On distingue ceci et cela, le bien et le mal, deux personnes ou deux choses, on perçoit la différence qui les sépare. *On distingue une chose ou une personne* **d'**une autre ou **d'avec** une autre. ▸ AVEC, 8.

On fait la distinction *entre une chose et une autre* ou *entre deux choses ou personnes* ou *d'une chose et d'une autre* ou *d'une chose d'avec une autre*: *Je fais peu de distinction entre* l'un et l'autre (Ac.). *Faire distinction de l'ami et de l'ennemi* (Ac.). *Faites la distinction de mes droits d'avec les siens* (Ac.).

DISTINGUO, n.m. Un *distinguo*, des ***distinguos***.

DISTRAIRE, v.tr.dir. *Je* **distrais**, *nous* **distrayons**, *ils* **distraient**. *Je* **distrayais**, *nous* **distrayions**. Pas de passé simple. *J'***ai distrait**. *Que je* **distraie**.

DISTRIBUER, v.tr.dir. *Les mille francs qu'il a distribués aux pauvres.* Un seul *n* dans DISTRIBUTIONALISME. Mais DISTRIBUTIONNEL.

DIT, adj., se joint à l'article défini pour désigner ce qui vient d'être nommé : LEDIT *contrat,* ***ladite, dudit, audit, à ladite, lesdits, auxdits,*** etc. C'est une erreur d'écrire *ledit* en deux mots ou de lui donner le sens de «le prétendu» : [*La dite*] *banalité de Juliette.*

DITHYRAMBE, n.m. (attention à l'orthographe), éloge enthousiaste parfois emphatique : *Un éloge* DITHYRAMBIQUE.

DIVERGEANT, participe ; DIVERGENT, adj. ; DIVERGENCE, n.f.

DIVERS, dét.indéf. employé devant le nom sans article, ajoute l'idée de diversité à celle de «quelques». Ne pas dire : *à* [*de*] *diverses profondeurs.*

DIVISER, v.tr. On ne dit plus *diviser une chose d'une autre* ou *d'avec une autre. On la sépare d'une autre.* ▶ SÉPARER. *On divise une propriété* **en** *parcelles. Les congressistes se sont divisés en deux groupes de travail.*

DIVORCER, v.intr., s'emploie avec l'auxiliaire *avoir* pour une action passée : *Ils ont divorcé l'an dernier. Être* s'emploie pour un état qui se situe au temps marqué par l'auxiliaire : *elle est divorcée* (maintenant), *elle était divorcée* (à ce moment-là), *elle est divorcée depuis deux ans.* DIVORCÉ est devenu adjectif et nom : *une femme divorcée, une divorcée.*

L'emploi transitif ou pronominal de *divorcer* n'est pas correct. On ne dit donc pas : [*ils se sont divorcés*] ni, comme on l'a fait autrefois, [*divorcer un mariage*], le rompre, [*divorcer une femme*], la répudier, s'en séparer. [SE DIVORCER] s'est dit dans l'ancienne langue et a survécu en Belgique, où l'on entend aussi : [*Le juge les a divorcés*] pour *a prononcé leur divorce.*

Divorcer n'est devenu courant qu'après la Révolution française. On disait à l'époque classique *faire divorce avec sa femme, faire divorce avec la fortune.* L'expression est devenue rare.

Avec le verbe *divorcer* ou l'adjectif ou le substantif *divorcé,* on emploie *avec,* ou aussi, souvent, *d'avec* (qui a été longtemps critiqué), parfois *de* : *Il a divorcé d'avec sa première femme en telle année* (ou *avec sa première femme* ou *de sa*

première femme). *Un homme divorcé d'avec sa première femme* (ou *avec sa première femme* ou *de sa première femme*). Mais avec DIVORCE, seuls *d'avec* et *avec* sont possibles, sous peine de non-sens ou de contresens, dans des phrases de ce genre : *Le divorce du prince d'avec* (ou *avec*) *sa première femme.* On voit ce que deviendrait la phrase avec seulement *de.* Mais on peut employer *et de.*

DIX, adj.num., DIXIÈME, adj., DIZAINE, n.f. Attention au *z* dans *dizaine.* On prononce *di* devant une consonne, et notamment devant un nom de mois (*le dix juillet*), mais on prononce *z* dans *dix-huit, dix-neuf.* On prononce *z* devant une voyelle (exemples : *dix, onze fois* ou *dix ou douze fois*) et *s* (et non *z*) devant une pause ou devant *de* : *Ils sont dix. Le dix de carreau. En voilà dix de faits. Dix, douze fois.*

DIXIT, forme verbale, peut s'employer suivi d'un nom de personne quand on rapporte l'opinion d'un autre, surtout sans l'adopter.

DIZEAU, n.m., est un régionalisme désignant autrefois en Belgique et dans le nord de la France un tas de dix gerbes dressées sur le champ moissonné.

DOCTEUR, n.m. employé ou non pour *médecin,* se dit des femmes aussi bien que des hommes. Le féminin ***doctoresse,*** réservé d'ailleurs aux femmes médecins, est assurément correct mais a beaucoup moins de faveur que *Madame le docteur.* Quand on s'adresse à une femme, c'est toujours *docteur* qu'on emploie. En parlant d'elle, on peut dire *la* **doctoresse,** *une femme docteur, le docteur* (mais non [*la* **docteur**] ni la [***docteure***]).

DOCTORANT, n.m., mot savant, courant dans le monde universitaire belge pour désigner celui qui prépare son doctorat universitaire. En France, il s'appelle un THÉSARD. Préférer *doctorant* à DOCTORAND.

DOGARESSE, n.f., titre de la femme d'un *doge.*

DOIGT, n.m. *Montrer qqn au doigt* (Ac.) ou *du doigt. Savoir une chose sur le bout du doigt* ou *des doigts. Avoir de l'esprit jusqu'au bout des doigts. Obéir au doigt et à l'œil. Mettre le doigt sur une difficulté, dans l'engrenage. Se mordre les doigts* (*de qqch.*).

Dans *Se mettre un doigt de rouge sur le visage* (Ac.) ou *Faire un doigt de cour à une femme* (Ac.), on trouve *un doigt de* dans le sens de «très peu», comme dans *un doigt de vin.*

On peut dire DOIGT DE PIED ou *orteil.*

Les Wallons disent un **DOIGT BLANC** ou un **BLANC DOIGT** pour un *panaris*.

DOM et **DON**. — *Dom*: titre donné à certains religieux et à des nobles portugais. *Don*, titre espagnol de courtoisie, ne s'emploie que devant le prénom (féminin **doña**): **DON JUAN**. *Jouer les **Don Juan** ou les **dons juans**. Grande hésitation d'ailleurs pour le pluriel (*B.U.*, n° 512, Rem. 2.). On peut généraliser l'invariabilité (▷ NOMS PROPRES, 3.3.1.B). On écrit: **DONJUANISME, DONJUANESQUE, DONQUICHOTTISME, DON-QUICHOTTESQUE**.

DOMICILIATAIRE, n.m., tiers (en général un banquier) au domicile duquel est payable un chèque ou une lettre de change.

DOMMAGE. En tête d'une proposition, **DOMMAGE QUE**, *quel dommage que*, *c'est dommage que* ou *il est dommage que* sont suivis du subjonctif. L'indicatif, pour marquer la réalité du fait, est très rare aujourd'hui. Devant un infinitif, on emploie *de*. On dit: *c'est bien dommage* et moins *c'est grand dommage. Sans dommage*. — **DOMMAGES-INTÉRÊTS** ou **DOMMAGES ET INTÉRÊTS**.

DOMPTER, v.tr.dir., **DOMPTEUR**, n.m. — Ne pas prononcer le *p*.

DONATAIRE, n. celui ou celle à qui est faite une **DONATION** par le **DONATEUR** ou la **donatrice** (un *n*). Ne pas confondre *donation* et **DOTATION**.

DONC, conj. Le *c* se prononce obligatoirement en liaison ou en début de phrase ou devant une pause et a tendance à se prononcer dans tous les cas. Martinet n'enregistre que cette prononciation.

Et donc, dont Littré disait qu'il n'est plus usité, se rencontre encore.

DONNE, n.f., au jeu de cartes: *À vous la donne. Il fait la donne.*

DONNER, v.tr.dir.

1. ▷ PARTICIPE PASSÉ, 2.1.4 (*Étant donné*), 5.2.14.B.a (*Donner à*), CONNAÎTRE, 2 [*se donner à connaître*]. — *Elle s'est donné du mal. Elle s'en est donné à cœur joie.*

2. *Donner un cours, une conférence.* ▷ COURS, CONFÉRENCE. *Donner à entendre.*

3. **DONNER LE JOUR** (*mettre au monde*) se dit généralement de la mère; mais d'excellents auteurs l'ont dit du père: *Digne fils du héros qui t'a donné le jour* (Racine).

4. *Donnez-m'en* et non [*Donnez-moi-z-en*].

5. [**DONNER UN PAS DE CONDUITE**]. ▷ PAS, nom.

6. *Donnez-vous* (ou *prenez*) *la peine de vous asseoir.*

7. *Donner ses complices* (les dénoncer).

8. *On donne* **ordre** (ou **l'ordre**) *de faire qqch., qu'on fasse qqch. On donne* **un ordre**.

9. *Une porte donne* **sur** *la rue, sur le jardin.*

Dont, pronom relatif

1. FONCTION

Emploi parfois très délicat. Il faut lui conserver son sens (▷ 2) et éviter de fâcheux pléonasmes ou des archaïsmes.

Dont peut représenter des personnes aussi bien que des animaux ou des choses. Il peut être complément d'un verbe, d'un nom, d'un pronom, d'un adjectif, de l'expression d'une quantité (▷ 7, 8):

> *L'auteur dont* (ou *de qui*) *vous me parlez. Le chien dont la laisse est détachée. La maison dont le toit s'est effondré. La façon dont il se comporte. J'écrirai à la personne dont vous m'avez donné l'adresse.*

2. EMPLOI

Il correspond toujours à *de* suivi de l'antécédent. Mais son emploi était plus large autrefois:

Il ne marque plus autant qu'autrefois l'origine (▷ 9, *Dont* et *d'où*). Si nous disons: *L'homme dont j'ai ici une lettre*, c'est que *dont* est un complément déterminatif (*de lettre*) et indique l'auteur. Mais nous ne disons pas: [*L'homme dont j'ai reçu une lettre*]; nous disons: *de qui*, complément du verbe.

Il ne marque plus, sinon par un archaïsme littéraire, le moyen, l'instrument. Nous emploierions *au moyen duquel* au lieu de *dont* dans ce vers de La Fontaine: *Le collier dont je suis attaché.*

Au lieu de *dont* nous emploierions *par qui* ou *par lequel* dans ce vers de Racine: *J'ai vu ce même enfant dont je suis menacée.* On est en effet menacé *par* qqn; mais comme on peut être menacé *de* qqch., d'un malheur, nous disons: *Le malheur dont je suis menacé.*

Dans une incidente ou après *c'est*, contrairement à l'usage classique, *dont* doit être aujourd'hui précédé de *ce*: *On ne l'a pas reconnu, ce dont il s'est ému. C'est ce dont je me souviens.* On notera qu'après *ce*, on ne peut remplacer *dont* par *duquel, de quoi*. ▷ CE, 2.5.2.

3. LE NOM COMPLÉTÉ PAR *DONT*

Le nom auquel *dont* sert de complément déterminatif est normalement sujet, attribut ou objet direct:

Le livre dont la couverture est déchirée. La femme dont elle est la fille. La maison dont je vois le toit.

Le nom complété par *dont* ne peut aujourd'hui être précédé d'une préposition (à moins qu'il ne fasse partie d'une locution figée comme *faire du cas, venir à bout, être à l'écart*), sauf si *dont* est aussi complément d'un autre nom qui précède ce complément prépositionnel :

> *Un cavalier dont le manteau flotte sur les épaules.* Au lieu de [*L'homme dont j'ai marché sur les pieds. L'homme dont j'ai nui aux intérêts*], on dit : *L'homme sur les pieds de qui* (ou *duquel*) *j'ai marché. L'homme aux intérêts de qui* (ou *duquel*) *j'ai nui.* Mais on peut dire : *L'homme dont la conduite nuit à la carrière* (Ac.). Si l'on dit fort bien : *Je vais chez l'ami dont nous avons reçu des nouvelles,* on ne dira pas : [*Je vais chez l'ami dont vous vous inquiétez du sort*]. On dira : *Je vais chez l'ami du sort de qui vous vous inquiétez* ou, plus élégamment : *chez l'ami dont le sort vous inquiète.* On dit très bien : *L'homme dont vous faites tant de cas.*

Cependant, avec *jusqu'à* correspondant à *même* et avec *à bout,* on emploie fort bien *dont* :

> *Cet enfant dont nous devinons jusqu'aux pensées. Des difficultés dont il ne viendra jamais à bout.*

Il va sans dire que *dont* peut être complément d'une locution nominale, au sens très large, où intervient *de* :

> *Un homme dont on apprécie la force de caractère* ou *dont la présence d'esprit est surprenante. Cet ancien champion dont la carrière de sportif a été soudain brisée.*

Mais on ne peut dire : [*X, dont nous avons pu apprécier la qualité du français*], parce que *dont* est le complément non pas de *la qualité,* mais du complément prépositionnel *du français.*

4. REDONDANCE DE *DONT* ET D'UN PRONOM PERSONNEL

Redondance de *dont* et d'un pronom personnel ayant dans la même proposition le même antécédent. À éviter malgré des exemples de bons écrivains : *Le général J.-B. Stuart dont la hardiesse, la bravoure et le goût du panache l'apparentent à Murat* (Green, J., *Les années faciles*). Il suffisait de dire *que la hardiesse, etc. apparentent.*

> Au lieu de [*Les enfants dont les parents les ont bien élevés. L'enfant dont le père s'est sacrifié pour lui*], on dira, avec un autre pronom relatif et un déterminant possessif : *Les enfants que leurs parents ont bien élevés. L'enfant pour qui son père s'est sacrifié.* La phrase de Supervielle : *Chiron dont le talent d'éducateur lui valut de faire du garçon un homme dans toute l'acception du terme* (*Premiers pas de*

l'univers) aurait été aisément corrigée : *Chiron à qui son talent d'éducateur valut...*

Voir cependant plus loin, 6, le cas de *dont* indiquant le propos. D'autre part, lorsque *dont* ne peut être remplacé par un autre pronom relatif, on le trouve parfois avec un pronom personnel : *Une jeune fille dont les cheveux lui retombaient sur le dos.* Mais ce pronom personnel peut paraître superflu. L'Académie donne en exemple cette phrase d'Anatole France : *L'autre, dont les cheveux flottaient sur les épaules.*

5. REDONDANCE DE *DONT* ET DU DÉT. POSSESSIF OU DE *EN*

Redondance de *dont* et du déterminant possessif ou de *en*. En bonne logique, et sous les réserves qui suivent, la relative ne peut commencer par *dont* si elle contient un déterminant possessif (ou le pronom *en*) renvoyant aussi à l'antécédent de *dont.*

On ne dira pas : [*Un roman dont j'ignore son auteur. Un méchant dont chacun vante les remords de sa conscience*] ; on dira en employant éventuellement l'article et en supprimant ainsi le pléonasme : *Un roman dont j'ignore l'auteur. Un méchant dont chacun vante les remords de conscience.* On ne dirait pas en effet : [*J'ignore son auteur de ce roman. Chacun vante les remords de sa conscience de ce méchant*]. Mais lorsqu'il apparaît que, transformée de la sorte en indépendante, la relative permet fort bien le maintien du déterminant possessif malgré la présence du complément, l'emploi de *dont* et du déterminant possessif dans la relative est tout à fait normal : *L'homme dont ses amis ont besoin* ; on dirait : *Ses amis ont besoin de lui.* On notera d'ailleurs que *les amis* ne suffirait pas à exprimer l'idée.

> De même dans : *Un écrivain dont l'œuvre est inséparable de sa vie.* Il n'y a rien d'anormal dans la phrase : *L'étrange libraire, dont le nom s'inscrivait sur sa porte en caractères d'émail blanc* (Billy, A., *Le narthex*). On dirait en effet : *Le nom de ce libraire s'inscrivait sur sa porte.* Citons encore : *Un pin abattu dont l'immense corps dans sa chute avait dévasté les chênes* (Mauriac, Fr., *Les anges noirs*).

Ce qui vient d'être dit du déterminant doit l'être aussi de **en** doublant *dont.* Au lieu de [*Un roman dont j'en connais l'auteur*], on dira : *dont je connais l'auteur.* ▶ 7, le cas de *quelques-uns, un, deux,* etc.

6. *DONT* EN TÊTE D'UNE RELATIVE SUIVIE D'UNE COMPLÉTIVE

Lorsque la proposition introduite par *dont* (A) est suivie elle-même d'une proposition complément (B), la fonction de *dont* peut être double.

6.1. *DONT* INDIQUE LE PROPOS

Dont signifie «au sujet duquel» et est un complément circonstanciel de propos, repris en B sous la forme d'un pronom: *Une sentence dont ils savent, par expérience, qu'elle peut être provisoire* (Duhamel, G., *Refuges de la lecture*). Le tour n'est ni nouveau ni rare:

> *En avril arrivait Emmanuel d'Astier, tout armé de projets et aussi de calculs et dont je crus bon qu'avant de regagner la France il allât porter aux États-Unis quelques précisions* (Gaulle, Ch. de, *L'appel*). *La mission dont j'avais d'abord demandé (...) qu'on la laissât gagner l'Afrique...* (Id., *L'unité*).

C'est donc abusivement que ce tour a été condamné, mais on peut le trouver parfois trop lourd. Au lieu de *Cet enfant dont je sais qu'il a été malade*, on peut dire plus simplement: *Cet enfant qui, je le sais, a été malade*. Mais il n'est pas incorrect de dire: *Cet homme, dont chacun se demande ce qu'il est devenu*.

Dans ce cas, rien n'empêche qu'en B un déterminant possessif renvoie au pronom qui est sujet de cette proposition, bien qu'il s'agisse du nom représenté aussi par *dont* en A: *C'est ce jeune homme dont je vous ai dit qu'il a perdu sa mère*.

Mais on dira: *Ce jeune homme dont on dit que le père s'est suicidé*. Ici, *dont* est le complément de *le père* et n'est pas un complément de propos (▶ 6.2); ce serait une redondance blâmable de dire: *son père*.

6.2. *DONT* DÉPEND DE LA PROPOSITION COMPLÉMENT

Dont (de + nom) dépend d'un des mots de la proposition B. Ce n'est pas un complément de propos et il ne peut donc être repris en B sous la forme d'un déterminant possessif ni se substituer à un relatif précédé d'une autre préposition que *de*. Il y aurait pléonasme dans [*L'employé dont je sais que vous avez suivi ses conseils*]. On dira: *les conseils. Les soucis dont je sais que vous êtes accablé*. Mais: *L'employé à qui je sais que vous avez demandé conseil* (on demande conseil à qqn; comparez: *à qui vous avez demandé conseil*). Autre phrase fautive: *Catholiques pratiquants, le régisseur et sa femme avaient tenu à m'offrir un bon repas tout en se conformant aux règles de l'abstinence [dont] ils pensaient que le moinillon que j'avais été serait sensible* (Borgeaud, G., *Le voyage à l'étranger*). Il faudrait: *auxquelles ils pensaient que... On est en effet sensible à qqch.*

7. *DONT* COMPLÉMENT D'UN NUMÉRAL

Dont peut être complément d'un nom de nombre ou d'un indéfini numéral, qu'ils soient sujets ou compléments directs ou en rapport avec un verbe impersonnel:

> *Prenez soin de ces livres dont deux* (ou *quelques-uns*) *sont très rares. J'ai retenu quelques faits dont je citerai quelques-uns. Je vous envoie deux livres, dont il y a un pour vous.*

Un ancien usage admettait que, dans ce cas, le pronom **en** doublât *dont* devant le verbe, en représentant le même nom. Les Le Bidois (I, p. 304) ont voulu justifier cette phrase: *Vingt ou vingt-cinq volumes dont il y en a bien une dizaine sur l'histoire de la littérature* (Brunetière), en disant que *dont* et *en* n'expriment pas le même rapport: *dont* signifie parmi lesquels; *en* signifie desquels. Il y a surtout confluence des tours corrects. *Il y en avait* (certains, dix) *qui...* Mais la redondance, notée chez Brunetière, paraît aujourd'hui choquante. S'il n'y a pas lieu d'éprouver le moindre embarras à supprimer *en* lorsque le nom de nombre ou l'indéfini numéral est sujet (*dont deux sont très rares*; *dont quelques-uns sont perdus*; *dont il y a un pour vous*) ou lorsque l'indéfini numéral est complément direct (*dont je citerai quelques-uns*), certains écrivains sont encore tentés d'employer *dont... en* devant un nom de nombre complément, comme le faisaient les classiques (*dont j'en citerai deux*). Ils n'hésiteraient pas à écrire: *On reparle de ce soupçon par dix fois, dont il faut en citer au moins deux* (Antoine, G., *Vis-à-vis ou le double regard critique*). C'est que le nombre n'est pas seul; il est accompagné de *au moins*. Mais on est tenté d'ajouter *en* quand le nombre complément est seul et l'on dit, à tort: *On a publié plusieurs pamphlets* [*dont j'en ai deux*]. Il serait pourtant simple de faire deux phrases: *On a publié plusieurs pamphlets; j'en ai deux. Elle m'a écrit de nombreuses lettres; j'en ai gardé deux* ou *dont j'ai gardé quelques-unes*.

8. *DONT* EMPLOYÉ SANS VERBE

Dont acte (et de cela je vous donne acte). *Je l'ai entendu dire par mon ami, dont voici les propres termes.*

Avec une indication numérale, *dont* signifiant *parmi lesquels* autorise l'ellipse du verbe *être*: *Il a cinq enfants, dont trois filles. Trois personnes, dont moi, ont protesté. Je lui ai emprunté quatre livres, dont deux très rares.*

Ne pas dire [*dont question*].

9. *DONT* ET *D'OÙ*

Avec des verbes comme *venir, sortir, partir, descendre, résulter, conclure*, etc., on doit faire aujourd'hui une distinction:

D'où se dit des choses pour marquer l'éloignement, le point de départ:

> *La ville d'où vous venez. Un appartement d'où la vue est fort belle. Un fait d'où je conclus...*

La langue littéraire emploie cependant parfois *dont*:

> *Le pays dont* (ou *d'où*) *il sort.*

Dont se dit normalement des personnes ou remplace un nom comme la famille, la race, le sang; il marque la descendance:

> *Le sang (ou la famille) dont vous sortez.*

On emploie parfois *d'où* (mais pas si c'est un nom de personne qui précède): *La famille d'où il est sorti* (Ac., à *Sortir*).

Dont suppose un antécédent exprimé; sans cela, on emploie *d'où*:

> *D'où venez-vous? Rappelez-vous d'où vous êtes parti.*

10. *C'EST DE LUI QUE JE PARLE*

C'est de lui que je parle et non [*C'est de lui dont je parle*], [*C'est lui dont je parle*]. ▶ CE, 2.5.2.

DOPAGE, n.m., doit remplacer DOPING: procédé destiné à augmenter le rendement général, physique ou mental, d'un individu (*il* SE DOPE *en prenant* **un produit dopant** ou **un** DOPANT).

DORÉ, adj. Ne pas employer *papier doré* pour *argenté*. ▶ PAPIER.

DORÉNAVANT, adv., désormais (▶ DÉSORMAIS). Éviter [*à partir de dorénavant*].

DORLOTER, v.tr.dir. Un seul *t*.

DORMIR, v.intr. Je **dors**, il **dort**, je **dormis**. *Combien d'heures avez-vous* **dormi**?

DOS, n.m. *Mains* **au dos** ou **derrière le dos** (et même **dans le dos**). *Avoir qqch. sur le dos. Mettre qqch. sur son dos. Un chemin en dos d'âne.*

[DOSE], n.f. (*papule*), est un mot qui, des dialectes, est passé dans le français régional de certains Wallons, qui parfois le francisent étrangement en DOUCE! Il désigne un gonflement de la peau, accompagné de démangeaisons. Certains Belges croient devoir le traduire par *gourme*, qui désigne une dermatose d'un autre ordre, plus grave, d'enfants mal soignés. Le terme français qui convient le mieux, mais qui est rare, est *élevure*.

[DOSSÉE], n.f. dialectal (Wallonie), désignant une responsabilité imposée.

DOSSIER, n.m. On trouve dans les documents administratifs belges: [*Ce dossier n'est pas encore clôturé*]. On veut dire qu'aucune décision n'a encore été prise, que la discussion se poursuit. Notons qu'on *ouvre* et qu'on *ferme* un dossier (on commence l'examen d'une affaire, on la classe). ▶ FARDE.

DOUBLE dans les **composés**. Trait d'union hésitant. Il ne s'impose que s'il y a, par métonymie, un sous-entendu: un DOUBLE-BEC (cuiller ou saucière), un DOUBLE-BLANC (au domino), un DOUBLE-CRÈME (fromage ou café), un DOUBLE-FOND (espace); si le nom composé est pris adjectivement, il garde son trait d'union et reste invariable: *des fromages double-crème*. Mais: *une saucière à double bec, jouer un double jeu, un tiroir à double fond.* Au pluriel, les deux éléments du composé prennent la marque du pluriel, mais le second reste invariable si c'est un nombre: *des* **doubles-commandes**, *des* **doubles-cinq**.

DOUBLE, adj., DOUBLÉ, n.m. En termes de chasse, réussir un *doublé*, c'est abattre deux pièces de gibier coup sur coup. Ne pas confondre avec *faire* COUP DOUBLE, abattre deux pièces de gibier d'un seul coup de fusil; au figuré, obtenir par une seule action un second effet. Tandis qu'un *doublé*, c'est un double succès remporté coup sur coup.

DOUBLER, REDOUBLER, v.tr., DOUBLEUR, REDOUBLANT, n.m. *On double* ou *on redouble la consonne*. — **Doubler une classe**, c'est la suivre une seconde fois (*PR*). L'expression est courante en Belgique, elle est devenue archaïque en France et tend à ne plus être reprise par les dictionnaires, qui notent **redoubler**, *redoubler sa classe* (*le* REDOUBLEMENT *d'une classe*). ▶ DÉDOUBLER. Quant aux élèves qui redoublent, on les appelle en Belgique, ainsi qu'au Canada, des *doubleurs*, mot inconnu en France où ils sont des *redoublants*.

DOUCEÂTRE ou DOUÇÂTRE (*RO III.10H*), adj. Attention à *e* (remplaçant la cédille) et à *â*.

DOUCEMENT, adv., s'emploie au figuré dans *aller doucement, marcher doucement* pour une affaire qui va médiocrement.

DOUCEURS, n.f.pl., peut signifier *friandises, sucreries*.

DOUCHER, v.tr.dir., n'est un belgicisme que dans l'emploi intransitif et impersonnel dans le sens de «pleuvoir abondamment». On peut parler d'*une douche* pour une *averse*. On dit très bien: *L'orage nous a douchés. Nous nous sommes fait doucher* (se dit aussi au figuré: recevoir une réprimande).

DOUÉ, adj. *On est doué de qualités, d'une bonne mémoire, de patience, on est doué en musique, pour le piano, on est doué en* (ou *pour les*) *mathématiques*.

[DOUF]. — [*Il fait douf*] pour *Il fait lourd, étouffant*, s'entend à Bruxelles et en pays flamand, mais n'y passe pas pour du français.

DOUTE, n.m. (▶ SANS, 4), DOUTER, v.tr.ind., DOUTEUX, adj.

1. On dit: *douter* **de** *la réalité de qqch., de la bonne foi de qqn. N'en doutez pas. On doute d'avoir bien fait.* Plus littéraires que réellement vivants, **douter si** et **douter comment**; ils

sont suivis de l'indicatif ou du conditionnel: *Je doute encore s'il ne viendra pas. Je doute si, dans son cas, j'agirais comme lui* (je me demande si, je ne suis pas sûr que). — *On a des doutes sur qqch., on met qqch. en doute.*

2. ***Douter que*** affirmatif (ou *mettre en doute que*) est suivi du subjonctif: *Je doute **qu'il l'ait dit**.* On trouve parfois le conditionnel, surtout pour un fait futur éventuel: *Je doute qu'ils vous laisseraient faire ce que vous voulez.* Mieux vaut l'éviter. C'est une faute d'employer dans ce cas, avec le subjonctif, *ne* explétif, mais on peut évidemment employer *ne pas*: *Je doute qu'il ne l'ait pas dit* (opposé à *Je doute qu'il l'ait dit*).

Négatif, il est suivi également du subjonctif, mais avec ou sans *ne* (qui ne s'impose jamais), quel que soit le degré de conviction: *Je ne doutais pas que ce **fussent** là les intentions de l'ennemi* (Gaulle, Ch. de, *L'appel*). *Je ne doute pas qu'il (ne) le fasse.* On peut employer l'indicatif (sans *ne*) pour insister sur la réalité du fait subordonné (*Je ne doute pas qu'il le **fera***) ou le conditionnel si le fait est hypothétique (*Je ne doute pas qu'il le **ferait** si on le lui demandait. Je ne doute pas qu'il pourrait faire mieux*). — *Elisabeth n'a jamais douté que si elle n'avait pas quitté son mari (…) il ne **fût** pas mort* (Mauriac, Fr., *Destins*); *fût* est mis pour *serait. En somme, je ne doutais pas que la France **dût** traverser des épreuves gigantesques, que l'intérêt de la vie consistait à lui rendre, un jour, quelque service signalé et que j'en aurais l'occasion* (Gaulle, Ch. de, *L'appel. Aurais* est un indicatif futur du passé).

Après *je ne puis douter*, même usage: *On ne peut douter qu'il (ne) l'ait dit ou qu'il l'a dit.* — *Verlaine nous a trop souvent fait l'aveu de l'effarement de sa conscience travaillée par le songe pour que nous puissions douter que celui-ci n'ait finalement altéré sa vie et même, d'une certaine manière, ne l'ait détruite* (Nadal, O., *Introduction aux œuvres complètes de Verlaine*); *douter* est ici construit comme s'il était négatif; le sens est en effet: *nous ne pouvons douter, nous ne doutons pas.* ▶ POUR, 7.

Interrogatif, *douter* se construit comme s'il était négatif, mais avec une plus grande fréquence du subjonctif, avec ou plus souvent sans *ne*: *Doutez-vous qu'il (ne) vienne?*

3. Les mêmes principes règlent l'emploi du mode et de *ne* après **IL EST DOUTEUX QUE, IL N'EST PAS DOUTEUX QUE, NUL DOUTE QUE, IL NE FAIT PAS DE DOUTE QUE,** etc. Il n'est pas étonnant que le subjonctif soit plus rare, à cause de la négation très forte du doute, correspondant à une quasi-certitude, après **IL N'Y A PAS DE DOUTE QUE** et surtout après **IL EST HORS DE DOUTE QUE,** très rarement suivi du subjonctif: *Or, il ne faisait guère de doute que Schoudler entrât dans l'agonie* (Druon, M., *La chute des corps*).

Il faut mettre à part **SANS DOUTE QUE,** qui marque la probabilité et qui, comme *sans aucun* (ou *nul*) *doute* marquant la certitude, est suivi de l'indicatif (ou du conditionnel): *Sans doute que ses dispositions étaient prises.* ▶ INVERSION, 3.3.2.

4. **SE DOUTER QUE** ne marque pas le doute et se rapproche de *croire*. Aussi est-il suivi de l'indicatif ou du conditionnel à la forme affirmative et, rarement, du subjonctif à la forme négative ou interrogative: *Je me doute qu'il s'est trompé. Elle ne s'était pas doutée qu'on l'observait. Il ne se doutait pas qu'on **eût** des preuves contre lui* (Ac.).

DOUX, adj. ou adv., est adverbe dans **FILER DOUX:** *Elle a filé doux.* Adj. dans **SE LA COULER DOUCE.** ▶ COULER. — **DOUX-AMER:** *un accueil doux-amer, des réflexions **douces-amères**.*

[DRACHE], n.f., mot d'origine germanique, s'est répandu à partir de Bruxelles jusqu'au nord de la France; il faut dire *averse* (pluie soudaine, courte et abondante) et, au lieu du verbe **[DRACHER],** *pleuvoir à verse.*

DRAGUER, v.intr., **DRAGUEUR,** n.m., *dragueuse*, n.f., se disent familièrement de celui ou de celle qui cherche à multiplier les aventures galantes.

DRAP, n.m., s'entend en France comme en Belgique au lieu de *drap de lit*. Mais il faut laisser aux dialectes **[DRAP DE MAINS]** pour *serviette*, **[DRAP DE MAISON]** pour *torchon*. On écrit: *une pièce de drap, un fabricant de drap, un négociant en drap,* mais plutôt *un marchand de draps.*

DRASTIQUE, adj., se dit proprement d'un purgatif énergique, mais s'applique au figuré, comme *draconien, radical*, à tout remède très énergique: *Des mesures financières drastiques* (GLLF). *Une réforme drastique* (GR).

[DRESSE], n.f., s'emploie parfois en Wallonie, comme dans les dialectes, pour *dressoir, armoire.*

DRESSER, v.tr.dir. On peut dire: *Cela (lui a) fait dresser les cheveux (sur la tête). Mes cheveux se dressent.* — *On dresse un acte, un contrat, un procès-verbal, une contravention.*

DRÈVE, n.f., est un mot d'origine néerlandaise, courant en Belgique et connu dans le nord de la France, pour désigner une allée bordée d'arbres (conduisant ou non à une propriété), allée carrossable.

DRIBBLE, n.m., on francise avec un seul *b*, **DRIBLE** (n.m.), **DRIBLER** (verbe), **DRIBLEUR** (n.m., le joueur).

DRINGUELLE, n.f. d'origine néerlandaise, courant en Belgique, connu dans le nord de la France au sens de *pourboire* ou de petite libéralité en argent.

DRINK, n.m. Pourquoi dire *prendre un drink* au lieu de *prendre un verre* ?

DRIVE-IN, n.m. inv., mot américain invariable signifiant «qui conduit dedans» et désignant un service auquel on peut avoir accès sans quitter sa voiture. Pour un cinéma en plein air, ainsi accessible, on dit un *ciné-parc*.

DROGUE, n.f., est employé pour *médicament* plus souvent en Belgique qu'en France, où il a généralement un sens péjoratif. **DROGUERIE** désigne le commerce de produits d'hygiène, de toilette, de ménage, d'entretien, ou le lieu où on les vend. *Marchand de couleurs* n'est pas synonyme de **DROGUISTE**.

DROIT peut être adverbe (*Aller droit au but, au fait* ; *les yeux fixés droit devant lui* ; *marcher droit*, en ligne droite ou conformément à la discipline imposée) ou adjectif (notamment dans *se tenir droit, droite* et quand l'adjectif est détaché ou attribut : *la flamme montait droite* ; *la route s'allonge, droite et boueuse*). On écrit : le **DROIT FIL**, *dans le droit fil de qqch.*, conforme ou conformément à. — Quelques emplois du nom : *Avoir droit à* (ou *sur*) *qqch. Avoir droit de faire qqch.* est un tour littéraire et un peu recherché. On dit plutôt : *Avoir le droit de faire qqch.* — *Être en droit de faire qqch. Avoir un droit de regard. Être dans son droit* ou *dans son bon droit. À bon droit. Cela lui appartient de droit, de plein droit. S'adresser à qui de droit* (sans trait d'union).

DROLATIQUE, adj. Pas d'accent circonflexe.

DRÔLE (prononcer ô), adj. et n. *Avoir des idées drôles, de drôles d'idées* (des idées qui paraissent plaisantes ou étranges). Mais le nom *un drôle* a un sens plutôt péjoratif, sauf dans le sud-ouest de la France. **Drôle de** (*faire une drôle de tête* ; *un drôle de type, une drôle d'odeur*) marque le caractère surprenant. Familièrement, signifie *beaucoup* : *Il faut une drôle de patience pour supporter cela.*

Drôlesse est vieilli ; il se dit d'une femme aux mœurs déréglées.

Je me sens tout drôle (ne pas se sentir dans son état habituel), *ça me fait tout drôle* (cela me fait une impression bizarre) sont familiers.

DRÔLEMENT signifie : d'une manière bizarre (*Il est drôlement accoutré*) et, familièrement, «d'une façon extraordinaire» : *Les prix ont drôlement augmenté. Il fait drôlement froid aujourd'hui* (PR). *J'ai drôlement soif* (TLF). On entend parfois, en français populaire de Belgique, prononcer «drol'dement». À éviter.

DROMADAIRE, n.m. (une seule bosse), s'oppose à *chameau* (*d'Asie*, deux syllabes, deux bosses).

DRU est **adjectif** (*Des cheveux drus, une averse drue, un style dru, direct, vif*) ou **adverbe** (*il pleut dru*). On écrit : *la pluie tombe dru* (d'une manière très serrée) ou *tombe drue* (abondante, serrée ou droite). *Les coups tombent dru* (ou *drus*) *sur son échine.*

DRUGSTORE, n.m., est un anglicisme (nom déposé) admis en français (et où *u* se prononce *e*) pour désigner un ensemble formé d'un bar, de magasins divers.

DRUIDE, n. Féminin : **druidesse**.

DRY, adj. et adv. Pourquoi ne pas dire *sec* ?

DÛ, n.m. : *payer son dû*. Le participe passé masculin singulier s'écrit *dû*. ▶ DEVOIR.

DUCASSE, n.f., dans le français du Nord et en Hainaut, désigne une fête populaire, une fête patronale, une *kermesse*.

DUFFEL-COAT, souvent écrit **DUFFLE-COAT** (*u* se prononce *e* et *oa* se prononce *ô*), n.m., manteau trois-quarts avec capuchon, en gros drap de laine, genre caban : *Des **duffel-coats**.* On pourrait, conformément à l'esprit de la réforme de l'orthographe, l'écrire en un mot.

DÛMENT (selon les formes prescrites), adv. Accent circonflexe ou **DUMENT** selon les *Rectifications de l'orthographe* de 1990 (*RO* II.4).

DUMPING, n.m., pratique commerciale consistant à vendre à l'étranger moins cher que dans le pays d'origine.

DUNE, n.f. C'est un pléonasme d'ajouter le complément *de sable*.

DUPE, adj. : *Nous ne sommes pas dupes* et n.f. : *C'est lui qui est la dupe.*

DUPLEX, n.m., se dit d'*une émission en duplex*, appelée aussi *un duplex* (qui permet de faire entendre ou voir des programmes émis simultanément de deux points différents), ou d'un *appartement* (on dit aussi *appartement en duplex*) disposé sur deux niveaux reliés par un escalier intérieur.

DUPLICATA, n.m., est invariable : *un duplicata, des **duplicata**,* ou variable : *des **duplicatas**.*

DUR, adj. ▶ AVOIR, 7. *Des œufs durs.* Adv. : *Ils frappent dur.*

DURANT, prép. L'étymologie permet certes d'opposer *durant*, réservé à l'expression de la durée entière, à *pendant*, qui ne concerne qu'un laps de ce temps: *Il est resté debout durant la cérémonie. Il est sorti pendant la cérémonie.* Mais cette distinction est généralement abandonnée au profit de *pendant. Il s'est relevé pendant la nuit. Pendant* (ou *durant*) *la journée* peut vouloir dire *pendant toute la journée* ou *à un moment de la journée.* On écrit *durant vingt ans* ou *vingt ans durant.* **DURANT QUE** (suivi de l'indicatif) a vieilli, mais a repris une certaine vie (cf. *B.U.*, n° 1081, b).

DURER, v.intr. On dit fort bien: *durer longtemps.*

DUVET, n.m. On parle du duvet de l'*oie*, d'un *poussin*, d'un *oreiller*, d'un *édredon* (des plumes dont on le garnit). On a dit autrefois *duvet* pour «lit de plume». Mais c'est un belgicisme d'employer *duvet* pour *édredon.*

DYNAMIQUE, adj., se dit couramment et fort bien d'une personne qui manifeste une grande vitalité, de la décision, du **DYNAMISME**.

DYS- (prononcer *s* dur). Préfixe de nombreux mots savants (surtout en médecine), exprimant la difficulté, le mauvais état, le trouble (*dysfonctionnement, dysgraphie, dyslexie, dysorthographie, dysphagie, dysphasie, dysphonie, dysplasie, dyspraxie, dystasie, dystrophie*), tandis que le préfixe **DIS-** exprime la négation (*discontinu, disconvenir, discrédit, disgracieux, disjoint, disqualifier, dissemblable, dissocier, dissymétrie*).

On rencontre également: **DYSENTERIE** (inflammation des intestins ou diarrhée grave), **DYSPEPSIE** (digestion difficile et douloureuse), **DYSPNÉE** (difficulté de la respiration), **DYSURIE** (difficulté d'uriner). — **DISHARMONIE** et **DYSHARMONIE** tendent à se confondre.

EAU, n.f.

1. On écrit : *Une ville d'eaux*. PRENDRE LES EAUX, faire une cure thermale.

2. On dit : *sous* terre, mais on emploie généralement l'article dans *sous l'eau* (parfois *sous les eaux*) : *La rue est sous l'eau.* En Belgique, on omet couramment l'article.

3. En Wallonie, [EAU DE GOUTTIÈRE] se dit pour *eau de pluie*.

4. EAU DE BOUDIN. ▶ BOUDIN.

5. Trait d'union dans EAU-DE-VIE, EAU-FORTE, EAUX-VANNES.

ÉBAHIR (S') se construit comme s'étonner. ▶ ÉTONNER. Proprement, si l'on s'en tient aux sens premiers, l'étonnement se traduit par la bouche ouverte chez l'ÉBAHI, par un bégaiement chez celui qui est *ébaubi* et par un éblouissement chez celui qui est *éberlué*.

ÉBÈNE, n.f. *Une ébène très noire.*

ÉBONITE, n.f. *L'ébonite est isolante.*

ÉBOUEUR, n.m. ▶ BOUEUX.

ÉBOULER (S'), ÉCROULER (S'). *Un terrain s'éboule*, tombe par morceaux, progressivement. *Un homme s'écroule, un mur s'écroule*, tombe soudainement de toute sa masse.

ÉBOURIFFAGE, n.m., **ÉBOURIFFÉ**, adj. Un r, deux f.

ÉCAILLE, n.f., **ÉCAILLER**, v.tr.dir. On parle d'*écailles* à propos de poissons, de moules, d'huîtres (on dit aussi *coquilles*), de serpents, de papillons ; mais on dit la *coque*, la *coquille* et parfois (vieux ou dialectal) l'*écale* d'un œuf. ▶ ÉCALE. **Écailler.** On écaille du *poisson*. *L'humidité écaille le plâtre ; la peinture* S'ÉCAILLE ; *le mur est écaillé ou s'écaille par endroits ; l'enduit, le vernis s'écaille, s'est écaillé.* Nom : un ÉCAILLER, une *écaillère*.

ÉCALE, n.f., **ÉCALER**, v.tr.dir. Le nom *écale* se dit de l'enveloppe verte recouvrant la coque de certains fruits (amandes, noisettes, châtaignes, noix) et a vieilli dans le sens de *coquille* d'œuf ou de *gousse* de fève, de pois, de haricot. — *Écaler des noix*, les dépouiller de l'écale. *Écaler des œufs durs.*

ÉCARLATE, n.f. ou adj., est féminin comme nom de couleur ou d'étoffe. L'adjectif varie, comme le nom, au pluriel.

ÉCART, n.m. Un écart *de* langage, de conduite, de régime, un écart *à* une ligne de conduite.

ECCE HOMO, n.m. invariable. Des *ecce homo*.

ECCHYMOSE, n.f. *Une ecchymose.*

ÉCHANGER, v.tr.dir. *Il a échangé un livre* **contre** *une gravure. Il a échangé des timbres* **avec** *un ami. Il a échangé avec moi quelques propos. Ils ont échangé des timbres. Nous avons échangé un sourire.* La réciprocité est marquée par *avec* ou par un sujet pluriel. On dit : EN ÉCHANGE de qqch.

ÉCHAPPATOIRE, n.f. *Une échappatoire.*

ÉCHAPPER, S'ÉCHAPPER. Sens, construction, auxiliaires.

1. *Échapper* en **emploi absolu** (sans complément) ; auxiliaire *avoir* :

   a) Avec *faire* ou *laisser* : *Laisser échapper une occasion, un plat, un cri. On l'a laissé échapper (ou s'échapper). On l'a fait échapper.* ▶ FAIRE, 7.

   b) Au sens de « ne pas être perçu » (▶ 2, a) : *Le détail échappe.*

   c) Au sens de « ne pas être atteint par, être soustrait à, être préservé de » (▶ 2, c) : *L'incendie a ravagé tout le quartier ; seules deux maisons ont échappé ou mais nous avons échappé.*

2. Avec *à* :

   a) En parlant de choses ou de personnes, au sens de « ne pas être perçu, remarqué » (▶ 1, b), toujours l'auxiliaire *avoir* (autrefois on a pu employer *être*): *Toute la finesse de ce trait lui a échappé. Cette faute a échappé au correcteur. Rien n'a échappé à sa prévoyance. Rien ne lui échappe. Cela ne vous a pas échappé* (vous l'avez remarqué). *Il a échappé aux regards indiscrets.* **Impersonnellement,** *il ne m'échappe pas que* + indicatif ou conditionnel: *Il ne vous a pas échappé qu'il était mal à l'aise, qu'il en souffrirait.*

b) En parlant de choses, au sens de «être dit ou fait par mégarde, par imprudence, sans contrôle», le plus souvent *être*: *Un mot malheureux lui est échappé. Plusieurs fautes lui sont échappées.* **Impers.:** *Il lui est échappé un mot inconvenant* (Ac.). *Il lui est échappé de la tutoyer.*

Cependant *avoir* n'est pas rare: *Ils n'avaient fait que suivre leur destin. Les décisions et les actes leur avaient échappé* (Peyrefitte, R., *Les amitiés particulières*). *Cette petite phrase lui avait échappé tout inconsciemment* (Gide, A., *L'école des femmes*). *Les paroles qui lui avaient échappé tout à l'heure* (Aymé, M., *Le bœuf clandestin*). *Un cri, un soupir lui a échappé, lui est échappé* (Ac.).

c) En parlant de personnes, d'animaux ou de choses, au sens de «se maintenir hors d'atteinte, sortir indemne de» (▸ 1,c), auxiliaire *avoir* généralement: *Ils ont échappé à l'accident, à l'épidémie, à la prison, au massacre, à la honte. Échapper à une obligation, à l'impôt, à une influence. Cette forêt a échappé à l'incendie. Son œuvre a toujours échappé à la banalité.* On trouve *être* pour marquer l'état: *Ils étaient une dizaine, en piteux état, qui étaient échappés au massacre.* La construction avec *de* dans ce sens est vieillie.

d) En parlant de personnes, d'animaux ou de choses, aux sens de «glisser hors des mains, sortir des mains», au propre ou au figuré, «sortir de la mémoire», auxiliaire *avoir* (action) ou *être* (état), plus souvent *avoir*: *Le château de famille (...) lui avait échappé* (Druon, M., *La chute des corps*). *Le verre m'a échappé* (ou *m'est*) *échappé des mains. Le couteau m'avait* (ou *m'était*) *échappé. L'oiseau que je tenais m'a* (*m'est*) *échappé. Son fils lui échappait. Le bonheur lui a* (*lui est*) *échappé. La patience lui a échappé* (Ac.; il a perdu patience). *Il a enfin échappé aux soucis. Son nom m'a* (ou *m'est*) *échappé* (je ne m'en souviens plus).

3. Avec *de*:

a) En parlant de personnes ou d'animaux, aux sens de «se soustraire à qqn ou à qqch., se libérer (par la force, la ruse, ou la fuite), cesser d'être retenu», auxiliaire *avoir* (action) ou *être* (état), plus souvent *avoir*: *Ils sont échappés de prison, des mains de leurs gardiens. Ils ont échappé de prison.* On dit généralement S'ÉCHAPPER: *Ils se sont échappés de prison.*

L'oiseau s'est échappé de sa cage. Trois des coureurs se sont échappés du peloton. Elle s'échappa un moment pour aller vérifier le service à la cuisine.

S'échapper se dit des êtres animés ou de qqch. qui peut se répandre ou s'évanouir: *Le gaz s'échappe du tuyau. Des flammes s'échappaient du toit. Son dernier espoir s'est échappé.*

b) En parlant d'un objet: *L'objet échappa de mes mains* (Ac.), *l'objet a* (ou *est*) *échappé de mes mains.* ▸ 2, d.

4. On a dit autrefois: *Échapper la potence, l'accident, un danger* (éviter). — Comme dans *la bailler belle*, le pronom représente *la chose* dans L'ÉCHAPPER BELLE. L'expression signifiait sans doute: manquer une occasion qui était pourtant belle. Aujourd'hui elle est figée (le participe est invariable) dans un sens tout différent, «échapper de justesse à un danger»: *Ils l'ont échappé belle.*

ÉCHASSIER, n.m. *Le héron est un échassier.* L'homme monté sur des échasses s'appelle *un échassier* mais, à Namur (Belgique), le jouteur sur échasses est un ÉCHASSEUR.

ÉCHAUFFOURÉE, n.f. (deux *f*, un *r*), désigne aujourd'hui une brève bagarre.

ÉCHECS (on prononce aujourd'hui *c* final), n.m.pl. Le jeu s'est appelé autrefois *le jeu des échecs*, mais on dit maintenant: *jeu* **d'échecs**, *partie d'échecs.*

ÉCHELLE, n.f. *Bâtir, fabriquer, commencer* **sur** *une grande* (*large, vaste*) *échelle*, en grand, de façon importante. *Une chose se mesure* **à l'échelle** *de l'homme, de la planète*, etc. *Une entreprise est à l'échelle mondiale.* — *On monte à l'échelle*, au figuré; *à l'échelle* ou *sur l'échelle*, au propre.

ÉCHEVIN, ÉCHEVINAT, n.m. Le mot *échevin*, bien français et qui a désigné sous l'Ancien Régime un magistrat élu, est resté vivant en Belgique et doit y être employé pour désigner un conseiller communal élu par ses pairs pour prendre en charge une partie de l'administration de la commune: *L'échevin de l'état civil* ou *des travaux publics*, etc. *Le bourgmestre et les échevins forment le collège des bourgmestre et échevins.*

À *échevin* correspondent deux adjectifs, SCABINAL et, plus courant, ÉCHEVINAL (*fonctions échevinales, collège échevinal*) et un nom, *échevinat.*

La prononciation belge fait entendre deux consonnes sonores (*j* + *v*) et c'est normal; en France, où le nom n'est plus vivant, on prononce souvent *ch* + *v*, parfois *ch* + *f*.

Les dictionnaires français mentionnent encore ÉCHEVINAGE en lui donnant des acceptions en rapport avec l'ancienne fonction d'échevin. Le mot n'est jamais employé en Belgique au lieu d'*échevinat*.

ÉCHINER, v.tr.dir. (rompre l'échine), ne s'emploie plus que dans S'ÉCHINER (se donner beaucoup de peine) *à* une chose, *à* faire qqch.

ÉCHO, n.m.

1. Annoncer qu'on va faire entendre un *écho sonore* d'une manifestation est à éviter. Un écho n'est-il pas toujours sonore? Si Hugo a pu dire que Dieu a mis son âme «au centre de tout comme un écho sonore», c'est que *sonore* peut signifier «qui donne beaucoup de son, qui a un beau son». *Sonore* ajoutait donc dans ce vers une qualification utile. — *Écho* peut signifier «petite nouvelle», ou «renseignement plus ou moins vague, on-dit».

2. SE FAIRE L'ÉCHO DE est considéré par certains dictionnaires comme une expression plus ou moins figée où le participe est invariable: ***Ils se sont fait l'écho** de la nouvelle* (GR). *Elle s'en est fait l'écho* (GLLF). Mais la logique et l'usage autorisent — et même recommandent — l'accord, comme on le ferait dans *Elle s'est faite la protectrice des réfugiés: Des rumeurs fantastiques dont Mᵐᵉ de Sévigné **s'est faite l'écho*** (Funck-Brentano, F., *Le drame des poisons*). Il arrive même qu'on écrive *les échos* lorsque le sujet est au pluriel: *Opinion dont Mᵐᵉ de Caylus, (...) Bussy-Rabutin se sont faits les échos* (Id., *Ibid.*). Mais on laisse plutôt *l'écho* au singulier: *La découverte sensationnelle dont les journaux de tous les pays se sont faits aussitôt l'écho. Nous nous sommes faits l'écho dans notre dernier numéro de l'émotion... Certains journaux se sont faits l'écho du désaccord...*

3. *Écho* reste au singulier dans RESTER SANS ÉCHO.

4. Dérivé: ÉCHOTIER, n.m., rédacteur d'échos dans un journal.

ÉCHOIR, v.intr., n'est guère usité qu'à l'infinitif et aux formes suivantes: *Il **échoit** (**échet** est archaïque et subsiste dans le langage juridique), ils **échoient**, il **échut**, il **échoira**, ils **échoiront** (**écherra**, **écherront** sont archaïques), il **échoirait**, ils **échoiraient** (**écherrait**, **écherraient** sont archaïques), qu'il **échoie**, qu'il **échût**, **échéant**, **échu**, **échue**.* On trouve parfois l'imparfait *échoyait, échéait*. Auxiliaire *être*.

ÉCHOPPE, n.f. *Une échoppe* (deux *p*) est proprement une petite boutique (avec parfois un atelier) adossée contre un mur. Parmi les sens régionaux, notons en Belgique celui d'étal, monté le plus souvent sur un marché.

ÉCHOUER, v.intr. **L'auxiliaire** est presque toujours *avoir*, toujours au sens figuré: *Le navire a échoué* (on dit plus souvent: *s'est échoué*) *sur un écueil.* Avec *être*, pour marquer un état, *être* gardant sa valeur temporelle: *Ils sont échoués là, dans le jour* (Saint-Exupéry, A. de, *Un sens à la vie*). Sens figurés: *Il a échoué à l'examen de licence. Tous ses efforts ont échoué. Le bistrot où nous avions échoué. Ils ont échoué au café du coin.*

ÉCLAIR, n.m. FERMETURE ÉCLAIR est une marque déposée, ce qui a normalement entraîné l'emploi d'une majuscule à *Éclair*: *Les fourreaux de plastique à fermeture Éclair* (Bazin, H., *Le matrimoine*). *Un blouson (...) à fermeture Éclair* (Clavel, B., *La maison des autres*).

D'autres fermetures analogues ont été mises sur le marché, avec d'autres noms déposés. Mais l'usage n'a pas craint d'employer *fermeture éclair* (avec une minuscule à *éclair*) pour désigner ce qu'on appelle généralement une FERMETURE À GLISSIÈRE: *Le bruit léger du tirant glissant dans la coulisse de la fermeture éclair* (Pieyre de Mandiargues, A., *La motocyclette*). Le français régional de Belgique emploie abusivement dans ce sens TIRETTE, n.f., qui a d'autres significations en français. ▶ TIRETTE. Une autre marque, déposée plus récemment, *Zip*, a donné naissance au nom commun un ZIP pour une *fermeture à glissière* et surtout au verbe ZIPPER (munir d'une fermeture à glissière) et à l'adjectif ZIPPÉ: *une robe zippée*.

On écrit: *Des voyages **éclair**, des guerres **éclair**, des visites **éclair**. Des **éclairs** au chocolat.*

ÉCLAIRER, v.tr.dir. et intr.

1. Il est faux de dire que l'impersonnel IL ÉCLAIRE (avec l'auxiliaire *avoir*), dans le sens de *il fait des éclairs*, n'est pas français: *Il a éclairé toute la nuit* (Littré). Mais cet emploi, resté courant en Belgique et au Canada, est, en France, devenu vieux ou régional.

2. **Éclairer qqn** ne signifie pas seulement «répandre de la lumière sur lui» (*Les projecteurs éclairaient l'artiste*), mais «lui procurer de la lumière pour lui permettre de voir clair»: *Ce fonctionnaire est logé et éclairé. Il s'éclaire à la bougie.* Au figuré: *Éclairez-moi sur ce qui s'est passé.* **Éclairer qqch.**, *le plafond, un tableau. Le magasin est éclairé.* Emploi **intransitif** (donner de la lumière): *Cette ampoule éclaire mal. Voulez-vous éclairer?* — *On les voyait mal* (les passants), *car peu de magasins avaient éclairé* (Bosco, H., *L'antiquaire*).

ÉCLATER, v.intr. On ne dit plus guère S'ÉCLATER DE RIRE, mais ÉCLATER DE RIRE. — Auxiliaire *avoir*: *Sa colère a éclaté.* Emploi moderne de S'ÉCLATER: s'exprimer avec force dans le plaisir.

ÉCLORE, v.intr., se conjugue comme *clore*; on suit très peu l'Académie, qui écrit il *éclot* au lieu d'écrire il *éclôt* comme il *clôt*. Le verbe étant défectif et ne s'employant guère qu'à l'indicatif présent et futur, au conditionnel, au subjonctif présent (qu'il *éclose*), au participe passé (*éclos, éclose*) et aux temps composés (avec *avoir* pour l'action, mais généralement avec *être*), on remplace les formes manquantes par FAIRE ÉCLOSION: *Les poussins (ou les œufs) sont éclos. Ils faisaient éclosion. Ces fleurs ont éclos pendant la nuit* (action). *Ces fleurs sont écloses (la semaine dernière).* ▶ FRAIS.

ÉCOLAGE, n.m., était signalé par Littré non seulement dans les sens de «état de celui qui est à l'école, enseignement d'école», mais dans celui de «frais d'école, droit que paye chaque écolier». Le mot a ressurgi en Belgique comme en France, sous l'influence de l'anglais *schooling* «cycle d'instruction pour l'apprentissage des techniques aériennes, saut en parachute, pilotage, etc.» En Belgique, s'ajoutent de multiples emplois désignant une formation pratique dans divers domaines, généralement sous la direction d'un moniteur: conduite automobile, formation de policiers, etc.

ÉCOLIER, n.m., s'est dit aussi autrefois des *étudiants* qui fréquentaient les facultés universitaires. Il est remplacé par *élève* comme terme général; *écolier* ne se dit plus que pour l'enseignement inférieur.

ÉCOLOGIE, n.f., doctrine (des *écologistes*) visant à la sauvegarde de l'environnement naturel. **ÉCOLOGISTE** se dit souvent **ÉCOLO**, n., surtout en politique. **ÉCOLOGUE**, spécialiste de l'écologie.

ÉCORCE, n.f., s'applique à un arbre mais aussi, à côté de *pelure*, à cause de l'épaisseur, à l'orange, au citron, etc.

ÉCOSSER, v.tr.dir. On écosse des petits pois, on en enlève la **COSSE**.

ÉCOT, n.m., quote-part d'un convive. *Payer son écot.*

ÉCOULÉ, adj., **S'ÉCOULER**. S'écouler se dit du temps qui disparaît progressivement, de la vie, d'une foule, de produits mis en vente. On parle en France comme en Belgique des *années écoulées*, passées. Mais les Belges vont plus loin en écrivant en style commercial: *le 15 du mois écoulé*, qui paraît défendable à côté de: *le 15 du mois dernier, du mois passé, le 15 octobre dernier.* Ne pas dire: [*le 15 de l'écoulé*].

ÉCOUTE, n.f. *On est à l'écoute, à l'écoute de l'actualité, aux écoutes.*

ÉCOUTER, v.tr.dir., peut s'employer absolument, dans le sens d'«obéir»: *Cet enfant n'écoute jamais* (GLLF). Sens habituel: *Écoute-le se plaindre.*

ÉCREVISSE, n.f. *Rouge comme une écrevisse.*

ÉCRIER (S'). *Ils se sont écriés qu'on les trompait. Nous nous écriions. Elle s'écriait, elle s'est écriée.*

ÉCRIRE, v.tr.dir. Parce qu'on ne dit pas [*écris-je*], certains auteurs emploient [*écrivé-je*]. C'est une faute. Dans l'interrogation, il faut dire: *Est-ce que j'écris?* — On écrit *des pages* sur *un sujet.* On écrit *à qqn. J'ai écrit en Angleterre, à Londres. Le mot est écrit* au *crayon, à l'encre,* en *majuscules. On écrit* sur *le sable.* «*S'efforcer*» *s'écrit* avec *deux f.* [*Écrire* par *deux f*] est exceptionnel et à déconseiller. **S'ÉCRIRE**: *Ils se sont écrit des lettres. Les lettres qu'ils se sont écrites.* On dit **RÉCRIRE** ou **RÉÉCRIRE**.

ÉCRITOIRE, n.f., ne désigne plus un meuble contenant ce qu'il faut pour écrire et a vieilli dans le sens abusif d'*encrier* et même dans celui de petit nécessaire utilisé autrefois et contenant ce qu'il faut pour écrire.

ÉCRITURE, n.f. *Un roman d'une écriture recherchée. L'écriture artiste.*

ÉCRIVAIN, n.m., se dit au masculin d'une femme, du moins en Europe: *Colette est un excellent écrivain.* Au Québec et en Suisse: *écrivaine.* **ÉCRIVAILLEUR**, *euse*, est péjoratif.

ÉCROULER (S'). ▶ ÉBOULER.

ÉCURER, v.tr.dir. ▶ CURER.

ÉDILE, n.m. *Un édile est aujourd'hui un conseiller municipal.* Il faut donc éviter le pléonasme [*édile communal* ou *municipal*].

ÉDITEUR, n.m. Féminin *éditrice. La société éditrice.* **LIBRAIRE-ÉDITEUR** (*GR*).

ÉDUQUER, v.tr.dir. Voltaire blâmait l'emploi d'*éduquer* pour *élever.* On peut certainement parler aujourd'hui d'une personne bien *éduquée.* C'est à tort que l'Académie a blâmé cette expression après avoir admis dans son Dictionnaire: *Un enfant bien éduqué, mal éduqué.* Il est vrai qu'on dit beaucoup plus souvent *élevé.*

EFFACER, v.tr.dir., **S'EFFACER**. On efface ce qui était marqué, une tache, un mot, ce qui est écrit au tableau. Par extension, *effacer le tableau.*

S'effacer se dit de qqch., une tache, un pli, une inscription, un sourire, un souvenir, en train de disparaître. En parlant de personnes, au sens réfléchi, *on s'efface* en offrant le moins de prise possible à l'adversaire dans un combat ou, au figuré, en occupant le moins de place possible: *Il s'effaçait pour faire briller son ami* (Ac.), il se plaçait en retrait, il évitait de se mettre en valeur. D'où l'emploi avec **devant** ou **derrière**, qu'il ne faut pas confondre.

*On s'efface **devant une dame*** pour la laisser passer, on se place en retrait. *On s'efface devant un concurrent* (au figuré), on lui laisse la première place. *L'intérêt personnel doit s'effacer devant l'intérêt général.*

Mais *s'effacer* a aussi le sens d'«éviter de se faire remarquer»: *C'est une personne discrète, qui s'efface volontiers.* Avec *derrière*, qui a vraiment son sens locatif: *Le romancier doit s'effacer **derrière ses personnages***, il doit disparaître derrière eux, comme qqn qui s'efface derrière un groupe.

EFFECTUER, v.tr.dir., c'est proprement «rendre effectif, faire passer dans la réalité», mais le sens courant est devenu «accomplir, exécuter»: *on effectue une démarche, une opération.*

EFFET, n.m. **EN EFFET**, loc.adv. ▸ CAR, conj., 2 et 3.

EFFICIENCE, n.f., **EFFICIENT**, adj., ont été influencés par l'anglais et évoquent souvent aujourd'hui une idée de rendement. *Efficience* ne s'emploie plus pour «capacité de rendement» en parlant d'une machine. Le nom féminin **EFFICACE**, vieilli, est littéraire et plutôt réservé au langage théologique et religieux. *Efficient*, «qui est capable d'obtenir de bons résultats et surtout qui en obtient», en arrive à être synonyme d'*efficace*: *Un collaborateur efficace* ou *efficient* (à distinguer de *compétent*).

EFFILER, AFFILER, v.tr.dir. On *effile* un tissu (on le défait fil à fil), de la charpie, des cheveux, une moustache. Le vent effile les fumées. — On **affile** une lame, on a la langue bien *affilée* (▸ AFFILER).

EFFLUVE, n.m., a résisté à une poussée assez vive vers le féminin. Il faut dire: *un effluve.*

EFFORCER (S'). Le tour habituel, devant un infinitif, est **s'efforcer de**: *S'efforcer de soulever un fardeau* (Ac.). La construction avec *à* paraît plus recherchée, plus littéraire; elle ne marque aucune nuance particulière de sens: *Ne vous efforcez point à parler* (Ac.). Elle s'impose devant un nom: *s'efforcer **à** la cordialité.* Accord du participe avec le sujet.

Bien qu'on la retrouve dans plusieurs bons dictionnaires, la remarque de Littré, associant toujours l'emploi de *s'efforcer* à l'idée de «de toutes ses forces, avec tous les moyens dont on dispose», ne correspond pas à l'usage courant.

S'efforcer pour suivi d'un infinitif est rare et s'explique par un emploi absolu, «faire des efforts en vue de»: *Il s'efforce pour paraître aimable.*

EFFRAIE, n.f. À ne pas confondre avec *orfraie* (▸ ORFRAIE).

ÉGAIEMENT, n.m. On écrit aussi **ÉGAYEMENT**.

ÉGAILLER (S') signifie «se disperser en tous sens» et ne se dit correctement que de personnes ou d'animaux groupés. À ne pas confondre avec **S'ÉGAYER** (s'amuser), qui d'ailleurs se prononce autrement.

ÉGAL, adj.

1. **SANS ÉGAL.** L'adjectif s'accorde avec le mot auquel il se rapporte. Toutefois on hésite parfois à le mettre au masculin pluriel: *Une joie sans égale. Des perles sans égales. Des chagrins sans égal* (GLLF). Cette hésitation n'est pas justifiée; on peut dire: *Des succès sans égaux.*

2. **D'ÉGAL À ÉGAL.** L'expression reste généralement invariable: *Il la traite d'égal à égal*; on la considère comme figée. On trouve parfois l'accord de chaque adjectif avec le mot auquel il se rapporte: *Elle voulait être traitée par son mari d'égale à égal. Il traite ses filles d'égal à égales.* Mais cet accord est beaucoup plus rare et on évite particulièrement le masculin pluriel *égaux*, soit en première, soit en seconde position.

3. **N'AVOIR D'ÉGAL QUE.** On trouve trois traitements, qui, en fait, laissent le choix, à cause d'une hésitation de l'usage.

   a) Invariabilité d'*égal*: ***Sa prétention n'a d'égal que sa bêtise*** (n'a rien d'égal, sauf sa bêtise). *Ses talents n'ont d'égal que sa modestie* (n'ont rien d'égal, sauf sa modestie). Ceci est conforme à l'invariabilité notée à ADJECTIFS QUALIFICATIFS, 2.8; mais, à cause de l'idée d'égalité entre les deux termes du rapport, l'invariabilité d'*égal* est assez rare; on fait beaucoup plus souvent l'accord (▸ b et c).

   b) Accord d'*égal* avec le sujet d'*avoir*: ***Sa prétention n'a d'égale que son sans-gêne*** (accord avec le seul terme déjà énoncé, comme si on disait: sa prétention est égale à son sans-gêne).

   Toutefois, on ne dit pas *égaux* si le premier terme est un masculin pluriel et le second un feminin singulier. On dit alors: *Ses talents n'ont d'égale que sa modestie* (▸ c) ou beaucoup plus rarement (▸ a): *Ses talents n'ont d'égal que sa modestie.*

   c) Accord d'*égal* avec le second terme du rapport: ***Ses exigences n'ont d'égale que sa bêtise*** (seule sa bêtise est égale à ses exigences). Cet accord apparaît surtout lorsque l'un des deux termes, soit le premier, soit le second, comprend deux noms: *Il n'a d'égaux que deux ou trois auteurs. Avec une politesse et une discrétion qui n'ont d'égal que son désintéressement. Avec un désintéressement qui n'a d'égales* *que sa politesse et sa discrétion.* On hésiterait à dire : *qui n'a d'égaux que son dévouement et sa discrétion,* bien que le masculin pluriel de l'adjectif se justifie par la présence d'un masculin dans les deux noms qui suivent. On dirait plutôt : *Avec un désintéressement qui n'a d'égal que son dévouement et sa discrétion* (▶ b).

4. **CELA M'EST ÉGAL** (ou **ÇA M'EST ÉGAL**) exprime l'indifférence et n'est donc pas de mise pour accepter une proposition aimable, favorable. À *Voulez-vous m'accompagner à cette fête ?* on répondra poliment : *avec plaisir* ou *volontiers.*

5. **À L'ÉGAL DE**, locution prépositive invariable (autant que, au même degré que) : *Elle est crainte à l'égal de la peste.*

6. **TOUTES CHOSES ÉGALES D'AILLEURS** : en supposant que les autres éléments de la situation ne changent pas.

ÉGALEMENT, adv., peut signifier *aussi.*

ÉGALER, v.tr.dir.

1. *Ma joie égale la vôtre. Il veut égaler ce capitaine à un foudre de guerre.*

2. Lorsqu'on est amené à écrire en toutes lettres le verbe *égaler* dans une opération mathématique, on laisse généralement *égale* invariable, comme si l'on pensait «cela égale» : *Trois plus trois égale six. Trois fois cinq égale quinze. Deux multiplié par cinq égale dix* (Littré).

On rencontre parfois le pluriel : *Un plus un égalent deux* (Aragon, L., *La mise à mort*). Ce pluriel est au contraire courant avec *faire* : *Deux et deux font quatre* (Ac.). *Trois fois trois font neuf.* Remarquer que si l'on emploie **multiplié par** ou **divisé par,** il peut paraître normal de mettre le participe au singulier ou au pluriel suivant que le verbe est lui-même au singulier ou au pluriel : **Quatre multiplié par vingt fait quatre-vingts.** *Quinze multipliés par trois font quarante-cinq.* Le singulier est nettement plus fréquent, à condition de laisser *multiplié* au singulier. Notons ici que *reste* est laissé invariable (il reste) : **Quatre ôté de sept, il reste trois, reste** *trois* (Ac.). ▶ ÔTÉ.

ÉGALISER, v.tr.dir., a toujours pour complément un nom de chose : *Égaliser un terrain, les parts, des franges, les cheveux, les rangs, les chances, les salaires.* Emploi intransitif en termes de sport : *Égaliser à tel moment.*

ÉGARD, n.m., ne s'emploie plus guère au singulier que dans quelques expressions : **PAR ÉGARD** à ou *pour,* **SANS ÉGARD** *pour* (ou *à*), **AVOIR ÉGARD À** (tenir compte de), **EU ÉGARD À**, à ne pas remplacer par [**EN ÉGARD À**], **À L'ÉGARD** de qqn ou de qqch., *à cet égard.* Aussi écrit-on plutôt : *Traiter qqn avec*

égards et toujours : *un manque d'égards, à certains égards, avoir des égards pour qqn.*

ÉGÉRIE, n.f. *Une égérie* (pas de majuscule). Ne se dit que d'une femme.

ÉGIDE, n.f. **SOUS L'ÉGIDE DE**, sous la protection de, sous le patronage de.

ÉGLEFIN, n.m. de poisson, s'écrit aussi **AIGLEFIN**.

ÉGLISE, n.f. Pas de majuscule quand il s'agit d'un bâtiment, sauf dans *rue de l'Église,* comme *rue de la Poste.*

ÉGORGER, v.tr.dir., «tuer en tranchant la gorge». Extension abusive : «tuer avec une arme tranchante, massacrer».

ÉGOUT, n.m. (pas d'accent circonflexe), vient du verbe *égoutter.*

ÉGOUTTER, v.tr.dir. Deux *t* comme dans *goutte* : *Égoutter la vaisselle.*

ÉGOUTTOIR, n.m. *Un égouttoir à vaisselle, à bouteilles, à légumes.*

ÉGRENER, v.tr. L'Académie laisse le choix entre *égrener* et **ÉGRAINER**.

EH !, interj. *Eh ! qui aurait pu croire cela ?* (Ac.) ▶ HÉ.

EH BIEN ! On n'écrit plus **ET BIEN !** ni **HÉ BIEN !** — *Eh bien* est suivi d'un point d'exclamation ou d'interrogation ou d'une virgule : *Eh bien ! en voilà une histoire ! Eh bien, que faites-vous donc ?* (Ac.) *Eh bien quoi !* ▶ QUOI, 3.

ÉHONTÉ, adj., signifie «qui n'a pas honte d'être scandaleux, immoral» : *un menteur éhonté, un mensonge éhonté.*

ÉLANCEMENT, n.m., **ÉLANCER**, v.intr., ne peuvent être remplacés (comme on le fait en Belgique dans ce sens) par **LANCER**, **LANCEMENT**. Il faut dire : *Le doigt* **lui** *élance. Ce mal de dents* **me donne des élancements douloureux** (Ac.). *Il souffre d'élancements au doigt.*

ÉLARGIR, v.tr.dir. On élargit un vêtement, une route, un débat, son horizon, sa façon de voir, ses connaissances (ou le cercle de ses connaissances), etc., mais non des contacts, qu'on peut multiplier, non élargir.

ÉLASTIQUE, n.m. *Un élastique.*

ELBOT, n.m., mot, d'origine néerlandaise, du français régional de Belgique, désigne le *flétan.*

ÉLECTRO dans les **composés** est souvent suivi d'un trait d'union devant une voyelle et reste invariable : *Un électro-encéphalogramme. Un électroaimant* (ou *électro-aimant*), *une électroosmose* (ou *électro-osmose*). Devant consonne, agglutination. Les *Rectifications de l'orthographe* de 1990 conseillent la suppression du trait d'union dans tous les cas (*RO IV.2g*).

ÉLIMINATOIRE, adj. (*une épreuve éliminatoire*) ou n.f. (*une éliminatoire*).

ÉLIRE, v.tr.dir., se conjugue comme *lire*. Passé simple : ils *élurent*.

Élision

1. GRAPHIE

Dans l'écriture, l'élision, quand elle est marquée, l'est par une apostrophe devant une voyelle ou un *h* muet (▶ H ASPIRÉ ou MUET). On ne termine pas une ligne par une apostrophe.

2. LETTRES ET MOTS ÉLIDÉS

L'apostrophe marque l'élision des voyelles *a* dans *la*, article ou pronom, *i* dans la conjonction *si* devant *il, ils*, *e* dans des cas beaucoup plus nombreux :

Dans *je, me, te, le* (article ou pronom), *se, que* (relatif ou conjonction), *de, jusque, ne* :

> *J'avais, donne-m'en, l'homme, tu l'as, ce qu'on aime, je crois qu'il viendra, parce qu'André le sait, depuis qu'on le dit, d'un jour, jusqu'au soir, il n'arrive pas.*

Pas d'élision si *le* et *la* sont toniques. *Dites-le avec des fleurs. Prends-la avec toi. Place-la ici.*

Dans le pronom *ce* dans certains cas (▶ CE, 2.1).

Dans *lorsque, puisque, quoique* (en un mot), toujours dans certains cas, plus ou moins couramment dans d'autres. Toujours devant *il(s), elle(s), on, un, une*, généralement devant *ainsi* et *en* (pronom, adverbe ou préposition), souvent dans les autres cas. On peut donc toujours l'élider dans ces trois conjonctions :

> *Quoiqu'un peu frémissante* (Curtis, J.-L., *La parade*). *Puisqu'on l'a déjà dit. Puisque* (ou *puisqu'*) *aucune réclamation n'a été faite.*

Dans *presqu'île, quelqu'un, quelqu'une* (mais : *quelque ami, quelque autre*). On écrit *quelque apparence, presque achevé, presque aussitôt, presque avec grossièreté, presque ininterrompu, presque au même instant*, etc. Des écrivains font cependant parfois l'élision dans de tels cas (*presqu'un enfant*, Mauriac, Fr., *Le désert de l'amour*).

D'après l'Académie, dans cinq verbes composés de *entre* (voir ce mot) : *s'entr'aimer, entr'apercevoir, s'entr'appeler, s'entr'avertir, s'entr'égorger*. Mais on doit écrire *entrouvrir, entre eux, entre autres*, etc.

Devant les noms des voyelles et ceux des consonnes dont le nom commence par *a, è* ou *i* (*f, h, l, m, n, r, x*), on élide couramment l'*e* de *le* : *l'a long, l'o ouvert, l'n final* ; il y a plus d'hésitation pour l'*e* de *de* ; l'oreille choisit souvent *de* :

> *L'e suivi de n*, ou *de a* ou *de i*. Mais on dit aussi : *une sorte d'a*. On dit souvent : *l'h muet, le h aspiré* (mais on peut dire : *l'h aspiré*). On dira plutôt : *Dans* exhibition, *l'x est suivi de* h.

3. DEVANT UN MOT CITÉ, UN TITRE...

Quand on cite un mot, on fait souvent l'élision, mais on hésite parfois.

> On dira : *Les divers sens d'«aimer»*, mais *o de «homme»*. *Le sujet d'«avoir»*, ou *d'«aimer»* ou *d'«encercler»*, mais *le sujet de «être»*.

L'élision est facultative mais courante devant un titre d'ouvrage ou le nom d'une entreprise :

> *L'auteur d'«Antigone»* ou *d'«À rebours»*. *Le directeur d'«Arts et Métiers»*.

On évite l'élision qui pourrait créer la moindre ambiguïté dans le langage oral.

> On dit : *L'auteur de «Un jour»* plutôt que *L'auteur d'«Un jour»*. *Grâce aux services de «Avec vous»*.

On omet souvent l'élision devant un nom ou un prénom, mais cela ne s'impose que pour éviter une ambiguïté.

▶ HUIT, ONZE, OUATE, OUI, UN, 2 et Y.

ÉLITAIRE, **ÉLITISTE**, adj., s'appliquent au système ou aux personnes qui visent à la formation ou à la satisfaction d'élites, en négligeant volontairement la masse.

ELLÉBORE, n.m. On a écrit aussi HELLÉBORE.

ELLIPSÉ, adj., est employé par certains grammairiens : *Une relation où le verbe «être» est ellipsé* (Grevisse).

ÉLOCUTION, n.f., s'emploie abusivement en Belgique pour exercice d'élocution, exposé fait en classe. Ne pas remplacer **LOCUTEUR** (celui qui parle) par [ÉLOCUTEUR].

ÉLUDER, v.tr.dir., c'est éviter adroitement : *Éluder une question embarrassante*.

ÉLYTRE, n.m. *Un élytre*. Féminin chez quelques écrivains.

ÉMAIL, n.m. Pluriel : *émaux*.

ÉMARGER, v.tr.dir., s'emploie absolument dans le sens de «toucher un traitement, une subvention» : *Ils finiront bien par émarger*. Souvent : *émarger au budget*.

EMBALLER, v.tr.dir., **S'EMBALLER**. Emplois courants: *Son discours nous a emballés. Il s'est emballé sans réfléchir.*

EMBARCADÈRE, n.m. *Un embarcadère.*

EMBARQUER, v.tr.dir. ou intr. **Auxiliaire:** *Ils ont embarqué des marchandises* (dans un bateau ou un camion). *Ils ont embarqué* (ou *ils se sont embarqués*) *la semaine dernière.* Au figuré, *embarquer qqn*, **S'EMBARQUER** (dans une aventure, une affaire compliquée ou comportant de grands risques): *Ils sont à présent mal embarqués. Une affaire mal embarquée. Ils se sont embarqués dans une affaire trouble.*

EMBARRAS, n.m. L'expression usuelle en France, correspondant à l'expression belge [**FAIRE DE SES EMBARRAS**], est **FAIRE DE L'EMBARRAS**, **FAIRE DES EMBARRAS** (faire des manières, manquer de naturel). On parle d'un **FAISEUR D'EMBARRAS**, d'une *faiseuse d'embarras*.

EMBARRASSÉ, adj., avec un infinitif complément: *Il serait bien embarrassé de répondre* ou *pour répondre. Il semble que à ait vieilli.* — **S'EMBARRASSER:** *Il ne s'embarrasse guère* (ou *il ne s'inquiète guère*) *de dire la vérité.*

EMBATRE ou **EMBATTRE**, v.tr.dir., s'est écrit avec un seul *t*, s'écrit aujourd'hui avec deux *t* dans l'usage, dans de bons dictionnaires et dans les *Rectifications de l'orthographe* de 1990 (*RO* III.10H).

EMBELLIR. **Auxiliaire** dans l'emploi intr.: *avoir* s'impose si l'on marque l'action progressive en train de se faire: *Elle a beaucoup embelli en deux ans.* Pour l'état, le résultat: *Elle a embelli* ou *elle est embellie* (maintenant).

EMBERLIFICOTER, v.tr.dir., est français, mais familier.

EMBÊTANT, **EMBÊTÉ**, adj., sont devenus courants dans la conversation.

EMBLÈME, n.m.: *Un emblème* (accent grave).

EMBOBELINER et **EMBOBINER**, v.tr.dir., s'emploient plutôt familièrement, au figuré, dans le même sens (séduire par de belles paroles), à cause de l'idée commune d'envelopper, bien que l'un renvoie à l'ancien mot *bobelin*, chaussure grossière, et l'autre à *bobine*.

EMBOÎTER ou **EMBOITER**, v.tr.dir. Accent circonflexe comme dans *boîte*. Les *Rectifications de l'orthographe* de 1990 ont proposé la suppression de l'accent circonflexe: *emboitable* (adj.), *emboitage* (n.m.), *emboitement* (n.m.), *emboiter* (v.), *emboiture* (n.f.) (*RO* II.4). On emboîte le pas à **qqn** et non [*de qqn*].

EMBONPOINT, n.m. Le préfixe s'écrit *em* devant *b*, comme dans *embrasser*, *embouteiller*, mais *bon* subsiste (en bon état, un peu gras).

EMBOUTEILLER, v.tr.dir. *On embouteille du vin*, ou, au figuré, *une discussion, la circulation, une rade.* Substantif: *embouteillage*, dans tous les sens.

ÉMERGENCE, n.f., évoque l'idée d'apparition, généralement soudaine.

ÉMERI, n.m. *De l'émeri*, du **PAPIER D'ÉMERI** ou du **PAPIER ÉMERI** ou du **PAPIER-ÉMERI**, *toile d'émeri* ou *toile émeri*. *Un flacon bouché à l'émeri. Un homme bouché à l'émeri.*

ÉMÉRITE, adj., **ÉMÉRITAT**, n.m. *Émérite* signifie proprement «qui a fini de servir» et s'est dit à Rome de celui qui avait accompli son temps de service dans l'armée. En français, l'adjectif s'est appliqué notamment aux professeurs qui, à la retraite, jouissaient encore de leur titre: *un professeur émérite.* Le mot est sorti de l'usage dans ce sens en France, où il est remplacé par *honoraire* (la qualité s'appelle *l'honorariat*). Mais il a été remis en honneur dans l'Université française, du moins sous certaines conditions; en Belgique il a été officiellement conservé pour les magistrats et les professeurs d'université; d'où la survivance d'*éméritat*, que citait Littré. Notons qu'on dit parfois (à cause du préfixe *é* représentant le latin *ex*, qui proprement signifie «hors de»): *professeur émérite de telle Université*, mais on emploie généralement *à*, comme après *honoraire*.

Dans l'usage courant, l'adjectif, sous l'influence de *mérite*, a pris le sens, aujourd'hui admis, de «qui, par une longue pratique, a acquis une remarquable compétence ou habileté»; on parle donc d'*un artisan émérite*, d'un accoucheur émérite.

ÉMERVEILLER (S'). *On s'émerveille de qqch., d'entendre qqch., on s'émerveille que qqn ait fait telle chose* ou *de ce que qqn a fait* ou *ait fait telle chose.*

ÉMINENT (supérieur), adj. À ne pas confondre avec **IMMINENT** (*proche*, sans que soit conservée toujours l'idée de menace). ▸ IMMINENT.

EMMAILLOTER, v.tr.dir. Un seul *t*. *L'emmaillotement d'un enfant.*

EMMENER, v.tr.dir. *On emmène une personne* ou un *animal*, on **EMPORTE** une chose ou une personne non valide. Ne pas ajouter «avec soi»! Au lieu de: [*J'ai emmené ma voiture au garage*], on dira: *J'ai* **CONDUIT** *ma voiture au garage.* Lorsqu'il s'agit de personnes emportées contre leur gré: *Que le diable l'emporte! Se laisser emporter par la colère. L'épidémie a emporté beaucoup d'enfants.*

EMMENTHAL, n.m. s'écrit aussi **EMMENTAL**. Pluriel en *s*.

EMMITOUFLER, v.tr.dir. Deux *m*, un *f*.

[**EMMOURACHER (S')**], belgicisme courant pour **S'AMOURACHER** (péjoratif: tomber amoureux). ▸ ENAMOURER.

EMMURAILLER, v.tr.dir. (Littré; enfermer dans une muraille) est vieilli. *On* MURE *une ville, on* EMMURE *qqn, un prisonnier.*

ÉMOLUMENT, n.m., ne s'emploie plus au singulier qu'en langage juridique; c'est le pluriel qu'on emploie dans le sens général de *rétribution*.

ÉMOTIONNER, v.tr.dir., a pu paraître utile, et d'une conjugaison facile, pour doubler *émouvoir*, en laissant à celui-ci un sens plus fort (sentiment plus profond) et en exprimant qqch. de plus courant, de plus physique, où les nerfs interviennent. Ainsi Flaubert (*Madame Bovary*) vient de dire que la servante, *émue*, tend à sa maîtresse le papier annonçant la saisie du mobilier et s'écrie: *C'est une abomination!* Emma se rend chez son notaire: *Alors elle tâcha de l'émouvoir, et, s'émotionnant elle-même, elle vint à lui conter l'étroitesse de son ménage, ses tiraillements, ses besoins.* Et Proust parle de *la perspective émotionnante de déjeuner chez* Mme *Swann (À l'ombre des jeunes filles...)*. Le verbe *émotionner* s'est répandu, ainsi qu'*émotionné* et *émotionnant*, en perdant souvent cette nuance, ce qui peut être regretté.

ÉMOULU, adj. *Il est tout frais émoulu (elle est toute fraîche émoulue) de Polytechnique.*

ÉMOUVOIR, v.tr.dir. Conjugaison comme *mouvoir*. Mais ***ému***.

EMPALER, v.tr.dir., **S'EMPALER**, ne peuvent s'employer qu'avec une certaine référence au supplice du pal, non pas nécessairement quant à l'endroit (le fondement) où le pal, le pieu aiguisé, était enfoncé, mais au moins à l'idée de «transpercer au moyen de qqch. de pointu ou de similaire»: *Empaler des insectes. Il s'est empalé sur une fourche. La voiture s'est empalée sur un poteau transporté par un camion.*

EMPÊCHER, v.tr.dir.

1. **Empêcher qqn.** Le sens étymologique, «entraver» (par un lien aux pieds), justifiait l'expression: *Oui, j'ai juré sa mort, rien ne peut m'empêcher* (Molière).

Cet emploi a disparu, sauf dans deux cas:

a) L'adjectif **EMPÊCHÉ**, seul ou avec être, peut signifier «retenu par ses occupations ou par une maladie»: *Dites-lui que je suis empêché. Le président, empêché, s'est fait excuser. Pour le ministre empêché.*

b) Avec *de* et un infinitif: *Je l'empêcherai bien **de vous nuire**.* À la forme pronominale, *s'empêcher* ne s'emploie que dans *ne pouvoir s'empêcher de faire qqch.*

Mais on dit encore **empêcher qqch.**, «faire obstacle à»: *La pluie **a empêché la sortie** du cortège.* On ne dit plus guère *empêcher qqch. à qqn* (interdire qqch. à qqn ou empêcher qqn de faire qqch.).

2. **Empêcher que** est suivi du subjonctif avec ou sans *ne* (toujours facultatif et souvent omis, surtout si *empêcher* est à la forme négative ou interrogative): *C'était, à mon sens, la première condition pour **empêcher que l'Allemagne retournât** à ses mauvais penchants* (Gaulle, Ch. de, *Le salut*). *Empêcher que la flotte soit livrée* (Id., *L'appel*). On trouve, mais exceptionnellement, *ne pas empêcher que*, suivi de l'indicatif, pour une chose constatée: *Ce résumé (...) **n'empêche pas que j'ai vécu** durant ces quelques semaines aussi libre d'inquiétudes que si je devais mourir le lendemain, ou vivre toujours* (Yourcenar, M., *Le coup de grâce*). On se rapproche ici de CELA N'EMPÊCHE PAS QUE ou CE QUI N'EMPÊCHE PAS QUE, ayant le sens de «et cependant» (▸ 3) et qui sont alors souvent suivis de l'indicatif (ou du conditionnel s'il s'agit d'un fait hypothétique): *Cela **n'empêche pas qu'il est** de mauvaise foi, que je serais heureux d'y aller.* Mais s'il s'agit d'un fait possible, permis, on emploie le subjonctif: *Cela **n'empêche pas qu'il vienne** me voir demain.* On voit qu'ici le verbe retrouve sa valeur habituelle.

3. (IL) N'EMPÊCHE QUE, ayant le sens de «et cependant», est suivi de l'indicatif ou du conditionnel; non du subjonctif. *Il n'empêche **qu'il a tort**. N'empêche qu'il serait le bienvenu.* — *N'empêche* (quoi qu'on pense), *il a tort* est familier.

4. *Être empêché de sa personne* (ne savoir comment se tenir ou se comporter, Ac.) est vieilli.

EMPESÉ, adj. ▸ AMIDONNÉ.

EMPHYSÈME, n.m. *Un emphysème.*

EMPHYTÉOSE, n.f., sorte de bail de longue durée; **EMPHYTÉOTE**, n.m. ou f., celui ou celle qui jouit d'un bail **EMPHYTÉOTIQUE**.

EMPIRER, v.intr. **Auxiliaire**: *Le mal a empiré.* Parfois *être* pour l'état: *Son état a (ou est) empiré.* Le verbe n'est plus transitif et ne s'emploie plus, comme au temps de Littré, à la forme pronominale [S'EMPIRER].

EMPLACEMENT, n.m. *Un emplacement peut être aménagé*, mais non construit, car on construit *sur* un emplacement.

EMPLÂTRE, n.m. *Un emplâtre.*

EMPLOI, n.m., est au singulier ou au pluriel dans *offre d'emploi*, selon qu'on offre un ou plusieurs emplois.

EMPLOYER (S'). *Ils se sont employés à notre réconciliation, à nous réconcilier, à ce que nous soyons heureux.*

EMPOIGNER (S'). *Ils se sont empoignés*, ils en sont venus aux mains.

EMPORTER. ▶ EMMENER.

EMPRESSÉ, adj., **S'EMPRESSER.** On présente à qqn ses *salutations empressées. On est empressé (on fait l'empressé) auprès de qqn.* La langue classique a employé *empressé à* ou *de* devant un nom ou un infinitif. On emploie plutôt *à* aujourd'hui: *Il est toujours empressé à nous accueillir.*

Dans le sens de «montrer du zèle, user de prévenances», **s'empresser** se construit absolument (*Il s'empresse auprès d'elle*) ou avec *à*, plus souvent qu'avec *de*, devant un infinitif: *S'empresser à faire sa cour* (Ac.). *Le clergé s'empressait à déployer ses hommages officiels* (Gaulle, Ch. de, *Le salut*). Mais dans le sens, plus courant, de «se hâter», on emploie *de*: *Elle s'est empressée d'intervenir.*

EMPRISE, n.f., *mainmise*, forte domination intellectuelle ou morale: *L'emprise de cet écrivain sur la jeunesse* (Ac.).

EMPRUNT, n.m., de **EMPRUNTER**, ne peut être confondu avec **EMPREINT**, adj. et part.p. de *empreindre* (sens: marquer).

EMPRUNTER, v.tr.dir. Le tour moderne vivant, quel que soit le sens, est *emprunter* **qqch. à** qqn ou *à* qqch.: *On emprunte de l'argent à qqn* (*de qqn* ne se dit plus). *J'emprunte ces chiffres à un rapport officiel. Un mot emprunté au latin* (*du latin* paraît vieilli). *La lune emprunte sa lumière au soleil.* — *Un air emprunté*, peu naturel. *Emprunter un livre* (▶ AVOIR, 3). *Une langue emprunte des mots.* — En parlant d'une **route**, *emprunter* a le sens de *prendre*, *suivre*; il n'est nullement requis que la route soit normalement réservée à un autre usage. De même on emprunte un souterrain ou tel moyen de transport, *le train de 11h.*

EMPYRÉE, n.m. *Un empyrée.*

ÉMULE, n., est des deux genres, selon la personne désignée.

En

Prononciation en *in* non seulement dans *agenda, appendice, examen, européen, memento*, etc., mais dans quelques noms propres: *Magenta, Marengo.*

Dans *Senghor*, une tradition familiale maintient *in*, mais on prononce généralement *an*.

En, adverbe ou pronom

1. VALEUR GÉNÉRALE

Étymologiquement adverbe de lieu (*de là*), *en* est employé pour représenter un nom précédé de la préposition *de* et signifie *de lui, d'elle, d'eux, de cela* (et même *à cause de cela, par suite de cela,* etc.). Il suffira d'attirer l'attention sur quelques problèmes.

2. PLACE

En se place avant le verbe (avant l'auxiliaire), après les autres pronoms, après l'impératif affirmatif:

> *Il en est parti. Je vous en parlerai. Parlez-en. N'en parlez pas. Ne m'en parlez pas.*

▶ PRONOMS PERSONNELS, 3 et IMPÉRATIF, 2.1.2.

3. *EN* COMPLÉMENT D'UNE EXPRESSION QUANTITATIVE

En est requis (pour remplacer un nom) comme complément d'une expression quantitative (numéral, pronoms indéfinis, adverbes, *beaucoup, peu, combien, plus d'un, un autre, une foule,* etc.) lorsqu'elle est sujet réel d'un verbe impersonnel, attribut ou complément d'objet direct:

> *On manquait de porteurs, **il s'en présenta un** ou deux ou plus d'un ou Le premier jour il ne s'en présenta aucun. En êtes-vous un? J'en cherche un. En voici deux. — Les Allemands (...) occupent tout le long du front une position solide **derrière laquelle ils en ont organisé deux autres** (Gaulle, Ch. de, L'unité). Voici vos livres, auxquels j'en ajoute un.*

On ne l'emploie pas comme complément de **chacun**.

> *On dit: On les entendit chacun ou On entendit chacun d'eux. On embaucha chacun.*

On l'omet parfois avec **un autre**, moins qu'autrefois:

> *On en a embauché un autre. Comparer: Un souci **chasse l'autre** et **en chasse un autre**.*

Il faut se garder d'étendre à d'autres types d'expressions comme **les principales** cet emploi de *en*, normal après *quelques-uns*.

> *On dira sans en: Diverses questions se posent, nous mentionnerons les principales.*

Pour *dont... en* ▶ DONT, 7.

4. *EN* COMPLÉMENT D'UN VERBE

En, complément d'un verbe, peut représenter un complément introduit par *de* ou peut avoir un sens partitif:

> *Je connais la question, je vous en parlerai* (je vous parlerai de cette question). *J'étais à Paris, j'en suis revenu hier. J'aime cette confiture, j'en prendrai encore* (je prendrai encore de cette confiture). *Je voudrais du poivre vert, en avez-vous? Je n'en ai plus.*

Mais *en* peut aussi remplacer un pluriel indéfini (*des*):

> *J'attendais des nouvelles et j'en ai reçu hier* (j'ai reçu des nouvelles). *Il aime les fleurs et est heureux d'en avoir dans son bureau* (d'avoir des fleurs).

▷ PARTICIPE PASSÉ, 5.2.12.

En s'emploie surtout pour désigner des choses, des idées, des animaux. On le trouve encore cependant, mais moins souvent qu'autrefois, pour désigner des personnes, au lieu de *de lui, d'elle, d'eux*, toujours possibles:

> *Vous n'aimez pas cet homme, mais moi je n'ai jamais eu à **m'en plaindre*** (ou à me plaindre de lui). *Elle ne sort plus avec cette amie, elle en est jalouse.*

On évite ainsi de répéter aussitôt un pronom personnel.

> *Ce que je sais de lui, c'est uniquement ce qu'on m'en a raconté. Nous ne pouvons nous empêcher de penser à lui et d'en parler.*

Avec un verbe passif exprimant un sentiment: *Ce roi aime son peuple et il en est aimé.* Comme complément d'origine: *C'est un ami dévoué; je n'oublie pas les services que j'en ai reçus.*

5. CHOIX ENTRE *EN* ET LE DÉTERMINANT POSSESSIF

Une concurrence s'est établie entre d'une part le déterminant possessif et d'autre part *en* suivi de l'article défini et du nom. D'où quelque hésitation. Dans certains cas, l'emploi de *en* est dénoncé comme une inélégance ou un manque de clarté plutôt que comme une incorrection. Voici quelques principes.

5.1. EMPLOI OBLIGATOIRE DU POSSESSIF

Le possessif s'impose:

Si le possesseur est dans la même proposition que ce qui est possédé.

> *Je distinguais la maison et **sa** cour.* Mais on pourrait dire: *Je distinguais la maison, mais je n'en voyais pas la cour* ou *je ne voyais pas sa cour* (▷ 5.2).

Si le nom de ce qui est possédé est précédé d'une préposition:

> *J'aime ce parc, j'apprécie la régularité de **ses** lignes, je ne me lasse pas de **ses** ombrages. Cette légende est très vieille; peut-être quelque fait historique est-il à son origine; et non pas [en est-il à l'origine].*

Si le nom de ce qui est possédé n'est pas sujet d'un verbe d'état, mais est sujet d'un verbe exprimant une action:

> *Ce projet est excellent, **son** succès me réjouit.*

5.2. EMPLOI COURANT DU POSSESSIF

L'emploi du possessif est normal, sans s'imposer, quand on parle de choses personnifiées ou auxquelles on peut appliquer au sens large (celui d'*avoir*) une idée de possession, d'appartenance:

> *Plantez un saule au cimetière. J'aime **son** feuillage éploré, La pâleur m'**en** est douce et chère Et **son** ombre sera légère. À la terre où je dormirai* (Musset).

Cet emploi est restreint par les remarques qui suivent.

5.3. EMPLOI DE *EN*

L'emploi de *en* paraît naturel si le nom de l'objet, possédé au sens large, est: 1) sujet du verbe *être* ou d'un verbe qu'on pourrait remplacer par *être*; 2) attribut; 3) complément direct: *Ne répondez pas à cette lettre; le ton **en** est impertinent. Il a fomenté ce complot, il en est l'âme* (ou *il en reste l'âme*). *Le train ne peut partir que les portes fermées: ne pas en gêner la fermeture. Nourri dans le sérail, j'en connais les détours.*

Le possessif ne choquerait pas (▷ 5.2), puisqu'on peut dire: la lettre *a* un ton, le complot *a* une âme, la porte *a* une fermeture, le sérail *a* des détours. Dans le dernier exemple, l'emploi de *en* n'est d'ailleurs possible que parce que *nourri dans le sérail* est détaché et prend la valeur d'une proposition distincte. On devrait dire: *Je connais le sérail et **ses** détours* (▷ 5.1).

Si l'idée d'appartenance, telle qu'elle a été définie, ne peut se concevoir, *en* est recommandable:

> *J'ai vu ce monument, j'**en** ai même une photo* (le monument n'a pas de photo). *Cette maison tombe en ruine; un arrêté vient d'en prescrire la démolition. Ce métier me pèse, j'en supporte mal l'ennui. La guerre s'éloignait et le souvenir s'en effaçait.*

Si l'on ne peut employer *en* parce que le mot qu'il devrait déterminer est précédé d'une préposition, ni d'autre part le possessif, parce qu'il n'y a pas la moindre idée de possession, d'appartenance, on tournera la phrase autrement:

Il n'aime pas ce travail ; il supporte mal la lenteur des recher-ches qu'il exige, il répugne aux vérifications minutieuses qu'il comporte.

6. *EN* MARQUANT L'INSISTANCE

En peut se trouver dans la même proposition que le complément qu'il remplace et qui précède ou qui suit si, plutôt que d'un pléonasme, il s'agit d'une expression plus vive ou d'un effet d'insistance :

> *On **en** parlera longtemps, **de ce coup-là** ! Il en faut du courage pour un tel sacrifice ! Des précautions, on n'en prend jamais assez ! J'en ai assez de ces manières.*

7. *EN* DANS LES GALLICISMES

En s'emploie dans un assez grand nombre d'expressions qui forment des gallicismes et où l'on retrouve parfois, très affaiblie, l'acception «de cela, à cause de cela, par suite de cela» :

> *En appeler au témoignage de qqn. En arriver là. C'en est fait de lui, de mon repos. C'en est trop. Il en a menti. Ce qu'il en coûte. Il en est de vous comme de lui. Il en est de même pour chacun d'entre nous. Je n'en reviens pas. J'en suis là. J'en suis quitte pour la peur. S'en prendre à qqn. En rester là. En venir à qqch. N'en craindre pas moins. Pour que nul n'en ignore. En imposer à qqn, etc.*

8. VOIR AUSSI...

▷ LE, LA, LES, 2.2.1, POUVOIR *[Je n'en peux rien]*, FAIRE, 35.

EN, prép.

> Sans énumérer tous ses emplois, il faut noter, avec l'Académie, que *en* sert à indiquer «le motif qui fait agir ou la fin qu'on se propose : *Il l'a fait **en haine** d'un tel. **En considération** de ses services. **En reconnaissance** de ses bienfaits*». On peut donc dire : *En application du règlement, en exécution de tel arrêté.*
>
> *En* n'est suivi d'un trait d'union que dans les noms *en-tête* et *en-cas* (voir ces mots). On écrit : *en haut, en avant, en arrière, en dessous,* etc.

En, préposition

1. *EN* OU *À*

▷ À et EN.

2. *EN* OU *DE*

▷ DE, 1.

3. *EN* OU *DANS*

En principe, *dans* s'emploie devant un nom précédé d'un article, d'un démonstratif ou d'un possessif ; *en*, avec des noms sans article ou avec des pronoms :

> *Dans un livre, dans la salle, dans ce cahier, dans ma cave. Il séjourne dans l'Italie du Nord. — En bateau, en ville. Un travail en chambre (mais : Il reste dans sa chambre). En octobre, en hiver. Dans l'hiver qui suivit. En Italie. En Afrique du Sud. En Amérique du Nord. En Suisse romande. La chose en soi. Il a confiance en vous.*

En rue est un archaïsme resté très vivant en Belgique et en Suisse, au lieu de **dans la rue**. On dit fort bien : *en pleine rue*. Il faut dire : *Je l'ai rencontré dans la rue* ou *je l'ai rencontré rue Neuve*.

En semaine se dit par opposition à *le dimanche*.

En règle générale, le nom précédé de *en* ne peut être déterminé par un adjectif ou une proposition relative, à moins que *en* n'ait la valeur de «comme» :

> *Il agit en maître incontesté* ou *en maître qui prend ses responsabilités.*

Cependant on dit : *en temps voulu, en septembre prochain, en bonne justice, en cinq actes, être en bonne santé, écrire en grosses lettres, imprimé en beaux caractères, des femmes en maillot élégant, licencié en droit civil, expert en affaires délicates, éclater en longs sanglots,* etc. On dit : *à la troisième page* ou *page trois* ou *en troisième page*.

En est assez rare devant *lequel* dans l'usage courant, mais l'est un peu moins en littérature, surtout si l'antécédent n'est pas une personne :

> *L'homme **en qui** j'ai confiance. L'homme dont ma sœur m'a parlé et **dans lequel** (ou en qui) j'ai pleine confiance. Le monde **en lequel** (ou dans lequel) nous vivons.*

On trouve *en* (suivi d'un article ou d'un déterminatif) au lieu de *dans* :

Dans des locutions comme : **en l'absence de**, *en l'air, en l'espace de, en l'espèce, en l'honneur de, en l'occurrence, il y a péril en la demeure (à attendre), en la personne de, en la (ou en) chambre du conseil, en l'an..., en quelle (ou telle) année, en la présence de (ou en présence de), en un seul point, en mon pouvoir, en mon âme et conscience, laisser en l'état.*

Dans des expressions courantes où l'on peut d'ailleurs souvent employer *dans* : **en l'église de**..., *en un temps lointain, en ce temps-là,* *en ce lieu, en un lieu agréable, en un endroit charmant, en cette matière, en ce monde, en cette situation, en l'état où...*

Flottement devant un adjectif dit indéfini:

> **En** ou **dans** chaque *cas, en* ou *dans quelque livre* (mais *en quelque sorte*), *en tout cas* ou *dans tous les cas, en tout état de cause, en toute chose, en toute amitié, en toute liberté, en même temps* (mais: *dans les mêmes circonstances*), *en* ou *dans un même endroit.*

Trop souvent, par une affectation qui peut devenir agaçante, chez de bons auteurs, devant un article défini. On se gardera d'imiter André Gide lorsqu'il écrit: *Ce n'est qu'en la solitude qu'il trouve un peu de quiétude (...). Et se laissant vivre en les choses* (Journal). Le tour, malgré une certaine fréquence, est à éviter, comme *en la séance de* (Ac. des sciences, Paris). On dira selon les cas: *à la séance du* ou *en sa séance du, dans la solitude, dans les choses.*

N.B.: distinguer: *Je ferai cela* **en deux jours** (durée) et *Je ferai cela* **dans deux jours** (délai).

4. *EN* FORME LE GÉRONDIF

Répétition ▸ GÉRONDIF.

5. VOIR AUSSI...

▸ DANS, 3, FAIRE, MAIN, PLEIN, POCHE, RUE, TÊTE, TRAIN.

ENAMOURER (S') signifie *s'éprendre.* On prononce *an-na.* L'Académie écrit aussi ÉNAMOURER (pron. *é-na*).

ÉNARQUE, n.m., ancien élève de l'**E.N.A.** (École nationale d'administration).

ENCABLURE, n.f. Composé de *câble*, mais pas d'accent circonflexe.

ENCAISSE, n.f. *Une encaisse.*

EN-CAS, n.m. On écrit aussi un ENCAS.

ENCAUSTIQUE, n.f. *Une encaustique.*

ENCEINDRE, v.tr.dir., «rendre enceinte», ne s'emploie guère qu'au part. passé féminin (rarement à l'infinitif). Divers compléments possibles à *elle est enceinte: de trois mois, de son amant, d'un deuxième enfant.*

ENCHANTEUR, n. et adj. Féminin: *enchanteresse.*

ENCLAVER, v.tr.dir. Proprement, *une chose est enclavée dans une autre.* Mais on dit aussi par extension: *entre A et B, entre plusieurs choses.*

ENCLENCHER, v.tr.dir. On écrit *clen* comme dans *déclencher.* L'**ENCLENCHEMENT** suppose l'intervention d'une solidarité entre les parties d'un mécanisme.

ENCLIN, adj. Féminin *encline. Enclin au silence, à se taire.* Le verbe est **INCLINER** et non [ENCLEINDRE]: *Leurs injures (...) encleignent davantage à la pitié qu'à la rigueur* (Vailland, R., *Bon pied bon œil*).

ENCLORE, v.tr.dir., se conjugue comme *clore.* ▸ CLORE.

ENCOIGNURE, n.f., se prononce *encognure* et s'écrit aussi comme il se prononce.

ENCONTRE (À L'), loc.adv., s'emploie seul (*Je n'ai rien à dire à l'encontre*) et surtout forme avec *de* une loc.prép. signifiant «contre», dont on abuse: *Cela va à l'encontre du règlement.* Le sens de «à la différence de» est rare et même exceptionnel: *À l'encontre de son frère, il est travailleur.* On trouve, mais très rarement, le possessif: *à mon encontre, à leur encontre.*

ENCORE (parfois **ENCOR** en poésie), adv. Éviter les pléonasmes du genre *continuer encore.*

1. **En tête de phrase**, *encore* marque une opposition, une restriction, un correctif: *Encore faut-il qu'il s'en aperçoive.* ▸ INVERSION, 3.3.2.

   ET ENCORE, que l'on n'emploiera pas pour *et même*), marque un correctif indiquant que ce qui vient d'être dit est peut-être optimiste, excessif: *Vous en aurez cent francs, et encore! Il aura la moyenne, et encore!*

2. **ENCORE QUE**, qui requiert normalement le subjonctif, a pu s'employer avec l'indicatif au XVIIᵉ siècle. Le subjonctif se justifie comme après *bien que: Encore qu'il* **soit** *jeune, il ne laisse pas d'être sérieux* (Ac.). L'indicatif, assez courant, ou le conditionnel peuvent s'expliquer par le sens particulier d'*encore que* et sont certainement plus acceptables qu'après *bien que.* Celui-ci veut marquer le manque d'effet d'une réalité affirmée (▸ BIEN QUE, 1). *Encore que* est davantage senti comme un complément d'information (qu'on met d'ailleurs parfois entre parenthèses ou dans une autre phrase, comme si on employait *et pourtant*) et l'indicatif peut souligner la réalité du fait ainsi mentionné, tandis que le conditionnel exprime l'hypothèse: *Je ne prétends pas m'être mis à ressembler en rien à ses caricatures (encore que l'hypothèse* **mériterait** *examen), mais une pente en moi se révèle* (Nourrissier, Fr., *Le maître de maison*). *Il ne pensait qu'à se venger (...). À se venger non pas sur la personne du garde, mais plutôt sur ce qu'il représentait. Encore qu'une fois, il lui* **fit** *une belle peur au garde...* (Dupuy, F., *L'Albine*). *Encore que*

j'ignorais presque tout de l'amour et qu'Antonio en était conscient, il apportait une grande coquetterie à me faire comprendre qu'il était un amant habile (Charles-Roux, E., *Oublier Palerme*). *Encore qu'on ne pouvait pas ne pas apercevoir...* (Aragon, L., *La mise à mort*). *Encore qu'un tel souci trouverait à se justifier* (Duhamel, G., *Le notaire du Havre*). On pourrait citer d'autres écrivains. Leur nombre et la fréquence de l'indicatif ou du conditionnel dans le style oral, joints à la nuance indiquée plus haut, peuvent plaider pour l'indulgence, d'autant plus que cet usage écrit est peu influencé par la langue parlée, qui n'emploie guère *encore que*.

On fait rarement l'ellipse du verbe *être*: *Vous en êtes la cause, encor qu'innocemment* (Corneille). *Un trait plaisant,* **encore qu'un peu facile**.

3. En français régional, on substitue fautivement *encore* à *déjà*: [*Comment s'appelle-t-il encore?*] (▶ DÉJÀ). [*J'ai encore entendu dire cela*]. Comparer aux sens habituels d'*encore*: *Il dort encore. Il est encore plus riche que je ne pensais. Il n'est pas encore arrivé. Encore une fois. Maintenant encore.*

4. SI ENCORE, suivi de l'indicatif imparfait ou plus-que-parfait, est beaucoup plus fréquent aujourd'hui qu'*encore si* pour marquer une supposition accompagnée d'une réserve et souvent d'un regret: *Si encore (si du moins, si seulement) je pouvais le voir, il me comprendrait.*

5. ENCORE BIEN est fautif (et wallon) dans: [*Il pleuvrait encore bien demain*] pour: *Il pleuvra peut-être demain, Il pourrait bien pleuvoir demain*; dans: *Il y avait là des enfants* [*et de tout jeunes encore bien*] pour: *et même de tout jeunes*; dans: *Il est venu de loin* [*et à pied encore bien*] pour: *et à pied par-dessus le marché*; ne pas dire: [*Encore bien qu'il était là*] pour: *heureusement qu'il était là. Il vient* [*encore bien*] *passer la soirée chez nous* pour *Il vient* parfois...; *J'aime* [*encore bien*] *les salsifis* pour *J'aime* assez... Mais on dit très bien: *Il est encore bien jeune* ou *Il est bien jeune encore*. Éviter de dire [*Encore un peu je tombais*] pour: *J'ai failli tomber.*

6. Un des deux adverbes est de trop, selon les circonstances, dans ce français populaire (*TLF*) ou wallonisant: [*Il est encore toujours malade*].

7. Si l'on dit: JAMAIS ENCORE en tête de proposition (*Jamais encore il ne m'a parlé de la sorte*), on dit couramment ENCORE JAMAIS à l'intérieur de la phrase: *Je découvrais ce jour-là mon profil, que je n'avais encore jamais vu* (Pagnol, M., *Le temps des secrets*). *Je ne l'ai encore jamais rencontré* (PR). ▶ ADVERBE, 3 (Place de l'adverbe).

8. *Encore* peut marquer une restriction, comme *et encore* (▶ 1): *Mille francs, c'est bon marché; encore faut-il les avoir*. On retrouve l'idée de restriction dans ce vers de La Fontaine: *Passe encor de bâtir, mais planter à cet âge!* Mais il faut laisser au wallon [ÇA VA ENCORE] pour *Ça va assez bien*, passablement.

ENCOURIR, v.tr.dir.

1. On ne peut *encourir* qu'un *blâme*, un *reproche*, une *peine*, une *disgrâce*. On n'encourt pas des *difficultés*, on les accepte, on les assume. Le *TLF* note cependant le sens précis de «courir le risque, affronter»: *Ces dépenses qu'on a encourues; la responsabilité encourue*.

2. S'ENCOURIR (écrit parfois aux temps simples *s'en courir*: *il s'encourt* ou *il s'en court*; *il s'est encouru*) n'appartient plus au français généralisé qui dit *il s'enfuit*, mais est resté vivant dans des provinces françaises et belges.

ENDÉANS, «préposition ancienne, demeurée en usage en Belgique» (*GLLF*). Selon A. Goosse, *endéans* n'est pas un archaïsme français qui aurait survécu en Belgique, mais un mot d'origine belge, renforçant *dans*, qui a pu passer en France mais n'a pu s'y imposer. On l'évitera et on dira: *dans les vingt-quatre heures, dans le délai* (ou *l'intervalle*) *d'un mois*, etc. On a employé aussi SOUS dans ce sens (*sous peu de jours*), mais le tour n'est plus vivant que dans *sous peu*.

ENDURER, v.tr.dir., supporter avec patience: *Endurer des souffrances*.

ENFANT, n.m. ou f. *Un enfant, une enfant* (fille). *Une intimité* BON ENFANT (plutôt invariable comme épithète). Mais: *Elles sont restées très enfants*.

ENFANTER, v.tr.dir., ne s'emploie au sens propre que pour les femmes. Pour un père, on dit ENGENDRER. Les deux se disent au sens figuré.

ENFIN, adv., peut s'employer pour ajouter une restriction (*Elle est jolie, enfin à mon goût*) ou pour conclure: *Il était bon, serviable, affectueux, enfin le meilleur des amis*. Familièrement (et souvent inutilement) on ajoute *bref* (qui se justifie si on se résume): ENFIN BREF.

[ENFLAMMATION], n.f., ne peut remplacer INFLAMMATION, bien qu'une plaie s'*enflamme*.

ENFUIR (S'). *Je m'enfuis. Nous nous enfuyons*. Imparfait: *Nous nous enfuyions. Nous nous sommes enfuis. Ils se sont enfuis de leur maison. Enfuis-toi*. Ne pas confondre avec *enfouir*.

ENGINEERING, n.m., est à remplacer par *ingénierie*; et *biomedical engineering* par *génie biomédical*.

ENGOUEMENT, n.m. Noter *oue*; pas d'accent circonflexe.

ENGOUFFRER, v.tr.dir. Deux *f* comme dans *gouffre*.

ENGRAISSEMENT, n.m. *L'engraissement (ou l'engraissage) du bétail.*

ENGRAISSER, v.tr.dir., ne se dit que d'*animaux* ou d'une *terre*; on engraisse une *volaille*, un *sol*. **Intr.**, engraisser se dit aussi, par analogie et avec quelque désinvolture, des personnes qui prennent de l'embonpoint: *Il avait beaucoup engraissé, elle le reconnaissait à peine* (Maurois, A., *Le cercle de famille*). *Elle engraisse tous les jours. Elle est engraissée.* Au figuré, familièrement, **s'engraisser**, s'enrichir.

ÉNIÈME, adj. ▶ NIÈME.

ENIVRER (pron. *an*), v.tr.dir. Pas d'accent. Un seul *n*.

ENJOINDRE, v.tr.ind. Faute commise par de rares auteurs: [*enjoindre qqn de faire qqch.*]. *On enjoint à qqn de faire qqch.*

ENLAIDIR, v.intr. *Elle avait enlaidi; elle était enlaidie* (à ce moment-là).

ENNOBLIR (deux *n*), v.tr.dir., sens figuré (pron. *an*). ANOBLIR, sens propre; un *n*.

ENNUI, n.m., **ENNUYANT**, part. ou adj., **ENNUYEUX**, adj., **ENNUYER**, v.tr.dir. L'adjectif *ennuyant* a vieilli et est régional. Il est remplacé par *ennuyeux*, même s'il s'agit d'une contrariété passagère.

L'ENNUI, C'EST QUE... est suivi de l'indicatif: *L'ennui, c'est que je dois partir* (ce qui est ennuyeux, c'est que je dois partir). — *Cela m'ennuie que tu as dit cela.* Le subjonctif pourrait s'expliquer par une équivalence avec *Je suis ennuyé que*, qui, exprimant un sentiment, est suivi normalement du subjonctif: *Je suis ennuyé qu'il soit arrivé trop tard* (Je suis contrarié que). Mais l'indicatif se justifie après *cela m'ennuie que*, la subordonnée explicitant *cela*.

Le tour impersonnel *il m'ennuie de* est vieilli. On dit: *Cela m'ennuie de vous importuner* ou *Je suis ennuyé de vous décevoir.*

Ennuyer qqn, c'est lui causer, par monotonie, par manque d'intérêt, de la lassitude, de la contrariété, de la mauvaise humeur: *Sa conversation m'ennuie. Cet homme m'ennuie.*

S'ENNUYER, c'est éprouver de l'ennui. *Je ne m'ennuie jamais avec lui. Le monde où l'on s'ennuie.* Un peu vieilli: s'ennuyer **de qqn**, éprouver de la contrariété à cause de son absence. Ne pas dire: *après* qqn. On ne dit plus guère s'ennuyer de **qqch.**: *Il s'ennuie de tout.* Devant un infinitif,

le tour habituel est *à*, mais on trouve encore *de*: *Ils s'ennuient d'être ensemble. Je m'ennuie à l'attendre.*
[*Il me fait ennuyer*], belgicisme: *Il m'agace, il me taquine.*

ENORGUEILLIR, v.tr.dir. Un *n*, *gu*. *Son succès l'enorgueillit, l'enorgueillissait. Elle s'est enorgueillie de son succès. Elle s'en est enorgueillie.*

ÉNORME, adj., peut se dire de ce qui sort fortement des normes habituelles.

EN OUTRE. ▶ OUTRE.

EN PLUS. ▶ PLUS.

ENQUÉRIR (S'). *On s'enquiert de qqn, de qqch., s'il est encore malade.*

ENQUÊTEUR, comme nom, a deux féminins: **enquêteuse** pour le sens général, **enquêtrice** pour la femme dont la profession est de faire des enquêtes pour des études sociologiques ou économiques. ▶ GENRE, 1.

ENQUIQUINER, v.tr.dir., très familier ou même populaire, veut dire «agacer» (*il m'enquiquine, c'est un enquiquineur*) ou «ne tenir aucun compte de l'opinion de qqn, le tenir pour négligeable» (*je l'enquiquine*).

ENRAGER, v.tr.dir. et intr. On dit: *J'enrage* (j'éprouve un dépit très fort, de l'irritation). *J'enrage de devoir attendre. Une chose l'enrageait. Faire enrager qqn* (provoquer son agacement en le taquinant, en le contrariant). On laissera au wallon [**VA TE FAIRE ENRAGER**] (va au diable) et l'exclamation [**IL FAUT ENRAGER**]. Le wallon liégeois dit aussi **BOIRE ET MANGER QU'ENRAGE** pour *boire et manger extrêmement.*

ENRAIEMENT, n.m. On écrit aussi ENRAYEMENT.

ENSAUVER (S') n'est pas nouveau mais est plutôt dialectal ou populaire: *Il s'est ensauvé.*

ENSEIGNANT, n.m., **ENSEIGNÉ**, n.m., **ENSEIGNER**, v.tr.dir. On ne dit plus *enseigner qqn*. Parallèlement à l'emploi de plus en plus répandu d'*enseignant* comme nom (personne dont le métier est d'enseigner), *enseigné* s'emploie aussi comme nom.

Enseigner qqch. à qqn se dit lorsqu'il s'agit d'un enseignement, mais non plus d'un renseignement, par exemple sur un chemin. Devant un infinitif, on dit **enseigner à** et non plus *enseigner de*.

ENSEMBLE, adv., a plutôt vieilli et est littéraire dans le sens de «en même temps, à la fois»: *Il nous exposa toutes ses opinions philosophiques, politiques et religieuses, ensemble avec une volubilité de langue étourdissante et une merveilleuse concision* (Hermant, A., *Xavier...*). *Une série de modulations* *ensemble joyeuses et pathétiques* (Tournier, M., *Le roi des aulnes*). ▸ FOIS, 6, c.

ENSUITE, adv., fait évidemment pléonasme avec *puis* ou *après*. Il faut éviter de les lui adjoindre, malgré l'exemple de quelques auteurs qui imitent, consciemment ou non, la langue populaire ou relâchée.

ENSUITE DE *qqch.* est devenu très rare, même sous la forme **EN SUITE DE**. On ne le trouve guère que dans quelques expressions littéraires: *Ensuite de cela, ensuite de quoi* (Ac.). On dit: À LA SUITE DE *cela* (ou *par suite de qqch.*, dans le sens de «en conséquence de»). Éviter *suite à votre lettre* ou *à notre entretien*. Dire: **COMME SUITE À**, *en réponse à.* ▸ SUITE.

ENSUIVRE (S'). *Ensuivre*, dans S'ENSUIVRE signifie «suivre»: *Jusqu'à ce que mort s'ensuive* (Ac.). *Dans les minutes qui s'ensuivirent*. Il s'écrit en un mot, sauf dans les cas notés ci-dessous.

Il est normal de dire: **Il s'ensuit de là que, d'où il s'ensuit**. D'où le tour classique *il s'en ensuit* (*il s'ensuit de là*): *Il s'en est ensuivi un changement* (Bossuet). Mais, pour éviter la succession de deux *en*, on a pris l'habitude soit de supprimer celui qui précède le verbe (*ce qui s'ensuit; il s'ensuit que*), soit d'écrire (quand on ne dit pas *il en résulte*): *il s'en suit un changement; il s'en est suivi*. Sans doute paraît-il anormal, si l'on raisonne, d'écrire **il s'en suit**, puisqu'on ne dit pas «il se suit de là», mais *il suit de là* ou *il s'ensuit de là*. Toutefois le tour *il s'en suit* se rencontre chez de très bons auteurs, surtout aux temps composés: *il s'en est suivi*. Déjà Vigny écrivait: *Il s'en est suivi quelques propos un peu vifs* (*Cinq-Mars*).

En tout cas la forme *s'en ensuivre* est vieillie.

IL S'ENSUIT QUE, affirmatif, est suivi de l'indicatif; négatif ou interrogatif, il est suivi normalement du subjonctif (le fait est nié ou douteux).

ENTARTER, v. tr. Néologisme créé en Belgique pour décrire la pratique qui consiste à envoyer une tarte à la crème sur la figure de personnalités remarquées par un groupe contestataire. *M. Lévy s'est fait entarter une nouvelle fois. M. Gates figure parmi les victimes des entarteurs.*

ENTENDRE, v.tr.dir. *J'entends chanter, j'entends chanter les enfants, j'entends les enfants qui chantent. J'entends coudre dans la pièce voisine. J'entends qu'on coud dans la pièce voisine. Laisser entendre qqch. Donner à entendre qqch à qqn.*

Dans ces exemples, *entendre* suivi d'un infinitif ou d'un indicatif, veut dire «percevoir par l'oreille». Mais il peut, devant un subjonctif ou un infinitif, signifier «vouloir» ou

«avoir l'intention de»: *J'entends qu'on m'obéisse. J'entends être obéi. Il entend se faire obéir.*

La construction avec un infinitif (▸ INFINITIF, 2) peut créer une ambiguïté: *Je l'ai entendu dire à mon père* et *Je lui ai entendu dire cela* peuvent signifier qu'on a dit cela à mon père ou que c'est lui qui a dit cela. L'amphibologie disparaît s'il y a un autre complément de personne (*Je lui ai entendu dire cela à son fils*) ou par le contexte (*Je lui ai entendu dire qu'il était content*). On dira donc, s'il le faut, pour être clair: *J'ai entendu dire cela par mon père. J'ai entendu mon père dire cela* ou *J'ai entendu qqn qui disait cela à mon père. On a dit cela à mon père.*

Entendre qqch. de qqn: *Je l'ai entendu presque aussitôt d'un monsieur sur la plate-forme de l'autobus* (Vivier, R., *À quoi l'on pense*). On pourrait dire: *Je l'ai entendu dire par...* Le TLF note: *Ayant entendu des médecins qu'un air salubre exercerait une action bienfaisante sur sa santé.*

Quelques expressions: *Faites comme vous l'entendez.* NE VOULOIR RIEN ENTENDRE. *Il ne veut rien entendre. Il faut entendre* (*comprendre*) *par là que... Entendre la messe* (y assister). *Entendre finesse, entendre malice à qqch.* (ou parfois *dans une chose*): attribuer à une chose un sens plus fin (plus malicieux) qu'elle n'a réellement. *Il n'y entend pas finesse*, il n'y voit pas de finesse, de malice. ENTENDRE RAISON: acquiescer à ce qui est juste, raisonnable. *N'entendre ni rime ni raison*. ENTENDRE RAILLERIE *sur qqch.*: admettre qu'on plaisante sur qqch.: *Il n'entend pas raillerie là-dessus.* Mais ENTENDRE LA RAILLERIE *ou la plaisanterie*, c'est savoir la supporter, l'apprécier. N'Y ENTENDRE GOUTTE (▸ VOIR). *Ne rien entendre à la poésie. Il nous a donné à entendre qu'il ne fallait pas compter sur lui. Il ne l'entend pas de cette oreille.* À BON ENTENDEUR, SALUT! Que celui qui comprend bien en fasse son profit.

Entendre à une chose, dans le sens d'«y donner son consentement», est littéraire: *Il ne veut entendre à aucun engagement* (Ac.).

S'ENTENDRE. CELA S'ENTEND ou, elliptiquement, S'ENTEND. *Je le recevrai, s'entend, à mon bureau. Ils ne se sont pas entendus. Je m'entends* (je sais ce que je veux dire). *Je m'entends en affaires* (j'ai une expérience, une compétence). *Je m'y entends. Il s'entend à nous tracasser. Je m'entendrai avec lui. Ils s'entendaient pour le perdre* (Ac.). *Elle s'est **entendu** traiter de tous les noms. Elle s'est **entendu** dire ses quatre vérités. Elle s'est **entendue** lui dire que...*

ENTENDU, adj. ou participe. On écrit: *Entendu les témoins.* — **BIEN ENTENDU**, loc. adv.: *évidemment.* **COMME DE BIEN ENTENDU.** ▸ COMME, conj., 2.

EN-TÊTE ou ENTÊTE, n.m., s'écrit avec trait d'union (ou sans, en application des *Rectifications de l'orthographe*: *RO IV.2B*). ***Un*** *en-tête,* ***des en-têtes*** *gravés. Du papier à en-tête.* Mais: *On lisait en tête de sa lettre...*

ENTÊTÉ, adj., ENTÊTER, v.tr.dir. Pron. *tété.* On ne dit plus guère *entêter qqn,* ni *être entêté (engoué) de qqn,* ni *s'entêter de qqn, de qqch.* On *s'entête dans ses opinions,* on *s'entête à faire qqch.*

ENTIÈRETÉ, n.f., vieux mot français resté très vivant en Belgique, a repris vie en France comme un néologisme dérivé de *entier,* malgré l'existence de *totalité, intégralité, ensemble, en* (ou *dans son*) *entier.*

ENTORSE, n.f. *Se donner une entorse, se faire une entorse. Elle s'est fait une entorse. Faire* (ou *donner*) *une entorse à la vérité.*

ENTOUR, n.m., s'emploie surtout au pluriel, mais est plutôt littéraire (on dit: *les abords, les alentours, les environs*): *Rroû s'arrêta sous de hautes orties, épia un instant les entours* (Genevoix, M., *Rroû*). ▸ ALENTOUR.

ENTRAIDE, n.f., S'ENTRAIDER. On s'abstiendra d'ajouter *mutuelle* ou *mutuellement*: pléonasme.

ENTRAÎNER, v.tr.dir., ENTRAÎNEUR. Accent circonflexe. Depuis 1990, ENTRAINER et ses dérivés peuvent perdre leur accent circonflexe: ENTRAINABLE (adj.), ENTRAINANT (adj.), ENTRAINE-MENT (n.m.), ENTRAINEUR (n.m.), ENTRAINEUSE (n.f.) (*RO II.4*).

ENTRE, prép.

1. À ne pas employer sans complément. *Entre* peut se rapporter à plus de deux êtres ou choses: ENTRE QUATRE YEUX (▸ ŒIL). *L'un d'entre vous trois. Entre ceci et cela.* Ne pas répéter *entre*: [*Entre ceci et entre cela*].

2. ENTRE AUTRES s'écrit sans apostrophe. Ne pas oublier l's de *autres.* Il n'est pas nécessaire que l'expression (qui signifie «parmi d'autres», «notamment», «en particulier») se rapporte à un nom ou à un pronom exprimé avant ou après elle: *J'ai vu les plus beaux tableaux de ce musée, entre autres... J'ai vu entre autres tableaux... J'ai parlé entre autres de X et de Y. J'ai rencontré là, entre autres, un de mes collègues* (GLLF). *Comme cela différencie! Cela entre autres* (Gide, A., *Journal*). *Corps dur et solide (...) qu'on emploie, entre autres, pour bâtir* (Littré).

3. ENTRE PARENTHÈSES. ▸ PARENTHÈSE.

4. [ENTRE L'HEURE DE MIDI]. ▸ MIDI.

5. D'ENTRE s'emploie devant le complément exprimant l'ensemble (surtout devant un pronom personnel), après un nombre ou *beaucoup* ou *plusieurs, combien* ou *la plupart,* un pronom démonstratif ou un pronom indéfini autre que *on, quelque chose, tout, tous* ou après un pronom interrogatif ou un superlatif: *Deux* (ou *ceux* ou *combien*) *d'entre nous* ou *d'entre eux* ou *d'entre ces jeunes gens. Lequel d'entre ces objets choisissez-vous? Le meilleur d'entre nous.*

6. *Entre* dans les **composés**. Il y a une hésitation d'autant plus grande, dans le recours à la juxtaposition, à l'apostrophe ou au trait d'union, que l'Académie n'évite pas les discordances et n'enregistre pas tous les composés. Il faut les écrire tous en un mot sans apostrophe ni trait d'union, sauf s'il y a plus de deux éléments (l'ENTRE-DEUX-GUERRES, m. ou f., mais en un mot s'*entreheurter, s'entrehaïr*).

    Quand le deuxième élément du composé commence par une **consonne**, l'Académie ne met un trait d'union que dans les mots suivants, qu'il n'est pas rare de trouver sans trait d'union: *s'entre-déchirer, s'entre-détruire, un entre-deux* (ou *un entredeux*), *s'entre-dévorer, s'entre-donner, une entre-voie, s'entre-frapper, un entre-ligne* (on dit plutôt *interligne*), *un entre-nœud* (des **entre-nœuds**), *s'entre-nuire, s'entre-soutenir, s'entre-suivre, entre-temps, s'entre-tuer.* Les autres composés qu'elle cite sont écrits en un mot: *entrebâiller, entrecolonne* (masc.) ou *entrecolonnement, entrelacs* (où on ne prononce pas *cs*), etc. Il faut favoriser l'agglutination. On écrit: *un entrejambe* ou *un entre-jambe* ou encore *un entre-jambes, des* **entre-jambes** ou des **entrejambes**. ▸ ENTRE-TEMPS.

    Devant une **voyelle**, on supprimera *e*. Donc: *entracte, s'entraimer.* L'Académie propose d'écrire les cinq verbes suivants en un mot ou en deux (avec apostrophe): *s'entraimer* ou *s'entr'aimer, entrapercevoir* ou *entr'apercevoir, s'entrappeler, s'entravertir, s'entrégorger*; on les écrira en un mot comme tous les autres, écrits par elle sans apostrophe: *s'entraccorder, un entracte, entraide, entrouvrir,* etc.

    Devant l'**h muet**, on pourrait mettre l'apostrophe: *l'entr'hiver.*

    Nous préconisons la suppression du trait d'union dans tous les cas: *entrejambe, s'entrégorger, s'entrehaïr,* etc.

ENTRECÔTE, n.f. *Une entrecôte.* Masculin vieilli. Éviter: [*une entrecôte à l'os*].

ENTRÉE (D'). La seule expression française avec *d'entrée* est D'ENTRÉE DE JEU.

ENTREFAITES, n.f.pl., ne s'emploie plus que dans l'expression SUR CES ENTREFAITES.

ENTRELACS, n.m. On ne prononce pas ce qui suit *a*.

ENTREPRENDRE, v.tr.dir. *On entreprend **qqch.**, un travail, des recherches, un voyage, on entreprend **de faire qqch.*** On ne dit plus: *entreprendre sur qqn ou qqch.* (attaquer, empiéter sur), ni *entreprendre qqn* dans le sens d'«attaquer», ni *entreprendre contre qqn.* Aujourd'hui, **entreprendre *qqn*** (*sur un sujet*), c'est s'entretenir avec lui d'une question pour tâcher de le sonder ou de le convaincre; *entreprendre une femme*, tâcher de la *séduire.*

ENTRER, v.intr. ou tr.dir. ▶ RENTRER, AVEU (*Il est entré dans la voie des aveux*). *Il a entré sa voiture au garage. Il est entré dans son garage. La voiture est entrée dans le garage. Il est ridicule de dire:* [*Ce soulier n'entre pas dans mon pied*]. ▶ RENTRER.

ENTRE-TEMPS, adv., **ENTRETEMPS**, n.m. Telles sont les graphies traditionnelles, mais les rectifications orthographiques conseillent *entretemps* pour le n. **et** l'adv. On a écrit autrefois *entretant*; cela signifiait «sur ces entrefaites». Cette orthographe ne peut être reprise aujourd'hui, l'adverbe et le nom (***dans l'entretemps***, Ac.) étant perçus comme en rapport avec *temps.* On écrit: *Entre-temps, je l'ai revu. Il est venu entre-temps ou dans l'entretemps* (ou *dans l'entre-temps*). On trouve même souvent *entre temps* (sans trait d'union) pour l'adverbe.

ENTRETENIR, v.tr.dir. *On entretient qqn **de** qqch.* (et non *au sujet de*).

ENTREVOIR, v.tr.dir., c'est voir rapidement, à demi: *Je n'ai fait que l'entrevoir* (cette personne, cette solution).

ENVAHI, adj. et part.p. *Envahi de tristesse, par l'ennemi.* ▶ DE, 8 et INVESTIR, à distinguer de **ENVAHIR**.

ENVERS, prép., marque une relation, une disposition à l'égard de qqn ou de qqch.: *Être reconnaissant, bien disposé, coupable envers qqn. Avoir raison envers et contre tous.*

ENVI (À L'), loc.adv. (*à qui mieux mieux*, comme par défi), et non [À L'ENVIE].

ENVIE, n.f. *On a envie* (ou *grande envie* ou *l'envie* ou *bonne envie* ou *une extrême envie*) **de qqch., de faire qqch.** *Cela lui fait envie. J'en ai perdu l'envie. Je lui ai fait passer l'envie de me faire du tort. Prenez ce qui vous fait envie. L'envie lui a pris de venir nous voir. L'envie lui en est passée, lui en a passé* (GR). On voit qu'*envie* est loin d'avoir toujours le sens qu'il a dans *être rongé d'envie, porter envie à qqn,* et qui est apparent dans *envier* et **ENVIEUX** (jaloux).

On dit: *Il a tout ce **dont** il a envie. Il fait tout ce **qu'**il a envie **de** faire.*

ENVIER, v.tr.dir. *On envie qqn* (on lui porte envie, on voudrait être ce qu'il est ou posséder ce qu'il a); *on envie qqch.* (comme le bonheur d'autrui). *N'avoir rien à envier à qqn.* On ne dit plus: *envier de faire qqch.* ▶ ENVIE.

ENVIRON. **Nom**: *Visiter les environs.* **Préposition**, emploi courant à l'époque classique, mais aujourd'hui rare et littéraire: *Environ ce moment, environ telle date* (vers). La locution prépositive AUX ENVIRONS DE est courante non seulement pour l'espace mais pour le temps: *Aux environs de la gare, aux environs de midi.* **Adverbe**, *environ* signifie à peu près: *Il est environ sept heures. Il y avait environ trente personnes. Il a environ trente ans. Il y a une lampe environ tous les vingt mètres.* Dans ces phrases, *environ* peut suivre l'indication numérique qu'il nuance: *Il a trente ans environ,* etc. On se gardera d'ajouter *environ* quand l'approximation est déjà indiquée, par exemple par *trente ou quarante.*

ENVOLÉ, S'ENVOLER. *Un oiseau s'envole, s'est envolé.* On peut dire toutefois: *Il trouva la cage ouverte et les oiseaux envolés* (Littré). Bien qu'*envoler* ne s'emploie qu'à la forme pronominale, l'Académie laisse le choix entre *Les oiseaux se sont envolés* et *Les oiseaux sont envolés.*

ENVOÛTEMENT, n.m., **ENVOÛTER**, v.tr.dir., **ENVOÛTANT**, adj. ou **ENVOUTEMENT**, **ENVOUTER**, **ENVOUTANT** (*RO* II.4). Chacun de ces mots évoque proprement une pratique magique, un maléfice, mais s'emploie fort bien au sens élargi de domination de la volonté, de charme exercé sur l'esprit, de fascination, d'attrait irrésistible.

ENVOYER, v.tr.dir. **J'**envoie, nous **envoyons**. À l'imparfait et au subjonctif présent: nous **envoyions**. **J'**enverrai. *Envoyer qqn chez* (ou *à*) *qqn. On envoie un message à qqn. On envoie un enfant en vacances. Un médecin envoie un malade à un confrère. Envoyez-moi un délégué. Envoyer qqn au diable, à tous les diables.*

Devant un infinitif, si le complément d'objet direct d'*envoyer* doit faire l'action de l'infinitif, celui-ci n'est généralement pas introduit par une préposition: *J'ai envoyé mon fils faire une course.* **ENVOYER *qqn* PROMENER**. *Je les ai envoyés promener.* Très familièrement: *Je les ai envoyés paître.*

Parfois, pour marquer que l'infinitif n'exprime que l'intention, le but du sujet d'*envoyer*, on emploie *pour*: *J'envoyai mon fils au-devant de lui l'assurer...* ou **pour l'assurer** (Littré). Si le complément direct d'*envoyer* ne doit pas faire l'action, on doit employer *pour*: *J'ai envoyé un télégramme **pour le féliciter.** J'ai envoyé un messager pour gagner du* *temps. J'envoyai mon fils au-devant de lui pour l'empêcher de venir* (Littré).

L'emploi d'*envoyer chez qqn* sans complément direct de personne est vieilli (*J'ai envoyé chez lui*). *S'envoyer une corvée* est populaire.

ENVOYEUR, n.m., s'emploie dans la formule RETOUR À L'ENVOYEUR, parallèle à *retour à l'expéditeur.*

ENZYME, n., est féminin d'après l'Académie, mais s'emploie fréquemment au masculin, observe notamment le *TLF. Des enzymes gloutonnes* (ou *gloutons*).

ÉPAISSEUR, n.f. Emploi belge, d'origine wallonne et assez limité : [TIRER D'ÉPAISSEUR] pour *tirer d'affaire, d'embarras.*

ÉPAISSIR, v.tr. ou intr. **Auxiliaire** dans l'emploi intr. : *Je ne la reconnaissais pas, tant elle* **avait** *épaissi* (action), *tant elle* **était** *épaissie* (état). *Il a grossi et épaissi de toutes les façons* (Green, J., *Journal*).

ÉPANCHER, v.tr.dir., appelle un objet direct : *Épancher du lait, des sentiments.*

ÉPARGNE, n.f., reste au singulier dans *caisse d'épargne.*

ÉPATER, v.tr.dir., s'emploie familièrement dans le sens d'«étonner vivement, causer un vif sentiment de surprise, d'admiration, d'émerveillement». De même l'adjectif **ÉPATANT**.

ÉPERDUMENT, adv. Pas d'accent circonflexe.

ÉPHÉMÉRIDE, n.f., se dit pour une liste groupant les événements qui se sont produits le même jour de l'année à différentes époques : *l'éphéméride du 10 mai.* Couramment, pour un calendrier dont on détache chaque jour une feuille. Au pluriel, tables astronomiques.

ÉPICE, n.f. ▶ PAIN (*d'épice* ou *d'épices*).

ÉPICÈNE, adj., se dit des noms, masculins ou féminins, désignant une personne ou un animal de l'un ou l'autre sexe : «enfant», «crocodile», «souris» sont des noms épicènes.

ÉPIDERME, n.m. *Un épiderme.*

ÉPIGRAMME et **ÉPIGRAPHE**, n.f., ne peuvent être confondus. *Une épigramme* est un trait mordant (qu'on lance, qu'on décoche). *Une épigraphe* est une inscription gravée sur un monument, ou une citation placée en tête d'un livre, d'un chapitre, d'un article. ▶ EXERGUE.

ÉPINGLE, n.f. On dit à tort en Belgique [ÉPINGLE À SÛRETÉ] pour ÉPINGLE DE SÛRETÉ, *épingle de nourrice, épingle anglaise.* On peut dire *épingle à linge* comme *pince à linge* ; on trouve

aussi *épingle de bois* (Bosco, H., *L'âne culotte*). *Épingle à cheveux, épingle de chapeau, de cravate.*

ÉPITAPHE, n.f. *Une épitaphe.*

ÉPITHALAME, n.m. *Un épithalame*, poème ou chant pour un mariage.

ÉPITHÈTE, n.f. *Une épithète.* Trop souvent employé au masculin.

ÉPÎTRE, n.f. *Une épître* ; accent circonflexe (penser à l's de *épistolier*) ou ÉPITRE (*RO* II.4).

ÉPLUCHER, v.tr.dir. On *épluche* ou on *pèle* des *pommes de terre* ; on obtient ainsi des ÉPLUCHURES ou des *pelures.* On *épluche* de la *salade*, des *radis*, des *oranges*, des *noix*, des *crevettes*, on *pèle* des *oignons*, mais *peler* se dit couramment pour un fruit. On épluche aussi un *texte* (on l'examine avec soin), une *copie*, des *actes*, une *vie.* L'action s'appelle ÉPLUCHAGE, n.m.

ÉPONGE, n.m. Un TISSU-ÉPONGE, des *tissus-éponges.* Des *peignoirs-éponges.*

ÉPOUMONER (S'). Un seul *n.*

ÉPOUSSETTE, n.f. vieilli en France, est devenu régional et est resté vivant en Belgique pour désigner une petite brosse à épousseter ou, en certains endroits, un chiffon à poussière.

ÉPOUSTOUFLER, v.tr.dir. (étonner très fort), est familier. S'ÉPOUSTOUFLER.

ÉPOUX, n.m., *épouse*, n.f., ne peuvent être employés en toutes circonstances. Le pluriel *les époux* est courant. Au singulier, ces mots sont à leur place dans le langage administratif ou juridique. Ailleurs ils prennent facilement une coloration noble, bourgeoise, prétentieuse, particulièrement dans la conversation et quand il s'agit de l'époux ou de l'épouse de celui qui parle ou de celui à qui on parle. Mais il y a des usages locaux.

On écrit fort bien : *Le lauréat et son épouse ont été fêtés.* On dira parfois : *Il était là avec son épouse* mais on dira plutôt : *avec sa femme.* Il convient de dire si l'on ne veut pas faire sourire : *Ma femme et moi. Elle était là avec son mari. Comment va votre femme ?* Si l'on craint de paraître trop familier, on dira à M.Dupont : *Comment va Mᵐᵉ Dupont ?*

ÉPREUVE, n.f. On écrit aujourd'hui : *à toute épreuve.*

ÉPURER, v.tr.dir. ▶ APURER.

ÉQUERRE, n.f. *Une équerre.*

ÉQUINOXE, n.m. *Un équinoxe.*

ÉQUIPOLLÉ, adj., **ÉQUIPOLLENCE**, n.f. Deux *l.* Prononcer ou non la semi-voyelle.

ÉQUIVALENT, adj. et n.m., **ÉQUIVALOIR**, v.tr.ind. *Équivaloir* se conjugue comme *valoir*; subj.prés. *équivaille.* — *Une chose équivaut à une autre*, est **l'équivalent d'une autre**. *Une somme* **ÉQUIVALANT à une autre** (noter le complément du participe). *Ces expressions me paraissent* **équivalentes** (ou *me semblent équivaloir*) *à celles que vous citez. Elles sont* **les équivalents** (n.m.) *de celles que vous citez.* Distinguer l'adjectif *équivalent* et le participe *équivalant: Deux procédés parfaitement équivalents ou équivalant parfaitement. Ce sont deux sommes équivalentes, l'une en francs, l'autre en dollars. Sans équivalent.*

ÉQUIVOQUE, n.f. *Une équivoque.*

ÉRÉSIPÈLE ou **ÉRYSIPÈLE**, n.m. *Un érésipèle.*

ERRATA, n.m. Un *errata* (des **errata** ou **erratas**, *RO* I.6) est une liste de fautes d'impression dans un ouvrage. On emploie normalement le singulier, un **ERRATUM**, pour ne désigner qu'une seule erreur.

ERREMENT, n.m. qui s'emploie surtout au pluriel, est le substantif du verbe *erre*, qui d'après son étymologie signifiait «aller çà et là, voyager» et n'a pris que dans la suite le sens de «se tromper». *Les errements* sont donc les marches habituellement suivies, les procédés habituels: *Suivre les anciens errements.* Mais comme, généralement, on dénonce ceux-ci, avec un sens péjoratif, le mot est plus souvent pris dans le sens d'*erreur*, substantif du verbe *erre*, se tromper. La confusion est blâmée par l'Académie. Il convient de l'éviter, parce qu'elle supprime une distinction qui peut être utile: *Ses chefs* (de l'armée) *vieillissaient à leur poste, attachés à des* **errements** *qui avaient, jadis, fait leur gloire* (Gaulle, Ch. de, *L'appel*). Ce serait un contresens de comprendre *erreurs*, non seulement parce qu'il s'agit bien de manières d'agir, mais parce qu'au temps où elles faisaient la gloire de ces chefs elles n'étaient pas des erreurs; elles ne sont devenues des erreurs que lorsqu'elles ont été maintenues en dépit de l'évolution des circonstances et de la stratégie. *Errements* dit bien qu'elles étaient habituelles.

ERREUR, n.f. Une erreur peut être plus ou moins grave, ou grossière, mais n'est-elle pas normalement *involontaire* et faut-il s'excuser en la qualifiant de la sorte? Il faut noter cependant que la notion d'erreur ne comporte que l'idée de fausseté, d'inexactitude et qu'il n'est pas impossible qu'on commette volontairement une erreur d'appréciation, de calcul.

ERRONÉ, adj., n'a qu'un *n.* Adverbe: **ERRONÉMENT**.

ÉRUCTER, v.tr.dir. ou intr., est péjoratif dans son emploi transitif: *Éructer des injures.*

ÈS (on prononce l's) s'écrit avec un accent; c'est une contraction de *en les.* Il doit donc être suivi d'un pluriel: *licencié* **ès lettres**. Lorsqu'on remplace *en qualité de* par *ès* **qualités**, le nom doit être au pluriel. Dans les exemples suivants, le sens (en tant qu'exerçant une fonction, une profession) explique le singulier, qu'il conviendrait cependant d'éviter, me semble-t-il: *L'une de nos commissions* (...) *où j'ai siégé ès qualité* (...). *Même parmi nos élus, je n'en ai pas rencontré un qui ne voulût avoir été choisi en tant qu'écrivain d'abord, expressément et ès qualité* (Genevoix, M., *La perpétuité*).

ESBROUFE, n.f. (parfois écrit avec deux *f*), ne désigne pas une personne (un **ESBROUFEUR**), mais un comportement, un étalage de grands airs: *faire de l'esbroufe.* Familièrement, **ESBROUFER** *qqn*: lui en imposer en faisant de l'esbroufe.

ESCABEAU, n.m., **ESCABELLE**, n.f. *Une escabelle* est un siège bas avec ou sans dossier, et non pas une échelle double; *escabeau* est aujourd'hui beaucoup plus vivant dans le même sens, ou désigne un siège de trayeuse ou un petit banc ou l'on pose les pieds ou, couramment, le siège sans dossier à quatre pieds, entre lesquels se rabattent des marches constituant une petite échelle.

ESCALATOR, n.m., mot américain, se traduit par *escalier mécanique.*

ESCALIER, n.m., désigne une suite de degrés, de marches qui servent à monter ou à descendre. L'usage s'est établi de dire indifféremment *les escaliers* ou *un escalier* pour cet ensemble. C'est le même emploi du pluriel qu'on trouve pour une chose composée de plusieurs parties semblables dans des *lunettes*, des *ciseaux.* On dira donc: *Il faut descendre* **un escalier** (ou *des escaliers* ou plusieurs marches) *pour aller au jardin. S'il n'y a qu'***une** MARCHE, *c'est ce mot qu'on doit employer (contrairement à un usage belge): il faut monter une marche pour entrer dans la maison.* On a dit autrefois en France **MONTÉE** pour *degré, marche: Deux servantes déjà, largement souffletées, Avaient à coups de pieds descendu les montées* (Boileau, *Satire X*). Cet emploi est devenu dialectal en France et en Wallonie; il faut l'éviter en français. — On écrit *une volée d'escalier* (la partie entre deux paliers) ou *de marches* ou *de degrés.* On peut dire aussi *les volées d'un escalier.* — *On monte* ou *on descend l'escalier* (ou, familièrement, *les escaliers*) *quatre à quatre* ou, avec ellipse: *Je descends quatre à quatre dans la rue* (Mauriac, Fr. *La robe prétexte*).

ESCALIER EN SPIRALE. On peut dire: *un escalier **en spirale*** (Ac.) pour un escalier *hélicoïdal, en vis* ou *en colimaçon*.

AVOIR L'ESPRIT DE L'ESCALIER, c'est être lent à réagir (comme si on ne trouvait la réplique qu'après avoir descendu l'escalier).

ESCARRE, n.f. *Une escarre.*

ESCAVÈCHE, n.f., désigne en Wallonie une préparation de poissons de rivière ou d'étang frits et plongés dans un mélange de vin et de vinaigre. Le mot vient de l'espagnol, qui l'a emprunté à l'arabe. On trouve en français méridional ESCA-BÈCHE, désignant un procédé de conservation.

ESCLAFFER (S'). *S'esclaffer de rire* est devenu un pléonasme.

ESCLANDRE, n.m. FAIRE UN ESCLANDRE.

ESCOMPTER, v.tr.dir. *On escompte une traite, une lettre de change.* Du sens vieilli, «dépenser d'avance l'argent qu'on attend», on est passé au sens bien vivant de «prévoir, compter sur une chose à venir»: *Vous escomptez son silence et son revirement* (Beaumont, G., *La harpe éolienne*). *Il escomptait nous embarrasser.*

ESCROC, n.m. (on ne prononce pas le *c* final), celui ou celle qui escroque ou qui a l'habitude d'escroquer. Dans ce dernier sens il a remplacé ESCROQUEUR.

ESPACE, n., est masculin dans tous les sens, sauf quand il désigne la petite lame de métal utilisée par les typographes pour séparer les mots (*mettre une espace entre deux mots*).

ESPÈCE, n.f., doit rester féminin même dans UNE ESPÈCE DE suivi d'un nom masculin, dans le sens d'*une sorte de*; il a parfois, pas toujours, un sens dépréciatif devant un nom de profession: *Une espèce d'avocat. Une espèce de fou. Je ne lui fais aucune espèce de reproche* (Ac.) me paraît autoriser *aucune espèce d'importance* (PR), ni grande, ni légère; mais on dit plutôt: *aucune importance.* On écrit: *des meubles **de toute espèce*** (beaucoup plus rarement: *de toutes espèces*). ***Quelle espèce de** fautes* a-t-il faites (le pluriel d'*espèces* pourrait répondre à l'idée nette de plusieurs espèces: *il a commis plusieurs espèces de fautes*). *Il se livre à toute espèce de grimaces.* Un CAS D'ESPÈCE, des *cas d'espèce. Payer en espèces.*

ESPÉRANCE, n.f., **ESPOIR,** n.m. Le vers 135 du *Cid: Ma plus douce espérance est de perdre l'espoir*, est, ne l'oublions pas, une pointe de l'Infante, qui manie la préciosité. On peut dire que l'espérance a en principe qqch. de plus large, de plus durable comme objet, tandis que l'objet de l'espoir est plus concret, plus précis, plus passager. Mais les mots se confondent souvent. On notera toutefois qu'en théologie on parle seulement de la vertu d'espérance; mais dans l'usage courant *espoir* est beaucoup plus vivant. ▶ ESPÉRER, 2, b (*Avoir l'espoir que, dans l'espoir*).

ESPÉRER, v.tr.dir. ou ind. ▶ VERBE, Conjugaison, 1.1.

1. **Espérer qqn** est archaïque et régional (l'attendre avec plus ou moins d'impatience): *Je repartis aussitôt pour l'Est où Gabriel nous espérait* (Duhamel, G., *Biographie de mes fantômes*).

Espérer qqch., la chose étant exprimée par un nom ou un pronom indéfini, se dit surtout dans quelques expressions comme *espérer une heureuse issue, une aide, une récompense, un miracle, une réponse favorable, ne rien espérer*, etc.

2. **Espérer** s'emploie seul (rarement avec *en*) ou avec *que* ou avec un infinitif:

a) *Il faut espérer.* Avec *en*: *Espérer **en** l'avenir. J'espère en toi, Seigneur.*

b) **Espérer que** peut s'employer dans le sens d'«aimer à croire» devant un indicatif présent ou passé: *J'espère qu'il **va bien**. J'espère que vous **avez réussi.***

Dans le sens habituel, «à la fois désirer et attendre avec confiance», il doit, à cause de ce sens, différent de celui de *souhaiter*, être suivi, **à la forme affirmative**, de l'indicatif futur ou, pour un fait hypothétique, du conditionnel: *J'espère qu'il **viendra**. J'espère que dans ce cas il **n'hésiterait** pas.* Mieux vaut se garder d'employer le subjonctif, normal après *souhaiter*, mais anormal après *espérer*, qui exprime une confiance dans la réalisation du fait espéré. Cet emploi est malheureusement assez courant, mais supprime la différence essentielle entre les deux verbes. Il peut être plus facilement toléré après l'impératif ***espérons***, qui traduit davantage une invitation à espérer (comparer: nous espérons), ou après *on pourrait espérer*. Même mode après **avoir l'espoir que, dans l'espoir que**: *Dans l'espoir qu'il s'en souviendra.* Le subjonctif ne se justifie, sans d'ailleurs s'imposer, que si l'espoir est explicitement réduit: *Aussi avais-je le vague espoir que Christian ne m'ait pas tout à fait tenu parole* (Aragon, L., *La mise à mort*).

À la forme interrogative ou négative, *espérer* est suivi du subjonctif ou de l'indicatif (ou du conditionnel): *Je n'espère pas **qu'il vienne** ou **qu'il viendra**. Espérez-vous qu'il le fera* (ou *qu'il le fasse* ou *le ferait*)?

c) **Devant un infinitif,** *espérer* se construit aujourd'hui sans *de*; la construction avec *de* est devenue un archaïsme (qu'*espérer* soit ou non à l'infinitif): *Je ne puis espérer me sauver seul* (Butor, M., *La modification*). *S'il avait pu encore espérer revenir* (Troyat, H., *Le vivier*). *Quand j'espérais te* *voir entrer dans le prétoire* (Aymé, M., *La tête des autres*). *J'espère pouvoir* (ou *que je pourrai*) *revenir.*

ESPION, n.m., n'est pas un belgicisme mais est français dans le sens de «miroir extérieur placé en oblique à proximité d'une fenêtre et qui permet de voir sans être vu». — **Dérivés** d'*espion*: deux *n*. Seul **ESPIONITE** s'écrit avec un ou deux *n*. Préférer **ESPIONNITE**.

ESQUIMAU, n.m. ou adj. (Féminin: *esquimaude*), ou **ESKIMO** ou **INUIT** (m. ou f.), pl. inv. ou *inuits*.

ESQUINTER, v.tr.dir., est familier.

ESSART, n.m., qui se dit pour une terre défrichée, est souvent remplacé par **SART** en français régional de Belgique.

ESSAYER, v.tr.dir. (j'*essaie* ou j'*essaye*, nous *essayons*). On essaie *un appareil, un remède, un vêtement, sa force, une méthode, une recette, un métier*, etc.

On ne dit plus guère (tours littéraires): *essayer de qqn, de qqch., essayer à faire qqch.* On dit: *essayer **de faire** qqch.*, **S'ESSAYER** *à qqch., à faire qqch.* — Noter l'orthographe de *un* ou *une* **ESSAYISTE**.

ESSE, n.f. Dans certaines régions de Wallonie, on dit à tort [*un esse*], parfois *une esse*, pour un *cintre*. En français, on appelle *une esse* un crochet en forme d'S, une certaine agrafe, un type de cheville. Le même mot désigne en Belgique une brioche en forme d'S.

ESSENTIEL, adj. et n.m. Après L'**ESSENTIEL EST QUE**, on emploie, selon le sens, l'indicatif, le conditionnel ou le subjonctif: *L'essentiel est qu'il **est** là* (on constate, on affirme qu'il est là). *L'essentiel est qu'il le **fasse*** (il doit encore le faire mais il n'est pas certain qu'il le fera. Cette certitude serait marquée par l'indicatif futur: *L'essentiel est qu'il le **fera***). *L'essentiel est que nous **serions** là* (dans telle hypothèse), *que nous pourrions le faire* (éventualité). *L'essentiel est que vous ayez été là* ou *que vous avez été là*; le fait est certain, attesté, il est donc normal de le mettre à l'indicatif; mais, parce que sa réalité passée peut être mise en doute, on peut sans inconvénient l'exprimer au subjonctif comme un fait simplement envisagé. Subjonctif après un impersonnel: *Il est essentiel que vous ayez été là.* L'indicatif peut être imposé après *l'essentiel est que* lorsqu'on constate nettement qqch.: *L'essentiel est qu'il n'est pas inquiété.* Comparer: *L'essentiel est qu'il ne soit pas coupable.* Conditionnel pour marquer l'éventualité: *L'essentiel est que vous le feriez si on vous le demandait.*

ESSOR, n.m., s'écrit sans *t*.

ESSOUFFLÉ, adj. Deux *s*, deux *f*.

ESSUIE-MAIN, n.m. En français, *essuie* ne s'emploie pas seul comme nom (usage belge), mais forme des noms composés précisant l'usage: *essuie-main, essuie-glace*, etc. ▸ NOMS COMPOSÉS, 2.5 et *RO* II.2.

En Belgique, on dit: [un **ESSUI** ou un **ESSUIE**] pour un *torchon* qui sert à essuyer la vaisselle. On utilise également [*essuie*] en Belgique pour désigner un *essuie-main* ou une *serviette de toilette*. ▸ TORCHON.

ESSUIE-TOUT, n.m. invariable, papier absorbant à usages domestiques, présenté en rouleaux ou en paquets.

ESSUYER, v.tr.dir. *Il essuie les verres, des revers, ses larmes. Essuyer **ses chaussures** ou **ses pieds*** (sur un paillasson), *s'essuyer les pieds.* ▸ SAUCER.

ESTABLISHMENT, n.m. (prononcé à l'anglaise), ensemble de gens dominant socialement: *l'establishment soviétique* (**NOMENKLATURA**, n.f. d'origine russe), *l'establishment financier* ou *littéraire*.

ESTAMINET, n.m., n'est pas inconnu en France, surtout dans le Nord, pour désigner un petit café populaire, de ville ou de village.

Est-ce que

1. INTERROGATION DIRECTE

L'emploi de cette locution interrogative figée est devenu courant et correct dans l'interrogation directe, soit en tête de phrase, soit même après un adverbe interrogatif ou un pronom (ou un adj.) interrogatif.

En tête: ***Est-ce que*** *tu viendras? Est-ce que ta femme est arrivée?*

À l'intérieur de la phrase, le sujet qui est un pronom personnel ou *ce, cela, ça, on* précède le verbe; un autre sujet suit le verbe ou, dans la langue parlée, le précède souvent, mais doit toujours le précéder si le verbe est suivi d'un nom attribut ou complément d'objet direct; le sujet réel d'un verbe impersonnel doit suivre:

> ***Où est-ce qu'il*** *est allé?* ***Où est-ce que va*** *ta sœur?* (ou bien *Où est-ce que ta sœur va?*). ***Où est-ce que ta sœur*** *a vu mon père?* ***Quand est-ce que*** *la charité est un devoir?* ***Quel jour est-ce qu'***il est arrivé un accident?*

Il est excessif de prétendre que l'emploi de *est-ce que* donne «une impression de vulgarité ou de négligence après les adverbes interrogatifs» (Dupré, p. 888) ou de se montrer sévère à l'égard de l'emploi après *pourquoi*, *comment* (GLLF, p. 1749) ou l'adjectif interrogatif *quel*.

On peut dire : *Pourquoi ne venez-vous pas ?* ou *Pourquoi est-ce que vous ne venez pas ? Qui est-ce ? Qui est là ?* ou *Qui est-ce qui est là ? Que voulez-vous ?* ou *Qu'est-ce que vous voulez ? Qu'est-ce que ces cancans ?* ou *Qu'est-ce que c'est que ces cancans ? À quoi pensez-vous ?* ou *À quoi est-ce que vous pensez ? Que m'arrive-t-il ?* ou *Qu'est-ce qui m'arrive ? Où avez-vous vu cela ?* ou bien *Où est-ce que vous avez vu cela ? Est-ce que tu crois...*

Notons que, dans certains cas, on est contraint d'employer *est-ce que* à la 1re personne (*Où est-ce que je le mets ? Est-ce que je perds ?*) ou faute de pouvoir employer *quoi* comme sujet : *Qu'est-ce qui est correct ?*

Mais on se gardera de renforcer *est-ce que* par *c'est que* : [*Où est-ce que c'est que je le mets ?*] [*Quand est-ce que c'est qu'il viendra ?*]

2. INTERROGATION INDIRECTE

La langue soignée évite aujourd'hui *est-ce que* dans l'interrogation indirecte. Comparer aux exemples notés ci-dessus :

> *Je ne sais **quand vous partirez**, à qui je dois m'adresser, pourquoi on m'interroge, qui c'est, quel âge il a, ce qui est correct.*

3. TOUR PARTICULIER

[*Qu'est-ce que c'est pour un homme ?*] ou [*Qu'est-ce là pour un homme ?*], germanisme qui n'est pas propre à la Belgique (▶ POUR, 9).

4. EXCLAMATION

Dans l'exclamation ▶ CE, 2.6.

ESTER, v.intr., terme de droit (latin *stare*, se tenir debout) : *ester en justice*, *en jugement* (soutenir une action).

ESTIVANT, *estivante*, nom d'origine provençale, désigne celui qui passe ses vacances d'été dans une station de villégiature. **VACANCIER** a un sens plus large : personne qui est en vacances hors de sa résidence habituelle.

ESTRAN, n.m. Partie du littoral entre les plus hautes et les plus basses mers.

ESTUDIANTIN, adj., cède de plus en plus la place à **ÉTUDIANT**, employé comme adjectif pour «des étudiants, relatif aux étudiants» ; *le monde **étudiant**, la mentalité étudiante, la jeunesse étudiante, le pouvoir étudiant.*

ET, conj.

1. Coordination de compléments de nature grammaticale différente. ▶ COMPLÉMENTS D'UN MÊME VERBE.

2. **En tête de phrase**, *et* est emphatique ou fait ressortir un sentiment, une opposition : *Et vous voudriez que je me taise ?* Il est parfois employé comme si la phrase précédente ne se terminait pas par un point.

3. Lorsque deux propositions comparatives en corrélation sont introduites par *plus*, *moins*, *mieux*, l'emploi de *et* est facultatif entre les deux (mais il n'est pas permis avec *autant*) : *Plus je le vois et plus je l'apprécie* (Ac.). *Autant il est actif, autant vous êtes indolent.*

4. **ET/OU**, calqué sur l'anglais *and/or*, marque qu'il y a possibilité d'addition ou de choix : *Invitez le recteur et/ou le président.*

5. Le caractère d'imprimerie **&**, autrefois courant, représentant *et* est appelé *et commercial* ou porte un nom féminin (**PERLUÈTE**, **PERLUETTE**, **ÉPERLUÈTE** ou **ESPERLUETTE**), rimant plaisamment avec *z* à la fin de la récitation de l'alphabet.

6. ▶ CENT, num., 5, MILLE, HEURE, NI, 1.1.2, QUELQUE, 2.1.

ÉTABLIR, v.tr.dir. L'auteur d'une édition savante *établit* le texte.

ÉTAGE, n.m. *Un immeuble à* (ou *de*) *quatre étages. Habiter au premier* (*étage*).

ÉTAGÈRE, n.f. Si l'on en croit Littré, le nom d'*étagère* doit être réservé à un meuble composé de montants supportant au moins deux tablettes formant des étages ou à ces tablettes elles-mêmes. Ce sens est encore vivant, mais il est dépassé depuis longtemps ; on peut donner le nom d'étagère à une simple tablette fixée au mur pour y disposer livres ou bibelots.

ÉTAIEMENT, n.m. On écrit aussi **ÉTAYEMENT**.

ÉTAIN, n.m. Les fondeurs d'étain et les fabricants d'étains artistiques s'appellent des **ÉTAINIERS** (GLE, GR). À Huy, ils s'appellent les **POTSTAINIERS** (potiers d'étain).

ÉTAL, n.m. Le pluriel *étaux*, parce qu'il est homonyme de celui de *étau*, est généralement remplacé par *étals* : *Les étals des bouchers.*

ÉTANT DONNÉ. ▶ PARTICIPE PASSÉ, 2.1.4.

ÉTAPE, n.f. On va *d'étape en étape*. Il n'est pas logique, proprement, de parler d'étape *intermédiaire*, puisqu'une étape est toujours entre deux courses, entre deux haltes. — *Un classement par étapes.*

ÉTAT, n.m., s'écrit avec une majuscule pour désigner un pays, une nation, un gouvernement: *Affaire d'État. Les droits de l'État. Un secret d'État. Le chef de l'État. Un chef d'État, des chefs d'État. La raison d'État. Un coup d'État.* Distinguer: *les droits de l'État et l'état de droit. Les États membres de l'O.N.U. Les États-Unis.*

ÉTAT-MAJOR: trait d'union (des *états-majors*). Mais ÉTAT CIVIL: *Acte de l'état civil. Officier de l'état civil. Le* TIERS ÉTAT.

EN TOUT ÉTAT DE CAUSE: dans tous les cas, quelle que soit la supposition à laquelle on s'arrête (*Lexis*). — *Un état de choses normal.*

ÊTRE DANS TOUS SES ÉTATS: être très agité, très troublé.

ETC., abréviation du latin pluriel neutre *Et cetera* (graphie à préférer) ou *Et cætera* (*a* et *e* étant liés) ou, erronément, *Et cœtera* (Ac.), se dit aussi bien des personnes que des choses à la fin d'une énumération: *Taine, Bourget, etc.* (Gide, A., *Journal*.) Ne pas mettre plusieurs points après l'abréviation. Prononcer *ett-sé-té-ra* et non *èk-sé-tè-ra* ni *ett-sé-tra*.

Lorsqu'on redouble *etc.* pour insister, on écrit *etc., etc.* et on prononce deux fois *et cetera* et non pas [*et ceteri et cetera*].

On écrit *un* ou *des* ET CETERA.

ÉTEINDRE LE SALON. ▸ ALLUMER.

ÉTENDAGE, n.m. Distinguer *l'étendage* du linge, de la lessive sur le pré (verbe *étendre*) et l'*épandage* du fumier sur le jardin (verbe *épandre*).

ÉTHIQUE, n.f. et adj., évoque la morale. Attention: sans *h* ÉTIQUE, adj.: d'une extrême maigreur.

ÉTIAGE, n.m., ne désigne pas le niveau le plus élevé des eaux d'un cours d'eau, mais le niveau moyen et, par extension, le plus bas.

ÉTIQUETER, v.tr.dir. ▸ VERBE, Conjugaison, 1.1.

ÉTONNANT, adj. (ou SURPRENANT): subjonctif après *étonnant que*: *Il est étonnant* (ou *C'est étonnant*) *qu'il ne soit pas là. Je trouve étonnant qu'il soit parti. Est-il étonnant que sa femme se plaigne?* Autre sens de *c'est étonnant comme*: *C'est étonnant comme on peut se méprendre. On constate.*

Après *quoi d'étonnant* et *rien d'étonnant*, on peut, sans changer le sens, mettre *que* et le subjonctif ou *si* et l'indicatif: *Quoi d'étonnant* **qu'il n'ait pas** *réussi?* ou *s'il n'a pas* réussi? *Rien d'étonnant que nous ne le voyions plus* ou *si nous ne le voyions plus. Quoi d'étonnant s'il ne le faisait pas?* On trouve *à ce que* et le subjonctif: *Rien d'étonnant à ce qu'il ait étendu ses investigations* (Colette). *Elle ne voyait*

rien d'étonnant à ce qu'on l'eût toujours tenue à l'écart (Beaumont, G., *La harpe irlandaise*). — Avec L'ÉTONNANT (n.m.): *L'étonnant* (ou *le plus étonnant*) *est son succès* (ou *est qu'il ait pareil succès*).

ÉTONNER, v.tr.dir. ÊTRE ÉTONNÉ (ou SURPRIS) et S'ÉTONNER se construisent avec **que** et le subjonctif ou avec **de ce que** et l'indicatif ou le subjonctif: *Elle n'est pas étonnée qu'on ne l'ait pas avertie* ou *qu'il soit là. Il s'étonna grandement d'abord de ce qu'elle fût restée à ce point arriérée* (Gide, A., *La symphonie pastorale*). *Il s'étonnait de ce que Gide n'eût pas pris soin de prévoir comment se dérouleraient ses obsèques ou plutôt de ce qu'il eût pris soin de ne pas le prévoir* (Mallet, R., *Une mort ambiguë*). *Je m'étonne de ce qu'il n'est pas venu* (Ac.). — *De* ou *par* ▸ DE, 8.

Si et l'indicatif s'emploient lorsque le complément est présenté comme une sorte d'hypothèse; simple tour de style, parfois, pouvant aussi souligner la réalisation du fait subordonné. Mais il faut que l'étonnement soit né ou doive encore se produire. On emploie donc *si* après *je m'étonnerai, je m'étonnerais, étonnez-vous, ne vous étonnez pas, il ne faut pas s'étonner.* On doit dire: *Elle est* (ou *était*) *étonnée qu'on lui ait mal répondu.* Après un indicatif présent négatif ou interrogatif, on trouve encore *si*, mais plus souvent *que*: *Je ne m'étonne pas s'il n'a pu venir* (Littré). *Faut-il s'étonner s'il n'a pu venir?* (Littré.) *Faut-il s'étonner qu'il n'ait pu venir?* On dira: *Étonnez-vous, après cela, si on vous répond mal* ou *qu'on vous réponde mal. Il ne faut pas être étonné s'il est parti* ou *qu'il soit parti. Je serais bien étonné s'il ne réussissait pas* ou *qu'il ne réussisse pas.* Après un futur, on doit employer *si*: *Je serai bien étonné si sa mère y consent.*

Devant un infinitif, on emploie *de* comme devant un nom: *Je m'étonne de son silence. Je m'étonne de le voir partir.*

ÉTOUFFER, v. **Tr.dir.** *Étouffer qqn, un feu, un scandale. La chaleur m'étouffe.* **Intr.**: *Étouffer de chaleur, de rage, de rire. On étouffe ici.* S'ÉTOUFFER.

ÊTRE, v.

1. **Conjugaison.** Attention au passé simple: *je fus, il fut, nous fûmes, ils furent*, au subjonctif présent: *que je sois, qu'il soit, que nous soyons, qu'ils soient* et au subjonctif imparfait: *que je fusse, qu'il fût.* Il faut écrire: **Ne fût-ce qu'un moment** et non [*ne fusse qu'un moment*]; **cela eût peut-être suffi**; **j'eusse espéré que** (*j'aurais espéré que*); **quand il eut fini** et non [*quand il eût fini*]; **s'il en fut**, mais **fût-il là**; *fussé-je là* ou *fusse-je* (RO II.3).

2. **J'ai été** ou *je suis allé. Je fus* (ou *j'allai) le voir. Il s'en fut.* ► ALLER, 2.

3. **C'EST**, *ce sont*. ► CE, 2.5, INVERSION, 3.2.1, VERBE, Accord, 2.3.1.

4. **C'EST À MOI** *à* ou *de.* ► À et DE, 3.

5. **ÊTRE À DEUX, À TROIS**, etc. ► À, prép., 3 et COMBIEN, 1.

6. **ÊTRE À.** Noter les sens différents: *Le temps est à la pluie* (évoluer vers). *Les prix sont à la baisse* (tendre vers). *Il est à son bureau* (se trouver). *Ce livre est à mon frère* (appartenir). *Ce lui fut un bon prétexte* (ou *ce fut pour lui). Je suis à vous dans un instant* (à votre disposition). *Je suis ici à l'attendre* (Ac.). *Elle est toujours à se plaindre* (être en train de). *Elle en est à ne plus savoir où aller. Cet homme est à admirer* (admirable). *C'est à prendre ou à laisser.*

7. **ÊTRE APRÈS.** ► APRÈS, 6 et 7.

8. **ÊTRE COURT, À COURT.** ► COURT, 1.

9. **ÊTRE À LUNDI.** ► DATES, 3.

10. **ÊTRE D'AVIS QUE.** ► AVIS.

11. **N'ÉTAIT, N'EÛT ÉTÉ.** ► VERBE, Accord, 2.3.2.

12. **S'IL EN FUT** et non [S'IL EN FÛT]. ► SI, conj., 4.

13. **Y ÊTRE** signifie «se trouver chez soi» (*Vous direz que je n'y suis pas*) ou «avoir bien deviné, être près de la vérité» (*Vous n'y êtes pas*), «comprendre» (*J'y suis*). *Y êtes-vous?*: êtes-vous prêt?

14. **ÊTRE POUR.** ► POUR, 9.

15. **N'ÊTRE PAS SANS SAVOIR.** ► SANS, 3.

16. **SI J'ÉTAIS DE VOUS**, plus courant que SI J'ÉTAIS QUE DE VOUS, est concurrencé par SI J'ÉTAIS VOUS, qui est correct. Devant un nom, on dira: *Si j'étais de cet homme* ou *Si j'étais cet homme.* ► DE, 7.

17. On dit: *Deux et deux font quatre*, et non [*sont*].

18. **EN ÊTRE.** *Nous organisons un voyage. En serez-vous? Où en êtes-vous dans vos recherches? J'en suis à la moitié du chemin. Voilà ce qu'il en est. Il ne sait plus où il en est. Il n'en est rien. Il en est ainsi. Il en est de ce roman comme de l'autre. J'en étais là de mes réflexions.*

19. **ÊTRE DANS.** ► DANS.

20. **IL EST** pour *il y a.* ► IL, 4.

21. **C'EST QUE. CE N'EST PAS QUE.** ► CE, 2.5.5 et 2.5.6.

22. **SOIT.** ► SOIT, adv.

ÉTRÉCIR, v.tr.dir., est pratiquement remplacé par **RÉTRÉCIR**, qui est transitif (*rétrécir une jupe*), intransitif (*ce tissu rétrécit au lavage*) ou devient pronominal (*Ce cercle se rétrécit*).

ÉTRENNE, n.f., en dehors de l'expression *avoir l'étrenne de qqch.* (être le premier à en jouir), s'emploie au pluriel: *Il a reçu ses étrennes.* Familièrement: *On illumine pour les étrennes* (pour la période des étrennes).

ÉTUDE, n.f. On écrit: *Maître d'étude* (beaucoup plus souvent que *maître d'études), une salle d'étude* (ou *une étude*) ou *salle d'études, une bourse d'études* et *bureau, mission, commission, voyage d'étude* ou *d'études. Un étudiant en droit, en lettres; il fait des études de droit, de lettres.*

ÉTUDIANT, adj. ► ESTUDIANTIN.

ÉTUVER, v.tr.dir. On peut dire: *étuver un poulet* ou *le cuire à l'étuvée.*

EUROPE et ses dérivés. S'il n'y a aucune hésitation pour EUROPÉEN, EUROMARCHÉ, EURODOLLAR, EUROVISION, l'usage a hésité, avec une nette préférence pour les seconds, entre EUROPÉISER et EUROPÉANISER, EUROPÉISATION et EUROPÉANISATION, EUROPÉISME et EUROPÉANISME.

EUX DEUX, TROIS, etc. On ne dit pas: [*Eux deux le savent*], mais: *Ils le savent tous deux* ou *Il n'y a qu'eux deux qui le sachent.* On emploie *eux deux* avec une préposition: *Je travaille avec eux deux.* ► LUI. *Ils l'ont fait à deux* et non pas [*Ils l'ont fait eux deux*].

ÉVADÉ, adj., **S'ÉVADER**. À côté du verbe *s'évader* (*elle s'est évadée*), existe l'adjectif *évadé: un prisonnier évadé.* On peut dire: *laisser* (ou *faire*) *évader un prisonnier.*

ÉVANOUI, adj., **S'ÉVANOUIR**. *Une personne évanouie. Elle s'est évanouie.*

ÉVÊCHÉ, n.m. Prononcer trois fois *é.*

ÉVÉNEMENT ou **ÉVÈNEMENT**, n.m. L'Académie a rejeté en 1987 *évènement*, conforme à la prononciation et qu'elle avait adopté en 1975, mais les *Rectifications de l'orthographe* le rétablissent en 1990 et présentent également **ÉVÈNEMENTIEL** pour **ÉVÉNEMENTIEL** (*RO* III.7E).

ÉVENTAIL, n.m. Des *éventails.* L'éventail des articles offerts, des salaires.

ÉVERTUER (S'), faire des efforts. *Il s'évertue à nous suivre.* Exemple étrange: *Il s'évertue à faire des efforts* (Ac.). On trouve encore: *contre qqch.* (*s'évertuer contre la mort*, Bossuet) ou *pour* devant un infinitif: *Il a beau s'évertuer pour se tirer d'affaire, il n'y peut parvenir* (Ac.).

ÉVIDENT, adj., ne signifie pas *facile*, mais «qui s'impose à l'esprit».

ÉVIER, n.m., désigne une cuvette où on lave la vaisselle dans une cuisine. En Belgique, le mot se substitue couramment à *lavabo*.

ÉVINCER, v.tr.dir., c'est déposséder légalement ou par intrigue. Dans les deux cas, il y a **ÉVICTION**.

ÉVITEMENT, n.m. On parle en bon français, à propos de chemins de fer, de *gare d'évitement*, de *voie d'évitement*. Mais ce n'est guère qu'en Belgique qu'à propos de circulation routière on substitue *évitement* à *déviation*, *détour* ou qu'on l'emploie pour désigner l'emplacement où un véhicule peut se garer pour en laisser passer un autre venant en sens opposé.

ÉVITER, v.tr.dir. *Éviter qqn* ou *qqch. Éviter **qqch.** à qqn* (le lui épargner, lui permettre d'y échapper). *Éviter **de faire** une chose, d'être expulsé. Tâcher d'éviter **qu'**ils (ne) s'en **aillent***; on peut toujours omettre *ne*; on l'omet particulièrement si *éviter* est négatif: *Je ne puis éviter qu'il s'en aille.*

ÉVOQUER et **INVOQUER**, v.tr.dir., ont en commun l'idée d'appeler par la parole, mais ne peuvent être confondus.

Évoquer: on n'évoque pas seulement des esprits, des démons ou des âmes par des opérations magiques, on les évoque aussi quand on les interpelle; *évoquer*, c'est faire apparaître, rendre présent, éveiller l'idée de: *évoquer un souvenir, un ami disparu, des absents, une fête*; on évoque *un problème, une question, un fait*, on en parle ou on en fait mention; *une chose en évoque une autre*, y fait penser.

Invoquer, c'est appeler à l'aide, avoir recours à qqn ou à qqch.: *Invoquer Dieu, un saint, un témoignage, la loi, un argument, une aide.*

EX est joint par un trait d'union au nom qui le suit: *Un ex-député. Dupont, ex-député.* On écrit *ex abrupto, ex æquo, ex cathedra.* Le préfixe *ex* est agglutiné à ce qui le suit: *exhausser, exhumer.*

EXACT, adj. Au masculin on prononce ou non les deux consonnes finales. Jamais *c* seul. *X* se prononce *gz*.

EXACTION, n.f., ne signifie pas «violences, attentats, cruautés» mais, en rapport avec le verbe *exiger*, «exigences illégitimes, en parlant d'un fonctionnaire, en matière d'argent».

EXAMEN, n.m. *On prépare un examen*, mais on ne présente pas un examen, *on se **présente** à un examen, on passe un examen.*

*On **est reçu** à un examen. On **réussit** à un examen.* L'emploi transitif *réussir **un examen*** est critiqué, mais est entré depuis longtemps dans l'usage.

On rate un examen. On échoue à un examen, on se fait refuser ou *on est refusé à un examen.* Familièrement: on est *blackboulé, collé, recalé* (à un examen), *on se fait recaler au bachot.* ▷ [BUSE].

EXCÉDER, v.tr.dir. ▷ VERBE, Conjugaison, 1.1: dépasser en quantité. **EXCÉDANT**, part. ou adj.: *des dépenses excédant les recettes; des démarches excédantes; Un gamin excédant, exaspérant.*

EXCÉDENT, n.m.: *un excédent de bagages; un budget en excédent; payer cent francs d'excédent* (en supplément).

EXCELLANT, part.prés., **EXCELLENT**, adj., **EXCELLENCE**, n.f., **EXCELLEMMENT**, adv. L'emploi de l'adjectif au comparatif ou au superlatif (*plus* ou *très excellent, le plus excellent*) est rare et appartient plutôt à la langue classique.

EXCEPTÉ, adj. et prép. On écrit *excepté les enfants*, mais *les enfants exceptés.* On répète la préposition après *excepté*: *Il est content de tous, excepté de vous.*

EXCEPTÉ QUE s'est construit avec le subjonctif, comme *à moins que*, mais est suivi aujourd'hui de l'indicatif ou du conditionnel, comme *si ce n'est que: Ils se ressemblent parfaitement, excepté que l'un **est** un peu plus grand que l'autre* (Ac.).

Toutefois, comme *si ce n'est que, sauf que* et *sinon que, excepté que* est suivi du subjonctif si le verbe qui précède et qui régit ce qui suit appelle ce mode: *Je ne veux rien, excepté que tu m'**avertisses**.*

EXCEPTÉ SI est suivi de l'indicatif: *Je ne viendrai pas, excepté si j'ai le temps.* De même *excepté quand, excepté lorsque.*

EXCEPTION, n.f.: *Quelques mots font exception* (échapper) *à la règle. Nous ferons une exception pour lui. Nous ne ferons d'exception pour personne.*

EXCESSIVEMENT, adv. Chacun perçoit ou peut percevoir dans cet adverbe le mot *excès*. Il est donc légitime de lui conserver le sens de *trop*, bien que, au risque souvent d'une équivoque, on lui donne depuis longtemps le sens de *très, extrêmement.* La langue ne peut que perdre à cette confusion.

EXCIPER, v.intr., qui signifie proprement, en droit, «arguer d'un moyen préjudiciel pour écarter définitivement une intervention judiciaire» (*exciper de l'autorité de la chose jugée, de la prescription*), s'emploie aussi dans le sens de «faire état de qqch. pour sa défense» (*exciper de sa bonne foi, des services rendus*).

EXCLURE, v.tr.dir. Futur: j'*exclurai* et non [j'*excluerai*]. Participe: *exclu, exclue* (tandis qu'on écrit: *inclus*).

Il est exclu qu'on nous reçoive (il est hors de question que). Ce tour s'emploie surtout à la forme négative, dans le sens de «il est possible, il se peut»: *Il n'est pas exclu que nous puissions vous accompagner.*

EXCURSION, n.f., est souvent mal prononcé et mal écrit. Attention aux groupes *xc* et *rs* et à la finale *sion*. **EXCURSIONNER, EXCURSIONNISTE**, deux *n*.

EXCUSE, n.f., **EXCUSER**, v.tr.dir. **S'EXCUSER DE FAIRE UNE CHOSE** est théoriquement équivoque. Mais le sens de «alléguer des motifs pour s'en dispenser» est vieilli; le sens courant est «faire une chose en présentant ses excuses»: *Je m'excuse de vous importuner.* On présente ses excuses ou on s'excuse; le sens est le même et depuis longtemps. Il est bon toutefois de savoir que des personnes peuvent encore se froisser si l'on dit *Je m'excuse* au lieu de *Je vous demande pardon* ou *Veuillez m'excuser* ou *Je vous présente* (ou *vous fais*) *mes excuses* ou *Excusez-moi.* L'expression est pourtant admise: *Je m'excuse beaucoup auprès de mes nombreux correspondants de n'avoir pas pu, durant les vacances, tenir mon courrier à jour* (Mauriac, Fr., dans *Le Figaro*). *Vous vous excusez de les déranger et vous sortez* (Butor, M., *La modification*). Avec *que* et le subjonctif: *Il nous servit, sous la tonnelle, du jambon et des pâtes en s'excusant qu'il n'y ait plus rien d'autre* (Duras, M., *Le marin de Gibraltar*). **FAIRE EXCUSE à qqn** est vieilli. **FAITES EXCUSE** est populaire dans le sens de *Pardonnez-moi, Veuillez nous excuser.*

DEMANDER EXCUSE à qqn est une très ancienne locution qui signifiait «présenter ses excuses» et ne survit que comme provincialisme.

On excuse qqn d'avoir fait qqch. On s'excuse de qqch. On excuse la maladresse de qqn. Il m'a invité à dîner; je l'ai prié de m'excuser; je me suis fait excuser. Veuillez excuser mon retard ou *m'excuser d'être en retard* ou *si je suis en retard. J'ai excusé ma femme* ou *l'absence de ma femme.*

EXÉCUTER QQN ne se dit pas seulement quand on met à mort légalement, par autorité de justice (*exécuter un criminel*), mais aussi «mettre à mort sans jugement, même par vengeance»: *exécuter des prisonniers, des otages.* Au figuré: *exécuter un débiteur, un auteur.*

[**EXEMPLATIF**], qui n'est pas français, s'emploie couramment en Belgique, soit dans le sens de l'adjectif **EXEMPLAIRE** [*une valeur exemplative*], soit surtout dans l'expression [*à titre exemplatif*], signifiant «à titre d'exemple». Notons qu'*exemplaire* implique l'idée de modèle, d'exemple à suivre, mais aussi, par conséquent, de perfection (*une épouse exemplaire*).

EXEMPLE, n.m.

1. **PAR EXEMPLE**, loc. adv., a plusieurs sens opposés:

a) Il confirme, il illustre ce que l'on dit, par un ou plusieurs exemples: *Prenez un dictionnaire, par exemple Bescherelle ou Littré, vous verrez que...* Courant, bien qu'inutile dans ce cas, *comme* devant *par exemple.*

b) Familièrement: *mais, toutefois* (marque l'opposition): *On mange très bien dans ce restaurant; par exemple, il ne faut pas être pressé* (DFC).

c) En exclamation, *par exemple!* exprime la surprise, l'incrédulité, le mécontentement ou l'insistance: *Par exemple, je ne m'attendais pas à cela! Ça, par exemple! Par exemple, voilà qui est fort! Tiens, par exemple! Je voudrais bien voir ça, par exemple! Ah! non, par exemple!*

2. **IL N'Y A PAS D'EXEMPLE QUE** (ou: *il est sans exemple que*) est suivi du subjonctif: *Il n'y a pas d'exemple qu'on ait accordé cette faveur.*

3. **À L'EXEMPLE DE**, loc.prép.: *Il s'est tu, à l'exemple de son frère.*

4. ▶ **AINSI**, 2.

EXEMPLIER, n.m. Néologisme désignant un recueil d'exemples. Le suffixe *-ier*, joint à un nom, pour indiquer la relation contenant-contenu est fécond en néologie: Un **PINCELIER** (boîte pour pinceaux), un **EXERCISIER** (un recueil d'exercices).

EXEMPLIFIER, v.tr.dir., néologisme: confirmer ou illustrer par un ou des exemples.

EXEMPTER, v.tr.dir., **EXEMPTION**, n.f. (*p* se prononce dans le nom, mais pas dans le verbe). *On exempte qqn de qqch.*

EXERGUE, n.m. (*un exergue*), se dit proprement du petit espace réservé dans une médaille pour y graver une date, une inscription. D'où cette inscription elle-même ou une inscription similaire. Par extension *exergue* a pris le sens d'*épigraphe* (▶ ÉPIGRAPHE), mais l'Académie française refuse cette synonymie. Certains discutent aussi de la correction de l'expression **METTRE EN EXERGUE**, «mettre en valeur, en évidence, au premier plan». Ces emplois sont pourtant courants et très clairs.

EXHAUSSER, v.tr.dir. *Exhausser un édifice.* Mais **EXAUCER** *une prière.*

EXHAUSTIF, adj., signifie «qui épuise» et se dit parfois de ce qui épuise les forces, les réserves de qqn ou de qqch., mais surtout de ce qui épuise une matière, de ce qui la traite à fond: *une bibliographie exhaustive, une énumération exhaustive.*

EXHIBITIONNISME, n.m. Deux *n.*

EXHORTER, v.tr.dir. *On exhorte qqn à qqch., à faire qqch.*

EXHUMER, v.tr.dir. *H* comme dans *inhumer.*

EXIGENCE, n.f., **EXIGER**, v.tr.dir. *En exigeant que nous le fassions. Des supérieurs exigeants. Une exigence abusive. On exige qqch. de qqn.* Éviter: [*Tant de choses m'exigeaient. (...) J'étais tout entière exigée*] (Beauvoir, S. de, *Mémoires d'une jeune fille rangée*): il fallait employer *requérir: me requéraient; requise.*

EXIGU, adj. Féminin: *exiguë* ou *exigüe* (*RO* III.4). **EXIGUÏTÉ** ou **EXIGÜITÉ** (Id.), n.f. ▸ TRÉMA.

EXODE, n.m. *Un exode.*

EXORBITANT, adj., s'écrit sans *h*; penser au latin *orbis*, cercle.

EXORDE, n.m. *Un exorde.*

EXPANSIONNISME, n.m., **EXPANSIONNISTE**, adj. Deux *n.*

EXPATRIATION, n.f. *L'expatriation d'une personne, des capitaux.* On a dit aussi autrefois **EXPATRIEMENT**.

EXPÉDIANT, participe d'*expédier*. **EXPÉDIENT**, n.m. (ayant souvent un sens péjoratif: *vivre d'expédients*) ou adjectif (*Vous ferez ce qui vous paraîtra expédient, utile, opportun. Il est plus expédient de le voir*).

EXPERT, adj. et n. *Elle est experte en la matière. Un expert en écriture(s), en assurances, en tableaux.* Quand *expert* est un nom associé directement à un autre *nom* pour former un titre professionnel, le trait d'union est recommandé: un **EXPERT-CONSEIL**, des *experts-comptables*. Mais: un *expert fiduciaire*, un *expert immobilier*, un *géomètre-expert immobilier.*

EXPIRER, v.intr. ou tr.dir. **Auxiliaires. Transitif**, *avoir: Il a expiré l'air des poumons.* **Intransitif** (sens de *mourir*), au sens propre, *avoir* pour une action passée (*Il a expiré hier*) et *être* pour l'état (*Il est expiré depuis ce matin*); au sens figuré, on peut suivre la même distinction (*Le délai a expiré hier. Sa rancune est expirée. Le délai est expiré*), mais le verbe tend à se construire avec *être* (*Le bail est expiré la semaine dernière*).

EXPLIQUER, v.tr.dir. à ne pas confondre avec **EXPLICITER**, énoncer formellement (*Il n'a pas explicité sa pensée*).

1. **Expliquer que**, dans le sens de «exposer que, faire comprendre que», est suivi de l'indicatif ou du conditionnel:

*Expliquez-lui qu'il **a** tort. Il a expliqué qu'on ne lui permettrait pas de venir.*

Dans le sens de «donner des raisons, faire comprendre pourquoi», il est suivi du subjonctif si son sujet est un nom de chose: *Cela vous explique que je **tienne** à faire des publications que beaucoup trouvent scandaleuses* (Mallet, R., *Une mort ambiguë*). Si le sujet est un nom de personne, subjonctif après la forme négative ou interrogative (▸ COMPRENDRE): *Comment expliquez-vous qu'il **soit** parti au moment où l'on annonçait notre arrivée?*

Accord: *Ils se sont expliqués. Elle s'est expliquée sur sa conduite* (▸ 4). *Ils se sont expliqué les raisons de notre silence...*

2. **S'expliquer que** est suivi du subjonctif dans le sens de «comprendre le pourquoi, la raison de qqch.»: *Je m'explique qu'il soit gêné de nous rencontrer. — On s'explique que les simples s'y soient d'abord laissé prendre* (Ambrière, Fr., *Les grandes vacances*).

3. **Sens passif** de s'expliquer: *Cela ne peut s'expliquer*, être compris (subjonctif ▸ 2). *Ces quiproquos se sont finalement expliqués.*

4. **S'EXPLIQUER** et **S'EXPRIMER**. *S'expliquer* ne signifie pas «s'exprimer, parler». On ne dira pas qu'un étranger s'explique bien si l'on veut dire simplement qu'il parle correctement. Mais on dira qu'une personne s'*explique bien* si elle fait bien comprendre sa pensée: *Je ne sais si je me suis bien expliqué. Je m'explique* (je donne des précisions sur ce que je viens de dire). *Je m'explique sa conduite*, je la comprends. *Je m'explique mieux maintenant votre refus*, j'en comprends mieux les raisons.

S'expliquer sur qqch., c'est se justifier, rendre compte de: *Elle s'est expliquée sur sa conduite.*

S'en expliquer: *Elle s'en est expliquée devant lui.*

S'expliquer avec qqn, c'est avoir une explication avec lui, se justifier auprès de lui: *Elle s'est expliquée avec le commissaire.*

EXPLICABLE, adj., s'écrit avec *c.*

EXPOSER (S'). *On s'expose à des ennuis, à être rabroué, à ce que les autres ne **soient** pas contents. Elle s'est exposée à un refus. Ils se sont exposé leurs projets.*

EXPRÈS, EXPRESS, EXPRESSÉMENT.

1. **Exprès** (*s* ne se prononce jamais dans l'adverbe; on hésite ailleurs) peut être adjectif, nom ou adverbe.

A. **Adjectif** (féminin *expresse*), «qui exprime formellement la pensée, la volonté de qqn»: *Cela est **en termes** *exprès dans le contrat* (Ac.). *La loi est expresse, une prière expresse, avec l'intention expresse de* (▶ 3).

B. **Nom**, il s'emploie pour *courrier exprès* (et rapide) : *On a envoyé un exprès pour porter ce message.* Le nom désigne aussi l'envoi, qui porte la mention *par exprès* ou *exprès* (*lettre exprès, colis exprès, un exprès*), ou une distribution par courrier spécial. Éviter *express* dans ces sens.

C. Adverbe, *exprès* signifie *expressément* (▶ 3), *à dessein*, avec une intention formelle : *J'ai dit cela* **exprès**. *Il l'a fait* **exprès**. *Ils sont venus exprès pour me voir.* Littré recommande avec raison de ne pas dire dans ce sens *par exprès*, qui est un archaïsme littéraire.

Éviter le wallonisme [*en exprès*].

Une chose faite exprès. Avec le nom *un fait*, l'ellipse du verbe *fait* produit UN FAIT EXPRÈS : *C'est* **un fait exprès**. *Comme* **par un fait exprès**.

2. **Express** (prononcer *s*) peut être nom ou adjectif invariable : *Un train express* ou *un express* a plus d'arrêts qu'un rapide. Ce qu'on appelle en italien un ESPRESSO s'appelle en français *un express* ou *un café express.* On applique aussi *express* à ce qui est rapide : *une solution express, des pâtes express* (qui se cuisent rapidement).

3. **Expressément** (avec une intention bien précise, de façon explicite, en termes clairs et précis) suppose l'énoncé de l'intention toute particulière : *Je suis revenu exprès* (ou *tout exprès* ou *expressément*) *pour vous voir. Cela est dit expressément dans le contrat. Il est intervenu expressément avec l'intention de...* ou *Il est intervenu avec l'intention expresse de. Il m'a expressément chargé de vous avertir.* Mais on ne dira pas : *Je suis revenu* [*expressément*] *le lendemain.* On dira : *Je suis revenu exprès* ou *tout exprès...*

EXPRESSION, n.f. ▶ ASSURANCE et CROIRE, 2. On peut dire : *Agréez l'expression de ma gratitude* ou *de mes sentiments très distingués*, mais non [*de mes salutations*].

EXPRESSIONNISME, EXPRESSIONNISTE, n.m. Deux *n.*

EXSANGUE, adj. Noter *xs* (*ex-sang*). Pron. : *èks* et non *èkz*.

EXTENSION, n.f., anglicisme courant en Belgique au lieu de *poste* intérieur dans un service téléphonique. Dire : *Téléphone 622.71.65, poste 225.* Noter les adjectifs EXTENSIF (*une signification extensive*) et EXTENSIONNEL.

EXTÉNUÉ, adj., *de* ou *par*. *Par* marque la cause : *Il était exténué par la course, par les privations, par son genre de vie.* — *De* marque l'état : *Exténué de fatigue.*

EXTERMINER, v.tr.dir., c'est faire périr jusqu'au dernier. Ce n'est qu'en termes de plaisanterie qu'on se flatte d'exterminer une seule personne.

EXTRA s'agglutine à l'adjectif : EXTRACONJUGAL, EXTRADOUX, EXTRAFIN, EXTRAHUMAIN ; mais EXTRA-UTÉRIN. Les *Rectifications de l'orthographe* de 1990 confirment et généralisent l'agglutination (RO IV.2c). On écrit plutôt : EXTRA MUROS, mais on peut écrire EXTRA-MUROS.

N.m., un *extra*, des *extras*. Adj., *une boisson extra, des boissons extra*, ou mieux : *des boissons extras*.

EXTRANÉITÉ, n.f., situation juridique d'un étranger.

EXTRAVAGANT, n. ou adj. Le participe d'*extravaguer* s'écrit EXTRA-VAGUANT.

EXTRÊME, adj., bien qu'il marque la dernière limite, le plus haut degré, s'est employé dans la langue classique avec *le plus*. On dit très bien : *Une solution aussi extrême ne me plaît pas.*

EXTRÉMITÉ, n.f. *Il est* **à la dernière** *extrémité* (sur le point de mourir). *Il est* **à toute** *extrémité.*

EXUBÉRANCE, n.f., **EXUBÉRANT**, adj. *Une végétation exubérante. Une exubérance de paroles.* (Pas d'*h*, conformément à l'étymologie : *ex* et *uber*, abondant, plein).

EXUTOIRE, n.m. *Un exutoire.*

EX-VOTO ou **EXVOTO**, n.m., invariable : *Un* ou *des* **ex-voto**, ou variable : un *exvoto*, des **exvotos** (RO III.8F).

FABULATION, n.f., **FABULER**, v. ▶ AFFABULATION.

FACE, n.f.

1. **EN FACE DE**, loc.prép., signifie *vis-à-vis de, devant*: *En face de moi, en face de l'église*. La suppression de *de* devant un nom de chose (*en face l'église*) se rencontre chez quelques écrivains, mais appartient à la langue familière ou négligée. On dit: ***en face l'un de l'autre*** ou ***l'un en face de l'autre***. ▶ L'UN et UN, 6.

   En face de peut signifier *en présence de*: *En face d'une telle mauvaise foi, je préfère me taire. Je me trouve en face de difficultés imprévues.*

2. **EN FACE**, loc.adv.: *Regarder qqn en face* (droit dans les yeux). *Regarder une situation en face. Avoir le soleil en face* et non [*de face*] (▶ 5). *Je le lui ai dit en face. La maison d'en face.*

3. **À LA FACE DE**, loc.prép., ne s'emploie qu'au sens figuré, soit dans le sens de *en présence de*, avec une idée d'ostentation ou de défi (*Elle fut hier mariée à la face du soleil*, Mme de Sévigné. *Faire qqch. à la face de l'univers*), soit surtout dans le sens de *en public, sans se cacher* (*Faire qqch. à la face de tous*).

4. **FACE À**, loc.prép.: *Se trouver face à un adversaire, face au soleil. Parler face au public. Une chambre d'hôtel face à la mer. Face à de telles résistances* (en présence de), *il a dû renoncer.*

   FAIRE FACE: *Sa maison fait face à la mienne* (a sa façade tournée vers la mienne). *Il fait face à la fenêtre. Faire face à un adversaire, à une échéance, à ses obligations. Il se redressa et fit face* (fit front, résista). **SE FAIRE FACE**: *Elles se sont fait face*. ▶ FAIRE, 2, a.

5. **DE FACE**. *On regarde un édifice* (ou *qqn*) *de face. Poser de face. Voir qqn de face ou de profil. Un portrait de face. La statue est posée de face. Attaquer qqn de face. Une loge de face*, au théâtre, fait face à la scène. En train, *un coin ou une place de face* est un coin ou une place où l'on peut regarder vers l'avant du train.

6. **FACE À FACE**. *Nous voilà face à face. Je me suis trouvé face à face avec lui.* Le nom, invariable, peut s'écrire avec ou sans deux traits d'union: des ***face-à-face***.

7. *Examiner une question* SOUS TOUTES SES FACES.

8. Un ou des **FACE-À-MAIN**. Cependant on écrit plutôt un *face-à-main*, des *faces-à-main*.

FÂCHER, v.tr.dir. *Cela me fâcherait. Sans vouloir vous fâcher. On est fâché* (ou *on se fâche*) **contre** *qqn*, on est en colère ou on se met en colère contre lui. [*Sur qqn*] est fautif. *On est fâché* (ou *on se fâche*) **avec** *qqn*, on est en mauvais termes avec lui. ▶ AVEC, 3. *Être fâché* (ou *se fâcher*) *après qqn* est populaire. On ne dit plus: *Il leur fâche que nous soyons réconciliés*; on dit aujourd'hui: ***Cela les fâche*** *que nous soyons réconciliés.*

   Être fâché de *qqch.*, le regretter: *Je suis fâché de ce retard. Je suis fâché que le train ait du retard. Je suis fâché de n'avoir pu arriver à temps.*

FÂCHEUX, n., ne s'applique plus aux personnes que comme nom.

FACIAL, adj. Masculin pluriel: ***faciaux***.

FACIÈS, n.m., que l'Académie écrit sans accent, s'écrit couramment *faciès*: *Son faciès* (prononcer *è* + *s*).

FACILE, adj.

1. Quelques emplois **sans complément**: *Avoir la parole facile* (parler avec facilité, sans chercher ses mots). *Avoir la réplique facile, la plume facile, la larme facile.* — *Un style facile* (coulant). *Un enfant facile* (à élever, à guider). *Un caractère facile.* — *Une femme facile*: l'expression peut avoir un sens péjoratif (qui accorde facilement ses faveurs). **Avec complément**: *Un homme très facile en affaires.*

2. **Facile à** *suivi d'un infinitif* se dit des personnes ou des choses : *C'est facile à dire. Un travail facile à faire. Un homme facile à tromper* (qu'il est facile de tromper). On voit que l'infinitif a pour complément logique le nom auquel se rapporte *facile*, sauf dans : *Un homme facile à vivre* (en compagnie de qui il est facile de vivre).

Tel est l'usage actuel. La langue classique employait *facile à* devant un infinitif avec le sens de : prêt à, prompt à, disposé à (*Il se rendra facile à conclure une paix. Sa langue est facile à mentir*).

Si l'on peut dire : *Un travail facile à faire*, on doit pouvoir dire : *Un objet facile à se procurer*, car on se procure un objet comme on fait un travail. On ne dirait plus aujourd'hui comme à l'époque classique : *Un homme facile* (ou prompt) *à se consoler* mais *facile à consoler*.

3. [AVOIR FACILE] (▶ AVOIR, 7). [FAIRE FACILE] (▶ FAIRE, 6, c).

4. Ce qui vient d'être dit de *facile* peut s'appliquer à DIFFICILE.

——————

FACILITÉ, n.f., ne se construit avec *de* et un infinitif que dans des phrases du type : *La facilité que l'on a de se renseigner sur place. Il a la facilité de le rencontrer tous les jours*, exprimant la possibilité que l'on a, sans peine. Le tour exprimant l'aptitude est avec *à* ou *pour* : *Une étonnante facilité à apprendre* ou *pour apprendre*.

Devant un nom : *Il a une étonnante facilité de parole, beaucoup de facilité pour les mathématiques. On lui a accordé des facilités de paiement*.

——————

FAÇON, n.f.

1. On écrit : DE TOUTE FAÇON, quoi qu'il arrive, quoi qu'il en soit. DE TOUTES LES FAÇONS : de toutes les manières, par tous les moyens.

2. On dit : *Se comporter **de** telle ou telle façon*. D'où : *La façon **dont** il s'est comporté, **dont** il s'est exprimé, **dont** on nous en a parlé*.

3. On dit : *D'une façon ou d'une autre. C'est une façon comme une autre de se tirer d'affaire. D'une façon comme de l'autre il se tirera d'affaire*.

4. DE FAÇON QUE, DE FAÇON À CE QUE. Les deux peuvent se dire ; *de façon que* est plus courant et plus léger. **Modes** : l'indicatif, marquant simplement la conséquence, est encore vivant, mais est plus rare qu'autrefois : *Tout alla de façon qu'il ne vit plus aucun poisson* (La Fontaine). Le conditionnel marquerait l'éventualité d'une hypothèse : *Il se défendait de façon (à ce) qu'on l'aurait acquitté si ç'avait été possible*. Mais c'est, aujourd'hui, surtout une intention, une finalité qu'on exprime

par là ; d'où le subjonctif : *Tout sera prêt de façon que vous n'ayez pas à attendre*.

Même remarque pour DE MANIÈRE QUE, DE MANIÈRE À CE QUE.

DE FAÇON QUE (non pas : *de façon à ce que*) et *de manière que* peuvent devenir *de telle façon que, de telle manière que*. Même emploi des modes.

Avec un infinitif : *Une façon de parler. De façon à voir*.

5. On écrit : SANS FAÇON ou SANS FAÇONS. Le pluriel est normal puisqu'il s'agit ici du pluriel qu'on retrouve dans *faire des façons* : *Un homme sans façons*. Mais le singulier est plus courant : *Agir sans façon*. Comme n.m. : *Son SANS-FAÇON lui fait du tort*.

6. On écrit : *Des meubles façon chêne*.

——————

FAC-SIMILÉ ou **FACSIMILÉ** (*RO* III.9G). Des *fac-similés*, ou des *facsimilés*.

——————

FACTEUR, n.m., a un féminin *factrice* pour l'agent de la poste ; en France, le terme officiel est concurrencé par *le préposé, la préposée*. ▶ GENRE, 1.

On peut dire, en recourant à l'apposition : *le facteur temps, le facteur prix, le facteur chance* ; ou avec *de* : *le facteur du temps*, etc.

——————

FACTUEL, adj., qui relève de faits : *une preuve factuelle*.

——————

FACULTAIRE, adj. utilisé largement en Belgique dans le sens de « qui est relatif à une faculté universitaire » (*règlement facultaire, conseil facultaire*, etc.), s'est introduit dans le langage universitaire de France.

——————

FADE, adj. [FAIRE FADE] est du wallon pour *faire lourd, étouffant*. ▶ FAIRE, 6.

——————

FADING, n.m. ▶ FONDU, 1.

——————

FAGNARD, n. et adj. ; en Belgique : qui connaît et aime la Fagne, les Fagnes.

——————

FAGOTÉ, adj., qui signifie « habillé sans goût », se passerait facilement de l'adverbe *mal*. Mais on dit couramment : *mal fagoté*.

——————

FAIBLE, adj. TOMBER FAIBLE n'est pas un belgicisme. L'expression, courante en Wallonie, s'entend et se lit en France (lorsqu'on fait parler les provinciaux) et au Canada : *Il est tombé faible* (Pourrat, H., *Trésor des contes*). *Je risquerais de te voir tomber faible* (Bernanos, G., *Journal d'un curé de campagne*). C'est du français régional. On dit : *tomber en faiblesse, en syncope, avoir une faiblesse, une syncope, s'évanouir, défaillir, se trouver mal*. FAIBLIR veut dire : perdre de sa force, de sa résistance, devenir faible, mais tend parfois à signifier *tomber en faiblesse*.

FAIGNANT, adj. et n. ▶ FEIGNANT.

FAILLIR, v.intr. signifiant *manquer*, se conjugue aujourd'hui comme *finir* mais ne s'emploie guère qu'à l'infinitif, au passé simple, au futur, au conditionnel, aux temps composés et parfois à l'indicatif imparfait: *Il **faillissait** à ses devoirs, il **faillirait** à sa mission, il **faillit** nous rencontrer, il **a failli** nous voir*. On ne construit plus ce verbe avec *à* ou *de* devant un infinitif. Les formes *je **faux**, il **faillait**, il **faudra*** sont archaïques, mais se rencontrent encore, cautionnées par certains dictionnaires: *Le cœur me **faut*** (me fait défaut) ou *me **faillait***. — *Faillir* est très rare dans le sens de «faire faillite»; il se conjugue alors aussi comme *finir*. Notons l'adjectif et nom FAILLI, *faillie* (qui a fait faillite): *Une commerçante **faillie**. C'est **un failli***.

FAIM, n.f. *J'ai très faim* (▶ AVOIR, 17): *J'ai très faim, j'ai fameusement faim* (Bernanos, G., *La joie*). *Avoir grand-faim, une très grande faim. Donner faim. Mourir de faim. Rester sur sa faim*.

FAINE, n.f. On a écrit: FAÎNE. Mais on écrit: *une faine*.

FAIRE, v.

1. **Conjugaison** de *faire* et de tous ses composés: *Je **fais**, nous **faisons**, vous **faites**, ils **font**. Il **faisait**. Je **fis**. Je **ferai**. Que je **fasse**. Qu'il **fît**. **Faisant**. **Fait***. Le participe passé *fait* est invariable devant un infinitif (*Je les ai fait venir*) et dans le verbe impersonnel (*Les chaleurs qu'il a fait*).

2. **SE FAIRE**.

a) Régler l'accord ou l'invariabilité du participe passé sur les exemples suivants: *La blessure qu'il s'est faite. Les illusions qu'il s'est faites. Les amis qu'il s'est faits. Ils s'en sont fait beaucoup trop. L'idée qu'il s'en est faite. Ils se sont fait(s) l'écho de nos plaintes* (▶ ÉCHO, 2). *Ils se sont fait porter malades. Ils se sont fait bien voir. Elle s'est fait connaître. Les costumes qu'il s'est fait faire. Ils se sont fait obéir. Ils se sont faits à ce travail, à cette idée. Elle s'est faite elle-même. Ces fromages se sont faits en quelques jours. Bientôt ils se sont faits vieux* ou *plus conciliants*.

Dans SE FAIRE FACE, SE FAIRE VIS-À-VIS, SE FAIRE JOUR, le participe reste invariable, le pronom réfléchi étant complément indirect (*faire face* ou *vis-à-vis à qqn*): *Nos couverts s'étaient fait vis-à-vis* (Genevoix, M., *Un jour*); *La vérité s'est fait jour* (est apparue). ▶ d et 35, S'en faire.

b) SE FAIRE MAL. Parce qu'on dit *faire mal à qqn*, on dit fort bien, dans le même sens, *se faire mal*: *Ces chaussures lui font mal. Cela lui fait mal de vous entendre parler ainsi. Elle s'est fait mal au doigt*. Mais on évitera le wallonisme [*se faire mal de qqn, de qqch.*] pour «s'apitoyer sur, avoir de la peine». Au lieu de [*Je me fais mal de cet enfant* ou *de le voir souffrir*], on dira: *J'ai pitié de cet enfant. Cela me fait mal de le voir souffrir*.

c) IL SE FAIT QUE est suivi de l'indicatif à la forme affirmative: *Il se fait que nous l'avons rencontré le soir même*. Mais: *Comment se fait-il qu'il n'est pas venu?* ou *qu'il ne soit pas venu?*

d) S'EN FAIRE: *Ils ne s'en sont pas fait pour nous* (▶ 35).

3. *Faire* **remplaçant un autre verbe** dans une proposition comparative (▶ LE, LA, LES, 2.2.2):

a) **Si le verbe n'a pas de complément direct**, on le répète ou on le remplace par *faire*: *Il répondit comme les autres auraient fait* ou *auraient répondu* ou, généralement, en ajoutant *le* devant *faire*, *comme les autres l'auraient fait*.

Mais *faire* et *le faire* ne sont pas possibles si le verbe à répéter est *avoir* ou *être*: *Il a l'audace, comme tu l'as eue autrefois, de m'insulter. Il est distrait comme tu l'es*. On répète, précédés de *le*, les verbes comme *devoir, falloir, pouvoir, savoir, vouloir* suivis d'un infinitif: *Il devait lui aussi partir, comme nous le devions*. On peut ici, sans nuire à la clarté, supprimer *le devions*. Si c'est le verbe à l'infinitif qui doit être répété: *Il veut partir, comme nous le faisons* (comme nous partons).

Observons ici que dans des phrases non comparatives *le faire* remplace aussi, selon le sens, soit un verbe conjugué, soit l'infinitif dépendant de *devoir*, etc.: *Nous attendons qu'il se fâche, mais il ne l'a pas fait* (il ne s'est pas fâché). *Nous avons attendu, nous, mais il ne l'a pas fait. Il devait partir, mais il ne l'a pas fait*. On répète *avoir* ou *être*: *Il était riche, mais il ne l'est plus. Il avait la faiblesse, mais il ne l'a plus, d'être trop confiant*.

On peut avoir *c'est ce que je (tu, etc.) fais, en faire autant*: *Vous m'avez prié d'attendre, c'est ce que je fais*. — *Ils se sont enfuis; j'en ai fait autant*.

b) **Si le verbe a un complément direct**, on peut encore, si on cultive l'archaïsme, le remplacer par *faire*; mais dans l'usage moderne ou bien on remplace le complément direct, après *faire*, par un complément introduit par *de* (ou *pour* ou parfois *avec*); ou bien on répète le verbe; ou bien, s'il n'y a pas d'équivoque, on peut, si les sujets sont différents, supprimer le verbe après *comme*: *On regarde une femme savante **comme on fait une belle arme*** (La Bruyère) ou ***comme on fait d'une belle arme*** ou ***comme on regarde une belle arme**. Il vous accueillerait comme un père fait de son enfant* ou *comme un père fait pour son enfant* ou *comme*

un père accueille son enfant ou *comme un père son enfant.*
Il leur distribua des friandises comme il eût fait (ou *comme il en eût distribué*) *à ses enfants.*

4. *Faire* **suivi d'un infinitif**. Emploi de *à, le, lui, de, par* ▸ 7; INFINITIF; IMPÉRATIF, 2.1.1.C. On ne dit pas: [*une maison faite construire par mon père*], mais: *qu'a fait construire mon père.*

5. **Accord de *faire* dans l'expression d'une égalité.** ▸ ÉGALER.

6. **Impersonnel.**

a) Pour indiquer l'état du temps, de l'atmosphère, de la lumière, l'impersonnel *il fait* s'emploie surtout avec des adjectifs: *Il fait beau, bon, chaud, clair, doux, étouffant, frais, froid, glacial, glissant, humide, lourd, mauvais, noir, pesant, obscur, sec, sombre, tiède, vilain.*

Les Belges disent: *Il fait laid* ou *il fait pluvieux,* qu'on n'entend pas en France. On entend également: [*Il fait malade*], où ce n'est pas le temps qui est malade, ce sont les gens qu'un tel temps met mal à l'aise. Même abus dans [*il fait fade*] ou [*il fait gras*] lors d'un temps orageux.

Autre emploi belge presque ignoré des Français: [*Il fait propre,* ou *sale,* ou *tranquille, etc.*] au lieu de: *Tout est propre,* etc. On dit en Belgique: *Il fait gai, triste, lugubre ici;* emplois insolites en France.

b) L'impersonnel *il fait* s'emploie aussi, parfois, devant certains noms sans article, toujours à propos du temps ou de la lumière: *Il fait jour, nuit, soleil.* Plus rarement devant un nom déterminé: *Il fait beau temps, il fait une belle matinée.* Courants: *Il fait un froid terrible, il fait du vent, il fait des éclairs, il fait dix degrés.* On dit aussi: *Quelle chaleur il a fait!* On dit généralement: *Il y a du verglas* ou *du brouillard* plutôt que *Il fait du verglas* ou *du brouillard.* Mais des écrivains n'hésitent pas à dire: *Il fait matin,* etc.

L'impersonnel *il fait* suivi d'un adjectif s'est employé plus largement qu'aujourd'hui dans le sens de «c'est» **devant un infinitif**: *Il ne fait pas bien sûr (...) d'épouser une fille en dépit qu'elle en ait* (Molière). On a pu dire: *Il fait mauvais de lui résister.* Ce tour, encore courant avec *bon,* suivi ou non de *de,* devient rare avec d'autres adjectifs: *Il fait bon s'abstenir* ou *de s'abstenir. Il fait cher vivre dans cette ville* (Ac.). *Il fait beau voir que...* (Ac.). ▸ BON, 2 et 3.

c) [FAIRE FACILE, FAIRE DIFFICILE]. Au lieu de [*Il fait facile — ou difficile — marcher*], on dira: *On marche facilement, difficilement* ou *avec peine.*

7. **Omission du pronom réfléchi** après *faire.* Cette omission est régulière, sans s'imposer. C'est parfois l'oreille qui choisit, ou le souci de clarté: *Elle le fait asseoir* ou *s'asseoir, lever*

ou *se lever.* Pour éviter l'équivoque, on dira: *Il la fit s'arrêter. Le hasard les avait fait se connaître. Un coup frappé à la porte la fit s'ouvrir* ou *la fit ouvrir comme d'elle-même.*

Mais on préfère ne pas répéter *nous* dans des phrases comme *Il nous faisait taire. Il nous faisait souvenir de ces beaux jours.* ▸ ALLER, 14.

8. ÇA FAIT QUE. ▸ ÇA, 3.

9. SI FAIT renforce l'affirmation *si.* ▸ SI, ADV.

10. Emploi de *faire* sans complément dans des **expressions régionales ou dialectales**. On ne dira pas, comme en Wallonie, *J'ai fait* pour *J'ai fini, terminé,* etc. Ni, comme dans certaines régions de Wallonie et d'Auvergne, *J'ai bien fait* pour *J'ai bien mangé, j'ai mangé suffisamment.*

11. C'EST FAIT DE (vieilli), C'EN EST FAIT (de): *Puisque c'en est fait* (puisque la chose est accomplie), *n'en parlons plus. C'en est fait, je ne vous accompagnerai pas. C'est fait de moi, de ma tranquillité* ou, plus souvent, *C'en est fait de moi, de ma tranquillité.*

12. NE FAIRE QUE, suivi d'un infinitif, a deux sens: il marque la répétition constante, la continuité (*Il ne fait que dire toujours la même chose*) ou la limitation à telle action (*Il ne fait que répéter ce qu'on lui a dit. Il ne fait qu'obéir*). Il faut donc que les circonstances ou le contexte dissipent l'équivoque, par exemple dans *Il ne fait que jouer.* ▸ NE QUE, 1.

On marquera une opposition en employant NE PAS FAIRE QUE: *Il ne fait pas que vous respecter, il vous admire.* ▸ NE PAS QUE.

Distinguer *ne faire que* et NE FAIRE QUE DE, beaucoup plus rare, qui marque un passé très proche: *Je ne fais que d'arriver; laissez-moi réfléchir un peu.*

NE POUVOIR FAIRE QUE, suivi du subjonctif, éventuellement nié par *ne* seul ou par *ne pas,* signifie «ne pouvoir obtenir, par une intervention, qu'une chose se produise (ou ne se produise pas)»: *Je ne puis faire qu'il ne soit* (ou *ne soit pas*) *mécontent.* Comparer: *Faites qu'il ne soit pas mécontent. Je ferai en sorte qu'il ne soit pas mécontent. Je ne puis faire qu'il soit heureux* (je ne puis assurer son bonheur). *Faites qu'il soit content.* ▸ 39.

13. NE FAIRE QU'UN, avec pour sujets des noms propres, veut dire «n'être qu'une même personne» ou «être très unis». *Un* reste invariable: *Pierre et Paul* (ou *Louise et Marie*) *ne font qu'un.*

Si les sujets sont des noms communs, on distingue *ne faire qu'un* et N'EN FAIRE QU'UN(E): *Ces deux amies ne font qu'un* (elles sont très unies). *Ces deux villes ne font qu'un* (même sens). *Ces deux cités n'en font qu'une* (ne sont en réalité qu'une seule cité). *Ces deux personnages n'en font qu'un en réalité.*

14. **AVOIR À FAIRE.** ▶ AFFAIRE. [**AVOIR POUR FAIRE**]. ▶ AVOIR, 18.

15. **FAIRE ACCUEIL** est vieilli. On dit: *faire bon accueil à.*

16. **FAIRE EN ALLER.** ▶ ALLER, 14.

17. **FAIRE ATTENTION.** ▶ ATTENTION, 1, 3, 4.

18. **FAIRE TRÈS ATTENTION, FAIRE TRÈS PEUR,** etc. *Faire attention, envie, mal, peur* et les tours impersonnels *il fait chaud, froid,* etc. (▶ 6 et 36) s'accommodent de *aussi, plus, très* (à côté de *bien, fort), assez, si, trop: Faites très attention. Il me fait très peur.*

    D'autres expressions du même genre, comme *faire injure* et *faire plaisir,* s'accommodent plus difficilement de ces adverbes, surtout de *très.* ▶ AVOIR, 17.

19. **FAIRE AVOIR**: *Je lui ferai avoir la place qu'il sollicite.* **Il s'est fait avoir** (il s'est fait posséder, tromper).

20. **FAIRE CAS DE.** ▶ CAS.

21. **FAIRE CELUI QUI.** ▶ CELUI, 1.

22. **FAIRE LES CHAUSSURES.** ▶ CHAUSSURE.

23. **FAIRE CONFIANCE À.** ▶ CONFIANCE.

24. **FAIRE (LA) CONNAISSANCE.** ▶ CONNAISSANCE.

25. **FAIRE COURS.** ▶ COURS.

26. **FAIRE DANS LES CUIVRES,** avoir une activité dans le secteur des cuivres, est devenu vulgaire. Littré admettait «*faire dans les draps,* être négociant en draps». ▶ DANS.

27. **SE FAIRE L'ÉCHO DE.** ▶ 2 et ÉCHO, 2.

28. [**FAIRE ENNUYER QQN**]. ▶ ENNUYER.

29. **FAIRE LONG FEU.** ▶ FEU, nom, 1.

30. **SE FAIRE FORT.** ▶ FORT, 1.

31. [**FAIRE DE SON NEZ**]. ▶ NEZ.

32. [**FAIRE DE SA POIRE**]. ▶ POIRE.

33. [**FAIRE SANS**] se dit sans complément en Belgique pour *s'en passer: [J'ai bien fait sans] jusqu'à présent.* **ÊTRE FAIT POUR** est familier en emploi absolu.

34. [**NE PAS FAIRE DE BIEN**]: wallonisme pour «être inquiet, agité». [**FAIRE CORVÉE**]. ▶ CORVÉE.

35. **S'EN FAIRE** est familier dans le sens de *se faire des soucis (Ils s'en sont fait à notre propos* ou *pour vous)* ou, avec une négation, «se gêner ou se faire des soucis»: *Il ne s'en fait pas.* On dit en Wallonie: [*se faire mal de qqn*] pour «se faire de la peine à son propos».

36. *Faire,* **suivi d'un adjectif,** peut signifier «avoir l'air, donner l'impression d'être». L'adjectif reste souvent invariable ou s'accorde avec le sujet. *Elle fait vieux, elle fait vieille pour son âge* (PR et TLF). *Dans ses cheveux noir corbeau, les quelques fils blancs faisaient très distingué* (Triolet, E., *Le premier accroc...). Ces meubles font riche. Nous faisons encore jeunes* (Curtis, J.-L., *La parade).* Avec un **nom** sans article: *Cela fait province. Cela fait très vieille dame.* On distingue *faire* et *être* devant un nom de profession: *Il fait professeur* (il a l'air d'un professeur) a un autre sens que *Il est professeur.* Avec un possessif: *Il fait son petit dictateur,* il joue le rôle de.

37. Emploi **intransitif** de *faire,* sans complément, dans le sens d'«agir»: *Laissez-moi faire. Des façons de faire. Avoir fort à faire. Pour bien faire. Il a bien fait. Faites comme vous voulez.* On s'est interrogé sur la correction du tour: *J'aurai plus vite fait de lui écrire.* On y trouve *faire* dans le sens classique de «finir»: *Je n'aurais jamais fait si je m'arrêtais aux subtilités de quelques critiques* (Racine) et la préposition *de* suivie d'un infinitif après *bien, plus* ou *mieux: Vous feriez mieux de lui écrire.*

38. Quelques expressions à remarquer: *Faire son droit, sa médecine. Faire des mathématiques, du grec, une licence, du théâtre, du sport, de l'escrime. Il sait y faire* (familier; il sait s'y prendre pour arriver à ce qu'il veut). *Faire le malin. Faire l'imbécile. Faire le contrôleur* (jouer le rôle du contrôleur). *Faire pour le mieux. Faire de son mieux. Faire le dîner, faire à dîner* (fam. d'après GLLF). *Faire du blé* (en produire), *de la betterave. Faire de l'essence* (faire provision de). *Faire les magasins. Faire une route de montagne. Faire cent kilomètres à l'heure. Faire du cent à l'heure. Faire la Bretagne* (la parcourir). *Cela ne fait rien* (c'est sans importance). *Cela n'y fait rien. Cela ne lui fait ni chaud ni froid. Faire une chambre, un lit, la vaisselle, les chaussures, son jardin. Faire ses ongles* ou *se faire les ongles. Je ne puis rien y faire. Se faire quelque argent. Pour bien faire. Bien faire et laisser dire. Faire* (ou *agir) à sa guise, à sa manière. Il ferait bien de se méfier. Faire ses besoins. Faire dans sa culotte* (GR). *Elle fait jeune. Ça fait joli. Faire des manières. Faire le lundi. Faire le malade, faire le mort. Faire de la température, une vilaine grippe, un infarctus, faire une pleurésie. Combien faites-vous ce vase? Il lui a fait les poches. Ce mur fait trois mètres de haut. Cet homme fait un mètre quatre-vingt-cinq. «Je viendrai», fit-il. Se faire du mauvais sang* ou *une pinte de bon sang. Faire la tête. On ne la lui fait pas,* on ne le trompe pas facilement. *Soldat qui fait son temps. Faire une heure de marche.*

39. FAIRE QUE. a) Être cause de (+ indicatif): *Tout cela fait que je le connais mal.* b) Agir de telle façon que (+ subjonctif): *Faites que je le connaisse mieux.*

FAIRE EN SORTE QUE, FAIRE SI BIEN QUE: L'indicatif insiste sur la conséquence considérée comme assurée (*Il fait en sorte qu'il arrivera. Il fit en sorte que tous furent contents*); le conditionnel exprime la conséquence éventuelle (*Il fait si bien qu'on lui permettrait tout*); le subjonctif insiste sur l'intention, la finalité (*Faites en sorte qu'on soit content de vous*).

FAIRE-PART, n.m., plur. inv. ▸ NOMS COMPOSÉS, 2.5. *Une lettre de faire-part* (▸ LETTRE, 4). On rencontre FAIRE PART QUE pour informer que: *J'ai l'honneur de vous faire part que nous avons décidé...*

FAIR-PLAY ou FAIRPLAY, n.m. ou adj., plur. inv. ou *fairplays* (RO III.8F). *Être fair-play.* Pour éviter cet anglicisme, on dira: *J'admire sa correction* ou *son franc-jeu* ou *sa loyauté. Ils jouent franc jeu. Ils sont franc-jeu* ▸ FRANC, *composés. Il est loyal* ou *régulier.* On notera: *se montrer* (ou *être*) *beau joueur*: s'incliner loyalement devant la victoire de l'adversaire.

FAISABILITÉ, n.f., (prononcer *fe*). Mot calqué sur l'anglais: caractère de ce qui est faisable.

FAISAN, n.m. (prononcer *fe*); féminin *faisane*: *Un faisan, une poule faisane.* Noter: FAISANDEAU, FAISANDER, FAISANDERIE. Vieilli: FAISANNEAU.

FAIT, n.m. **Prononciation.** Le *t* ne se prononce jamais au pluriel. Au singulier, il peut s'entendre, mais on l'omet souvent; on le prononce généralement devant une pause (*On l'a pris sur le fait*), dans des locutions comme *au fait, de fait, du fait que, en fait* (plus rarement dans *en fait de*) et dans *lui dire son fait.* On fait couramment la liaison devant *est*: *Le fait est qu'il est distrait.*

1. EN FAIT, DE FAIT, loc.adv. Distinguer **en fait** (en réalité), qui se prête à une opposition, et **de fait** (*effectivement*), apte à confirmer ou justifier: *Vous le croyez dévoué; en fait il pense surtout à ses intérêts. On dit qu'il est têtu; de fait, je ne l'ai jamais vu céder* (on confirme qu'il est têtu; dans ce cas on ne pourrait utiliser *car* qui justifierait l'énoncé: *J'ose dire qu'il est têtu, car...*).

2. [À FAIT QUE], [FAIT À FAIT QUE], belgicismes pour *à mesure que.*

3. FAIT DIVERS. Pas de trait d'union. Cette expression, qui paraît étrange au singulier si l'on y réfléchit, s'explique par l'emploi initial au pluriel pour grouper, dans les journaux, des nouvelles variées, sans portée générale. L'éloignement du sens premier peut justifier le trait d'union, qui n'est pas

rare; mais si l'on suivait un tel principe, il faudrait mettre des traits d'union dans des mots comme *pomme de terre.*

Le fait que

Le fait que intervient de trois façons, dont peut dépendre le mode.

1. L'EXPRESSION FORME LE SUJET DE LA PHRASE

Le fait qu'il* ne soit pas venu** (ou ***n'est pas venu) *est incontestable* ou *est regrettable. Le fait qu'il l'ait dit ou non est sans importance.* On emploie souvent le subjonctif, même si le fait est bien établi; l'indicatif est permis.

1.1. ORIGINE DU TOUR

On s'est longtemps contenté de dire **que** (avec le subjonctif): *Qu'il ne soit pas venu est incontestable* ou, quand c'était possible, *le fait de* suivi d'un infinitif: *Le fait d'être malade ne l'empêche pas de venir à son bureau.* D'où *le fait que*, qui résulte du télescopage des deux tours et a été influencé par d'autres plus anciens, comme *l'idée que.*

1.2. SUBJONCTIF

C'est une erreur de prétendre que le choix du mode dépend du degré de réalité reconnu au fait en question, de l'influence qu'il exerce ou non, ou que le subjonctif s'explique par une appréciation, par l'affectivité. Le subjonctif l'emporte nettement sous l'influence du tour plus ancien avec *que* seul et parce que le fait évoqué, au moment où on l'énonce, est encore en suspens, attend le rapport qu'on fera, le jugement qu'on portera:

> *L'intensité de la campagne menée contre l'ancien numéro un du parti et le fait qu'elle se **soit** poursuivie si longtemps témoignent de la force que représentait encore cet homme réduit à l'impuissance* (Le Monde).

1.3. INDICATIF

L'indicatif s'emploie aussi très bien, peut-être moins souvent: *Le fait que le commandement français **est** absent de l'organisme commun de direction (...) a eu pour résultat...* (Gaulle, Ch. de, Le salut).

La possibilité d'employer l'indicatif est parfois utile ou même nécessaire pour situer exactement dans le temps le fait en question. *Le fait qu'il **soit** en voyage nous privera de ses conseils au moment où nous devrons prendre une décision.* Est-il déjà en voyage? Ne sera-t-il absent qu'au moment où la décision devra être prise? On peut situer le fait dans l'avenir en disant: *Le fait qu'il **sera** en voyage.* Même dans ce cas cependant on trouve le subjonctif: *Le fait que* *vous* **soyez** *séparé de sa mère ne vous empêchera pas...* (Butor, M., *La modification*; la séparation envisagée appartient au futur).

1.4. CONDITIONNEL

Parallèlement à l'emploi de l'indicatif, celui du conditionnel permet d'exprimer une éventualité: *Le fait qu'il y* **aurait** *préméditation aggraverait son cas.*

1.5. NE PAS CONFONDRE...

Ne pas confondre avec *le fait est que, c'est un fait que, du fait que, par le fait que.*

1.5.1. *Le fait est que*

Le fait est que introduit une constatation énoncée à l'indicatif ou une éventualité exprimée au conditionnel: *Le fait est qu'il n'***est pas venu***. Le fait est qu'il* **aurait** *mieux fait de ne pas venir.* Mêmes modes que si on n'employait pas *le fait est que.*

1.5.2. *C'est un fait que*

Mêmes modes: *C'est un fait qu'il n'***est pas venu***. C'est un fait que nous aimerions mieux nous en aller.* Mais la présence d'un adjectif après *c'est un fait* entraîne normalement le même mode qu'après un tour impersonnel formé avec cet adjectif: *C'est un fait certain qu'il n'***est** *pas venu. C'est un fait étrange qu'il ne* **soit** *pas venu.*

1.5.3. *Du fait que*

Du fait que (parce que, puisque), comme *de ce fait que*, est toujours suivi de l'indicatif (ou du conditionnel):

> *Du fait qu'il ne s'***est** *pas présenté, il n'a plus aucune chance. Du fait qu'il ne se* **présenterait** *pas, il perdrait toute chance. — Mais du seul fait qu'on le rappelait aux affaires, il voyait la situation sous un jour moins tragique* (Druon, M., *Rendez-vous aux enfers*).

Même construction de *par le fait que.*

2. L'EXPRESSION FORME UN COMPLÉMENT

Après le verbe impersonnel ou transitif qui sert de base à la phrase, *le fait que* peut former le complément de ce verbe impersonnel ou de ce verbe transitif.

> *Mais il y a le fait qu'il s'est excusé. Je reconnais le fait qu'il n'***avait** *pas été prévenu. Je regrette le fait qu'il n'***ait** *pas été prévenu.*

On voit que l'on emploie normalement après *le fait que* au début d'un complément le même mode que si on ne recourait pas à cette expression: *Vous vous plaignez du fait qu'on ne vous* **ait** *pas convoqué.*

Parfois *le fait que* est nécessaire parce qu'il faut un substantif ou pour éviter l'emploi de *que* immédiatement après un autre *que* ou après *quand, comme* ou *si* de la condition ou de l'interrogation indirecte:

> *M. Churchill qualifia de regrettable le fait que les généraux Giraud et Georges aient dû quitter le Gouvernement français* (Gaulle, Ch. de, *Mémoires de guerre*). *Il convient de justifier le fait que le texte soit présenté sans modifications sensibles* (Pottier, B., *Systématique des éléments de relation*): le texte est réellement présenté tel qu'il l'a été comme thèse de doctorat; on attendrait l'indicatif, mais on voit le subjonctif apparaître par analogie avec les cas cités plus haut (▶ 1). *Je me demande si le fait qu'il est* (ou *soit*) *intervenu ne lui a pas fait du tort.*

3. L'EXPRESSION EST UN COMPLÉMENT PRÉPOSITIONNEL

Après une préposition, surtout après celles qui ne peuvent être suivies de *que*, même avec les autres, l'emploi de l'indicatif est logique à cause de l'intervention du substantif et d'ailleurs semble requis par le sens:

> *Vous protestez* **contre le fait qu'***on ne vous* **a** *pas convoqué. Je m'incline* **devant le fait qu'***il n'a pas été prévenu. J'ai été sensible au fait que vous avez tenu à me prévenir.*

On trouve cependant le subjonctif, qui ne s'impose pas, lorsqu'on pourrait supprimer *le fait* et employer une locution conjonctive requérant le subjonctif:

> *Malgré le fait que le général* **ait** *été invité à partir* (Gaulle, Ch. de, *L'unité*).

FAÎTE, n.m. Accent circonflexe: *le faîte. Au faîte du toit, des honneurs.* Cependant, l'accent circonflexe peut être omis pour FAITE et ses dérivés: FAITAGE, FAITEAU, FAITIÈRE (*RO* II.4).

FAIT-TOUT, n.m., est invariable; mieux vaut écrire: un FAITOUT, des **faitouts**. ▶ CASSEROLE.

FALLACIEUX, adj., «qui vise à tromper». ▶ PRÉTEXTE.

FALLOIR, v.impers.

1. *Il* **faut***, il* **fallut***, il a* **fallu***,* etc. Le participe est toujours invariable: *Les sommes qu'il nous a fallu. — Un geste, un mot, eussent peut-être tout changé. Mais il les eût fallu magiques* (Bosco, H., *L'antiquaire*).

2. Ne pas dire: [*Il faut mieux*] *se taire* pour *Il vaut mieux se taire.* On dit: *Il faut vous taire* (il est nécessaire de). *Il faut que vous vous taisiez. Il fallait voir la tête qu'elle faisait! Il* **lui** *faudra se soumettre.*

3. *Un homme, un veston* COMME IL FAUT.

4. Sauf dans un emploi absolu ou avec certains adverbes, l'impersonnel IL S'EN FAUT se construit aujourd'hui avec **de**: *Il s'en faut de peu, de beaucoup, de dix francs, d'un moment, de la moitié, d'un bon tiers.*

Sans *de*: **Il s'en faut** sans complément (loin de là, bien au contraire), ou TANT S'EN FAUT ou PEU S'EN FAUT, *il s'en faut bien, il ne s'en est guère fallu, il ne s'en faut pas tellement. Ce travail est parfait, ou* **peu s'en faut.** *Lui, content? Il s'en faut ou tant s'en faut* (bien au contraire). *Peu s'en faut ou il s'en faut* **de peu**, opposés à *Il s'en faut* **de beaucoup.** On trouve exceptionnellement: *Les mêmes observations valent, ou de peu s'en faut, pour le juif...* (Antoine, G., *Liberté, égalité, fraternité*).

Il est donc insolite d'écrire aujourd'hui: *Il s'en était peu fallu* (Druon, M., *Les rois maudits*) au lieu de: *Il s'en était* **fallu de peu** ou **Peu** *s'en était fallu.* Mais le tour sans *de* était encore normal aux yeux de Littré. Il est aujourd'hui vieilli, comme *beaucoup s'en faut* et *il s'en faut beaucoup.*

Ces divers tours, avec ou sans *de*, suivis de *que*, demandent le subjonctif. Sauf après *tant s'en faut* (*Tant s'en faut qu'il y ait consenti*), on peut mettre ou non *ne* explétif, sans que cela exprime une nuance: *Il s'en est fallu de peu qu'il* **vînt** ou *qu'il ne vînt* (il a failli venir). S'il y a négation du verbe subordonné, on doit employer *ne pas*: *Il s'en est fallu de peu qu'il ne vînt pas* (il a failli ne pas venir).

[LOIN S'EN FAUT] est une faute qui n'est pas propre à la Belgique et qui est favorisée par le croisement de *tant s'en faut* et de *loin de là*, qui ont le même sens.

5. ▶ NE PAS, 2.4.4, *Déplacement de la négation.*

FALOT (pas d'accent circonflexe), *falote*, adj. Sens actuel quand on parle d'une personne: *insignifiant*; mais a signifié *joyeux, drôle.*

FAMILIARISER, v.tr.dir. *On se familiarise* **avec** *qqn ou qqch. Cette lecture m'a familiarisé avec le sujet. Nous sommes familiarisés avec ces problèmes.*

FAMILIER. Nom: *Être le familier* **de** *qqn. Faire le familier* **avec** *qqn.* — **Adjectif**: *Ce square est familier* **aux** *enfants. Ce quartier lui est familier. Cette langue lui est familière. Ces procédés ne lui sont pas familiers. Il n'est pas familier* **avec** *ces procédés.*

FAMILLE. ▶ ATTENDRE, 1.

FAN, n. Abréviation de l'anglais *fanatic*, il se prononce comme les trois premières lettres de ce mot et signifie «admirateur ou admiratrice (d'une vedette)». Il varie: *Cette vedette et ses* **fans.** On trouve aussi l'adjectif (plus rarement le nom)

FANA (familier), abréviation de *fanatique*: *Elle en est fana. Ils sont* **fanas** *du jazz.*

FANCY-FAIR, n.f., se dit en Belgique pour une grande fête de bienfaisance en plein air (si possible). Les Français disent généralement: une *kermesse.* ▶ KERMESSE: *La kermesse de l'école* (GR).

FANER, v.tr.dir. SE FANER se dit de ce qui, personne ou chose, perd sa fraîcheur, son éclat: *Cette fleur s'est fanée. Cette étoffe se fane.*

FANFARONNADE, n.f. Deux *n.*

FANTASME, n.m. La graphie PHANTASME survit dans des emplois particuliers.

FANTASTIQUE, adj., ne se dit pas seulement de ce qui paraît irréel, incroyable, inexplicable par les lois naturelles, mais aussi de ce qui impressionne fortement: *un luxe fantastique.* Ne pas abuser de cet emploi.

FANTÔME, n.m. Accent circonflexe. Mais FANTOMAL, FANTOMATIQUE.

FARAMINEUX (écrit aussi PHARAMINEUX), adj., se dit, dans un emploi très large, de ce qui dépasse l'imagination: *des prix faramineux.*

FARCE, comme adjectif, s'applique à ce qui fait rire. Son emploi est familier et vieilli. Le mot varie généralement: *Des airs farces.*

FARD, FART, n.m. *Piquer un* **fard.** *Enduire de* **fart** *la semelle des skis.* Le *t* final de *fart* (mot norvégien) se prononce.

FARDE, n.f. Plusieurs dictionnaires citent le nom *une farde*, aujourd'hui peu répandu, en lui donnant le sens de «ballot, de poids variable, servant à expédier en Europe certains produits exotiques» (*Lexis*). Il vient, comme *fardeau*, de l'arabe *farda*, la moitié de la charge du chameau.

Mais en Belgique *farde* a un autre sens courant, qui n'est pas inconnu dans le nord de la France, même dans les milieux cultivés: papier fort ou cartonnage léger dans lequel on classe des papiers. C'est la définition donnée à CHEMISE par le *Grand Larousse encyclopédique*. On dit aussi en France, moins souvent, DOSSIER (chemise de dossier): *Un* **dossier** *mauve glisse sur le verre du bureau où se reflète un arc-en-ciel fade de* **chemises** (Bazin, H., *Madame Ex*). Autre sens courant en Belgique et qui n'est qu'une extension du précédent: feuilles libres réunies sous une couverture (c'est-à-dire sous une «farde»); c'est la *farde d'écolier*, appelée en France COPIES (d'écoliers), *portefeuille de copies, paquet de copies* (doubles ou simples). D'où, en Belgique, une FEUILLE DE FARDE, pour *une feuille libre.*

Ces emplois belges ont paru absurdes, sans rapport avec *ballot* (sens étymologique). Mais Maurice Piron a montré que ce mot *farde* n'est qu'un homonyme de celui qui est en relation avec *fardeau*. Il vient non pas de l'arabe mais, «par le canal de certains dialectes du Midi», de l'aragonais *farda*, «habit». Il a donné en ancien français, au pluriel, *fardes*, tandis qu'en gascon *f* initial passait à *h* aspiré pour donner *hardes*. C'est *hardes* qui l'a emporté en français; *farde*, survivant au Nord, a gardé non pas le sens général de «vêtement usagé» mais le sens second, figuré, donné au français *chemise*. On retrouve le point commun de «vêtement», de ce qui enveloppe, comme d'ailleurs dans *jaquette* désignant une couverture de livre (voir Piron, M., *Aspects et profil de la culture romane en Belgique*, pp. 61, 62).

Il est incontestable que *chemise*, dans le sens que l'on vient de noter, est familier aux Français mais dans certains emplois (*Passez-moi la chemise Verhaeren*) peut faire sourire en Belgique.

Un autre emploi belge est celui où *farde* se substitue à CARTOUCHE pour désigner *une cartouche de cigarettes*: un ensemble, emballé, de paquets de cigarettes.

FARFELU, adj. et n., se dit de ce qui est bizarre, un peu fou: *Un projet farfelu. Des jeunes gens farfelus. De grands farfelus. Une aimable farfelue.*

FASCISME, n.m., **FASCISTE**, adj. et n., s'écrivent avec *sc* et se prononcent avec *ch*. La prononciation avec *ci* est beaucoup plus rare et a même entraîné la graphie (à éviter) **FACISME, FACISTE**.

FASTE, nom, est masculin. L'adjectif veut dire aujourd'hui: *favorable.*

FAST-FOOD ou **FASTFOOD**, n.m., au plur. *s* final. On a proposé plusieurs traductions: *Restauration rapide, plat-minute, prêt-à-manger, restauvite et restaupouce.*

FAT, n. et adj., se prononce parfois avec *t*. L'adjectif seul a un féminin, assez rare: *fate.*

FATAL, adj. *Des coups **fatals**.*

FATIGANT (sans *u*), adj.: *Des efforts fatigants*. **FATIGUANT**, participe présent.

FATIGUER, v.tr.dir. ou intr., s'emploie surtout comme verbe **transitif** et à la forme pronominale: *Cette discussion m'a fatigué. La bonne chère fatigue l'estomac. Cette lecture lui a fatigué les yeux. Vous me fatiguez les oreilles. Mes yeux commencent à se fatiguer. On se fatigue des meilleures choses. Je me fatigue à vous le répéter. Ne te fatigue pas* (sens par-fois ironique). **Intransitif**, *fatiguer* est vieilli ou régional dans le sens de *se fatiguer*, sauf en parlant d'un *bateau*, d'une *machine*, d'un *matériau* qui peine sous l'effort: *Le moteur fatigue dans les côtes. Cette poutre fatigue.*

FAUTE, n.f.

1. On peut dire: C'EST MA FAUTE, C'EST DE MA FAUTE, C'EST PAR MA FAUTE. Avec un complément: *C'est la faute de son frère. C'est arrivé **par la faute de** son frère. À qui la faute?* Mais *c'est la faute à son frère* est populaire. Éviter soigneusement [*C'est moi la faute*].

   On emploie aussi **de** avec *il y a, il y va* pour marquer une part de responsabilité: *Il **n'y a pas de** ma faute. Il y va de sa faute.*

   À suivi d'un nom ou d'un pronom peut renforcer le possessif: *C'est ma faute **à moi**. Ce n'est pas tout à fait leur faute, à ces jeunes gens. Comme s'il y avait de sa faute à elle.*

2. Avec *si* et l'indicatif après *c'est ma faute*: *C'est ma faute (ou c'est de ma faute) si ce malheur est arrivé.*

3. On écrit: *un devoir **sans fautes*** (ou *sans faute*). Mais: *Il viendra **sans faute*** (certainement).

4. **FAUTE DE** exprime un manque, une absence: *Et le combat finit, faute de combattants. Faute de mieux. Il a échoué faute d'attention.* Ne pas confondre avec l'expression contestée *une faute d'attention*, substituée à *une faute d'inattention* ou *une faute commise par inattention*. ▶ ATTENTION, **5**.

   On emploie dans le même sens («à défaut de») *faute de* et l'infinitif, **FAUTE QUE** et le subjonctif: *Faute d'avoir été prévenu à temps (ou faute qu'on l'ait prévenu à temps), il n'a pu nous rejoindre. — Ce n'est pas faute que le Corps expéditionnaire français ait prodigué ses peines et remporté des succès* (Gaulle, Ch. de, *L'unité*).

   Ne pas confondre *faute de n'avoir pas pu*, qui signifie normalement «parce qu'il a pu», et **FAUTE D'AVOIR PU**, qui veut dire «à défaut d'avoir pu, parce qu'il n'a pas pu».

5. On n'emploie plus *faire faute de* (omettre de) que dans NE PAS SE FAIRE FAUTE DE + infinitif (ne pas manquer de) et dans *ne pas s'en faire faute*: *Ils ne se sont pas fait faute d'en parler* (ils en ont parlé). *Il m'offrait ses services, je ne m'en suis pas fait faute* (j'en ai usé largement).

FAUTER, v.intr., ne se dit plus au sens général de «commettre une faute»; il se dit familièrement, en parlant d'une femme ou d'une jeune fille, dans le sens de «se laisser séduire, perdre sa vertu»: *Elle a fauté. Elle a fauté avec Paul.*

FAUTEUIL, n.m. ▶ DANS, 1.

FAUTEUR, n.m., vient d'un mot latin signifiant «qui favorise» et se dit péjorativement: *un fauteur de désordres, de troubles.*

FAUTIF, adj. et n., a le sens de «qui a commis une faute»: *Je me sens fautif. C'est lui le fautif.* L'adjectif se dit aussi des choses qui renferment des fautes, des erreurs, qui constituent une faute: *Une citation fautive. Une expression fautive. — Une tendance si tenace est-elle réellement fautive?* (Dauzat, A., *Études de linguistique française.*)

FAUX.

1. **Adjectif**: *Un vers faux, un esprit faux, une idée fausse. Un calcul faux. Un raisonnement faux.* Mais quand on parle d'une personne ou d'une chose qui n'est pas vraiment ce qu'elle paraît être, *faux* précède généralement le nom et on ne met pas de trait d'union: *Une fausse clé, un faux col, une fausse couche, une fausse dent, un faux ménage, des faux cheveux, un faux filet, un faux plafond, une fausse fenêtre, de la fausse monnaie, un faux Renoir, une fausse maigre, un faux frère, un faux prophète.*

2. **Trait d'union** dans FAUX-BOURDON (terme de musique), FAUX-FUYANT, FAUX-MARCHER (une certaine allure de la biche), FAUX-MONNAYEUR, FAUX-PONT, FAUX-SEMBLANT. Pluriel: *des faux-bourdons, faux-fuyants,* etc.

3. **Nom masculin**: *C'est un faux. S'inscrire en faux.*

4. **Adverbe** (invariable): *Sonner faux. Jouer faux. Chanter faux. Penser faux. — À FAUX: Accuser qqn à faux. Porter à faux. En porte-à-faux.*

FÉE, n.f., s'écrit au pluriel dans *conte de fées.*

FEED-BACK, n.m. invariable. On pourrait, conformément à l'esprit de la réforme de l'orthographe, écrire: un FEEDBACK, des *feedbacks.* À remplacer par *rétroaction, effet de retour.*

FÉERIE, n.f., FÉERIQUE, adj. Mots dérivés de *fée.* La prononciation *fé-é-rique* est d'usage.

FEIGNANT, adj. et n., part. prés. de l'ancien verbe *feindre,* se dérober, rester inactif. Déformation: FAINÉANT (fait néant), qui a déformé lui-même *feignant* en FAIGNANT.

FEINDRE, v.tr.dir., se conjugue comme *peindre. On feint d'être en colère.* La langue classique a employé *feindre* sans préposition et *feindre à.*

FEINTER, v.intr., c'est, en termes de sports, faire une feinte: *Il s'y reprenait à plusieurs fois, hésitant, feintant, comme s'il visait un but* (Estang, L., *Les stigmates*). **Trans.**, tromper: *feinter un adversaire.*

FÉLICITATION, n.f. Pluriel, généralement, dans *une lettre de félicitations. On présente ses félicitations à qqn pour qqch.* ou *à l'occasion de qqch.*

FÉLICITER, v.tr.dir. *On félicite qqn de qqch.* ou *pour qqch.* (vieilli: *sur qqch.*), ou *d'avoir réussi. On SE FÉLICITE de qqch., d'avoir fait qqch.*

FELLAGHA, n.m., s'écrit aussi FELLAGA, pl. *fellagas.*

Féminin des noms de métier

Féminin des noms de métier, fonction, grade ou titre ▶ GENRE, 1.

FEMME, n.f.

1. ▶ DAME. On dit: *une femme maçon, terrassier, médecin, professeur, ingénieur, écrivain.* ▶ GENRE, 1.

2. [FEMME À JOURNÉE] n'est pas français. [FEMME D'OUVRAGE] est régional en France et courant en Belgique (où il correspond au flamand).

   On dit *femme de journée* (employée à la journée) ou *femme de ménage.* — FEMME DE CHARGE a un autre sens et est plutôt vieilli: domestique chargée de la surveillance d'une maison, du linge, de certains objets.

3. Ne pas dire: [la FEMME AU LAIT, la FEMME AUX ŒUFS] pour *la laitière, la marchande d'œufs.*

FENIL, n.m. On prononce le *l* final.

FER-BLANC, n.m. Trait d'union. *Des boîtes en fer-blanc. Des fers-blancs. Travailler dans la* FERBLANTERIE.

FÉRIR, v.tr.dir. (frapper), ne s'emploie que dans SANS COUP FÉRIR, ▶ COUP.

   FÉRU, participe passé de *férir,* ne s'emploie plus que comme adjectif, rarement au sens propre (*Ce cheval a le tendon féru*), couramment au sens figuré, «épris de qqn ou de qqch.»: *Il est féru de sa voisine. Un homme féru de romans, de philosophie.*

FERME est employé comme adv. (invariable) pour *fort, fermement, vigoureusement* avec quelques verbes: *boire, tenir, secouer, travailler, discuter, s'ennuyer, tirer, acheter, vendre,* etc. Dans le langage juridique, *sans sursis: Deux ans (de prison) ferme.*

FERMER, v.tr.dir. On ferme *une porte, une issue, un passage,* mais aussi *le gaz, l'électricité, un circuit électrique, l'eau, un robinet, un poste de radio.* À noter que, pour le non-technicien, FERMER UN INTERRUPTEUR, c'est empêcher le passage du courant, tandis que pour l'électricien ce serait plutôt enclencher l'interrupteur de façon à permettre le passage du courant. **Intransitif**: *Cette porte ferme mal.*

FERMETTE, n.f., ne se dit pas seulement d'une petite ferme, mais d'une maison rurale, qui n'est pas nécessairement petite et qui est aménagée par un citadin comme résidence secondaire.

FERMETURE, n.f. ▶ ÉCLAIR.

FERRY, qui proprement évoque l'idée de transport, mais à laquelle en français on ajoute l'idée de *fer*, intervient dans plusieurs noms anglais qui ont une traduction française officielle: AIR FERRY se dit *bac aérien.* CAR FERRY, FERRY-BOAT, TRAIN FERRY se traduisent: *navire* **transbordeur** ou simplement *transbordeur.* Au Canada, *traversier.*

FESTIVAL, n.m. Pluriel: des *festivals.* On a créé FESTIVALIER pour désigner les habitués des festivals.

FESTIVITÉS, n.f. Le nom *festivité*, vieilli au singulier, s'emploie souvent au pluriel pour désigner, sans nuance spéciale, un ensemble de fêtes.

FÊTE, n.f., s'écrit avec une minuscule dans: *La fête de saint Nicolas, du Saint-Sacrement, des mères; la fête nationale du 14 Juillet* ou *du 14 juillet.* On écrit: *la fête du travail ou du Travail, du premier mai ou du Premier Mai, la fête de l'Armistice;* mais la FÊTE-DIEU, des *Fêtes-Dieu* (GR).

FÉTU, n.m., voulant dire couramment «brin de paille», *fétu de paille* est redondant, mais tend à se généraliser.

FEU, adjectif, veut dire «qui est mort récemment» par rapport au moment où l'on parle ou dont on parle. Il se place toujours devant le nom; il varie (avec s au masc. pl.) s'il suit le déterminant (▶ DÉTERMINANT), il reste invariable s'il le précède: *On rendit hommage à la feue reine. Les feus rois. Feu mes parents. Feu Madame. Feu Mathilde Dupont.* On emploie souvent *défunt* (▶ DÉFUNT).

FEU, nom.

1. FAIRE LONG FEU, au sens propre, avec pour sujet une arme à feu, évoque la combustion trop lente de la poudre dans une cartouche et donc le retard avec lequel part le coup, qui rate son but. D'où, au figuré, parfois l'idée de longue durée, beaucoup plus souvent celle d'échec.

   D'après l'Académie, *une affaire qui fait long feu* traîne en longueur, *une plaisanterie qui fait long feu* ne produit pas son effet.

   NE PAS FAIRE LONG FEU devrait logiquement signifier le contraire de *faire long feu* et exprimer la réussite. Mais l'expression, qui ne s'emploie qu'au figuré, est due à une autre métaphore: elle fait penser à une flamme qui s'éteint rapidement. D'où le sens (rare) d'échec, identique à un des sens de *faire long feu.* Cependant, *ne pas faire long feu* est le plus souvent opposé à *faire long feu*, dans le sens, péjoratif ou non, d'être de brève durée: *Leur alliance n'a pas fait long feu. J'y vais, mais je n'y ferai pas long feu.*

2. FEU VERT. Il est ridicule de vouloir condamner l'expression DONNER LE FEU VERT à *qqn,* à *qqch.* (autoriser à faire qqch.). FEU ROUGE: *Griller un feu rouge.*

3. FEU OUVERT. L'expression est courante en Belgique pour désigner l'ensemble, allumé ou non, où l'on brûle des bûches, à l'air libre, dans une cheminée. L'expression est généralement inconnue en France, où l'on parle le plus souvent de CHEMINÉE, plus rarement d'ÂTRE, de FOYER, ou lorsqu'on désigne le feu qui y brûle, de FEU DE BOIS ou même de *feu de cheminée. Faire une flambée dans la cheminée ou dans l'âtre. Faire un feu de bois dans la cheminée.* — *L'homme s'approche de la cheminée où le foyer était préparé.* — *Voulez-vous que nous allumions un feu de bois?* demanda-t-il. — *Oh, oui! fit-elle. J'adore le feu de cheminée* (Clavel, B., *L'espion aux yeux verts*). *Ils cuisinaient encore avec le feu de cheminée* (Carles, E., *Une soupe aux herbes sauvages*). Qui pourrait se méprendre et croire qu'il s'agit de ce qu'on appelle aussi *un feu de cheminée,* «embrasement de la suie accumulée dans une cheminée»? *Le vieux avait l'air de s'intéresser à l'âtre, au feu de bois* (Romains, J., *Mort de quelqu'un*). On connaît le vers de Rimbaud: *Au foyer plein d'éclairs chante gaîment le feu.* Au début de *La chute des corps,* M. Druon distingue *le foyer* qui brûle et *la cheminée* où il brûle: *Les braises du foyer projetaient des lueurs rougeoyantes (...). Puis il entendit un tison s'écrouler. Il ne remua pas davantage; il savait que toutes les cheminées étaient pourvues de garde-feu de cuivre.* Le mot **foyer**, remplacé couramment, surtout à Paris, au XVIe siècle, par **âtre**, d'après Henri Estienne, a survécu en France et est très vivant au Québec dans ce sens. Mais *cheminée* est tout à fait courant en France. On parle de *chenets de cheminée* ou de *chenets d'âtre.*

4. *Les feux d'un diamant. Une soie rouge feu, couleur de feu.*

FEUILLE, n.f., **FEUILLÉ**, **FEUILLU**, adj. **Feuillé**, «garni de feuilles», est rare. **Feuillu** indique proprement une plus grande abondance de feuilles, mais tend à prendre le sens de *feuillé* (qui porte des feuilles). *Des tissus* **feuille-morte** *ou feuille morte.*

FEUILLETÉ, adj. et n.m., **FEUILLETER**, v.tr.dir. ▶ VERBE, Conjugaison, 1.1. Nous *feuilletons. De la pâte feuilletée. Une pâtisserie feuilletée. Un feuilleté aux amandes. Du verre feuilleté.*

FEUILLETONISTE, n. Un seul *n*, comme dans **FEUILLETONESQUE**, adj.; mais **FEUILLETONNER** avec deux *n*.

FEUTRE, n.m. Un *crayon-feutre*. Des *crayons-feutres*. Des *tissus-feutres*. On trouve aussi ces mots sans trait d'union.

FIABLE, adj., comme **FIABILITÉ**, n.f., peut se dire non seulement d'un matériel mais d'une personne ou en général de ce à quoi on peut se fier.

FIANCER, v.tr.dir. *On fiance Paul à Louise (ou avec Louise). Paul est fiancé (ou se fiance) à ou avec Louise. On annonce les fiançailles de Paul avec Louise ou de Paul et de Louise. Ils se sont fiancés.*

FIASCO (*échec*), n.m. Des *fiascos*.

FIBRANNE, n.f. Deux *n*. Mais on écrit aussi **FIBRANE**.

FIBROME, n.m.: *Un fibrome*; pas d'accent circonflexe.

FICELLE, n.f., invariable comme adjectif: *Elles sont très ficelle* (rusées).

FICHER, v.tr.dir.

1. Enfoncer par la pointe: *Ficher un pieu en terre.*

2. Mettre sur fiche: *Ficher un renseignement, un individu.*

3. Avec comme autre forme courante de l'infinitif *fiche*, et *fichu* comme part. passé, emploi familier au lieu de **FOUTRE**, très familier, dans les sens de «faire, mettre, renverser, jeter, donner», etc. et dans *ficher* (ou *fiche*) *le camp: Il n'a rien fichu. Il en fichera le moins possible. Va te faire fiche. Il m'a fichu dedans. Il va se faire fiche dedans. Il faudra en ficher un coup* (faire un gros effort). *Fiche-nous la paix. Il a fichu le camp.* Pronominal, **SE FICHER** (ou **SE FICHE**), se jeter, se moquer: *Il vient de se fiche à l'eau. Se ficher par terre. Il s'est fichu* (moqué) *de moi. Il se fichait bien de ça. Je ne suis pas fichu* (ou *foutu*) *de m'en souvenir*, capable de.

FIER (SE): *On se fie à* (non plus *sur, en, de*) *qqn, qqch. Fiez-vous-y.*

FIER-À-BRAS, n.m., *matamore* (originairement, croit-on, nom propre d'un géant sarrasin des chansons de geste, *Fierabras*). Des *fier-à-bras* ou des *fiers-à-bras* (forme courante, malgré la prononciation).

FIÈVRE, n.f. *Avoir de la fièvre, un accès, une poussée de fièvre, une fièvre de cheval. Avoir quarante (degrés) de fièvre.* — **FIÉVREUX**, adj., *fiévreuse.*

FIFTY-FIFTY, loc.adv. Dire: *moitié-moitié.*

FIGURE, n.f., reste invariable dans *faire belle* ou *triste figure, faire grande figure, bonne figure*, etc., *faire figure de* (apparaître comme): *Ils font figure de parasites.* On abuse vraiment du cliché **CAS DE FIGURE** substitué à *hypothèse, exemple, cas envisagé* (▶ CAS, 6).

FIGURER, v. *Figurer des personnages. Ce nom ne figure pas sur ma liste, sur la carte, dans ma liste.* **SE FIGURER**: *Ces bonheurs qu'il s'est figurés. Elle s'est figuré (ou elle s'est imaginé) qu'on l'attendait. Cette maison, il se l'était figurée (ou imaginée) plus grande.*

FIL, n.m. On dit: *donner, passer, recevoir un coup de fil* (un coup de téléphone), *avoir qqn au bout du fil.* — **DE FIL EN AIGUILLE**, de propos en propos, en passant naturellement d'une chose à l'autre. *Avoir du fil à retordre. Être cousu de fil blanc.* **FIL-À-FIL**, n.m. invariable.

FILE, n.f. *Une file de voitures, de clients.* **FAIRE LA QUEUE** au guichet plutôt que, comme en Belgique, [**FAIRE LA FILE**]. **PRENDRE LA FILE**, c'est se placer à la fin d'une file d'attente. **À LA FILE** ou **EN FILE**: l'un derrière l'autre.

FILER, v.intr., courant et à peine familier dans le sens de «s'en aller rapidement». **Auxiliaire** *avoir: Tu as filé sans me prévenir* (Troyat, H., *La tête sur les épaules*). **Transitif**: *Filer une personne* (ou la prendre en filature), c'est la suivre pour la surveiller.

FILET, n.m. Quand les filets à bagages, dans un train, étaient en cordes tressées, il était naturel de dire: *Mettre sa valise dans le filet. Les colis qui dormaient dans le filet* (Romains, J., *Mort de quelqu'un*). Aujourd'hui qu'ils sont en métal et qu'ils gardent le même nom, on continue par habitude à dire *dans* (et c'est courant), mais *sur* paraît plus logique: *Installant sa valise sur le filet* (Sabatier, R., *Les noisettes sauvages*).

Belgicisme: *un* (ou *du*) **FILET AMÉRICAIN** (ou un **AMÉRICAIN**) pour un *steak tartare.*

FILIAL, adj. Masculin pluriel: *filiaux.*

FILIATION, FILIÈRE, n.f. **Filiation** implique une succession de personnes ou de choses issues les unes des autres: *Filiation légitime, naturelle, paternelle, maternelle. Filiation des mots* (étymologie), *des sens.*

Filière évoque l'idée de succession de lieux, de degrés ou de formalités: *Suivre la filière administrative. La filière de la drogue.*

FILIGRANE, n.m. *Un filigrane. En filigrane* et non [**FILIGRAMME**].

FILLE, n.f., s'est dit en France comme en Belgique pour *servante*, mais ne se dit plus qu'avec un complément déterminatif précisant la fonction: *fille d'auberge, de cuisine, de ferme, de salle, de service*. L'Académie dit: *fille de magasin, de boutique*. On dit plutôt: *vendeuse, demoiselle de magasin*.

FIN, n.f.

1. Une FIN DE NON-RECEVOIR, des *fins de non-recevoir*. PRENDRE FIN. TIRER À SA FIN. N'AVOIR NI FIN NI CESSE, ne jamais finir.

2. À LA FIN DE (+ déterminant + nom) et EN FIN DE (sans déterminant, avec quelques noms): dans les derniers moments de qqch., quand cela se termine (▶ DÉBUT): *J'irai à la fin de la semaine, du congrès, des vacances. À la fin du compte.* On distingue normalement *à la fin de la séance* (dans ses derniers moments) et *après la séance. Être en fin de liste. En fin de semaine, de saison, de parcours, de compte.*

   En style commercial, *payable à la fin du mois* (courant) se dit aussi: *payable **fin courant**.* On trouve même *fin prochain* pour *à la fin du mois prochain*. Ou aussi: *En fin septembre* (t'Serstevens, A., *L'amour autour de la maison*). Mais on dit plutôt: ***fin septembre***, ou *à la fin (de) septembre*. *Si Jeanne avait été conçue à la fin septembre, (...) elle serait née à la fin de juin* (Romains, J., *Les amours enfantines*). *C'était **fin mai*** (Borgeaud, G., *Le voyage à l'étranger*). *Ces belles soirées de la fin mai* (Aragon, L., *Aurélien*). *Une fin de semaine*, un week-end. *Fin de mois. Jusqu'à la fin mai.* ▶ DÉBUT.

3. À TOUTES FINS (écrit parfois À TOUTE FIN), expression classique, est couramment remplacé par À TOUTES FINS UTILES (au pluriel).

   À SEULE FIN *de* est suivi d'un infinitif: «dans l'unique intention de». Avec *que* et le subjonctif: *À seule fin qu'il s'en rende compte.*

4. Adj.: Le FIN FOND, «l'endroit le plus reculé». *Au fin fond des bois.* Les *fins fonds*.

5. **L'adjectif** *fin*, **pris adverbialement** (tout à fait) devant un adjectif, est invariable: *Elle est **fin seule**. Elle est **fin prête**.* Mais on trouve encore l'accord de *fin* selon l'ancien usage.

   En termes de billard: *Jouer fin, prendre la bille fin, trop fin* ou *prendre la bille fine, trop fine* (on l'effleure à peine).

FINAL, adj. Masculin pluriel: ***finals*** ou souvent ***finaux***.

FINALE, n.m. (différent de *une finale*), le dernier mouvement d'ensemble d'un morceau de musique. Rarement, dans ce sens (*GLLF*), le FINAL, les *finals*. FINALE, n.f., dernier élément (syllabe ou lettre ou son) d'un mot, note (ou phrase musicale) finale d'un air, figure finale d'une danse, dernière épreuve d'une compétition sportive. EN FINALE, pour terminer.

FINANCE(S), n.f. MOYENNANT FINANCE garde le singulier *finance* dans son ancien sens d'«argent comptant». Mais on trouve MOYENNANT FINANCES.

   On écrit: *finances publiques, loi de finances, être employé aux finances, ses finances vont mal, le ministre des Finances*. Mais: *un homme de finance* (qui est dans *la finance*, dans les activités bancaires, boursières).

FINIR, v.tr.dir. et intr.

1. Par extension des emplois comme *finir un travail, son assiette, une bouteille, un paquet de cigarettes*, on dit très familièrement *finir qqn* pour **en finir avec lui**, dans le sens de «cesser de s'occuper de lui»: *Je finis quelqu'un, dit-elle, j'en ai pour une minute* (Blondin, A., *Quat'saisons*).

2. **En finir avec, finir par, finir de**. On dit fort bien avec *en* (▶ 1): *en finir avec qqch.* ou *qqn.* On *n'en finira jamais avec cette querelle* ou *avec lui* (on n'en viendra jamais à bout). Mais en dehors de cet emploi on dit *finir par* pour marquer le résultat final: *Il a fini par me persuader. Tout finit par s'arranger.* Étape finale: *Il finit par où il a commencé. Tout finit par des chansons.* — **Finir de**: *As-tu fini de te plaindre?* (cesser de).

3. **En finir**: *Il faut en finir. Il faut en finir avec cette affaire, avec ce gêneur. Cela n'en finit pas. Nous n'en finirions pas d'énumérer ses titres. Des discussions à n'en plus finir. C'en est fini de vos questions?* — **Finir en**: *Cela a fini en queue de poisson. Un mot qui finit en «ant».*

4. On n'emploie *être* qu'au passif et avec l'adj. FINI: *La fête est finie*.

   Finies les vacances (les vacances sont finies) ou moins souvent *fini les vacances*. ▶ PARTICIPE PASSÉ, 2.1.2.

FINISH, n.m. L'expression AU FINISH se dit en sport et ailleurs de la victoire arrachée à l'adversaire par sa défaite ou son abandon. On dit en français: *à l'arraché*, la durée de la lutte n'étant pas limitée.

FINITION, n.f., «caractère de ce qui est bien fini», est souvent synonyme de FINISSAGE (idée de soin final), n.m.: *La finition de cette voiture laisse à désirer.*

FINNO-OUGRIEN, adj., groupe linguistique. *Les Magyars, peuple finno-ougrien.*

FION, n.m. en rapport possible avec *fignoler*, se dit en français populaire, dans un sens favorable, de la dernière main qu'on donne à qqch. (*donner le coup de fion*). Ne pas confondre avec FION, n.m. aussi, régional dans une partie de la Wallonie, de la France et en Suisse dans le sens de «propos désobligeant adressé à qqn», «pique».

FIRME, n.f., raison sociale d'une entreprise industrielle ou commerciale, cette entreprise elle-même: *Avoir des actions dans une firme. Les principales firmes du pays.* Au lieu de *papier à firme* il convient de dire *papier à en-tête (de la firme).*

FISTON, n.m., diminutif de fils, familier, s'adresse à plus jeune que soi et se dit généralement d'un jeune garçon.

FIXER. **Fixer qqn** ou qqch. a été longtemps blâmé, à tort, dans le sens de regarder fixement. On peut dire: *fixer les yeux* (ou *les regards*) *sur qqn* ou *sur qqch.* Mais aussi: *Il fixait cette dame, il la fixait du regard; il la fixait droit dans les yeux; ne pas fixer le soleil.*

On dira sans hésiter: *Il a fixé son choix sur une aquarelle. Son choix s'est fixé sur l'un de vous, sur une eau-forte. Il m'a enfin fixé sur ses intentions. Me voilà fixé. Fixer les idées de qqn sur qqch. Fixer qqn sur qqch. Je suis maintenant fixé sur lui* ou *sur son compte* ou *sur ses possibilités. Je ne suis pas encore bien fixé. Il a fixé sa résidence en province. Il s'est fixé à l'étranger. Je me suis fixé un but. Nous avons fixé la date de notre prochaine réunion.*

FJORD, n.m., mot norvégien, peut s'écrire FIORD. La prononciation du *d* est facultative, mais courante.

FLACHE, n.f. et adj., est un vieux mot français vieilli et dialectal, soit comme adjectif (mou, flasque), soit comme nom désignant une flaque d'eau dans un creux du sol. Le laisser aux dialectes.

FLAGRANCE, n.f., caractère de ce qui est flagrant, évident. Ne pas confondre avec FRAGRANCE, odeur agréable.

FLAMANDISATION, n.f., FLAMANDISER, v.tr.: belgicismes limpides.

FLAMBANT NEUF et BATTANT NEUF. Il y a une grande hésitation chez les grammairiens comme chez les écrivains sur la façon de traiter ces expressions quand elles se rapportent à un nom féminin ou pluriel. On peut toujours laisser les deux mots invariables.

Au **masculin pluriel**, *battant* et *flambant* sont le plus souvent considérés comme des participes présents et restent invariables, même quand *neuf* varie, ce qui est fréquent. On trouve donc: *des vêtements flambant neufs* ou, parfois, *flambants neufs* ou *flambant neuf* (*neuf* traité comme adv.).

Au **féminin**, on laisse le plus souvent invariables les deux mots de l'expression: *Une façade battant neuf, une villa flambant neuf. Des affiches flambant neuf* (Aragon, L., *La mise à mort*), mais on trouve: *Deux grandes valises semblables, flambant neuves* (Butor, M., *La modification*); l'accord des deux mots (*une maison flambante neuve*) est exceptionnel. L'accord de *tout* ne devrait se faire que lorsque *battant* et *flambant* varient, mais on trouve *toute flambant neuve*. Une grande latitude est donc permise; on peut conseiller de laisser *battant* et *flambant* invariables, même si *neuf* varie: *Des vêtements flambant neuf* ou *flambant neufs. Une maison flambant neuf* ou *neuve* ou *tout flambant neuf* ou *toute flambante neuve.*

FLAMBÉ, adj. On ne parle pas seulement d'une *aiguille flambée* (passée à la flamme) ou d'un *mets flambé*, d'une *omelette flambée*, mais, figurément et familièrement, d'une *affaire flambée* (en ruine) ou d'*un homme flambé* (gravement atteint dans sa santé, sa position, ses possibilités).

FLAMICHE, n.f., désigne, dans certaines régions de Wallonie et dans le nord de la France, une tarte dont la garniture varie (fromage, poireaux, etc.).

FLAMINGANT, adj. et n., qui a d'abord signifié «parlant flamand, relatif au flamand», a pris comme nom ou adjectif, à partir de la Belgique, un sens nettement péjoratif caractérisant un certain radicalisme flamand en matière de politique ou d'emploi des langues. D'où: FLAMINGANTISME, n.m., doctrine et attitude des flamingants. Les dictionnaires français continuent à donner comme premier sens: *où l'on parle flamand, qui s'exprime en flamand* sans préciser que ce sens est vieilli.

FLAMME, n.f. *Jeter feu et flamme* (parfois *et flammes*). Toujours *Jeter aux flammes. Un avion tombe en flammes. Une ville en flammes. Être tout feu tout flamme. Retour de flamme. Une lampe flamme.*

FLÂNER, v.intr., FLÂNEUR. Accent circonflexe.

FLASH, n.m., pluriel: des *flashes* ou, de préférence, *flashs*; *sh* se prononce *ch*. Le mot est solidement installé dans le langage de la photographie, du cinéma (pour un plan de courte durée), de la presse (où *nouvelle-éclair* n'a pas réussi à s'imposer, pas plus qu'*annonce-éclair*).

FLASH-BACK, pluriel: des *flash(e)s-back*, peut être remplacé par *retour en arrière* (dans le déroulement d'un film). On pourrait, conformément à l'esprit de la *Réforme de l'orthographe* de 1990, écrire: un FLASHBACK, des *flashbacks* (*RO* II.7. Rem.).

[FLAT], *t* étant prononcé, n.m., est employé en Belgique pour *studio*, appartement servant à la fois de salon, de salle à manger et de chambre à coucher, avec cuisine et salle de bains attenantes.

[FLATTE], n.f., en français dialectal de Wallonie, bouse de vache.

FLATTÉ, part.p. *Il est flatté des égards qu'on a pour lui. Il est flatté d'être invité* ou *qu'on l'ait invité.*

FLATTER (SE). *Elle s'est flattée de sa naissance, **de n'avoir** plus besoin de nous. Il se flatte qu'on l'**applaudira**. Je ne me flatte pas qu'on **ait** besoin de moi.*

FLEMME, n.f., est français mais familier: *Avoir la flemme.*

FLEUR, n.f., s'écrit au pluriel dans: *Un vase, un bouquet, une couronne, un parterre, un pot de fleurs. Un tissu, un papier, une assiette à fleurs.* Mais on écrit indifféremment: *un arbre en fleurs* ou *un arbre en fleur.* Au figuré: *une jeunesse en fleur.* — Familièrement: COMME UNE FLEUR (très facilement: *Il est arrivé premier comme une fleur*). FAIRE UNE FLEUR à qqn (lui accorder une amabilité, un avantage).

FLEURDELISÉ, adj., s'écrit toujours avec *i*, la graphie *lis* étant d'ailleurs préférable à *lys* pour le nom de la fleur.

FLEURIR, v., a deux formes à l'indicatif imparfait, au participe présent et à l'adjectif verbal. En dehors de ces trois cas, on dit toujours: *elle **fleurit**, elle **fleurira**, elle **a fleuri**, qu'elle **fleurisse**, même si le sens est «s'épanouir, prospérer».

Au sens propre, «produire des fleurs, être en fleurs», et dans l'emploi transitif: «orner de fleurs ou d'une fleur», on doit dire ***fleurissait, fleurissant***: *Les arbres fleurissaient. J'admirais ces arbres fleurissant dans le jardin. Les prés fleurissants. Il fleurissait sa boutonnière. Elle fleurissait volontiers sa table.* Au sens figuré: *Il fleurissait son style.* Autre sens figuré, où l'on dit ***fleurissait*** d'un sourire qui s'épanouit comme une fleur: *Un petit homme obèse sur les lèvres de qui fleurissait un perpétuel sourire* (Duhamel, G., *La passion de Joseph Pasquier*).

Aux sens figurés de «prospérer, être en honneur», on dit le plus souvent ***florissait*** (de l'ancien verbe *florir*) et parfois ***fleurissait***; au participe présent, presque toujours ***florissant***; l'adjectif verbal est toujours ***florissant***: *Les sciences et les beaux-arts florissaient* (ou *fleurissaient*) *sous le règne de ce prince. Athènes alors florissait. Son commerce florissait. Une santé florissante.*

FLORAISON se dit au propre comme au figuré. On trouve cependant **FLEURAISON** chez des écrivains.

FLEURISTE, n., se dit non seulement d'une personne qui s'occupe de la culture ou de la vente des fleurs, mais aussi de celui ou de celle qui vend des fleurs artificielles.

FLIC FLAC, interj., s'écrit sans trait d'union: *Faire flic flac.* Mais on écrit un **FLIC-FLAC** (invar., trait d'union) pour un bruit de claquement répété.

FLOCHE, n.f., désignait abusivement le **gland** de l'ancien bonnet de police des militaires belges et s'emploie encore en Belgique pour les glands (aussi appelés **houppes**) des rideaux, des coussins, pour une sorte de **boucle** prolongeant certains nœuds, notamment de lacets, pour la houppe du ballon qu'il convient d'attraper sur les manèges de la fête foraine, et pour une fausse note. Comme **adjectif**, il signifie «à faible torsion»: *un fil floche.*

FLORAL, adj. *Les Jeux* (ou *jeux*) ***floraux*** *toulousains.*

FLOTTE, n.f., est familier pour *pluie* et *eau*.

FLOTTER, v.intr. On dit qu'une monnaie *flotte* ou *est flottante* quand sa valeur varie selon l'offre et la demande. On a parlé dans ce sens de **FLOTTATION**, heureusement éliminé, et aussi de **FLOTTAISON**, mais l'Académie a judicieusement recommandé **FLOTTEMENT**. Elle a observé que **FLUCTUATION** et *fluctuer* sont réservés par l'usage à des mouvements de plus faible amplitude et généralement alternés.

FLOTTILLE, n.f., a deux *t* comme *flotte, flotter.*

FLUIDE, adj., ne se dit pas seulement de ce qui, au propre ou au figuré, coule facilement (*une encre, un style, une circulation fluide*), mais de ce qui est difficile à saisir (*une pensée, une situation fluide*).

FLÛTER, v.tr.dir., a vieilli (sauf en Belgique) dans son emploi transitif et familier pour *boire*: *flûter un verre.*

FOEHN (vent des Alpes, sec et chaud) s'écrit aussi **FÖHN**, n.m. En Suisse romande, *foehn* se dit pour *sèche-cheveux.*

FOI, n.f. *On agit **de** bonne foi, de la meilleure foi du monde, en toute bonne foi. On est de bonne* ou *de mauvaise foi. On abuse de la bonne foi de qqn.*

En dehors de ces expressions figées, on emploie *avec*: *Agir **avec** bonne foi, avec mauvaise foi, avec une entière bonne foi.* FAIRE FOI. SUR LA FOI DE. MA FOI. EN FOI DE QUOI.

FOIE, n.m. Si l'on dit, en souvenir du mythe de Prométhée, SE MANGER (ou *se ronger*) LES FOIES, se faire beaucoup de soucis, AVOIR LES FOIES (avoir très peur) est nettement populaire.

FOIRAIL, FOIRAL, n.m. régionaux, champ de foire. Des *foirails*, des *foirals*.

FOIRE, n.f., se dit aussi bien de certaines fêtes foraines que de certaines expositions commerciales ou de certains marchés publics.

FOIS, n.f.

1. Il faut absolument éviter de substituer UNE FOIS à *donc* ou *un peu*, comme si on traduisait le flamand *eens*, et de dire : [*Venez une fois chez nous. Vide une fois ton verre*]. On aurait l'air de dire : une fois et pas deux. On doit dire : *Dites donc. Venez un peu. Donnez-moi donc ce livre.*

   Mais *une fois* est régulier dans *Il était une fois* (un jour), *Une fois que je bêchais mon jardin* (un jour où) et pour exprimer l'unicité : *Je l'ai rencontré une fois, une seule fois. C'est bon pour une fois.*

   UNE FOIS QUE veut dire « quand, un jour où, aussitôt que, dès que » : *Une fois que nous l'interrogions* (un jour où)... *Une fois qu'il s'est mis quelque chose en tête, il n'en démord pas* (dès que ou quand). Elliptiquement : ***Une fois rassurés**, nous pourrons partir. Il reviendra une fois fortune faite.* Si le nom est accompagné d'un déterminant, on a le choix entre trois tours (où le participe s'accorde avec le nom) : ***Une fois la paix signée** ou **La paix une fois signée** ou **Une fois signée la paix**, ils furent bons amis* (voir B.U.).

2. DES FOIS se substitue en français populaire à *parfois, quelquefois* ou à *par hasard* : *Je suis des fois obligé de le gronder. Des fois je lis, des fois j'écoute la radio pour me distraire. Si des fois vous le rencontrez.*

   DES FOIS QUE est populaire avec un conditionnel au sens de « pour le cas où » : *Téléphonons tout de suite, des fois qu'il serait encore chez lui.*

   LES FOIS OÙ (ou QUE). On condamne parfois l'emploi de l'article défini immédiatement devant *fois* (sauf après *toutes*) : *Les fois où je l'ai rencontré* (ou *Les fois que je l'ai rencontré*). Il est vrai qu'on dit plus souvent : *Toutes les fois que, chaque fois que.* Mais il n'y a rien d'incorrect à dire : *Les fois où ils viennent, c'est une fête chez nous,* comme on dit : *La fois où il est venu* (▸ 5). En langage soigné, on dit plutôt : *Lorsqu'ils viennent.*

3. **Fréquence, comparaison et multiplication** :

   a) 2 étant la moitié de 4 et le tiers de 6, on dit indifféremment que *4 est deux fois plus grand* ou *deux fois aussi grand* ou *une fois plus grand que 2* ; que *4 vaut deux fois autant* ou *deux fois plus* ou *une fois plus que 2* ; que *2 est une fois* ou *deux fois moins grand que 4* ; que *6 est trois fois plus grand* ou *aussi grand que 2* ou qu'il *vaut 3 fois plus que 2* ; que *2 est trois fois moins grand* ou *vaut trois fois moins que 6.* ▸ AUTANT, 2. *Gagner une fois moins* a donc le même sens que *gagner deux fois moins.* Si on compare 5 à 2, on dira que *5 vaut deux fois et demie 2* ou *est 2 fois et demie plus grand que 2.*

   b) TROIS FOIS RIEN a le même sens que *moins que rien. Après avoir mangé trois fois rien* (Bory, J.-L., *Mon village à l'heure allemande*). *J'ai acheté ce lot de livres pour trois fois rien* (GLLF ; pour un prix insignifiant). On dit donc normalement sans négation : *C'est trois fois rien,* alors qu'on dit : *Ce n'est rien.* Exceptionnel : *On me rassura très vite ; on me dit, à mots couverts, que ce n'était six fois rien* (Bazin, H., *Le matrimoine*).

   c) *Vous avez* MILLE FOIS *raison,* tout à fait raison.

4. CHAQUE FOIS, CHAQUE FOIS QUE sont parfois remplacés par *à chaque fois, à chaque fois que.* On dit aussi : *Toutes les fois que,* mais on ne dit plus [*à toutes les fois que*]. ▸ 2.

5. **Quelques expressions** : *Une fois par an* (ou *une fois l'an*). *La première fois* (*la dernière fois*) *que je l'ai vu. Il a payé en six fois. Une bonne fois, une fois pour toutes* et non [*une fois pour tout*]. *La fois où il m'a parlé. La fois suivante, c'est lui qui m'a salué. Je le lui ai dit trois fois, par trois fois. S'y prendre* (ou *s'y reprendre*) *à deux fois* ou *par deux fois. Y regarder à deux fois. Cette fois* (plus vivant que *à cette fois*), *tout s'est bien passé.*

6. À LA FOIS. Attention au sens et à la construction. *À la fois* ajoute à l'idée d'*en même temps* celle d'*ensemble* (▸ b et c). Il suit généralement l'ensemble sur lequel il porte : *Ne parlez pas **tous à la fois**. Tous à la fois ont applaudi* ou *Ils ont applaudi tous à la fois. Il ne faut pas courir deux lièvres à la fois.* Si les éléments réunis en un ensemble sont énoncés distinctement, soit comme des compléments, soit comme des qualités, *à la fois* peut précéder ou suivre l'ensemble : *On peut **à la fois s'instruire et s'amuser** ou on peut **s'instruire et s'amuser à la fois**. Il ne faut pas faire à la fois ceci et cela* ou *faire ceci et cela à la fois. Cette explication est **à la fois fausse et tendancieuse** ou est **fausse et tendancieuse à la fois**. Cette amélioration est voulue à la fois par le gouvernement et par les syndicats. Il nous aide à la fois avec zèle et discrétion* ou *avec à la fois zèle et discrétion* ou *avec zèle et discrétion à la fois.*

   Mais il est aujourd'hui anormal de mettre *à la fois* après le premier élément devant *et* : *Jacqueline ne montrait point l'air absent à la fois et concentré qu'il lui remarquait les autres années* (Druon, M., *La chute des corps*). *Carmela fut rassurée à la fois et déçue* (Id., *La volupté d'être*). On verra plus loin (▸ c) que la langue classique construisait ainsi *ensemble et.*

On pourrait s'étonner de voir *à la fois* porter sur un seul être ou un seul objet: *Il monte une seule marche à la fois. Je ne recevrai qu'une personne à la fois.* L'emploi, nécessaire dans ce cas, de *seul* ou de *ne... que* établit une opposition implicite, suggérée par *à la fois*, avec deux marches ou deux personnes. De même: *Une chose à la fois s'il vous plaît.*

Ajoutons cinq **remarques** sur l'emploi d'*à la fois*:

a) *Cette association (...) était à la fois une réponse neuve et adéquate aux exigences économiques du monde moderne.* On dirait: *était à la fois une réponse... et* (par exemple) *une garantie*, car *à la fois* doit être suivi de deux termes qui se correspondent. Il est clair qu'ici on aurait dû écrire: *était une réponse à la fois neuve et adéquate...*

b) Avec *en même temps*, on pourrait avoir une troisième construction ajoutée aux deux qui ont été signalées plus haut: *Cette explication est fausse **et en même temps tendancieuse**.* Mais *à la fois* disant plus qu'*en même temps*, il serait anormal de le placer dans cette position, où il ne serait suivi que d'un seul des éléments qu'il a mission d'associer.

c) Il y a sans doute dans cette dernière construction une analogie avec le tour classique *et ensemble*, devenu archaïque: *Des calomnies atroces **et ensemble** si manifestes* (Bossuet). *Et ensemble* signifiait là: *et en même temps.* La langue classique employait aussi ***ensemble et*** dans le sens de «en même temps que»: *J'ai votre fille ensemble et ma gloire à défendre* (Racine). *Ta demande m'étonne ensemble et m'embarrasse* (Corneille). Avec *à la fois*, nous dirions: *J'ai à la fois votre fille et ma gloire à défendre. Ta demande m'étonne et m'embarrasse à la fois* ou *J'ai à défendre à la fois votre fille et ma gloire* ou *J'ai à défendre votre fille et ma gloire à la fois. Ta demande à la fois m'étonne et m'embarrasse.* ▸ ENSEMBLE.

d) Une autre confusion, qui aboutit à un non-sens, substitue *à la fois... mais* (aussi) à *non seulement... mais* (aussi). Cette dernière expression additionne deux éléments distincts mais complémentaires; elle souligne la disjonction et l'accentue par *mais*: *Cela est non seulement vraisemblable, mais exact.* Au contraire, *à la fois* associe en un ensemble des éléments parfois opposés mais toujours conciliables: *Cela est à la fois vrai et faux* (il y a en cela une part de vérité et une part d'erreur à la fois).

En substituant *mais* à *et* après le premier élément qui suit *à la fois*, on brise la cohésion de cet ensemble, d'où est exclue l'idée de gradation exprimée par *non seulement... mais.*

e) Enfin, on se gardera de répéter *à la fois* devant le second élément: *Il est à la fois impatient de vous revoir et [à la fois] un peu inquiet.* La faute est fréquente, même chez des intellectuels soucieux de bien parler. C'est contraire au sens de *à la fois.*

FOISONNER, v.intr.: *Le gibier foisonne* (il y en a *à foison*). *Les idées foisonnent.* Avec *en* ou *de*: *Ce devoir foisonne **de fautes** ou **en fautes**.*

FOLIOLE, n.f. *Une foliole* (division d'une feuille ou d'une corolle).

FOLLE-AVOINE, n.f. Privilégier le trait d'union.

FONCTION, n.f.

1. EN FONCTION DE ou FONCTION DE. Avec *être*, une quantité ou une chose en général *est en fonction d'une autre*, ou couramment, *est fonction d'une autre*, quand sa valeur dépend de celle-ci et de ses variations: *Le transport (...) est donc fonction du tonnage* (Gaulle, Ch. de, *Le salut*). Avec un autre verbe, on emploie *en fonction de*: *Nous ne l'intéressons qu'en fonction de notre crédit. Considérer une chose en fonction d'une autre* (par rapport à).

2. Noter le pluriel ou le singulier de *fonction* dans certaines expressions: *Remplir* ou *occuper la fonction* ou *les fonctions d'une charge. Être, entrer* ou *rester en fonction* (ou *en fonctions*). *Remplir une fonction en titre* ou *par intérim. Faire fonction de directeur. Le faisant fonction de directeur. Cesser ses fonctions. Se démettre de ses fonctions.*

FONCTIONNEL, adj., se dit des fonctions organiques (*troubles fonctionnels*), mais aussi d'un appartement, d'un mobilier, d'un équipement bien adapté à sa fonction, etc.

FONCTIONNER, v.intr., se dit des personnes comme des choses.

FOND, FONDS, n.m., **FONTS**, n.m.pl. (dans les **FONTS BAPTISMAUX**). L'Académie a, en 1975, autorisé au profit de *fond* l'ancienne confusion avec *fonds* mais a rétabli la distinction en 1987: **fond** pour la base, la partie extrême, l'élément fondamental (opposé à superficiel) et **fonds** pour ce qu'on exploite, un immeuble, un organisme financier, une richesse de base qui s'exploite, un capital (au propre ou au figuré) — *Avoir du **fond**, un bon fond, un fond d'honnêteté. Voir le fond de l'eau. Le fond d'un tableau. Au fin fond du désert. Un fond de teint. Un fond sonore. Au fond, il a raison. Du fond du cœur. Couler à fond. Un fond de sauce. Un article* (ou *un livre*) *de fond. Respirer à fond. Rouler à fond* (de train). *Faire fond sur qqn, sur son honnêteté. À double fond. Une épreuve de fond, de demi-fond. Un coureur de* demi-fond. En justice: *plaider, juger, statuer* **au fond** ou **sur le fond**. — **Le fonds et le tréfonds** (le sol et le sous-sol). — *Bâtir sur son fonds. Un fonds de commerce. Ne pas entamer son fonds. Mes fonds sont en baisse. Un fonds de garantie. Manger son fonds avec son revenu. À fonds perdu. Le fonds de telle bibliothèque.* Un BIEN-FONDS, des **biens-fonds**. *Être en fonds. Il a un fonds de patience et un fonds d'énergie que j'admire. Un fonds d'érudition impressionnant. Un excellent fonds de santé.*

FONDÉ, part.p. FONDÉ DE POUVOIR, n.m. ▶ POUVOIR, n.m.

FONDRE. Auxiliaire du v.intr.: *Le pauvre petit avait fondu pendant sa maladie* (Sarraute, N., *Le planétarium*). *La glace a fondu (est fondue).*

FONDU, FONDUE.

1. **Fondu**, n.m., remplace, dans le langage de la photographie et du cinéma, *fading* (apparition ou disparition progressive de l'image). FONDU ENCHAÎNÉ désigne l'effet obtenu par la substitution progressive d'une image à une autre. On parle d'*ouverture* (en fondu) pour l'apparition progressive et de *fermeture* (en fondu) ou de *fondu au noir* pour la disparition. *Fondu* se dit aussi pour l'abaissement progressif du son.

2. On connaît **la fondue** suisse et la fondue bourguignonne. Les dictionnaires ne signalent pas un autre mets servi comme entrée et qui s'appelle en France des FONDUES AU FROMAGE (ou au chester) et en Belgique des *fondus au parmesan*; cette fondue au fromage se présente en entrée sous la forme de petits parallélépipèdes rectangles de pâte au fromage, couverts de chapelure et servis avec du persil frit. *Fondue au fromage* est attesté dans des livres de cuisine, parfois avec un autre sens.

FOOTING, n.m. Anglicisme où le mot anglais est détourné de son sens. On peut parler de *marche (à pied)* ou de *marche accélérée* ou de *course à pied*.

FOR, n.m. Proprement, *le for intérieur*, c'est le tribunal (latin *forum*) de la conscience. *En* ou *dans mon (ton*, etc.) *for intérieur*: au fond de ma (ta, etc.) conscience.

FORCE, n.f. *Il a réussi* À FORCE DE *travail* ou *à force de travailler*, mais non [*à force qu'il a travaillé*]. — À FORCE, vieilli dans le sens de «beaucoup», se dit elliptiquement, en emploi adverbial, dans le sens de «à la longue»: *Les paysans qui reviennent de la foire s'entassent* **à force**, *là-dedans, avec leurs ballots et leurs gosses* (Duhamel, G., *Le bestiaire et l'herbier*). *À force, comme cela peu à peu, les choses changent (...). À force, me semblait-il, tout cela s'effaçait* (Aragon, L., *La mise*

à mort). *Les pas des hommes, à force, les avaient creusées en leur milieu* (Juin, H., *Les hameaux*). *Ils (mes parents) avaient toujours peur pour moi (...). À force, je finissais par avoir peur moi-même* (Vian, B., *L'herbe rouge*).

À TOUTE FORCE reste au singulier: *Il a voulu à toute force m'inviter.*

Force lui est de choisir: il ne peut éviter de choisir.

Force, suivi d'un nom pluriel, est littéraire et signifie «beaucoup de»: *J'ai dévoré* **force moutons** (La Fontaine).

Une IDÉE-FORCE, des *idées-forces* (des idées qui sont des forces).

FORCER.

1. **V.tr.dir.** Devant un infinitif, hésitation entre *à* et *de*. On peut seulement observer une certaine préférence de l'usage pour *à* ainsi qu'après *se forcer*, mais *de* n'est pas rare: *On force qqn à faire qqch. Il se force à ne pas se plaindre.* On dit plus souvent S'EFFORCER *de*. C'est parfois l'euphonie qui peut appeler *de*: *Il se força* **de** *sourire. On le força de partir.* On trouve aussi *se forcer pour*, faire un effort sur soi-même pour: *Il doit se forcer* **pour** *nous faire rire.*

Hésitation aussi au passif et avec l'adjectif *forcé*. Avec celui-ci, de préférence *de*: *Je suis forcé de vous le dire. Je me vois forcé de vous le refuser.* Mais si le contexte montre qu'il s'agit du verbe, on emploie *à*: *Je suis forcé par les circonstances à m'absenter.*

2. **V.intr.**: *Travailler sans forcer.* **Forcer sur**: les dictionnaires donnent *forcer sur les avirons*, les manœuvrer le plus vigoureusement possible. Mais *forcer sur le sherry* (abuser de) est populaire. *À la vérité, il force un peu sur le sublime* (Sartre, J.-P., *Les mots*).

FORCING, n.m. Cet anglicisme s'est appliqué non seulement à la boxe, mais à divers sports, à toute tactique de harcèlement, à un effort violent et soutenu, etc. On peut parler d'*attaque à outrance*, de *développement* (ou d'*entraînement*) *intensif*, de *rythme accéléré*, de *pression*, etc.

FORCIR, v.intr. On ne peut plus dire que ce verbe est populaire et qu'il ne se dit que des enfants dans le sens de «grandir, devenir plus fort». Aujourd'hui familier, il se dit des personnes pour *grossir*: *Elle a forci.* On dit aussi: *Le vent a forci.*

FORCLORE, v.tr.dir., ne s'emploie guère qu'à l'infinitif présent, aux temps composés et au participe passé, surtout s'il s'agit d'un droit: *Il est* **forclos** *de ce droit. Il s'est laissé forclore* (il est privé de ce droit, parce qu'il ne l'a pas exercé dans les délais).

FORESTERIE, n.f., désignait autrefois l'administration chargée de surveiller les forêts. Le mot a refait surface, dans un sens plus large que celui de *sylviculture*, au Québec puis en France : ensemble des activités qui ont pour objet l'exploitation des forêts et le renouvellement de leurs ressources.

FORFAIRE, v. aujourd'hui tr.ind. : *Il a forfait à l'honneur.* Ce verbe ne s'emploie qu'au singulier de l'indicatif présent, aux temps composés et au participe passé, employé aussi comme nom : **FORFAIT**, n.m. *Il a déclaré forfait* (il a renoncé à participer à l'épreuve, à la compétition, il s'est retiré).

FORMALISER (SE). *Il se formalise d'une chose, des questions qui lui sont posées. Il se formalise de n'avoir pas été invité. Il se formalise de ce que l'invitation est arrivée trop tard* (vieilli : *il se formalise qu'elle soit...*).

FORMAT, n.m., se dit des dimensions d'un *livre*, d'une feuille de *papier*, d'une *gravure*, d'une *photo*, etc. Souvent appliqué à une personne au lieu d'*envergure*, d'*importance*, de *valeur* : *Un patron de grand format.*

FORME, n.f. *Un contrat est en bonne forme, en bonne et due forme. Sans autre forme de procès. Il a mis des formes* (il a usé de ménagements) *pour m'interroger. On fait qqch. dans les formes, dans la forme prescrite. Cet athlète est en forme, il a retrouvé sa forme. Je me sens en forme, en pleine forme.*

FORMIDABLE, adj., ayant perdu généralement son sens premier, «redoutable», peut se dire pour «très grand» (*Il a un culot formidable*), mais s'emploie avec une facilité vraiment abusive, dans la langue familière, pour qualifier une personne ou une chose qu'on admire (un homme, des cheveux, un livre, un paysage, etc.) ou ce qui étonne, déconcerte (*C'est formidable, je l'avais mis là et je ne l'y retrouve plus*).

FORMULAIRE, n.m. La langue française a longtemps manqué d'un mot officiel pour désigner le papier où l'on est invité à inscrire certains renseignements en face de rubriques imprimées. **FORMULE**, «forme déterminée suivant laquelle on est convenu d'exprimer une chose», ne semblait pas convenir, ni non plus **formulaire** ; il n'avait pas exactement ce sens d'après les dictionnaires, qui le définissaient plutôt «recueil de formules».

L'usage belge avait tranché en faveur de *formulaire* ; l'usage français a penché un certain temps pour *formule*.

Depuis lors, si la douane canadienne a employé *formule* dans ce sens jusqu'en 1994, c'est *formulaire* qui s'est imposé en France et également au Québec. On le trouve dans des documents administratifs, dans des journaux, dans le Guide Michelin, chez plusieurs écrivains de qualité. Il est entré avec cette nouvelle acception dans des dictionnaires récents. *On remplit un formulaire.* C'est ce mot, et non *formule*, qui est retenu pour cet emploi dans le *Vocabulaire de l'administration* publié en 1972 par le Conseil international de la langue française.

FORMULER, v.tr.dir. *On formule une ordonnance médicale, un théorème, un décret, un acte notarié*, mais ce sens (rédiger selon une forme déterminée, précise et nette) est souvent abandonné au profit d'«énoncer, exprimer» : *formuler une demande, une plainte, une réclamation, une prière, une objection* et même (à côté de *former*) *des vœux*.

FORS (latin *foris*, dehors), prép., ne s'emploie guère que dans : *Tout est perdu, fors l'honneur* (excepté l'honneur).

FORSYTHIA, n.m. d'un arbrisseau, vient du nom d'un horticulteur écossais *Forsyth*. D'où l'orthographe difficile. Deux façons de prononcer la finale : à l'anglaise (*sia*) ou à la française (*tia*).

FORT.

1. **Adjectif.** *Fort* varie dans (ÊTRE) FORT DE QQCH., puiser sa force, sa confiance dans qqch. (*Forte de notre approbation, elle ne s'est pas laissé faire*), mais reste habituellement invariable dans les expressions SE FAIRE FORT DE (s'engager à, se déclarer capable de ; généralement suivi d'un infinitif) et SE PORTER FORT POUR QQN (répondre de son consentement, se porter garant ou garante pour lui). L'invariabilité en genre et en nombre résulte avant tout, semble-t-il, du figement séculaire de *se faire fort*. L'usage s'est établi de laisser *fort* invariable dans les deux expressions et même d'y laisser invariable le participe *fait* : **Elle se fait fort** *d'obtenir la signature de son mari* (Ac.). *Ils se faisaient fort d'une chose qui ne dépendait pas d'eux* (Ac.). **Elle s'est fait fort** *de la convaincre.* Mais *porté* est variable : *Elles se sont portées fort pour nous.* Littré protestait contre cette invariabilité ; mais elle tend à se maintenir ; des écrivains font cependant l'accord.

Parmi les sens nombreux de *fort* (*fort en thème, une forte impression, une forte tête, de la colle forte, une plaisanterie un peu forte*, etc.), notons seulement ceux qu'on trouve dans *une odeur forte, un tabac fort, un café fort.* On peut dire : *C'est* UN PEU FORT DE CAFÉ pour *c'est exagéré.*

2. **Adv.** a) Avec un verbe, *fort* est courant comme adverbe de **manière** : «en déployant une grande force» (*frapper fort, très fort, serrer fort, lancer la balle plus fort, de plus en plus fort*), «avec une grande intensité» (*Son cœur bat très fort. Cette fleur sent fort*).

b) Son emploi **avec un verbe** est plus limité en France, surtout à Paris, au sens de «beaucoup, extrêmement» (adverbe de **quantité**), du moins dans la langue parlée; mais, courant en Belgique, il n'est pas rare en France et il est excessif de le déclarer archaïque ou littéraire. Fort peut certainement être lui-même modifié par un autre adverbe de quantité (*très, trop, si*): *Cela me déplaît fort, très fort. J'en doute fort, très fort. Il crie fort. Je le soupçonne fort de m'avoir menti. Il aura fort à faire pour obtenir satisfaction. Cela lui tient fort à cœur. Il s'y intéresse très fort.*

Belgicisme: [*Ils crient tous au plus fort*] pour: *Ils crient tous plus fort les uns que les autres.*

c) **Devant un adjectif** (ou une expression ayant valeur d'adjectif) **ou un autre adverbe**, *fort* (très) est moins courant et paraît parfois plus littéraire en France (surtout à Paris) qu'en Belgique, mais se dit et s'écrit très bien, en parlant des personnes comme des choses: *Le garçon, grand et fort mince* (Druon, M., *Rendez-vous aux enfers*). *Il a été fort surpris* (Ac.). *Un homme fort riche. Il a fort mauvais caractère. Être de fort bonne humeur. Arriver de fort bonne heure. C'est fort possible. Fort bien. Être fort aimable, répondre fort aimablement* (la liaison avec *t* est assez rare dans le langage courant). *Fort heureusement. Fort longtemps. Fort loin.* ▸ LIAISON.

3. **Nom.** Il suffit de noter les expressions *ce n'est pas mon fort, au plus fort de* (*au plus fort de l'hiver, de la discussion*) et de mettre en garde contre le wallonisme [*de tous ses plus forts*] substitué à *de toutes ses forces*: *Il criait* (*tirait, frappait, etc.*) *de toutes ses forces.*

FORTE (pron. *té*), terme musical, adv. ou n.m. invariable, n'a pas d'accent.

FORTIORI. ▸ A PRIORI: *Un raisonnement a fortiori.*

FORTUNÉ, adj., vieillit dans le sens de «favorisé par le sort» (*Amants fortunés*, Ac.; *Ô fortuné séjour*, Boileau) et signifie couramment «riche, qui a de la fortune»: *C'est la famille la plus fortunée du pays* (Ac.).

FORUM, n.m. (Un *forum*, des *forums*), peut se dire d'un lieu où l'on discute des affaires publiques (*l'éloquence du forum*) mais s'emploie aussi pour toute réunion, tout colloque où l'on discute (*tenir un forum sur telle question*).

FOU, FOL; fam., **FOUFOU, FOFOL**, adj. ▸ BEAU. *Ils sont fous furieux. Elle est amoureuse folle. Des désirs fous. Un fou rire. Un fol espoir. Une histoire de fous. Elle est un peu fofolle. De petits foufous.*

FOUDRE, n. **Masc.**, l'attribut de Jupiter ou *un foudre de guerre, un foudre de vin*. **Fém.** *La foudre est tombée sur l'église.* Au figuré: *Un coup de foudre. S'attirer les foudres de l'Église, du pouvoir, les foudres romaines.*

FOUINER, v.intr. *Il déteste qu'on vienne fouiner dans ses affaires.*

FOULÉE, n.f. On parle des foulées d'un animal (ses traces), de la foulée d'un coureur (son enjambée). Au figuré, **DANS LA FOULÉE** de *qqn*, de *qqch.* On reste dans la foulée d'un coureur (on le suit de près, à la même allure). Une chose se fait dans la foulée (dans le prolongement) d'un événement.

FOULTITUDE (grand nombre), n.f. plaisant et familier, plutôt vieilli.

FOURCHE, n.f. Ainsi s'appelle en Belgique le creux d'une heure ou deux dans l'horaire d'un professeur ou d'un étudiant. En France on ne dit pas *une fourche*, mais *un creux, une heure creuse, un trou, un battement*. En Suisse, certains disent *une heure blanche*. À distinguer d'un *interclasse*, court intervalle entre deux classes, pendant lequel les élèves ne quittent pas la classe. — **PASSER SOUS LES FOURCHES CAUDINES** (noter les minuscules), par allusion au défilé des Fourches Caudines (noter les majuscules).

FOURCHETTE, n.f., en termes de statistique, désigne l'écart entre deux valeurs extrêmes d'une évaluation.

FOURNÉE, n.f. On ne parle pas seulement d'*une fournée de pains* ou *de tuiles*, mais d'une fournée *de touristes, de visiteurs, de candidats*.

FOURNIL, n.m. On tend aujourd'hui à prononcer *l*.

FOURNIR, v.tr.dir. **Fournir qqch. à qqn** ou **à qqch.**: *Fournir du travail à des chômeurs. Fournir à qqn le vivre et le couvert* ▸ COUVERT. *Fournir du courant à une usine.*

Fournir qqn (ou **qqch.**) **en qqch.**: *C'est lui qui fournit ma mère en légumes. Cette centrale fournit la région en électricité.* Beaucoup moins courant: **Fournir qqn** (ou **qqch.**) **de qqch.**: *C'est lui qui fournit de vin ce restaurant. Il a fourni de cravates ce commerçant.*

SE FOURNIR: *Je me fournis chez lui en légumes* (ou *de légumes*).

FOUTRE, v.tr.dir. très familier: *Foutre la paix, le camp, la pagaille. Se faire foutre. Se foutre dedans.* Part. passé et adj.: **foutu.** *Ils ont foutu le camp.*

Fractions

▸ VERBE, Accord, 2.1.2.D.

FRAI, FRAIE n. On ne dit plus *la fraie* mais *le frai* pour la ponte ou la fécondation des œufs de poissons (verbe *frayer*).

FRAIS, fraîche (accent circonflexe ou non selon les *Rectifications de l'orthographe* de 1990: *RO* II.4), adj. et adv. L'**adverbe** *frais*, devant un participe passé, signifie «depuis peu»; il n'est pas suivi d'un trait d'union et généralement il s'accorde comme le participe: *Des roses **fraîches écloses**. Des bêtes fraîches tuées.* De bons écrivains laissent *frais* invariable dans ce cas. L'usage courant dit: *fraîchement.* ▷ ADJECTIFS COMPOSÉS.

FRAIS, nom appliqué aux dépenses, ne s'emploie qu'au pluriel: *Faire des frais. Se mettre en frais. Sans aucuns frais. À moindres frais.* À PEU DE FRAIS et non [AVEC PEU DE FRAIS].

FRANC, n.m. On écrit *10,50 F* et on lit *10 francs cinquante.*

FRANC, franche, adj. *Un franc scélérat* (accompli en son genre). *Un homme franc* est un homme sincère, sans artifice, et non *hardi, effronté.*

Adverbe: *Ils ont parlé franc et net. Ils l'ont dit tout franc.*

FRANC DE PORT (qui tend à être remplacé par *franco de port* ou simplement, et couramment, *franco*, invariables) peut varier ou non dans tous les cas. Souvent, s'il suit le verbe il est considéré comme se rapportant à celui-ci et il reste invariable; s'il suit le nom, on le considère plutôt comme se rapportant à celui-ci et il varie: *Recevoir franc de port une caisse. Recevoir une caisse franche de port.*

Composés: la FRANC-MAÇONNERIE, *les idéaux **francs-maçons*** ou *francs-maçonniques*; *les influences franc-maçonnes* ou *franc-maçonniques, des francs-maçons*; *avoir son* FRANC-PARLER, *ils étaient* FRANC-JEU (▷ FAIR-PLAY), mais *jouer franc jeu*; *un* FRANC-TIREUR, *des **francs-tireurs**. Franc-comtois* (▷ ADJECTIFS COMPOSÉS).

FRANÇAIS. ▷ ACHETER, PARLER, MAJUSCULES, 2.

FRANCO reste invariable comme premier élément d'un composé (*des accords **franco-belges***) et dans *des envois franco*. ▷ FRANC, FRANCHE.

FRANCOPHONE, adj. et n., «qui parle habituellement le français», se dit régulièrement des individus, des peuples, mais il s'est substitué à *français* quand on parle d'écoles, d'enseignement, de littératures: *Littératures francophones* (GR).

FRANC-OR, FRANC-PAPIER: *Des **francs-or**, des **francs-papier**.*

FRANGIPANE, n.f. *Une pâtisserie à la frangipane.*

Une frangipane (la crème ou le gâteau lui-même).

FRANQUETTE, n.f. À LA BONNE FRANQUETTE et non [FLANQUETTE] comme dans plusieurs dialectes.

FRANSQUILLON, n.m., péjoratif, a désigné en Flandre ceux qui optaient pour le français et s'y est appliqué par extension à ceux qui parlent le français avec affectation, qui FRANSQUILLONNENT.

FRAPPER s'emploie absolument (*On frappe*) au lieu de *On frappe à la porte.*

FRAYON, n.m. On utilise en Wallonie le mot dialectal FROYON pour désigner des irritations entre les cuisses, éprouvées par des cavaliers, des cyclistes, des piétons. Ce mot avait pour équivalents, selon Littré et le *Larousse du XXᵉ siècle, frayon* (même origine, *frayer*, sens vieilli de *frotter*) et *entrefesson.* On s'étonne que les meilleurs dictionnaires ignorent maintenant *frayon* et *entrefesson* et ne donnent plus que *frayement*, en le réservant au frottement chez les animaux.

FREDAINE, n.f., léger écart de conduite, *frasque* (et non *espièglerie*).

FREE-TAX (BOUTIQUE) a comme équivalent français *boutique franche* (ou *boutique hors taxes*).

FREEZER ou **FREEZEUR** (*RO* IV.9), n.m. Anglicisme à remplacer par *congélateur.*

FREINER, v.tr.dir. et intr., s'écrit avec *ei* comme *frein*. Mais on écrit EFFRÉNÉ.

FRÉQUENTER, v.tr.dir. *Fréquenter un ami, la noblesse, un auteur, un milieu, les bals.* L'emploi intransitif (*fréquenter chez qqn, dans un endroit, avec ces gens-là*; *l'endroit où l'on fréquente*) est vieilli, mais se trouve encore: *Cette maison où il fréquentait souvent* (Floriot, R., *Les erreurs judiciaires*).

Transitivement et régionalement, surtout (mais non exclusivement) avec un sujet masculin, *courtiser*: *C'est la jeune fille qu'il fréquente* (GR). V.pr.: *Ils se fréquentent depuis deux mois* (GR). Absolument (plutôt régional): *Je ne veux pas qu'elle fréquente* (GR). *Depuis qu'il fréquente* (Clavel, B., *Amarok*).

FRÉTER, v.tr.dir. ▷ VERBE, Conjugaison, 1.1 et AFFRÉTER.

FRICADELLE (boulette de viande hachée), n.f., est devenu régional (Belgique, Lorraine) et n'est plus accueilli par les dictionnaires.

FRICASSÉE, n.f., en français désigne un ragoût fait de morceaux de viande qui ont mijoté dans une sauce. Au pays de Liège, omelette au lard.

FRICOTER, v.tr.dir. ou intr., est familier, comme **FRICOTEUR**.

FRIGIDAIRE, n.m. d'un réfrigérateur d'une marque déposée, a désigné abusivement tout réfrigérateur et s'emploie (avec ou sans majuscule), au figuré (*Les rapports franco-britanniques étaient restés au Frigidaire*, Gaulle, Ch. de, *L'unité*) comme au propre: *Elle ouvre le frigidaire* (Butor, M., *Passage de Milan*). En Belgique, on dirait couramment dans les deux sens **FRIGO**, n.m., plus répandu peut-être qu'en France dans le sens de *frigidaire* ou de *réfrigérateur* (*mettre au frigo*), mais ignoré dans son emploi populaire *Il fait frigo* ou *Avoir frigo*.

FRIGIDE, adj., et **FRIGIDITÉ**, n.f., s'appliquent spécialement à la femme.

FRIMAS, n.m. (souvent employé au pluriel), brouillard épais, froid et givrant.

FRINGALE, n.f., est français: faim pressante, au propre et au figuré.

FRIRE, v.tr.dir., ne s'emploie qu'à l'infinitif, au singulier de l'indicatif présent (Je *fris*, tu *fris*, il *frit*), aux temps composés et au participe passé (*frit*). On remplace les autres formes par *faire frire*. *Une poêle à frire. Frire une carpe, des saucisses. Il faisait frire du poisson*. Au figuré, *être frit*, familier, veut dire: être perdu, fichu.

FRISBEE, n.m. d'une sorte de soucoupe volante avec laquelle on joue et nom du jeu lui-même, est le nom d'une marque déposée. On peut le remplacer par *soucoupe volante* (ou *soucoupe*) ou *disque volant* ou *discoplane*.

FRISELIS (pron. *s* comme *z*), n.m. désignant un faible frémissement, s'écrit avec un seul *s*. La graphie exceptionnelle et fautive [FRISSELIS] est due à une mauvaise prononciation et à *frisson*.

FRISER, v.tr.dir. (*friser les cheveux, une étoffe, les toits, l'abus de confiance, l'hérésie, la cinquantaine; des cheveux frisés, du velours frisé, de la salade frisée*) ou **intr.** (*Cet enfant frise naturellement, des cheveux qui frisent*).

FRITERIE, FRITURE, n.f. Le français distingue nettement les deux mots. **Friture** désigne l'action de *frire*, la matière grasse qui sert à frire, l'aliment frit (dans une **FRITEUSE**). Au figuré, *un bruit de friture* ou *une friture*: sorte de grésillement qui se produit par moments dans un appareil de téléphone ou de radio.

Une **friterie** est une installation pour la friture. C'est à tort qu'en Belgique et dans les régions françaises limitrophes on appelle *friture* un établissement spécialisé dans la préparation des fritures ou des frites ou une baraque à frites. Il faut dire, et le mot se répand en Belgique: *friterie*.

FRITURERIE a été employé en France dans ce sens au XIXe siècle.

FROEBEL, FROEBELIEN, adj. On a parlé longtemps en Belgique d'*école froebel* (du nom d'un pédagogue allemand), d'*institutrice froebelienne*, et d'*école gardienne* (sous l'influence du néerlandais), d'*enseignement gardien*, alors qu'en France on dit: *jardin d'enfants, crèche, garderie, maternelle, école maternelle, classe enfantine* et, pour l'éducatrice d'un jardin d'enfants, *jardinière d'enfants*. Aujourd'hui, *école maternelle* s'est imposé en Belgique.

FROID, n.m. Français: *prendre* ou *attraper froid* (un refroidissement). *Un froid* pour *un rhume* (attraper un rhume) est belge.

FROISSER, v.tr.dir. *Je l'ai froissée. Elle est froissée qu'on ne l'ait pas invitée, de ce qu'on ne l'a* (ou *ne l'ait*) *pas invitée, de n'avoir pas été invitée.*

FRONT, n.m. L'expression À FRONT DE RUE (face à la rue) est belge, on pourrait dire EN FRONT DE RUE, comme on dit EN FRONT DE MER: *un immeuble construit en front de mer* (face à la mer).

FRONTALIER, n. et adj., se dit des habitants d'une région frontière.

FRONTIÈRE, n.f., s'emploie en apposition avec valeur d'adjectif et varie après des noms comme *borne, garde, place, poste, province, région, ville, zone*: *Des zones frontières.*

FROTTER, v.tr.dir. [Un **FROTTE-MANCHE**], [**FROTTER LA MANCHE**] et [**FROTTEUR DE MANCHE**] s'appliquent en Wallonie à un flatteur intéressé, à un flagorneur. Le français populaire dit: *lécher les bottes à qqn, un lécheur de bottes* ou *un fayot* et même, bravant l'honnêteté, *un lèche-cul*.

FROUFROU, n.m., s'écrit avec ou sans trait d'union: Des *froufrous* ou des *frou-frous* (GR). Cette onomatopée (*faire froufrou*) désigne le bruit léger du froissement des feuilles, des étoffes (qui **FROUFROUTENT**). En Belgique, petit biscuit formé de deux gaufrettes et fourré de crème.

FRUGAL, adj. Masculin pluriel: *frugaux*.

FRUITIER, n.m., ne se dit plus pour *coupe à fruits*, mais se dit du local ou de l'étagère où l'on garde les fruits et du marchand ou de la marchande (la *fruitière*) qui tient une **FRUITERIE**, où l'on vend des fruits.

FRUSTE, adj. Si l'on pense au sens premier : usé par le frottement, il est étonnant de dire qu'*un marbre est encore fruste* parce que son relief est encore rude. Mais il ne faut pas perdre de vue que *fruste*, à cause de son sens premier, «usé par le frottement», appliqué par exemple à de vieilles monnaies, à de vieilles pierres, a signifié aussi «vieux, primitif, rudimentaire», ce qui justifie l'application déjà ancienne de l'adjectif *fruste* à bien des choses plus ou moins grossières ou rudes, à une personne, un esprit, une technique, des manières, un style, une poésie, un jugement.

Cette évolution sémantique a été influencée par le rapprochement avec *rustre* (grossier), au point que bien des gens et même des écrivains substituent abusivement [**FRUSTRE**] à *fruste*.

FUCHSIA, n.m. formé sur le nom d'un savant allemand, Fuchs, se prononce avec parfois *ou + ksya* chez les botanistes, mais couramment avec *u + ksya* (ou souvent *u + chya*).

FUEL (prononcé *fioul*), n.m., ou **FUEL-OIL** doivent être remplacés par **FIOUL**.

FULL-TIME, n.m. ou adv. Dire : *à plein temps*. ▸ TEMPS.

FUME-CIGARE, **FUME-CIGARETTE**, n.m. ▸ NOMS COMPOSÉS, 2.5.

FUMERONNER, v.intr., dégager de la fumée comme un **FUMERON**, morceau de charbon de bois mal consumé, ou bout de cigarette qui fume encore : *Un bout de cigarette qui fumeronne.*

FUNÈBRE, adj., se dit d'un éloge, d'un convoi, d'un cortège, d'une cérémonie, d'un air, d'une veillée, d'un silence, d'une marche, etc., mais non d'une notice *nécrologique* ni d'une couronne *funéraire.*

FUR, n.m. L'ancienne expression *au fur* (à proportion), quand on ne l'a plus comprise, a été remplacée, sous l'influence d'*à mesure*, par *à fur et à mesure* (qui ne se dit plus) et **AU FUR ET À MESURE**, seule expression aujourd'hui admise : *Nous vendrons ces objets au fur et à mesure* ou *au fur et à mesure de nos besoins* ou *au fur et à mesure que nous aurons besoin d'argent* ou *au fur et à mesure que croîtront nos besoins.* ▸ MESURE.

FURAX, adj. familier, *furieux*. Invariable : *Elle est furax.*

FURFURAL, n.m. d'un toxique liquide. Des *furfurals.*

FURIEUX, adj., *Il est furieux de son échec* ou *d'avoir échoué. Être furieux contre qqn* (*après qqn* est populaire).

FUSILIER, n.m. Distinguer de **FUSILLER**, v.tr.dir.

FUSIL-MITRAILLEUR, n.m. Des *fusils-mitrailleurs.*

FUSIONNER, v.tr.dir. *Les deux entreprises ont fusionné*, sont fusionnées. *L'une a fusionné **avec** l'autre. On les a fusionnées.* ▸ AMALGAME.

FUTAIE, n.f., s'écrit sans accent circonflexe et se dit d'un groupe d'arbres de haut fût.

FUTAILLE, n.f., «tonneau, barrique», peut être synonyme de **FÛT** (ou **FUT**, *RO* II.4) dans le sens de tonneau.

FÛT-CE, FUT-CE, FUSSE. ▸ ÊTRE, 1 et INVERSION, 3.3.5. *Le voulût-il, il ne le pourrait pas. Fût-ce avec effort.* ▸ CONDITIONNEL, 2.3.

FUTÉ, adj. et n. Pas d'accent circonflexe. L'adjectif vient de l'ancien verbe *se futer*, échapper aux filets et donc au chasseur ; en rapport avec *fuite* et non avec *fût.* D'où : malin, rusé, etc.

FUTUR, n.m.

1. L'adjectif s'emploie substantivement (*le futur, la future*) pour désigner celui, celle qui va se marier.

2. Traditionnel pour désigner dans la conjugaison le temps à venir, le nom *futur* concurrence fortement *avenir* dans l'emploi courant de celui-ci (*préparer l'avenir, craindre l'avenir*), surtout lorsqu'il désigne l'avenir dans ce qu'il a de conjectural, d'inventé et quand il s'oppose à *passé, présent* : *Vivre dans le futur. Un futur d'anticipation.*

3. **Dérivés** de *futur* : FUTURISME, FUTURISTE, FUTUROLOGIE, FUTUROLOGUE.

Futur, temps verbal

1. CONJUGAISON

À côté du futur simple (*il dira*), du futur antérieur (*il aura dit*) et du futur du passé (▸ CONDITIONNEL, 1), la langue parlée emploie un futur antérieur surcomposé : *Quand il aura eu fini.*

2. EMPLOIS

2.1. CONDITION

Impossibilité de l'emploi du futur après *si* conditionnel ▸ SI, conj., 1. Après un *si* non conditionnel ▸ SI, conj., 2.1.

2.2. CERTITUDE

Rappelons l'emploi du futur simple ou antérieur, après un temps passé, en concurrence avec le futur du passé pour affirmer la certitude (▸ CONCORDANCE DES TEMPS, 1).

2.3. ORDRE, DÉFENSE, PROTESTATION

Il suffit de noter que, situant le procès dans le temps à venir, le futur peut exprimer l'ordre ou la défense (*Vous lui écrirez. Vous ne partirez pas*) ou une protestation (*On aura tout vu! — Quoi? je permettrai qu'il manque à sa parole?* envisage plus la réalité que le conditionnel). Précisons seulement l'emploi pour l'atténuation, la probabilité, l'imminence.

2.4. ATTÉNUATION (FUTUR DE POLITESSE)

Le futur est substitué à un présent: *Je ne vous cacherai pas que je suis mécontent. J'en ai assez, je vous demanderai de vous taire. Je vous avouerai que vous m'étonnez.* C'est comme si on n'avait encore que l'intention de faire ce qu'on fait réellement.

On ne pourrait normalement dans ces phrases employer le conditionnel d'atténuation (▶ CONDITIONNEL, 2.3), comme on le ferait en disant: *Je voudrais vous demander.* On le fait trop souvent, non seulement dans la langue parlée (aux personnes où la terminaison n'est pas -*ais*, prononcé généralement en France comme -*ai*), mais aussi dans la langue écrite, qui montre une hésitation dans certains cas: *Je vois chacun de mes héros, vous l'avouerais-je, orphelin, fils unique (...). Oserais-je bien vous faire remarquer que...* (Gide, A., *Journal des faux-monnayeurs*). *Je vous avouerai que vous m'étonnez* ne nous paraît pas normalement transposable au conditionnel.

C'est aussi une sorte de futur d'atténuation qu'on trouve dans des phrases de ce genre, prononcées chez le commerçant: *Cela fera dix francs. Ce sera tout. Ça ira comme ça?* Il reste dans ces emplois quelque chose de l'avenir: *Avec votre accord, quand vous aurez vérifié, cela fera dix francs. Ce sera tout si...*

2.5. PROBABILITÉ

Le futur peut exprimer non pas un on-dit comme le conditionnel, mais une hypothèse personnelle et provisoirement vraisemblable; *On sonne; ce sera mon ami.* Avec le futur antérieur: *Ne vous inquiétez pas, une affaire l'aura sans doute retenu. Je n'ai pas mes clés, je les aurai oubliées.*

2.6. IMMINENCE

L'ind. futur simple est parfois remplacé par l'ind. présent, quand le contexte est clair, pour marquer l'imminence: *Je descends dans un instant* (ou *à l'instant*). *Il arrive la semaine prochaine.* On voit que la notion d'imminence a une certaine élasticité: est imminent ce qui se produira dans très peu de temps, qu'il y ait menace ou non (▶ IMMINENCE). Rappelons l'expression du fait très proche par *aller.* ▶ ALLER, 7, B.

FUYARD, adj., a un peu vieilli et est souvent remplacé par *fugitif* ou *en fuite*. Comme **nom**, il est plus vivant et il se dit spécialement du soldat qui fuit devant l'ennemi.

G

GABEGIE, n.f., ne signifie plus *fraude*, *fourberie*, mais «désordre provenant d'une mauvaise administration, gestion financière désordonnée qui peut favoriser la fraude»: *La gabegie de cette administration.*

GABELOU, n.m. ▷ ACCISIEN.

GÂCHETTE, n.f. Les dictionnaires enregistrent, en y dénonçant un emploi abusif, «appuyer sur la gâchette», «le doigt sur la gâchette». C'est sur la **DÉTENTE** qu'on appuie, c'est elle qui, en agissant sur la gâchette, pièce intérieure de l'arme à feu, permet de faire partir le coup. ▷ DÉTENTE.

GÂCHIS, n.m. Accent circonflexe comme sur *gâcher*.

GADGET (on prononce *è + t*), n.m., désigne, surtout dans le domaine de l'automobile et de l'électroménager, tout petit objet pratique, original, amusant par sa nouveauté. Aucun mot français (*machin*, *truc*, *bidule*, *bricole*, *babiole*, etc.) ne peut remplacer ce mot américain.

GAFFE, n.f., **GAFFER**, v.tr.dir. ou intr. Distinguer *gaffer un poisson* (l'accrocher), *faire une gaffe* (maladresse, bévue) ou *gaffer* et, dans le langage populaire, *faire gaffe* ou *gaffer* (faire attention).

GAGEURE ou **GAGEÜRE** (*RO III.5*), pron. *ju*, n.f. Il s'agit du suffixe *-ure* ajouté à la base du verbe *gager*, de la même façon que *brûlure* est dérivé de *brûler*. ▷ TRÉMA.

GAGNE-PAIN, **GAGNE-PETIT**, n.m., pl. invar. ou ***gagne-pains***, ***gagne-petits*** (*RO I.2*). ▷ NOMS COMPOSÉS, 2.5.

GAGNER, v.tr.dir., peut s'employer absolument. Il implique en principe, généralement, un profit, un avantage, mais qui peut être obtenu par le travail, par le jeu, par le hasard, etc.: *Gagner son pain, une course, le ciel, une pomme, un prix, du temps, sa vie, l'estime, une partie de cartes, un procès, du terrain. Les cent francs qu'il a gagnés. On gagne une bataille* ou *la guerre*, mais *on remporte la victoire*. Par antiphrase ou ironie: *Gagner un bon rhume. Depuis lors, il m'en veut; c'est tout ce que j'y ai gagné.* Autres sens: *Gagner la porte, la sortie, sa place, une ville* (l'atteindre). *La foule gagnait les rues voisines. Son enthousiasme nous a gagnés. Il nous a gagnés à sa cause. Gagner qqn de vitesse,* le devancer au but. Mais *gagner qqn,* le vaincre au jeu ou dans une compétition, est vieilli. — *Il a gagné. Gagner au change. Vous y gagnerez. Vous gagnerez à ce qu'on ne sache rien. Cet homme gagne à être connu. Il a gagné contre nous.* ▷ HEURE.

GAIEMENT, **GAÎMENT** ou **GAIMENT**, adv., **GAIETÉ**, **GAÎTÉ** ou **GAITÉ**, n.f., s'écrivent le plus souvent avec *ie*, parfois avec *î* ou avec *i* (*RO II.4*).

GAILLETTE, n.f. (pron. *gayette*), est un mot wallon devenu français, enregistré par beaucoup de dictionnaires: morceau de houille d'une grosseur moyenne.

GAINE, n.f., **GAINER**, v.tr.dir., **GAINAGE**, n.m. Pas d'accent circonflexe.

[GALAFE ou **GALAFRE**, **GOULAFE** ou **GOULAFRE]**, adj. et n., sont des wallonismes pour *gourmand*, *glouton*, *goinfre*.

GALANT, adj. La distinction subsiste, mais tend à s'affaiblir, entre *un galant homme* (un homme d'honneur aux procédés délicats) et *un homme galant* (empressé auprès des femmes). *Une femme galante* (toujours péjoratif) désigne une femme de mœurs légères.

GALETTE, n.f. En France, la galette est un gâteau de forme aplatie, qui peut différer fortement selon les régions et les recettes; c'est aussi le nom de crêpes faites avec de la farine de sarrasin. En Belgique, *galette* a d'autres sens et désigne notamment une sorte de gaufre (on parle en France de la *gaufre liégeoise*, distincte de la *gaufre flamande*), faite avec un moule de deux plaques appelé *gaufrier*. On distingue en Belgique *fer à galettes* et *fer à gaufres*.

Dans le sens de «argent, fortune» par analogie avec la forme ronde et plate de la galette et les pièces de monnaie, le mot est familier.

GALOCHE, n.f., se dit en français d'une chaussure de cuir à semelle de bois. On dit: MENTON EN GALOCHE (long et relevé vers l'avant). En Belgique, on emploie abusivement *galoches* pour *caoutchoucs* en parlant de chaussures.

GALOPER est généralement intransitif. On trouve encore de très rares emplois transitifs comme *galoper un cheval* (le faire aller au galop), *galoper un espace* (le parcourir au galop): *Des espaces qu'il n'avait jamais galopés* (Peyré, J., *Croix du Sud*).

GAMIN, *gamine*, n., courants et familiers dans le sens de *fils* ou *fille* en bas âge: *Ils ont une gamine de six ans. Le papa viendra avec son gamin.* Ces mots désignent un petit garçon ou une petite fille en général, parfois avec l'idée d'espièglerie.

GANGRÈNE, n.f., **GANGRENER** ou **GANGRÉNER**, v.tr.dir. (deux prononciations), **GANGRENEUX** ou **GANGRÉNEUX**, adj.

GANT, n.m. GANT DE TOILETTE est français. On dit aussi *main* ou *main de toilette*. Au Canada on utilise un carré de tissu-éponge appelé joliment DÉBARBOUILLETTE.

SE DONNER LES GANTS DE QQCH. a deux sens: 1) s'attribuer le mérite de ce qu'on n'est pas, de ce qu'on n'a pas: *Les femmes sont des femmes, même quand elles se donnent les gants d'être des anges* (Anouilh, cité par *Lexis*); 2) se donner l'avantage facile de, avoir l'effronterie de: *Je ne me donnerai pas les gants de vous presser sur ce point, ni de vous mettre le nez dans l'absurdité essentielle de tels propos, car il apparaît bien que vous n'y attachez vous-même aucune importance* (Mauriac, Fr., dans *Le Figaro*).

GARANT, adj. et n., appliqué à des **personnes** ou des États, des puissances, des sociétés, varie, soit dans ÊTRE GARANT, soit dans SE PORTER GARANT, SE RENDRE GARANT, OFFRIR POUR GARANT: *Ces témoins sont les seuls garants que nous ayons. Cette dame est ma garante. Cette puissance s'est rendue garante au traité* (Ac.). *Ils sont* (ils se portent) *garants que nous le ferons. Ils se sont portés garants de nos promesses. Je vous offre mon associée pour garante de l'exécution du contrat.*

Appliqué à des **choses**, *garant* est perçu comme nom masculin et généralement précédé d'un article: *Sa conduite passée est **un sûr garant** de sa fidélité pour l'avenir.*

Prendre à garant (où *garant* restait invariable) signifiait «prendre en garantie» ou «rendre responsable», mais ne se dit plus.

GARANTIR, v.tr.dir. *Je garantis qu'il le fera. Je ne garantis pas qu'il le fasse* (ou *qu'il le fera*).

GARDE dans les noms composés. La règle traditionnelle, hésitante pour l'accord du second élément, laisse *garde* invariable quand le composé désigne une chose et le fait varier s'il s'agit d'une personne. Cette distinction peut être observée encore, mais le CILF et les lexicographes consultés ont préféré ne plus la respecter et appliquer à ces composés de *garde*, quand ils contiennent un trait d'union et un nom complément d'objet direct, la règle générale appliquée à ce genre de composés: invariabilité de *garde* dans tous les cas, accord du complément au pluriel seulement: un GARDE-CHASSE, GARDE-BOUE, GARDE-BARRIÈRE; des *garde-chasses*, *garde-boues*, *garde-barrières*. ▶ NOMS COMPOSÉS, 2.5. Cette décision a été confirmée par les *Rectifications de l'orthographe de 1990* (*RO* II.2). On écrit: un ou des GARDE-À-VOUS, un *garde champêtre*, un *garde forestier*, un *garde française* (soldat de l'ancien régiment des gardes françaises), des *gardes champêtres*, des *gardes forestiers*, des *gardes françaises*. Si l'on suit la règle traditionnelle: des *gardes-barrière(s)*, des *garde-boue*, des *garde-manger*, des *gardes-chasse(s)*, des *gardes-côtes* (surveillants), des *garde-côtes* (bateaux), un ou une GARDE-MALADE, des *gardes-malades*.

On distingue un GARDE DU CORPS, des *gardes du corps* et un ou des GARDE-CORPS (barrière).

GARDE, CHEF-GARDE, n.m., belgicismes officiels pour *contrôleur*, *chef de train*.

GARDER, v.tr., SE GARDER, PRENDRE GARDE, etc., **devant un infinitif** ou «**que**».

1. **Garder** (qqn ou qqch.) **de** + *infinitif* est vieilli et littéraire; il ne se dit plus guère qu'en invoquant Dieu: *Dieu nous garde de le rencontrer.*

   Garder que + *subjonctif* avec ou sans *ne*, s'employait dans la langue classique dans le sens de «tâcher d'éviter», donc «prendre soin qu'une chose ne se fasse pas»: *Garde bien qu'on te voie* (Corneille). *Gardez qu'avant le coup votre dessein n'éclate* (Racine). Certains auteurs restent fidèles à ce tour en employant *avoir garde*: *J'avais garde de l'interrompre* (...). *J'avais garde de rompre le silence* (Bosco, H., *L'antiquaire*). On dit généralement aujourd'hui: *prendre garde que... ne* (▶ 5) ou *Je n'avais garde de rompre le silence. J'avais soin de ne pas rompre...* ou *Je me gardais de rompre...*

2. **Se garder de**, suivi d'un infinitif, signifie «éviter de»: *Gardez-vous de lui répliquer. Je me garderai bien de la questionner.*

3. **Prendre garde à** + *infinitif* signifie toujours «veiller à», «avoir soin de»: *Prenez bien garde à vous déhancher comme il faut* (Molière). *Prenez garde à éviter les cahots* (Druon, M., *Les grandes familles*). *Elle prenait garde, le matin, à se lever la première* (Lainé, P., *La dentellière*). Le tour vieillit.

4. **Prendre garde de** + *infinitif*, dans le sens de «veiller à ne pas, éviter de» est vieilli: *Prenez garde de tomber* (Ac.). On l'utilise plutôt aujourd'hui avec *ne pas*: *Prenez garde de ne pas tomber* (Ayez soin de). Le tour *de prendre garde à* est vieilli (▷ 3): *Songez de prendre garde à partir.*

5. **Prendre garde que** + *subjonctif* accompagné de *ne*: *Prenez garde **qu'on ne vous surprenne*** (Ac.; évitez que). À déconseiller: *Prenez garde qu'on ne vous surprenne pas.* Rare: *Prenez garde qu'on vous surprenne.* On dit aussi: *prendre garde **à ce que*** suivi du subjonctif avec *ne*.

   On emploie l'indicatif ou le conditionnel si le sens est «être attentif à, remarquer, observer»: *Prenez garde **qu'il va revenir**. Prenez garde que cela a déjà été dit. Prenez garde **qu'on s'étonnerait** de votre refus.*

6. **SE DONNER GARDE** *de* ou *que*, **SE DONNER DE GARDE** *de* ou *que* sont vieillis: *Donnez-vous garde qu'on ne vous attaque* (Ac.). On dit: *éviter.*

7. **N'AVOIR GARDE DE.** ▷ AVOIR, 13.

GARDIENNE (ÉCOLE —). ▷ FROEBEL.

GARE, interjection: *Gare! — Gare aux* (rarement *les*) *conséquences!*

GARGOTE, n.f., est péjoratif. Un seul *t*.

GARNISSEUR, n.m., a en Belgique, du moins dans l'expression courante **TAPISSIER-GARNISSEUR**, un sens abusif. Les dictionnaires français donnent l'expression **TAPISSIER-DÉCORATEUR**. Ils définissent en effet *garnisseur*: ouvrier qui pose des garnitures (ce qui sert à garnir une chose pour la compléter ou l'orner), ou, d'une façon plus restrictive, «ouvrier préposé à la coupe, à la confection, à la pose des pièces de garniture d'une carrosserie» (*GLLF*).

Le **DÉCORATEUR** n'est pas seulement l'artiste qui conçoit le «décor» d'un appartement, d'une salle, d'un spectacle, mais aussi celui qui exécute des travaux de décoration. Dans la mesure où il se contente de placer les étoffes ou les papiers peints, le *tapissier* n'a pas besoin d'un autre nom. Mais s'il en mérite un, *tapissier-décorateur* doit être recommandé.

GARROT, n.m. Deux *r*. **GARROTTER**, v.tr.

GASOIL, n.m. ou **GAZOLE**.

GÂTEAU, n.m., est invariable comme adj. *Des tantes gâteau.*

GÂTER, v.tr., **GÂTÉ**, part. ou adj. *Le mari gâte sa femme. Gâter le métier. Gâter un enfant. Un enfant gâté* (régionalement: *un gâté, un petit gâté*). *Ces fruits vont se gâter* ou *se sont gâtés. Laisser gâter des fruits* (▷ LAISSER). **Composés**: *gâte* reste invariable, le second élément varie généralement au pluriel: *Un* **GÂTE-MÉNAGE**, *des* **gâte-ménages**. *Un* **GÂTE-MÉTIER**, *des* **gâte-métiers**. *Un* **GÂTE-SAUCE**, *des* **gâte-sauces**, etc. ▷ NOMS COMPOSÉS, 2.5.

GAUCHISANT, adj. et n., ne vient pas du verbe *gauchir* (qui donne **GAUCHISSANT** et a un sens général et non politique), il est formé de *gauche* avec le suffixe *isant* et veut dire: qui a de la sympathie pour la gauche; **GAUCHISME** et **GAUCHISTE** s'appliquent à ceux qui veulent une gauche plus extrémiste et plus révolutionnaire.

GAULLIEN, adj., qui se rapporte à la personne, à la pensée politique et à l'action du général de Gaulle; **GAULLISTE**, partisan du général, élargit son sens au détriment de *gaullien.*

GAVIAL, n.m., sorte de reptile. *Les **gavials** du Gange.*

GAVOTTE, n.f. Deux *t*.

GAZETTE, n.f., est devenu régional (on dit *journal*), excepté dans des titres de journaux. Emploi familier: *la gazette du quartier.*

GAZODUC, n.m., canalisation pour le transport du gaz.

GAZOLE, n.m. recommandé au lieu de **GAS-OIL** ou **GASOIL**, construit d'après *pétrole.*

GAZON, n.m. Deux *n* dans les dérivés.

GEAI, n.m. d'oiseau. Ne pas confondre avec **JAIS** (type de pierre). ▷ JAIS.

GEINDRE, v.intr., se conjugue comme *atteindre.*

GEISHA, n.f., s'écrit parfois **GHESHA** ou **GESHA**.

GELÉE, n.f. *Gelée de groseille*, etc. ou *de groseilles*, etc. Mais *gelée de fruits.*

GELER, v.tr.dir. et intr. *Le froid a gelé les bourgeons. Je gèle. La rivière a gelé* (Ac.). *Les pieds lui ont gelé* (Ac.). Au passif ou avec l'adjectif *gelé*: *La rivière est gelée. Je suis gelé. Tous les poiriers ont été gelés. — L'huile gèle* (ou **SE GÈLE**) *dans la bouteille.*

GÉLINOTTE, n.f. (sorte d'oiseau), peut s'écrire depuis longtemps avec un accent, conformément à la prononciation, à côté de **GELINOTTE** (Ac.).

GENCIVES, n.f.pl., se dit en langage populaire pour la mâchoire, les dents: *Recevoir un direct dans les gencives.*

GENDELETTRE, n.m., est substitué familièrement et ironiquement à *gens de lettres* et peut s'appliquer à une femme: *C'est un pur gendelettre. Elle est tout à fait gendelettre.*

GÊNE, n.f., accent circonflexe. Un habitant de **GÊNES** est un **GÉNOIS**.

GÊNER, v.tr.dir. *Les travaux gênent la circulation. Sa conduite me gêne. Je ne suis pas gêné de l'avouer.* — SE GÊNER: *Ne vous gênez pas* ou *Ne vous gênez pas avec moi* ou *pour moi. Elle ne s'est pas gênée* **pour** *avouer sa méprise.*

GÉNÉRER, v.tr.dir. ▶ VERBE, Conjugaison, 1.1, Ce verbe signifiant anciennement *enfanter, engendrer* est réapparu sous l'influence de l'anglais dans le sens de *produire* et est particulièrement vivant dans certaines spécialités. *En mathématique, on génère un cône. En linguistique, on génère une phrase.*

GENÈSE, n.f., dans les noms composés, devrait et peut toujours rester tel quel. Mais, sous l'influence de *génétique*, on remplace parfois *e* par *é*: PARTHÉNOGENÈSE devient ainsi **PARTHÉNOGÉNÈSE**.

GENOU, n.m. *Se mettre à genoux. Tomber à genoux. Jusqu'aux genoux.*

Genre des noms

1. GENRE ET ACCORD DES TITRES DE FONCTIONS ET PROFESSIONS FÉMININES

1.1. GENRE

1.1.1. DANS LES OFFRES D'EMPLOIS

Dans certains pays, des dispositions légales interdisent toute discrimination entre hommes et femmes dans la plupart des offres d'emplois; le problème, quand il ne peut être résolu par l'existence d'un nom féminin spécial, peut l'être par l'emploi de *un(e)* quand le nom de la profession est masculin ou féminin, ou par H. ou F. (ou M. F.):

> *On demande un(e) comptable, un(e) concierge,* **un ingénieur** *(ou un peintre)* **homme ou femme (H. ou F.)**, *etc.*

1.1.2. FORMES FÉMININES COURANTES

Certains titres ou noms de professions ont une forme féminine courante à côté de la forme masculine: *actrice, collaboratrice, romancière, couturière, rédactrice, directrice, animatrice, traductrice, présidente, infirmière, institutrice, inspectrice, attachée de cabinet, conseillère, vérificatrice, pharmacienne, laborantine, doctoresse, avocate, vendeuse, receveuse, abbesse, prieure,* etc. L'Académie, après Littré, donne *factrice* comme féminin de *facteur* distribuant le courrier. L'usage n'a guère suivi.

1.1.3. HÉSITATIONS ET TENDANCES

Certains féminins sont d'ailleurs boudés par les femmes elles-mêmes. On les voit préférer s'appeler **Maître Louise Dupont, avocat** ou *Madame X, docteur en médecine* ou *chirurgien* ou *conservateur de tel musée,* ou *directeur de...* Pourquoi hésiter à s'appeler et à se faire appeler *Madame la Directrice* ou *Madame la Présidente* quand elles sont à la tête d'une institution officielle pour laquelle on n'a prévu que le titre masculin? ▶ CONSŒUR. Au Québec, on dit: *une chirurgienne, une architecte, une écrivaine, une professeure, une députée, une ministre, Madame la Ministre.* En Europe, on s'en tient à

> **Madame le député**, *le sénateur, le juge, le ministre, le docteur, le maire, le bourgmestre,* etc.

1.1.4. NOMS DE MÊME FORME AU FÉMININ ET AU MASCULIN

Il ne devrait y avoir aucune hésitation pour les noms qui, comme *enfant, élève, aide-comptable, comptable, garde-malade, kinésithérapeute, bibliothécaire, pédicure, collègue, concierge, locataire, téléphoniste, archiviste, journaliste, libraire, dentiste, éclairagiste, secrétaire,* etc., s'emploient au féminin comme au masculin. De même pour *sténodactylo* et *dactylo,* bien qu'ils soient rares au masculin. On ne devrait pas hésiter non plus, lorsqu'il s'agit d'une offre d'emploi, à recourir au parallélisme *garçon, fille, homme, femme,* le nom étant suivi d'un complément déterminatif.

1.1.5. FEMME + NOM DE LA PROFESSION

Tout évoluerait plus vite si l'opinion publique (hommes et femmes) le voulait ou seulement y consentait. Mais on hésite encore à donner un féminin à des noms comme *chef, écrivain, ingénieur, auteur,* etc., ou à leur accoler un article féminin.

> On dit donc: **une femme auteur**, *une femme écrivain, une femme ingénieur, une femme chef d'entreprise, une femme magistrat,* etc. ▶ ORATEUR et POÈTE.

1.1.6. NOM FÉMININ DÉSIGNANT LA FEMME DE...

Il arrive que le nom féminin désigne la femme de celui qui porte le titre : **Madame l'amirale**, *la maréchale, la colonelle, l'ambassadrice, la préfète*. D'où l'hésitation à donner ce nom à la femme qui exerce la fonction d'ambassadeur. En Belgique, il faut dire : *Madame la Préfète* (d'un lycée).

1.1.7. TITRES UNIVERSITAIRES RECONNUS PAR LA LOI

Quant aux titres universitaires reconnus par la loi, *licencié, docteur, agrégé*, etc., ils le sont sous la forme masculine, neutralisée. Une dame est donc promue *licencié*, c'est le titre officiel, mais elle peut fort bien écrire qu'elle est *licenciée en droit*. Le féminin de *maître-assistant* est *maître-assistante*.

1.1.8. *CHEVALIER, OFFICIER, COMMANDEUR*

Notons qu'une femme est nommée *chevalier* ou *officier* ou *commandeur* de tel ordre.

1.1.9. ACCORD

Si l'on dit fort bien : *Maître Louise Dupont est* **une excellente avocate** ou *est* **un excellent avocat**, on dira : *Maître Louise Dupont est* **inscrite** *au barreau de Bruxelles*. Et l'on dira qu'*elle est* **un des meilleurs avocats** *de sa génération* si la comparaison porte sur les hommes comme sur les femmes. (▶ 1.2.2.B.)

1.1.10. PROBLÈME DE LA FÉMINISATION : FRANCE, QUÉBEC, SUISSE, BELGIQUE

Aujourd'hui, le problème de la féminisation des noms de métiers, fonctions, grades ou titres a été examiné dans certains pays francophones sans qu'il y ait eu une véritable concertation. On se référera donc pour la France aux circulaires publiées par le *Journal officiel* du 16 mars 1986 et du 8 mars 1998, ainsi qu'au guide d'aide à la féminisation (*Femme, j'écris ton nom*, INALF, 1999); pour le Québec, on consultera : *Au féminin. Guide de féminisation des titres de fonction et des textes* (Les Publications du Québec, 1991, coll. «Guides de l'Office de la langue française»), l'Office ayant recommandé la féminisation dès 1979, dans un avis publié par la *Gazette officielle du Québec*. La Suisse a publié un *Dictionnaire féminin-masculin des professions, des titres et des fonctions* (Genève, Éditions Metropolis, 1991).

En Belgique, un décret relatif à la féminisation a été voté le 21 juin 1993 (proposition de décret déposée le 14 mars 1989). Les règles de féminisation ont été prises en date du 13 décembre 1993 par arrêté du Gouvernement de la Communauté française sur la base de recommandations émises par le Conseil supérieur de la langue française. On pourra se référer au guide publié par le Conseil et le Service de la langue française : *Mettre au féminin. Guide de féminisation des noms de métier, fonction, grade ou titre* qui comporte les règles de féminisation et une liste des féminins proposés, liste établie sous la direction de Madame Lenoble-Pinson. Quatre principes ont guidé l'avis du Conseil : l'exploitation des ressources existant dans la langue, le respect des règles en vigueur lorsqu'elles ne sont pas obsolètes, le maintien des formes sanctionnées par l'usage et la liberté de choix laissée aux usagers dans un certain nombre de cas.

1.2. LES TITRES, L'APPELLATIF «MADAME» : PROBLÈMES D'ACCORD

1.2.1. LES TITRES *SA MAJESTÉ, SON EXCELLENCE*, ETC.

A. Les titres employés seuls

Les titres *Sa Majesté, Son Excellence*, etc., employés seuls, commandent l'accord de l'adjectif ou du participe et sont repris éventuellement par un pronom féminin :

> *Sa Majesté est absente, elle est à l'étranger; je l'ai vue avant son départ. Son Excellence a été reçue par le roi, elle était accompagnée du conseiller culturel. Votre Altesse est trop bonne. Sa Sainteté est souffrante, elle a annulé ses audiences.*

B. Titres avec nom attribut ou apposé

Mais le nom attribut ou apposé est au masculin s'il s'agit d'un homme, au féminin s'il s'agit d'une femme :

> *Sa Majesté est le père des arts. Sa Majesté, bienfaitrice des pauvres, est aussi la mère des arts.*

Si un tel titre est suivi d'un nom avec lequel il fait corps, c'est ce nom qui détermine logiquement l'accord :

> *Sa Majesté le roi est absent; il est à l'étranger. Sa Sainteté le pape est souffrant, il a annulé ses audiences. Son Excellence l'ambassadeur est absent.*

1.2.2. L'APPELLATIF *MADAME*

A. Règle générale

De même qu'on dit : *Madame Dupont est* **satisfaite**, on dit : *Madame Soleil est satisfaite, Madame Soleil que j'ai consultée* (▶ 1.2.2.B).

B. *Madame le professeur, le juge*, etc.

On dit sans hésiter : *Cette dame* (ou *Madame Dupont*) *est un des professeurs du lycée* ou *est le professeur de ma fille* ou *est un excellent professeur* ou *est le meilleur professeur du lycée*. Si Madame Dupont est absente, une élève dira : *Un de nos professeurs est absent* ou *Mon professeur de français est absent*.

Quand on a employé *Madame le professeur*, *Madame le juge*, etc., on peut régler l'accord ou l'emploi du pronom sur le nom qui suit *Madame* : *Madame le professeur est absent; il rentrera la semaine prochaine*. Mais le féminin est aussi naturel qu'après *Madame Dupont*, où *Dupont* est indifférencié comme l'est le nom de la profession dans ce cas. Je dirais : *Madame le Ministre est* **occupée** *pour l'instant;* **elle** *vous recevra dans deux minutes. Madame le juge s'***est plainte**; je l'ai entendue*.

Si l'on vient de dire : **Madame** *Dupont est* **un excellent professeur**, on ajoutera : **Elle** *va malheureusement nous quitter*; on dira moins souvent, renvoyant à l'attribut *un professeur* : *Il va malheureusement nous quitter*. Cet emploi d'un pronom masculin deviendrait d'ailleurs ridicule si l'on disait : *Il est aussi intelligent que beau* ou si, s'agissant de Mlle Dupont, on déclarait : *Il va nous quitter pour épouser M. Durand !*

2. GENRE DES NOMS D'ANIMAUX

Beaucoup de noms d'animaux n'ont qu'un genre : *un éléphant, un crocodile, une perdrix, une hyène*. Ce sont des noms épicènes.

> On dit alors, s'il faut préciser le sexe : *un éléphant* **mâle**, *un crocodile* **femelle**, *le mâle de l'hyène*.

3. GENRE DES NOMS PROPRES DE VILLES

3.1. NOMS CONTENANT UN ARTICLE

Aucune difficulté s'ils contiennent un article : *Le Caire* est masculin, *La Rochelle* est féminin.

3.2. AUTRES CAS

En dehors de cela, il n'y a pas de règle; parfois le même auteur se contredit dans un même article. Une terminaison masculine peut favoriser le masculin; un *e* muet dans la syllabe finale peut favoriser le féminin; mais les exceptions sont nombreuses, et le masculin semble prévaloir. On dit : *Louvain-la-Neuve*.

> On trouve sous d'excellentes plumes *Rome est* **bâtie** ou *Rome est* **bâti**, *Lyon est occupé* ou *Lyon est occupée*.

On dit toujours : **le Bruxelles** *de 1830*, comme on dit *le vieux Bruxelles, le grand Bruxelles*, comme *le grand Paris*, bien qu'on trouve parfois au féminin d'autres adjectifs ou participes se rapportant à Paris. C'est qu'on sous-entend : *la ville*.

S'il est question de clubs sportifs, on emploie le masculin : *Nice a été* **battu**.

Si l'on désigne non pas le lieu géographique, mais le groupe humain qui y réside, il est normal de préférer le masculin. Cela se produit notamment avec *tout* : **Tout Genève** *s'intéresse au débat. Le Tout-Paris*.

4. GENRE DES NOMS SUPPOSANT UNE ELLIPSE

4.1. RÈGLE GÉNÉRALE

En principe, on donne à ces noms le genre du nom sous-entendu : *du hollande* (fromage), *du bourgogne, du semois* (tabac), *un havane* (cigare), *un Rosa Bonheur* (tableau), *une lévite* (robe); *le Marie-Claire* de cette semaine (le périodique); *un terre-neuve* (chien).

On dit de même généralement, en pensant à des masculins comme *papier, objet, vase*, etc. et en faisant de ces appellations des noms communs variables : *du japon, de vieux saxes, un chine, un laque*.

4.2. CAS PARTICULIERS

4.2.1. BALLONS

Pour les ballons, en vertu de cette règle, on a sous-entendu *ballon* et dit : *Le Patrie, le Ville de Paris*. On dit : *une montgolfière*.

4.2.2. NAVIRES

Pour les noms de navires, la tradition des marins a été d'accorder l'article avec le nom du navire : **la Jeanne d'Arc**, *la Patrie, la Provence, le Vercingétorix*. Mais depuis une cinquantaine d'années l'usage hésite et l'on a beaucoup discuté. Certains restent fidèles à la tradition, confirmée par l'Académie française et par l'Académie de marine. D'autres appliquent la règle générale et disent *le* ou *la* selon qu'il s'agit d'un navire, d'un cuirassé, d'un paquebot ou d'une chaloupe, d'une canonnière. D'autres, surtout les écrivains et les journalistes, généralisent plutôt *le* et on peut lire souvent dans la presse ou les réclames des compagnies : **le Queen Elizabeth**, *le Renaissance, le Daphné*, etc. D'autres encore, et qui deviennent d'autant plus nombreux que l'usage et les grammairiens hésitent, suppriment l'article et considèrent le nom comme masculin. Ce dernier usage semble avoir gagné du terrain au moment de la mise en vente du *France* ou de *France*, bien qu'on ait écrit couramment : *le France* ou *le «France»*. **Sans article**, le bateau s'appelle **France**, *Normandie, Bretagne, Dunkerque, Marseillaise, Gascogne*, etc. Pour éviter de dire que *La France* a été vendue à un étranger, on écrit «*Le France* (ou le «France») a été vendu» ou «*France* (ou «France») a été vendu».

4.2.3. AVIONS

Si l'usage s'est prononcé en faveur d'*une caravelle*, le masculin s'est imposé pour *Concorde*. On sous-entend : l'avion ou le supersonique.

4.2.4. NOMS DE FRUITS

L'Académie comme Littré disent *une calville* pour cette pomme qui doit son nom à Calville, commune de Normandie, et *un doyenné* pour une variété de poire. On dit toujours aujourd'hui *une calville* et généralement *une doyenné*. Comme *une bergamote*. Mais, à côté de *un beurré, un beurré Hardy*, généralement masculins, on dit : *une bon-chrétien, une golden, une louise-bonne, une Williams*, etc. On écrit : *des beurrés Hardy, des bons-chrétiens, des goldens, des louises-bonnes*. On a toujours la ressource de dire : *une poire bon-chrétien*, etc.

5. GENRE DES NOMS ÉTRANGERS

En ce qui concerne les noms étrangers *employés dans un contexte français* (par exemple *Zeitung, Partei*, qui sont féminins), on leur laisse leur genre d'origine ou beaucoup plus souvent, on leur prête le genre du nom français correspondant (gazette, journal, parti) :

Le New-Tribune, la Westminster Gazette, le Neue Zeit.

6. GENRE DES NOMS DE FÊTES

Le féminin s'impose dans *la Noël, la Saint-Jean*, etc. Pour les emplois de *Pâques* ▷ PÂQUES. Littré disait : *le Laetare* (le dimanche de *Laetare*) bien qu'il adoptât *la Quasimodo*. Rien n'empêche de dire : *la Laetare*, du moins en Belgique, en rapport avec «fête».

7. *DU* SUIVI D'UN NOM PROPRE

On dit, avec l'article partitif masculin : *J'ai lu **du Montaigne**, du George Sand, du Colette.*

8. VOIR AUSSI...

▷ CONSONNES et ARTICLE, 4 (Noms d'organismes, de sociétés).

GENS, GENT, n.

1. **Emploi.** *La gent* (du latin *gens, gentis*, nation, peuple, race) est un collectif féminin : **la gent ailée**. Il n'a pas de pluriel dans l'usage actuel. Son ancien pluriel est les (ou des) *gens*, qui a pris très tôt le sens général d'hommes et ne se dit plus guère que d'un nombre indéterminé de personnes : *J'ai vu mille gens sur la place* (Littré). *Il y a **cent gens** qui l'ont vu.* On dit aussi : **quelques gens**. Mais *l'un de ces gens* ne se dit guère et l'on n'emploie *deux, trois*, etc., aujourd'hui, que si *gens* est précédé de certains adjectifs : *Deux vieilles gens.*

Trois pauvres gens. Nous étions des honnêtes gens. Deux jeunes gens. On peut dire : *Un de ces jeunes gens.*

Genre. Nous venons de voir que *la gent* est féminin singulier. Quant à *gens*, à cause de son sens (hommes en général), dès le moyen âge on a mis souvent au masculin les adjectifs et les pronoms qui le suivaient : *Ces gens deviennent jaloux.* On a ainsi vu se former la règle moderne qui donne lieu à des discordances regrettables : *Tous ces gens. Toutes ces gens. Telles vieilles gens deviennent jaloux ; gens* est masculin, mais lorsqu'il est immédiatement précédé d'un adjectif dont la forme féminine diffère de la forme masculine, si cependant le nom n'est pas suivi d'un complément désignant un état, une profession, une qualité, cet adjectif et tous ceux qui le précèdent en formant une même unité (par exemple quand il ne s'agit pas d'épithètes détachées) se mettent au féminin. Le participe qui suit est toujours au masculin. Quant au pronom personnel, il se met au masculin, même s'il précède : *Un de ces gens.* **Certains de ces gens. Tous les gens.** *Quels honnêtes gens ! Qu'est-ce qu'**ils** diraient, **toutes ces bonnes gens** ? **Instruits** par l'expérience, les **vieilles** gens sont **soupçonneux*** (Ac.). **Certains gens de robe. Certains gens de mer.** *Quelles gens avez-vous rencontrés ? Ces vieilles gens sont arrivés. Nombreux sont les vieilles gens qui pensent cela.*

Cette règle est loin d'être suivie scrupuleusement par les écrivains. Mais c'est un fait que l'oreille ne semble pas pouvoir accepter : *Ces bons gens, ces vieux gens.* Les écrivains hésitent moins à s'affranchir de la règle quand l'oreille n'entend pas la différence entre le masculin et le féminin : *Quelles braves gens ! Quels gens !* etc. Mais il convient de suivre cette règle, si discordante qu'elle soit, ou de remplacer *gens* par *hommes, personnes*.

2. Il faut observer que *tous* reste généralement au masculin, immédiatement devant *gens*, quand celui-ci est ensuite déterminé. **Tous gens** bien **connus** (Ac.). *Ce sont tous gens malins. Tous gens d'esprit et de mérite* (Ac.). Mais : *Il faut savoir s'accommoder de **toutes gens*** (Ac.). Noter que dans ce cas l's de *tous* ne se prononce pas.

3. Rares et exceptionnels, aujourd'hui, des tours au superlatif comme *les plus gens de bien* (Bossuet).

4. ▷ GENDELETTRE.

GENTIANE, n.f. Pron. *s* (et non *t*).

GENTIL, adj. On dit fort bien : **C'est gentil** *de m'accompagner. Vous êtes trop gentil.* Appliqué aux personnes, *gentil* ne signifie plus «noble» ; il évoque surtout des qualités morales (comme **GENTILLESSE**) : amabilité, délicatesse. On ne dit plus guère, comme autrefois, qu'une personne est *gentille* dans le sens de *gracieuse*. Mais on parlera encore d'un *minois gentil*, d'un **gentil visage** (qui plaît, qui est agréable à regarder). ▶ CE, 2.5.4: *C'est gentil à vous de...* — Attention à l'adverbe: GENTIMENT.

GENTILÉ, n.m., désigne le nom donné aux habitants d'un lieu par rapport à ce lieu. «Québécois» et «Trifluviens» constituent les gentilés des habitants du Québec et de Trois-Rivières.

GENTILHOMME (pron. *ti-yo*), n.m.: Des **gentilshommes** (pron. *ti-zo*).

GENTLEMAN, n.m. (pron. *a + n*). Des **gentlemen** (pron. *è + n*) ou **gentlemans** (*RO* I.6). Un GENTLEMAN-FARMER, n.m., plur. des **gentlemen-farmers** ou des **gentlemans-farmers** (*RO* I.6).

GEÔLE, n.f., **GEÔLIER**, n.m. Pron. *jô*.

GERMAIN, n.m., se met au pluriel dans *Cousin issu de germains*.

Gérondif

La forme invariable du participe présent, précédée de la préposition *en*, constitue le gérondif, qui exprime une circonstance accompagnant l'action du verbe auquel il se rapporte. Il s'agit donc d'un complément circonstanciel marquant le temps, surtout la simultanéité (*Il a été surpris en me voyant*), la condition (**En cherchant bien**, vous trouverez), la manière (*C'est en forgeant qu'on devient forgeron*), la cause (*Je l'ai fâché en disant cela*).

Il se rapporte généralement aujourd'hui au sujet du verbe dont il dépend, sauf dans des cas exceptionnels qui ne se sont maintenus que parce qu'il n'y a pas d'ambiguïté:

> *L'appétit vient en mangeant. Soit dit en passant.*

C'est aussi par archaïsme qu'il peut se passer de *en* dans certains tours, notamment avec *aller* (▶ ALLER, 8):

> **Ils allaient criant** par les rues. *Chemin faisant. Tambour battant. Généralement parlant. Ce disant. Ce faisant.* ▶ COMPTANT. *Ils partirent côte à côte, souriant et causant* (Troyat, H., *Les Eygletière*). Dans cette dernière phrase, si *souriant* était seul on pourrait le considérer comme un adjectif: *Ils partirent côte à côte, souriants.*

Parfois, quand il s'agit simplement de marquer la concomitance, on emploie le participe présent:

> *Nous voyant venir, ils accoururent.*

Cette préposition, dans une suite de gérondifs, **se répète** généralement: *En entrant et en sortant*. Toutefois on dit: *En allant et venant*. On peut ne pas répéter *en* quand le second verbe (avec

éventuellement le même complément) ne fait que renforcer le premier, dont il est proche par le sens:

> *En disant et répétant... En expliquant et développant son idée.*

N.B. *En*, lorsqu'il signifie «à la manière de», ne constitue pas un gérondif. La forme en *-ant* est alors un nom: *Ils ont agi en conquérants* (comparer: en despotes, en jaloux).

GÉSIR, verbe défectif. Il *gît*, CI-GÎT (accent circonflexe) ou il *git*, CI-GIT (*RO* II.4), il *gisait*, *gisant*.

GESTION, n.f. Bien prononcer *s + t*. De même dans *congestion*, *digestion*, etc.

GIBELOTTE, n.f. Deux *t*.

GIGOGNE, n.f. *Une mère Gigogne, des mères Gigogne* (Gigogne, altération probable de *cigogne*, était un personnage de théâtre, femme géante des jupes de laquelle sortaient beaucoup d'enfants); *des tables gigognes*.

GILDE ou **GHILDE**, n.f. ▶ GUILDE.

GIORNO (À). On écrit: *un éclairage à giorno*. Pron. *djo*.

GIROFLE, n.m. *Un mets épicé au girofle*.

GÎTE, n. Masculin quand il désigne un logement (▶ COUVERT) ou, en termes de boucherie, une partie de la cuisse du bœuf. Féminin en parlant de l'inclinaison d'un bateau (*il donne de la gîte*, de la bande), du lieu où il est échoué et, dans le langage de la construction, au sens de *lambourde* (terme régional), élément du GÎTAGE, soutenant le plancher. Ce dernier emploi tend à vieillir en France mais est resté vivant en Belgique et en Picardie. Les *Rectifications de l'orthographe* conseillent d'écrire GITE, GITER, GITAGE (*RO* II.4).

GLACE, n.f. Ce qu'on appelle en France, et d'ailleurs aussi en Belgique, une *crème glacée* ou plus couramment *une glace* s'appelle également, en Belgique, [une CRÈME GLACE] ou [une CRÈME À LA GLACE]. *Du sucre glace* (très fin), *une armoire à glace*.

GLACIAL, adj. Pluriel masculin, rare et hésitant; **glacials** (plus fréquent) ou **glaciaux**.

GLACIÈRE, n.f. On peut parler d'une *glacière de boucher* ou d'une *glacière portative*, où l'on entretient le froid par des blocs de glace. Mais il est abusif d'employer *glacière* pour *réfrigérateur* ou *frigidaire* (▶ FRIGIDAIRE).

GLAUQUE, adj., signifie «du vert blanchâtre ou bleuâtre de la mer» et non «trouble».

GLISSER, v.intr. **Auxiliaire** *avoir*: *Il a glissé sur une peau de banane. Son pied a glissé. La clé lui a glissé des mains.* — Être marque avec *glissé* un état résultant d'une action: *Des circulaires étaient glissées parmi les livres.*

GLOBE-TROTTER ou **GLOBETROTTER** (*RO* III.8F), n.m. *Des globe-trotters* ou *globetrotteurs.*

GLORIA, n.m. Invariable: *Chanter un* ou *des gloria.*

GLORIETTE, n.f., n'est pas un belgicisme et peut se dire dans le sens de *tonnelle.*

GLORIFIER (SE). *On se glorifie de qqn* ou *de qqch., d'avoir dit qqch.*

[GLOU], vieux mot français, est resté vivant en wallon, sauf à l'Est, et est parfois employé en français régional avec le sens de: qui est difficile en ce qui concerne la nourriture.

GLUCOSE, n. féminin pour l'Académie, est aujourd'hui masculin.

GLYCÉRINE, n.f. Noter *y* et *é.*

GNANGNAN, n. et adj. familier, est invariable: *C'est une gnangnan. Elles sont un peu gnangnan. Ce sont des gnangnan(s).*

GNOCCHI, n.m. Prononcer *gn* comme dans *campagnard* et *cchi* comme *ki. Des gnocchis.*

GNOGNOTTE ou **GNOGNOTE**, n.f., est populaire et se dit d'une chose de très peu de valeur. *C'est de la gnognotte.*

GNOME (pron. *g + n*), n.m. Pas d'accent circonflexe.

GNON (prononcer *gnon* comme dans *compagnon*), n.m. populaire: *Donner, recevoir des gnons* (des coups).

GOAL, n.m. (des *goals*), est couramment remplacé par *but* ou *gardien de but.*

   GOAL AVERAGE ou **GOAL-AVERAGE**, masculin. Pluriel: des *goal-averages.* Ce terme anglais signifie «moyenne des buts». Il désigne le décompte des buts et des points d'une équipe au cours de plusieurs matchs, afin de départager deux équipes ex æquo.

GOBE-MOUCHE, n.m.: Un *gobe-mouche*, des *gobe-mouches.* ▷ NOMS COMPOSÉS, 2.5.

GOBER, v.tr. *On gobe un œuf, une huître.* Familièrement, *gober qqch.*, c'est croire naïvement, *gober qqn*, c'est avoir pour lui une vive sympathie, en être dupe; SE GOBER, c'est avoir une trop haute opinion de soi. GOBEUR est familier: qui croit tout ce qu'on dit.

GODASSE, n.f. (chaussure), est populaire.

GODICHE, adj. familier: niais, très maladroit. *Il a l'air godiche. Il est un peu godiche,* Nom féminin: *C'est une godiche.*

GOGO, n.m. familier: *Un gogo* (un naïf, confiant à l'excès). *Avoir tout* À GOGO, à souhait, en abondance.

GOITRE, n.m. Pas d'accent circonflexe.

GOMMETTE, n.f. Petit morceau de papier *gommé*, c.-à-d. recouvert d'une couche de gomme adhésive sèche.

GONFLER, v.tr. et intr. *Gonfler un pneu. Les honneurs l'ont gonflé de vanité. Il a les yeux gonflés de larmes. Cet abcès lui gonfle le genou. Il est gonflé de son importance. Son genou a gonflé* ou *s'est gonflé.*

GONG, n.m. On prononce le *g* final.

GORGE, n.f. ▷ PORTE-SEAU(X), COUTEAU, SOUTIEN-GORGE. — *Gorge* est plutôt littéraire dans le sens de «seins d'une femme». Quelques expressions: *Crier* ou *rire à pleine gorge* ou *à gorge déployée. Faire rentrer à qqn ses paroles dans la gorge. Faire des gorges chaudes* (se moquer avec malveillance) *de qqn* ou *de qqch. Avoir un chat dans la gorge. Rendre gorge,* restituer par force ce qu'on a pris. *Avoir le couteau sur* (ou *sous*) *la gorge. Des tentures gorge-de-pigeon.*

[GORIA]. ▷ PORTE-SEAU(X).

GORILLE, n.m. Pron. *ille* comme dans *fille.*

GOSETTE, n.f., appartient au wallon et au français régional courant de Wallonie. Dans certaines régions du Hainaut on dit *cornue.* Le nom français générique est *chausson* et on précise s'il y a lieu: *chausson aux pommes, aux prunes,* etc. Dans la région de Liège, la *gosette*, faite de la même pâte que les tartes et les pains, est distinguée du *chausson*, fait de pâte brisée.

GOTHIQUE, adj. et n.m., **GOTIQUE**, n.m. *Le (style) gothique. Le gotique* (ancienne langue germanique).

GOUFFRE, n.m., S'ENGOUFFRER. Deux *f.*

GOULASCH, n.m., sorte de ragoût. On écrit aussi **GOULACHE**, n.f. ou m.

GOULET et **GOULOT**, n.m., ont en commun l'idée de passage étroit. *Goulet* se dit spécialement à propos de montagnes, de rochers ou d'un port de mer; *goulot*, d'un vase, d'une bouteille (populairement, *gosier*). Pour l'entrée (ou la sortie) étroite d'une avenue, il convient plutôt, par analogie avec un port, de dire *goulet* (mais *goulot*, à la rigueur, pourrait se dire). En termes d'économie politique, on dit avec un pléonasme, pour une difficulté dans l'écoulement: *goulet* *d'étranglement* ou *goulot d'étranglement*, qui tend à l'emporter (Gaulle, Ch. de, *Le salut*).

GOULÛMENT ou **GOULUMENT**, adv. (sans accent circonflexe, *RO* II.4).

GOURER (SE). *Se gourer* (se tromper) est populaire.

GOUROU, n.m. On écrit aussi **GURU** (pron. *gourou*).

GOÛT, n.m. *Un aliment a du goût* (▶ GOÛTER). *Avoir un mauvais goût dans la bouche. Cette personne s'habille avec goût. Cela est à mon goût* (moins souvent: *de mon goût*). *Il a du goût pour la musique.* **GOUT** (n.m.), **GOUTER** (n.m.), **GOUTER** (v.), **GOUTEUR** (n.m.), **GOUTEUSE** (n.f.) peuvent s'écrire sans accent circonflexe si l'on suit les *Rectifications de l'orthographe* (*RO* II.4).

GOÛTER, v.tr.dir. et ind. et intr. *On goûte* **qqch.**, une sauce, une cigarette, un plaisir, un poème, un auteur, etc. (on le savoure, on l'apprécie). *On goûte* **à qqch.**, à un plat, aux plaisirs (on en prend un peu, on en vérifie la saveur, on en fait l'expérience). *On goûte* **de qqch.**, on en mange (ou boit) pour la première fois, on en fait l'épreuve.

Le verbe *goûter* a donc pour sujet un nom de personne et ne se dit pas, comme en Belgique et régionalement en France, dans le sens de «avoir la saveur, le goût de, plaire par sa saveur». Au lieu de [*Est-ce que cela vous goûte? Ce vin goûte le bouchon. Cette confiture goûte le moisi. Rien ne lui goûte*], on dira plutôt: *Cela vous plaît-il? Ce plat est-il à votre goût? Le goûtez-vous? Ce vin a un goût de bouchon* ou *sent le bouchon. Cette confiture a un goût de moisi. Rien ne lui semble bon.*

Verbe intransitif, *goûter* signifie: prendre le goûter (le repas de l'après-midi). En Belgique, il se dit pour «goûter à qqch., goûter de qqch.»: *Cette liqueur me semble bonne.* [*Tu veux goûter?*] au lieu de: *Tu veux en goûter?* ou *Tu veux la goûter?*

GOUTTE, n.f. On peut prendre ***une goutte de vin***, d'alcool (une petite quantité). Mais **une goutte** pour *un verre d'alcool, de genièvre* est dialectal. — ▶ COMME, 5 (*comme deux gouttes d'eau*).

N'Y VOIR GOUTTE, N'Y ENTENDRE GOUTTE, c'est ne rien y voir, n'y comprendre rien. *Y* ne s'emploie pas en même temps qu'un autre complément circonstanciel de lieu: *Il n'y voit goutte. C'est un homme qui ne voit goutte dans ses affaires.*

GOUTTER, v.intr. *Les toits gouttent. L'eau goutte du robinet.*

GOUVERNANTE, n.f., s'est dit d'une princesse chargée du gouvernement d'un territoire ou de la femme d'un gouverneur de province. Il se dit encore de la femme à qui on confie la garde et l'éducation d'un ou de plusieurs enfants et de la femme chargée de tenir la maison d'un homme seul.

GRÂCE, n.f. **GRÂCE À** ne se dit qu'à propos d'un résultat heureux, à moins qu'on n'ironise. Sinon, on dit: *par suite de, à cause de.* — On dit: *avoir* **MAUVAISE GRÂCE à** (*de* est vieilli) *faire qqch.* On écrit: **RENDRE GRÂCE** ou **RENDRE GRÂCES**. On rend grâce(s) à qqn *d'un bienfait, pour un bienfait, d'avoir* fait telle chose. On écrit: *une action de grâce(s), rentrer en grâce, rentrer dans les bonnes grâces de qqn. Accepter de bonne* ou *de mauvaise grâce. Être en état de grâce.*

GRACIER, GRACIEUX, DISGRACIER, DISGRACIEUX n'ont pas l'accent circonflexe de *grâce* et de *disgrâce*.

GRACILE et **GRÊLE**, adj., n'ont pas le même sens. Tous deux évoquent une idée de minceur, mais *gracile*, qui semble avoir subi l'influence de *gracieux*, ajoute à l'idée de fragilité celle de délicatesse, de grâce, de beauté: *Cette jeune fille a un corps gracile. Une voix grêle*, aiguë et faible.

GRADE, n.m. On emploie en Belgique, à l'Université, *grade* pour *mention*. En France, le grade est celui de bachelier, de licencié, de docteur, etc. (en Belgique, le grade inférieur est celui de candidat); on l'obtient avec une mention; en Belgique, d'une manière satisfaisante, avec distinction, grande distinction, la plus grande distinction.

À l'armée, bien que les grades aillent de caporal à général, un **GRADÉ** a un grade inférieur à celui d'officier.

GRADUAT, n.m., est un titre qui sanctionne en Belgique certaines études supérieures qui aboutissent au titre de **GRADUÉ**. Ce dernier mot s'est dit en France de celui qui avait obtenu certains grades universitaires. Au Québec, il signifie «diplômé». Il s'emploie également comme adjectif: *Des exercices gradués* (progressifs), *une règle graduée, un cercle gradué.*

GRAFFITI, n.m., est proprement un pluriel (*des* **graffiti**), mais on l'emploie au singulier, un *graffiti*, plutôt que de dire un *graffito*; on trouve aussi des **graffitis**. On le laisse souvent invariable, mais le pluriel **graffitis** est proposé dans les *Rectifications de l'orthographe* (*RO* II.7).

GRAIN, n.m. C'est peut-être à cause des grêlons que *grain* a désigné un vent violent, subit, accompagné de pluie, de grêle, d'un orage. **VEILLER AU GRAIN**, c'est être sur ses gardes comme un marin qui voudrait prendre ses précautions contre un grain éventuel.

Grain s'est dit autrefois non seulement du fruit et de la semence du blé, mais du blé en général. Il a gardé ce sens en Belgique. Ce sens collectif se retrouve d'ailleurs dans certaines expressions bien françaises : *battre* ou *moudre le grain* (au lieu de battre ou moudre le blé), *poulet de grain*, *l'ivraie et le bon grain*.

GRAND.

1. *Grand*, **adjectif**, qui précède généralement le nom (*Un grand peuple, un grand vent, un grand débat, un grand chagrin, la croix de grand officier*), se met parfois devant un adjectif pris substantivement, pour marquer un degré dans la qualité : *Un grand malade, un grand buveur, une grande bavarde, un grand joueur. Ils sont grands amis. Les grands malades. Les grands mutilés. Les grands blessés.* ▷ BLESSÉ.

2. *Grand* est **adverbe** dans *voir, chausser, faire grand*. Plus rare : *L'ecclésiastique (...) ouvre la porte à glissière, un peu plus grand* (Butor, M., *La modification*). On pourrait dire : *encore un peu plus*. On écrit généralement : *Il ouvre (toute) grande la porte, (tout) grands les bras*.

   Loc.adv., EN GRAND : *faire de l'élevage en grand*.

3. GRAND OUVERT (ou *large ouvert*) : *La portière qui était restée grande ouverte* (Butor, M., *La modification*). Tel est l'accord régulier : *les yeux grands ouverts* ou *larges ouverts*. Pas de trait d'union.

   Mais certains auteurs laissent *grand* invariable. Tel Bernard Clavel : *La fenêtre grand ouverte* (*Le voyage du père*).

4. **Composés : orthographe et pluriel.**

   Grand, dans l'ancienne langue, n'avait qu'une forme, comme en latin, pour le masculin et le féminin. Après que l'*e* du féminin s'est étendu par analogie à *grand*, on a cru qu'il fallait marquer son absence par une apostrophe dans les composés féminins où l'on disait et écrivait *grand*. Quand, en 1932, l'Académie française a décidé de supprimer l'apostrophe dans ces noms féminins et de la remplacer par le même trait d'union que dans les noms masculins, elle a eu raison ; l'usage a mis du temps à la suivre, mais c'est fait aujourd'hui. L'orthographe *grand'mère* est encore tolérée dans la 9ᵉ édition du Dictionnaire de l'Académie. On doit écrire : *Grand-mère, grand-tante, grand-messe, grand-place, grand-rue, grand-chose (il n'y a pas grand-chose de neuf), grand-croix, à grand-peine, avoir grand-faim, grand-soif, grand-peur* ; on écrit (et on dit) plus souvent *grand-route* que *grande route*.

   Malheureusement, l'Académie a été imprécise ou s'est contredite pour le **pluriel** de *grand* dans les noms féminins. *Des grands-mères* serait logique, puisqu'on écrit : *des grands-pères* et que l'apostrophe est supprimée dans *grand-mère*,

mais son Dictionnaire opte pour le maintien de l'invariabilité de *grand* comme au temps de l'apostrophe : *des grand-mères*. Les grammairiens, les dictionnaires et les écrivains sont en faveur de l'un ou de l'autre usage. On peut certes écrire *des **grand-mères***, mais nous conseillons nettement *des **grands-mères**, des grands-places, des grands-messes*.

L'ancienne forme ***mère-grand*** est régionale ou littéraire.

GRAND-CROIX est féminin quand il désigne la dignité et masculin quand il désigne celui qui en est revêtu. Pluriel : des **grands-croix** (de préférence) ou des **grand-croix** (comme *grand-mère, grand-messe*, etc.). Mais on écrit sans trait d'union : *Un grand officier de la Légion d'honneur. Grand cordon. Grand consul. Le Grand Nord. Grand prêtre.* ▷ GRAND-LIVRE.

On écrit : un GRAND-DUC, (mais pour l'oiseau *un grand duc* comme *un moyen duc, un petit duc*), une **grande-duchesse**, des **grandes-duchesses** ; GRAND-DUCAL, **grand-ducaux** ; le grand-duché de Luxembourg (mais : *Je vais au Grand-Duché*) ; un objectif GRAND-ANGULAIRE, *des objectifs* **grand-angulaires** ; du Grand-Guignol, *des spectacles* **grand-guignolesques**. ▷ ADJECTIFS COMPOSÉS.

GRANDIR, v.intr. Auxiliaire ▷ CHANGER, 1.

[GRANDIVEUX] est un mot wallon qui signifie *vaniteux*.

GRAND-LIVRE, n.m., registre de commerce : *le grand-livre*. Mais *Le Grand Livre de la Dette publique*.

GRAND TEINT, adj. invariable : *Des tissus grand teint*.

GRAS, adj. et adv. *Elle parle gras*, elle grasseye. Wallonisme : [*Il fait gras*] pour : *Il fait lourd*. En termes d'imprimerie : *en lettres grasses, en caractères gras*. N.m., *en gras*.

GRATIS, adv. On prononce *s*.

GRATTE, n.f., employé pour *égratignure*, est un wallonisme.

GRATTER, v.tr.dir., se dit en Wallonie pour *griffer, égratigner, démanger*. — *Gratter un bouton, des carottes, la gorge*. Familier : *Gratter toutes les voitures dans les côtes* (les dépasser). **Composés.** ▷ NOMS COMPOSÉS, 2.5.

GRATUITEMENT, adv. En définissant cet adverbe : «sans avoir rien à payer», on risque de le détourner de son sens. Il veut dire : sans contrepartie, sans paiement en échange. Une banque a tort d'annoncer : *Vous pouvez gratuitement nous confier la garde de vos titres*. Le client qui lui confie ses titres n'attend pas en retour une rétribution. La banque doit dire : *Vous pouvez sans frais nous confier... ou Nous assurons gratuitement la garde de vos titres*. On dira donc :

Donner ses soins gratuitement, recevoir gratuitement un billet d'entrée à un spectacle. Mais on en arrive à dire: *Aller au spectacle gratuitement.* L'idée de «sans contrepartie» s'est élargie jusqu'au sens de «sans preuve, ni fondement»: *Accabler qqn gratuitement.*

GRAVILLON, n.m., fin gravier. *Répandre du gravillon (ou des gravillons) sur une route.* **Dérivés**: deux *n*.

GRAVITATION, GRAVITÉ, n.f. En physique, ces deux termes, issus du latin *gravitas*, ont été synonymes. *Gravité* est vieilli pour désigner le phénomène par lequel un corps est attiré vers le centre de la terre, mais se maintient dans *centre de gravité*. On parle des *lois de la gravitation universelle*, du *centre de gravitation*.

GRÉ, n.m. *De gré à gré. Bon gré mal gré. De gré ou de force.* — **SAVOIR GRÉ** *à qqn de qqch.* et non [ÊTRE GRÉ], employé dans le registre soutenu les formes: [*Je vous serais gré. Nous vous serions gré*] et même [*Nous lui sommes gré*] au lieu de: **Je vous saurais gré de le faire. Nous vous en saurions gré. Nous lui en savons gré.** ▷ OBLIGER, 2 (*Je vous* **serais** *obligé de...*).

GREC, *grecque*. Le nom du biscuit vendu en Belgique sous le nom de *pain à la grecque* semble avoir une étymologie populaire franco-flamande et provenir du nom de la rue (*van de Gracht*, du Fossé) où il était d'abord confectionné à Bruxelles, à moins que ce ne soit une survivance de l'expression passe-partout *à la grecque*, courante aux XVIIIe et XIXe siècles.

GRÊLON, n.m., a comme *grêle* et *grêler* un accent circonflexe. Pron. *ê*.

GRELOTTER, v.intr. ou **GRELOTER**. De même **GRELOTTEMENT** ou **GRE-LOTEMENT** (*RO* IV.6). *On grelotte* **de** *froid, de peur, de fièvre.*

GRELUCHON, n.m., n'a rien de commun avec l'adjectif *grêle*. Le mot a vieilli: amant de cœur d'une femme entretenue.

GRENAILLE, n.f., ne se dit pas seulement de la graine de rebut ou d'un métal réduit en grains, mais aussi d'un matériau pierreux concassé en petits grains. [*Grenailles errantes*] est apparu un moment le long des routes, au lieu de *gravier roulant* ou *gravillon roulant*.

GRENOUILLAGE, n.m., **GRENOUILLER**, v.intr., se disent familièrement à propos de combines louches, de tractations immorales.

GRÉSIL, n.m. On prononce généralement *l*.

GRIÈVEMENT, adv., ne s'emploie, au lieu de **GRAVEMENT**, qu'avec des verbes comme *blesser, brûler, toucher.* Mais on est *gravement malade, compromis.*

GRIFFE, n.f. Une griffe n'est ni un *paraphe*, ni une *égratignure* ou une *griffure*. On parle de griffe pour un animal ou pour la marque servant à authentifier un ouvrage ou pour le signe de la personnalité de qqn. ▷ COUP. **GRIFFER** se dit pour marquer d'un coup de griffe ou d'ongle.

GRIFFONNAGE, n.m., **GRIFFONNER**, v. Deux *n*.

GRIGRI ou **GRIS-GRIS**, n.m., d'origine inconnue, désigne une amulette. Orthographe hésitante: parfois **GRI-GRI**. Au pluriel, des **grigris** ou des **gris-gris**.

GRIL, n.m. Prononciation facultative de *l*.

GRILLAGER, GRILLER, v.tr.dir., renvoient chacun proprement au nom correspondant: *griller*, c'est faire cuire sur un gril, chauffer, etc., ou protéger (une fenêtre, un vitrail) par une grille, des barreaux; *grillager*, c'est munir (une fenêtre, une cour, un jardin) d'un grillage, d'un treillis à mailles.

GRILLE-PAIN, n.m.: Un *grille-pain*, des **grille-pains** (*RO* II.2) ou des **grille-pain**.

GRIMPER, v.intr. **Auxiliaire**: généralement *avoir*. *Ils* **ont** *grimpé au sommet.* On trouve *être*, pour marquer l'état où l'on est après avoir grimpé ou, plus rarement, l'action passée de grimper: **J'étais grimpé** *dans l'acacia et j'ai tout vu* (Pagnol, M., *L'eau des collines*). *Il avait filé (...) et était grimpé dans un arbre* (Bataille, M., *Les jours meilleurs*).

GRINCER, v.intr. On grince *des dents.*

GRIOTTE, n.f. d'une sorte de cerise.

GRIPPE-SOU, n.m. Un *grippe-sou*, des **grippe-sous**.

GRIZZLI, n.m., espèce d'ours. On écrit aussi **GRIZZLY**.

GROGGY, étourdi (par les coups), adj. Pluriel: **groggys**.

GROGNON, comme nom, s'emploie pour le féminin comme pour le masculin: *Quelle grognon!* Apposé: *C'est une vraie mère grognon* (Ac.). L'adjectif peut, au féminin, garder la forme **grognon** ou devenir **grognonne**: *Une femme (une humeur, une moue) grognon ou grognonne.*

GROS, adj., s'emploie comme adv. dans les expressions où il évoque de gros caractères ou une idée d'abondance: *Écrire gros. Gagner, jouer, risquer, parier gros. En avoir gros sur le cœur. Je donnerais gros pour le voir.*

GROSEILLE, n.f. *Sirop* (*confiture*, etc.) *de groseille ou de groseilles.* **GROSEILLIER**, finale *-ier* comme dans *pommier, poirier*, etc. Pron.: *èyé*.

GROSSIR, v.intr. Auxiliaire *avoir*. ▶ CHANGER, ÉPAISSIR.

GROSSO MODO. Pas de trait d'union: *Voici grosso modo de quoi il s'agit.*

GROUILLER, v.intr. *La foule grouillait* (ou *était grouillante*) *sur la place* (le sujet est ce qui remue). *La place grouillait* (ou *était grouillante*) *de monde* (le sujet est ce qui est rempli). — **SE GROUILLER**, vieilli au sens de «se remuer», est populaire dans celui de «se hâter».

GROUPUSCULE, n.m., est français: *Un groupuscule.*

GRUYÈRE, n.m., se prononce en France généralement *gru-yère*, parfois *gruiyère. Du gruyère. Un morceau de gruyère. Fromage de Gruyère. Des* **gruyères**.

GSM, n.m. Sigle utilisé en Belgique (**G**lobal **s**ystem for **m**obile communication) pour désigner un téléphone portatif, portable (anglicisme) ou mobile (appelé aussi **MOBILOPHONE**). ▶ TÉLÉPHONE.

GUÈRE (pas d's), adv., s'emploie avec **ne** (*ne pas* est, dans ce cas, régional et fautif) et, ainsi nié, signifie «pas beaucoup, pas très» ou «pas longtemps, pas souvent»: *Il n'a guère d'argent, de temps, de clients. Cela ne sera guère difficile. Cela ne dure guère. Il ne va guère mieux. Il ne voit plus guère. Il n'est guère en fonds. Il n'est guère venu de visiteurs.*

Avec **ne... que**: *Cela ne se dit guère qu'à Paris* (cela se dit presque uniquement à Paris). *Il n'y a guère que cinq jours qu'il est parti* (il y a tout au plus cinq jours). Dans un autre sens, avec *falloir*: *Il ne s'en faut guère que tout le monde soit content*, presque tout le monde est content.

Sans *ne*, avec ellipse du verbe: *La ville avait vingt mille habitants, ou guère moins* (ou *guère plus*). *Êtes-vous content? — Guère.*

GUÉRIR, v.tr.dir. et intr. *Le docteur guérit qqn* **d'***une maladie. On guérit un enfant de sa timidité. Il est guéri* (ou *s'est guéri*) *de sa peur. Un rhume qui ne guérit pas, qui n'a pas guéri facilement. Il est guéri de sa grippe.*

GUERRE, n.f.

1. On dit: *La guerre de* 70, *de* 14. On écrit: *la guerre de Trente Ans, la Grande Guerre, la Première Guerre mondiale. Une guerre éclair, des guerres éclair.*

2. **DE GUERRE LASSE**, bien que le sens soit «las de la guerre», garde son adjectif au féminin: *De guerre lasse* (renonçant à lutter ou à attendre), *ils les ont laissé(s) partir.* On se demande si cet accord étrange, mais entré dans le meilleur usage, n'est pas dû à une ancienne prononciation de *las.*

3. Les noms composés **AVANT-GUERRE**, **APRÈS-GUERRE** et **ENTRE-DEUX-GUERRES** sont m. ou f. On emploie l'article dans *avant la guerre, après la guerre, entre les deux guerres. Pendant l'avant-guerre* (Ac.). *Les années d'avant-guerre. Un produit d'avant-guerre.*

GUET-APENS, n.m. Pluriel: *des* **guets-apens** (les s ne se prononcent pas).

GUÊTRE, n.f. [AVOIR QQCH. (ou *ça*) À SES GUÊTRES] est un wallonisme signifiant «avoir qqch. à sa charge».

GUEULARD, adj. et n., est populaire dans le sens de: qui gueule (pop.), qui crie très fort.

GUEULETON, n.m., est familier.

GUIBOLE ou **GUIBOLLE**, n.f. populaire, jambe.

GUIDE, n.m. On dit: *un indicateur des chemins de fer, un annuaire du téléphone ou des téléphones* (▶ BOTTIN) et non, dans ces emplois, comme en Belgique et dans le nord de la France, *un guide.* Mais on parle d'*un guide touristique*, d'*un guide des rues de Paris*, etc. Désignant une personne qui guide, le mot reste au masculin s'il désigne une femme: *Cette jeune fille est un excellent guide.* Il n'est féminin qu'en parlant des jeunes filles appartenant à un mouvement féminin de scoutisme.

GUILDE, n.f. On écrit parfois **GHILDE** (prononcé *gui*). On écrit aussi **GILDE**.

Guillemets

Ils sont **ouvrants** ou **fermants**.

1. LES GUILLEMETS ET LE POINT

Lorsqu'ils encadrent une citation (celle-ci est alors *guillemetée*), le point ne précède le guillemet fermant que s'il est attribuable à l'auteur et si la citation est complète.

> Comparer: *Chacun se demandait comment on peut être Persan. Chacun se demandait: «Comment peut-on être Persan?» Il ne reviendrait, disait-il, qu'«aux premiers jours du printemps».*

2. APPEL DE NOTE

S'il y a un appel de note en fin de phrase, il est toujours placé avant le point : on aura donc ...[1]?» ou ...»[1].

GUINDAILLE, n.f., et ses dérivés **GUINDAILLER, GUINDAILLEUR** sont belges. Dans le langage étudiant, une *guindaille* est une sortie joyeuse, surtout une beuverie, de *guindailleurs*. En dehors de ce monde universitaire, *guindaille* peut désigner un gueuleton bien arrosé. À Louvain, chez les étudiants wallons, *guindaille* peut désigner le texte satirique débité, au cours d'une soirée bien arrosée, par un *guindailleur* raillant un condisciple, le **GUINDAILLÉ**.

GUINGOIS (DE), loc.adv. S'*en aller de guingois*.

GUISE, n.f. **EN GUISE DE** *canne*, *de cravate*, *de consolation*, etc. ; le complément d'*en guise de* s'emploie sans article, tandis qu'on dirait dans le même sens : *à la place d'**une** canne, d'**une** cravate*.

Dans *en guise de consolation* on a le sens de : «pour servir de».

Dans le nom commun, *u* ne se prononce pas. Mais dans le nom de lieu et parfois dans le nom de famille *ui* se prononce comme dans *lui*.

GUTTA-PERCHA, n.f., sorte de gomme. Pron. : *gu* et *ka*.

GYMN- ; **GYN-**, **GYR-**, on fera attention à l'orthographe de plusieurs mots commençant de la sorte : **GYMKHANA** (n.m.), **GYMNASTE** (n.), **GYMNASTIQUE** (n.f.), **GYMNIQUE** (n.f. et adj.) ; **GYNÉCÉE** (n.m.), **GYNÉCOLOGUE** (n.) ; **GYROSCOPE** (n.m.), **GYROSTAT** (n.m.).

GYPSE, n.m., *une carrière de gypse*.

H

H aspiré ou muet

1. RÈGLE GÉNÉRALE

L'**h** dit aspiré ne s'entend pas (sauf dans certaines onomatopées), mais il interdit la liaison et l'élision (▶ ÉLISION). Notons seulement quelques cas.

2. NOMS PROPRES ET PRÉNOMS

L'*h* est muet dans *Haïti, Haïtien, Hamlet, Harpagon, Hector, Héloïse, Hernani, Homère, Horace, Hortense, Hugues, Huguette*. Il est généralement muet dans *Henri* et toujours dans *Henriette*.

L'*h* est aspiré dans les noms propres composés dont le premier élément est *Haut* ou *Haute* suivi d'un trait d'union :

> *Haut-Brion, Haut-Rhin, Haute-Garonne*, etc. et dans *la Hanse, la Henriade, le Hainaut, Huy, La Havane, Hollande, Hongrie, Hottentot, Hoyoux, Hun, Huron, Habsbourg, Hanovre, Homais* et leurs dérivés éventuels (sauf parfois *hanséatique*).

Hésitation pour *Hegel, Heredia, Hitler, Hugo*. Mais on dit presque toujours *l'hitlérisme*. On n'hésite plus guère pour *Hubert* où *h* est généralement muet.

Même quand l'*h* d'un nom de personne est muet, on ne fait pas la liaison avec *chez* ni dans l'emploi au pluriel.

3. NOMS COMMUNS

Notons seulement ici : *la hache, la halte, le hamster, le hangar, le hareng, la hâte, la hernie, le héros* mais *l'haltère, l'hallali, l'hameçon, l'héroïne, l'héroïque défenseur ; le hors-d'œuvre, le huis clos*, mais *frapper à l'huis, l'huissier ; l'hyène* (parfois *la hyène*), *le harnais, l'hiatus, le handicap, le héraut, le hasard, le haricot*. Il est étonnant de trouver *le hiatus* chez plusieurs écrivains.

4. AUTRES MOTS AVEC *H* ASPIRÉ

L'*h* est aspiré dans *harnacher, honteux, hors, handicapé* (dont l'*h* est souvent considéré comme muet malgré *le handicap*), *ho !*

5. HUIT

Huit a un h aspiré (*le huit juin, le huitième, chapitre huit, il est plus de huit heures, au nombre de huit*). On ne fait pas entendre l'*e* de *page* ni la consonne finale d'un verbe devant *huit : page huit, nous serons huit*. Il y a liaison quand *huit* n'est pas l'élément initial du nombre (*dix-huit, vingt-huit, mille huit*), sauf dans *quatre-huit* et *cent huit*. ▶ HUIT, UN, 2.

HA ! ▶ AH !

HABILLÉ, adj., a élargi son sens jusqu'à «dans une tenue où l'on peut être vu» ou «dans une tenue élégante, une tenue de soirée ou qui convient à une cérémonie» : *Elle ne peut vous recevoir parce qu'elle n'est pas habillée. Une robe habillée. Un tissu qui **fait habillé**. Une soirée très habillée.*

On est habillé ou *on s'habille **de noir*** (ou ***en noir***), *de laine* ou *en laine. Habillé en flanelle grise* (Camus, A., L'étranger). **HABILLABLE** : *Une femme trop grosse, non habillable.*

HABITAT, n.m., ne peut s'employer pour *habitation, logement*, mais peut se dire pour un territoire, pour l'ensemble des conditions d'habitation et de logement et dans le langage des sciences naturelles. H. Bosco, parlant d'un quartier aux ruelles étroites, aux maisons noires, sans jardins, déclare : *C'était bien le plus mélancolique habitat du monde* (L'âne culotte).

HABITER, v.tr.dir. et intr. : *On habite Paris, la campagne, la France, une rue, une ville* ou *à Paris, à la campagne, en France, **en** ville, **dans** une rue, dans une ville*. Mais : *J'habite rue de la Gare* (quand on indique le domicile). ▶ DANS, 4. — *La villa **que** j'habite. La villa **où** j'habite.*

HABITUDE, n.f. *On a l'habitude de qqch., de faire qqch.* (Comme) **d'habitude** ou **à l'accoutumée**, mais **À son** habitude, *il est en retard.* **Suivant son** habitude, *comme de coutume.*

HABITUER, v.tr.dir., **S'HABITUER**. *Habituer qqn* (ou *s'habituer*) *à qqch., à faire qqch. Il est habitué à me voir chaque semaine* (*de me voir* est archaïque). *Elle s'est habituée à ce que je vienne la voir chaque semaine.*

Comme nom, **HABITUÉ** se construit avec *de*: *Les habitués de ce café.*

HÂBLEUR (*h* aspiré, accent circonflexe), adj. et n. (féminin: **hâbleuse**), qui a l'habitude de parler avec forfanterie. **HÂBLERIE**, n.f.

HACHÉ, adj. et n.m., **HACHIS**, n.m. On peut dire *du haché, un steak haché* ou *un bifteck haché, de la viande hachée.* Parce que *du haché*, quoique français, se dit beaucoup moins en France qu'en Belgique dans ce dernier sens, on y a vu à tort un belgicisme. *Hachis* est courant en France (*Farcir une tomate avec du hachis*), mais il demande généralement un complément: *un hachis de porc, de volaille, de légumes.*

HACHURER, v.tr.dir. (*h* aspiré): couvrir de hachures.

HAINAUT. *Le Hainaut*. ▶ HENNUYER, NOMS, 3.1, *noms de provinces*, PROVINCE.

HAINE, n.f. *On s'attire la haine de qqn. On a* (ou *on éprouve*) **de la haine pour** *qqn* ou **contre** *qqn. On a la haine du mensonge, de la haine pour le mensonge. On agit en haine de qqn ou de qqch. ou par haine de qqn ou de qqch.*

HAÏR (*h* aspiré), v.tr.dir. Je **hais**, il **hait**, nous **haïssons**. Passé simple: je **haïs**, nous **haïmes**. Futur: Je **haïrai**. Impératif prés.: **hais, haïssons, haïssez**. Subj. prés.: que je **haïsse**, qu'il **haïsse**. Subj. imp.: que je **haïsse**, qu'il **haït**. **Haïssant**. **Haï**. Le tréma exclut l'accent circonflexe.

Construction. *Haïr qqn* ou *qqch. Haïr qqn de qqch.* (lui en vouloir à cause de) est vieilli. On dit: **à cause de** *qqch.* On entend *haïr de* suivi d'un infinitif: *Il nous hait de l'avoir évincé.* On dira plutôt: *parce que nous l'avons évincé.* — *On hait* (comme *on déteste*) **faire** *qqch.* ou **de faire** *qqch.* (*Haïr à* ne se dit plus). — Avec **que** et le subjonctif: *Il ne hait pas que nous nous occupions de lui.* Le tour a vieilli.

HAÏTI, *h* muet: *d'Haïti.* Dans **HAÏTIEN**, *t* se prononce généralement *s*.

HALAGE, n.m., action de haler. *H* aspiré. Un seul l. *Un chemin de halage.*

HALER, HÂLER, v.tr.dir. (*h* aspiré). *On* **hale** *un bateau, on a le teint* **hâlé**.

HALL, n.m. (*a* se prononce *o*), grande salle servant d'accès.

HALLALI, n.m. *L'hallali* (*h* muet).

HALTÈRE, n.m. *Un haltère* (*h* muet).

HAMAC, n.m. *H* aspiré. On prononce *c*.

HAMBURGER, n.m. *Un hamburger* (*h* aspiré; pron. *g + e + r*) est un steak haché de forme ronde. *Des* **hamburgers**. S'il est servi dans un petit pain: *pain farci.*

HANDBALL ou **HAND-BALL**, n.m. *H* aspiré.

HANDICAP, n.m. *H* aspiré. ▶ H ASPIRÉ ou MUET, 4. *Des* **handicapés moteurs**.

HAPAX ou **APAX**, n.m., mot utilisé une seule fois dans une langue à une époque donnée.

HAPPENING, n.m. Cet américanisme qui signifie «événement» et vient de *to happen*, arriver par hasard, survenir, désigne un spectacle ou un événement collectif ou une méthode de psychologie de groupe où la place essentielle est volontairement laissée à l'imprévu, à la spontanéité.

HAPPY END, n.m. ou f., sans trait d'union: une fin heureuse.

HARA-KIRI ou **HARAKIRI** (*RO* III.1), n.m. (*h* aspiré), plur. **hara-kiris** ou **harakiris**.

HARAS, n.m. *H* aspiré. On ne prononce pas *s*.

HARASSANT, adj., **HARASSER**, v.tr.dir. *H* aspiré. Un seul *r*.

HARDES, n.f. pluriel, ne désigne plus l'ensemble des vêtements et effets personnels, mais des vêtements misérables et usagés. On a pu dire: *De vieilles hardes.* L'adjectif est devenu inutile dans l'usage courant.

HARDWARE, n.m. Américanisme à remplacer par *matériel*, n.m. ▶ SOFTWARE.

HARMONICA, n.m., ne signifie pas en français, comme dans certains dialectes et en français régional, *accordéon*, mais ce qu'on appelle parfois un *harmonica à bouche* (et aussi, en Belgique, une *musique à bouche*).

HARPIE, n.f. *H* aspiré.

HASARDÉ et **HASARDEUX**, adj., impliquant tous deux l'idée de risque, sans signifier «dangereux», peuvent devenir synonymes quand on parle de choses comme une entreprise, une démarche; on dit plus souvent *hasardeux*.

HASARDER, v.tr.dir. On hasarde *une démarche, une plaisanterie, une question*. On ne dit plus guère *On hasarde de perdre* ni *on se hasarde de perdre*. On emploie *risquer* (*on risque de perdre*) ou, dans un autre sens, **SE HASARDER** à: *on se hasarde à poser une question* (on ose, en prenant un risque).

HASCHISCH, n.m. (*h* aspiré), s'écrit aussi **HASCHICH** et **HACHICH**; ne pas hésiter à utiliser cette dernière graphie. Plus familièrement on dit aussi du **HASCH**.

HÂTE, n.f., **SE HÂTER**. *On met de la hâte à terminer un travail. On a hâte, **grande hâte** d'en finir. On se hâte de finir. Agir en hâte, en toute hâte, à la hâte, sans hâte. On reproche à qqn sa hâte à* (ou *de*) *partir*.

HÂTIF, adj., ne se dit pas seulement de fruits, d'une croissance, mais d'un travail fait trop rapidement.

HAUSSER, a vieilli comme **verbe intr.** On dit plutôt: *Le thermomètre* (ou *le coût de la vie*) *a* (ou *est*) *monté. Les prix ont augmenté, sont en hausse.* Comme **v.tr.**: *Hausser un mur, la voix, le ton, les épaules, un tabouret de piano*.

HAUT, adj., adv. et n.m.

1. *Haut* reste invariable dans: *dire bien haut, placer haut, pendre haut et court, haut les mains, haut la tête, haut les cœurs, l'emporter haut la main, penser tout haut, voler haut, haut placé*, etc.

2. On peut dire: *monter plus haut* (ou *bien haut*, ou *là-haut*, ou *au premier étage*), mais on évitera le pléonasme *monter en haut*.

3. **En haut, le haut, dans le haut**: *En haut de la page. Les dents d'en haut. Habiter en haut. Contourner le village par en haut. Visiter le haut. Se réfugier dans le haut.* — **De haut en bas, du haut en bas**: *du* est nécessaire s'il y a un complément; au figuré on préfère *de*: *Regarder de haut en bas. Regarder qqn de haut* (avec dédain, avec arrogance). *Visiter une maison de haut en bas* (ou *du haut en bas*). *Il est tombé du haut de l'escalier* (ou *du haut en bas de l'escalier*).

4. **Composés**: nom et épithète signifiant «élevé»; devant un nom, *haut* varie: un **HAUT-DE-CHAUSSES** (rarement **HAUT-DE-CHAUSSE**), des **hauts-de-chausses**. Des **hauts-commissaires**, des **hauts-commissariats**. Sans trait d'union: *La haute direction, la haute bourgeoisie, de hauts fonctionnaires, les hauts responsables. La Haute Assemblée, la Haute Cour.* Mais: *des hauts-de-forme* (si *haut* est employé comme adj., pas de trait d'union: *des chapeaux hauts de forme*), *des chaînes* **HAUTE-FIDÉLITÉ** (mais *à haute fidélité*), des **haut-le-cœur**, des **haut-le-corps**, des **haut-parleurs**, des **hautes-tiges**, des **hauts-fonds**, des **hauts-reliefs**, mais *une locomotive haut le pied* (à laquelle on n'a pas attaché de wagon; *un haut-le-pied* se disait d'un cheval de rechange, non monté).

Haut fourneau, haut lieu: pas de trait d'union. *Le Haut-Rhin, le haut allemand, des formes haut allemandes.* ▸ BAS, 5, H ASPIRÉ ou MUET, 2.

HAUTBOIS, n.m. (*h* aspiré). Un joueur de hautbois s'appelle *un* **HAUTBOÏSTE** ou *un hautbois*. Au féminin: *une* **hautboïste**.

HAUTEUR, n.f. **À LA HAUTEUR** se dit de qqn qui a les capacités voulues: *Il est à la hauteur. Un type à la hauteur.* **À la hauteur de** s'emploie au figuré: *Il est à la hauteur de son emploi, de la situation, des circonstances, de sa tâche* (il est au niveau intellectuel ou moral requis). Flandricisme: [*Mettre qqn à la hauteur de la situation*] pour *le mettre au courant*.

HÂVE, adj., pâle et maigre. *H* aspiré, accent circonflexe.

HAVRE, n.m. Pas d'accent circonflexe (*h* aspiré).

HAWAÏ, n., **HAWAÏEN**, adj. (et n.). On écrit aussi **HAWAII**, **HAWAIIEN**.

HAYON, n.m., signifie, en français régional, «claie formant abri dans les champs»; en français généralisé: panneau amovible à l'avant et à l'arrière d'une charrette, ou partie mobile à l'arrière d'une camionnette, d'une voiture de tourisme. *H* aspiré. Pron. *a* (plutôt que *è*).

HÉ!, interjection, sert à appeler, à donner un avertissement, à exprimer un sentiment, une appréciation, mais ne s'emploie plus avec *bien* (▸ EH BIEN!): *Hé! Vous venez? Hé vous, là-bas, que faites-vous? Hé oui! Hé! Hé! je ne dis pas non. Hé, hé, pourquoi pas?*

HÉBRAÏQUE, adj., **HÉBREU**, n. et adj. m., **JUIF**, etc. L'adjectif *hébraïque*, qui est des deux genres, sert de féminin à *hébreu* quand il s'agit de choses, de langue, de civilisation: *Alphabet hébreu* ou *hébraïque. La langue hébraïque* (ou *l'hébreu*). *Un texte hébreu. Les études hébraïques. L'université hébraïque.* Pour les personnes, on parle du *peuple hébreu*, des *Hébreux* d'autrefois, des *Juifs* ou des **ISRAÉLITES**. *Juive* et parfois *israélite* servent de féminin à *hébreu* en parlant de la religion, des coutumes, des institutions; les citoyens de l'État d'Israël sont des **ISRAÉLIENS**.

HÉCATOMBE, n.f., qui a signifié à l'origine «sacrifice de cent bœufs», signifie aujourd'hui «massacre d'un grand nombre d'hommes, d'animaux»: *Une hécatombe de soldats, de lapins.* Ce nombre peut n'être grand que relativement et le «massacre» n'être qu'une «élimination». *L'hécatombe des* *têtes de série continue à Wimbledon.* On parle même d'hécatombe pour un grand nombre de refusés à un concours, à un examen et plus audacieusement pour un grand nombre de choses saccagées*Une hécatombe de jouets* (GLLF).

HEIN, interj., est familier et choque souvent quand il est employé seul (au lieu de *Pardon?*, *Plaît-il?*, *Comment?*) pour faire répéter. On tend à en abuser dans tous les sens.

HÉLIOTROPE, n.m.: *Un héliotrope* (*H* muet).

HÉLIPORT, n.m., aéroport pour hélicoptère.

HÉMICYCLE, n.m.: *Un hémicycle bondé.*

HÉMISPHÈRE. *Un hémisphère.* Il ne faut pas s'étonner de ce genre masculin, car ce n'est pas un composé français venant de *sphère*, mais un dérivé d'un neutre latin signifiant: moitié d'un corps rond.

HÉMISTICHE, n.m.: *Un hémistiche* (moitié d'un vers, d'un alexandrin).

HENDÉCA-, qui signifie *onze*, au début de *hendécagone*, *hendécasyllabe*, se prononce généralement *andéca* (Martinet); certains veulent imposer *in*, qui est admis et répandu.

HENNUYER (*h* aspiré; pron. *è* + *n*), adj. et n., désigne couramment en Belgique les habitants du Hainaut; il n'y a aucune raison de le remplacer en Belgique par **HAINUYER**, qu'on trouve plus couramment en France.

HERBE, n.f. ▶ DANS, 1.

HERBU, adj., ajoute à **HERBEUX** l'idée d'abondance.

HÉRITER, v.tr.dir. et tr.ind. **Construction**:

1. Le complément de **personne** réclame toujours **de**: *Il a hérité de son oncle.*

2. Si le complément de **chose** est seul, il se construit avec ou sans de: *Il a hérité d'une maison* ou *une maison. Il pensait avec humeur que celui qui héritait d'un trône eût bien dû hériter aussi la force de s'y tenir droit* (Druon, M., *Les rois maudits*).

3. S'il y a à la fois complément de personne et complément de chose, on dit plutôt: *hériter qqch. de qqn*, pour éviter la répétition de *de* dans le tour *hériter de qqch. de qqn*, qui déplaît à l'oreille et peut être ambigu. On dit donc: *hériter de son oncle une maison*; *la maison héritée de mon oncle.* Mais si l'un des compléments est **dont** ou **en**, le tour n'a plus rien de déplaisant: *La maison dont il a hérité de son oncle. Il en a hérité de son oncle*, à côté de *qu'il a héritée* (et de *Il l'a héritée*) *de son oncle.*

HÉSITER, v.intr. **Construction**: *On hésite. On hésite sur qqch., sur la réponse à faire, entre deux choses, entre une chose et une autre.* Devant un infinitif, *hésiter de* est plus littéraire que courant. Le tour usuel est **hésiter à**: *J'hésite à y aller.* — **Hésiter si** est littéraire. Il est suivi de l'indicatif ou du conditionnel: *J'hésite si je le ferai* (je m'interroge pour savoir si). *J'hésite si, dans ce cas, je le ferais.*

HÉTÉROCLITE, adj., qui signifie proprement «qui s'écarte des règles», se dit aujourd'hui couramment (dans le sens d'*hétérogène*) de ce qui est fait de parties disparates, d'objets qui étonnent par leur variété inattendue: *Un édifice hétéroclite, une population hétéroclite, des matériaux hétéroclites, des meubles hétéroclites.* D'où l'atténuation de son sens péjoratif.

HEUR, n.m., ne s'emploie plus que dans les expressions: *Avoir* (ou *n'avoir pas*) *l'heur* (le bonheur) *de plaire.*

HEURE, n.f.

1. **Paiement et vitesse**. *On gagne* (ou *on est payé à*) *trente francs l'heure* ou *trente francs par heure* (on entend: *à l'heure*). Emploi vieilli ou populaire: *trente francs de l'heure.* De même, avec kilo: *dix francs le kilo* (ou *au kilo*) ou *par kilo* (populaire: *du kilo*). — On dit: *gagner tant par heure*, *par jour*, *par semaine.*

    Une vitesse de 110 kilomètres à l'heure. On dit aussi: *une vitesse de 110 kilomètres-heure.* Noter le trait d'union et la formule avec symbole: «110km/h». *Faire* (rouler à) *du cent à l'heure. Faire du cent.*

2. **Indication de l'heure**. On doit dire: *Quelle heure est-il? Il est onze heures* et non *C'est onze heures*, qu'on entend notamment dans le Midi: *On démarra. C'était six heures du soir* (Duras, M., *Le marin de Gibraltar*). *C'est onze heures* peut s'employer seulement si l'on répond à une question posée avec *ce* (*Quelle heure est-ce?*) pendant que l'heure sonne.

    Pour être clair, nous marquons la progression de l'heure à partir de onze heures du matin, en donnant les tours qui suivent *il est*: *onze heures, onze heures précises, onze heures sonnantes* (▶ 3) ou *tapantes* ou *sonnant* ou *tapant* ou *juste, onze heures passées* ou *passé onze heures, onze heures une, dix, onze heures quinze* ou *onze heures et quart* (*onze heures et quart précises*) ou *onze heures un quart* (beaucoup plus fréquents que *onze heures et un quart*) ou *le quart après onze heures* ou *le quart de onze heures* (cette formule ne s'emploie que pour le quart suivant l'heure; de même pour la demie), *onze heures trente* ou *onze heures et demie* ou *la demie de onze heures, onze heures trente et une* (*un* ne s'entend que dans les nombres composés 21, 31, etc. et même là est plus rare), *onze heures trente-cinq* (ou, à partir de la seconde demi-heure, *midi moins vingt-cinq*), *onze heures quarante-cinq* ou *onze heures trois quarts* ou *midi moins le quart* ou *midi moins un quart* ou *le quart avant midi, midi, midi précis, midi passé, midi dix précis, midi et demi* ou *midi et demie, midi et demi précis, midi et demie précis* (ou *passé*), *quatre heures* ou *seize heures* ou *quatre heures après midi, huit heures* (*du soir*), *minuit* (on dit parfois *0 heure*), *minuit précis, minuit et demi* ou *minuit et demie* (▷ DEMI). On ne dit plus guère avec **et**: *onze heures et dix minutes* et on n'entend plus: *onze heures et dix.* Avec **vers**: *Il est venu vers onze heures* ou *vers les onze heures, vers midi* ou *vers les midi, vers une heure* ou *vers les une heure.* — On dit: *Il n'est pas encore onze heures,* mais *il les sera bientôt.*

Régionalismes belges: [*Il est onze heures quart,* ou, pour 11h45, *midi moins quart, le quart de midi, le quart pour midi, il est moins quart*].

On écrit en abrégé avec des **chiffres**: *Il est 10h8, 10h8 min 30 s.* ▷ ABRÉVIATIONS, 2.

3. **Sonnerie.** Noter la façon de faire l'**accord**: *Onze heures sonnent, ont sonné* ou *sont sonnées, le quart de onze heures sonne, onze heures et demie sonnent, la demie a sonné* ou *est sonnée* (▷ SONNER), *midi sonne, une heure sonne, une heure et demie sonne.* Le premier élément commande l'accord.

À sept heures sonnantes ou *sonnant. Il est sept heures sonnées. À midi sonnant. Au coup* (ou *sur le coup*) *de midi, de trois heures.*

4. On dit fort bien: *Nous sommes à trois heures de Paris. En avion, Nice n'est qu'à une heure de Paris. Je le verrai dans les prochaines vingt-quatre heures* (▷ DERNIER, 1 et NOMS DE NOMBRE, 2).

5. **À CETTE HEURE** s'est dit, dans la langue classique pour «maintenant». L'expression est admise par l'Académie: *À cette heure, vous pouvez entrer.* Mais elle a vieilli. Elle reste vivante cependant à la campagne, et au Canada comme en Belgique: *À cette* (*ct'*) *heure, parlons d'autre chose.* Cela n'autorise pas à dire: *Les jeunes gens* [*d'à cette heure*].

6. **À L'HEURE DE** (*À l'heure des réformes*) est une expression correcte mais qui est devenue un cliché journalistique (*À l'heure de l'Afrique du Nord*). On dit: *À l'heure qu'il est,* mais: *à l'heure où vous êtes arrivés.*

7. **DE BONNE HEURE**: *Il s'est levé de bonne heure, de trop bonne heure, de meilleure heure qu'hier.* **À LA BONNE HEURE** approuve (*c'est très bien*), parfois ironiquement: *À la bonne heure, ne vous gênez pas.*

8. *Son quatre heures.* ▷ QUATRE.

HEUREUX, adj., **HEUREUSEMENT QUE. Modes**: L'impersonnel *il est heureux que* est suivi du subjonctif: *Il est heureux que vous soyez arrivés.* Après l'expression elliptique **heureusement que** (*c'est heureusement que*), on emploie l'indicatif ou le conditionnel: *Heureusement qu'il est arrivé. Heureusement qu'on ne vous le permettrait pas.*

Je suis heureux que est suivi du subjonctif: *Je suis heureux qu'il soit arrivé.* **Je suis heureux de ce que**, employé dans le même sens assez lourdement et tout à fait inutilement, est suivi de l'indicatif ou du subjonctif: *Je suis heureux de ce qu'il est* (ou *soit*) *guéri.* À ne pas confondre avec le tour: *Je suis heureux de ce que vous m'avez dit* (de cette chose que vous m'avez dite).

On est heureux *au jeu, en affaires, dans ses démarches.* On est heureux *de vivre* (on ne dit plus *heureux à* devant un infinitif).

HEURISTIQUE, n.f. ou adj. On écrit aussi **EURISTIQUE**. Relatif à l'art de la recherche ou de la découverte.

HEURTER (*h* aspiré), v.tr.dir. **Construction.** *On heurte un obstacle, le trottoir;* au figuré, *on heurte qqn, ses sentiments, on le heurte de front. On heurte* (*du front*) *contre un poteau* (rarement *sur*). *On se heurte à qqn, à* ou *contre qqch.;* au figuré, *on se heurte à qqch., à une difficulté, à une opposition, à un refus. Des couleurs qui se heurtent.*

HEXAGONE, n.m., se prononce généralement avec un *o* ouvert sauf dans son sens figuré. Avec majuscule (et, généralement, *o* fermé) désigne la France; on peut donc dire: *Aux quatre coins de l'Hexagone.*

HIATUS, n.m. *H* muet; on dit: *l'hiatus, cet hiatus;* c'est à tort que des auteurs écrivent: [*ce hiatus*]. Le mot signifie, au figuré, «manque de continuité, interruption, coupure», mais non «opposition».

HIBERNER, HIVERNER, v.intr. **Hiverner**, c'est passer à l'abri l'hiver ou la mauvaise saison. **Hiberner** se dit d'animaux passant l'hiver dans un état d'engourdissement. Le substantif **HIBERNATION** s'applique à cet état ou à un ralentissement artificiel de la vie, mais aussi à un état prolongé d'inactivité, d'attente. **HIBERNAL**, relatif à l'hibernation (ou qui a lieu pendant l'hiver); **HIVERNAL**, qui appartient, qui est propre à l'hiver (se dit de la température, d'une station de sports d'hiver). **HIVERNAGE** est en rapport avec *hiverner*.

HIBOU (*h* aspiré), n.m. Des *hiboux*.

HIER, adv. *H* est muet ; la liaison se fait couramment dans *avant-hier* et l'élision dans *d'hier*. On dit : *hier soir* ou souvent *hier au soir*. ▶ JUSQUE, 1.

HIÉROGLYPHE, n.m. : *Un hiéroglyphe* (*h* muet, liaison).

HINDOU, INDIEN, adj. et n. **Indien** se dit des habitants de l'Inde (on a parlé du conflit indo-pakistanais, on parle du problème indien, de l'intervention indienne) mais s'applique aussi aux Indiens d'Amérique ou **Amérindiens** ; HINDOU, **HINDOUISME, HINDOUISTE** (écrits parfois INDOU, INDOUISME, INDOUISTE) concernent la religion (ou la civilisation) hindoue : *Tous les Indiens ne sont pas des hindous*.

HIPPIE, adj. et n., **HIPPY**, n.m. *H* aspiré. Un *hippy* ou un *hippie*, une *hippie*, des *hippies*. *Un vêtement hippie. La mode hippie. Des robes hippies*.

HISTOIRE, n.f.

1. Tandis qu'on emploie l'article défini devant le complément formé d'un nom géographique masculin (*Histoire **du** Brésil, des États-Unis*) et parfois devant un nom féminin (*Histoire **de la** Wallonie, de la Bourgogne, de la Chine, de l'Irlande, de la Gaule*), on dit : *Histoire **de** France, Histoire d'Angleterre* ; mais : *Histoire littéraire **de la** France, Histoire de la France au XVIIIe siècle*.

2. Fam., *histoire* se dit pour «chose» au lieu de *affaire* : *Qu'est-ce que c'est que cette histoire ? Ce sont mes histoires* (mes problèmes).

3. HISTOIRE DE suivi d'un infinitif signifie «pour, afin de» : *Il a dit cela, histoire de rire. Le tour est familier*.

HISTORIQUE, adj. et n.m. *Un aperçu historique. Faire l'historique de la question. Préparer un historique des événements*.

HIT-PARADE, n.m. (*h* aspiré), peut se traduire par *palmarès*.

H.L.M. Ce sigle, signifiant «habitation à loyer modéré», s'écrit avec majuscules et points. On doit dire normalement *une H.L.M.* puisqu'il s'agit d'une habitation. Mais parce qu'il s'agit d'un bâtiment ou d'un immeuble, le genre devient souvent masculin. *H* est muet.

HO!, interj., s'emploie pour appeler ou (et alors on écrit plus souvent *oh!*) pour exprimer l'étonnement, l'indignation.

HOBBY, n.m. (*h* aspiré), peut se traduire par *dada, passe-temps, violon d'Ingres*. Pluriel : des *hobbies* ou *hobbys* (RO II.7). ▶ DADA.

HOCHEQUEUE, n.m., s'écrit de préférence en un mot : des *hochequeues*.

HOLÀ, interj. Accent grave. *H* aspiré. *Holà ! quelqu'un ?*

HOLDING, n.m. *Un holding* (ou *société de portefeuille*) n'est pas proprement un trust, mais une société financière (d'où parfois le féminin, à éviter) qui contrôle plusieurs entreprises de même nature. *H* aspiré.

HOLD-UP, n.m. normalement invariable (*h* aspiré) : Des *hold-up* ; mais on écrit aussi un HOLDUP et des *holdups* (RO II.7). *L'auteur du hold-up*.

HOLOCAUSTE, n.m. *Un holocauste* (*h* muet) évoque l'idée d'un sacrifice où la victime était entièrement consumée ou d'un sacrifice total et volontaire.

HOLOGRAMME, n.m., **HOLOGRAPHIE**, n.f., doivent s'écrire avec *h* (muet) lorsqu'il s'agit de photographie. Mieux vaut, en dépit de l'étymologie grecque, écrire OLOGRAPHE (plutôt que **HOLOGRAPHE**) en parlant d'un testament entièrement écrit de la main du testateur.

HOMARD À L'AMÉRICAINE est admis et courant à côté de *homard à l'armoricaine*, qui est un pédantisme et, en fait, désigne autre chose.

HOME, n.m. Pas d'accent circonflexe. *H* aspiré. Ce mot a en français un sens général (domicile considéré sous son aspect intime, familial), mais est appliqué aussi, comme en Belgique, à des établissements pour enfants, vieillards ou malades mentaux, à des maisons d'accueil.

HOMMAGE, n.m. *On rend hommage à qqn, à son dévouement* (tour vieillissant : *rendre hommage à qqn de son dévouement*, au lieu de *pour son dévouement*). Au pluriel, dans une formule de politesse où le sens est très affaibli : *présenter ses hommages à une dame*.

HOMMASSE, adj., est péjoratif. Deux *m*, deux *s*.

HOMME, n.m.

1. *Homme, bonhomme*, mais *bonhomie, homicide, hominisation, hominiser*.

2. Il est déconseillé de substituer UN BON AVERTI EN VAUT DEUX à UN HOMME AVERTI EN VAUT DEUX.

3. **Composés**. Les deux termes varient au pluriel dans : Des *hommes-grenouilles*, des *hommes-orchestres*, des *hommes-sandwichs* (ou *sandwiches*).

HOMOLOGUE s'est imposé comme nom (jusqu'à l'abus) pour désigner utilement celui qui, sans faire partie d'un même ensemble (et ne pouvant donc s'appeler collègue), a des fonctions équivalentes : *Le ministre français des Finances a rencontré son homologue allemand.*

HOMOLOGUER, v.tr.dir. On homologue (on reconnaît, on approuve officiellement) un accord, une décision, des prix, un tarif, un record. En Belgique, on étend l'usage de ce verbe comme celui d'*entériner* : *on homologue* ou *on entérine des certificats d'études, des diplômes.*

HOMONCULE, n.m., s'écrit aussi **HOMUNCULE** (on prononce *on*).

HONNÊTE, adj., est vieilli en français généralisé (ou est même parfois ironique) dans le sens de «aimable» : *Vous êtes bien honnête.*

L'honnête homme se dit encore pour exprimer l'idéal de la société cultivée du XVIIᵉ siècle. En dehors de cet emploi, on dit aujourd'hui, en pensant à la probité, à la vertu : *un honnête homme* ou *un homme honnête.* Pour les femmes, *honnête* évoque généralement l'idée de bonnes mœurs : *une honnête femme* ou plus souvent *une femme honnête.*

On dit : *D'honnêtes gens* ou *des honnêtes gens* (Ac.). *Une honnête moyenne, un prix honnête, des résultats honnêtes, une honnête récompense, un repas honnête*, dans les sens de «correct, satisfaisant, moyen, convenable, passable».

HONNEUR, n.m., **HONORER**, v.tr.dir. Les mots commençant par *honor-* et leurs composés n'ont qu'un *n* : *honorer*, **DÉSHONORER**, **HONORABLE**, **HONORAIRE**, etc.

On fait honneur à qqn, à qqch. On fait qqch. sur l'honneur. On met son honneur à faire qqch. À vous l'honneur ! Avoir l'honneur de faire qqch. On tient à (l') honneur de faire qqch. En l'honneur de qui donne-t-on cette réception ?

Honorer. *On honore une lettre de change* (on paye la somme), *un ticket de ravitaillement* (on délivre la marchandise à laquelle il donne droit), *sa signature* (on tient un engagement). *On honore qqn de sa confiance, d'une haute distinction. Honoré de ou par.* ▸ DE, 8.

HONORAIRES, n.m.pl., ne peut plus s'employer au singulier. *Un état d'honoraires, des honoraires excessifs.*

HONTE, n.f. *Faire honte à qqn. Avoir honte de qqn, de qqch., n'avoir pas honte de qqn, de qqch., de faire qqch. Il n'y a pas de honte à reconnaître ses torts.*

HÔPITAL, n.m. Accent circonflexe remplaçant l's qui apparaît dans *hospitalier, hospitaliser.*

HORAIRE, n.m. *Avoir le même horaire. Être en retard sur l'horaire.*

HORIZON, n.m. On a voulu condamner **OUVRIR DES HORIZONS** ; on recommandait *ouvrir des perspectives* en déclarant qu'au sens étymologique l'horizon est ce qui borne, ce qui limite. Mais le meilleur usage admet cette expression au sens figuré : *on ouvre des horizons* ou *des horizons nouveaux* ou *de nouveaux horizons (sur qqch.)*, aussi bien qu'*on élargit son horizon* ou qu'*on découvre de nouveaux horizons.* — *Faire un tour d'horizon.*

HORLOGE, n.f., a été autrefois masculin.

HORMIS, prép., et surtout **HORMIS QUE**, loc.conj., sont vieillis ou littéraires.

HORMONE, n.f. Les deux *o* sont brefs et ouverts. *H* muet.

HOROSCOPE, n.m. *Un horoscope.*

HORREUR, n.f. *Avoir* ou *éprouver de l'horreur pour un monstre, pour un crime. L'horreur qu'on a pour qqn* ou *qqch. Avoir horreur de qqch., de faire qqch. Avoir qqn* ou *qqch. en horreur. Inspirer à qqn l'horreur de qqch.* ou *de l'horreur pour qqch.*

HORS, prép., **HORS DE**, loc.prép.

1. *Hors* ne s'emploie plus comme préposition au sens de «à l'extérieur» que dans quelques expressions figées exprimant l'exclusion par rapport à un ensemble : *Saint-Paul-hors-les-murs, hors banque, hors cadre(s), hors champ (en radio), être hors classe, hors commerce, hors concours, hors jeu, hors ligne, hors la loi, hors rang, hors série, hors texte.* On dit : *hors pair* ou *hors de pair (hors du pair* ne se dit plus). On doit dire : *hors de cause, de combat, de doute, de Paris, de prix, de question, de saison, de chez lui*, etc. *Hors d'usage*, mais *hors service.*

Hors est vieilli et peu courant dans le sens d'«excepté» : *Hors deux ou trois. Nul n'aura de l'esprit hors nous et nos amis* (Molière). *Elle était épuisée, vidée de tout, hors sa volonté de tenir* (Gary, R., *Les racines du ciel*). **Tours littéraires** : *hors que* (suivi de l'indicatif ou du conditionnel) et *hors de* suivi d'un infinitif : *Hors de le battre, il ne pouvait le traiter plus mal* (Ac.). On dit : *sauf* (ou *excepté*) *qu'il ne le battait pas...*

2. **Noms composés.** Ils sont invariables : *un* ou *des* **hors-bord, hors-concours, hors-d'œuvre, hors-jeu, hors-la-loi, hors-ligne, hors-texte.** Mais, si l'on suit les *Rectifications de l'orthographe* de 1990, ils prennent un *s* (ou un *x*) final au pluriel : **hors-bords, hors-jeux**, etc. En dehors de cet emploi comme nom, on écrit sans trait d'union : *Une gravure hors texte. On l'a classé hors concours. Un tireur hors*

concours. Il est hors jeu, hors la loi. Un candidat hors ligne, hors cadre, hors série, etc.

HOSANNA (*h* muet), n.m. Des *hosannas*.

HOSPICE, n.m., se dit très peu. *Un hospice de vieillards, d'invalides.*

HOSTILE, adj., **HOSTILITÉ**, n.f. Construction: *On est hostile à qqn, à qqch. On éprouve (on montre, on marque) de l'hostilité à qqn, à qqch. ou contre, envers qqn, qqch.*

HOT-DOG (*h* aspiré) ou **HOTDOG** (*RO* III.8F), n.m. Des *hot-dogs* ou des *hotdogs*. En français, saucisse chaude en sandwich.

HÔTE, *hôtesse*, n. La femme qui reçoit chez elle ou qui est chargée de l'accueil est l'*hôtesse*. *Une hôtesse de l'air.* Celle qui est reçue est une *hôte*; ou plus souvent: *une invitée.*

HÔTEL-DIEU, n.m.: *Un hôtel-Dieu*, des *hôtels-Dieu.*

HÔTELIER, n.: *Un hôtelier, une hôtelière.* Un seul *l*, mais: une **HÔTELLERIE.**

HOUPPE, n.f., et composés: deux *p*.

HOURRA, interj. et n.m. Des *hourras.*

HOVERCRAFT, n.m. d'une marque enregistrée. À remplacer par *aéroglisseur*. À distinguer de l'**HYDROPTÈRE** (à ailettes), n.m.

Hugo. ▸ H ASPIRÉ ou MUET, 2 (*de Hugo* ou *d'Hugo*). L'adjectif est **HUGOLIEN**; péjoratifs: **HUGOLESQUE, HUGOLÂTRE**; *h* aspiré dans les adjectifs.

HUIS CLOS s'écrit toujours sans trait d'union: *délibérer à huis clos, ordonner le huis clos* (noter *le*, bien qu'on dise *l'huis*).

HUIT, adj. num. et n.m. inv. **Prononciation**: le *t* ne se prononce normalement que devant une pause, une voyelle ou un *h* muet. On ne doit pas se croire obligé de le prononcer devant une consonne dans les dates. ▸ CINQ, DATES, 1; H ASPIRÉ ou MUET, **5.**

HUITAINE, n.f. *Une huitaine (de jours). Ajourner à huitaine. À exécuter sous huitaine* (dans les huit jours).

HUITANTE (quatre-vingts), dét. num., ne s'emploie guère que dans une partie de la Suisse romande, dans le canton de Vaud. ▸ NONANTE.

HUÎTRE, n.f., et dérivés: avec ou sans accent circonflexe. Selon les *Rectifications de l'orthographe* de 1990: **HUITRE, HUITRIER** (n.m. et adj.) *huitrière* (n.f.).

HULULER, v.intr., a un *h* aspiré. On écrit aussi **ULULER, ULULEMENT** (Ac.).

HUMANITÉS, n.f.pl., s'est conservé en Belgique et au Canada, jusqu'aux récentes réformes scolaires, pour désigner le cycle, non seulement supérieur mais complet, de l'enseignement secondaire s'étendant sur six ans.

HUMER, v.tr.dir. *H* aspiré.

HUMEUR, n.f. *Être de bonne humeur. Être d'humeur à faire qqch.* est plus courant que *être en humeur de.*

HUMILIER, v.tr.dir. *On est humilié par qqn, par* (ou moins souvent *de*) *qqch.* ▸ DE, 8, on est humilié *d'avoir fait qqch.*, on est humilié *que* les autres n'aient pas compris.

HURLUBERLU (*h* muet), adj. et n. Féminin: *hurluberlue.*

HURON (*h* aspiré), n.m. et adj. Féminin: *huronne.*

HUSSARD, n.m. *H* aspiré.

HYACINTHE, n.f., ancien nom de la jacinthe, est le nom d'une pierre précieuse d'une couleur jaune rougeâtre et, par extension, d'une étoffe de cette couleur. Comme adjectif désignant cette couleur, *hyacinthe* peut rester invariable.

HYDRE, n.f. *H* muet.

HYDR(O)-, préfixe. *H* muet. ▸ HOVERCRAFT. On écrit *hydroélectrique* (parfois *hydro-électrique*).

HYÈNE, n.f. *H* muet (malgré quelques écrivains): *l'hyène.*

HYGIÉNIQUE, adj. ▸ PAPIER, SERVIETTE.

HYMEN et **HYMÉNÉE**, n.m. (*h* muet), sont poétiques et rares dans le sens de *mariage.*

HYMNE, n.m. *Un hymne*, sauf généralement s'il s'agit d'un cantique latin qui se chante à l'église (*une hymne sacrée*). Mais: *des hymnes protestants. Les hymnes sacrés de Luther* (GR).

HYPALLAGE, n.f. *Une hypallage* est une figure de style par laquelle on attribue à certains mots d'une phrase ce qui convient à d'autres mots de la même phrase: *Ce marchand accoudé sur son comptoir avide.* Le masculin se répand, mais est à proscrire.

HYPER et **HYPO**, employés comme préfixes, forment de très nombreux composés sans jamais être suivis d'un trait d'union.

HYPERMARCHÉ, n.m. Par convention, on distingue, dans les magasins exploités en libre-service, les *hypermarchés*, ayant une superficie de vente de plus de 2 500 m^2 et les **SUPERMARCHÉS**, dont la superficie est comprise entre 400 et 2 500 m^2. La **SUPÉRETTE** a entre 120 et 400 m^2. En fait, on observe qu'*hypermarché* est courant dans le nord de la France et en Suisse et *supermarché* dans le Midi et en Belgique.

HYPOGÉE, n.m., tombeau souterrain. *Un hypogée.*

HYPOTÉNUSE, n.f. Pas d'*h* après *t*; penser au sens: côté qui se *tend* en face de l'angle droit dans un triangle rectangle.

HYPOTHÈQUE, n.f., se dit figurément d'un obstacle qui entrave l'accomplissement de qqch. C'est ainsi qu'une maladie peut devenir pour quelqu'un une hypothèque et que la guérison LÈVE L'HYPOTHÈQUE.

PRENDRE UNE HYPOTHÈQUE SUR L'AVENIR, «engager l'avenir en fonction d'une chose que l'on espère pouvoir acquérir» (*TLF*) ou «disposer d'une chose avant de la posséder» (*GLLF*). HYPOTHÉQUER L'AVENIR, c'est prendre des engagements ou des dispositions qui empêcheront ensuite d'agir librement. ▷ VERBE, Conjugaison, 1.1.

HYPOTHÈSE, n.f. *Dans l'hypothèse où* est suivi du conditionnel: *Dans* (ou *pour*) *l'hypothèse où vous changeriez d'avis.* ▷ CAS, 3; INVERSION, 3.3.4; SI, conj., 1.

IAMBE, n.m. On écrit: *iambe*, **IAMBIQUE**. On ne prononce d'ailleurs pas un *i* mais une semi-voyelle (comme dans *yaourt*).

IBIDEM, adv.: au même endroit. Abréviation: *ibid.*

ICHTYO- a remplacé l'ancienne graphie **ICHTHYO** comme préfixe. *Ichtyosaure.*

ICI, adv.

1. *Ici* s'oppose proprement à **LÀ**; il est cependant souvent remplacé par *là* dans l'usage familier, quand on ne marque aucune opposition: *Je suis là.* Notons qu'au téléphone, pour donner son nom on dit toujours: *Ici, un tel.*

2. Il est inutile de doubler *à côté* ou *en face* par un *ici* qui les précède. On dira: *Veuillez signer ici,* en montrant l'endroit.

3. On écrit **ICI-BAS**, mais *ici dedans, ici dessus, ici même.*

4. **C'EST ICI QUE** a remplacé le tour classique **C'EST ICI OÙ**: *C'est ici que je l'attends.*

5. **D'ICI.** *Je ne suis pas d'ici. Je vois cela d'ici* (peut signifier familièrement: Je l'imagine aisément). Après un complément: *À une semaine d'ici. À quatre pas d'ici.* — *D'ici là, d'ici lors.*

6. **D'ICI (À).** Qu'il s'agisse de temps ou de lieu, *à* s'emploie parfois devant le point d'aboutissement. Il est très souvent omis; il l'est toujours devant *là* et souvent devant *peu*: *D'ici une heure. D'ici huit jours. D'ici (à) Paris. D'ici (à) la fin du mois. D'ici là. D'ici (à) peu de temps.*

7. **D'ICI QUE** et **D'ICI À CE QUE** énoncent un terme simplement envisagé et sont suivis du subjonctif: *D'ici que tu sois revenu* ou *D'ici à ce que tu sois revenu.*

ICÔNE, n.f., «image religieuse», a un accent circonflexe (l'*o* étant fermé). Mais il n'y en a pas dans les autres mots commençant par *icon-*: **ICONOGRAPHIE, ICONOCLASTE**, etc., où d'ailleurs *o* est prononcé ouvert.

IDÉAL, n.m. ou adj. Le pluriel **idéaux** tend nettement à l'emporter sur **idéals**. C'est incontestable pour l'adjectif. Quant au substantif, la distinction faite par l'Académie (*idéaux* employé plutôt dans la langue technique de la philosophie et des mathématiques; *idéals* dans le langage de la littérature, de la morale et des beaux-arts) ne semble pas respectée par l'usage littéraire ou courant, qui emploie *idéals* ou *idéaux* quel que soit le sens, quand il n'évite pas le pluriel.

IDÉE, n.f.

1. **L'IDÉE QUE.** Emploi du mode. On peut s'inspirer des observations faites à propos de *le fait que* (▷ LE FAIT QUE), mais en ne perdant pas de vue qu'à cause de la différence de sens entre un fait et une idée, le subjonctif, assez largement généralisé jusqu'à une certaine mécanisation après *le fait que*, peut s'accommoder parfois de la réalité évidente du fait; tandis que, s'il s'agit simplement d'une idée, l'opposition indicatif-conditionnel-subjonctif marquera mieux l'opposition entre la réalité, l'éventualité ou la potentialité de ce qui est en cause: *L'idée qu'ils n'ont peut-être pas été avertis me rend hésitant. L'idée qu'il **a risqué** sa vie pour moi m'a bouleversé. L'idée qu'il **puisse risquer** sa vie pour moi me bouleverse. L'idée que j'aille le voir ne lui déplaît pas. L'idée qu'il **risquerait** sa vie pour moi, s'il le fallait, me bouleverse. L'idée qu'il est arrivé en retard me poursuit. L'idée qu'il pourrait arriver en retard m'est pénible. L'idée qu'il puisse arriver en retard m'est pénible. L'idée me vient qu'il n'a peut-être pas été averti, qu'il a pu ne pas être averti, qu'il pourrait n'avoir pas été averti;* après *l'idée me vient* (*m'est venue*), le subjonctif est exclu. *L'idée ne m'est pas venue qu'il pourrait être en retard* ou *qu'il pût être en retard* (comme après *je ne pensais pas que*). *Je ne puis me faire à l'idée qu'il m'a trompé, que vous **êtes médecin*** (le fait est présenté comme une réalité), *qu'il*

m'aurait trompé (éventualité peu vraisemblable), *qu'il m'ait trompé* (on peut marquer son désir de rejeter le fait en dehors de la réalité).

Il n'y a évidemment aucun problème dans une phrase comme celle-ci: *On ne m'ôtera pas de l'idée qu'il **a** voulu nous mettre à l'épreuve*; le groupe *l'idée que* est d'un tout autre ordre et accidentel; *l'idée* est mis pour *l'esprit* et *que* n'introduit pas une explicitation de *l'idée* mais le complément de *ôter*.

2. On entend à Liège: [*J'ai idée de faire cela*] dans le sens de *J'ai envie* ou de *J'ai l'intention*; on dira: *J'ai dans l'idée de faire cela* et *Cette cravate n'est pas à son goût* plutôt que [*Cette cravate n'est pas à son idée*].

3. Notons quelques expressions avec *avoir*.

   A. AVOIR IDÉE QUE: être porté à croire que, avoir l'impression que: *J'ai idée que c'est lui qui l'emportera. J'ai idée que c'est à lui que vous faites allusion.*

   B. AVOIR DANS L'IDÉE QUE: croire que. *J'ai dans l'idée qu'il viendra, qu'il est déjà parti.* **Avoir dans l'idée de**, avoir l'intention de (▸ 2): *J'ai dans l'idée d'aller à Paris.*

   C. AVOIR L'IDÉE DE, suivi d'un infinitif: concevoir le projet de, penser à. *J'ai l'idée d'aller à Paris. Je n'ai jamais eu l'idée de vous froisser. Aura-t-il l'idée de nous écrire?*

   D. AVOIR UNE IDÉE DE, suivi d'un nom ou de *ce que*: se représenter, se faire une idée de, imaginer. *J'ai une idée* (ou *je n'ai pas une idée, je n'ai aucune idée, je n'ai pas la moindre idée*) *des difficultés qui nous attendent. As-tu une idée de ce qu'il veut faire?* Ou «avoir une opinion sur»: *As-tu une idée de l'endroit où nous sommes?*

   E. AVOIR IDÉE DE est rare à la forme affirmative: *J'ai idée des difficultés que vous avez rencontrées* (DFC), *j'imagine aisément...* Le tour s'emploie surtout à la forme négative ou interrogative, dans le sens d'*avoir une idée de* (▸ D): ***Vous n'avez pas idée des** difficultés que cela présente. Avez-vous idée de ce qui vous attend? Je n'en ai aucune idée.*

   Mais avec **on**, le même tour négatif, exclamatif ou interrogatif peut signifier: «Comment peut-on même imaginer?»: *On n'a pas idée de cela. A-t-on idée de venir si tard?* Absolument: *A-t-on idée? Est-ce possible?*

4. Notons encore les tours: ***Avoir** une idée, une bonne idée, des idées, beaucoup d'idées. Avoir son idée sur qqn* ou *qqch. **Faire** à son idée* (à sa guise) ou *à celle d'un autre. J'ai mon idée, je sais ce que je veux.* — *Se faire une idée de qqn, de qqch. À l'idée que...* Ordre **d'idées**: *Cette réflexion est étrangère à la question, elle appartient à un autre ordre d'idées* (Ac.). *Se faire des idées. Une idée fixe. Une* IDÉE-FORCE, *des **idées-forces**.* ▸ FORCE. *Des **idées choc**.* ▸ CHOC.

5. Quoi qu'on ait prétendu, on peut dire: *L'idée* (ou *la fantaisie*) **lui** *a pris de venir nous voir. L'idée ne viendra à personne de vous critiquer.* ▸ PRENDRE, 1.

IDENTIFIER, v.tr.dir., **IDENTIQUE**, adj., **IDENTITÉ**, n.f. *Une chose est identique à une autre. Elles sont identiques.* **IDENTIFIER** et **S'IDENTIFIER** se construisent avec à ou **avec**: *On identifie une chose à une autre* ou *avec une autre, un auteur à* (ou *et* ou *avec*) *un de ses personnages. L'auteur refuse de s'identifier à* (ou *avec*) *ses héros.* On établit l'**identité** *d'une chose avec une autre*, ou *l'identité de deux choses entre elles*, ou *l'identité de A et de B*. Mais ce dernier emploi peut être équivoque, car l'identité d'une personne, cela peut être sa personnalité civile (comme dans *une carte d'identité*).

Identifier qqn, sans autre complément, c'est le reconnaître, dire qui il est; *identifier qqch.*, un objet, un bruit, un accent, c'est reconnaître que cette chose appartient à une espèce précise.

IDIOME, n.m., se prononce avec un *o* fermé, mais n'a pas d'accent circonflexe. **IDIOMATIQUE**, adj., *o* ouvert.

IDIOTIE, n.f., et **IDIOTISME**, n.m., ont aujourd'hui deux sens bien distincts. *L'idiotie* est une forme grave d'arriération mentale, ou une action, une parole dignes d'un idiot; *un idiotisme* est une manière de parler propre à un idiome, à une langue (*gallicisme* par exemple).

IDOINE, adj., en dehors de son emploi en langage juridique (propre à), est plutôt plaisant (qui convient parfaitement).

IDOLE, n.f.: *Ce chanteur est une idole pour ses fans.* **Dérivés**: IDOLÂTRE, IDOLÂTRIE, etc., accent circonflexe sur *a*.

IDYLLE, n.f., **IDYLLIQUE**, adj. Attention à *dy*.

IGAME, n.m. Sigle formé des premières lettres de: Inspecteur général de l'administration en mission extraordinaire; se dit, en apposition, d'un préfet itinérant et coordonnateur ou d'un préfet régional.

IGLOU ou **IGLOO**, n.m. *Les **iglous** des Esquimaux.*

IGNÉ, **IGNIFUGÉ**, adj. *Gn* se prononce *g* + *n* ou comme dans *vigne*.

IGNORANT, adj. *Être ignorant des usages, ignorant en chimie.*

IGNORER, v.tr.dir.

1. **Devant un infinitif.** Emploi peu courant: *J'ignorais l'avoir déçu. Il ignore vous avoir fait de la peine.* On dit plutôt *ignorer que.*

2. **Ignorer que.** Grammaires et dictionnaires, plus fidèles à un ancien usage qu'à celui d'aujourd'hui, laissent encore volontiers croire que le subjonctif est le mode habituel après *ignorer que.* C'était vrai autrefois, mais l'usage actuel reflète une manière plus logique de voir les faits. L'objet de l'ignorance ne peut être qu'un fait qui existe ou a existé ; l'indicatif qui suit *ignorer* est donc toujours normal et permis ; l'affirmation de l'ignorance ou de la non-ignorance s'accompagne en effet toujours de l'affirmation de l'existence d'une réalité certaine : *Vous ignorez* (ou *vous n'ignorez pas*) *qu'il était là* ou *qu'on l'aurait reconnu s'il avait été là.* Il est donc faux de prétendre que l'indicatif n'intervient que si l'on affirme le fait comme réel. Il est toujours présenté comme tel, sauf si on se place, quand le verbe *ignorer* est au passé ou au futur, dans l'état où le sujet était ou sera avant toute vérification. Nous verrons plus loin (▸ 3) le cas de *ignorer si.*

Voici l'usage actuel. Après *ignorer* **au présent**, qu'il soit affirmatif, négatif ou interrogatif, on emploie presque toujours l'indicatif (ou le conditionnel s'il y a éventualité) : *Vous ignorez* (ou *vous n'ignorez pas*) *qu'il a été arrêté* ou *qu'on l'aurait reconnu. Ignorez-vous qu'il* **était** *là* ou *qu'on l'aurait su ?*

Après *ignorer* **au futur**, on peut employer l'indicatif ou le subjonctif ; celui-ci se justifie par le fait que le locuteur se place au point de vue du sujet d'*ignorer*, avant toute vérification, ou dans la fiction imaginée : *Jusqu'à l'instant du bal, le comte ignorera que vous* **soyez** *au château* (Beaumarchais, *Le mariage de Figaro*). La comtesse, parlant à Chérubin, sait que celui-ci sera au château, mais elle se place au point de vue du comte pour qui cette présence ne sera pas une réalité. Elle pourrait dire : *Il ignorera que vous* **serez** *au château.* De même : *Il ignorera toujours que vous* **avez** *été son concurrent.*

Après *ignorer* **au passé**, l'indicatif l'emporte nettement, mais il est concurrencé assez fortement par le subjonctif si *ignorer* est affirmatif, beaucoup moins s'il est interrogatif et moins encore s'il est négatif : *J'ignorais qu'il* **était** (ou *qu'il* **fût**) *dans la pièce voisine. Pouvais-je ignorer qu'il* **était** *là ?* (assez rare : *qu'il* **fût** *là ?*) *Je n'ignorais pas qu'il* **était** *là* (rare : *qu'il* **fût** *là*).

Les exemples suivants attestent simplement l'emploi des deux ou trois modes, sans prétendre refléter leur fréquence, qui vient d'être indiquée : *J'ignorais qu'il* **eût** *ce pouvoir* (Bosco, H., *Le mas Théotime*). *Ignorait-il que la dame* **fût** *sourde ?* (Bernanos, G., *Un crime.*) *Nul n'ignorait que l'alcool* **déliait** *la langue de Mathurin* (Ibid.). *Les parents ne pouvaient ignorer qu'elle* **venait** *fréquemment chez lui* (Montherlant, H. de, *Pitié pour les femmes*). *Il*

*n'ignorait pas que, le cas échéant, (...) Sun n'***hésiterait** *pas à l'abandonner* (Malraux, A., *Les conquérants*).

3. **Ignorer si**, *ignorer pourquoi, qui,* etc. (interrogations indirectes) sont toujours suivis de l'indicatif ou du conditionnel : *J'ignorais où il était, s'il accepterait, comment il s'y prendrait. J'ignore s'il est capable de le faire.*

4. **Ne pas ignorer de qqch.** est un tour vieilli, qui survit seulement dans l'expression négative *pour* (ou *afin*) **que nul n'en ignore** (afin que tout le monde le sache).

5. [*Vous n'êtes pas sans ignorer*], qui veut dire proprement, parce que les deux négations se détruisent : «Vous ignorez», ne peut être substitué à **Vous n'êtes pas sans savoir**, vous savez certainement. Hésite-t-on sur le sens de *n'être pas sans le sou, sans charmes* (avoir de l'argent, des charmes) ?

6. **Ignorer qqn** a pris depuis longtemps par extension les sens de «manifester de l'indifférence à l'égard de qqn», «feindre de ne pas connaître qqn», «ne pas tenir compte de». *Quand je le rencontre, il m'ignore.*

IL, pr.pers.

1. **Prononciation.** Il convient de prononcer *l*, même devant une consonne. La prononciation *i* dans ce cas est relâchée, mais courante.

2. *Il* **neutre.** En dehors de son emploi dans les formes impersonnelles (*il est vrai, il se peut,* etc.), il n'apparaît comme sujet, avec la valeur de *ce, ceci, cela* ou pour représenter un pronom neutre (*ce, ceci, cela, ce qui, ce que, tout,* etc.), que par archaïsme : *Ce que tu m'as dicté, Je veux de point en point qu'il soit exécuté* (Racine). ▸ CE, 2.4.

3. *Ce qu'il* et *ce qui.* ▸ CE QUI, 4.

4. **IL EST** pour *il y a* est littéraire ou archaïque et d'un emploi limité (jamais pour marquer le temps, la distance. On dit : *Il y a huit jours, il y a dix kilomètres*). *S'il est des jours amers, il en est de si doux !* (Musset.) *Il n'est pire sourd que celui qui ne veut pas entendre.*

   IL N'EST QUE DE, devant un infinitif, signifie comme autrefois «le mieux est de, il n'y a rien de tel que de» (*Il n'est que de jouer d'adresse en ce monde*, Molière), mais aussi tout simplement «il suffit de, il n'y a qu'à» : *Si vous doutez, il n'est que de vous informer.*

5. **IL N'Y A QUE, IL N'Y A PAS QUE** : *Il n'y a qu'à essayer. Il n'y a qu'eux qui puissent vous renseigner.* Le contraire est : *Il n'y a pas qu'eux qui puissent vous renseigner* (D'autres peuvent...). L'indicatif, dans les deux cas, insisterait sur la réalité : ils peuvent vous renseigner.

6. IL N'EST PAS (ou IL N'Y A PAS) JUSQU'À est suivi du subjonctif avec *ne* seul: *Il n'est pas jusqu'au domaine de la vie moderne où elle* (la technique) *ne se puisse prévaloir de ses services* (J. Rostand). Les deux négations se détruisent: même dans le domaine de la vie moderne, elle peut se prévaloir. De même: *Il n'y a pas de jour où je ne me dise* (chaque jour je me dis). ▶ NE employé seul, 7.1.2.

7. IL N'Y A DE (BON) QUE, TOUT CE QU'IL Y A DE, IL N'Y A PAS PLUS... QUE, CE QU'A DE: accord de l'adjectif ▶ ADJECTIFS QUALIFICATIFS, 2.8 et 2.11.

8. *Ils* désigne parfois un nombre indéterminé de personnes qu'on ne peut ou ne veut nommer: *Qu'ils y viennent, maintenant!*

ÎLE-DE-FRANCE, deux traits d'union. *Le francien était la langue de l'Île-de-France. La région administrative d'Île-de-France.*

ILLUSIONNER, v.tr.dir., ILLUSIONNISME, ILLUSIONNISTE. Deux *n*. *Illusionner qqn* est beaucoup plus rare que S'ILLUSIONNER. Absolument: *Je m'illusionne peut-être.* Avec un complément: *S'illusionner sur qqn* ou *qqch.*

ILOTE, n.m., venu du grec, n'a pas l'accent circonflexe d'ÎLE, autrefois écrit *isle.*

IMAGINER, v.tr.dir., S'IMAGINER. **Construction et accord**: *Il imagine de se présenter à ce concours* (il a l'idée de). *J'imagine* (je suppose, je me doute, en plaçant cela sur le plan des choses réelles) *que vous ne souhaitez pas qu'on vous réponde. Imaginons* (supposons) *qu'on veuille nous consulter. Je n'imagine pas qu'il se soit dérangé pour rien. Je n'imaginais pas que cela fût interdit. Elle n'imaginait pas qu'on pût lui en vouloir;* l'indicatif, *qu'on pouvait,* soulignerait la réalité du fait subordonné (elle ne se doutait pas que...). Mais, si une latitude existe dans l'emploi du mode, on ne fait pas normalement se succéder les deux modes en dépendance d'un même verbe: *Pas un habitant (...) n'imaginait que Brasc-le-Noir était un homme et qu'il fût mort* (Gallo, M., *Que sont les siècles pour la mer*). — S'IMAGINER: *Il s'imagine* (il croit sans fondement) *avoir tous les droits* ou *qu'il a tous les droits. Il s'imagine qu'on le laisserait faire. Il s'imagine qu'on lui en veut. Vous imaginez-vous que je vais tolérer cela? N'allez pas vous imaginer qu'on vous en veuille ou qu'on vous en veut.* — *Elle s'est imaginé qu'on lui en voulait. Elle s'est imaginé avoir* (ou *qu'elle avait*) *raison. Elle s'est imaginée riche. Elle s'est imaginée* (ou *vue*) *à cent ans. Je me la suis imaginée autrement.* ▶ PARTICIPE PASSÉ, 5.2.5 et 6.

IMBÉCILE, adj. et n.; sens beaucoup plus fort qu'en français classique.

IMBÉCILITÉ, n.f., s'est écrit longtemps avec deux *l*, mais peut s'écrire avec un *l* selon l'Académie et selon les *Rectifications de l'orthographe* de 1990 (*RO* III.10H).

IMBROGLIO, n.m. On peut franciser le mot en prononçant *g*. Des *imbroglios*.

IMITER, v.tr.dir. *Imiter qqn. Imiter l'exemple, la conduite de qqn.*

IMMARCESCIBLE, adj., qui ne peut se modifier, se flétrir.

IMMATURE (sans accent), adj., qui n'a pas atteint sa maturité. Emprunté au latin mais influencé par l'anglais.

IMMENSURABLE, adj., qui ne peut être mesuré parce que trop grand. «On dit souvent dans le même sens INCOMMENSURABLE» (Ac.). ▶ INCOMMENSURABLE.

IMMINENCE, n.f., et IMMINENT, adj., peuvent aujourd'hui s'employer sans qu'il soit question de menace, de danger; l'idée de *proche* l'emporte: *Le départ imminent du train. L'imminence du sommeil* (TLF).

IMMISCER (S'), s'introduire indûment ou indiscrètement dans des choses qui sont de la compétence d'autrui (non pas dans des papiers, ni dans un groupe): *S'immiscer dans les affaires d'autrui.*

IMMIXTION, n.f. Prononcer *k + s + y*. Attention à *xt*.

IMMONDICES, n.f.pl., est rare au singulier. *Les immondices enlevées.*

IMMUABILITÉ et IMMUTABILITÉ, n.f., synonymes, correspondent au seul adjectif IMMUABLE.

IMPACT, n.m., désigne proprement le choc d'un projectile (*point d'impact*); d'où: le trou, la trace qu'il laisse à l'endroit qu'il a heurté violemment. Au figuré: l'effet de surprise, de choc. L'Académie souhaite avec raison qu'on ne dépasse pas ce sens, où apparaît encore l'idée d'une action forte, brutale. Mais le mot est pris couramment dans le sens, même affaibli et favorable, d'influence, de conséquence, et ne doit pas pour autant changer de genre.

Imparfait de l'indicatif

1. PRONONCIATION

Lorsque la terminaison *-ions, -iez* s'ajoute à un radical verbal où l'on entend pour finir *i* ou la semi-voyelle *y* (yod), l'usage courant français ne marque pas la différence entre le présent (*nous sourions, nous essayons, nous travaillons*) et l'imparfait (*nous souriions, nous* *essayions, nous travaillions*). Il n'est certes pas incorrect de marquer la différence par un double yod ; c'est même souvent utile.

2. EMPLOI

2.1. VALEUR

La valeur fondamentale de l'imparfait est une valeur d'aspect : le fait passé est saisi dans son aspect de durée, d'inachevé, comme en train de se dérouler, en dehors de son commencement et de sa fin. On dit parfois que c'est le présent du passé ; mais plusieurs temps passés expriment certains aspects du présent. L'imparfait s'oppose au passé simple et au passé composé (▷ PASSÉ SIMPLE, 2 et PASSÉ COMPOSÉ, 1.3) et, grâce à sa valeur fondamentale exprimant une portion imprécise de la durée et aussi grâce au contexte, il indique notamment à un moment du passé :

2.1.1. **La durée, l'accomplissement en cours**

A. La durée

En juillet, j'étais à la campagne. Je lisais pour passer le temps. Notons qu'il suffit d'ajouter une précision temporelle pour que, le procès n'étant plus saisi dans une partie seulement de sa durée mais dans la totalité de celle-ci, l'imparfait ne soit plus justifié :

> *J'ai lu toute la journée. Il marcha trente jours, il marcha trente nuits. Il allait muet, pâle et frémissant aux bruits* (Hugo, V., *La conscience*).

B. L'imparfait narratif

Au lieu d'employer le passé simple ou le passé composé, on peut aussi (et des écrivains le font volontiers) présenter l'action, même si elle n'était qu'instantanée, sous un jour descriptif, comme si elle avait une certaine durée. C'est l'imparfait narratif ou pittoresque :

> *Il entra à l'hôpital le 15 ; huit jours après, il en sortait guéri.*

C. L'imparfait n'a pas de valeur causale

C'est à tort qu'on attribue à l'imparfait une valeur de cause ou d'explication due au contexte :

> *Il pleuvait ; j'ai lu toute la journée. Il entendit un cri : une femme l'appelait.*

C'est le rapprochement des verbes qui, grâce à leur sens, marque la cause ou donne l'explication ; l'imparfait n'exprime que la durée, saisie dans une portion imprécise.

> Comparez : *Elle s'évanouissait, on la porta devant la fenêtre* et *Elle s'évanouit, on la porta devant la fenêtre.* Dans cette dernière phrase, le rapport de cause à effet n'est pas moins certain, mais avec cette différence que les deux procès, mis au passé simple, sont présentés dans leur succession ponctuelle.

> *Toute la salle fut émue : les tribunes pleuraient* (Michelet) ; si l'on remplace les deux points par une virgule et si l'on emploie deux passés simples, on ne donne plus un exemple de l'émotion mais un nouveau fait, on établit une progression dans le récit.

D. L'imparfait de simultanéité

Ce qu'on appelle l'imparfait de simultanéité exprime aussi la durée imprécise. On peut le trouver dans la proposition principale (base de la phrase) : *Il téléphonait quand je suis arrivé* (il était en train de téléphoner). Ou après une conjonction impliquant une certaine durée (*comme, tandis que, pendant que, alors que*) :

> *Comme on lui demandait ce qu'il pensait, il répondit...*
> *Tandis que je me promenais, il alla voir son ami.*

2.1.2. **La durée et la répétition**

L'imparfait peut indiquer la répétition régulière mais indéfinie ou l'habitude. Encore une fois, c'est l'aspect duratif (une portion de la durée) qui est marqué, joint d'ailleurs à l'aspect itératif :

> *Elle s'habillait à la dernière mode. À cette époque, elle s'habillait à la dernière mode.*

Mais si la période devient plus précise et est mieux délimitée, la raison d'employer l'imparfait disparaît.

> Comparer : *À partir de son mariage, elle s'habilla* (ou *elle s'est habillée*) *à la dernière mode. Pendant deux ans, elle s'habilla à la dernière mode.* Le procès à l'imparfait est considéré dans sa durée indéfinie comme sur une ligne de durée ; chaque fois qu'il s'accomplit, on en saisit une tranche, qui est elle-même de durée indéfinie : *Chaque année, il allait à la mer.* Comparer : *Pendant cinq ans, il a passé chaque été à la mer.*

2.1.3. **L'inachèvement, l'interruption ou l'imminence contrariée**

A. Règle générale

L'action se déroulait mais a été interrompue par une autre, ou allait avoir lieu si une autre ne s'était pas produite : *Il lisait quand je suis entré* ; on voit que l'action interrompue est saisie dans sa durée, inachevée. *Il était temps ; un moment après elle partait* (elle allait partir ; un moment après elle serait partie). Employé ainsi au lieu du conditionnel passé, l'imparfait peut exprimer un fait brusque, frappant, définitif qui ne s'est pas produit mais qui se serait produit si une condition avait été réalisée ; l'emploi de l'indicatif souligne la certitude :

> *S'il était venu plus tôt, je refusais de le voir. Il serait venu plus tard, je recevais. Un peu plus, (et) il nous renversait. J'aurais discuté, j'obtenais deux mille francs* (Dutourd, J., *Pluche*). *Sans son aide, je tombais.*

▷ SI, conj., 1.3.

B. Avec *devoir, falloir, pouvoir, valoir mieux*

Avec les verbes *devoir, falloir, pouvoir* et l'impersonnel *valoir mieux*, suivis d'un infinitif, ce n'est pas une conséquence infaillible qu'on exprime à l'imparfait au lieu du conditionnel passé ; aucune condition n'est d'ailleurs exprimée ni sous-entendue. *Il ne fallait pas le dire* (Vous n'auriez pas dû le dire). *Il fallait y penser. Tu devais y penser. Mieux valait m'avertir. Vous deviez normalement gagner.* On notera que *devoir*, à l'imparfait, suivi d'un infinitif, peut aussi exprimer un futur du passé : *Ils le quittèrent. Ils ne devaient plus le revoir* (Ils ne le reverraient plus). ▶ DEVOIR, N.B., 2.

2.2. DANS LE DISCOURS INDIRECT

Parce que l'imparfait marque que l'action est vue du passé, il intervient, après un temps passé, dans le discours indirect et dans le discours indirect libre pour traduire un indicatif présent, sans qu'on se soucie de la durée, de la répétition, etc. Il s'agit en fait d'une concordance des temps, qui ne s'impose pas seulement dans la transposition du discours direct en discours indirect, mais après tout verbe principal au passé. Dans *Je savais* (ou *je croyais*) *qu'il était malade*, la subordonnée exprime bien un passé, comme en 2.1. Tandis que dans *On m'a dit qu'il était à l'hôpital et je vais lui faire une visite*, l'imparfait *il était* traduit «il est» du discours direct et exprime même, à cause du contexte, une présence encore actuelle à l'hôpital. Discours indirect libre : *Il protesta. Pour qui le prenait-on ?* («Pour qui me prend-on ?»).

Observons ici que si le fait rapporté est encore actuel, on peut le mettre au présent ou à l'imparfait : *On a dit que l'argent ne **fait*** (ou *ne **faisait***) *pas le bonheur* (citation d'un proverbe). *On m'a dit qu'il **est*** (ou ***était***) *à l'hôpital.* On emploie plus souvent l'imparfait, surtout après une forme en *-ait* ou en *-rait* : *Je ne savais pas que c'était lui le responsable. Je n'aurais jamais cru que c'était à lui qu'il fallait s'adresser* (ou *que c'est à lui qu'il faut s'adresser*). Le contexte doit dissiper l'équivoque.

2.3. EMPLOIS STYLISTIQUES

On utilise parfois la valeur temporelle de l'imparfait pour produire des effets particuliers. Nous avons déjà noté l'emploi du type *Sans son aide, je tombais* au lieu de *je serais tombé* (▶ 2.1.3). Ajoutons le cas où l'imparfait marque l'**atténuation** avec quelques verbes : *Je voulais vous demander si vous êtes d'accord. Je voulais vous dire, à ce propos, qu'il ne faut pas compter sur moi. Je venais vous prier de le recevoir. Je pensais que vous feriez peut-être bien de lui écrire.* Le recul apparent dans le passé, alors qu'on est en train de faire ce qu'on exprime au passé, traduit un certain recul de déférence à l'égard de l'interlocuteur.

2.4. *SI* ET L'IMPARFAIT

Quand le verbe principal est au conditionnel, on exprime à l'imparfait, après *si*, un fait présent ou futur :

Si j'étais libre, je vous accompagnerais. Si vous assistiez demain à notre réunion, vous ne le regretteriez pas.

▶ SI, conj., 1.

C'est dans le même sens qu'on emploie l'imparfait après *si* (sans énoncer un conditionnel) dans une exclamation exprimant un souhait, un regret :

Si je pouvais me rendre libre ! Si jeunesse savait !

Imparfait du subjonctif

▶ SUBJONCTIF, 2 et CONCORDANCE DES TEMPS, 2.

IMPARTIR, v.tr.dir. (se conjugue comme *finir*), c'est donner en partage, attribuer (*Les dons que la nature lui a impartis ; la tâche qui m'a été impartie*) ou, en droit, accorder (presque toujours un laps de temps) : *La loi lui impartit un délai de deux mois.* Mais on n'impartit pas des instructions, des ordres.

IMPASSIBLE, IMPAVIDE, adj. En donnant ces deux adjectifs comme synonymes, des dictionnaires favorisent une confusion à éviter. Celui qui est *impassible* ne montre ou n'éprouve aucune émotion, aucune souffrance (du latin *pati*, souffrir). *Impavide*, d'un sens moins large, renvoie au mot latin *pavor*, peur, et se dit de celui qui ne montre ou n'éprouve aucune peur.

IMPATIENCE, n.f., **IMPATIENT**, adj. On ne dit plus *avoir impatience de*. On dit : *Être impatient* (ou *être dans l'impatience*) *de faire qqch. J'ai voulu calmer son impatience de vous voir. On **s'impatiente** de qqch.* **Impatient que**, suivi du subjonctif, est un tour classique, aujourd'hui peu courant : *Je suis impatient qu'il revienne,* j'attends avec impatience que...

IMPECCABLE, adj., ne se dit plus guère, en parlant des personnes, dans le sens de «qui ne peut pécher, faire une faute, se tromper» (*un poète impeccable*). Il se dit au contraire couramment des choses qui n'ont aucune irrégularité, aucun défaut : une conduite, une tenue, une toilette, un vers, une expression, un raisonnement, une façon d'agir, etc.

IMPENSABLE, adj., s'est imposé dans le sens de «inimaginable, incroyable», mais il ne signifie pas «impossible, inadmissible» ; il implique souvent un jugement sévère.

Impératif présent

1. CONJUGAISON

Sauf pour *avoir, être, savoir, vouloir*, l'impératif présent reproduit les formes correspondantes de l'indicatif présent; mais la 2e personne du singulier ne se termine pas par *es* ni *as*, sauf devant les pronoms *en* et *y* non suivis d'un infinitif:

> *Chante*; *va*; *donnes-en une*; *prenez-en*; *pensez-y*; *vas-y*. Notons: *Va en Amérique* (*en* est préposition). *Va y voir toi-même. Va en chercher* (*en* et *y* dépendent d'un infinitif).

2. PLACE ET FORME DU PRONOM COMPLÉMENT

2.1. TRAIT D'UNION

2.1.1. **Un seul pronom complément**

Il peut être sujet de l'infinitif. ▷ INFINITIF, 2.

A. L'impératif est affirmatif

Il suit l'impératif affirmatif sous la forme *moi, toi, le, la, lui, nous, vous, les, leur* (*moi* et *toi* peuvent être compléments directs ou indirects). *Écoute-moi. Dis-moi. Écoutons-la chanter. Lave-toi. Laisse-le venir. Parle-lui*. Trait d'union.

B. L'impératif est négatif

Si l'impératif est négatif, le pronom précède: *Ne te baisse pas. Ne me parle pas. Ne les laisse pas venir.*

C. Pronom sujet ou complément de l'infinitif

Si ce pronom est sujet ou complément de l'infinitif, mêmes constructions après les verbes transitifs *écouter, entendre, faire, laisser, mener, sentir, voir*, etc.; mais le trait d'union est omis après un intransitif comme *aller, courir, venir* et après *vouloir*:

> *Faites-le venir* ou *enlever. Fais-moi appeler. Ne me fais pas appeler. — Va* (ou *cours*) *le prévenir. Viens me voir. Veuillez m'excuser.*

D. Élision ou liaison de *le, la, les*

Le, la, les ne s'élident ni ne se lient après l'impératif quand il n'y a pas d'autre pronom complément:

> *Fais-le abattre. Envoie-la annoncer la nouvelle. Jette-les à l'égout. Dites-le avec des fleurs.* Mais *Laisse-l'y aller* (▷ 2.1.2.B).

2.1.2. **Deux compléments (pronoms personnels, *en* et *y*)**

A. Succession de *en* et *y*

On évite aujourd'hui la succession de *en* et de *y* ou de *y* et de *en*.

> Littré préconisait: *Mettez-y-en. Expédiez-y-en.* Cela ne se dit plus; on tourne la phrase autrement: *Mettez-y un peu de bonne volonté. Expédiez-en à tel endroit. Mettez-en dans le placard.*

B. *En* ou *y* à la suite du pronom personnel

Fiez-vous-y. **Menez-nous-y**. *Prenez-l'y. Abstenez-vous-en.* **Parlez-lui-en**. Deux traits d'union s'il n'y a pas d'apostrophe.

Mais on hésite souvent à accepter dans ce cas les deux formes *m'y, t'y*, qui sont pourtant correctes:

> *Menez-**m'y**. Fie-**t'y**. Prends-**t'y** adroitement. Rends-**t'y** tout de suite. Rends-**t'en** compte.*

Certains préfèrent à tort: *Mènes-y-moi. Fies-y-toi.* Généralement on tourne la phrase autrement: *Veux-tu m'y mener? Tu peux t'y fier.* Si les deux pronoms ne dépendent pas de l'impératif, on dit fort bien: *Va m'y attendre.* La langue populaire dit: [*Menez-moi-z-y. Donnez-lui-z-en. Abstiens-toi-z-en*].

Le, la ne subissent l'élision, après un impératif positif, que devant *en* ou *y*:

> *Laisse-le entrer* mais: *Laisse-l'y aller; Fais-la entrer* mais: *Fais-l'en sortir; Envoie-l'y quelques jours.* On entend cependant: *Envoie-le y passer quelques jours. Laisse-le y aller.*

Si l'impératif est négatif: *Ne t'y fie pas. Ne l'y mène pas. Ne vous y fiez pas. Ne t'en vante pas.*

C. Ordre des compléments direct et indirect

Après un impératif affirmatif, le complément direct précède généralement le complément indirect: **Rends-le-moi**. *Tiens-le-toi pour dit. Accordez-les-lui. Envoyez-les-leur.* Deux traits d'union.

Mais on trouve l'ordre inverse, surtout dans la langue parlée: *Accorde-toi-les.* On dit plutôt cependant: *Accorde-les-toi.* Avec *le*, il y a encore moins d'hésitation; on ne le place guère après un autre pronom, surtout en fin de phrase; on dit: *Accorde-le-toi.*

Dans **se le tenir pour dit**, on dit généralement: **Tiens-le-toi pour dit** plutôt que **tiens-toi-le** pour dit. Cette dernière construction est au contraire courante avec *nous* et *vous*: **Tenez-vous-le** pour dit, mais on peut dire: **Tenez-le-vous** pour dit.

D. Compl. de l'impératif et compl. de l'infinitif

Si l'on a un complément de l'impératif, qui peut être sujet de l'infinitif (▷ INFINITIF, 2), et un complément direct de l'infinitif, on place d'abord le sujet de l'infinitif, même s'il est au datif. Toutefois, *le, la, les* précèdent *lui, leur*: *Regarde-la nous imiter* (noter qu'il n'y a pas de trait d'union entre les deux pronoms).

> *Écoutez-les vous applaudir. Écoutez-la les applaudir. Écoutez-moi l'expliquer* (c'est moi qui explique). *Écoutez-le m'expliquer la chose. Laisse-moi t'en parler. Laisse-moi le répéter. Laissez-les le répéter.*

Laisse-le-leur faire. Laissez-le-leur répéter. On remarque dans ces deux dernières phrases, où peut se glisser une équivoque, deux traits d'union, parce que le second pronom est sujet de l'infinitif; si on marquait une pause, on supprimerait le trait d'union, mais le sens ne serait plus le même: *Laissez-le leur répéter l'avertissement.*

Il n'y a pas lieu d'hésiter après *faire. Le, la, les* sont en première position: *Faites-la-leur envoyer. Fais-le-moi savoir. Faites-le-lui comprendre.* On met un second trait d'union parce que les deux pronoms forment avec l'impératif un seul groupe phonétique.

2.2. Apostrophe

Nous avons vu (▶ 2.1.2.B) les cas où intervient l'apostrophe, excluant le trait d'union: *Va-t'en, Attache-l'y,* etc.

2.3. Coordination de deux impératifs

Deux impératifs coordonnés se construisent tous deux comme si chacun était seul: *Viens me voir. Dis-moi ce que tu penses. Viens me voir et dis-moi ce que tu penses.* Mais on recourt encore parfois, non sans affectation, à l'usage classique, qui faisait précéder de son complément le second impératif: *Poète, prends ton luth et me donne un baiser* (Musset).

IMPÉRIEUX, adj., ne veut pas dire seulement, comme **IMPÉRATIF**, «qui exprime un ordre». Il suppose un ton (ou qqch.) qui n'admet aucune résistance: *Un ton, une consigne, un geste, un air* peuvent être *impératifs* ou *impérieux*, mais on parle d'*un besoin impérieux*, d'*une obligation impérieuse*, d'*un maître impérieux.*

Impersonnels (verbes)

1. En littérature

On trouve, beaucoup moins qu'autrefois, chez de bons écrivains des tours impersonnels qu'il faut leur laisser comme des raffinements de style, bien qu'on les entende parfois dans le langage parlé:

> *Il s'endormit un adolescent au premier. Il s'endormit une femme au second* (Romains, J., *Mort de quelqu'un*).

L'auteur accorde beaucoup moins d'attention et d'importance à l'identité des personnes qui s'endorment qu'à la progression du sommeil, d'un étage à l'autre. Il ajoute d'ailleurs: *Alors le sommeil fut dans tout l'étage,* et il a dit plus haut: *On eut sommeil sous les combles.* Mais parfois on chercherait en vain une telle justification stylistique:

> *Il allait commencer pour moi une dure période de persécution permanente* (Triolet, E., *Le premier accroc...*). *Entre des nuages très gris, il parut des morceaux de ciel infiniment purs et décolorés* (Romains, J., *Mort de quelqu'un*). *Il circulait des marchands de poivre* (Vian, B., *L'herbe rouge*).

Le tour devient plus étrange encore, plus littéraire, si le nom qui suit le verbe impersonnel est un nom propre ou s'il est précédé de l'article défini. Damourette et Pichon citent plusieurs exemples (t. IV, ch. XVIII):

> *Il vous arrivera Mademoiselle Flore Brazier* (Balzac); réponse à une demande: *Qu'arriva-t-il de tout ceci? Il partit la moitié du corps saxon* (Thiers). *Il nous monta aussitôt l'arôme exquis de ces pâtés de ménage que l'on ne sait faire qu'en province* (France).

2. Dans l'usage courant

Il est délicat de fixer, dans l'usage courant, les limites précises de ce passage à l'impersonnel. Il est certain qu'avec quelques verbes (*il y a, il faut, il manque, il reste*) cet emploi impersonnel peut être suivi d'un nom propre ou d'un nom déterminé, d'un nom précédé de l'article défini ou indéfini ou partitif:

> *Il y a là Paul Dupont, le pavillon de chasse. Il y a un bosquet, du verglas, d'autres sentiers, quelques arbres. Il y a dix jours. Pour résoudre cette difficulté, il faudrait Paul Dupont, le professeur, un dictionnaire, du temps. Il manque l'essentiel, quelques francs, la clé.*

D'autres verbes comme *il est, il existe* et ceux qui expriment une situation qu'on décrit ou qui est en train de se produire ou qqch. qui survient, comme *il neige, il passe, il pleut, il nage, il tombe, il souffle, il règne, il s'élève, il arrive, il vient, il naît,* etc., se construisent facilement avec un nom précédé de l'article indéfini:

> *Il fut un temps. Il était une fois une fille de roi. Il existe une solution. Il neige de fines paillettes. Il pleut des fleurs. Il nage une pomme de terre dans la sauce. S'il passe une voiture. Il tombe une neige fine. Il souffle un vent de tempête.*
> *— Il régnait une fraîcheur de cave chez sa grand-mère* (Mauriac, Fr., *Destins*). *Il s'élève une brise légère. Il arrivera un malheur. Il vient un temps où l'on perd patience. Il m'est venu une idée. Il naît et il meurt des astres.*

Tout cela paraît normal. Plus étranges, plus littéraires: *Il naquit sur la terre un ange* (Vigny, A. de, *Eloa*). *Bientôt, au bord du chemin, il apparut une maison* (Triolet, E., *Le premier accroc...*). Avec l'article défini, le tour est infiniment plus rare:

> *La matinée était très douce; et il venait vers nous des hauts quartiers de Micolombe (...) les parfums de la lavande et de l'hysope* (Bosco, H., *Le mas Théotime*).

IMPÉTRANT, n.m. (du verbe *impétrer*, du latin *impetrare*, obtenir), se dit de celui qui a obtenu une charge, un titre, un diplôme, et non du postulant.

IMPLANTER, v.tr.dir., et **S'IMPLANTER** se disent, au figuré, de ce qui est introduit de façon durable, établi solidement.

IMPLIQUER, v.tr.dir., en dehors du sens, appliqué aux **choses**, de «contenir en soi, comporter de façon implicite» (*Ce mot implique telle idée. Cela implique contradiction*, est contradictoire. *Votre présence implique que vous étiez au courant*), ne se dit pour les **personnes** que d'une affaire fâcheuse, d'une accusation (*Impliquer qqn dans un procès, dans un scandale*). On n'est *impliqué dans un accident* que si on en est responsable. Sinon, on est *pris* dans un accident. **IMPLICATION**, n.f., a les sens correspondant au verbe. Au pluriel, «conséquences».

Impliquer que est suivi de l'indicatif ou du subjonctif, selon que le fait subordonné est réel ou simplement supposé: *Cela implique qu'il a tort. — L'idée qu'elle aurait pu devenir riche en économisant, en plaçant son argent, impliquait qu'elle tirât parti de possibles avantages de sa condition* (Lainé, P., *La dentellière*).

IMPORT, n.m., dans l'opposition **IMPORT-EXPORT**, peut sembler une abréviation d'*importation* et désigne le commerce de produits importés. Mais on l'emploie en Belgique dans le sens d'*un montant* en parlant d'une facture [*d'un import de mille francs*].

IMPORTANT, adj. et n.m. ▸ ESSENTIEL. *L'important est qu'il ne le sache pas* ou, si l'on souligne la réalité, *qu'il ne le sait pas*.

IMPORTER, dans son emploi impers.: *Il importe de dire* ou *que vous disiez*. Après *ce que*, devant de et un infinitif ou devant *que* (suivi du subjonctif), on emploie *il importe*: *Voilà ce qu'il importe de faire. Voilà ce qu'il importe que vous fassiez*. Mais: *Voilà ce qui importe. Ce qui importe, c'est que vous compreniez*. ▸ N'IMPORTE QUI.

QU'IMPORTE, PEU IMPORTE, N'IMPORTE. ▸ VERBE, Accord, 2.3.3.

IMPOSER, v.tr.ind., et **EN IMPOSER** peuvent l'un et l'autre, quoi qu'on dise, signifier «inspirer du respect, de l'admiration» ou «faire illusion, tromper, en faire accroire»: *Il imposait par la taille* (Bossuet). *Les bourgeoises n'excitent pas Chamard (...); elles lui imposent. Il leur préfère les femmes du peuple; il se met à l'aise en face de celles-ci* (Estang, L., *Les stigmates*). *Le fourbe qui longtemps a pu vous imposer* (Molière). Correct, mais vieilli ou littéraire dans ces trois phrases, *imposer* serait généralement remplacé par *en imposer* dans l'usage actuel.

IMPOSSIBLE.

1. **Adj**. Sens. Il ne signifie pas seulement «qui ne peut se faire, qui ne peut être» (*Rien ne lui est impossible. Pour lui, rien n'est impossible*). Il a depuis longtemps d'autres sens, par extension: «qui ne peut pas avoir d'issue, de solution» (*Une situation impossible*), «qui est très difficile à faire, à supporter, etc.» et dans ce sens il peut se mettre au comparatif ou au superlatif (*Rien n'est plus impossible que cela*, Pascal. *Il faut se persuader qu'il n'y a rien de plus impossible*, Mme de Sévigné), «qui semble ne pas pouvoir exister» (*Un vert impossible*), «bizarre, extravagant, insupportable» (*Un caractère impossible. Cet homme devient impossible*).

   On dit avec à: *Un homme impossible à émouvoir. Une chose impossible à admettre. Une quantité impossible à évaluer*. Avec **il y a**: *Il n'y a là rien d'impossible à faire*. Avec **à ce que** et le subjonctif: *Il n'y a rien d'impossible à ce qu'il réussisse*. On peut sous-entendre *il n'y a*: *Rien d'impossible à ce qu'il vienne. Quoi d'impossible à ce qu'il vienne?*

   Avec **IL EST IMPOSSIBLE** on emploie **de** devant l'infinitif: *Il est impossible de faire mieux*. Avec ellipse: *Impossible de faire mieux*. On emploie **que** et le subjonctif: *Il est impossible qu'il soit à l'heure. Il est impossible qu'il puisse vous rencontrer. Il n'est pas impossible qu'il soit à l'heure* (ne pas employer *ne* dans la subordonnée). *Il est impossible qu'on ne l'ait pas averti*.

2. Comme **nom**: *À l'impossible nul n'est tenu*. Dans le sens de «tout ce qui est possible»: *Il fait l'impossible pour nous contenter*.

IMPOSTEUR, n.m. *Cette femme est un imposteur* (**impostrice** est très rare).

IMPRÉGNER, v.tr.dir. ▸ VERBE, Conjugaison, 1.1. *Imprégner d'eau une éponge. Il est imprégné de préjugés. Une impasse imprégnée d'odeurs de cuisine. Le brouillard imprègne toute la ville. Ce discours est imprégné de pessimisme. Elle s'est*

301

imprégnée de votre enseignement ou *Votre enseignement l'a imprégnée. Le bois s'est imprégné (ou est imprégné) d'eau.*

IMPRESARIO ou **IMPRÉSARIO**, au pluriel des *impresarii* ou des *impresarios* ou des *imprésarios* (*RO* III.9G); n.m., italien francisé, se prononce cependant avec *s*, rarement avec *z*.

IMPRESSION, n.f. *Procurer une impression de bien-être. Faire (une) bonne impression. Faire (une) mauvaise impression. Avoir l'impression d'être (ou qu'on est) indiscret.*

IMPRESSIONNANT, adj., **IMPRESSIONNER**, v.tr.dir. Deux *n*. *Ce spectacle était impressionnant. Sa mort m'a impressionné. Elle est* **IMPRESSIONNABLE**.

IMPRIMATUR, n.m., invariable ou non: des *imprimatur* ou des *imprimaturs*.

IMPRIMER, v.tr.dir. *Imprimer un mouvement à une machine, imprimer une direction, une impulsion, imprimer un livre, un auteur.*

IMPROMPTU (pron. *on + p + t*). L'**adverbe** est vieilli (*parler impromptu*), comme À L'**IMPROMPTU** (à l'improviste, sans préparation). Le **nom** a un sens très large (ce qu'on improvise): *Un impromptu, des* **impromptus**. L'**adjectif** varie aujourd'hui couramment (bien que certains le considèrent comme invariable, surtout au féminin): *Une visite impromptue. Des vers impromptus* (improvisés).

IMPROUVER, v.tr.dir., est vieilli. On dit: *désapprouver, blâmer*, etc.

IMPULSER, v.tr.dir., archaïsme renaissant, est-il vraiment utile pour «animer, donner une impulsion à»?

IMPULSIF, adj. et nom: *Une force impulsive, un caractère impulsif, un impulsif, une* **impulsive**.

IMPUNÉMENT, adv., ne signifie plus, comme dans la langue classique, «sans punir» (*Néron impunément ne sera pas jaloux*, Racine), mais «sans être puni», «sans risque, sans s'exposer à des inconvénients»: *On ne l'offense pas impunément.* Éviter de lui donner le sens de «sans résultats», «en vain», l'idée de punition étant encore associée à cet adverbe.

IMPUTER, v.tr.dir., a pu se dire dans le sens général d'*attribuer* (*Chacun impute son bonheur à son industrie*, La Fontaine). Cet emploi, devenu archaïque, se rencontre encore chez des juristes belges (*imputer une indemnité*). Mais normalement *imputer* ne se dit plus que d'une chose blâmable ou regrettable ou de la responsabilité dans cette chose: *Imputer un crime, une erreur à qqn. Imputer son échec à la malchance.* En économie, *imputer* a gardé son sens premier et se dit

pour «porter en compte»: *Imputer telle somme à tel budget* ou *sur tel budget.* Mêmes remarques pour **IMPUTABLE**: *Une faute imputable à la négligence. Une somme imputable sur le crédit affecté à ces dépenses.* Le tour classique *imputer à* (ou *pour*), suivi d'un nom sans article, est vieux et littéraire: *Imputer qqch. à qqn à crime, à grief, à négligence*, etc.: le lui attribuer comme un crime, etc.

IN.

1. **In**, mot anglais (pron. *i + n*) devenu adjectif, opposé à *out* ou *off*, peut être remplacé par *dans le vent* ou *à la mode* et, dans le langage du cinéma et de la télévision, par *(voix) dans le champ*, opposé à *hors champ*.

2. Dans les indications de **format** (in-8°, in-12, etc.), la tendance actuelle est de prononcer *i + n* non seulement devant une voyelle (**IN-OCTAVO**), mais dans tous les composés (**IN-FOLIO, IN-QUARTO, IN-DOUZE, IN-SEIZE**).

   Pluriel: Précédées d'un nom, ces indications de format restent invariables: *douze volumes in-octavo.* Si elles deviennent des noms: des **in-octavo**, des **in-quarto**, des **in-folio** (parfois des **in-octavos**, des **in-quartos**, des **in-folios**). Mais toujours: des **in-douze**, des **in-seize**.

INATTEIGNABLE, adj., est venu concurrencer **INACCESSIBLE**.

INATTENTION, n.f. ▶ ATTENTION, 5.

INCAPACITÉ, n.f. *On est dans l'incapacité de faire qqch.*, mais on parle d'*une incapacité à faire qqch.* ou de *l'incapacité de qqn* (ou *de son incapacité*) *à faire qqch. J'avoue franchement mon incapacité à comprendre* (Mallet, R., *Une mort ambiguë*). *Il y a peut-être chez elle (...) une incapacité pure et simple à dialoguer (...). Son incapacité à s'exprimer* (Lainé, P., *La dentellière*).

INCARNAT, adj. de couleur, est variable: *incarnate, incarnats*.

INCESSAMMENT, adv., a signifié *sans arrêt*, mais a aujourd'hui le sens, ancien aussi, de *bientôt, sous peu*: *J'irai incessamment*.

INCHOATIF, adj., appliqué à un verbe, se dit, en linguistique, de ce qui marque le début d'une action (*se mettre à*) ou sa progression (*grandir*). — *Ch* se prononce *k*.

INCITER (pousser), v.tr.dir. *Inciter qqn à qqch.*, à la désobéissance, à désobéir. *Une* **INCITATION** *à la révolte*.

INCIVIQUE, adj., «manquant de civisme», est devenu en Belgique un nom désignant ceux qui ont collaboré avec l'ennemi (les collaborateurs).

INCLINAISON, INCLINATION, n.f. Quelque fondée qu'elle soit sur un long usage, la distinction se perd qui réservait *inclinaison* à l'état (*l'inclinaison du corps, d'un terrain, d'un toit, d'une trajectoire*) et *inclination* à un mouvement, au propre ou au figuré (*faire une inclination de la tête, du buste, du corps, avoir une inclination pour qqn ou pour qqch.*). Dans l'usage moderne, même chez d'excellents écrivains et dans les milieux cultivés, *inclinaison* se substitue parfois à *inclination* pour la tête ou le corps et l'on dit: *une inclinaison de tête, du buste* au lieu de: *une inclination de tête.* — *Une inclination au mensonge. Avoir une inclination à mentir.*

INCLURE, v.tr.dir. Part.p.: **inclus, incluse.** — *Inclure une chose dans une autre. Une chose en inclut une autre. Ci-inclus la note. Vous trouverez sa réponse ci-incluse.* Conjug.: éviter la faute *-ue-*: j'**inclurai**, j'**inclurais**, etc.

INCOGNITO, adv., donc invariable: *Ils voyagent incognito.* Nom: *Ils gardent l'incognito. De tels **incognitos** ne trompent personne.*

INCOMMENSURABLE, adj., se dit très bien d'une chose qui ne peut être mesurée, évaluée, qui est très grande: *Une rage incommensurable. Un espace incommensurable* (Ac.). Dans le sens de «qui n'a pas de commune mesure»: *Une valeur incommensurable avec une autre.*

INCONCILIABLE, adj., ne peut être confondu avec *irréconciliable*: *Ces thèses sont inconciliables. Ce sont des adversaires irréconciliables.*

INCONNU, adj. On a voulu opposer *connu **de** tous* et *inconnu **à** tous.* Or *de*, après *inconnu*, est courant et même plus fréquent que *à*. On dit souvent, avec un pronom: *qui lui (nous, etc.) est inconnu*, mais on dit très bien: *qui est inconnu de lui, de nous.* Avec un complément de lieu, *à*: *Il est inconnu à la mairie, à l'adresse indiquée.*

INCONTINENT, adv., signifie «tout de suite»: *Elles sont parties incontinent.*

INCONVÉNIENT, n.m. *Cela n'ira pas sans inconvénient. Voir des inconvénients à qqch. Les inconvénients d'une chose, de faire qqch. Il y a un inconvénient à faire cela. Je ne vois pas d'inconvénient à ce qu'il parte* (subjonctif).

INCULPER, v.tr.dir. *On inculpe qqn de vol* (nom) et non [*de voler*] (verbe).

[INDAGUER], v.intr., courant surtout dans le langage des tribunaux belges (*Le parquet indague*) a été formé sur le latin *indagare*, suivre la piste, rechercher avec soin. Des dictionnaires français ont autrefois enregistré **INDAGATION**, signifiant

«investigation, recherche», mais non *indaguer*, qui s'est aussi employé en France il y a très longtemps. Il faut dire *informer* (intransitivement), *enquêter, faire une enquête.*

INDEMNE, adj., **INDEMNISER**, v.tr.dir., **INDEMNITÉ**, n.f. Prononcer *è + m + n.*

INDEX, n.m.

1. Désignant une table des noms cités, des exemples, des sujets traités dans un livre, etc., un index est **toujours alphabétique**; il faut donc éviter de parler d'[*index alphabétique*]. On peut évidemment parler d'un *index analytique* ou *onomastique* ou *systématique.*

2. Avec majuscule, **INDEX** désignait le catalogue des livres condamnés par le Saint-Siège. Avec minuscule, au figuré: *mettre à l'index.*

3. Par analogie avec l'index de la main (premier sens), *index* désigne en mécanique un objet mobile sur un cadran.

4. En Belgique, chacun emploie l'anglicisme *index* pour ce qu'en France on appelle l'**INDICE** (n.m.) *des prix* ou, si le sens est clair, *l'indice.* On parle aussi, dans le même sens, du *nombre indice* et, dans un sens voisin, de *l'indice du coût de la vie.*

Dans ce sens, *index* n'est d'ailleurs pas inconnu en France, où l'on doit employer le verbe **INDEXER** et le nom **INDEXATION**: *Un loyer indexé sur le coût de la vie. L'indexation des loyers.*

INDICATIF, n.m., s'emploie plutôt que *préfixe* pour désigner le ou les numéros permettant, au téléphone, d'atteindre une zone déterminée. Le mot désigne aussi le fragment musical annonçant une émission régulière de radio.

INDIEN. ▷ HINDOU.

INDIFFÉRENCE, n.f., **INDIFFÉRENT**, adj. et n. On montre, on témoigne de l'indifférence *à qqn, à son sort.* L'indifférence *de qqn à qqch., envers qqch., pour qqch.* ou *à l'égard de qqn, envers qqn, pour qqn.* On est *indifférent à qqn, à qqch.* **Indifférent à qqn** peut (sauf si le complément est un pronom personnel qui précède) avoir deux sens quand le sujet est une personne: *Mon frère est indifférent à ces personnes*, «il n'a pour elles qu'indifférence» ou (sens courant) «elles n'ont pour lui qu'indifférence». Avec un pronom personnel, toujours le second sens: *Cet homme nous est indifférent*, il ne nous intéresse pas.

Il m'est indifférent que est suivi du subjonctif.

INDIFFÉRER, v.tr.dir. (▷ VERBE, Conjugaison, 1.1), néologisme familier, continue à étonner et ne s'emploie guère qu'avec un pronom complément: *Cela m'indiffère.* Mieux vaut dire: *Cela me laisse indifférent.*

INDIGÈNE, adj. et n., tend à être remplacé par *autochtone* depuis la décolonisation.

INDIGNER, v.tr.dir., **S'INDIGNER**. *On est indigné de* ou **par** *qqch. On est indigné* **que** *qqn* **ait** *agi de cette façon* (subjonctif). *On* **s'indigne** *de qqch.* ou *de voir qqch.* ou *que qqn ait fait cela* ou *de ce que qqn ait fait* (ou *a fait*) *cela. On s'indigne contre qqn.*

INDIGO, n. et adj., est variable comme nom mais invariable quand il est employé comme adjectif: *Des tissus bleu indigo. Des soies indigo.*

INDIQUER, v.tr.dir. On n'utilise guère le verbe pronominal impersonnel **IL S'INDIQUE** (*de faire* ou *que l'on fasse*). On dit: *il est indiqué, il convient, il y a lieu, il est nécessaire,* etc. *Tout indique* (montre clairement) *qu'il* **a** *menti. Rien n'indique qu'il* **ait** *menti* ou *qu'il a menti.* ▶ MONTRER.

INDISPENSABLE, adj. *Un livre indispensable à tous* dit plus que *nécessaire à tous.* Malgré son sens: «dont on ne peut se passer, à quoi on ne peut se soustraire» (*un objet indispensable, une condition indispensable*), il arrive qu'on mette *indispensable* au superlatif: *Les choses les plus indispensables;* on semble faire une sélection entre les choses indispensables. Mieux vaut dire: *absolument* ou *strictement indispensables.*

INDIVIDU, n.m., a nettement un sens péjoratif quand il s'applique à une personne (toujours un homme) qu'on ne peut ou ne veut nommer: *Un individu l'a abordé. Un drôle d'individu.*

INDOOR, anglicisme (invariable). Dire: (*une compétition*) *en salle.*

INDOU, autre graphie d'**HINDOU** (▶ HINDOU).

INDU, adj. Pas d'accent circonflexe. Mais: **INDÛMENT** ou **INDUMENT** (*RO II.4*), adv.

INDUSTRIE, n.f. L'expression **CHEVALIER D'INDUSTRIE** a toujours un sens péjoratif (escroc); **CAPITAINE D'INDUSTRIE** désigne le chef d'une grande entreprise; le mot a parfois un sens péjoratif.

INDUSTRIEL, adj., **INDUSTRIEUX**, adj. *Une ville industrielle. Des mains industrieuses,* très habiles. *Un délégué industrieux,* très actif.

INÉNARRABLE, adj., est vieilli dans son sens premier, «qui ne peut être raconté», et se dit de ce qui est d'un comique difficile à rendre.

INÉVITABLE, adj. Subj. sans *ne* après **il est inévitable que**, comme après *ne pas éviter que* (▶ ÉVITER). *Il est inévitable que vous* **soyez** *déçu.*

INEXISTANT (qui n'existe pas), adj., se prend familièrement, par exagération, dans le sens de «sans valeur, sans importance, inefficace»: *Un collaborateur inexistant. Un pauvre type tout à fait inexistant.*

INFÂME, adj. Accent circonflexe. Mais **INFAMANT, INFAMIE**.

INFANTILE, adj. Bien que l'usage admette (aussi bien que *maladie infantile*) *médecine infantile, psychiatrie infantile,* il faut encourager les spécialistes qui préfèrent *neurologie pédiatrique, chirurgie pédiatrique,* pour éviter le sens que prend couramment *infantile* (*un comportement infantile, une réaction infantile*) et qu'a toujours, en médecine, **INFANTILISME**.

INFARCTUS, n.m. Sans doute *c* est-il par erreur dans ce mot, qui devrait s'écrire *infartus* (participe passé de *infarcire,* farcir, remplir): mais cet usage étant admis, il ne faut pas créer une deuxième erreur en inversant *a* et *r* [INFRACTUS] comme s'il y avait un rapport avec fracture!

INFATUÉ, adj., **S'INFATUER**. *On est infatué* (ou on *s'infatue*) *de qqn, de qqch., de soi, de sa personne.*

INFECTER, INFESTER. À ne pas confondre. **Infecter**, tr.dir. ou intr., est associé à l'idée d'*infect,* de souillure, de mauvaise odeur, de corruption, de contamination. **Infester**, tr.dir., se dit surtout de ce qui est animé et est associé à une idée d'attaque, de ravage, de violence. *Une usine infecte le voisinage. Ces marais infectent. On s'infecte le doigt. Une plaie s'infecte,* etc. — *Des brigands, des serpents, des moustiques infestent une région. Une forêt infestée de bêtes sauvages.*

INFÉRIEUR, adj., exprimant une comparaison (*Le résultat est inférieur à ce que j'attendais*), ne s'emploie pas au comparatif, mais on dit au superlatif: *Il est très inférieur à ce que j'attendais. La plus inférieure de ces couches géologiques.* Ne pas dire: [*inférieur qu'en France*] mais *plus bas qu'en France.*

INFIME, adj., est proprement un superlatif: le plus bas, le dernier. Mais, ayant pris le sens de «tout petit» (*des détails infimes, une dose infime*), il s'emploie parfois avec *très* ou *le plus* et surtout avec *aussi, plus, moins.*

Infinitif

1. LE SUJET DE L'INFINITIF EST OMIS

1.1. PHRASES EXCLAMATIVES, INTERROGATIVES, MAXIMES, ETC.

Il suffit de mentionner parmi d'autres les cas où, dans des phrases exclamatives ou interrogatives, ou dans des maximes, ou quand il s'agit d'une prescription, d'un ordre, d'une défense, le sujet de l'infinitif n'est pas exprimé :

> *Me parler ainsi! Me reprocher ma faiblesse! Pourquoi ne pas l'avoir avoué? Bien faire et laisser dire. Prendre un comprimé le soir.*

1.2. SUJET DE L'INFINITIF ET SUJET DU VERBE PRINCIPAL IDENTIQUES

1.2.1. Règle générale

Ce qu'il convient de noter, au moins sommairement, c'est que l'infinitif complément ou dépendant d'un autre verbe s'exprime sans sujet si celui-ci est en même temps le sujet du verbe principal (*Je vais lui faire visite. Il est parti sans nous avertir. Je veux lui parler. Je n'ai plus rien à faire*) ou s'il est implicitement représenté par l'adjectif possessif qui précède (*Je n'oublie pas sa promesse de nous écrire*) ou s'il est général, imprécis ou indéterminé, ou suggéré par le contexte sans équivoque possible (*C'est facile à dire. Il n'y a pas de quoi fouetter un chat. Il est inutile de se fâcher. Cela fait sourire. Il faut partir. Prêt à porter*).

1.2.2. Concurrence entre l'infinitif et une proposition introduite par *que*

Avec quelques verbes déclaratifs ou d'opinion, l'emploi de l'infinitif peut, dans certains cas, être concurrencé par celui de *que* et de l'indicatif quand le sujet des verbes est identique :

> *Il déclare **l'avoir dit** ou qu'il l'a dit. Il espère pouvoir venir ou qu'il pourra venir. Il avoue s'être trompé ou qu'il s'est trompé. Il promet de venir demain ou qu'il viendra demain. Je savais le trouver là ou que je le trouverais là* (mais l'infinitif s'impose si *savoir* marque une capacité : *Il sait nager*). *J'ignorais avoir tant de souvenirs ou que j'avais tant de souvenirs.*

C'est l'infinitif qui s'impose, lorsque le sujet est identique, avec des verbes comme *aimer* (*à* ou *de*), *renoncer à*, *souffrir*, etc. et tous ceux qui se construisent, sans objet indirect désignant la personne, avec le subjonctif :

> *Il aime le faire. Il apprend à le faire. Il renonce à le faire. Il souffre de l'avoir fait. Il veut nous accompagner. Je désire m'en aller.*

> ▶ 1.3 (*J'ai ordonné aux témoins de parler. Il nous demande de le recevoir*).

1.3. SUJET DE L'INFINITIF CORRESPONDANT AU COMPLÉMENT DU VERBE PRINCIPAL

Avec beaucoup de verbes (notamment de perception ou de volonté), le sujet de l'infinitif n'est pas exprimé parce qu'il est énoncé comme complément direct ou indirect du verbe principal :

> *J'ai vu ces jeunes filles s'approcher du guichet. Je les ai entendues se plaindre. J'ai ordonné aux témoins de parler. Elle se prépare à sortir. Je les ai décidés à nous accompagner.*

Dans les deux premières phrases, on pourrait remplacer l'infinitif par une relative : *J'ai vu ces jeunes filles qui s'approchaient... Je les ai entendues qui se plaignaient* (ou *Je les ai vues qui s'approchaient*, etc.). Dans la 3ᵉ, on pourrait dire : *J'ai ordonné aux témoins qu'ils parlent.*

S'il s'agit d'une demande (▶ 1.2.2), *que* n'est possible que si le complément d'objet indirect du verbe principal est un nom : *J'ai demandé au directeur **de me recevoir** ou qu'il me reçoive*. Mais : *Je **lui** ai demandé **de me recevoir***. On voit que l'infinitif complément d'objet direct doit être parfois précédé d'une préposition.

1.4. PLACE DU PRONOM COMPLÉMENT DE L'INFINITIF SANS SUJET EXPRIMÉ

Le pronom personnel ou réfléchi et *en* ou *y* se placent devant cet infinitif : ***Je peux le faire***, *lui parler, m'en occuper, y penser. Cela peut se faire. Il me faut vous en parler. Il faut venir me voir.*

Tel est l'usage dans la langue parlée et aussi, très largement, dans la langue écrite. Mais celle-ci n'a pas renoncé à l'ancien ordre des mots : ***Je le peux faire***. Cet ordre peut donc être incontestablement justifié par un usage littéraire, qui est de qualité. À condition toutefois que le verbe principal et l'infinitif soient proches l'un de l'autre et que, s'il y a plusieurs infinitifs coordonnés, le pronom complément ne se rapporte pas seulement au premier. On trouve cette construction particulièrement (mais elle ne s'impose jamais) avec *aller, devoir, falloir, pouvoir, savoir, venir, vouloir*; moins souvent avec *croire, oser, penser*, rarement avec *compter, désirer, faillir, paraître, sembler*, selon André Goosse :

> *Cela se peut faire* (Ac.). *On n'y peut pas tenir* (Ac.). *Il faut croire* (Colette). *Pour s'aller coucher sans attendre* (Vercors, *Les armes de la nuit*). *Ce qu'il désirait s'allait donc réaliser* (Duhamel, G., *Le voyage de Patrice Périot*).

Y reste soudé à *avoir* dans l'impersonnel *y avoir*: *Il doit y avoir là une erreur*. Il ne se joint pas à *lui*. C'est ainsi qu'on peut dire avec *falloir*: *Il me fallait y pénétrer* ou *Il m'y fallait pénétrer*, mais qu'on doit dire: *Il lui fallait y pénétrer*.

Il arrive que, par une fidélité à un ancien usage devenu désuet, on place entre le pronom et l'infinitif les pronoms *tout* et *rien* et certains adverbes monosyllabiques, notamment *bien, mal, mieux, tant, trop*: *Il fallut bien alors lui tout dire* (Zola). Tour normal: **tout lui dire**.

Avec *rien*, si le pronom est *en* ou *y*:

> *Sans songer à **en rien** retirer* ou *à **rien en** retirer. Pour n'**y rien** voir* ou *pour ne **rien y** voir. On n'en put rien percevoir du dehors* (Owen, Th., *Les maisons suspectes*) ou *On ne put rien en percevoir du dehors.*

Ce tour est plus fréquent avec les adverbes: *Sans la trop serrer* (Colette). *Afin de le mieux voir* (Id.). Mais l'adverbe précède couramment le pronom.

Dans le cas d'un infinitif dépendant d'un autre infinitif, on peut avoir des combinaisons comme celles-ci: *Pour mieux le lui faire avouer* ou *pour le lui mieux faire avouer* ou *pour le lui faire mieux avouer* et même *pour le lui faire avouer mieux*.

> *Pour bien le lui entendre dire* ou *pour le lui bien entendre dire. — Exaspéré de ne rien pouvoir lui dire* (Bazin, H., *Le matrimoine*) ou *Exaspéré de ne pouvoir rien lui dire.*

Notons que le pronom réfléchi se place souvent en seconde position, après l'adverbe, dans de telles expressions. On dit généralement: *pour mieux se porter.*

2. LE SUJET DE L'INFINITIF EST EXPRIMÉ

Le sujet de l'infinitif est exprimé ou il s'identifie au complément du verbe principal (▶ 1.3). Il peut s'exprimer aussi avec *par*:

> *Il regarde sommeiller l'enfant. Je le laisse* (ou *lui laisse*) *faire ce qu'il veut. Je laisse faire à chacun* (ou *par chacun*) *ce qu'il veut. J'ai entendu les enfants pousser des cris* ou *j'ai entendu pousser des cris par les enfants.*

En dehors de l'emploi de *par*, le sujet de l'infinitif peut prendre la forme d'un complément d'objet direct; pour abréger, nous dirons que c'est le **tour direct** ou que le complément est alors à l'**accusatif**: nom sans préposition ou *le, la, les, que*. Il peut au contraire prendre parfois la forme d'un complément d'objet indirect; c'est ce que nous appellerons le **tour indirect** ou la forme du **datif**: nom avec la préposition *à* ou *lui, leur, à qui*. Les pronoms *me, te, nous, vous, se* ont la même forme pour l'accusatif et le datif.

Les verbes qui ont une proposition infinitive comme complément d'objet sont *laisser, faire, voir, regarder, écouter, entendre, sentir* et beaucoup plus rarement des synonymes de *voir*: *apercevoir, distinguer*; ajoutons *voici* (surtout *voici venir*).

Pour la commodité, nous plaçons ici le cas de *faire*: *Je ferai couper mes cheveux. Je ferai venir les enfants*. Dans la 1re phrase, on ne précise pas qui coupera les cheveux. Dans la 2e, ce sont les enfants qui viendront; on ne peut dire néanmoins que *les enfants* soit le sujet de *venir*; c'est le complément de l'expression factitive *faire venir*.

2.1. CAS PARTICULIERS

2.1.1. L'infinitif n'a pas de complément direct ou est pronominal

Si l'infinitif n'a pas de complément direct ou est pronominal, son sujet prend normalement la forme de l'accusatif (tour direct):

> *Ma belle-sœur l'a fait s'apercevoir qu'il avait les cheveux d'une longueur démesurée* (Romains, J., *Les amours enfantines*). *J'entends crier* (ou *se battre*) *les enfants. J'entends les enfants crier à tue-tête. J'ai vu les enfants se laver. Les enfants que j'entends crier. Je **les** vois s'agiter.*

Le pronom *lui* se rencontre encore fréquemment, comme dans l'ancienne langue, quand l'infinitif ayant un complément (autre que d'objet direct) dépend de *faire* ou de *laisser*:

> *On **lui** faisait parler de la mort de sa mère* (Sabatier, R., *Les allumettes suédoises*). *Des jeunes filles (...) lui faisaient penser à Marie-Louise* (Clavel, B., *Le voyage du père*). *L'épousant, je lui fis renoncer au théâtre* (Anouilh, J., *La valse des toréadors*). *Une échelle rouillée fixée à une cheminée lui fit penser à Judex (...). Blanche lui faisait penser à une grosse poupée* (Sabatier, R., *Trois sucettes à la menthe*).

À l'imitation du vers d'*Horace* de Corneille: *Faites votre devoir et laissez faire aux dieux*, des auteurs écrivent encore, quand le sujet de l'infinitif est un nom: *Laissons faire aux poètes* (Gide, A., *Attendu que*); mais, quand l'infinitif n'a pas de complément, on dit plutôt aujourd'hui: *Laissez faire les dieux; on laisse faire le soleil.* Tandis que *lui faire penser à* est courant.

Mentionnons, à cause de sa fréquence, même avec un nom, le tour **faire changer de** employé avec un datif: *faire changer d'avis, d'opinion, de place, de visage, d'humeur, de conduite, de vêtement*, etc. On pourrait être tenté de mettre à part *faire changer de place*, qui se construit plutôt avec le tour direct, *faire changer qqn de place*, parce que *changer de place* signifie «déplacer»: on change un tableau de place. L'instituteur dira: *Je ne puis changer de place cet enfant tous les jours* et donc, tout naturellement: *Je ne puis faire changer de place cet enfant tous les jours* ou *Je ne puis le faire changer de place* (le déplacer) *tous les jours*. Mais on voit le tour direct progresser dans toutes ces locutions factitives *faire changer de*, sans éliminer le tour indirect : *Je l'ai fait changer d'avis* est beaucoup plus courant que *Je lui ai fait changer d'avis*.

> *Ce qu'il voit ne le fait pas changer d'avis* (Yourcenar, M., *Archives du Nord*).

Les dictionnaires modernes emploient *le* en définissant *retourner qqn : le faire changer totalement d'attitude, d'opinion*. Beaucoup plus rare est l'emploi de *lui* :

> *Un cours de Bergson leur aurait fait changer d'avis* (Green, J., *La bouteille à la mer*). *Vous lui ferez changer de chemin* (Butor, M., *La modification*).

Avec un nom, le tour direct est concurrencé davantage par le tour indirect, mais cela peut dépendre de la place de ce datif dans la phrase. On dit fort bien : *Il a fait changer d'avis à son interlocuteur*. Le tour direct étonnerait ici, mais non dans : *Il a fait changer son interlocuteur d'avis*. On dira : *Il a fait changer son interlocuteur d'avis sur cette question*. Ou : *Il a fait changer d'avis son interlocuteur* (ou *à son interlocuteur*) *sur les décisions à prendre*. Autre tour similaire : *La première réaction de Roger Mortimer fut de faire changer l'ex-roi Edouard II de résidence* (Druon, M., *Les rois maudits*).

Place du sujet. Si c'est un **pronom**, il précède le verbe principal : *Je les ai vus partir. Il nous a entendus crier. Je les fais venir.*

Si c'est un **nom**, il suit généralement l'infinitif. En théorie, il peut précéder ou suivre : «l'ordre des mots est indifférent», déclare Blinkenberg (*L'ordre des mots*, t. I, p. 193). Nous ne le pensons pas. Certes, il ne faut pas établir en cette matière des règles trop strictes, mais on ne peut laisser croire que l'usage soit indifférent. L'ordre des mots est influencé par la mise en relief, par le sens ou l'intention et surtout par le rythme. Le substantif sujet ne précède guère l'infinitif que si celui-ci a une certaine consistance, s'il a un attribut ou un autre complément ou est suivi d'un autre infinitif coordonné et pour éviter une équivoque.

> On hésite facilement à dire : *Il laisse les enfants crier*. On dit plutôt : *Il laisse crier* (ou *courir*) *les enfants*. On dit : *Il laisse les enfants courir dans le jardin* ou *Il laisse courir les enfants dans le jardin. J'ai vu ces élèves réfléchir longuement. J'ai vu ces gens s'enrichir* ou *vous parler* ou *devenir de plus en plus arrogants. Je sentais son regard peser sur moi. Je voyais cet enfant hésiter et réfléchir. J'ai entendu cet homme commander* (ici, *commander cet homme* pourrait signifier que l'homme est commandé).

Si l'infinitif dépend de *faire*, on dit : *Je fais venir les enfants*, sans séparer les deux verbes.

2.1.2. L'infinitif a un complément d'objet direct autre qu'un pronom réfléchi

Si l'infinitif (ou le groupe *faire* + infinitif) a un complément d'objet direct autre qu'un pronom réfléchi, le choix est moins large que ne le disent certains grammairiens. ▶ IMPÉRATIF, 2.1.1.

A. Ni le sujet ni le complément direct de l'infinitif ne sont des pronoms personnels

Si ni le sujet ni le complément direct de l'infinitif ne sont des pronoms personnels (tous deux sont des noms ; ou le complément de l'infinitif est une proposition), le nom sujet se met généralement à l'accusatif après le verbe principal, sauf après *faire* :

> *Je vois ces enfants cueillir des fleurs. Je vois une main soulever le rideau. J'entends Alfred dire qu'il n'a pas été averti.*

On peut aussi employer *par* devant l'agent (animé) après l'infinitif :

> *J'ai vu cueillir des fleurs par ces enfants. Je vois soulever le rideau par une main. J'entends dire par Alfred qu'il n'a pas été averti.*

L'emploi de *à* au lieu de *par* est beaucoup plus rare et plus délicat (il peut créer une équivoque). Cependant on dira : *J'ai vu cet enfant faire bien des sottises* ou *J'ai vu faire à cet enfant* (ou *par cet enfant*) *bien des sottises*. Mais on créerait une ambiguïté en disant : *J'ai entendu raconter cette histoire à votre frère*. Est-ce le frère qui l'a racontée ou la lui a-t-on racontée ? On dira donc : *par votre frère*, à côté de *J'ai entendu votre frère raconter cette histoire*. Ou, dans l'autre sens : *J'ai entendu quelqu'un raconter cette histoire à votre frère. J'ai entendu qu'on racontait cette histoire à votre frère.*

Avec un pronom relatif, *à* est normal aussi bien que *par* : *Les enfants à qui* (ou *par qui*) *j'ai vu faire bien des sottises*. À moins qu'il n'y ait équivoque.

On ne sépare pas *faire* de l'infinitif qui le suit ; généralement le groupe est suivi de son complément direct suivi (parfois précédé) lui-même de *à* ou *par* et du nom de l'agent : *Je ferai visiter le parc aux enfants* ou *par les enfants. J'ai fait ouvrir la porte par les enfants* (*aux enfants* suggérerait un autre sens). *Cela fit ouvrir les yeux à son compagnon... Faire voir à chacun son intérêt.*

On n'imitera pas, en principe, les rares exemples qu'offre encore la littérature actuelle, de *faire* construit comme *voir* ou *entendre* : *J'hésite depuis deux jours si je ne ferai pas Lafcadio raconter mon roman* (Gide, A., *Journal des faux-monnayeurs*). On dirait plutôt : *si je ne ferai pas raconter mon roman par Lafcadio.*

Après *laisser*, le sujet de l'infinitif se met à l'accusatif ou parfois au datif, ou s'exprime avec *par* :

Je laisse les enfants cueillir des fleurs ou *Je laisse cueillir des fleurs aux enfants* ou *par les enfants. J'ai laissé mon fils faire ce qu'il voulait. J'ai laissé faire à mon fils ce qu'il voulait.*

On remarque que nous ne donnons pas comme un tour usuel : *Je ferai visiter aux enfants le parc* ni : *Je laisse cueillir aux enfants des fleurs.*

Généralement on ne met pas après l'infinitif et immédiatement avant un nom **employé seul**, et qui est le complément direct de l'infinitif, le nom du sujet ou de l'agent introduit par *à*. Mais on dit : *Je laisse cueillir aux enfants toutes les fleurs qu'ils aiment.*

> *Il a voulu faire signer à son patron une déclaration inexacte. Cela faisait dire à notre ami qu'on l'avait trompé.* Rappelons la fréquence de *par*.

B. Seul le complément direct de l'infinitif est un pronom personnel

Si seul le complément direct de l'infinitif est un pronom personnel, on suit les mêmes règles : le sujet est à l'accusatif après le verbe principal (sauf après *faire* et *laisser*) ; on peut aussi employer *par* devant l'agent, après l'infinitif ; le pronom complément se place devant l'infinitif dans le premier cas, devant le verbe principal dans le second :

> *Ces fleurs, j'ai vu cette femme les cueillir* ou *je les ai vu cueillir par cette femme.*

On ne met jamais devant le verbe principal le pronom complément de l'infinitif, si celui-ci est introduit par une préposition. On dit : *Cette déclaration, j'ai commencé à la rédiger.* Il convient aussi d'éviter cette antéposition quand l'infinitif est un verbe pronominal ; on dira : *Il a voulu se venger.*

Avec *faire* et *laisser*, on emploie *par* ou *à* : *Ce parc, je l'ai fait* (ou *laissé*) *visiter par les enfants* ou *aux enfants. Par* s'impose parfois : *Ce geste l'a fait traiter d'impoli par son directeur* ; exigence du sens.

C. Le verbe principal est pronominal

Si le verbe principal est pronominal, le sujet de l'infinitif se construit avec *par* ou avec *de* (▶ DE, 8), comme le ferait l'agent du verbe passif correspondant :

> *Il se laisse rejoindre par le suivant. Il se fait aimer de tous. Il se fait suivre de ses domestiques. Il se voit rejoindre* (ou *rejoint*) *par les autres. Il se sentait envahir* (ou *envahi*) *par la tristesse.*

On remarque qu'avec *faire* et *laisser* il n'est pas possible de remplacer l'infinitif par un participe passé. C'est au contraire très fréquent après *se sentir*. ▶ SENTIR, 2.

D. Seul le sujet de l'infinitif est un pronom personnel

Si seul le sujet de l'infinitif est un pronom personnel, on a le choix, sauf s'il y a ambiguïté, entre le datif et l'accusatif : *Je le laisse* (ou *je lui laisse*) *cueillir des fleurs.*

> *Je l'ai vu* (ou *je lui ai vu*) *soulever le rideau. Je me réjouis de le voir* (ou *de lui voir*) *faire des progrès.*

On évitera l'ambiguïté de : *Je lui ai entendu dire qu'on n'avait plus besoin de lui* ; la phrase a deux sens : ou bien c'est lui qui a dit cela, ou bien on le lui a dit. On dira donc dans le premier cas : *Je l'ai entendu dire* (ou *j'ai entendu qu'il disait*) *qu'on n'avait plus besoin de lui.* Dans le second : *J'ai entendu quelqu'un lui dire qu'on n'avait plus besoin de lui.*

On n'emploie pas normalement *lui* pour le sujet si l'infinitif a pour complément un autre pronom personnel ou réfléchi. Plutôt que : [*Je lui ai entendu se vanter stupidement*], on dit : *Je l'ai entendu se vanter stupidement.* De même : *Je me réjouis de le voir vous donner des preuves de son attachement.*

Avec **faire**, on emploie couramment *lui* : *Il lui fit vider ses poches.* On rencontre *le, la, les* :

> *L'angoisse la faisait plier les genoux* (Mallet-Joris, Fr., *Les signes et les prodiges*). *Un rêve qui la fit ébaucher un sourire douloureux* (Clavel, B., *L'hercule sur la place*).

Redisons que *lui* est plus conforme à l'usage habituel.

Avec le verbe principal **envoyer**, le pronom sujet de l'infinitif est généralement *le, la, les*, mais on trouve *lui, leur* : *Je les ai envoyés chercher des livres.* Si on emploie *leur*, beaucoup moins courant, le participe reste invariable : *Je leur ai envoyé chercher des livres.*

E. Deux pronoms personnels ou un pronom personnel et un pronom réfléchi

Il y a deux pronoms personnels ou un pronom personnel et un pronom réfléchi, l'un étant sujet de l'infinitif (ou complément du verbe principal), l'autre étant complément de l'infinitif. Aucune difficulté si chaque complément est mis devant son verbe : *On le voit nous suivre avec obstination. Je le laisse se fâcher. Il m'envoie vous avertir.* Mais les verbes *écouter, entendre* (sauf dans le sens de *vouloir, avoir l'intention de*), *envoyer, faire, laisser, mener, regarder, sentir, voir* appellent également devant eux, quand c'est possible, le pronom personnel ou *en* ou *y* complément de l'infinitif qui les suit :

> *Cette lettre, je l'ai vu écrire. Ce jardin, j'y ai fait planter des arbres.*

D'où le problème de la juxtaposition et de l'ordre de ces pronoms. En principe, le pronom complément du verbe principal (et sujet de l'infinitif) se place le premier. Mais seules certaines combinaisons sont permises avec *le, la, les*: *me le, me la, me les,* — *te le, te la, te les,* — *se le, se la, se les,* — *le lui, la lui, la leur, le leur, les leur,* — *nous le, nous la, nous les,* — *vous le, vous la, vous les.*

On voit que *me, te, se, nous, vous* précèdent *le, la, les* et que ces derniers précèdent *lui, leur. En* et *y* sont placés en dernier lieu:

> On **vous le** voit tenter. Il **te les** fait avertir. Ils **me l'**ont entendu dire. Je **le leur** ai entendu dire. Ils **se les** ont fait envoyer. On **les y** a fait envoyer.

Après un impératif ▸ IMPÉRATIF, 2.1.1.

On dit: *Je **la lui** ai entendu chanter. Je **le leur** ai vu faire.* Mais si, pour exprimer le sujet de l'infinitif, on emploie *le, la, les,* la construction change. *Je **l'**ai entendu **vous** parler: le* est nécessaire parce que l'infinitif n'a pas de complément direct (▸ 2.1.1). *Je **les** ai vus **le** faire* (à côté de *Je **le leur** ai vu faire*). *Ces fruits, c'est moi qui l'ai envoyé vous les porter.* Observons que *lui* exprimant le sujet dans *Cette lettre, je la lui ai fait écrire à son frère,* on ne pourrait remplacer *à son frère* par *lui.* On devrait s'exprimer autrement: *Cette lettre, je l'ai prié* (ou *chargé*) *de la lui écrire* (ou *de vous l'écrire*).

Les pronoms compléments *me, te, se, nous, vous, lui, leur* ne peuvent, l'un près de l'autre, ni se répéter ni s'associer, à moins qu'un des pronoms de la 1re ou de la 2e personne ne soit un pronom expressif d'intérêt atténué: *Je vais **te lui** faire un de ces compliments!* (▸ PRONOMS PERSONNELS, 1.2). Il est donc parfois nécessaire de placer chaque pronom devant le verbe dont il dépend et de mettre à l'accusatif (*le, la, les*) le pronom sujet de l'infinitif quand il est de la 3e personne et que le complément est *me, te, se, nous, vous*:

> Je **l'**ai laissé **me** suivre. Il m'a vu te menacer. J'espère que vous accepterez ce cadeau en raison de l'intention qui me fait vous l'offrir.

On dit, si l'infinitif est un verbe pronominal: *Je **l'**ai entendu **se** lever. On les a vus s'enfuir.* ▸ 2.1.2.D et FAIRE, 7.

On dit en vertu des règles générales: *Mon maître ne me laisserait pas vous trahir, ne me les laisserait pas trahir.* Mais dans la phrase suivante, où des infinitifs se suivent et où *il,* sujet de *doit, d'accepter* et de *voir,* est aussi complément (*le*) de *quitter,* tandis que *nous* est complément de *voir* et sujet de *quitter,* la place des pronoms est déterminée par la clarté de la phrase: *Il sait trop ce qu'il nous doit pour accepter sans regret de **nous** voir **le** quitter.* Il est d'ailleurs facile d'être moins lourd et plus clair: *pour accepter que nous le quittions.*

Remarque: En dehors de ces divers cas, on a souvent la faculté de placer le pronom complément devant l'infinitif si celui-ci a un

pronom pour sujet, surtout si le verbe principal est *mener* ou *envoyer: Il **me l'a vu faire** ou Il **m'a vu le faire**.*

> Il me les a envoyé chercher ou Il m'a envoyé les chercher. Son malheur me la fait plaindre ou me fait la plaindre. Il me l'a mené voir ou Il m'a mené la voir. Je me le vois faire ou Je me vois le faire.

Avec *se sentir,* les deux pronoms ne peuvent se placer tous deux devant le verbe principal. On dit: *Je me sens l'aimer de plus en plus.*

3. L'INFINITIF DIT «DE NARRATION»

*Et chacun **d'applaudir**.* Dans des propositions affirmatives, un fait passé peut être exprimé à l'infinitif présent, au lieu de l'être à l'indicatif présent «historique», pour une action qui se déclenche vivement après une autre et en est la conséquence. La phrase (ou la proposition) commence par *et;* puis on énonce le sujet, comme on le ferait avec un verbe à un mode personnel, et on emploie *de* devant l'infinitif. C'est à tort que de bons journalistes québécois placent le sujet après cet infinitif ou emploient ce tour en incise: *Et, d'ajouter X,…*

4. APRÈS *POUR*

[*Pour moi lire*]. ▸ POUR, 5.

5. L'INFINITIF APRÈS *C'EST* ET UN ATTRIBUT

▸ CE, 2.5.4.

6. INFINITIF OU PARTICIPE

▸ 2.1.2.C; VOIR, 8; SENTIR, 2.

INFLAMMATION, n.f., et non [ENFLAMMATION], bien que le verbe soit *enflammer.* De même: *inflammable, inflammatoire.*

INFLATOIRE, adj., tend à concurrencer **INFLATIONNISTE** en politique.

INFLUANT, part.prés. INFLUENT, adj. INFLUENCE, n.f.

INFLUENZA, n.f., synonyme vieilli de *grippe: Une influenza.*

INFLUER, v.tr.ind.: *Influer **sur** qqn* ou, plus souvent, *sur qqch.*

IN-FOLIO, etc. ▸ IN, 2. N.m. Pl. inv. ou *in-folios.* Il en est de même pour **IN-OCTAVO** et **IN-QUARTO**.

INFONDÉ, adj., admis par plusieurs dictionnaires, reste rare, suspect et inutile. On dit plutôt: *non fondé.*

INFORMEL, adj., s'employait dans le vocabulaire des arts, où il avait un sens étymologiquement normal: (un art) qui refuse de représenter des formes reconnaissables et classables. Sous l'influence de l'anglais *informal,* qui signifie «officieux, sans cérémonie», *informel* a pris le sens d'OFFI-CIEUX, mais nuancé par une référence à *forme* et *formel.* Il se dit d'une réunion, d'un entretien, d'une convention, d'un accord qui reste *officieux* (opposé à *officiel*) parce que, délibérément, on n'a pas respecté les formes requises, les règles, les conventions formelles qui auraient conféré à la réunion, à la convention un caractère officiel.

INFORMER *qqn de qqch. Informer qqn* **qu**'*on a pris telle décision. Inutile de dire : informer de ce qu'on a pris...* — **S'INFORMER** *de qqch.* (*auprès de qqn*), se mettre au courant, *s'informer si une chose est faite. S'informer sur qqn ou sur qqch.*, prendre des renseignements sur... — Plutôt que : *Je ne manquerai pas de vous tenir informé,* on dira : *Je ne manquerai pas de vous tenir au courant.*

INFRA est soudé à l'élément de composition qui le suit, sauf devant *i*, *u* et généralement devant *a. Infrastructure, infrarouge, infra-acoustique.*

INFUSOIR, n.m. (instrument dans lequel on fait des infusions), ne peut être confondu avec **INFUSOIRE**, n.m., animal unicellulaire.

INGAMBE (de l'italien *in gamba,* en jambe, alerte), adj., signifie « qui a les jambes lestes, qui est alerte ».

INGÉNIERIE (pron. *ingéniri*), n.f., remplace l'anglais *engineering* pour désigner l'étude globale d'un projet par un bureau d'études.

INGÉNUMENT, adv. Pas d'accent circonflexe.

INGÉRENCE, n.f., immixtion, action de s'ingérer, de s'immiscer.

INGRÉDIENT, n.m. On prononce *en* à la finale.

INGRÈS, latinisme (*ingressus,* entrée) que Littré déclarait inusité, est très vivant au grand-duché de Luxembourg dans le sens de *début* (d'un discours, d'une séance).

INHÉRENCE, n.f., **INHÉRENT**, adj., s'écrivent avec *en*.

INHIBER, v.tr.dir., **INHIBITION**, n.f., s'écrivent avec *h* après le préfixe.

INITIAL, adj. *Les pourparlers* **initiaux**.

INITIATEUR, *initiatrice*, adj. et n., se dit de celui ou de celle qui initie qqn, qui est le premier à lui enseigner qqch. ou qui ouvre une voie nouvelle : *Il a été mon initiateur à l'art. Ils ont été les initiateurs de la révolte.* Il devient donc à peu près synonyme de *promoteur, précurseur.*

INITIATIVE, n.f.,

1. On peut s'étonner qu'on laisse généralement *initiative* au singulier dans **SYNDICAT D'INITIATIVE** alors qu'il s'agit apparemment de grouper des initiatives dispersées. « *Syndicat d'initiative* est irréprochable. Le singulier y est évidemment plus abstrait, car il exprime en général l'espoir des réformes ou des améliorations que le Syndicat veut apporter au tourisme,

à l'urbanisme, etc., et non pas, en détail, ces améliorations ou réformes » (Thérive, A., *Clinique du langage*). *Les dépliants des syndicats d'initiative* (Genevoix, M., *Un jour*).

2. *Quelque chose est fait* **sur** *l'initiative de qqn. À l'initiative de est calqué sur à l'instigation de. Il agit* **de** *sa propre initiative. Il prend* (ou *a*) *l'initiative* **de** *qqch., d'agir.*

INITIER, v.tr.dir., ne signifie pas « commencer, amorcer » : *Initier qqn à qqch.*

INLASSABLE, adj., est correct et, en raison de l'usage, préférable à **ILLASSABLE** (formé cependant sur le modèle *illogique, illisible*).

INNOMMÉ, adj., rejeté par l'Académie en 1987, avait été admis par elle en 1975 et est depuis longtemps dans l'usage et dans de très bons dictionnaires, à côté d'**INNOMÉ**. On écrit couramment **INNOMMABLE**.

INNOVATEUR, n.m. et adj. Synonyme de **NOVATEUR**.

INOUÏ, adj., sans perdre les sens de « qui n'a jamais été entendu », « dont on n'a jamais entendu parler auparavant », signifie plus souvent « extraordinaire, incroyable » et se dit par extension de ce qui peut être perçu par l'ouïe ou un autre sens : *Une violence inouïe. Son sans-gêne est inouï.*

INQUIET, adj. (féminin : *inquiète*), peut marquer le souci, la crainte ou la préoccupation. *De* **devant un infinitif** exprime la cause : *Elle est inquiète* **de ne point recevoir** *de nouvelles* (Ac.). **Devant un nom**, on emploie *de, sur* ou *pour,* selon les cas : *Je suis inquiet* **de** *son sort,* **pour** *son sort,* **sur** *son sort. Je suis inquiet* **pour** *lui.* On dit aussi : *Je suis inquiet* **à** *son sujet. Je suis inquiet touchant cette affaire* (Ac.).

INQUIÉTER (S'), v.tr. ▶ VERBE, Conjugaison, 1.1. *De quoi s'est-elle inquiétée ? Il s'inquiétera à votre sujet. Il s'inquiète* **de votre santé** (deux sens : il se préoccupe, il s'informe). *Il s'inquiète* **de savoir** *s'il est invité. Je m'inquiète de son absence, de le voir s'abstenter si souvent.* Avec **de ce que** et l'indicatif ou le subjonctif : *Je m'inquiétais de ce que toujours la colère* **débordait** (Mauriac, Fr., *La robe prétexte*). *Il s'inquiétait de ce qu'au mois de novembre l'air* **fût** *si doux* (Bedel, M., *Jérôme 60° lat. Nord*). Littéraires et rares : *Il s'inquiète comment et pourquoi cela s'est fait. Il s'inquiète si on l'invitera.*

INRACONTABLE, adj. ▶ IRRACONTABLE.

INSIGNE, n.m. : *De beaux insignes.* Adj. : *Une mauvaise foi insigne.*

INSINCÉRITÉ, n.f., est surtout littéraire. Courant : **NON-SINCÉRITÉ**.

INSISTER, v.intr. *On insiste **sur** qqch., **sur le fait que** qqn l'a dit. On insiste **pour faire** qqch., **pour que** qqn fasse qqch.* ▷ DIRE, 7.

INSOMNIAQUE, INSOMNIEUX, adj., semblent répartir comme suit leurs emplois: on dit d'une personne qu'elle est *insomniaque* ou *insomnieuse*; mais en parlant de choses, on emploie *insomnieux*: *Des nuits insomnieuses. Une fatigue insomnieuse.*

INSOUCIANT, INSOUCIEUX, adj., peuvent tous deux s'employer avec ou sans complément. *On est insouciant* ou *insoucieux **du** lendemain, du danger.* L'emploi avec *que* et le subjonctif est rare et se rencontre plutôt avec *insoucieux*: *Il était depuis longtemps **insoucieux qu**'Odette l'eût trompé et le trompât encore* (Proust, dans *GLLF*). Seul *insouciant* peut être un nom.

INSTALLER, v.tr.dir. *On installe un évêque* (solennellement), *un juge* (officiellement), *qqn dans son nouvel appartement, dans un fauteuil, dans son lit, sur un brancard. On installe un fauteuil sur la terrasse, des meubles, une salle de bains, le téléphone, le gaz, un bureau. On S'INSTALLE dans un fauteuil, sur une terrasse, à la terrasse d'un café, dans un nouvel appartement, dans la médiocrité, à son travail.*

INSTANCE, n.f., dans le sens de «sollicitation pressante», s'emploie dans *avec instance*: *Demander **avec instance*** et au pluriel: ***Sur les instances** de ses proches. Devant leurs instances. Céder aux instances de qqn.* En termes de justice, de procédure, autre sens: *Introduire* ou *engager **une instance** contre qqn.* D'où: *Être **en instance** de divorce. Une instance en divorce. Une affaire en instance. Un jugement en première instance.* Dans le sens de «sur le point de»: *Être en instance de départ.* Par extension, surtout au pluriel, nouveau sens, courant, chez d'excellents auteurs: autorité, organisme, personnes ayant un pouvoir de décision: ***Les instances politiques** d'un pays. Les instances internationales. Les instances officielles. Les plus hautes instances d'un parti, d'un État, de l'Église. L'instance suprême de l'Église.*

INSTANT, n.m. On écrit généralement **par instants**, mais on trouve *par instant* (Genevoix, M., *Rroû*). ▷ PAR.

INSTAR DE (À L'), loc.prép., à l'exemple de, à la manière de. La locution exige un complément avec *de*; on ne dit pas [*à son instar*].

INSTIGUER, v.tr.dir., est resté beaucoup plus vivant en Belgique qu'en France, où INSTIGATION est pourtant bien vivant (*On agit **à l'instigation de** qqn*). Il a comme complément un nom de personne: *On instigue qqn **à** la révolte, à se révolter, à refuser qqch.* Le verbe se prend surtout en mauvaise part.

INSTITUTIONNALISER, v.tr.dir., a deux *n*, comme INSTITUTIONNEL.

INSTRUIRE, v.tr.dir. *Le juge instruit une affaire. On instruit le procès de qqn. On instruit qqn de qqch.* (on l'informe de qqch., de ce qui s'est passé). On dit INFORMER *que* plutôt qu'*instruire que*.

INSUFFLER, v.tr.dir.; deux *f*.

INSULTER, v.tr.dir. ou ind., à côté de son sens fort, *outrager*, où il est tr.dir., a un sens affaibli, plutôt littéraire: *être comme un défi à qqch.* (d'abstrait) et s'emploie alors avec *à*: *Son luxe insulte **à** la misère des pauvres. Leur allégresse insulte **à** ma douleur* (Ac.).

INSUPPORTER, v.tr.dir. [*Sa conduite les insupporte*] est tantôt familier, tantôt prétentieux et est inutile. On dira: *Sa conduite leur est insupportable* (les excède, les irrite).

INTÉGRAL, INTÉGRANT, adj. **Intégral**, complet, entier, total: *Le renouvellement intégral d'un comité. Le paiement intégral d'une dette. Une édition intégrale* (ou *l'intégrale*). — **Intégrant** se dit des parties qui contribuent à l'intégrité d'un tout: *Faire partie intégrante de qqch. La Corse est une partie intégrante de la France.* Adverbe, INTÉGRALEMENT: *Ces dépenses font intégralement partie de sa dette* (l'ensemble des dépenses, et non seulement une partie).

INTÉGRALITÉ, n.f., signifie *l'ensemble, la totalité* et est en rapport avec INTÉGRAL: *L'intégralité d'un roman, d'un territoire, d'une somme.*

INTÉGRER, v.tr.dir. (▷ VERBE, Conjugaison, 1.1), en dehors de son emploi en mathématiques et en informatique, signifie «faire entrer dans un ensemble comme partie bien assimilée»: *Intégrer un nouveau venu à un groupe, **dans** un groupe. Il s'est intégré au groupe, dans le groupe.* Comme v.intr., dans l'argot des grandes écoles: *Il a intégré à l'École normale supérieure*, il y a été reçu.

INTÉGRITÉ, n.f., peut avoir les sens d'INTÉGRALITÉ: *Conserver l'intégrité du territoire, d'un dépôt, publier l'intégrité d'une correspondance.* Mais on devra parler de *l'intégrité d'un organe* non altéré (au figuré: *de la foi*), et surtout, au sens moral, en rapport avec INTÈGRE (incorruptible, probe), de *l'intégrité d'un fonctionnaire, des mœurs, de la conscience.*

INTELLIGENTSIA, n.f., mot russe désignant les intellectuels, s'écrit parfois à tort [INTELLIGENTZIA], bien qu'on prononce *in* (comme dans *intense*) *tèlijèntsya*.

INTENSIF, adj., se dit de ce qui est porté à un haut degré d'efficacité par un effort intense et soutenu: *Culture **intensive**.*

Préparation intensive. Mais *un froid* INTENSE, *une circulation intense.* En linguistique, «qui renforce la notion exprimée»: *préfixe intensif.* De même INTENSÉMENT (*il gèle intensément, vivre intensément, regarder intensément*) se distingue d'INTENSIVEMENT (*préparer intensivement un examen*).

INTENTER, v.tr.dir. Bien qu'on dise: *intenter un procès à* ou *contre qqn*, le français ne connaît pas le substantif [INTENTEMENT], employé en Belgique. On parle de *mise en accusation*, d'*engagement de poursuites*, etc.

INTENTIONNÉ, adj., ne s'emploie plus qu'avec *bien* (*très bien, trop bien*) ou *mal*: *Être bien intentionné à l'égard de qqn*, c'est avoir de bonnes intentions envers lui. On ne dit plus: *être intentionné de faire qqch.* (avoir l'intention de faire).

INTER, préfixe, apparaît dans un très grand nombre de mots, noms, verbes, adjectifs et adverbes, qui s'écrivent sans trait d'union. Le second élément est, dans l'usage, au singulier (le plus souvent) ou au pluriel, sans qu'on puisse toujours logiquement justifier cette différence. Pour unifier, il est recommandé de laisser invariable, au singulier, le second élément et de le faire varier au pluriel: *un* INTERCLASSE, *des interclasses.* Une INTERSESSION. *Une réunion intergroupe.* Mais, pour ne pas rompre entièrement avec un usage solidement établi, on peut écrire encore au singulier INTERARMES, INTERARMÉES, INTERCLUBS: *Un commandement interarmées.*

Le sens d'*inter* est différent dans d'autres mots, où il note la réciprocité: une INTERCOMMUNICATION (une communication réciproque), une INTERRÉACTION, une INTERRELATION.

INTERCEPTER, v.tr.dir., ne se dit que de ce qu'on arrête au passage et par surprise: *un courrier, un ballon, la lumière, un avion*, etc.

INTERCONNEXION, n.f., et non [INTERCONNECTION], action d'INTERCONNECTER, de mettre en relation des centres de production d'énergie. ▶ CONNECTER.

INTERDIRE, v.tr.dir. *Vous* **interdisez**. *N'interdisez pas cela. Sa santé* (ou *le médecin*) *lui interdit le tabac* (ou *de fumer*). *Le règlement interdit qu'on le fasse* (subj. sans *ne* explétif). *Elle s'est interdit de réclamer.* En termes de droit, *interdire un prêtre, un officier ministériel* (lui interdire d'exercer ses fonctions), *un déficient mental.* — **Part.** ou **adj.** *Il est interdit de fumer. Accès interdit au public* et non [*Le public est interdit d'accès*]. *Elle est restée interdite*, déconcertée.

INTÉRESSANT, adj. *Un détail intéressant à signaler. Se rendre intéressant. Un cas intéressant. Cette femme est dans une position intéressante, dans un cas intéressant* (elle est enceinte). *Un prix intéressant* (avantageux).

INTÉRESSÉ, adj., **INTÉRESSER**, v.tr.dir. *Intéresser ses auditeurs. Un mensonge intéressé. Un homme intéressé. Intéresser qqn à qqch.* (lui faire prendre intérêt à). *Être intéressé par une discussion, par une affaire.* Mais l'Académie a raison de condamner *intéressé* dans le sens de *touché, affecté, atteint, concerné* par qqch., généralement de fâcheux. On évitera donc de parler des «régions intéressées par la grêle» ou de déclarer, comme un auteur, qu'on a remanié «les chapitres les plus intéressés par l'évolution récente»! Emploi impersonnel: *Il m'intéresse de savoir...*

INTÉRESSEMENT, n.m. ▶ DÉSINTÉRESSÉ, a un sens particulier: système par lequel on intéresse le personnel aux bénéfices de l'entreprise.

INTÉRÊT, n.m. *Avoir* (ou *trouver*) (*de l'*) *intérêt à faire qqch.* (y trouver un avantage). *Ceci n'a pour vous aucun intérêt. Ces livres n'ont* — ou *ne présentent* — *pas tous le même intérêt* et non [*représentent*]. *Agir dans* (ou *contre*) *l'intérêt de qqn. Porter* (ou *témoigner*, ou *montrer*, ou *marquer*) *de l'intérêt* (ou *un vif intérêt*) *à qqn. Montrer* (ou *témoigner*) *de l'intérêt pour qqn, pour qqch. Épouser les intérêts de qqn. Avoir des intérêts dans une affaire. Avoir intérêt à ce que cela se fasse.* ▶ DÉSINTÉRESSÉ.

INTERFACE, n.f. *Une interface.*

INTÉRIEUR, adj. *Il y a une salle plus intérieure* (Romains, J., *Les hommes de bonne volonté*). *Une poésie très intérieure.*

INTÉRIM, n.m., désigne le temps (*Dans l'intérim, pendant l'intérim*) ou la fonction (*Assurer des intérims. Être chargé de l'intérim. Faire l'intérim*). En Belgique, on dit AD INTERIM (sans accent) au lieu de PAR INTÉRIM.

INTÉRIMAIRE, adj., ne peut se dire que s'il y a intérim: *une fonction intérimaire, un directeur intérimaire.* Éviter le simple sens de *provisoire.*

Interjections

Employées comme noms, elles sont invariables: *Des chut.*

INTERLIGNE, n.m. *Un interligne* est un espace entre deux lignes. Le typographe, pour séparer les lignes, se sert *d'une interligne* (lame de métal).

INTERMÈDE, n.m. *Un intermède assez long.*

INTERMÉDIAIRE, adj. *Une solution intermédiaire. Passer d'un sujet à l'autre sans intermédiaire* (directement). *Agir par l'intermédiaire de qqn.* En parlant de personnes, *un* ou *une intermédiaire.* Sinon, *un intermédiaire.*

INTERMITTENCE, n.f., est employé abstraitement et reste donc au singulier dans *par intermittence*, par accès. Mais on parle des *intermittences de la fièvre*, de ses interruptions momentanées, de ses rémissions.

INTERNER, v.tr.dir., c'est enfermer par mesure administrative, plus spécialement dans un asile d'aliénés ou dans un hôpital psychiatrique (*GR*).

INTERNET, n.m., anglicisme résultant de la troncation de *interconnection of networks*. On s'accorde, pour désigner ce réseau mondial de télécommunications, à utiliser la majuscule en l'absence d'article: *on navigue sur Internet* ou *sur l'internet.*

INTERPELLER, v.tr.dir., a pour sujet un nom de personne: J'**interpelle**, j'**interpellais**. *Interpeller qqn*, c'est lui adresser brusquement la parole pour le prendre à partie ou le questionner. L'**INTERPELLATION** parlementaire n'implique pas la brusquerie. On dit, à propos des activités de la police, qu'un suspect a été *interpellé* (avant d'être arrêté), c'est-à-dire questionné sur son identité.

INTERPRÉTARIAT, n.m., a près de cent ans et est bien installé dans l'usage. Il est donc vain de lui reprocher d'être mal formé; il ne dérive pas d'un nom en -*aire* (comparer *volontaire*, *volontariat*).

INTERPRÉTER, v.tr.dir. ▶ VERBE, Conjugaison, 1.1. Il est curieux de noter qu'*interpréter* ne se dit plus pour «traduire un texte d'une langue dans une autre» mais qu'il s'emploie aujourd'hui dans le sens plus spécifique de «traduire oralement» pour rendre compte de l'activité de l'interprète, qui sert d'intermédiaire entre personnes de langues différentes. *Interpréter*, c'est expliquer, rendre clair (*interpréter un texte*), donner un sens à qqch. (*interpréter une conduite, un ordre, un signe, un songe, un fait, un silence, mal interpréter les paroles de qqn*) ou jouer un rôle, un personnage, une œuvre musicale, d'une manière personnelle. Ce sont aussi les sens d'**INTERPRÉTATION**; ils se retrouvent dans les sens élargis d'**INTERPRÈTE**, n.m. ou f.

Interrogation

1. TYPES D'INTERROGATION

1.1. INTERROGATION DIRECTE

L'interrogation directe (c'est-à-dire en proposition indépendante) se marque surtout:

Soit uniquement par l'intonation, notée dans l'écriture par le point d'interrogation: *Tu viens? Tu crois qu'il est là?* On construit la phrase sans inversion: *Tu pèses combien? Il s'appelle comment? Il part avec qui?* Certains de ces tours sont familiers. ▶ COMMENT, POINTS, 3, QUE, conj., 1; INVERSION.

Soit par *est-ce que* (▶ EST-CE QUE). Éviter de réduire *est-ce que* à *que*:

> [*Combien qu'il pèse? Quel âge qu'elle a? Depuis quand qu'il est là?*]

Soit par l'inversion du sujet (▶ INVERSION, 3.1):

> *Combien pèses-tu? Avec qui part-il? Tout a-t-il été dit? Pierre est-il là?*

Soit par l'infinitif sans sujet quand l'interrogation est délibérative:

> *Comment l'avertir? Qui prévenir?*

N.B. La langue populaire recourt à la particule [*ti*], écrite *ti, t'y*, etc.: [*Vous viendriez-t-y pas avec nous?*]

1.2. INTERROGATION INDIRECTE

L'interrogation indirecte après *demander, voir, discuter, disputer, savoir, ça dépend*, etc. ▶ INVERSION, 3.2; DÉPENDRE; DISCUTER; DISPUTER; SI, conj., 2.5 (emploi de *si* et de *ou si*).

1.3. INTERROGATION ORATOIRE

L'interrogation oratoire suggère, en l'atténuant poliment ou en lui donnant une valeur d'évidence, le contraire de ce qu'elle semble exprimer: *Est-il nécessaire que j'insiste?* (Il n'est pas nécessaire.) C'est courant avec l'interrogation négative: *Qui ne se souvient de ce jour?* (Chacun se souvient.) *Ne pensez-vous pas qu'on vous le reprocherait?* ▶ NE employé seul, 6, 7.2, 8; NON, 6 (*si, oui, non* dans les réponses); N'EST-CE PAS.

2. LE POINT D'INTERROGATION

2.1. EMPLOI DANS L'INTERROGATION DIRECTE

Le point d'interrogation termine une interrogation directe autonome:

> *Le savait-il? Je n'oserais l'affirmer. — Si j'appelais le médecin?* (▶ SI, conj., 5.2.1.) *Je lui ai dit: «Êtes-vous sûr?» justement parce que je savais...* (Curtis, J.-L., *La parade*.)

On pourrait écrire: *Souvent, l'a-t-on remarqué? il se dérobe. Le savait-il? je n'oserais l'affirmer.* Mais: *Exprimait-il un désir, on s'empressait de le satisfaire* (▶ INVERSION, 3.3.6). *Je me demande à qui il en a parlé* (interrogation indirecte). *En veux-tu en voilà.*

2.2. EMPLOI AVEC D'AUTRES SIGNES DE PONCTUATION

Le point d'interrogation, pas plus que le point d'exclamation, ne peut être accompagné directement d'un autre point (sauf des points de suspension) ni d'une virgule: *Pourquoi dites-vous cela? s'écria-t-il.*

2.3. À LA FIN D'UNE CITATION

À la fin d'une citation qui n'est pas une question et qui est introduite par une phrase interrogative, on peut (mais l'usage hésite) ne pas mettre de point d'interrogation: *N'a-t-il pas dit: «La propriété, c'est le vol».* Mais on peut écrire: *N'a-t-il pas dit: «La propriété, c'est le vol»?* ▶ CONTRE, 5 (exemples d'André Gide); POINTS, 3.

INTERROGATOIRE, n.m. *Procéder à un interrogatoire.*

INTERSESSION, n.f., temps qui sépare deux sessions d'une assemblée. Ne pas confondre avec **INTERCESSION** (verbe *intercéder*).

INTERVENIR, v.tr.dir. On fait un emploi beaucoup trop fréquent de ce verbe, en lui donnant le sens d'«arriver, se produire», à propos par exemple de fautes, de la fin d'un match ou de son résultat. Mais il est certain aussi que le sens de «survenir, agir au cours d'une action, d'une évolution» (*intervenir dans un débat, dans un procès, dans les affaires d'autrui, intervenir en faveur de qqn*) s'est très naturellement élargi et qu'on peut dire: *Un accord est intervenu, une solution interviendra prochainement, de nouveaux règlements sont intervenus, le chirurgien a dû intervenir* (agir, opérer).

INTERVENTIONNISME, n.m., ne se dit que d'une certaine doctrine politique préconisant l'intervention de l'État dans les affaires privées (*une politique interventionniste*).

INTERVIEW (pron. *in-ter-viou*), n.f. *Accorder une interview.* Le verbe **INTERVIEWER** se prononce aujourd'hui *inter-viou-vé.*

Le nom *un* INTERVIEWER s'écrit très bien *un* INTERVIEWEUR (pron.: *viouveur*).

INTESTAT, adj.m. et f. et n.m., voulant dire «qui n'a pas fait de testament», on dit: *Ils sont morts intestats. Elles sont mortes intestats.* S'il s'agit de ceux qui héritent ou de l'héritage lui-même, on emploie la locution d'origine latine AB INTESTAT qui veut dire «sans qu'il ait été fait de testament»: *Un héritage ab intestat. Il a hérité ab intestat.* Le GLLF admet que l'expression s'applique à une personne intestat: *Elle est morte ab intestat.*

INTRA (à l'intérieur de), dans les composés, n'est suivi d'un trait d'union que devant une voyelle (*intra-utérin*, mais *intramusculaire*), cependant on écrit généralement *intra-muros* (Ac.).

INTRIGUANT, participe, s'écrit avec *gu*. INTRIGANT, n. ou adj. *Une femme intrigante. Une intrigante.*

INTRODUIRE, v.tr.dir. *Introduire l'orateur*, c'est le faire entrer et non pas le présenter. *Introduire une demande.*

INVECTIVER, v.tr.ind. (*invectiver contre qqn*) ou tr.dir. (*invectiver qqn*).

INVENTORIAGE, n.m., action d'*inventorier*, et non [INVENTORISATION], qui ne s'explique que par le néerlandais.

INVERSEMENT, adv., sans accent (conformément à la prononciation), et non [INVERSÉMENT].

Inversion du sujet

1. L'INCIDENTE

On ne peut entrer ici dans le détail de tous les cas.

Signalons seulement l'incidente (*C'est vrai, dit-il* ou *dit mon père*) en notant qu'on doit se garder d'étendre cet emploi à des verbes qui se substituent à *dire* sans s'associer à l'idée qu'il exprime. On dit très bien: *protesta-t-il, s'étonna-t-il, annonça-t-il, soupira-t-il*, etc. Mais non en incidente: *sourit-il, sursauta-t-il, s'étrangla-t-il, s'agitait-il*, etc.

2. COMMENT CONSTRUIRE L'INVERSION DU SUJET?

2.1. AUX TEMPS SIMPLES

Aux temps simples, le sujet se met après le verbe: *Où travaille votre frère? Où travaille-t-il?*

2.2. AUX TEMPS COMPOSÉS

Aux temps composés, si c'est un nom, il se place après le participe; si c'est un pronom personnel ou *ce* ou *on*, il se place après l'auxiliaire:

> *Où a travaillé votre frère? Où a-t-il travaillé? Où a-t-il fait fortune?*

2.3. L'INVERSION DU PRONOM DE RAPPEL

Mais à côté de l'inversion dite **simple**, il y a l'inversion dite parfois **complexe**, qui se rencontre avec les noms et certains pronoms, et que nous appellerons l'*inversion du pronom de rappel*: le sujet reste devant le verbe mais est repris après celui-ci par un pronom:

> *Où votre frère a-t-il travaillé? Votre frère est-il là? Tout a-t-il été prévu? Aussi ma sœur lui a-t-elle écrit.*

Seule l'inversion simple du nom est possible dans les relatives: *La femme que ton frère a vue* ou *qu'a vue ton frère.*

2.4. CAS PARTICULIERS

2.4.1. *T* INTERCALÉ ENTRE LE VERBE ET LE PRONOM SUJET

Devant les pronoms sujets *il, elle, on,* on intercale un *t* entre deux traits d'union après un *a* ou un *e* de la 3e personne: *Aime-t-il? Va-t-il? Dira-t-il?* De même après *vainc* et *convainc: Convainc-t-il quelqu'un?*

2.4.2. L'INVERSION DE *JE*

À l'indicatif présent, l'inversion de *je* ne se fait guère, surtout après des monosyllabes, sauf après *ai, dis, dois, fais, puis, sais, suis, vais, veux, vois.* Qui penserait à la faire par exemple après *cours, pars, sors?* On a toujours la faculté d'employer *est-ce que: Est-ce que je mens?* ▷ EST-CE QUE.

Si la 1re personne se termine par *e,* l'inversion de *je* est théoriquement possible, mais exceptionnelle, qu'il s'agisse ou non d'une phrase interrogative, à condition de changer *e* en *é* (prononcé *è*): *Pourquoi hésité-je?* Dans l'interrogation, on recourt plutôt à *est-ce que.*

2.4.3. INVERSION DE *CE*

D'autres formes comme [*furent-ce* ou *fussent-ce*] sont rejetées. On recourt à *est-ce que.* Mais on dit: *sont-ce, fut-ce,* etc.

3. QUAND FAIRE L'INVERSION?

3.1. INTERROGATION DIRECTE

▷ INTERROGATION, 1.2 et EST-CE QUE.

3.1.1. LA PHRASE NE COMMENCE PAS PAR UN MOT INTERROGATIF

A. Le sujet est un pronom personnel ou *ce* ou *on*

Inversion simple: *Vient-il? Part-on? Est-ce possible? N'est-ce pas? Vous a-t-on répondu? Lui a-t-on envoyé un mot?*

B. Le sujet est un nom ou un autre pronom

Si c'est un nom ou un autre pronom, inversion du pronom de rappel: *Votre frère vient-il avec nous? Chacun en est-il persuadé? Tout a-t-il été prévu?*

3.1.2. UN MOT INTERROGATIF COMMENCE LA PHRASE

La phrase commence par un mot interrogatif, qui peut être précédé d'une conjonction de coordination comme *car, et, mais.*

A. Sujet

Le mot interrogatif est sujet ou fait partie du sujet (*combien de, quel, lequel de*). Pas d'inversion (sauf les réserves ci-dessous):

> *Qui l'a dit? Mais qui s'en plaint? Combien de gens l'ont vu? Lequel de ses romans vous paraît le meilleur? Quel témoin a vu l'accusé? Quelle folie avait pris Clémence?* (Genevoix, M., *Rroû.*)

On dit: **Qui est-ce qui** *n'a pas compris?* ou **Qui** *n'a pas compris?* Équivoque à éviter dans le cas de *Qui a trompé notre ami?* (▷ 3.1.2.C.b.2.)

L'inversion du pronom de rappel est cependant le tour interrogatif normal avec *combien... ne pas* et *quel... ne pas:*

> *Combien d'entre vous ne l'ont-ils pas fait? Quels grondements lointains n'annoncent-ils pas l'orage?* (Green, J., *Devant la porte sombre*)

Même en dehors de ce cas, l'inversion du pronom de rappel est courante après *combien* et n'est pas rare après *quel* ou *lequel:*

> *Combien d'entre vous **l'ont fait** ou **l'ont-ils fait**? Combien y ont pensé?* ou *y ont-ils pensé? Quelles âmes emportait-on, ou bien quels morts gigantesques marchaient-ils sur les eaux?* (Druon, M., *Rendez-vous aux enfers.*) *Quelle aventure peut-elle l'attendre à l'Opéra?* (Yourcenar, M., *Archives du Nord.*) *Laquelle de ces deux Mathilde (...) emporte-t-elle la sympathie d'Aliénor?* (Pernoud, R., *La femme au temps des cathédrales.*)

Si le verbe est impersonnel, le pronom *il* suit le verbe (facultativement après *semble* ou *à quoi sert de, que sert de*); le mot interrogatif, suivi éventuellement du nom (*quel...*), précède:

315

Que faut-il? Que se passe-t-il? Quelle heure est-il? Que vous semble-t-il (ou que vous semble) de cette affaire? À quoi sert-il (ou à quoi sert ou que sert) de se plaindre?

Après *qu'est-ce que*, il n'y a pas d'inversion: *Qu'est-ce qu'il faut?*

B. Attribut

Le mot interrogatif est attribut ou fait partie de l'attribut. Inversion simple dans tous les cas: *Qui êtes-vous? Qui est cet homme? Quelle est votre décision? Quelles gens êtes-vous?*

C. Complément d'objet direct

Le mot interrogatif est complément d'objet direct ou fait partie de ce complément. Il faut distinguer:

a. Après *que*

Après *que*, inversion simple obligatoire:

> *Que disent-ils? Que veulent ces gens? Que prouve cette lettre?*

Après **qu'est-ce que**, le sujet qui n'est ni un pronom personnel ni *ce* ni *on* peut suivre ou précéder le verbe:

> *Qu'est-ce qu'il dit? Qu'est-ce que prouve cette lettre? ou Qu'est-ce que cette lettre prouve?*

b. Après *qui*

b.1. Le sujet est un pronom personnel ou *on*

Après *qui*, l'inversion simple est obligatoire si le sujet est un pronom personnel ou *on*: *Qui aime-t-elle? Qui a-t-on consulté?*

b.2. Le sujet est un autre pronom ou un nom

Si le sujet est un autre pronom ou un nom, on a le choix entre l'inversion simple et l'inversion du pronom de rappel:

> **Qui concerne cela?** ou **Qui cela concerne-t-il?** *Qui désignera le sort? ou Qui le sort désignera-t-il?*

Mais dans certains cas, une équivoque est possible parce que *qui*, complément d'objet, peut être perçu comme sujet: *Qui a trompé notre ami?* a en effet deux sens. On les distinguera en disant: *Qui notre ami a-t-il trompé,* ou *Qui est-ce qui a trompé notre ami?*

c. Après *quel*

Après *quel* suivi d'un substantif, inversion simple: *Quel livre avez-vous lu? Quel livre a lu votre fils?*

Si le sujet n'est ni un pronom personnel ni *on*, l'inversion du pronom de rappel est possible: *Quel livre votre fils a-t-il lu?* Elle est nécessaire s'il y a lieu d'éviter une équivoque: *Quel ami votre frère soupçonne-t-il?*

d. Après *combien*

Inversion après *combien* suivi d'un complément: *Combien de livres avez-vous lus?* ou *a-t-on trouvés?* (Le sujet est un pronom personnel ou *on*.) *Combien de livres a lus cet élève?* ou *Combien de livres cet élève a-t-il lus?*

D. Adverbe, complément indirect ou circonstanciel

Si le mot interrogatif initial est adverbe, complément indirect ou circonstanciel ou s'il fait partie de ce complément, il faut envisager plusieurs cas.

a. Le sujet est *ce, on* ou un pronom personnel

Si le sujet est *ce, on* ou un pronom personnel, inversion simple:

> *Comment fait-on? Comment serait-il si ingrat? À combien de gens s'est-il adressé? Quand reviendra-t-il? Où vas-tu? À qui a-t-on dit cela? De quoi se mêle-t-il?*

Si le mot interrogatif reste en tête de la phrase, la suppression de l'inversion appartient au langage populaire: [*Comment on fait? Où tu vas?*]. Sauf si le sujet est *ça* (ou *cela*): *Comment ça va? Comment ça se passera-t-il? À quoi ça ressemble?*

En plaçant le mot interrogatif là où serait son équivalent dans une phrase énonciative (*Je l'appellerai par son titre. Tu l'as rencontré hier. Il demande cent francs*), la langue familière supprime l'inversion: *Je l'appellerai comment? Tu l'as rencontré quand? Il demande combien?*

b. Le sujet est un autre pronom ou un nom

Si le sujet est un autre pronom ou un nom, il faut placer en inversion le pronom de rappel après *pourquoi* et après un verbe accompagné d'un attribut ou d'un complément d'objet direct autre que *que, quel* ou *combien* suivis d'un nom:

> *Pourquoi ces gens nous regardent-ils? Pourquoi tous ont-ils applaudi? Comment votre ami serait-il si ingrat? Quand celui-là nous laissera-t-il tranquilles? À qui votre frère a-t-il prêté ce livre?*

Mais, avec inversion simple (▶ 3.1.2.C): *Que veut le directeur? Quel livre a lu votre frère?* ou *Quel livre votre frère a-t-il lu?*

c. Les autres cas

Dans les autres cas, on a le choix entre les deux inversions:

> *Combien coûte cet objet?* ou *Combien cet objet coûte-t-il? À qui a écrit votre sœur?* ou *À qui votre sœur a-t-elle écrit? Quand part ce train?* ou *Quand ce train part-il?*

Avec **être**, on dira: *Où est votre guitare?* Mais on ne dira guère: *Où votre guitare est-elle?* On dira par contre, avec une pause après *elle*: *Où est-elle, votre guitare?* Ce qu'il faut éviter comme populaire, c'est: [*Où elle est, votre guitare?*] et [*Votre guitare, elle est où?*].

d. Avec un verbe pronominal

Selon Nyrop, le verbe pronominal entraîne l'inversion du pronom de rappel: *Quand les Français se sont-ils établis en Algérie?* On dit pourtant plutôt *Comment s'appelle l'homme dont vous me parlez?* que *Comment l'homme dont vous me parlez s'appelle-t-il?* qui est correct aussi. *Quand s'est faite la fortune qui nous étonne aujourd'hui?* C'est qu'on est sensible à l'équilibre de la phrase; on aime que le nom et le pronom qui le rappelle ne soient pas trop éloignés l'un de l'autre; dans l'exemple de Nyrop, on met le sujet avant le verbe pour laisser le complément circonstanciel à proximité du verbe. On dirait fort bien: *Quand s'est présenté l'huissier?* à côté de *Quand l'huissier s'est-il présenté?*

e. Avec une négation

La négation peut exclure l'inversion simple du sujet. On dit très bien: *Quand viendra votre frère?* ou *Quand votre frère viendra-t-il?* Mais on dira uniquement: *Depuis quand votre frère ne vient-il plus?*

f. Avec les semi-auxiliaires suivis d'un infinitif

Avec un verbe comme *aller, pouvoir, vouloir, devoir* suivi d'un infinitif, seuls un pronom personnel, *ce* et *on* peuvent s'intercaler entre les deux en cas d'inversion: *Quand va-t-il arriver? Où votre frère doit-il se rendre?* ou bien *Où doit se rendre votre frère?*

3.2. INTERROGATION INDIRECTE

3.2.1. LE SUJET EST UN PRONOM PERSONNEL OU *CE* OU *ON*

Si le sujet est un pronom personnel ou *ce* ou *on*, pas d'inversion: *Je ne sais **où il est**, qui c'est, pour quand c'est. Qui c'est, je l'ignore.* Fautes: [*Je me demande où est-il*]. [*Je ne sais pour quand est-ce*].

3.2.2. LE PRONOM DE RAPPEL

Jamais d'inversion du pronom de rappel. Faute: [*Je me demande pourquoi cet enfant a-t-il échoué*]. Dire: *pourquoi cet enfant a échoué.*

3.2.3. EMPLOI DE *EST-CE QUE*

L'emploi de *est-ce que* est nettement populaire dans l'interrogation indirecte. ▶ EST-CE QUE.

3.2.4. LE SUJET N'EST PAS *CE* OU *ON* OU UN PRONOM PERSONNEL

Si le sujet n'est pas *ce* ou *on* ou un pronom personnel, on peut recourir à l'inversion simple:

> *Je me demande souvent ce que **mon frère a dit** ou ce qu'**a dit mon frère**. Je ne sais où chacun d'eux s'est rendu ou je ne sais où s'est rendu chacun d'eux.*

On le doit après *qui* ou *quel* en fonction d'attribut: *Je me demande **qui est** cet individu. Je ne sais quel est votre avantage.*

3.2.5. [*QUI C'EST QUE, QUI C'EST QUI*]

Ne pas dire [*qui c'est que, qui c'est qui*]: *Je ne sais qui* [*c'est que*] *tu as vu. Je me demande qui* [*c'est qui*] *a dit cela.*

3.2.6. FAIT DE STYLE

On fait volontiers l'inversion simple pour éviter de placer en fin de phrase un verbe plus court que le sujet, surtout *être*:

> *Je ne sais **où est** cet employé. Je me demande quand le docteur viendra* ou *quand viendra le docteur.*

3.2.7. APRÈS *SI*

Jamais d'inversion après *si*: *Je ne sais si le docteur viendra.*

3.2.8. INVERSION ET ÉQUIVOQUE

Jamais non plus d'inversion créant une équivoque. On évitera: *Je ne sais qui a rencontré mon frère* si *mon frère* est sujet. On dira: *Je ne sais qui mon frère a rencontré.*

3.3. EN DEHORS DE L'INTERROGATION

En dehors de l'interrogation, nous ne pourrons retenir ici que certains cas. Observons seulement que l'inversion peut être occasionnelle, due à la recherche d'un effet stylistique ou rythmique. Notons d'autre part que l'inversion, qui n'est pas rare dans les exclamations, est surtout fréquente dans certaines propositions indépendantes ou subordonnées.

3.3.1. LE TOUR EXCLAMATIF

▶ NE PAS, 3. Le tour interrogatif direct peut facilement devenir exclamatif: *Est-il stupide! Quel plaisir m'a fait sa visite!* Il faut toutefois que le contexte, l'intonation et la construction empêchent de prendre une exclamation pour une interrogation. C'est pourquoi on hésitera parfois à transposer en exclamations certaines interrogations directes avec inversion.

On pourra préférer *Ah! combien j'en ai vu qui...* à *Combien en ai-je vu qui...! Combien de pays il a visités!* à *Combien a-t-il visité de pays! Quelle sottise il a encore faite!* à *Quelle sottise a-t-il encore faite!*

Le ton ou un *que* adverbial initial peuvent toutefois exclure l'interrogation. On dira: *Que de peines cette affaire nous coûtera!* ou *nous coûtera cette affaire!*

Dans l'expression d'un souhait sans *que*, l'inversion simple est nécessaire: *Puisse-t-il arriver à temps! Puisse mon ami être reçu à son examen!*

3.3.2. APRÈS CERTAINS ADVERBES OU CERTAINES LOCUTIONS

Après *aussi* (dans le sens de: c'est pourquoi; mais non après *c'est pourquoi*), *aussi bien, à peine* (▶ PEINE), *au moins, à tout le moins, du moins* (▶ MOINS, 4), *encore*, au sens restrictif, *et encore, mais encore* (même sens), *à plus forte raison, en vain, vainement, peut-être* (non suivi de *que*), *tout au plus, sans doute* (non suivi de *que*), l'inversion de *ce, on* ou du pronom personnel sujet est habituelle, sans être obligatoire sauf après *encore* et *tout au plus* (où d'ailleurs elle est constante); l'inversion du pronom de rappel peut se faire quand le sujet est un nom ou un autre pronom que ceux-là; ces inversions, anormales après *certes*, sont moins rares après *rarement*:

> *Aussi ne l'ai-je pas écouté. Aussi sa colère est-elle vite tombée. Aussi chacun a-t-il vite compris. Aussi bien ne m'écouterait-il pas. Aussi bien il n'en fera rien* (Ac.). *À peine il est hors de son lit* (Ac.). *À peine est-il hors de son lit* (Ac.; l'inversion est courante). *À peine le soleil était-il levé, à peine le soleil était levé* (Ac.). *Du moins donnait-il cette raison. Au moins convient-il qu'il s'explique. Encore vaut-il mieux s'abstenir. Encore cette affaire n'a-t-elle réussi qu'à moitié.*

Insistons sur le fait que l'inversion est fautive après **peut-être que**: *Peut-être qu'il s'en souvient. Peut-être que ce voyage l'intéresserait.*

Ainsi signifiant «de cette façon» est généralement suivi de l'inversion simple: *Ainsi parlait mon père. Ainsi parlait-il. Ainsi ferons-nous.*

3.3.3. LOCUTIONS FIGÉES ET PROVERBES

Quelques cas particuliers: *Tant va la cruche à l'eau...* (proverbe.) *Tant il est vrai que... Autant en emporte le vent. Toutefois est-il que...* (en tout cas.) *Si grand soit-il. Si grand qu'il soit. Si grand que soit cet homme... Ainsi vous refusez? Ainsi soit-il. Ainsi dit le renard. Ici repose... Ci-gît... À chaque jour suffit sa peine.*

3.3.4. LE TOUR CONDITIONNEL

Au lieu de *si* et un indicatif imparfait subordonnés à un conditionnel, on peut recourir à deux propositions indépendantes au conditionnel (réunies ou non par *que*, facultatif). Dans celle qui exprime la condition, on a le choix entre la construction directe et l'inversion simple du pronom personnel ou de *on*:

> *Elle arriverait que je n'en serais pas étonné* ou *Arriverait-elle que je n'en serais pas étonné*. Ou: *Elle arriverait* (ou *Arriverait-elle*), *je n'en serais pas étonné. Elle pourrait, le voudrait-elle, se souvenir, mais sa volonté est d'abolir tout cela* (Pieyre de Mandiargues, A., *La motocyclette*). Ici, l'inversion est obligatoire, parce que la condition est exprimée en second lieu, en incise.

Si le sujet est un nom, on ne fait pas l'inversion: *Pierre* (ou *le directeur*) *arriverait, que je ne serais pas étonné.*

3.3.5. LA FORMULATION DE L'HYPOTHÈSE

A. **Première proposition au subjonctif ou au conditionnel**

Au lieu de *Quand il le voudrait, il ne le pourrait pas* ou de *Même s'il le voulait, il ne le pourrait pas*, on peut dire, en commençant par l'hypothèse: **Le voulût-il**, *il ne le pourrait pas*. On fait, dans la subordonnée, l'inversion simple du sujet pronom personnel ou de *on* avec le subjonctif imparfait ou plus-que-parfait. Plus rarement, dans ce sens, le conditionnel: **Le voudrait-elle**, *elle ne le pourrait pas*.

On a remarqué que ces phrases n'expriment pas une condition avec sa conséquence, mais une hypothèse envisagée comme irréelle ou peu probable et qui n'a aucune influence sur l'autre partie de la phrase, en opposition avec elle:

> *Je suis prête à accepter toutes ces conditions, fussent-elles pénibles. Il fait tout ce qu'on lui demande, fût-ce avec effort.*

B. *Que* peut lier les deux propositions

Au lieu de: *Il le voudrait, il ne le pourrait pas*, on peut intercaler un *que*: *Il le voudrait qu'il ne le pourrait pas.*

C. **Le sujet de la première proposition est un nom ou un autre pronom qu'un pronom personnel**

Si le sujet de la première proposition est un nom ou un autre pronom qu'un pronom personnel ou *on*, on fait l'inversion du pronom de rappel:

> **Pierre le voulût-il**, *il ne le pourrait pas. Tout eût-il été tenté, il ne faut pas se décourager.*

D. Avec *devoir* au subjonctif

Avec *devoir* au subjonctif, on fait généralement l'inversion simple du sujet, pronom ou nom:

> ***Dussé-je*** *être blâmé, je vous soutiendrai* (Littré). **Dût tout cet appareil** *retomber sur ma tête, il faut parler* (Racine). On pourrait dire, mais on ne dit guère: *Tout cet appareil dût-il retomber...*, mais on fait l'inversion du pronom de rappel avec *cela*: **Cela dût-il** *m'être reproché*.

3.3.6. SIMPLE CONDITION, SANS OPPOSITION

Parfois, il n'y a pas d'opposition et la première proposition exprime simplement une condition (*si* et non *même si*):

> *Eussent-elles été, d'avance, réunies, ces unités mécaniques (...) auraient pu porter à l'envahisseur des coups redoutables* (Gaulle, Ch. de, *L'appel*). *Ce jour-là, fussent-ils restés à Fort-Lamy, MM. Habib et de Vries eussent payé très cher au camionneur la mort de son chauffeur. Mais à ce moment-là, ils étaient déjà loin* (Gary, R., *Les racines du ciel*).

3.3.7. PROPOSITION AU SUBJONCTIF SANS *QUE*

Dans des propositions au subjonctif sans *que* et exprimant un souhait, une hypothèse, un moment, le verbe précède le sujet:

> *Puisse le ministre l'écouter! Soit deux parallèles. Vienne l'hiver, nous retournons en ville.*

INVESTIR, v.tr.dir. *Investir qqn d'un titre, d'un pouvoir, d'un droit*. Dans ce sens, l'**INVESTITURE** d'un candidat aux élections ou d'un chef de gouvernement. Autre sens: *investir une ville, une maison* (figurément *une personne*, dont on fait en quelque sorte le siège), cerner, entourer de tous côtés; dans ce sens, l'**INVESTISSEMENT** d'une ville (à distinguer de l'*envahissement*). Autre sens encore, en parlant de capitaux: *Investir des capitaux dans une entreprise*, c'est les y engager pour en permettre l'équipement, le développement. *L'investissement des réserves d'une entreprise*. — *Placer* et *placement* ont un sens plus large.

INVÉTÉRÉ, adj. *Une haine, une habitude invétérée* (enracinée, fortifiée par le temps). *Un buveur invétéré* (endurci, incorrigible). **S'INVÉTÉRER** est vieilli.

INVITATION, n.f.: *Une invitation pressante. Un faire-part d'invitation. J'ai accepté l'invitation du directeur. Décliner* (ou *refuser*) *une invitation. Invitation à chacun de se présenter au bureau. Faire qqch. sur* (ou *à*) *l'invitation de qqn. Considérez cela comme une invitation à vous justifier. Il a négligé l'invitation à* (ou *de*) *se rendre au commissariat. Céder aux invitations de la chair, de la radio, de la publicité. L'invitation à un bal, à un dîner* ou encore *une invitation à* (ou *pour*) *un bal*.

IODLER (ou **JODLER**, **YODLER**, **IOULER**, etc.), v., vocaliser à la tyrolienne: Je *iodle* (semi-voyelle initiale). Le nom **IODLEUR** peut être remplacé par **YODLEUR** ou **JODLEUR**.

IRISÉ (qui a les couleurs de l'arc-en-ciel), adj., s'écrit avec un seul *r*.

IRRACONTABLE, adj., est omis ou condamné par plusieurs dictionnaires qui, s'inspirant de Littré, ne connaissent qu'**INRACONTABLE**. On ne doit pas hésiter à employer *irracontable*, qui entre dans la série *ir + r*. ▶ IRRADIER, IRRÉCOUVRABLE, IRRÉFRAGABLE, etc.

IRRADIER, v.intr. *La lumière irradie*, rayonne. *Les rayons lumineux irradient* (ou S'IRRADIENT) *de tous côtés. Une douleur qui irradie* (ou *s'irradie*) *dans le côté gauche à partir de la hanche*. **V.tr.dir.** *La lune irradie une pâle lumière. Un sourire irradie sa face* (l'illumine). *Irradier une tumeur*, la soumettre à certaines radiations.

IRRÉCOUVRABLE, adj., s'écrit avec *é*, malgré **RECOUVRABLE**.

IRRÉFRAGABLE, adj. *Un témoignage irréfragable*, inattaquable.

IRRÉSISTIBLE, adj., a un contraire, rare mais ancien et normal: **RÉSISTIBLE**.

IRRESPONSABLE, adj. et n., a, sous l'influence de l'anglais, ajouté à son sens premier (qui n'est pas responsable, qui n'a pas à répondre de ses actes) celui de «qui agit légèrement, qui n'a pas le sentiment de sa responsabilité»: *Des intellectuels irresponsables. Une attitude d'irresponsable.*

IRRÉVERSIBLE, adj., peut se dire de ce qui ne peut être renversé, ni fonctionner en sens inverse: *Un processus irréversible. Une décision irréversible. Une évolution irréversible.*

ISBA, n.f. On trouve aussi **IZBA**. Russie: maisonnette en bois de sapin.

ISLAM, n.m. Avec minuscule, nom de la religion. Avec majuscule (l'**ISLAM**), nom de l'ensemble des peuples islamiques.

ISO, élément de composition, est aggluntiné à ce qui suit, sauf dans **ISO-IONIQUE** (pour éviter une faute de lecture).

ISOLATIONNISME, n.m. Deux *n*.

ISOPET, n.m., a couramment remplacé **YSOPET**.

ISRAËL, ISRAÉLIEN: *J'irai en Israël*. ▶ À et EN, 5. *Israël*, n.m., s'emploie seul sans article: *Israël a été fondé en 1948. Les frontières d'Israël*. Mais on dira: *L'Israël biblique*. ▶ HÉBRAÏQUE.

ISSU, adj. *Cousins issus de germains.* 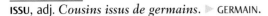 GERMAIN.

ISTHME, n.m. *Un isthme.* Comme dans *asthme*, on ne prononce pas le *t*.

ITALIQUE, adj. et n.m., s'applique à l'écriture italique, aux caractères italiques, penchés comme l'écriture ordinaire. *Mettre un texte en italique* ou *en italiques. Un bel italique.*

ITEM, adv., s'emploie dans les comptes, les énumérations pour «de même, en outre»: *Réparé une table; item, six chaises.* Comme n.m., notamment: élément minimal (lexical, etc.) d'un ensemble organisé: *Présent et passé sont des items grammaticaux.*

ITOU, adv. (aussi), ne s'emploie plus que plaisamment.

IVOIRE, n.m. *Un bel ivoire.*

IVRE, adj. **IVRE MORT**: pas de trait d'union; les deux éléments varient. *Elles étaient ivres mortes.*

IVROGNE, adj. ou n., s'applique proprement à celui qui a l'habitude de s'enivrer. Féminin: *une **ivrogne**.* Le nom féminin ***ivrognesse*** est populaire.

J

JACINTHE, n.f. de fleur, ne se confond plus aujourd'hui avec l'*hyacinthe*. ▶ HYACINTHE.

JACQUEMART. ▶ JAQUEMART.

JACQUES. FAIRE LE JACQUES: se conduire stupidement.

JADE, n.m., désignant la matière (**du jade**) ou un objet sculpté dans celle-ci.

JAIS, n.m., désigne la matière ou sa couleur (noire): **Des perles *noires comme jais*, *comme du jais*, *noir de jais*** (d'un noir de jais) ou, avec une nouvelle ellipse, ***noir jais*** ou ***de jais***.

JALOUSIE, n.f., **JALOUX**, adj. *Être jaloux **de** qqn, de son bonheur. Éprouver de la jalousie **à l'égard de** qqn.*

JAMAIS, adv.

1. **Sens positif**: en un temps quelconque (passé ou futur). Emploi limité: interrogation, condition, comparaison, en dépendance d'un verbe de négation ou de doute. *A-t-on jamais vu cela? Si jamais je le rencontre. Si vous venez jamais me voir... Il est plus bête que jamais. Aujourd'hui plus que jamais. Le plus honnête homme que j'aie jamais rencontré. Je ne crois pas* (ou *je doute*) *qu'il y consente jamais.* Ne pas dire: [*Je ne crois jamais qu'il y consente*]. On pourrait dire (▶ 2): *Je ne croirai jamais qu'il puisse y consentir*; c'est que *jamais* conserve ici son acception négative. Le sens positif se retrouve dans les locutions À JAMAIS, À TOUT JAMAIS, POUR JAMAIS (pour toujours), *plus* (ou *pis*) *que jamais*.

2. **Sens négatif** avec *ne* ou *sans*: *Je ne l'ai jamais vu* (en aucun temps). *On ne sait jamais. Je ne le ferai **plus jamais** ou Je ne le ferai jamais plus ou Jamais plus je ne le ferai ou Plus jamais je ne le ferai. Personne n'a jamais dit cela. Cela ne fait jamais qu'un jour de plus* (Après tout, cela ne fait qu'un jour de plus). *Sans jamais se plaindre. Ils s'occuperont de tout sans que jamais vous deviez intervenir.* Avec ellipse: *Je suis plus décidé que jamais. Jamais de la vie. C'est le moment ou jamais. Mieux vaut tard que jamais. Le ferez-vous encore? Jamais plus. Son style est élégant, jamais recherché* (Ac.). *Quelque chose de jamais vu. Jamais, au grand jamais je ne ferai cela* (Ac.). On dit très bien avec un futur ou un passé: *Je ne croirai jamais* (ou *je n'ai jamais cru*) *qu'il te l'ait dit.* Mais: *Je ne crois jamais qu'il le fasse* est un wallonisme pour: *Je ne crois pas du tout qu'il le fasse.*

JAMBE, n.f. *Les jambes d'un pantalon. Avoir de bonnes jambes. Avoir les jambes molles* ou *les jambes en coton* ou *avoir les jambes comme du coton. Courir à toutes jambes. En avoir plein les jambes*, être fatigué par une longue marche. *Cela ne va que d'une jambe. Cela lui a coupé bras et jambes. Cela lui fait une belle jambe! C'est un emplâtre* (ou *un cautère*) *sur une jambe de bois. Faire des ronds de jambes. Prendre ses jambes à son cou. En avoir les jambes coupées.* Fam. *Il m'a tenu la jambe*, il m'a retenu plus que je ne souhaitais par ses discours.

On a dit: *Jouer qqn* PAR-DESSOUS LA JAMBE (comme si, sûr de sa supériorité, on lançait la balle ou la boule par-dessous la jambe), obtenir facilement un avantage sur qqn. On dit: *Traiter qqn par-dessous la jambe*, le traiter sans considération, avec mépris ou insolence. Mais comme on dit également: *Faire qqch.* PAR-DESSUS LA JAMBE, de façon désinvolte, on dit aussi, étrangement: *Traiter qqn par-dessus la jambe.*

JAN. Le Bruxellois qui dit [FAIRE DE SON JAN], au lieu de *faire des embarras*, sait qu'il emploie un prénom flamand et que l'expression n'est pas française.

JAPON, n.m. Il est normal d'écrire *un japon* avec une minuscule et de le faire accorder éventuellement dans: *Un vase en vieux japon. De vieux **japons**. Exemplaire sur japon.* **Dérivés** de *Japon*: un seul *n*.

JAQUEMART, n.m. On écrit aussi **JACQUEMART**.

JARDIN, n.m. Le Belge *fait son jardin* quand il le cultive, le bêche, ou prépare les carrés, les plates-bandes. On parle d'un *jardin fleuriste*, d'un *jardin privatif* (dont on a la jouissance exclusive).

JARDIN D'ENFANTS, n.m., est en concurrence avec *école maternelle* et a favorisé le n.f. **JARDINIÈRE D'ENFANTS** donné parfois aux éducatrices de ces écoles (si c'est un homme, on l'appelle *jardinier*).

JARDINERIE, n.f. Magasin de grande surface où l'on vend tout ce qui concerne le jardin.

JATTE, n.f., désigne non pas n'importe quelle tasse (comme le croient trop de Belges), mais un bol, un récipient arrondi, évasé, sans anse, ou son contenu: *Une jatte de lait*.

JAUNE, adj., ou adv. ou n.

1. *Des chaussures jaunes. Des chaussures jaune clair, des étoffes jaune citron.*

2. Dans **RIRE JAUNE** (à contrecœur, pour dissimuler son dépit), *jaune*, adverbe, est invariable. De même dans: *Ces enseignes éclairaient jaune*.

3. Un **JAUNE**, une ***Jaune***, personne de race jaune; majuscule.

JAVEL est un nom de lieu (ancien village de la banlieue de Paris, où se trouvait une usine) et garde la majuscule: *De l'eau de Javel*. Mais: *De l'eau javellisée*.

JEAN (prononcé *dji + n*), n.m., abréviation de **BLUE-JEAN**. Des ***jeans***.

JEANFOUTRE, n.m. Des ***jeanfoutres***. On écrit souvent **JEAN-FOUTRE**, invariable.

JE NE SAIS QUOI, n.m. invariable: *Il séduit par un je ne sais quoi*; traits d'union facultatifs (un **JE-NE-SAIS-QUOI**). Mais en dehors de cet emploi comme nom, pas de traits d'union, pas plus que dans *je ne sais qui: Il a raconté je ne sais quoi.*

JERRICANE, n.m., francisation recommandée de **JERRICAN** ou **JERRYCAN**.

JET, n.m. (prononcé *djèt*). Dire: *avion à réaction*.

JETABLE, adj., est un excellent néologisme, traduisant un des sens de l'anglais *disposable*, pour qualifier les objets, et particulièrement les aiguilles à injection, qui ne servent qu'une fois. On en a même fait un nom masculin, comme on l'avait fait d'*imperméable*.

JETER, v.tr.dir. Je ***jette***, nous ***jetons***, je ***jetterai***.

JEU, n.m. On écrit: *Un terrain de jeu ou de jeux, une maison de jeu ou de jeux. Les jeux* (ou *Jeux*) *Olympiques, les Jeux* (ou *jeux*) *floraux. Des jeux de main* (Ac.) ou *de mains. Être hors jeu. Un hors-jeu. D'entrée de jeu.*

JEUN (À), loc.adv., **JEÛNE**, n.m., **JEÛNER**, v.intr. (ou **JEUNE**, **JEUNER** suivant les *Rectifications de l'orthographe* de 1990, *RO* I.3.3). *Ils sont à jeun*. Dans: ***Ils font jeûne tel jour. Ils ont jeûné*** (attention à l'accent circonflexe, qu'on ne trouve pas dans *déjeuner*), on prononce couramment *eû* comme *eu* dans *jeu*, mais parfois aussi comme dans l'adjectif *jeune*.

JEUNE, adj. ou n.m. ***Ils font jeune(s)*** (ils ont l'air jeune). ▸ FAIRE, 36. *Jeune* est aujourd'hui très courant comme nom pour désigner une personne jeune (*un jeune*) ou la jeunesse (*les jeunes*) et n'est plus réservé de préférence, comme au siècle dernier, aux petits des animaux.

JEUNE FRANCE, **JEUNE BELGIQUE**. Le livre de Théophile Gautier, *Les Jeunes France*, évoquait la jeune génération romantique. On n'a cessé d'hésiter, plus encore que Gautier lui-même, sur la graphie: minuscule ou majuscule à *jeune*, accord ou invariabilité, absence ou présence d'un trait d'union.

En Belgique, partant du nom de la revue *La Jeune Belgique*, on l'a appliqué au mouvement littéraire qu'elle représentait et on a alors parfois introduit dans le nom un trait d'union; on a d'autre part, en souvenir des Jeunes France, parlé des *Jeunes Belgique*, mais avec beaucoup d'hésitations aussi dans l'écriture. On écrit: «*La Jeune Belgique*, revue des Jeunes Belgique, a donné son nom au mouvement littéraire de la Jeune Belgique».

JEUNE HOMME, n.m., a pour pluriel ***jeunes gens*** ou ***jeunes***. Il est plutôt ridicule de parler d'un vieux jeune homme pour *un vieux célibataire, un vieux garçon*. À quelqu'un qui a vieilli mais a gardé un caractère jeune, un personnage de Roger Vailland dit: *Tu es un vieux jeune homme* (*Bon gré, mal gré*). Ce n'est pas à imiter. On parlera d'*une* **JEUNE FILLE** et d'*une vieille demoiselle* (péjorativement: *vieille fille*).

JEUNET, ***jeunette***, adj., qui est bien jeune. Familier, mais moins que **JEUNOT**, ***jeunotte***, qui est un peu péjoratif (jeune et naïf).

JOB, n.m. (féminin au Canada); anglicisme admis pour «travail rémunéré, souvent occasionnel». On en a fait en Belgique un dérivé, **JOBISTE**, appliqué notamment aux étudiants qui font un job.

JOBARD, ***jobarde***, adj., «naïf, crédule à l'excès, facile à duper». **JOBARDERIE** ou **JOBARDISE**.

JOGGING, (pron. *djo* ou *jo*) n.m., course à pied (à faible allure). Dérivés: le verbe **JOGGER** (*Il jogge tous les jours*) et le nom

JOGGEUR, tandis que les dérivés de **TAG** s'écrivent, conformément aux règles de l'orthographe française, **TAGUER** et **TAGUEUR**. ▸ TAGUEUR.

JOINDRE, v.tr.dir. Je *joins*, il *joint*, nous *joignons*; je *joignais*, nous *joignions*; je *joignis*; je *joindrai*; que nous *joignions*. — CI-JOINT ▸ PARTICIPE PASSÉ, 2.1.5. — **JOINT QUE**, loc. conj., est vieilli (*outre que*). — *Joindre une chose à une autre* (joindre *avec* est vieilli). *Joindre deux choses* (c'est un pléonasme d'ajouter: *ensemble*). *Joindre bout à bout. Joindre les deux bouts. Joindre qqn* (l'atteindre). *Se joindre à qqn, à la conversation.*

JOINTOYER, **REJOINTOYER**, v.tr.dir. Proprement, on *jointoie* une première fois une façade et on la *rejointoie* quand on procède à un **REJOINTOIEMENT**, à un nouveau **JOINTOIEMENT**. Mais *rejointoyer* et *rejointoiement* peuvent se dire pour un premier jointoiement. Le maçon chargé de ce travail est un **JOINTOYEUR**.

JOLI, adj. et n.m., s'emploie parfois par antiphrase: *Elle est jolie, votre idée! C'est du joli!* Répété, familièrement: *Ce n'est pas joli, joli, ce n'est pas très joli. Elle n'est pas jolie, jolie.*

JOLIMENT (pas d'accent circonflexe) peut signifier: d'une façon considérable. *On vous a joliment trompé.*

JONC, n.m. *Une corbeille de jonc* (faite avec du jonc).

JOUER, v.tr.dir., tr.ind. ou intr. Quelques expressions et constructions.

1. **Intransitif**: *Je ne joue plus. À vous de jouer. Ils jouent serré. Jouer gagnant ou perdant* (*Ils ont joué gagnants*). *Nos avants ont mal joué*; *l'équipe adverse a joué sec* (avec brutalité). *Les circonstances ont joué contre nous. Le bois a joué. La clé joue dans la serrure. Cet acteur ne joue pas dans cette pièce. Ces musiciens ne jouent pas juste. Jouer avec qqn. Jouer à la Bourse.* Dans le Jura suisse, **ÇA JOUE**, ça va, ça convient.

2. **Jouer à**: *On joue à cache-cache.* Avec l'article défini et le nom indiquant la nature du jeu, du sport ou de l'air qu'on se donne: *jouer au soldat, au père Noël, à saint Nicolas, à la boutique, à la marelle, au tennis, au football, aux boules, aux quatre coins. Il monte sur le dos de son père pour jouer au cheval. Jouer au grand seigneur. Jouer aux cartes, au bridge.*

   Flandricismes: [*jouer tennis, jouer soldat, jouer gendarme,* etc.].

3. **Jouer qqch.** ou **qqn**: *Il a encore une balle à jouer. Jouer un pion, un atout, une partie de cartes.* ▸ PART, 5. *Jouer la comédie, du Corneille, une opérette, un match, la finale d'un tournoi, une valse, une sonate, un air. Jouer un rôle, un personnage, un sentiment, la colère. Ils ont joué les durs* (ils se sont donné des airs de durs). *Ne jouez pas les enfants de chœur* (simuler l'innocence d'un enfant de chœur). *Il nous a joués* (trompés). *Il nous a joué un tour. Il a joué une forte somme. Il a joué gros jeu. Il a joué le tout pour le tout. Il a joué sa réputation dans cette aventure.*

4. **Jouer de** (notamment d'un instrument): *Il joue de la flûte, du piano* (et non *la flûte,* etc.). *Il joue du couteau, du revolver. Il joue des coudes; il joue des bras et des jambes. Il joue de son autorité* (il en tire parti). *Jouer de malheur, de malchance.*

5. **Jouer avec** (et un nom de chose): *Elle joue avec sa poupée, avec son collier. Il joue avec le feu, avec sa santé.* Signalons les belgicismes (▸ AVEC, 1): [*Voulez-vous jouer avec?*]; [*Il joue avec mes pieds. Il joue avec nous*] dans le sens de «Il se moque de nous, il s'amuse à nos dépens».

6. **Jouer sur**: *Jouer cent francs sur un cheval. Jouer sur la crédulité de qqn. Jouer sur les mots. Jouer sur la hausse du café.*

7. **SE JOUER**: *Ne vous jouez pas de lui. Ils se sont joués de nous, des difficultés, des lois. L'affaire s'est jouée en quelques instants.*

8. **Prononciation** de *ou*: *w* devant une voyelle prononcée, comme dans *joueur, jouet, fouet.*

JOUETTE, n.f., se dit d'un trou moins profond qu'un terrier et que le lapin creuse comme en se jouant. En Wallonie et à Bruxelles, *jouette* s'emploie comme n.f. ou comme adj. des deux genres en parlant d'un enfant ou même d'un adulte qui ne pense qu'à jouer, qui s'amuse à des bagatelles. On prononce *w*, comme dans *jouet, jouer, jouir.*

JOUFFLU, adj. Deux *f*. *Une enfant joufflue.*

JOUG, n.m. La prononciation du *g* est vieillie. ▸ PORTE-SEAUX.

JOUIR, v.tr.ind., ne peut se dire, sauf par ironie, que s'il s'agit de plaisir, de bénéfice, d'avantage. On ne jouit donc pas d'une mauvaise réputation, d'une santé déplorable, on en souffre ou on a une mauvaise réputation, etc. Prononcer une semi-voyelle *w* comme dans *jouet* et *oui.*

JOUJOU, n.m. Des *joujoux.*

JOUR, n.m. ▸ AUJOURD'HUI, DATES, 2; METTRE, 8.

On dit *travailler jour et nuit* aussi bien que *nuit et jour. Quel jour sommes-nous? Nous sommes lundi ou le 2 mai. Ce jour, ce jour-là.* **SE FAIRE JOUR**: *Les soupçons se **sont fait jour** à cette occasion. La vérité s'est fait jour. Mettre* (ou *avoir*) *ses comptes à jour. Être à jour dans sa correspondance. La mise à jour de ses comptes. De nos jours, à notre époque.*

On écrit *à contre-jour, les Cent-Jours.* Mais *un faux jour, au petit jour.*

JOURNAL, n.m. **Dans** ou **sur**? ▶ DANS, 1. *Journal* se dit parfois d'une publication périodique, même non quotidienne, s'attachant à l'information, mais se dit surtout d'une publication quotidienne.

JOURNAL DE CLASSE désigne couramment en Belgique ce qu'en France on nomme *cahier de textes* ou, plus rarement *carnet de textes*: *Olivier, maintenant, fréquentait l'école. Fin septembre, sa tante lui avait fait la surprise d'un matériel tout neuf: (...) un pimpant carnet de textes...* (Sabatier, R., *Trois sucettes à la menthe*). Cette expression ne peut être expliquée que si l'on donne à *texte* le sens d'*énoncé*, de *sujet*. Le texte d'un devoir, d'une dissertation, d'une leçon est donc ce qui en fait la matière. Vu qu'en Belgique on emploie correctement *sujet* dans ce sens, *cahier de textes* serait ambigu ou incompréhensible. *Journal de classe* a l'avantage d'être intelligible (comme *carnet de bord*). En fait, l'expression la meilleure serait *agenda de classe*, parallèle à *agenda de poche* ou *de bureau*, ou *agenda scolaire*, que chacun comprend ou comprendrait, partout où l'on parle français.

JOURNALISTIQUE, adj., n'a pas nécessairement un sens péjoratif: *style, genre, œuvre journalistique* (propre aux journaux, aux journalistes).

JOURNÉE, n.f. ▶ FEMME.

JOUXTE (*près de*), prép., est vieilli.

JOVIAL. Pluriel: *jovials* ou plus souvent *joviaux*.

JUBILAIRE, adj., **JUBILÉ**, n.m. *Jubilaire* est un adjectif signifiant «qui a rapport au jubilé catholique» (solennité religieuse revenant tous les 50 (ou 25) ans: *année jubilaire, cérémonies jubilaires*) ou s'appliquant à une personne qui célèbre cinquante ans de vie professionnelle (*on a fêté son jubilé*; *le professeur jubilaire*) ou d'un état (mariage, sacerdoce, etc.). *Jubilaire* n'est pas proprement un nom désignant les personnes fêtées à cette occasion, mais on passe assez naturellement à la substantivation de l'adjectif. Il faut réserver *jubilé* et *jubilaire* à l'idée de 50 ans, de cinquantenaire.

JUGE, n.m. *Être à la fois* JUGE ET PARTIE, généralement invariable.

JUGEMENT, n.m. Un jugement est *prononcé, signifié, exécuté*. Il peut être *approuvé, confirmé, réformé* ou (en cassation) *cassé*.

JUGEOTE, n.f. Un seul *t*. *Avoir de la jugeote*.

JUGER, v.tr.dir. ou tr.ind. ▶ FOND.

1. *Juger* **un accusé**, **un procès**, *un candidat, un écrivain, un film. Juger les gens sur l'apparence. Il juge que c'est un piège.*

Il ne juge pas que je doive (ou *dois*) *m'excuser.* ▶ CROIRE. *J'ai jugé sa présence utile. Jugez combien* (ou *si*) *j'ai été surpris. Juger convenable de faire qqch.*

2. *Juger **de** qqch.* ou **de** qqn: *Jugez de ma surprise. Comment, au milieu de cette brume, juger de la beauté du paysage? Il avait du mal à juger de cela, mais il lui semblait que cet amour un peu fou n'était pas extraordinaire* (Clavel, B., *Le voyage du père*). *Jugez-en. Si j'en juge par ce qu'on m'a dit. Autant qu'on peut en juger. Juger de qqch. sur les apparences.*

3. AU JUGÉ, d'après une estimation approximative. *Tirer au jugé.*

JUGULER, v.tr.dir. On ne perçoit plus dans ce verbe le rapport avec *gorge*, perçu peut-être encore dans JUGULAIRE. *Juguler* ne signifie plus *égorger*, mais *enrayer qqch.*, *maîtriser*: *juguler une maladie, une crise, une révolte, un mouvement d'opinion.*

JUJUBE, n.m., qu'il désigne le fruit du jujubier ou la pâte qu'on en extrait.

JUKE-BOX, n.m., pluriel: des *juke-boxes*, des *juke-box*, des *jukebox* (*RO* II.7).

JUMBO-JET, n.m., avion géant, se dit en français *gros-porteur*.

JUMEAU, adj. et n. *De vrais jumeaux. De faux jumeaux. Sa sœur jumelle. Il est son jumeau.* L'Académie admet *Elle accoucha de trois jumeaux.* Mais on parle plutôt de *triplés*, de *quadruplés*, de *quintuplés*.

JUMELER, v.tr.dir. Il *jumelle* (▶ VERBE, Conjugaison, 1.1). *Jumeler une ville et* (ou *avec*) *une autre. Une ville est jumelée avec une autre.*

JUMELLE, n.f., s'emploie au singulier ou, souvent, au pluriel pour un seul instrument d'optique. Inutile de dire: *une paire de jumelles.*

JUNGLE, n.f. Pron. *on* ou couramment *un*.

JUNIOR, adj., après un nom de famille, distingue un fils de son père ou un frère plus jeune. En sport, *un* ou *une junior*, *l'équipe junior*, *les juniors*.

JUNTE, n.f., se prononce avec *on* ou plus souvent avec *un*.

JURÉ, n.m., se dit de chacun des membres d'un jury en justice: *un juré*, qu'il s'agisse d'un homme ou d'une femme; on peut dire: *une femme juré* ou une *jurée* (▶ GENRE, 1).

JURER, v.tr.dir., tr.ind. ou intr. *On jure **qqch.** par ce qu'on a de plus cher, sur la tête de qqn, sur son honneur, sur l'Évangile, devant Dieu. On ne jure que **par** qqn* (on approuve tout ce qu'il dit ou fait, on s'en rapporte à lui). *Jurer fidélité* à qqn (promettre). Dans ce sens de «promettre, s'engager à», *jurer* se construit avec un nom sans article (*jurer obéissance*) ou avec *que* ou avec *de* et un infinitif: *Il jure de dire la vérité. Il jure qu'il dira la vérité.* Avec *rien* ou *en*: *Il ne faut jurer **de rien**, je n'**en** jurerais pas. Je ne jurerais pas qu'il ait tort* (ou *qu'il a tort*). *Il jure **l'avoir rencontré** ce jour-là* (il déclare formellement), *qu'il l'a rencontré.* — *Des couleurs qui jurent entre elles. Un détail qui jure avec un ensemble* ou *dans un ensemble. On jure contre qqn,* on s'emporte contre lui. La langue populaire emploie *après.* Dans SE JURER, *se* est objet indirect: *Ils se sont juré fidélité. Ils se sont juré de réussir. Ils se sont juré qu'ils réussiraient.*

JUS, n.m. *Jus de fruit* (ou *de fruits*). Mais on laisse généralement au singulier le complément indiquant la nature du jus: *jus d'orange, de tomate,* etc.

JUSQUE, prép., est généralement suivi d'une autre préposition, surtout de *à*. Il marque la limite, le terme qu'on ne dépasse pas, dans l'espace ou dans le temps. *E* s'élide toujours devant une voyelle.

1. S'il n'est pas suivi d'une autre préposition, *jusque* exige *à*, qui le suit immédiatement (*jusqu'à*), sauf devant certains adverbes de temps ou de lieu (*alors, ici, où, là, là-dedans, là-bas,* et notamment les locutions adverbiales commençant par une préposition: *au-dedans, en dessous*): *Payer jusqu'à concurrence de cent francs. Aller jusqu'à injurier. Pénétrer jusqu'au-dedans de la moelle. Aller **jusqu'à la plage**, **jusque sur la plage**. Jusqu'en Amérique. Jusque dans la rue. **Jusque chez moi. Jusqu'à midi.** Jusqu'à minuit. Jusqu'à Paris. Jusqu'à dire. Jusqu'à présent. **Jusqu'à fin mars. Jusqu'à demain. Jusqu'à maintenant.** Jusqu'à quand. Jusqu'alors, jusqu'ici,* JUSQUE-LÀ (trait d'union), *jusqu'où.* Un adverbe marquant un accroissement de la distance peut s'intercaler entre *jusque* et la préposition autre que *à*: *Jusque loin dans le désert. Jusque bien avant dans la soirée. Jusque tard dans la soirée. Jusque bien après son mariage.* Plus fréquente est l'intercalation d'un adverbe d'intensité (*assez, aussi, bien, fort, si, tout, très*) déterminant un adverbe de temps ou de lieu: *Jusque bien loin. Jusqu'assez tard. Jusque très tard. Jusque tout au-dessus. Jusque tout récemment.* On notera que dans ce cas on n'emploie pas *jusqu'à*. Celui-ci s'emploie au contraire dans *jusqu'à près de midi.*

    Passé étant assimilé à une préposition dans *passé minuit,* on dit: *Jusque passé minuit.* Mais aussi: *jusqu'à passé minuit.*

    Il est normal de dire: *Jusqu'à environ trois heures,* puisqu'*environ* est un adverbe et non une préposition. Mais on entend *jusqu'environ trois heures*; autrefois *environ*

s'employait comme préposition. On doit dire: *jusqu'à trois heures, jusqu'à cinq fois.*

Jusqu'aujourd'hui se justifie, puisque la préposition *à* est comprise dans *au* du mot *aujourd'hui*; mais considérant l'adverbe comme un tout, on dit fort bien: *jusqu'à aujourd'hui.*

On traite de même comme un tout, sans tenir compte qu'ils renferment une préposition, les adverbes **avant-hier, après-demain, après-midi.** Ils sont précédés de *jusqu'à*, comme **hier** ou **demain**: *Jusqu'à hier, jusqu'à avant-hier.* L'omission de *à* devant les adverbes *hier, demain, maintenant, avant-hier,* etc., est perçue comme une négligence familière.

On a le choix entre **Jusqu'à il y a six jours,** et **jusqu'il y a six jours.**

2. JUSQUES, employé à l'époque classique devant une voyelle, ne survit plus dans cet emploi que par archaïsme, en poésie, ou par affectation: *Jusques au point du jour* au lieu de *jusqu'au point du jour.* Mais on dit encore: JUSQUES ET Y COMPRIS.

3. **Répétition de *à*.** On dit: *Il le suivra jusqu'à la misère et à la mort* ou *jusqu'à la misère et la mort.* Mais si *au* ne peut pas être repris, il faut répéter *à*: *Jusqu'au départ et au jour...,* mais: *Jusqu'au départ et à la séparation. Jusqu'au départ et à l'oubli.*

4. *Jusqu'à* s'emploie dans le sens de *même,* devant un sujet ou un complément d'objet: *Il aime **jusqu'à ses ennemis** (Ac.). Jusqu'à ses adversaires l'applaudissent.* Ne pas ajouter *même* à *jusqu'à* dans de telles phrases.

    Devant un objet indirect introduit par *à*, le sens peut n'être pas clair et il faut éviter l'équivoque que présenterait par exemple: *Il prête jusqu'à ses valets.*

    Mais on peut dire: *Il fait sa cour à tout le monde, jusqu'au chien du logis* (Ac.).

    Devant un infinitif ayant le même sujet que le verbe dont il dépend: *Il en fut affligé, **jusqu'à en être malade*** (au point de). ***Aller jusqu'à dire...*** (en venir au point de).

5. JUSQU'À... QUI s'emploie dans le sens de «même»: *Jusqu'à lui qui m'en veut!* Après *Il n'est pas jusqu'à... qui,* on emploie le subjonctif avec *ne,* qui n'est pas explétif (▶ NE employé seul, 7): ***Il n'est pas** jusqu'aux enfants **qui ne m'en veuillent*** (même les enfants m'en veulent).

6. JUSQU'À TANT QUE (*jusqu'à ce que*; subjonctif) se rencontre dans la langue classique et chez de très rares écrivains modernes. L'expression paraît aujourd'hui soit affectée, soit dialectale. La graphie *jusqu'à temps que* est nettement vieillie.

7. JUSQUE-LÀ QUE (*à tel point que*), suivi généralement de l'indicatif, est vieilli: *Un rien presque suffit pour le scandaliser;*

Jusque-là qu'il se vint l'autre jour accuser D'avoir pris une puce en faisant sa prière (Molière).

8. **JUSQU'À CE QUE** est suivi aujourd'hui couramment du subjonctif, quel que soit son sens; non seulement quand il exprime une visée d'attente (*Patientez jusqu'à ce qu'il revienne*), où l'on peut voir une finalité, une incertitude (et expliquer par là le subjonctif), mais également si le fait qu'il introduit est présenté comme réalisé, comme un simple terme, passé ou futur, indiquant simplement une limite: *Il recula un peu jusqu'à ce qu'il **eût atteint** le lit* (Mauriac, Fr., *Les chemins de la mer*); l'intéressé ne cherche pas à atteindre le lit; celui-ci marque seulement la limite du recul. *Les chevesnes continuaient leur flânerie circulaire, jusqu'à ce qu'une perche tigrée, tapie sous une table de roche, **bondît** au milieu d'eux et les **éparpillât*** (Genevoix, M., *Rroû*).

Il faut reconnaître que, dans cette acception, où il n'y a aucune attente, le subjonctif ne s'explique que par l'analogie. Mais il est justifié par la fréquence de l'usage. Un ancien usage employait alors l'indicatif. Beaucoup d'écrivains le font encore et c'est assurément correct.

Toutefois, plutôt que de conseiller, comme plusieurs grammairiens, de rester fidèle à cette survivance littéraire, on peut franchement recommander soit le subjonctif dans tous les cas, soit la distinction entre *jusqu'au moment où* et l'indicatif quand il y a simple limite, sans visée, et *jusqu'à ce que* et le subjonctif quand il y a attente, visée: *Je suis resté **jusqu'au moment où l'on m'a prié** de sortir. Vous pouvez garder ce livre jusqu'au moment* (ou *jusqu'au jour*) *où je vous le réclamerai.* Si l'on veut exprimer une attente et plus qu'une simple limite dans le temps: *Vous pouvez garder ce livre **jusqu'à ce que nous vous le réclamions**.*

JUSTE, adj., n.m. et adv., **JUSTEMENT**, adv.

1. *Juste*, **adj.**, peut se dire d'un objet qui fonctionne parfaitement, d'une balance ou d'une horloge comme d'un fusil. Mais en Belgique on dit qu'une personne n'est pas tout à fait juste au lieu de dire qu'elle est un peu folle, un peu détraquée.

2. Une montre marque l'**heure juste**. Mais: *à **six heures juste*** (exactement).

3. *Juste*, **adverbe**, peut signifier «exactement»: *Il est six heures juste* (▸ 2). *Il avait juste neuf ans. Ces horloges vont juste. Ces attaques ont touché juste. Justement* avait aussi ce sens dans la langue classique. Il signifie aujourd'hui: «conformément à la justice» (*Une œuvre justement célèbre*), mais aussi «précisément», et il marque alors la concordance exacte entre deux choses et peut remplacer *exactement* ou *juste*:

C'est justement ce que j'allais vous dire (ou *c'est juste, c'est exactement, c'est précisément ce que j'allais vous dire*).

Juste s'emploie comme adverbe invariable dans de nombreuses locutions où il détermine un verbe: *arriver juste* (exactement) *au moment voulu, calculer juste* (avec justesse), *chanter juste, compter juste, deviner juste, être chaussé un peu juste* (*ces bottines la chaussent un peu juste*, mais: *ces bottines sont un peu justes*), *la clé entre juste, frapper juste, mesurer juste, parler juste, peser juste, raisonner juste,* etc. Sens de «à peine»: *La voix était sans prétention, juste légèrement enrouée* (Déon, M., *Un parfum de jasmin*). *C'est tout juste passable.*

4. **IL EST JUSTE QUE** est suivi du subjonctif.

5. **COMME DE JUSTE.** ▸ COMME, 3.

6. **AU JUSTE**, loc.adv. *Il ne sait pas au juste* (exactement) *à qui il doit s'adresser.*

JUSTESSE, JUSTICE, n.f. **Justesse** évoque l'idée d'adaptation, de convenance, d'exactitude: la justesse de l'oreille, du ton, de la voix, d'un tir, d'une balance, d'un mot, d'une comparaison, d'une interprétation, d'un style. **Justice** évoque l'idée de droiture, d'équité, de légalité; on parle donc de *la **justice*** (et non de la justesse) ***d'une cause**.*

JUSTIFIER, v.tr.dir. ou tr.ind. Emplois actuels: *On justifie qqn* (*d'une accusation*), on l'innocente. **SE JUSTIFIER** (*d'une accusation*). *Justifier une démarche, une demande, sa présence, une dépense* (faire reconnaître comme légitimes, en prouver le bien-fondé). *Justifier ce qu'on avance.*

Justifier de qqch. (en termes de droit), sans complément de personne, en apporter la preuve matérielle: *Justifier d'un paiement, d'une dépense.*

JUTE, n.m. *Le jute est résistant. De la toile de jute.*

JUVÉNILE, adj. *Un enthousiasme juvénile.*

JUXTA, au début des composés, n'est suivi d'un trait d'union que devant une voyelle: *juxtalinéaire, juxtaposer, juxta-articulaire.*

JUXTAPOSER, v.tr.dir. *Juxtaposer qqch. à qqch.* ou *qqch. et qqch.* ou *deux choses. Juxtaposer des couleurs* (sans liaison, sans organisation). *Des termes juxtaposés.*

KABBALE, n.f., tradition juive. ▸ CABALE.

KAFKAÏEN, adj. (tréma): *La littérature kafkaïenne.*

KAKI, adj., est invariable. ▸ ADJECTIFS QUALIFICATIFS, 2.3.1. Le nom varie: *Les kakis militaires.*

KAMIKAZE, n.m. japonais: avion-suicide, pilote de cet avion, personne très téméraire.

KAOLIN, n.m., s'écrit avec *k*: *Le kaolin est une argile.*

KAPOK, n.m. Renoncer à écrire [CAPOK].

KAYAK, n.m., est aussi écrit KAYAC.

KERMESSE, n.f., s'emploie dans le nord de la France pour désigner une fête populaire annuelle en plein air. Le terme généralisé dans ce sens est *fête* (ou *fête foraine*). En Belgique et dans le nord de la France, *kermesse* est courant et se dit pour fête (parfois de bienfaisance) accompagnée de réjouissances populaires en plein air. On n'y appellera pas *kermesse* une FANCY-FAIR (▸ FANCY-FAIR).

KETJE, n.m., est un terme bruxellois, et senti comme tel, qui se dit pour *gamin*, *gamin de rue*.

KHÂGNE, n.f. *Khâgne* avec *h* et accent circonflexe est la seule graphie recommandable pour ce nom, qui désigne la classe préparant à l'École normale supérieure. De même KHÂGNEUX.

KHÉDIVE, **KHÉDIVAT**, n.m., s'écrivent avec *kh*.

KHMER, adj. ou n. Féminin: *khmère*.

KHÔL, n.m. d'un fard noirâtre.

KIBBOUTZ, n.m., exploitation agricole collective en Israël. Pluriel: des *kibboutz* (pluriel hébreu: des *kibboutzim* ou *kibboutsim*).

KIDNAPPER, v.tr.dir. Sur le verbe américain *to kidnap*, on a formé *kidnapper* et ses dérivés KIDNAPPING, KIDNAPPEUR, KIDNAPPAGE. Ils sont courants et admis en français avec un sens élargi: enlèvement d'une personne (et non seulement d'un enfant), généralement pour réclamer une rançon.

KIF-KIF ou **KIFKIF** (*RO* III.C), adv. Familièrement: *C'est kif-kif*, c'est la même chose, c'est tout comme. Populaire: *C'est kif-kif bourricot.*

KILO, n.m., abréviation de KILOGRAMME, n'a pas de *g*, mais il y en a un dans le symbole KG: *Dix kg*, *dix kilos*. KILOGRAMME-FORCE (kgf), KILOGRAMME-POIDS (kgp). Des *kilogrammes-forces*, des *kilogrammes-passager* (charge de bagages autorisée par passager). ▸ HEURE, 1.

KILOMÈTRE, n.m. Symbole *km* ▸ HEURE, 1. Des *kilomètres-heure*; symbole *km/h* (parfois *kmh*).

KILOWATTHEURE, n.m., travail accompli en une heure par un moteur d'une puissance de 1000 watts. Symbole: *kWh*. *Dix kilowattheures.*

KIMONO, n.m. Des *kimonos*. Apposé: invariable. *Des manches kimono.*

KINÉSITHÉRAPEUTE, n.m. ou f. Attention à l'orthographe: *k* initial; *th* comme dans *thérapie*, *thérapeutique*; *te* final. Souvent abrégé dans la conversation par les Français en KINÉSI ou en KINÉ. Les Belges disent KINÉSISTE ou KINÉ.

KIR, n.m. Le nom de cet apéritif s'écrit couramment avec une minuscule. Des *kirs*.

KIT, n.m. Un *kit*, des *kits*. On peut substituer PRÊT-À-MONTER (des *prêts-à-monter*) ou *prêt-à-emporter*, *prêt-à-l'emploi*, à l'anglais *kit* pour désigner ce qui, préfabriqué, n'a plus qu'à être monté ou l'emballage contenant tout ce qu'il faut pour une utilisation donnée.

KIT-BAG, n.m. Dire : *sac de voyage*.

KITCHENETTE, n.f., peut être remplacé par **CUISINETTE**.

KLAXON, n.m. En France, on prononce *o + n* ; en Belgique on prononce *on* comme dans *son*.

[KLOPPE], n.f., **[KLOPPER]**, v. ▶ [CLOPPE, CLOPPER].

KNOCK-OUT, n.m. ou adj. *Mettre qqn knock-out* (mettre hors de combat). *Battre par knock-out* (par mise hors de combat). Populaire : *Il est knock-out*, assommé, sonné. Abrégé : **K.-O.** (prononcé *Kao*).

KNOW-HOW, n.m., anglicisme, doit être remplacé par *savoir-faire*, « ensemble de connaissances techniques nécessaires pour une bonne utilisation ».

KOLKHOZE, n.m., mot russe francisé. Des ***kolkhozes***.

KOT, n.m., désigne en Belgique une petite chambre louée à un étudiant : *Louer un kot*. *Vivre en kot* se dit aussi **KOTER**.

KOUGLOF, n.m. Il existe beaucoup d'autres graphies en Alsace.

KRAAL, n.m., enclos pour le bétail en Afrique du Sud. Des ***kraals***.

KRACH, n.m. *Un krach* (débâcle des cours de la Bourse). Prononcer comme *crac*. ▶ CRACK.

KYRIE, n.m. (pour *Kyrie eleison*). *Un* ou *des* ***kyrie*** (pron. *é*), généralement avec minuscule.

KYRIELLE, n.f. Une *kyrielle*, des ***kyrielles***.

KYSTE, n.m. *Un kyste*.

LA, article ▸ ARTICLE. **Pronom** ▸ LE, LA, LES et CELUI, CELLE, CEUX. ▸ ÉLISION.

LÀ, adv. (▸ CI, adv., et ICI), s'écrit avec un accent. Il marque le lieu (*Restez là*; *çà et là*; *C'est là que je l'ai vu*) ou plus rarement le temps (*Nous verrons d'ici là ou d'ici lors*).

LÀ OÙ peut souvent être remplacé par *où*: *J'irai (là) où vous êtes allé. Allez (là) où vous voulez. (Là) où je le trouve le plus intéressant, c'est quand il raconte ses souvenirs.*

C'EST LÀ OÙ, C'EST OÙ, C'EST LÀ QUE. On dit: *C'est là où il est* (ou *c'est où il est*) *qu'il est le plus utile, c'est à l'endroit où il est que...* En supprimant *où il est*: *C'est là* (à cet endroit) *qu'il est le plus utile.*

LÀ OÙ peut aussi marquer l'opposition en signifiant *alors que, tandis que*: *Il se fâche là où il faudrait employer la douceur. Il est inquiet là où il devrait être confiant.*

Trait d'union dans CELUI-LÀ, *celle-là*, *ceux-là*, *celles-là*, LÀ-BAS, LÀ-DEDANS, LÀ-DESSUS, LÀ-DEVANT, LÀ-DERRIÈRE (rare), LÀ-DESSOUS, LÀ-HAUT, JUSQUE-LÀ et dans les expressions DE-CI DE-LÀ, PAR-CI PAR-LÀ (où l'on trouve parfois une virgule après *ci*). On ne met pas de trait d'union dans DEÇÀ, DELÀ (*De là il est parti jusqu'à Rome. Il passera par là. D'ici là, là même, par là même*), ni généralement dans *là contre* (voir plus loin).

Quand un déterminant démonstratif est séparé de *là* par un nom, il convient de mettre un trait d'union devant *là*, à condition que le démonstratif (et donc l'ensemble *ce... là*) porte sur ce nom: *Ce chien-là. Ces vingt ans-là. Ces deux hommes-là. Ce M. Dupont-là. Ce soir-là. Ce garde-chasse-là. Ce lieutenant-colonel-là. Ces deux-là. Ces deux chiens-là.*

Si l'usage ne met pas le trait d'union entre les éléments formant des sortes de noms composés, on n'en met pas non plus après ceux-ci devant *là*: *Ces pommes de terre là.* On écrit couramment: *Ce jeudi soir là* et *Ce point de vue là, ces preuves de bonté là*; en effet *là* ne porte ni sur l'apposition ni sur le complément.

LÀ CONTRE est écrit généralement sans trait d'union, mais on trouve LÀ-CONTRE (▸ CONTRE, 3). Attestée depuis la langue classique jusqu'à nos jours, l'expression est bien française: *dire qqch. là contre, aller là contre, tenir là contre, protester là contre*, etc.

LABEL, n.m. Ce mot anglais francisé ne peut, dans son sens actuel, être remplacé par son ancien équivalent français, *étiquette*. Il signifie: marque qui garantit l'origine et la qualité d'un produit.

LABORANTIN, n.m. (féminin **laborantine**), personne employée à des recherches ou à des analyses dans un laboratoire.

LABOURÉ, n.m., s'est employé en France comme nom pour «terre labourée», ou «labour»; il y survit en plusieurs régions, comme en Belgique.

LABYRINTHE, n.m. Noter l'orthographe due à l'origine grecque.

LACET, n.m., *une route en lacet*.

LÂCHÉ, adj., rare dans le sens de *négligé*, **relâché**: *La conversation courante de plus en plus lâchée* (Georgin, R., *Pour un meilleur français*).

LACS, n.m. (pron. *la*). Un *lacs* était un lacet, un nœud coulant qui servait à prendre le gibier. D'où TOMBER DANS LE LACS (dans le piège). Mais *lacs* étant vieilli, on écrit aujourd'hui: TOMBER DANS LE LAC (à l'eau), échouer, ÊTRE DANS LE LAC, avoir échoué: *Son projet est dans le lac.*

LACUNAIRE, adj., LACUNE, n.f., LACUNEUX, adj. On *comble* (ou on *remplit*) une lacune, on ne la complète pas! *Lacuneux* est concurrencé sérieusement par *lacunaire*; si l'on emploie plutôt *lacuneux* en botanique, semble-t-il, *lacunaire* est courant au sens figuré: *documentation lacunaire.*

LADITE, adj., s'écrit en un mot comme *ledit*. ▶ LEDIT.

LADY (pron. *lèdi*). Pluriel: des *ladies* (pron. *iz*) ou des *ladys* (*RO* II.7).

LAETARE, premier mot de l'introït du quatrième dimanche de carême, se retrouve dans le nom de ce dimanche (*le dimanche de Laetare*). En wallon et en français régional de Belgique, on dit *la Laetare* alors qu'en France on dit *le Laetare*. C'est que d'un côté on a sous-entendu *fête* et de l'autre, *dimanche*. ▶ GENRE, 6.

LAI, adj., est remplacé par LAÏQUE (sauf dans *frère lai, sœur laie*).

LAÏC, LAÏQUE, adj. et n. Tandis que dans le **nom** on distingue encore généralement un *laïc*, une *laïque* (qui n'appartient pas au clergé ni à un ordre religieux), l'**adjectif** est habituellement *laïque*: *un saint laïque, en habit laïque*. Mais *laïque* se généralise, même comme nom, dans le sens de «partisan du *laïcisme*, de l'indépendance totale à l'égard des religions». La LAÏCISATION veut donner aux institutions un caractère non religieux, remplacer les religieux par des laïcs. Le LAÏCAT est l'ensemble des chrétiens laïques.

LAIE, n.f., n'a qu'une orthographe, quel que soit son sens.

LAISSÉ-POUR-COMPTE, n.m. Un *laissé-pour-compte*, des *laissés-pour-compte*, mais *une marchandise laissée pour compte*.

LAISSER, v.tr.dir. ▶ INFINITIF; PARTICIPE PASSÉ, 6.2.6.C; PLAN; *RO* II.6.

1. *Laissez-le venir. Laissez-le punir. Je l'ai laissé (ou lui ai laissé) faire ce qu'il voulait. Je le laisse faire. Laisser qqch. à qqn. Je lui laisse le courrier à signer. Je leur laisse à juger ce qu'il faut faire. Il nous a laissé battre. Il nous a laissés faire. Il nous a laissé entendre que... Cela laisse à désirer. Laisser qqn tranquille. Le laisser pour mort. Laisser un travail inachevé.*

   SE LAISSER *tomber. Se laisser dire, faire. Se laisser aller à faire qqch. Se laisser séduire par qqch.* (*à qqch.* est classique, vieilli et littéraire).

2. *Laisser* + **verbe pronominal**. On a la faculté d'omettre le pronom réfléchi (*On a laissé échapper ce prisonnier*, Ac.), à condition toutefois qu'il n'y ait pas d'équivoque, mais on l'emploie souvent. On distingue: *On l'a laissé se tuer* et *On l'a laissé tuer*. On dit: *Je te laisse te débrouiller*.

3. NE PAS LAISSER DE + **infinitif** (tour littéraire): ne pas manquer de. *Il ne faut pas laisser d'aller votre chemin* (Ac.). *Il est pauvre, mais ne laisse pas d'être désintéressé* (Ac.). *Ne pas laisser que de* (même sens) est plus rare et plus lourd. *Cette réponse ne laisse pas que de m'étonner.*

4. Tandis qu'en néerlandais on dit littéralement «laisser construire une maison» pour «faire construire une maison», le français n'emploie *laisser* devant un infinitif que dans son sens de «permettre de, ne pas empêcher de» et distingue *Je me suis laissé prier* et *Je me suis fait prier*. Notons: *Je me suis laissé dire, on m'a dit, est-ce vrai? Cet ouvrage se laisse lire*: on le lit sans déplaisir. *Ne vous laissez pas faire*: résistez.

5. On dit de qqn: *Il laisse croire* (ou *entendre*) *qu'il a réussi*.

LAISSER-ALLER, LAISSER-FAIRE, LAISSEZ-PASSER, n.m. Telle est l'orthographe normale de ces composés **invariables**. *Laisser*, dans les deux premiers, exprime plutôt une attitude, une manière d'être (on se laisse aller, on se laisse faire); dans le troisième, l'impératif *laissez* s'explique par l'idée d'ordre, d'injonction. On écrira le *laisser-faire de certains éducateurs*.

LAIT, n.m., **LAITANCE, LAITE**, n.f.

1. [*Le lait d'un hareng*] n'a aucun sens. On dit: la LAITANCE ou parfois la LAITE. *Un hareng laité* a de la laitance.

2. On distingue le LAIT BATTU ou *lait de beurre* ou *babeurre*, liquide qui reste dans la baratte quand le beurre est pris, et le PETIT-LAIT (trait d'union), liquide qui se sépare du lait caillé après la coagulation.

3. *Lait concentré* ou *condensé. Lait d'amande(s).*

LAIZE, n.f., **LÉ**, n.m., largeur d'une étoffe entre ses deux lisières. *Lé se dit aussi de chaque partie verticale d'une jupe (une jupe à lés, une jupe de six lés) ou de la largeur d'une bande de papier peint.*

LAMENTER, v.tr.dir. *Lamenter qqch.* (déplorer) est vieilli ou littéraire. On n'emploie plus *lamenter* intransitivement; on dit: SE LAMENTER, *se lamenter sur qqch., se lamenter d'avoir fait telle chose. Ils se sont lamentés.*

LAMPER, v.tr.dir., est familier: boire d'un trait ou à grands traits. *Il a lampé son verre* ou *la bouteille.*

LAMPISTE, n.m. C'est le *lampiste* (le subalterne) *qui trinquera.*

LANCE, forme verbale, dans les **composés** ▶ NOMS COMPOSÉS, 2.5.

LANCÉE, n.f. *Courir, continuer sur sa lancée.*

LANCEMENT, n.m., **LANCER**, v.tr.dir. Employés à tort ▶ ÉLANCEMENT.

LANCINANT, adj. *Une douleur lancinante* (qui se fait sentir par des élancements aigus). *Un souvenir lancinant* (obsédant, tourmentant).

   LANCINATION, n.f., ou **LANCINEMENT**, n.m.

LANDERNEAU, n.m., utilisé uniquement dans l'expression proverbiale: *Cela fera (fait) du bruit dans le landerneau*, qui est la variante fréquemment utilisée de l'expression: *Cela fera du bruit dans Landerneau*, où Landerneau fait référence à une ville du Finistère. Le sens de l'expression est: on donnera une importance exagérée à cette nouvelle dans les cercles restreints où elle sera racontée. Littré rappelle que cette phrase aurait été introduite dans la pièce à succès d'A. Duval, *Les héritiers* (1796), qui connut un long succès.

LANDAU, n.m. Des *landaus*.

LANGE, n.m. *Un lange blanc.*

LANGUE, n.f. *Prendre langue avec qqn*, prendre contact avec lui. *Langue*, suivi de traits d'union, est le premier élément de noms **composés** féminins: LANGUE-DE-CHAT (des *langues-de-chat*), biscuit, LANGUE-DE-BŒUF, arme ancienne, outil de maçon ou champignon. Mais s'il s'agit de viande, *manger de la langue de bœuf* ou *de veau.* ▸ BOIS.

LANGUIR (SE). *Se languir de qqn, de qqch.* se dit dans des français régionaux, surtout dans le Midi, pour «être malheureux, souffrir de l'absence de».

LAPON, adj. ou n. Féminin, *lapone*; un seul *n*.

LAQUE, n., est féminin quand il désigne la matière résineuse de certains arbres d'Extrême-Orient, un produit vaporisé sur les cheveux, un vernis transparent, coloré, utilisé par exemple pour la carrosserie des voitures: *Passer une carrosserie à la laque.* Il est masculin (ou parfois féminin) au sens de «laque de Chine, du Japon», noir ou rouge; toujours masculin quand il désigne un objet d'art enduit de ce vernis: *Un beau laque.*

LARBIN (domestique), n.m., est familier et péjoratif.

LARGE, adj. ou adv., est adverbe et invariable dans *chausser large, ne pas en mener large, mesurer large, calculer large, voir large.* On peut hésiter entre *Ouvrez **large** vos yeux* et *ouvrez **larges** vos yeux* où l'on perçoit *large* comme dans *respirer à larges poumons.* On hésite entre *des fenêtres **larges ouvertes*** (plus fréquent) et *des fenêtres **large ouverte*** (▸ GRAND, 3): *Ses yeux larges ouverts* (Colette). *Des livres (...), quelques-uns large ouverts* (Mauriac, Fr., *Préséances*). ▸ GRAND, 4. Adj.: *Un ruban large de quatre centimètres. Il est un mètre trop large.*

LARGE, n.m., largeur: *Deux mètres de large, de largeur.* — *Le large*: la haute mer. *Le grand large.* — *Être au large.*

LARIGOT, n.m. d'origine incertaine, s'emploie dans l'expression À TIRE LARIGOT «beaucoup, énormément» avec *boire, manger* et d'autres verbes. ***Boire à tire-larigot*** est une vieille expression française qui signifie: boire énormément, coup sur coup.

LARRON, n.m. Féminin: *larronne* (deux *n*). *Larronnesse* ne se dit plus guère.

LARVÉ, adj., se dit en médecine d'une maladie, d'une fièvre dont les manifestations sont différentes de celles qu'on attend. Au figuré, «qui ne se manifeste pas extérieurement»: *une guerre larvée.*

LASAGNES, n.f.pl. (parfois *une* LASAGNE). Pron. *z*.

LASCAR, n.m. familier. Pas de féminin. Pas de *d*. *De bons lascars.*

LASCIVETÉ, n.f. On peut dire aussi: LASCIVITÉ.

LASSER, v.tr.dir. *Lasser qqn. Être lassé de qqch., de faire qqch.* SE LASSER *de qqn* ou *de qqch., de faire qqch. Je ne me lasse pas de le lui dire* (Je le lui dis sans cesse, sans avoir envie de renoncer). ***Se lasser à faire qqch.*** (classique), se fatiguer à: *Je me lasse à vous le répéter.* Tandis que *Je me lasse de vous le répéter* se dit pour *J'en ai assez de vous le répéter. Ils se sont lassés.*

-LÂTRE et **-LÂTRIE**, suffixes s'écrivant avec un accent circonflexe.

LATTE, n.f., est régional, dans le sens de «règle plate graduée».

LAURIER, n.m., est suivi d'un trait d'union dans les composés, sauf devant *de*; il varie au pluriel: Un LAURIER-CERISE, des *lauriers-cerises*; des *lauriers-roses*; des *lauriers-tins* (attention à la graphie *tin*, du latin *tinus*), nom de la viorne, des *lauriers-sauce* (destinés à *la* sauce).

LAVANDIÈRE, n.f., désigne une femme qui lave le linge au bord d'un cours d'eau ou d'un lavoir ou une bergeronnette (hochequeue).

LAVATORY, n.m. (lieu d'aisances public avec lavabo): *Un lavatory.* Des *lavatories* ou des *lavatorys.* On dit aussi: les lavabos ou les toilettes.

LAVE-MAIN, n.m. Un LAVE-MAIN(S), des *lave-mains.* Un LAVE-VAISSELLE, des *lave-vaisselle(s)*. ▸ NOMS COMPOSÉS, 2.5; *RO* II.2.

LAVERIE, n.f., courant pour désigner une *blanchisserie* équipée de machines à laver, est régional pour *buanderie* ou, parfois, *arrière-cuisine.*

LAVETTE, n.f., se dit d'un gros pinceau en fil avec lequel on lave la vaisselle ou d'un morceau de linge destiné au même usage. Fam.: *Cet homme est une vraie lavette*, il est mou, sans énergie.

LAZZARONE, n.m., parfois **LAZARONE**. Des *lazzaroni*, des *lazzarones* ou *lazarones*.

LAZZI, n.m., plaisanterie ou moquerie bouffonne. Des *lazzi* ou des *lazzis*.

Le, la, les

1. *LE*, ARTICLE: VOIR AUSSI...

▶ ARTICLE (notamment 1, *Le plus, le moins*, 3) et GENRE, 1.2.2.

2. *LE*, PRONOM

2.1. PRONOM ATTRIBUT

2.1.1. REPRÉSENTATION D'UN NOM

S'il représente un nom propre ou un nom déterminé par un article défini ou par un adjectif démonstratif ou possessif, le pronom attribut varie, en accord avec ce nom, du moins dans la langue écrite:

> *Êtes-vous Marie? —* **Je la suis**. *Êtes-vous Pierre et Paul? — Nous les sommes. Êtes-vous ses enfants? — Nous les sommes. Êtes-vous la mère de ces enfants? — Je la suis.*

Cette règle n'est pas observée dans la langue parlée. On dit d'ailleurs: *Oui* ou *Oui, c'est moi, c'est nous*, etc.

À la phrase *Vous n'êtes pas sa sœur?* on répond *Non* ou *Si* (plutôt que *Si, je la suis*). Certains auteurs préfèrent même employer *le* au lieu de *la* dans de tels cas, mais cela reste anormal.

Avec **c'est**, on emploie *lui, elle(s), eux* pour la 3e personne:

> *Est-ce votre voiture? — C'est elle. Sont-ce vos chevaux? — Ce sont eux* (et non plus, comme dans la langue classique: *Ce l'est, ce les sont*).

Quand il s'agit de **l'heure**, on dit: *Il n'est pas encore sept heures, mais* **il les sera** *bientôt*.

2.1.2. REPRÉSENTATION D'UN ADJECTIF OU D'UN NOM SANS ARTICLE

S'il représente un adjectif ou une locution assimilable et non locative, un participe (▶ 2.1.3, N.B.), un nom sans article ou sans déterminant (▶ 2.1.1), un nom précédé d'un article indéfini et exprimant une qualité ou accompagné d'un adjectif exprimant

celle-ci, le pronom attribut, considéré comme évoquant cette qualité, a la forme neutre *le* (cela):

> *S'ils sont courageux, leur sœur l'est aussi. Vous voulez qu'ils soient à l'heure,* **ils le seront**: *pas de sens locatif, valeur d'adjectif; on pourrait dire* ponctuels *(▶* Y, *1.8). Ce ne sont plus des enfants, ils ne veulent plus l'être. Nous sommes des hommes libres et nous entendons le rester. Distinguons soigneusement ce qui est injure et ce qui ne l'est pas.*

On emploie souvent *en* pour représenter **un nom** précédé de l'article partitif ou de *des*. Alors qu'on oppose les *devoirs difficiles* et *ceux qui ne* **le** *sont pas*, le représentant l'adjectif *difficiles*, on dit: *Des difficultés qui n'* **en** *sont pas*.

> De même: *Nous cherchons de l'eau potable, nous voulons voir si celle-ci* **l'est** (si celle-ci est potable), mais: *il faudrait savoir si* **c'en est** (si cela est de l'eau potable).

Si le nom est précédé de *un*, on emploie *en*: *Est-ce une voiture?* — *C'en est une* (ou *Oui*).

On emploie parfois aussi *tel*: *Des devoirs difficiles et ceux qui ne sont pas tels*. On le doit si la présence d'un autre pronom complément empêche d'employer *le*.

> On dit: *Elle se croit jolie et elle l'est*, mais: *Elle aime à se sentir jolie et qu'on la trouve* **telle**.

2.1.3. *LE* PRONOM NEUTRE

Dans les propositions comparatives introduites par *plus, moins, comme, aussi, mieux, autre*, etc., l'attribut de valeur neutre *le* peut être omis:

> *Il est plus orgueilleux* **qu'il n'était** *ou* **qu'il ne l'était**. *Je suis plus heureux que je ne l'étais l'an dernier* (ou, plus rare à cause du complément circonstanciel: *que je n'étais l'an dernier*).

N.B. Le pronom neutre attribut peut aussi représenter, avec une valeur d'adjectif, un nom déterminé:

> *Je m'imaginais que tous les voleurs le sont à la façon d'Arsène Lupin.*

Le peut parfois avoir la valeur de l'adjectif simple après un superlatif relatif:

> *Nous défendons le plus précieux de nos biens, notre langue maternelle; toutes les langues ne le sont pas au même degré* (R. de Flers, cité par Sandfled I, p. 61). Le pronom renvoie à l'adjectif ou à «un bien précieux».

Les Le Bidois (I, p. 133) condamnent trop sévèrement cet emploi.

Elles restèrent interdites. Leur père l'était moins qu'elles. Le pronom *le* représente ici l'adjectif au masculin singulier, bien que *interdites* vienne d'être employé au féminin pluriel; cela est correct.

Je le traiterai comme il mérite de l'être. Littré condamne cette phrase parce que le verbe vient d'être employé à la forme active et que *le* le représente à la forme passive. Il a tort. On peut dire: *Je ne vous plaindrai que si vous méritez de l'être*.

Ne pas employer *y* pour *le*. ▶ Y, 1.8.

▶ INFINITIF et NE explétif.

2.2. PRONOM COMPLÉMENT

2.2.1. REPRÉSENTATION D'UN NOM FORMANT UNE LOCUTION AVEC UN VERBE

Le pronom complément peut-il représenter un nom sans article formant une locution avec un verbe (*faire confiance, tenir parole, rendre hommage, chercher fortune, avoir pitié, porter secours, avoir raison, avoir mal, demander conseil, faire justice, rendre justice, demander justice, prendre patience, faire* ou *demander grâce, avoir faim*, etc.)? La langue classique l'acceptait:

> *Je prends patience comme vous la prenez* (Fénelon). *Seul je puis faire grâce, et la fais à Zamore* (Voltaire).

On acceptera de tels tours lorsqu'ils sont clairs:

> *Si ce sommeil dura longtemps, je ne sais, car je n'en avais plus conscience et je ne la repris que sous l'effet d'un trouble intérieur* (Bosco, H., *Le mas Théotime*).

Mais l'usage actuel, quand il se surveille, les refuse.

> On ne dit pas: *Il a demandé grâce et il l'a obtenue*. On dit: *Il a demandé sa grâce et il l'a obtenue*.

On dit avec **le** neutre (cela): *Je prends patience comme vous le faites*. Dans la conversation relâchée, on s'affranchit de cette règle; par exemple on emploie *en* correspondant au nom:

> *Et quand par extraordinaire elles cessent d'avoir mal, on n'y coupe pas, elles vous en font* (Anouilh, J., *La valse des toréadors*).

Certains grammairiens étendent cette règle à tous les cas où le nom apparaît sans article, dans des compléments prépositionnels ou avec *nul, tout*, etc. Citons Racine: *Nulle paix pour l'impie. Il la cherche, elle fuit* ou cette phrase de Barbey d'Aurevilly: *Tous les pêcheurs de truites qui les prennent au fil des cascatelles*. Mais il ne s'agit pas de l'usage actuel.

2.2.2. PRONOM NEUTRE COMPLÉMENT

En dehors de certains gallicismes (*le prendre de haut, le prendre sur ce ton, l'emporter, le donner en cent, le disputer à qqn*), *le* renvoie à qqch. qui suit ou qui précède.

Ce qui suit peut être une proposition indépendante: *Si vous le voulez, vous pouvez y aller*. On pourrait ici supprimer *le*, mais non, sous peine de modifier le sens de *jurer*, dans: *Nous le jurons tous, tu vivras*. La proposition qui suit peut être complétive: *Je le savais bien, que vous viendriez. Je le sais, moi, comme il réagira*. Mais ce tour n'est admis que si l'on introduit une insistance.

Pour renvoyer à **ce qui précède**, *le* est généralement nécessaire; il peut surtout s'omettre dans des propositions comparatives, après *autant, plus, comme*, etc. Cette omission, fréquente mais facultative, se produit particulièrement avec certains verbes comme *dire, savoir, penser, croire, falloir, pouvoir, vouloir, faire*. ▶ 2.1.3.

Dire. *Comme vous (le) dites* renvoie d'habitude à l'expression employée par l'interlocuteur: *Si*, **comme vous dites**, *il est un peu timbré*. **Comme on dit**: ainsi qu'on s'exprime généralement. **Comme on le dit** (ainsi qu'on le prétend): *S'il est vrai, comme on le dit, qu'il est millionnaire*. De même: *S'il est aussi riche qu'on le dit*. Mais en dehors de cette nuance, on a le choix: *Tout s'est passé* **comme j'ai dit** ou **comme je l'ai dit**.

Savoir. Omission facultative: *C'est un homme exigeant,* **comme tu sais** ou **comme tu le sais**. De même après *si* conditionnel: *Si j'avais su* ou *si je l'avais su, je n'y serais pas allé*. Mais le pronom est obligatoire dans l'interrogation indirecte: *On l'attend; je me demande* **s'il le sait**.

Penser, croire, etc.: *Il est autre que je croyais, que je ne croyais, que je ne le croyais* ou *que je le croyais*.

Omission dans des incises, comme *je crois, je pense, j'imagine, je suppose, j'espère, je vois, je t'assure*: *Vous avez pris vos précautions, j'imagine*.

Falloir: *Je l'ai traité* **comme il fallait** ou **comme il le fallait**. Locution figée, **comme il faut**: *C'est un homme comme il faut*. En incise: *Vous irez, il le faut, il le faut absolument*.

Faire. Omission facultative si *faire* remplace un autre verbe (▶ FAIRE, 3) sans être autrement complété: *Il répondit comme un autre* **aurait fait** ou **l'aurait fait**. Mais: *Il vous accueillerait comme un père fait de (ou accueille) son enfant*.

> *J'ai souffert plus que je ne l'avais fait (ou que je n'avais fait) depuis deux mois. Il vous félicitera comme je le fais, sincèrement. Ainsi que je vous l'ai fait dire (faire ne remplace pas un autre verbe).*

Pouvoir, vouloir. Omission facultative, non seulement dans une proposition comparative, mais dans une temporelle ou une conditionnelle :

> *Je l'ai rassuré comme **j'ai pu** ou comme **je l'ai pu**. J'en ai fait plus que vous ne vouliez ou que vous ne le vouliez. Vous viendrez quand vous pourrez ou quand vous le pourrez ; si vous voulez ou si vous le voulez.*

Voir. Omission facultative après *comme* ou en incise : *J'ai fait mon possible, **comme vous voyez** ou **comme vous le voyez**. Il a tort, je vois ou je le vois. Cependant, je le vois est plus catégorique.*

Si j'ose dire est courant : *Il est content, si j'ose dire.*

N.B. Réponses négatives. Omission facultative et courante dans les réponses négatives suivantes : *Je ne crois pas, je ne pense pas, je ne veux pas, je ne sais pas, je ne peux pas, je ne suppose pas, je ne vois pas* (dans le sens de : je ne crois pas), *je ne dis pas* (dans le sens de : je ne dis pas le contraire). — *Le* doit reparaître s'il a été employé dans la question (*Le pensez-vous ? — Non, je ne **le** pense pas*) ou s'il y a insistance.

2.3. REPRÉSENTATION DU COMPLÉMENT D'UN VERBE IMPERSONNEL

Le pronom s'accorde avec ce complément. *Est-il sept heures ? — Il **les** est. Te faut-il ces livres ? — Il me **les** faut.*

2.4. *LE*, PRONOM : VOIR AUSSI...

Le ou *lui* **sujet de l'infinitif**. ▸ INFINITIF, 2.1. — **Place du pronom**. ▸ IMPÉRATIF et INFINITIF. — **Répétition** du pronom complément. ▸ PRONOMS PERSONNELS, 2.

LEASING, n.m., aurait pu être remplacé par *crédit-bail* (technique de crédit où le prêteur offre à l'emprunteur la location d'un bien assortie d'une option d'achat au terme d'une période déterminée). Inusité au pluriel.

LÈCHE-PLAT, n.m., se dit en Belgique pour une *raclette* de cuisine, autre belgicisme désignant un ustensile qui sert à nettoyer les plats.

LÈCHERIE, LÉCHETTE, n.f. Accent aigu, mais accent grave dans **LÈCHEMENT** et **LÈCHEFRITE**. Le *GLLF* donne l'exemple *Une léchette de pain* (petite tranche mince). ▸ LICHETTE.

LÈCHE-VITRINE, n.m. ▸ NOMS COMPOSÉS, 2.5. Courant : *Faire du lèche-vitrine*, s'attarder à regarder les vitrines des magasins.

LEDIT, adj., s'écrit en un mot, comme *ladite, lesdits, lesdites.* ▸ DIT.

LÉGATAIRE, n.m. ou f., désigne celui ou celle qui reçoit un legs.

LÉGER, adj., peut s'employer, en variant, dans *blessé léger* (▸ BLESSÉ), mais tend à s'employer comme adverbe : *manger léger.*

LÉGISLATION, LÉGISLATURE, n.f. à ne pas confondre : *La législation* (les lois) *d'un pays. Pendant cette législature* (période où une assemblée législative exerce ses fonctions).

LEGS, n.m. *Un legs.* Noter l's final. On prononce aujourd'hui *lèg.*

LÉGUME, n.m., qui pouvait être féminin au XVIIe siècle, est aujourd'hui masculin, sauf au figuré et familièrement : *Une grosse légume.*

LÉGUMIER, adj. et n.m. (pièce de vaisselle). En Belgique, *marchand de légumes.* ▸ VERDURIER.

LEITMOTIV (pron. *f* final), n.m. allemand. Pluriel : des **leitmotive** (à l'allemande), des **leitmotivs**.

LENDEMAIN, n.m. *Le lendemain de cet accident ou **Au lendemain** de cet accident, on a dû l'opérer. Des **lendemains**.*

LE PLUS, LE MOINS. ▸ ARTICLE, 1.

LEQUEL, DUQUEL, AUQUEL ; *lesquels, desquels, auxquels* ; *laquelle, de laquelle, à laquelle* ; *lesquelles, desquelles, auxquelles*. Bien distinguer le féminin et le masculin.

Lequel, duquel, auquel

1. *LEQUEL*, PRONOM RELATIF

1.1. COMPLÉMENT PRÉPOSITIONNEL

Le pronom relatif n'est guère courant que comme complément prépositionnel ; il renvoie souvent à un nom d'animal ou de chose, moins souvent à un nom de personne : *auquel, duquel, à laquelle, parmi lesquels, avec lequel*, etc. Ne pas employer *auquel* pour *à laquelle*. Beaucoup plus rare, dans l'usage courant, *en lequel* au lieu de *dans lequel, en qui*. On ne dit pas [*parmi qui*], [*dans qui*] : *La personne à laquelle* (ou *à qui*) *je me suis adressé. Une complicité sans l'aide de laquelle il n'aurait pas réussi* : on ne peut dire *de qui*, parce qu'il s'agit d'une chose, ni *dont* (▸ DONT, 3). *Des complices sans l'aide **desquels** ou **de qui** ils n'auraient pas réussi.*

1.2. SUJET, AU LIEU DE *QUI*

L'emploi de *lequel* comme **sujet** après une virgule, au lieu de *qui*, dans des relatives explicatives est peu fréquent, sauf dans la langue littéraire ou juridique ; il tend à éviter une équivoque, même si le bon sens rend celle-ci impossible, ou à reprendre l'antécédent avec plus de force :

*Un homme s'est levé au milieu de cette assemblée, **lequel** a parlé...* (Ac.). *J'ai rencontré M. Durand, lequel m'a dit...*

1.3. COMPLÉMENT NON PRÉPOSITIONNEL

Emploi tout à fait exceptionnel aujourd'hui comme complément non prépositionnel :

Ésope n'acheta que des langues, lesquelles il fit accommoder à toutes les sauces (La Fontaine). On dira plutôt : *qu'il fit accommoder.*

2. *LEQUEL*, PRONOM INTERROGATIF

2.1. SENS

(▶ INTERROGATION, 1). *Lequel* implique un choix ou une précision souhaitée entre des personnes ou des choses :

Parmi ces étoffes (ou ces amies), laquelle est la plus belle ? ou laquelle choisissez-vous ? ou à laquelle donnez-vous votre préférence ? Je ne sais laquelle choisir. Je vais vous poser une question. — Laquelle ? Duquel des deux voulez-vous vous défaire ? (Ac.)

2.2. DANS L'INTERROGATION INDIRECTE

Dans l'interrogation indirecte, pour une **personne** on dit souvent *celui qui, celui que,* etc. :

Choisissez lequel d'entre nous vous voulez pour compagnon ou *celui d'entre nous que vous voulez.*

On pourrait dire *qui* (▶ QUI, 2.4) : *Choisissez qui d'entre nous vous voulez pour compagnon.*

Pour une **chose** : *Je voudrais savoir laquelle de ces deux étoffes vous plaît le mieux* ou *celle de ces deux étoffes qui vous plaît le mieux.*

2.3. NEUTRE DANS L'INTERROGATION DIRECTE OU INDIRECTE

Lequel s'emploie aussi comme neutre. Il s'impose devant un complément partitif : *Lequel des deux est le plus agréable, partir ou rester ?*

Sans complément partitif, *lequel*, neutre, est courant comme sujet mais souvent remplacé par *que* comme complément dans l'interrogation directe ; il est concurrencé par *ce qui* ou *ce que* dans l'interrogation indirecte :

Partir ou rester, lequel est préférable ? ou lequel préférez-vous ? ou que préférez-vous ? Partir ou rester, je me demande lequel (ou ce qui) est préférable, lequel (ou ce que) je préfère.

3. *LEQUEL*, ADJECTIF RELATIF

Lesquels témoins, auquel jour, sur laquelle somme.

Emploi littéraire, juridique ou administratif, courant seulement dans *auquel cas* : *Ils vous avertiront, **auquel cas** vous me préviendrez.*

LETTON, adj. et n.m. Féminin : *lettonne* (plutôt que *lettone*).

LETTRE, n.f.

1. L'expression **LETTRE CLOSE**, s'appliquant à ce qui est incompréhensible, n'est plus guère vivante. *Ses explications sont pour moi lettre close.*

2. **LETTRE MORTE** s'emploie depuis longtemps dans le sens de *lettre close* : *Il avait comme amis des gens pour qui son art, sa foi idéaliste, ses conceptions morales étaient lettre morte, ils avaient des façons différentes d'envisager la vie* (Rolland, R., *La nouvelle journée*). Mais le vrai sens est différent ; l'expression se dit de ce qui n'a plus de valeur juridique et, par extension, de ce qu'on n'applique pas, de ce qui est sans effet, nul et non avenu : *Cette convention est devenue lettre morte* (Ac.). *Les reproches qu'on lui adresse sont pour lui lettre morte* (Ac.). Attention à l'équivoque !

3. On parle en Belgique d'une [**LETTRE DE MORT**] pour un *faire-part de décès*, une *lettre mortuaire.*

4. Il est normal de garder le trait d'union de *un faire-part* dans *une* **LETTRE DE FAIRE-PART**. ▶ FAIRE-PART. **LETTRE DE PART** est vieilli. — On écrit : *du papier à lettres, une lettre de condoléances, une lettre de recommandation, une lettre exprès, une lettre d'affaires, une lettre de remerciement* (Ac.) ou *de remerciements, une lettre de licenciement.*

5. **BOÎTE AUX LETTRES** désigne soit la boîte ou la borne installée par le service des postes pour recevoir le courrier et parfois appelée simplement *boîte (jeter une lettre à la boîte)*, soit la boîte privée où le facteur dépose le courrier. Quand il faut l'indiquer sur l'adresse, on le fait en abrégeant en *Bte* suivi d'un nombre. À ne pas confondre avec **BOÎTE POSTALE** (B.P.), qui désigne une boîte louée dans un bureau de poste.

BOÎTE À LETTRES est parfois employé, même en littérature, pour *boîte aux lettres* (installée par le service des postes), mais désigne plutôt la boîte aux lettres d'un particulier ou un intermédiaire chargé d'un message clandestin : *Au mur lépreux de gauche où pendaient tant de boîtes à lettres qu'on aurait cru qu'un régiment habitait l'édifice* (Aragon, L., *La mise à mort*). ▶ POSTER.

6. On écrit avec un trait d'union : les **BELLES-LETTRES**.

Lettres de l'alphabet

1. GENRE

▷ CONSONNES.

2. PLURIEL

On écrit: *des a, des p, des i grecs,* ou *des y, des n.* On ne peut guère hésiter que pour les noms des lettres d'alphabets étrangers. On écrit: *des yods,* mais il y a plutôt tendance à écrire: *des iota, des delta* (pour la lettre), *des gamma,* etc. ▷ ÉLISION, 2.

LEU, forme ancienne de *loup,* n.m.: À LA QUEUE LEU LEU, à la file.

LEUR, adj. ou pron.

1. Distinguer *leur,* pronom invariable, pluriel de *lui,* et le déterminant *leur, leurs: Je leur ai dit. Ils avaient leur amour-propre, leurs exigences.* Le déterminant et le pronom renvoient à un pluriel.

2. Ne pas dire [*pour leur deux*] au lieu de *pour eux deux.*

3. *Il y a mis du sien* devient au pluriel: *Ils y ont mis du leur* (de leur travail, de leur argent, de leur bonne volonté, ils ont fait des concessions).

4. **Les leurs,** nom masculin pluriel, se dit sans renvoyer à un nom, pour «leurs parents, leurs amis, leurs proches»: *Ils se sont brouillés avec les leurs eux-mêmes. J'en ai souffert comme si j'avais été des leurs.*

5. ▷ DÉTERMINANTS POSSESSIFS, 4 (répétition ▷ ARTICLE, 3) et 5 (singulier ou pluriel).

LEVÉ, n.m., **LEVÉE,** n.f., **LEVER,** n.m. Ces trois noms ont pu avoir certains sens identiques. Aujourd'hui on les distingue. *Le* **levé** *d'un plan. Un levé de terrain* (on trouve encore *lever*). *Le* **lever** *du jour, d'une personne, un lever de rideau. Le lever du rideau. Une* **levée** *de séance, d'audience, d'écrou. La levée du corps. Une levée de cartes, du courrier. Une levée en masse. La levée d'une punition. Une levée de boucliers. La levée de la pâte. La levée des troupes.*

LEVER, v.tr.dir., **LEVÉ,** part.p. *Un vote par assis et levé. Le cœur lui lève. Se lever de table, de son siège. Être bien ou mal levé* est régional. *Il est mal levé* (de mauvaise humeur) s'entend en Normandie comme en Wallonie. *Le chien* (ou *cette intervention*) *a levé un fameux lièvre.* Et non pas [*a soulevé un lièvre*]. ▷ LIÈVRE. *Lever l'ancre, la séance, le pied, le siège, les scellés, les cartes, le courrier. — Le soleil se lève. Ils se sont levés.*

LEVRAUT, n.m. En 1990, les *Rectifications de l'orthographe* (*RO* III.10H), tout comme l'Académie, en 1975, ont proposé d'écrire **LEVREAU** au lieu de *levraut;* cette décision avait été annulée par la même Académie en 1987.

LÉVRIER, n.m. Un *lévrier,* une **levrette.**

LEXICAL, adj., **LEXICOLOGIE,** n.f. On a pu, pour un dictionnaire comme celui-ci, parler de difficultés **lexicales** ou **LEXICOLOGIQUES.** Aujourd'hui, *lexical* l'emporte.

Une évolution du vocabulaire sépare la **LEXICOGRAPHIE,** qui se consacre à la confection des dictionnaires et la **lexicologie** qui «se consacre à l'étude des composantes lexicales de la langue, de leurs relations avec les autres composantes du langage (phonologie, syntaxe, discours) et les milieux d'élocution» (*GLLF*).

LEZ (pron. *lé*) prép., ne se trouve plus que dans des noms de lieux et signifie «à côté de»: *Sart-lez-Spa, Plessis-lez-Tours.* On trouve aussi **LÈS** (accent grave) avec le même sens: *Saint-Rémy-lès-Chevreuse.* Et même **LES,** qui peut avoir un tout autre sens: *Aix-les-Bains* (où il y a des bains).

Liaison

La liaison de la consonne finale d'un mot avec la voyelle initiale du suivant est beaucoup moins fréquente qu'autrefois. Elle ne s'impose que si les deux mots se soudent sans qu'il soit possible d'imaginer entre eux la moindre pause:

> *les hommes, cinq enfants, mon ami, mes anciens amis, leurs amis, un fervent admirateur, très avare, prenez-en, dit-il, ils sont allés, nous irons, ils en ont, je suis heureux, il peut entendre, pas aujourd'hui, en avion, plus encore, quand il dit, sans arrêt, deux hommes, le deux avril.*

Notons qu'on ne lie pas un substantif singulier à l'adjectif qui le suit, sauf si la consonne finale du substantif se prononce (*parc*): *un sujet intéressant.* Au pluriel on hésite, mais on omet généralement la liaison. La liaison du *t* de l'adverbe *fort* n'est assez courante qu'en style soutenu. On ne lie pas le *t* de *fort* ni l's de *vers* ni l'*r* final des verbes en *er.* ▷ ÉLISION et H ASPIRÉ ou MUET.

LIBÉRATEUR, LIBÉRATOIRE, adj. *Libérateur* a un sens général, «qui libère d'une contrainte, d'une servitude». Il peut être nom. *Libératoire,* «qui libère d'une dette, d'une obligation»: *un paiement libératoire.*

LIBÉRATION, LIBÉRALISATION, n.f., *La libération* (action de libérer, de rendre libre) des prisonniers, du contingent, d'un condamné, de la femme (considérée comme asservie). *La libéralisation* (action de rendre plus libéral, plus tolérant) d'un régime.

LIBRE-ÉCHANGE, n.m., **LIBRE-ÉCHANGISTE**, adj. et n. Trait d'union. Des *libres-échanges*. Mais: *des théories libre-échangistes*, *des libre-échangistes*.

LIBRE PENSÉE, **LIBRE PENSEUR**. Pas de trait d'union.

LIBRE-SERVICE. Le nom a un trait d'union, qu'il désigne un type de service ou un magasin ou un restaurant, etc.: *Un libre-service. Une station libre-service.* Pluriel: *des libres-services*.

LIBRETTO, n.m. Pluriel: *des libretti* ou plus souvent *des librettos*.

LIBYE, **LIBYEN**. Attention à l'orthographe (*y* correspond au *u* grec).

LICE, n.f. Quand il s'agit de tapisseries, on écrit *lice*, **LICIER** ou **LISSE**, **LISSIER**.

LICHETTE, n.f. *Une lichette* (▶ LÉCHERIE) est un petit morceau, une petite tranche d'un aliment, de beurre, de viande, de pain, de fromage. En Belgique, un petit cordon (ou une chaînette) servant à suspendre un vêtement, une serviette de cuisine. À défaut de mot français spécialisé, on peut dire *un cordon, une chaînette, une attache.* Certains risquent *une attachette.* D'autres *une accrochette. Tous ses torchons ont deux accrochettes: quand le bas est sale, on retourne pour se servir du haut* (Bazin, H., *Le matrimoine*).

LICORNE, n.f. *Une licorne.*

LIED, n.m. Un *lied*, des *lieder* (pluriel allemand). Pluriel dans le langage courant: des *lieds*.

LIÈGE. Accent grave dans le nom de la ville comme dans le nom commun et dans **CHÊNE-LIÈGE**. Mais un **LIÉGEOIS**, *la cité liégeoise.*

LIEU, n.m.

1. On écrit: *des noms de lieu* ou *des noms de lieux. En tous lieux. Descendre sur les lieux.* Le nom du poisson prend *s* au pluriel.

2. AU LIEU DE, à la place de: *Employer un mot au lieu d'un autre. Au lieu de vous lamenter, il faudrait agir;* ancienne forme, *en lieu de.* On dit: *Intervenir **en lieu et place** de qqn* ou *en ses lieu et place.*

    Au lieu que se construit selon le sens avec trois modes: *Cet employé était consciencieux, au lieu que son remplaçant **est** négligent* (alors que, tandis que; le fait opposé au premier est bien réel). *Il ne songe qu'à ses plaisirs, au lieu qu'il **devrait** veiller à ses affaires* (éventualité). *Au lieu que chacun s'en **soit** aperçu, tous étaient dans l'erreur* (le fait de

s'apercevoir n'a pas eu lieu; il est présenté non pas comme une éventualité, mais comme étant seulement dans la pensée). *Au lieu que leur malentendu soit en train de se dissiper, les voilà plus entêtés encore.*

3. DONNER LIEU DE appartient à la langue classique et s'emploie encore devant un infinitif; devant un nom, on dit aujourd'hui **donner lieu à**: *Votre ressentiment me donnait lieu de craindre* (Molière). *Son intervention a donné lieu **à une dispute*** (a fait naître une dispute).

4. **Quelques expressions**: EN HAUT LIEU. *En premier lieu, en second lieu, en dernier lieu. Les lieux saints.* AVOIR LIEU: *La fête aura lieu tel jour. Il a lieu d'être content. Il y a lieu de s'en réjouir. Vous m'appellerez s'il y a lieu.* — TENIR LIEU: *Tenir lieu de père, de recommandation.* — *Vous me ferez connaître votre décision* EN TEMPS ET LIEU. En termes juridiques: *Agir en lieu et place de qqn* ou *au lieu et place de qqn, en son lieu et place* ou *en ses lieu et place.*

5. **Composés**. Un *lieu commun*, des *lieux communs*. Un **LIEU-DIT**, des *lieux-dits*. On écrit aussi un **LIEUDIT**, des *lieudits* (GR). Mais *Ils sont arrivés à l'heure au lieu dit* (à l'endroit fixé).

LIÈVRE, n.m. *Ai-je eu tort de lever ce lièvre?* (▶ LEVER.) En termes de chasse, *lever un lièvre*, c'est le faire sortir de son gîte. L'expression s'emploie au figuré dans le sens de «soulever une question embarrassante»; à cause de l'analogie avec *soulever une question*, l'usage courant et même certains auteurs substituent *soulever* à *lever* dans cet emploi figuré. À déconseiller malgré l'approbation de certains dictionnaires.

Lièvre est le nom spécifique. Si l'on distingue, on dit un **BOUQUIN** pour le mâle, la **HASE** pour la femelle et un **LEVRAUT** pour un jeune lièvre.

LIGNE, n.f., s'emploie en Belgique pour *raie* dans les cheveux ou *barre* de chocolat.

LIGNITE, n.m. *Du lignite.*

LILAS, n.m., ne désigne pas seulement une fleur, mais l'arbuste qui la produit et, comme n. ou adj. inv., une couleur: *Un lilas foncé, une robe lilas.*

LIMAÇON, n.m., a été et est encore synonyme d'*escargot*. D'où: *un escalier en limaçon*, plus souvent: *en* **COLIMAÇON**. Ce dernier mot est également synonyme d'escargot. ▶ ESCALIER. *Le limaçon de l'oreille interne. Limaçon* s'emploie à tort en Belgique pour **LIMACE**, n.f.

LIMBES, n.m. pluriel: *Le projet est resté dans les limbes.*

LIMITE, n.f.

1. **LIMITE D'ÂGE.** ▸ ATTEINDRE.

2. **Apposé.** ▸ CAS, 4. On écrit un *cas limite*, une *zone limite*, une *date limite*, sans trait d'union. Des *cas limites*, etc.

3. **À la limite.** *Atteindre la limite d'un bois. Franchir, dépasser les limites. Sans limites* (au propre et au figuré).

LIMITROPHE, adj. *Des régions limitrophes.* Avec *de* (comme *voisin*; et non *à*): *Un pays limitrophe **d'**un autre.*

LIMOGER, v.tr.dir., se dit, depuis la Première Guerre mondiale (par référence aux officiers généraux qui, jugés incapables, furent envoyés loin du front, à Limoges), pour «relever de son commandement un général» ou «priver de son poste une personne haut placée». **LIMOGEAGE**, n.m. **LIMOGES**: *Porcelaine de Limoges. Un service en Limoges. Du Limoges.*

LIMON, n.m. Trois noms d'origine différente, différents sens: «sorte de terre ou de roche», «chacun des deux brancards d'une charrette entre lesquels on attache le cheval ou partie d'un escalier», «sorte de citron».

LIMONADE, n.f. Un *n*. *Une limonade est aujourd'hui toujours gazeuse.*

LINCEUL (la finale se prononce comme *seul*), n.m., ne s'emploie plus, sauf en français régional (notamment en Wallonie) pour *drap de lit*. Se dit de la pièce de toile dans laquelle on ensevelit les morts. Par métaphore, ce qui, telle la neige, couvre comme un linceul, ce qui ensevelit le passé.

LINGUAL (*u* se prononce *w*), adj. Pluriel: ***linguaux***.

LINGUISTE, n.m., etc. Pron. *ui* comme dans *lui*, *puis*.

LINOTTE (deux *t*), n.f., a eu autrefois un correspondant masculin, **LINOT**. — *Tête de linotte* (ou simplement *linotte*), personne étourdie, agissant sans réfléchir: *C'est une tête de linotte. Il a une tête de linotte.*

LIPPU, adj. Deux *p*: *Une bouche lippue. Des lèvres lippues, proéminentes.*

LIQUETTE, n.f., appartient au français populaire dans le sens de *chemise*.

LIQUEUR, n.f. On écrit: *liqueur de cerise, de framboise, d'abricot.* Au Québec, *liqueur* a le sens de *boisson gazeuse.*

LIRE, v.tr.dir. Je ***lis***, je ***lisais***, je ***lus***. Laisser au mauvais style commercial: [*À vous lire, je vous prie d'agréer...*] et surtout [*À vous lire, agréez...*].

LIS, n.m. On écrit parfois un **LYS**.

LISERÉ, **LISÉRÉ** (Ac.), n.m. *Liseré* et le verbe **LISERER** sont conformes à la prononciation usuelle.

LISTEL, n.m. (moulure, etc.), a pour pluriel ***listels*** (ou parfois ***listeaux***).

LISTER, v.tr.dir., mettre en liste, passer en liste des cartes perforées, et **LISTE** (n.f. désignant le résultat) ou **LISTAGE** (n.m., action de lister ou son résultat) doivent remplacer les mots anglais **TO LIST** et **LISTING**.

LIT, n.m. *Un lit de roses. Un lit **de plume** (sens collectif) ou **de plumes**. Un lit **pliant** (sans trait d'union), mais un **LIT-DIVAN**, un **LIT-BATEAU**, un **LIT-CAGE** (des **lits-cages**). Des lits jumeaux. Un grand lit, non [un **LIT DOUBLE**].*

-LITHE, suffixe, au sens de *pierre*, s'écrit avec *th*.

LITRE. À côté du nom masculin, un autre mot **LITRE**, féminin, venu d'un ancien mot *lite*, «bordure, lisière», désigne un ornement funèbre.

LITTÉRAL, adj. Pluriel: ***littéraux***.

LITTÉRALEMENT, adv., doit garder son sens: d'une manière littérale, mot à mot (*traduire littéralement un texte*) ou «en prenant le mot dans son sens littéral» (*Je suis littéralement décontenancé*). Que l'on prenne ce sens au figuré pour exprimer l'idée de «tout à fait» (*Je suis littéralement torturé*), soit; mais on ne devrait pas, en langage soigné, ajouter *littéralement* à une image hyperbolique: *Je suis littéralement renversé par cette nouvelle.*

LITTÉRATEUR, n.m., a comme féminin ***littératrice***.

LITTORAL, n.m. *Il séjourne au littoral* (on entend *sur le littoral*), sur la côte, à la mer.

LIVING, **LIVING-ROOM**, n.m. (pluriel: des ***livings***, des ***living-rooms***), salle de séjour (ou séjour); au Canada: **VIVOIR**.

LIVRER, v.tr.dir. *Livrer son âme au diable. Livrer un secret. Livrer un assaut, une bataille. Livrer bataille.* On livre des marchandises, des objets: *On nous a livré un canapé. Livrer une personne,* c'est la remettre au pouvoir de qqn: *Oreste exige qu'Astyanax lui soit livré. On livre un coupable à la justice. On livre qqn au supplice, à la mort.* Mais il est abusif de dire *livrer qqn* dans le sens de «lui livrer la marchandise commandée»: [*On vous livrera* (ou *vous serez livré*) *dans huit jours*].

SE LIVRER à qqn, c'est se mettre entre ses mains ou se confier à lui. *Se livrer **à qqch.*** implique l'idée de s'abandonner, de se laisser aller, de se consacrer à cette chose: *Se livrer à des folies, à des excès, à un travail, à une étude, à un sport, à un exercice.* On dira donc: *Elle s'est livrée à la danse, à son sport favori. Le sportif se livre à fond.* Mais on ne dira pas qu'une équipe s'est livrée à un match; elle l'a disputé, elle l'a livré.

LIVRAISON, n.f. *La livraison des marchandises, des otages.* En termes de librairie, chaque partie d'une revue ou d'un ouvrage qu'on publie en fascicules livrables périodiquement: *Il me manque une livraison de la revue* (Ac.). *Dictionnaire publié en vingt livraisons.*

LIVRET DE FAMILLE est le terme français correspondant aux termes belges *livret* (ou *carnet*) *de mariage.*

LOGER, v.intr., implique proprement la référence à un séjour, à une habitation occupée en permanence ou pour quelque durée. On loge chez des amis, en garni, à la belle étoile (on dort en plein air, on n'a pas de domicile). Mais par un glissement vers une durée plus brève: *Il loge à l'hôtel.*

LOGICIEL, n.m., doit remplacer **SOFTWARE**.

LOGICIEN, LOGISTICIEN, n.m. Tandis que le *logicien* est un spécialiste de la logique, le *logisticien* est plus spécifiquement un spécialiste de logique mathématique.

LOGOPÈDE, LOGOPÉDIE, n. *Logopédie*, quoique visant spécialement les défauts de prononciation, s'emploie souvent pour **ORTHOPHONIE**, qui vise la correction des défauts d'élocution. C'est pourquoi les Belges emploient le mot *logopède*, ignoré des dictionnaires, au lieu d'**ORTHOPHONISTE**; tous deux sont m. ou f.

LOI, n.m., reste au singulier dans *Des hommes de loi.* **Composés.** Un ou des **HORS-LA-LOI**. Un *décret-loi*. Une **LOI-CADRE**. Une **LOI-PROGRAMME**. Des *lois-cadres*. Des *lois-programmes.*

LOIN, adv.

1. **AU LOIN** ou *dans le lointain.*

2. **LOIN DE**: *loin de sa famille, loin l'un de l'autre, loin de là, être loin du compte* ou *loin de compte, être loin de se réjouir.*

3. **LOIN QUE** (**BIEN LOIN QUE**) est suivi du subjonctif: *Bien loin qu'il se **repente**, il s'obstine dans sa rébellion* (Ac.).

4. **AUSSI LOIN QUE, SI LOIN QUE, D'AUSSI LOIN QUE, DE SI LOIN QUE, AU PLUS LOIN QUE, DU PLUS LOIN QUE** se construisent, selon le sens, avec l'indicatif, le conditionnel ou le subjonctif: *Aussi loin que la vue peut s'étendre. D'aussi loin qu'il m'**aperçut**. Du plus loin qu'il les vit, il courut vers eux.* On marque seulement la distance spatiale. On voit que *de* se justifie là où le sens est: à partir de. *Nous ne trouverions rien à lui reprocher, aussi loin que nous **remonterions**. Vous pouvez en être certains; d'aussi loin qu'il vous verrait, il accourrait vers vous.* Éventualité. — *Aussi loin* (ou *d'aussi loin*) **qu'il m'en souvienne** ou **qu'il me souvienne** ou *que je me souvienne* ou *Du plus loin qu'il me souvienne* ou *du plus loin qu'il m'en souvienne* (à partir du moment le plus lointain), *je n'ai rien à lui reprocher. Au plus loin que la vue puisse s'étendre, je n'aperçois rien* (Ac.); fait simplement envisagé; idée d'opposition: j'ai beau chercher, pousser la recherche très loin, je ne vois rien. Subjonctif fréquent lorsqu'il s'agit d'une indication temporelle.

5. **ALLER LOIN** s'emploie au figuré en parlant d'une personne. **ALLER TROP LOIN**, c'est dépasser la mesure, exagérer. Expression récente: ***savoir jusqu'où on peut aller trop loin***, savoir jusqu'où on peut pousser l'audace, l'exagération, sans trop dépasser la mesure. On entend et on lit d'autres tours similaires: *savoir jusqu'où on ne peut pas aller trop loin* ou *savoir jusqu'où ne pas aller trop loin*, savoir où est la limite à ne pas dépasser.

6. **DE LOIN** marque la distance dans l'espace (*Il revient de loin*) ou dans le temps (*Je ne sais point prévoir les malheurs de si loin*, Racine). Dans les deux sens: **DE LOIN EN LOIN**. — Synonyme de *de beaucoup*: *C'est **de loin son meilleur livre**. Je le préfère de loin à son frère.*

7. [**LOIN S'EN FAUT**]. ▸ FALLOIR, 4.

8. *Avoir loin... à* ou *pour.* ▸ AVOIR, 18.

LOINTAIN, n.m. On dit: *au loin* ou *dans le lointain*, mais non [*au lointain*].

LOIR, n.m. *Paresseux comme un loir. Dormir comme un loir.*

LOMBAGO, n.m., s'écrit parfois **LUMBAGO**, mais il faut préférer la graphie *om*, conforme à la prononciation.

LONG, adj., n.m. ou adv. Féminin de l'adjectif: *longue.*

1. On écrit: **LONGTEMPS** mais *un long temps.*

2. [**AVOIR PLUS LONG**] ne peut se dire, bien qu'on dise *avoir plus court.* ▸ COURT, 5.

3. **AVOIR LES DENTS LONGUES** signifie encore parfois «avoir très faim», mais le plus souvent «avoir un grand appétit d'argent ou d'honneurs». Employé en français régional de Belgique, pour avoir les dents irritées, agacées (par un citron, par exemple).

4. ▸ FEU, nom, 1: **FAIRE LONG FEU**.

5. **DE LONGUE MAIN**, locution adv., «depuis longtemps». *Je le connais de longue main* (Ac.), *de longue date.*

6. *Long* reste invariable dans des **long-courriers**.

7. **Adverbe** dans: *Être habillée trop long. En dire long. En savoir long.*

8. **Nom** (et loc. adverbiales ou prépositives): *Quatre mètres de long. Le long des rues. En long et en large, de long en long* (dans le sens de la longueur), *tout de son long* ou plus souvent *de tout son* (ou *mon*, etc.) *long, (tout) au long (de), tout du long (de).*

LONGITUDINAL, adj., **LONGITUDINALEMENT**, adv., évoquent la longueur.

LONGTEMPS, adv. Flandricisme: [*Il est longtemps ici*] pour *Il est ici depuis longtemps. Il y a longtemps qu'il est ici. Il a mis longtemps à comprendre, à s'habituer.*

LOOK, n.m., anglicisme, *aspect* (nouveau), *style, allure.*

LOQUACE, adj. On prononce *ka.*

LOQUE, n.f., substitué à *torchon*, à *chiffon*, s'entend couramment en Belgique et dans le nord de la France, mais parfois aussi dans d'autres régions. ▶ POUSSIÈRE. D'autres mots s'entendent en certaines régions françaises, comme la SINSE, la WASSINGUE, la SERPILLIÈRE. *Loque* désigne proprement un vieux vêtement usé, sale. On n'emploiera donc pas *loque* pour un tissu, qui n'est pas nécessairement vieux, à épousseter; on parlera d'un *chiffon* (à poussière, à meubles) ou d'un *torchon* (qui s'emploie pour essuyer la vaisselle ou une table): *on passe le torchon.* Et l'on se gardera de parler de [*loque à reloqueter* ou à *loqueter* ou à *reloquer*] pour *une serpillière.* Au pluriel, *loques* s'emploie en français dans *être en loques, tomber en loques*, et s'applique à de vieux vêtements, usés, déchirés ou de mauvaise apparence. Dans certaines régions (Wallonie surtout) on va jusqu'à oublier ce sens péjoratif et à dire que quelqu'un a mis [*ses belles loques*] (ses beaux vêtements). On évitera le remplacement de *chiffonnier* ou *marchand de chiffons* par le belge [*marchand de loques*].

Au figuré, *une loque* se dit d'un individu sans énergie, qui a perdu tout ressort. En Belgique, [*il a une loque*] se dit parfois pour *il est soûl.*

LORGNETTE, n.f. Comment REGARDER (considérer) LES CHOSES PAR LE PETIT BOUT DE LA LORGNETTE peut-il signifier «ne voir que le petit côté et même le côté mesquin», alors que les choses vues sont agrandies, grossies? C'est que le champ est rétréci; d'où cette idée, au figuré: ne voir qu'un aspect des choses, un détail, qu'on peut grossir excessivement, mesquinement, en en exagérant l'importance, au point de négliger l'ensemble. Beaucoup plus rare, l'expression REGARDER LES CHOSES

PAR LE GROS BOUT DE LA LORGNETTE signifie: les voir de très loin, en petit, d'où avec un certain détachement.

LORGNON, n.m. On dit: *son lorgnon* ou *ses lorgnons.*

LORS, adv. On n'emploie plus guère *lors* seul (alors) ni **POUR LORS** (à ce moment-là, en ce cas-là). Mais on dit couramment: **DEPUIS LORS, DÈS LORS, D'ICI LORS, DÈS LORS QUE, LORS DE, LORS MÊME QUE**: *Lors même que vous ne le voudriez pas.*

LOTTE, n.f. Deux *t.* La *lotte de mer* ou *baudroie.*

[LOUAGEUR], formé sur *louage*, est vieilli ou régional et ne peut remplacer **LOUEUR** (de chevaux, de voitures, de chaises, etc.).

LOUBARD, n.m., est défini par le *GR*, qui l'écrit aussi **LOUBAR**: «Fam. Jeune homme vivant dans une banlieue, une zone urbaine, appartenant à une bande et affectant un comportement asocial». Ce dictionnaire fait dériver *loubard* (ou *loubar*) d'un des sens de *loulou*, «mauvais garçon», avec un suffixe argotique tiré peut-être de *banlieusard.*

LOUCHET, n.m., bêche à lame étroite et allongée.

LOUER (prononcé *lou* devant *e* muet et *lw* devant une autre voyelle), v.tr.dir., au sens de *faire l'éloge* ou de *se réjouir*: *On loue qqn **du** choix qu'il a fait, d'avoir bien choisi. On se loue **de** qqn, du succès d'une démarche, d'avoir dit, d'avoir pris une initiative. Elle s'est louée de son initiative.* On entend aussi: *louer qqn **pour** qqch., pour avoir fait qqch.*

LOUFOQUE, adj., a un équivalent populaire: **LOUFTINGUE**.

LOUP, n.m. Féminin **louve**. **MARCHER À PAS DE LOUP** (le complément *loup* reste au singulier). Un **LOUP-GAROU**, des **loups-garous**. Un **LOUP-CERVIER**, des **loups-cerviers**. Une **loup-cerve** (des **loups-cerves**) ou plutôt *un loup-cervier femelle.*

LOUPER, v.tr.dir., est familier (et considéré parfois comme populaire): *louper* (rater) *qqn, un train, une occasion, une affaire, un examen, son entrée.*

LOURD, adj. On peut dire: *Le temps est lourd. Il fait* (*un temps*) *lourd.*

LUBRIFIER, v.tr.dir., et non [LUBRÉFIER].

LUI, *elle, eux, elles* s'emploient généralement, comme compléments, pour renvoyer à des personnes: *Je connais sa sœur, nous avons encore été invités chez elle la semaine dernière.* Des grammairiens condamnent nettement des phrases comme les suivantes où le pronom renvoie à des noms de choses: *Elle avait enlevé son collier et jouait avec **lui**. Ses vêtements étaient restés dehors et la pluie tombait sur **eux***

(Marouzeau, *Notre langue*). Il n'y a pas lieu de proscrire systématiquement ces emplois. Mais dans bien des cas, on emploiera *dessus* au lieu de *sur eux* (voir l'exemple de Marouzeau), *dessous* au lieu de *sous lui*, *y* au lieu de *à lui*, *en* au lieu de *de lui*. On ne dit pas [*dans lui*] mais *dedans* ou *en lui*. On emploie toujours *à* et donc *lui* en parlant d'animaux, avec des verbes comme *donner*, *demander* : *Il caressa le cheval et lui donna un morceau de sucre*.
▷ PRONOMS PERSONNELS, 1 ; IMPÉRATIF, 2 ; INFINITIF, 2.1 ; SOI.

LUIRE, v.intr., se conjugue comme *nuire*. On rencontre chez d'excellents écrivains, au passé simple, au lieu des formes normales **luisit**, **luisirent**, peu usitées, les formes anciennes **luit**, **luirent**. À éviter.

LUMEÇON, n.m., issu de la forme dialectale wallonne de LIMAÇON, désigne le célèbre combat du dragon et de saint Georges qui a lieu traditionnellement le dimanche de la Trinité dans la ville de Mons (Belgique) : *Le combat du lumeçon attire les foules*. On appelait métaphoriquement *limaçon* le mouvement de carrousel effectué par les cavaliers. Aujourd'hui *lumeçon* peut s'appliquer par extension au dragon et, en français dialectal, à toute forme de combat. ▷ CARACOLE.

LUMIÈRE, n.f. *On **donne** (on **fait**) de la lumière. On **ouvre** (on **ferme**) la lumière. On **allume** la lumière*. ▷ ALLUMER. Pour **ANNÉE-LUMIÈRE** ▷ ANNÉE.

L'un et un

1. DEVANT *DE* ET UN COMPLÉMENT

Devant *de* introduisant le complément désignant l'ensemble, on a le choix entre *un* et *l'un*, si le nom a un singulier, mais non dans les expressions où *de deux* précède :

> *De deux choses l'une, de deux jours l'un. L'un de nous ou un de nous. L'un d'eux ou un d'eux*. Mais : *un sur trois*.
> ▷ UN, 3.

On ne dira pas : [*L'une de mes plus belles vacances*], parce que **vacances**, dans ce sens, ne s'emploie qu'au pluriel.

Après *en* on doit dire **un** : *Il en est venu un. En voici une*.

2. AVEC *L'AUTRE*, SANS COMPLÉMENT DE TOTALITÉ

En l'absence d'un complément de la totalité et en relation avec *l'autre*, *un* est possible, mais plus rare que *l'un* :

> *Il se chauffait les mains, une après l'autre* (Giono, J., *Que ma joie demeure*). On écrit : *Vous passerez l'un après l'autre* (Ac.). *Ils sont les uns derrière les autres*.

3. DEVANT UN NOM

L'un ne peut plus, comme il le faisait jusqu'au XVIe siècle et comme on le ferait en traduisant littéralement le néerlandais, être employé adjectivement devant un nom qui le suit immédiatement.

> On dit : *Passer **d'une** page à l'autre*. ***Une** solution est aussi hasardeuse que l'autre*.

Mais on emploie de la sorte *l'un et l'autre*, *l'un ou l'autre*, *ni l'un ni l'autre*, *de l'un à l'autre*, *l'un comme l'autre*, etc., suivis d'un nom au singulier (parfois au pluriel après *l'un et l'autre*) :

> ***L'un et l'autre parti** m'inquiète* (ou *l'un et l'autre partis m'inquiètent*). *Dans l'un ou l'autre parti* (pour le sens ▷ 5). *Il passe de l'une à l'autre pièce* (ou, plus souvent : *d'une pièce à l'autre*, comme *Faire glisser qqch. d'une assiette dans l'autre*). *Entre l'une et l'autre guerre. Faire glisser qqch. de l'une dans l'autre assiette. Dans l'un comme dans l'autre camp*.

▷ VERBE, Accord, 2.2.12.

4. *L'UN* EN CORRÉLATION OU OPPOSITION AVEC *L'AUTRE*

Généralement, *l'un* s'emploie en opposition ou en corrélation avec *l'autre* (s'il y a deux termes) ou avec *un autre* (s'il y a plus de deux termes) ; *les uns* en rapport avec *les autres* ou *d'autres* :

> *Le malheur de l'un (ou des uns) ne fait pas le bonheur de l'autre (ou des autres)*.

Lorsque *l'un* est combiné avec *l'autre* pour renvoyer à un élément qui précède, il renvoie généralement au premier ; il reste invariable s'il renvoie à un adjectif, un verbe ou une proposition ou s'il est pris au sens neutre ; il se met au féminin, généralement, si les deux noms auxquels on renvoie sont féminins ; s'ils sont de genres différents, on dit généralement *l'un... l'autre* ; *un* est censé renvoyer au masculin :

> *On lui a demandé son passeport ou sa carte d'identité ; il avait **l'un et l'autre**. Est-elle coquette ou dédaigneuse ? Ni l'un ni l'autre. Ont-elles menti ou se sont-elles trompées ? **L'un ou l'autre**. Êtes-vous sa sœur ou sa cousine ? **Ni l'une ni l'autre**. Est-ce de l'amitié ou de l'amour ? Exactement ni l'un ni l'autre. Entre la réalité et le songe, il m'arrive de ne plus pouvoir distinguer l'un de l'autre* (Bosco, H., *Antonin*).
>
> *Est-ce une habitude qu'ils ont prise eux-mêmes ou une appellation qu'on leur a donnée ? L'un et l'autre sans doute* (c'est *l'un et l'autre* ; sens neutre) ou *l'une et l'autre*.

341

5. *L'UN OU L'AUTRE, UN (+ NOM) OU L'AUTRE*

Faut-il réserver cette expression à un choix entre deux êtres ou deux choses? On songe certes au sens traditionnel, disjonctif: ***L'un ou l'autre de ces raisonnements*** est nécessairement faux. Cependant il est hors de doute que le bon usage actuel a élargi le sens jusqu'à «tel ou tel entre plus de deux êtres ou choses»:

> ***Un jour ou l'autre***, vous vous ferez écraser. — En levant la main, en ouvrant les yeux, en allumant une lampe, en accomplissant l'un ou l'autre des rites de notre profession... (Duhamel, G., *Paroles de médecin*). À un moment ou l'autre de sa vie, chacun peut devenir notre client par occasion (Romains, J., *Knock*). Elle ne cessait de nous accabler, Mathilde et moi, d'une surveillance dont nous arrivions à nous débarrasser, la pauvre fille étant souvent appelée dans ***l'une ou l'autre maison*** de la paroisse (Mauriac, Fr., *Les anges noirs*). Être chez l'un ou chez l'autre.

6. *L'UN L'AUTRE, LES UNS LES AUTRES*

La réciprocité ou la proximité sont marquées souvent par **l'un l'autre, les uns les autres**: *Ils se soupçonnent **l'un l'autre**. Ils se méprisent **les uns les autres**. Ils sont assis **l'un contre l'autre**.* On voit dans ce dernier exemple l'intervention, entre *l'un* et *l'autre*, de la préposition requise par le sens. De même: *Ils marchent l'un **vers** l'autre. Ils se méfient les uns **des** autres. Ils sont tombés dans les bras l'un **de** l'autre.* Mais la plupart des locutions prépositives terminées par *de*, notamment *à côté de, au-dessous de, au-dessus de, au-devant de, auprès de, autour de, en face de, en faveur de, loin de, près de, vis-à-vis de*, peuvent se placer entre *l'un* et *l'autre*, comme les autres prépositions, ou se scinder, *de* s'intercalant seul entre *l'un* et *l'autre*, le reste précédant *l'un*:

> *Ils sont assis **l'un à côté de l'autre** ou **à côté l'un de l'autre**. Ils viennent l'un au-devant de l'autre ou au-devant l'un de l'autre.*

Il y a certes **pléonasme** (et mieux vaut n'y recourir que s'il y a une raison de clarté ou d'insistance) dans:

> *Ils se détestent l'un l'autre. Ils se sont injuriés l'un l'autre. Ils se sont écrit l'un à l'autre (comparer à Je n'ai écrit ni à l'un ni à l'autre).*

Mais l'usage est tolérant. On évitera toutefois les pléonasmes trop flagrants, où l'insistance est insolite: *Ils se sont parlé [l'un à l'autre] pendant une demi-heure.*

L'un et l'autre et **ni l'un ni l'autre** ne marquent jamais la réciprocité.

Ils se plaignent l'un et l'autre (tous deux, l'un comme l'autre). Ils ne se plaignent ni l'un ni l'autre (aucun des deux ne se plaint).

7. AVEC UN COMPARATIF

Avec un comparatif, on n'emploiera pas *l'un* ou *les uns* quand c'est inutile: *Il a une épaule plus haute [l'une] que l'autre.*

> *Il y en a de meilleurs [les uns] que les autres.* De même, sans comparatif, en parlant de deux livres: *Il a pris un livre [l'un] pour l'autre.* Mais: *Ils sont tous plus sots les uns que les autres.* ▶ PLUS, 8.

8. *L'UN DANS L'AUTRE*

Ne pas employer [*l'un parmi l'autre*] au lieu de *l'un dans l'autre* pour indiquer une moyenne: *Ces livres-là me reviennent à tant l'un dans l'autre* (Ac.).

9. RÉPÉTITION DE LA PRÉPOSITION DEVANT *L'AUTRE*

9.1. *L'UN OU L'AUTRE, NI L'UN NI L'AUTRE, L'UN COMME L'AUTRE*

La préposition employée devant *l'un* se répète devant *l'autre* dans *l'un ou l'autre, ni l'un ni l'autre, l'un comme l'autre*: *Être toujours **chez l'un ou chez l'autre*** (Ac.). *Je n'irai ni chez l'un ni chez l'autre.*

9.2. *L'UN ET L'AUTRE*

La disjonction est moins marquée dans *l'un et l'autre*; on peut penser les deux globalement, comme si l'on disait *les deux, tous deux*, et ne pas répéter la préposition: ***Dans l'une et l'autre rue*** (ou dans l'une et dans l'autre rue).

9.3. AVEC *ENTRE*

Entre ne se répète jamais: *Il y a une grande différence **entre l'un et l'autre*** (Ac.).

LUNCH, n.m. On prononce *le + n + ch* ou *lun + ch*, tandis qu'on prononce *on* dans *punch* s'il s'agit d'une boisson; des **lunchs**. ▶ BRUNCH et PUNCH.

LUNE, n.f. On écrit: *Atterrir **sur la lune**, marcher sur la lune* mais (sens figuré): *être **dans la lune**.*

LUNETTE, n.f. *Une lunette d'approche* ou *une lunette. Lire sans lunettes. Mettre* (familièrement: *chausser*) *ses lunettes.*

LURETTE, n.f. *Il y a **BELLE LURETTE*** (il y a bien longtemps) est une déformation de l'expression dialectale *il y a belle heurette*.

LUSTRAL, adj. Pluriel: *lustraux*.

LUSTRE, n.m. Pléonasme : [*un lustre de cinq années*].

LUTHÉRANISME, n.m., est formé sur *Luther*. Ne pas dire [LUTHÉRIA-NISME] par analogie avec *christianisme*.

LUTIN, n.m. ou adj., a pour féminin **lutine** comme adjectif (vif, malicieux, taquin). Le nom n'a pas de féminin : *Quel gentil lutin !* se dit d'une petite fille comme d'un petit garçon.

LYCÉE, n.m. ▶ ATHÉNÉE.

LYMPHATIQUE, adj., apathique, sans réaction, indolent (en rapport, dans l'ancienne médecine, avec la LYMPHE, désignant un tempérament).

LYNCH est un nom propre. On parle de *la loi de Lynch*, mais du LYNCHAGE, de *la loi du lynchage*.

LYS, n.m. Autre graphie de LIS, écrit le plus souvent avec *i*.

M

MABOUL, *maboule*, adj. et n., familier, signifie *fou*.

MACARONI, n.m. *Manger des macaronis. Un macaroni.*

MACHAON, n.m. d'un papillon. *Ch* se prononce *k*.

MÂCHER, v.tr.dir. *Ne pas mâcher ses mots. Mâcher son frein. Mâcher la besogne à qqn.*

MACHINISTE, n.m., autrefois employé couramment en Belgique pour désigner le conducteur d'une locomotive (en France, *mécanicien*), s'est dit en France d'un conducteur d'autobus ou de métro. On dit aujourd'hui *conducteur*.

MACHO, n.m. (pron. *matcho*), mot espagnol, fam.: qui fait sentir sa supériorité de mâle.

MÂCHURER, v.tr.dir., signifie aujourd'hui «barbouiller de noir». Accent circonflexe.

MACRO, premier élément d'un mot, n'est suivi d'un trait d'union que dans **MACRO-INSTRUCTION**. On écrit **MACROÉVOLUTION**.

MADAME. ▶ DAME. **Abréviation**: Mme (plutôt que *Mme*). Pluriel: Mmes (ou **Mmes**). *Ma chère Madame* est familier; dire: *Chère Madame* (▶ DÉTERMINANTS POSSESSIFS, 2). — *Madame le professeur, Madame la directrice* (▶ GENRE, 1). — Pluriel: *Mesdames*. Employé familièrement avec un article, *Madame* fait parfois au pluriel *madames* (*de belles madames, elles font les madames*) ou reste invariable (comme dans *jouer à la madame*) s'il s'agit de plusieurs personnes à qui on applique le nom d'une dame déterminée: *des madame Marneffe*. ▶ MESSIEURS.

Majuscule ou minuscule dans *Madame, Mademoiselle* et *Monsieur*. On met la majuscule dans les adresses ou quand on s'adresse à la personne elle-même, toujours dans une lettre, parfois dans un dialogue écrit: *Monsieur Louis Dupont/ rue.../1170 Bruxelles. Cher Monsieur. Monsieur le Directeur. Veuillez agréer, Madame, mes hommages respectueux.*

Entrez donc, madame ou Madame. Je voudrais, Monsieur le Directeur, vous demander un conseil. Mais: J'ai appris par monsieur (ou par M.) le directeur que..., par madame (ou Mme) Dubois que...

Majuscule si c'est un domestique qui parle à ses maîtres ou de ses maîtres ou à un visiteur, si c'est un visiteur qui parle du maître de maison ou un vendeur qui s'adresse au client ou un client au serveur en désignant une personne: *Puis-je rappeler à Monsieur que... Madame est servie. Si Monsieur veut bien entrer... Le café est pour Mademoiselle.*

Après un article ou un déterminatif, on met la minuscule: *Un monsieur est venu. Ce monsieur vous a demandé.*

MADEMOISELLE. Abréviation: Mlle (ou *Mlle*). *Mesdemoiselles* (Mlles ou *Mlles*). Très familièrement: *des mademoiselles*. Majuscule ou non. ▶ MADAME.

MAFIA (ou **MAFFIA**), n.f. *Des mafias* (ou *maffias*). *Un* MAFIOSO (ou un MAFFIOSO). *Des mafiosi* (ou des *maffiosi*). *La Mafia* (ou *la mafia*).

MAGASINAGE, n.m. *Droits de magasinage*, droits que l'on paie pour laisser en magasin des marchandises (qu'on a **EMMA-GASINÉES**). ▶ SHOPPING.

MAGHREB, n.m. Adj. et n.: *Un* **MAGHRÉBIN**. *Une langue* **maghrébine**.

MAGNAT, n.m., pron. *g + n*, parfois *n + y*.

MAGNIFICAT (le *t* se prononce), n.m., est invariable: *Des* **magnificat**.

MAGNUM (on prononce *g + n + o*), n.m., grosse bouteille: *Des* **magnums**.

MAGRET, n.m. *Un magret* (filet maigre) *de canard.* Ne pas dire [MAIGRET].

MAHARADJAH. On écrit aussi **MAHARAJA** ou **MAHARADJA**.

MAIE, n.f., signifie «pétrin», dans certains français régionaux, en France et en Belgique.

MAÏEUR (ou **MAYEUR**), n.m., nom aujourd'hui familier (non officiel), et senti comme dialectal, du **BOURGMESTRE** en Wallonie, sauf en Gaume, où l'on emploie **MAIRE**. Dérivés appartenant au français régional, sans cette connotation familière: **MAÏORAT** ou **MAYORAT**, fonction de bourgmestre (*son accession au mayorat*), et **MAÏORAL** ou **MAYORAL**, adj., «relatif au bourgmestre» (*fonctions maïorales, responsabilités mayorales*).

MAIGRELET, **MAIGRIOT** et **MAIGRICHON**, adj., un peu trop maigre. Féminin: **maigrelette**, **maigriotte**, **maigrichonne**.

MAIGRIR, v.intr. Auxiliaire: *avoir* l'emporte (▶ AUXILIAIRES, 1). *Il a maigri*.

MAIL, n.m., rime avec *travail*.

MAILLOT DE CORPS: sous-vêtement d'homme, couvrant le torse, appelé parfois en Belgique **SINGLET**.

MAIN, n.f. *Tenir qqch.* **en main** ou **à la main**. *Avoir qqch.* **sous la main**, *à portée de la main. Saisir qqch.* **à pleine(s) main(s)**. *Prendre* **en main(s)**. *Preuve* **en main**. *Remettre une lettre* **en main(s) propre(s)**. *En mains sûres. Être à main. De sa main. Tapis faits à la main ou* **faits main**. *Travailler de ses mains. Tomber aux mains (ou dans les mains) de qqn. Une poignée de main. Des poignées de main(s). Des jeux de main(s).* **EN UN TOUR DE MAIN** (**EN UN TOURNEMAIN** tend à vieillir). *Je lui ai mis le marché en main. Avoir la situation bien en main. Acheter qqch. de première main. Faire qqch. sous main ou en sous-main* (▶ SOUS-MAIN). *J'ai son accord en main(s). Un frein à main. Mettre la dernière main à qqch. Gagner haut la main. Haut les mains! Un objet qui change de main(s). Se passer qqch. de main en main. Circuler de mains en mains. Un sac à main. Une attaque à main armée. Un homme à toutes mains. Ne pas y aller de main morte (y aller fort). Prêter main-forte* (trait d'union). *Une main-d'œuvre, des mains-d'œuvre. Une main courante. Un coup de main, des coups de main. Un vote à main levée. Faire main basse sur qqch.*

L'expression **BONNE MAIN** signifiant pourboire (*la coutume de la bonne main, faire une bonne main à qqn*) a disparu de l'usage général mais est restée vivante dans certaines régions, notamment en Suisse.

MAINATE, n.m. d'oiseau: *Un mainate*.

MAINMISE, n.f. *La mainmise sur qqch.*

MAINT, **adj.**, s'emploie surtout, au singulier ou plus souvent au pluriel, devant un nom: *En maint endroit. Maintes fois.* À maintes reprises. Si l'on emploie **MAINT ET MAINT** au singulier, il est normal de laisser au singulier le nom qui suit: *À mainte et mainte occasion.* Mais: *À maintes et maintes reprises.* L'emploi comme **pronom** (*Maints le disent*) est nettement vieilli mais se trouve encore, surtout devant un complément (sens de *plusieurs*): *Maints d'entre eux* (ou *maints de nos étudiants*) *se plaignent*.

MAIRE, n.m., **MAIRIE**, n.f., courants et officiels en France, ne s'entendent en Belgique que dans certaines communes proches de la frontière française. ▶ BOURGMESTRE, COMMUNAL, MAÏEUR. On dit: *Madame le maire* plutôt que *la* **mairesse**.

MAIS, **adv.** **N'EN POUVOIR MAIS** (où *mais* a encore le sens étymologique du latin *magis*, davantage), peut encore signifier «ne pas être responsable», mais veut dire surtout «n'y pouvoir rien, ne pouvoir rien faire à qqch.».

Conj., le *s* final se lie souvent. **MAIS BIEN** souligne l'opposition après une expression négative: *Ce n'est pas un malheur, mais bien un contretemps.*

MAISON, n.f. *Une maison de maître ou de rentier ne s'appelle pas une «maison fermée». Maison close a pour synonymes maison de passe, maison de tolérance. On écrit maison de jeu ou maison de jeux. — De la pâtisserie maison* (faite sur place).

MAÎTRE (accent circonflexe ou non, *RO* I.3.3.), n.m., a pour féminin **maîtresse** comme adj. et dans certains cas seulement comme nom (*maîtresse de maison, d'école, de pension, d'étude, de piano, de ballet*). Mais on dit **Maître** s'il s'agit d'un titre donné à une femme écrivain ou membre du barreau ou d'un titre universitaire: **MAÎTRE-ASSISTANTE**. ▶ ASSISTANAT. *La maîtresse de qqn est aujourd'hui la femme qui se donne à lui sans être son épouse.*

Il faut distinguer **MAÎTRE DE L'ŒUVRE** et **MAÎTRE DE L'OUVRAGE**. Le **maître de l'œuvre** (ou le **MAÎTRE D'ŒUVRE**) est le responsable de l'exécution d'un programme (c'est le cas par exemple de l'architecte). Le **maître de l'ouvrage** (ou le **MAÎTRE D'OUVRAGE**) est celui qui fait faire le travail et en assure le paiement. — ▶ CHANTEUR, QUEUX.

MAJESTÉ. On dit: *pluriel* **de majesté** plutôt que: *pluriel* **MAJESTATIF**.

MAJOR, adj.: *Des* **sergents-majors**, *des* **médecins-majors**, *des* **infirmières-majors**.

MAJORATION, n.f., **MAJORER**, v.tr.dir., sont courants. ▶ MINIMUM.

Majuscules

1. L'USAGE

L'usage est particulièrement hésitant aujourd'hui. On a abusé des majuscules. D'autre part des éditeurs les suppriment dans les titres avec désinvolture. Il est possible de dégager cependant quelques principes. On trouvera ci-dessous des indications sur des cas particuliers qui ne sont pas traités à leur rang alphabétique; on s'inspirera des exemples suivants; on consultera *B.U.*, nᵒˢ 96 et suiv., ou A. Doppagne, *Majuscules, abréviations, symboles et sigles*.

Le bon Dieu, le Tout-Puissant (trait d'union), *le Saint-Esprit, la Sainte Vierge, Raymond Queneau, Pline le Jeune, la Callas, Alfred de Musset, Du Bellay* (la particule est contractée avec l'article pour former le nom propre, mais on trouve *du Bellay* comme dans *Joachim du Bellay*), *un Renoir, le duc de La Rochefoucauld, Mécène, un mécène, les Furies, Sa Majesté, Son Altesse, Son Excellence, Philippe le Bel, Louis le Pieux, Jean sans Terre, Le Havre, la Bourse* (édifice), *le Grand Palais, le «Normandie», (la) rue Haute, la place de l'Étoile, l'arc de triomphe de l'Étoile, mais l'Arc de triomphe, entrer aux Beaux-Arts, la rue du Bac, la tour de l'Horloge, la Forêt-Noire, la Grande-Bretagne, le département de la Loire-Atlantique ou des Pyrénées-Orientales* (remarquer les traits d'union), *mais les Pyrénées orientales, les États-Unis, les Pays-Bas, le Nouveau Monde, la mer Méditerranée, la mer Morte, l'océan Indien, le tunnel du Mont-Blanc, un chrétien, un musulman, l'État français, le Marché commun, la Communauté économique européenne, les Nations unies* (minuscule à *unies*), *l'ordre de la Légion d'honneur, l'Université de Strasbourg* (ou *l'université de Strasbourg*), *le Sénat, l'Assemblée nationale, la Croix-Rouge, la cour d'appel, la cour d'assises, la Renaissance, la Réforme, le Moyen Âge ou le Moyen-Âge ou le moyen âge ou le moyen-âge ou le Moyen âge* (▸ MOYEN ÂGE), *les îles Anglo-Normandes, l'Ancien Régime, la Révolution française* (ou *la Révolution*), *mais la révolution de 1848, en 1941, sous l'Occupation, un conseil d'administration, le Conseil d'État, l'École normale supérieure, l'École normale de Mons, le Ministère* (mais *le ministre*) *de l'Intérieur, de l'Éducation nationale, de la Santé publique et de la Famille, l'Académie française, l'Académie royale de langue et de littérature françaises, la Société nationale des chemins de fer français, le Service social des postes, l'Institut technique supérieur, le grand-duché de Luxembourg,* (mais *se rendre au Grand-Duché*), *un chine, un saxe, du Limoges, un rouen, un meuble Empire, du vin de Bourgogne, du bourgogne, un verre de bourgogne, un vin de Chablis, du chablis.*

2. NOMS DE PAYS, D'HABITANTS

Français, français, Africain, Noir, etc. On ne met la majuscule qu'au **nom** indiquant la nationalité ou l'appartenance à une région ou à une race:

> *Ce n'est pas français. Un citoyen français. Le français élémentaire. Les Wallons, les Bruxellois. Les francophones et les Flamands. Ils ont perdu la qualité de Belge. Je choisis de rester Français (...). Je suis Français comme vous (...). Le chauffeur est un Français. Les piétons sont des Français. Les Français sont incorrigiblement des Français* (Duhamel, G., *Cri des profondeurs*). Mais on écrit: *«Nationalité: française». Le continent africain. Un Africain. Scipion l'Africain. Un Blanc, un Noir* (▸ BLANC). On écrit: *le Théâtre français* ou *la Comédie-Française* (trait d'union).

3. SAINT

Saint ne prend pas la majuscule quand on désigne le saint lui-même: *L'Évangile selon saint Jean, le martyre de saint Pierre, la fête* (ou *la barbe*) *de saint Nicolas.* De même pour désigner une statue: *Au-dessus du saint Antoine* (Butor, M., *La modification*). Ou bien quand il qualifie simplement un nom sans former avec lui un véritable nom propre:

> *La sainte messe, la sainte table, l'Histoire sainte, la sainte Bible, la sainte Église catholique, les saintes Écritures, le vendredi saint* (ou *le Vendredi saint*), *la semaine sainte* (ou *la Semaine sainte*), *la sainte Famille* (on trouve: *la Sainte Famille*). *À la saint-glinglin* (jamais), *tout le saint-frusquin.* Mais: *le Saint-Sacrement.*

Saint prend la majuscule quand, avec le nom qu'il accompagne, il forme un véritable nom propre désignant une personne, une famille, un État, une institution, une localité, une rue, une place, une église, un monument, une fête, etc.:

> *le duc de Saint-Simon, le Saint-Père, Très Saint-Père, le Saint-Siège, le Saint-Esprit, l'Esprit-Saint, la Sainte-Trinité, le Saint-Empire, la Sainte-Alliance, fêter la Saint-Nicolas, à la Saint-Nicolas, loger à Saint-Hubert, se rendre à Saint-Quentin, à Saint-Cloud, l'église Saint-Marc, boulevard Saint-Michel, rue Saint-Honoré, une coquille Saint-Jacques.* Noter les traits d'union. Pas de trait d'union dans *la Sainte Vierge.*

On trouve souvent: *le saint-père*; au vocatif: *Saint-Père.* On écrit: *Sa Sainteté.*

Les abréviations *St, Ste* (ou *S., SS.*) prennent toujours la majuscule.

Mais: *un saint-bernard, du saint-émilion, un saint-benoît* (fromage).
▸ SAINT.

4. JOURS ET MOIS

Les noms des jours et des mois ne prennent pas la majuscule dans le corps de la phrase : *Je viendrai lundi. Le 15 mars.* On trouve *le 14 juillet* ou *le 14 Juillet (le Quatorze Juillet)*, fête nationale. On écrit : *les journées de Juillet, la monarchie (ou la révolution) de Juillet.*

5. TITRES ET FONCTIONS

Le roi des Belges. Il a été reçu par le roi (ou par le Roi). Le président du Conseil (des ministres). Le Premier ministre. Le ministre de l'Intérieur. Le chef de cabinet adjoint du ministre des Finances. Le professeur Dupont. Le directeur général des contributions. Mais on met généralement une majuscule au titre qui précède (avec l'article) ou suit (sans article) la signature au bas d'une lettre ou d'une circulaire : *Le Président.*

L'Académie écrit : *La révérende mère supérieure* et *Le révérend père un tel.* On écrit pourtant souvent : *Le Père Denis ;* l'abréviation *P.* pour *père* prend toujours la majuscule : *le P. François.* On écrit : *l'abbé Durand.*

On écrit souvent : *les jésuites*, à moins qu'on ne désigne par là l'ordre lui-même : *L'ordre des Jésuites, les Jésuites.* Mais : *Je suis passé à un collège des jésuites* (Domenach, J.-M., *Ce que je crois*).

On met toujours la majuscule quand on s'adresse à la personne : *Monsieur le Professeur. Monsieur le Directeur. Monsieur l'Abbé.* On écrit *Mon cher collègue* ou *Mon cher Collègue.* ▶ MADAME.

6. POINTS CARDINAUX

Majuscules aux noms géographiques d'une région déterminée :

> *Cet homme est du Midi. Il est né dans le Nord. Le département du Nord. L'aiguille du Midi. Les valeurs de l'Occident. L'Afrique du Nord.*

Pas de majuscule quand le point cardinal exprime seulement une direction :

> *Le soleil se lève à l'est. Le vent du nord. Ma chambre est au nord. Ce pays est borné au nord par...*

En dehors de cela, hésitation : *Il a une propriété dans le midi de la France* (Ac.). *Faire une tournée dans l'Ouest de la France* (Ac.). *La frontière de l'Est ou de l'est.*

7. TITRES D'OUVRAGES

Hésitation quand on les cite ; l'usage actuel tend vers une simplification. On peut ne mettre la majuscule qu'au premier mot seulement (et aux noms propres qui interviennent dans le titre) :

> *La pensée et la langue. Le bon usage. Les voix intérieures. Les femmes savantes. Le barbier de Séville. Une représentation du*

«Barbier de Séville». Du sang, de la volupté et de la mort. L'ours et les deux compagnons. La belle Nivernaise. Mon oncle Benjamin. Le mariage de Figaro. Au début des «Femmes savantes». Mais *les Glaneuses de Millet, la Divine Comédie, la Croix du Sud* (nom d'une constellation).

Pour les journaux, on emploie la majuscule : *le Soir, le Monde.*

―――――――――

MAL. ▶ DÉTERMINANTS POSSESSIFS, 1.1, FAIRE, 2 (*se faire mal*), LEVER, PARLER 5, PAS et POINT, 8, POUVOIR. *Le malade va plus mal. Cette personne s'est trouvée mal. Elle n'est pas mal. Être en mal de copie, d'inspiration.*

Composés. On écrit aujourd'hui sans trait d'union *mal* devant *bâti* (*mal bâti*), *content, fait, famé, payé, pensant* (adj.), *venu* (*Vous seriez mal venu de* – ou *à* – *vous plaindre*), *en point.* En un mot : *malaisé, malappris, malapprise, malavisé, malchance, malcommode, malfaisant, malhabile, malodorant, malpoli, malpropre, malséant, malsonnant, un malentendant, un malvoyant* (des **malvoyants**). Avec trait d'union : un *mal-pensant* (des **mal-pensants**), *mal-aimé,* adj. et n., *le mal-jugé d'une sentence* (jugement défectueux). Hésitation entre *mal intentionné* et *malintentionné* comme adjectif (le nom s'écrit *malintentionné*) ; *mal embouché* et *malembouché* ; *mal venu* et *malvenu* (▶ VENIR, 7).

―――――――――

MALADE. En Wallonie, [*il fait malade*] se dit pour *Il fait lourd.*

―――――――――

MALFRAT, n.m. (argot), *malfaiteur*, se répand.

―――――――――

MALGRÉ, prép. *Il est parti malgré moi, malgré mes ordres.* **MALGRÉ QUE,** loc. conj., condamné par les puristes, est incontestablement correct au sens de *bien que,* et est suivi du subjonctif. ▶ BIEN QUE, 1.

MALGRÉ QUE J'EN AIE (*qu'il en ait*) s'explique par l'ancien sens de *malgré* (mauvais gré) : quelque mauvais gré que j'en aie, malgré mes réserves.

―――――――――

MALHEUR, n.m. *Le malheur était* (ou *a voulu*) *que...* ▶ VOULOIR, 6.

―――――――――

[**MALI**], n.m., est belge (très rare en France), un *déficit.* ▶ BONI.

―――――――――

MALIN, adj., a souvent un sens plutôt péjoratif (*un malin plaisir,* un plaisir malveillant, *une tumeur maligne*) ou évoque au moins la ruse, l'astuce, l'espièglerie (*sourire d'un air malin, un regard malin*), mais glisse facilement vers le sens de fin, d'intelligent : *Ils sont vraiment malins, vous savez* (...). *Ils sont vraiment intelligents* (Kessel, cité par GLLF). *Il n'est pas très malin,* pas intelligent. — Féminin **maligne**.

―――――――――

MALLE-POSTE, n.f. Des **malles-poste** (des malles de la poste).

MALLETTE, n.f., se dit d'une petite valise rigide, d'un petit coffre, mais non, comme en Belgique, d'une serviette d'écolier ou d'un cartable.

MALNUTRITION, n.f., alimentation mal équilibrée.

MAL VENU. ▶ MAL.

MALVERSATION, n.f., détournement de fonds dans l'exercice d'une charge.

MANAGEMENT, n.m., mot anglais, francisé dans sa prononciation, désigne l'ensemble des techniques d'organisation et de gestion d'une entreprise. Le verbe français **MANAGER** signifie: organiser ou diriger une entreprise. Dans le domaine du sport, la personne qui gère l'activité d'une équipe ou d'un club est un **MANAGEUR** ou une *manageuse*; on trouve le verbe *manager* (une équipe).

MANCHE, n.f. ▶ FROTTER, BRAS. [MANCHE-À-BALLES], n.m., dans l'argot des étudiants belges, désigne celui qui étudie avec un zèle jugé excessif.

MANCHOT, adj. Féminin: *manchote*, un seul *t*.

MANDER, v.tr.dir. On mande *qqn*, on mande *qqch. à qqn*; *mander que* est vieilli. Ne pas confondre avec **MANDATER** *qqn pour qqch.* (lui donner mandat et pouvoir). *Mandater une somme*: la payer par mandat.

MÂNES, n.m.pl. *Leurs mânes sont contents.*

MANGER, v.tr.dir.

1. *Manger la soupe* se dit dans certaines provinces françaises et wallonnes pour *manger, prendre un repas.*

2. *Mangé aux mites* ou *des mites*, ou *par les mites*.

MANGE-TOUT, n.m. Des *mange-tout*.

MANGEUR, n.m. On dit: *Un gros mangeur, un grand mangeur, un petit mangeur.*

MANGEURE, n.f., endroit mangé d'une étoffe; on prononce *ju*; l'Académie a renoncé en 1987 à la graphie **MANGEÜRE** (1975). Les *Rectifications de l'orthographe* de 1990 ont réintroduit *mangeüre* (RO III.5).

[MANICURE, MANICURER] ne peuvent remplacer **MANUCURE, MANUCURER**.

MANIÈRE, n.f.

1. DE MANIÈRE QUE, DE MANIÈRE À CE QUE. ▶ FAÇON.

2. On peut dire familièrement: *Il fait des manières* (il agit, il parle sans simplicité, il se fait prier).

3. On dit: *En quelque manière, en aucune manière, en toute manière* (classique; dans tous les cas), *en manière de conclusion*; non [*en manière à ce que*]. *De toute manière* (en tout cas), *d'une manière générale, d'une manière ou d'une autre* (parfois *de manière ou d'autre*), *d'une certaine manière, de cette manière. La manière dont il répond. À la manière de.*

MANIFESTER, v.tr.dir. *Manifester de la joie ou sa joie.*

MANIPULER, v.tr.dir. *On manipule des objets, des colis, l'opinion.*

MANQUE, n.m. *Le manque*: *Un manque de soin* (Ac.). *Rater un travail par manque de soin* ou *le rater manque de soin. Je n'ai pu acheter ce livre, manque d'argent. Un manque à gagner, des manques à gagner.* Expression vieillie: *J'ai trouvé cent francs de manque dans ce sac.* On dit: **Il manquait** *cent francs.*

Fam. À LA MANQUE: *Une conspiration à la manque*, ratée.

MANQUER, v.intr., tr.ind. ou tr.dir.

1. **Intr.** Sens de «faire défaut»: *Les vivres vinrent à manquer. Cet article manque. Ce n'est pas la bonne volonté qui manque. Deux soldats manquent à l'appel. Manquent deux élèves.* **Impersonnel**: *Il manque deux élèves. Il ne manquait plus que cela! Il ne manquerait plus que cela. Il ne manquait plus que de le rencontrer. Il ne manquait plus qu'il soit là avant nous* (au lieu de «que qu'il soit»).

2. **Tr.ind.** Avec *de*, être dépourvu de: *Il manque de patience. Il a manqué de parole. Ne pas manquer de toupet.* Avec *à*, ne pas faire ce qu'on doit: *Manquer à son devoir, à sa parole. Je n'y manquerai pas.* Faire défaut à: *La voix lui a manqué. Il manque un bouton à cette chemise. Il lui manque dix francs.*

Devant un infinitif, les tours courants aujourd'hui sont *manquer* ou *manquer de* (faillir, être sur le point de): *Une affaire qui manqua* **constituer** *une erreur judiciaire* (Floriot, R., *Les erreurs judiciaires*). *Elle manquait se noyer* (Beauvoir, S. de, *Mémoires d'une jeune fille rangée*). *Il a manqué mourir* (Ac.). *Il a manqué d'être tué* (Ac.). *Il a manqué* **de se noyer***.*

Tour négatif, courant avec *de* devant un infinitif: *Il n'a pas manqué de nous écrire*, il n'a pas omis, négligé de. *Cela ne manquera pas de le surprendre*, cela le surprendra certainement. *Ça ne manquera pas d'arriver.*

3. **Tr.dir.** *Manquer l'école, un cours, la messe, une occasion.* Ne pas dire: [*manquer à l'école*]. *Manquer le train. Manquer son coup, la balle. Je vous ai manqué de peu* (j'ai failli vous rencontrer). *Vous n'avez rien manqué* (vous n'avez rien perdu ou pas grand-chose).

4. Le pronominal SE MANQUER a vieilli: *Il s'en manque beaucoup* ou *bien* ou *de beaucoup*. On dit plutôt: *Il s'en **faut** de beaucoup*.

5. On écrit: *Nous l'avons MANQUÉ BELLE.* ▶ ÉCHAPPER, 4.

MANUSCRIT, adj. et n.m. Comme adjectif, *manuscrit* signifie toujours «écrit à la main». Comme nom, il se dit d'un texte écrit à la main et, par extension, d'un texte original dactylographié (qu'on peut appeler une *copie*) destiné à l'impression. D'un point de vue technique, le TAPUSCRIT désigne également le texte dactylographié envoyé à la composition.

MAPPEMONDE, n.f., proprement «nappe du monde», désigne une carte plane représentant le globe terrestre, c.-à-d. un *planisphère*. L'Académie et le meilleur usage refusent d'admettre le sens courant, toujours suspect mais qu'on trouve chez d'excellents écrivains, de «globe représentant la sphère terrestre et monté sur un pied».

[MAQUÉE], n.f. wallon, *fromage blanc, caillebotte*.

[MAQUER], v.tr.dir. wallon, *frapper, abattre, assommer*.

MARC, n.m. Les dictionnaires donnent la même prononciation (*mar*) pour tous les sens: résidu des fruits que l'on a pressés, eau-de-vie, résidu de certaines substances que l'on a fait bouillir ou infuser (*marc de café*), ou poids de métal précieux (ancienne mesure), monnaie d'or ou d'argent. Dans ces deux derniers sens, on prononce pourtant plutôt, aujourd'hui, *mark*, comme en parlant du *mark* des pays germaniques. On continue cependant à prononcer *mar*, dans la vieille expression juridique AU MARC LE FRANC, au prorata des créances. Le prénom **MARC** se prononce *mark*, sauf par archaïsme pour parler des célèbres lieux de Venise. On prononce alors *mar*: *la place Saint-Marc, la basilique Saint-Marc* ou le *lion de Saint-Marc*. Ne pas confondre *Marc* avec **MARD** (localité de Saint-Mard), forme populaire de Médard.

MARCHE, n.f., région frontalière: *Marche romane*. Mot d'origine germanique, sans aucun rapport avec la **MARCHE**, action de marcher, ou avec le nom *marge*, bordure.

MARCHÉ, n.m.

1. *Acheter, vendre, avoir un objet* BON MARCHÉ *ou* À BON MARCHÉ. *Vendre meilleur marché ou à meilleur marché. Au figuré, toujours* à bon marché: *Je m'en suis tiré à bon marché ou, aussi,* PAR-DESSUS LE MARCHÉ, *en plus. On dit: Payer bon marché. Des articles bon marché (invariable). Une édition à bon marché. Des articles* MEILLEUR MARCHÉ *(invariable). La robe* la meilleur marché. *Des objets choisis parmi*

les meilleur marché. L'invariabilité de meilleur s'explique comme celle de bon: l'adjectif se rapporte à marché.

2. **SUPERMARCHÉ** et **HYPERMARCHÉ**, n.m. ▶ HYPERMARCHÉ.

MARCHÉAGE, n.m., a été proposé, comme **MARCHANDISAGE**, pour désigner pour désigner des branches du *marketing*, traduit par *mercatique*. ▶ MARKETING.

MARCHEPIED, n.m., s'écrit en un mot.

MARCHER, v.intr.

1. Il y a longtemps que **MARCHER À PIED** et conséquemment la **MARCHE À PIED** ne sont plus considérés comme des pléonasmes. Ne dit-on pas d'ailleurs *marcher sur les mains, sur les genoux* (cf. B.U., n° 15)?

Marcher ne peut être suivi comme en anglais d'un complément de distance. On dit: *J'ai marché toute la matinée. Ma voiture marche à 110km à l'heure.* Mais: *Je **fais** trois kilomètres tous les matins.*

2. Sens figurés de *marcher*. *Il marche (il va)* **sur** *(ses) quatre ans. Cette sonnerie marche bien. Les affaires marchent. Il marche sur la tête. Il ne marche pas, il ne s'en laisse pas conter; on le fait marcher.* Familièrement: *Je marche (je consens, j'accepte).*

MARDI GRAS, n.m. Pas de trait d'union.

MARÉCHAL-FERRANT, n.m. Trait d'union. Des **maréchaux-ferrants**.

MARÉE, n.f. ▶ ARRIVER, 4.

[MARGAILLE], n.f. Wallonisme pour *dispute, gâchis, désordre*.

MARGE (ne pas prononcer comme *marche*), n.f.: *Les marges d'un livre. Une marge de manœuvre, d'erreur, de sécurité, de réflexion. Ça vous laisse de la marge. Vivre en marge. Être en marge.*

MARGUILLIER, n.m. La finale *illier* se prononce comme dans *piller* (*iyé*). Le marguillier n'est ni l'organiste ni le chantre, mais le laïc chargé de l'entretien d'une église ou (sens qui vieillit) un membre du conseil de fabrique.

MARIAGE, n.m. ▶ LIVRET, MARIER, ROMPRE: *Son mariage avec sa cousine.*

MARIAL, adj., *mariale*. Pluriel masculin: *mariaux* ou assez souvent *marials*: *des sanctuaires marials, des congrès marials*.

MARIER, v.tr.dir., unir, donner en mariage: *Le maire, le prêtre les a mariés. Un père marie sa fille. Il marie son fils à la fille (ou avec la fille) d'un de ses amis.* Sens figuré: *Marier parfums et couleurs. Ces couleurs se marient.*

À la forme pronominale, avec un sujet au singulier: *Pierre* SE MARIE *avec Isabelle. Isabelle se marie avec Pierre.* Avec un sujet pluriel: *Ils se marient* (on pourrait dire: *Pierre épouse Isabelle, ils s'épousent*). Mais en dehors de la forme pronominale, *marier* ne signifie plus *épouser* qu'en français populaire et dans certaines régions de France, en Belgique, en Suisse, au Canada, que le sujet soit l'homme ou la femme.

On écrit: *Les jeunes mariés, les nouveaux mariés, la jeune mariée, la nouvelle mariée.* — On dit de gens mariés non pas qu'ils ont rompu, mais qu'*ils se sont séparés. Elle s'est séparée de lui.*

MARIJUANA, n.f., doit être préféré à **MARIHUANA**.

MARIN, MARITIME, adj. **Marin** se dit de sels, de courants, de plantes ou d'animaux qui vivent dans la mer, de l'air, de la brise, de la vague, d'un instrument, du pied, d'un col, d'une carte, d'un costume, etc.

Maritime se dit de ce qui est proche de la mer, de ce qui en dépend (ville, puissance, port, province, climat, canal, une sorte de pin), ou de ce qui se fait sur mer, par mer (navigation, transport, commerce) ou de ce qui concerne la marine, la navigation par mer, la flotte (droit, législation, tribunal, gare, préfet).

MARINE, **n.f.** *Bleu marine* est invariable. *Des chaussettes bleu marine.* — **N.m.** *Un marine* (de l'infanterie de marine américaine).

MARIOLLE ou **MARIOLE** (*RO III.12*), adj. ou n. populaire (*malin, roublard*): *Faire le mariolle,* faire l'intéressant. Renoncer à la graphie **MARIOL**.

MARK, n.m. de la monnaie allemande, reste parfois invariable comme en allemand, mais on écrit souvent: des **marks**.

MARKETING, n.m. — **MERCATIQUE**, n.f., a été officiellement déclaré d'usage obligatoire en 1987 (dérivés: **MERCATICIEN**, **mercaticienne**). **MARCHÉAGE**, n.m., l'a été pour remplacer *marketing mix*, «dosage et cohérence de l'ensemble des actions commerciales». **MARCHANDISAGE**, n.m., traduit *merchandising* (dérivé: **MARCHANDISEUR**).

MARMELADE, n.f., *un pot de marmelade d'orange* (Clavel, B.). ▷ CONFITURE.

MARMITE, n.f. (*Les anses* ou *les oreilles* d'une marmite) a le même sens en Belgique qu'en France. Mais ce qu'on appelle en Belgique une **MARMITE À PRESSION** se dit en français un *autocuiseur*.

MARMONNER, v.tr.dir., murmurer entre ses dents, d'une façon confuse ou hostile: *Marmonner une prière, des injures, des menaces.*

MARMOTTER, v.tr.dir., rejoint *marmonner*: parler entre ses dents, dire confusément (*marmotter des prières*) ou parler seul, à voix basse.

MARONNER, v.intr. (*maugréer*), est familier: *Il maronne dans son coin* (Ac.). Un seul r comme dans *maraud*. Aucun rapport avec *marron*.

MARQUE, n.f. *Des marques de coups, de sympathie, d'amitié.*

MARQUEUR, n.m., peut se dire d'un *crayon-feutre*.

MARRANT (*amusant, drôle*), adj., est familier comme **SE MARRER**, **S'AMUSER**, et **MARRE**, adv.: **J'en ai marre**, je suis excédé.

MARRI, adj., est littéraire (*contrarié, consterné*).

MARRON, n.m. et adj.

1. Le nom désigne un fruit, qui est comestible. Notons l'emploi populaire, comme nom, pour un coup de poing, et l'emploi invariable pour désigner la couleur: *des robes* **marron** (brunes).

   TIRER LES MARRONS DU FEU doit se comprendre par allusion à la fable de La Fontaine *Le singe et le chat* (livre IX). Le sens n'est pas: «retirer tous les avantages sans s'être donné le moindre mal», comme le fait le singe qui, regardant avec le chat «rôtir des marrons» pour leur maître, invite son compagnon, en flattant son habileté, à tirer les marrons du feu. Le chat s'exécute habilement et le singe croque les marrons au fur et à mesure. C'est donc au chat de cette fable qu'il faut penser lorsqu'on parle de celui qui tire les marrons du feu: il se donne du mal, s'expose à des risques, sans profit personnel, au bénéfice d'un autre.

2. Un autre mot **MARRON** (féminin **marronne**), venu des Antilles, est adjectif et variable et se dit de celui qui se livre à l'exercice illégal d'une profession ou à des pratiques illicites: *des courtiers marrons, un médecin marron, un avocat marron.*

MARRONNIER, n.m. Deux r, deux n.

MARS (pron. s), n.m. **ARRIVER COMME MARS EN CARÊME**. ▷ ARRIVER, 4.

MARTEAU, n.m. En langage figuré et familier, *avoir reçu un coup de marteau* (sur la tête); d'où, en langage populaire, **ÊTRE MARTEAU**, être un peu fou.

MARTELER, v.tr.dir. Il *martèle*. Le **MARTÈLEMENT**, n.m.

MARTYR, n.m. *Un martyr* (ou *une* **martyre**) **SOUFFRE LE MARTYRE**.

MARTYROLOGE, n.m., catalogue des martyrs. Ne pas dire [**MARTYROLOGUE**].

MAS, n.m. Prononciation facultative de *s*.

MASCOTTE, n.f. Deux *t*.

MASQUE, n.m., ne se dit plus d'une personne masquée. **MASQUÉ**, adj., ne peut s'employer comme nom.

MASSACRER, v.tr.dir., s'est appliqué depuis des siècles à un ou plusieurs êtres tués sauvagement, sans pouvoir se défendre, mais aussi, comme **MASSACRE**, à des choses, à des œuvres traitées maladroitement, mal exécutées. On peut parler d'un massacre à propos d'une volaille mal découpée, d'une œuvre musicale mal exécutée, d'un combat de boxe particulièrement brutal où un adversaire est mis à mal, mais généralement *massacre* s'applique à un grand nombre : *Le massacre des Innocents, d'une tribu.*

MASSEPAIN, n.m., est défini par les dictionnaires français «pâtisserie faite d'amandes pelées, de sucre et de blancs d'œufs». Le mot est plus courant en Belgique qu'en France, où l'on parle souvent de *pâte d'amandes.*

MASS MEDIA, n.m.pl., est très rare au sg. (**MASS MEDIUM**) et s'écrit sans trait d'union. On écrit avec un accent un **MÉDIA**, des **médias** (ou *des médias de masse*), parfois des **mass médias**. Le mot désigne chacun des éléments de l'ensemble (ou l'ensemble lui-même) des moyens de communication de masse : cinéma, presse, radio, télévision, etc.

MASTIC, n.m. *Le mastic, du mastic, un mastic* (en typographie). **MASTIQUER, MASTICAGE.**

MASTOC, adj. familier, invariable, s'applique aux personnes comme aux choses d'un aspect lourd et disgracieux : *Cette femme est mastoc* (Ac.).

MASTROQUET, n.m., se dit familièrement en France du tenancier d'un débit de boissons ou de ce débit lui-même.

M'AS-TU-VU, n.m. ou f. invariable. *Des m'as-tu-vu. Des manières m'as-tu-vu.*

MAT (pron. le *t* final), adj. Distinguer le sens «terne» (*de l'or mat, une couleur mate, des tons mats*) et celui de «mis en échec», où *mat* est invariable (*Elle est mat*).

MATCH, n.m. Des **matchs**.

MATELOTE, n.f. Un seul *t* dans la finale. *Une matelote d'anguilles* ou *d'anguille* (GR).

MATER, v.tr.dir., sans rapport avec le *mât* d'un bateau ni avec *mâter* (garnir d'un mât), mais avec *mat* (▶ MAT), signifie «rendre mat» (*mater du verre*) ou «mettre en échec» (*mater ses passions*).

MATÉRIAU, n.m. refait d'après *matériaux*, pluriel de *matériel*, ancienne variante de *matériel*.

MATÉRIEL, **adj.**, se dit par extension d'une *erreur* (qui ne correspond à aucune intention) ou du *temps* jugé nécessaire à l'accomplissement de qqch. *Matériel*, **n.m.**, en informatique, remplace *hardware*. ▶ LOGICIEL.

MATHÉMATIQUE, n.f. L'emploi du nom au singulier pour désigner la science des mathématiques est un ancien usage remis en honneur aujourd'hui.

MATIÈRE, n.f. *Donner* (*fournir, il y a*) **MATIÈRE À** (*réflexion, discussion*, etc.).

MÂTIN (accent circonflexe), nom d'une sorte de gros chien de garde, personne désagréable ou enfant espiègle ou interjection.

MATIN, n.m. *Samedi, départ au matin* ou *le matin. Lundi au matin* ou *lundi matin. Hier matin* ou *hier au matin.* On doit dire : *Le 15 au matin. Chaque jour au matin. La veille au matin. Au petit matin* (au petit jour). Mais : *Ce matin. Dès le matin. De grand matin, de bon matin, neuf heures du matin. Ils se lèvent trop matin. Tous les lundis matin* (parfois *matins*). ▶ DATES, 5. — **MATINÉE** s'étant dit de ce qui précédait le «dîner» pris à six ou sept heures, se dit d'une *matinée théâtrale* ou *enfantine* ou *littéraire* se terminant vers cinq ou six heures.

MATINAL, MATINEUX, MATINIER, adj. L'adjectif **matineux** (qui a l'habitude de se lever de bonne heure) est vieilli. On emploie **matinal**, qu'il s'agisse ou non d'habitude, et pour ce qui se produit le matin : *Vous êtes matinal aujourd'hui. Un enfant matinal. Une brise matinale. Une heure matinale.* **MATUTINAL** (qui appartient au matin) est vieilli. **Matinier** ne se dit plus guère que de Vénus, *l'étoile matinière.* Ne pas confondre avec **MÂTINER, MÂTINÉ** : *Un français mâtiné d'italien.*

[MAUCLAIR], n.m., belgicisme pour *battement* (couvre-joint fixé sur l'un des battants de porte ou de fenêtre).

MAUDIRE, v.tr.dir., se conjugue comme *finir* (et non comme *dire*) : *Vous maudissez.*

MAURE, adj. et n. *L'invasion maure. Les* **MAURES** *d'Espagne, de Mauritanie.* Adj. invariable : **TÊTE-DE-MAURE** (de couleur brun foncé). Adjectif **MAURESQUE**. On écrit aussi **MORE, MORESQUE**.

MAUVAIS, adj. et adv. ▶ AVOIR, 7, PIRE. *Il fait mauvais. Elle sent mauvais.*

MAXIMAL, MAXIMUM, MAXIMA.

Nom. Quelques emplois *Un maximum de précautions. Le maximum de la peine. Cela dure au maximum (tout au plus) dix secondes.* Pléonasme, **au grand maximum.** *Un thermomètre à maximum et à minimum* ou *à maxima et à minima.* Noter l'accent sur *à.* Mais dans le langage juridique: *appel a maxima,* formé par le ministère public pour faire diminuer la peine. *J'ai fait le maximum pour le contenter.* Autre sens de **au maximum** avec une expression susceptible de degrés: «à l'extrême», qu'il s'agisse d'occuper, d'accroître ou de réduire: *Utiliser l'espace **au maximum.** Augmenter* (ou *réduire* ou *limiter*) *les risques au maximum.* Ce tour, logique et à conseiller, est concurrencé par *au minimum* avec les verbes comme *réduire: Réduire ses dépenses au minimum* (GLLF). **Minimum** n'est normal que si l'on désigne le résultat: *On atteint par là* (ou *on prend) le minimum de risques; les risques sont ainsi réduits au minimum.* Mieux vaut dire cependant: *L'augmentation des loyers* (ou *la dépense) est réduite au maximum* (ou *le plus possible*) plutôt que *au minimum* (moins clair). — **Pluriel**: les *maxima* (ou les *maximums*). Il faudrait généraliser l'adjectif **maximal**: *un prix maximal, une température **maximale,** les prix **maximaux.*** On mettrait fin ainsi à un usage incertain où l'on trouve: au masculin singulier, *maximum*; au féminin singulier, ***maximum*** ou ***maxima***; au pluriel, masculin ou féminin, ***maximums*** ou ***maxima.*** Par exemple: *un tarif maximum; une température maximum* ou *maxima; des prix maximums* ou *maxima; des pressions maximums* ou *maxima.*

On appliquera les mêmes observations et les mêmes recommandations à MINIMUM, MINIMA, MINIMAL et à OPTIMUM, OPTIMA, OPTIMAL.

MAXIMISER (porter au maximum), v.tr.dir. Nom: **MAXIMISATION.** On peut dire aussi **MAXIMALISER** et **MAXIMALISATION,** non [**MAXIMER, MAXIMATION**].

MAYEUR, n.m. ▶ MAÏEUR.

MAZETTE, n.f., personne sans énergie, sans courage ou, plus souvent, sans habileté: *Jouer comme une mazette. Mon partenaire était une mazette.*

MEA CULPA, écrit par l'Académie **MEÂ-CULPÂ** (accents circonflexes et trait d'union), s'écrit aujourd'hui *mea culpa* et est invariable: *Faire son mea culpa.* Des ***mea culpa.***

MÉANDRE, n.m. Pléonasme: [*un méandre sinueux*]. Au figuré, peut prendre un sens péjoratif (*détour, ruse*).

MÉCHANT, adj., peut s'employer devant le nom dans le sens de «dangereux» ou «désagréable»: *Une méchante affaire.* Il est vieilli ou littéraire devant le nom dans le sens de «qui ne vaut rien»: *Un méchant écrivain. Une méchante robe.* On dit: *un méchant homme* ou *un homme méchant* (qui fait délibérément du mal). *Un enfant méchant. Un chien méchant. Faire le méchant. Ce n'est pas méchant* (ce n'est pas grave, ça ne tire pas à conséquence).

MÈCHE, n.f. *La mèche d'une bougie, d'une lampe, d'une mine.* **Éventer** (ou *découvrir*) *la mèche* (découvrir un complot, une machination). **Vendre** *la mèche* (dévoiler, trahir un secret). *Une mèche de cheveux.* Homonyme familier: *Être de mèche avec qqn* (être «de moitié», italien *mezzo,* être d'accord en secret). Populaire: *Il n'y a pas mèche* (il n'y a pas moyen).

MÉCONDUIRE (SE), **MÉCONDUITE** sont des belgicismes. Il est préférable de dire: *se mal conduire* ou *se conduire mal* et *inconduite, mauvaise conduite.*

MÉCONNAISSANCE, n.f., **MÉCONNAÎTRE**, v.tr.dir. Le sens de «ignorer, ne pas connaître» est vieilli; le sens moderne est «refuser de reconnaître à sa juste valeur qqn ou qqch., ne pas apprécier, et même refuser d'accepter»: *Il était inconnu ou plutôt méconnu. Il n'ignore pas nos usages, mais il les méconnaît.* On pourrait donc dire de qqn: *Il montre une ignorance, une mauvaise connaissance et même une méconnaissance des règlements.* Pour l'emploi du mode et de *ne* après *méconnaître* ▶ CONTESTER.

MECQUE (LA). Deux majuscules: *Aller à La Mecque.*

MÉDECIN, n.m. Distinguer *le médecin de famille* (le médecin habituel de la famille), *le médecin traitant* (qui suit le malade), *le médecin consultant* (appelé en consultation), *le généraliste* (médecine générale ou interne), *le spécialiste* (en qqch.). *Une femme médecin* ou *un médecin.*

MÉDECINE, n.f., est vieilli dans le sens général de médicament et même de purgatif.

MÉDIA, n.m. *Un média, des **médias.*** Préférable à *un* MEDIUM, *des **media.*** ▶ MASS MEDIA.

MÉDICAL, adj., «qui se rapporte à la médecine». **MÉDICINAL** se dit de ce qui, eaux, plantes, a des propriétés curatives.

MÉDICIS, nom propre; on prononce l's final.

MÉDIRE, v.tr.ind., se conjugue comme *dire* (sauf *médisez*). On médit *de qqn. Les gens dont il médit.*

MÉDIUM, n.m. Accent aigu. Un *médium*, des **médiums**.

MEETING (pron. *mi-ti* + *ng*), n.m. Des **meetings**.

MÉFAIRE, v.intr. (commettre une mauvaise action), vieilli, même à l'infinitif.

MÉFIER (SE) est plus usuel que SE DÉFIER, dont il est synonyme. Comme la **MÉFIANCE** ou la **DÉFIANCE**, ces verbes expriment l'idée de manque de confiance, d'où celle de se tenir en garde contre qqn ou qqch. Absolument: *Il se méfie.* Avec *de*: *Se méfier de qqn* ou *de qqch.* On ne dit pas [*se méfier que*], mais *prendre garde que.* ▸ GARDER, 5.

MÉFORME, n.f. *La méforme* (mauvaise forme) *d'un sportif, d'un athlète.*

MÉGA-, interfixe. Du grec *mega* (grand). Se fusionne avec les mots commençant par une consonne: *mégahertz, mégalithe* ou *mégawatt* et se joint par un trait d'union aux mots commençant par une voyelle (▸ MÉGA-OCTET). *Méga* participe, comme intensif, à la dérivation néologique: une *mégasurprise.* Les superlatifs s'usent rapidement et *giga* tend aujourd'hui à remplacer *méga* dans la langue branchée: un *gigadéfi.*

MÉGA-OCTET, n.m. En informatique, le mot est souvent tronqué en **MÉGA**. Il désigne une unité de capacité de mémoire d'environ un million d'octets. ▸ MÉGA, OCTET.

MEILLEUR, adj.

1. *Plus il vieillit, meilleur il est* et non [*plus meilleur*] *il est.* ▸ BON. On dit: *avec la meilleure volonté du monde.* Ne pas faire précéder *meilleur* de *le premier, le deuxième,* etc.

2. On dit: BIEN MEILLEUR, mais on peut dire: *beaucoup meilleur,* qui est classique. *Il est bien meilleur qu'on ne dit.*

3. Si l'on dit fort bien, en utilisant *meilleur* comme le comparatif de *bon*: **Il fait meilleur** aujourd'hui. *Il fait meilleur vivre ici,* certains hésitent à dire: *Cette rose* **sent meilleur** (Elle a une meilleure odeur, un parfum plus fin). L'expression est cependant correcte.

4. MEILLEURS VŒUX. On a pu conseiller de dire: *Mes meilleurs vœux,* le raccourci est cependant très fréquent. *Meilleur,* sans l'article défini ou le déterminant possessif, est en effet normalement perçu comme un comparatif: *Il a meilleure mine.* Comparez: *J'ai une meilleure solution* et *Je cherche la meilleure solution. Un meilleur ami* n'est pas *Mon meilleur ami.*

On ne songerait pas à supprimer le déterminant possessif avec un verbe ou une préposition: *Je vous présente mes meilleurs vœux. Avec mes meilleurs vœux.* Mais l'expression *meilleurs vœux,* devenue autonome, passe-partout, imprimée sur des cartes de vœux, n'a pas été sentie comme un comparatif s'opposant à un superlatif; l'économie du déterminant possessif n'y semblait pas plus anormale que dans *Bons baisers, hommages respectueux, sincères remerciements, amitiés.* Cet emploi s'est donc répandu dans le bon usage lui-même.

On accuse d'américanisme l'expression DANS LES MEILLEURS DÉLAIS employée pour éviter de dire de façon plus catégorique *le plus tôt possible* ou *dans les plus brefs délais.* L'expression appartient au style commercial ou administratif courant. Pourquoi la rejeter? Ne peut-on, à la lettre, apprécier la qualité d'un délai?

5. MEILLEUR MARCHÉ est invariable comme comparatif de *bon marché*: *Des robes meilleur marché.* ▸ MARCHÉ.

6. **Nom**: *Le meilleur de soi-même. Pour le meilleur et pour le pire.* En termes de sport, *prendre le meilleur sur qqn* (l'emporter sur), *avoir le meilleur sur qqn* (avoir l'avantage sur). Mais [*au meilleur de ma connaissance*] est une traduction de l'anglais. On dit en français: *autant que je sache* ou *si je suis bien renseigné.*

MÉLANGER, v.tr.dir. *On mélange une chose* **à** ou **avec** *une autre, deux choses, des couleurs, des fiches, des souvenirs, des dates, une chose* **et** *une autre. On mélange les torchons avec* (ou *et*) *les serviettes.*

MÊLER, v.tr.dir. *Mêler les cartes* ou simplement *mêler* (Ac.). On mêle *des choses, des sujets, des races, une chose* **et** *une autre, une chose* **à** ou **avec** *une autre. Ils se sont mêlés de nos affaires.*

[**MÊLE-TOUT**], n.m. Belgicisme à remplacer par **TOUCHE-À-TOUT** qui signifie: «qui a l'habitude de toucher à tous les objets qui sont à sa portée», mais aussi «qui aime à se mêler indiscrètement de tout ce qui ne le regarde pas» (Ac.). Un **MÊLETOUT**, des **mêletouts** (*RO* III.1A).

MÉLI-MÉLO, n.m. Des **mélis-mélos**. Les *Rectifications de l'orthographe* proposent la suppression du trait d'union (*RO* III.H).

MELLIFLU, *melliflue* (d'une douceur excessive, doucereux, fade) est parfois écrit **MELLIFLUE** au masculin.

MELON, n.m., se dit pour CHAPEAU MELON: des *chapeaux melons*, des *melons*.

MEMBRÉ, MEMBRU, adj. *Un homme bien membré* a les membres bien proportionnés ou vigoureux; *membru*: qui a les membres gros et forts.

MÊME.

1. Toujours **adjectif** et variable dans les cas suivants:

a) Devant le nom, quand il marque l'identité, la similitude. Il est généralement précédé d'un déterminant (article, démonstratif, possessif), mais on peut parfois faire l'ellipse de celui-ci: ***Les mêmes quartiers*** *avec leurs mêmes rues malpropres. Ils ont les mêmes souliers. Mêmes causes et mêmes effets. Deux plantes de même espèce. Ils avaient même espoir et mêmes illusions.*

b) Après un pronom personnel accentué ou réfléchi (et un trait d'union), pour marquer l'insistance: *lui-même, eux-mêmes, nous-mêmes* (mais *nous-même, vous-même* si l'on ne désigne qu'une seule personne). *Tous les autres moi-mêmes* (Aragon, L., *La mise à mort*). **C'est le seul cas où** *même* **est précédé d'un trait d'union.**

c) Après un nom (précédé de l'article) exprimant une qualité: *Cet homme est* ***la bonté même****. Il possède cette vertu au plus haut degré, comme si elle était incarnée en lui.* ▶ 4.

2. Toujours **adverbe** et invariable quand il marque la gradation, l'extension, l'inclusion dans un ensemble. Il précède (ou pourrait précéder) l'article ou le déterminant démonstratif ou possessif ou il suit un nom employé sans article: *Il s'est plaint et a même pleuré. Il est économe et même avare. Nous dirons même qu'il a tort. Même les plus sages se trompent quelquefois, souvent même. Les guerres, même justes, sont un malheur public. Même si on le lui demandait, il ne le ferait pas. Nous attendrons même jusqu'à demain. Ils tuèrent hommes, femmes, enfants même. Ils incendièrent le château fort et même les maisons. Je n'ai même pas* (ou *Je n'ai pas même*) *songé à lui en vouloir.* Adverbe aussi quand il marque l'insistance et signifie «exactement» après un adverbe: *ici même*, *là même*, *aujourd'hui même, par là même* (pas de trait d'union entre un adverbe et *même*).

3. LE MÊME (▶ 1, a, l'emploi comme adjectif) est **pronom** en fonction d'attribut, de complément, d'apposition ou de sujet et marque l'identité, la similitude: *Ce sont toujours les mêmes. On prend les mêmes et on recommence. On s'en prend toujours aux mêmes. Les mêmes se plaignent aujourd'hui. Ce costume, le même que le vôtre.*

Noter qu'après *le même*, le terme de comparaison est introduit par *que* et non par *comme*: *Une ville qui a le même nom* ***que*** *la nôtre. Le même que le sien.*

Il est normal de reprendre le nom après *que*, dans le deuxième terme de la comparaison, sous la forme d'un pronom; si celui-ci est un pronom démonstratif, il peut devoir être déterminé par une proposition relative: *Je prendrai la même route* ***que celle qui*** *vous a amenés.* Mais on fait parfois l'ellipse de *que* et du pronom démonstratif: *Je prendrai la même route* ***qui*** *vous a amenés. Nous entendrons ce soir le même orchestre que (celui que) nous avons entendu la semaine dernière.*

UN MÊME peut se substituer à *le même* quand il y a plusieurs sujets ou compléments si le sens reste clair: *Ils dorment dans un même lit. Un même sort les attend.*

4. En dehors de ces cas très simples, on peut parfois se demander si *même* est **adjectif ou adverbe** après un nom déterminé, un nom propre ou un pronom démonstratif. Notons qu'il n'y a jamais de trait d'union entre celui-ci et *même*.

Il faut voir le sens (insistance sur l'identité, sens de *lui-même*: adjectif, variable; fin d'une gradation: adverbe, invariable) et si l'on peut déplacer *même* devant le déterminant du nom (article, adjectif démonstratif ou possessif); dans ce dernier cas on peut y voir un adverbe. Parfois les deux interprétations sont possibles et donc aussi les deux traitements: *Ceux-là* ***mêmes*** *(ceux-là eux-mêmes)* ou *ceux-là* ***même*** *(même ceux-là) s'inquiètent. Ces précautions* ***mêmes*** *(elles-mêmes)* ou *ces précautions* ***même*** *(même ces précautions) restent insuffisantes.* C'est ainsi que dans les phrases suivantes, où l'accord peut se justifier, on pourrait aussi justifier l'invariabilité: *Ceux-là mêmes qui voyageaient pour leur plaisir regardaient leur montre* (Bosco, H., *L'antiquaire*). *Ceux-là mêmes pour qui il s'est privé* (Dutourd, J., *Pluche*). *Ceux mêmes qui n'en ont plus qu'une conscience très vague* (Aymé, M., *Le confort intellectuel*). *Je ne sais quel défi et quelle insistance, dans ses regards, dans sa démarche, dans ses rires rapides et saccadés, dans ses silences mêmes* (Arland, M., *Antarès*). *Cependant ses pas, ses repos, sa parole, ses gestes mêmes, tout dénonçait une langueur désabusée* (Bosco, H., *Le mas Théotime*).

Accord nécessaire parce qu'on ne pourrait déplacer *même*: *Les Romains ne vainquirent les Grecs que par les Grecs* ***mêmes*** (Ac.; on ne peut mettre *même* ni avant ni après *par*; le sens est: *eux-mêmes*). Ailleurs *même* pourrait précéder *par*, mais seulement à la fin de la gradation: *Autorisés par les rois, par les Parlements mêmes et par l'Église* (Voltaire). On doit comprendre: *eux-mêmes*. Si l'on écrivait *par les Parlements et par les prêtres même*, l'invariabilité serait normale.

Nous avons vu (▶ ADJECTIFS QUALIFICATIFS) que l'adjectif qualificatif se rapportant à des noms abstraits qui le précèdent s'accordait souvent avec le dernier: *Il a soulevé l'indignation et la colère générale*. C'est ce qui paraît justifier: *Elle était la bizarrerie et la bonne humeur* **même** (Alain-Fournier, *Le grand Meaulnes*). Le sens est: elles-mêmes; les qualités exprimées par l'attribut sont portées au plus haut degré (▶ 1, c). C'est pourquoi le pluriel est normal et préférable: *Elle qui était la sagesse, la droiture et la vérité* **mêmes** (Fromentin, E., *Dominique*).

5. *Même* est un **nom** dans *Cela revient au même* (à la même chose) et dans le tour populaire C'EST DU PAREIL AU MÊME (c'est la même chose).

6. À MÊME (*directement à, sur, dans*): *Boire à même la bouteille, cracher à même le sol, porter sa veste à même la peau, une statue taillée à même le roc.*

À MÊME DE + infinitif: en état de, en mesure de. *Mettre qqn à même de faire qqch. Ils ne sont pas à même de nous renseigner.*

7. MÊME QUE, locution conjonctive, est populaire et signifie «et même, et qui plus est»: *Il est guéri, même qu'il a repris son travail.*

8. DE MÊME: *Il en est* (ou *va*) *de même pour chacun de nous. Il a été vivement applaudi à son entrée et de même à la fin de son discours.* Dans ce sens, on n'emploie plus TOUT DE MÊME, qui signifie «néanmoins» et peut marquer une protestation familière: *Vous êtes en retard, mais entrez tout de même. C'est un peu fort, tout de même!*

Mais TOUT DE MÊME QUE, locution conjonctive, s'emploie encore parfois au sens de *de même que*, introduisant une comparaison: *Elle était là pour nous accueillir, (tout) de même qu'au départ*. Lorsque la subordonnée introduite par DE MÊME QUE précède la principale, celle-ci peut commencer par *de même* ou *ainsi*: *De même que le feu éprouve l'or, de même l'adversité éprouve l'homme courageux* (Ac.). ▶ TOUT, 4.4.10.

9. QUAND MÊME. ▶ QUAND, 2.3.2.

10. MÊME SI. ▶ SI, conj., 1.2. VOIRE MÊME. ▶ VOIRE.

MÊMEMENT, adv. (*pareillement*), est vieux et littéraire.

MÉMENTO (pron. *mémin*). Des *mémentos*.

MÉMOIRE, n.f. ou m. selon le sens. *Se rafraîchir* **la mémoire**, *avoir de la mémoire. Réciter, jouer de mémoire. Conserver, garder la mémoire d'un événement. Je garde* **dans ma** *mémoire cette image. Élever un monument à la mémoire de qqn. De mémoire d'homme. Pour mémoire* (noté à simple titre de renseignement). *Un* AIDE-MÉMOIRE, *des* **aide-mémoires** (ou *des* **aide-mémoire**). **Un mémoire**: *Rédiger un mémoire* (*exposé*). Pluriel dans le sens de «souvenirs» et souvent avec majuscule (nécessaire dans un titre): *Écrire ses mémoires. Les Mémoires d'outre-tombe. Les Mémoires que j'ai* **lus** (masculin: recueil de souvenirs).

MÉMORANDUM, n.m. (note écrite; carnet contenant ce genre de notes). La forme latine *memorandum* (pluriel *memoranda*) a été francisée: accent aigu, pluriel: **mémorandums**.

MÉMORIAL, n.m. Pluriel rare: des **mémoriaux**.

MENACER, v.tr.dir. *On menace qqn de qqch., de faire qqch. Il m'a menacé d'un bâton, d'une punition, de me punir. Ce chef menace facilement. La séance menace d'être longue. La guerre menace d'éclater. La guerre menace. La pluie menace*, et non, avec l'impersonnel, [*Il menace de pleuvoir*]. **Menacer ruine**. Au lieu de [*Je menace une phlébite*], on dira: *Je suis menacé d'une phlébite* ou *Une phlébite me menace*.

MENER, v.tr.dir. **Menez-m'y**. *Mener sa voiture au garage, mener sa barque, une enquête, mener à bien, à mal, mener une bête à l'abattoir*. **Suivi d'un infinitif**, *mener* ne s'emploie plus guère, en français généralisé, que si le complément de *mener* fait l'action de l'infinitif. Si celui-ci est à la forme pronominale, on peut omettre le pronom réfléchi: *Je vous mènerai voir ce spectacle. On menait les écoliers promener* (ou *se promener*).

MENEUR DE JEU. ▶ ANNONCEUR.

MENOTTE (deux *t*), n.f. On *met*, on *passe* les menottes à qqn, *on le menotte*.

MENTALITÉ, n.f., s'applique aussi bien à un individu qu'à une collectivité dans le sens d'état d'esprit, de dispositions psychiques ou morales.

MENTERIE, n.f. français, mais vieilli et régional.

MENTIR, v.intr. Je *mens* (sans *t*), il *ment*. Il en a menti.

MÉPRENDRE (SE). *Se méprendre sur qqn, sur qqch. Se méprendre à qqch.* (rare): *Elles se sont méprises sur nos* (ou rarement *à nos*) *déclarations.* Courant: *C'est à s'y méprendre.*

MÉPRIS, n.m. *Avoir du mépris pour qqn* ou *à l'égard de qqn. Montrer son mépris à qqn. Avoir* ou *tenir qqn en mépris. Vivre dans le mépris des conventions. Agir au mépris des lois.*

MER, n.f. *Naviguer en mer, en haute mer. Irons-nous à la mer ou à la campagne? Séjourner à la mer (ou au bord de la mer). Ils ont passé leurs vacances à la mer.* On écrit: *la mer Rouge, la mer Méditerranée.*

MERCI.

1. **N.m.** *Merci. Merci bien. Merci beaucoup. Un grand merci. Merci mille fois. Mille mercis. Merci à vous. Merci de votre lettre* ou *pour votre lettre.* Ironiquement: *Merci du compliment. Merci d'être venu.*

2. **N.f.** Autre sens, malgré la même origine latine: ÊTRE À LA MERCI DE *qqn, de qqch.* (dépendre entièrement de). DEMANDER MERCI (grâce, pitié). SANS MERCI. — DIEU MERCI! *(Grâce à Dieu).*

MÈRE, n.f. On écrit **sans trait d'union**: *la mère patrie, une idée mère, la reine mère, la langue mère, la maison mère, une mère célibataire* (remplace couramment *fille mère*, écrit généralement sans trait d'union). Pluriel: *des **idées mères**,* etc. **Avec trait d'union**: *belle-mère, grand-mère.* ▷ GRAND.

MÉRITANT, adj., se dit des personnes (*des élèves méritants*) et **MÉRITOIRE**, des choses (*une action méritoire, des efforts méritoires*).

MÉRITE, n.m. *Il a beaucoup de mérite* (ou *mérites*): on n'emploie le pluriel que s'il s'agit de divers mérites.

MÉRITER, v.tr.dir., est associé à l'idée de justice, qu'il s'agisse d'une récompense ou d'une punition: *Il mérite ce prix. Il mérite un blâme. Il mérite d'être récompensé. Il mérite qu'on ait pour lui des égards. Cette lettre mérite réponse. Une récompense, cela se mérite.*

À noter que *mériter* ne signifie pas *exiger, nécessiter.* On ne peut dire: [*Cette page mérite quelques corrections*]. Observons aussi que ni *mériter* ni *se mériter* ne signifient *obtenir*: au Québec, *se mériter des prix* se dit parfois en parlant d'écrivains qui, en fait, ont *mérité et obtenu* (ou *remporté*) *des prix littéraires.*

MÉSESTIMER, v.tr.dir., est souvent remplacé par *sous-estimer.*

MESSAGE, n.m. *S'acquitter d'un message. Adresser, recevoir, transmettre un message. Un message téléphoné* ou *téléphonique.* L'expression DÉLIVRER UN MESSAGE n'est pas récente, André Gide l'employait.

MESSE, n.f. On ne dit pas [*faire la messe*], ni [*aller à messe*], ni [*sonner à messe*], ni [*une messe d'année*], ni [*une basse messe*]. On doit dire: *célébrer la messe, dire la messe; aller à la messe; sonner la messe; après* (ou *avant*) *la messe; un service anniversaire,* *une messe de bout de l'an, la messe du bout de l'an; une messe basse,* une GRAND-MESSE, *des **grands-messes**.*

MESSEOIR, «ne pas convenir», v.tr.ind., inusité à l'infinitif, ne s'emploie qu'aux troisièmes personnes de quelques temps. ▷ SEOIR. Il s'emploie surtout à la forme négative. *Cela ne lui messied pas.*

MESSIEURS, DAMES (ou *Messieurs et dames*) est courant, mais doit être laissé à la langue très familière. La correction grammaticale demande *Messieurs (et) Mesdames* et la politesse place *Mesdames* en premier lieu: *Madame, Monsieur; Mesdames, Messieurs; Mesdames et Messieurs.*

MESURE, n.f.

1. On emploie plus souvent le singulier dans *sur mesure* (opposé à *de série, de confection*) en parlant d'un costume pour lequel on a pris les mesures du client. Le singulier s'impose au sens figuré (*un emploi sur mesure, parler avec mesure*).

2. On écrit: ÊTRE EN MESURE DE, OUTRE MESURE.

3. DANS LA MESURE OÙ implique un sens de proportion, une idée de degré et ne devrait pas se prendre comme l'équivalent de *parce que* ou de *si*: *Il a raison dans la mesure où les faits rapportés sont exacts. Dans une certaine mesure. Dans (toute) la mesure du possible.*

4. À MESURE QU'*il parlait* (ou *que le soir tombait*), *la salle se vidait.*

5. ▷ FUR.

MESURER, **v.tr.dir.** Accord du participe passé dans: *Les terrains* (ou *les vivres*, etc.) *que nous avons mesurés. Ils se sont mesurés à nous* ou *avec nous.* Mais **v.intr.**: *Les deux hectares que son parc a mesuré autrefois.*

MÉTEMPSYCHOSE, n.f., remplace de plus en plus MÉTEMPSYCOSE.

MÉTÉORITE, n.f., souvent employé au masculin: *une météorite* ou, surtout chez les scientifiques, *un météorite.* Finale en *ite*.

MÉTIS, n. *Un métis, une **métisse**.* Ne pas confondre avec MULÂTRE. Le métis est un sang-mêlé, né de parents de races différentes; le mulâtre (féminin **mulâtresse** ou, parfois pour le nom et toujours pour l'adjectif, **mulâtre**) est né d'un Blanc et d'une Noire ou d'un Noir et d'une Blanche. Tous les mulâtres sont des métis, mais tous les métis ne sont pas des mulâtres. ▷ CRÉOLE, QUARTERON.

MÈTRE, n.m. ▷ ABRÉVIATIONS, 2.

METTRE, v.tr.dir.

1. Noter: *je **mets**, nous **mettons**, je **mis**, je **mettrai**, que je **mette**, que je **misse**.* ▷ MIS À PART.

2. SE METTRE s'entend régionalement sans complément dans le sens de «prendre place» [*Mettez-vous et mangez avec nous*] pour *Asseyez-vous, mettez-vous dans ce fauteuil, sur cette chaise*. On dit fort bien: *Ne savoir où se mettre. Se mettre à* **qqch., à faire** *qqch. Elle s'est mise en quatre. Elle s'est **mis** en tête d'aller à Venise.* — *Se mettre **avec** qqn.* — Le *GLLF* note comme familiers *se mettre après qqn* (le taquiner), *après qqch.* (l'attaquer, en parlant des mites).

3. **Mettre que** est plutôt familier dans le sens d'*admettre* (+ indicatif) et de *supposer* (+ subjonctif): *Mettez* (admettez) *que je n'ai rien dit* (Ac.). *Mettons* (supposons) *que ce soit vrai* (Ac.).

4. *Pied* reste au singulier dans *mettre une entreprise sur pied, mettre un employé à pied.* ▸ PIED.

5. [*Mettez cinq francs auprès*] ne peut se dire pour: *Ajoutez cinq francs.* On dit: *Mettre dix francs sur un cheval.*

6. **Mettre (...) à** + infinitif. *Il a mis longtemps à comprendre. Je mets ma fierté à vous satisfaire.* On met qqn à un travail ou à faire qqch. avec comme complément la chose soumise à l'opération: ***Mettre*** *du linge à sécher, de l'eau à chauffer, de la viande à cuire* ou, avec ellipse de *à, mettre sécher du linge* (Littré), *mettre chauffer de l'eau* (Littré), *mettre cuire de la viande. La viande que **j'ai mise à** cuire* ou **mise cuire**: le nom de la chose est objet direct du participe. Au passif on emploie beaucoup plus souvent *mettre à: L'eau qui avait été mise à chauffer.*

7. Plutôt que: *J'ai mis pendre mon pardessus au portemanteau*, mieux vaut dire: *J'ai pendu* ou *suspendu* ou *accroché mon pardessus...*

8. METTRE À JOUR, METTRE AU JOUR. Il est bon de maintenir la distinction entre *mettre à jour* (au courant) *sa correspondance, ses comptes* et *mettre au jour* un enfant (donner naissance à), des ruines (faire apparaître), un complot (divulguer). De bons écrivains emploient la première expression au lieu de la seconde sans créer d'ailleurs aucune équivoque.

9. METTRE EN DEMEURE. ▸ DEMEURE. *Mettre en style indirect libre.*

10. METTRE AU BAN. ▸ BAN.

11. METTRE EN PLACE. ▸ À et EN, 8

12. METTRE À TERRE ou *par terre.* ▸ TERRE.

13. METTRE AU PROPRE, *au net.* ▸ PROPRE, 5.

14. METTRE *qqn* DEDANS. ▸ DEDANS.

15. ▸ MISE (*mise à la disposition*).

MÉVENTE, n.f., non plus «vente à perte», mais «vente difficile, réduite».

MI, préfixe devant un nom ou un adjectif, est toujours invariable et suivi d'un trait d'union: *à mi-corps, à mi-chemin, jusqu'à mi-jambes; mi-clos; mi-figue, mi-raisin; mi-parti* (▸ MI-PARTI); *une étoffe mi-soie; de la toile mi-fil, mi-coton, la mi-carême; la mi-parcours; la mi-août, la mi-nuit* (mais: *à minuit*). S'emploie parfois dans la langue littéraire comme adverbe avec le sens de *à moitié..., à moitié: Mon père devait assister, mi par courtoisie, mi par curiosité, à un après-midi du colloque* (Malraux, A., *Antimémoires*). À MI-DISTANCE DE, loc.prép. *Cette localité est à mi-distance **de** Namur et **de** Liège* ou *à mi-distance **entre** Namur et Liège*.

MI-TEMPS, n. En sport, *une première et une seconde mi-temps*. Entre les deux, *le repos de la mi-temps* ou *la mi-temps*. — À MI-TEMPS, loc.adv. *S'arrêter à mi-temps. Travailler à mi-temps. Un travail à mi-temps peut s'appeler **un** mi-temps*.

MICMAC, n.m., est français et familier (menées obscures, grand désordre).

MICRO-, premier élément d'un mot, s'agglutine au second, sauf devant *i, u: microampère, microorganisme, micro-informatique*.

[MIDDELMATISME], n.m., s'entend à Bruxelles dans le sens de: attitude cherchant le moyen terme.

MIDI, n.m.

1. **Indication de l'heure.** ▸ HEURE, 2 et 3 et DEMI.

2. On dit avec ou sans *à: hier* ou *demain à midi, le dimanche à midi* ou *demain midi*, etc. Au pluriel: *Tous les midis*.

3. Il n'y a aucune raison de condamner *ce midi* pour désigner le milieu du jour où l'on est. On dit *le midi* pour un autre jour: *Grignoter au moins quelque chose ce midi* (Estang, L., *Les stigmates*). *Le midi du second jour...* (Duhamel, G., *Tel qu'en lui-même*).

4. **[ENTRE L'HEURE DE MIDI]** est un belgicisme. *Entre* suppose qu'on cite deux heures. Éviter aussi [*Pendant midi*] et [*pendant l'heure de midi*]. On dira selon les cas: *À midi, vers midi, sur le midi* (parfois, fam., *sur les midi*, sans s), *vers les midi* ou *entre midi et deux heures, à l'heure de midi* (Ac.), *autour de midi. Midi et demi, est-ce encore «autour de midi»?* (Genevoix, M., *La perpétuité*).

MIE, n.f., remplaçant *amie*. On écrit *ma mie, sa mie*.

MIEN, adj.poss. *Ce livre est mien. C'est le mien.* ▸ DÉTERMINANTS POSSESSIFS, 3.

MIEUX.

1. Cet **adverbe** (*Je vais mieux. Il vaut mieux. Tant mieux. Il est mieux portant. À qui mieux mieux. C'est mieux que bien*) peut, comme *bien*, s'employer adjectivement en fonction d'attribut ou de complément d'un pronom neutre : *La fièvre l'a quitté, il est mieux* (Littré). *Ce jeune homme est mieux que son frère* (Littré). — *Cette femme est mieux que charmante* (ou *plus que charmante*), *elle est jolie. Je l'ai trouvé mieux. Il n'y a rien de mieux, rien n'est mieux que ce que vous dites* (Ac.). *Quelque chose de mieux. Il est venu et, **qui mieux est**, il était le premier. Il va mieux.*

2. **Nominal**, sans article (une chose meilleure) : *Il s'attendait à mieux. J'espérais mieux. Il y a mieux. Faute de mieux. Je ne demande pas mieux qu'il s'en aille.*

3. **Nom**, précédé de l'article ou d'un déterminatif : *Le mieux est de... Le mieux se maintient. Il y a du mieux. Il y a un mieux. Ce mieux ne durera pas. Faire de son mieux. Le mieux est l'ennemi du bien. Travailler le mieux* (ou *du mieux*) *qu'on peut. Agir* (ou *faire*) *pour le mieux* (ou, plus rarement et dans un sens plus restreint, *un mieux*).

4. AU MIEUX, DES MIEUX : *Être au mieux de sa forme. S'en tirer au mieux. Faire qqch. au mieux* (Ac.). *Cela est au mieux* (Ac.). *On réglera l'affaire au mieux de nos intérêts. Voilà qui va des mieux. Cet homme est des mieux placés pour nous aider* (parfois, on comprend : « extrêmement bien » et on laisse l'adjectif ou le participe au singulier ; on le doit si l'adj. ou le participe se rapporte à un pronom neutre). *Ce travail est des mieux réussi(s). Cela est des mieux réussi.* ▸ ADJECTIFS QUALIFICATIFS, 2.6.

5. *Aimer mieux, il vaut mieux... que (de)* + infinitif : *J'aime mieux le voir que de lui écrire. De est usuel mais facultatif. Il vaut mieux prévenir que guérir. Ne pas dire* [*il faut mieux*]. ▸ AIMER, FALLOIR, 2, VALOIR.

6. ▸ ARTICLE, 1 (*le mieux fait* ou *la mieux faite*).

7. LE MIEUX QUE. ▸ SUBJONCTIF, 2.3.8.A. *C'est le mieux que je puisse faire* ou, pour insister sur la réalité, *que je peux faire*.

MILICE, n.f. et **MILICIEN**, n.m., ont gardé en Belgique le sens qu'ils avaient autrefois en France (ils se rapportent maintenant, en France, à une formation qui ne se confond pas avec l'armée régulière). Ce qu'on appelle en Belgique un milicien est en France un *soldat du contingent*, une recrue, un conscrit, un appelé ; à la loi belge *sur la milice*, correspond la *loi sur le recrutement* ou la *loi de recrutement* ; aux *obligations de milice*, les *obligations militaires*.

MILIEU, n.m. Prononcer *l*. ▸ AMBIANT.

MILLE, adj. num. ou n.m.

1. *Mille*, nom de nombre, est toujours invariable : *Quatre mille francs. Des dizaines de mille. Les dix autres mille francs. Il ne varie que comme nom désignant une mesure de longueur : Ce navire parcourt tant de milles à l'heure.*

   Invariable aussi quand il s'emploie pour *millier* : *Des centaines de mille francs. Des mille et des cents* (Ac.). *Ne pas hésiter pour : Deux mille de fagots*, où *mille* reste invariable (bien qu'on écrive : *Deux cents de fagots*). On emploie d'ailleurs plutôt *millier* devant un complément.

2. **Dates.** On doit considérer comme caduque la règle arbitraire ou mieux la « préférence » de l'Académie française demandant qu'on écrive *mil*, dans les dates, devant un autre nombre, du moins, disaient des grammairiens, dans les dates de l'ère chrétienne. En réalité, on a souvent écrit **l'an mil** aussi bien que **l'an mille** (latin *mille*) ou **l'an deux mille** (latin *milia*) et *mille* peut être suivi d'un autre nombre dans les dates de l'ère chrétienne. On peut, en admettant *l'an mil* et *l'an mil neuf cent*, toujours écrire *mille* : *Mille neuf cent quarante-cinq. Mille neuf cent quarante et un* (Clavel, B., *Le voyage du père*). ▸ CENT, num., et RO I.2.

3. **Mille neuf cents** et **dix-neuf cents**. La numération par centaines est courante, qu'il s'agisse ou non de dates, jusqu'à 1999 : *En mille neuf cent quarante* ou *en dix-neuf cent quarante*. On dit même : *Onze cent mille hommes* (un million cent mille hommes). On dit beaucoup plus souvent **onze cents**, *douze cents*, que *mille cent*, *mille deux cents*.

4. Accord ou non de *un* dans **vingt et un mille tonnes**. Il est logique de laisser *un* invariable, parce qu'il porte sur *mille*. C'est ce qu'on fait habituellement : *Trente et un mille personnes*. Mais si *mille* est précédé d'un adj. féminin, on dit : *Vingt et une bonnes mille livres de rente*.

5. *Mille* n'est pas suivi directement de *et* quand il s'agit d'un nombre précis. Mais MILLE ET UN (ou *une*) exprime généralement un grand nombre indéterminé. *Les mille et une brochures écrites sur cet événement* (Ac.). *Les mille et une nuits. Mille et une difficultés.*

MILLEFEUILLE (en un mot), nom féminin quand il désigne la plante et masculin quand il s'agit d'un gâteau : *Des **mille-feuilles**.*

MILLEPERTUIS (en un mot), n.m. *Le millepertuis.*

MILLIARD, MILLIER, MILLION, n.m. Ces noms varient et exigent *de*, quand ils ne sont pas suivis d'un autre nombre, devant leur complément déterminatif. On dit : *trois mille francs*, mais : *trois cents millions de francs, deux millions trois cent mille francs. Deux millions et demi d'habitants*, mais : *Deux millions cinq cent mille habitants.* On écrit : *Quant au million huit cent mille francs dont il vous a parlé...* — La prononciation fait entendre *l*.

MILLIONNAIRE : deux *n*. **MILLIONIÈME** : un *n*.

MIME, n.m., qu'il s'agisse du genre, de l'art, de l'acteur (parfois féminin pour une femme).

MIMOSA, n.m. *Un* (ou *du*) *mimosa*, des **mimosas**, *des bouquets de mimosa.*

MINABLE, adj., vient de *miner* et se dit, au sens propre, d'un rempart, d'une tour ; au sens figuré, d'un être qui semble miné, usé par la maladie ou la misère (*un mendiant minable, avoir l'air minable*) ou de ce qui est très médiocre, de vêtements, d'un spectacle, d'un salaire, d'une existence, d'une personne, etc. Comme nom, *un* (ou *une*) *minable.*

MINCE, **adj.**, peut signifier, au figuré, «négligeable, qui a peu de valeur» : *Ce n'est pas une mince affaire. C'est un prétexte bien mince.* Comme **interjection**, par ironie ou antiphrase, *mince*, familier, marque l'étonnement, l'admiration devant qqch. à quoi on attribue de l'importance : *Mince ! je me suis encore trompé ! Mince alors !* — Suivi de **de** et d'un complément, le tour est populaire et peut aussi marquer l'admiration (*Mince de petite femme !*) ou l'étonnement ou même la déception : *Mince de rigolade !* ce n'est pas du tout rigolo.

MINCIR, v.intr. : *Elle a encore minci* (elle s'est encore amincie), tandis qu'**AMINCIR** est transitif (*Sa robe noire l'amincissait*).

MINÉRALOGIQUE, adj. On peut s'étonner que *plaque d'immatriculation* ait pour synonyme **PLAQUE MINÉRALOGIQUE**. C'est parce que longtemps, en France, c'est le service des mines (le service minéralogique) qui a été chargé d'immatriculer les voitures, de leur donner un **NUMÉRO MINÉRALOGIQUE**.

MINERVAL, n.m. (pluriel : des **minervals**) a désigné en latin (*minervale munus*) le présent qu'à certaines dates, notamment à la fête de Minerve, patronne des écoles, les élèves offraient à leurs maîtres. Le mot n'est pas en usage en France (où l'on parle de prix ou de frais de scolarité, de rétribution scolaire), mais il est courant en Belgique depuis longtemps pour désigner une rétribution payée par les élèves de l'enseignement secondaire ou supérieur.

MINI, préfixe, parfois suivi d'un trait d'union : *des minicassettes* (ou bien *mini-cassettes*), *des minijupes* (plus courant que *mini-jupes*). Tendance à l'agglutination.

Adjectif invariable : *une robe* **mini**, *des prix* **mini**.

MINIATURE, n.f. Des *autos miniatures* (pas de trait d'union).

MINIMANT, adj., est employé en mathématiques dans la théorie des fonctions : *la valeur minimante.*

MINIME, adj., ne signifie pas «le plus petit qui soit», mais «très petit» ou «de très faible importance». On peut donc parler d'un intérêt *plus minime encore* ou *très minime* ou *extrêmement minime* ou *relativement minime.*

MINIMISER, v.tr.dir., l'a emporté sur un autre néologisme : [**MINIMER**]. Éviter aussi [**MINIMALISER**]. ▸ MINIMUM.

MINIMUM, MINIMAL, etc. Pluriel **minima** ou **minimums** (*RO* II.7). ▸ MAXIMUM. On emploie **MINIMALISME** et **MINIMALISTE** (mais non **MINIMALISER**), **MINIMISER**, **MINIMISATION**. On emploie **MINORER** (une marchandise, un événement), **MINORATION**, «action d'évaluer quelque chose en dessous de sa valeur» (*GLLF*). Ces deux termes sont beaucoup moins vivants que *majorer* et *majoration*. En Belgique, on emploie couramment, dans le langage politique, *minoriser* et *minorisation* en parlant d'une population qui est, en français, *infériorisée*, à qui on donne un sentiment d'infériorité, qui se sent minoritaire et négligée.

Un appel A MINIMA, interjeté par le ministère public quand il estime la peine insuffisante. Mais on écrit avec un accent sur la préposition : *Un thermomètre à maximum et à minimum* ou *à maxima et à minima.*

Il a AU MINIMUM *cinq ans* (au moins cinq ans). Mais *on réduit qqch. au maximum pour atteindre un minimum.* ▸ MAXIMUM.

MINUIT, n.m. (*Un beau minuit*), était autrefois féminin ; on dit : *Vers minuit, minuit et demi* (ou *et demie*), *sur les minuit. Je rentrerai demain à minuit.*

MINUS HABENS (pron. *in* + *s*), n.m., abrégé en **MINUS** dans la langue familière, se dit d'un individu incapable, très peu intelligent.

MINUTER, v.tr.dir. *Minuter un travail, un spectacle, un discours, un emploi du temps*, c'est en prévoir et en organiser le déroulement selon un horaire précis. *Minuter* peut aussi se dire d'un acte, d'un contrat dont on rédige la minute (écrit original gardé en dépôt).

MI-PARTI, adj., écrit aujourd'hui avec un trait d'union, est le participe passé de l'ancien verbe *mipartir*, partager (▷ PARTIR, 7) en deux parties. Logiquement, et c'est l'**emploi à recommander**, il s'accorde et il peut être complété par *de* suivi de deux noms exprimant la couleur ou la matière: *Des rues mi-parties de lumières violentes et d'épaisse obscurité* (Brion, M., *L'enchanteur*). *Les avis ont été mi-partis* (Ac.). *Des robes **mi-parties de rouge et de bleu**, de satin et de soie.*

Tout en gardant son sens de «par moitié», l'expression, dans un emploi qui n'a plus la logique du précédent, est parfois suivie, sans préposition, de deux adjectifs variables ou de deux noms qui varient si le sens le demande: *Des robes **mi-parties rouges et bleues**. Des vagabonds mi-partis mendiants et voleurs. Des comédies mi-parties farce et satire.*

Le tour est devenu rare et l'on n'en perçoit plus le sens originel. Aussi certains écrivains considèrent-ils *mi-parti* et plus souvent *mi-partie* comme une locution adverbiale invariable gardant son sens de «par moitié» et se construisant avec ou sans *de* comme ci-dessus: *Des robes mi-partie de rouge et de bleu. Un manteau mi-parti(e) (de) vert et (de) rouge. Une robe mi-partie rouge et blanche.* Certains vont même jusqu'à répéter *mi-partie* invariable: *Des manteaux mi-partie verts, mi-partie rouges.* À éviter.

MIRACLE, n.m. Pourquoi ne pourrait-on pas parler de *remède(s) miracle(s)*?

MIRAGE, n.m. Par définition, un mirage est toujours trompeur autant que séduisant. On évitera le pléonasme [*mirage illusoire, trompeur*].

MIREPOIX, adj. et nom (féminin) d'une préparation culinaire à base de petits morceaux de légumes pour parfumer des plats.

MIS À PART, suivi de l'indication de ce qu'on exclut, reste généralement invariable (comme *étant donné*).

MISE, n.f., intervient comme *mettre* avec *à* ou *en* dans de nombreuses expressions: *mise à prix, à mort, à mal, au point, au net, au rebut, au pas, au rôle, à la retraite, à la raison, à la disposition*; *mise en plis, en bouteilles, en ondes, en branle, en circulation, en accusation, en jeu, en ordre, en forme, en demeure, en scène, en gage, en disponibilité.* On dit qu'un fonctionnaire est mis *à la disposition* d'une autre administration; cela s'appelle *la mise à disposition*.

MISÈRE, n.f. ▷ CHERCHER.

MISERERE, n.m. invariable. Avec accents, variable: *des **misérérés**.*

MISTRAL, n.m. Les ***mistrals**.*

MITAN (*milieu*), n.m., est aujourd'hui dialectal ou populaire.

MI-TEMPS. ▷ MI.

MITIGÉ, adj., veut dire proprement *adouci* (latin *mitis*). D'où «atténué, moins strict, relâché»: *Un zèle mitigé.* D'où «ni bon, ni mauvais», «mélangé»: *Des sentiments mitigés* (influence de *mi*, «moitié»).

MITRE, n.f. Pas d'accent circonflexe.

MIXER, v.tr.dir., devrait être remplacé par *mélanger* et **MIXAGE** par *mélange*; au lieu du nom **MIXER**, prononcé et écrit aussi **MIXEUR**, on pourrait dire *mélangeur* (ou *batteur*). **MIXITÉ**, n.f., s'est imposé à propos d'écoles mixtes.

MOBYLETTE, n.f. d'une marque déposée, s'écrit avec *y*.

MOCHE, adj., est très familier.

MODE (*o* bref et ouvert). N.f. *On suit la mode, on est vêtu à la dernière mode, on agit à sa mode, on fait à sa mode. Travailler dans la mode. Être à la mode, être tout à fait à la mode.* Invariable en apposition: ***Des teintes mode***. [À MODE DE RIEN]. Wallonisme pour *sans avoir l'air d'y toucher, mine de rien*.

Modes

Pour l'emploi des modes, voir les noms de ceux-ci et les mots qui appellent une remarque à ce sujet. Rappelons que, lorsque l'indicatif est permis ou obligatoire, le conditionnel doit toujours être employé quand le sens l'exige, sauf après *si* conditionnel.

MODÈLE, n.m. Apposé: une *ferme modèle*, des ***fermes modèles**.*

MODULER, v.tr.dir., n'est pas seulement un terme musical, mais peut se dire pour «adapter aux circonstances»: *moduler un règlement*, etc.

MOELLE, n.f., **MOELLEUX**, adj. Ni tréma ni accent. Pron. à conseiller: *mwa*.

MŒURS, n.f.pl. La prononciation courante fait entendre *s*.

[**MOFLER**], dans l'argot estudiantin belge, «faire échouer». [*Il m'a moflé. J'ai été moflé. Je me suis fait mofler.*] Le professeur qui «mofle» facilement est un [**MOFLEUR**].

MOI, pr.pers.

1. [*Moi bien*]. ▷ BIEN, 5.

2. *Pour moi.* ▷ POUR, 8.

3. ▷ IMPÉRATIF, PRONOMS PERSONNELS, 1. Invariable: *Plusieurs moi.*

MOINDRE, adj.

1. Ce comparatif de *petit* se dit de ce qui a moins de valeur, moins d'importance, de ce qui est plus faible en quantité, en degré, parfois en qualité : *Une étoffe de moindre prix* (Ac.). *Une douleur moindre* (Ac.). *Une distance moindre. Une moindre étendue. Cela est de moindre importance.* Il s'emploie en concurrence avec *plus petit* ; mais en parlant de choses concrètes mesurables, on emploie *plus petit* : *Cet appartement est plus petit que le nôtre. Sa taille est plus petite que la vôtre.*

2. *Moindre* peut être renforcé par *bien* ou *beaucoup* (non par *très*) : **bien moindre, beaucoup moindre.**

3. On dit : *La distance est moindre **que** vous ne croyez* (Ac.) ou *inférieure à ce que vous pensez* ; devant un nombre : *inférieure à vingt kilomètres.*

4. **LE MOINDRE.** *Le moindre mal. Le moindre bruit. Le moindre de nos soucis. Le moindre de nous* ou *d'entre nous.* Éviter le pléonasme [*le moindre petit*]. Dire : *le plus petit ruisseau, le moindre bruit, il n'y a pas le moindre doute.* Après le *moindre que*, le verbe est à l'indicatif ou au subjonctif : *C'est la moindre chose que je peux* (ou *puisse*) *dire.*

MOINDREMENT, adv., rare, ne s'emploie que dans *le moindrement* (le moins du monde, si peu que ce soit), surtout dans des phrases négatives : *Sans l'avoir le moindrement cherché. Il n'est pas le moindrement étonné* (Ac.).

MOINS, adv.

1. **MOINS... MOINS** : *Moins il a à faire, moins il fait* (ou ***et moins** il fait*). *Moins il a de travail, moins il en fait.* De même : *moins... plus, plus... plus, plus... moins.* En Belgique, surtout à Bruxelles et aussi dans le Hainaut occidental, on ajoute *au* : [*Au moins..., au moins*]. **MOINS... ET MOINS.** On répète généralement l'adverbe devant le second adjectif quand deux comparatifs se suivent : *Il est bien moins intelligent et moins travailleur que son frère.* On renforce *moins* par *bien, beaucoup, encore.*

2. **MOINS DE, MOINS QUE.**

a) Devant un nom, **moins de** : *Moins de peine, moins de joie. J'ai **moins de titres** que lui.* On dit : *J'ai **moins envie**, moins peur, moins faim, moins mal, moins raison que lui. Mon doigt me fait moins mal. J'ai moins hâte de le voir*, parce que *moins* détermine des locutions sans article : *avoir envie*, etc. Comme on emploie *moins* devant un adjectif (*moins grand*), il s'emploie aussi devant un nom employé adjectivement en fonction d'épithète ou d'attribut : *Il est **moins homme de**

bien *qu'on ne le disait. Un auteur moins poète qu'on ne le prétend.*

b) Devant un nom de nombre ou une fraction non précédée de *à* ou *au*, on emploie *de* : *Moins d'une page. Il y avait là **moins de cent** personnes. Il est resté moins de dix ans dans ce pays. J'ai dépensé moins du tiers de cette somme. Les moins de trente ans.* On emploie **moins que** dans *moins que rien* (inférieur à rien) et dans une comparaison mathématique entre deux nombres ou, ce qui est assez rare, quand on veut souligner cet aspect mathématique : *Quatre-vingt-dix est **moins que cent**. Vous croyez qu'il est resté là-bas dix ans ; je vous assure qu'il y est resté moins que dix ans.* On dit : *Il nous offre un article de moins d'une page. Il nous offre moins d'une page pour notre publicité.* Soulignant la comparaison : *Il nous offre moins qu'une page pour notre publicité.* Avec une négation : *Il ne nous offre pas moins d'une page* ou, plus souvent, *pas moins qu'une page*, parce qu'on souligne la comparaison. Mais couramment : ***Il n'y avait pas moins** de mille personnes.* Ne pas omettre *n'*.

Devant *à moitié, à demi, au tiers, aux trois quarts*, etc., on a le choix entre *moins de* et *moins que* (plus courant) : *Une besogne **moins d'à moitié** faite* ou ***moins qu'à moitié** faite.*

c) Dans les autres cas de comparaison, on emploie toujours **moins que** : *Il travaille moins que jamais. Il mange moins que moi. Il fait moins beau qu'hier. Il demande moins que rien. Il n'est pas moins intelligent que son frère.*

d) ***Moins que** et la négation.* Il convient de faire trois distinctions, selon la place et le rôle de l'adverbe.

A. *Moins que* introduit une **comparaison d'inégalité** avec un verbe comme *faire, penser, croire*, etc. ; on emploie ou non *ne* explétif et le pronom *le* : *C'est moins facile que je (ne) croyais* ou *que je (ne) le croyais.* ▸ NE explétif.

B. *Moins que* **dans le corps de la phrase** est suivi d'un nom ou d'un pronom ou d'un adverbe ; il n'a aucune influence sur l'emploi de la négation avec le verbe qui précède ou qui suit : *Il était moins que sa femme* (ou *que tout autre* ou *que jamais*) *prêt à accepter. Il était inquiet, moins toutefois que sa femme. Je le veux moins que jamais. Il ne travaille guère, moins encore que son frère et pour le moment moins que jamais. Je ne le vois presque jamais, et moins encore chez lui qu'à son bureau.*

C. *Moins que* **en tête de phrase** (ou de proposition).

a) Devant *un nom* ou *un pronom*, non négatif, il est suivi d'un verbe sans négation : *Moins que sa femme* (ou *moins que nous*) *toutefois, il était rassuré. Moins que ceux-là* (ou *moins que les autres*), *il se laissait convaincre. Il est clair* que le verbe est affirmé (quoique avec une restriction); l'emploi de *ne* devant *était* ou *se laissait* serait une erreur.

b) La phrase commence par une expression négative (avec un indéfini ou *jamais*), *moins que jamais*, *moins que tout autre*, *moins qu'aucun*, etc., exprimant une réelle et utile comparaison qui renforce le caractère négatif de la phrase, exprimé par *ne* tout seul (comme avec *nul, jamais, aucun, personne* ▸ NE employé seul, 2): **Moins qu'aucun** autre événement de sa vie, la disparition de Lothar *ne* pouvait être le fait du hasard (Tournier, M., *Le roi des aulnes*); le verbe est nettement nié, la négation est renforcée par la comparaison — qui a son poids — avec *aucun autre événement de sa vie*. **Moins que jamais**, *en cette occurrence, je n'encombrerai le lecteur de mes hypothèses* (Yourcenar, M., *Archives du Nord*). Elle n'encombrera pas le lecteur..., elle le veut moins que jamais (▸ B). Notons l'absence obligatoire de *ne* si la comparaison porte sur un adjectif: **Moins vif que jamais** est le ton (le ton est moins vif que jamais).

3. À MOINS, pour un moindre prix, pour un moindre motif: *Vous n'aurez pas ce livre à moins. On s'insulterait à moins.* À MOINS QUE est suivi du subjonctif, traditionnellement avec *ne* explétif, mais aujourd'hui avec ou sans *ne* sans différence de sens: *Il ne peut y avoir de dictature qui tienne, à moins qu'une fraction, résolue à écraser les autres, ne la* **soutienne** *envers et contre tout (...). Un régime (...) où de Gaulle n'aura pas sa place, à moins qu'il veuille consentir à n'être qu'un figurant (...).* (Gaulle, Ch. de, *Le salut*). *À moins que Landin fût allé se coucher en oubliant d'éteindre (...). À moins que ce ne soit par discrétion* (Mauriac, Fr., *Les chemins de la mer*). *À moins, mon Dieu, que ce soit lui qui vienne* (Sartre, J.-P., *Le mur*). *À moins que ce soit le cadeau d'un oncle (...). À moins qu'il ne fût comme vous en évasion...* (Butor, M., *La modification*). *À moins qu'il me reconnût tout de suite* (Modiano, P., *Rue des boutiques obscures*).

À MOINS DE: *Vous n'aurez pas ce livre à moins de cent francs. À moins d'un imprévu* (sauf, excepté), *nous le verrons demain.* Devant un infinitif: *À moins d'y être contraint, il refusera.*

À MOINS QUE DE devant un infinitif est classique et plutôt littéraire.

4. AU MOINS, DU MOINS, POUR LE MOINS. *Au moins* peut signifier «au minimum»: *Il faisait au moins cent trente kilomètres à l'heure.* Équivalents généralement plus forts et plus littéraires: À TOUT LE MOINS, POUR LE MOINS. Cette référence à un minimum est encore sensible dans bien des cas, lorsque *au moins* ou *tout au moins* semblent se confondre — et ils

se confondent souvent en fait — avec *du moins* pour introduire un correctif, une restriction, une opposition; *du moins*, qui est plus proche de «en tout cas», s'impose lorsque la réserve est plus nette, lorsqu'on gomme plus ou moins ce qui précède: *Vous n'avez aucune réponse? Lui avez-vous écrit* **au moins**? *J'aimerais au moins savoir ce qu'il pense. J'ai perdu mon portefeuille,* **du moins** *je ne le retrouve plus. Si vous ne voulez pas aller le voir, au moins (ou du moins) écrivez-lui. Vous avez lu sa déclaration au moins? Il n'a pas voulu nous peiner, c'est du moins ce qu'il affirme. Prêtez-le-moi, si du moins vous n'en avez pas besoin. S'il n'est pas fort riche, du moins il a (du moins a-t-il) de quoi vivre honnêtement* (Ac.). L'inversion est facultative après *au moins* ou *du moins* placés en tête de proposition; elle est beaucoup plus fréquente après *du moins*. ▸ INVERSION, 3.3.2.

5. DE MOINS, EN MOINS s'opposent à *de trop* ou à *de plus*: *Il avait un billet de moins dans son portefeuille* (Ac.). *Dix pour cent de moins.* On dit aussi *en moins*. Pour un manque: *Il manquait un billet dans son portefeuille* et non, comme en Belgique, [*Il y avait cent francs trop peu*]. ▸ TROP, 4. — DE MOINS EN MOINS marque la diminution progressive. *Il est de moins en moins aimable.* EN MOINS DE RIEN, très rapidement. *Nous ferons cela en moins d'une heure. Nous aurons fini dans moins d'une heure.* ▸ DANS, 3.

6. LE MOINS DU MONDE exprime une très petite quantité (si peu que ce soit): *Si cela vous ennuie le moins du monde.* Il s'emploie le plus souvent dans des phrases dont le sens est négatif: *Il n'essaie pas le moins du monde de nous tromper. Sans penser le moins du monde à la peine qu'il nous faisait.*

7. C'EST BIEN LE MOINS s'emploie seul ou avec *que* et le subjonctif.

8. DES MOINS + *adjectif*. ▸ ADJECTIFS QUALIFICATIFS, 2.6.

9. LE (LA) MOINS + *adjectif*. ▸ ARTICLE, 1.

10. N'EN... PAS MOINS. ▸ EN, adv. ou pr., 7.

11. RIEN (DE) MOINS QUE. ▸ RIEN, 8.

12. PAS MOINS DE, MOINS DE DEUX. ▸ VERBE, Accord, 2.1.2.C.

13. DEUX FOIS MOINS GRAND. ▸ FOIS, 3.

14. NI PLUS NI MOINS. ▸ NI, 2.3.

15. D'AUTANT MOINS. ▸ AUTANT, 3.

16. ▸ HEURE, 2.

MOIS, n.m. *Travailler au mois. Toucher son mois.* Invariabilité ou accord des noms de mois au pluriel ▸ DATES, 5.

MOISIR, v.intr. Auxiliaire *avoir*: *La confiture a moisi.* Avec l'adjectif *moisi*: *La confiture* **est moisie**.

MOITIÉ, n.f.: *La moitié de la salle. À moitié chemin, à la moitié du chemin. À moitié vide. Remplir un verre à moitié. Une étoffe moitié soie, moitié laine. Un discours trop long de moitié. Partageons moitié-moitié.* ▶ VERBE, Accord, 2.1.2.D, MI, MOINS, 2, b, *moins* (ou *plus*) *d'à* (ou *qu'à*) *moitié.*

MOLIÈRE, n.f., est le correspondant belge du mot français RICHE-LIEU, n.m., chaussure basse et lacée. Des *richelieux* ou *richelieus.*

MOLLASSE, adj., deux *l*. Le nom fém. désignant une sorte de grès s'écrit de préférence *mollasse*, mais on le trouve avec un seul *l*.

MÔME, n.m. ou f., très familier quand il désigne un enfant, est perçu plutôt comme populaire s'il est adj. et quand il désigne une jeune fille ou une jeune femme. L'accent circonflexe, qui apparaît dans ce mot emprunté au langage enfantin, n'intervient pas dans **MOMERIE**, qui a une autre origine, évoquant l'idée de mascarade.

MOMENT, n.m.

1. Pluriel (généralement) dans **PAR MOMENTS**; singulier ou plus rarement pluriel dans **À TOUT MOMENT** (*à tous moments*); singulier dans les autres expressions: **DE MOMENT EN MOMENT** (autrefois au pluriel), **SUR LE MOMENT**, etc.

2. **AU MOMENT OÙ** remplace *au moment que.*

   DU MOMENT QUE n'a pas perdu son sens temporel (*dès que, depuis que, à partir du moment où*), mais a aujourd'hui généralement un sens causal (*puisque*): *Du moment que je l'ai connu, je l'ai aimé* (Ac.). *Du moment que vous n'y voyez pas d'objection, faisons comme cela.*

   DU MOMENT OÙ (sens temporel) est rare.

MON, *ma, mes*. ▶ DÉTERMINANTS POSSESSIFS.

MONÉTAIRE, adj., ne signifie pas «en argent», mais «relatif à la monnaie». On parle d'une politique, d'une crise, d'un système *monétaire*, mais d'une provision, d'une caution *en espèces*, de questions *financières*, de clauses *salariales*.

MONITORAGE, n.m., doit traduire *monitoring* pour la technique de contrôle et de surveillance qui utilise un appareil appelé **MONITEUR** (en anglais: *monitor*) ou, couramment, *sentinelle*.

MONNAIE, n.f. ▶ RENDRE.

MONO, préfixe, est toujours agglutiné. **MONOACIDE, MONOÏDÉISME.** On écrit cependant **MONO-IODÉ.**

MONSEIGNEUR. Au pluriel, *messeigneurs* quand on parle à des princes, à des évêques, à des prélats; *les monseigneurs* ou beaucoup plus souvent *nosseigneurs* quand on parle d'eux. ▶ ABRÉVIATIONS, 1: *Mgr* (ou *M*gr), **NN.SS.** (plus rare *Mgrs*). Familièrement: *des monseigneurs.*

MONSIEUR. ▶ ABRÉVIATIONS, 1, DÉTERMINANTS POSSESSIFS, 2. On prononce *me* (*mè* dans **messieurs**). *M. Dupont. Cher Monsieur. Monsieur le Directeur. Monsieur Sécurité. Un vieux monsieur. Un monsieur distingué. Des messieurs en habit. Coiffure pour messieurs.* ▶ MESSIEURS. **Abréviation**: *M.*, non [*Mr.*]. Au pluriel, **MM.**

MONSTRE, n.m. et adj. *Cette mégère est un monstre. Des banquets monstres.*

MONTAGNE, n.f. *Faire de la montagne. Passer ses vacances à la montagne. Se faire de qqch. une montagne*, s'en exagérer les difficultés.

MONTAIGNE, n.propre. On prononce aujourd'hui *tè*.

MONTER, v.tr.dir. ou intr.

1. **Auxiliaire.** Toujours *avoir* si le verbe a un complément d'objet direct: *Nous avons monté l'eau, l'escalier. Ils lui ont monté un bateau.* Quand *monter* est intransitif, *être* aujourd'hui l'emporte nettement si le sujet est une personne, même si on marque l'action en train de s'accomplir: *Après être monté dans un wagon de troisième classe* (Butor, M., *La modification*). *Il est monté en avion hier. Il est monté à cheval dimanche. Il a monté un cheval de course. Ce cheval n'a jamais été monté. Être monté* (contre qqn), être en colère. *Ils sont alors montés sur l'échelle, à l'échelle, sur le toit. Ils sont montés à l'assaut. Il est hors d'haleine pour avoir monté trop vite* (Ac.). S'il s'agit de choses qui augmentent de niveau, de prix, *avoir* concurrence *être*: *La Seine a monté de plusieurs centimètres* (Ac.). *Le blé est monté à un prix qu'il n'avait pas encore atteint* (Ac.). *Les enchères ont monté très haut* (Ac.). *Cette pièce est montée, a monté aux nues* (Ac.). *Ces actions ont beaucoup monté* (Ac.). *La plante a monté en graine. Le thermomètre est monté* (ou *a monté*) *à trente degrés.*

2. Malgré quelques illustres mauvais exemples, on évitera de dire [*Monter en haut*]. Mais on dit très bien, sans pléonasme: *Je suis monté là-haut* ou *au quatrième étage* ou *en haut de la tour.*

3. **MONTER QUATRE À QUATRE.** ▶ ESCALIER.

4. **MONTER UN BATEAU À QQN** (lui en faire accroire) a comme équivalent familier **MONTER LE COUP À QQN.** À ne pas confondre

avec **MONTER UN COUP CONTRE QQN**, *un coup monté*, où *monter* a le sens d'«organiser», comme dans *monter une affaire, une cabale, un complot, un canular*. Il s'agit là d'un mauvais coup.

MONTER LA TÊTE À QQN ou **MONTER QQN CONTRE UN AUTRE**, c'est l'exciter. **SE MONTER LA TÊTE**, c'est s'exalter, se faire des illusions. On rencontre parfois **SE MONTER LE COU**, dans le même sens : *Ils se sont monté le cou.*

Autres emplois de *monter* : *Ils se sont montés en appareils de cuisine. Les frais se sont montés à cent francs. Monter une sauce* (l'enrichir ; *une sauce montée au beurre*). *Monter des blancs d'œufs en neige, monter une mayonnaise*, battre. — **Composés** (▶ NOMS COMPOSÉS) : **MONTE-CHARGE, MONTE-PLAT, MONTE-SAC, MONTE-PENTE, MONTE-EN-L'AIR.**

MONTGOLFIÈRE, n.f. *Une montgolfière.*

MONTRE, n.f.

1. Objet. Une **MONTRE-BRACELET** (ou couramment *une montre*) ou un **BRACELET-MONTRE**. Une **MONTRE-RÉVEIL**. *Des **montres-bracelets**, des **bracelets-montres**, des **montres-réveils**. Une montre en or, en argent. Montre en main. Une course contre la montre.*

2. Action : **FAIRE MONTRE DE** tend à perdre son sens péjoratif (montrer avec ostentation). *Ils ont fait montre* (fait preuve) *de courage.*

MONTRER QUE. Il peut être utile et il est en tout cas logique d'employer l'indicatif ou le subjonctif, selon le sens, après **ne pas montrer que** : *Il ne montrait pas qu'il **était** inquiet* (il l'était), *qu'il **fût** inquiet* (il ne l'était peut-être pas). *Rien ne montrait que la direction lui eût retiré sa confiance* (elle ne la lui avait peut-être pas retirée). Toutefois, comme après *ne pas croire*, l'indicatif est tellement généralisé que l'on ne se soucie plus guère d'exprimer cette nuance.

MOQUER est aujourd'hui vieilli ou littéraire dans son emploi transitif, *moquer* (railler) *qqn* ou *qqch*. Moins rares : *se faire moquer* (de soi), *une vertu moquée, un homme moqué par tout le monde*. On dit couramment **SE MOQUER** de : *Ils s'en sont moqués*. Absolument : *Il aime se moquer.*

MORATOIRE, n.m., est à conseiller pour remplacer **MORATORIUM** (des *moratoriums*).

MORCEAU, n.m. *Couper en morceaux* et non [*à morceaux*].

MORDRE, v.tr.dir. (Je **mords**, il **mordit**), se dit aussi bien et même mieux que *piquer* (et **MORSURE** que *piqûre*) en parlant d'un serpent, d'une vipère. *Être mordu* se dit d'un amoureux ou de celui qui a un goût très vif pour qqch.

MORMON, n. et adj. Féminin : **mormone**.

MORSE, n.m. *Le morse, l'alphabet morse. Signaux en morse.*

MORT, n. On dit : *faire le sot, faire la sotte*. On peut donc dire : *Elle fait la morte*. Mais on dira plutôt : *Elle fait le mort* et on doit le dire au jeu de cartes. ▶ IVRE et RAIDE.

MORT-AUX-RATS, n.f. *De la mort-aux-rats* (liaison avec le *r* plutôt qu'avec le *t* de *mort*).

MORTE-SAISON, n.f. *La morte-saison* (trait d'union).

MORT-NÉ, adj. et n. *Mort* invariable. *Une fille **mort-née**. Des enfants **mort-nés**. Des projets mort-nés. Des **mort-nés**.*

MORTUAIRE, adj., s'emploie comme nom féminin en Belgique au lieu de *la maison mortuaire*. En principe, ce n'est pas plus anormal que de dire *la capitale* pour *la ville capitale, un complet* pour *un costume complet*, mais ce procédé, appelé synecdoque, n'est évidemment acceptable, pour la formation du lexique, que si l'usage général l'autorise, ce qui n'est pas le cas pour [*la mortuaire*]. On dit : *registre mortuaire, lettre mortuaire.*

MOSAN, adj., qui est relatif à la Meuse française ou belge : *l'art mosan, la vallée **mosane***. On trouve **MEUSIEN** (rare) avec un sens plus limité : relatif au département français de la Meuse.

MOT, n.m. Quelques expressions : *Avoir des mots avec qqn* est à peine familier. *En un mot* (bref). *En un mot comme en cent. Ne dire mot. Sans mot dire* (ou *sans dire mot*). *Ne pas souffler mot. Avoir un mot sur le bout de la langue. Jouer sur les mots. Des mots croisés. Un jeu de mots. Au bas mot. Répéter mot pour mot un propos. Traduire mot à mot. Un* (ou *des*) *mot à mot* (traduction littérale) ou *un* (ou *des*) *mot-à-mot. Parler à mots couverts. Un gros mot. Des gros mots. Ne pas entendre un mot à qqch. Ignorer le premier mot d'une affaire. Le fin mot de l'histoire*, son secret, son sens caché. *Le mot clé, les mots clés. Un mot outil*. Un **MOT-VALISE**, composé d'éléments non signifiants empruntés à d'autres mots, par exemple *un motel*, mot anglo-saxon formé de *mo(tor car)* et *(ho)tel*.

MOTIF, n.m., exprime soit l'intention, soit la cause : *Les motifs d'une visite, d'une conduite. Se fâcher sans motif.* Avec un infinitif : *On a des motifs de refuser* ou *pour refuser*. Rarement *à* : *Il n'y avait aucun motif à ironiser* (Druon, M., *Les rois maudits*). Si *motif* n'est pas précédé d'un déterminant, *à* est courant : *Il y a* ou *Il n'y a pas motif à refuser.*

MOTOCROSS, n.m., s'écrit en un mot.

MOTORISÉ, adj., est familier dans *être motorisé*, se déplacer avec un véhicule à moteur, avoir une automobile à sa disposition : *Vous êtes motorisé ?*

MOTUS, interjection : *Motus !* (N'en parlez pas.)

MOU, MOL (▶ BEAU), adj., *molle*. Pluriel : *mous*. *Mou comme une chiffe*.

MOUCHAGE, n.m., action de moucher un autre, de se moucher. On n'emploie plus MOUCHEMENT ni MOUCHERIE.

MOUCHE, n.f. On écrit : des *pattes de mouche*. Un CHASSE-MOUCHE(S), des *chasse-mouches*, un TUE-MOUCHE(S), un GOBE-MOUCHE(S). Un BATEAU-MOUCHE, des *bateaux-mouches*. Un *poids mouche*, des *poids mouche*.

MOUCHER, v.tr.dir. (*Moucher un enfant. Mouche ton nez*), ne s'emploie plus intransitivement, bien que des dictionnaires donnent encore : *Cet enfant mouche beaucoup* (il doit se moucher souvent). SE MOUCHER : *Il ne se mouche pas du pied* ou *du coude*, il ne manque pas de prétentions.

MOUDRE, v.tr.dir. Je *mouds* (avec *d*), il *moud*, nous *moulons*. Je *moulus*. J'ai *moulu*. Je *moudrai*. Que je *moule*.

MOUFLE, n.f. Un seul *f*.

MOUILLABILITÉ, n.f., peut marquer l'aptitude à se mouiller, tandis que MOUILLAGE et, plus rare, MOUILLEMENT marquent l'action. En phonétique : *le mouillement d'une consonne*.

MOUKÈRE, n.f. (argot) désignant la femme. On écrit aussi MOUQUÈRE.

MOULE, n.f., s'emploie à tort en Belgique dans une locution verbale : [METTRE À MOULE], détruire, mettre hors d'usage. [ÊTRE À MOULE], être inutilisable.

MOULIN, n.m., ne signifie pas «chevaux de bois». ▶ CARROUSEL.

MOULT, *beaucoup*, *très* ; mot très vieux employé encore (avec un sourire) comme adv. ou adj. invariable : *Elle était moult surprise. Après moult hésitations.*

MOURIR, v.intr. Je *meurs*, nous *mourons*, ils *meurent*. Ils *mouraient*. Ils *moururent*. Ils *sont morts*. Ils *mourront*, *mourraient*. Qu'il *meure*, que nous *mourions*. *Mourant*. — On peut *mourir d'envie de voir qqn* (désirer vivement le voir) ; wallonisme, dans ce sens, [*mourir après lui*].

MOUROIR, n.m., est devenu d'un usage assez répandu pour désigner cruellement un asile (fût-il confortable et luxueux) de vieillards.

MOUSSE, n.m., se dit familièrement en Belgique d'un matelas en mousse ou d'un caoutchouc mousse utilisé comme tapis de table. Troncation du groupe nominal.

MOUSSEUX, adj., se dit d'un vin, d'un cidre, de cheveux, d'une lingerie. Il ne se dit plus pour «couvert de mousse», sauf dans *une rose mousseuse*, préféré à *rose* MOUSSUE, également correct.

MOUSTACHE, n.f. *Porter la moustache* ou *les moustaches* ; *une moustache* ou *des moustaches* ; le pluriel n'est pas nécessairement en rapport avec la grandeur. On emploie le pluriel s'il s'agit des animaux ; mais on parle de la moustache d'une femme. MOUSTACHU est français.

MOUSTIQUAIRE, n.f., fautivement masculin en Belgique et au Canada.

MOUTARDE, n.f. On dit fort bien : *La moutarde lui monte au nez*, mais non, comme en Belgique, [*envoyer qqn à la moutarde*], l'envoyer au diable.

MOUTON, n.m. ▶ POUSSIÈRE.

MOUVOIR, v.tr.dir. Je *meus*, nous *mouvons*, ils *meuvent*. Je *mouvais*. Je *mus*. Je *mouvrai*. Que je *meuve*, que nous *mouvions*, qu'ils *meuvent*. *Mouvant*. *Mû*, *mue*, *mus*. ÉMOUVOIR, même conjugaison, sauf *ému*.

MOYEN, n.m.

1. En Belgique, une ÉCOLE MOYENNE a désigné une école d'enseignement secondaire inférieur, ne comprenant que les classes inférieures. D'où : FAIRE SES MOYENNES, suivre les cours d'une telle école.

2. *Il y a moyen de faire mieux. Trouver un moyen. Chercher le* (ou *un*) *moyen de faire qqch*. Mais non [*tâcher moyen*], qui est populaire.

3. PERDRE SES MOYENS (se *troubler*). *Être en possession de tous ses moyens* (de toutes ses capacités, de toutes ses aptitudes). AVOIR DE GROS MOYENS (être riche) ou, familièrement, AVOIR LES MOYENS, être dans l'aisance (en Belgique : AVOIR BIEN LE MOYEN).

MOYEN ÂGE. On écrit le *moyen âge* ou le *Moyen Âge* (Ac.) ou le *Moyen âge*. Mais on trouve le mot écrit avec un trait d'union.

Adjectifs : MOYENÂGEUX est vieilli pour ce qui concerne le moyen âge ou ce qui y appartient (une œuvre, un auteur, une salle) et est alors remplacé par MÉDIÉVAL, qui se dit aussi des études, de la littérature, de l'art, d'une époque. Mais on applique *moyenâgeux* à ce qui rappelle le moyen âge par ses caractères, par son pittoresque : des rues, une ville, des procédés surannés, des conceptions.

MOYEN-COURRIER, n.m. Tandis que les dictionnaires sont d'accord pour laisser *long* invariable dans des **long-courriers** (avions de transport destinés à de longues distances), ils optent soit pour *des* **moyen-courriers** (ce qui est logique), soit pour *des moyens-courriers* (à éviter).

MOYENNANT QUE, loc.conj. (*à condition que*), est archaïque ou littéraire et se construit généralement avec le subjonctif.

MOYEN-ORIENT, calqué sur l'anglais *Middle East*, comprend (d'après le *GR*) Égypte, Syrie, Israël, Jordanie, Arabie, Perse, Irak, Turquie; il tend à remplacer dans ce sens **PROCHE-ORIENT** qui, selon certains, continue à comprendre: Albanie, ex-Yougoslavie, Bulgarie, Roumanie (*GR*).

MUFLE, n.m., **MUFLERIE**, n.f., **MUFLIER**, n.m. Un seul *f*.

MULÂTRE. ▷ MÉTIS.

MULTI. Dans les composés de *multi*, le 2e élément, soudé au premier, s'écrit sans *s* au sg. et varie au pluriel: *une assurance* **MULTIRISQUE**, *des assurances* **multirisques**. *Un représentant* **MULTICARTE** (de plusieurs firmes).

MULTIPLICANDE, n.m., s'écrit avec *d* parce qu'il vient de *multiplicandus*, «qui doit être multiplié (par le multiplicateur)».

MULTIPLIER, v.tr.dir., est vieilli comme intransitif dans le sens d'«augmenter en nombre» (*Croissez et multipliez*) ou de «proliférer, s'étendre de plus en plus».

On dit: *Ils* **SE MULTIPLIENT**. *Les cas se multiplient. Cette personne se multiplie au service de notre cause.*

MUNICIPAL, adj. ▷ COMMUNAL.

MURET, n.m., ou **MURETTE**, n.f., petit mur. On emploie aussi, localement, **MURETIN** et même **MURTIN**: *le murtin de la terrasse* (Genevoix, M., *Rroû*).

MUSCADE, n.f. et adj. *Une muscade ou une noix muscade*, et non [*une noix de muscade*].

MUSCAT, n.m. et adj., n'a pas de féminin: *Une grappe de muscat. Un raisin muscat. Un vin muscat. Un muscat*. Colette a risqué «muscate»: *La treille* **muscate**.

MUSER, v.intr., c'est s'attarder à des bagatelles (on dit plus souvent **MUSARDER**). En Belgique, autre sens: émettre un son sourd et continu, à bouche fermée, *bourdonner*.

MUSICAL, adj., **MUSICIEN**, n.m. et adj. *Une notation musicale. La critique musicale. Une voix musicale. Avoir l'oreille musicale.*

Des études musicales. — On a dit aussi *une oreille musicienne*; mais *musicien* s'applique aujourd'hui aux personnes: *Il est peu musicien.*

MUSIC-HALL, n.m. Des **music-halls**.

MUST, n.m., anglicisme voulant dire: ce qu'il faut voir ou faire, avoir vu ou avoir fait pour être à la mode.

MUTER, v.tr.dir., **MUTATION**, n.f. *Muter un fonctionnaire*, le changer de poste. *Il a été muté d'office. Demander sa mutation.*

MUTUEL, adj., implique une dualité. ▷ RÉCIPROQUE.

MUTUELLEMENT, adv. On ne craint pas d'employer cet adverbe avec des verbes pronominaux exprimant la réciprocité: *Aidons-nous mutuellement. Ils s'épiaient mutuellement. Ils se sont fait mutuellement des concessions* (Ac.). Mais on éviterait de l'employer avec des verbes pronominaux composés de *entre* (*s'entraider*, etc.). Le pléonasme est alors trop patent.

MYRIADE, n.f. Attention à l'orthographe, qui s'explique par le bas latin *myrias*, du grec *murias*, dizaine de mille.

MYRMIDON ou **MIRMIDON**, n.m. d'un peuple grec changé en fourmis.

MYRTILLE, n.f. Après des hésitations et des confusions sensibles dans les dictionnaires et chez les botanistes, *myrtille*, qui rime avec *fille*, a éliminé **MYRTIL** et tend à se spécialiser par rapport à **AIRELLE**, qui reste courant dans le Midi pour désigner la myrtille. L'étymologie du nom méridional *airelle* explique qu'il ait désigné un fruit noir; devenu nom générique, il s'est appliqué aussi bien à la myrtille qu'à l'airelle rouge (ou ponctuée). Mais, aujourd'hui, du moins dans le Nord, l'usage tend à opposer la *myrtille*, qui est noire, à l'*airelle*, qui est rouge. En Belgique, la distinction est nette et constante.

Myrtille désigne à la fois le fruit et la plante; cependant, de même qu'on emploie **AIRELLIER** dans certaines régions françaises, on parle couramment de **MYRTILLIER** en Belgique pour la plante.

Au Canada, la myrtille s'appelle **BLEUET**.

MYSTIFIER (tromper), v.tr.dir., ne peut être confondu avec **MYTHIFIER** (créer des mythes, transformer en mythe). ▷ DÉMYSTIFIER.

N' (adv.) après *on*. L'oreille ne perçoit aucune différence entre *on* et *on n'* devant une voyelle. L'écriture doit les distinguer: **on a fini**, **on n'a pas** fini; *on écoute plus attentivement, on n'écoute plus attentivement*.

NAGUÈRE, adv., ne signifie pas «jadis», mais «il n'y a guère (de temps)».

NAÏADE, n.f. Tréma sur *i*.

NAÎTRE ou **NAITRE** (*RO* II.4), v.intr. Il **naît** (accent circonflexe devant *t* ou non selon les *Rectifications de l'orthographe*), il **naissait**, il **est né**, il **naîtra**. *Il est né de parents pauvres. Il était né pour commander.* ▶ NATIF.

[NÂREUX], mot dialectal, s'entend en Wallonie, mais aussi en Champagne, pour «vite dégoûté en matière de nourriture».

NARGUILÉ, n.m. d'une pipe orientale. On écrit aussi **NARGHILÉ**.

NASAL, adj., fait au masculin pluriel **nasaux**.

NATAL, adj. M.pl.: **natals**. De même dans les composés **prénatals**, **postnatals**, bien qu'on trouve, surtout dans les milieux médicaux, **périnataux**, etc.

NATIF DE suppose en principe le domicile fixe des parents au lieu où leur enfant est né. On dit cependant couramment *né à* dans ce sens également. N.m.: *Les natifs du pays. Né natif de* est un pléonasme populaire ou plaisant.

NATURE, n.f., peut s'employer comme **adjectif invariable** au sens de *naturel*: *Ces gens-là sont nature* (familier). En parlant des aliments, cet usage est courant pour ce qui est servi au naturel, sans assaisonnement, sans mélange: *de l'eau nature, un café nature, bœuf nature, yaourt nature, des pommes nature.* — **DE TOUTE NATURE.** ▶ TOUT, 2.2.2.

GRANDEUR NATURE, beaucoup plus courant que *grandeur naturelle*, signifie «avec les dimensions réelles»: *Une reproduction **grandeur nature**. Il était grandeur naturelle (...). Ils étaient, comme les autres, grandeur nature* (Giono, J., *Noé*).

L'emploi de *nature* comme **adverbe**, dans une réponse, au lieu de «naturellement», est très populaire.

NAUTONIER, n.m. Un seul *n* intérieur. *Le nautonier des Enfers.*

NAVAL, adj. Pluriel: **navals**. *Des combats navals*.

NAVARIN, n.m., se dit proprement d'un ragoût de mouton.

NAVETTE, n.f. Une personne qui *fait la navette* (trajet régulier entre son domicile et un lieu éloigné) est couramment appelée en Belgique un **NAVETTEUR**, souvent prononcé, à tort, *nafteur*.

NAVIGANT, adj. (*Le personnel navigant*); **NAVIGUANT**, verbe (*En naviguant*).

NAVIRE (GENRE DES NOMS DE —). ▶ GENRE, 4.2.2. Un **NAVIRE-CITERNE**, un **NAVIRE-HÔPITAL**. *Des **navires-citernes***.

NAVRER, v.tr.dir., ne signifie plus *blesser*, mais *affliger*, *contrarier*.

NAZI, adj. ou n. *Un chef nazi. La brutalité **nazie**. Les **nazis***.

Ne, adv.: omission dans la négation

Il ne s'agit pas ici du *ne* explétif, dont il est question plus loin et qui est souvent omis, mais de la réduction à *pas* de la négation *ne pas*. ▶ NE PAS; PAS et POINT, 8.

1. DANS UNE PHRASE INTERROGATIVE

Il faut mettre à part les phrases interrogatives où, tantôt en poésie, tantôt familièrement, *ne* est parfois omis : *Me connaissez-vous pas ?* (Molière). — *Dirait-on pas qu'il m'en veut ?* ▶ NE PAS, 1.4, PAS et POINT, 6.

2. EN DEHORS DE L'INTERROGATION

Mais, en dehors même de l'interrogation, la langue parlée omet souvent *ne* ; si cette ellipse paraît tout au plus familière dans le langage oral, elle devient populaire ou même vulgaire dans le langage écrit. Bien des gens cultivés, qui ne se font pas faute de se contenter de *pas* dans la conversation, écrivent toujours *ne... pas*. Il faut d'ailleurs noter que même des écrivains qui prétendent s'inspirer de la langue populaire, comme Céline, emploient ou omettent *ne* à peu de distance :

> *Je veux bien que je n'avais pas tout à fait raison (...). Des convictions comme ça c'est pas supportable (...). On en finira jamais de les connaître* (Voyage au bout de la nuit).

La liaison de *on* avec une voyelle favorise cette suppression, elle ne la justifie pas (▶ N'). ▶ NE PAS, 1.2 et 1.5.

3. ELLIPSE DU VERBE

S'il y a ellipse du verbe, l'omission de *ne* devient obligatoire :

> *Pas de gros mots ! Un soldat pas très courageux. Pas un souffle.*

▶ NON, 3.

Ne employé seul au lieu de *ne pas, ne point*

Autrefois *ne* pouvait s'employer seul pour nier un verbe. Il reste encore des traces de cet ancien usage. Parfois il s'agit d'affectation ; parfois, d'expressions plus ou moins figées ou de survivances ; parfois la survivance peut être due à une atténuation, même inconsciente, de la négation, parce que la phrase a un sens positif implicite. On va en voir quelques exemples. Il est bon d'avertir que, malgré leur nombre, les cas cités ci-dessous ne sont pas les seuls où *ne* se présente parfois, normalement, sans *pas* ; il le fait notamment dans une subordonnée introduite par *que* et dépendant d'une proposition négative ; c'est qu'un sens affirmatif est implicite :

> *Cela ne veut pas dire qu'il n'ait (pas) fait son possible. — Je ne dis pas que d'un côté comme de l'autre il n'y ait à cacher d'assez vilaines turpitudes* (Proust, M., *Du côté de Guermantes*).

Il y a donc une certaine marge laissée aux écrivains, qui parfois en abusent. Il faut éviter les coquetteries d'archaïsme en rupture avec l'usage actuel.

1. DANS CERTAINES EXPRESSIONS

L'emploi de *ne* seul dans certaines expressions plus ou moins figées s'explique par une survivance et, pour beaucoup d'entre elles, par l'inexistence de la forme positive à laquelle semblerait se référer la négation complète : *n'avoir cure, crainte, garde, de cesse que, que faire de, (il) n'empêche (que), qu'à cela ne tienne, à Dieu ne plaise, ne vous déplaise, n'en déplaise à, ne dire mot, ne souffler mot, n'y avoir âme qui vive, ne voir âme qui vive, il n'est... qui ou que, il n'y a... qui ou que ou dont, n'était, n'eût été, ne fût-ce que, (il) n'importe, n'importe comment, qui, pourquoi, quand.*

2. AVEC UN AUTRE MOT NÉGATIF

On doit employer *ne* sans *pas* quand la proposition contient un autre mot négatif, *jamais, plus, guère, aucun, aucunement, nul, nullement, nulle part, personne, pas un, rien*, etc. :

> *Je ne vois personne. À aucun moment je ne l'ai revu. Il ne dit plus rien. Il n'entend jamais rien. On n'y entend goutte.*

▶ MOINS QUE.

2.1. *RIEN* A UN SENS POSITIF

On n'emploie aucune négation si un mot comme *rien* ou *jamais* est pris dans un sens positif :

> *Y a-t-il rien* (quelque chose) *de plus inquiétant ? Je renonce à jamais comprendre ce qu'il veut.*

2.2. *RIEN* A UN SENS NÉGATIF

Avec *rien* négatif introduit par *pour*, on emploie *ne pas* :

> *Il ne travaille pas pour rien. Ce n'est pas pour rien.* La langue oppose **Ce n'est pas rien** (c'est quelque chose) à **Ce n'est rien** (ce n'est nulle chose, c'est sans importance).

3. *NE... QUE* SIGNIFIANT *SEULEMENT*

Omission de *pas* avec *ne... que* signifiant «seulement» (▶ NE QUE, 1) : *Ils n'ont que ce qu'ils méritent.* Mais : **Il n'y a pas que vous** (*pas* nie *ne... que*). *Il n'y a pas que l'argent qui compte* s'opposant à **Il n'y a que vous**. *Il n'y a que l'argent qui compte.*

▶ FAIRE, 12, 13 (*ne faire que*), QUE, conj., 3 (*que* remplaçant une autre conjonction : *Il n'avait pas voulu partir que tout ne fût réglé*), NE PAS QUE, MOINS, 2, d, C (*moins que jamais*).

4. LE VERBE A UN COMPLÉMENT DE TEMPS INTRODUIT PAR *DE*

Quand le verbe a un complément de temps introduit par *de*, on supprime fréquemment *pas* avec *de ma vie* signifiant «jamais», parfois avec *de longtemps*, beaucoup plus rarement si la limitation de temps est partielle et précise (*de sitôt, de toute la semaine, de dix jours*, etc.):

> *Je ne le reverrai* **de ma vie**. *Je ne le reverrai* (**pas**) **de longtemps**, *de sitôt, de huit jours. Il n'en dormira* **pas de la nuit**.

5. LES VERBES *BOUGER, CESSER, DAIGNER*, ETC.

Les verbes *bouger, cesser, daigner, oser, pouvoir, savoir* peuvent se passer de *pas* dans certains cas, surtout dans un langage un peu recherché. La présence de *pas* dans les mêmes conditions est généralement assez fréquente dans la langue parlée pour qu'on ne puisse y voir un renforcement de la négation. Certaines nuances sont indiquées ci-dessous.

5.1. *BOUGER*

Bouger s'est employé autrefois couramment sans *pas*. Il le réclame habituellement aujourd'hui: *Ils* **n'ont pas bougé**. L'Académie l'omet (cela ne s'impose pas) devant *de là*: *Je ne bougerai de là*.

5.2. *DAIGNER*

Omission de *pas*, parfois, avec *daigner*: *Il ne daigne répondre. Je ne daigne descendre* (Molière).

5.3. *CESSER*

Cesser suivi d'un infinitif se construit souvent sans *pas*: *Il* **ne cesse de** *travailler*. On marque ici la constance d'un fait, quelque chose donc de positif. *Pas* peut intervenir; il doit logiquement le faire si le sens est «continuer à, ne pas s'arrêter de» et ne peut se confondre avec «faire continuellement»:

> *Les femmes* **ne cessaient pas de** *songer qu'elles avaient des commissions à faire* (Romains, J., *Mort de quelqu'un*). *Ainsi, quelles que fussent les difficultés (...), la cohésion de la résistance ne cessait pas de s'affermir* (Gaulle, Ch. de, *L'unité*). *La neige, qui n'a pas cessé de tomber depuis trois jours, bloque les routes* (Gide, A., *La symphonie pastorale*). *L'économique les dévorait tout entiers. Ils ne cessaient pas d'y penser* (Perec, G., *Les choses*).

L'omission de *pas* serait possible dans ces phrases; elle ne créerait aucun contresens. Au contraire *pas* intervient si l'on dit:

> *Bien que j'aie à me plaindre de lui, je* **n'ai pas cessé de** *le rencontrer* ou encore: *Mais elle ne cessait pas de le regarder fixement, comme pour le mieux reconnaître* (Bernanos, G., *La joie*).

Et surtout: *Malgré les conseils du médecin, il n'a pas cessé de fumer.* Ici, le sens ne peut être «fumer continuellement, sans arrêt»; c'est «ne pas arrêter de fumer».

> *La chienne brabançonne qui me surveille ne cesse pas, n'a jamais cessé de me surveiller* (Colette, *La naissance du jour*). *Je ne cesse pas de travailler avant qu'on m'appelle*. Comparer: *Je n'ai* (*pas*) *cessé de m'interroger sur ses intentions* et *Même après ses explications je* **n'ai pas cessé** *de m'interroger*.

5.4. *OSER* ET *POUVOIR*

Oser et *pouvoir* peuvent s'employer sans *pas* devant un infinitif exprimé ou sous-entendu. **Pas** n'est pas rare; il s'impose si l'infinitif lui-même est à la forme négative:

> *Je n'ose* ou *je n'ose pas. Il n'ose* (*pas*) *le dire. Il n'a* (*pas*) *osé le dire. Il* **n'a pas osé ne pas** *nous recevoir. Je ne peux* (*pas*) ou *je ne puis* (*pas*). *Il ne pouvait* (*pas*) *s'en passer. Il n'a* (*pas*) *pu venir. Il ne peut pas ne pas l'avouer.*

Si un infinitif n'est ni exprimé ni sous-entendu, *pas* est obligatoire: *Je ne pouvais pas beaucoup plus.*

Locutions figées: *On ne peut mieux, on ne peut plus.*

5.5. *SAVOIR*

Savoir peut s'employer sans *pas* dans quelques cas:

5.5.1. **En réponse à une question**

Sans complément, surtout à l'indicatif présent, à la 1re personne du singulier, quand on répond à une question: *Qu'a-t-il dit, je* **ne sais** (**pas**). *Je ne sais* (*pas*) *trop.*

5.5.2. **Incertitude**

Quand on veut marquer l'incertitude (moins souvent l'ignorance ou l'incapacité) devant un mot interrogatif (*qui, que, quoi, lequel, combien, comment, où, quand, pourquoi*, etc.) ou une proposition en interrogation indirecte:

> *Il est sorti avec* **je ne sais qui**. *Je ne sais comment. Il ne sait que dire* (ou *quoi dire*). *Je ne sais quelle mouche l'a piqué. Je ne sais ce qu'il a dit. Je ne sais s'il viendra.*

La fréquence de *pas*, dans de telles phrases, empêche de dire qu'on y oppose l'incertitude et l'ignorance. Toutefois il est vrai que, si l'on exprime nettement l'ignorance, on emploie *pas*:

> *Il ne sait pas lire. Il ne savait pas ce qu'on lui voulait.*

5.5.3. **Dans le sens de** *pouvoir*

Au conditionnel (surtout au présent), avec le sens de l'indicatif de *pouvoir*, devant un infinitif exprimé ou sous-entendu (▷ SAVOIR et POUVOIR):

> *Il fait trop noir, **je ne saurais lire**. Je voudrais vous faire ce plaisir, mais **je ne saurais**. Je n'aurais su le dire. Cette plante ne saurait pousser dans ce pot.*

Cette omission est assez générale pour qu'on la recommande. Il est utile de marquer la différence entre cet emploi de *savoir* pour *pouvoir* et celui du conditionnel de *savoir* gardant son véritable sens et se construisant avec *ne pas*:

> *Il ne saurait pas cacher son dépit. Il ne saurait pas si bien nous répondre si quelqu'un ne l'avait informé de nos objections.*

On trouve aussi *ne* seul à d'autres modes et temps:

> *Il n'a su en venir à bout* (Ac.).

6. *QUI, QUE, QUEL* DANS LES INTERROGATIONS ORATOIRES

Avec *qui, que, quel*, dans des interrogations oratoires (sens positif) directes ou indirectes, on supprime *pas* dans certains cas:

6.1. *QUI* SUJET OU COMPLÉMENT

Qui **sujet** s'en passe souvent:

> ***Qui ne voit** qu'il y a là une erreur?* (chacun voit...). *On se demande qui n'en aurait (pas) fait autant* (Je suis certain que chacun en aurait fait autant). *Qui donc ne le ferait (pas) aussi bien que lui?*

Mais si l'on interroge vraiment, s'il ne s'agit pas d'une interrogation oratoire:

> *Qui **ne comprend pas** cette phrase? Qui d'entre vous n'a pas terminé son travail?*

Qui **complément** est suivi de *ne... pas*:

> *Qui n'a-t-il pas vu? À qui ne s'est-il pas adressé?*

6.2. *QUE* PRONOM OU ADVERBE INTERROGATIF

Que **pronom** interrogatif se construit avec *ne... pas*:

> *Que n'a-t-il pas raconté? **Que n'entend-on pas** tous les jours? Que n'avez-vous pas fait pour lui?*

La langue maintient ainsi la différence entre le pronom interrogatif *que* et l'**adverbe** interrogatif ou exclamatif *que* signifiant «pourquoi» ou exprimant un regret et introduisant une affirmation implicite quand le sujet est un pronom. Cet adverbe est suivi immédiatement de *ne* employé seul:

> ***Que ne le disiez-vous** plus tôt?* (Vous auriez dû le dire plus tôt); comparer: *Pourquoi ne le disiez-vous pas? Que ne suis-je en vacances!* (Je voudrais être en vacances).

On peut ainsi mieux distinguer:

> *Que n'a-t-il pas lu?* (il a tout lu) et *Que n'a-t-il lu ce livre!* (je regrette qu'il ne l'ait pas lu).

6.3. *QUEL* INTERROGATIF OU EXCLAMATIF

Quel interrogatif (ou exclamatif), suivi immédiatement du substantif **sujet** qu'il détermine, est souvent suivi de *ne* seul (▷ 6.1, *qui*):

> *Quel adversaire **ne lui rendrait** justice?* (n'importe quel adversaire lui rendrait justice). *Dites-moi quel adversaire ne lui rendrait (pas) justice. Mais: Quelles démarches **n'a-t-il pas faites**?*

Si l'interrogation n'est pas oratoire, on emploie *ne... pas*:

> *Il me manque deux bulletins: quel élève **n'a pas remis** le sien?*

Avec *quel* non suivi immédiatement d'un substantif:

> ***Quelle ne fut pas** ma stupéfaction!*

7. PROPOSITIONS RELATIVES

Propositions relatives dépendant d'une principale négative de forme ou de sens ou interrogative, et dont le verbe est généralement au subjonctif mais est aussi parfois, à cause du sens, à l'indicatif ou au conditionnel: on omet généralement *pas*. C'est qu'il y a une affirmation implicite.

7.1. *IL N'Y A PERSONNE QUI, PAS UN QUI, RIEN QUI*, ETC.

Après (*il n'y a*) ou (*il n'est*) *personne qui, aucune femme qui, pas d'homme qui, pas un qui, rien qui, il n'est pas jusqu'à... qui, il y a peu d'hommes qui* (cette expression tendant vers la négation), etc., il faut distinguer:

7.1.1. **L'ensemble a un sens négatif**

L'ensemble a un sens négatif, mais la subordonnée, niée par ce qui précède, a un sens positif et ne contient donc aucune négation:

> *Pas un de ces élèves **qui appartienne** à la bourgeoisie* (aucun n'appartient à la bourgeoisie). *Pas un bachelier sur dix qui sache vraiment le français* (A. Billy; pas un sur dix ne sait vraiment le français). *Il n'y a rien qui me déplaise plus* (rien ne me déplaît davantage). *Aucun de nous qui ait compris l'allusion* (aucun n'a compris).

7.1.2. L'ensemble a un sens positif

Si la subordonnée a un sens négatif, l'ensemble ayant un sens positif général applicable à chacun ou à tous, elle est généralement niée par *ne* seul, mais elle l'est parfois par *ne pas* :

> Il n'y a **personne qui n'ait (pas)** bien répondu (tous ont bien répondu). *Il y a peu d'élèves qui ne se soient (pas) trompés (presque tous se sont trompés). Il n'est pas jusqu'aux enfants qui ne soient menacés.*

Il manque une négation dans la phrase suivante : *Il n'est pas jusqu'aux odeurs (...) qui contribuent à charger de maléfices une atmosphère...* (Tournier, M., *Le roi des aulnes*.) Il fallait : *qui ne contribuent. — Aucun de nous qui ne soit demeuré fidèle (...). Il n'est aucune de ses grandes œuvres qu'il n'ait payée de son sang* (Mauriac, Fr., *Journal*). *Le plus conservateur des politiciens n'aurait pas osé présenter un programme qui n'accordât pas une large part au rôle des femmes* (Curtis, J.-L., *La moitié du chemin*).

7.2. Interrogation oratoire correspondant à une négation

Après une interrogation oratoire correspondant à une négation, on omet ou on emploie *pas* dans la subordonnée selon qu'elle a un sens positif ou négatif.

> *Connaissez-vous quelqu'un dont il **ne** médise ?* (Vous ne connaissez personne dont il ne médise. Il médit de tout le monde.) — *Leur ai-je donc menti ? Quelle promesse ai-je faite que je n'ai tenue ?* (Bernanos, G., *La joie*.) *Connaissez-vous qqn **dont il soit** content ?* (Il n'est content de personne.)

Mais on emploie *pas* si l'on s'informe vraiment, si l'interrogation n'est pas oratoire et si la subordonnée a un sens négatif :

> *Connaissez-vous quelqu'un qui **ne** soit **pas** (ou qui n'est pas) trop exigeant ? Connaissez-vous qqn qui soit libre ?*

8. Après la négation de *si*, *tellement*, *à tel point*

Après la négation des adverbes *si*, *tellement*, *à tel point* ou de termes analogues, on trouve l'omission de *pas* dans la proposition consécutive :

> *Il n'était pas si distrait qu'il **ne** nous prêtât quelque attention* (on veut dire qu'il nous prêtait quelque attention).

De même après une interrogation à valeur d'affirmation négative :

> *Était-il si distrait qu'il ne nous prêtât...*

Mais on met plus souvent *ne... pas* :

> *Son entêtement n'est pas tel qu'il n'écoute **pas** vos explications. Est-il à ce point négligent qu'il n'ait pas noté ce rendez-vous ?*

9. Après *si* conditionnel

Après *si* conditionnel, introduisant une hypothèse, la suppression de *pas* est une survivance qui peut paraître élégante mais qui ne s'impose jamais et est, dans l'usage contemporain, sensiblement moins fréquente que le tour avec *ne... pas*, sauf dans les expressions plus ou moins figées *si je ne me trompe, si je ne m'abuse, si je ne fais erreur* :

> *Si ce ciel **n'**était le plus pur de tous les ciels, (...) on pourrait oublier l'absence du bonheur* (Mauriac, Fr., *Journal*). *Lorsqu'il avait annoncé qu'il se priverait de nourriture si l'on **ne** reconnaissait **pas** les droits des Intouchables, il ne s'agissait pas de «jeûner», mais de mourir de faim* (Malraux, A., *Antimémoires*). *Vous tomberez si vous **ne** faites **pas** attention. Il nous en voudra si nous ne l'accompagnons pas. Je serai déçu si vous ne venez pas.*

Pas s'impose si la conjonction **si marque autre chose que l'hypothèse**, par exemple la cause : *Ne soyez pas surpris s'il n'a **pas** répondu.* De même avec *si... c'est que*, où *si* introduit un fait justifié ensuite : *Si je n'y vais **pas**, c'est qu'on ne m'a pas invité.* ▶ si, conj., 2.

Si la principale négative contenant *ne pas* précède *si* conditionnel, on peut omettre *pas* à courte distance, pour éviter sa répétition :

> *Je ne l'aurais pas fait si on ne me l'avait demandé. Je ne l'aurais pas cru si je ne l'avais vu moi-même.*

Mais *pas* est toujours possible.

Si ce n'est paraît figé dans le sens de *sinon, excepté* : *Je ne l'ai jamais vu, si ce n'est de loin.* Lorsque cette expression marque vraiment une hypothèse, *pas* peut s'employer : *Si ce n'est pas lui* (plus fréquent que *si ce n'est lui*), *qui donc le fera ? Si ce n'est (pas) toi, c'est ton frère.*

Au lieu de *si ce n'était (pas), si ce n'eût (pas) été*, on peut employer (dans le sens de *sans*) **n'était, n'étaient, n'eût été, n'eussent été** : *N'étaient vos déclarations, je le croirais coupable. N'eût été son arrogance, on lui eût pardonné.* Dans ce sens, *ne serait* est vieilli.

10. Après *depuis que, il y a tel temps que...*

Après *depuis que, il y a tel temps que, il y a longtemps que, voici (ou voilà) tel temps que, cela fait tel temps que,* si la proposition a un sens négatif, il faut toujours une négation, mais il faut distinguer :

10.1. LE VERBE EST À UN TEMPS SIMPLE

Si le verbe est à un temps simple, on emploie *ne pas* ou plus souvent *ne plus*.

> *Il y a un mois à peine qu'ils vivent ensemble* (aucun sens négatif). *Depuis que nous ne nous voyons pas* (Littré). *Il y avait deux jours qu'il ne mangeait plus. Il y a longtemps que je ne le vois plus.*

10.2. LE VERBE EST À UN TEMPS COMPOSÉ

Si le verbe est à un temps composé, plusieurs tours sont possibles pour exprimer la négation :

> *Il y a deux jours qu'il est parti* (aucun sens négatif possible). *Il y a huit jours que j'y suis allé.*

Mais on pense plus souvent que l'action ne s'est pas produite dans les huit jours précédents.

> D'où : *Il y a* (ou *voilà*) *huit jours que je n'y suis allé* ou *que je n'y suis pas allé* ou *que je n'y suis plus allé.*

> De même : *Il y a longtemps qu'il a donné de ses nouvelles.* Plus souvent : *qu'il n'a donné de ses nouvelles* ou *qu'il n'a pas donné de ses nouvelles* ou *qu'il n'a plus donné de ses nouvelles. Depuis que je l'ai vu* ou *depuis que je ne l'ai vu, que je ne l'ai pas vu, que je ne l'ai plus vu.*

Si la négation ne porte que sur un degré, il peut paraître normal d'omettre *pas* et d'employer soit *ne* tout seul, soit *ne plus* :

> *Voici longtemps que je n'avais lu avec un appétit aussi sain* (Gide, A., *Journal*). *Il y a longtemps que je ne m'étais* (*plus*) *aussi bien amusé.*

11. (D') *AUTRE* DEVANT *QUE*

Autre devant la conjonction *que*. Lorsque *autre* est attribut, le verbe s'emploie sans *pas* :

> *Je sais que cet homme n'est autre que votre cousin.*

Avec *d'autre*, on emploie *ne* ou *ne... pas* :

> *Il n'y a* (*pas*) *d'autre solution que de démissionner. Je n'ai* (*pas*) *d'autre désir que de vous être utile.*

12. AVANT ET APRÈS *NI*

Avant et après *ni* joignant deux verbes ou répété (*ni... ni*), on emploie *ne* tout seul :

> *Il ne boit ni ne fume* (il ne boit pas et ne fume pas). *Il n'est ni bon ni juste. Ni l'or ni la grandeur ne nous rendent heureux.*

Il n'a ni parents ni amis. Ce n'est permis ni par la loi ni par la morale.

Au lieu de répéter *ni*, on peut ne le faire intervenir, devant le sujet, le complément ou l'attribut placé en second lieu, qu'après la négation complète :

> *Il n'est pas bon ni juste. L'or ne nous rend pas heureux, ni la grandeur. Il n'a pas de parents ni d'amis.*

▶ NI.

13. *PAS PLUS QUE*

Pas plus que exige la négation.

> *Pas plus que je n'ai besoin de lui, pas plus il n'a besoin de moi.*

Pour l'emploi de *ne* dans la subordonnée qui suit **ne pas plus que**, il faut distinguer *ne... pas plus que* (▶ NE explétif) et *ne pas... pas plus que.*

Après **ne pas... pas plus que**, *ne* est nécessaire et s'emploie seul : *Je n'ai pas besoin de lui, pas plus qu'il n'a besoin de moi.* Si l'on employait *de même que*, on mettrait *ne pas* : *de même qu'il n'a pas besoin de moi.* Mais après *pas plus que* on évite de répéter *pas*.

Quand un sujet est précédé ou suivi de *pas plus que* avant le verbe, la négation est réduite à *ne*.

> *Pas plus que Pierre, Paul n'a bien répondu. Paul, pas plus que Pierre, n'a bien répondu.* Mais : *Paul n'a pas bien répondu, pas plus que Pierre.*

On recourt aussi à *non plus que* : *Paul n'a pas bien répondu, non plus que Pierre.*

L'emploi de *non plus que* devant le verbe peut s'accommoder de *ne pas* (comme si *non plus que* introduisait une parenthèse) :

> *Les êtres vivants, non plus que les montagnes et les ravins, n'étaient pas encore assurés de leurs véritables dimensions ni de leurs possibilités* (Supervielle, J., *Premiers pas de l'univers*).

▶ NON, 9.2.

14. VOIR AUSSI...

▶ CE N'EST PAS QUE, MOINS, 2, d, NON, 8 (*non que*), QUE, conj., 3.2.

Ne explétif

Nous garderons cette appellation (qui veut dire simplement que cet adverbe n'est pas nécessaire au sens) plutôt que d'autres qui ont été proposées : modal, expressif, pléonastique, redondant, abusif, discordantiel, etc. L'emploi de *ne* explétif peut certes traduire une idée parallèle négative qui est dans la pensée du locuteur : *Je* crains qu'il **ne** vienne peut apparaître comme parallèle à *Je souhaite qu'il ne vienne pas*. Mais *ne*, dans la première phrase, est opposé à *ne pas* (*Je crains qu'il **ne** vienne **pas***) et n'est pas nécessaire au sens. Dans *Il agit autrement qu'il ne parle*, la pensée parallèle négative est : *Il ne parle pas autrement qu'il agit*. Mais, encore une fois, *ne* est explétif. D'ailleurs, l'idée parallèle négative peut être un fait strictement individuel qu'on est libre parfois d'exprimer par *ne*, sans qu'il y ait contrainte de l'employer.

Si l'on prend garde que le *ne* obligatoire après *que* employé à la place de *avant que*, *sans que* (▶ QUE, conj., 3.2) n'est pas un *ne* explétif mais un *ne* vraiment négatif employé seul, on peut presque affirmer que *ne* explétif est devenu facultatif dans tous les cas. Voir toutefois la fin de cet article (2.3, après *plutôt que*).

Mais si on l'emploie une première fois, il convient de l'employer devant l'autre verbe juxtaposé ou coordonné dépendant du même verbe principal : *Je crains qu'il **ne** soit fâché et qu'il **ne** s'en aille*.

1. AVEC LE SUBJONCTIF

Pour son emploi ou son omission à des degrés divers, avec un subjonctif, voir à leur rang alphabétique les mots qu'il suit : *craindre*, *crainte*, *douter*, *nier*, *avant que*, etc.

2. AVEC L'INDICATIF : PROPOSITIONS CORRÉLATIVES À UN COMPARATIF

Ne retenons ici que le cas de sa présence (fréquente mais facultative) dans les propositions corrélatives à un comparatif à l'indicatif (après *plus*, *autre*, etc.).

2.1. DANS UNE COMPARAISON D'INÉGALITÉ

Ne est très fréquent, disons même courant (sans être obligatoire), dans une comparaison d'inégalité avec *plus*, *moins*, *meilleur*, *autrement*, etc. :

> *C'est plus difficile que je ne pensais. Ce n'est pas plus difficile que je ne l'envisageais. Il est autre **que je (ne) croyais**.*

On pourrait supprimer *ne* :

> *Il n'agit pas autrement qu'il parle* (Ac.). *Je n'agirais pas autrement que je ne l'ai fait. On ne peut pas être plus content que je ne le suis. Ce n'est pas que vous vous soyez réveillé ce matin plus tard que vous l'aviez pensé* (Butor, M., *La modification*). *Leurs cas de conscience, complaisamment exposés, me troublaient moins qu'ils ne m'édifiaient (...). Des mots vénéneux, infiniment plus riches que je ne savais* (Sartre, J.-P., *Les mots*). *L'aventure est plus banale que tu penses* (Bernanos, G., *La joie*). *Il agit autrement qu'il parle* ou *qu'il ne parle* (Ac.). *Elle était plus lourde que j'aurais cru (...). Philippe était moins insensible qu'il ne se l'imaginait peut-être lui-même* (Ormesson, J. d', *L'amour est un plaisir*).

Il peut arriver que **ne... pas plus que** mette en parallèle deux idées senties comme réellement négatives. On peut alors se demander si *ne*, dans la seconde proposition, est vraiment explétif et si l'on n'a pas un *ne* employé seul : *Mais cela ne m'étonne pas ; je ne suis pas plus surpris que vous **ne l'êtes**. Il est surmené, il n'a pas plus de loisirs que je n'en ai*. Au contraire, l'idée est positive et *ne* certainement explétif dans la seconde proposition si je dis : *On ne peut pas être plus content que je **(ne) le suis**.* On peut d'ailleurs hésiter parfois sur l'interprétation dans un sens positif ou négatif : *Je ne le connais pas plus que vous **ne le connaissez*** (Ac.).

2.2. NÉGATION D'UNE COMPARAISON D'ÉGALITÉ

Ne explétif est beaucoup plus rare et même tout à fait exceptionnel si la proposition principale négative ou interrogative contient *aussi*, *si*, *tant*, *autant*, c'est-à-dire si l'on nie une comparaison d'égalité :

> *Ce n'est jamais amusant autant qu'on l'imagine. Elle n'est pas aussi indifférente qu'elle le prétend. Ce livre est-il aussi intéressant qu'on le dit ?*

Si un de ces derniers adverbes se trouve dans une **principale affirmative**, la présence de *ne* dans la subordonnée est vraiment anormale et à proscrire. On dit : *Il est aussi habile que je croyais*.

2.3. APRÈS *PLUTÔT QUE*

Après *plutôt que* comparatif dans une proposition affirmative, l'omission de *ne* est extrêmement rare :

> *On le craint **plutôt qu'on ne le respecte**. Ils se complètent plutôt qu'ils ne s'opposent.*

C'est qu'on tend en fait à nier le second verbe, en l'écartant au profit du premier. ▶ PLUTÔT, 7.

2.4. PRÉSENCE DU PRONOM *LE*

On a pu remarquer, dans les exemples ci-dessus, l'intervention du pronom *le* (cela) ; il accompagne des verbes comme *croire*, *penser*, *dire*, *prévoir*, *faire* ou *être*, employés avec ou sans *ne* ; il ne s'impose jamais :

> *Il est plus riche que **je** croyais, que **je ne** croyais, que **je le** croyais, que **je ne le** croyais ou qu'il était, qu'il n'était, qu'il l'était, qu'il ne l'était.*

▶ LE, LA, LES, 2.2.2.

NÉ, adj.

1. *Né à* se dit de celui qui est né dans telle localité, que ses parents y aient ou non leur domicile fixe. ▶ NATIF.

2. Trait d'union et accord des deux éléments dans les composés: *aveugle-né*, **premier-né**, *dernier-né*, *écrivain-né*, *artiste-né*, *orateur-né*, etc. ▶ MORT-NÉ (*mort* invariable), NOUVEAU, 3, *nouveau-né(e)*.

NÉANMOINS, adv. et conj. et non préposition: *Âgé et néanmoins alerte*. *Il l'a fait néanmoins*. Classique et vieilli: CE NÉANMOINS, malgré cela.

NÉBULEUX, NUAGEUX, adj. *Nuageux* s'emploie surtout au sens propre (temps, ciel) et *nébuleux* au sens figuré (écrivain, esprit, discours, visage, idées). Mais on parle aussi d'un ciel *nébuleux*, d'un esprit ou d'un style *nuageux*, d'explications *nuageuses*.

NÉCESSAIRE, **adj.** *Une chose (ou une personne) est nécessaire à une autre. Les connaissances nécessaires à un ouvrier, à un travail, **pour faire** un travail, pour réussir. Il est nécessaire **de faire** qqch., que nous **fassions** telle chose. Se sentir nécessaire*. **Nom**: *Manquer du nécessaire. Faire le nécessaire*.

NÉCESSITER, v.tr.dir., se dit d'une chose: *Cela nécessite de longues recherches*. Bien que le sens soit ici *exiger*, c'est avec la nuance de «rendre nécessaire» et l'on ne pourra dire: «L'infirmerie ne nécessite pas un appareil de stérilisation». On dira: *n'exige pas*. On ne dira pas que tel malade «nécessite une convalescence de huit jours», mais que *sa santé nécessite un congé de convalescence* ou *un traitement*.

NÉCROLOGE, n.m., registre des morts. Et non [NÉCROLOGUE].

NECTAR, n.m., boisson exquise, suc mielleux de certaines plantes, ou, en alimentation, boisson résultant d'une addition d'eau et de sucre à un jus de fruits: **nectar de cerise**.

NÉFASTE, adj., se dit des personnes comme des choses: *Un personnage néfaste* (Ac.). *Un jour néfaste*. On dit: *néfaste à la société* ou **pour la société**.

NÉGLIGEANT, avec *ea*, part. présent de *négliger* (**en négligeant** *cette occasion*). **NÉGLIGENT**, adj. (*un élève* **négligent**). **NÉGLIGENCE**, n.f. Adverbe, **NÉGLIGEMMENT**.

NÉGLIGER, v.tr.dir. Nous **négligeons**. Je **négligeais**, nous **négligions**. *Elle néglige son bébé, elle* SE NÉGLIGE, *elle néglige sa tenue. Elle a négligé de nous répondre*. Plutôt que de donner à ce verbe comme complément une proposition introduite par *que*, on dit: *Ne négligez pas **le fait qu**'on vous a averti*.

NÉGOCIANT, n.m. (féminin très rare: **négociante**). Bien que NÉGOCE se soit dit depuis longtemps de toute activité commerciale, on a voulu réserver *négociant* au commerce en gros. On l'admet aujourd'hui pour le commerce en demi-gros, et même parfois pour le commerce de détail.

NÉGOCIER UN VIRAGE est condamné comme anglicisme substitué à *prendre un virage*. Ce n'est pourtant qu'un emploi métaphorique, à vrai dire très particulier, de *négocier* (une affaire, un traité): manœuvrer pour prendre un virage à grande vitesse; mais il est vrai que *négocier une affaire, un traité* suppose la recherche d'un accord avec une autre partie.

NÈGRE, n. et adj. Féminin du nom, une **négresse**; de l'adjectif, **nègre**: *Une tribu nègre. Une danse nègre. L'art nègre*. Adjectifs invariables: (des robes) *nègre*, une solution *nègre blanc*, ambiguë.

NÉGRO, comme premier élément d'un composé français, est invariable: *Les langues* **négro-africaines**.

NEGRO-SPIRITUAL, mot américain; c'est pourquoi *negro* n'a pas d'accent; *u* semi-voyelle comme dans *lui*; *a* se prononce *o*. Des **negro-spirituals**. On écrit aussi NEGRO SPIRITUAL sans trait d'union.

NENNI, adv., vieilli et dialectal, prononcé plus souvent avec *è* qu'avec *é*.

NÉNUPHAR, n.m., longtemps écrit avec *f* (issu de l'arabe *nînûfar*), proposé avec *ph* par l'Académie en 1935, retrouve le *f* dans les *Rectifications de l'orthographe* de 1990 (*RO* III.10H), **NÉNUFAR**.

NÉO-, préfixe, tend à s'agglutiner à l'élément qui suit (sauf devant *i*, *u*), mais le trait d'union est fréquent.

NÉOPHYTE, adj. et n., ne se dit pas de tout novice ou débutant, mais de celui qui a récemment adopté une religion, une doctrine ou qui vient d'adhérer à un parti.

Ne pas, ne point, ne jamais, ne plus, ne rien, ne guère

1. EMPLOI

▶ PAS et POINT, 6, NE employé seul, NI.

1.1. ANTÉPOSITION DE *PAS*

Notons qu'au lieu d'employer *ne... pas*, on peut antéposer *pas* en tête de la phrase quand il s'agit d'une quantité infime énoncée comme sujet; *ne* accompagne alors le verbe.

> Comparer: *Je n'ai pas vu la moindre trace* et *Pas la moindre trace n'était visible. Je n'ai pas vu un seul homme* et *Pas un seul homme ne s'est montré.*

1.2. *ON* SUIVI D'UN VERBE COMMENÇANT PAR UNE VOYELLE

La liaison entre *on* et un verbe commençant par une voyelle entraîne souvent la suppression nettement fautive de *n'* quand le verbe est nié.

> Distinguer: *On a un livre* et *On n'a pas un livre.*

▶ N'.

1.3. EMPLOI ABUSIF DE *NE PAS, NE JAMAIS*

À cause du sens négatif de l'ensemble de la phrase, *ne pas* ou *ne jamais* encadrent parfois à tort le verbe subordonné.

> Au lieu de [*Il se retint de ne pas crier. Il renonce à ne pas comprendre. Il évite de n'avoir pas à s'expliquer. Faute de n'avoir pas pu venir*], on dira: *Il se retint **de crier*** (ou *Il se retint pour ne pas crier*). *Il renonce à comprendre. Il évite d'avoir à s'expliquer. Faute d'avoir pu venir.*

Parfois, alors que le sens de la subordonnée est positif, elle reprend abusivement *ne pas* déjà employé: [*Vous n'imaginez pas toutes les erreurs qu'il n'a pas commises*]. Il faut dire évidemment: *qu'il a commises*, le sens n'étant pas: *qu'il a évitées*.

1.4. *PAS* AU LIEU DE *NE PAS* DANS L'INTERROGATION ORATOIRE

Autrefois on pouvait dans certains cas employer *pas* au lieu de *ne pas* dans la langue la plus châtiée. Il en reste une faible survivance, archaïsme poétique ou littéraire, dans l'interrogation oratoire directe:

> *Dirait-on pas que...? Suis-je pas fondé à penser que...?*

▶ NE, omission.

1.5. OMISSION DE *NE*

Il faut se garder, dans un langage écrit ou un peu soucieux de correction, d'omettre *ne*. À des degrés différents, sans renoncer totalement à l'emploi de *ne... pas*, la langue parlée le réduit à *pas* avec une fréquence indéniable. Il faut dire:

> *N'est-il pas venu? Je ne sais pas. Il ne m'aime pas. N'est-ce pas? Les enfants ne sont pas sortis. Ne fais pas ça.*

▶ NE, omission, 2, PAS et POINT, 6.

2. PLACE

2.1. VERBE CONJUGUÉ

Les deux éléments de la négation encadrent la forme conjuguée du verbe ou de l'auxiliaire (ou semi-auxiliaire):

> *Je **ne sais pas**. Ne partez pas. Je ne vais pas y renoncer. Ne faites pas courir cet enfant. Il **n'est pas** sorti. N'allez pas le croire.*

Les pronoms atones compléments du verbe conjugué se placent entre *ne* et le verbe; certains adverbes et des compléments circonstanciels se placent entre le verbe et *pas*:

> *Je ne le vois d'ailleurs pas. Je n'en ai d'ailleurs probablement pas le droit. Il ne s'est pourtant pas fait prier. Il n'y avait, ce jour-là, pas d'affluence* (ou *Il n'y avait pas d'affluence*). *Je ne le crois même pas. Il ne m'a même pas répondu. Je ne l'ai presque pas vu. Ne me répondez pas. Ne vous fâchez pas. Ne vous en allez pas. Mais on dit: Je ne l'ai pas encore vu. Je ne l'ai pas suffisamment vu* (ou *je ne l'ai pas vu suffisamment*). *Je ne l'ai pas toujours cru.*

La place de l'**adverbe** peut modifier le sens. Comparer: *Il ne dit pas tout simplement ce qu'il pense* et *Tout simplement, il ne dit pas ce qu'il pense. Il n'est pas certainement de mauvaise foi* et *Il n'est certainement pas de mauvaise foi* (ou *Certainement, il n'est pas de mauvaise foi*). *Ce n'est pas précisément ce que je veux dire* et *Ce n'est précisément pas ce que je veux dire* (ou *Précisément, ce n'est pas ce que je veux dire*).

2.2. VERBE À L'INFINITIF PRÉSENT

2.2.1. Forme non composée

Si le verbe nié est à l'infinitif présent (forme non composée), l'usage actuel est de mettre *ne pas, ne plus*, etc. avant l'infinitif ou, éventuellement, avant les pronoms atones compléments:

> *Je souhaite ne pas partir. Il croit ne pas pouvoir venir* (Ac.). *Je désire **ne pas le voir**, ne pas m'en aller. Pour ne pas vous ennuyer.*

> Attention au changement de sens dû au déplacement de la négation: *Vous ne devez pas oublier.* Comparer: *Il peut ne pas venir* et *Il ne peut pas venir.* ▶ 2.4.

La langue classique encadrait avec *ne pas* l'infinitif et le pronom atone ou simplement celui-ci: *Je désire ne le voir pas* ou *ne le pas voir*. Ces tours sont aujourd'hui littéraires et archaïques, sauf dans certains cas, avec *en* ou *y*:

pour **n'en plus parler**, pour n'y plus penser, à n'en plus finir ; mais on dit couramment : pour **ne plus en parler**, pour ne plus y penser.

2.2.2. Forme composée

Si l'infinitif est à une forme composée, *pas* se place avant ou après l'auxiliaire :

> Je crains de ne pas être compris, de ne pas avoir compris ou de n'être pas compris, de n'avoir pas compris. Je regrette de ne pas l'avoir vu ou de ne l'avoir pas vu.

Le pronom complément reste près de l'auxiliaire. *J'étais heureux de ne m'être pas tu* (Green, J., *Jeunesse*).

2.3. RIEN, JAMAIS, GUÈRE

Rien, jamais et *guère* occupent la place de *pas* :

> Je ne vois rien. Il n'a jamais menti. Je ne l'ai jamais vu. Pour ne rien lui cacher. Je n'en ai guère. Il ne s'en est guère fallu.

Avec *en* ou *y*, on a le choix entre *ne **rien y** voir* et *n'y **rien** voir*, *ne rien en savoir* et *n'en rien savoir*.

Jamais peut se placer en tête de la proposition ; il n'entraîne pas d'inversion :

> Je n'ai jamais rien vu de pareil ou **Jamais** je n'ai rien vu de pareil. Jamais une intervention n'a été aussi utile.

Presque et **même** peuvent s'intercaler entre *ne* et *pas* ou *plus* accompagnant l'infinitif, mais *même* précède ou suit *pas* ou *plus*, tandis que *presque* les précède :

> Je finirai par **ne même plus** la remarquer (ou par **ne plus même** la remarquer). Je finirai par ne presque plus dormir (ou par ne dormir presque plus).

2.4. DÉPLACEMENT RÉEL OU PRÉTENDU DE LA NÉGATION

On voit la différence entre *Il peut ne pas venir* (possibilité, liberté de ne pas venir) et *il ne peut pas venir* (impossibilité ou interdiction de venir) ; *Je désire ne plus parler* et *je ne désire plus parler* ; *Je souhaite qu'il n'y aille pas* et *je ne souhaite pas qu'il y aille*. Généralement, la place de la négation est pertinente, son déplacement modifie plus ou moins le sens de la phrase.

Les grammairiens observent que certains verbes comme **vouloir, prétendre** (au sens de *vouloir*), **devoir, falloir, sembler, faire semblant, croire** prennent la négation qui logiquement porte sur la proposition ou l'infinitif qui les suit. Il faut distinguer :

2.4.1. *Vouloir*

Ne pas vouloir peut signifier *ne pas exiger*, mais aussi *refuser*, aussi bien devant un nom que devant un verbe :

> Je ne veux pas sa perte. Je ne veux pas de confiture. Je ne veux plus le voir. Je ne veux pas y aller.

Je ne veux pas qu'il s'en aille. On ne parlera de déplacement de la négation que si l'on interprète : *Je veux qu'il ne s'en aille pas* ; mais non si l'on s'avise que *je ne veux pas* signifie «je refuse».
▶ VOULOIR, 2.

Il arrive d'ailleurs que le contexte donne nettement à *ne pas vouloir* le sens de «n'avoir pas la volonté, l'intention» et à *je ne voudrais pas* le sens de «je ne désire pas, je n'aimerais pas». Il n'y a dans ce cas aucun déplacement de la négation :

> Je n'ai pas voulu vous froisser. Je ne voudrais pas être à sa place. Je ne voudrais pas arriver en retard. Ne voudriez-vous pas m'avertir ? (Ne consentez-vous pas à m'avertir ?)

Un peu de réflexion permettra d'éviter toute équivoque et fera distinguer *Je ne voudrais pas l'avoir fait* (je n'aimerais pas l'avoir fait ; je ne l'ai pas fait, d'ailleurs) et *Je voudrais ne pas l'avoir fait* (je l'ai fait, mais je le regrette). Mais il est presque indifférent de dire : *Je voudrais qu'on ne se méprenne pas sur ce que je vais dire* ou *Je ne voudrais pas qu'on se méprenne sur ce que je vais dire.*

Notons que si *vouloir dire* a le sens de «signifier», la négation encadre le premier verbe : *Cela ne veut pas dire qu'il a tort* (ne signifie pas). Sens différent : *Cela veut dire* (montre, fait voir) *qu'il n'a pas tort.*

2.4.2. *Prétendre*

Avec *prétendre* signifiant «vouloir», on peut dire que la négation est déplacée si *ne pas prétendre* signifie «vouloir que ne pas».

> Je ne prétends pas qu'il y aille (Je veux qu'il n'y aille pas). Mais : Je ne prétends pas qu'il a tort signifie : Je n'affirme pas qu'il a tort.

▶ PRÉTENDRE.

2.4.3. *Devoir*

Le cas de *devoir* peut sembler plus complexe à cause de ses divers sens (▶ DEVOIR). Dans *Je ne dois pas insister*, on nie l'obligation ; pas de déplacement de la négation. Ni dans *Cela n'a pas dû vous surprendre*, qui nie *Cela a dû vous surprendre.*

Il y a au contraire déplacement de la négation dans *Vous ne devez pas oublier*, qui peut d'ailleurs se dire *Vous devez ne pas oublier* mais se rapproche aussi de *Vous ne pouvez pas oublier*, marquant une interdiction (▶ POUVOIR, 4). Il faut éviter de créer une équivoque en substituant *devoir* à *pouvoir*. On dira: *Le conducteur ne peut accélérer au moment où un véhicule le dépasse*. Toutefois, aucun Parisien ne se méprend lorsqu'il lit dans le métro: *Pour votre sécurité, vous ne devez pas monter ni descendre dès que le signal sonore fonctionne*. Il ne remarque même pas ce déplacement de la négation et il comprend qu'il y a interdiction, comme s'il lisait: *Vous ne pouvez pas monter ni descendre* ou *Vous devez ne pas monter ni descendre*. Remarquer l'emploi de *ni*.

Lorsque *devoir* est un auxiliaire de mode (probabilité, vraisemblance) ou de temps (futur), il reçoit la négation.

> *Il ne doit pas tarder à arriver. Il n'a pas dû s'en apercevoir. Le courrier ne doit pas arriver avant demain. Il ne doit pas être parti ce matin. S'il ne doit pas vous rencontrer, il est inutile qu'il fasse ce voyage. Ça ne doit pas être difficile.*

2.4.4. *Falloir*

Falloir exprimant l'interdiction de faire qqch. ou l'invitation à ne pas faire qqch. appelle vers lui la négation, qu'il marque une obligation ou une nécessité: *Ne faudrait-il pas d'abord s'informer? Il ne faut pas y aller* nie *Il faut y aller*; on affirme qu'*il faut ne pas y aller*. En réponse à la question *Que fallait-il faire?* on dira: *Il fallait ne pas y aller*.

> *Il ne faut pas se faire d'illusions (il faut ne pas se faire d'illusions). Il ne faut pas que l'innocent paie pour le coupable. Il ne faut pas demander si j'ai été surpris.*

On oppose *Il faut que cela ne se fasse pas* (qui paraît plus catégorique) à *Il ne faut pas que cela se fasse*.

> *Il ne faut pas oublier qu'il a été malade*, n'oubliez pas qu'il a été malade.

On dit beaucoup plus souvent *Il ne faut pas vous tromper de chemin* que *Il faut ne pas vous tromper de chemin*. Si on ajoute un adverbe à *il faut*, au lieu de *Il ne faut pas rire de lui* on dira, conformément au sens: *Il faut surtout ne pas rire de lui*. Mais: *Il ne faut surtout pas vous imaginer que cela me laisse indifférent*.

2.4.5. *Sembler, paraître, avoir l'air*

Avec *sembler, paraître, avoir l'air*, on dira plutôt *Il ne semble pas s'en apercevoir*. Avec *même pas*: *Il ne semble même pas s'en apercevoir* à côté de *Il semble même ne pas s'en apercevoir*, plus catégorique. On dira: *Il ne semble pas qu'il y ait jamais pensé* ou *Il semble qu'il n'y ait jamais pensé*, qui dit davantage.

2.4.6. *Penser, croire*

Avec *penser, croire*, on peut opposer *Je ne crois pas qu'il l'ait dit* à *Je crois qu'il ne l'a pas dit*, qui est plus catégorique. *Je ne pense pas m'illusionner — ou plutôt je pense ne m'illusionner point* (Gide, A., *Journal*).

2.4.7. *Faire semblant*

▶ SEMBLANT, TOUT, 2.2.3.D.

2.4.8. *Avoir garde*

On notera qu'il n'y a pas, quoi qu'on dise, un évident déplacement de la négation dans *n'avoir garde de faire qqch.*: *Il n'a garde de s'en vanter* signifie assurément «Il ne s'en vante pas» ou «Il a soin de ne pas s'en vanter», mais peut s'interpréter: «Il s'abstient soigneusement (Il est bien éloigné) de s'en vanter». ▶ AVOIR, 13, GARDER, 1.

2.5. *POUR NE PAS QUE*

Par analogie avec *pour ne pas voir* (▶ 2.2), la langue populaire puis la langue un peu familière et parfois même, mais beaucoup plus rarement, de bons écrivains disent *pour ne pas qu'on voie* au lieu de **pour qu'on ne voie pas**. On ne peut dire que le tour soit devenu correct et acceptable. Quant à [*pour pas que*], il est encore nettement réservé à la langue populaire.

2.6. NÉGATION RENFORCÉE

On dit: *Je n'ai absolument pas compris. Il ne veut absolument pas le faire. Je n'ai pas du tout cette intention. Je ne comprends pas du tout. Je n'ai pas compris du tout. Ce n'est pas du tout exact*, etc.

3. DE L'INTERROGATION À L'EXCLAMATION

Nous avons vu (▶ INVERSION, 3.3.1) que le tour interrogatif peut facilement devenir exclamatif (*Est-il stupide!*), mais que dans certains cas on hésitera à rendre exclamatif un tour trop nettement senti comme interrogatif. À l'interrogation *Quelle sottise a-t-il encore faite?* correspondra l'exclamation *Quelle sottise il a encore faite!*

On peut changer en exclamation l'interrogation négative à sens positif: *Quelles erreurs n'a-t-il pas commises?* peut devenir une exclamation. De même:

> *Quelle ne fut pas ma stupeur? Quelles sottises n'a-t-il pas faites? Combien de gens ne jugent-ils pas trop hâtivement?*

En exclamation: *Quelle ne fut pas ma stupeur!* Etc.

Au lieu de **combien** suivi de la préposition *de* et d'un nom, on peut employer *que* dans une exclamation positive ou négative, mais non dans une interrogation. On dit : *Que de fois je l'ai regretté!* ou *Que de fois ne l'ai-je pas regretté!*

Ne pas que

Ne pas que nie *ne que* (seulement). La négation normale de *Il n'y a que vous* est **Il n'y a pas que vous**. C'est à tort qu'au nom d'une prétendue logique ou d'un usage classique assez différent, on a soutenu avec acharnement que ce tour était incorrect. Disons seulement que, s'il est souvent très commode, il peut devenir lourd ou un peu obscur : affaire de style, non de correction. *Il n'a fait que nous écouter* devient, si l'on veut dire qu'il n'a pas seulement écouté, qu'il a fait davantage : *Il n'a pas fait que nous écouter*. Cela est très clair. Mais cet emploi, quoique justifié, peut étonner si l'interrogation est oratoire : *Si en fin de compte la liberté n'a plus personne à qui s'adresser, n'aurons-nous pas fait que changer de tyran?* (Giono, J., *Le hussard sur le toit*) Mieux vaudrait dire : **n'aurons-nous fait que** *changer de tyran?* ou *nous n'aurons fait que changer de tyran* ou *aurons-nous fait autre chose que...?* — On peut être tenté de dire : *Ce n'est pas qu'un collègue, c'est un ami*. Mais en tête d'une proposition, *ce n'est pas que* oriente généralement la pensée vers le rejet d'une cause (▶ CE, 2.5.6). On dira donc plutôt : *Ce n'est pas seulement un collègue, c'est un ami.* — **Pour ne pas que**. ▶ NE PAS, 2.5.

Ne que

1. VALEUR

On vient de voir qu'il signifie *seulement* et marque une restriction. Celle-ci ne peut porter sur le verbe lui-même, sauf s'il est à un temps composé, ni sur le sujet, sauf si c'est le sujet réel d'un verbe impersonnel :

> *Il ne reste qu'une chose à faire. Ils ne sont que blessés. Ils n'ont que le temps de signer ou Ils n'ont le temps que de signer. Il n'a que dix francs. Je n'ai pas terminé ce travail, je ne l'ai qu'ébauché.*

Le plus souvent, même pour nier un verbe à un temps composé, on emploie comme à un temps simple *ne faire que* : *Je ne fais que commencer. Je n'ai fait que l'ébaucher.* ▶ FAIRE, 12.

> *Je ne veux que le voir* : je ne veux rien de plus, je veux seulement le voir.

Ne pas répéter abusivement *ne*.

> Phrase fautive : [*Il **n**'a eu le temps de **n**'examiner qu'un dossier*] au lieu de : *Il n'a eu le temps d'examiner qu'un dossier.*

2. NE... SEULEMENT QUE

Ne... seulement que est un pléonasme d'insistance qui se rencontre depuis longtemps chez de bons écrivains : *Je ne fais seulement que demander mon crime* (Molière). Il ne faut pas en abuser.

3. RIEN

Rien peut renforcer *ne... que* : *Je n'ai rien fait que ce qu'il a dit* (Ac.). On admet mieux ce pléonasme avec *ne rien faire que*. Mais *Je n'ai rien que cela* ne dit pas plus que *Je n'ai que cela.*

4. IL N'Y A QUE

On dit : *Il n'y a absolument que vous à qui j'en puisse parler* (Cassou, J., *Le bel automne*) ou *Il n'y a qu'à vous que j'en puisse parler.*

5. VOIR AUSSI...

▶ ARTICLE, 2.4, NON, 6.1.4.

NERF, n.m. On ne prononce pas *f*. *Avoir du nerf, manquer de nerf.*

N'EST-CE PAS, loc.adv. interrogative, est suivi d'un point d'interrogation en fin de phrase : *Vous viendrez, n'est-ce pas? Vous n'avez pas dit cela, n'est-ce pas?* Mais non dans le corps de la phrase : *Vous le verrez, n'est-ce pas, la semaine prochaine.* En tête : *N'est-ce pas qu'il avait tort?*

NET, adj. et adv. (on prononce *t*), est invariable comme adverbe dans *Elle a été tuée **net**. Ils se sont arrêtés net. Cela pèse dix kilos net. Casser net. Parler net* (sans détours, sans ménagements). *Trancher net. Ils ont dit tout net leur pensée.* Adj. *Les prix **nets**. En avoir le cœur net.*

NETTOIEMENT, NETTOYAGE, n.m. On ne parle plus guère de **nettoiement** qu'en agriculture et en sylviculture et pour l'ensemble des opérations consistant à nettoyer les rues, un port, etc. : *Le nettoiement des rues. Les services urbains de nettoiement.* On parle de **nettoyage** des mains, d'une façade, d'une cuisine, d'une maison, d'un vêtement, d'un nettoyage à sec, à la vapeur, par le vide, d'une opération (militaire) de nettoyage, etc.

NEUF, numéral. Prononciation : actuellement, on prononce *f*, même devant une consonne ; *f* tend à se prononcer *v* devant une voyelle ou un *h* muet.

NEUF, adj. Sens et emploi ▶ NOUVEAU, 1. Les puristes, s'en tenant à Littré et à l'Académie, condamnent **QUOI DE NEUF?** qui pourtant, comme *rien de neuf*, se dit et s'écrit depuis longtemps à côté de *Quoi de nouveau? Rien de nouveau.*

BATTANT NEUF, FLAMBANT NEUF. ▶ FLAMBANT NEUF.

Le neuf, substantif, se dit de ce qui n'a pas encore servi (*Travailler dans le neuf, faire du neuf*), de ce qui vient d'être fait (*être habillé* DE NEUF, *un appartement meublé de neuf*). *Remettre* À NEUF, c'est redonner l'aspect neuf. Il est insolite d'employer *à neuf* pour *à nouveau, derechef*. ▶ NOUVEAU.

NEUTRALISER, v.tr.dir. On dit très bien: *neutraliser un adversaire, un projet dangereux*.

NEW-LOOK, n.m. et adj., pluriel inv., peut se dire: *nouvelle mode, nouveau style, à la mode, d'un nouveau style*.

NEW-YORKAIS, adj. ou n. Trait d'union: *Les New-Yorkais, la population* **new-yorkaise**. Mais pas dans *New York*.

NEZ, n.m.

1. Belgicisme, [FAIRE DE SON NEZ]: prendre de grands airs, avoir l'air prétentieux, fat, faire de l'embarras, des embarras.

2. C'est à tort qu'on parle, à propos de *Cyrano* de Rostand, de la tirade des nez. Il s'agit de la *tirade du nez*.

3. Pas de trait d'union dans: un PIED DE NEZ.

4. *Parler du nez. Saigner du nez. Fourrer son nez partout. Montrer le bout de son nez. Tirer les vers du nez à qqn.*

Ni

Conjonction incompatible avec *pas*, *ni* coordonne des mots ou des propositions. ▶ VERBE, Accord, 2.2.11.

1. AVEC UNE AUTRE NÉGATION

1.1. À L'INTÉRIEUR D'UNE PROPOSITION NÉGATIVE

À l'intérieur d'une proposition négative, on peut employer soit *ne pas* (ou *ne* dans les cas notés à NE employé seul) et ensuite *ni* devant le second terme, soit *ni... ni* et simplement *ne*:

> Je *ne* suis **pas** aveugle **ni** sourd ou (plus souvent) Je *ne* suis **ni** aveugle **ni** sourd. Sa générosité ne sera pas oubliée, ni sa simplicité ou Ni sa générosité ni sa simplicité ne seront oubliées.

On ne met pas de virgule quand le second *ni* unit deux mots de même fonction, à moins qu'on ne veuille isoler un des deux éléments.

> Il ne veut pas, ni moi non plus ou Ni lui ni moi ne voulons. Sa générosité ne peut être oubliée, ni sa simplicité. Il ne peut le voir (ni) aujourd'hui ni demain. Je n'ai confié à aucun d'eux (ni) ce rapport ni mes notes. Mais: Il ne viendra pas aujourd'hui ni demain ou Il ne viendra ni aujourd'hui ni

demain. Je n'ai pas confié à l'un d'eux mon rapport ni mes notes ou Je n'ai confié à l'un d'eux ni mon rapport ni mes notes.

Si le complément direct est introduit par l'article partitif ou *de(s)*, on ne peut employer *ni... ni*: Je n'ai pas d'argent ni de provisions. Sans *de*: Je n'ai ni argent ni provisions.

> Il n'a pas d'ennemis ni de rivaux ou Il n'a ni ennemis ni rivaux. Ni fleurs ni couronnes.

Un autre tour est beaucoup moins courant: on emploie simplement *ne* et on ne met *ni* que devant le dernier terme.

> Je ne connais Priam, Hélène ni Pâris (Racine). Le soleil ni la mort ne se peuvent regarder fixement (La Rochefoucauld).

1.1.1. *Ou et ni*

Généralement *ou* devient *ni* dans une proposition négative (ou de sens négatif):

> Sans effort **ni** douleur. Ce n'est pas une coquille **ni** un lapsus. Je ne puis le louer ni le blâmer. Il arrive cependant qu'on emploie *ou*: Personne n'a le pouvoir de les faire pleurer **ou** rire (Mauriac, Fr., Journal). Le Coup de grâce n'a pour but d'exalter ou de discréditer aucun groupe ou aucune classe (Yourcenar, M., Le coup de grâce). Ni Dion, ni Spartien ne sont de grands historiens, ou de grands biographes (Id., Mémoires d'Hadrien). Ils ne connaissaient rien qui ne fût fragile ou confus (Perec, G., Les choses).

1.1.2. *Et et ni*

Et et *ni* ne jouent pas le même rôle, en principe, dans une phrase négative; *et* unit les termes comme faisant partie d'un seul groupe, *ni* les disjoint:

> Il n'était **pas** question de robes **et** de manteaux. Il n'était **pas** question de robes **ni** de manteaux.

La disjonction est plus nette encore dans *Il n'était question* **ni** *de robes* **ni** *de manteaux*. On a pu noter qu'*et* avait gagné du terrain sur *ni*:

> Quelque chose qu'il ne pourrait jamais saisir et posséder. Ils ne sont pas plus attentifs et plus méritants que vous.

Cependant *ni* reste habituel quand il y a disjonction.

1.1.3. *Avec sans*

Avec *sans*, on dit, si le verbe n'est pas nié: C'était **sans** intérêt **ni** beauté ou, en répétant *sans* après *et*: C'était **sans** intérêt **et sans** beauté.

Le verbe est nié: Ce n'était **pas sans** intérêt **ni** beauté. Ce n'était **pas sans** intérêt **ni sans** beauté ou Ce n'était **ni sans** intérêt **ni sans** beauté.

1.1.4. *Et ni..., et ni même...*

Dans *et ni, et ni même, et ni surtout, et non certes,* etc., qu'on trouve chez quelques écrivains, surtout chez Duhamel, au lieu de *ni, ni même,* etc., *et* est superfétatoire :

> *Je ne parle pas pour toi, et ni même pour moi* (Duhamel, G., *Le voyage de Patrice Périot*).

1.2. COORDINATION DE PROPOSITIONS PRINCIPALES NÉGATIVES

Pour coordonner plusieurs propositions principales (ou indépendantes) négatives :

1.2.1. **Si elles ont le même sujet**

Si elles ont le même sujet, on a le choix entre *ne... pas* et *ne... pas, ne pas... ni ne, ni ne... ni ne* et, surtout si les verbes marquent une progression, entre *ne pas... ne pas, ne pas... ni ne, ne... ni ne* ou *ni ne... ni ne* : *Il ne se laisse pas abattre et (il) n'abandonne pas la lutte* ou *Il ne se laisse pas abattre ni n'abandonne la lutte* ou (si le sujet est un nom) *Cet homme ni ne se laisse abattre ni n'abandonne la lutte.*

> *Ses ouvriers ne l'aiment pas et ne l'estiment pas* ou *Ses ouvriers ne l'aiment pas ni ne l'estiment* ou *ne l'aiment ni ne l'estiment* ou *ni ne l'aiment ni ne l'estiment. Je ne veux, ni ne puis, ni ne dois le faire. Cela n'est pas et ne sera pas. Cela n'est pas ni ne sera. Cela n'est ni ne sera.*

▷ NE employé seul, 12.

1.2.2. **Si les sujets changent**

Si les sujets changent, on emploie *ne pas... et ne pas* ou *ni ne... ni ne* :

> *La garnison ne se rendra pas et la ville ne sera pas prise. Ni la garnison ne se rendra, ni la ville ne sera prise.*

1.3. COORDINATION DE SUBORDONNÉES NÉGATIVES

Pour coordonner plusieurs propositions subordonnées négatives, on emploie généralement *ne pas... et ne pas,* en répétant le sujet si on répète la conjonction :

> *Je vois que vous ne l'aimez pas et (que vous) ne l'estimez pas. Quand on n'est pas intelligent et qu'on ne travaille pas, comment réussirait-on ?*

Parfois, si les subordonnées sont brèves et ont le même sujet, on emploie *ne... ni : Je vois que vous ne l'aimez ni ne l'estimez.*

1.4. COMPLÉTIVES AFFIRMATIVES D'UNE PRINCIPALE NÉGATIVE

Après une principale négative, les subordonnées complétives affirmatives peuvent s'unir par *et* ou par *ni* :

> *N'espérez pas que j'aille le voir et (ou ni) que je lui parle.*

La disjonction peut imposer *ni* :

> *Il ne devait pas se décourager ni s'étonner du retard. N'espérez pas que j'aille le voir ni que je lui écrive.*

En répétant *ni* :

> *N'espérez ni que j'aille le voir ni que je lui écrive.*

2. SANS AUTRE NÉGATION

2.1. *NI* ET LA NÉGATION IMPLICITE

Ni s'emploie également si la négation est seulement implicite :

> *Il se montrera comme il est, ni meilleur ni pire (Il n'est ni meilleur ni pire que les autres). Il est impossible (ou on ne peut espérer ou j'ai peine à croire) que ni lui ni son frère (ou que lui ou son frère) puissent réussir. Peut-on voir quelque chose de plus beau ni de plus rare (ou bien: ou de plus rare) ? Chantal était encore loin de donner son nom à l'espèce de stupeur qui venait de la saisir ni à cette impatience où elle s'obstinait...* (Bernanos, G., *La joie.*)

Mais cet emploi de *ni* dans une proposition non négative est beaucoup plus restreint qu'autrefois. On ne dit plus : *Patience et longueur de temps font plus que force ni que rage.* On dit : *ou que rage.* Mais, à cause du sens négatif, on dit très bien :

> *Inutile de regarder à gauche ni à droite (ou et à droite). Nous étions incapables de retrouver ni son nom ni sa profession.*

2.2. *NI* ET *SANS*

Emploi de *ni* avec *sans* ▷ 1.1.3.

2.3. *NI PLUS NI MOINS*

Ni plus ni moins, locution adverbiale, s'emploie avec ou sans *que.*

2.3.1. **Sans *que***

C'est de l'escroquerie ni plus ni moins. La langue classique disait: Il n'en sera ni plus ni moins. On dit encore: Il n'en aura ni plus ni moins. Comparer: Il n'est ni meilleur ni pire.

2.3.2. **Avec *que* introduisant une comparaison**

Je ne l'aime ni plus ni moins que sa sœur: Je ne l'aime pas plus ni pas moins que sa sœur. *Je l'aime ni plus ni moins que sa sœur*: Je l'aime exactement autant que sa sœur. La coloration négative ou positive de la phrase et de la pensée explique la présence ou l'absence de *ne.* Mais en fait les deux phrases ont le même sens.

> *Le Robert* cite: *L'admission d'un fait sans cause n'est ni plus ni moins que la négation de la science* (Bernard, Cl.; n'est

pas plus et n'est pas moins que, est exactement comme) et *Nous sommes traités ni plus ni moins que des chiens* (Balzac; nous sommes traités exactement comme des chiens).

L'emploi de *ni* peut donc se justifier dans cette phrase: *Je n'y comprends ni plus ni moins que si c'était du grec,* le sens étant: *Je n'y comprends exactement rien.* Mais il semble qu'aujourd'hui, dans la plupart des cas, on perçoive le sens positif, «exactement comme»; d'où l'absence de *ne*:

> *La douleur a ni plus ni moins de place dans leur sexualité que dans celle de l'homme* (Beauvoir, S. de, *Le deuxième sexe*). *Ce qu'elle a pensé (...) de ceux qu'elle a aimés et qui sont partis importe ni plus ni moins que ce que j'ai pensé et senti moi-même* (Yourcenar, M., *Archives du Nord*).

Si *ni plus ni moins* porte sur un complément circonstanciel, le verbe n'est pas nié et n'est donc pas accompagné de *ne*:

> *Il part avec ni plus ni moins de bagages que s'il s'absentait pour deux jours.* Comparer: *Il emporte ni plus ni moins de bagages que s'il s'absentait pour deux jours.*

NICHE, NIQUE, n.f. *Faire une niche à qqn* (vieilli), lui faire une farce. *Lui faire la nique,* lui faire un geste de mépris.

NIC-NAC, n.m., désigne en Belgique une petite friandise de pâte dure.

NID, n.m. Il est normal d'écrire quand il s'agit d'oiseaux: *un nid d'aigle, de merle, d'hirondelle;* de même: *un nid d'écureuil.* Mais pour les animaux en groupes, on écrit: *un nid d'abeilles, de guêpes, de chenilles;* de même: *un nid de brigands, un nid de mitrailleuses.* — Au figuré, traits d'union dans **NID-DE-POULE, NID-D'ABEILLES, NID-DE-PIGEON,** etc. Des *nids-de-poule,* etc.

NIELLE, n.f. s'il s'agit d'une maladie du blé, **n.m.** s'il s'agit d'émail.

NIÈME. Quand on recourt à *n* ou *x* pour une quantité non précisée, on écrit souvent *n*^ième ou *x*^ième (*la n*^ième *puissance*); mais pour rapprocher la graphie de la prononciation on écrit aussi **ÉNIÈME** et **IXIÈME;** on trouve également **ENNIÈME.**

NIER (prononciation: une seule syllabe), v.tr.dir.

1. On trouve encore *de* (tour traditionnel, classique) devant l'infinitif complément de *nier;* mais le tour courant est sans *de: Il nie* **avoir** *dit cela.*

2. **Nier que: Affirmatif,** il est suivi le plus souvent du subjonctif sans *ne,* mais il peut l'être de l'indicatif (soulignant la réalité du fait nié) ou du conditionnel: *On nie qu'il* **ait** *fait cela* (le locuteur ne se prononce pas sur cette action). *On nie qu'il* **a** *fait cela* (le locuteur croit plutôt qu'il l'a fait). *On nie*

qu'il **serait** *capable de faire cela.* Mais *Je nie qu'il* **ait** *dit cela:* le locuteur ne peut admettre la réalité du fait qu'il nie.

Négatif ou interrogatif, *nier que* est souvent suivi de l'indicatif ou du conditionnel, mais peut l'être du subjonctif: *Il ne nie pas qu'il* **l'a** *fait* ou *qu'il* **l'ait** *fait* ou *qu'il le* **ferait** *s'il en avait l'occasion. Comment pourrais-je nier qu'il* **a** *fait cela?* On peut dans ce cas employer *ne* explétif avec le subjonctif. Mêmes constructions de IL N'EST PAS NIABLE QUE, PERSONNE NE PEUT NIER QUE, suivis à volonté de l'indicatif ou du subjonctif.

NIETZSCHÉEN, adj. Attention à l'orthographe.

NIGAUD, adj. et n. Féminin: *nigaude.*

NIGÉRIAN (avec accent et finale en *an*), **nigériane,** adj. et n., est, dans l'usage actuel, en rapport avec le Nigéria. **NIGÉRIEN,** de la république du Niger.

NIMBER, v.tr.dir., c'est proprement orner d'un nimbe, c'est-à-dire d'une auréole. Il est donc inutile d'ajouter *d'une auréole* à *nimber.*

N'IMPORTE QUI, QUOI, LEQUEL. La préposition précède: *Adressez-vous à n'importe qui* (Ac.). ***Dans n'importe quel** village.* À *n'importe quel moment.* On trouve encore parfois la préposition intercalée: *n'importe en quel chapitre* (Boileau); tour archaïque. Invariabilité du verbe *importe: N'importe quels appartements lui conviendraient.*

NIPPES, n.f.pl., **NIPPÉ,** adj. Bien que *nippes* désigne des vêtements plutôt pauvres et usés, *être nippé,* familier, a le sens plus large d'«être habillé» et l'on est *bien* ou *mal nippé,* être *nippé de neuf.*

NIPPON, adj. et n. Féminin: *nippone* (plutôt que *nipponne*).

NIRVANA, n.m. On écrit aussi NIRVÂNA, NIRVĀNA. Des *nirvanas.*

NIVEAU, n.m. L'expression AU NIVEAU DE est devenue un cliché dont on abuse et dont on déforme le sens. Elle signifie proprement: «à la hauteur de», «sur la même ligne que» (au propre et au figuré) et suppose donc une comparaison: *La cour n'est pas au niveau du jardin. Sa réputation n'est pas au niveau de sa capacité. Cet enfant n'est pas au niveau de sa classe. Tâchez de vous mettre à leur niveau.* Si l'on pense à des plans superposés, on peut dire, en distinguant par exemple la conception et l'expression: *Au niveau du langage, une difficulté se présente.* De même: *Ces problèmes seront traités au niveau des ministres.* Mais on doit éviter d'employer *au niveau de* (ou *à ce niveau*) pour *en ce qui concerne, du point de vue de, dans le domaine de, en matière de, pour, dans,* etc. et de dire, par exemple: *Au*

383

niveau de la production industrielle, il faut signaler une reprise. Une opération au niveau du cœur. L'humour de cet auteur se manifeste au niveau du langage. Considérons le programme au niveau de chaque émission.

[NOBLION], n.m., est courant en Belgique au lieu des noms NOBLIAU (personne de petite noblesse, de noblesse douteuse) et NOBLAILLON, *noblaillonne.*

NOCE, n.f. Concurrence entre **le singulier et le pluriel** dans certaines expressions. Notons: *Le jour de ses noces. En secondes noces. Noces d'argent. Être invité aux noces (à la noce) de qqn. Cadeau de noce(s). Repas de noce(s). Robe de noce. Nuit de noce(s). Voyage de noce(s). Une noce villageoise.* Au fig.: *Faire la noce* (ou **NOCER**), *ne pas être à la noce.*

NOCTURNE, n.m. comme terme de liturgie catholique ou de musique ou pour un oiseau de nuit. Masculin et souvent féminin, pour désigner une rencontre sportive ou l'ouverture d'une exposition, d'un magasin ayant lieu le soir.

NOËL, n.m. Un *Noël*, des **Noëls**. *La fête de Noël* ou (par ellipse) *la Noël. La messe de Noël. La veille de Noël. À la Noël* ou, beaucoup plus souvent, *à Noël. Joyeux Noël! Le père Noël. Passer (la) Noël en famille.* Sans majuscule pour un chant ou un cadeau: *chanter un noël, recevoir son noël.*

NŒUD, n.m., comme unité de vitesse pour les navires ou les avions, correspond à un mille marin (1852 m) à l'heure. Il faut donc se borner à dire: *Ce bateau **file 12 nœuds**, sans ajouter à l'heure.* Mais: ***12 milles à l'heure.***

NOIR, adj. et n. *Une robe noire. Une femme noire. Une nuit noire. Une robe noir foncé, noir jais* (▶ JAIS). *Se vêtir de noir. Elle est tout en noir. Broyer du noir. Les Noirs d'Amérique. Il a épousé **une** Noire. Le marché noir. Acheter **au** noir. Le travail **au** noir* (ou *le travail noir*).

NOIRAUD, adj. et n. *Une face **noiraude**. Un noiraud.*

NOISETTE, n.f. *Des yeux noisette* (invariable). *Un* NOISETIER (un seul *t*).

NOLISER, v.tr.dir., affréter: *Un avion nolisé.*

NOMBRE, n.m. *Nombre* (beaucoup) *d'habitants d'un pays, **des** habitants d'une ville* (GR) ▶ VERBE, Accord, 2.1.2.A et 2.1.2.C. *Être en nombre, être nombreux, nous ne sommes pas en nombre suffisant. Serez-vous **au nombre** (ou **du nombre**) des participants? Sans complément: Serez-vous **du nombre**?* — **Graphie des nombres**: RO II.1. — On écrit *des cinq, des sept.*

NOMBREUX, adj. *Une nombreuse assistance* ou *une assistance nombreuse* (formée d'un grand nombre). *De nombreux groupes* (noter, au pluriel, *de* devant l'adj. et le sens «en grand nombre»). Attribut: *Les absents sont nombreux.*

NOMINATION, n.f., correspond au verbe *nommer.*

NOMINETTE, n.f., désigne en Belgique le petit ruban d'identité appliqué le plus souvent sur un vêtement et indiquant en toutes lettres ou par les initiales le nom ou le prénom du propriétaire.

[NOMINER], v.tr.dir. Dire: *sélectionner. Quatre films ont été sélectionnés pour les césars.*

NOMMER, v.tr.dir. *On l'a nommé chef de service.* Ne pas dire *[comme chef]. Un nommé Dupont* (un certain Dupont).

Noms

1. ACCORD

1.1. NOMS UNIS PAR *DE*

Accord avec le premier terme, s'il est variable dans cet emploi, dans les expressions du type ***une canaille d'usurier.***

> On dit: *Ce chien de métier. Cette chienne de vie. Ce fripon de Pierre. Ce petit chameau de Léonie. Une drôle de femme. Cette diable de femme* (Ac.) ou *cette diablesse de femme. **Cette espèce** de sot. Sa fripouille de neveu. Cette canaille de trésorier.*

1.2. NOM PRÉCÉDÉ DE PLUSIEURS ADJECTIFS NUMÉRAUX

▶ ATTRIBUT, 3, ARTICLE, 3.4: *Le premier et le deuxième acte*; mais on écrit aussi: *le premier et le deuxième actes.* De même, sans article, on écrira: *en première, deuxième, troisième page.* Mais on trouve: *en première, deuxième, troisième pages* (Romains, J., *Le 5 octobre*).

2. GENRE DES NOMS DE NAVIRES, DE VILLES, ETC.

▶ GENRE.

3. L'ARTICLE DEVANT LES NOMS DE PROVINCES, DE RUES, ETC.

3.1. NOMS DE PROVINCES

Une discussion a surgi en Belgique à propos de l'emploi de *de* ou *du* devant les noms des provinces belges. On dit: **le Hainaut**, *le Luxembourg, le Brabant.* La tradition est en faveur de *la province **de Hainaut**, de Luxembourg, de Brabant*, bien qu'on entende *du* comme dans *la région du Finistère*. On dit au Canada: *le Québec, la province de Québec*, mais *Québec* est aussi le nom de la ville; on dit de même: *la province de Namur, la province d'Anvers*. En Suisse, *le canton **du Jura**, du Valais*, mais *de Vaud*. On dit aussi: *la province de Flandre Orientale*, de préférence à *la province de la Flandre Orientale*. ▶ À et EN, 5.

3.2. NOMS DE RUES, DE PLACES, ETC.

On ne met pas *de* devant les noms propres de personnes:

> *rue Victor Hugo* (plutôt que *rue Victor-Hugo*, préféré par un certain usage français non habituel), *rue du Vingt-Neuf-Juillet, rue du Bois-Le-Vent*, mais: *rue La Boétie*).

On met *de* devant les noms de pays ou de lieux (*place d'Italie, rue de Rivoli, boulevard de Magenta*), sauf devant *Montmartre*. On met *du* devant les titres précédant le nom propre, sauf devant *Saint*:

> *avenue du Président Kennedy, avenue du Général Leclerc; rue Saint-Honoré, place Saint-Augustin.*

L'usage oral et parfois l'usage écrit omettent facilement ce *du* dans les noms de rues: *Boulevard Général Jacques*. On met *du* devant les noms communs: *rue du Pont d'Avroy*.

On supprime le *de* nobiliaire si on n'emploie pas le prénom ou un titre: *rue La Bruyère*. On dit cependant: *rue de Condé, rue de Richelieu*.

4. VOIR AUSSI...

4.1. NOMS DES LETTRES

▶ CONSONNES et PLURIEL, 2.

4.2. NOMS DES MOIS

▶ DATES, 5.

4.3. NOMS DE COULEURS

▶ ADJECTIFS QUALIFICATIFS, 2.3.

Noms composés

Marque du pluriel ▶ ADJECTIFS COMPOSÉS. On trouvera beaucoup de noms composés à leur rang alphabétique. Faisons ici les distinctions essentielles.

1. LE NOM COMPOSÉ S'ÉCRIT EN UN MOT

Si le nom composé s'écrit en un mot, il suit la règle générale:

> *un portemanteau, des portemanteaux; un portefeuille, un abrivent, un entresol, un passeport, un gendarme.*

S ou X au pluriel.

Exceptions: *bonshommes, gentilshommes, mesdames, mesdemoiselles, messeigneurs, nosseigneurs, messieurs.*

2. LE NOM COMPOSÉ S'ÉCRIT EN PLUSIEURS MOTS

Seuls les noms et les adjectifs intervenant dans la composition peuvent prendre la marque du pluriel; la logique règle généralement l'accord dans les cas ci-dessous, sauf dans le cinquième.

2.1. DEUX NOMS APPOSÉS

Deux noms apposés varient l'un et l'autre au pluriel:

> *des avocats-conseils, **des chefs-lieux**, des choux-fleurs, des dames-jeannes, des idées-forces, des loups-garous, des oiseaux-mouches, des porcs-épics* (*épic*, représentant *épine*, a été influencé par *piquer*), *des chênes-lièges*; de même, *des reines-claudes.*

Exception: *des bernard-l'ermite* ▶ PLURIEL, 3.

On écrit généralement: *des pinces-monseigneurs*, ce levier lui-même pouvant s'appeler *un monseigneur* parce qu'il fait s'ouvrir les portes.

2.2. NOM SUIVI D'UN COMPLÉMENT PRÉPOSITIONNEL

Nom suivi d'un complément prépositionnel, la préposition n'étant parfois pas exprimée; le premier nom seul est variable au pluriel:

> *des **arcs-en-ciel**, des années-lumière, des timbres-poste, des hôtels-Dieu, des chefs-d'œuvre, des pots-de-vin, des cous-de-pied, des bains-marie, des appuis-main, des soutiens-gorge, des eaux-de-vie, des cornets-surprise* (à surprise), *des kilogrammes-force*. Mais: *des surprises-parties, des positions clés, des entreprises pilotes, des cas limites.*

Il en va de même si l'usage est de ne pas mettre de trait d'union:

> *des pommes de terre, des aides de camp, des clins d'œil.*

Le sens exige cependant parfois l'accord du complément au singulier et au pluriel:

> *une **bête à cornes**, des bêtes à cornes; un char à bancs.*

Dans d'autres cas, le sens exige l'invariabilité des deux noms, au pluriel comme au singulier:

> *un* (ou *des*) ***pied-à-terre**, coq-à-l'âne, pot-au-feu, tête-à-tête.*

2.3. NOM ET ADJECTIF OU ADJECTIF ET NOM

2.3.1. **Règle générale**

Tous deux varient au pluriel, à moins que le sens ne s'y oppose :

> *un arc-boutant,* **des arcs-boutants**, *des basses-cours, des francs-maçons, des blancs-seings, des grands-pères, des grands-mères* (▶ GRAND, 4), *les petits-neveux, des guets-apens* (on prononce *ta*), *des grands-duchés, des saintes nitouches, les libres penseurs.*

2.3.2. **Cas particuliers**

Un petit-beurre, **des petits-beurre**, **des terre-pleins**, *des sauf-conduits, un chevau-léger, des chevau-légers* (formes anciennes), *un Franc-Comtois, des Francs-Comtois, une Franc-Comtoise, des Franc-Comtoises, des francs-maçons, la franc-maçonnerie, les franc-maçonneries, des long-courriers, des moyen-courriers* (▶ MOYEN-COURRIER), *des libre-échangistes, des saint-simoniens, des saint-cyriens, les Terre-Neuviens.* ▶ DEMI.

On laisse, en vertu du sens, les deux éléments invariables dans **des pur-sang**, *des demi-sang, des sang-mêlé, des terre-neuve.*

> Bien que l'usage et la logique tendent à les laisser invariables, certains noms s'écrivent parfois au pluriel avec un *s* final : *des saint-germain(s), des saint-bernard(s), des saint-honoré(s).* On écrit : *des saint-émilion(s).*

▶ PLURIEL, 3 et SAINT.

2.4. DEUX ADJECTIFS

Les deux varient :

> *Un clair-obscur,* **des clairs-obscurs** ; *des toutes-bonnes, les derniers-nés* (cependant ▶ NOUVEAU, 3).

2.5. SINGULIER ET PLURIEL DES NOMS COMPOSÉS FORMÉS D'UN VERBE ET DE SON COMPLÉMENT D'OBJET DIRECT

L'orthographe de ces noms, au singulier et au pluriel, est dans beaucoup de cas fondée sur l'analyse sémantique. On écrit traditionnellement *un* ou *des abat-jour*, parce que l'appareil rabat la clarté, la lumière ; aucune idée de pluralité n'est associée au complément ; *un* ou *des brise-lames*, parce qu'il s'agit d'une construction destinée à briser les vagues ; *un couvre-lit*, parce que l'étoffe sert à couvrir un lit, mais *des couvre-lits*, parce que ces étoffes sont destinées à couvrir plusieurs lits.

Mais l'analyse sémantique est loin de rendre compte des anomalies, des incohérences et de l'arbitraire qui, dans l'usage, lorsque le complément est un nom commun et n'est pas déterminé par un article, apparaissent, pour un grand nombre de ces noms composés, d'un bon dictionnaire à un autre et même à l'intérieur d'un seul bon dictionnaire.

Telle excellente grammaire, s'appuyant sur les dictionnaires, assimile à *abat-jour* des noms comme *cache-pot, porte-plume*, qu'on pourrait assimiler à *couvre-lit*. On trouve, selon les dictionnaires, *des abat-son* ou *des abat-sons, un brûle-parfum* ou *un brûle-parfums*. À côté de *un brise-lames* et de *un essuie-main(s)*, on trouve *un couvre-pieds* avec *s* obligatoire, mais aussi sans *s* ou avec *s* facultatif, *un cure-dent* avec ou sans *s*, *un essuie-glace* et *un pèse-lettre* sans *s* ou avec *s* facultatif, *un ouvre-boîte* avec *s* imposé ou facultatif, *un pèse-personne* invariable ou avec, au pluriel, un *s* facultatif, tandis que cet *s* devient, chez certains lexicographes, obligatoire dans *des pèse-bébés*. On déclare unanimement *porte-plume* invariable, donc sans *s* au pluriel, alors qu'on laisse l's (ou l'*x*) facultatif dans *des porte-drapeaux, des porte-montres* et qu'on trouve, d'un dictionnaire à l'autre, *un porte-mine*, obligatoirement sans *s* ou avec *s* facultatif, et *des porte-mines* avec *s* facultatif. Ce ne sont là que quelques exemples illustrant une évidente anarchie et prouvant que l'analyse sémantique, pas plus que la consultation des dictionnaires et des grammaires, ne peut, dans bien des cas, offrir la certitude qu'on écrit correctement ou conformément à l'usage.

Le Conseil international de la langue française a pris l'initiative de réunir des linguistes et des lexicographes pour définir les principes qui s'appliqueraient à l'ensemble de ces noms composés. Il est apparu que la solution idéale, celle de l'avenir, serait de supprimer le trait d'union, sauf devant certaines voyelles, comme on l'a fait dans *abrivent, baisemain, passeport, passepoil, portefeuille, portemanteau* et comme l'usage est en train de le faire dans *croquemitaine, croquemort, croquenote* ou *portemine*. Dans ce cas, même si l'analyse sémantique perçoit encore la valeur des éléments de composition, on n'hésite pas à écrire *un portefeuill, un portemanteau, des portefeuilles, des portemanteaux* ; de même : *un porteclé, un porte-monnaie, un tirebouchon*. L'agglutination pourrait également être appliquée à *boutentrain, crochepied, croquemonsieur, piquenique, poucepied, tapecul, tirefond, volteface*, mots dont le sens n'a plus de rapport avec les éléments qui les composent.

Linguistes et lexicographes participant à ces réflexions se sont rendu compte qu'il leur est interdit de supprimer le trait d'union là où l'usage le maintient fermement. Il fallait, en le conservant, trouver une règle simple et sûre pour l'orthographe de ces noms composés. La solution n'est pas dans l'analyse sémantique, qui peut tantôt justifier l'orthographe des dictionnaires, tantôt en montrer l'incohérence. On ne peut maintenir dans certains cas un critère logique et le rejeter dans d'autres. La solution simple, efficace et rationnelle est de traiter tous ces composés, malgré le trait d'union, comme s'ils étaient déjà écrits en un mot. Ce critère purement formel, renonçant à l'analyse sémantique, offre à l'usager toute sécurité : le premier élément, verbe, est toujours invariable, ce qui est conforme à la tradition ; la marque du pluriel apparaît toujours, mais seulement au pluriel, dans l'élément final, c'est-à-dire dans le nom complément d'objet direct. Il n'y a aucune raison de traiter différemment les composés où *garde* est uni à son complément d'objet par un trait d'union. Que l'ensemble désigne une personne ou une chose, *garde* est un verbe et est donc invariable ; seul le second élément variera, mais dans tous les cas, au pluriel seulement. De même pour les composés de *aide*.

En attendant, les dictionnaires peuvent signaler la forme traditionnelle :

> *des aide-mémoire* (Ac.), *des abat-jour* (Ac.), *des gratte-ciel, des garde(s)-chasse(s), des garde-boue, un chasse-mouches, des chasse-neige.*

Mais on préconisera :

> *un tire-bouchon*, **un attrape-mouche**, *un casse-noisette, un porte-cigarette, un fume-cigarette, un abat-jour, un porte-bonheur, un brûle-parfum, un serre-livre, un gratte-ciel, un chauffe-eau, un coupe-chou, un couvre-pied, un cure-pipe, un cure-dent, un essuie-main, un ouvre-boîte, un porte-avion, un porte-seau, un cache-pot, un cache-sexe, un chasse-mouche, un tire-fesse, un chasse-neige, un chasse-pierre, un chasse-clou, un pense-bête, une garde-robe,* etc.

Au pluriel,

> **des tire-bouchons**, **des attrape-mouches**, *des abat-jours, des gratte-ciels, des garde-chasses, des garde-boues, des garde-fous, des aide-mémoires,* etc.

Deux exceptions seulement : *ayant cause* et *ayant droit* font au pluriel **ayants cause, ayants droit**, au nom d'un ancien usage incontesté.

Il faut noter que ne sont pas visés par cette règle les cas où le second élément reste invariable parce qu'il est un nom propre (*des prie-Dieu*), ou un nom commun déterminé par un article (*des trompe-l'œil*), ou un complément circonstanciel (*réveille-matin*), ou un pronom (*mange-tout*), ou a une valeur d'adverbe (*gagne-petit, essuie-tout, trotte-menu*), ou est un verbe (*cache-cache, pousse-pousse*), ou est sujet (*croque-monsieur, croque-madame*). Quant à *pense-bête*, où l'on ne perçoit plus la fonction du nom, on fait varier celui-ci au pluriel : *des pense-bêtes*.

Les propositions du Conseil international de la langue française précisées ci-dessus se retrouvent actualisées par la règle proposée pour le pluriel des noms composés dans les *Rectifications de l'orthographe* de 1990 (*RO* II.2) : les noms composés formés d'un verbe et d'un nom complément suivent la règle du pluriel des mots

simples ; ils ne portent la marque du pluriel que sur le second élément, et uniquement quand ils sont employés au pluriel : *un cure-dent, des cure-dents* plutôt que *un cure-dents.*

2.6. LE NOM JOINT À UN ADVERBE OU À UNE PRÉPOSITION

Le nom joint à un adverbe ou à une préposition varie généralement :

> **des arrière-boutiques**, *des haut-parleurs, des non-lieux, des en-têtes*, **des à-coups**, *des avant-gardes, des avant-scènes, des sous-ensembles.*

Parfois le sens exige l'invariabilité :

> **des sans-gêne**, *des sans-cœur, des sans-patrie, des sans-abri, des sans-travail, des sans-façon, des sous-seing.*

▶ APRÈS-MIDI.

2.7. AUTRES CAS

Dans les autres cas (deux verbes, un pronom et un verbe, un verbe et un complément autre que direct, une phrase, une expression elliptique), le nom composé est invariable :

> **des laissez-passer**, *des ouï-dire, des on-dit, des meurt-de-faim, des passe-partout, des sot-l'y-laisse.*

2.8. LES MOTS ÉTRANGERS

Les mots étrangers restent invariables dans les noms composés, sauf les exceptions notées à leur rang alphabétique :

> **des ex-voto**, *des nota bene, des post-scriptum.* Mais : *des fac-similés, des orangs-outangs, des sénatus-consultes, des boy-scouts, des cow-boys, des music-halls, des week-ends, des pull-overs, des milk-bars, des surprises-parties, des negro-spirituals, des in-quarto(s).* ▶ IN, 2.

Les *Rectifications de l'orthographe* de 1990 invitent à renforcer l'intégration des mots empruntés en leur appliquant l'agglutination et les règles du pluriel du français. Ex. : *un exvoto, des exvotos, des facsimilés, des cowboys...* (*RO* II.7 et III.8)

2.9. PREMIER ÉLÉMENT EN -O

Le premier élément, s'il est en **-o**, reste invariable : **Les Anglo-Saxons**, *les Gallo-Romains, les électro-aimants, des pseudo-policiers.* De même : *des tragi-comédies.*

2.10. LES ONOMATOPÉES

Les onomatopées en deux mots restent souvent invariables : *des tam-tam.* Mais : *des tictacs, des tamtams, des froufrous.* Les *Rectifications de l'orthographe* proposent d'écrire soudés les mots formés d'onomatopées (*RO* III.3).

Noms de nombre

1. VOIR AUSSI...

▷ ZÉRO, DEUX, QUATRE, CINQ, SIX, SEPT, HUIT, NEUF, DIX, ONZE, VINGT, TRENTE-ET-UN, NONANTE, CENT, num., MILLE et NUMÉRAUX.

2. PLACE DE L'ADJECTIF

Faisons ici une remarque générale. Les adjectifs comme *autres*, *derniers*, *premiers*, *prochains* suivent le nom de nombre auquel ils sont associés :

> **Les huit prochains jours**. *Les cent premiers francs. Les deux autres livres. Les deux prochains mois.*

Mais si l'on compte par deux, par huit, etc., l'adjectif précède :

> **Les prochains huit jours** (la prochaine huitaine). *Les premiers cent francs que je gagnerai. Dans les dernières vingt-quatre heures.*

Noms propres

1. L'ARTICLE DEVANT LES NOMS PROPRES

1.1. CONTRACTION

Je vais **au Havre**. *Aux yeux* **de Le Clézio**. Ce n'est que dans les noms de lieux (*Le Havre*) que l'article *Le* ou *Les* se combine avec *à* ou *de* pour former l'article contracté. *Aux Andelys.* ▷ TITRES.

1.2. L'ARTICLE DÉFINI DEVANT LES NOMS DE PAYS

Absence ou présence de l'article défini devant les noms de pays : *Je vais* **au** *Brésil, au Canada, aux États-Unis* (n.m.), **en** *France, en Suisse, en Italie* (n.f.) (▷ À et EN, 5). De même : *Une lettre* **du** *Brésil,* **de** *Suisse.*

1.3. VOIR AUSSI...

▷ ARTICLE, 4.

2. GENRE DES NOMS PROPRES

▷ GENRE.

3. PLURIEL DES NOMS PROPRES

3.1. RÈGLE GÉNÉRALE

L'ancien usage était de faire généralement varier les noms propres comme des noms communs (ceux en *-al* faisant *als*, ceux en *-au* ou en *-eu* prenant *x*). Les grammairiens ont ensuite établi, sans d'ailleurs être toujours d'accord, des distinctions que l'enseignement a voulu

maintenir mais dont l'usage actuel, même celui de très bons écrivains, tend nettement à s'affranchir.

On peut dire qu'aujourd'hui les noms propres doivent souvent et peuvent toujours rester invariables, sauf dans deux cas :

3.2. EXCEPTIONS

3.2.1. NOMS D'HABITANTS

Personne n'hésite à écrire : *les Américains, les Wallons*. Toutefois les noms de tribus, de populations africaines restent parfois invariables, surtout chez les auteurs qui veulent montrer leur science : *les Touareg(s)*. Mais on n'hésite pas à écrire : *les Hutus, les Tutsis*, comme *les Bantous, les Peuls*.

3.2.2. NOMS DE PAYS, DE VILLES

Certains noms de pays ont leur pluriel bien ancré dans l'usage :

> *Les Amériques, les Espagnes, les Gaules, les Flandres, les Russies, les Florides, les Indes, les Antilles, les Pouilles, les Guyanes, le roi des Deux-Siciles, les Hainauts français et belge, les deux Corées, «réconcilier deux Algéries»,* etc.

> On écrit *les deux Nèthes* (cours d'eau). Mais : *les Europe politiques.*

Mais il y a hésitation pour l'emploi plus récent au pluriel d'autres noms et pour les noms de villes. Même si l'on semble mettre souvent *s* quand on parle des *trois France(s)*, de *deux Allemagne(s)*, on n'y est pas tenu, et l'invariabilité paraît généralement plus fréquente dans les noms de villes : *deux Rome, deux Villeneuve* ; on écrit souvent en Belgique *les Fourons* en pensant à une région formée par les anciennes communes qui ont porté le nom de *Fouron*. En dehors donc de quelques cas, redisons que l'usage actuel autorise toujours l'invariablilité et qu'il la favorise le plus souvent.

3.3. CAS PARTICULIERS

3.3.1. NOMS DE PERSONNES

A. **Noms de personnes illustres**

À la règle générale de l'invariabilité des noms de personnes désignant les porteurs de ces noms ou des familles (*les Dupont, les Duval*), on a voulu maintenir une exception en faveur de quelques-uns dont la gloire était ancienne et remontait à l'époque où les noms propres étaient variables au pluriel :

> *Les Capets, les Bourbons, les Montmorencys, les trois Horaces, les trois Curiaces, les Condés, les Guises, les Capulets, les Montaigus, les Médicis, les Césars, les Tarquins, les Stuarts,* etc. Mais on a écrit : *Les Bonaparte, les deux Napoléon, les*

Habsbourg (parfois *les Habsbourgs*), *les deux Corneille*, *les Goncourt* (pour les membres de l'Académie Goncourt, on peut écrire: *les Goncourts* et l'on écrit même parfois: *les goncourts*), *les Romanov*, *les Orange*, *les Borgia*.

Cependant on trouve aujourd'hui: *les Condé*, *les Montmorency*, *les Stuart*, *les Guise*, *les Capulet*, etc. On devrait donc pouvoir suivre la tendance moderne en laissant invariables les noms désignant des personnes illustres.

B. Noms de personnes employés par métaphore

On imposait l'accord des noms de personnes employés par métaphore pour désigner des espèces, des gens semblables ou comparables:

> *des Mécènes* (le plus souvent écrit d'ailleurs avec une minuscule: *des mécènes*), *des Don Juans*, *des Boileaux*, *des Pilates*, *des Lazares*, *des Bossuets*.

L'invariabilité est aujourd'hui fréquente: *des Cassandre*, *des Merlin*, *des Machiavel*, *des Zola*, *des Ponce Pilate*, *des Shakespeare*, *des Lazare*, *des Plutarque*, *des Don Juan* (▶ DOM), *des Mozart*, *des Don Quichotte*, *des Boileau*. On peut généraliser l'invariabilité.

C. Avec *les* emphatique

S'il s'agit de l'individu qui a porté ce nom, mais énoncé avec *les* par emphase, l'invariabilité s'impose:

> *Après les Chateaubriand, les Lamartine et les Victor Hugo sont venus les Musset et les Théophile Gautier. Les Grasset et les Gallimard ont joué un rôle capital dans l'édition française.*

3.3.2. ŒUVRES D'ART

A. Œuvres d'art désignées par le nom de l'auteur

S'il s'agit d'œuvres d'art désignées par le nom de l'auteur, on ne peut plus imposer l'accord. Bien plus souvent que *trois Corots*, *deux Titiens*, on écrit: *trois Corot*, *deux Titien*, *des Picasso*, *des Watteau*.

B. Œuvres d'art désignées par le sujet représenté

S'il s'agit du sujet représenté, on mettra au pluriel le nom commun (*des Descentes de croix*, *des Annonciations*, *des Nativités*), mais on hésite entre l'accord et l'invariabilité (qui est donc permise) pour le nom du personnage représenté: *les deux Diane(s) de cette salle*.

3.3.3. TITRES DE LIVRES, REVUES, JOURNAUX

Le titre d'un livre, d'une revue, d'un journal reste invariable:

> *La querelle des deux «Phèdre». Trois «Chartreuse de Parme». Deux «Énéide». Des «Soir illustré».*

De même le nom de l'auteur (ou celui de l'éditeur) employé pour désigner son livre:

> *deux Virgile, deux Grasset, deux Pléiade.*

3.3.4. NOMS PROPRES OU DÉPOSÉS

Invariables aussi les noms propres ou déposés (avec majuscule) désignant des voitures, des avions, des boissons, etc.:

> *deux Chevrolet, deux Caravelle, deux Martini. Délayer deux Poule au pot dans le potage.*

Mais il y a de l'hésitation dans l'usage.

3.3.5. AUTRES CAS

On écrit: *des mégères* (nom commun), *deux Brabançonnes*, *deux Marseillaises* (hymnes nationaux). J'écrirais: *des Jeanne d'Arc*, *des Roi-Soleil*, mais, en ne mettant pas de majuscule à *sœur*: *des sœurs Anne qui guettaient.* ▶ PLURIEL, 3, SAINT, *B.U.*, nos 510-513.

NON, comme préfixe négatif, est suivi d'un trait d'union devant un nom ou un pronom et dans NON-STOP (▶ NON-STOP): un NON-LIEU (des *non-lieux*), le NON-MOI; devant un adjectif, *non* est suivi d'un trait d'union s'il forme un nom: les *non-conformistes*. Si l'ensemble formé est un adjectif, certains prônent l'absence de trait d'union, mais il y a hésitation et le trait d'union apparaît souvent. Le *GR* écrit: NON-ASSERMENTÉ, NON-DIRECTIF, etc. On écrit NONCHALANT, NONOBSTANT, NONPAREIL.

Prononciation. Dans tous ces composés, *non* aujourd'hui se dénasalise devant une voyelle et on fait la liaison: «no-nagression».

Non

Non, adv., est souvent un mot-phrase: *Est-ce lui? — Non* ou *Non, je ne le pense pas. Il n'est pas un sot, non.* Mais il peut, comme adverbe, nier un autre segment, non verbal, de la phrase:

> *Non content de le penser, il le dit. Non seulement. Non sans hésitation. Non loin.*

Il peut être préfixe (▶ NON, préfixe) ou substantif invariable (*des oui et des non*).

Bornons-nous à quelques remarques, non sans avoir observé une concurrence entre *non* et *pas* **devant un adjectif.** On dit généralement: *une leçon non sue*, mais Mauriac écrit: *des leçons pas sues* (cité dans *B.U.*, n° 972). On parlera d'un livre *pas cher*, d'une personne ou d'une chose *pas mal* ou *pas bien* (*mal* et *bien* étant employés comme adjectifs); c'est un fait que *pas* gagne du terrain. ▶ PAS et POINT, 2 et 4.

1. *OU NON* DANS L'ALTERNATIVE

Dans une alternative, on emploie *ou non* **après** l'énoncé du premier membre (nom, adjectif, verbe, adverbe), qu'il nie:

> *Irez-vous ou non? Je me demande s'ils étaient beaucoup ou non. Solvable ou non. Aura-t-il ou non la patience d'attendre? Injustement ou non. Viendrez-vous, oui ou non?*

Après un adverbe comme *guère, peu*, on emploie *ou pas* qui oriente la pensée vers «pas du tout»:

> *Lit-il peu ou pas?* (ou *ne lit-il pas du tout?*). Comparer: *Lit-il beaucoup ou non?* (ou *ne lit-il pas beaucoup?*); il y a donc ici un souci de clarté: *Je ne sais si vous le voyez souvent* (ou *rarement*) *ou non*; on ignore seulement la fréquence.

Ou non est d'ailleurs parfois remplacé par *ou pas*:

> *Que m'importe qu'ils me suivent ou non? Que m'importe qu'ils m'entendent ou pas?* (Claudel, P., *Cinq grandes odes*.) *Vais-je me décider à entrer ou pas?* (Bernanos, G., *La joie*.)

On peut placer *ou non* (mais non *ou pas*) **devant** l'attribut, le participe passé conjugué, le complément direct ou indirect, mais il faut, semble-t-il, que ce qui suit *ou non* ait plus d'une syllabe et même, généralement, plus de deux:

> *Je me demande si c'est votre frère ou non* (ou *pas*), *si c'est ou non votre frère; si on l'a condamné ou non* (ou *pas*), *si on l'a ou non condamné; s'il se résignera à son sort ou non* (ou *pas*), *s'il se résignera ou non à son sort*. Mais on dirait: *Je me demande si c'est Jean ou non* (ou *pas*), *si c'est lui ou non* (ou *pas*), sans déplacer *ou non* devant *Jean* ou *lui*.

2. *NON* POUR NIER UN VERBE OMIS

Pour nier un verbe antérieur non répété, on met *non* (ou *pas*) après le nouveau sujet opposé au précédent:

> *Il ira, moi non* (ou *moi pas*). *Il sera là, sa sœur non* (ou *sa sœur pas*). *Les uns étaient satisfaits; les autres, non* (ou *les autres, pas*).

On peut mettre *pas* devant le sujet: *pas moi*. Si on nie un attribut ou un complément sans reprendre le verbe, on met *non* après le terme repris et nié:

> *Il est malade. — **Malade, non**, mais souffrant. Il a perdu une fortune. — Une fortune, non, mais une jolie somme.*

3. *NON* (OU *NON PAS*)... *MAIS* DANS L'OPPOSITION

Dans une construction antithétique, *non* nie un terme qui n'est pas un verbe conjugué, remplissant la même fonction que celui auquel il est opposé. **S'il porte sur le premier terme**, on a *non* (ou *non pas*)... *mais* (ou *mais bien*):

> *Ce grand savant (...) juge **non pas avec scepticisme**, non pas avec désespérance, mais avec humilité, les illusions du savoir (...). Je dois, **non pour être complet**, car le problème est immense, mais pour aller à l'essentiel, dire que (...). Je reproche à ce système non pas d'ouvrir les portes, mais bien plutôt de les fermer* (Duhamel, G., *Paroles de médecin*).

Devant un adjectif ou un adverbe, on emploie plutôt *non pas*: *Il était **non pas irrité**, mais mécontent. Il écoute non pas attentivement, mais distraitement.*

Si ***non* porte sur le deuxième terme**, on a huit tours possibles: *non, pas, et non, et pas, et non pas, mais non, mais pas, mais non pas*: *Il est orgueilleux, non vaniteux* (ou *pas vaniteux*, etc.).

Observons que *non pas*, en **incise** ou après une pause, n'empêche pas la négation du verbe:

> *Tant qu'il ne sera pas, non pas nécessairement le premier, mais un des premiers, il se plaindra.* Comparer: *Il a été classé non pas le premier, mais un des premiers.*

4. *NON* (*PAS*) SEULEMENT... *MAIS*

Non seulement... mais (ou *mais encore, mais même, mais aussi*) doivent se placer de façon symétrique devant les termes qu'ils opposent (▶ FOIS, 6, d): *Non seulement il n'est pas savant, mais il est très ignorant* (Ac.). On ne dira donc pas: [*Je l'ai non seulement payé, mais encore je lui ai fait un cadeau*] au lieu de: *Non seulement je l'ai payé, mais...* [*Non seulement un chrétien doit aimer ses amis, mais même ses ennemis*] au lieu de: *Un chrétien doit aimer non seulement... Est-il besoin de dire que des écrivains et des journalistes s'affranchissent de cette logique?

On emploie aussi *non pas seulement... mais*, au lieu de *non seulement... mais* dans le corps de la phrase: *Il est non pas seulement honnête, mais scrupuleux.* ▶ SEULEMENT, 4.

On ne peut dire: [*Je demande qu'il ne soit non seulement efficace ici mais ailleurs*]. On dit: *qu'il ne soit pas seulement efficace ici mais ailleurs* ou *qu'il soit efficace non seulement ici mais ailleurs*. L'opposition porte sur *ici* et *ailleurs*, le premier terme étant précédé de *non seulement*, le second l'étant de *mais*. Prenons garde que la symétrie peut parfois être détruite par *ne... pas seulement... mais* mal placé.

5. *NON* INTERROGATIF

Il ne s'agit pas de *non* trouvant place dans une question: *Irez-vous ou non?* (▶ 1). *Pourquoi non?* couramment remplacé par *Pourquoi pas?*

Le *non* interrogatif employé seul dans un dialogue marque le doute, l'étonnement; il peut devenir exclamatif: *Il m'a parlé de vous. — Non? — Si.*

Autre emploi courant, mais dont il ne faut pas faire un tic; il remplace *n'est-ce pas?* pour renforcer et pour faire approuver l'énoncé positif ou négatif qui le précède:

> *C'est triste, non?* ou *C'est triste. Non? Tu ne vas pas nous quitter, non? J'ai bien le droit de le dire, non?*

6. *SI, OUI* ET *NON* DANS UNE RÉPONSE

Oui affirme toujours un accord avec une proposition positive. *Non* marque toujours qqch. de négatif, un désaccord avec un énoncé positif ou un accord avec un énoncé négatif. *Si* doit intervenir au lieu de *oui* en opposition à un énoncé négatif:

> *Viendrez-vous? — Oui* (je viendrai) ou *Non* (je ne viendrai pas). *Ne viendrez-vous pas? — Non* (je ne viendrai pas) ou *Si* (je viendrai). *Ne le lui dites pas. — Non* (je ne le lui dirai pas) ou *Si* (je le lui dirai). *Je vois que vous ne me croyez pas.* La réponse ne peut viser *je vois*, elle ne peut qu'infirmer ou confirmer «vous ne me croyez pas»: *Si* (je vous crois) ou *Non* (je ne vous crois pas).

Notons qu'en dehors d'une réponse, *si* peut s'employer par opposition à *non* qui précède: *Vous dites que oui et moi je prétends que non. Vous dites que non et moi je prétends que si.*

6.1. REMARQUES

6.1.1. *OUI* SUBSTITUÉ À *NON*

Parfois *oui* peut se substituer à *non* pour confirmer une proposition négative qu'on traduit par une affirmation ayant le même sens: *Il n'a pas le sou. — Oui, il est très malheureux.*

6.1.2. INTERROGATION ORATOIRE

L'interrogation oratoire de forme négative mais de **sens positif** peut amener au lieu de *si*, parfois plus clair, *oui* pour infirmer l'énoncé négatif: *N'es-tu pas de mon avis?* (Tu es certainement de mon avis) — *Si* ou *Oui*.

Il arrive qu'on emploie à tort *oui* en réponse à une interrogation négative qui n'a pas du tout le sens d'une affirmation positive et que la réponse confirme:

> «*Isabelle: Je ne sais pas où il est. Sonia: Ah! Isabelle: Ni qui il est! C'est encore pire! Sonia: Tu ne sais pas qui il est? Isabelle: Oui*» (Roussin, A., *La locomotive*). On attendait *Non* ou mieux *Non, je ne le sais pas.*

6.1.3. INTERROGATIONS

A. *Est-ce vrai que* + négation

La question: *Est-ce vrai qu'il n'est pas venu?* demande une réponse visant *Est-ce vrai?* On répond donc *Oui* (c'est vrai, il n'est pas venu) ou *Non* (ce n'est pas vrai, il est venu). Mais l'interlocuteur peut se méprendre. Mieux vaut répondre explicitement en remplaçant *oui* par *non* et *non* par *si* en tête de nouvelles phrases: *Non, il n'est pas venu* ou *Si* (ou *Mais si*), *il est venu.*

B. *C'est vrai que* + négation

Le cas est courant dans la conversation après *c'est vrai* suivi d'une proposition négative:

> *C'est vrai que tu ne l'as pas dit?* Si on l'a dit, on répond *Non* (ce n'est pas vrai) ou mieux *Ce n'est pas vrai* ou mieux encore *Mais si, je l'ai dit* ou *Certainement que je l'ai dit.* Si on ne l'a pas dit: *Oui* (c'est vrai) ou mieux *Oui, c'est vrai* ou *Bien sûr que je ne l'ai pas dit* ou *Non, je ne l'ai pas dit.*

C. *C'est-à-dire*

Autre difficulté après *c'est-à-dire* (ou *je veux dire*, etc.) introduisant une formulation négative correspondant à une proposition positive précédente.

> Léonie: *Et ce numéro trois? C'est un mythe? Je veux dire qu'il n'existe pas?...* Madeleine: *Non.* Léonie: *Il existe?* Madeleine: *Non, Madame. Il n'existe pas* (Cocteau, J., *Les parents terribles*). Le premier *non* était équivoque; il pouvait sembler répondre à la première question alors qu'il répondait à la dernière. Léonie hésite et fait préciser.

D. **Deux questions indépendantes**

D'autres cas présentent une source fréquente de malentendus après deux questions indépendantes, dont l'une est affirmative et l'autre négative.

a. Négation + affirmation

Tu n'as plus de chagrin? Tu es contente? Les deux propositions étant équivalentes, l'enfant peut répondre à la deuxième: *Oui* (je suis contente) ou *Non* (je ne suis pas contente). Mieux vaut préciser: *Oui, je suis contente. Non, je ne suis pas contente.*

Je ne peux pas vous demander quelque chose? Vous êtes occupé? Ici les deux propositions ne sont pas strictement équivalentes, bien que la première puisse être la conséquence de la seconde. *Si* serait anormal après une proposition positive. *Oui* et *non* pourraient être équivoques. On dira: *Vous pouvez* ou *De quoi s'agit-il?* ou *Je suis malheureusement occupé.*

b. Affirmation + négation

Tu es contente maintenant? Tu n'as plus de chagrin? Si l'enfant répond *si* à la deuxième question, il n'y a aucune équivoque. Si elle répond *non*, voulant dire qu'elle n'a plus de chagrin, sa maman pourra croire qu'elle répond à la première question et qu'elle n'est pas contente. Mieux vaut donc dire dans ce cas: *Non, je n'ai plus de chagrin* ou *Oui, je suis contente.*

Après **n'est-ce pas** (ou *pas vrai*) joint à une proposition positive, on fait comme si ces mots n'étaient pas dans la phrase: *Tu l'as vu, n'est-ce pas? — Oui* ou *Non,* selon qu'on l'a vu ou non. ▶ N'EST-CE PAS.

6.1.4. QUESTION CONTENANT *NE QUE*

En réponse à une proposition contenant *ne que* (seulement) et considérée aujourd'hui comme positive, on répond par *oui* ou par *non* comme après une phrase positive: *Ils n'ont que cet enfant-là? — Oui* (ils n'ont que cet enfant-là) ou *Non* (ils en ont un autre). *Ne veut-il que cela? — Oui.* Si on nie, on complète volontiers *non*: *Non, il veut autre chose* ou *Oh! non* ou *Certes non.* L'expression étant perçue autrefois comme une négation suivie d'une restriction, on pouvait répondre *non* là où nous disons *oui.* Mieux vaut considérer la phrase comme positive.

7. [*NON FAIT*]

[*Non fait*] est resté vivant dans des français régionaux, notamment en Wallonie. Le français général n'a conservé que *si fait.*

8. *NON QUE, NON PAS QUE, CE N'EST PAS QUE*

Non que, non pas que (*non point que*), *ce n'est pas que,* en tête de proposition, sont suivis du subjonctif: *Non que je* **veuille** *le lui reprocher.* Le sens est «Il ne faut pas croire que je veuille le lui reprocher» et donc «Je ne veux pas le lui reprocher». Si le sens du verbe, dans cet équivalent, devenait positif, il faudrait nier ce verbe par *ne* (on trouve très rarement *ne pas*) pour détruire la négation précédente:

> *Non qu'il* **ne soit** *fâcheux de le mécontenter* (Ac.). *Ce n'est pas qu'on ne le lui ait dit cent fois* (on le lui a dit cent fois). Comparer: *Ce n'est pas qu'il* **soit** *insolvable* (il n'est pas insolvable) et *Ce n'est pas qu'il* **ne puisse** *payer* (il peut payer).

▶ 9.1.

9. *NON PLUS*

9.1. *NON PLUS* ET *AUSSI*

Non plus remplace *aussi* (▶ AUSSI, 2.2.7) dans une proposition négative (complète ou elliptique).

Comparer: *Si vous y allez,* **j'irai aussi** et *Si vous n'y allez pas,* **je n'irai pas non plus**. *Il n'y est pas allé, ni moi non plus. Il ne disait rien,* **moi non plus** (ou *ni moi non plus*).

Pour éviter de répéter *plus* à courte distance, on dit: **Moi aussi** (au lieu de *moi non plus*) *je ne le crois plus.* L'emploi de *aussi* peut dépendre de la façon dont la phrase est sentie comme positive:

> *N'en as-tu pas assez,* **toi aussi?** *Est-ce que tu ne viendrais pas, toi aussi?*

Après **non que... ne** (▶ 8), on emploie **aussi**, à cause du sens positif: *Non que cela ne soit dangereux aussi. Il aurait voulu que sa mère eût de la peine: non que cela ne lui en fît aussi de penser qu'elle était triste* (Rolland, R., *Jean-Christophe*).

Avec **ne... que**, on hésite entre *non plus* et *aussi: Toi non plus* (ou *toi aussi*) *tu ne fais que des sottises.*

9.2. *NON PLUS* ET *NI*

Devant *non plus,* on emploie *ni* plus souvent que *et: Il n'y est pas allé, ni moi non plus. — Je ne suis pas un néophyte et non plus un thuriféraire* (Duhamel, G., *Paroles de médecin*).

9.3. VALEUR TEMPORELLE

Non plus peut aussi avoir une valeur temporelle dans une opposition d'actions ou de qualités successives:

> *Un accord non plus tacite cette fois, mais formel* ou *Un accord formel, et non plus tacite.*

9.4. PLACE

Avec un verbe à un temps composé, *non plus* suit normalement le participe: *Je n'ai pas* **fini non plus**. *Il le précède parfois: Je n'ai pas* **non plus fini**. *Rarement entre l'auxiliaire et* **jamais**: *Je n'ai non plus jamais fini.* On dit plutôt: *Je n'ai jamais fini non plus* ou *Moi non plus je n'ai jamais fini.*

9.5. *NON PLUS QUE*

Non plus que est plutôt archaïque et affecté dans le sens de *ne pas plus que.* ▶ NE employé seul, 13. Il reste en usage dans le voisinage d'un verbe nié par *ne pas, ne guère,* etc. *De son enfance* **non plus que** *de sa jeunesse il ne parlait guère.*

NONANTE et **SEPTANTE**, adj., sont d'anciennes formes françaises restées vivantes en Belgique, en Suisse et partiellement dans plusieurs régions de France, à côté de *quatre-vingt-dix* et de *soixante-dix.* Il n'y a pas lieu de les éviter là où elles sont en usage, ni non plus NONANTAINE, NONANTIÈME, etc. Des Suisses gardent même HUITANTE et OCTANTE.

NONCHALOIR, n.m., synonyme de NONCHALANCE, n.f., est rare et littéraire.

NON-LIEU, n.m. Un *non-lieu*. Des **non-lieux** ou parfois, parce qu'on sent l'ellipse : des (*ordonnances de*) **non-lieu**.

NONNE et **NONNETTE**, n.f. Deux *n* intérieurs.

NONOBSTANT, rare et littéraire comme adverbe au sens de « néanmoins » (*Nonobstant, il tint parole*), n'est plus guère employé, sans être d'ailleurs courant, que comme préposition, au sens de « malgré » : *Nonobstant mes remontrances*. Vieillis : *nonobstant ce, nonobstant que. Ce nonobstant*.

NONPAREIL, adj., s'écrit en un mot : qui n'a pas de pareil.

NON-RECEVOIR, n.m. *Fin de non-recevoir*. ▷ NON.

NON-RETOUR (POINT DE), n.m., point d'où il n'est plus possible de revenir à son lieu de départ.

NON-STOP. *Des vols non-stop*, sans escale. *Des épreuves non-stop*, sans interruption.

NORD, n.m. ▷ MAJUSCULES, 2 et 6. Dans NORD-EST, NORD-OUEST, NORD-AFRICAIN, NORD-AMÉRICAIN, on ne prononce généralement pas *d*. On écrit : *les **Nord-Africains**, la main-d'œuvre **nord-africaine***. Pris comme **adjectif**, *nord* (comme les noms des autres points cardinaux) est invariable : *Les quartiers nord de la ville. La face nord*.

NOROÎT, n.m., désignant le vent du nord-ouest, s'écrit aussi **NOROIS** ou **NOROIT** (*RO II.4*).

NOTA BENE, n.m. Un ou des **nota bene**. Abréviation : N.B.

NOTABILITÉ, n.f., **NOTABLE, NOTOIRE**, adj. **Notabilité** peut se dire pour « personne notable ». **Notable**, digne d'être noté, signalé, distingué d'autres personnes ou d'autres choses ; d'où : assez important. Nom : *Les notables d'une ville*. **Notoire**, adj., est parfois employé à tort pour *notable* ; il doit se dire de ce qui est bien connu ou connu comme tel, comme possédant telle qualité ou plus souvent tel défaut : *C'est un fait notoire* (bien connu) ; *il est notoire que…* ; *un alcoolique notoire* (bien connu comme tel).

Même distinction, au sens abstrait, entre NOTABILITÉ et NOTORIÉTÉ : *Sa notabilité n'est pas en cause. Sa notabilité est de notoriété publique*.

NOTAMMENT, adv., « spécialement, en particulier, entre autres » : *Il y avait là plusieurs notabilités, notamment le curé. Je l'ai rencontré souvent, notamment à la mairie*.

NOTE, n.f. *Prendre note **que*** (ou *prendre bonne note **que***) est préférable à *prendre note de ce que* dans le sens de « noter ». Mais on dit : *prendre note **de** qqch*. et donc : *Prenez note de ce que je vous dis*.

NOTOIRE, adj. ▷ NOTABILITÉ.

NOTRE, adj.poss. On écrit : *Prier **Notre-Dame**. Notre-Dame de Chartres, de Paris. À la Notre-Dame. Des **Notre-Dame** polychromes*.

NÔTRE, adj. et pr.poss. Accent circonflexe du pronom possessif (*les **nôtres***) et de l'adjectif possessif tonique, attribut : *Ces meubles sont **nôtres**. Sa cause est bonne, nous la faisons **nôtre**. À ne pas confondre, dans la prononciation, avec *NOTRE, où l'*o* est bref : *Notre maison*. ▷ DÉTERMINANTS POSSESSIFS.

NOUBA, n.f. arabe. *Faire la nouba*, faire la noce.

NOURRAIN, n.m. (deux *r*), cochon de lait qu'on engraisse.

NOUS, pr.pers.

1. Mis pour *je* (pluriel de majesté ou de modestie), *nous* demande que le verbe soit au pluriel mais que les adjectifs, les participes, les noms en rapport avec lui restent au singulier. Une femme dira : *Nous avons été **surprise**. Cet accueil nous a réjouie. — Nous, huissier soussigné… avons été **reçu***. ▷ ADJECTIFS QUALIFICATIFS, 2.1.

2. **NOUS AUTRES** peut marquer l'opposition : *Vous partez ? Nous autres, nous restons*. ▷ AUTRE.

3. La langue très négligée dit : *Nous deux mon frère, on l'a fait. Nous l'avons fait avec mon frère*. À éviter. Dire : *Nous deux, mon frère et moi, nous l'avons fait*. ▷ AVEC, 3 et ON, 1.

4. *Beaucoup d'entre nous l'avaient deviné*. ▷ VERBE, Accord, 2.1.2.C.

NOUVEAU, adj.

1. Le sens de *nouveau* peut varier selon sa place.

   Après le nom, il signifie « qui apparaît pour la première fois, qui vient d'apparaître, d'être créé ». *Une voiture nouvelle* est proprement d'un type récemment créé, qui vient d'être mis sur le marché. *Une robe nouvelle* est une robe d'une mode récente. On dit : *le vin nouveau* (de la dernière récolte), *un fait nouveau, un air nouveau, un style nouveau* (inhabituel), *l'art nouveau, des mots nouveaux* (qui viennent d'apparaître). Notons le substantif: *Il y a du nouveau dans cette affaire.*

Devant le nom, il signifie surtout «qui est depuis peu ce qu'il est» (*les nouveaux riches*, *la nouvelle mariée*, *un nouvel élève* ou, substantivement, *le nouveau*) ou (opposé alors parfois à *ancien*) «qui remplace une personne ou une chose de même espèce, qui lui succède»: *Jusqu'à nouvel ordre*, *le nouvel an*, *la nouvelle lune*, *acheter une nouvelle voiture*, *mettre une nouvelle robe* (une autre robe ou une robe récemment acquise), *le Nouveau Testament*, *le Nouveau Monde*, *les nouveaux locataires*, *un nouveau Shakespeare*, *un nouveau romantisme*, *la nouvelle vague*, *un nouveau délai*, *apprendre une nouvelle langue*.

On notera cependant que, malgré ces distinctions, *nouveau* peut dans bien des cas se placer avant ou après le nom, le sens pouvant être plus fort après le nom: *Depuis son voyage à l'étranger, il mène une vie nouvelle* ou *une nouvelle vie*. *On dirait qu'il éprouve une vigueur nouvelle* ou *une nouvelle vigueur*. *Je lui trouve un charme nouveau* ou *un nouveau charme*. *C'est pour moi une langue nouvelle* ou *une nouvelle langue*.

Attribut, *nouveau* peut avoir les deux sens.

On notera que NEUF, qui se place après le nom, signifie proprement «qui vient d'être fait ou acheté, qui n'a pas encore servi ou n'a guère servi»: *des chaussures **neuves***, *une maison neuve*, *une robe neuve*, *une voiture neuve*, *un livre neuf* (à l'état neuf). Par extension, *des connaissances neuves* (acquises récemment).

On voit la différence s'il s'agit de noms concrets comme *maison*, *voiture*, *livre*. Mais le sens premier de *neuf* est dépassé et *neuf* peut parfois se substituer à *nouveau* employé après le nom ou comme attribut. On peut dire: *Quoi de neuf?* ▶ NEUF, adjectif. *Voilà une chose neuve* (ou *nouvelle*) *pour moi*. *Je suis neuf* ou *nouveau* (sans expérience) *dans le métier*. On parle de *sensations neuves* (qui ont encore toute leur fraîcheur), d'une *idée neuve*; on voit les choses d'un *regard neuf*. Le nom du *Pont-Neuf* s'explique par opposition aux plus anciens.

2. **NOUVEAU, NOUVEL.** ▶ BEAU.

3. *Nouveau* dans les **composés**. Il faut mettre à part NOUVEAU-NÉ, adjectif ou substantif, qui s'écrit avec un trait d'union et où, malgré des hésitations, *nouveau* doit rester invariable: *une fille **nouveau-née***, *les **nouveau-nés***. Les autres composés sont écrits sans trait d'union. S'ils sont pris substantivement, *nouveau* varie: *les nouveaux venus*, *la nouvelle mariée*, *les nouveaux élus*. Si le composé est employé comme adjectif, on emploie plutôt NOUVELLEMENT: *les députés nouvellement élus*.

On écrit: le NOUVEAU-MEXIQUE, la NOUVELLE-ZÉLANDE, mais on emploie *néo* dans l'adjectif et dans le nom des habitants: les NÉO-ZÉLANDAIS. De même: *les textes **néo-araméens***.

4. À NOUVEAU et DE NOUVEAU sont devenus interchangeables dans le sens autrefois réservé à *de nouveau*: «une fois de plus». À *nouveau* peut encore avoir son sens particulier: «de façon complètement différente»; mais, à cause de l'extension de sens qui vient d'être signalée, c'est le contexte, la situation, qui fait apparaître ou non le sens restreint. L'Académie écrit: *Ce travail est manqué, il faut le refaire à nouveau*. Même si l'on dit *de nouveau*, il est clair qu'il s'agit de refaire différemment le travail. *Il pleuvait à nouveau* a le même sens que *Il pleuvait de nouveau*.

NOUVELLE, n.f. On écrit: *Je suis **sans nouvelles** de lui* (puisqu'on dit: *recevoir des nouvelles*), mais: *Je n'ai **aucune nouvelle** de lui* (▶ AUCUN).

NOVATION, n.f., terme de droit (sorte de convention), n'est pas synonyme d'INNOVATION.

NOYAU, n.m. Invariable dans *un fruit à noyau*, *des fruits à noyau* mais peut varier, très logiquement, dans *eau*, *crème*, *liqueur de noyau(x)*.

NOYER LE POISSON, au propre, c'est le fatiguer dans l'eau; au figuré, c'est embrouiller volontairement une affaire, entretenir la confusion dans ses explications pour lasser son interlocuteur, éluder l'essentiel, en le «noyant» dans des détails accessoires, en répondant à côté de la question.

NU, adj., est invariable dans À NU (*mettre à nu*, etc.) et dans NU-TÊTE, NU-PIEDS, NU-JAMBES, NU-BRAS, mais variable après le nom de ces parties du corps: ***tête nue***, etc. La NUE-PROPRIÉTÉ, des ***nues-propriétés***, des ***nus-propriétaires***.

NUAGEUX, adj. (pron. *u* comme voyelle). ▶ NÉBULEUX.

NUIRE, v.tr.ind., se conjugue comme *luire*. *On leur a nui*. *Ils se sont nui*.

NUISANCE, n.f., est vieilli ou régional pour désigner le caractère nuisible de qqch., sa nocivité (*la nuisance d'un produit*, *d'un aliment*, etc.) ou la méchanceté de qqn. Mais le mot a repris vigueur, par l'intermédiaire de l'anglais, surtout au pluriel, dans les contextes où il est question d'environnement, de pollution, de promiscuité sociale, à propos de tout ce qui rend la vie malsaine ou pénible: *Les nuisances industrielles*. *Les nuisances du bruit*.

NUL, *nulle*, adj., dét. et pr.

1. **Dét. indéfini devant le nom**, *nul* se construit avec *ne* seul ou avec *sans* et peut marquer une exclusion plus forte que *aucun*: *N'avoir nulle envie de faire qqch. Nulle part. Sans nul doute. Nulle affaire n'est plus urgente.* Il ne s'emploie guère au pluriel, mais on l'y trouve et non seulement avec des noms qui n'ont pas de singulier: *Nulles troupes* (Ac.). *Il n'avait pris nulles précautions. Nuls frais supplémentaires.*

2. **Après le nom** ou comme attribut, *nul* est un adj. qualificatif; il signifie «qui n'existe pas, qui est sans valeur»: *Le vent était presque nul. Une quantité nulle* (qui équivaut à zéro). *Un raisonnement nul. Il est nul en histoire. Un élève absolument nul. Ce testament est nul. Tenir qqch. pour nul et non avenu. Je considère ses propositions comme nulles et non avenues.* En termes de sport, *un match nul*, où il n'y a pas de vainqueur.

3. Le **pr. indéf.** s'emploie au singulier seulement et comme sujet: *Nul n'est censé ignorer la loi. Nul d'entre nous* (ou *nul de nous*) *ne l'a dit.*

NÛMENT, adv. (littéraire). Accent circonflexe. Parfois NUEMENT ou NUMENT (*RO II.4*).

NUMÉRATION, n.f., manière d'ordonner la suite des nombres: *La numération décimale, la numération binaire.*

Numéraux

1. TRAIT D'UNION

Trait d'union entre les éléments qui sont l'un et l'autre inférieurs à cent, mais non unis par *et*: *quatre-vingt-dix mille trois cent trente et un francs. Un cent dixième*, bien que l'Académie et certains écrivains mettent parfois un trait d'union devant *centième, millième* et *millionième* multipliés. Les *Rectifications de l'orthographe* de 1990 proposent de lier par des traits d'union les numéraux formant un nombre complexe, inférieur ou supérieur à cent (*RO II.1*): *cent-deux, deux-cents, deux-cent-soixante-douze.*

2. *ET*

Et n'intervient qu'entre un nom de dizaine et *un*: *soixante et un, cent un, mille un.* Noter qu'on dit: *soixante et onze*, mais *quatre-vingt-un, quatre-vingt-onze.* On écrit: *quatre-vingts et quelques. Cent et des francs.* ▸ CENT, num., 5, MILLE, 5.

3. DATES

En neuf cent un. L'an un. Le deux, le dix janvier. Mais: *Le premier janvier.* ▸ MILLE, CENT, num., 1. ***Dans les années vingt*** ou ***quatre-vingt*** ou *seize cent.*

4. DYNASTIES

Léopold premier, mais *Léopold deux, trois.*

5. *PAGES, CHAPITRES, ETC.*

Page (ou *strophe*) *un, deux, trente et un* (parfois *une*), *quatre-vingt, livre un* ou *premier, chapitre un* ou *premier, acte un* ou *premier, livre deux, acte deux, chapitre trois.*

6. MINUTES

Il est trois heures vingt et une (on entend rarement: *un*), *neuf heures moins une.* ▸ HEURE.

7. ADJECTIFS NUMÉRAUX COORDONNÉS

On écrit, avec des adj. num. ordinaux coordonnés: *Aux douzième et treizième siècles, en deuxième* ou *troisième année, après le cinquième* ou *sixième verre* (mais on entend: *après le cinq* ou *sixième verre*).

8. INVARIABILITÉ

Les onze, les huit. Mais: *des zéros.* ▸ VINGT, CENT, num., 2. On dit généralement avec *mille*: *vingt et un mille voix, trente et un mille tonnes.* ▸ MILLE, 4.

9. *AUTRES, DERNIERS, PREMIERS, PROCHAINS*

Mes derniers cent francs. ▸ NOMS DE NOMBRE, 2.

10. ÉCRIRE EN CHIFFRES

On écrit en chiffres, sans mettre un point après les milliers, mais en y laissant un blanc: *10 350,80 F* (▸ ABRÉVIATIONS, 2). Sauf dans les dates, où l'on écrit *1982.*

11. ÉVALUATION

▸ À et OU dans une évaluation.

12. FRACTIONS

Normalement, le dénominateur des fractions reste au singulier si le numérateur est *un*; sinon il se met au pluriel:

un trois centième (1/300), une carte au quatre-vingt mil-lième (1/80000), trois cent dixièmes (3/110), trois cents millièmes (300/1000).

13. *TOUT*

▷ TOUT, 2.2.2.A : *Tous deux* ou *tous les deux.*

14. *ÊTRE À* + NUMÉRAL

Nuance entre : *Ils étaient trois* et *Ils étaient à trois.* ▷ À, prép., 3 ; COMBIEN, 1.

15. NUMÉRAL + *ANS* + *OU PLUS, OU MOINS*

On dit plutôt : *Les personnes de soixante ans* **ou** *plus, les enfants de six ans* **ou** *moins.*

16. ABRÉVIATIONS

▷ ABRÉVIATIONS, 1 et 2.

NUMÉRIQUE, adj., devrait remplacer DIGITAL dans le vocabulaire de l'horlogerie comme dans celui de l'informatique. *Une montre digitale* indique l'heure par des chiffres mobiles et non par des aiguilles. Cet anglicisme s'explique par le sens de *digit* qui, en anglais, désigne non seulement le doigt mais les nombres, tandis qu'en français *digital* ne fait penser qu'à *doigt.* Il conviendrait donc de parler de *montre numérique, d'affichage numérique de l'heure,* mais *digital* s'est imposé. ▷ DIGITAL.

NUMÉRO, n.m. *Suivaient les numéros 7, 15 et 20. Il y avait deux ex-aequo et donc deux numéros un* (deux concurrents portant le numéro un).

NUMÉROTAGE, n.m., NUMÉROTATION, n.f. On distingue aujourd'hui le **numérotage**, action d'affecter d'un numéro, et la **numérotation**, résultat de cette action ou ordre des numéros dans un classement : *Procéder au* **numérotage** *des maisons. Changer la* **numérotation** *des pages.* ▷ NUMÉRATION.

NURSE, n.f. (*u* se prononce *e*), bonne d'enfants, gouvernante.

NYCTALOPE, adj. ou n., qui voit clair dans l'obscurité.

NYLON est un nom américain déposé mais qui est devenu courant et s'est francisé. On écrit couramment : *Du nylon. Des bas de nylon* ou, en apposition et invariable dans : *Des bas nylon. Des blouses (de) pur nylon.*

O

La prononciation distingue *o* **ouvert** (*col, votre, bonne, fort, Paul*) et *o* **fermé** (*eau, lot, vôtre, nos, Paule, Paulette*).

Ô, OH!, HO!, interj., se confondent parfois, non toujours.

Ô (accent circonflexe) sert à interpeller, à invoquer, à exprimer un vif sentiment de joie, d'admiration, de douleur, de crainte, etc. Il n'est jamais suivi directement d'un point d'exclamation et est suivi d'un autre mot, nom (précédé ou non d'un déterminant), pronom, adverbe: *Ô mon Dieu! Ô ma tête! Ô jeunesse! Ô vous qui... Ô combien! Il s'est fâché, ô très peu!*

Oh! (suivi d'un point d'exclamation qui est généralement repris à la fin de la phrase) peut remplacer *ô* ou *ho!* pour exprimer la surprise, une vive émotion ou pour appeler: *Oh! quelle chance! Oh! la bonne nouvelle!* Devant une proposition, on doit employer *oh!*: *Oh! c'est vous! Oh! n'insultez jamais une femme qui tombe!* (Hugo) *Oh! si j'étais à votre place! Oh! que je suis content! Oh! est-ce possible? Oh! dites-le. Oh! je me vengerai. Oh!* renforce *oui* ou *non*: *Oh! oui!* ou *Oh! non!*

Oh! Oh! marque une surprise généralement heureuse: *Oh! Oh! la bonne nouvelle!*

On dit aussi *oh là!* pour interpeller. *Oh!* peut introduire une appréciation: *Oh! ce n'est pas nouveau.* — On écrit: *pousser des oh! et des ah!*

Ho!, moins usité, peut se confondre avec *oh!* ou avec *ô* pour exprimer l'étonnement, l'indignation: *Ho! quel coup!* (Ac.) *Ho! que me dites-vous là* (Ac.). Il peut aussi, comme *oh!*, s'employer pour appeler: *Ho! venez un peu ici* (Ac.). Redoublé: *Ho! Ho!*

OASIS, n.f. *Une oasis.* Des auteurs le considèrent, à tort, comme masculin. On prononce *s* final.

OBÉIR, v.tr.ind. ou intr. On dit: *obéir **à** qqn, à sa conscience*. Ce verbe a été autrefois transitif direct, ce qui est aujourd'hui insolite: *Cet être si dérisoire, que Clémence même se contraint parfois à obéir* (Genevoix, M., *Rroû*). Mais son emploi au **passif**, par survivance, est moins exceptionnel: *Vous serez obéi* (Ac.). *Un gouvernement obéi* (Gaulle, Ch. de, *L'appel*). *Il savait que les maîtres aiment à voir obéis leurs caprices les plus futiles* (Proust, M., *À la recherche du temps perdu*). *Avec la brutalité du seigneur qui sait ses ordres obéis depuis toujours* (Bataille, M., *Les jours meilleurs*). On dit très bien **se faire obéir**: *Ils se sont facilement fait obéir.*

OBÉLISQUE, n.m. *Un obélisque.*

OBÉRER, v.tr.dir. ▶ VERBE, Conjugaison, 1.1. Le sens est «charger de dettes». *Obérer de dettes* est donc un pléonasme. *Il a eu vite fait d'obérer sa famille* (Ac.). *La guerre a obéré le pays. Ses parents se sont obérés pour lui.*

OBJET, n.m., peut devenir synonyme de *sujet* lorsqu'il désigne ce à quoi s'applique l'esprit, la pensée: *Cela fera* (ou *sera*) *l'objet* (ou *le sujet*) *de notre réflexion*. Mais on oppose le sujet et l'objet d'un verbe (*il lit un roman*), le sujet d'un roman, l'objet d'une démarche. *Avoir pour objet*, pour objectif. *Atteindre* ou *manquer son objet.*

OBJURGUER, v.tr.dir., n'est guère vivant: *Objurguer qqn*, l'exhorter. Une **OBJURGATION**.

OBLIGATION, n.f. *On est **dans l'obligation de faire** qqch.* On a **des obligations envers** qqn (des devoirs). Le tour *avoir obligation de qqch. à qqn* (lui être redevable d'un bienfait) est vieilli.

OBLIGEANCE, n.f., **OBLIGEANT**, adj. et participe, **OBLIGEAMMENT**, adv.

OBLIGER, v.tr.dir., **à** ou **de**.

1. Devant un infinitif, au sens de «forcer, contraindre», le verbe, actif ou passif, se construit plutôt avec **à**; mais on trouve **de**, surtout à l'actif, où il est toutefois moins fréquent que **à**: *On l'a obligé à s'excuser* (comme: *on l'a obligé à des excuses*). *De* est permis. Au passif: *Il a été obligé par ses parents à s'excuser* (le complément d'agent montre qu'il s'agit du verbe). *Je me presse de rire de tout de peur d'être obligé d'en pleurer* (Beaumarchais, *Le Barbier de Séville*); on peut considérer qu'**OBLIGÉ** est ici pris adjectivement. Dans cet emploi, il est suivi de *de*: *Je suis obligé de vous punir* (Ac.). *Ils furent obligés de reconnaître leur erreur. Je me vois* (ou *crois*) *obligé de vous prévenir.*

   On trouve, quand le sujet du verbe subordonné n'est pas le complément direct d'obliger, **à ce que** et le subjonctif: *Qui t'oblige à ce que cet adieu **soit** triste?*

2. Au sens de «rendre service, faire plaisir (et avoir droit à la reconnaissance)», **obliger** se construit avec *de* et l'infinitif ou beaucoup plus souvent avec *en* et le participe présent (gérondif): *Vous m'obligerez beaucoup **d'aller** lui parler pour moi* (Ac.) ou **en allant** *lui parler pour moi.*

   Avec **obligé**, adj.: *Je vous suis fort **obligé de** la peine que vous prendrez. Je vous serais très **obligé de bien vouloir** me rendre ce service.*

OBNUBILER, v.tr.dir., signifie «obscurcir (l'esprit)», proprement «couvrir de nuages»; par extension «affaiblir»: *Sa passion l'obnubile. La fatigue obnubile son jugement.* Certains dictionnaires donnent à *obnubiler* le sens d'*obséder*: *Avoir l'esprit obnubilé par une idée.* Mieux vaut dire: *obsédé, hanté.* Distinguer de même **OBNUBILATION** (*L'obnubilation du jugement humain*) et **OBSESSION** ou idée fixe.

OBSÉDER, v.tr.dir. ▶ VERBE, Conjugaison, 1.1. *Une idée fixe l'obsède. Il est obsédé par une idée fixe, par les solliciteurs. Il est obsédé de soucis.* ▶ DE, 8.

OBSERVANCE, n.f., se dit surtout des règles religieuses: *L'observance de la règle dans les maisons religieuses* (Ac.). *L'observance du jeûne* (Ac.). Mais il peut s'appliquer à d'autres règles: *L'observance d'un régime* (Romains, J., *Les amours enfantines*), bien que dans ce cas on dise souvent **OBSERVATION**: *L'observation du règlement.* ▶ COMPLIANCE.

OBSERVER et **REMARQUER**, v.tr.dir., ne peuvent, dans un français un peu surveillé, se construire avec un complément indirect et *que*. On les fait précéder de *faire*. *Je **vous ferai** observer que je n'ai pas dit cela.* Mais sans complément de personne: *J'observe qu'il n'a pas dit cela. Je n'ai pas observé qu'il fût* (ou *était*) *impatient.*

OBTENIR, v.tr.dir. *Il a obtenu satisfaction, une récompense, de l'avancement. J'ai obtenu du directeur le changement souhaité. Il a obtenu de pouvoir nous accompagner. Il a obtenu qu'on le **laissât*** (ou parfois *laisserait*) *partir. Obtenir **qqch. à qqn*** (*Je lui ai obtenu un emploi*) est vieilli. On dit plutôt: *J'ai obtenu cela pour lui* ou *Je lui ai fait obtenir un emploi.* Ne dire ni [OBTENIBLE] ni [OBTENABLE] pour: «qui peut être obtenu».

OBVIE, adj., se dit de ce qui se présente naturellement à l'esprit comme une évidence: *Ce qui lui paraît obvie ne l'est pas pour moi.*

OBVIER, v.tr.ind., se construit avec *à* et signifie «aller au-devant de, prendre des précautions contre»: *Obvier à des inconvénients.*

OCCASION, n.f. *J'ai l'occasion de faire un beau voyage, d'aller à la côte. Profiter de l'occasion. Sauter sur l'occasion. Une rencontre d'occasion. À l'occasion. À l'occasion de sa venue. À la première occasion. Dans les grandes occasions. Acheter qqch. d'occasion. Un meuble d'occasion. Ce meuble est une occasion. Saisir l'occasion. Occasion à saisir.* [*Occasion à profiter*] est fautif, puisqu'on dit: *profiter **d'une** occasion.*

   Dérivés: **OCCASIONNEL**, **OCCASIONNER**, etc., deux *n*.

OCCIRE (tuer), v.tr.dir., ne s'emploie plus que par plaisanterie, et seulement à l'infinitif, au participe passé (*occis*) et aux temps composés.

OCCLURE, v.tr.dir. (concurrencé par **OCCLUSIONNER**, à éviter), n'est guère courant, sauf en médecine (fermer). Participe passé: *occlus, occluse.*

OCCULTER, v.tr.dir., **OCCULTATION**, n.f. *Un astre est occulté* (caché à la vue) *par un autre. On occulte un phare, un signal, une vérité,* mais pas n'importe quoi. Dans la Belgique en guerre, on a parlé d'*occultation,* tandis qu'ailleurs on parlait du *camouflage des lumières* (ou de l'*obscurcissement des lumières*).

OCCUPÉ, adj., **OCCUPER**, **S'OCCUPER**.

1. *Occuper ses loisirs, la tribune, un emploi.*

2. **Occuper, occupé** et **s'occuper à** ou **de**:

   a) **Devant un nom.** On dit avec *à*: **Occuper qqn à une chose. Être occupé à une chose,** *au jardinage, au nettoyage du jardin, à la correction des devoirs.* Ne pas confondre avec l'emploi absolu et un complément circonstanciel: *Être occupé **au jardin**. S'occuper à qqch.* a le même sens, «y travailler». On dit encore avec *quoi*: *À **quoi** vous occupez-vous? Il ne sait à quoi s'occuper.* Mais le tour a vieilli devant un nom: *D'habitude, il s'occupe **à ses dessins**, à ses documents* (P. Bourget, cité par *GLLF*). On dira plutôt: *il est occupé à ses dessins*. Avec **de** devant un *nom de personne* (ou *de chose*), on dit encore: *Il n'**est occupé** que **de sa personne***, mais *Il n'est occupé que de sa fille, de ses livres* est plutôt classique et littéraire. **S'occuper de** reste vivant: *Il s'occupe de sport, de ses affaires, de politique, des personnes âgées, de ses enfants. Dans un instant, je m'occupe de vous.* Ne pas dire: [*Je n'ai que vous à m'occuper*], mais *Je n'ai que vous dont je dois m'occuper. Je n'ai à m'occuper que de vous.*

b) **Devant un infinitif**, on emploie toujours *à* après *être occupé* ou l'adj. *occupé*: *Il était occupé à classer ses timbres, à faire sa valise, à jouer.*

Après *s'occuper*, *à* ou *de* selon le sens: *Tout le jour il s'occupe à lire* (Ac.), il consacre son temps à lire. *Il y a vingt ans que je m'occupe à faire des traductions* (Montesquieu). On voit que, quoi que dise Littré, *s'occuper à* peut fort bien marquer une opération intellectuelle. *S'occuper de* exprime plutôt l'idée de préoccupation plus absorbante, de travail mieux organisé, de prise en charge: *Il s'occupe de détruire les abus* (Ac.). *Il ne s'occupe que de gérer sa fortune* (Ac.). *Je m'occuperai de vous obtenir ces renseignements. Il ne s'occupe pas de savoir si nous y tenons.*

3. **Sans complément**: *Je suis fort occupé. Il a des journées très occupées. Il a besoin de s'occuper. Il a de quoi s'occuper.*

4. *Être occupé* [*avec*] *qqn* ou *qqch.* est assez courant en France comme en Flandre. On dira selon le sens: *Il s'occupe **de** qqn, de qqch. Je vais pouvoir m'occuper de vous. Je ne m'occupe pas de cela.* Ou avec un autre verbe: *Il reçoit qqn. Il est avec qqn.*

5. Ne pas dire: [*Ce travail est occupé à être fait*]. Dire: *On est occupé à faire ce travail* ou *Ce travail est en train*. Autre sens: *Ce travail l'occupe.*

6. Fautif: [*Il n'a pas que cela à s'occuper*] pour *Il n'a pas que cela à faire. Il n'a pas uniquement à s'occuper de cela* (▸ 2, a).

OCCURRENCE, n.f. Deux *c*, deux *r*. *En cette occurrence, en l'occurrence, en pareille occurrence* (circonstance, occasion). En linguistique, une *occurrence* désigne chacun des emplois d'un même élément dans le discours.

OCRE, n.f. pour désigner la matière (*des ocres brunes*), est souvent masculin pour indiquer la teinte: *Un bel ocre pâle.* Invariable comme adj. de couleur: *Des papiers ocre.* **OCRÉ** (variable), teint en ocre.

OCTET, n.m. Prononcer *e* ouvert et non le *t*, comme dans *navet*. En informatique, le mot désigne une base de huit bits. ▸ BIT.

ODEUR, n.f. Prononciation de *o*: l'usage, après avoir exigé qu'il se prononce comme *eau*, admet aujourd'hui et même recommande qu'on le prononce comme dans *fort*. Le pluriel *odeurs* ne s'emploie plus guère dans le sens de *parfum*: *Un flacon de parfum* et non [*une bouteille d'odeurs*].

ODONYMIE, n.f., étude des noms de rues.

ODORANT, adj., qui exhale une odeur, bonne ou mauvaise, souvent bonne: *la cuisine odorante.* **ODORIFÉRANT**: qui exhale une odeur agréable, *le thym et le serpolet sont des plantes odoriférantes.* ▸ DÉODORANT.

ODYSSÉE, n.f., a fortement élargi son sens et se dit d'un voyage plein de péripéties ou d'une suite d'événements imprévus.

Œ

On prononce ***eu*** ([œ] comme dans *peur*) dans *bœuf, œil, œillère, œuvre*, etc., *eu* ([ø] comme dans *jeu*) dans les mots comme *fœhn*, mais *é* ([e] comme dans *ému*) dans les noms propres ou savants d'origine grecque ou latine: *Œdipe, Œnone, œcuménique, œkoumène, œdème, œnologue, œsophage, fœtus*, etc.

ŒIL, n.m. Pluriel ***yeux*** (*des yeux bleus, les yeux du fromage, du bouillon, d'une pomme de terre, d'une plante*), sauf dans quelques emplois techniques, notamment en typographie, et dans les noms composés: *Des **œils-de-bœuf**, **œils-de-chat**, **œils-de-perdrix** et **œils-de-pie*** (terme de marine).

ENTRE QUATRE YEUX se prononce familièrement «entre quatre-z-yeux» (entre quat'z yeux). AVOIR LES YEUX SUR *qqn*, l'observer attentivement, au figuré: *Tout le monde avait les yeux sur lui.* N'AVOIR D'YEUX QUE POUR *qqn*, ne voir que lui, ne s'intéresser qu'à lui. AVOIR L'ŒIL À TOUT, veiller à tout. AVOIR L'ŒIL SUR *qqn*, AVOIR (ou *tenir*) *qqn* À L'ŒIL, le surveiller. OUVRIR L'ŒIL, se montrer très vigilant. OUVRIR DE GRANDS YEUX, montrer son étonnement. AVOIR LES YEUX PLUS GRANDS QUE LE VENTRE, se servir excessivement, avoir des désirs excessifs, qu'on ne peut satisfaire. FAIRE LES GROS YEUX À *qqn*, lui manifester son mécontentement; c'est à tort qu'en Belgique on emploie *grands* dans ce sens. À L'ŒIL, à la vue (*On juge de cela à l'œil*) ou gratuitement: *Dîner à l'œil* (Ac.). — *L'œil du maître. N'avoir pas froid aux yeux. Pleurer d'un œil et rire de l'autre. Couver des yeux une personne, une chose. Se mettre le doigt dans l'œil. Cela crève les yeux. À vue d'œil. N'avoir pas ses yeux dans sa poche. Faire qqch. pour les beaux yeux de qqn. Avoir un œil poché.* Être TOUT YEUX, tout oreilles. TOURNER DE L'ŒIL (s'évanouir). *Tenir les yeux grands ouverts.* SURVEILLER DU

COIN DE L'ŒIL (d'un regard en coin). *Jeter un coup d'œil* ou *les yeux sur qqch. Ça saute aux yeux. Cela coûte les yeux de la tête.* NE PAS FERMER L'ŒIL (ne pas pouvoir dormir). S'EN BATTRE L'ŒIL (très familier; ne faire aucun cas de qqch.). *Avoir un œil au beurre noir. Une évidence qui crève les yeux.* On dit en France DONNER (ou fam. TAPER) DANS L'ŒIL *à qqn*; en Belgique et au Québec, TOMBER DANS L'ŒIL *à qqn*, lui plaire vivement. ▷ CLIN.

ŒUF, n.m. (on prononce *f* au singulier.) Des **œufs** (pron. *eu* comme dans *jeu*, sans *f*). *Un œuf à la coque. Des œufs mollets* sont également cuits dans leur coquille, mais le jaune reste liquide tandis que le blanc doit être bien pris. *Des œufs sur le plat* (ou *au plat*). *Un jaune d'œuf, des* **jaunes d'œufs**. *Un blanc d'œuf, des* **blancs d'œufs**. *Des œufs de Pâques* (œufs dont la coque est peinte ou confiserie offerte à Pâques). PLEIN COMME UN ŒUF, tout à fait plein (*Le théâtre était plein comme un œuf*) ou, familièrement, repu. TONDRE UN ŒUF (*Il tondrait un œuf*, familièrement: il est excessivement avare). *Étouffer* (ou *tuer*) *une affaire dans l'œuf*, avant même qu'elle ait pu se manifester. Belgicismes: [AVOIR UN ŒUF À PELER AVEC QQN] pour «Avoir un compte à régler avec qqn»; [Un ŒUF CUIT DUR] pour un *œuf dur*. Notons que les morceaux de pain longs et minces qu'on trempe dans les œufs à la coque s'appellent des *mouillettes*. ▷ ÉCAILLE, ÉCALE, ÉCALER.

ŒUVRE, n., toujours féminin au pluriel, l'est aussi au singulier, sauf quand on parle d'une construction: *le gros œuvre, le maître d'œuvre* (▷ MAÎTRE), *à pied d'œuvre*; en termes d'alchimie, *le grand œuvre*. Il peut être masculin mais il est aujourd'hui plus souvent féminin lorsqu'il désigne au singulier l'ensemble des œuvres d'un artiste, d'un écrivain: *Dans* **toute l'œuvre** *beethovenienne* (Henriot, E., *La vie de Beethoven*). *Cette ardente curiosité vivifie toute l'œuvre de René Bazin* (Duhamel, G., *Discours de réception à l'Académie française*). *L'œuvre gravé* ou *l'œuvre gravée de Rembrandt*. On emploie encore parfois *œuvre* au masculin, mais on dit plus souvent OPUS (abrégé en *op.*), pour chacune des productions classées et numérotées d'un compositeur: *L'œuvre 20 de X*. — Les **mains-d'œuvre**. *Des* **chefs-d'œuvre**.

METTRE EN ŒUVRE, mettre en action: *On a tout mis en œuvre pour réussir. Mettre des moyens en œuvre. La mise en œuvre*.

ŒUVRER, v.tr.dir., plus littéraire que *travailler*. OUVRER ne s'emploie plus que dans le sens de «façonner» certains matériaux ou du linge, l'orner.

OFFENSER, v.tr.dir. *Soit dit sans vouloir vous offenser. On offense qqn, qqch. On est offensé par qqn, par ou de ses manières.*

On **s'offense de** *qqch., de voir qqch.,* **de ce que** *qqn* **fasse** *qqch.* ou *de ce que qqch. ait été fait.* L'indicatif n'est pas exclu. On emploie aussi *s'offenser que*, suivi du subjonctif: *Il s'offense que vous ne l'ayez pas salué.*

OFFICE, n.m., traditionnellement féminin, est de plus en plus souvent masculin, quand il désigne le local où l'on prépare le service de la table.

OFFICIEUX, adj., ne s'emploie plus qu'en opposition à OFFICIEL et dans *mensonge officieux* (fait pour rendre service, sans nuire à personne).

OFFRIR, v.tr.dir. *On offre* **qqch.** *à qqn, on* **lui offre de faire** *qqch. On* **s'offre à faire** *qqch. Il se sont offerts à nous aider* (*s'offrir de* est vieilli).

OFFSET, n.m. ou f. et adj., est invariable. *L'offset* (le procédé) *est moins coûteux. Un procédé offset. Du papier offset. Un offset épais. Une machine offset* ou *une offset. Cette imprimerie est équipée en offset.*

OFFSHORE (on écrit aussi OFF SHORE, OFF-SHORE), adj. ou n.m., est invariable et veut dire proprement «loin du rivage»: *Des recherches offshore*. Dans d'autres emplois, en matière financière, pour signifier *extraterritorial*, qui est préférable: *des commandes offshore, une installation pétrolière offshore* (dire: **en mer**). — *Un offshore, des* **offshore** *ou* **offshores** (*RO II.7*): bateau(x) très rapide(s), équipé(s) d'un moteur très puissant. *L'offshore* désigne aussi le sport nautique pratiqué avec ce type de bateau.

OFFUSQUER, v.tr.dir., ne s'emploie plus guère que dans le sens de «choquer, scandaliser». S'OFFUSQUER se construit comme *s'offenser*. ▷ OFFENSER.

OGRE, n.m. Féminin: *ogresse*.

OIGNON, n.m. L'Académie a rejeté en 1987 la graphie OGNON (1975), conforme à la prononciation. Les *Rectifications de l'orthographe* de 1990 proposent *ognon* (*RO III.H*). AUX PETITS OIGNONS se dit d'une action préparée avec un soin particulier. EN RANG D'OIGNONS (▷ RANG). Fam.: *Ce n'est pas mes (tes, etc.) oignons*, ce ne sont pas mes affaires, cela ne me regarde pas.

OINT est à la fois participe de OINDRE et adjectif ou nom.

OISEAU, n.m., dans les noms composés, est suivi d'un trait d'union: *Des* **oiseaux-mouches**. Distinguer OISILLON, jeune oiseau, et OISON, jeune oie.

OISELEUR, OISELIER, n.m. *L'oiseleur* capture les oiseaux, *l'oiselier* les élève.

OISEUX, adj., se dit aujourd'hui de choses sans intérêt : *Des paroles oiseuses.* Il a fait place à **OISIF** dans le sens de «momentanément ou habituellement inactif, inoccupé» : *Une vie oisive.*

OLÉODUC, n.m., tend à remplacer *pipeline*.

OLIFANT, n.m., doit s'écrire aujourd'hui avec *f*.

OLIVÂTRE, adj. *Un teint olivâtre.* Accent circonflexe sur *a*.

OLIVE, n.f., reste au singulier dans *huile d'olive*. Une plantation d'oliviers s'appelle **OLIVAIE, OLIVERAIE** ou **OLIVETTE**. On écrit : *Des étoffes olive, vert olive.*

OLOGRAPHE, adj. *Un testament olographe*, c'est-à-dire écrit en entier de la main de l'auteur. ▶ HOLOGRAMME.

OLYMPIADE, n.f., désigne la période de quatre ans entre les jeux Olympiques, en Grèce, mais aussi, surtout au pluriel, les jeux eux-mêmes ; dans ce dernier sens, JEUX OLYMPIQUES l'a emporté : *Il s'entraîne en vue des prochains jeux Olympiques.*

OMBRAGÉ, OMBRAGEUX, OMBREUX, adj. Même de bons écrivains font la faute d'appliquer **ombrageux** à des arbres. Cet adjectif doit être réservé à des personnes, à des animaux, à des caractères faciles à effrayer, à s'inquiéter, à prendre ombrage. **Ombreux**, plus rare et plus littéraire, peut se dire de ce qui donne de l'ombre (*des pins ombreux*) ou de ce qui est à l'ombre, dans la fraîcheur ou une demi-obscurité : *Une rue ombreuse, une forêt ombreuse, une salle d'attente ombreuse.* Ce qui est protégé par un ombrage est **ombragé** : *une pelouse ombragée, une avenue ombragée.*

OMBRE, n.f. *Être à l'ombre* (ou *dans l'ombre*) *d'un arbre. Vivre à l'ombre* (ou *dans l'ombre*) *de qqn. Mettre qqn à l'ombre*, en prison. On ne dit plus guère : *sous l'ombre de l'amitié, sous ombre d'amitié.* On dit : *sous prétexte de, sous couleur de.*

OMBUDSMAN, n.m., mot suédois, à remplacer en français par *médiateur*.

OMETTRE, v.tr.dir. *On omet une virgule, on omet qqn sur une liste, dans une énumération. On omet de faire qqch.*

OMNIUM, n.m., qu'il s'agisse d'une compagnie financière ou d'une course : *des omniums.* En Belgique, l'automobiliste qui [*a une omnium*] a contracté une *assurance tous risques.*

OMOPLATE, n.f. *Une omoplate.*

ON, pr.indéf., est toujours sujet et désigne toujours un être animé.

On

1. SUBSTITUTION D'UN PRONOM PERSONNEL

Cet emploi stylistique exprime des sentiments très divers : modestie, orgueil, gentillesse, ironie, mépris, reproche, etc. : *On a voulu tenter*, dit un auteur dans sa préface, pour ne pas dire «je». *Est-on contente, mon enfant ? — Quels conseils ose-t-on me donner ?* (Phèdre à Œnone ; *on* signifie *tu*.)

Mais *on* se substitue particulièrement, et sans raison spéciale, à **nous**. Cet emploi, qui a pu paraître vulgaire, s'est fortement répandu et a même gagné la langue littéraire, surtout quand elle veut paraître familière. *Je veux qu'on se quitte bons amis* (Sartre, J.-P., *Le mur*). *On est voisins. On n'a plus rien à se dire. Ce soir, on va au théâtre.* On trouve même *nous, on* : *Nous, on veut bien. On s'est quand même vus, fit-elle* (toi et moi ; Vilmorin, Louise de, *Le lit à colonnes*).

> *On est partis sans rien manger* (Clavel, B., *Maudits sauvages*). *Il y a combien de temps qu'on n'est pas allés au cinéma ensemble ? — Il y a un mois. — On est idiots* (Curtis, J.-L., *Un jeune couple*). *On est partis* (nous ; Bataille, M., *Les jours meilleurs*). *On serait allés déjeuner* (...). *On est bien contents tous* (...). *Quand on s'est séparés, la dentellière et moi...* (Lainé, P., *La dentellière*) *C'est depuis qu'on s'était rassemblés qu'on se sentait isolés* (Mallet-Joris, Fr., *Le rêve de Laura*).

L'Académie accepte que cet emploi de *on* entraîne le féminin singulier de l'adjectif attribut : *On n'est pas toujours jeune et belle* (Ac.). Elle ne l'admet avec un pluriel que «familièrement avec *des* et un nom» : *On n'est pas des esclaves.* Il est certain que cet emploi de *on* pour un pluriel, avec le verbe au singulier mais, éventuellement, le participe, l'attribut ou l'apposé au pluriel, est entré dans un usage littéraire plus ou moins familier, surtout quand *on* correspond à *nous*. On le trouve depuis longtemps chez d'excellents écrivains : *Et, s'étant salués, on se tourna le dos* (Flaubert, G., *Madame Bovary* ; on se tourna le dos : ils se tournèrent le dos). *On dort entassés dans une niche* (Loti, P., *Vers Ispahan*).

Mais on laissera à la langue populaire des phrases comme [*Nous, on avait une valise avec nous*]. On dira : *Nous, nous avions une valise.*

2. ACCORD DU PARTICIPE PASSÉ

Bien que le verbe reste au singulier, l'accord du participe passé conjugué avec *être* ou de l'attribut ou de l'apposé se fait (▶ 1) avec ce que représente *on*. Il en va de même du part.passé des verbes pronominaux : *Est-on toujours fâchée ?* (on s'adresse à une enfant). *On est montés ensemble* (...). *On traverserait le plateau avant le jour et on serait beaucoup plus tranquilles* (Clavel, B., *La saison des loups*). *Il faisait beau et on se serait crus en vacances (...). On ne peut pas dire qu'on a été bien reçus* (Vialar, P., *Le bal des sauvages*). Le sens de *on* est, ici, *nous*. Mais il peut, ainsi qu'on l'a vu plus haut, représenter *ils*, comme dans ces phrases où l'auteur évoque une conversation entre une mère et son fils: *On a été à la fois vagues et explicites. On s'est montrés pleins d'affection, et irrités de ne pas l'exprimer avec plus d'adresse. On s'est sentis fort à l'aise...* (Bosquet, A., *Les bonnes intentions*.)

On peut certes laisser invariables les adjectifs et participes dans de telles phrases où *on* peut être vu comme un indéfini de sens très général. Même latitude dans celle-ci: *Dites-moi un peu quels deux mois nous venons de vivre, quand on n'a pas la chance d'être nés complètement aveugles* (Romains, J., *Les amours enfantines*).

Mais si le sens indéfini est nettement écarté, on fait l'accord du participe et de l'adjectif: *Pourquoi est-ce qu'on a été choisis pour ce métier-là?* (Druon, M., *La chute des corps*) dit un médecin à un confrère.

> *On n'est pas faits pour penser ça (...). On se serait quittés bons amis* (Sartre, J.-P., *Le mur*). *Betty est revenue (...). On est rentrés pour prendre du café bien chaud. Ça ne sera pas de refus. On s'est installé sur le sofa, chacun dans son coin, avec sa tasse* (Aragon, L., *La mise à mort*). *Les garçons n'ont plus à compter que sur leurs propres muscles (...). On marche à la file, enlisés jusqu'aux genoux* (Yourcenar, M., *Archives du Nord*). *Elle ne sera heureuse que lorsqu'on sera mariés* (Duras, M., *Le marin de Gibraltar*). *On était à présent forcés d'être aussi braves que des braves,* écrit Céline (*Voyage au bout de la nuit*), mais il a écrit un peu plus haut: *Prudence pour filer plus vite si on était mal accueilli. Nous parvînmes au passage à niveau,* tandis qu'il écrit quelques lignes plus loin: *Tels que nous allions sur la chaussée, on devait avoir l'air bien inoffensifs tous les deux.*

3. PRONOM PERSONNEL RENVOYANT À *ON*

Quel pronom personnel employer pour renvoyer à *on*? Si on le peut, on emploie *soi* ou *se*: *Ce n'est pas **soi** qu'on voit* (La Fontaine). *On aime dans les autres ce qu'on retrouve en soi. On se demande. Se* et *soi* renvoient au sujet du verbe de la proposition. Mais en dehors de ce cas, on emploie *nous* ou, en s'excluant, *vous*: *On n'aime guère les gens qui **nous** font du mal. On marche (...) sans même pouvoir lever le nez à cause du sac qui **vous** courbe* (Vialar, P., *Le bal des sauvages*).

4. POSSESSIF RENVOYANT À *ON*

Même principe pour l'adjectif possessif (ou le pronom possessif) renvoyant à *on*. Emploi normal de *son, le sien,* etc.: *On se voit d'un autre œil qu'on ne voit **son** prochain. On reconnaît facilement **les siens**. Eh bien, ma petite fille, on a perdu son petit frère?* Mais l'impossibilité d'employer *son*, notamment parfois après *on* mis pour *vous* ou *nous*, a pour conséquence l'emploi de *notre, votre, nos, vos, le nôtre,* etc.

5. RÉPÉTITION DE *ON*

On, sujet, se répète plus souvent qu'un pronom personnel devant un verbe juxtaposé ou coordonné, surtout en proposition principale: *On s'inquiète **et on** se demande ce qu'il a voulu dire.*

6. *ON* SE RAPPORTANT À DEUX PERSONNES DIFFÉRENTES

La langue actuelle admet difficilement que *on* se rapporte, dans une même phrase, à des personnes différentes. Au lieu de: *Dès qu'on voit qu'on nous mêle avec tout l'univers* (Molière), on dit: *Dès qu'on se voit mêlé avec tout l'univers* ou *Dès que nous voyons qu'on nous mêle...*

7. EMPLOI DE *L'ON*

L'on peut s'employer très librement au lieu de *on* en tête ou surtout dans le corps de la phrase, par souci d'euphonie parfois, plus souvent par souci d'élégance; c'est dans la langue écrite qu'il apparaît surtout, sans jamais s'imposer. On le trouve particulièrement après *ou, et, où*, on l'évite généralement après *dont* ou devant un mot commençant par *l*: *Les enfants dont on parle. Si on le veut. Et on le lui a donné.*

8. *ON* DEVANT VOYELLE EN PHRASE NÉGATIVE

Ne pas oublier *n'* après *on* dans les phrases négatives, devant une voyelle: *On n'est pas plus discret.*

ONAGRE, n.m. (âne sauvage, machine de guerre) ou f. (plante).

ONCLE, n.m. On dit: **L'oncle Jules** (ou **Oncle Jules**) a écrit. Quand le nom est en apostrophe, on emploie parfois l'article: *Vous venez, l'oncle?* mais généralement un neveu emploie le déterminant possessif: *Vous venez, **mon oncle**?*

ON-DIT, n.m., invariable: des **on-dit**.

ONGLE, n.m. (*de beaux ongles*), a été autrefois féminin et l'est encore dans certaines régions du sud de la France.

ONZE, adj.num. **Élision et liaison.** Sauf dans l'expression figée **bouillon d'onze heures** (potion empoisonnée), *onze* est traité de plus en plus, dans la prononciation, comme s'il commençait par un *h* aspiré: *Le onze novembre. Une fillette de onze ans. Une lettre du onze. Sonnez au onze. De onze à douze.* Sans l'élision: *chapitre onze, livre onze;* mais *pag(e) onze* est courant. Sans liaison: *Sept et quatre font onze. Ils étaient onze.* On fait parfois la liaison dans *Il est onze heures;* on dit le plus souvent: *la messe de onze heures* et *il n'est que onze heures.* On ne fait plus l'élision devant *onzième: Il est le onzième. La onzième année.* ▶ MILLE, 3: *onze cents* ou *mille cent*.

OPEN, adj., se traduit par *ouvert* quand on parle d'un tournoi ou d'un billet d'avion.

OPÉRA-COMIQUE, n.m. Un *opéra-comique*, des **opéras-comiques**.

OPÉRATIONNEL, adj., est un néologisme venu de l'anglais et qui exprime le souci d'efficacité; il a débordé du domaine militaire: *une politique opérationnelle, une recherche opérationnelle.* Ne pas en abuser en lui faisant remplacer «en activité, utilisable», etc.

OPPORTUNITÉ, n.f., en rapport avec *opportun*, se dit de ce qui convient au moment, aux circonstances (*L'opportunité d'un propos, d'une démarche*), mais s'emploie aussi très bien, depuis longtemps, en français, dans le sens d'«occasion propre, favorable» (Ac., 1878): *Saisir l'opportunité de consulter un spécialiste. Profiter de l'opportunité.*

OPPOSANT, n.: *Les opposants au régime, à un projet.*

OPPOSER, v.tr.dir. S'opposer *à qqn, à qqch.*: **S'opposer à ce que qqn fasse qqch.** *On oppose une chose à une autre, un candidat à un autre, opposer deux personnes, deux couleurs, un pays et un autre, une équipe et une autre. On oppose de bonnes raisons, des objections, une fin de non-recevoir. On oppose son veto à qqch. Elle s'est opposée à nos projets.*

OPPRESSER, **OPPRIMER**, v.tr.dir. *Oppresser se dit en parlant de la poitrine, de la respiration; opprimer, de ce qu'on soumet à une autorité injuste ou violente.* **OPPRESSION** se dit de l'action d'opprimer. **OPPRESSEUR**, comme nom, est toujours masculin et se dit de celui ou de celle qui opprime: *Cette reine fut l'oppresseur de son peuple.* Comme adj., on le remplace au féminin par **oppressive** en parlant de choses: *Un régime* **oppresseur.** *Des lois* **oppressives.**

OPPROBRE, n.m. *Un opprobre.* Attention au genre et à la finale.

OPTIMAL, adj., **OPTIMUM**, n.m. ▶ MAXIMUM. Comme nom: un *optimum*, des **optimums**, préférable à des *optima*. Comme adjectif, en choisissant **OPTIMAL**, *e, aux* (*La température optimale. Les bénéfices optimaux*) de préférence à *optimum*, on évite les hésitations au féminin entre **optimum** et **optima** et au pluriel entre **optimums** et **optima**.

OPTIMISER, v.tr.dir., mettre dans l'état optimal: *Optimiser la production, un programme*, etc. On peut dire aussi **OPTIMALISER**, mais non [OPTIMER].

OPUSCULE, n.m. *Un opuscule.*

OR, conj., amène, en tête d'une proposition, un nouvel élément dans un récit ou intervient dans un raisonnement; il n'est obligatoirement suivi d'une virgule que devant un complément: *Tous les hommes sont mortels, or Socrate est un homme, donc Socrate est mortel. Or il arriva que... Or c'était un dimanche. Or, un jour, il arriva que... Or, depuis son retour, il s'ennuyait.* On trouve la virgule, inutile, en dehors de ce cas: *Or, il ne faisait guère de doute* (Druon, M., *La chute des corps*).

On dit encore **OR DONC** mais **OR SUS** et **OR ÇA**, loc.interj., sont vieillis.

ORAGE, n.m. *Il fait* (ou *il y a*) *de l'orage. Le temps est à l'orage.*

ORANGE, n.f. *De la confiture d'oranges. Un jus d'orange. Presser l'orange et jeter l'écorce.* Le nom est masculin quand il désigne la couleur: *Des oranges clairs.* Pris adjectivement pour désigner la couleur, il est invariable: *Des tissus orange*; mais il est concurrencé par **ORANGÉ** (*Des tentures orangées*), qui désigne aussi, comme nom, la couleur: *Des orangés très clairs.*

ORANG-OUTAN, n.m. (écrit aussi **ORANG-OUTANG**). Les *g* ne se prononcent pas ni les *s* au pluriel: Des **orangs-outans.**

ORATEUR, n.m., se dit aussi d'une femme. *Cette femme est un* **orateur** *de talent.* On emploie trop peu **oratrice.**

ORBE, n.m., **ORBITE**, n.f., ont des sens bien distincts en astronomie. *Un orbe est l'espace circonscrit par une orbite.* C'est abusivement qu'on donne à *orbe*, qui désigne une surface, le sens d'*orbite*, qui désigne une trajectoire, mais *orbe* s'emploie poétiquement ou littérairement pour «sphère, cercle»: *L'orbe du soleil. L'arc-en-ciel dessine son orbe.* L'emploi d'*orbite* est analogique dans: *Placer un satellite artificiel sur son orbite. Mettre sur orbite.* On dit très bien: *Graviter dans l'orbite de qqn.*

ORDINAIRE (D') et **À L'ORDINAIRE**, loc.adv. *D'ordinaire* (*d'habitude*). *Comme d'ordinaire* (comme d'habitude). *À l'ordinaire* (à l'accoutumée). *Comme à l'ordinaire* (comme à l'accoutumée).

ORDINAND, **ORDINANT**, n.m. *L'ordinand* est celui qui va recevoir un ordre sacré; *l'ordinant*, celui qui le confère. ▶ CONFIRMER, CONFIRMAND.

Ordinaux

▶ ABRÉVIATIONS, 1, NUMÉRAUX, 3, 4, 5 et 7, CHACUN, 3, NIÈME.

ORDONNANCE, n., s'emploie de plus en plus au masculin (plutôt qu'au féminin) pour désigner le soldat au service d'un officier.

ORDONNANCER, v.tr.dir., ne signifie pas «mettre en ordre». *Ordonnancer un paiement*, donner l'ordre de payer; cela s'appelle l'**ORDONNANCEMENT.**

ORDONNER QUE est suivi du subjonctif: *Il ordonne que nous le* **suivions.** Mais lorsqu'il s'agit d'un ordre qui doit être exécuté même par contrainte (militaire, légale, judiciaire), on peut marquer par l'indicatif (futur ou futur du passé) la certitude de cette réalisation: *Le colonel ordonne que les soldats* **seront** *consignés. Le tribunal a ordonné que ses biens seraient saisis. Le subjonctif reste permis.*

ORDRE, n.m. Belgicismes: [EN ORDRE PRINCIPAL, EN ORDRE SUBSIDIAIRE, EN ORDRE ESSENTIEL, etc.] pour *principalement* (dans le langage juridique: *au principal*), surtout, en particulier, particulièrement, en premier lieu, subsidiairement, pour l'essentiel, etc.

Un écrivain ou une entreprise peuvent être DE PREMIER ORDRE (excellents), *de second ordre*, etc. L'expression DE L'ORDRE DE signifie «du genre de, équivalent (à peu près) à»: *Une dépense de l'ordre de deux millions. Cela est d'un ordre de grandeur égal à ce que vous demandiez.* Autre sens: *Mettre ses affaires* EN ORDRE. *Remettre qqch. en ordre. Mettre de l'ordre dans qqch. J'y mettrai bon ordre, je ferai cesser ce désordre. Classer par ordre.* Plus rare: *Mettre ordre à qqch.* — On écrit: *Le sacrement de l'ordre. L'ordre des médecins, des dominicains. Le conseil de l'ordre. Le conseil de l'ordre des avocats.* — *L'ordre de la Légion d'honneur.*

OREILLE, n.f. *Une* boucle *d'oreille, des* **boucles d'oreilles**. *Un bourdonnement d'oreille ou d'oreilles. Avoir du coton dans les oreilles. Être tout yeux, tout oreilles. N'écouter que d'une oreille. Ventre affamé n'a pas d'oreilles. Être tout oreilles, dur d'oreille. Rebattre les oreilles* (▶ BATTRE). *J'en ai les oreilles rebattues. Casser les oreilles. Dormir sur ses deux oreilles. Les oreilles lui ont tinté. Dresser (ouvrir) l'oreille. Fermer l'oreille aux on-dit.*

ORES, adv. D'ORES ET DÉJÀ, dès maintenant. Vieilli: DÈS ORES (*désormais*).

ORFRAIE, **EFFRAIE**, n.f. Bien que *l'orfraie*, oiseau de proie diurne, ne se confonde pas avec *l'effraie*, sorte de chouette, c'est *orfraie* qui s'est imposé par confusion dans POUSSER DES CRIS D'ORFRAIE, *crier, hurler.*

ORGANISME, n.m., peut, quand il désigne une société, être remplacé par ORGANISATION, qui a proprement une valeur plus abstraite.

ORGE, n.f. (*orge commune, orge fourragère*), est cependant masculin dans *orge mondé, orge perlé*; on trouve aussi *orge malté.*

ORGUE, n.m. (suivant son origine), est depuis le moyen âge attiré vers le féminin. Mais il reste masculin: *L'orgue de cette église est un des meilleurs que je connaisse.* Le féminin, très emphatique, s'emploie surtout au pluriel dans *grandes*

orgues (GR): *Cette église a de belles orgues.* — On dit: *un orgue de Barbarie.*

ORIFLAMME, n.f. *Une oriflamme.* Attention au genre féminin.

ORIGAN, n.m., et non [ORÉGAN], plante aromatique.

ORQUE, n.f., cétacé marin. *L'orque est très agressive.*

OS, n.m. Pron. *o* ouvert et *s* au sg., *o* fermé sans *s* au pluriel.

OSCAR, n.m. désignant une récompense: *deux* **Oscar** ou *deux oscars.*

OSCILLATION, n.f., **OSCILLER**, v.intr. Prononcer *il.*

OSER, v.tr.dir. ▶ NE employé seul, 5.4.

OSSO BUCO, n.m., est invariable. Un seul *c.* Les *Rectifications de l'orthographe* proposent: un OSSOBUCO, des *ossobucos* (*RO III.8F*).

OSTROGOTH, adj. et n. On a écrit aussi **OSTROGOT**.

OTAGE, n.m. *Cette femme est un bon otage entre leurs mains. Prendre des femmes* **pour** (ou **comme**) *otages.* Mais, *en otage* reste invariable dans: *Les ennemis se firent donner des villes* **en otage** (*Ac.*).

ÔTÉ reste invariable quand, employé comme préposition, il est placé sans auxiliaire devant le nom ou le pronom: *Ôté cette phrase* (mais *cette phrase ôtée*), *le texte est bon. Ôté ceux qui se sont abstenus, il a pour lui la majorité.* Invariable lorsqu'il s'agit de nombres employés seuls: *45 ôté de 60, il reste 15.* Mais *10 pommes ôtées de 40, il en reste 30.* ▶ EXCEPTÉ.

OTO-RHINO-LARYNGOLOGIE, n.f. Deux traits d'union. On pourrait l'écrire en un seul mot: OTORHINOLARYNGOLOGIE.

OU, conj. (peut être renforcé en *ou bien*). Pas d'accent.

1. OU SI peut (mais surtout pouvait, dans la langue classique) introduire le second membre d'une alternative dans une interrogation dont le premier membre est présenté comme une interrogation directe: *Est-ce que vous viendrez ou si c'est lui?* (*Ac.*). ▶ SI, conj., 2.5.

2. On peut dire: *Il l'a dit ou il ne l'a pas dit ou bien* **Ou** *il l'a dit,* **ou** *il ne l'a pas dit. Je viendrai (ou) dimanche ou lundi.*

3. OU SINON. ▶ SINON, 3.

Ou, conjonction

1. *OU, OU QUE* POUR *SOIT, SOIT QUE*

Ou et *ou que* peuvent remplacer *soit* et *soit que* devant le deuxième membre d'une alternative. *Soit oubli,* **soit** *mauvaise volonté. Soit oubli* **ou** *mauvaise volonté. Soit qu'il reste,* **soit qu'**il s'en aille. Soit qu'il reste* **ou qu'**il s'en aille. Archaïsme: *ou soit.*

2. NOMS UNIS PAR *OU*

Accord ▸ ADJECTIFS QUALIFICATIFS, 2.7.2, VERBE, Accord, 2.2.10.

3. *À* OU BIEN *OU* ENTRE DEUX NOMBRES

▸ À et OU.

4. *OU* ET *NI* EN PROPOSITION NÉGATIVE

▸ NI, 1.1.1.

OÙ, adv. ou pr. relatif. Accent grave.

1. Il ne s'applique aujourd'hui qu'à des choses et peut s'employer sans antécédent, seul ou après une des prépositions *d', jusqu', par, pour*, parfois *vers*, ou après un antécédent, nom, adverbe, ou après *c'est* : *Où allez-vous? Allez où vous voudrez. Où en suis-je? Par où est-il passé? Jusqu'où ira-t-il? Pour où part-il? D'où vient-il? Vous partez? Pour où? Vers où allez-vous? La maison où il est né. Voilà où j'en suis. Partout où il passe. Là où il se trouve. C'est où je voulais en venir.* ▸ ATTENTION, 1.

2. *Où trouvera-t-on ce livre?* ou bien *Où est-ce qu'on trouvera ce livre? Je sais où il est* mais non [*où qu'il est*]. *Jusqu'où ira-t-il?*

3. *Où que* et le subjonctif (quel que soit le lieu où): *Où qu'il soit.*

4. *Là* peut servir d'antécédent à *où* (*J'irai (là) où vous irez*), surtout en tête de phrase: *Là où il est, on ne le cherchera pas.* ▸ LÀ.

5. Ne pas ajouter *y* à *où*: *Il est heureux dans cette ville où il [y] rencontre beaucoup d'amis.*

Où

1. *OÙ* ET *QUE*

Après un nom exprimant le temps, on emploie aujourd'hui *où* plutôt que *que* (▸ QUE, pr., 2): *Le jour où il est venu. L'hiver où il a fait si froid. Au moment où je l'ai vu.*

2. *OÙ* ET *LEQUEL, AUQUEL, À QUOI*, ETC.

Où cède généralement la place à ces pronoms. On ne dit plus guère: *Les affaires où je suis intéressé* (Ac.). *Le but où il tend* (Ac.). *L'estime où je vous tiens* (Molière). *La ville vers où vous allez.* On dit: *Les affaires* **auxquelles** *je suis intéressé. Le but auquel il tend. L'estime dans laquelle je vous tiens. La ville vers laquelle je me dirige.* On dit encore: *L'obligation* **où** *je me trouvais. À l'allure où il va. Au prix où vous me comptez cela. Du train où vont les choses.*

3. *DONT* ET *D'OÙ*

▸ DONT, 9.

OUATE, n.f. L'élision est facultative et fréquente devant *ouate*: *l'ouate* ou *la ouate, de l'ouate* ou *de la ouate, d'ouate* ou *de ouate*.

OUBLIER, v.tr.dir.

1. **Devant un infinitif**: *Oublier* **de** *faire une chose.*

2. **Oublier si** est suivi de l'indicatif: *J'ai oublié si on le lui avait demandé.* De même, *oublier comment, pourquoi, qui, avec qui*, etc.: *J'oubliais pourquoi il était là.*

3. **Oublier que** n'est plus guère suivi du subjonctif. Aujourd'hui, conformément à l'usage comme à la logique, *oublier que*, positif ou négatif, est suivi de l'indicatif (ou du conditionnel s'il y a éventualité): *J'allais oublier qu'on pouvait nous entendre. Je n'oublie pas qu'on peut nous entendre. J'oubliais qu'il nous avait donné sa parole. Je n'oubliais pas qu'il avait pris des engagements. Je n'oublie pas que dans ce cas il nous aurait avertis.*

    Le subjonctif n'apparaît plus, tout à fait exceptionnellement et sans jamais s'imposer, qu'après *oublier* affirmatif et au passé, quand le sujet oubliait la chose et quand donc pour lui le fait était hors de la réalité envisagée: *Il oubliait que cette phrase vînt de son père* (Gide, A., *Les caves du Vatican*). Même dans ce cas, d'ailleurs, l'indicatif est infiniment plus courant, chez cet auteur comme chez les autres. C'est que, par définition, quand on dit: *Je n'oublie pas* (ou *je n'ai pas oublié*) *que vous m'avez aidé, J'oubliais que vous m'aviez aidé*, on reconnaît et on affirme comme une réalité le fait de l'aide, même si on l'a un certain temps oublié. L'indicatif est donc toujours logiquement justifié.

4. **Oublié de** ou **par**. ▸ DE, 8.

OUED (rivière d'Afrique du Nord), n.m. Pluriel (francisé): des **oueds** et non *des* **ouadi** (forme arabe).

OUI, mot-phrase (ou adverbe ou proposition). Élision facultative et familière, mais exceptionnelle dans l'écriture, devant *oui*: *Je crois* **que oui**. Pas de liaison: *un oui, des oui.* — *Oui bien* (assurément) est vieilli; *oui-da* est familier. *Oui* s'emploie parfois comme un renforcement à la fin d'une question: *Tu l'as vu,* **oui**? ▸ NON, 5.

Si, oui et *non.* ▸ NON, 6.

Nom invariable: *des* **oui** *et des* **non**.

OUÏ-DIRE, n.m. Un *ouï-dire*, des **ouï-dire**. Pron. *wi*, malgré le tréma. *Je ne le sais que par ouï-dire.*

OUÏR (prononcé *wir* beaucoup plus souvent que *ou-ir*) est très défectif. *J'ai ouï dire.* Employé sans auxiliaire devant le nom, *ouï* reste invariable. *Ouï les témoins.* Part. prés. **oyant** (prononcé *o-yan*). Impér. prés. **oyez.**

OUISTITI, n.m. Ni élision ni liaison: *Un drôle de ouistiti. Des ouistitis.*

OUKASE, n.m., doit être préféré à UKASE comme correspondant à la prononciation: *un oukase* (ordre catégorique, plutôt brutal).

OULÉMA, n.m. d'un théologien musulman, est à préférer à ULÉMA.

OURDIR, v.tr.dir. *Ourdir une toile.* On peut dire: *Ourdir la trame d'un roman, ourdir (ou tramer) un complot.*

OURS (on prononce s), n.m. Féminin **ourse** pour la femelle.

OUST! ou **OUSTE!** Interj. pour faire partir qqn au plus vite.

OUTRAGEANT, adj. *Des propos outrageants.* On n'emploie plus l'adj. OUTRAGEUX. Mais l'adv. OUTRAGEUSEMENT reste vivant.

OUTRE, adv., qu'on trouve encore dans PLUS OUTRE ou avec des verbes comme *aller, chercher*, dans le sens de «au-delà», n'est plus guère vivant que dans PASSER OUTRE (aller plus loin; *c'est trop grave, je ne puis passer outre*), **passer outre à qqch.** (ne pas en tenir compte: *Il a passé outre à nos objections*). On évitera [*passer outre qqch*]: *passer outre les préjugés* (Beauvoir, S. de, *Mémoires d'une jeune fille rangée*). — Locution adverbiale, EN OUTRE (en plus; de plus): *Il paie un gros loyer et en outre des charges excessives.*

Outre est aussi une préposition: **Outre quelques députés,** *il y avait là deux ministres.* Inutile et critiquée, mais bien installée dans le meilleur usage, la locution prépositive EN OUTRE DE a le même sens (en plus de).

Outre intervient, suivi d'un trait d'union, dans certains **composés** où il signifie «au-delà de»: *outre-mer, outre-monts, outre-tombe, outre-Atlantique, outre-Manche, outre-Meuse, outre-Rhin. Séjourner outre-Atlantique,* etc. Noter qu'en parlant d'une couleur on écrit *du bleu d'outremer, une étoffe bleu d'outremer, une étoffe outremer.* — OUTRE MESURE, loc.adv.: à l'excès. — On ne dit plus D'OUTRE EN OUTRE, mais *de part en part.*

OUTRE QUE, loc.conj., est suivi de l'indicatif ou du conditionnel: *Outre qu'il **était** trop âgé, il n'avait pas les qualités requises* (en plus du fait que...). *Outre qu'il **serait** mal accueilli, il n'est pas qualifié pour nous représenter.*

OUTRÉ, adj., **OUTRER**, v.tr.dir. *Une flatterie outrée* (excessive). *Une prudence outrée. Être outré* (fâché, indigné) *de qqch., par qqch. Ses propos m'ont outré. Des regards outrés.*

OUTREPASSER, v.tr.dir., «dépasser la limite», s'emploie surtout au figuré et demande un complément comme *un ordre, ses devoirs, ses droits.*

OUTSIDER, n.m. prononcé à l'anglaise, se dit d'un cheval ou d'une personne qui, dans une compétition, n'était pas au départ parmi les favoris.

OUVRABLE, adj., s'emploie surtout dans *jour ouvrable*, jour consacré normalement au travail, opposé à *jour férié.*

OUVRAGE, n.m. *Un ouvrage.* Laisser *de la belle ouvrage* (au lieu de *du bel ouvrage*) à la langue populaire ou aux effets stylistiques.

OUVRE-. Composés: *Ouvre* reste invariable, le second élément prend *s* au pluriel. Des **ouvre-boîtes, ouvre-bouteilles, ouvre-gants, ouvre-huîtres.** ▶ NOMS COMPOSÉS, 2.5; RO II.2.

OUVRIR. On peut dire: *ouvrir la porte à des abus, une route à la circulation. Une fenêtre ouvre (ou s'ouvre) sur la campagne. On S'OUVRE de qqch. à qqn,* on lui confie sa pensée. *Ils se sont ouverts de leurs ennuis à leurs parents. La séance s'est ouverte dans le calme.* — OUVERT. ▶ GRAND, 3.

OVALE, adj. et n.m. *Un visage ovale. Un ovale.*

OVATIONNER, v.tr.dir., c'est faire une ovation (à qqn), (l')acclamer très bruyamment.

OVERDOSE, en médecine, doit se traduire par un SURDOSAGE: ou mieux par une SURDOSE, n.f.

OVERDRIVE se dit en français *surmultiplication.*

OVIPARE, adj. et n.m. *Un animal ovipare. Un ovipare.*

OVNI, n.m. Ce nom est originairement un sigle (O.V.N.I.) pour «objet volant non identifié». Après l'avoir laissé invariable, on écrit plutôt aujourd'hui: des **ovnis.**

OVULE, n.m. On dit toujours: *un ovule.*

OZALID, n.m. Nom déposé (anagramme de *diazol*). Domaine de l'imprimerie. *On corrige les **ozalids** d'un livre,* c'est-à-dire les épreuves d'un positif tirées sur ce papier sensible, soumises pour bon à tirer.

OZONE, n.m. *L'ozone est un oxydant.* On dit: OZONÉ ou OZONISÉ.

P

PACEMAKER, n.m., prononcé à l'anglaise, doit être remplacé par *stimulateur cardiaque*.

PACOTILLE, n.f. Un *c*, un *t*.

PADOU, n.m. d'un ruban. La forme **PADOUE** est vieillie.

PAELLA, n.f. d'un plat espagnol, se prononce en français *paéla* ou *paélya*.

PAF, interjection exprimant un bruit de chute, de coup, devient dans la langue populaire un adj. invariable signifiant «ivre», mais ne signifie pas «déconcerté» comme en Belgique.

PAGAIE, n.f., sorte d'aviron. Le verbe est **PAGAYER**. Un **PAGAYEUR**.

PAGAILLE (on a écrit aussi **PAGAÏE**), n.f., «grand désordre», est familier. *Mettre la pagaille, semer la pagaille. Être en pagaille.*

PAGE, n.f. *À la première page, à la page dix, à ou sur la première page d'un carnet, en page 4 ou en quatrième page d'un journal, la suite page 2. La page de titre d'un livre; la mise en pages; le titre en haut de page. Page trente et un, page deux cent.* ▶ NUMÉRAUX, 5.

PAIE ou **PAYE**, n.f., **PAIEMENT** ou **PAYEMENT**, n.m. ▶ PAYER. **EN P.C.V.** (paiement contre vérification), mode d'appel téléphonique où l'appelé, après accord, paie le prix de la communication; au Québec, **FRAIS VIRÉS À** est la loc.adv. utilisée dans cette circonstance.

PAÏEN, adj. ou n., *païenne*. Tréma.

PAILLE, n.f. *Des tentures paille* (couleur de paille).

PAILLOTE, n.f. Un seul *t*.

PAIN, n.m., peut se dire pour une préparation culinaire en forme de pain : **PAIN DE VIANDE**, *pain de veau, de poisson*. — *Un pain coupé.* ▶ TRANCHE.

PAIN D'ÉPICE (Ac.) ou **D'ÉPICES**. Deux orthographes correctes : la première est plus courante en France, la seconde est généralisée en Belgique.

PAIN À LA GRECQUE désigne en Belgique une sorte de biscuit sucré. On prétend que le nom est une déformation du flamand *gracht*, fossé, le premier nom ayant été *wolfgrachtbrood*, pain du fossé au loup, d'après l'endroit où on les distribuait aux pauvres au centre de Bruxelles.

PAIN FRANÇAIS désigne en Belgique le pain qu'en France on appelle une *baguette*, une *ficelle* (petite baguette), parfois encore une *flûte*.

Du **PAIN PERDU** (trempé dans du lait sucré et mélangé d'œufs, et frit).

Un **PAIN DE SAVON** ou *une brique de savon* ou *un savon*.

PAIR, n.m. *Un emprunt émis **au-dessous du pair**.* On dit **HORS DE PAIR** ou **HORS PAIR**, sans égal. *Ces deux choses (ou personnes) vont ou marchent **DE PAIR**. Son aventure va de pair avec la nôtre.*

PAIRE, n.f. *C'est une autre paire de manches* (fam.), *c'est tout à fait différent et plus difficile. Une paire de draps, de ciseaux, de lunettes. Une paire de bœufs, d'amis, de coquins. Les deux font la paire.*

PAÎTRE ou **PAITRE** (RO II.4), v.tr.dir. ou intr. *Le bétail paît l'herbe de ce champ. Il paît dans ce champ.* On dit : *faire* (ou *mener*) *paître la vache.* Fam. : *Envoyer paître qqn, s'en débarrasser brutalement.*

PAL, n.m. Pluriel : des **pals**.

PALABRE, n.f. Le masculin devient très rare.

PALAIS, n.m. *Le palais de justice* ou *le palais. Le palais du Louvre. Le Grand Palais, le Palais-Royal* (à Paris). *Le Palais-Bourbon. Le palais royal* (ailleurs qu'à Paris).

PALE, n.f. d'un linge liturgique, s'écrit aussi **PALLE**. — *Une pale d'hélice.*

PALINDROME, n.m., vient du grec *palindromos*: *palin* (de nouveau) et *dromos* (course), mot ou groupe de mots ayant le même sens qu'ils soient lus de gauche à droite ou de droite à gauche (sans compter les accents, ni les séparations): *élu par cette crapule — Ésope reste ici et se repose.* En parlant d'un seul mot, on accepte que le sens soit différent pourvu qu'il puisse se lire dans les deux sens: *elle, été, Laval, Roma, nom.*

PÂLIR, v.intr. Auxiliaire: *avoir* l'emporte nettement. *Elle **a** bien pâli.*

PALISSADER, v.tr.dir., entourer d'une palissade: *Palissader un jardin, un chantier.* **PALISSER** *un pêcher*, étaler et fixer ses branches contre un support.

PALISSANDRE, n.m. *Du palissandre.*

PALLIER est proprement un verbe transitif direct signifiant «couvrir d'un manteau» (latin *pallium*). Il ne s'emploie plus absolument (*Ces remèdes ne font que pallier*) mais avec le sens de «dissimuler» ou de «présenter favorablement, sous une apparence spécieuse (pour le masquer, l'atténuer) qqch. de blâmable»: ***Pallier les insuffisances** d'un travail.* D'où, en médecine, appliquer un remède qui au lieu de guérir le mal en atténue provisoirement les symptômes, sans agir sur sa cause. C'est le sens de **PALLIATIF** dans *un traitement palliatif, un remède palliatif, un centre de soins palliatifs* ou *un palliatif*, n.m.: *Un palliatif à un mal. Le palliatif de ce mal.* On s'explique que *pallier* en soit venu à se construire avec *à* comme *remédier*. Toutefois son vrai sens, qui n'est pas celui de «remédier», mais de «dissimuler» ou d'«atténuer», devrait faire éviter cet emploi. Mais on trouve chez de bons écrivains: *pallier à un mal, à un danger, à une défaillance, à un inconvénient.*

PÂLOT, adj. Féminin: ***pâlotte**, deux t.* Accent circonflexe de *pâle, pâlir.*

PALPE, n.f., terme d'entomologie, est souvent masculin chez les naturalistes.

PALPITANT, adj., qui palpite (un organe, le cœur, une personne) ou fait palpiter (un récit, une situation, un intérêt): *Une scène palpitante d'intérêt.*

PÂMER, v.intr. (*Elle pâme*), a vieilli; on dit **SE PÂMER** *d'amour, d'admiration. Elles se sont pâmées de rire. Ce spectacle les a fait (se) pâmer de rire.*

PAMPLEMOUSSE, n. (f. pour l'Académie et certains auteurs), s'emploie de plus en plus au masculin: ***Un** pamplemousse.*

PANACÉE, n.f., d'après son étymologie, désigne un remède qui guérit tout. *Panacée universelle* est donc un pléonasme qu'il convient d'éviter; mais il se rencontre chez d'excellents auteurs depuis longtemps et est courant, parce qu'on n'a guère conscience du sens étymologique.

PANADE, n.f., soupe à base de pain et d'eau. Populaire, *être dans la panade*, être dans la misère.

PANÉ, adj., couvert de chapelure. *Une escalope panée.*

PANEL, n.m. (anglicisme), échange de vues devant un public, «table ronde».

PANIQUE, adj., ou n.f. *Une terreur panique* ou *la panique* se dit proprement d'une peur violente qui s'empare d'une collectivité. Mais on n'hésite pas à dire d'une personne qu'*elle a été prise de panique.* **PANIQUER** est tr.dir. (*Il est capable de paniquer tout le monde. Ils ont été paniqués*) ou intr. (*Il manque de sang-froid, il panique* (s'affole) *facilement*).

PANNE, n.f. Belgicismes: appeler *panne* un bassin hygiénique, une tuile ou, en Flandre, une poêle à frire. ▶ [RAC] pour *être en panne.*

PANONCEAU, n.m., longtemps réservé à la plaque métallique placée en France à la porte des notaires et des huissiers, se dit aussi par extension des plaques signalant la recommandation des hôtels par des associations et a fini, par suite d'une certaine confusion avec *panneau*, par se dire de toute plaque donnant un renseignement (comme l'arrêt d'un bus) ou formulant une interdiction.

PANTALON, n.m. On parle d'habitude aujourd'hui d'*un pantalon* pour un seul vêtement. Mais on ne dit plus guère *des pantalons* dans ce sens. On a dit autrefois *pantalon* et plus souvent *pantalons* pour un sous-vêtement de femme; emploi vieilli. On parle de *culotte* ou de *slip.*

PANTALONNADE, n.f., scène bouffonne ou démonstration hypocrite de regret, de dévouement, etc.: *Sa douleur n'est qu'une pantalonnade.*

PANTOIS, adj., s'applique aux personnes dont le souffle est coupé par l'émotion, par la surprise. On ne devrait pas hésiter à employer le féminin (rare): *Elle est restée toute **pantoise**.*

PANTOMIME, n.m., est synonyme de *mime*, mais ne se dit plus guère dans ce sens; on parle d'**une** *pantomime* pour une mimique, une scène muette accompagnée de gestes.

Comme **adjectif**, *une danse pantomime, un ballet pantomime, des ballets pantomimes.*

PANTOUFLE, n.f. Un seul *f*. Sortir en pantoufles. Fam.: *Raisonner comme une pantoufle*, d'une manière stupide.

PAON, n.m. (prononcer *pan*). Féminin (rare): **paonne** (prononcer *panne*).

PAPE, n.f., se dit en Belgique, comme en flamand *pap*, pour bouillie, riz au lait, colle de pâte obtenue à partir de farine.

PAPIER, n.m. *Du papier ministre, du papier à lettres, à cigarettes, à dessin, à musique, à en-tête. Du papier de verre, du papier émeri* ou **PAPIER-ÉMERI**. *Du papier pelure. Du papier hygiénique* (et non *de toilette* si c'est pour W.-C.). *Du papier peint. Du papier d'argent* ou *argenté. Du* **PAPIER JOURNAL**. *Du* **PAPIER-CALQUE**. *Des **papiers-calques**. Du* **PAPIER-CUIR**. *Du* **PAPIER-COUTURE** (pour dresser des patrons). *Du* **PAPIER-PARCHEMIN**. *Du* **PAPIER-MONNAIE**. *Du* **PAPIER-FILTRE**. *Des **papiers-filtres**. Une corbeille à **papier**.* ▷ ÉMERI.

PAPILIONACÉ (attention à l'orthographe: *iliona*), adj., parce que c'est un dérivé du latin, n'a pas deux *l* ni deux *n* comme les dérivés de **PAPILLON**: **PAPILLONNER, PAPILLONNAGE, PAPILLONNEMENT**. — N.f.pl. les **PAPILIONACÉES**: variété de légumineuses.

PAPILLOTER, v.tr.dir. ou intr. *Ses yeux papillotent* (sont entraînés par un mouvement rapide qui les empêche de se fixer sur un objet). *Ses paupières papillotent* (battent rapidement). *La lumière, le soleil papillote.* — *Papilloter ses cheveux, sa tête, une côtelette.* On met le n.f. **PAPILLOTE** au pluriel dans: *les cheveux, la tête, des côtelettes en papillotes, des dragées en papillotes*, mais on écrit: *une côtelette en papillote* (enveloppée d'un papier beurré ou huilé pour la faire griller).

[**PAPIN**], n.m. Emploi belge pour *un cataplasme*.

PÂQUE, PÂQUES.

1. Fête juive ou russe: **la pâque** juive; on trouve aussi la majuscule.

2. Fête chrétienne. Sans article, pour désigner le jour, n.m.sg.: ***Pâques** est tombé tôt cette année. Des œufs de Pâques.* Avec une épithète ou un déterminant, n.f.pl.: *Pâques **fleuries*** (le dimanche des Rameaux), *Pâques closes* (le dimanche de Quasimodo), *Joyeuses Pâques. Faire ses pâques, de bonnes pâques* (ou *Pâques* dans les deux cas).

PAQUETER, v.tr.dir. On dit plutôt **EMPAQUETER**. Il *empaquette*.

PAR, prép. ▷ À et PAR, AILLEURS, CŒUR, COMMENCER, CONTRE, DÉBUTER, EXPRÈS, FINIR, HEURE, INFINITIF, 2, PARENTHÈSE, DE, 8.

DE PAR n'est plus guère en usage dans le sens de «de la part de», «par ordre de»: *De par le roi* (altération de *part*). Aujourd'hui l'expression s'emploie dans *De par le monde*: «quelque part dans le monde» ou «à travers le monde» et surtout dans un sens causal: *Il était, de par son caractère, fait pour agir (...). Dans cette grande pièce qui, de par la tradition, sert à la fois de bureau (...) et de salle de réunion* (Gaulle, Ch. de, *L'appel*). *J'en ai la force, de par la confiance que me fait le peuple français (...). Stratégiquement les terres françaises devaient, de par la nature, jouer un rôle capital* (Id., *Le salut*). On voit que, dans ces quatre phrases, *de par* correspond successivement à: 1) *par* ou *en raison de, par effet de*, 2) *conformément à, par* (non suivi d'un article), 3) *grâce à*, 4) *en raison de*.

Autre sens dans la langue familière: *Il est de par ici* (du côté de, des environs de; il est de cette région). *Êtes-vous de par chez nous?* (de chez nous). *Tout ce qui venait de par chez moi était son butin préféré* (Claudel, P., *Le soulier de satin*).

Par est suivi normalement du pluriel dans les expressions ***par bonds**, places, endroits, dizaines, instants, moments* (on trouve chez des écrivains *par moment*), *intervalles, catégories*, etc. (en faisant des bonds, à certains endroits, selon les intervalles, les catégories) et du singulier dans ***par personne*** et *par âge, par sexe, par jour, par an, par heure*, etc. (suivant l'âge, le sexe, chaque jour, chaque année, en une heure). ▷ DEGRÉ. — ***Par trois fois***: à trois reprises.

Par suivi d'un adverbe. Sans trait d'union: *par ailleurs, par ici, par là, par là même* (mais **PAR-CI PAR-LÀ**), *par en haut, par en bas, par trop* (renforce *trop*: *C'est par trop difficile*, c'est vraiment trop difficile). Trait d'union: **PAR-DEÇÀ, PAR-DELÀ** (ou **PAR DELÀ**), **PAR-DEDANS, PAR-DEHORS, PAR-DESSUS, PAR-DESSOUS, PAR-DEVANT, PAR-DERRIÈRE** (ou **PAR DERRIÈRE**) et aussi dans **PAR-DEVERS**.

PARA, préfixe, peut, en rapport avec *parer* (détourner), évoquer l'idée de protection contre (*parasol, paratonnerre, parapluie, parachute*; **PARACHUTISTE** peut être abrégé en **PARA**) ou, tiré du grec, vouloir dire «à côté de, proche de, ayant rapport à»: *parafiscal, paraétatique*. À ce dernier mot, qui se dit d'une institution, correspond le belgicisme **PARASTATAL**, adj. et n.m. Noter que le trait d'union n'intervient que devant *i*, *u* (ou parfois *a*), *e* (non accentué): *para-universitaire*.

PARADIS, n.m. On dit: *en paradis* ou plus souvent, aujourd'hui, *au paradis*.

PARAFE, n.m. *Mettre son parafe*. **PARAFER**. On écrit aussi **PARAPHE**, **PARAPHER**.

PARAFEUR ou **PARAPHEUR**, n.m., chemise où sont classées entre volets les pièces du courrier à signer. Éviter *signataire* dans ce sens.

PARAFFINE, n.f. Deux *f* (corps qui a peu d'*affinités* avec les autres).

PARAÎTRE, v.intr., accent circonflexe sur *i* devant *t* dans toute la conjugaison. Cet accent circonflexe peut être supprimé selon les *Rectifications de l'orthographe* de 1990: **PARAITRE** (*RO* II.4).

1. **Auxiliaires.** *Avoir* s'impose aujourd'hui quand *paraître* signifie «sembler»: *Il a paru surpris. Il a paru s'émouvoir. Cela m'a paru regrettable,* ou quand il s'agit de personnes: *Lorsque l'actrice a paru sur la scène. Il n'a pas paru à son bureau hier.* S'il s'agit de publications, *avoir* ou *être* quand il s'agit de l'action: *Ce livre a paru* ou *est paru en 1970.* Pour l'état, *paru* étant adjectif, on emploie *être*: *Le livre est maintenant paru. L'article est paru depuis deux jours.* Lorsque Flaubert écrit: *Je ne suis pas encore paru que l'on m'écorche,* il substitue sa personne à son livre, mais emploie l'auxiliaire qui conviendrait au livre.

2. **Sans auxiliaire,** uniquement lorsqu'on pourrait employer *être*: *Les livres parus l'an dernier.*

3. **Paraître tel âge** est correct: *Elle avait trente ans et les paraissait. Il paraît trente ans à peine. Elle paraît plus que son âge.*

4. **IL (ME, TE, etc.) PARAÎT, avec un attribut** et exprimant une appréciation, est suivi de l'infinitif ou du mode qu'on emploierait avec *être* et le même adjectif: *Il me paraît nécessaire de le rencontrer. Il (me) paraît nécessaire que vous le fassiez. Il me paraît certain qu'il a tort, qu'il devrait s'excuser. Il ne me paraît pas certain qu'il l'ait dit* (ou *l'a dit*). **Sans attribut** (j'ai l'impression, je crois), indicatif ou conditionnel si l'expression est affirmative: *Il **me** paraît qu'il a tort, qu'il devrait s'excuser;* subjonctif si elle est négative: *Il ne me paraît pas qu'on doive lui répondre.*

5. **IL PARAÎT QUE** (on dit que) est suivi de l'indicatif ou du conditionnel: *Il paraît que cet enfant sait déjà lire. Il paraît qu'il aurait eu un accident.* L'ellipse de *il* appartient au langage familier. **Il ne paraît pas que** (il ne semble pas que) est suivi du subjonctif: *Il ne paraît pas que ce soit bien.*

6. **À CE QU'IL PARAÎT,** «selon les apparences» ou «dit-on»: *Il est malade, à ce qu'il paraît.* Ne pas dire: [*À ce qu'il paraît qu'il est malade*]. On peut dire *À ce qu'il me paraît, il est malade* ou *Autant* (ou *suivant* ou *selon*) *qu'il me paraît* (Ac.).

7. De l'emploi impersonnel est issu l'emploi, senti comme dialectal en Belgique, de **PARAÎT** employé seul comme une sorte d'interjection d'insistance ou, dans le sens de «donc», «voyez-vous», etc.: *C'est que moi,* [*paraît, moi*]... *Vous êtes-là,* [*paraît*]? *Je me fais obéir,* [*paraît*], *moi.*

8. **SANS QU'IL Y PARAISSE**: sans que cela se remarque, sans avoir l'air de rien. **IL Y PARAÎT**, la chose se voit. *Il n'y paraît pas* ou *plus.*

PARALLÈLE, n. Distinguer *un parallèle* (cercle parallèle à l'équateur; rapprochement comparatif) et *une parallèle* (droite parallèle, tranchée).

PARALLÉLÉPIPÈDE, PARALLÉLIPIPÈDE, n.m. Les deux formes sont anciennes et admises. La deuxième est adoptée par l'Académie, la première est plus courante et conforme à l'étymologie (grec *epipedon*, surface) et à l'usage.

PARAMÈTRE, n.m., désignant en mathématiques une quantité fixée à volonté, a pris le sens de «élément constant dans un calcul, dans une opération intellectuelle» (*Lexis*). On sera souvent mieux compris en parlant d'une *constante* ou d'un *élément nouveau* au lieu d'un *nouveau paramètre.*

PARAPHE. ▷ PARAFE.

PAR APRÈS. ▷ APRÈS, 10.

PARASTATAL, adj. ▷ PARA.

PARC, n.m., est recommandé au lieu de *parking* (*parc de stationnement*). ▷ PARCAGE, PARKING. En Wallonie, on emploie en français régional *parc* pour semis, carré, planche (de salades, de légumes, de carottes). Ne pas le remplacer par **PLATE-BANDE**, qui désigne l'étroite bande de terre garnie de plantes basses qui entoure un carré de jardin, un parterre. — Un **PARCMÈTRE** (ou **PARCOMÈTRE**), compteur de stationnement.

PARCAGE, n.m., désigne l'action de «parquer»: *Le parcage d'une voiture.* S'emploie aussi pour *parc de stationnement.* ▷ PARKING.

PARCE QUE, conj. Ne pas confondre avec **PAR CE QUE** (par cela que): *Par ce que vous me dites, je comprends mon erreur.*

En dehors des cas où il s'impose pour exprimer la cause (▷ CAR et PARCE QUE), *parce que* est seul permis pour répondre à la question *pourquoi*? (*Pourquoi n'est-il pas venu?* — *Parce qu'il est malade*).

On l'emploie seul pour marquer le refus ou l'impossibilité de donner une explication: *Pourquoi as-tu fait cela?* — *Parce que.* On n'emploie pas *car* non plus, mais *parce que* après *c'est* (*c'est parce que*; on peut dire: *c'est que*) ou après un adverbe (*précisément parce que, non parce que* ou *non que*) ou quand la proposition causale est l'objet d'une interrogation: *Est-ce parce qu'il ne vous a pas répondu?* On fait parfois l'ellipse du sujet et du verbe *être* si celui-ci vient d'être employé ou si l'on a pu sous-entendre «être»: *Un homme malheureux parce que déçu.*

PAR CONTRE. ▸ CONTRE, **5.**

PAR-DERRIÈRE, PAR-DEVANT, PAR-DELÀ, loc.prép. et adv., **PAR-DEVERS,** loc.prép. Trait d'union. On écrit aussi **PAR DELÀ, PAR DERRIÈRE.** ▸ PAR.

PAR-DESSUS, loc.prép. et adv. Trait d'union. Mais: *un* **PARDESSUS.**

PARDON, n.m., peut se dire interrogativement pour prier qqn de répéter ce qu'on n'a pas compris. ▸ PLAIRE, **4.**

PARDONNABLE, adj., se dit des personnes comme des choses.

PARDONNER, v. Au lieu de *pardonner à qqn*, des auteurs emploient encore l'expression, pourtant vieillie, *pardonner qqn*. Mais on dit fort bien, au **passif,** sans complément, *Vous êtes pardonné* (comme *Vous êtes obéi*): *Peut-être moi (...) ne serais-je pas pardonné* (Ormesson, J. d', *L'amour est un plaisir*). On dit: *pardonner* **qqch.,** *pardonner les injures, pardonner* **qqch. à qqn.**

Dans le sens d'«excuser», *pardonner à qqch. (pardonnez à mon indiscrétion)* est vieilli et littéraire. On dit: *Pardonnez mon indiscrétion. Cette erreur lui sera pardonnée. Votre retard est pardonné.*

Devant un infinitif: *Je lui ai pardonné de ne pas m'avoir invité.*

PARE, ind.prés. de *parer*, dans les **composés.** ▸ NOMS COMPOSÉS, **2.5** et RO II.2.

PAREIL, **adj.,** signifie «semblable par l'aspect, la nature, la valeur, etc.», mais peut aller jusqu'à signifier «le même». Son complément est introduit par *à* et non par *que*: *Il est* **pareil à nous.** *À nul autre pareil. Ils sont pareils l'un à l'autre* ou *Ils sont pareils. Une femme sans pareille. En pareil cas.* — **C'est, ce n'est pas pareil,** «la même chose»: *Les enfants sont de merveilleux juges du caractère (...). Clarisse, c'est pareil* (Curtis, J.-L., *La parade*). *Que ce fût moi ou un autre, c'était pareil* (Sartre, J.-P., *Le mur*). *Hier,* **à pareille heure,** à la même heure qu'aujourd'hui. *À une heure pareille* ou *à pareille heure* peut signifier, selon les circonstances, «à telle heure», «si tôt» ou «si tard», ou «si malencontreusement». *Être mêlé* **à une affaire pareille,** si fâcheuse. *Il y a longtemps que nous n'avions été* **à pareille fête,** si agréable.

SANS PAREIL. *Des beautés* SANS PAREILLES. *Des efforts* **sans pareils.**

L'emploi de *pareil* comme **adverbe** pour «pareillement, de la même façon» est répandu dans la langue parlée mais est considéré comme très familier ou même populaire et doit être évité: *Tu feras pareil. Il les aime tous les deux pareil. Nous pensons pareil. Elles étaient habillées pareil.*

Comme **nom** pour «même»: *Il n'a pas son pareil. Elle n'a pas sa pareille. Ils n'ont pas leurs pareils. Rendre la pareille à qqn.* Très familier ou populaire: *Être du pareil au même,* être la même chose, revenir au même.

PAREILLEMENT, adv. *Ils sont à plaindre pareillement,* de la même manière. — *À votre santé! — Merci. Pareillement!*

PARENT, *parente,* adj. et n. *Je suis son parent et non* [*parent avec lui*]. *Nous sommes proches parents. C'est un parent éloigné. Il a perdu ses parents.*

PARENTHÈSE, n.f. *Ouvrir* ou *fermer une parenthèse* ou *la parenthèse.* **PAR PARENTHÈSE** (singulier), en passant, incidemment, ou **ENTRE PARENTHÈSES** (pluriel): *Soit dit par parenthèse* ou *entre parenthèses.*

PARER (en dehors du sens d'*arranger,* d'*orner*), v.tr.dir. ou ind. *On pare* **un coup,** on le détourne, on l'évite. *On pare* **à un inconvénient,** *à une éventualité, au plus pressé,* on prend toutes les dispositions nécessaires.

PARFAIRE, v.tr.dir. *On parfait un ouvrage, une technique, un travail,* on les conduit à un état d'achèvement idéal. *On parfait une somme, un paiement,* on ajoute ce qui manque.

PARFOIS, adv., signifie «à certains moments, de temps en temps, dans certaines circonstances, à l'occasion», mais non «par hasard, peut-être». Ne pas dire: [*Si parfois tu le rencontrais, fais-lui mes compliments*].

PARHÉLIE ou **PARÉLIE,** n.m., la première graphie semble plus proche de l'étymologie (grec *hélios,* soleil).

PARIER, v.tr.dir. ou intr. Attention à l'emploi transitif et à celui des prépositions. *On parie* **une somme,** *un verre* et non [*pour une somme, pour un verre*]. L'objet du pari s'exprime sous la forme d'une proposition introduite par *que* ou par un pronom, ou par *pour* ou *sur*: *Je parie qu'il réussira. Parier* **sur un cheval, pour** *un cheval. Je parie pour son succès, pour tel joueur, sur le favori. Je l'aurais parié. Ils parient* **à qui** sera le premier.

Le complément désignant éventuellement la personne avec qui l'on parie est introduit par *avec* ou, beaucoup moins souvent, par *contre*: *Il avait parié* **avec** *son frère que leur amie ne viendrait pas.* On emploie *contre* dans: *Parier à dix, à cent* **contre un.**

Dans le sens d'«affirmer avec force, soutenir», on dit familièrement, avec pour complément un pronom personnel de la 1re ou de la 2e personne: *Il m'a parié qu'il réussirait. Je te parie qu'il est là.* Sans un tel complément: *Je parie qu'il réussira.*

PARJURER (SE). Deux sens: violer son serment, faire un faux serment. *Ils se sont parjurés.*

PARKING, n.m., a deux sens: 1) action de parquer une voiture. À remplacer par *parcage* (ou *stationnement*): *Parcage autorisé*; 2) emplacement affecté à ce stationnement; *parking* résiste à **parc de stationnement**, *parcage*.

PARLANT peut être gérondif, participe présent, adjectif ou nom.

Il s'emploie comme **gérondif** (invariable) sans *en* après un adverbe en *-ment* (*généralement, strictement, économiquement, littéralement*, etc.) pour indiquer le point de vue auquel on se place: *Strictement parlant*, en parlant strictement.

Participe présent: *des gens parlant à tort et à travers, les gens parlant français.* ▷ PARTICIPE PRÉSENT.

Adjectif: *un sujet parlant, une horloge parlante, un film parlant, un portrait parlant* (très ressemblant, très expressif), *des regards parlants, des documents parlants, des preuves parlantes* (convaincantes par elles-mêmes, significatives).

Nom: On peut se demander si *parlant* est un nom ou un participe présent, et donc s'il est variable ou invariable, dans **PARLANT FRANÇAIS** précédé de l'article. ▷ PARLER, 3.

PARLER.

1. **Parler le français, parler français, parler en français.**

On a prétendu introduire une distinction de sens entre les deux expressions *parler français* et *parler le français*. La première, qui est très vieille, se dirait de ceux dont le français est la langue maternelle et la seconde s'appliquerait aux étrangers qui se servent occasionnellement du français. En fait, les deux expressions ont le même sens (s'exprimer en français) et l'on peut demander à un étranger: *Parlez-vous français?* ou *Parlez-vous le français?* — *Ce sont des Espagnols qui parlent français* (Clavel, B., *L'Espagnol*).

Parler en français a proprement un autre sens; il marque le choix d'une personne qui, dans telle circonstance particulière, s'exprime en français: *L'ambassadeur a parlé en français.* On pourrait d'ailleurs dire: *a parlé français.*

Il va sans dire que l'article ou un déterminatif est nécessaire quand il s'agit d'un français déterminé: *Il parle le français du Midi; un français régional, un français châtié.* ▷ VACHE.

2. **Parler politique, parler chiffons, métier**, etc. supposent l'ellipse de la préposition *de*: on peut toujours employer

celle-ci. Mais on dit toujours: *parler raison* (le langage de la raison).

3. Comment écrire **les parlant(s) français**? L'usage est hésitant. Plusieurs analyses sont possibles.

Parler français pouvant être considéré comme ayant le même sens que *parler le français*, on peut voir dans **les parlant français** (avec ou plus souvent sans trait d'union) un participe présent suivi de son complément d'objet direct. Il y aurait ellipse de *gens*, *personnes* et l'on devrait écrire: *les parlant français* comme *les gens parlant français.* Ce serait une erreur de vouloir faire l'accord du participe présent dans cette expression moderne comme on le fait par archaïsme, en maintenant un ancien accord, autrefois normal, du participe dans les expressions figées *les ayants droit, les ayants cause.*

Mais une autre analyse est possible: *Parlant*, qui est fréquemment adjectif (*une horloge parlante, un film parlant, le sujet parlant*), est dans **les parlants français** devenu un nom complété par *français* avec ellipse de la préposition *en*; on assimile dans ce cas, pour le sens, *parler en français* à *parler français.* Comparer: *les participants au colloque, les partants en surnombre, les manquants à l'appel, les opposants au régime.* L'accord se répand.

4. *On parle à qqn. Ils se sont **parlé**. Cette langue s'est **parlée** autrefois. On parle **à qqn de qqch**. ou de qqn. Les faits parlent d'eux-mêmes. On parle **avec qqn** (on a une conversation avec lui). Parler sur qqch. est beaucoup plus rare que parler de qqch. et signifie plutôt «s'étendre sur une question»: Parler sur des matières difficiles (Ac.). C'est encore un sujet sur lequel il est préférable de ne pas parler (Duhamel, G., Souvenirs de la vie du paradis). On dit: Un sujet dont il est préférable de ne pas parler. On parle de rester. On parle **pour qqn** ou qqch., en sa faveur.*

5. **Il a bien** (ou **mal**) **parlé** porte un jugement sur la correction ou l'éloquence des paroles prononcées. **Il a bien parlé de vous**: de façon convenable. **Il a mal parlé de vous** veut dire «il a parlé de vous d'une manière décevante» plutôt que «il a dit du mal de vous».

6. Au lieu de *On a parlé de cela, on en parlera*, on peut employer le tour **impersonnel** passif et dire: *Il en a été beaucoup parlé, il en sera parlé.*

7. **TU PARLES**, employé absolument pour marquer l'incrédulité ou pour surenchérir, appartient à la langue familière. De même *tu parles* (ou *vous parlez*) *de* ou *si* pour exprimer un

sentiment ou pour insister : *Tu parles d'un zèbre! Tu parles s'il était furieux.*

PARLOPHONE, n.m., se trouve dans le *GR*, et est régulièrement utilisé en Belgique pour désigner l'**INTERPHONE** qui fonctionne entre la porte d'entrée et l'intérieur d'un bâtiment.

PARLOTE, n.f. La Commission du CILF et des lexicographes chargée de l'harmonisation orthographique des dictionnaires n'admet qu'une seule forme, avec un seul *t* (des dictionnaires donnent aussi **PARLOTTE**). **SE PARLOTER**, échanger des **PARLOTAGES**.

PARMI, prép., signifie «au milieu de» et s'emploie normalement devant un pluriel; cette pluralité doit dépasser le nombre deux, elle peut être représentée par un collectif au singulier: *Parmi eux, parmi ces gens-là, parmi la foule. Parmi lesquels* et non [*parmi qui*]. On a voulu interdire l'emploi de *parmi* devant un nombre bien défini, à moins qu'il n'impose à l'esprit une idée globale: *Vous pouvez choisir parmi dix cadeaux* serait autorisé et *parmi ces dix cadeaux* serait interdit parce que les objets se présentent individuellement à l'esprit! L'usage ne s'embarrasse pas de telles distinctions. *Parmi* se rencontre encore parfois, suivant l'usage classique, devant un singulier non collectif, évoquant l'idée d'une certaine étendue, concrète ou abstraite. *Parmi la plaine* (La Fontaine). *Parmi l'air* (Corneille). *Parmi le plaisir* (Racine). *Parmi cet été et ce jardin* (Colette). Parce que *parmi* est généralement associé à un pluriel, on commet parfois la faute de l'écrire avec *s*.

[*L'un parmi l'autre*] est fautif. Dire: *l'un dans l'autre, l'un portant l'autre* (Ac.). — *Parmi* ne s'emploie plus comme adverbe.

PAROXYSME, n.m., **PAROXYSMIQUE**, adj., **PAROXYSTE**, n.m. et adj. (rare), **PAROXYSTIQUE**, adj. Attention à l'*y*.

PARQUET, n.m., est remplacé aujourd'hui par *orchestre* dans l'usage français pour désigner la partie d'une salle de théâtre près de la scène ou les spectateurs qui s'y trouvent.

PART, n.f. La liaison de *t* ne se fait pas dans *de part en part*, mais est fréquente dans *de part et d'autre*.

1. Quelques expressions: *de part en part* (d'un côté à l'autre), *de toute part* ou *de toutes parts*, *d'une part...*, *d'autre part* (ou *de l'autre*), *de part et d'autre*, prendre **en bonne part**, *en mauvaise part* (▶ PRENDRE, 1) et non [*prendre qqch. de mauvaise part*], *de la part de*. Mise en interrogation, cette dernière expression devient: **De la part de qui** est-il venu?

Parfois: *De quelle part est-il venu? De quelle part viennent ces nouvelles?*

AUTANT DE SA PART est courant en Belgique en réponse à une formule comme *Mes compliments* (ou *Bien des choses*) *à votre frère*. L'expression est correcte, mais les circonstances la justifient souvent mal. Mieux vaut dire: *Je n'y manquerai pas* ou *Je vous remercie*.

2. **FAIRE PART** de qqch. à qqn: l'en informer. On peut citer l'un ou l'autre exemple de *J'ai l'honneur de vous faire part que...* Mais on dit plutôt: *de vous informer que.* — Trait d'union dans *un* **FAIRE-PART** et, généralement, dans *une lettre de faire-part*.

3. **À PART** est loc.adv. (*Nous examinerons cette question à part. Prendre qqn à part*), loc.adj. (*Un cas à part*) ou loc.prép. Comme loc.prép., suivi d'un nom ou d'un pronom, *à part* signifie «à l'exception de»: *À **part** sa femme et à part moi, qui lui fait encore confiance?* Devant un pronom personnel, il peut aussi signifier «en soi-même»: *À **part** soi* (ou *moi*, etc.), *il pensait* (ou *je pensais*) *que...* On l'entend devant un infinitif: *Que fait-il, à **part** copier?* Mais il faut éviter de l'employer avec *de* devant un infinitif et de dire: [*à part de ça*] au lieu de *à part ça*.

À PART QUE, loc.conj., est familier et signifie «sauf que, excepté que».

4. **FAIRE LA PART DE QQCH.**, **FAIRE SA PART À QQCH.** *Il faut faire la part des circonstances*, en tenir compte. Beaucoup plus rare avec une détermination: *Les hallucinations dont les critiques hagiographes font la part si large* (Bernanos, G., *L'imposture*). Mais on dit très bien: *faire la part belle à **qqn***, lui accorder un gros avantage. *Faire sa part à qqch.*, lui attribuer sa place, l'importance méritée.

5. Wallonisme: [*jouer une part aux cartes*].

PARTAGER, v.tr.dir. *Cette question partage* (divise) *les critiques. On partage une somme en deux. La pièce est partagée en deux. On partage qqch. **entre deux personnes**.* Des dictionnaires donnent encore dans ce sens (*répartir, distribuer*) le tour vieilli: *à deux personnes. Partager à deux* est régional. *On partage sa journée en deux, sa matinée entre plusieurs activités. On partage qqch. **avec** qqn. On partage les ennuis* (ou *l'enthousiasme* ou *l'opinion* ou *la responsabilité*) *de qqn.* Mais on critique *Je partage **entièrement** votre avis*, parce qu'il y a contradiction entre *partager* et *laisser entier*. C'est oublier qu'*entièrement* veut dire: sans restriction. *Ce pauvre garçon est mal partagé* (il est défavorisé). *Les avis sont partagés, se sont partagés. Ils se sont partagé la responsabilité.*

PARTANT, adv. (par conséquent), est surtout littéraire. *Plus d'argent, partant plus d'amis* (Ac.). **Adj. et n.**: *Les personnes partantes. Les partants.* **Part.** *Les personnes partant à sept heures.*

PARTENAIRE, n.m. ou f., suppose une association (dans le jeu, en sport, à la danse, etc.) et des intérêts communs, des échanges: *Les partenaires européens.*

PARTHÉNOGENÈSE, n.f. ▷ GENÈSE.

PARTI, n.m. C'est aujourd'hui une faute (avec la circonstance atténuante de l'archaïsme) d'employer *parti* au lieu de *partie* dans PRENDRE QQN À PARTIE (s'en prendre à lui).

On prend le parti de qqn. On prend le parti de se taire. On prend parti pour ou *contre qqn* ou *qqch. On prend parti sur qqch., sur une question. On prend son parti de qqch. On tire parti de qqch. On fait à qqn un mauvais* (ou *un méchant*) *parti.* Un **PARTI PRIS**. Éviter le trait d'union.

Adjectifs: **MI-PARTI**, *mi-partie* (▷ MI-PARTI); **BIPARTI**, *-ie*, **TRIPARTI**, *-ie*, **QUADRIPARTI**, *-ie* ou, des deux genres, **BIPARTITE**, **TRIPARTITE**, **QUADRIPARTITE**, etc.: *un accord* ***quadripartite***. ▷ BIPARTI.

PARTIAL, adj. Masculin pluriel: *partiaux*.

Participe (présent ou passé) et gérondif

1. VOIR AUSSI...

▷ PARTICIPE PASSÉ, PARTICIPE PRÉSENT.

2. CONSTRUCTION

Placés en tête de phrase, sans sujet propre, ils se rapportent généralement au sujet du verbe principal:

> *En me voyant, il me fit signe. À peine accueilli, il est reparti.*

Il arrive que le participe se rapporte au pronom personnel complément ou même au nom auquel renvoie le possessif qui suit:

> *Rendu à la vie civile, ses parents* ***le*** *laissèrent libre de choisir un état* (Aymé, M., *Le confort intellectuel*). *En parcourant des yeux cette vaste plaine noyée, un détail attira* ***mon*** *attention* (Bosco, H., *Malicroix*). *En ouvrant mes volets ce matinlà, un grand bonheur* ***m'***envahit (...). *En jetant mon pantalon sur le sable,* ***mon*** *portefeuille en tomba* (Ormesson, J. d', *L'amour est un plaisir*).

Il est certain qu'il ne faut pas condamner de telles libertés, conformes à un usage classique infiniment plus libéral en cette matière, et rendues claires par un rapport évident avec le pronom ou l'adjectif

possessif. Certains écrivains, se prévalant d'un ancien usage, vont beaucoup plus loin, trop loin. Et l'on entend ou on lit: [*Disant toujours la vérité, vous devez me croire*]. [*Espérant recevoir une réponse favorable, veuillez agréer...*]. Il faut dire: *Puisque je dis..., vous devez...* ou *Disant toujours..., je mérite d'être cru. Espérant recevoir...* (ou *Dans l'espoir d'une réponse...*), *je vous prie d'agréer*. Mais il n'y a aucune équivoque possible dans: *En feuilletant ce livre, le hasard a voulu que je découvre...* — L'ancien usage subsiste dans certaines formules comme *L'appétit vient en mangeant*.

3. SUJET EXPRIMÉ

Notons enfin que, contrairement à ce que permettait l'usage classique, on ne peut, si le sujet a déjà été exprimé devant le participe, le reprendre sous la forme d'un pronom sujet devant le verbe principal:

> *Josabet, (...) étant arrivée lorsqu'on égorgeait les princes, ses neveux, elle trouva moyen...* (Racine, J., *Préface d'Athalie*). On ne dira donc pas: [*La ville étant prise, elle fut pillée*]. Mais avec un pronom complément: *La ville étant prise, on la pilla* ou *La ville, étant prise, fut pillée.*

4. PARTICIPES PRÉSENTS EMPLOYÉS COMME NOMS

D'un point de vue néologique, des participes présents peuvent devenir des noms: de même que les *étudiants* ont remplacé au XIXe siècle les *écoliers*, on voit apparaître les *apprenants* dans la langue des pédagogues ou les *attendants* (personnes en attente à l'aéroport) dans la langue des médias. La série (*non*)-*combattants*, (*non*)-*comparants*, (*non*)-*croyants*, (*non*)-*entendants*, (*non*)-*voyants* renforce cette capacité du participe présent à devenir un nom. À quand les *mal-comprenants* ?

Participe ou infinitif

▷ VOIR, 8 et SENTIR, 2.

Participe passé. Accord

1. RÈGLES GÉNÉRALES ET COMPLEXITÉ DE L'USAGE

L'usage est vraiment général dans trois cas: participe employé adjectivement (*une porte* ***ouverte***) ou avec être en dehors des verbes pronominaux (*la porte* ***est ouverte*** *par la concierge*) ou dans une forme impersonnelle (*les orages* ***qu'il y a eu***; ***il est arrivé*** *plusieurs accidents*). En dehors de ces trois cas, le raffinement et la complexité des règles, parfois contradictoires, et les divergences ou les hésitations de l'usage, non seulement oral mais écrit, justifient encore la remarque de Vaugelas, disant à propos de l'accord des participes passés : «En toute la grammaire française, il n'y a rien de plus important, ni de plus ignoré.» Il s'expliquait : de plus important, à cause de la fréquence des emplois, «de plus ignoré, parce qu'une infinité de gens y manquent».

Deux siècles plus tard, Bescherelle écrit dans sa *Grammaire nationale*, au moment où il aborde cette question : «Nos auteurs ont fait et font encore aujourd'hui varier ce participe dans certains cas, tandis qu'ils le laissent invariable dans d'autres. De là les difficultés assez grandes qu'offre la syntaxe de cette partie importante du discours. On a écrit sur ce sujet des traités spéciaux ; on a rempli des volumes entiers de règles, d'exceptions, d'exemples et d'applications et, avec tout cet attirail de science, comme le dit l'*Encyclopédie moderne*, on a embrouillé une matière fort simple ; on en a fait la torture de l'enfance, l'épouvantail des jeunes personnes et le désespoir des étrangers.»

Les grammairiens du XXᵉ siècle, même quand ils se soumettent aux règles, regrettent l'importance qu'elles ont prise et constatent leur fragilité ou leur gratuité. Plutôt que de citer Ferdinand Brunot ou Marcel Cohen ou d'autres, notons ces soupirs d'André Thérive dans *Clinique du langage* : «Hélas! Quand on touche au vieil accord des participes passés, on se fait aussitôt accuser de sacrilège grammatical». «L'accord des participes passés est ordonné non par des convenances profondes, mais par une tradition universitaire». «Ainsi donc on pourrait soutenir que l'accord du participe ne sert à rien, ne plaît à personne et gêne tout le monde». Il a beau jeu de noter «le divorce secret entre la langue écrite et la langue vivante».

«Le participe passé encore? À quoi bon ces palinodies, ces éternelles resucées de matière morte?», déclare M. Wilmet dans l'introduction de son ouvrage *Le participe passé autrement* (Duculot, 1999). Le linguiste, dont la thèse générale est que «le participe passé devrait s'accorder comme n'importe quel adjectif (*en genre et en nombre*) avec le nom auquel, selon l'expression consacrée, *il se rapporte*», propose une démarche pour développer *la réflexion* et résume l'accord du participe passé à trois directives, assorties de ce qu'il appelle «les blocages».

Précisons : si l'on confronte les règles et la langue parlée, le divorce est patent. Il l'est même entre l'usage écrit et certaines règles que l'enseignement a fini par vouloir imposer, mais qui sont loin d'être observées par tous les bons écrivains soucieux d'écrire correctement ou par l'usage spontané d'un très grand nombre de gens cultivés témoignant du même souci.

Notre rôle est d'informer rigoureusement le lecteur à la fois sur ces règles et sur ce divorce. En examinant successivement les divers cas dans un ordre rationnel, on aura soin de préciser nettement :

1) si, au vu du bon usage, la règle garde son caractère impératif ;

2) si les hésitations de bons écrivains et parfois même des grammairiens laissent une certaine latitude et permettent de recommander une solution claire et simple, assurément correcte ;

3) si, dans d'autres cas, tout en reconnaissant que la règle garde sa valeur impérative aux yeux des grammairiens et de beaucoup d'écrivains et doit donc être encore observée, au moins dans l'usage actuel, on peut constater qu'elle est devenue fragile et souhaiter sa révision ; il faudra dire dans quel sens.

2. PARTICIPE PASSÉ SANS AUXILIAIRE

Participe passé sans auxiliaire, en fonction d'épithète ou comme verbe d'une proposition participe ; accord en genre et en nombre avec le nom auquel il se rapporte :

> Des livres **perdus**. La lampe **éteinte**, il s'endormit rapidement.

Même accord quand le participe est employé comme adjectif attribut avec le verbe *être* : *La porte **était fermée**.* ▶ ADJECTIFS QUALIFICATIFS, 2.8 : *Il n'y avait plus d'**éclairé(e)** que la lucarne.*

2.1. CAS PARTICULIERS

Formes employées seules devant le nom et très souvent assimilées à des mots invariables :

2.1.1. *APPROUVÉ, COMPRIS, EXCEPTÉ*, ETC.

Approuvé, attendu, certifié, compris, y compris, non compris, entendu, fourni, excepté, mis à part, ôté, ouï, quitté, supposé, vu, reçu, refait, venu, variables après le nom, restent invariables quand ils sont employés sans auxiliaire devant le nom ou le pronom, à moins qu'ils ne précèdent que par inversion ; ils varient alors comme s'ils suivaient le nom. Leur invariabilité s'explique par une assimilation à des prépositions ou par une ellipse :

> **Approuvé** les corrections ci-dessus. Ouï les témoins. Attendu leurs bons antécédents. Excepté eux. Sitôt **quitté** la ville, nous étions en pleine campagne. Y compris les vieilles personnes. Déjà **comprises** au compte précédent, ces sommes n'ont pas dû figurer ici. **Vue** sous cet angle, l'affaire est tout autre. Approuvée par tous, cette mesure s'est facilement imposée. Tous se sont trompés, cinq ou six **exceptés**.

N.B. Dans certains cas, comme dans *fourni, reçu, refait*, etc., on a l'impression que l'auxiliaire *avoir* est sous-entendu et que le complément d'objet direct suit ; d'où l'invariabilité du participe passé :

Repeint *la façade.* **Reçu** *la somme de.* Fourni *deux sacs de ciment.* **Quitté** *la banlieue, nous avons filé à toute vitesse* (Après avoir quitté la banlieue...).

2.1.2. *FINI*

Fini s'accorde généralement mais peut rester invariable : **Finies** *les vacances* (les vacances sont finies). **Fini** *les vacances* (C'est fini, les vacances).

> *Fini cette musique discordante* (Sabatier, R., *Trois sucettes à la menthe*). *Fini la journée* (Navel, G., *Travaux*). *Fini les manœuvres* (Mallet-Joris, Fr., *Le rire de Laura*).

Fini de, rare devant un nom, est toujours invariable.

2.1.3. *PASSÉ*

En dehors de l'indication de l'heure (▶ HEURE, 2 : *Passé dix heures* : après. *Il est six heures passées*), on a le choix. Assimilé à *après* devant un nom, *passé* reste souvent invariable (mieux vaut le laisser tel), mais souvent aussi on le traite comme un participe passif :

> *Aucun élan de sensibilité,* **passé** *l'adhésion première* (Estang, L., *Les stigmates*). *Passé la surprise de sa taille* (...), *il me restait à observer l'essentiel* (Charles-Roux, E., *Oublier Palerme*). *Passé la première intensité du drame* (Bataille, M., *Les jours meilleurs*). **Passée** *la porte ouverte, mon arrière-grand-mère et moi pénétrâmes dans le vaste jardin* (...). *Passés les premiers sourires d'aise et les mots d'abandon* (Arland, M., *Antarès*). *Le même auteur, B. Clavel, tantôt accorde* passé : *Passée la dernière maison* (*Le voyage du père*), *tantôt le laisse invariable : Passé les arbres* (...). *Passé les coupes qu'il avait faites* (*L'Espagnol*). *Passé la cinquantaine, ils respiraient avec peine* (Peyrefitte, A., *Le mal français*). *Passé les dernières maisons, nous retrouvâmes d'un seul coup les eaux profondes de la nuit* (Bertin, Ch., *Les jardins du désert*).

On conseillera l'invariabilité.

2.1.4. *ÉTANT DONNÉ*

Étant donné laisse aussi le choix, bien que l'accord ne soit pas rare, la locution étant souvent perçue dans son sens littéral :

> **Étant données** *les circonstances familiales* (Anouilh, J., *Pièces brillantes*). *Étant données deux droites parallèles.* **Étant donné** *sa stupidité* (Ac.).

De même *mis à part.*

2.1.5. *CI-JOINT, CI-INCLUS, CI-ANNEXÉ*

A. **Devant le nom**

Ci-joint, ci-inclus, ci-annexé, devant le nom, doivent dans certains cas rester invariables, à cause de leur valeur adverbiale (comme *ci-après, ci-contre*), et peuvent dans d'autres rester invariables, à cause de leur forme cristallisée, bien qu'ils soient aussi dans ce cas traités comme des adjectifs ou des participes. Ils peuvent donc toujours rester invariables devant le nom.

Ils sont toujours invariables en tête de la phrase ou, dans le corps de celle-ci, devant un nom sans article ni démonstratif ni possessif ni numéral.

> **Ci-joint** *l'expédition du jugement* (Ac.). *Ci-joint quittance ou les quittances. Ci-joint les pièces demandées. Vous trouverez* **ci-joint** *copie du contrat. Vous recevrez ci-inclus copie de...* (Ac.)

Ils peuvent varier ou, selon la tendance actuelle, rester invariables dans le corps de la phrase devant un nom précédé d'un article, d'un nombre, d'un démonstratif ou d'un possessif :

> *Vous trouverez* **ci-incluse** *la copie que vous m'avez demandée* (Ac.). — *Vous trouverez* **ci-inclus** *une lettre de votre père* (Ac.).

Le *PR* et le *GLLF* laissent ces expressions invariables devant le nom, même précédé de l'article :

> *Vous trouverez* **ci-inclus** *une copie. Recevez ci-joint les documents. Vous trouverez ci-joint une copie du rapport.*

B. **Après le nom**

Immédiatement après le nom déterminé par un article, etc., *ci-joint, ci-inclus, ci-annexé* varient : *Les documents* **ci-joints**. Mais il y a de l'hésitation s'ils suivent le verbe et se rapportent à un pronom qui précède le verbe. Le *B.U.* écrit : *Les pièces que vous trouverez ci-joint.* On fera cependant plutôt l'accord dans de tels cas, parce que le nom, qui précède, est déterminé par un article.

Mais après un nom sans déterminant, l'invariabilité paraît normale : *La lettre dont vous trouverez copie* **ci-inclus**.

C. **Remarques**

Joint employé seul est traité comme *ci-joint.*

Dans une phrase du type (rare) : *Ci-incluses, ces pièces vous parviendront sûrement*, la locution varie parce qu'elle n'est en tête que comme un adjectif détaché.

3. PARTICIPE PASSÉ DES VERBES IMPERSONNELS

Participe passé des verbes impersonnels ou pris impersonnellement ; toujours invariable, quel que soit l'auxiliaire :

> *Les orages qu'il y a **eu**. Il est **arrivé** plusieurs accidents. Il s'est trouvé des personnes malveillantes pour l'accuser.*

4. PARTICIPE PASSÉ CONJUGUÉ AVEC *ÊTRE*

Participe passé conjugué avec *être* (en dehors des verbes pronominaux et de l'emploi impersonnel) ou attribut avec des verbes copules ; toujours accord avec le sujet du verbe :

> *La porte sera **ouverte** par la concierge. Ils sont partis. Ils sont attaqués de toutes parts. Sa tâche est (ou semble ou paraît ou a l'air) terminée. Ils resteront enfermés.*

Le participe reste au singulier si *nous* ou *vous* sont mis pour *je* ou *tu*. Si le sujet est *on* ▸ ON. *Une espèce de clochard est **venu*** ▸ VERBE, Accord, 2.1.1 ; PARTICIPE PASSÉ, 2.1.4, *étant donné*.

5. PARTICIPE PASSÉ CONJUGUÉ AVEC *AVOIR*

5.1. RÈGLE GÉNÉRALE

Rappelons la règle générale : il s'accorde en genre et en nombre avec le complément d'objet direct (c.o.d.) du verbe, si cet objet direct précède :

> *Avez-vous lu les livres que je vous ai **prêtés?** Voici les romans dont je vous ai **parlé**.*

On trouve le c.o.d. en posant la question *qui* ou *quoi* après le verbe tr.dir. ou en voyant si le complément devient sujet à la tournure passive.

Il faut reconnaître que la règle est souvent ignorée ou négligée, qu'elle ne s'imposait pas, qu'elle était même illogique et arbitraire dans sa généralisation et qu'elle a mis longtemps à prévaloir. Il faut renoncer à prétendre, avec les Le Bidois, qu'elle traduit, jusque dans ses applications les plus raffinées et les plus déconcertantes, « le caractère éminemment raisonnable de notre langue » et « ce qu'on serait en droit d'appeler sa sensibilité ou sa vie » (*Syntaxe*).

Toutefois, en dépit de nombreuses transgressions dans l'usage oral, elle est souvent respectée par celui-ci dans les cas les plus simples et les plus clairs et plus encore, mais pas toujours, dans l'usage écrit. Il y a donc lieu de s'y conformer et d'accorder le participe quand le complément d'objet direct précède, qu'il soit un nom ou un pronom personnel (sauf *en*) ou un pronom relatif ou un adverbe de quantité (▸ 5.2.12, *En*, pronom adverbial et 5.2.11.C, *Le peu de*).

On doit écrire : *Quelle faute a-t-il **faite**? Quelles difficultés n'a-t-il pas rencontrées? Quelle sorte de livres a-t-il **publiés?*** (▸ VERBE, Accord, 2.1.1). Bien qu'on écrive logiquement : *Ce que j'ai **acheté**, ce sont des radis et non des salades*, on écrira : *Ce ne sont pas des salades que j'ai **achetées**, mais des radis*. De même : *Ce ne sont pas des applaudissements qu'il a **recueillis**, mais des huées*.

Quant aux autres cas, il y a lieu de voir dans quelle mesure l'usage et aussi parfois les grammairiens eux-mêmes sont d'accord pour garder à la règle son caractère contraignant.

5.2. CAS PARTICULIERS

5.2.1. LES VOISINAGES TROMPEURS

On a signalé maintes fois la tendance à ne pas faire l'accord avec un complément féminin qui précède quand le sujet, pas trop éloigné, est *cela* : *L'impression que cela m'a **faite** peut paraître étrange*, mais l'accord s'impose aussi bien que dans *L'impression que ce jeune homme vous a **faite***. On peut, si l'on veut, modifier la phrase et dire : *L'impression que j'ai ressentie*.

5.2.2. TEMPS SURCOMPOSÉS

Le dernier participe seul est variable : *Il les a eu vite **rassurés***. En effet, *eu* fait partie de l'auxiliaire.

5.2.3. COMPLÉMENT D'OBJET DIRECT ET COMPLÉMENT CIRCONSTANCIEL SANS PRÉPOSITION

La règle ne change pas. Mais il faut ne pas oublier les cas suivants.

A. **Verbes toujours intransitifs**

Certains verbes toujours intransitifs peuvent avoir un complément circonstanciel (ou adverbial) sans préposition : *Il a marché (ou dormi) trois heures.*

> *On écrit donc : Les trois heures qu'il a **marché** (ou dormi). Les années que cela a duré ou qu'il a régné. On ne tient pas compte ici de la possibilité d'employer transitivement dormir avec sommeil (Dormez votre sommeil).*

B. **Verbes transitifs directs, ou intransitifs selon le sens**

Certains verbes peuvent être transitifs directs ou intransitifs selon le sens. Tel n'est pas le cas de **avoir**, qui reste transitif même dans *avoir tel âge* ou *avoir telle somme* (posséder), *telles dimensions* : *Vous dites que cet enfant a neuf ans. Quand les a-t-il **eus**? La somme qu'il a **eue** à sa disposition. De même*, **dépenser**, **gagner**, **parier**, **perdre**,

rapporter: *Les cent francs qu'il a **dépensés**, pariés, gagnés, perdus, les cent francs que cela lui a rapportés.*

On distingue: *La maison (ou la rue) que j'ai **habitée*** et *La rue où j'ai **habité***. **Descendre** est transitif dans: *Descendre un escalier, des meubles, une perdrix, un avion, une personne,* etc.

Entrer, **rentrer**, **sortir** sont transitifs dans *Entrer un meuble par la fenêtre. Rentrer des marchandises. Sortir son chien.* De même **passer** dans *Les cinq années qu'il a **passées** en Amérique. Les vacances qu'il a **passées** à la mer. L'heure qu'il a **passée** à nous attendre.*

Notons encore quelques verbes qui peuvent être transitifs ou intransitifs; on en trouvera d'autres, comme *payer*, à leur rang alphabétique.

Coucher: *Les arbres que le vent a **couchés**. La nuit que (pour où) j'ai **couché** à la belle étoile.*

Courir: *Les lièvres qu'il a **courus**. Les trois heures que ce cheval a **couru**.* ▶ COURIR, 5.

Coûter: *Les deux mille francs que cela m'a **coûté**. Les efforts que cela m'a **coûtés**.* ▶ COÛTER, 1.

Mesurer: *Les terrains que nous avons **mesurés**. Les deux hectares que cette propriété a **mesuré** avant l'expropriation.*

Peser: *Les cent kilos que ce ballot a **pesé*** (être d'un certain poids). *Les marchandises que nous avons **pesées*** (mesurer le poids). *Les arguments que j'ai **pesés**.*

Souffrir: *Les ennuis qu'il a **soufferts**. Les années qu'il a **souffert*** (pendant lesquelles il a souffert).

Valoir: *La gloire que cette action d'éclat lui a **value*** (procurer). *Les dix mille francs que lui a **valus** ce prix de l'Académie. Ce cheval ne vaut plus la somme qu'il a **valu** autrefois* (avoir comme valeur). *La somme qu'a **valu** il y a vingt ans cette propriété.*

Vivre est intransitif (et son participe est invariable) quand il signifie simplement «être en vie»:

> *Les nombreuses années qu'il a **vécu** (pendant lesquelles il a vécu) lui ont donné une riche expérience.*

Mais il devient transitif, et le participe est alors variable, dans trois cas où le sens est:

«Passer, mener, traverser»; on pense alors à la qualité de la vie, à son aspect particulier et l'accord peut parfois suffire à suggérer cette idée:

> *La vie heureuse qu'il a **vécue**. Les dix années de misère qu'il a **vécues**... L'existence qu'il a **vécue** pendant quatre ans l'a rendu indulgent.* On ne pourrait dire: pendant laquelle, pendant lesquelles.

On constate que certains écrivains laissent alors le participe invariable:

> *Quelles heures il avait **vécu**!* (Mauriac, Fr., *Les chemins de la mer.*) *Me voici arrivé aux pages les plus sombres de mon histoire, aux jours de misère et de honte que Daniel Eyssette a **vécu** à côté de cette femme* (Daudet, A., *Le petit Chose.*) *Quelles étranges minutes elle avait **vécu**!* (Green, J., *Léviathan.*)

L'accord est préférable.

«Traduire en actes dans sa vie»: *Sa foi, il l'a courageusement **vécue**.*

«Éprouver intimement, par l'expérience personnelle faite au cours de la vie», «sentir profondément»:

> *Les génies disparus, dont l'âme revit dans ces musiques qu'avait **vécues** leur vie* (Rolland, R., *Jean-Christophe, Le matin*). *Ses propres expériences, celles qu'il avait **vécues*** (Faure, L., *Mardi à l'aube*).

5.2.4. *L'* COMPLÉMENT D'OBJET DIRECT

Le complément d'objet direct est le pronom neutre *l'* signifiant *cela* (dans des propositions dépendant d'un comparatif): *Elle est plus belle que je ne l'avais **cru**. L'affaire est plus grave que je ne l'avais **pensé**.* Le participe est alors invariable; on pourrait supprimer *l'*. À distinguer de *l'* représentant un nom féminin: *Je l'ai revue plus triste que je ne l'avais **quittée***; remarquer que, dans ce cas, s'il s'agissait de plusieurs personnes, on emploierait *les*.

Parfois les deux interprétations sont possibles: *Elle est plus belle que je ne l'avais **imaginé** ou **imaginée**.* On imagine en effet une chose (cela), mais aussi une personne (on se la représente sous tel ou tel aspect).

5.2.5. ATTRIBUT DU COMPLÉMENT D'OBJET DIRECT

Le complément d'objet direct a un attribut, réel ou prétendu. Dans *Les lectures qu'on a **appelées** futiles, On l'a **trouvée** inanimée, On les a **portés*** (inscrits) *manquants, Je l'ai **vue** inquiète, Cette robe ne vous va pas, on l'a **faite** trop large, On l'a **appelée** Virginie,* il est logique de voir un complément d'objet direct (déterminant l'accord) et un attribut de ce complément. On a beaucoup disserté sur cet accord au XVIIe siècle et on a préconisé l'invariabilité. Aujourd'hui la logique ferait plutôt une distinction entre les exemples qui viennent d'être cités et les cas où le complément est en réalité une proposition et où le participe devrait donc rester invariable. On ne peut voir un objet direct et son attribut dans *On la dit malade,* qui signifie: *On dit **qu'elle est malade**.* Il serait donc normal de laisser le participe invariable et d'écrire: *On les a dit (ou cru) malades.* C'est ce que font beaucoup d'écrivains, mais d'autres, également nombreux, font l'accord:

> *Cette face qu'on eût dite frappée d'une immobilité absolue* (Green, J., *Moïra*). *Des rides qu'on eût dites tracées à l'encre* (Id., *Ibid.*). Le *B.U.* (n° 914) cite plusieurs exemples: *Ma mère (...) nous eût préférés souffrants* (Duhamel). *Laura était vêtue très simplement, tout de noir; on l'eût dite en deuil* (Gide).

De même, en faisant comme si *croire* avait un pronom comme objet direct, les écrivains font généralement l'accord:

> *Tout le monde l'a* **crue** *morte* (Hugo). *Un défilé de menues pensées que j'ai crues étrangères* (Romains). *On les eût crus imberbes* (Mauriac). *Je l'avais crue toute à son deuil* (Arland, M.). *La félicité qu'il n'avait pas crue possible* (Thiry, M.). *Une date que nous aurions crue fatidique* (Siegfried, A.). Et l'on pourrait multiplier les exemples prouvant que les écrivains font plutôt l'accord.

Cependant on peut citer aussi de nombreux exemples où, quelle que soit l'analyse possible, le participe reste invariable:

> *Des événements que mon grand-père eût certainement* **jugé** *invraisemblables* (Sartre, J.-P., *Les mots*). *Je sais qu'elle s'appelle Martine pour l'avoir entendu interpellée par des camarades* (Tournier, M., *Le roi des aulnes*). *On les eût* **dit** *tournant une scène en technicolor (...). Ils s'étaient* **dit** *fiancés* (Mallet-Joris, Fr., *Les signes et les prodiges*). *Les pensées qu'un Brécourt avait* **cru** *bienfaisantes* (Peyré, J., *Croix du Sud*). *Deux longs traits noirs qu'on eût* **cru** *dessinés au charbon* (Green, J., *Moïra*; mais plus loin: *Des choses qu'on n'aurait pas crues possibles autrefois*). *Je ne vous aurais jamais cru si forte* (Giono, J., *Le hussard sur le toit*). *Il les a cru mortes* (Giono, J., *Que ma joie demeure*). *Vous m'avez cru blessée* (Aragon, L., *La mise à mort*). *Une alliance qu'elle avait cru réelle* (Mallet-Joris, Fr., *Allegra*). *Mme d'Orgel s'était cru libre* (Radiguet, R., *Le bal du comte d'Orgel*). *Si ravissante qu'on l'eût cru peinte en miniature* (Pourrat, H., *Trésor des contes*). *Des vertus que j'avais cru éteintes* (Dutourd, J., *Pluche*). Et Grevisse cite d'autres exemples, qui prouvent que les écrivains ne se soucient pas toujours d'une distinction logique et qu'ils laissent souvent le participe invariable.

Conclusion: L'usage des bons écrivains paraît plutôt favorable à l'accord, mais autorise certainement l'invariabilité dans tous les cas, simplification souhaitable.

À remarquer toutefois que, si l'attribut est introduit par *comme*, *de* ou *pour*, le participe doit s'accorder:

> *L'auberge qu'on m'a* **indiquée** *comme la meilleure. On les a* **traitées** *de folles. On les a* **laissés** *pour morts. Il l'a* **prise** *pour femme.*

On écrira: *On les a laissés tranquilles*, l'adjectif étant visiblement attribut du complément d'objet.

5.2.6. EXPRESSIONS FIGÉES

L'avoir échappé belle. L'avoir baillé belle. Malgré des hésitations, laissons le participe invariable dans ces formes figées, mais non dans *se la couler douce*.

> ▷ ÉCHAPPER, 4 et BAILLER.

5.2.7. ANTÉCÉDENTS JOINTS PAR *OU* OU PAR *NI*

Le complément d'objet direct renvoie à deux antécédents joints par *ou* ou par *ni*. Suivre les règles de l'accord du verbe. ▷ VERBE, Accord, 2.2.10 et 2.2.11: *La peur ou la misère, que les hommes ont toujours difficilement* **supportées**, *ont fait commettre bien des fautes* (il y a addition). *Est-ce le fils ou la fille qu'on a* **déshéritée**? (Exclusion d'un des compléments: accord avec le plus proche ou, si l'on pense davantage au fils, *déshérité*.) *Ce n'est ni lui ni son frère que j'ai* **invités**. *Ce n'est ni lui ni son frère qu'on a* **nommé** *directeur* (un seul pouvait être nommé).

5.2.8. ANTÉCÉDENTS JOINTS PAR *COMME, AINSI QUE*, ETC.

Le complément d'objet direct renvoie à deux antécédents joints par *comme, ainsi que*, etc. On suit les règles de l'accord du verbe (▷ VERBE, Accord, 2.2.6). On met le participe au pluriel si le complément précède, quand il y a en fait addition dans la pensée:

> *C'est votre père ainsi que votre mère que j'ai* **invités**.

S'il y a plutôt comparaison ou accompagnement, on fait l'accord avec le premier complément:

> *C'est votre patience, aussi bien que votre compétence, que j'ai* **appréciée**.

5.2.9. ANTÉCÉDENTS UNIS PAR *ET MÊME, NON MOINS QUE...*

Le complément renvoie à deux antécédents unis par *et même, non moins que, plus que*, etc. ▷ VERBE, Accord, 2.2.4 et 2.2.8: *L'admiration, plus que l'étonnement, que j'ai* **éprouvée**.

5.2.10. LE COMPLÉMENT RENVOIE À *UN DES, UN DE CEUX*

Certains écrivains hésitent, mais c'est le sens qui doit régler l'accord: *Je me rappelais une des histoires qu'on m'avait* **racontées**.

*C'est un des plus beaux poèmes que j'aie **lus**. Vous êtes un de ceux que j'ai **convoqués**.* — *Cet hiver-là est un des plus rudes qu'on ait **connus*** (Gaulle, Ch. de, *Le salut*). Le pluriel se justifie souvent ; il est courant après *un de ceux*, mais il deviendrait anormal dans des phrases comme celles-ci où il est clair que le verbe a pour complément un singulier : *C'est un de ceux-là que j'ai **désigné** pour parler à ma place. Un des élèves que ses condisciples avaient **élu**.*

5.2.11. LE COMPLÉMENT RENVOIE À UN COLLECTIF, À UN MOT EXPRIMANT UNE QUANTITÉ

Le complément renvoie à un collectif, à un autre nom exprimant une quantité ou à un adverbe de quantité. ▶ VERBE, Accord, 2.1.2, A, II.

A. Collectif ou nom de fraction

*La foule de manifestants que j'ai **rencontrée** s'avançait en hurlant*, ou *La foule de manifestants que j'ai **rencontrés** s'avançaient en hurlant. Les quelques milliers de lires que vous avez **emportés** seront bientôt épuisés. La moitié du travail qu'il avait **terminée** était la plus importante.*

B. Adverbe de quantité

*Que de pleurs j'ai **versés** ! Que de peine j'ai **eue** ! Combien de toiles avez-vous **peintes** ?* ▶ 5.2.12.

C. *Le peu de (Ce peu de)*

*Le peu d'observations que j'ai **fait** à cette occasion s'est effacé de ma mémoire*, ou *Le peu d'observations que j'ai **faites** à cette occasion se sont effacées de ma mémoire. Le peu de témoins que j'ai **interrogés** ne m'ont pas assez éclairé. Le peu d'exigence qu'a **montré** cet homme l'a fait engager. Le peu de confiance que vous m'avez **témoigné** m'a ôté le courage* (Littré). ▶ VERBE, Accord, 2.1.2.C.

5.2.12. AVEC *EN*, PRONOM ADVERBIAL

En, pronom adverbial, a un sens partitif et signifie « une partie de cela » ou « une certaine quantité de ces êtres ou de ces choses » (▶ EN, adv. ou pr., 3 ET 4). C'est pourquoi la grammaire et les écrivains considèrent généralement qu'il n'entraîne pas l'accord du participe :

> *Voyez ces fleurs ; en avez-vous **cueilli** ?* (Littré.) *Les exemples ne manquent pas ; j'en ai **cité**.*

Toutefois des écrivains ne considèrent pas toujours *en* comme un « neutre » partitif et font l'accord :

> *Plus de choses qu'elle n'en avait **dites** jusqu'alors* (Green, J., *Mont-Cinère*). *Une langue telle que les hommes n'en ont pas encore **entendue*** (Green, J., *Journal*). *Ces dames ont des toilettes comme je n'en ai jamais **eues*** (Mauriac, Fr., *Destins*).

Lorsque *en* est le complément d'un adverbe de quantité, les grammairiens ne s'accordent pas et si certains sont partisans de l'invariabilité dans tous les cas, d'autres proposent des distinctions que rien ne justifie : accord si l'adverbe précède *en*, invariabilité s'il suit (*Des monuments comme celui-là, j'en ai beaucoup **vu***), accord dans l'interrogation directe, mais non dans l'interrogation indirecte (*Je ne sais combien j'en ai **vu***) ; accord si l'oreille ne l'entend pas, c'est-à-dire si le participe est terminé par une voyelle, mais invariabilité s'il est terminé par une consonne (*De ces toiles, combien en a-t-il **peint** lui-même ?*), etc. Les écrivains hésitent eux aussi, mais laissent souvent le participe invariable quand *en* est associé à un adverbe de quantité qui le précède ou le suit.

Conclusion : On peut donc déclarer que l'invariabilité du participe est correcte dans tous les cas :

> *Des fautes de ce genre, il en a déjà **corrigé*** ou *Des fautes de ce genre, combien en ont-ils **fait** ou **corrigé** ?*

Et l'enseignement devrait ici renoncer à des distinctions sur lesquelles on ne s'entend pas.

N.B. Tout autre est le sens de *en* dans les phrases où un autre mot est complément d'objet direct : *Les sommes qu'il en a **tirées** sont exorbitantes.*

> *Il apprécie l'aide qu'il en a **reçue**.*

5.2.13. PARTICIPE PASSÉ ENTRE DEUX *QUE* OU ENTRE *QUE* ET *QUI*

Entre deux *que*, invariabilité ou accord selon l'analyse de la phrase.

> *La lettre que j'avais **présumé** que vous recevriez ; j'avais présumé que vous recevriez la lettre. Les livres que j'ai **cru** que j'avais perdus* : même analyse. Ici, il est facile de recourir à un autre tour (*Les livres que j'ai cru avoir perdus*). *Ceux que l'on a **informés** qu'ils devaient se présenter* : on a informé ceux-là.

Autres tours : *Ceux à qui l'on a écrit qu'ils devaient se présenter. Ceux à qui l'on a dit de se présenter. Ceux qu'on a **priés** de se présenter.*

Entre *que* et *qui*, le participe est considéré comme invariable. C'est que dans ce tour ancien, discuté mais victorieux à l'époque classique, aujourd'hui peu vivant, sauf dans la langue littéraire archaïque ou dans l'usage populaire, on fait comme si le complément direct était une phrase ; le tour, qui comprend deux pronoms relatifs dont le second est illogique, n'est pas rigoureusement analysable.

> Le vers de Molière, *Mais pour guérir le mal qu'il dit qui le possède*, transformé, deviendrait : *Mais pour guérir les maux qu'il a dit qui le possèdent* (Il a dit que ces maux le

possèdent). *J'ai retrouvé les livres qu'on a cru qui étaient perdus.* On peut dire : *J'ai retrouvé les livres qui, croyait-on, étaient perdus* ou *J'ai retrouvé les livres qu'on a cru(s) perdus* (▶ 5.2.5) ou *J'ai retrouvé les livres dont on a cru qu'ils étaient perdus* (▶ DONT, 6).

5.2.14. Participe passé suivi d'un infinitif

A. **Règle générale**

Il n'est ici question que du participe conjugué avec *avoir*. S'il est conjugué avec *être*, il s'accorde avec le sujet : *Ils sont **venus** me voir. Les pierres qu'ils sont **allés** chercher.* La logique et l'usage sont d'accord. Pour les verbes pronominaux ▶ 6.

Conjugué avec *avoir*, le participe est soumis par les grammairiens à des règles arbitraires progressivement établies à travers beaucoup d'hésitations et de discussions et que l'usage des écrivains respecte souvent mais transgresse fréquemment, comme l'usage oral des gens cultivés. Voilà donc un cas où, sans pouvoir dire que la règle est vraiment devenue désuète, on doit souhaiter que, tenant compte de l'usage réel, on la déclare caduque ou que les écrivains eux-mêmes, achevant résolument de s'affranchir, imposent par leur exemple l'invariabilité généralisée, conforme d'ailleurs à la logique.

La règle. Les grammairiens imposent la distinction entre *Les arbres que j'ai **vu** planter* et *Les arbres que j'ai **vus** fleurir.* On veut donner une fonction de complément d'objet direct au pronom qui précède le participe et l'on considère que s'il n'est pas, comme dans la première phrase, objet direct de l'infinitif, il l'est, comme dans la seconde, du verbe conjugué. De même si l'infinitif est précédé d'une préposition :

> *Les dentelles qu'on m'a appris à faire. Les romans que j'ai autrefois aimé à lire. Les amis que j'ai invités à dîner. Je les ai priés de partir.*

Exceptions : *fait* (et *laissé*).

Observons tout de suite que le complément sur lequel on s'interroge peut être non seulement un pronom personnel ou relatif mais un nom précédé d'un adverbe de quantité ou de *quel* :

> *Que de pleurs j'ai **vu** verser ! Que de pleurs j'ai **vus** couler ! Combien de fautes avez-vous permis de faire ? Combien d'enfants avez-vous priés de venir ? Quels services a-t-il offert de vous rendre ?*

On commence donc par voir si le pronom ou le groupe qui précède le participe peut être complément d'objet direct de l'infinitif. S'il ne le peut, soit parce que celui-ci n'a pas ou ne peut avoir d'objet direct, soit parce qu'il en a un autre, c'est le pronom ou le groupe qui est considéré comme le complément d'objet direct du verbe conjugué et le participe s'accorde avec lui :

> *Les enfants que j'ai **vu** punir. Les mesures qu'il a voulu prendre. Les paroles qu'il n'a osé prononcer. — Les enfants que j'ai **vus** jouer ou obéir ou partir. Ces parents, je les ai vus punir sévèrement leurs enfants.*

Si le pronom est au datif (forme d'un complément d'objet indirect ▶ INFINITIF, 2.1.1 et 2.1.2), le participe reste invariable :

> *Je les ai **vus** faire des progrès. Je leur ai **vu** faire des progrès.*

Si toute hésitation est exclue dans le cas de *lui* ou *leur*, on peut se demander si *nous* ou *vous* sont à l'accusatif ou au datif et l'on peut en conséquence faire ou non l'accord :

> *Ce qu'ils nous ont **vus** (ou **vu**) faire.*

B. **Cas particuliers**

a. *Porter à, laisser à, avoir à, donner à*

Il y a lieu de faire une remarque à propos de *porter à faire, laisser qqch. à faire à qqn, avoir à, donner à*.

On porte du linge à laver, des couteaux à aiguiser. On écrira donc : *Les couteaux que j'ai **portés** à aiguiser.* Mais si on laisse un travail à faire à qqn, des lettres à signer, on peut comprendre qu'on a laissé ces lettres à qqn pour qu'il les signe ou qu'on attend de lui qu'il signe ces lettres. La dernière interprétation prévaut ; d'où l'invariabilité de *laissé* dans *les lettres qu'on leur a **laissé** à signer.* Sinon, accord. ▶ METTRE, 6.

Avec **avoir à** et **donner à**, il faut voir si le pronom qui précède est complément de l'infinitif (c'est généralement le cas) ou du participe : *Les affronts qu'il a **eu** à subir. La visite qu'il a eu à faire.* — Le sens est : devoir, être tenu de. Mais : *La peine que j'ai **eue** à la convaincre.* L'hésitation est parfois possible et apparaît dans les textes littéraires : *Les enfants qu'il a **eu(s)** à élever. Les ennemis qu'il a **eu(s)** à combattre.* On conseille de laisser le participe invariable quand le sens est « devoir ».

L'hésitation est grande aussi pour **donner à**, qui peut signifier « donner pour que » ou « ordonner, charger de » : *La leçon que je lui ai **donnée** à étudier* (Ac.). On n'a pourtant pas donné la leçon pour qu'on l'étudie ; on a ordonné d'étudier la leçon. Mais comme on donne une leçon, on fait parfois l'accord. *Cette petite table de trictrac qu'elle avait **donnée** à restaurer* (Troyat, H., *Les Eygletière*). *Les livres qu'on nous a **donné(s)** à lire. Les devoirs qu'on leur a donné(s) à faire. Les rapports qu'on m'a donné à établir.*

421

b. Verbe sous-entendu après certains participes

Certains participes comme: *cru, désiré, dit, dû, espéré, osé, pensé, permis, promis, prévu, pu, su, voulu*, sont suivis d'un infinitif ou d'un verbe conjugué parfois sous-entendu, mais qui vient d'être énoncé: il faut alors voir si le complément d'objet direct qui précède dépend du participe ou de ce verbe. Il n'y a aucune difficulté s'il l'on exprime l'infinitif ou le verbe conjugué dont dépend ce complément: *Il a obtenu toutes les faveurs qu'il a voulu obtenir.* Pour le reste, il y a lieu de distinguer:

b.1. Verbe nécessairement sous-entendu

Si le verbe qui suit le participe est *nécessairement* sous-entendu, c'est de lui que dépend le complément: *Il a fait tous les efforts qu'il a pu* (...*faire*; on ne peut pas des efforts) ou *qu'il a dû* (... *faire*; on ne doit pas des efforts).

> *Il a payé toutes les sommes qu'il a dû* (... *payer*). Notons que, dans ce dernier cas, si *devoir* était employé dans le sens de «devoir une somme» et non pas dans le sens de «être obligé», on dirait: *Il a payé toutes les sommes qu'il devait. Il a fait tous les efforts qu'on a voulu* (... *qu'il fît*; on ne veut pas des efforts).

b.2. Complément pouvant dépendre du participe ou du verbe qui suit

Si le complément *peut* dépendre soit du participe, soit du verbe qui suit, on a théoriquement le choix entre l'accord ou l'invariabilité du participe; mais on fait souvent l'accord:

> *Nous avons atteint les effets que nous avions espérés* (nous avions espéré ces effets, comme on espère une réussite, un triomphe); mais on peut écrire: *que nous avions espéré* (... *atteindre*). *Il a obtenu la réparation qu'il a espérée* ou *désirée* ou *voulue* (on peut espérer, désirer, vouloir une réparation); mais l'invariabilité est défendable.

b.3. Cas particulier d'invariabilité

Autre cas, seulement analogue, de l'invariabilité dans: *La route que j'ai **cru** être la plus courte.* Notons en passant qu'un tel cas montre qu'il est faux de dire que le participe s'accorde s'il est précédé du sujet de l'infinitif. Il y a ici invariabilité parce que le complément est une proposition: que cette route était la plus courte.

> *Une destination que chacun avait **supposé** être Colombey-les-Deux-Églises* (Chaban-Delmas, J., *L'ardeur*). *L'espèce de lueur vague qu'il avait **cru** voir sortir un moment plus tôt de ses mains tremblantes* (Bernanos, G., *La joie*). *Cette âpreté que j'avais **cru** ne s'adresser qu'à moi* (Mallet-Joris, Fr.,

La chambre rouge). Comparer avec: *La route que j'ai **cru(e)** la plus courte* (▶ 5.2.5).

L'accord, régulier, est étrange dans *La force qu'il a **sentie** naître en lui.*

C. **Critique de la règle**

a. Critique selon la logique

Si nous reprenons les exemples du début, *Les arbres que j'ai **vu** planter. Les arbres que j'ai **vus** fleurir*, il est aisé de constater que l'analyse justifiant la règle est arbitraire. Posons la question *quoi* après le verbe conjugué (*J'ai vu quoi?*) ou après le groupe formé par ce verbe et l'infinitif (*J'ai vu planter quoi? J'ai vu fleurir quoi?*). Aux deux types de question, mêmes réponses: J'ai vu planter les arbres. J'ai vu fleurir les arbres. Si l'on remplace l'infinitif par un passif, on constate qu'on peut dire: *J'ai vu les arbres qui étaient plantés* aussi bien que *les arbres qui étaient fleuris*. Dans les deux cas le complément de *J'ai vu* est une proposition infinitive avec ou sans sujet exprimé et le participe devrait logiquement rester invariable. Mais on a voulu trouver une fonction au pronom relatif et on a imposé la règle au nom de phrases inventées: *J'ai vu les arbres fleurir* ou *fleurissants* ou *qui fleurissaient* ou *qui étaient en train de fleurir*, en opposition à *J'ai vu quelqu'un plantant les arbres.*

b. Critique selon l'histoire de la langue

Ce n'est pas seulement la logique qu'on peut invoquer contre la règle, c'est aussi l'histoire de la langue. Elle justifie l'invariabilité du participe conjugué avec *avoir* et suivi d'un infinitif. La doctrine et l'usage de l'époque classique raisonnaient autrement que nos grammairiens. On n'hésitait même pas à laisser invariable devant un infinitif le participe conjugué avec *être*. La tendance à laisser le participe invariable reposait au XVIIe siècle sur la prononciation du participe et sur le fait qu'«il faut aller en ces sortes de phrases jusqu'au dernier mot qui termine le sens» (Vaugelas): au moment où, dans nos deux exemples, on prononce le verbe conjugué *j'ai vu*, il peut encore être suivi de *planter* ou de *fleurir*; il est donc comme en suspens et il convient de le laisser invariable comme on laisse invariable le participe suivi de son complément d'objet direct (*J'ai fini mes devoirs*). Ajoutons que la langue classique était parfois tentée de laisser le participe invariable quand il ne terminait pas la phrase: ce n'est qu'au XIXe siècle que la règle s'est vraiment imposée.

c. Hésitation des grammaires, usages des écrivains

Qu'on n'objecte pas que, dans l'usage, elle est plus souvent respectée que transgressée. Il faudrait d'abord tenir compte de l'intervention des correcteurs d'imprimerie, qui se substituent aux écrivains pour faire respecter les règles dont le manuscrit n'avait cure. Tenir compte aussi de l'hésitation des grammaires. Thomas ne craint pas d'écrire: «*Senti*, tout comme *fait* et *laissé*, *vu* ou *regardé*, *entendu* ou *écouté*, est le plus souvent considéré comme faisant corps avec l'infinitif qui le suit et reste invariable: *La balle que j'ai senti passer*» (*Dict. des difficultés*, p. 380). Et Dupré (t. III, p. 2364): «La tendance est de laisser invariable le participe passé *senti* quand il est suivi d'un infinitif.»

Il faut surtout reconnaître que, même chez les meilleurs écrivains, la règle est si souvent transgressée que, dans un autre cas, on n'hésiterait pas à la déclarer caduque. Mais cette transgression aboutit presque toujours à cette invariabilité que la logique justifie et vers laquelle tendait l'usage classique. Qu'on en juge:

> *Les contradictions qu'ils ont* **senti** *se dresser en eux et devant eux* (Gide, A., *Journal*). *Les dictionnaires sont ou devraient être le reflet de la civilisation qui les a* **vu** *naître* (Matoré, G., *Histoire des dictionnaires français*). *Reine s'est mise au piano (...); je l'ai* **entendu** *chanter* (Simon, P.-H., *Les raisins verts*). *Ces laveuses de mort vêtues de noir qu'il avait* **vu** *opérer dans les demeures de Constantinople* (Yourcenar, M., *L'œuvre au noir*). *La nuit coulait sur cette mince poitrine que Mathilde avait* **vu** *étinceler d'eau* (Mauriac, Fr., *Les anges noirs*). *L'agonie des êtres qu'il avait* **vu** *mourir* (Clavel, B., *La saison des loups*). *Ils rencontrèrent les deux hommes que Julien avait* **vu** *sortir de la maison* (Clavel, B., *La maison des autres*). *Une petite que j'ai* **vu** *débarquer* (Mallet-Joris, Fr., *La chambre rouge*). *Lorsqu'elle eut retrouvé ses esprits, on l'avait* **entendu** *murmurer* (Saint Pierre, M. de, *Les aristocrates*). *Je les avais déjà* **entendu** *crier* (Duras, M., *Le marin de Gibraltar*). *Aucun ne nous avait* **vu** *venir* (Giraudoux, J., *Bella*). *Elle dit, faisant tressaillir Louise qui ne l'avait pas* **entendu** *entrer* (Curtis, J.-L., *La parade*).

d. Analogie fautive de *laissé* avec *fait*

Examinons le cas de *laissé* suivi d'un infinitif. On sait que *fait*, suivi immédiatement d'un infinitif, doit rester invariable; le pronom qui précède ne peut jamais être complément de *fait*, il l'est de l'ensemble factitif *avoir fait + infinitif*: *Les personnes que j'ai* **fait** *venir*. Le participe *laissé*, depuis longtemps, est considéré comme devant suivre la règle générale: *Je les ai* **laissé** *punir*. *Ils nous l'avaient* **laissé** *croire* (à nous). *Je les ai* **laissés** *dire*. Mais on peut l'assimiler à *fait* devant un infinitif. Ainsi les *Rectifications de l'orthographe* de 1990 recommandent-elles l'invariabilité de *laisser + infinitif* (*RO* II.6).

e. Verbes de déclaration ou d'opinion

Rappelons également les hésitations qui se font jour à propos de certains verbes d'opinion ou de déclaration. Si l'on écrit plus souvent (▸ 5.2.5) *On l'a crue folle* qu'*On l'a cru folle*, même en dépit de la logique, celle-ci semble, dans l'usage, plutôt retrouver ses droits, parfois même malgré les grammairiens, quand la présence d'un infinitif subordonné fait plus clairement apparaître que le complément est une proposition: *La solution qu'on m'a* **assuré** *être la meilleure* (on m'a assuré que cette solution était la meilleure).

f. Conclusion

La logique et l'usage pourraient justifier l'invariabilité.

6. PARTICIPE PASSÉ DES VERBES PRONOMINAUX

6.1. RÈGLE GÉNÉRALE

Autre cas d'une règle toujours contraignante et souvent respectée, mais qui est arbitraire, tardive, contraire à une tendance de l'usage classique et souvent transgressée dans le meilleur usage, même par d'excellents écrivains. Il faut donc souhaiter que, conformément à la logique, à l'histoire de la langue et à certaines tendances de l'usage actuel, on renonce à imposer cette règle et qu'on puisse accorder le participe avec le sujet, puisqu'il est conjugué avec *être*.

Règle. Les verbes pronominaux étant toujours construits avec *être*, leur participe, comme l'auxiliaire, s'accorde avec le sujet, sauf dans deux cas où le pronom est analysable: on fait l'accord du participe comme si l'on avait *avoir* quand on trouve, en posant la question avec *avoir* et le verbe simple, un complément d'objet direct (▸ 6.1.1.A) ou quand le pronom réfléchi est clairement complément indirect ou d'attribution (▸ 6.1.1.B).

6.1.1. *ÊTRE* ÉQUIVAUT À *AVOIR*

A. Complément d'objet direct

Il y a un complément d'objet direct du verbe conjugué: *Ils se sont* **lavé** *les mains* (Ils ont lavé quoi? les mains). *Ils se sont* **lavés**. *Ils se sont* **frappé** *la tête*. *Ils se sont* **frappés** *à la tête*. *Ils se sont* **proposés** *pour ce travail* (proposer: mettre en avant, mettre sur les rangs). *La tâche qu'il s'était* **proposée** (fixer à soi comme but ▸ 6.1.1.B). *Elle s'était* **proposé** *de participer à ce congrès* (même sens: l'infinitif est complément d'objet direct). *La garantie qu'il s'est* **assurée**. *Elle s'est* **décidée** *à partir*. Le complément d'objet direct peut être une proposition: *Elle s'est* **imaginé** *qu'on la trompait* (elle a imaginé en elle-même qu'on la trompait). Sens réciproque: *Ils se sont* **injuriés**.

B. Complément indirect ou d'attribution

Ils se sont **parlé** (l'un à l'autre; sens réciproque). *Les hôtes se sont* **succédé** *chez nous pendant les vacances*. *Ils se sont* **nui** *à eux-mêmes*. *La démarche qu'il s'était* **proposé** *de faire* (démarche est complément de *faire*; *se* est complément d'attribution de *proposer*:

423

fixer comme but). *Nous nous sommes **suffi** à nous-mêmes. Elle s'est **promis** de nous aider. Ils s'en sont voulu* : le pronom réfléchi est complément indirect ou d'attribution.

6.1.2. *ÊTRE* N'ÉQUIVAUT PAS À *AVOIR*

En dehors de ces deux cas, on ne peut dire que le verbe pronominal conjugué avec *être* corresponde au verbe simple conjugué avec *avoir* et qu'on puisse en analyser tous les éléments (parfois même ce verbe simple n'existe pas ou a un autre sens) ; il faut donc considérer que *être* n'est pas mis pour *avoir* et accorder le participe avec le sujet :

> *Ils se sont **échappés** de prison. Ils se sont **emparés** de la ville. Ils se sont **aperçus** de leur erreur* (on ne peut dire : «Ils ont aperçu quoi ? Leur erreur», puisque le complément est «de leur erreur»). *Ils se sont **doutés** de la fraude. Elles se sont **plaintes** de votre conduite. Ils se sont **étonnés** qu'on les eût fait attendre* (ils n'ont pas étonné eux-mêmes ni à eux-mêmes ni quelque chose). *Ils se sont **intéressés** au projet. Ils se sont **adressés** au directeur* (mais : *Les lettres qu'ils se sont **adressées** pendant un an*). *La maison s'est bien **vendue*** (sens passif). *Les roses se sont **effeuillées**.*

Il faut prendre garde de ne pas analyser erronément le pronom réfléchi comme un objet direct dans un grand nombre de verbes comme *s'intéresser, s'adresser, s'absenter, s'arrêter, s'ingénier, se réfugier, se taire*, etc. Mais du point de vue de l'accord, il n'y aurait aucun mal, puisque le participe serait alors considéré comme s'accordant avec le pronom réfléchi représentant le sujet. Même remarque pour *se jeter sur, se précipiter sur*.

6.2. EXCEPTIONS

6.2.1. *SE RIRE, SE PLAIRE, SE COMPLAIRE, SE DÉPLAIRE*

Restent toujours invariables les participes de *se rire, se plaire, se complaire, se déplaire*, même quand on ne peut donner une fonction d'objet indirect au pronom réfléchi : *Ils se sont **souri*** (ou *se sont **menti***) *l'un à l'autre* (se est objet indirect). *Ils se sont **ri** de nos menaces* (se n'est pas objet indirect). *Ils se sont **complu** à nous intriguer.*

6.2.2. *S'ARROGER*

Bien que *s'arroger* soit toujours pronominal, on ne fait pas l'accord avec le sujet parce qu'il y a toujours un objet direct : *Les droits qu'elle s'est **arrogés**. Se* est d'ailleurs complément d'attribution.

6.2.3. *S'ÉCRIER, S'EXCLAMER*

Mais *s'écrier, s'exclamer*, toujours pronominaux eux aussi, requièrent l'accord avec le sujet, même s'ils ont comme complément d'objet

direct une interjection ou une proposition ; *se* n'y a aucune fonction logique : *«Eh quoi!», s'est-elle **écriée**. Elle s'est **exclamée** qu'on la trompait.*

6.2.4. *S'EN DONNER À CŒUR JOIE, SE RENDRE COMPTE*

Le participe est invariable dans *s'en donner (à cœur joie), se rendre compte*. Pour *se faire l'écho de* ▶ ÉCHO, 2.

6.2.5. VERBES À ANALYSES MULTIPLES

Certains verbes se prêtent à plusieurs analyses.

A. *S'assurer*

▶ ASSURER : *Ils se sont **assurés** contre l'incendie. La protection qu'il s'est **assurée**. Ils se sont **assuré** des vivres pour six mois* (assurer : donner, procurer avec une garantie). *Ils se sont **assurés** de cette nouvelle* (autre sens, assurer : rendre sûr). *Elle s'est **assurée** que son père dormait. Ils se sont **assurés** que rien ne manquait.* Mais des auteurs et des grammairiens font mal ces distinctions vraiment subtiles.

B. *Se persuader que*

Se persuader que a fait l'objet de beaucoup de discussions. On a autrefois exigé l'invariabilité du participe ; mais *on persuade qqn de qqch.* ou *on persuade qqch. à qqn*. On a donc le choix : *Ils se sont **persuadé(s)** qu'on n'oserait les contredire.*

6.2.6. AVEC UN INFINITIF

A. Préposition + infinitif

Malgré la présence d'une préposition devant l'infinitif, on considère celui-ci comme un objet direct quand le substantif complément se construirait directement :

> *Elle s'était **proposé** de nous rejoindre. Elle s'était **permis** de répliquer. Elle s'était bien **promis** de recommencer.*

B. Règle générale

On voit que la présence d'un infinitif n'empêche pas l'application de la règle, à condition de ne pas remplacer, quand on cherche un objet direct, une préposition par une autre ni un infinitif par un participe :

> *Elle s'est **décidée** à partir* (on dirait, avec le verbe simple : *elle a décidé de partir* ; c'est *se* qui est l'objet direct : décider qqn à faire qqch.). *Ils se sont **vus** mourir.* Mais : *Ils se sont **vu** condamner*, en face de : *Ils se sont **vus** invités. Elle s'est **senti attaquer** par-derrière*, mais *Elle s'est **sentie attaquée** par-derrière.* ▶ ENTENDRE, SENTIR, VOIR. *Ils se sont **fait***

gronder: *fait* toujours invariable immédiatement devant un infinitif (▶ 5.2.14.C).

C. *Se laisser*

Se laisser ne fait pas exception à la règle (même référence). Accord si le pronom réfléchi est complément d'objet direct et fait l'action de l'infinitif:

> *Elle s'est **laissée** mourir* comme *On les a **laissés** mourir.*

L'invariabilité du participe est tolérée:

> *On les a **laissé** mourir. Elle s'est **laissé** mourir.* (RO II.6).

L'invariabilité est obligatoire si le pronom est complément de l'infinitif:

> *Elle s'est **laissé** rejoindre.*

Mais nous allons voir que de nombreux écrivains font l'accord même quand le participe *laissé* devrait rester invariable devant l'infinitif.

6.2.7. ATTRIBUT DU COMPLÉMENT D'OBJET DIRECT

Avant cela, il faut voir ce que prescrit cette règle quand il y a (ou quand il semble y avoir) un attribut du complément d'objet direct (▶ 5.2.5). L'accord du participe est courant dans le bon usage: *Elle s'est **crue** guérie*, et c'est normal, car il n'y a ni objet direct (puisque le sens est: Elle a cru qu'elle était guérie) ni complément indirect et il y a accord avec le sujet.

> Donc: *Ils se sont **déclarés** nos amis. Elle s'est **rendue** coupable. Elle s'est **trouvée** belle. Elle s'est **portée** malade. Elle s'est **estimée** satisfaite. Elle s'est **prétendue** malade. Elle s'est **crue** trahie.*

N.B. Si le sujet est *on* ▶ ON, 1 et 2.

6.3. CRITIQUE DE LA RÈGLE

Il serait facile de montrer qu'en voulant considérer que *être* est mis pour *avoir*, de bons grammairiens se sont livrés à des analyses ne respectant pas toujours la logique et ont vu dans le pronom réfléchi un complément d'objet direct là où, visiblement, si l'on tient compte du sens actuel, il n'a pas de fonction logique.

Mais laissons cela. Constatons que jusqu'au début du XVIIe siècle, l'usage était simple: conjugué avec *être*, le participe s'accordait avec le sujet. C'est Malherbe qui a voulu que l'attention se portât sur le complément plutôt que sur le sujet. Il a distingué, dans un cas sans complication, *Ils se sont **élu** des rois* et *Ils se sont **blessés.*** Le branle était donné et notre règle allait progressivement se préciser. Non sans hésitations ni discordances. Vaugelas écrit encore,

dans la préface de ses *Remarques*, en 1647: *Ils se sont **attachez** à des patrons excellens qu'ils se sont **proposez** d'imiter.*

6.3.1. INFRACTIONS À LA RÈGLE

Si nous consultons la logique et l'histoire de la langue, c'est à cet accord avec le sujet qu'il faudrait revenir. Si nous interrogeons l'usage moderne, cet accord n'est pas rare dans la langue parlée et a dans la langue écrite des répondants sérieux. Nombreuses en effet sont les infractions, parfois vers l'invariabilité, le plus souvent vers l'accord avec le sujet.

A. Invariabilité

Invariabilité contraire à la règle:

> *Tous ceux qui m'ont fréquenté s'en sont rapidement aperçu* (Giono, J., *Le hussard sur le toit*). *Il n'est pas jusqu'aux poètes qui ne s'en soient emparé* (Roussin, A., *La locomotive*). *Les juges s'en seraient-ils aperçu?* (Floriot, R., *Les erreurs judiciaires*). *Elle ne s'en est même pas aperçu* (Anouilh, J., *Pièces brillantes*). On peut croire que, dans ces quatre phrases, c'est la présence de *en* qui, à tort, détermine l'invariabilité, mais on trouve parfois celle-ci dans d'autres cas.

B. Accord avec le sujet

L'accord avec le sujet est toutefois beaucoup plus fréquent. La langue parlée en témoigne quand on peut entendre l'accord.

> On dit très souvent: *Elle s'est promise de ne plus recommencer. Elle s'est permise de répliquer.*

Mais de bons écrivains font aussi l'accord avec le sujet dans les cas où la règle traditionnelle l'interdit:

> *Nous nous sommes tendus la main* (Nimier, R., *Les épées*). *Les filles s'étaient déjà procurées des pointes et avaient cloué...* (Vailland, R., *Bon pied, bon œil*). *Je me suis demandée si (...) je pourrais lui faire confiance* (Carles, E., *Une soupe aux herbes sauvages*). *Virginie s'était imaginée que c'était elle, dans sa loge, qu'on applaudissait* (Aragon, L., *La semaine sainte*). *Elle s'était imaginée que la bombe venait de tomber sur notre maison* (Roblès, E., *Le Vésuve*). *Pour parvenir au but que nous nous sommes assignés* (Vialar, P., *Le clos des trois maisons*). *Cette époque (...) s'était complue à laisser sur elle une abondance de témoignages de détail* (Thibaudet, A., *Hist. de la litt. française depuis 1789*). *Vous êtes-vous complue à ces pensées?* (Mistler, J., *La route des étangs*).

Cette tendance à faire accorder avec le sujet se manifeste aussi devant un infinitif:

Elle s'était vue charger de l'enseignement de la musique (Daniel-Rops, *Mort, où est ta victoire?*).

Le cas est particulièrement fréquent dans *se laisser* suivi d'un infinitif, même quand le pronom réfléchi est complément d'objet direct de l'infinitif:

J'ai parlé comme une folle; je me suis laissée emporter (Butor, M., *La modification*). *Elle ne s'était laissée arrêter par aucun scrupule* (Mallet-Joris, Fr., *Allegra*). *Ils s'étaient laissés prendre* (Ambrière, Fr., *Les grandes vacances*). *Ma voiture était là, justement (...). Annick, séchant son cours, s'est laissée pousser dedans* (Bazin, H., *Le matrimoine*). *Cette grande fille blonde s'était laissée manœuvrer sans broncher* (Juin, H., *Les hameaux*). *Nous nous sommes laissés entraîner de nouveau (...). Nous nous sommes laissés séduire* (Gide, A., *Journal*). *Elle s'était laissée marier docilement à un vieillard* (Mauriac, Fr., *Le nœud de vipères*). *Jocelyne s'était laissée convaincre* (Mallet-Joris, Fr., *Le rire de Laura*).

6.3.2. CONCLUSION

Il faut se résoudre cependant, à l'heure actuelle, à conseiller le respect des règles énoncées plus haut. Les grands écrivains pourront contribuer à changer l'usage. Dès 1983, J. Hanse a conseillé aux écrivains d'oser affirmer l'incontestable tendance de l'accord avec le sujet dans tous les cas. Personne n'a protesté.

Participe présent et adjectif verbal

1. COMMENT LES DISTINGUER?

1.1. DISTINCTION GÉNÉRALE

La question est d'importance pour l'orthographe et pour l'accord, le participe présent étant aujourd'hui toujours invariable, l'adjectif verbal s'accordant comme un adjectif.

Le principe de cette distinction est simple. Le participe présent est verbe et exprime une action momentanée ou nettement délimitée dans sa durée; il peut être généralement remplacé par *qui* et le même verbe conjugué; l'adjectif verbal exprime un état qui se prolonge, une habitude, une qualité plus ou moins permanente de son support; il correspond plutôt à un adjectif: *Je l'ai vue **riant** aux éclats* (qui riait, en train de rire à ce moment). *Nous traversions une campagne **riante*** (gaie, joyeuse; état permanent). On pourrait cependant penser: qui riait. C'est pourquoi il est bon de recourir à des indices formels, reflétant les conditions normales d'emploi du

verbe ou de l'adjectif. On notera que tous les participes présents n'ont pas un adjectif verbal correspondant.

1.2. PARTICIPE PRÉSENT

La forme en *-ant* est participe présent dans les cas suivants:

1) elle a un complément d'objet direct: *Une fille aimant le lait*;

2) elle est employée à la forme pronominale: *Ils étaient là s'interrogeant*. Aujourd'hui *soi-disant* est invariable;

3) elle est employée avec le semi-auxiliaire *aller* ou avec *s'en aller*: *Ses maux vont croissant. Ses forces s'en vont déclinant*. De même si, aux temps composés, *aller* est remplacé par *être*: *Ses maux ont été croissant*;

4) elle est précédée de la négation *ne*: *Ne voulant pas se rendre, ils se tuèrent. Elle se promenait, ne songeant à rien de précis*;

5) elle est suivie d'un adverbe qui la modifie: *Des enfants grincheux, réclamant continuellement* (ou *sans cesse*). Il arrive cependant que l'adverbe suive, bien que le mot en *-ant* soit adjectif verbal et marque un état durable: *Nous marchions, hésitants quelquefois, mais non découragés*. On remarque le parallélisme entre *hésitants* et l'adjectif *découragés*;

6) elle est employée en construction absolue, avec un sujet propre (ablatif absolu latin): *La chance aidant, nous réussirons*. On écrit cependant, par survivance d'un ancien usage, où le participe s'accordait: *Moi vivante, il ne le fera pas. Toutes affaires cessantes, il se mit à l'œuvre*;

7) elle forme avec *en* (parfois sous-entendu) un gérondif (▸ GÉRONDIF): *Elle arrive en courant. Ils allaient criant par les rues*. On ne confondra pas le gérondif avec l'emploi de *en*, signifiant «comme, à la manière de», suivi de l'adjectif verbal employé substantivement: *Ils sont venus en conquérants. Elle se présente en suppliante*. Comparez: *en quémandeuse*;

8) elle exprime l'action devant un complément indirect ou circonstanciel. ▸ 1.4.

1.3. ADJECTIF VERBAL

La forme en *-ant* est adjectif verbal dans les cas suivants:

1) elle est attribut: *Ils sont amusants*;

2) elle précède immédiatement le nom ou peut le précéder: *Une étonnante audace, une vallée ravissante*;

3) placée en épithète après un nom ou en apposition, elle n'a pas de complément d'objet direct:

Les murs fumants de Troie. Une apparition étrange, inattendue, saisissante. Une vague odeur engourdissante de peinture, de térébenthine et de tabac.

Cependant il suffit, pour qu'il s'agisse d'un participe présent, que ce soit l'action qui soit évoquée:

Des femmes, des enfants, trois chiens hurlant (Clavel, B., *La saison des loups*). *Il réveilla ses fils dormant, sa femme lasse* (Hugo, V., *La conscience*). *Corps craquant qui se redresse (...). Corps voguant onctueusement vers le bureau* (Bodard, L., *Anne Marie*);

4) précédée d'un adverbe (autre que *ne*) qui la modifie, elle n'est pas suivie d'un complément d'objet direct: *Une personne non complaisante. Des personnes bien pensantes.* On rencontre exceptionnellement l'invariabilité quand le mot en *-ant*, quoique précédé d'un adverbe, est perçu comme exprimant l'action:

Elle avait toujours été pauvre, toujours empruntant, toujours dépensant (Alain-Fournier, cité par Grevisse, *B.U.*, n° 888, b). *Devant ces flots humains, disparates et sans cesse croissant, qui arrivaient* (Ambrière, Fr., *Les grandes vacances*);

5) elle est jointe, coordonnée ou juxtaposée, à un adjectif qualificatif, à condition qu'elle n'ait aucun des caractères signalés en 1.2:

Tout suffocant et blême, quand sonne l'heure (Verlaine, P., *Poèmes saturniens*). *Les cavaliers revinrent en groupe, à l'heure dite, tressautants, essoufflés, sur de grands chevaux débonnaires* (Troyat, H., *Les Eygletière*). *Il gesticulait (...) et lançait ses mains en avant, écarquillées et voletantes comme de larges feuilles de marronniers soulevées par le vent* (Bory, J.-L., *Mon village à l'heure allemande*);

6) elle exprime un état devant un complément ind. ou circonstanciel.

1.4. PARTICIPES OU ADJECTIFS

Quand la forme en *-ant* a un complément prépositionnel (ou circonstanciel sans préposition), le cas est moins clair, car verbes et adjectifs peuvent avoir de tels compléments. Il faut donc alors recourir aux principes énoncés en tête de cet article (▶ 1.1) et voir si l'on exprime une action momentanée, délimitée dans sa durée, ou une habitude, un état qui se prolonge:

*Il a vu des chiens **courant** à travers bois. Nous ne distinguons que des points **brillants** sur le fond noir du ciel.*

Si le complément est indispensable au sens, on a un participe présent:

*La fillette, **obéissant** à sa mère, alla se coucher.* Noter les virgules et comparer: *La fillette **obéissante** alla se coucher.*

Si Littré écrit *Rendre ses passions **obéissantes** à la raison,* c'est qu'il s'agit d'un état et d'un attribut du complément (▶ 1.3). *Des mets **plaisant** à chacun.* Mais: *Cette expression est **courante** dans la région parisienne. Des toits **brillant** au soleil* ou ***brillants** au soleil.* — *Les yeux rapprochés **pétillants** d'un feu sombre* (Curtis, J.-L., *La parade*). *On pourrait écrire pétillant. Jean-Jacques vit, sur les yeux **luisant** dans l'ombre, les paupières brusquement descendre* (Vercors, *Les armes de la nuit*).

2. ORTHOGRAPHE

Dans certains cas, l'adjectif verbal ne s'écrit pas comme le participe présent, où l'on retrouve toujours le radical du verbe et la finale *ant*. Les deux ont la même forme dans *exigeant, attaquant, subjuguant, piquant, trafiquant.* On distingue les **participes** *coïncidant, communiquant, convainquant, déférant, détergeant, divaguant, divergeant, extravaguant, fatiguant, intriguant, naviguant, provoquant, suffoquant, zigzaguant* et les **adjectifs** *coïncident, communicant, convaincant, déférent, détergent, divagant, divergent, extravagant, fatigant, intrigant, navigant, provocant, suffocant, zigzagant.* On distingue aussi *adhérant* et *adhérent, convergeant* et *convergent, différant* et *différent,* etc. On trouvera la plupart de ces mots à leur place, dans l'ordre alphabétique. On notera que l'adj. n'a pas toujours le sens du verbe correspondant.

3. LOCUTIONS

Dans un certain nombre de locutions ou d'expressions figées, **le participe présent est encore variable**, par tradition ou parce qu'il n'a pas le sens actif qu'on attendrait ou parce qu'il a la signification du verbe pronominal correspondant:

un café chantant (où l'on chante), deniers comptants, avocat ou médecin consultant, une place payante, couleur voyante, une rue passante, un endroit commerçant, poste restante, chemin glissant, soirée dansante, un thé dansant, à la nuit tombante, une personne bien portante, méfiante, repentante, la partie plaignante, en espèces sonnantes, à sept heures sonnantes (ou battantes ou tapantes) ou, plus souvent, à sept heures sonnant (ou battant ou tapant), toute(s) affaire(s) cessante(s), tous empêchements cessants, les tenants et les aboutissants, les allants et venants, séance tenante, les ayants droit, les ayants cause, une maison à lui appartenante ou à lui appartenant ou lui appartenant, une affaire pendante.

4. PARTICIPE ET LOURDEUR DE STYLE

Certains grammairiens ont condamné comme lourde l'apposition d'un participe présent à un substantif autre que le sujet de la phrase. Ils préféraient employer une relative. Scrupule excessif. Affaire de style et non de grammaire:

> *Il vit un montreur d'ours et sa bête se dirigeant vers l'embarcadère* (Green, J., *Varouna*) n'est pas plus lourd que *qui se dirigeaient.*

▷ PARTICIPE, 2.

PARTICIPER, v.tr.ind. Distinguer:

> *Participer à*, avoir part à, prendre part à: *Il participe à la conversation, aux dépenses, à notre chagrin. Les* PARTICIPANTS *à ce colloque.*

> *Participer de*, comporter une similitude de nature avec, relever de: *Un commerce qui participe de l'épicerie.*

PARTICIPIAL, adj. *Les tours participiaux.*

PARTIE, n.f. *Prendre qqn à partie.* ▷ PARTI. *Avoir affaire à forte partie. Être partie prenante. La partie adverse. Être à la fois juge et partie. Avoir partie liée avec qqn. Jouer une partie de cartes. Avoir la partie belle.* PARTIE, PARTITE ▷ BIPARTI.

PARTI PRIS, n.m. ▷ PARTI.

PARTIR, v.intr. Je *pars*, je *partais*, je *partis*. Auxiliaire *être* aujourd'hui dans tous les sens. Littré acceptait *avoir*: *Le coup* (de fusil) *a parti.*

1. PARTIR SOLDAT, aller faire son service militaire: français populaire.

2. **Devant un infinitif** indiquant le but, *partir* se construit directement (parfois avec *pour*): *Il est parti (pour) faire une promenade. Je pars faire un tour.* Parfois «se mettre à»: *Il est parti à rire.*

3. Ne pas dire [*Il est parti pendant un mois*]. Dire: *Il s'est absenté pendant un mois. Il est parti pour un mois.* La mise en mouvement n'a pas duré un mois!

4. *Partir* peut signifier *disparaître*: *Cette tache est partie au lavage. La tache est partie.*

5. PARTIR DE ZÉRO. ▷ ZÉRO.

6. **Partir à, en, pour.** On dit: *Partir d'un endroit pour un autre.* Là, *pour* est obligatoire. Mais en dehors de ce cas, à côté de partir *pour* ou *vers*, on trouve *partir à*, très couramment. De très bons écrivains n'hésitent pas à employer *à*: *Il est parti au bureau, à la gare, à la campagne, à Lyon, au cinéma.* — On dit: partir *en Angleterre, au Brésil, dans les Vosges, n'importe où, dans sa famille.* Pourquoi condamner PARTIR EN GRÈVE alors qu'on dit très bien *partir en voyage, en*

guerre, *en promenade, en mission* (le complément impliquant une action)?

7. *Partir* n'a plus le sens de «partager» que dans AVOIR MAILLE À PARTIR *avec qqn*, dans MI-PARTI et en termes de blason. ▷ BIPARTI, MI-PARTI.

8. À PARTIR DE: en prenant comme point de départ, dans l'espace ou dans le temps ou dans un raisonnement. *À partir de cette borne, de ce moment, de cette constatation.* Un autre emploi similaire est répandu dans les milieux industriels pour marquer le point de départ d'une opération matérielle: *Produits chimiques obtenus à partir de la houille* (tirés de la houille).

9. AU PARTIR DE (au départ de) n'est plus vivant.

10. **Composés.** REPARTIR et DÉPARTIR se conjuguent comme *partir*; RÉPARTIR comme *finir*. Attention: *Il ne se départ pas de son calme.*

PARTISAN, n.m. On ne devrait plus hésiter sur le féminin, *partisane*, de l'adjectif ou du nom. Mais certains préfèrent dire d'une femme qu'*elle est un partisan convaincu*. L'emploi de *partisante* pour le féminin de l'adj. est populaire.

PARTITION, n.f., anglicisme, dit plus que *partage*, en politique; il désigne la division d'un territoire en plusieurs États autochtones.

PARTOUT, adv. Le *t* final ne se lie pas à la voyelle initiale du mot qui suit, sauf dans *partout ailleurs.*

1. Alors qu'en Belgique on dit parfois [*chercher tous côtés*] au lieu de *chercher de tous côtés*, on dit, dans certaines régions de France, DE PARTOUT au lieu de *partout*: *être connu* [*de partout*], *une faute fréquente* [*de partout*]. Cet emploi ne peut être confondu avec celui de *de partout* signifiant «de tous côtés à la fois», où le *de* se justifie: *Il souffre.* **De partout**: *de la bouche, des jambes, du dos* (Martin du Gard, cité par *PR*). *Un toit qui pleut de partout.*

2. On a dénoncé comme un flandricisme l'expression TOUT PARTOUT (*avoir mal tout partout*), courante en Belgique. C'est une vieille expression française, considérée avec raison aujourd'hui comme redondante et populaire, mais qui survit dans plusieurs régions de France et au Canada.

PARTOUZE, n.f. populaire (partie de débauche), s'écrit aussi PARTOUSE.

PAR TROP, loc.adv., beaucoup trop: *Il est par trop exigeant.*

PARTURIENTE, adj. et n.f., se dit de la femme qui accouche. Noter *en*.

PARUTION, n.f. formé sur le modèle de *comparution* venant de *comparu*, a été fort critiqué, mais s'est incontestablement imposé dans tous les milieux. Il ne se confond pas avec *publication*, car il évoque le moment où un écrit paraît, est mis en vente: *Dès sa* **parution**, *ce roman a eu du succès*.

PAS, n.m., peut signifier «seuil»: *Il est resté* **sur le pas de la porte**. Le nom composé invariable PAS-DE-PORTE désigne la somme supplémentaire payée au bailleur ou au locataire en place pour louer les lieux.

L'expression [DONNER UN PAS DE CONDUITE À QQN], courante en Belgique, a pour correspondants français *faire un bout* (*un brin*) *de conduite à qqn* ou *faire la conduite à qqn* (Ac.), *reconduire qqn, l'accompagner un moment*.

FAIRE LES (ou LE) PREMIER(S) PAS, c'est prendre l'initiative. *Un premier pas de fait* (Sarraute, N., *Portrait d'un inconnu*). *Il n'y a que le premier pas qui coûte* (c'est le commencement qui est le plus difficile) se dit aussi, par ironie, d'une activité condamnable. *S'avancer* PAS À PAS. *Un faux pas. Se tirer d'un* MAUVAIS PAS. *Faire le premier pas ou les premiers pas. À grands pas. Le pas gymnastique ou le pas de gymnastique.*

Pas et *point*, adverbes de négation

1. CONCURRENCE ENTRE *PAS* ET *POINT*

Sans doute, si l'on tient compte de l'étymologie, *point* nie plus fortement que *pas*: *Je n'avance pas d'un point* dit plus que *Je n'avance pas d'un pas*. Mais ce sens étymologique est aujourd'hui bien loin de l'usage. Celui-ci, quoi qu'on prétende encore parfois, ne distingue pas les deux adverbes par le sens mais par l'euphonie ou dans l'emploi. *Point* est infiniment moins fréquent et par là il peut certes prendre, occasionnellement, une valeur plus forte. Mais il est surtout littéraire, archaïque ou régional, parfois rural. Il peut toujours être remplacé par *pas*, sauf dans le cas — rare d'ailleurs — où il correspond à *non* dans une réponse elliptique:

> *En voulez-vous?* **Point** (Ac.) ou **Point du tout**. On ne pourrait répondre *pas* tout seul; on dirait: *Non* ou *Pas du tout, Pas encore, Pas plus que vous*, etc.

Par contre, dans la langue populaire ou familière, c'est *pas* qui s'impose tout naturellement comme forme réduite de l'expression interrogative *n'est-ce pas?*:

> *Il faut bien croire à quelque chose, pas?* (ou *pas vrai?*)

2. *PAS* OU *POINT* AU LIEU DE *NON, NON PAS, NON POINT*

Pas ou *point* peuvent s'employer dans certains cas au lieu de *non* ou de *non pas* (ou *non point*) devant un mot ou un groupe de mots qu'ils nient **dans une construction antithétique**. On les trouve ainsi (*pas* étant beaucoup plus fréquent que *point*) devant un adjectif, un participe employé seul, un nom, un pronom, une préposition, un adverbe, une proposition:

> *Subitement* **ou pas** (Duras, M., *Le marin de Gibraltar*). *Il est économe,* **pas avare**. *Invité ou pas invité. Je réclame un droit, pas une faveur. Je veux consulter quelqu'un, mais pas lui. C'est lui qui l'a dit, pas sa femme ou pas moi. C'est pour lui seul qu'il travaille, pas pour les autres. On jouait dans la cour et pas ailleurs. Ce livre s'imposait à tous, pas seulement comme un compagnon, mais comme un ami. Il était patient, mais pas quand on le bousculait.*

▷ NON.

3. *SI PAS*

C'est à tort qu'on a reconnu un belgicisme dans *si pas* au lieu de *sinon*:

> *Il a soixante ans,* **si pas** *plus*.

L'expression est française; on a tort de la suspecter. ▷ SINON, 2.

4. *PAS* DEVANT L'ADJECTIF

En dehors de ces corrélations, *pas* s'impose souvent devant l'adjectif, mais ce groupe suit toujours le substantif à moins qu'il ne soit détaché:

> *J'ai trouvé un logement* **pas cher**, *un travail* **pas trop pénible**. *Il peut être détaché: Pas méchant au fond, Pierre accepta facilement.*

5. TOURS ELLIPTIQUES

Nombreux sont les tours elliptiques: *pas de danger que* (et le subjonctif).

> *Point d'argent, point de Suisse. Pas de ça. Point d'affaire. Pas de nouvelles, bonnes nouvelles.*

6. *NE PAS* RÉDUIT À *PAS*

En dehors des phrases elliptiques, le langage normal, surtout écrit, évite de réduire *ne pas* à *pas*:

> *C'est pas vrai. Te fâche surtout pas. Je sais pas.*

▷ NE PAS, 1.4. Cette omission de *ne* apparaît comme un archaïsme littéraire dans l'interrogation oratoire, où elle était courante au XVIIe siècle. Voici trois phrases de Ch. de Gaulle:

*Faudra-t-il **pas** leur consentir des avantages? (L'unité)* ***Serait-ce pas** tant mieux? (L'appel)* ***Faudra-t-il pas** les mettre en commun? (Ibid.)* ▸ NE, omission, 1.

7. AVEC *POURQUOI*

On dit aujourd'hui *pourquoi pas?* plus souvent que *pourquoi non?*

8. *PAS MAL*

Pas mal, employé sans verbe, peut marquer l'approbation:

> *Pas mal! Continuez.*

Avec un verbe, il exige *ne* quand *mal* est adverbe de manière (*Il **ne** chante **pas mal***) ou quand la locution est employée adjectivement comme le serait son contraire *bien* (*Cette fille n'est pas mal*; elle est assez jolie, elle est bien).

Mais si *mal* est adverbe de quantité ou d'intensité, *ne*, autrefois imposé et certes encore permis, est aujourd'hui généralement omis; c'est devenu le tour normal:

> *Il n'y avait pas mal de curieux à ce spectacle* (Littré) se dit aujourd'hui: ***Il y avait pas mal** de curieux... J'en connais pas mal qui accepteraient. J'ai mis pas mal d'eau dans mon vin. Il a plu pas mal.* Après une préposition: ***Avec pas mal de difficultés**, j'ai pu m'en tirer.*

Dans ce sens, *pas mal*, comme son synonyme *beaucoup*, est suivi de *de*; *des* n'est possible que s'il y a une détermination:

> *J'ai résolu pas mal des problèmes que vous m'aviez soumis.*

9. *PAS UN*

Pas un accompagnant un verbe réclame *ne*: *Pas un ne recula.* Mais: *Il souffrit comme pas un* (plus qu'aucun autre). *Le soleil brillait, pas un nuage dans le ciel bleu.*

Devant un adjectif ou un participe employés seuls, on emploie *de*: *De ses partisans, il n'y en a pas un de sûr.* La construction sans *de* était autrefois normale.

On dit: ***Sans un mot** et non [sans pas un mot]. **Pas un qui** s'en **soit** souvenu.* L'emploi de *ne* (*ne s'en soit*) change le sens. ▸ NE employé seul, 7.

10. *PAS* ET *POINT* : VOIR AUSSI...

Moi, non. ▸ NON, 2.

Ellipse de *pas* ou *point*. ▸ NE employé seul.

▸ NE PAS QUE.

Pour ne pas que. ▸ NE PAS, 2.5.

Pas moins de. ▸ VERBE, Accord, 2.1.2.C.

Pas plus que. ▸ VERBE, Accord, 2.2.8 et NE employé seul, 13.

Pas rien. Ce n'est pas rien. ▸ RIEN, 2, c.

***PASCAL**, adj. Pluriel: **pascaux**. Plusieurs bons dictionnaires donnent *pascals* ou *pascaux*. Le nom masculin désignant en physique une unité de pression fait au pluriel **pascals**.

PASSABLEMENT, adv. *Il sait passablement sa leçon* (d'une manière tout juste acceptable). *Il est passablement plus âgé que moi* (d'une façon notable). *Il faut déjà passablement d'intelligence pour souffrir de n'en avoir pas davantage* (Gide, A., *Journal*).

PASSAGER, adj., signifie «qui ne fait que passer, qui dure peu de temps»: *Un oiseau passager. Un hôte passager. Une crainte passagère.* Il se dit aujourd'hui familièrement d'une rue, d'un lieu où il passe beaucoup de monde, mais on dit plutôt: *Une rue* PASSANTE, animée, très fréquentée.

PASSATION, n.f., action de passer un acte, un contrat, une écriture comptable (*La passation d'un contrat*), peut se dire aujourd'hui de l'action de passer ses pouvoirs à un autre: *La passation* (ou *la transmission*) *des pouvoirs a eu lieu au ministère.*

PASSAVANT, n.m. On a renoncé à l'orthographe PASSE-AVANT.

PASSE, n.m. (des **passes**), est l'abréviation de PASSE-PARTOUT, n.m. inv. Parmi les emplois du n.f., notons: *Être dans une bonne* ou *une mauvaise passe* (période) et *Être en passe de*, suivi d'un infinitif (être sur le point de): *Il est en passe de devenir officier* (Ac.).

PASSÉ, adj. ou part.p. (ou prép.): *La semaine passée. L'an passé* (ou *l'an dernier*). *Ces jours passés. Il est neuf heures et demie passées, midi passé. Il a soixante ans passés. **Passé** cinq heures, on ne le trouve plus à son bureau. Il est resté jusqu'à passé dix heures. Passé la ferme, il n'y a plus que des campagnes. Passé la cinquantaine.* ▸ PARTICIPE PASSÉ, 2.1.3. On dit aussi: *passé quoi* (après quoi).

On ne peut dire: [*Il y a passé trois cents ans*]. On dit *plus de*: *Il y a plus de trois cents ans.* [*J'ai dépensé passé cent francs*] On dit: *J'ai dépensé plus de cent francs.*

Passé, adj., se dit aussi d'une couleur ou d'un objet coloré qui a perdu son éclat, ou d'un fruit, d'une denrée qui a perdu sa fraîcheur: *Un melon déjà passé. La couleur est passée. Une étoffe passée.*

Passé antérieur

1. CONJUGAISON

Ne pas confondre le passé antérieur avec le subj. plus-que-parfait.
▶ CONDITIONNEL. Au passé antérieur l'auxiliaire est au passé simple
(*j'eus, je fus*, etc.; 3ᵉ pers., *il eut, il fut*, sans accent circonflexe;
nous eûmes, nous fûmes, avec accent circonflexe).

2. EMPLOI DU PASSÉ ANTÉRIEUR

2.1. DANS UNE SUBORDONNÉE

Dans une subordonnée (ou une principale exprimant l'antériorité
par rapport à un passé simple énonçant le fait principal ▶ PEINE, 1
à peine, c et PLUS TÔT... QUE), le passé antérieur exprime un fait non
répété qui a eu lieu, dans un temps déterminé et assez limité,
avant un autre, également passé (généralement au passé simple):

> ***Quand il fut arrivé***, *je partis. Dès qu'il eut fini, il se leva.
> À peine fut-il sorti qu'on le rappela. Il n'eut pas plus tôt dit
> cela qu'il le regretta.*

Parfois l'autre fait est au présent historique: *Après qu'il eut brouté,
trotté, fait tous ses tours, Jeannot lapin retourne aux souterrains
séjours* (La Fontaine) ou à l'imparfait, au passé composé ou au
plus-que-parfait: *Il était mort au mois de mai dernier, à Tahiti où il
vivait après qu'il nous eut quittés* (Mauriac, Fr., *La robe prétexte*).

> *J'ai compris lentement qu'il était mort, au bout de quelques
> jours, quand l'écho de sa belle voix harmonieuse eut fini de
> sonner entre les murs* (Colette). *Le «dédommagement» reçu
> d'Adrien, il en avait entrevu l'usage dès qu'il l'eut sollicité*
> (Estang, L., *Les stigmates*).

On lui substitue souvent (en principale ou en subordonnée) le
passé surcomposé (*j'ai eu fini*) quand il est en rapport avec un
passé composé. L'usage est courant dans la langue parlée; il est
attesté depuis longtemps dans la langue littéraire:

> *Aussitôt que j'ai eu envoyé mon paquet, j'ai appris, ma bonne,
> une triste nouvelle* (Mᵐᵉ de Sévigné). Au passif, le tour
> devient très lourd: *Aussitôt que le paquet a eu été envoyé.*

2.2. DANS UNE PRINCIPALE OU UNE INDÉPENDANTE

Dans des propositions principales ou indépendantes, avec un
complément de temps, pour exprimer une action entièrement
accomplie et faite rapidement:

> *En vingt secondes **il eut démonté** la roue.*

Passé composé

Autrefois, il était appelé improprement *passé indéfini*.

1. IL REMPLACE LE PASSÉ SIMPLE

1.1. LANGUE PARLÉE

Dans la langue parlée, le passé composé remplace le passé simple,
sans nuance spéciale, et cela s'explique aisément par sa valeur
propre et la facilité de sa conjugaison. Il indique proprement un
fait passé considéré comme achevé, mais en contact avec le présent, soit par l'intérêt que lui porte celui qui parle, soit parce qu'il
a des conséquences présentes, soit parce qu'il appartient à une
période récente ou non encore écoulée, soit parce qu'il marque
l'antériorité par rapport à un présent:

> *Aujourd'hui je me suis levé tôt. Je l'ai connu au collège. J'ai
> décidé de ne plus le voir. J'ai décidé de partir. J'ai lutté vingt
> ans pour cette idée. J'ai bien travaillé. On m'a dit que...
> Depuis qu'il est arrivé, rien ne va plus.*

1.2. VALEUR

On comprend qu'avec un complément de temps comme *jamais,
toujours, parfois, souvent*, il exprime une vérité générale: *L'effort a
toujours été récompensé.* La forme écrite du passé simple serait
possible.

1.3. STYLE NARRATIF

L'extension de l'emploi du passé composé dans le style narratif
écrit lui fait exprimer des faits passés, même lointains, en alternance avec le passé simple, soit qu'on envisage une suite de faits
opposée à un événement qu'on isole des autres au passé simple,
soit qu'on adopte le ton du récit parlé:

> *Ces sables stériles **ont porté** en effet une civilisation riche,
> au temps où les Arabes **envahirent** la région et la fertilisè-
> rent par leur irrigation ingénieuse, mais la vie **s'est retirée**
> depuis de ces extrémités lointaines* (Gracq, J., *Le rivage des
> Syrtes*).

Mais ce mélange des deux temps n'est pas soumis à des règles ni
à des usages précis. Tandis que l'alternance du passé simple ou du
passé composé avec l'indicatif imparfait doit respecter la valeur
d'aspect de l'imparfait. ▶ IMPARFAIT DE L'INDICATIF, 2.

2. IL REMPLACE LE FUTUR ANTÉRIEUR

Le passé composé des verbes exprimant l'achèvement peut aussi avoir la valeur d'un futur antérieur en présentant le fait comme s'il était déjà accompli :

J'ai fini *dans un instant.*

Avec *si* conditionnel, le futur antérieur étant impossible, on doit employer à sa place le passé composé :

S'il n'est pas parti dans une heure, appelez-moi.

3. IL A REMPLACÉ LE CONDITIONNEL PASSÉ

La langue classique employait, au lieu du conditionnel passé, le passé composé des verbes marquant la possibilité, la convenance, l'obligation :

Vous dont j'ai pu (j'aurais pu) laisser vieillir l'ambition dans les honneurs obscurs de quelque légion (Racine).

Passé simple

Il est aussi parfois appelé *passé défini.*

1. PRONONCIATION ET USAGE

On notera que, malgré l'accent circonflexe, les terminaisons des deux premières personnes du pluriel se prononcent avec une voyelle brève : *nous eûmes, nous allâmes, vous mîtes, nous reçûmes.* ▸ -ÂMES. Mais on n'emploie presque plus ces formes, même en français écrit. Aux autres personnes, le passé simple est pratiquement inusité dans la langue parlée, du moins dans la conversation, sauf dans certaines provinces. On le remplace par le passé composé. Resté très vivant, mais à des degrés variables, dans le style écrit, sauf aux 1res et 2es pers., le passé simple peut aussi y être remplacé par le passé composé, qui peut également alterner avec lui (▸ PASSÉ COMPOSÉ, 1).

2. PASSÉ SIMPLE, PASSÉ COMPOSÉ ET IMPARFAIT

Quand on emploie le passé simple, il faut tenir compte de ce qui le distingue du passé composé et de l'imparfait. Contrairement au passé composé, il n'exprime aucun contact du fait passé avec le présent ; qu'on le considère en lui-même ou dans ses conséquences, le fait est en quelque sorte noyé dans le passé, généralement éloigné.

En opposition avec l'imparfait, le passé simple saisit le fait dans la totalité de sa durée, qui peut être brève ou longue. ▸ IMPARFAIT DE L'INDICATIF, 2.

Passé surcomposé

▸ PASSÉ ANTÉRIEUR, 2 et VERBE, Conjugaison.

PASSER, v.tr.dir. et intr.

1. **Auxiliaire.** Placé traditionnellement parmi les verbes qui, lorsqu'ils sont intransitifs, se conjuguent avec *avoir* quand ils expriment l'action en train de s'accomplir et avec *être* quand on considère le résultat de l'action accomplie (▸ AUXILIAIRES), *passer* peut encore offrir des exemples de cette alternance, bien qu'on emploie généralement *être*, même pour l'action : *Deux mois à peine* **ont passé** *depuis que nous avons conduit sa mère au cimetière* (Simon, P.-H., *Les raisins verts*). *L'autobus* **est passé** *il y a dix minutes.* Voir plus loin.

On emploie toujours *avoir* quand le verbe est transitif (*Nous* **avons passé** *la mer, un examen, les bornes, d'agréables vacances*) et dans PASSER POUR signifiant «être considéré comme, avoir la réputation de» : *Elle avait jusqu'alors passé pour délicate.*

On doit employer *être* quand *passé* signifie «fini, révolu» : *Le temps des communications verbales, même les plus brèves,* **était passé** (Yourcenar, M., *L'œuvre au noir*). Et quand *passer* veut dire «devenir» : *Ils* **sont passés maîtres** *dans l'art de peindre.*

Mais on dit : **J'ai passé** *par là, par chez lui* ou **Je suis passé** *par là. L'envie lui a passé* ou *lui est passée. La matinée a passé rapidement* ou *est passée rapidement. Un an a passé* ou *est passé depuis son départ. Cinq mois* **ont** *passé. Le soleil s'acharne sur l'eau trouble* (Bazin, H., *Le bureau des mariages*). *Elle* **avait** *passé indifféremment de notre calme et beau décor de Toulouse au tohu-bohu des amis chargés d'enfants qui l'avaient invitée à Nîmes, comme elle* **était** *passée à la simplicité austère de son dernier asile toulousain* (Peyrefitte, R., *La mort d'une mère*). *Vous* **êtes** *passé par l'île Saint-Louis où vous avez pris un café au lait (...). Au moment où vous* **êtes** *passé entre les statues (...). La pluie tombait quand vous* **êtes** *passé sur cette terrasse* (Butor, M., *La modification*). *Nous* **sommes** *passés par la porte de Saint-Cloud (...). En traversant la ville, nous* **sommes** *passés devant une foire* (Modiano, P., *Rue des boutiques obscures*). *Nous* **sommes** *passés à la pointe des Sables* (Gracq, J., *Le rivage des Syrtes*). *Dans un mois, qui sait, demain peut-être vous* **serez** *passée dans l'autre camp* (Anouilh, J., *Pièces brillantes*). *La couleur du papier du salon doit* **être** *passée* (Sarraute, N., *Portrait d'un inconnu*). ▸ PASSÉ, adj.

2. **Passer un examen**, c'est le subir (en bien ou en mal). L'Académie donne *passer à un examen* avec le sens de *réussir, être reçu*. On emploie plutôt ces derniers verbes. **Passer à** est courant dans d'autres sens avec d'autres compléments: *passer à table, à l'action, à l'ordre du jour, au vote, aux aveux, à l'ennemi, à l'étranger, à la casserole*, etc.

3. On dit qu'une couleur *passe*, qu'elle est *passée* (▸ PASSÉ).

4. Suivi d'un attribut désignant un grade, *passer* signifie «être nommé, devenu»: *Il est passé sous-chef, capitaine*, etc. *Il est passé maître dans l'art de raconter.* — *Ce qui* (ou *ce qu'il*) *se passe* ▸ CE QUI, 4.2.

5. *On passe* ou *on dépasse les bornes. Passer outre* (▸ OUTRE). *Nous avons dépassé* (ou *passé*) *la gare. Contentement passe richesse.* Vieilli: *Son jupon passe sa jupe*; on dit *dépasse*.

6. PASSE dans les **composés**. ▸ NOMS COMPOSÉS, 2.5 et *RO* II.2.

PASSET, n.m. Belgicisme, «petit banc pour les pieds», un escabeau.

PASSETTE, n.f., est français, «petite passoire»: *La passette qui devrait logiquement côtoyer dans le tiroir l'ouvre-boîte et le décapsuleur* (Bazin, H., *Le matrimoine*).

PASSIM, adv., est un mot latin qui n'exige pas d'être souligné ou mis en italique. Il signifie *çà et là*, et s'emploie pour renvoyer, sans plus de précision, à divers endroits d'un ouvrage.

PASSION, n.f., **PASSIONNÉ**, part., adj. et n., **PASSIONNEL**, adj., **PASSIONNER**, v.tr.dir., **SE PASSIONNER**. *L'amour-passion. Aimer avec passion. Refréner ses passions. Le dimanche de la Passion.* Attention aux diverses constructions: **Avoir une passion** (ou *se passionner*) **pour** *les femmes, les chats, les vieux livres, l'histoire. Être passionné de qqn.* **Être passionné de** qqch. ou **par** qqch., *de littérature* ou *par la littérature* (ou *pour la littérature*). **Avoir la passion de** *l'histoire, de la lecture, du jeu, du pouvoir. Un amateur passionné. Une attitude* ou *une réaction passionnelle. Un crime passionnel.*

PASSIVITÉ, n.f. Et non [PASSIVETÉ].

PASTEL, n.m., plante fournissant de la teinture bleue en pâte colorée façonnée en bâtonnets; par extension, peinture faite au pastel: *des* **pastels**. Adj. inv. mis en apposition: *Bleu pastel. Des tons pastel. Des teintes pastel.*

PATAPOUF, interjection exprimant le bruit d'une chute, désigne, comme nom masculin, un homme ou un enfant gros et lourd.

PATATE, n.f., est familier ou régional pour désigner une pomme de terre et populaire pour désigner une personne stupide (*Ce type est une patate*) et dans l'expression *en avoir gros sur la patate* (sur le cœur).

PATATRAS, interj. L's ne se prononce pas.

PATCH, n.m. Anglicisme, domaine de la médecine (immunologie). L'équivalent officiel *timbre* pour désigner ce petit pansement adhésif qui permet l'administration d'une substance par voie percutanée est utilisé depuis 1990.

PÂTE, n.f. On écrit: *pâte de fruits, d'amandes, de coings*, mais *pâte de guimauve, de réglisse, de jujube. Pâte à choux, à crêpes, à tarte(s), à pain.*

PÂTÉ, n.m., s'est dit d'une croûte de pâte contenant un hachis de viande, de volaille ou de poisson et se dit aujourd'hui de cette préparation elle-même (*un pâté en croûte, du pâté en boîte, du pâté de foie*), mais non, comme en Belgique, d'un petit gâteau.

PATER, n.m. de prière, est invariable: *un pater, des* **pater**. On l'écrit aussi dans ce sens avec une majuscule. Mais *pater*, désignant chacun des gros grains du chapelet, sur lesquels on dit le pater, s'écrit toujours avec une minuscule et varie au pluriel.

PATIO, n.m. *T* se prononce *t* ou *s* (+ *io*; *o* fermé).

PATOUILLER, verbe, est familier, surtout dans le sens intransitif de «patauger»: *patouiller dans la boue*. Transitif, «tripoter maladroitement et indiscrètement». Dans ce dernier sens, **TRIPATOUILLER** est plus vivant.

PATRON, n.m., *patronne*. Dérivés: PATRONNER, PATRONNESSE, mais avec un *n*: PATRONAGE, PATRONAL, PATRONAT.

PATTEMOUILLE, n.f., est français: linge humide utilisé pour le repassage.

PATTERN, n.m. emprunté à l'anglais. Équivalents: *patron, modèle*, etc.

PÂTURAGE, n.m., **PÂTURE**, n.f., **PÂTURER**, v. Accent circonflexe.

PAUMER est un vieux verbe français transitif qui a eu parmi ses sens «frapper avec la paume de la main, vendre aux enchères». Il s'est conservé en Belgique dans le sens de «mettre à prix». En français, il est très familier et a plusieurs sens: frapper, arrêter, attraper (un coup) et surtout perdre.

PAUSE, n.f., ne peut être confondu avec **POSE**. On écrit: la **PAUSE-CAFÉ** ou la **PAUSE CAFÉ**, les *pauses-café*. ▸ POSE.

PAUVRE, adj.: *Une pauvre femme* (malheureuse). *Une femme pauvre* (indigente). On écrit: *pauvre de moi* (que je suis à plaindre!), *pauvres de nous.* — Le féminin du **nom** est *une pauvresse.*

PAVÉE, n.f., s'emploie en wallon et parfois en français régional de Wallonie pour *chaussée, route pavée.*

PAYER, v.tr.dir. *Il paie ou il paye.* De même: la **PAIE** (ou la **PAYE**), le **PAIEMENT** (ou le **PAYEMENT**). *Payer ses créanciers, ses dettes. Il me le paiera cher ou Il me le paiera. Payer un déjeuner à qqn. Payer qqn au mois. Payer qqn de sa peine. Payer qqn de retour. Payer qqn d'ingratitude. Les bons paient pour les méchants. Il a payé de sa poche, de sa personne. Ils se sont payés. Elle s'est payé le luxe de lui dire ses vérités. Elle s'est payé une robe, un bon dîner.* **PAYANT**, adj.: *Une carte payante, une entrée payante* (que l'on paie). — Dans: *J'ai payé ce livre mille francs, ce livre* est un compl. d'objet direct et *mille francs* est un compl. circonstanciel. De même on écrira: *Les mille francs que j'ai* **payé** *ce livre,* mais: *Les mille francs que j'ai* **payés** (ou **versés**) *d'avance,* car ici *mille francs* est le compl. d'objet direct. On écrit donc: *Je ne regrette pas les cent francs que j'ai* **payé** *ce livre.* Mais: *la dette que j'ai* **payée.** ▷ PAIE.

PÉAN, n.m. On a renoncé à la graphie **PŒAN**.

PEAU-ROUGE, n. Des *Peaux-Rouges.*

PECCAMINEUX, adj., est rare et littéraire: *Un acte peccamineux* (qui est un péché). Sartre applique le mot à une personne qui a tendance à pécher.

PÉCHEUR, n. Féminin: **pécheresse.** En rapport avec *péché, pécher.*

PÊCHEUR, n. Féminin: **pêcheuse.** En rapport avec *pêche* (du poisson), *pêcher.*

PÉCUNIAIRE, adj., ne peut être remplacé par [**PÉCUNIER**], qu'on trouve chez quelques écrivains: *Des embarras pécuniaires.*

PÉDANT, adj. et n., **PÉDANTESQUE**, adj. *Pédant,* d'un emploi plus général, se dit des personnes comme de ce qui leur est propre. *Pédantesque* se dit surtout du langage, du discours, de ce qui «sent le pédant»: *Un pédant. Il est un peu pédant. Un exposé pédant* (ou *pédantesque*). *Une érudition pédante* ou *pédantesque* (doctorale, affectée).

PÉDANTERIE, n.f., et, plus courant, **PÉDANTISME**, n.m., peuvent désigner tous deux un comportement, l'affectation du pédant.

PÉDESTRE, adj., «qui se fait à pied», se dit d'une randonnée, d'un voyage, d'une course, mais ne peut se dire d'une piste, d'un sentier ou d'un champion, d'un coureur à pied. *Sentier pédestre* tend aujourd'hui à se généraliser. ▷ PIÉTON.

PÉDIATRE, n.m., **PÉDIATRIE**, n.f., n'ont pas d'accent circonflexe. **PÉDIATRIQUE** devrait, malgré le silence des dictionnaires, être préféré à *infantile* pour qualifier cette partie de la médecine, de la chirurgie, de la neurologie, etc., spécialisée dans le traitement des enfants (la *pédiatrie*).

PEDIGREE, n.m. L'usage et les dictionnaires conservent l'orthographe anglaise, sans accents. On devrait se décider à écrire **PÉDIGRÉE**, puisque le mot est aujourd'hui prononcé *pédigré. Pédigrée* est proposé dans les *Rectifications de l'orthographe* (RO III.9G).

PÉDOLOGIE (étude de l'enfant), n.m. On a écrit aussi **PAIDOLOGIE**.

PEINDRE, v.tr.dir. Je **peins**, il **peint**, nous **peignons.** Je **peignais**, nous **peignions.**

PEINE, n.f.

1. **À PEINE.** *Sens et constructions.*

   À peine n'a plus, comme dans la langue classique, le sens d'*avec peine, à grand-peine: L'Albain percé de coups ne se traînait qu'à peine* (Corneille). Il a aujourd'hui trois sens qui peuvent entraîner des constructions différentes, notamment à propos de l'emploi de *que* et de l'inversion simple ou complexe (▷ INVERSION, 2 et 3.3.2):

   a) *Sens quantitatif, semi-négatif,* «ne... presque pas»: *Un texte* **à peine** *lisible,* presque pas lisible, très peu lisible. *On l'entend à peine* (à grand-peine). *Il a à peine de quoi vivre,* tout juste de quoi vivre.

   Inversion normale du sujet, comme dans les cas suivants, si la proposition commence par *à peine: À* **peine** *l'entend-on. À peine cet orateur peut-il se faire entendre.* On évite l'inversion en employant *à peine si* ou *c'est à peine si* en tête de phrase: *À* **peine si** *on l'entend. C'est à peine si cet orateur peut se faire entendre.*

   S'il y a un lien logique entre la proposition contenant *à peine* et une autre qui suit, on les relie généralement soit par **et** (surtout s'il n'y a pas eu inversion d'*à peine*) soit par **que**, qu'il y ait eu ou non cette inversion: *C'est un malade impatient: il est à peine capable de se lever* **et** *il prétend sortir* ou *Il est à peine capable de se lever* **qu'**il veut sortir. À peine ce malade peut-il se lever* **qu'**il veut sortir.*

   Rares sont les emplois sans *et* ni *que: À peine entrait-elle dans une nouvelle chambre de son passé, son image l'accueillait* (Druon, M., *La volupté d'être*).

   b) *Sens quantitatif encore, mais différent, avec un numéral,* «tout juste», «tout au plus»: *Il y a à peine huit jours qu'il est parti. Je l'ai vu il y a à peine huit jours ou il y a huit jours à peine.* Comme plus haut (en a), s'il y a un lien logique avec une autre proposition qui suit, on recourt généralement à **et** s'il n'y a pas inversion d'*à peine*, à **et** ou **que** s'il y a inversion: *Il y a huit jours à peine qu'il est arrivé **et** il veut repartir. À peine est-il arrivé depuis huit jours **qu'il** veut repartir* ou *À peine est-il arrivé depuis huit jours **et** il veut repartir.*

c) Sens temporel, «depuis peu de temps», «ne... pas plus tôt que»: *La séance est à peine commencée. Il avait à peine respiré le flacon qu'il ouvrit les yeux.*

S'il y a enchaînement avec une autre proposition, celle-ci est le plus souvent (mais pas toujours) introduite par **que**, mais non cette fois par *et*; l'enchaînement logique des deux propositions peut se marquer par l'inversion simple ou complexe dans la première proposition, commençant par *à peine*, et en outre par *que*: *Il était à peine sorti, on l'appela au téléphone.* Plus souvent: *Il était à peine sorti **qu'on** l'appela. À peine était-il sorti qu'on l'appela* ou *À peine était-il sorti, on l'appela. À peine Pierre fut-il sorti, on l'appela* ou *À peine Pierre fut-il sorti qu'on l'appela.*

N.B. a) Dans les cas notés plus haut sous b) et c), lorsqu'il y a enchaînement logique des propositions, on peut employer **quand** ou **lorsque** si ces conjonctions doivent s'employer nécessairement lorsqu'on supprime *à peine*; cela suppose qu'on passe de l'imparfait ou plus-que-parfait dans la 1re proposition au passé simple ou au passé composé dans la seconde; cet emploi de *quand* est surtout fréquent lorsqu'il n'y a pas inversion d'*à peine*; *que* est toujours permis: *Il y avait à peine huit jours qu'il était arrivé quand* (ou *qu'*) *il voulut repartir. À peine était-il arrivé depuis huit jours qu'il voulut* (ou *quand il voulut*) *repartir. Il était à peine remis de sa maladie quand* (ou *qu'*) *il fit une rechute.* On dirait en effet: *Il était arrivé depuis huit jours* (*à peine*) *quand il voulut repartir. Il était* (*à peine*) *remis de sa maladie quand il fit une rechute.*

On dira donc: ***Il avait à peine terminé** son travail **quand*** (ou *qu'*) *on lui en **donna** un autre.* Mais ***À peine eut-il terminé** son travail **qu'on** lui en **donna** un autre. À peine étais-je arrivé qu'on m'introduisait,* tandis qu'avec le changement de temps signalé plus haut on dira: ***À peine étais-je arrivé quand*** (ou *qu'*) ***on m'introduisit.***

b) On peut aussi, surtout si les sujets se confondent, employer *à peine* avec un participe passé ou même avec un complément de lieu: ***À peine assise** dans un coin, elle ferma les yeux* (Flaubert). ***À peine dans cet endroit**, il se transportait dans un autre* (Flaubert). Plus rarement: *À peine le visiteur parti, elle appela la bonne* (cf. Le Bidois).

2. À PEINE DE, SOUS PEINE DE, etc.: *Défense **sous peine** de mort* (si on ne veut pas s'exposer à la mort). *À peine de,* dans ce sens, est vieilli ou du moins littéraire; et aussi *à peine de la vie* (sous peine de perdre la vie).

3. Attention à l'usage actuel des **prépositions** après AVOIR PEINE, AVOIR DE LA PEINE À et être (ou *se trouver*) EN PEINE DE.

Avoir peine à faire qqch., parvenir difficilement à. On dit: *Faire une chose **à grand-peine**. N'avoir pas grand-peine à la faire.* **Avoir de la peine *à*** comprendre (comprendre difficilement, avoir de la difficulté à). La langue classique employait *avoir peine à voir qqch.* dans le sens de «éprouver du chagrin à voir qqch.». Dans le sens de «chagrin», *peine* s'emploie avec l'article partitif et en construction absolue: *Cela lui fait **de la peine*** (de nous quitter). *Il a **de la peine*** (du chagrin). Le contexte peut changer le sens: *Il y est parvenu, mais il a eu de la peine* (des difficultés).

Être en peine *de* faire qqch., avoir de la difficulté à, être empêché de: *Je serais bien en peine de vous répondre. Il se trouvait bien en peine de faire ce qu'on lui avait demandé.* Vieillis: *être en peine de qqn, de qqch.*

4. On dit: *Prenez la peine d'entrer. Ce n'est pas la peine d'y aller* ou *qu'il y aille. Elle ne vaut pas la peine qu'on la contredise. C'est à peine s'il m'a salué. Il fait peine à voir. Se mettre en peine de qqch.*

PEINEUX, adj., est vieilli ou dialectal: *La semaine peineuse* (où l'on souffre), ancien nom de la semaine sainte. *Une jeunesse peineuse,* qui peine, qui travaille durement.

PEINTRE, n.: *Une femme **peintre**, une artiste peintre. Berthe est un bon peintre. Un peintre en bâtiments* (ou *en bâtiment*). Un **PEINTRE-GRAVEUR**.

PEINTURE, n.f. *Encadrer une peinture. Un pot de peinture.*

PEINTURER, v.tr.dir. devenu péjoratif, peindre de façon maladroite. **PEINTURLURER**, v.tr.ind., peindre avec des couleurs grossières, criardes. SE **PEINTURLURER**, se farder de façon trop voyante.

PÉKIN, n.m., désignant un civil, a été emprunté à l'argot militaire et est péjoratif. On n'écrit plus **PÉQUIN**.

PÊLE-MÊLE ou **PÊLEMÊLE** (*RO* III.3C), adv. et n.m., est toujours invariable. *Des livres entassés pêle-mêle. De vieux **pêle-mêle**.*

PÈLERIN, PÈLERINAGE, n.m., et non [PÉLERIN, PÉLÉRINAGE]. Théoriquement, celle qui fait un pèlerinage est une *pèlerine*: *C'était déjà l'uniforme de celle qui a renoncé à tout, de la religieuse sécularisée, de la pèlerine de Lourdes* (Curtis, J.-L., *La parade*). Mais ce féminin n'est guère usité, à cause de son homonymie avec le nom du manteau.

PÉLOPONNÈSE, n.m., **PÉLOPONNÉSIEN**, adj. et n. Deux *n*.

PELUCHE, n.f., désigne proprement une sorte de tissu (*un ours en peluche*). L'emploi de *peluche* pour désigner des *flocons* de poussière (ou des *moutons*) formés sous les meubles est moins généralisé que celui de *peluche* pour les poils d'une étoffe qui s'use, qui *peluche*, qui est **PELUCHEUSE**.

PELUCHER, v.intr. On dit qu'une étoffe *peluche* (ou **PLUCHE**) quand elle se couvre de poils. Le *GLLF* signale l'emploi de **SE PELUCHER** (ou **SE PLUCHER**) dans ce sens.

PELURE. ▶ ÉCORCE.

PÉNAL, adj. Pluriel: *pénaux*.

PENALTY, n.m., n'a pas d'accent, bien qu'on prononce *pé*. *Tirer un penalty*. Des **penaltys** ou des **penalties**. En français: un *coup (de pied) de réparation*.

PÉNATES, n.m.pl., désignait les dieux domestiques protecteurs du foyer ou leurs statues. D'où les expressions *emporter ses pénates*, *retrouver ses pénates*. Mais par extension, et plus ou moins familièrement, le mot s'emploie pour «foyer, demeure» et se trouve dans des expressions comme *rentrer dans ses pénates*, *regagner ses pénates*, qui ne sont illogiques que si on s'en tient au sens originel.

PENCHER (SE). *Se pencher sur une question, sur un problème*: l'expression est assurément normale, mais devient irritante dans la mesure où elle est un cliché, un tic de langage au lieu de «étudier».

PENDANT.

1. **Préposition**. ▶ DURANT.

2. **Adjectif**: *Un procès pendant, des questions pendantes*.

3. **Nom masculin**: a) On écrit: *des pendants d'oreille* ou plutôt *des pendants d'oreilles*.

   b) FAIRE PENDANT, SE FAIRE PENDANT. L'usage hésite quant à l'accord en nombre de *pendant*. Il varie plutôt, et logiquement, dans *faire pendant*. *Deux gravures font (...) pendants face au divan, de chaque côté d'un miroir* (Pieyre de Mandiargues, A., *La motocyclette*). On écrit donc: *Ces deux tableaux* **font pendants** (Ac.). On dit qu'*une gravure fait pendant à une autre*. *Pendant* est souvent (mais pas nécessairement) invariable dans *se faire pendant*: *Ces deux tableaux* **se font pendant** (Ac.). *Deux bougeoirs qui se font pendant(s) sur la cheminée*; l'accord n'est pas illogique,

puisque chaque objet fait le pendant de l'autre; mais la locution, avec le verbe pronominal, tend à se figer, par analogie avec *se faire face*, *se faire vis-à-vis*.

4. **PENDANT QUE**, loc.conj., a proprement un sens temporel et exprime la simultanéité: *Pendant qu'il m'écoutait, son impatience était visible*. Par extension: *Fuyons, pendant qu'il en est temps. Pendant que j'y pense, je voudrais vous demander... Pendant que vous y êtes, demandez-moi ma bourse*. Dans le sens purement adversatif, pour marquer une opposition, mieux vaut employer *tandis que*: *Les uns se ruinent pendant que les autres s'enrichissent. Il fait la grasse matinée, tandis que son frère étudie*.

PENDELOQUE, n.f., en rapport avec *pendre*, s'écrit avec *en*.

PENDENTIF, n.m. Attention à l'orthographe due au latin *pendens, pendentis*.

PENDRE, v.tr.dir. *Pendre un objet à qqch*.

PENDULE, n.f. *Une vieille pendule*. N.m. *Le pendule* (le balancier) de l'horloge.

PÊNE, n.m. *Le pêne d'une serrure*. Accent circonflexe.

PÉNÉTRER, v.tr.dir. ou intr. ▶ VERBE, Conjugaison, 1.1. *Pénétrer dans l'eau, dans la ville, en territoire étranger. — Le froid me pénètre. Pénétrer la réalité, les intentions de qqn, un mystère, un secret. Pénétrer une substance, un caractère, un feuillage*.

PÉNITENCIER (avec *c*), **PÉNITENTIAIRE** (avec *t*). Si l'on a pu parler autrefois d'une *maison pénitencière* (où l'on fait pénitence) et si l'on parle encore d'un *pénitencier* pour désigner certaines prisons, c'est l'adjectif *pénitentiaire* qui s'applique à ces établissements, à leur administration, etc.

PENSABLE, adj., emploi surtout négatif: *Pas pensable. À peine pensable*.

PENSE-BÊTE, n.m., qui rappelle ce qu'on doit faire: Des **pense-bêtes**.

PENSER. V.intr.: *Apprenez à penser. Cela donne à penser.* **V.tr.dir.**: *Vous pensez si j'ai accepté. Il pense beaucoup de choses qu'il ne dit pas* (Ac.). *J'ai autre chose à penser. Il ne pense pas ce qu'il dit. Penser un projet. Penser du mal (du bien) de qqn. Il pensait nous rencontrer (il croyait...). Je pense partir demain* (j'ai l'intention de...). Le sens de «faillir», qui a permis à Mᵐᵉ de Sévigné d'écrire: *Leur hôtel a pensé brûler* et qui fait encore dire à des écrivains: *Il a pensé en être malade*, est archaïque. *J'ai pensé mourir* ne signifie plus «J'ai failli mourir», mais «J'ai cru que j'allais mourir, j'ai eu dans l'idée que...». *Je pense qu'il le fera, qu'il l'aurait avoué*; le subjonctif ne s'emploie plus après *penser que* à la forme affirmative. Mais: *Je ne pense pas qu'il le fasse* ou *qu'il le fera, qu'il l'ait dit* ou *qu'il l'a dit*. L'indicatif peut souligner la réalité: *Je ne pensais plus qu'il était là* (j'avais oublié cette réalité). *Pensez-vous qu'il soit encore là?* **V.tr.ind.**: *Penser à lui, à tout, à qqn, à ce qu'on dit, aux vacances. Tu n'y penses pas. Penser à autre chose. Sans penser à mal. Il me fait penser à un renard* (il évoque une certaine ressemblance avec un renard). Avec *à* et un infinitif: *Pensez à l'écrire* (n'oubliez pas de...). *Faites-moi penser à le lui dire* (Rappelez-moi de...). *Il ne pense qu'à s'amuser.*

Pour l'emploi de *ne* et de *le* dans des phrases du type: *Il est plus tard que nous ne le pensions* ▷ NE explétif.

PENSIONNÉ, adj. et n., est français et se dit d'une personne qui bénéficie d'une pension. Mais en France on parle beaucoup plus souvent d'un RETRAITÉ. Tandis qu'en Belgique *pension* et *pensionné* sont d'un emploi habituel. On dit en français: *prendre sa retraite.*

PENSUM, n.m. Prononcer *pinso-m*. Des **pensums**.

PENTECÔTE, n.f. Tandis qu'on dit: *à Pâques*, on dit, sauf régionalement, *à la Pentecôte*. Mais on dit: *le dimanche de Pentecôte* ou *de la Pentecôte. Le lundi de (la) Pentecôte. Le congé de (la) Pentecôte.*

PÉPIN, n.m. *Un fruit à pépins.* Fig. *Avoir un pépin*, un ennui.

PÉQUENAUD, *péquenaude* ou **PÉQUENOT**, nom populaire pour paysan. Prononcer *pè*.

PERCER, **v.tr.dir.** *Percer un mur, une planche, une fenêtre, une allée, un puits, un trou.* Fam.: *Cet enfant a percé ses premières dents*, au lieu de: *a fait ses premières dents.* **Intr.** *Un abcès qui perce. Ses premières dents ont déjà percé. Le soleil n'a pas encore percé.*

Noms composés. PERCE-NEIGE est aujourd'hui masculin le plus souvent, parfois féminin. Dans les composés de *perce*, le second élément ne varie qu'au pluriel: un PERCE-MURAILLE, un PERCE-OREILLE, une PERCE-PIERRE; des *perce-murailles, perce-oreilles, perce-pierres*. ▷ NOMS COMPOSÉS, 2.5 et *RO* II.2.

PERCHISTE, n., traduit fort heureusement PERCHMAN, personne chargée du maniement de la perche portant le micro, au cinéma, à la télévision.

PERCLUS, adj. Fém.: *percluse*.

PERCUTER, v.tr.dir. *Le médecin lui a percuté la poitrine.* Mais avec une idée de choc violent: *Le motocycliste a percuté un camion* ou **contre un camion** ou *a heurté un camion, s'est écrasé contre un camion.* Noter qu'on écrit PERCUSSION. — Une formule PERCUTANTE.

PERDRE, v.tr.dir. *Perdre sa fortune, cent francs. Les cent francs qu'il a perdus.* Avec PERDU, adj., *Je suis perdu* se dit pour: «Je suis égaré» ou «Ma perte est assurée» ou «Je suis condamné». Mais en parlant d'une perte au jeu: *J'ai perdu.*

PERDURER, v.intr., n'est pas un belgicisme, mais un vieux mot français beaucoup plus vivant en Belgique qu'en France où, après avoir cessé d'être usité, il a repris vie, surtout en littérature, à côté de PERDURABLE, resté plus vivant. Il a pu, comme cet adjectif, évoquer plutôt une durée éternelle, mais le sens actuel du verbe, en France comme en Belgique, est «subsister, persister»: *Notre tristesse perdurait.*

PÈRE, n.m., titre donné à des prêtres. On écrit souvent avec une minuscule: *le père Untel, le père abbé.* L'abréviation est *P.* ou, au pluriel, *PP.*, avec majuscule: *le P. Untel, les PP. Untel.* Quand on s'adresse à la personne, on dit: *Père* ou *Mon Père.*

PÉRÉQUATION, n.f., [PÉRÉQUATER], **PÉRÉQUER**, v.tr.dir., s'appliquent au rajustement de certains montants. Le substantif s'est répandu beaucoup plus vite que le verbe. Celui-ci, mal formé en Belgique où l'on dit couramment [*péréquater*], est normalement *péréquer*, qui a mis longtemps à s'imposer en France dans l'administration et attend encore d'être admis par les dictionnaires. On prononce *kwa.*

PERFECTION, n.f. ▷ À et EN, 7. *Il travaille à la perfection.*

PERFECTIONNISME, n.m., tendance (excessive) à rechercher la perfection. Même sens plutôt péjoratif de PERFECTIONNISTE.

PERFORATEUR, **PERFORATRICE** sont adj. ou n. et s'appliquent à une machine.

PERFORMANCE, n.f., en était venu à être associé à une idée d'exploit, de réussite remarquable. Il a toujours ce sens, qu'évoque aussi l'adjectif récent PERFORMANT: *Un dispositif performant* (efficace). *Une entreprise performante.* D'où une tendance à concurrencer *compétitif.*

PÉRIGOURDIN, *ine*, adj. et n., s'applique au Périgord et à Périgueux.

PÉRIL. ▷ DEMEURE.

PÉRIMÉ, adj. SE PÉRIMER. On dit d'une chose *périmée* (qui n'est plus valable, qui a passé de mode) qu'elle *est* ou *s'est périmée*, ou *se périme*. L'emploi transitif au sens de *déclasser, annuler*, est fautif, mais on dit: *Laisser périmer un billet de chemin de fer.*

PÉRIODE, n.f., n'est masculin que dans l'expression, littéraire et rare: *le plus haut période* (ou *le dernier période*), où il signifie «degré». *Il est au plus haut période de la gloire* (Ac.). **PÉRIODICITÉ** ▶ BI-, BIS-.

PÉRIPÉTIE, n.f., ne peut se dire que d'un événement important, imprévisible, qui intervient dans le déroulement de quelque chose et provoque un changement brusque de situation.

PÉRIPLE, n.m., évoque, par son étymologie, l'idée, que voudrait maintenir l'Académie, de navigation autour de qqch. D'excellents écrivains, aussi bien que l'usage courant, emploient le mot pour n'importe quel voyage de longue durée, qu'il soit fait ou non par mer, qu'il soit circulaire ou non. On l'emploie couramment avec *autour. Son périple autour de la Crète*.

PÉRIR, v.intr., se dit des choses comme des personnes, des individus comme des peuples. Pour les personnes ou les animaux, il doit s'agir de mort violente ou accidentelle: *Périr de faim, dans un naufrage, dans une épidémie, dans un accident. Périr noyé. Se faire périr* est populaire, mais on peut dire: *faire périr qqn. Le froid a fait périr mes plantes; elles ont péri.*

Au figuré, *périr* se dit d'un lourd accablement: *S'ennuyer à périr.* Pour les choses, de disparition violente, d'anéantissement ou, dans la langue du droit, d'une disparition naturelle: *Un navire qui périt corps et biens. La liberté périt par la licence. Il a laissé périr* (ou *périmer*) *son appel.*

Auxiliaire: autrefois, *être* ou *avoir*; aujourd'hui, toujours *avoir: De nombreux animaux* **ont péri** *dans l'inondation.*

PERLIMPINPIN, n.m. *De la poudre de perlimpinpin* (aux vertus imaginaires).

PERMETTRE, v.tr.dir.: *Son père* (ou *le règlement*) *lui permet cette sortie, lui permet de sortir. Il est permis de ramasser le bois mort.* Sans complément: *Tu permets?* **SE PERMETTRE**: *La grossièreté qu'il s'est* **permise**. *Elle s'est* **permis** *de répliquer. Puis-je me permettre une remarque?*

Permettre que est suivi du subjonctif: *Je permets qu'il le* **fasse**.

PERMISSIF, adj., veut dire: «qui refuse le principe de l'interdiction et de la sanction ou qui montre une tolérance excessive»: *Un maître permissif, une attitude permissive. Une société permissive.* La **PERMISSIVITÉ** n'apporte rien.

PERMUTER, **v.tr.dir**. *On permute* (on met à la place l'un de l'autre) *deux fonctionnaires, deux mots, deux objets, un emploi contre un autre.* **V.intr.**: *Il a permuté avec son collègue. Ils ont permuté.*

PÉRONÉ, n.m., os parallèle au tibia. Finale en *é*.

PÉRONNELLE, n.f. Deux *n*.

PERPÉTRER, v.tr. *Perpétrer* (exécuter) *un crime, un forfait. Se perpétrer.*

PERRON, n.m., ne se dit pas en français d'un quai de gare.

PERROQUET, n.m. Par analogie avec *un bâton de perroquet*, on nomme *perroquet* en Belgique un portemanteau formé d'une barre verticale munie d'échelons.

PERS, adj., se dit surtout des yeux, d'un bleu tirant vers le vert ou le violet. Pas de féminin.

PERSIFLER, v.tr.dir., **PERSIFLAGE**, **PERSIFLEUR**, ou **PERSIFFLER**, **PERSIFFLAGE**, **PERSIFFLEUR** pourraient, selon les *Rectifications de l'orthographe* (*RO* III.10H), s'écrire avec deux *f*, comme l'avait proposé l'Académie en 1975. Celle-ci a cependant annulé cette latitude en 1987.

PERSIL, n.m. Le plus souvent, on ne prononce pas *l*.

PERSISTER, v.intr. Les deux *s* se prononcent comme dans *système*; après *per*, on prononce en effet l's sourd: *persuader, personne, persil*, etc.

PERSONA GRATA, loc. latine, ne se dit pas seulement d'un diplomate agréé par l'État où il représente son pays, mais de toute personne bien accueillie dans un certain milieu: *Il était persona grata auprès de lui.* Le contraire est: *persona non grata.*

PERSONNALISÉ, adj. On peut dire qu'une entreprise fait des *cadeaux personnalisés* quand elle les adapte à la personnalité des destinataires.

PERSONNALITÉ, n.f., se dit couramment d'une personne en vue: *Plusieurs personnalités du monde politique assistaient à la cérémonie.* On parle, en droit, de la *personnalité civile, juridique, morale* d'une association.

PERSONNE.

1. **Nom féminin**, *personne* est précédé d'un déterminant; il désigne toujours un être humain, homme ou femme, et il est donc absurde de parler d'[*une personne humaine*].

Contrairement à ce que permettait l'usage classique, le nom *personne* est toujours féminin et ne peut être représenté par un pronom masculin: *Vingt et une personnes* **suspectes** *ont été interrogées. J'ai deux amis; je n'ai jamais vu deux personnes si contentes l'une de l'autre. Je ne connais aucune personne plus* **heureuse** *que cet homme. Je ne connais pas de personne plus heureuse.* Notons que *personne*, malgré l'absence de détermination, est un nom dans cette phrase négative. De même dans: *Je n'ai jamais vu personne plus intelligente.*

EN PERSONNE (personnellement) est invariable: *Ils sont venus en personne.*

2. **Pronom indéfini**, *personne* est toujours du masculin singulier et a généralement un **sens négatif** (aucun être humain); il s'emploie sans *pas.*

Parce qu'il vient du nom *personne* et a donc en lui-même un **sens positif** (quelqu'un, n'importe qui), celui-ci apparaît encore dans certaines phrases interrogatives ou dubitatives ou après une principale négative ou après *que* suivant un comparatif, après *avant que, sans, sans que, pour que, assez pour que, plus que, trop pour que*, etc. ou après *avant de, trop pour,* etc., introduisant un infinitif ou après un infinitif dépendant d'un adjectif de valeur négative: *Y a-t-il personne d'assez hardi?* (Ac.) *Ne vous figurez pas que vous choquerez personne* (Romains, J., *Les amours enfantines*). *Je doute que personne y réussisse* (Ac.). *Il ne veut pas que personne soit lésé* (Ac.). *Il n'a rien dit dont personne puisse se fâcher. Il est venu sans personne avec lui. Il savait tout sans que personne eût parlé. Il est meilleur juge que personne. Avant d'accuser personne. Il est incapable de tromper personne.* — Après *comme*: *Il travaille comme personne* (aussi bien que n'importe qui).

Aujourd'hui, et contrairement à un certain usage classique, le pronom *personne* est toujours masculin singulier. Plutôt que de le considérer comme féminin parce qu'il désigne certainement une femme, on tourne la phrase autrement. Au lieu de dire: *Personne n'était plus belle que Cléopâtre* (citation de Littré), on dira: *Aucune femme n'était plus belle que Cléopâtre.* Mais dans un autre contexte on dira très bien: *Personne n'était plus attentif que cette petite fille.* On ne dit plus: *Je ne connais personne si heureuse qu'elle.* On ne peut dire non plus: [*Je ne connais personne si heureux qu'elle*]. En effet, le pronom *personne* exige *de* entre lui et l'adjectif masculin (ou le participe) qui le suit: *Je ne connais **personne de si heureux** que cette femme.* On dit donc: *Il n'y a personne de blessé.* **Personne d'autre** *n'est venu.* Avec *autre*, la langue littéraire supprime parfois *de.*

Le pronom peut être accompagné d'un complément exprimant la totalité: *Personne de vous ne s'en est aperçu.*

PERSONNEL, adj., reste souvent invariable, comme *recommandé, payé*, sur une lettre, une facture, une note, etc. Mais rien n'interdit d'écrire *personnel* ou *personnelle* sur une enveloppe, selon qu'on sous-entend «message» ou «lettre». Noter les deux *n* comme dans PERSONNALISER.

PERSONNELLEMENT, adv., peut signifier: 1) «quant à moi, à lui,» etc., ou «en ce qui me (le, etc.) concerne»: *Personnellement, il s'en moque. Personnellement, cela me laisse indifférent;*

2) «lui-même» (en personne) et se rapporter au sujet ou à un complément: *Il m'a répondu personnellement. On l'a attaqué personnellement. Cette lettre lui a été adressée personnellement;*

3) «en tant qu'individu, en tant que personne privée ou intimement»: *Je ne le connais pas personnellement.*

PERSONNIFIER, v.tr.dir. *Cet homme personnifie l'honneur, la probité* (Ac.). *Il est la modestie personnifiée* (Ac.), *la* PERSONNIFICATION *de la modestie.*

PERSUADER, v.tr.dir. Trois constructions:

1. Emploi absolu: *Il a l'art de persuader.*

2. **Persuader qqn (de qqch.), de faire qqch. Persuader que**: *Je les (en) ai facilement persuadés. Je les ai persuadés de nous accompagner. Je les ai persuadés qu'ils devaient nous accompagner.* Inutile d'employer *de ce que.* **Au passif**: *Il ne tient pas à être persuadé. Je suis persuadé de sa bonne foi.* **À la forme pronominale**: *Ils se sont persuadés qu'on n'oserait les contredire. Ils se sont persuadés de notre bonne foi. Ils se sont persuadés l'un l'autre.*

3. **Persuader qqch. à qqn. Persuader à qqn de faire qqch. Persuader à qqn qu'il doit faire qqch.** Ces tours sont moins vivants et plus limités: *Il rejetait sa faute sur celui qui lui avait persuadé de la faire* (Ac.). *On lui a persuadé de se marier* (Ac.). *Schindler tente de persuader à Beethoven que sa mauvaise oreille ne l'empêchera pas de contrôler les ensembles* (Henriot, E., *La vie de Beethoven*). *Ils **se sont persuadé** qu'on n'oserait les contredire.* Voir plus haut (▸ 2): *Ils se sont persuadés que...*

PESANT, n.m. *Il vaut **son** pesant d'or. Elles valent **leur** pesant d'or.*

PESER, v.intr.: *Ce fardeau pèse* (lourd). *Cela pèse peu. Ses arguments ont pesé sur notre décision. Les vingt kilos que ce sac de légumes a pesé.* **V.tr.dir.**: *Les colis que nous avons pesés. Il a pesé sa décision. Je pèse mes mots. Tout bien pesé.* **Peser qqn** ou **qqch.** c'est déterminer son poids. **Peser sur qqn** ou **sur qqch.** c'est exercer une pression, l'influencer. — **Composés.** Il n'y a aucune raison de traiter *pèse-personne* autrement que *pèse-bébé.* À conseiller: Un PÈSE-BÉBÉ, un PÈSE-PERSONNE, un PÈSE-LETTRE, un PÈSE-SEL, un PÈSE-LIQUEUR, en faisant varier le nom au pluriel: des *pèse-bébés*, etc. ▸ NOMS COMPOSÉS, 2.5 et *RO* II.2.

PESTE, n.f. *Fuir qqch. comme la peste. Se garder de qqch comme de la peste.*

PET, n.m. **Composés.** Un PET-DE-LOUP, un PET-DE-NONNE. Des *pets-de-loup*, des *pets-de-nonne*. Un ou des PET-EN-L'AIR.

PÉTALE, n.m. *Un pétale velouté.*

PÉTÉ, adj., **PÉTER**, v., se disent en Wallonie de pommes de terre cuites avec leur pelure (qui devient craquante, qui pète) sous la cendre ou dans le four. Emplois très familiers en français dans le sens d'éclater, de craquer: *Que ça pète. Il pète de santé. Ça va péter. Ça pétera* ou *pètera (RO II.3).*

PÈTE-SEC, adj. et n., pl. inv., se dit d'une personne au ton cassant: *Quels pète-sec! Un air pète-sec.*

PÉTEUX, *péteuse*, se dit, en français populaire, d'une personne très poltronne. En Belgique, d'un faiseur d'embarras maniéré, poseur.

PÉTIOLE, n.m. (pron. plutôt s.) *Le pétiole d'une feuille.*

PETIT, adj. *Aux petits oignons*, très bien. *Aux petites heures*, à l'aube. *En petite tenue. Ils sont tout petits. Les tout-petits.* Un PETIT-BEURRE, des *petits-beurre*. Des *petits-suisses*. Distinguer les *petits-suisses* (fromages) des *petits Suisses* (des Suisses de petite taille ou encore des enfants suisses). Des *petits fours* (ou des *petits-fours*). *Au petit jour.*

PETIT-BOURGEOIS, *petite-bourgeoise*, adj. et n., trait d'union, au sens péjoratif: *Des opinions petites-bourgeoises. Espèce de petit-bourgeois!*

PETIT-FILS, etc. Il est normal d'écrire *petits-enfants* quand on parle des *petits-fils* ou *petites-filles* des grands-parents. Distinguer *ma petite fille* et *ma petite-fille!* De même *petit-neveu*, *petite-nièce*.

PETIT-NÈGRE, n.m., est invariable.

PEU, adv., peut devenir nom ou nominal, soit seul, soit avec *un* ou *le*.

1. **Seul ou avec** *le*, il exprime une quantité considérée comme simplement petite ou comme insuffisante parce qu'elle est comparée implicitement avec une quantité supérieure: *Vivre de peu. Être content de peu. Il a peu apprécié cette plaisanterie. Il travaille peu. Des gens de peu. Il est peu intelligent. Le peu qu'il a travaillé lui a permis de réussir* ou *explique son échec. Je l'ai rencontré il y a peu. Peu à peu. Il est de peu mon aîné. D'ici peu. Pour peu que.* ▸ POUR, 15.

   A. *Peu* **employé seul**, sans article ni complément, peut être déterminé par certains adverbes: *Il lit peu, assez peu,* aussi peu, bien peu, fort peu, quelque peu, très peu, trop peu. Notons *(un) tant soit peu*: *S'il est **un tant soit peu** intelligent* (ou *s'il est **tant soit peu** intelligent*), *il a compris.* **Peu** ne peut être précédé de *beaucoup*. On peut dire: *Combien peu (de gens) s'en souviennent! On voit combien on sait peu sur lui.*

   B. *Peu* s'emploie seul **devant un adjectif**. *Il est peu intelligent. Un raisonnement peu clair. Il n'était pas peu fier.* On ne dit pas «*peu grand, peu fort*»; on dit: *pas très grand, pas très fort.*

   Devant **inférieur** ou **supérieur**, on emploie généralement *de peu* (ou *un peu*): *Une qualité **de peu** supérieure. Il lui est de peu supérieur.*

   C. *Peu* s'emploie **devant certains adverbes**: *peu après, peu avant, peu auparavant, peu souvent,* ou **après certaines prépositions**: *avant peu, après peu, sous peu* (*dans peu* est vieilli). On s'étonne de lire: *Les phrases d'Amélie (...) s'éclairèrent pour moi peu ensuite* (Gide, A., *La symphonie pastorale*).

   D. **À PEU PRÈS**: *J'ai à peu près fini. Nous étions à peu près trente. J'en suis à peu près sûr. C'est à peu près ça.*

   E. **C'EST PEU** se construit absolument ou, dans le sens de *cela ne suffit pas*, avec *de* et un nom ou plus souvent avec *de* (ou *que de*) et un infinitif ou avec *que* et le subjonctif: *Vous avez écrit une page, **c'est peu**, c'est bien peu. C'est peu de quatre jours pour un tel sacrifice* (Corneille). *Est-ce peu de Camille? Y joignez-vous ma sœur?* (Corneille.) *Pour en venir à bout, c'est trop peu **que de** vous* (Corneille; tour vieilli). *C'est peu d'être concis, il faut être clair* (Ac.). *C'est peu **qu'il veuille** être le premier, il voudrait être le seul* (Ac.).

   F. **PEU S'EN FAUT**: *Il a fini son travail ou peu s'en faut. Peu s'en est fallu qu'il ne soit tué* (Ac.). Avec *il*: *Il s'en est fallu de bien peu. Il s'en faut de peu que le compte (n') y soit.* ▸ FALLOIR, 4.

   G. **PEU IMPORTE.** ▸ VERBE, Accord, 2.3.3.

   H. **POUR PEU QUE, SI PEU QUE**, en tête d'une proposition, introduisent une restriction et réclament le subjonctif: *Pour peu qu'il **soit** attentif, il comprendra. Si peu qu'il pleuve, il faudra rouler prudemment. Aidez-le, si peu que ce soit. Mais: Il travaille si peu qu'il échouera.*

   I. **PEU OU PROU**, tour littéraire, signifie proprement «peu ou beaucoup», *prou* étant un vieux mot qui, signifiant «profit», a été employé adverbialement. Le sens est aujourd'hui «plus ou moins», sauf dans NI PEU NI PROU, ni peu ni beaucoup. On ne dit plus guère: *Donnez-m'en peu ou prou* (Ac.). Mais: *Je* *n'en ai ni peu ni prou* (Ac.) s'entend encore. *Il est peu ou prou compromis.*

J. **Peu de chose, peu de gens**, etc. *Peu* se construit avec *de* : *Nous sommes bien peu de chose. C'est peu de chose. Avoir peu de jugement, peu de relations. Dans peu de jours. Peu de chose le distrait. Peu de gens le connaissent. À peu de frais.* Pour l'accord ▸ VERBE, Accord, 2.1.2.C.

Après **c'est peu de chose (que)**, on emploie *de* devant un pronom ou un infinitif, mais pas devant un nom : *C'est peu de chose que de nous* (Ac.). *C'est peu de chose que ce contretemps. C'est peu de chose (que) de faire cela.*

K. Wallonismes : [*Il y a cinq francs trop peu*] ou [*Vous me rendez cinq francs trop peu*] pour *Il manque cinq francs* ou, expression vieillie : *Il y a cinq francs de manque.* Mais on dit : *Il réfléchit trop peu.*

L. Avec *le* ou un démonstratif ou un possessif : **Le peu de moyens** dont il dispose. *Je regrette* **son peu d'enthousiasme.** *Le peu qu'il reçoit ne lui suffit pas.* ▸ VERBE, Accord, 2.1.2.C et PARTICIPE PASSÉ, 5.2.11.

2. UN PEU, seul ou avec un complément, suppose une comparaison avec une quantité nulle et exprime une quantité faible, mais non négligeable : *Je le connais un peu. Il a un peu d'argent. Il a un peu plus d'argent que moi. C'est un peu juste.* Il peut souvent être remplacé par *quelque peu, un tant soit peu* (▸ TANT, 8), *un petit peu, un tout petit peu.* Dans le Midi, on emploie UN BON PEU. Pour l'accord ▸ VERBE, Accord, 2.1.2.

A. **Employé seul**, il marque une petite quantité : *Je le crains un peu. Il a un peu peur.* Ou une sorte d'adoucissement : *Dites-moi un peu* (Ac.). *Raconte-moi un peu cela. Venez un peu ici.*

Familièrement, il peut marquer ou souligner l'affirmation : *Vous avez fait cela ? — Un peu* (Ac.). *Nous sommes un peu là ! Il était un peu père, lui* (Balzac, H. de, *Eugénie Grandet*).

B. POUR UN PEU, suivi du conditionnel ou de l'indicatif imparfait au lieu du conditionnel passé (▸ IMPARFAIT DE L'INDICATIF, 2.1.3), veut dire qu'il suffirait (ou qu'il aurait suffi) de peu pour que la chose se produise : *Pour un peu, il se plaindrait. Pour un peu, il m'aurait écrasé ou il m'écrasait.*

UN PEU PLUS : *Un peu plus, il m'aurait écrasé* (ou *il m'écrasait*). *Un peu plus et il m'aurait écrasé* (ou *et il m'écrasait*). Éviter de dire, comme en wallon : [*Encore un peu je tombais*] pour *Un peu plus, je tombais* ou *J'ai failli tomber.*

C. **Devant un adjectif** : *Il est un peu naïf* (il est légèrement naïf) suppose un plus grand degré de naïveté, la pensée étant orientée vers le positif, que *Il est peu naïf*, il ne l'est presque pas (▸ 1, B).

D. **Devant un adverbe** : *Il se fâche un peu vite. Il est un peu plus travailleur que son frère. Je le trouve un peu mieux portant. Il viendra un peu plus tard.*

E. Dans ces diverses situations, en dehors d'une comparaison, *un peu* peut prendre, par litote ou ironie, le sens *d'un peu trop* ou de *beaucoup trop* : *La question d'âge n'entre donc pas seule en jeu et il me semble que les commentateurs ont* **un peu** *insisté sur ce point* (Faure, G., *Essais sur Chateaubriand*). *C'est un peu tiré par les cheveux. C'est un peu court, jeune homme* (Rostand). *Il agit un peu légèrement.*

Dans le même sens, on n'emploie plus guère *un peu bien*, mais UN PEU BEAUCOUP est bien vivant : *Vous avez dit cela un peu bien vite* (Ac.). *Ne trouvez-vous pas qu'il parle un peu beaucoup ?*

F. ▸ ENCORE, 2.

PEUL (ou **PEUHL**), adj. et n. *Les* **Peuls.** *Les femmes* **peules.** *La langue* **peule.** *Le peul.*

PEUPLE, n.m., employé comme adj. est invariable : *Des manières peuple.*

PEUR, n.f.

1. **Avoir peur de qqn**, *de qqch., de faire qqch.* **Avoir peur que** est suivi du subjonctif ; le *ne* explétif est facultatif : *Je voudrais le rendre prudent, j'ai peur de le rendre timide. Brave ; j'ai peur qu'il soit téméraire* (Duhamel, G., *Les plaisirs et les jeux*). *J'ai peur qu'il (ne) parte. J'ai peur qu'il ne vienne pas.* Pas de *ne* explétif après la forme négative ou interrogative : *Je n'ai pas peur qu'il vienne. Avez-vous peur qu'il soit là ?* On peut remplacer *avoir* **grand-peur** (trait d'union) par *avoir* **très peur.** ▸ AVOIR, 17.

2. DE PEUR DE *qqn, de qqch., de faire un faux pas.* La langue classique disait *peur de.* DE PEUR QUE est suivi du subjonctif avec ou sans *ne* : *De peur qu'il s'en aille* ou *qu'il ne s'en aille.* On dit aussi PAR PEUR DE, PAR PEUR QUE. PEUR QUE est populaire : *Peur qu'il s'enivre, peur qu'il soit désagréable, peur qu'il fasse des scènes* (Sagan, Fr., *Les merveilleux nuages*).

PEUT-ÊTRE, adv., s'écrit avec un trait d'union qui ne peut apparaître dans *Il peut être, cela peut être expliqué.*

1. On peut hésiter à dire : *Il peut peut-être s'en souvenir.* Encore que ce ne soit pas condamnable grammaticalement ni logiquement. On dit en tout cas fort bien : *Peut-être a-t-il pu s'en souvenir. Vous pourriez peut-être l'avertir.*

2. **En tête de phrase**, *peut-être* entraîne généralement l'inversion. *Peut-être ce livre vous a-t-il intéressé. Peut-être est-il déjà parti.*

En fin de phrase et détaché, il renforce nettement l'affirmation en lançant comme un défi à une contradiction éventuelle: *J'ai bien le droit d'y aller, peut-être!*

3. **Peut-être que** est suivi de l'indicatif ou du conditionnel: *Peut-être que ce livre vous plairait.* Pas d'inversion.

PHAGOCYTER, v.tr.dir., détruire en absorbant comme par **PHAGO-CYTOSE** (n.f.) ou par des **PHAGOCYTES** (n.m.): *Le parti a phago-cyté notre groupement.*

PHALANSTÈRE, n.m. *Ils vivent dans un phalanstère.* **PHALANSTÉRIEN**, adj.

PHALÈNE, n.f. (Ac.), est couramment masculin depuis longtemps.

PHARAMINEUX, adj. ▶ FARAMINEUX.

PHÉNIX, n.m. (*un phénix*), oiseau fabuleux, être supérieur.

PHILATÉLIE, n.f., **PHILATÉLISME**, n.m. Orthographe étymologique.

PHILOSOPHE, n.m. et f. *Cette femme est une philosophe* (Ac.).

PHLEGMON, n.m., s'écrit avec *ph*. On écrit aussi **FLEGMON**.

PHOTO, n.f., apocope de photographie. *On **prend** une photo. Tirer une photographie, tirer qqn en photo, se faire tirer en photo* s'entendent parfois en France, mais restent suspects. ▶ TIRER, 8.

Composés: **PHOTO-FINISH**, n.f., **PHOTO-ROBOT**, n.f. (ou *portrait-robot*). Des **photos-finish**, des **photos-robots**. Voir aussi *RO* II.7.

PHTISIE, n.f., s'écrit avec deux *i*.

PHYLACTÈRE, n.m. *Un curieux phylactère dans une bande dessinée.*

PHYLLOXÉRA, n.m., s'écrit avec *y* et *é*. Pas d'accent pour l'Académie.

PIANO, n.m. Désignant l'instrument de musique: Les **pianos**. Invariable quand il indique comment il faut exécuter un passage. *Des **piano** et des **forte**.* Des **PIANO-FORTE**. On écrit aussi **PIANOFORTE**. Adverbe, «doucement»: *Allez-y piano. Cela a commencé piano piano.* Populaire, *piane piane*.

PICAILLONS, n.m.pl., familier, «de l'argent»: *Avoir des picaillons* (Ac.).

PICCOLO, n.m., flûte ou jeu. **PICCOLO** ou plus souvent **PICOLO**, petit vin.

PICK-UP ou **PICKUP** (*RO* II.7), n.m., pl. inv. ou **pickups** (Ibid.), tourne-disque.

PICOLER, v.intr. populaire, «boire du vin, de l'alcool».

PICOTER, v.tr.dir., à ne pas confondre avec **PICORER** (prendre de-ci, de-là, avec le bec), est associé à l'idée de «piquer légèrement à plusieurs reprises»: *Picorer des graines. Picorer sur le fumier.* **Picoter** *une feuille de papier avec une aiguille. La pluie nous picotait le visage. La fumée picote les yeux.* Ne pas dire: [*Mes yeux picotent*] pour: *J'ai les yeux irrités.* ▶ PIQUER.

PIE, n.f., est employé comme adj. invariable pour qualifier, par analogie avec le plumage noir et blanc de la pie, la robe blanche et noire ou blanche et rousse de certains animaux ou des choses qui ont deux couleurs, souvent le noir et le blanc: *Des chevaux pie, des vaches pie.* On parle aussi des *voitures pie* de la police parisienne, à carrosserie blanche et noire.

On emploie aussi **PIE-NOIR**, **PIE-ROUGE** ou **NOIR-PIE**, **ROUGE-PIE**, non sans hésitation dans l'usage, en citant en premier lieu *pie* si le blanc prédomine. Les deux adjectifs restent théoriquement et logiquement invariables, mais l'usage reste un peu flottant.

PIÈCE, n.f. *Vendre des œufs à la pièce, coûter cinq francs (la) pièce. Une pièce de tissu, de drap, de toile. Une pièce de terre, de pré, de blé.* L'expression *pour une pièce de pain* (pour une bouchée de pain, pour presque rien) est vieillie en France, où elle est devenue régionale, mais est très vivante en Belgique: *Il a eu cela pour une pièce de pain.*

On ne dit plus: [*une pièce de bétail*] pour *une tête de bétail.* Mais en parlant d'un morceau on dit fort bien: *une pièce de gibier, de volaille.* On parle des *pièces* et non des *places* d'une maison, d'un appartement.

[*C'est une fameuse pièce d'homme*] est du wallon; le français dit: *C'est une perche, une grande perche,* personne grande et maigre.

On écrit: *Ils sont tout d'une pièce* (▶ TOUT, 4.4.3). *Tailler en pièces, de toutes pièces.* Un **DEUX-PIÈCES**, n.m. (vêtement ou appartement).

PIED, n.m. Attention au singulier ou au pluriel dans les expressions suivantes: *Aller **à pied*** (et non pas [*aller de pied*], dialectal). *Avoir chaud (froid) aux pieds. Marcher à pied, la marche à pied* (admis par l'usage). *Il est **sur pied*** (levé) *à six heures du matin. Le blessé est **sur pied** (debout). Un portrait **en pied** (debout). Marcher **pieds nus** ou **nu-pieds**. Passer la rivière **à pied sec**. Se jeter (ou se traîner) **aux pieds de** qqn. Remettre qqn (ou une affaire) **sur pied**. De la tête aux pieds (ou des pieds à la tête). Mettre un fonctionnaire **à pied**. Sauter à pieds joints. Pieds et poings liés. Faire qqch. **au pied***

levé (sans préparation). **Mettre pied à terre**. *Ne savoir sur quel pied danser. Lâcher pied. Perdre pied. Prendre pied sur une position. Lutter pied à pied.* ▸ PLAIN.

Belgicisme: [JOUER UN PIED DE COCHON] pour *jouer un tour de cochon.*

Composés: Un PIED-DE-POULE, des *pieds-de-poule*. Des *pied-à-terre*. Le COU-DE-PIED (partie du pied), les *cous-de-pied*. L'élément introduit par *de* est invariable: des *pieds-d'alouette*, des *pieds-de-biche*. Mais: *des pieds-plats méprisables*, etc. Un PIÉDROIT (ou un PIED-DROIT), un PIÉFORT (ou un PIED-FORT), des *piédroits*, des *piéforts* (ou des *pieds-droits*, des *pieds-forts*). Un PIED-BOT (des *pieds-bots*). *Avoir un* PIED BOT. *Faire des* **pieds de nez**.

PIED-NOIR, Français né en Algérie. Les *pieds-noirs*. Comme adjectif, invariable en genre: *Une famille pied-noir.*

PIERRE, n.f. *Une carrière de pierre. Un banc, une façade, une maison de (ou en) pierre. Un tas de pierres. Un tailleur de pierre(s), de pierres précieuses.*

[**PIÉSENTE**] ou [**PIEDSENTE**], n.f., est du wallon francisé (*sentier*).

PIÉTA, n.f., forme francisée. Des *piétas*. On écrit aussi PIETÀ, forme italienne, invariable: Des *pietà*.

PIÉTEMENT, n.m., accent aigu comme dans EMPIÉTEMENT (le *GR* écrit PIÈTEMENT, conforme à la prononciation des deux mots), ensemble des pieds d'un meuble ou d'un siège et de ce qui les relie.

PIÉTINER. *Piétiner sur place* peut paraître un pléonasme mais peut se justifier, le verbe pouvant s'appliquer ailleurs à une avance difficile, très lente.

PIÉTON, adj. et n., n'a pu imposer son féminin (**piétonne**) pour le nom et ne l'avait pas encore vraiment fait dans l'usage courant pour l'adjectif avant qu'à l'époque moderne on éprouve le besoin de qualifier les rues ou zones à l'usage exclusif des piétons. D'où le recours à PIÉTONNIÈRE: *une rue piétonne ou piétonnière.*

PIFER, v.tr.dir., pop., venu de *pif*, nez, flair. *Ne pouvoir pifer qqn*, ne pouvoir le souffrir. AU PIFOMÈTRE (à vue de nez) est familier.

PIGER, v.tr.dir., pop., «regarder» (*Pige-moi ça*) ou surtout «comprendre» (*Je n'y pige pas un mot*) ou «payer» une page (pour un article de journal; argot de métier, qui emploie aussi PIGISTE: bénéficiaire d'une PIGE).

PIGNOUF, n.m., est populaire: personnage grossier, sans éducation.

PILE, employé comme **adverbe**, même par d'excellents écrivains, avec *s'arrêter* ou *tomber, arriver*, veut dire «brusquement» ou «au moment opportun». *Des lézards s'élancent, s'arrêtent pile à leur passage* (Morand, P., *L'homme pressé*). *Vous arrivez pile: on a besoin de votre avis.* — *À trois heures pile* est familier pour *À trois heures précises* (ou *juste*).

Un autre mot PILE, n.f., à partir de *mettre à la pile*, maltraiter (comparer le verbe PILER), s'emploie familièrement pour «rossée» ou «défaite écrasante»: *Recevoir une pile. Flanquer une pile à qqn.*

PILOTE, n.m. On écrit: *Une entreprise pilote, une paroisse pilote, une usine pilote.* On ne met un trait d'union que dans BATEAU-PILOTE et généralement dans POISSON(-)PILOTE. Pluriel: *des entreprises pilotes*, etc.

PINCE, n.f. On dit: *pince à linge* ou *épingle à linge, pince de cycliste* ou *pince à pantalon.* — PINCE-MONSEIGNEUR, n.f. ▸ NOMS COMPOSÉS, 2.1: des *pinces-monseigneurs*.

PINCER SON FRANÇAIS. Belgicisme pour *parler pointu.*

PINÇON, n.m., désigne la marque qui apparaît sur la peau après un pincement; se dit aussi d'une petite douleur causée par une angoisse brève.

PING-PONG, n.m. déposé. On peut dire: *tennis de table*. Les *Rectifications de l'orthographe* de 1990 proposent PINGPONG avec le pluriel *pingpongs* (*RO* III.3C).

PIN'S, n.m. Faux anglicisme. L'équivalent *épinglette* est proposé en France par la Commission générale de terminologie.

PINTER, v.tr. dir. et intr. (boire avec excès), est très familier. *Ils ont pinté toute la soirée. Il pinte sec. Pinter du gros rouge.* Nettement populaire: *Il est pinté. Il s'est pinté.*

PIN-UP, n.f., se prononce à l'anglaise. Les *Rectifications de l'orthographe* proposent la suppression du trait d'union: PINUP et, au lieu de le laisser invariable, mettent un *s* au pluriel (*RO* III.7).

PIOCHER, v.tr.dir. ou intr., se dit figurément de l'étude tenace: *Il a bien pioché son algèbre. Il pioche ferme.* D'où: *Cet écolier est un* PIOCHEUR (Ac.).

PIPE, n.f. Fig. et fam. *Casser sa pipe*, mourir. CASSE-PIPE(S).

PIPELINE ou **PIPE-LINE**, n.m., ne désigne pas seulement un tuyau mais l'ensemble de la canalisation. Des *pipelines* (ou des *pipe-lines*). *Transport par pipeline(s).* Se prononce à la française.

PIPER, v.tr.dir. ou intr. *Sans* (ou *ne pas*) **piper** et *sans* (ou *ne pas*) **piper mot** se disent l'un et l'autre et ont le même sens.

PIQUE, n.f., est vieilli dans le sens de «brouille légère due à l'amour-propre», mais très vivant dans celui de «petite allusion piquante». *Lancer des piques à qqn dans la conversation.*

PIQUE-. ▶ NOMS COMPOSÉS, 2.5 et *RO* II.2: Un **PIQUE-ASSIETTE**, des **pique-assiettes**. Un **PIQUE-NIQUE**, des **pique-niques** (ancien français *nique*, petite chose, complément du verbe *pique*: *repas à pique-nique*). Des **pique-niqueurs**.

PIQUER, v.tr.dir. et intr., **PIQÛRE**, n.f. ▶ MORDRE. On dit fort bien: *piquer un somme, piquer un fard. Le froid pique les oreilles. La fumée lui pique les yeux. Une barbe qui pique. Ça me pique, qqch. m'irrite.* Par extension: *Les yeux me piquent. Piquer du nez.*

PIQUERON, n.m., est du français régional de Belgique pour désigner le moustique ou le cousin.

PIRE, PIS ne s'emploient indifféremment que comme noms, après l'article *le* ou en rapport avec un neutre ou un pronom indéfini. *Pire* est concurrencé par *pis* mais ne peut être adverbe (▶ 1, F).

1. A. **Pire** est proprement l'adjectif comparatif de *mauvais*, mais *pire* et *plus mauvais* ne sont pas toujours interchangeables. On dira: *Sommes-nous devenus meilleurs ou plus mauvais?* ou bien *ou pires? Cette excuse est pire* (ou *plus mauvaise*) *que la précédente. Il est de pire* (ou *de plus mauvaise*) *humeur qu'hier.* Mais avec un nom qui évoque lui-même un mal, comme *fléau, ennui, désagrément, difficulté, erreur, faute, mal, douleur, détresse, chagrin, misère,* on n'emploie pas *plus mauvais* mais *pire* (ou parfois *plus grand*): *Il n'est* **pire misère** *qu'un souvenir heureux dans les jours de douleur* (Musset). *La dernière faute sera pire que la première* (Ac.). *Un remède pire que le mal qu'on veut guérir. Nous avons eu les pires ennuis, les pires difficultés.* Par contre, c'est *plus mauvais* qui s'impose dans le sens de «plus défectueux, plus imparfait»: *Sa vue est* **plus mauvaise** *que la mienne. Cette machine est plus mauvaise que je ne croyais.* Le comparatif de *mauvais* pris adverbialement est toujours *plus mauvais*: *Cela sent plus mauvais.*

Pire se rencontre dans des proverbes: *Il n'y a pire eau que l'eau qui dort. Il n'est pire sourd que celui qui ne veut pas entendre.*

B. *Pire* peut s'employer aussi bien que *pis* (▶ 2) lorsqu'il se rapporte à un pronom neutre ou indéfini: *Cela est peut-être* **pire** *ou* **pis**. *Il n'était pas un mauvais homme, mais un homme demi-bon, ce qui est peut-être pire* (Rolland, R., *Jean-Christophe, L'aube*). *Ils prennent de la cour ce qu'elle a de pire* (La Bruyère). *Quelque chose de pire ou de pis. Rien de pire ou de pis.*

C. *Pire* peut être renforcé par *bien* (mais non par *beaucoup*), *encore* ou par *x fois*: *C'est* **bien pire**. *C'est* **dix fois pire**. Ici aussi, on pourrait employer *pis*.

D. *Pire* ne suit pas *plus, moins, tant*. On dit: **Tant pis**.

E. **LE PIRE**, superlatif employé comme **nom**, signifie «ce qu'il y a de pire, de plus mauvais»: *Pour le meilleur et pour le pire. La politique du pire. Il envisage toujours le pire. S'attendre au pire. Le pire n'arrive pas toujours.* En concurrence avec LE PIS: *Le pire de tout* ou *le pis de tout. Le pire était que souvent le vieux Kraft n'était pas rentré* (Rolland, R., *Jean-Christophe, L'aube*). *Le pis est que... Le pire* (ou *le pis*) *qui puisse nous arriver. Mettre les choses au pire* ou *au pis*.

Inutile d'insister sur *le pire, son pire, la pire, les pires,* superlatifs employés comme **adjectifs**: *Son pire ennemi. Les pires gredins* ou avec un complément: *La pire des difficultés.*

F. Il faut noter que *pire* ne peut, en français correct, être adverbe. On sait que le français populaire dit: [TANT PIRE] au lieu de TANT PIS (▶ D). On trouve *pire* pour *pis* (contraire de *mieux*) dans la langue paysanne et même sous la plume de gens cultivés: *Mieux — ou plutôt pire —, par suite d'autres accidents phonétiques, il n'y a plus suppression mais altération de la consonne finale* (J. Marouzeau, dans *Vie et langage*). *Tout changeait partout, et en pire* (Bataille, M., *Les jours meilleurs*). *Bien pire, je vois venir le jour qu'en haine de mon auréole elle maudira le nom de Celui qui me l'a donnée* (Aymé, M., *Le vin de Paris*). *Ils avaient redouté bien pire* (Gaulle, Ch. de, *Le salut*). Ces exemples témoignent d'une évolution.

2. **Pis**, plus rare ou plus littéraire que *pire*, est proprement un adverbe, signifiant le contraire de *mieux*; il peut être employé comme adjectif en qualité d'attribut ou d'épithète ou en fonction nominale sans article, ou comme nom masculin avec l'article défini *le*.

Comme adverbe, son emploi est limité. On le trouve dans des locutions adverbiales avec *aller* et dans *tant pis*: *Aller de mal en pis, de pis en pis. Au pis aller.* Mais: *un* **PIS-ALLER**, des **pis-aller**. *Un malade va plus mal et non* [*va pis*]. De même: *parler plus mal, être plus mal habillé,* etc. ▶ 1, F.

Comme adjectif, il est attribut ou épithète et se rapporte à un pronom neutre ou indéfini (▶ 1, B): *Cela est pis. C'est pis que jamais. Qui* (*ce qui*) *pis est, il ne m'a pas averti. Il* *n'y a rien de pis que cela.* Il peut être, comme *pire*, renforcé par *bien, encore* ou *x fois* (▶ 1, C).

Il faut souligner la restriction imposée par la nature du mot auquel il se rapporte. Bien qu'on dise d'un malade qu'*il va mieux*, on ne dira pas qu'*il est pis*, qu'*il va pis*. On dira qu'*il est plus mal*. Mais dans un autre contexte : *Il est pis que jamais. Ils sont pis que jamais ensemble* (Ac.).

En fonction nominale, *pis* signifie «chose plus mauvaise» : *Il y a pis. Il m'en a dit pis que pendre* (tout le mal possible). *Il a fait pis que cela. Je m'attendais à pis.* Concurrence, ici aussi (▶ 1, F), de *pire : Ils avaient redouté bien pire* (Gaulle, Ch. de, *Le salut*).

Comme nom, précédé de l'article défini : *Le pis est qu'il est trop tard. En mettant les choses au pis. Le pis de tout* (▶ 1, E). *Le pis qu'il puisse* (ou *qui puisse*) *lui arriver. Par crainte du pis.*

PIS-ALLER, n.m. invariable. Trait d'union ; mais on écrit : *au pis aller.*

PISSE- dans les composés. Un **PISSE-FROID** (inv.). Un **PISSE-VINAIGRE**. Des **pisse-vinaigres**. ▶ NOMS COMPOSÉS, 2.5 et *RO* II.2.

PISSENLIT, n.m. *Une salade de pissenlit. Des **pissenlits**.*

PISTIER, n.m. parallèle à *routier*, se dit en Belgique au lieu du terme français **PISTARD** pour «cycliste spécialiste des épreuves sur piste».

PISTOLET, n.m., désignant un petit pain rond (ou, comme à Liège, allongé, d'où le nom), à ne pas confondre avec *sandwich*, est courant en Belgique mais n'est pas inconnu en France. Emploi figuré, en parlant d'une personne bizarre : *Un drôle de pistolet.* On écrit : un **PISTOLET-MITRAILLEUR**, des **pistolets-mitrailleurs**.

PITCHPIN, n.m., est bien francisé et prend *s* au pluriel. On prononce *in*.

PITIÉ, n.f. *Par pitié. Faire pitié* (à qqn). *Avoir pitié* ou *grand-pitié* (de qqn). *Prendre pitié de qqn. Prendre qqn en pitié. C'est* (*une*) *pitié. Quelle pitié !*

PIZZA, n.f. *Une pizza, des **pizzas**.*

PLACE, n.f.

1. **En place, à sa place.** ▶ À et EN, 8.

2. Régionalisme d'un emploi très limité en France, mais courant en Belgique : [*les places d'une maison, d'un appartement*] pour *les pièces.* Belgicisme : [*vider la place*] pour *vider les lieux.*

3. *On occupe une place sur une banquette* ou *à une table. On prend place.* Emplois étranges de *sur* au lieu de *à* (▶ SUR, préposition, 2) : *Vous mettez le livre sur cette place* (...). *Celui qui était assis sur cette place vide...* (Butor, M., *La modification*).

4. *Une place est **libre**, **occupée**.* Les expressions **PLACES ASSISES** et **PLACES DEBOUT** sont entrées dans le bon usage.

5. **PAR PLACES**, çà et là, toujours au pluriel. Mais : *de place en place.*

6. *Agir **EN LIEU ET PLACE** de qqn* ou *au lieu et place de qqn.* Mais avec le possessif : *en son lieu et place.*

7. *Il habite place des Arts* ou *sur la place des Arts.*

8. La **GRAND-PLACE**, les **grands-places**.

9. *Rester **SUR PLACE**, faire **du** **SURPLACE*** ou ***du** **SUR-PLACE**.*

10. *Une **PLACE FORTE**, des **places fortes**.*

11. *Une voiture à quatre places. Une quatre places. Les places avant.*

PLACER, v.tr.dir. On *place* des personnes, des objets, de l'argent, mais on *installe* l'électricité, le chauffage central.

PLAFONNER ne s'emploie intransitivement qu'en parlant de vitesse, de titres, de crédits, de salaires, de ventes, etc. *Les titres plafonnent*, se maintiennent au niveau le plus haut. *Des prix plafonds.* ▶ PRIX.

PLAFONNEUR, n.m., se dit en français du *plâtrier* spécialisé dans la réalisation des plafonds ; en français régional de Belgique, il se substitue à *plâtrier*.

PLAGE, n.f. *Aller à la plage* ou *sur la plage. Se promener* ou *se bronzer sur la plage. Passer un mois à la plage.*

PLAID, n.m., se prononce sans *d* s'il désigne une ancienne assemblée politique, mais avec *d* lorsqu'il désigne une étoffe.

PLAIDER, v.intr. : *Plaider pour qqn* (ou *qqch.*) ou *en faveur de qqn* ou *contre qqn.* V.tr.dir. : *Plaider une affaire, une cause, les circonstances atténuantes. Plaider le faux pour savoir le vrai.*

PLAIDER COUPABLE ou **NON-COUPABLE** (ou *non coupable*). L'usage hésite sur l'accord ou l'invariabilité de *coupable*. Les dictionnaires nous éclairent mal à ce sujet et rattachent cette expression, d'origine récente et anglaise, soit au verbe transitif, soit à l'intransitif, sans d'ailleurs s'expliquer.

On peut rapprocher *plaider coupable* de *voter socialiste*, y voir un verbe intransitif et laisser *coupable* invariable. On n'a cependant pas le même raccourci dans les deux expressions.

Certains considèrent *plaider* comme transitif et sous-entendent «quelque chose de» avant *coupable*, qu'ils laissent invariable; c'est peu convaincant.

On peut aussi estimer que *plaider* est transitif et qu'il y a ellipse de «qu'on est» devant *coupable* ou que le verbe est intransitif et que l'ellipse est «en se déclarant» (coupable). Dans les deux cas, *coupable* s'accorde avec le sujet: *Ils ont plaidé* **coupables**. On conseille l'accord, en rappelant que l'usage reste hésitant.

PLAIDOIRIE, n.f., PLAIDOYER, n.m. Le premier nom (pas d'*e* intérieur) ne se dit guère que de l'avocat, le second se dit de l'avocat mais aussi de tout discours ou écrit en faveur d'une personne ou d'une idée, etc.

PLAIE, n.f. *Plaie d'argent n'est pas mortelle. Ne rêver que plaies et bosses* (batailles, procès, etc.).

PLAIN, PLEIN, adj. L'adjectif **plain**, *plaine*, qui vient du latin *planum*, signifie: plat, uni, sans inégalités. Il n'est plus employé aujourd'hui que dans PLAIN-CHANT et DE PLAIN-PIED qui signifie «au même niveau» (*Les pièces de plain-pied*) ou, au figuré, «sans obstacle, sans difficulté» (*Entrer de plain-pied dans la gloire*) et surtout «sur un plan d'égalité, en relations aisées avec quelqu'un» (*Ils se sentent de plain-pied avec nous*).

Partout ailleurs, on écrit **plein** (*en plein centre, en pleine campagne, un terre-plein, en pleine mer, de plein fouet, de plein cœur, à plein temps*, etc.) ou l'on dit *plan* (*une surface plane*) ou *uni* (*du velours, du satin uni, du linge uni*, par opposition à du linge ouvré ou damassé). ▶ TAPIS.

PLAINDRE, v.tr.dir.

1. Conjugaison: comme *craindre* (*Je* **plains**, *il* **plaint**, *nous* **plaignons**, etc.). *Elles se sont plaintes à leur maman.*

2. SE PLAINDRE **que** exprime un sentiment et se construit aujourd'hui normalement avec le subjonctif: *Il se plaint qu'on l'*ait *abandonné* (Ac.). Mais, plus qu'après les autres verbes de sentiment, on trouve l'indicatif autrefois courant à l'époque classique (▶ SUBJONCTIF, 2.3.2); cela séduit encore des écrivains. Il est toutefois abusif de le justifier en disant que le fait dont on se plaint est réel: il ne l'est pas plus qu'après être *heureux que* ou *s'étonner que*.

SE PLAINDRE **de ce que**, moins répandu dans la langue littéraire, mais assez fréquent, se construit généralement avec l'indicatif ou le conditionnel, parfois avec le subjonctif: *Il se plaignit de ce que trop de critiques fussent portés à juger*

l'homme (...) pour juger de l'œuvre (Mallet, R., *Une mort ambiguë*).

Ne vous plaignez pas si est suivi de l'indicatif: *Ne vous plaignez pas si on ne vous fait pas confiance.*

3. **Plaindre son argent, sa peine, son temps, son travail** (surtout à la forme négative). *Il ne plaint pas son travail, il ne le ménage pas.*

PLAINE, n.f. On parle couramment en Belgique d'une PLAINE DE JEUX pour un *terrain de jeux.* C'est oublier qu'une plaine a une vaste étendue.

PLAINTE, n.f. Avec un article ou un possessif: *Adresser une plainte à qqn. Introduire une plainte. Déposer une plainte contre qqn. Retirer sa plainte.* Sans article: *Porter plainte contre qqn.*

PLAIRE, v.tr.ind.

1. Conjug.: **plaît** ou **plait** (RO II.4). Le participe passé est déclaré invariable dans SE PLAIRE. ▶ CE QUI, 4.

2. On dit: *Je me plais* (ou *je me plais beaucoup*) *dans cette région.* Belgicisme: [*Je me plais bien*].
   Se plaire à qqch., à faire qqch. *Ils se sont* **plu** *à me railler.*

3. Avec l'impersonnel (▶ CE QUI), on emploie *de* devant l'infinitif et le subjonctif après *que*: *Il lui plaît* (ou *ça lui plaît*) *de nous déconcerter. Il ne me plaît pas que vous* **alliez** *là* (Ac.). Notons le double subjonctif dans: *Plaise à Dieu qu'il réussisse! Plût à Dieu qu'il fût encore là! À Dieu ne plaise qu'il soit élu.* On dit: *S'il est élu, ce qu'à Dieu ne plaise...*

4. S'IL VOUS PLAÎT (ou S'IL TE PLAÎT) s'ajoute fort bien à une demande, à un ordre; se dit familièrement pour souligner: *Voulez-vous me donner ce livre, s'il vous plaît? Écoute un peu, s'il te plaît. N'allez pas, s'il vous plaît, vous imaginer que je vous laisserai faire* (Ac.). *Elle portait une broche en or, s'il vous plaît.*

   L'emploi de *s'il vous plaît* comme formule pour faire répéter quelque chose est surtout belge. On doit dire: *Plaît-il?* ou *Comment?* ou *Pardon?* ou (très courant) *Que dites-vous? Vous dites?*

   Pour présenter un objet, pour offrir qqch., les Belges utilisent souvent une expression du français régional, *s'il vous plaît*, au lieu de: *Voici* ou *Voilà* ou *Je vous prie*, etc.

PLAISANCIER, n.m., se dit d'une personne qui pratique la navigation de plaisance: *Ce petit port est aimé des plaisanciers.*

PLAISANT, adj., se dit de ce qui plaît, procure du plaisir (*Un endroit plaisant. Cet objet est plaisant. Ce n'est guère plaisant*), d'une personne agréable (*Un homme plaisant*), mais aussi de ce qui peut amener le rire (*Une histoire plaisante*). Comme épithète et placé devant le nom (qui fait rire à ses dépens), il vieillit: *Une plaisante excuse. Un plaisant bonhomme.* — N.m.: *Le plaisant de la chose. Les mauvais plaisants* (qui font des plaisanteries de mauvais goût ou jouent de mauvais tours).

PLAISIR, n.m., n'est plus suivi de la préposition **de** que s'il est précédé d'un article défini ou indéfini ou employé avec *c'est: Faites-moi **le plaisir de** m'écouter. Je me ferai un plaisir d'y aller. C'est (un) plaisir de l'entendre.* **Au plaisir de** *vous revoir. Les plaisirs de la table, de la conversation, le plaisir d'une rencontre.* Dans tous les autres cas, on emploie aujourd'hui à: *Prendre **plaisir à** qqch. Trouver du plaisir à faire qqch. Avoir plaisir à voir qqch. N'avoir de plaisir à rien. Cela fait plaisir à voir.* — Sans complément: *Il ment à **plaisir**. Il se tourmente à plaisir.*

PLAN, n.m.

1. **LAISSER EN PLAN**, sur place, abandonner. Ne pas écrire [*plant*], comme l'aurait voulu Littré en comparant à *planter là qqn*. **RESTER EN PLAN** (en suspens).

2. **TIRER SON PLAN** n'est pas un flandricisme. Du français *tirer un plan, des plans, ses plans*, «les tracer, faire des projets», semblent être venues, dans l'argot militaire d'abord, les expressions *tirer des plans* (en France) et *tirer son plan* (en Belgique), «se débrouiller, se tirer d'affaire».

3. **SUR LE PLAN**. On dit: **sur le plan** *moral, sur le plan des principes, sur tous les plans.* C'est le tour à recommander. Une confusion avec *au niveau* (ou *au point de vue*) *de* a introduit **AU PLAN DE**, qu'on trouve sous de bonnes plumes mais qui reste critiqué: *Au plan des principes, il a tort.* On trouve aussi, mais rarement, et ce n'est pas à imiter: **DANS LE PLAN DE**.

4. On dit: *au premier plan* (souvent remplacé en Belgique par *à l'avant-plan*), *en gros plan, au second plan, à l'arrière-plan.*

5. Wallonismes: *avoir tous les plans, avoir un mauvais plan.*

PLANCHÉIER, v.tr.dir. (garnir de planches), se conjugue comme les verbes en -*ier*: *Il **planchéie**, il **planchéiait**, nous **planchéiions**.* Nom: **PLANCHÉIAGE**.

PLANCHER, n.m. *Des prix planchers.* ▷ PRIX.

PLANIFIER, v.tr.dir., s'est imposé, en éliminant **PLANER**, employé lui aussi transitivement, pour «organiser suivant un plan».

PLANISPHÈRE, n.m., désigne une carte représentant, projetés sur un même plan, les deux hémisphères. *Un planisphère.*

PLANNING (deux *n*), n.m., à remplacer dans le langage administratif par *programme*; dire aussi, selon les cas: *emploi du temps, calendrier*, etc.

PLANTER, v.tr.dir. *Planter des pommes de terre* se dit fort bien, à côté de *planter un arbre, des oignons, des tulipes, des haricots*; mais on *sème* de la laitue. *Planter là qqn* ou *qqch.*, le quitter brusquement. ▷ PLAQUER.

PLAQUER, v.tr.dir. La langue populaire dit *plaquer qqn* et *plaquer qqch. au nez de qqn.* Au sens d'*abandonner*, elle dit: *Il a tout plaqué*; familièrement: *Il a plaqué son amie* (il l'a abandonnée, il a rompu avec elle, il l'a laissée tomber). Dans ce dernier sens, le nom est **PLAQUAGE**.

Plaquer une chose sur une autre. Plaquer ses cheveux, du mortier, un accord, mais on ne peut dire intransitivement [*Cela plaque*] pour *Cela colle, cela tient.* Substantif: le **PLACAGE**.

PLAQUETTE, n.f., peut désigner une petite plaque ou un petit livre très mince.

PLASTIC, n.m., désigne un explosif; l'attentat fait avec cet explosif s'appelle un **PLASTICAGE** (on écrit aussi **PLASTIQUAGE**).

PLASTIQUE, adj. et n.f. ou m. En matière d'art et de beauté, on parle de *beauté plastique*, de *chirurgie plastique* et de *la plastique grecque* ou de *la plastique d'une personne.* Une *matière plastique* est **un plastique.** *Des matières plastiques. Des sacs plastiques.* Le *GR* donne l'invariabilité de l'adj. comme courante.

PLAT, adj. *Un pays plat. Le plat pays*, les Flandres (J. Brel).

PLAT DE CÔTES, n.m. désignant un morceau de bœuf (*J'ai mangé du plat de côtes*; pluriel, *des **plats de côtes***), peut se dire **PLATES CÔTES**, n.f.pl.: *J'ai mangé des plates côtes.*

PLATE-BUSE, n.f., nom wallon d'anciens poêles de cuisine à pot apparent.

PLATE-FORME, n.f. *Des **plates-formes**.*

PLATINE, n.f., désigne une pièce dans une serrure, dans une machine à coudre, une montre, un fusil, etc., mais non les moules de métal utilisés pour la cuisson du pain, de la tarte, etc. En Belgique on parle d'*un pain sur platine* ou d'*un pain platine*; en France, d'*un pain moulé*.

PLAY-BACK ou **PLAYBACK** (*RO* II.7), n.m., anglicisme désignant la technique cinématographique ou de télévision, inverse du doublage et qui consiste à enregistrer l'image après le son. On le traduit par *surjeu* ou *présonorisation*.

PLAY-BOY ou **PLAYBOY** (*RO* II.7), n.m., jeune homme élégant et riche, menant une vie de séducteur ou une vie de plaisirs. Des *play-boys*.

PLÉIADE, n.f., a désigné en littérature un groupe de sept poètes. Par extension, groupe important de personnes, généralement remarquables: *pléiade d'ingénieurs*.

PLEIN, adj. et n.m. ▷ BATTRE, 5, *Battre son plein* et PLAIN.

Accord. On écrit: *Il a les poches pleines de billets*, mais *plein* reste invariable quand il précède le déterminant et le nom désignant ce qui est plein: *Il a des billets plein les poches*. Même règle pour *tout plein*: *Il a les poches toutes pleines d'argent. Il a de l'argent tout plein les poches*. Notons: *En avoir plein le dos, plein les bottes* (être excédé), *plein les bras. En plein soleil, en pleine rue*.

Sens. La langue familière use de *plein, tout plein* en donnant le sens non de plénitude, mais de «beaucoup» ou de «très»: *J'ai reçu plein (ou tout plein) de cadeaux. Il a tout plein d'amis. Je l'aime déjà tout plein. Il est mignon tout plein. C'est mignon tout plein chez vous*. Parfois le sens est «partout sur ou dans»: *Il a des flocons plein les cheveux*.

L'Académie admet cependant sans restrictions le sens «qui abonde en quelque chose que ce soit»: *Un jardin plein de fruits. Un chien plein de puces. Un livre plein d'érudition, plein de sottises. La vie est pleine de misère*, etc. Il est certain que l'emploi de *plein* par exagération, pour exprimer une grande quantité, est admis, et d'ailleurs courant. Voici encore des exemples de l'Académie: *Une rivière pleine de poissons. La salle est pleine de monde. Parler la bouche pleine. On trouve tout plein de gens qui pensent que... Il y a tout plein de monde dans les rues*.

PLEIN TEMPS: *Travailler à plein temps*. Un PLEIN-TEMPS. Adj. invariable: *Des chirurgiens plein-temps*.

PLEIN EMPLOI: *Le plein emploi; une situation de plein emploi*.

PLEUVINER (on rencontre aussi **PLUVINER**), v. impers. intr., bruiner.

PLEUVOIR, v. impers. (*Il pleut à verse, à seaux, à torrents. Il pleut des injures*) ou, en emploi personnel intransitif: *Les injures pleuvaient*.

PLI, n.m., peut se dire pour *levée* au jeu de cartes.

PLIER, v.tr.dir. ou intr., et **PLOYER**. Le second verbe fait davantage penser à une courbure (*Le vent ploie les arbres*), mais est souvent un synonyme, plus littéraire, de *plier*. On peut dire *ployer* ou *plier une branche, le genou, les reins*, etc. On *plie bagage, une feuille, du linge, une tente*, etc.

PLUME, n.f. On peut écrire: *un lit de plumes* ou *de plume, gibier à plumes* ou *à plume*, le singulier prenant un sens collectif.

[**PLUMETIONS**], n.m.pl. ▷ POUSSIÈRE.

PLUMIER, n.m., est français mais plutôt vieilli: *Un plumier d'écolier*.

PLUPART (LA). *La plupart des gens le savent. La plupart d'entre nous le disent. La plupart de ceux-là le disent. La plupart de son temps se passe à voyager. Ces gens sont médisants pour la plupart. Ces gens sont la plupart (ou pour la plupart) médisants. La plupart de* est vieilli devant un pronom personnel.

Pluriel

1. VOIR AUSSI...

On trouvera à un très grand nombre de mots des indications sur leur pluriel. ▷ ARTICLE, 2, NOMS, NOMS COMPOSÉS, NOMS PROPRES, 3, ADJECTIFS QUALIFICATIFS, DÉTERMINANTS POSSESSIFS, DATES, 5, LETTRES, 2, NORD (points cardinaux), SAINT, VERBE, Accord, etc.

2. INVARIABLES

Vos a (ou *vos alpha*) *sont mal faits. Deux do* (note de musique). *Il y a trop de que, de car, de non*.

Les trois huit. Des quatre, mais *des zéros*.

3. PLURIEL DE NOMS ISSUS DE NOMS PROPRES

Avec une minuscule: *des champagnes, des cognacs, des gruyères, des pouillys, des portos, de vieux chines*, mais *des pont-l'évêque*; avec une majuscule: *un kilo de Calville* (ou *de calvilles*), *des Renault, deux Ricard, deux Rouen. Des ageratums, des géraniums, des goldens*. ▷ NUMÉRO.

4. NOM + COMPLÉMENT + ADJECTIF

Il est normal d'écrire: *Des jugements de valeur variable* ou *inégale* (dont la valeur est...). Mais: *Des mises en scène de conceptions diverses* (dont les conceptions sont diverses).

5. NOMS DE JOURS

Tous les deuxièmes mardis du mois.

PLUS, adv.

1. **Prononciation**. Dans tous les cas, en liaison avec une voyelle (sauf devant un nom propre) on prononce z: *Il est* (ou *il n'est*) *plus étonné. Il travaille de plus en plus fort. Il est d'autant plus ému que...*

   En dehors de la liaison, l's ne se prononce qu'en finale ou devant une pause, lorsque *plus* signifie «davantage» (*disons plus, il en sait plus*), mais il ne se prononce pas dans *ne... plus*. On le prononce donc dans: *J'en veux plus* (davantage), mais non dans: *Je n'en veux plus.* — À l'intérieur de la phrase, on prononce toujours s quand *plus* marque l'addition et assez souvent devant *que*: *Deux plus trois. J'en ai plus que lui.* Mais non dans *J'ai plus faim que lui.* On hésite dans *sans plus, d'autant plus*, où, même en fin de phrase, l's parfois ne se prononce pas. La tendance à ne pas prononcer s est très forte. Dans *pas plus que*, on ne prononce pas le s.

2. *Plus* marque le dépassement d'une limite dans le temps ou dans la quantité. Il est devenu, comme *pas* et *jamais*, un des éléments de la négation, mais en ajoutant un sens précis. Il peut se combiner avec *jamais*.

   Quelques emplois. NE PLUS: *Je n'ai plus mal. Je n'ai plus de chagrin. Je ne le vois plus. Je ne l'ai plus jamais vu. Je ne dirai plus jamais rien.*

   NON PLUS. ▷ NON, 9. *Il n'ira pas, moi non plus.* En corrélation avec *mais*: *Comptez non plus sur les autres, mais sur vous.*

   Au sens quantitatif, *plus* s'oppose à *moins* et peut s'employer en phrases positives ou, en phrases négatives, avec *ne pas*: *Il est* (ou *il n'est pas*) *plus vieux que vous. Il a plus à dire que son frère.* ▷ MOINS, 2. *Quatre, c'est plus que trois* (comparaison). *Un mille, c'est plus qu'un kilomètre. Il y a d'ici là plus d'un quart d'heure* ou, pour souligner la différence dans la mesure, *plus qu'un quart d'heure. Il a parlé plus d'une heure. Il a plus faim que vous. Plus d'à moitié. Plus qu'à moitié. Mesurer une chose au plus juste. Partir au plus tôt. Restons au plus près du malade, qui est au plus mal. Du plus loin qu'il m'a vu. Il est plus sérieux* (ou *plus homme de bien*) *qu'on ne le prétend. Cette lampe éclaire plus que l'autre. Il est plus travailleur qu'intelligent.* On dit: *rien* (ou *quelque chose* ou *quoi*) *de plus.* Si l'on peut dire *Il y a plus d'un quart d'heure* ou *plus qu'un quart d'heure*, on doit dire *Il n'y a plus qu'un quart d'heure.* ▷ DEMI.

3. Dans les phrases elliptiques, il peut y avoir ambiguïté, le sens pouvant être positif ou négatif selon les circonstances:

Plus de guerres, plus d'impôts, sens négatif. *Plus de congés*, sens positif.

4. *Plus il a à faire*, **plus** *il se plaint* ou *moins il fait. Plus obscure est la nuit, (et) plus l'étoile y brille.* Ne pas dire [AU PLUS... AU PLUS] pour PLUS... PLUS.

5. DE PLUS, loc.adv. *Il est vieux et*, **de plus**, *malade* (ou *et, de plus, on l'abandonne*). Même sens: *qui plus est, bien plus, il y a plus.*

6. EN PLUS, loc.adv. *Vous recevrez ce livre avec en plus un cadeau.* Autre emploi exprimant une comparaison. *Cela ressemble, en plus joli, à un coin de chez nous.* — EN PLUS DE, loc.prép. **En plus de** *son traitement, il reçoit une indemnité. En plus de Bruges, nous avons visité quelques cités côtières.* Mais on ne peut dire dans ce sens: [*en plus que*].

7. *Plus que bon*, plus que bien. On dit: *Elle est plus que jolie. C'est plus que bien, c'est parfait. C'est plus que bon, c'est délicieux.* On pourrait dans ces phrases remplacer *plus* par *mieux*. ▷ BON, 9.

8. En Belgique, on entend: [*tous au plus* + adjectif ou adverbe], [*Ils sont tous au plus beaux. Ils travaillent tous au plus fort*] pour: *Ils sont tous plus beaux les uns que les autres* ou *l'un que l'autre. Ils travaillent tous plus fort les uns que les autres* ou *à qui mieux mieux* ou *à l'envi.*

9. *Le frère a la tête de plus que la sœur* est correct. **Avoir la tête de plus** que quelqu'un (Ac.).

10. DES PLUS + adjectif ▷ ADJECTIFS QUALIFICATIFS, 2.6. LE PLUS + adjectif ▷ ARTICLE, 1.

11. PLUS D'UN, sujet ▷ VERBE, Accord, 2.1.2.C. *Il y en a plus d'un qui s'est plaint. J'en connais plus d'un. Il en a parlé à plus d'un.*

12. ▷ DAVANTAGE ou PLUS.

13. PLUS OU MOINS marque l'approximation ou des degrés différents; il a parfois un sens péjoratif: *Quarante francs*, **plus ou moins**. *Il souffre tous les jours plus ou moins. Il est plus ou moins intelligent.*

14. D'AUTANT PLUS. ▷ AUTANT, 1.

15. PAS PLUS QUE, NON PLUS QUE. ▷ NE employé seul, 13; VERBE, Accord, 2.2.8.

16. Place de *ne plus* ▷ NE PAS, 2.

17. N.m. *Qui peut le plus peut le moins.*

PLUSIEURS, adj. ou pr. indéfini pluriel, indique un nombre peu élevé, souvent supérieur à deux. On peut donc dire: *Deux ou plusieurs personnes.* On dit: *Plusieurs d'entre eux l'ont*

dit. Plusieurs de (ou d'entre) ces gens pensent... ▶ ENTRE, 5.
Ils s'y sont mis à plusieurs pour le faire.

On peut remplacer l'adjectif *plusieurs* par **différents** ou par **divers**: *J'en ai parlé à **plusieurs** personnes ou à **différentes** personnes.* On évitera le pléonasme [*à plusieurs personnes différentes*].

Plus-que-parfait

1. EMPLOI DU PLUS-QUE-PARFAIT DE L'INDICATIF

Le p.-q.-parf. de l'indicatif marque l'antériorité, quelle qu'elle soit, par rapport à un autre moment passé:

J'avais cru qu'il me recevrait (mais j'ai été déçu). Comparer: *Je croyais qu'il me recevrait* (je le croyais, même alors). *À peine était-il arrivé qu'on le rappela. Il s'était endormi, on le réveilla. Il m'avoua qu'il m'avait menti. Il se rendit compte qu'on l'avait trompé. Je voulais lui écrire, mais déjà il avait téléphoné. Il était déjà parti quand je suis arrivé. Il n'avait pas encore déjeuné quand je l'ai appelé. Tous les jours, quand il avait déjeuné, il faisait une promenade. Dès cette époque j'avais compris qu'il ne faut pas trop demander. J'étais venu pour vous demander de m'accompagner* (mais je viens de me rendre compte — ou je me suis rendu compte — que vous ne le pouviez pas; ou simplement pour atténuer).

▶ CONCORDANCE DES TEMPS, 1, SI, conj., 1.3.

2. PLUS-QUE-PARFAIT DU SUBJONCTIF: VOIR AUSSI...

P.-q.-parf. du subjonctif ▶ CONCORDANCE DES TEMPS, 2.4.2, CONDITIONNEL, 1.

PLUS-VALUE, n.f. Des *plus-values*.

PLUTÔT et PLUS TÔT n'étaient pas autrefois distingués dans l'écriture comme ils le sont aujourd'hui. L'usage actuel, en adoptant la graphie *plus tôt* lorsque le sens, opposé à celui de *plus tard*, est «plus vite» ou «de meilleure heure», impose d'écrire: *Il est arrivé plus tôt que moi. Partez au plus tôt. Il s'est levé plus tôt que de coutume.* Mais aussi: *Il n'eut pas plus tôt aperçu son père qu'il courut à lui* (Ac.). On écrivait jadis, et certains écrivent encore: *Je ne lui eus pas plutôt pris son mal qu'il m'abandonnait* (Aymé, M., *Les contes du chat perché*).

Puisque nous distinguons aujourd'hui *plutôt* et *plus tôt* et qu'il s'agit de marquer la rapidité avec laquelle une action succède à une autre, et non une préférence, c'est *plus tôt*

qui est à recommander dans *n'avoir pas plus tôt dit* (ou *fait*)... *que*: *Il n'eut pas plus tôt dit cela qu'il s'en repentit.*

C'est encore l'ancienne graphie qu'on trouve dans un vers de La Fontaine: *Leur Doyen, personne fort prudente, Opina qu'il faloit, et **plustost que plus tard**, Attacher un grelot au cou de Rodilard* (Conseil tenu par les rats). Le sens est *plutôt tôt que tard* ou *plutôt plus tôt que plus tard*, sans tarder. Mais c'est l'expression raccourcie qui s'est imposée et il faut aujourd'hui l'écrire: ***plus tôt que plus tard***.

Plutôt marque une préférence, qui peut aller jusqu'au refus du second terme de comparaison, jusqu'à son exclusion: *Venez **plutôt** avec moi* (qu'avec tel autre). *Lisez plutôt ce livre* (que celui qu'on vous propose). *Il se tait plutôt que de dire du mal de ses amis.* Il peut aussi introduire un correctif et signifier «plus encore que», «bien plus que», «pour mieux dire»: *Il est vaniteux plutôt qu'orgueilleux.*

Sans *que*, il peut signifier «assez» ou même, familièrement, «très»: *Il est plutôt maigre. Ce discours est plutôt banal.*

PLUTÔT QUE devant un verbe.

1. ***Plutôt souffrir que mourir*** (La Fontaine) ou ***que de mourir***. Deux infinitifs indépendants, ayant le même sujet, sont unis par *plutôt que* ou *plutôt que de*: *Plutôt mourir qu'abandonner l'innocent* (Duhamel, G., *Les plaisirs et les jeux*). *Plutôt mourir que d'y renoncer.*

2. ***Il veut convaincre plutôt que toucher***. Le second infinitif dépend, comme le premier, d'un verbe qui exclut une préposition: on veut peut-être toucher, mais surtout convaincre. On emploie *plutôt que*: *Ce mur, je le ferai réparer plutôt que démolir* (plutôt que je ne le ferai démolir). On dirait de même: *Il sait esquiver les obstacles plutôt que les heurter de front.* Mais on pourrait dire (▶ 3): *plutôt que de les heurter de front. Il paraît deviner plutôt que comprendre* (il ne comprend pas, il devine).

3. ***Il veut se débrouiller seul plutôt que de demander conseil***. À la différence du premier (▶ 2), le second infinitif ne dépend pas du verbe conjugué; *demander conseil* est simplement rejeté par l'intéressé. On emploie dans ce cas *que de*: *Il voulait mourir plutôt que de continuer à souffrir.* Il ne s'agit pas seulement d'une préférence, le sens de *plutôt* tend vers «au lieu de». *Est-il vrai que tu préférerais te tuer plutôt que d'être infidèle à ton mari?* (Giraudoux, J., *Amphitryon 38.*)

Avec *se faire* comme verbe principal, la distinction est facile entre 2 et 3: *Elle se ferait tuer plutôt que de consentir à ce qu'on lui demande* (Green, J., *Mont-Cinère*). Dans d'autres cas, les deux sens sont permis : *Il faut accélérer plutôt que ralentir* ; on veut dire : plutôt qu'il ne faut ralentir. Si le sens est «au lieu de ralentir», on emploie *plutôt que de* : *Il faut accélérer plutôt que de ralentir.*

4. ***Il voyage pour se distraire plutôt que pour s'instruire.*** Les deux infinitifs dépendent du verbe conjugué (▷ 2), mais celui-ci est construit avec une préposition ; on la répète : *Il passe ses soirées à lire **plutôt qu'à** regarder la télévision* ; on n'exclut pas que, dans une mesure moindre, il regarde la télévision. *Dans chaque cas, l'acceptation semble consister à passer à travers l'obstacle plutôt qu'à résister à un assaut* (Morgan, Ch., *Sur l'unité de l'esprit*) ; les deux infinitifs dépendent de *consister à. Il met son amour-propre (il est attaché) à nous faire plaisir plutôt qu'à nous commander.*

5. ***Il est résolu à partir plutôt que de se laisser insulter.*** Le second infinitif est exclu, rejeté (▷ 3) : il n'est nullement résolu à se laisser insulter ; on ne répète donc pas la préposition, on emploie *que de* : *Il renonce à nous accompagner plutôt que de subir cette présence. Décidée à se mettre à garder des malades plutôt que d'être à charge de ses enfants* (Balzac, H. de, *La rabouilleuse*). On peut parfois hésiter à bon droit entre les différents tours (▷ 4 et 5, 2 et 3).

6. ***Il partit plutôt que d'attendre.*** L'infinitif est rejeté (▷ 3 et 5), et il ne dépend pas d'un autre verbe. On emploie *plutôt que de* : *Il se tuera plutôt que de se laisser prendre. Elle eût du buvetier emporté les serviettes Plutôt que de rentrer au logis les mains nettes* (Racine, J., *Les plaideurs*). *Il mourrait plutôt que d'avouer ses torts* (Ac.).

7. ***On le craint plutôt qu'on ne le respecte.*** Le second terme de la comparaison est conjugué ; on le met à l'indicatif et on le nie en quelque sorte avec *ne* : *Je subissais son amitié plutôt que je ne la choisissais* (Sagan, Fr., *Un certain sourire*) ; ce que je faisais, c'était subir son amitié, non la choisir. Omission, parfois, de *ne* : *Elle jeta plutôt qu'elle quitta sa robe* (Bordeaux, cité dans *B.U.*), mais à déconseiller. ▷ NE explétif, 2.3.

8. La langue classique employait *plutôt que* avec le subjonctif. Ce tour, encore exigé par Littré, est remplacé par un des précédents, surtout par l'infinitif.

9. ▷ AIMER, 4, *Aimer mieux*, PRÉFÉRER, NE explétif, 2.3, VERBE, *Accord*, 2.2.8.

10. On n'emploie pas *plutôt que* devant le complément indiquant avec quoi est faite la comparaison. *C'est plus agréable de l'entendre que de le lire.*

PLUVIAL, adj. *Les écoulements **pluviaux**. Les eaux **pluviales**.*

PLUVIEUX, adj. *Un temps pluvieux. Un été pluvieux. Un vent pluvieux. Une région pluvieuse.* En Belgique, *il fait pluvieux* (le temps est pluvieux).

PLUVINER. ▷ PLEUVINER.

PNEU, n.m. *Des **pneus** usés.*

PNEUMOTHORAX, n.m. Par abréviation : un PNEUMO.

POCHARD, *pocharde*, n., est familier et se dit de quelqu'un qui a des habitudes d'ivrognerie et n'a pas de tenue.

POCHE, n.f. *Avoir de l'argent en poche, dans sa poche, dans ses poches, avoir ses poches pleines d'argent, avoir de l'argent plein les poches. Les mains dans les poches, dans ses poches.* — *Il enfonça les mains dans ses poches (...). Presque tous les étudiants se promenaient ici les mains dans les poches* (Green, J., *Moïra*). Beaucoup plus rare, *aux poches : Gérard était devant elle, les mains aux poches* (Troyat, H., *L'araigne*). — *De l'argent de poche. En être de sa poche. Payer de sa poche. Mettre en poche. Mettre un adversaire dans sa poche. N'avoir pas les (ou ses) yeux dans sa poche. N'avoir pas sa langue dans sa poche.* Au lieu de *un livre de poche*, on dit aussi *un poche, des poches.* — Autre sens : sac. *Acheter* (ou *vendre*) *chat en poche* (l'objet restant caché). ▷ SACHET.

POÊLE, n.m. ou f. Accent circonflexe (et non tréma) dans tous les sens.

POÊLON (pron. *pwalon*), n.m. ▷ CASSEROLE.

POÈTE, n. On dit : *Lucienne Desnoues est un très bon poète.* On dit aussi : *une femme poète* ou une ***poétesse*** (péjoratif ironique pour certains).

POGNON, n.m. (argent), est populaire.

POGROME, n.m., s'écrit aussi POGROM.

POIGNÉE, n.f., peut désigner le tissu de protection avec lequel on saisit un objet chaud. On écrit : une POIGNÉE DE MAIN, des ***poignées de main***.

POIGNER, v.tr.dir., a plus d'un siècle d'existence au sens de «serrer, étreindre, émouvoir» (qqn ou le cœur). Il a été formé à partir de POIGNANT ▷ POINDRE.

POIL, n.m. AU POIL (fam.) : *Je l'attendais à 7 heures, il est arrivé **au poil*** (ou ***au quart de poil***), exactement à l'heure, tout juste. *Le moteur démarre au poil*, immédiatement. *Son appartement est au poil*, excellent, en parfait état. *Reprendre du poil de la bête*, se ressaisir, reprendre le dessus.

451

Avoir du poil aux yeux (avoir un caractère énergique) est vieilli. En Belgique, *avoir du poil aux dents* se substitue dans ce sens à l'expression triviale *avoir du poil au cul*. — On écrit aujourd'hui *gibier* À POIL (comme *bonnet à poil*) plutôt que *gibier à poils*. *Se mettre à poil. Être de bon* (ou *de mauvais*) *poil*.

POINDRE, v. défectif, **intr.**, se dit de ce qui commence à paraître (se conjugue comme *joindre*): *Le jour* **point**, **poignait**, **poignit**, **poindra**. ▶ POIGNER, POINTER. **Tr.**, «piquer», «blesser»: *Oignez vilain, il vous poindra*. Le participe présent **POIGNANT** est devenu adjectif: *Un souvenir poignant*.

POING, n.m. Un COUP DE POING. Des **coups de poing**. *Se battre à coups de poing*. Deux traits d'union dans le nom de l'arme: *un coup-de-poing* (*américain*). *Dormir à poings fermés*, profondément.

POINT, n.m.

1. *Point à la ligne. Point final. Un point, c'est tout.* (*Trois*) *points de suspension*.

   Le **POINT-VIRGULE**. Des ***points-virgules*** (plutôt que *point et virgule*, qui vieillit). DEUX POINTS, *les deux points* (on trouve *les deux-points, le deux-points*). On écrit: *Les frères* **trois-points**, les francs-maçons.

2. Un **point** ou un POINT DE CÔTÉ, des ***points de côté***.

3. *En* **tous points** (ou *en* **tout point**).

4. ATTEINDRE LE POINT DE NON-RETOUR. ▶ NON-RETOUR.

5. **Mettre** AU POINT. *Venir* À POINT (au moment opportun). ***Partir à point. Être à point. Tout vient à point à qui sait attendre***. — AU POINT QUE, À TEL POINT QUE sont suivis de l'ind. ou, dans une phrase négative ou interrogative ou pour marquer l'intention, du subj.

POINT, adv. ▶ PAS et POINT, et NE employé seul.

Points

1. POINTS DE SUSPENSION

Les points de suspension marquent que l'expression de la pensée est incomplète ou en suspens; parfois ils marquent une pause insistant sur ce qui suit dans la même phrase.

2. POINT D'EXCLAMATION

Le point d'exclamation s'emploie après une exclamation, une interjection, après *eh bien!*, après le nom qui suit *ô*.

3. POINT D'INTERROGATION

Le point d'interrogation s'emploie à la fin de la phrase interrogative directe (*Viens-tu avec nous? C'est lui qui est allé à la réunion?*) ou à la fin de la partie interrogative de cette phrase, avant l'incise (*Tu viens avec nous? demanda-t-il*; noter l'absence de virgule). Si la phrase comprend plusieurs interrogations distinctes, chacune peut être suivie d'un point d'interrogation au lieu d'une virgule sans entraîner l'emploi d'une majuscule

   (*Est-ce lui qui était à la réunion? et comment? avec quel mandat? on se le demande*).

N'est-ce-pas n'est généralement suivi d'un point d'interrogation qu'en fin de phrase. Dans d'autres cas, le point d'interrogation peut s'imposer: *Un soir, t'en souviens-tu? nous étions réunis*. Pas de point d'interrogation à la fin de l'interrogation indirecte:

   Je me demande quelle heure il est. ▶ INTERROGATION, 2.

4. LE POINT ET LA PARENTHÈSE

Si avant la parenthèse donnant une précision, une référence, on fait intervenir, comme appartenant à la citation, un point, un point d'interrogation ou d'exclamation ou des points de suspension, c'est à l'intérieur de la parenthèse qu'on met le point final.

   Comparer: *La crainte de peiner est une des formes de la lâcheté, à quoi tout mon être répugne.* (*A. Gide, Journal, 30 mars 1928.*) et «*La crainte de peiner est une des formes de la lâcheté*» dit Gide (*Journal, 30 mars 1928*).

▶ GUILLEMETS, 1. Voir A. Doppagne, *La bonne ponctuation*, Duculot.

5. À LA FIN D'UN TITRE

On ne met pas de point à la fin d'un titre (de livre, d'article...).

▶ ABRÉVIATIONS, 1 et 2, SIGLES.

POINT DE VUE, n.m.

1. *Choisir un bon point de vue. Un magnifique point de vue. Je partage votre point de vue. Je maintiens mon point de vue. Des* ***points de vue***. *Se mettre au point de vue de son interlocuteur.*

2. On dit: *Envisager une chose à un* (ou ***d'un***) *point de vue historique* ou, plus rare et vieilli, ***sous un point de vue historique***.

   AU (ou DU) **POINT DE VUE** est suivi d'un adjectif ou d'un nom introduit par *de*; l'omission de *de* directement devant le nom (*au point de vue travail*) est courante; on la trouve chez de bons écrivains, même en dehors du langage familier, bien qu'elle soit condamnée par l'Académie et par la plupart des grammairiens. On dira : *Au point de vue **du** droit. Du point de vue **de** ses intérêts.*

POINTE, n.f. L'outil d'acier du graveur s'appelle une **POINTE SÈCHE** ou simplement une *pointe*. On obtient une **POINTE-SÈCHE**, des *pointes-sèches*.

POINTER, v.intr., remplace couramment *poindre* quand on parle de choses qui commencent à paraître : *Le jour pointe. L'aube pointait. Les bourgeons commencent à pointer. On voit pointer les difficultés.*

V.tr.dir. : *Pointer les oreilles*. Autre sens, en rapport avec *point* : *Pointer les élèves présents, les employés, l'arrivée.* D'où *pointer*, **intr.**, faire constater son arrivée : *Les employés pointent tous les matins.* La langue très familière emploie **SE POINTER** dans le sens d'«arriver, se présenter».

POIRE, n.f. Le français connaît l'expression **FAIRE SA POIRE**, prendre un air fier et important. Belgicisme : [**FAIRE DE SA POIRE**], dans le même sens.

POIREAU, n.m. On prononce *pwa*. Le sens familier de *verrue* est vieilli et régional. Le v.intr. **POIREAUTER** ou **POIROTER** (attendre) est familier.

POIRET, n.m. ▸ SIROP.

POIRIER, n.m. **FAIRE LE POIRIER** (se tenir en équilibre la tête au sol) est français ; on dit aussi : *faire l'arbre fourchu.*

POIS, n.m. *Manger **des** petits pois.*

POISON, n.m., a été autrefois féminin. Il garde ce genre lorsque, familièrement, on parle d'une femme acariâtre ou insupportable : *Cette poison de Marthe* (Colette). *C'est **une** poison* (Ac.). Lorsqu'on parle d'un homme ou d'un garçon, le mot est masculin : *C'est **un vrai** poison.*

POISSE, n.f., **POISSER**, v.tr.dir. ou intr. *Poisser*, c'est enduire de poix (*poisser un cordage*), rendre (ou être) poisseux, collant (*cela poisse les mains, ça poisse*). D'où, au figuré, *la poisse* (familier), malchance persistante, guigne : *Quelle poisse ! C'est la poisse. Avoir la poisse. Porter la poisse*, porter malheur.

POISSON, n.m. ▸ NOYER, PILOTE. Deux *n* à **POISSONNERIE, POISSONNIER**.

POIVROT, n.m., est familier. Le féminin *poivrote* semble populaire.

POLARISER, v.tr.dir., sous l'influence de *pôle*, veut dire, dans le langage courant, «attirer comme un pôle, attirer et concentrer sur soi des idées, des efforts, etc.» : *Polariser les sympathies. La **POLARISATION** des sympathies.*

POLICLINIQUE et **POLYCLINIQUE**, n.f., n'ont proprement pas le même sens. Une **policlinique** est une clinique municipale (grec *polis*, ville) où les malades ne sont pas hospitalisés, tandis qu'une **polyclinique** (grec *polus*, nombreux) est une clinique où l'on donne toutes sortes de soins, où l'on fait de la médecine générale, de la chirurgie, de la pédiatrie, etc. La confusion est inévitable mais il faut éviter de donner le nom de *policlinique* à une clinique qui hospitalise les malades.

POLITICIEN, adj. et nom, a souvent un sens péjoratif que n'a pas *homme politique* et est une appellation ancienne et courante.

POLITOLOGUE, n.m., **POLITOLOGIE**, n.f. Inutiles : **POLITICOLOGUE** et **POLITICOLOGIE**.

POLOCHON, n.m., désigne en France, dans le langage familier, le *traversin*, plat ou arrondi. Parce que le traversin arrondi est courant en France, on a cru en Belgique que *polochon*, devenu souvent [**PELOCHON**] comme en France, s'appliquait à cette forme particulière du traversin.

POLYESTER, n.m. *La série des **polyesters**.* Apposé comme adj., invariable : *Des résines polyester.*

POLYPE, n.m. *Un polype dans le nez, à la gorge.*

POLYPTYQUE, n.m. Deux *y*.

POMME, n.f.

1. On a tort de vouloir, au nom de l'étymologie réelle ou prétendue, substituer *dans les pâmes* (en pâmoison) à **DANS LES POMMES** dans les expressions *Être **dans les pommes**, Tomber dans les pommes*, dont l'origine reste obscure.

2. ▸ ÉPLUCHER, PLANTER.

3. On écrit : *chausson aux pommes, tarte aux pommes, compote de pommes, jus de pommes* et généralement *gelée de pommes.*

4. *Pommes de terre en robe de chambre* ou *des champs.* ▸ ROBE.

POMMÉ, POMMELÉ, adj. *Une laitue **pommée*** (on dit : *La laitue commence à pommer*). — *Un cheval **pommelé*** (couvert de taches rondes, grises et blanches). *Un ciel pommelé.*

POMPETTE, adj. familier, varie normalement ; toutefois on le trouve exceptionnellement invariable : *Ils se sentirent un peu pompette* (Sabatier, R., *Les enfants de l'été*).

POMPON, n.m. *Avoir le pompon*, l'emporter (souvent ironique). *C'est le pompon !* c'est le comble. *Une rose pompon, des roses pompon.*

POMPONNER, v.tr.dir. Deux *n*: *Elle passe des heures à se pomponner.*

PONCEAU, n.m. et adj.inv., «rouge vif». *Des robes ponceau.*

Ponctuation

▶ POINTS (deux points, etc.), VIRGULE.

PONCTUEL, adj., a deux sens traditionnels (*Un employé ponctuel*, toujours à l'heure. *Une source lumineuse ponctuelle*, qui peut être assimilée à un point); il a pris le sens de «qui ne concerne qu'un point, qu'un élément ou un moment dans un ensemble»: *une opération ponctuelle.*

PONDÉREUX, *euse*, adj., d'une densité élevée. N.m.: *Les pondéreux.*

PONT, n.m. *Le Pont-Neuf. Le pont des Soupirs. École des ponts et chaussées. Les Ponts et Chaussées. Couper* (ou *rompre* ou *brûler*) *les ponts. Faire un pont d'or à qqn.* Le **PONT AUX ÂNES**, la démonstration facile du théorème du carré de l'hypoténuse; d'où: chose évidente, que tout le monde doit connaître. Un **PONT-LEVIS**, des *ponts-levis.*

PONT-L'ÉVÊQUE, n.m. *Des **pont-l'évêque**,* fromages venant de *Pont-l'Évêque.*

POOL, n.m., anglicisme prononcé *poul*, peut être remplacé par divers mots: *un cartel, un centre, un groupe (bancaire), l'atelier* (ou *l'équipe*) *des dactylos.*

POPULAIRE, **POPULEUX**, adj. *Un quartier populaire*, habité par le peuple. *Un quartier populeux*, très peuplé. *Une rue populeuse*, où la foule est dense. **POP**, invariable: *La musique pop. Des formations pop.*

PORC-ÉPIC, n.m., garde au pluriel sa prononciation du singulier: au milieu du mot, liaison du *c* au *é* (*ké*): des *porcs-épics.*

PORNO, adj. et n. (abréviation de **PORNOGRAPHIQUE**). *Des films pornos* (ou *porno*). *Voir des pornos.*

PORTATIF, adj. *Une machine à écrire portative*, conçue pour être transportée. **PORTABLE** se substitue souvent à *portatif*: *un ordinateur portable, un téléphone portable.*

PORTE, n.f. **Porte de devant** ou **de derrière, porte avant** ou **arrière**. *Mettre qqn à la porte*, le chasser, le congédier. *Laisser qqn à la porte*, le faire attendre dehors. *J'ai laissé mon parapluie à la porte*, à l'entrée. Mais on ne généralisera pas *à la porte* pour *à l'extérieur, dehors*, comme en Belgique: [*Il fait beau, nous mangerons à la porte. Sa voiture est toute rouillée, il la laisse toujours à la porte*]. Autres régionalismes:

La porte de rue, la porte d'entrée donnant sur la rue. [*Être sur la porte*] pour *Être sur sa porte, sur le seuil de sa porte, sur le pas de sa porte. Trouver porte close, visage de bois* plutôt que *porte de bois* courant en Belgique, très rare en France. *Être à la porte de qqn. Attendre à la porte* (attendre à l'extérieur). *Frapper à la porte, à la bonne porte, à toutes les portes. Mettre la clé sous la porte*, quitter furtivement et définitivement sa maison. *La clé est à la porte, à la serrure* ou *sur la porte, sur la serrure, dans la serrure.* ▶ CONTRE, 4. *Ils habitent porte à porte. Faire du porte-à-porte.*

Porte dans les **noms composés**. Si *porte* est un nom, il varie au pluriel, quand les noms sont apposés: une **PORTE-FENÊTRE**, des *portes-fenêtres.*

Si *porte* est un verbe, le nom composé s'écrit parfois en un mot: un **PORTEFAIX**, **PORTEFEUILLE**, **PORTEMANTEAU**. Des *portefeuilles.* On peut écrire un **PORTEMINE**, des *portemines.* Quand l'agglutination n'est pas faite, on peut écrire, comme si elle était faite, avec *s* au deuxième élément pour le pluriel seulement: un **PORTE-AVION**, un **PORTE-ALLUMETTE**, un **PORTE-BOUTEILLE**, un **PORTE-LIQUEUR**, un **PORTE-DOCUMENT**, des *porte-avions*, des *porte-allumettes*, etc.

Mais on trouve encore couramment, selon un usage qui cherchait mais parvenait mal à se fonder sur le sens: *un ou des porte-aéronefs, avions, hélicoptères, allumettes, bagages, billets, bouteilles* (destiné à transporter plusieurs bouteilles), *cartes, cigares, cigarettes, clés, documents, jarretelles, liqueurs, parapluies, serviettes.* Mais *un ou des porte-bonheur, malheur, monnaie, musique, parole, plume, baïonnette, bannière, bébé, bouquet, couteau, crayon, drapeau, étendard, montre, savon, aiguille.* ▶ NOMS COMPOSÉS, 2.5, et *RO* II.2.

On écrit: un **PORTE-À-FAUX**, des *porte-à-faux*, être en porte-à-faux. Ne pas dire *porte-paquets* pour **PORTE-BAGAGE** (ou **PORTE-BAGAGES**). Un **PORTE-PAQUETS** est une sorte de poignée amovible permettant de porter plus commodément les paquets.

PORTÉE, n.f., appliqué à la gestation, ne peut se dire que des animaux (on parle de la *grossesse* d'une femme). Autre sens: *Être à portée de la main, à la portée de chacun, hors de portée de l'ennemi.*

PORTER, v.tr.dir.

1. L'Académie a voulu maintenir *porter bien* (ou *mal*) *le vin*. Le tour est vieilli. On dit: *Il supporte bien le vin, le froid, la chaleur*, etc. *Il porte bien son âge* veut dire aujourd'hui: «il paraît bien l'âge qu'il a». *Il porte bien plus que son âge.* Opposé à *Il ne paraît pas son âge.*

2. *On porte qqn absent, présent, malade*, etc.

3. *Un homme ou une femme se porte fort* (invariable) *pour qqn.*

4. *On ne porte pas sa voiture au garage, on l'y conduit.*

5. **Composés.** ▷ PORTE.

PORTE-SEAU(X), n.m., disparaît des dictionnaires où il avait plusieurs sens, dont celui de «petit chariot à deux roues dans lequel les éleveurs transportent de la prairie à la ferme le lait qu'on vient de traire» (Lar. du XXᵉ siècle). Il apparaissait aussi comme le mot français pouvant très bien traduire les divers termes régionaux (dont le wallon *goria*) désignant la pièce de bois échancrée à la base du cou et reposant sur les deux épaules, à laquelle on suspendait un seau de chaque côté, au bout de chaînes. À distinguer d'une autre pièce de bois échancrée, reposant sur une seule épaule et permettant de porter un seau (ou un panier) devant et un autre derrière et qui doit s'appeler sans aucun doute possible une *palanche*. L'autre appareil n'a jamais porté de nom en français généralisé. On a parfois francisé des noms dialectaux. Le meilleur mot est *joug* (ou *joug à porteur*), préférable à *bât, courge, gorge*.

PORTEUR, n.m., peut devenir ***porteuse*** lorsqu'il désigne celle qui détient certains papiers, certains titres. On dit: *Chèque au porteur. Donner la réponse au porteur. Elle est porteur* (ou *porteuse*) *d'un diplôme de docteur.*

POSE, PAUSE, n.f. à ne pas confondre (▷ PAUSE). *Une séance de* **pose**. *Le temps de pose. La pose d'un tapis, de la voix.*

On doit écrire: *Faire une* **pause**, *un arrêt* (dans le travail ou dans le débit). Mais en Wallonie on appelle *pause* chacune des périodes de travail qui constituent la journée d'un ouvrier en usine ou dans les grandes entreprises, la 1ʳᵉ, la 2ᵉ, la 3ᵉ pause; et l'on parle d'un ouvrier qui fait les pauses, dont les heures de travail varient chaque semaine selon le roulement des équipes. L'usage français n'est pas clair. On pourrait être tenté d'employer *pose*, comme le note Littré en précisant toutefois «terme de guerre» et en parlant de soldats posés en faction: *Il était de la première, de la seconde pose*. Les dictionnaires actuels ne notent plus cet emploi. Le *GLLF* donne parmi les sens de **POSTE**, n.m.: «division de la journée de travail de 24 heures en périodes de travail. *Poste de nuit*» et le *GR*: «période de travail pendant laquelle une équipe est en fonction; cette équipe»: *Trois ouvriers y travaillent à tour de rôle, à raison de trois postes de huit heures par jour* (Vailland, R.). On parle d'un *travail posté* ou aussi d'un *travail par relais*, d'*équipes de relais* ou simplement d'*équipes*. À l'expression belge *un ouvrier qui fait les pauses*, on pourrait donc substituer *un ouvrier qui fait les postes*. Mais on ne serait pas compris. On pourrait dire: *Un ouvrier qui travaille par relais* ou *en équipes de relais* ou *par équipes*.

POSER, v.tr.dir. Personne ne conteste la validité des expressions *poser une question, un problème* (à côté de *faire problème*), *cela posé, poser sa candidature*. On a dénoncé comme un belgicisme **POSER UN ACTE**, qui n'est pas plus anormal que *poser sa candidature*. André Goosse a montré que l'expression s'emploie en France, du moins dans les milieux catholiques, et il a cité d'excellents écrivains. En Belgique, le tour est plus répandu (comme l'est au Canada *poser un geste*), à côté de *faire un acte, un geste, accomplir un acte*, courants en France.

POSITION, n.f. *Il a pris position sur cette question. Il a défini sa position, son point de vue. Sa prise de position est nette. Il reste sur ses positions.* Belgicisme: [*Une femme en position*] pour *une femme enceinte*.

POSITIONNER, v.tr.dir., ne peut s'employer pour *placer*, mais a des emplois techniques, notamment dans le langage des banques (*positionner un compte*, en calculer la situation) et de la publicité (*positionner un produit*, définir la clientèle qu'il intéresse). N.m., **POSITIONNEMENT**.

POSSÉDER, v.tr.dir. ▷ VERBE, Conjugaison, 1.1. Ce verbe ne peut pas être inconsidérément substitué à *avoir*, qui marque généralement une possession moins nette, moins exclusive. On dit cependant fort bien *posséder* ou *avoir une qualité*, en parlant d'un être animé: *posséder* ou *avoir une vive intelligence, une grande délicatesse, une excellente mémoire*. Dans le sens de «connaître à fond», on emploie *posséder* (*un art, un métier, sa langue*).

POSSIBLE, adj.

1. *Possible* comme adjectif ne pose pas de problème d'accord sauf après le superlatif où il s'ajoute à *le plus, le moins, le meilleur*, etc. On écrit donc: *toutes les erreurs possibles. Des limites aussi nettes que possible*, mais aussi: *tout est pour le mieux dans le meilleur des mondes possibles* (le sens n'est pas: *le meilleur possible des mondes*, mais: *le meilleur des mondes qui sont possibles, réalisables*). L'invariabilité s'impose si le superlatif précède le nom: *Faites le moins possible d'erreurs.* Si *possible* suit immédiatement le nom dépendant du superlatif, on peut être tenté de faire l'accord: *Notez le plus d'erreurs possibles* (qui soient possibles). Mais l'invariabilité de *possible* dans ce cas est nettement plus fréquente et est à conseiller: *Faites le plus de distinctions possible* (qu'il est possible de faire). Si *possible* suit l'adjectif pluriel, épithète ou attribut du superlatif, il y a aussi hésitation mais l'accord semble préférable: *Employez les mots les plus justes possibles* (qui sont possibles).

2. **IL EST POSSIBLE QUE** (ou familièrement, en tête de phrase, **POSSIBLE QUE**) est suivi du subjonctif: *Il est possible qu'il le fasse si on le lui demande*. La langue classique employait l'indicatif (surtout futur) ou le conditionnel; ils ne sont pas à conseiller, ni après *il est possible* ni après *est-il possible que* interrogatif. Distinguer: **Il est possible à** *chacun de faire cela* et **Possible pour** *chacun de faire cela*. Éviter **POSSIBLEMENT**, peut-être.

3. **AU POSSIBLE**, au plus haut point: *Elles sont indiscrètes au possible*. *Possible*, «peut-être», est régional, sauf comme mot-phrase: *Irez-vous? Possible*.

POST-. Les mots composés avec le préfixe *post-* ne prennent un trait d'union que si le second élément commence par *t* (**POST-TONIQUE**) et aussi dans **POST-SCRIPTUM** (voir ce mot): **POSTROMANTIQUE**, **POSTDATER** (inscrire une date postérieure à la date réelle).

POSTAL, adj. La coutume s'étant établie de donner aux localités un **NUMÉRO POSTAL**, c'est ce nom (ou **INDEX POSTAL**) qui est officiel dans certains pays (Belgique, Suisse), tandis qu'en France on parle de **CODE POSTAL** ou de **NUMÉRO DE CODE POSTAL**.

POSTE, n.m. *Un poste clé*. On dit d'un fonctionnaire, d'un diplomate qu'*il est en poste à tel endroit*. *Les postes d'une comptabilité*. ▸ POSE.

Wallonisme: [*prendre un poste*] pour *prendre une pelle*, *s'étaler de tout son long*.

N.f. *L'administration des Postes*. *Aller à la poste*. *Expédier par la poste*. *Poste restante*. *Le receveur des postes*. *Au bureau de poste*. En Belgique, *le percepteur* (*des postes*) est le responsable en chef d'un *bureau de poste*.

POSTER, v.tr.dir., «mettre à la poste» (*poster une lettre*) ou «placer à un poste déterminé» (*poster une sentinelle*) ou «organiser par postes» (*travail* **POSTÉ**). *Ouvrier posté*, assigné à un poste. ▸ POSE.

POSTÉRIEUR, adj., peut être précédé de *très*, mais non de *plus*.

POSTERIORI. ▸ A PRIORI; *a posteriori*. Pas d'accents.

POSTPOSER, v.tr.dir., «placer après un autre mot» (*Le sujet de la phrase est postposé*); en Belgique, «remettre à plus tard, ajourner, différer».

POST-SCRIPTUM, n.m. Des *post-scriptum*. Abréviation: **P.-S.**

POSTULER, v.intr., en langage de procédure (*postuler pour son client*); v.tr., solliciter (*postuler un emploi*), poser une proposition comme un postulat indémontrable mais incontestable pour en déduire qqch.: *Proclamer la responsabilité de l'individu, c'est postuler sa liberté* (GLLF).

POSTURE, n.f., ne signifie pas, comme en Belgique, «statuette».

POT, n.m.

1. *Pot à*, *pot de*. ▸ À et DE, 5.

2. *Boire* (ou *prendre*) *un pot* (une boisson) est familier.

3. **Composés**: un ou des **POT-AU-FEU** (on fait la liaison), *des goûts pot-au-feu*, un **POT-DE-VIN** (somme versée à l'intermédiaire), *des pots-de-vin*; *des pots-pourris* (un **POTPOURRI**, des *potpourris*, si l'on suit les *Rectifications de l'orthographe*). Sans trait d'union: le **POT AUX ROSES**, la réalité cachée.

POTABLE, adj., au figuré, «passable»: *Un temps potable*.

[**POTALE**], n.f., Wallonie: niche aménagée dans un mur et destinée à abriter une statuette pieuse.

[**POTIQUET**], n.m. (petit pot), diminutif d'origine flamande, a été adopté par le wallon puis par le français régional de Belgique.

POTRON-MINET. *Dès* (ou *dès le* ou *à*) *potron-minet*, dès le point du jour, proprement: dès que le minet, le chat, montre son postérieur, se lève. Cette expression a remplacé **POTRON-JAQUET** (le jaquet étant l'écureuil) et est parfois altérée en **PATRON-MINET**.

POU, n.m. Des *poux*.

POUDINGUE, n.m., francisation de *pudding-stone*, variété de conglomérat.

POUDRERIE, n.f., au Canada, «neige chassée par le vent».

POUF, en français, est une interjection ou un nom masculin désignant une sorte de siège. En français régional de Belgique, [**TAPER À POUF**] signifie: deviner au hasard, au petit bonheur.

POUFFIASSE (écrit parfois **POUFIASSE**), n.f., est un mot vulgaire qui s'est appliqué à une prostituée et se dit aujourd'hui grossièrement d'une femme ou d'une fille épaisse, vulgaire et négligée.

POULPE, n.m. *Un poulpe*, mais **une** *pieuvre*.

POUR, prép.

1. Laisser à la langue très familière l'emploi de *pour* sans complément, construit comme un adverbe: *Vous me proposez cela*, *je suis pour* (partisan) et surtout *C'est fait pour*.

C'est étudié pour. Il est payé pour. Vouloir réussir et travailler pour (dans ce but). ▶ 9.

2. *Pour* peut introduire un complément de temps (ou de durée) prévu ou la circonstance temporelle. *La réunion est prévue **pour le 15 mars*** (elle doit avoir lieu le 15 mars). *C'est **pour ce soir**. C'est pour aujourd'hui ou pour demain?* (▶ 9.) *Temps prévu pour demain. Ce sera fini pour la Toussaint. Il est parti **pour six mois**, pour longtemps, pour toujours. Pour le moment. **Pour l'heure**, j'attends. Joué pour la première fois le... Pour lors.*

3. *Pour* précédé et suivi du même mot marque la réciprocité (*Rendre **coup pour coup**. Œil pour œil, dent pour dent*), la correspondance exacte ou l'équivalence des éléments (*Il y a un an, **jour pour jour**. C'est le même texte, mot pour mot. **Partir pour partir**, autant le faire tout de suite. Belle-mère pour belle-mère, j'aime autant celle-là qu'une autre. Danger pour danger, il faut choisir*).

4. **Pour grand qu'*il soit*** (l'indicatif se rencontre, mais est à déconseiller) marque l'opposition ou la concession comme *si grand qu'il soit*. Certains écrivains joignent dans ce cas *pour* et *si*: *Pour si léger qu'il soit* (Giono, J., *Le hussard sur le toit*) est senti aujourd'hui comme un pléonasme que ne justifie pas un ancien usage. De même *pour aussi que*. Mais on rencontre *pour plus grand qu'il soit* (*pour* devant un comparatif).

5. *Pour* et un infinitif. La même opposition peut se faire avec *pour* suivi d'un infinitif présent ayant généralement le même sujet que la principale négative ou interrogative: *Ah!* ***pour être dévot**, je n'en suis pas moins homme* (Molière, *Tartuffe*). Ce tour était plus fréquent autrefois.

Ce que marque généralement *pour* et un infinitif, c'est le but: *J'emporte ce livre pour le lire en voyage.* Insistons sur la faute [*pour moi le lire en voyage*]. Le tour a été usuel en ancien français; il subsiste dans le français populaire, dans des dialectes et dans des français régionaux. On doit dire aujourd'hui: *Prenez la clef pour ouvrir la porte. Donnez-moi la clef pour que j'ouvre la porte* (changement de sujet, ▶ 6).

La langue classique ne craignait pas d'employer *pour* et un infinitif présent pour marquer la cause: *Et qu'en science ils sont des prodiges fameux Pour savoir ce qu'ont dit les autres avant eux* (Molière, *Les femmes savantes*). *Pour aimer son mari, l'on ne hait pas ses frères* (Corneille, P., *Horace*). L'habitude où l'on est d'entendre *pour* et un infinitif exprimer le but fait qu'on hésite aujourd'hui à employer ce tour pour exprimer la cause, bien qu'on dise: *Il ne perd rien pour attendre* (parce qu'il attend).

Mais on n'a pas la même hésitation si *pour* est suivi d'un infinitif passé excluant le but: *Il est puni pour avoir répondu grossièrement. Je sais cela pour avoir interrogé le responsable.*

Notons ici que la langue actuelle a aussi généralement abandonné POUR CE QUE exprimant la cause. On dit: *parce que.*

6. POUR QUE, suivi du subjonctif, peut aussi exprimer le fait qu'on justifie: *Pour qu'on l'ait puni aussi sévèrement, il faut qu'il ait été grossier ou il doit avoir été très grossier.* Mais généralement *pour que* marque le but, la finalité, la conséquence: **Pour qu'il n'y ait pas** *de jaloux, je donnerai à tous la même chose. Pour que le résultat soit atteint, il suffit qu'on fasse preuve de bonne volonté.*

Laisser à la langue populaire le remplacement de *pour qu'il n'y ait pas de jaloux* par [*pour ne pas qu'il y ait de jaloux*], parallèle à *pour ne pas faire de jaloux*, et surtout par [*pour pas qu'il y ait de jaloux*].

Si l'on doit coordonner *pour* suivi d'un infinitif et *pour que* suivi du subjonctif, tous deux marquant le but, l'intention, on répète généralement *pour*: *Je vous dis cela pour vous éviter de faire un faux pas et pour qu'on ne se moque pas de vous.* La phrase suivante déconcerte un peu: *La mère Pétavy s'est levée de bonne heure pour faire le ménage et que son fils et sa grosse bru se reposent* (Jouhandeau, M., *Chaminadour*).

7. ASSEZ... POUR et infinitif, ASSEZ... POUR QUE et subjonctif. Attention de bien énoncer la conséquence introduite par *pour*.

a) *Assez* (suffisamment) ... *pour* marque qu'une condition suffisante permet la réalisation de la conséquence, telle que celle-ci est exprimée, sous une forme positive ou négative: *Il est assez grand pour se tirer d'affaire* (conséquence envisagée; il se tirera d'affaire). *Il est assez grand pour ne pas faire de bêtise* (je crois qu'il ne fera pas de bêtise). Éviter la construction *trop (assez, suffisamment...) que pour* + inf., répandue en Belgique: [*assez grand que pour*]. ▶ ASSEZ, 3, TROP, 7.

On dit donc: *Il est assez grand pour que nous lui fassions confiance. Il est assez distrait pour que nous ne lui fassions pas confiance. Je l'ai assez dit pour ne plus devoir insister.* [*Je l'ai assez dit pour devoir encore insister*] est un non-sens. *Cela suffit pour que nous soyons rassurés* ou *inquiets* ou *pour que nous ne soyons pas rassurés*, selon le sens: nous sommes rassurés, nous sommes inquiets, nous ne sommes pas rassurés.

b) Avec ***pas assez... pour***: la limite considérée comme suffisante n'est pas atteinte; la conséquence exprimée après *pour* est donc exclue, telle qu'elle est formulée de façon positive ou négative: *Il n'est pas assez grand pour se tirer* d'affaire; certes on pense qu'il n'est pas capable de se tirer d'affaire, mais ce serait un non-sens de dire dans ce cas: [*Il n'est pas assez grand pour ne pas se tirer d'affaire*]. On dira donc: *Il n'est pas assez tard pour que nous nous séparions déjà* (nous n'allons pas nous séparer déjà).

Le tour avec une conséquence négative exclue est plus rare, à cause des deux négations successives. Mais on dira: *Je ne serai pas assez imprudent pour ne pas prendre certaines précautions*; il est exclu que je ne prenne pas certaines précautions. *Cet appartement n'est pas en assez mauvais état pour être inhabitable* (conséquence exclue: il est inhabitable) ou *pour qu'on ne puisse l'habiter* (*ne* employé seul avec *pouvoir*). *Le vent n'est pas assez fort pour que nous ne déjeunions pas sur la terrasse* (nous déjeunerons sur la terrasse).

c) Avec **trop... pour**, la conséquence est également exclue telle qu'elle est formulée, parce qu'est dépassée la limite qui la ferait accepter; l'excès la fait rejeter. *Il est trop poli pour être honnête*: sa politesse excessive est suspecte d'hypocrisie, d'intentions malhonnêtes. *C'est trop beau pour être vrai*. *Il est trop imprudent pour prendre les précautions qui s'imposent*; peut-être les prendrait-il s'il était moins imprudent. *Il fait trop beau pour que nous ne déjeunions pas sur la terrasse* (nous déjeunerons sur la terrasse). *Il connaît trop bien son dossier pour commettre une erreur*. Ici encore, bien qu'on pense qu'il ne commettra pas d'erreur, on ne peut dire: [*Il connaît trop bien son dossier pour ne pas commettre d'erreur*].

On voit donc qu'après *pas assez... pour* et *trop... pour*, on doit donner à l'expression de la conséquence une forme respectivement positive ou négative selon qu'on la formule mentalement, dans une phrase isolée, de façon négative ou positive.

8. **Mise en relief**. *Pour* peut servir à mettre en relief, en tête de phrase, un mot (sujet, attribut, complément) qui est ensuite repris dans la même phrase sous la forme d'un pronom: **Pour moi**, *je n'en ferai rien* (Ac.). **Pour méchante**, *elle l'est* (Ac.). *Pour lui, je n'en réponds pas* (Ac.). Voir plus bas un autre emploi de *pour moi*.

L'attribut substantif peut être exprimé tel quel une seconde fois avec *c'est*: **Pour un orateur**, *c'est un orateur* (à côté de: *Pour un orateur, c'en est un*).

On emploie aussi QUANT À (*quant à être* devant un attribut) ou, plus lourdement mais correctement, POUR CE QUI EST DE: *Pour cela* (ou *quant à cela* ou *pour ce qui est de cela*), *je le veux bien* (Ac.). *Quant à moi, je veux bien. Quant à être malade, elle l'est. Pour son affaire, pour ce qui est de son affaire, j'en aurai soin* (Ac.). *Pour ce qui est de vous, je suis*

certain que vous réussirez (Ac.). Il n'est pas toujours nécessaire qu'il y ait reprise: *Pour ce qui est de moi, soyez sans inquiétude* (Ac.).

On dit aussi, sous l'influence à la fois de *Pour moi* et de *En ce qui me concerne*: *Pour ce qui me concerne*.

On trouve aussi *pour* mettant en relief le verbe et son complément ou son attribut, mais ce tour appartient à la langue familière: *Pour la sauter, on la sautait. Pour être gaie, elle est gaie* (exemples cités par A. Henry, *Études de syntaxe expressive*).

Plus rares, aujourd'hui du moins, mais corrects sont les emplois de *pour* mettant en relief un nom de personne ou un pronom personnel qui n'est pas repris dans la phrase: **Pour moi**, *il est malade* (à mon avis). On y a vu à tort un belgicisme. *Et, pour moi, pourquoi a-t-il encore le droit de toucher à cet élément?* (Boylesve, R., *Opinions sur le roman*.) *Pour lui, Dieu ne se démontre pas* (Billy, A., *Le narthex*). *Pour les profanes, tu ressembles à toutes les chattes* (Colette). *Pour moi, il ne suffit pas d'admirer* (Duhamel, G., *Le bestiaire et l'herbier*. Il écrit ailleurs *pour mon compte: Je suis certain, pour mon compte, que...*).

9. **ÊTRE POUR** a plusieurs sens. En voici quelques-uns: Préférence. *Il était pour ce genre d'aventure* (Ac.). *Il est pour la démocratie contre l'aristocratie* (Ac.). *Êtes-vous pour ou contre?* (Ac.) — Être sur le point de. *Il était pour partir* (Ac.). — Le moment. *Son bal était pour hier, est pour aujourd'hui* (Ac.). *Ce sera pour demain, pour après-demain* (Ac.). — La durée. *Il est ici pour huit jours.* — La quantité, la responsabilité. *Il n'est pas pour peu dans cette affaire* (Ac.). *Je suis pour beaucoup dans la résolution qu'il a prise* (Ac.). *Qu'on dise de sa conduite ce qu'on voudra, je n'y suis pour rien* (Ac.). — La capacité, la nature de (avec pour sujet un nom de chose). *Ce petit incident n'a pas été pour me déplaire* (Ac.). *Cela n'est pas pour me décourager.* — La destination, la disponibilité. *Cette lettre n'est pas pour lui. Je ne suis là pour personne.* ▶ 2: *c'est pour*.

Germanismes qu'on retrouve dans l'est de la France et en Suisse comme en Belgique: [*Qu'est-ce là pour qqn, pour qqch.? Qu'est-ce que c'est pour qqn ou qqch.? Je ne sais pas ce que c'est pour qqn ou qqch.*]. Il faut dire: *Qu'est-ce que cela? Qu'est-ce que ce livre? Quel homme est-ce? Qui est cet homme? Quel est cet homme? Quel genre d'homme est-ce? Je ne sais quel est ce livre ou quel livre c'est ou qui c'est, quelle espèce d'homme c'est.*

10. **POUR AUTANT. POUR AUTANT QUE.** ▶ AUTANT, 5, 6.

11. POUR QUAND, POUR CHEZ, POUR DANS, etc.

Pour quand est correct, mais familier en dehors de l'interrogation: *Pour quand me promettez-vous une réponse?* (Ac.) *Il en avait* (des musiques) *pour quand maman apportait la soupe sur la table* (Rolland, R., *L'aube*). *C'est pour chez qui?*

Lorsqu'il marque une durée ou son terme, *pour* peut s'employer devant un adverbe ou une préposition: *Pour demain. Pour toujours. Pour combien de temps? Pour jamais. La voici déchaînée pour jusqu'à la fin de ses jours* (Duhamel, G.). *C'est pour dans un an* (Romains, J.). *Ce qu'il désirait pour après sa mort* (Proust). On peut donc dire: *Le départ est pour dans quinze jours. Le mariage est pour après les vacances.*

12. POUR DE VRAI (vraiment) est familier: *Ils ne se sont pas demandé si Baudelaire souffrait pour de vrai* (Sartre, J.-P., *Baudelaire*). POUR DE RIRE est populaire ou enfantin et s'oppose à POUR DE BON. ▸ BON, **5.**

13. POUR LE CAS OÙ. ▸ CAS, **3.**

14. POUR SI, dans le sens de *pour le cas où*, mais suivi de l'indicatif, est plutôt populaire, ainsi que *pour si jamais*: *J'ai pris mon parapluie pour s'il allait pleuvoir. Albertine* (...) *m'avait fait inscrire aussi leur adresse pour si j'avais besoin d'elle* (Proust, M., *Sodome et Gomorrhe*).

15. POUR PEU QUE: *Pour peu qu'il en **prenne** la peine, il réussira.*

16. **Le train pour Paris** va à Paris; **le train de Paris** y va ou en vient; dans ce dernier sens, on peut dire pour être plus clair: en **provenance de** (ou **venant de**) **Paris**.

17. *Pour* a encore beaucoup d'autres sens courants. Il marque notamment le paiement: *J'ai acheté cela pour cent francs, pour rien* (pour peu de chose). *Il en a eu pour cent francs. Donnez-moi pour cent francs d'essence. Il en est pour ses politesses* (elles ne lui ont rien rapporté). En qualité de: *On l'a laissé pour mort. On l'a choisi pour chef. Il passe pour un peu naïf* (pour être un peu naïf). Sens de «au lieu de»: *Oh! que de grands seigneurs* (...) *N'ont que l'habit pour tous talents* (La Fontaine). *Pour qui me prend-on?* «À la place de»: *Il a dit un mot pour un autre.*

18. ▸ ACCORD, ALLER, **6,** CAUSE, **1, 2,** CENT, **3,** DEMANDER, A, b, MERCI, MOTIF, PARLER, PARTIR, PEU, **2,** B, POURQUOI, RAISON, **5,** REMERCIER, SÛR, TANT, **5.**

POUR-CENT (invariable et avec trait d'union), n.m., n'apparaît plus aujourd'hui qu'exceptionnellement dans les dictionnaires, mais a encore une certaine vitalité en Belgique où on le substitue à **pourcentage** ou *à ristourne. Il touche* [*des pour-cent*] *sur la recette* (au lieu de: *un pourcentage*). *Il a touché* [*ses pour-cent*] *à la coopérative* (au lieu de: sa ristourne). *Placer son argent à **cinq** POUR CENT et non* [*à cinq du cent*]. *Gagner vingt pour cent* (20%) *sur la vente d'une maison. Être anticlérical **à cent pour cent**; c'est un anticlérical (à) **cent pour cent**. *Devant le nom ou l'adjectif: *Un costume cent pour cent laine. Un film cent pour cent français* (ou *français à cent pour cent*).

POURPRE, **n.f.** (la matière colorante utilisée dans l'antiquité; l'étoffe; la dignité; la robe rouge des cardinaux; toute couleur rouge et notamment celle du teint, due à l'émotion vive); **n.m.** (un mollusque; une sorte de couleur rouge); **adj.**: *Des roses pourpres. Ils devinrent pourpres de colère.*

POURQUOI, **adv.**: *Pourquoi pas? Pourquoi non? Pourquoi faites-vous cela? Pourquoi Paul a-t-il fait cela?* (▸ INVERSION.) *Je comprends pourquoi il dit cela* à côté de: *Je comprends qu'il dise cela.* Éviter [*pourquoi que*] dans l'interrogation. On dit: **C'est pourquoi** *il est venu me voir et m'a demandé des précisions.* — **Nom**: *les comment et **les pourquoi**.*

Distinguer: ***Pourquoi faire** tant d'histoires?* et ***Pour quoi** faire?* (Sartre, J.-P., *Le mur*), où *quoi,* pronom interrogatif, est complément de *faire.* C'est à tort qu'on écrit parfois *pourquoi* dans ce cas.

Mais on trouve aujourd'hui *pourquoi* là où autrefois on percevait nettement *pour* suivi d'un pronom relatif: *La raison pourquoi* (Ac., à *Pourquoi*). *La raison pour quoi* (Ac.). On dit plus souvent: *La raison pour laquelle.* On trouve ainsi *ce pourquoi* là où il faut écrire *ce pour quoi*: *Ils oublient **ce pour quoi** ils ont été nommés* (ou plus souvent *Ils oublient pourquoi ils ont été nommés*). *Ils négligent ce pour quoi ils ont été désignés.* Comparer: *Ils oublient ce à quoi ils sont destinés.*

POURRIR, **v.tr.dir. et intr. Tr.**: *La pluie a pourri* (ou *a fait pourrir*) *les blés. C'est une gamine que la faiblesse de ses parents a pourrie.* **Intr.**: auxiliaire *avoir* (action en train de s'accomplir) ou plus souvent *être* (marquant l'état de pourrissement, le part. passé étant devenu, en fait, adjectif): *Les blés ont pourri* ou *sont pourris. La situation a pourri. Le temps est pourri.* **N.m.** *Le POURRI d'un fruit. Une odeur de pourri.*

POURSUIVRE, **v.tr.dir.** ▸ BUT. Un **POURSUIVEUR** (rare) poursuit; on dit plutôt: un **POURSUIVANT**. Un **POURSUITEUR**, cycliste spécialisé dans la poursuite.

POURVOIR, v.tr.dir. ou intr., se conjugue comme *voir*, sauf à l'ind. futur et au cond. présent (je *pourvoirai*, je *pourvoirais*), au passé simple et au subj. imparfait (je *pourvus*, qu'il *pourvût*).

On pourvoit à qqch. (à des besoins, à des dépenses, à un emploi, à des nominations). *On pourvoit qqn de qqch.* (on le pourvoit du nécessaire, d'un avantage, d'un titre, d'un certain pouvoir). *On pourvoit qqch. de qqch.* ou *de qqn* (on pourvoit une voiture de certains dispositifs, un refuge de quelques provisions; un siège d'un titulaire). On dit donc: *Les sièges* **seront pourvus de titulaires**. D'où, en supprimant le complément introduit par *de*: **Ces sièges seront pourvus à la prochaine assemblée**. Le tour est répandu dans le langage administratif et parlementaire; il s'agit de la suppression classique d'un complément qui va de soi: *Il est bon de pourvoir Henriette* (d'un mari) ou *ce jeune homme* (d'un emploi). On peut donc accepter: *Trois sièges sont à pourvoir.*

POURVU QUE est suivi du subjonctif: *Pourvu qu'il se taise.*

POUSSAH ou **POUSSA**, n.m. Nom d'un jouet ou d'un gros homme court et mal bâti.

POUSSÉ, adj., tend à se dire figurément de ce qui atteint un très haut degré: *Avec un sens poussé* (aigu) *des nuances.*

POUSSE-POUSSE, n.m. invariable: des **pousse-pousse**.

POUSSER, v.intr. **Auxiliaire**: *Sa barbe a fortement poussé. Cette plante a bien poussé dans ce pot. Ces petits ont joliment poussé depuis l'an dernier.* On trouve cependant *être* pour marquer l'état: *Toute cette barbe qui y est poussée depuis ce matin* (Butor, M., *La modification*).

Composés. ▶ NOMS COMPOSÉS, 2.5 et *RO* II.2.

POUSSETTE, n.f., désigne une petite voiture d'enfant, légère, basse et généralement pliante, ou une légère armature métallique montée sur roues et munie d'un manche ou guidon, destinée à soutenir un sac à provisions.

En Belgique, on donne aussi le nom de *poussette* au *caddie*. ▶ CADDIE.

POUSSIÈRE, n.f.

1. **PRENDRE LES POUSSIÈRES**. Lorsque G. Simenon, dans *La jument perdue*, emploie cette expression, il suit un usage belge tout à fait courant, qui ne devient risible que si l'on pense à l'action de prendre des poussières avec les doigts! On dit en bon français: *Enlever, ôter, essuyer* la poussière ou *Épousseter un meuble* avec une **ÉPOUSSETTE**, sorte de petit plumeau, ou avec un chiffon à poussière ou un torchon d'entretien appelé en Belgique [une **LOQUE À POUSSIÈRE**]. On dit aussi en français: *passer le chiffon sur les meubles.*

2. Lorsqu'on balaye, on recueille *la poussière* (et non les poussières) sur une **PELLE À POUSSIÈRE**, appelée aussi **PELLE À MAIN**: *Un balai poussant hâtivement les morceaux dans la pelle à main* (Bazin, H., *Le matrimoine*). En Belgique et dans le nord de la France, cette pelle porte les noms de **RAMASSETTE** ou de **RAMASSE-POUSSIÈRE**. D'autres composés du même type existent en français généralisé: un *ramasse-miette(s)*, un *ramasse-monnaie*. En Suisse, autre régionalisme: *La* **RAMASSOIRE** (Borgeaud, G., *Le voyage à l'étranger*). Notons encore que les petits amas de poussière qui se forment en flocons sous les meubles s'appellent **MOUTONS** ou **CHATONS**; parfois, en Belgique, [**PLUMETIONS**] ou [**MINOUS**]. ▶ PELUCHE.

3. Familièrement, on dit *et des poussières* après un nombre, au lieu de *et quelques*: *Cent francs* **et des poussières**.

POUT-DE-SOIE, n.m., sorte de taffetas. On écrit aussi **POULT-DE-SOIE**.

POUVOIR, n.m. On écrit: *Un fondé de pouvoirs* ou, plus souvent aujourd'hui: *Un* **fondé de pouvoir**. — *Avoir plein(s) pouvoir(s). Bon pour pouvoir. Il m'a donné pouvoir de...*

POUVOIR, v.tr.dir.

1. **Conjugaison**. Je **peux** ou je **puis**. Cette dernière forme est plus rare, mais elle est la seule utilisée quand *je* suit le verbe: *Puis-je? Est-ce que je peux?* Tu **peux**. Nous **pouvons**. Ils **peuvent**. Subj. prés.: *Que je* PUISSE. *Puissé-je.* On dit fort bien: *Il pourra peut-être le faire.*

Accord de CE PEUT ÊTRE ▶ VERBE, Accord, 2.3.1.B.

2. Quelques locutions. Dont trois tours régionaux:

a) [*Je ne peux pas de ma mère*], en Flandre et à Bruxelles, pour: *Je n'ai pas l'autorisation de ma mère... Ma mère ne me permet pas...*

b) [*Je ne peux mal*] est belge. Il faut dire selon le sens: *Je n'ai garde* ou *Il n'y a pas de danger.*

c) [*Je n'en peux rien*] s'entend en Wallonie et à l'est de la France pour *Je ne suis pas responsable.* On dit: *Ce n'est pas (de) ma faute, Il n'y a pas de ma faute, Je n'y suis pour rien, Je n'y peux rien.* À distinguer de *je ne puis rien là contre* ou *contre eux.* L'expression JE N'Y PEUX RIEN peut exprimer soit l'absence de faute, de responsabilité, soit surtout l'incapacité d'empêcher une chose ou d'y changer qqch. N'EN POUVOIR MAIS. ▶ MAIS.

d) *Un séjour qui a été* **on ne peut plus** *agréable. Cette robe lui allait* **on ne peut mieux** (ces expressions sont figées au présent). *Je n'en peux plus*, je suis accablé, épuisé. *Je n'en puis plus de fatigue*.

3. a) **POUVOIR BIEN**, au conditionnel, marque généralement la possibilité: *Il pourrait bien en mourir* (Ac.). Mais ailleurs, cette locution annonce une opposition: *Il peut bien promettre tout ce qu'il veut, je ne le crois pas*. Il ne faut donc pas ajouter *bien* dans cette phrase: *Je peux faire ce que vous demandez*; on pourrait alors faire entendre autre chose (*mais je ne garantis rien*).

    b) **POUVOIR ÊTRE**, au passé: *Il a pu être vexé* ou *il peut avoir été vexé*.

4. On se gardera de confondre **savoir** et **pouvoir**, mais aussi d'exagérer la distinction que fait l'usage. ▷ SAVOIR et POUVOIR. Notons seulement ici que *pouvoir* marque la possibilité (*Un malheur peut arriver. Il peut se faire que...*), la permission (*Je ne peux pas répéter ce qu'il a dit. Le poids ne peut pas dépasser un kilo. Ce wagon ne peut pas sortir de Belgique. Ce mot ne peut avoir de comparatif*), la capacité due à un état, à des circonstances, à des causes extérieures (*Je ne peux faire davantage. Il peut à peine se tenir debout*), l'audace (*Comment pouvez-vous mettre ma parole en doute?*), mais aussi l'approximation: *Elle pouvait avoir dans les quarante-cinq ans. Il pouvait être cinq heures* (Bosco, H., *Le sanglier*).

    On aura remarqué l'emploi de *ne (pas) pouvoir* marquant une interdiction, que le sujet soit une personne ou une chose. ▷ NE PAS, 2.4; SAVOIR et POUVOIR.

    Puisse, suivi du sujet, exprime un souhait: ***Puissent** vos projets réussir!* (Ac.)

5. **IL SE PEUT QUE**, marquant la possibilité, est suivi du subjonctif: *Il se peut que je n'**aie** pas fait attention. Se peut-il que vous soyez malade?* On trouve rarement l'indicatif marquant la réalité d'un fait dont on s'étonne: *Se peut-il que je ne l'ai pas remarqué?* Ou le conditionnel pour marquer la probabilité, l'éventualité: *Il se peut qu'avec lui vous réussiriez mieux*.

6. **NE POUVOIR (PAS) QUE... NE** et subjonctif: *Je ne puis, ma bonne, **que je ne sois** en peine de vous* (Mme de Sévigné). Le sens est clair (*Je ne puis m'empêcher d'être en peine de vous*), mais ce tour paraît aujourd'hui compliqué. Certains écrivains y restent fidèles et ajoutent parfois *faire*, qui le rend plus clair: *Je ne puis **faire** que je n'aie une prévention* (Rostand, J., *Ce que je crois*).

7. **CELA SE PEUT** (Ac.), **CELA NE SE PEUT PAS** (Ac.), **CELA NE SE PEUT**. Couramment: **ÇA SE PEUT**, *ça se pourrait bien*.

8. ▷ NE employé seul, 5.4, CE QUI, 4.2.4 (*arrive ce qu'il pourra* ou *ce qui pourra*), PARTICIPE PASSÉ, 5.2.14.

PRALINE, n.f., a en France un sens très net: amande rissolée dans du sucre. En Belgique, autre sens tout aussi net: un chocolat, un bonbon au chocolat (fourré de crème ou de liqueur).

PRATICABLE, adj. et n.m., s'écrit avec *c*.

PRATIQUANT, même forme pour le participe, le nom et l'adjectif.

PRATIQUE, n.f., est devenu archaïque et même dialectal non seulement dans le sens de «clientèle habituelle» (*Il a gardé notre pratique*), mais dans celui de «client» (*Ses pratiques diminuaient*). On ne dit plus: *Il a ma pratique, je suis son client*. Mais on continue à distinguer la théorie et *la pratique* et l'on dit: *En pratique* ou *Dans la pratique. Mettre en pratique*.

PRATIQUEMENT, adv., a d'abord signifié «dans la pratique, en pratique, en réalité» (*Pratiquement, ça ne sert à rien*; opposé à *théoriquement*) ou «de façon pratique», mais en est arrivé à exprimer une restriction et à signifier «à peu près»: *Il a obtenu pratiquement ce qu'il voulait. Il est pratiquement incapable de se déplacer* (GR).

PRÉ, préfixe, n'est jamais suivi d'un trait d'union: *préétablir*. Si l'on en met un dans **PRÉ-SALÉ** (*des **prés-salés***), désignant un mouton engraissé dans les prés voisins de la mer, c'est qu'on a là le nom *un pré* (proprement, *mouton de pré-salé*). *Gigot de pré-salé*.

PRÉALABLE, adj. ou n.m. *Une conversation préalable* (à une rencontre). *Rejeter un préalable*. — **AU PRÉALABLE**: avant toute chose.

PRÉAVIS, n.m., désignant un «avertissement préalable», peut avoir pour complément la durée du délai: *un préavis de trois mois*.

PRÉBENDE, n.f. Dérivés: **PRÉBENDÉ**, adj. et n., **PRÉBENDIER**, n.m.

PRÉCAUTIONNER (SE) est vieilli ou littéraire: *Se précautionner contre qqch.*, se prémunir contre. *Se précautionner de qqch.*, se munir de qqch., est plus rare encore.

PRÉCÉDANT, participe présent. **PRÉCÉDENT**, n.m. ou adj. Adv., **PRÉCÉDEMMENT**.

PRÊCHI-PRÊCHA, n.m. invariable, a l'accent circonflexe de *prêche*, *prêcher*.

PRÉCIS, adj. ▷ HEURE, 2.

PRÉDÉCESSEUR, n.m. N'a pas de féminin, même si l'auteur B. Constant a risqué la forme ***prédécessrice***. *Madame X a été son **prédécesseur** à la tête du ministère*. ▷ SUCCESSEUR.

PRÉDIRE, v.tr.dir. Se conjugue comme *dire* ; exception : vous **prédisez**. *Prédire d'avance* ▶ AVANCE.

PRÉDOMINER, v.intr. *Les avantages prédominent (**sur** les inconvénients).*

PRÉFÉRABLE, adj. *Une chose préférable **à** une autre*, et non [*qu'une autre*]. *Partir est préférable à rester. Il est préférable **de** partir (plutôt) que de rester. Il est préférable **qu**'il s'en aille plutôt que de rester.* ▶ AIMER, 4.

PRÉFÉRENCE, n.f. *Avoir une préférence pour qqn ou qqch. Donner la préférence à qqn. Faire une chose de préférence à une autre.*

PRÉFÉRER, v.tr.dir. ▶ VERBE, Conjugaison, 1.1. *On préfère (beaucoup ou de beaucoup) une chose ou une personne **à** une autre.* Ne pas dire : [*préférer une chose qu'une autre*] comme on dirait *aimer mieux une chose qu'une autre.* ▶ 3.

1. Devant un infinitif, *préférer* se construit encore parfois avec *de*, mais le tour habituel est sans *de* : *Il préfère **partir**.*

2. Avec un attribut du complément : *Comment voulez-vous la viande ? — Je la préfère saignante. Je la préfère bien cuite plutôt que saignante* ou *Je la préfère bien cuite que saignante.*

3. Si le second terme de comparaison est aussi un infinitif, on emploie *plutôt que de* ou *plutôt que* : *Il préférait deviner les êtres **plutôt que de** les interroger* ou ***plutôt que** les interroger.* On dit aussi : *Il préférait deviner les êtres **que de** les interroger* ou, moins souvent, ***que** les interroger.* On dit avec le même infinitif : *Je préfère y aller avec lui qu'y aller sans lui* ou *que sans lui. Je préfère le voir aujourd'hui **que demain**.* L'emploi de *à* devant le second infinitif, au lieu de *plutôt que de* ou *plutôt que*, est plutôt rare et littéraire : *Un vieux professeur d'histoire préfère (...) se taire à se tromper* (Romains, J., *Les amours enfantines*). On dit *aimer mieux... que (de)*.

4. *Préférer que*, sans infinitif intercalé, est suivi du subjonctif : *Je préfère qu'il m'écrive.* Construction à employer pour comparer deux termes qui devraient être au subjonctif ▶ AIMER, 4, Aimer mieux.

PRÉFET, n.m., **préfète**, n.f. En Belgique, directeur ou directrice d'un athénée ou d'un lycée, correspondant au *proviseur* en France. Le titre complet est *préfet des études*, employé dans certains collèges religieux, par opposition parfois à *préfet de discipline*.

PRÉFIXE, n.m. ▶ INDICATIF.

PRÉGNANT, adj. : *Des raisons prégnantes*, qui s'imposent avec force.

PRÉJUDICE, n.m. : *Il a subi un grave préjudice.* **SANS PRÉJUDICE DE**, sans porter atteinte à, sans renoncer à, sous réserve de, sans parler de : *Une sanction administrative a été prise, **sans préjudice des** poursuites judiciaires. Sans préjudice du reste ou de mes droits.* Distinguer de *sans préjuger de*.

PRÉJUDICIEL, adj. En droit, *action, question préjudicielle*, qui doit être tranchée au préalable. Une question préjudicielle est aussi celle qui doit être soumise au vote d'une assemblée avant la question principale. Ne pas confondre avec *frais* **PRÉJUDICIAUX**, qu'on doit acquitter avant de se pourvoir en appel.

PRÉALABLE, «qui se fait ou se dit avant qqch., qui doit précéder», a un sens beaucoup plus large.

PRÉJUGER, v.tr.dir., n'a plus guère le sens juridique de «prendre une décision provisoire (sur qqch.) en laissant prévoir le jugement final» : *La cour a préjugé cela quand elle a ordonné...* (Ac.)

Tr. dir. ou ind., comme *juger* (on juge un ouvrage, on juge d'un livre sur sa couverture), *préjuger* signifie couramment, dans l'un ou l'autre emploi, «prévoir qqch. par conjecture, au moyen des indices dont on dispose» ou «porter un jugement prématuré sur qqch., se former un avis sur qqch., avant tout examen approfondi» : *Je ne veux point **préjuger la question*** (Ac.). **Préjuger de** est plus courant : *À ce qu'on peut en préjuger. Sans **préjuger de la décision** relative au statut de la Ruhr, on convint...* (Gaulle, Ch. de, *Le salut*). *Autant qu'on puisse **en préjuger**.*

Autre sens de *préjuger de*, «se faire d'avance un jugement trop favorable sur qqch.» : *Préjuger **de ses forces**. — Ils préjugeaient de leur vigueur* (Duhamel, G., *Le bestiaire et l'herbier*).

PRÉLUDER, v.intr. (*Il préluda quelques instants*) ou tr.ind. (*Préluder à qqch.*).

PRÉMATURÉ, adj. *Une décision prématurée*, prise trop tôt. *Un enfant prématuré*, né avant terme.

PRÉMICES. ▶ PRÉMISSE.

PREMIER, adj., suit habituellement le numéral : *Les deux cents premiers mètres de la course.* Il ne le précède que si le groupe est lui-même considéré comme un tout (▶ DERNIER) : *Les premiers deux cents mètres.* ▶ NOMS DE NOMBRE. *Les tout premiers. Ils sont les premiers (ou les tout premiers) à s'en réjouir. Les premiers arrivés. Les premiers janvier* (Colette). Cependant ▶ DATES, 5. *Tous les premiers du mois. Un enfant*

PREMIER-NÉ. *Un* PREMIER-NÉ. *Les premiers-nés*. **Mode** après *le premier* ▸ SUBJONCTIF, 2.3.8.A.

PRÉMISSE, n.f., **PRÉMICES**, n.f.pl. **Prémisse** désigne chacune des deux premières propositions (majeure et mineure) d'un syllogisme. Se dit soit d'un commencement de démonstration, soit, au pluriel, d'un ou plusieurs faits, d'une proposition, d'une affirmation, d'où découle une conséquence. **Prémices**, ayant désigné dans l'antiquité les premiers fruits de la terre et du bétail offerts aux divinités, a désigné ces premiers fruits, en dehors de cette offrande, puis a signifié «commencements, débuts»: *Les prémices de l'amitié, de l'aube, de la vie, d'un règne*. En Belgique, ce mot s'emploie pour la première messe solennelle d'un prêtre: *Prémices sacerdotales. Messe de prémices*. Cette dernière expression a été mentionnée par le Grand Larousse encyclopédique; elle n'est certainement pas inconnue en France. Bien qu'ayant disparu des dictionnaires, elle a survécu en Belgique.

PRENDRE.

1. **V.tr.dir.** ou **ind.** Quelques compléments: *On prend un objet, de l'argent, une habitude, une raclée, sa température, un remède, une route, l'auto, le chemin de fer, le train, le bateau, le départ, la relève, le large, la porte, des nouvelles, ses aises, de l'âge, sa retraite, des leçons*, etc.

   On prend qqn **comme** *otage. On prend qqn au piège, la main dans le sac, sur le fait, au dépourvu, de vitesse, de court, à témoin, à partie, en grippe. On prend confiance en qqn. On prend son parti de qqch. On en prend son parti. Une rivière prend sa source à tel endroit, elle a son embouchure à tel autre.* ▸ OTAGE, TÉMOIN, TRAÎTRE. *On dit: prendre qqch.* **du bon côté** (avec bonne humeur) ou **du mauvais côté**, mais **en bonne part** (accueillir favorablement) ou **en mauvaise part**.

   En parlant des premières atteintes d'un mal ou de ce qui vient occuper l'esprit ou le cœur, on dit avec *le* ou *lui* (avec ou plutôt sans *à* devant un nom), mais souvent avec *le*: *La fièvre l'a prise* (ou *reprise*), **lui** *a pris* (*repris*). *Une faiblesse lui a pris* (comme *lui est arrivée*). *Quelle folie avait pris Clémence?* (Genevoix, M., *Rroû*.) *On ne sait ce qui lui a pris*.

   Devant un infinitif, on emploie parfois *le* ou *la* (*Un grand souci la prend d'être amoureuse*, Verlaine), mais généralement *lui*: *L'idée* **lui** *a pris de venir nous voir*. On dit: *Bien* (ou *mal*) **lui** *a pris de se rendre au commissariat. Mal lui en a pris*. Avec *il* impersonnel, on emploie toujours *lui*: *Il* **lui** *a pris une rage de dents. Il lui prend une envie de voyager*.

   On écrit: *Qu'est-ce qui* **lui** *prend* (ou *le prend*)? Moins souvent: *Qu'est-ce qu'il lui prend?* (▸ CE QUI, 4.2.4.)

2. **Intr.**, *prendre* se dit de ce qui passe de l'état liquide à l'état solide ou pâteux; auxiliaire *avoir* ou *être* (état): *La rivière a pris cette nuit. Le fleuve est entièrement pris. La colle prend. L'huile est prise. Les confitures ont mal pris ou sont mal prises. Faire prendre une crème. La crème a pris* (la crème colle, attache) *au fond de la casserole*.

   Aussi d'une plante qui s'enracine: *Les pêchers prennent mal. Une bouture qui prend*. Au figuré, d'une mode, d'un vaccin, d'une plaisanterie, etc.: *Le vaccin a pris. Le mensonge a pris*.

3. *Elle* **l'a pris de haut**, *de très haut, sur un ton hautain*: *Elle l'a bien* (ou *mal*) *pris*; participe invariable.

4. SE PRENDRE À: *Un homme qui se noie se prend à tout ce qu'il peut* (Ac.). *Sa robe s'est prise aux épines. Elle s'est prise à pleurer* (devant un infinitif; elle s'est mise à pleurer). *Elle s'est prise à plus fort qu'elle* (elle s'est attaquée à, elle a provoqué). *Comment faut-il s'y prendre? Elle s'y est mal* **prise** *pour gagner la partie*.

   Se prendre à qqn a pu se dire mais ne se dit plus pour S'EN PRENDRE À QQN, l'incriminer, le rendre responsable de: *On s'en prend à moi comme si j'étais coupable. Vous ne pourrez vous en prendre qu'à vous-même*.

   Se prendre de: *Se prendre d'amitié* (ou *de pitié*) *pour qqn*. **Se prendre pour**: *Il se prend pour un poète. Pour qui se prend-il?*

5. **Prendre pour**: *Prendre qqn pour époux, pour associé, pour arbitre. Prendre une personne pour une autre. Pour qui me prenez-vous? Prendre qqn pour un naïf. Prendre une chose pour argent comptant. Prendre ses désirs pour des réalités*. La langue populaire dit: *En prendre* **pour son grade**, ou **pour son rhume**. La langue familière emploie *prendre* dans ce sens: *Qu'est-ce que tu vas prendre!* Au figuré: *en prendre un coup*.

6. PRENDRE SUR SOI. *Nous prendrons sur nous votre faute* (nous en assumerons la responsabilité). Devant un infinitif précédé de *de*, s'imposer une décision difficile, délicate: *Il n'a pas osé prendre sur soi de refuser*. Absolument, *prendre sur soi* signifie «se dominer, supporter une situation sans se plaindre»: *À force de prendre sur soi, il est réputé insensible*.

7. ▸ ATTENTION, BOIRE, COURT, 2, 4, GARDER (*prendre garde*), PENSIONNÉ, POUSSIÈRE.

PRÉOCCUPER, v.tr.dir., occuper fortement l'esprit, l'inquiéter, lui donner du souci. *Se préoccuper de qqch.*, s'en inquiéter, s'en occuper sérieusement.

PRÉPARER À L'AVANCE. ▸ AVANCE, 2.

Préposition

1. DEUX PRÉPOSITIONS ET UN SEUL RÉGIME

Avant et après la guerre. [*Aller et revenir de la ville*]. ▷ COMPLÉMENT COMMUN.

2. RÉPÉTITION DES PRÉPOSITIONS

2.1. LA PRÉPOSITION N'EST PAS RÉPÉTÉE

Sous réserve de ce qui suit, la préposition n'est pas répétée : a) quand les compléments associés forment un tout considéré globalement ou sont unis étroitement par le sens ; b) quand ils constituent une locution toute faite ; c) quand ils désignent le même être ou la même idée ; d) quand ces compléments sont des nombres, unis par *ou*, qui marquent une approximation ; e) quand les deux noms forment un titre d'ouvrage : a) *Une procuration pour acheter, vendre, recevoir. En faire part aux amis et connaissances* (mais *à mon ami et à sa femme*). *Divisé en livres, chapitres et paragraphes. Je suis las d'aller et venir ;* b) *En mon âme et conscience. Condamner aux frais et dépens. École des arts et métiers. Inspecteur des ponts et chaussées. Au lieu et place de qqn ;* c) *À mon collègue et ami ;* d) *Un sursis de quatre ou cinq ans. À trois ou quatre mètres de là ;* e) *Au début de «Phèdre et Hippolyte»*. ▷ TITRES.

2.2. LA PRÉPOSITION EST RÉPÉTÉE

2.2.1. COMPARAISON

Sauf après *autre* (▷ AUTRE, 2), la préposition doit se répéter après **que** dans une comparaison :

> *J'aime mieux travailler pour vous que pour lui. Il n'existe aucun écrivain dont il soit imprégné autant que de Pascal.*

2.2.2. INSISTANCE

D'une manière générale, la préposition peut être répétée s'il y a insistance sur chaque partie ; elle l'est habituellement s'il y a opposition ou alternative :

> *Un devoir sans fautes et sans ratures* (plus insistant que *sans fautes ni ratures*). *Par monts et par vaux. Dans la paix et dans la guerre* (mais : *Dans le calme et la paix*). *Qui de vous ou de moi...? Répondre par oui ou par non.*

2.2.3. CAS PARTICULIERS

A. *À, de, en*

À, de, en se répètent généralement, sauf dans les cas énumérés ci-dessus (▷ PRÉPOSITION, 2.1) :

> *Il se plaint **de** son frère et **de** sa sœur. Il fut fâché en recevant cette lettre et en apprenant notre départ.*

Dans les locutions prépositives terminées par *à* ou *de*, on se contente généralement de répéter *à* ou *de* :

> *À cause **de** vous ou **de** moi.*

Quand *à* ou *de* doivent se répéter, si le deuxième complément est précédé de l'article défini, on fait éventuellement la contraction (*au, du*) :

> *Quant à l'organisation et **au** développement. À cause **de la** mère et du père.*

B. **Après *distinguer, (sub)diviser en***

Après *distinguer en, diviser en, subdiviser en*, la répétition de *en* est facultative : *Les consonnes se divisent en sourdes et en sonores ou en sourdes et sonores.*

C. **Après *hormis, hors, y compris***

Elle est également facultative, mais assez fréquente, après *hormis, hors, y compris* : *Il existe des solutions à tous ces problèmes, y compris (à) celui qui nous divise.*

D. **Après *excepté, sauf***

On répète généralement la préposition après *excepté, sauf* : *Abandonné de tous, excepté de sa mère* (Hugo).

E. **Après *c'est* précédé de *dont* ou de *à quoi***

La répétition de *de* ou de *à* est plus fréquente qu'autrefois : *Or je m'apercevais que **ce dont** j'étais surtout dépourvu, **c'était des** moyens de manifester mes sentiments* (Duhamel, G., *Cri des profondeurs*). ***Ce à quoi** il tient le plus, **c'est à** sa tranquillité.*

F. **Avec *l'un et l'autre, ni l'un ni l'autre*, etc.**

Avec *l'un et l'autre, l'un ou l'autre, ni l'un ni l'autre, l'un comme l'autre* ▷ AUTRE, 2 ; L'UN et UN, 9.

3. LA PRÉPOSITION EMPLOYÉE COMME ADVERBE

*Les uns attendent les emplois, les autres courent **après*** (Ac.). *Quand on fit cette proposition, tout le monde s'éleva **contre*** (Ac.). Cet emploi est courant, surtout dans la langue familière. ▷ AVEC, 1 et diverses prépositions à leur rang alphabétique.

Dans, hors, sur, sous ne peuvent être employés au lieu de *dedans, dehors, dessus, dessous.*

4. ELLIPSE DE LA PRÉPOSITION: VOIR AUSSI...

Les cas appelant une remarque sont traités à leur rang alphabétique. ▶ FACE, PRÈS, RAPPORT, RETOUR, etc.

PRÈS, adv., **PRÈS DE**, loc.prép., **PRÊT**, adj., **PRÊT À.**

1. **PRÈS, suivi d'un nom de lieu**, au lieu de *près de*, est vieilli: *Près le Palais-Royal. Près la porte Dauphine.* Il ne s'emploie plus que dans certaines expressions: *Ambassadeur près le Saint-Siège. Avocat près la cour d'appel,* à côté de: *Ambassadeur auprès du Saint-Siège, avocat à la cour d'appel.*

   On dit généralement *près d'ici,* mais on trouve encore *ici près.*

2. **PRÈS DE, PRÊT À** doivent être aujourd'hui soigneusement distingués devant un infinitif comme ailleurs. **Près de**, sur le point de: *Ce malentendu n'est pas près de finir. Le soleil est près de se lever. Je ne suis pas près de l'oublier* et non [*Je ne suis pas prêt (ou prête) de l'oublier*].

   Prêt à, disposé à, en état de: *Je suis prêt à reconnaître mes torts. Sa commande est prête à être livrée. L'avion est prêt à partir. Vêtement prêt à porter.*

   La confusion se rencontre encore en littérature, d'autant plus que la langue classique la faisait couramment, en donnant à *prêt à* le sens de *près de* et à *prêt de* celui de *prêt à.*

3. **PRÈS DE** est l'équivalent d'*auprès de* pour indiquer la proximité (*Il habite près de chez nous*), mais ne peut plus se substituer à *auprès de* pour marquer une comparaison: *Et près de vous, ce sont des sots que tous les hommes* (Molière). On dit: *Ceux qui sont le plus près de la porte.*

   Près de peut aussi marquer la proximité dans le temps ou celle du nombre: *Il y a près de huit jours qu'il est parti. Ils étaient près de cent.*

4. **À... PRÈS** s'emploie pour indiquer une différence: *Je me rappelle à deux ou trois francs près ce que j'ai payé. À un jour près, vous le rencontriez.*

   NE PAS ÊTRE (ou NE PAS EN ÊTRE) À QQCH. PRÈS: *Je ne suis pas à dix minutes près:* cette différence de dix minutes, en plus ou en moins, est sans conséquence. *Je n'en suis pas à cent francs près.*

   Par une étrange déformation de l'expression, les Wallons déplacent *près* et le font suivre de *de* et précéder d'un *la* présenté sous des graphies qui montrent que, si on garde le sens de l'ensemble, on n'en comprend plus la structure:

[*Je ne suis pas à là près de cinq francs* ou *à l'à près de cinq francs* ou *à l'après de cinq francs* ou *Est-il à l'après de ça?*].

À CELA PRÈS. Avec *ne pas être* ou *ne pas en être,* l'expression renvoie à qqch. qui vient d'être noté et veut dire que cela ne compte guère: *Il aurait préféré être officiellement invité, mais il n'est pas à cela près* ou *il n'en est pas à cela près. C'est un peu plus cher qu'il ne croyait, mais il n'est pas à cela près.* Avec un autre verbe: *Il est souvent distrait; à cela près on peut compter sur lui.* La restriction peut être introduite par *à cela près que: Le devoir de cet élève est bon, à cela près qu'il s'y trouve quelques fautes* (Ac.).

À PEU DE CHOSE PRÈS, À BEAUCOUP PRÈS: *Il ne paraît pas son âge, à beaucoup près.*

5. On dit fort bien: *Ils étaient* TOUT PRÈS *l'un de l'autre* ou *Ils étaient l'un (tout) près de l'autre.* Mais non (belgicisme): [*Mettez cinq francs tout près*] pour: *Ajoutez cinq francs.* ▶ AUPRÈS, 2.

6. À PEU PRÈS: *Ils étaient à peu près trente. Voici à peu près ce qu'il a dit.* Un À PEU PRÈS (Ac.) ou, couramment, un À-PEU-PRÈS.

PRÉ-SALÉ, n.m., ou MOUTON DE PRÉ-SALÉ, engraissé dans des pâturages périodiquement inondés par les eaux salées de la mer.

PRESCRIRE QUE est suivi des mêmes modes qu'*ordonner que.*

PRESCRIT, part.p. de *prescrire* ou adj. En Belgique, dans le langage juridique, on en fait un nom m. signifiant «ce que prescrit la loi».

PRÉSENCE, n.f. *Sa présence à la maison, à l'audience, en classe, en Suisse, dans le monde, dans la salle, dans une affaire, dans le quartier, sur le terrain. Les parties en présence. Faire acte de présence. La feuille de présence* (noter le singulier).

PRÉSENT, adj. *Une personne est, a été présente (a été portée présente) à une réunion.* Même une jeune fille répond généralement *présent!* à un appel. *Par la présente* (lettre). *Le présent mois. L'instant présent.* **PRÉSENTEMENT**, actuellement. À PRÉSENT QUE, *maintenant que.*

PRÉSENTER, v.tr.dir. ou intr. *On présente un plan, un siège, des vœux, les armes, le bras, un ami,* etc. *On se présente à un examen, à qqn. Il présente bien* (ou *mal*): *son physique, sa tenue fait bonne* (ou *mauvaise*) *impression. L'affaire se présente mal.*

PRÉSIDENT-DIRECTEUR GÉNÉRAL, n.m. On doit mettre un trait d'union après *président* et après *P.* dans l'abréviation P.-D.G.

PRÉSIDER, v.tr.dir. ou ind. *On préside une société, une organisation, une réunion, une manifestation; on préside à l'exécution de* *qqch.* (on en a la haute surveillance), *à son organisation.* Dans le sens d'occuper la place d'honneur, on dit encore *présider à,* mais beaucoup plus souvent *présider: Reine préside à un repas* (Yourcenar, M., *Archives du Nord*). *Vous présiderez le dîner.* En parlant de choses, **présider à,** «servir de principe directeur». *Quelques règles ont présidé à la rédaction des statuts.*

PRÉSIDIUM, n.m. Il faut renoncer à la graphie PRAESIDIUM.

PRESQUE.

1. ▷ ÉLISION, 2.

2. **Place.** *Presque* se place devant l'adjectif, l'adverbe, le pronom: *Presque tous les critiques sont d'accord. Du verre presque incassable. Un ouvrage presque achevé. Presque jamais. Presque personne;* après le verbe à un mode personnel ou après l'auxiliaire: *Il pleurait presque. Il a presque pleuré.* Avant ou parfois après l'infinitif: *C'est presque m'injurier. C'est être impoli à son égard, l'injurier presque* (ou *presque l'injurier*). *Je finirai par ne presque plus dormir* ou *par ne dormir presque plus* (▷ NE PAS, 2.3). S'il modifie un complément introduit par une préposition, *presque* précède généralement celle-ci: *Il jouait le rôle presque d'un complice. Presque sans ressources. Presque en colère...*

   Si le complément prépositionnel contient un des termes de quantité *aucun, pas un, chacun, chaque, nul, tout,* le plus souvent *presque* précède celui-ci: *C'est l'avis de presque tous mes collègues. Cette faute se trouve dans presque toutes les éditions.* On a nettement le choix toutefois entre: *presque dans tous les cas* et *dans presque tous les cas.*

   Presque s'emploie au sens de *quasi* entre l'article et un nom, surtout si celui-ci exprime une quantité: *Il a été élu à la presque unanimité. La presque totalité.* Moins courants: *La presque réalisation. Une presque immobilité.* On emploie plutôt *quasi.* ▷ QUASI.

PRESSE, n.f. *Ouvrage sous presse, sorti de presse.* **Composés:** *presse-citron, presse-fruits, presse-papier(s).* ▷ NOMS COMPOSÉS, 2.5 et RO II.2.

PRESSÉ, adj., s'emploie parfois pour *urgent, pressant: Une lettre pressée.* Comme nom: *aller au plus pressé.*

PRESSING, n.m. Anglicisme à remplacer par PRESSAGE (*à la vapeur*).

PRESSION, n.f.

1. SOUS LA PRESSION DE. *On exerce une pression sur qqn, on fait pression sur qqn.* Il est donc logique de dire qu'*on agit sous*

la pression de qqn, des circonstances, de l'opinion, et qu'*on résiste à la pression de qqn.*

On rencontre, sans doute influencé par *sur les instances de,* le tour insolite *sur la pression de: Sur la pression de leurs filles, les beaux-parents ont vendu leur baraque* (Bazin, H., *Le matrimoine*).

2. On parle d'un BOUTON À PRESSION ou d'un BOUTON-PRESSION et elliptiquement d'*une pression.*

3. *Une chaudière est* SOUS PRESSION. L'Académie des sciences veut qu'on dise *cabine sous pression* au lieu de *cabine pressurisée.*

4. ▷ BIÈRE.

PRESTATION, n.f. *Une prestation de serment. Des prestations en nature. Des prestations* (allocations) *familiales.* On parle couramment de *prestations* au lieu de *services* et d'*heures de prestation* pour le temps convenu d'heures de travail, que l'État soit ou non le patron.

On ne doit pas rejeter le sens de «ce qu'on offre au public», dans les domaines du sport et du spectacle et même de la politique: *La médiocre prestation d'un athlète, d'un artiste, d'un orateur.*

PRESTER, v.tr.dir., «effectuer une prestation», est l'ancienne forme de *prêter,* conservée en Belgique (par archaïsme ou sous l'influence du flamand), mais connue en France. Au lieu de *prester des services, tel nombre d'heures,* on peut dire *fournir ses services* (ou *exercer une activité*).

PRÊT, adj. PRÊT À. ▷ PRÈS. On écrit: un PRÊT-À-PORTER, des *prêts-à-porter* et *des vêtements prêts à porter.* Noter l'emploi de l'actif pour le passif. Toutefois, à côté de *Le dîner est prêt à servir* (Ac.), on dit couramment: *prêt à être servi.*

PRÊTÉ, adj. et n.m., PRÊTER, v.tr.dir. L'Académie distingue UN PRÊTÉ RENDU, qui ne se dit guère, et UN PRÊTÉ POUR UN RENDU. *C'est un prêté rendu* veut dire: *C'est un retour de ce qui a été prêté;* généralement, on a rendu ou on rend le mauvais procédé. *C'est un prêté pour un rendu:* le procédé (répréhensible) entraîne ou entraînera une revanche.

Tr.dir. *Prêter,* dépassant le sens d'accorder en prêt (*prêter de l'argent, un livre, ses affaires*), signifie «offrir l'aide de», «accorder», «imputer»: *prêter son concours, sa voix, le bras, prêter main-forte; prêter attention, secours, le flanc, l'oreille; prêter des propos* ou *des intentions à qqn.* ▷ AVOIR, 3.

Tr.ind.: *prêter au ridicule, prêter à rire, à penser,* donner matière à.

PRÉTENDRE, v.tr.dir. ou ind.

1. Sens de *soutenir* (une opinion), *affirmer* (avec une certaine audace) ou même «avoir la prétention de»: *Est-ce vrai ce qu'on prétend? Les médecins le prétendent inguérissable. Il prétend avoir toujours raison. Je prétends qu'il a tort* (indicatif). Comme *croire: Je ne prétends pas qu'il l'a dit* ou *qu'il l'ait dit. Prétendez-vous qu'il l'a dit?* ou *qu'il l'ait dit?* Mais on dira: *Je ne prétends pas* (je n'affirme pas) *qu'il le fera;* le subjonctif *(fasse)* donnerait à *prétendre* le sens d'*exiger* (▷ 2).

2. Sens de «vouloir fortement»: *Il prétend faire ce voyage. Il prétend que nous l'accompagnions* (subjonctif). Avec une négation: *Il prétend ne pas apprendre sa leçon* ou *Il ne prétend pas apprendre sa leçon* ont à peu près le même sens. Comparer: *Il prétend ne pas venir* (il affirme sa volonté de ne pas venir) et *Il ne prétend pas venir* (il refuse de venir). On distinguera plus nettement parfois: *Je prétends qu'il ne le fasse pas* et *Je ne prétends pas qu'il le fasse.* Mais dans *Je ne prétends pas que vous restiez à l'écart, vous viendrez avec nous,* le sens est *Je refuse.*

3. Le sens de «revendiquer comme un droit» est vieilli et littéraire, sauf devant un infinitif: *Je prétends un dixième, une moitié dans cette société* (Ac.). *Ce corps prétend le pas sur tel autre* (Ac.). *Il prétend marcher avant lui* (Ac.). De même ceux d'*espérer, de viser, de convoiter.*

4. Vieilli aussi *prétendre de* et l'infinitif: *C'est en vain que tu prétendrais de le déguiser* (Molière).

5. **Prétendre à**, v.tr.ind., signifie «aspirer ouvertement comme à un droit»: *Il prétend à cette charge, à cette place, à la main de cette jeune fille* (Ac.). *Il prétend à un titre, aux plus hautes dignités.* Le tour n'est plus guère vivant devant un infinitif: *Sans prétendre à vous obtenir* (Laclos).

6. SE PRÉTENDRE: *Ils se prétendent fatigués. Elle se prétend artiste peintre. Ils se sont prétendus innocents.*

PRÉTENDU, n., est vieux et régional dans le sens de *fiancé: Voilà sa prétendue* (Ac.). Adj. ▷ SOI-DISANT.

PRÉTENDUMENT, adv. (pas d'accent circonflexe), signifie «selon ce qu'on affirme à tort».

PRÉTENTAINE, n.f., s'écrit parfois PRETENTAINE ou PRETANTAINE: *Courir la prétentaine,* rechercher les aventures galantes.

PRÉTENTION, n.f. *Elle se ridiculise par sa prétention à l'élégance. Il a la prétention d'avoir toujours raison. Il a des prétentions. C'est un homme sans prétentions* (ou *sans prétention*). Dans le sens de «revendiquer», au pluriel: *Il a des prétentions sur cet héritage* (ou *à cet héritage*). Le *Lexis* donne les deux constructions: *Avoir des prétentions sur quelque chose. Des prétentions à un héritage.*

PRÊTER, v.tr.dir. ou ind. Belgicisme: [*J'ai demandé ce livre à prêter* ou *J'ai eu ce livre à prêter* ou *On me l'a donné à prêter*] pour: *J'ai demandé ce livre en prêt. J'ai emprunté ce livre. On me l'a donné en prêt. On me l'a prêté. Les mille francs qu'on lui a prêtés.* ▷ PRÊTÉ.

On dit aujourd'hui PRÊTER À RIRE plutôt que APPRÊTER À RIRE.

PRÉTEXTE, n.m.

1. [*Faux prétexte*]. Par définition, un prétexte est une cause simulée, une fausse raison alléguée pour dissimuler le véritable motif d'une action. Un prétexte peut être bon, plausible, mauvais, spécieux (n'avoir qu'une belle apparence et être sans valeur), mais c'est un pléonasme de dire qu'il est *faux* ou *fallacieux.*

2. SOUS PRÉTEXTE (ou SOUS LE PRÉTEXTE) DE ou QUE. On dit plus souvent *sous prétexte,* surtout devant un infinitif et si le nom qui suit n'est pas précédé d'un article: **Sous prétexte** de maladie. **Sous** (**le**) **prétexte** d'une maladie grave ou de mener une enquête. L'article s'impose si *prétexte* est qualifié par un adjectif ou une relative: **Sous le prétexte** plausible de... *Sous un prétexte quelconque.* On dit: *sous aucun prétexte.* Après *sous* (*le*) *prétexte que,* on emploie l'indicatif.

3. PRENDRE PRÉTEXTE DE QQCH., ÊTRE PRÉTEXTE À, PRENDRE PRÉTEXTE QUE: *Il a pris prétexte de notre absence pour se dérober. Cela fut pour lui prétexte à des plaisanteries. Tout cela est prétexte à se dérober. Il a pris prétexte que nous étions trop nombreux.*

PRÉTEXTER, v.tr.dir. *Il prétexte ses engagements antérieurs. Il prétexte qu'il n'a pas le temps* ou *n'avoir pas le temps.* **V.tr.ind.** On rencontre *prétexter de qqch.,* non recommandable: *Mais Pierre prétexta de la grande fatigue du voyage pour s'aller coucher sans attendre* (Vercors, *Les armes de la nuit*).

PREUVE, n.f. On peut dire *preuve probante* (Ac.), bien que ce soit un pléonasme, à côté de *preuve concluante, solide, convaincante, décisive, sans réplique.* Distinguer FAIRE LA PREUVE de qqch., *de son courage,* le démontrer par son comportement, et FAIRE PREUVE de qqch., *de courage,* en montrer. Loc. fam. À PREUVE, LA PREUVE: *Il le savait; à preuve* (la preuve), *son insistance.* — À PREUVE QUE: *Je ne lui en veux pas, à preuve que je viens de l'inviter.* On dit plus élégamment: *la preuve, c'est* ou *la preuve en est que.*

PRÉVALOIR, v.intr., se conjugue comme *valoir,* sauf au subj. prés.: **prévale, prévalions, prévalent.** Accord du part.

passé dans *se prévaloir*: *Elle s'est prévalue de ses droits.* Le verbe simple ne peut plus avoir pour sujet un nom de personne: *Sa volonté a prévalu* ou *a prévalu contre la nôtre* (ou *sur la nôtre*), l'a emporté.

PRÉVENIR, v.tr.dir., est classique et littéraire dans le sens de «devancer qqn», «arriver avant lui», «devancer par la pensée un événement futur». Aujourd'hui, on dit: *prévenir un mal* (*Mieux vaut prévenir que guérir*), *prévenir les désirs de qqn* (aller au-devant, satisfaire par avance), *prévenir qqn* (l'avertir, le mettre au courant), *le prévenir de qqch.*, *prévenir qqn contre* ou *en faveur de*, le disposer dans tel ou tel sens.

Prévenir d'avance ou *au préalable* ou *préalablement*. ▷ AVANCE, 2. On dit *prévenir que* (*de ce que* est inutile et lourd): *Je vous préviens que je n'attendrai pas.*

PRÉVENTION, n.f., dans son sens courant, peut théoriquement, comme *préjugé*, désigner un état d'esprit disposé à juger favorablement ou défavorablement. En fait, il s'agit surtout d'opinions défavorables, formées sans examen: *Avoir des préventions contre qqn.*

PRÉVOIR, v.tr.dir., se conjugue comme *voir*, sauf au futur (*je prévoirai*) et au cond.prés. (*je prévoirais*).

Du sens de «voir d'avance», «envisager», on est passé à celui d'«organiser d'avance, prendre les mesures nécessaires pour les événements envisagés»: *La réunion est prévue pour la semaine prochaine. Tout est prévu pour le logement des congressistes. On a prévu leur logement. On a prévu le chauffage central.* On va sans doute trop loin lorsqu'on dit: *La loi a prévu telle sanction* au lieu de: *a prescrit telle sanction*, mais on dira qu'*elle a prévu telle sorte de crime.*

Prévoir que: *Je prévois qu'il réussira.* Avec *de* et l'infinitif, le tour semble vieilli mais est correct: *Je prévois* (*j'envisage*) *de le rencontrer la semaine prochaine.*

COMME PRÉVU, *moins* (ou *plus*)... *que prévu*, un peu familiers, s'emploient elliptiquement et restent invariables: *Tout s'est passé comme prévu. La réponse a été moins favorable que prévu* (*que comme il — impersonnel — était prévu, qu'il n'était prévu*).

PRIE-DIEU, n.m. *Un* ou *des prie-Dieu.*

PRIER, v.tr.dir.

1. [*Prier un chapelet*], flandricisme. *Réciter, dire un chapelet.*

2. *Je prie Dieu. Je vous prie de me répondre. Je vous prie, je vous en prie. Ne vous faites pas prier. Il s'est fait prier pour nous accompagner. — Prier qqn à dîner*, l'inviter à, est un tour plutôt vieilli.

PRIÈRE, n.f. *Céder à une prière pressante*, faire qqch. *à la prière de qqn.*

PRIÈRE D'INSÉRER (avis destiné à la critique) est masculin (on pense à un papier, à un encart) ou plutôt féminin (comme *prière*). *Un* ou *une prière d'insérer.*

PRIMER, v.tr.dir., a aujourd'hui pour sujet un nom de chose et signifie «l'emporter sur»: *Les qualités morales priment les qualités intellectuelles. La force prime le droit.* Éviter [*primer sur*].

PRIMESAUT, n.m. vieilli, s'écrit en un mot comme **PRIMESAUTIER**.

PRIMORDIAL, adj., est passé du sens premier, «qui existe dès l'origine», à celui de «qui est de première importance, capital, essentiel»: *C'est d'une importance primordiale. Je tiens cela pour primordial.*

PRINCESSE, apposé comme adj., varie ou reste invariable: *Des haricots princesse* ou *des haricots princesses. Des robes princesse* ou *des robes princesses.*

PRINCIPE, n.m. Distinguer EN PRINCIPE (théoriquement), PAR PRINCIPE (en vertu d'un a priori, d'une règle), POUR LE PRINCIPE (pour une raison théorique et de principe, non par intérêt).

PRINTEMPS, n.m. *Au printemps.*

PRIORITÉ, n.f. À l'usage belge PRIORITÉ DE DROITE (à celui qui vient de droite) correspond en France PRIORITÉ À DROITE (à celui qui est à droite).

PRIVATIF, adj., se dit de la partie d'une propriété qui appartient en propre à chaque propriétaire. Peut se dire, dans un sens très précis, d'un jardin. ▷ JARDIN. En termes de droit, *une disposition privative* est exclusive.

PRIVER, v.tr.dir., **PRIVÉ**, adj. *Priver qqn* (ou *qqch.*) *de qqch.*, c'est l'empêcher de profiter de qqch.: *On l'a privé de sortie, de dessert. L'oiseau en cage est privé de liberté.* Un raisonnement n'est donc pas *privé de fondement* mais *dénué de fondement.*

PRIX. AU PRIX DE. ▷ AUPRÈS. La publicité a créé diverses expressions sur l'orthographe desquelles l'usage hésite: *des prix choc*, *des prix(-)plafond(s)*, *des prix(-)plancher(s)*, *des prix(-)suicide*, *des prix courant(s)*, *des prix(-)coûtant(s)*, *des prix standard*, etc.

PROBABLE, adj. *Il est probable que* est suivi de l'indicatif (ou du conditionnel). De même *probablement que*. Malgré quelques exemples d'écrivains, on évitera le subjonctif, qui peut au contraire s'employer après *il est peu probable que, il n'est pas probable que, est-il probable que*. ▷ SUBJONCTIF, 2.3.5.

PROBLÉMATIQUE, n.f., s'est imposé pour signifier l'art ou la science de poser les problèmes ou l'ensemble des problèmes définis et classés.

PROBLÈME, n.m. Encore qu'on abuse du mot, on peut dire: *Cet enfant est* (*pour moi*) *un problème* ou *me pose des problèmes*. Mais on n'emploiera pas *problème* pour une difficulté insignifiante; on ne dira pas de la moindre chose qu'elle *fait problème* (expression depuis longtemps courante et normale) dès que cette chose présente des difficultés: si la difficulté est sérieuse on dira que *cela demande réflexion*.

PROCÉDER, v.tr.ind. ▷ VERBE, Conjugaison, 1.1. **Procéder à** (accomplir, exécuter) suppose une certaine technique, une certaine méthode: *Procéder à un interrogatoire, à l'ouverture d'un testament, à une enquête, à une arrestation, à une élection*, etc. Ne pas abuser de ce verbe pour former des périphrases inutiles qui deviennent des clichés: *Procéder à une révision* (réviser), *à un redressement* (redresser), etc. — **Procéder de**, intr., tirer son origine de, résulter de: *Ses ennuis procèdent de son mauvais caractère, de sa légèreté*. — **Procéder contre** *qqn*, agir contre lui en justice.

PROCÈS-VERBAL, n.m. Un *procès-verbal*, des **procès-verbaux**. *L'agent leur a dressé* (*un*) *procès-verbal*. *Le procès-verbal de la séance précédente*.

PROCHAIN, adj. *Je descends au prochain arrêt* ou *à l'arrêt prochain*. *La prochaine fois* ou *la fois prochaine*. Par ellipse, *à la prochaine fois* se dit familièrement: *à la prochaine*. *Les cinq prochains jours*. *L'an prochain* ou *l'année prochaine*. *La semaine prochaine* (et non: *La prochaine*). *Les 20 et 21 mars prochains* (pluriel nécessaire à cause de *les*). *Le 20 et* (ou bien *ou*) *le 21 mars prochain* (ou *prochains*). *Vendredi et samedi prochains*. *En mars et avril prochains* (ou *prochain*). ▷ NUMÉRAUX, 9, DERNIER, 1, ADJECTIFS QUALIFICATIFS, 2.7.2.

PROCHE, adj., adv., prép., nom.

1. **Adjectif**: *Ces deux maisons sont fort proches* (voisines) ou *proches l'une de l'autre*. *Sa fin est proche* (prochaine). *Un proche parent*. *La nuit est proche*.

2. **Adverbe**. Emploi vieilli, sauf dans *de proche en proche*. Au lieu de *Il demeure ici proche* (Ac.), on dit: *ici tout près* ou *à proximité*.

3. **Préposition**. On n'écrit plus: *des champs proche* (*de*) *la rivière* (dans le sens de «près de»). On écrit: *proches de la*

rivière. Pour la proximité dans le temps, on dit *près de*: *Un livre près de paraître*. ▷ PRÈS, 2.

4. **Nom**, masculin pluriel. *Les proches*, les parents les plus proches, les personnes qu'on fréquente le plus.

PROCHE-ORIENTAL, adj., on écrit: *Questions **proche-orientales***. ▷ MOYEN-ORIENT.

PROFESSIONNALISME, n.m. Deux *n*.

Professions féminines

▷ GENRE, 1.

PROFITER, v.tr.ind. ▷ BÉNÉFICIER. *On profite **de qqch.***, d'une occasion, de l'absence de qqn, de ce qu'il est absent. *Profite de l'occasion* (*profites-en*) *pour faire ce voyage*. *L'offre **dont** on profite*. — *Profiter de qqn* est péjoratif: *Je ne veux pas qu'on profite de moi*.

L'Académie donne encore *profiter sur*, «faire un gain sur». *Il a beaucoup profité sur les marchandises qu'il a vendues*. Emploi vieilli. *Une chose profite **à qqn**. En quoi cela lui profitera-t-il?*

Familièrement: *Un enfant profite, a bien profité*. On laissera à la langue populaire *profiter qqch.*: *Vase chinois, bonne occasion à profiter* (Bazin, H., *Le bureau des mariages*). Il faut dire: *à saisir*.

Profiter que, profiter de ce que. Il est certain que l'usage recommande **profiter de ce que**: *Les fidèles profitèrent de ce qu'ils s'asseyaient* (Mauriac, Fr., *Les chemins de la mer*). *Je profitai de ce que la duchesse changeait de place pour me lever aussi* (Proust, M., *À la recherche...*). *Profiter que* est étrangement condamné comme populaire et donc à éviter, alors qu'on recommande *avertir que, informer que*, etc.

PROFITEUR, *euse*, n., est toujours péjoratif.

PROFOND, adj. [ASSIETTE PROFONDE]. ▷ ASSIETTE.

PROGNATHE, adj. (attention à *th*), qui a les mâchoires proéminentes.

PROGRAMME, n.m. ▷ DANS, 1.

PROLONGATION, n.f., **PROLONGEMENT**, n.m. **Prolongation**, action de prolonger *dans le temps* ou résultat de cette action: *La prolongation d'un congé, d'un match, de la vie, d'une note de musique*. **Prolongement**, action de prolonger dans l'espace (*Le prolongement d'une rue*) ou ce par quoi se prolonge soit une affaire dans le temps ou dans l'espace (*Les* *prolongements d'une affaire*), soit la partie principale d'une chose, d'un corps (*Le prolongement du cou*).

PROMENER, SE PROMENER. On dit: *Je vais **me** promener. Va te promener! Nous avons été nous promener.* L'omission du pronom réfléchi est vieillie ou régionale. Mais: *Je l'ai envoyé promener, je l'ai éconduit.*

PROMÉRITÉ, adj., belgicisme administratif, «qui serait dû»: *Indemnité proméritée de juillet.*

PROMETTRE, v.tr.dir., exprimant un engagement, une annonce, un espoir, tourne naturellement l'esprit vers l'avenir. *Je **promets** qu'il le fera (ou ferait). Je promets mon concours. Je promets de venir. Je vous promets une belle surprise. Cet enfant promet. Je ne promets pas qu'il viendra.* Mais par extension, depuis des siècles, l'assurance peut porter sur le présent ou sur le passé: *Je vous promets que je suis devenu très naïf* (Nerval). *Je vous promets que je l'attendais* (Saint Pierre, M. de, *Les aristocrates*). Tour aujourd'hui familier.

Le subjonctif après ***ne pas promettre que*** est permis. *Je ne promets pas qu'il le fasse.*

SE PROMETTRE. Noter les accords ou l'invariabilité du participe passé (▶ PARTICIPE PASSÉ, 6): *Elle s'était **promise** à un jeune avocat. Elle n'a pas éprouvé les joies qu'elle s'était **promises**. Elle s'est **promis** de ne plus recommencer. Elles se sont **promis** de s'écrire.*

PROMOTEUR, n.m. **PROMOTION,** n.f. **PROMOTIONNEL,** adj. Par définition, au sens traditionnel, le **promoteur** donne l'impulsion et même la première impulsion. Il ne faut donc pas ajouter l'épithète *premier*. Toutefois celui qui assure avec d'autres, mais en priorité, le financement et la construction d'immeubles peut s'appeler *premier* ou *principal promoteur*.

À **promotion,** n.f. qu'on trouve dans l'anglicisme *promotion des ventes,* encouragement et développement des ventes, *article en promotion,* correspond l'adjectif **promotionnel**: *vente promotionnelle, tarifs promotionnels.*

PROMOUVOIR, v.tr.dir., bien qu'on rencontre l'ind. présent *pro-**meut*** et l'ind. imparfait *promouvait,* ne s'emploie guère qu'à l'infinitif, au participe (*promouvant, promu*) et aux temps composés.

On n'est **promu** dans un ordre que si l'on accède à un grade supérieur. On est *nommé* au premier grade.

Le sens d'«encourager qqch.», «favoriser sa création, son essor», est admis: *Promouvoir une réforme, les lettres, une politique, un produit.*

PROMPT, *prompte*, adj., **PROMPTEMENT,** adv., **PROMPTITUDE,** n.f. On ne prononce pas le second *p.*

Pronoms démonstratifs

▶ ÇA, CELA, CE, CE, CELUI, CELLE, CEUX.

Pronoms personnels et réfléchis

1. EMPLOI DU PRONOM PERSONNEL OU RÉFLÉCHI

1.1. PRONOM PERSONNEL SUJET

Inutile d'insister sur tous les emplois des formes fortes des pronoms personnels ou plus exactement des formes disjointes (séparées du verbe), *moi, toi, lui, eux, eux-mêmes,* etc. (*Qui est là? Moi. — Toi qui étais là. — C'est lui qui l'a dit. — Moi, t'en vouloir?*)

Notons seulement qu'elles peuvent être apposées à la forme faible quand on veut insister (*Moi, je le ferai. Quant à toi, tu n'as rien à faire*) ou qu'elles sont suivies d'un adjectif (*Eux, insouciants, ils jouaient*).

On les emploie notamment en liaison avec un autre sujet (*Ni toi ni ton frère n'avez pu penser cela*) et dans une opposition (*Eux aussi le savaient. Les autres ne soupçonnaient rien, lui se méfiait. Pourquoi lui et pas moi?*) Populaire: *J'ai emporté un bout de chocolat [pour moi manger].*

Reprise facultative, mais fréquente, par un pronom pluriel, des sujets de personnes différentes: *Vous et moi, nous les accompagnerons.* ▶ VERBE, Accord, 2.2.1.

1.2. PRONOM EXPRIMANT L'INTÉRÊT

On emploie le pronom personnel de la 1re ou de la 2e personne, sous la forme d'un complément d'objet indirect, pour marquer l'intérêt que la personne indiquée prend ou doit prendre à l'action ou au fait:

*Regardez-**moi** cette tête. Il **vous** lui fait un beau sermon. Je vais **te** lui faire un de ces compliments!*

S'il y a un autre pronom complément, on voit qu'il suit le pronom d'intérêt.

1.3. PRONOM ANNONÇANT UNE PROPOSITION OU UN COMPLÉMENT

Emploi du pronom personnel complément pour annoncer soit une proposition indépendante, soit une proposition complétive, soit un complément sur lequel on insiste:

*Je vous **en** prie, faites-le. Je vous **le** dis pendant que j'y pense : votre livre est retrouvé. Je **le** savais bien qu'il viendrait. Je m'**en** doutais, qu'il allait encore se faire remarquer. Vous **en** parlez tout le temps, de ces gens-là. Je **les** connais ces difficultés.*

À distinguer soigneusement de tours pléonastiques où le pronom suit, sans raison, dans la même proposition : *Mais en Poitou nous* [y] *séjournerons quelque temps. De Paris nous* [en] *sommes revenus en train.*

1.4. AVEC UN PARTICIPE PRIS ADJECTIVEMENT

La mission à lui confiée. La lettre à eux transmise. On doit dire : ***La lettre à lui*** (ou *à eux, à nous*) ***confiée*** et non, comme en Belgique où on a tendance à ne pas répéter la préposition devant un participe pris adjectivement [*La lettre lui* (ou *nous* ou *leur*) *confiée*]. On peut recourir à une relative : *La lettre qui lui a été confiée.* Le tour sans préposition est permis avec *y* : *Les fillettes **y comprises**. Les dispositions **y insérées**.*

1.5. PRONOM PERSONNEL COMPLÉMENT OU ATTRIBUT

▷ LE, LA, LES, 2.1, *Pronom attribut* ; LE, LA, LES, 2.2, *Pronom complément* ; EN, adv. ou pr. ; LUI ; Y.

2. RÉPÉTITION DU PRONOM PERSONNEL COMPLÉMENT OU RÉFLÉCHI

Quand les verbes juxtaposés ou coordonnés ont le même pronom personnel comme complément d'objet :

2.1. PRONOM PERSONNEL COMPLÉMENT DEVANT UN TEMPS SIMPLE

On le répète devant un temps simple, même si le sujet n'est pas répété (▷ 4) : *Je le dis et (je) le répète. Je vous admire et vous félicite* et non [*Je vous admire et félicite*]. *En l'admirant et le félicitant.*

2.2. PRONOM PERSONNEL COMPLÉMENT DEVANT UN TEMPS COMPOSÉ

Devant un temps composé, il se répète si l'auxiliaire est répété : *Je l'ai dit et je l'ai répété. Je l'ai dit et répété.* ▷ AUXILIAIRES, 2.

Si le même pronom remplit une fonction différente, le style soigné le répète, mais l'usage hésite : *Il m'a parlé et m'a félicité. Nos amis nous ont secourus et nous ont envoyé des vivres.* ▷ COMPLÉMENT COMMUN.

2.3. PRONOM RÉFLÉCHI

Le pronom réfléchi se répète devant les temps simples : *Ils se voient et s'écrivent. Il s'entête et s'acharne. Il se lève et se lave aussitôt.*

Répétition moins rigoureuse devant les temps composés. ▷ COMPLÉMENT COMMUN.

2.4. RUPTURE DE CONSTRUCTION

Ne pas dire : [*Je prends la liberté de vous écrire* (ou *de vous demander*), *vous qui êtes...*]. Dire : *à vous qui êtes...* Mais : *Je prends la liberté de vous consulter, vous qui êtes...* En effet, *on écrit à qqn* mais *on consulte qqn.*

3. PLACE DU PRONOM PERSONNEL

3.1. COMPLÉMENT D'UN IMPÉRATIF

▷ IMPÉRATIF, 2.

3.2. COMPLÉMENT D'UN INFINITIF

▷ INFINITIF, 1.4.

3.3. COMPLÉMENT D'UN VERBE À UN AUTRE MODE

3.3.1. VOISINAGE DES PRONOMS

Je nous est normal avec quelques verbes quand *nous* est objet direct : *Je ne nous vois pas faire cela. Je nous vois contraints de...* Emploi plus limité si *nous* est objet indirect : *C'est le bonheur que je nous souhaite.* Mais ***tu vous**, **nous me**, **vous te*** ne se disent pas.

3.3.2. PRONOM PERSONNEL INTRODUIT PAR UNE PRÉPOSITION

Le pronom personnel complément introduit par une préposition se place normalement après le verbe et est à la forme forte : *J'ai besoin **de toi**.* Avec mise en évidence : *C'est de toi que j'ai besoin. À toi, je le dirai.*

3.3.3. PLACE DES COMPLÉMENTS DIRECT ET INDIRECT

Le complément d'objet indirect précède le pronom objet direct. Mais *le, la, les* précèdent *lui, leur* : *Je **te le** demande. Je **le lui** dirai.*

3.3.4. JUXTAPOSITION DES PRONOMS *ME, TE, SE, NOUS, VOUS, LUI*

On ne peut juxtaposer les pronoms compléments *me, te* (*moi, toi*), *se, nous, vous, lui* (sans préposition), *leur*, à moins que l'on n'ait un pronom expressif d'intérêt (▷ 1.2). Le pronom personnel complément d'objet indirect prend donc après le verbe la forme forte, précédée d'une préposition quand le pronom objet direct est une 1re ou une 2e personne ou une 3e personne réfléchie : *Il **m'**a présenté **à vous**. Je vous ai confié à eux.*

De même, à l'**impératif** (sans négation), on dit : *Présente-moi à eux. Confie-moi à lui. Fiez-vous à moi.* ▷ IMPÉRATIF, 2 et 2.2.

3.3.5. *EN* ET *Y*

En et *y* (pronoms ou adverbes) suivent toujours les autres pronoms : *Je **m'en** réjouis*. Théoriquement, mais cela ne se rencontre guère que dans *il y en a*, *y* précède *en* : ***Y en** a-t-il beaucoup ?*

4. RÉPÉTITION DU PRONOM PERSONNEL SUJET

4.1. RÈGLE GÉNÉRALE

Il y a une certaine discordance entre la langue écrite et la langue parlée ; la répétition est plus fréquente dans celle-ci. On cherche aussi des effets de style en répétant ou non le pronom.

En tout cas, on doit le répéter devant un second verbe quand le premier a été construit en inversion : *À peine eut-il proféré cette menace qu'il la regretta.* *« Partons », dit-il, et il sortit.* D'autre part, plus le lien est étroit entre les actions énumérées, plus il est logique de ne pas répéter le sujet. Par contre, une opposition des verbes entraîne normalement la répétition du sujet : *Il n'exige plus, il demande. Il prétend m'aider, mais il me gêne. Il fera ce que j'ai dit ou il s'en ira.*

4.2. PRÉCISIONS COMPLÉMENTAIRES

4.2.1. APRÈS *NI*

Jamais de répétition du sujet après **ni** : *Il ne boit ni ne mange.*

4.2.2. PROPOSITIONS JUXTAPOSÉES

La répétition est fréquente. L'omission du second sujet n'est jamais obligatoire ; elle est plus fréquente à la 3e personne qu'aux deux autres ; elle souligne la rapidité de la succession : *Je suis venu, j'ai vu, j'ai vaincu. César (ou il) est venu, a vu, a vaincu. J'ouvris la lettre, la lus, la jetai au panier. Il frappe et entre.*

Si le verbe est répété pour produire un effet, le pronom se répète aussi : *Il dort le jour, il dort la nuit, il dort constamment.* ▷ PRONOMS PERSONNELS, 4.2.5.

Si le dernier verbe n'exprime pas un des faits qui se suivent mais en donne, par exemple, la raison, l'explication ou fait intervenir le discours indirect libre, il faut répéter le sujet devant ce dernier verbe : *Enfin il paya, se leva, il devait partir* (Troyat, H., *Les Eygletière*).

Répétition lorsqu'il y a opposition. Voir plus haut.

4.2.3. PROPOSITIONS COORDONNÉES

La répétition, courante quand il y a opposition et après une autre conjonction de coordination que *et*, se fait beaucoup plus rarement après *et* quand il n'y a pas opposition : *Tu es paresseuse et tu veux réussir. Je plie et ne romps point. Il prétend m'aider, mais il me gêne. Il réussira, car il travaille et est intelligent.*

Omission courante après *puis*, à cause du lien entre les deux actions : *Il remercia puis s'en alla.*

4.2.4. PROPOSITIONS SUBORDONNÉES

On doit répéter le pronom personnel sujet après une conjonction de subordination répétée : *Il vous excusera parce qu'il vous connaît **et parce qu'il** vous fait confiance.*

4.2.5. DIFFÉRENCES ENTRE DEUX PROPOSITIONS

Répétition courante aussi du pronom sujet quand l'idée est présentée de deux manières différentes, quand les verbes sont à des temps ou à des modes différents et surtout quand on passe d'une négation à une affirmation :

> *Nous avons vécu et nous mourrons ensemble. Il m'a dit et il me répète chaque jour... Je désire le rencontrer et je voudrais le prier de me recevoir. Il n'hésite plus, il agit.*

4.2.6. *ON* ET L'IMPERSONNEL *IL*

On et l'impersonnel *il* se répètent presque toujours : ***Il** pleut **et il** vente. **On** s'émeut **et on** se passionne.*

5. OMISSION DU RÉFLÉCHI DEVANT UN INFINITIF

Elle est courante, mais non obligatoire, après *faire* (▷ FAIRE, 7) ; elle est moins fréquente, sans être rare, après *envoyer, laisser, mener, emmener* : *Elle la fit (s')asseoir. Il nous faisait taire. On l'a laissé (s')échapper.* ▷ LAISSER, 2, PROMENER.

6. VOIR AUSSI...

Voir à leur rang alphabétique les divers pronoms *en, le, lui, nous, soi, y*. Pour l'emploi après *chacun* ▷ CHACUN, 2.2 et CHACUN, 2.3. ▷ ENTRE, 6.

Pronoms possessifs

1. FORMES

Le mien, le tien, le sien, le nôtre, le vôtre, le leur, la mienne, la leur, les miens, les miennes, les leurs, etc.

2. SUBSTANTIVATION

En fait, on a une substantivation de l'adjectif possessif à la forme tonique quand celle-ci existe. ▷ DÉTERMINANTS POSSESSIFS, 3.

On renvoie à un nom précédemment exprimé et déterminé : *Ta femme et la mienne. J'ai mes torts et vous avez les vôtres. Ces vêtements sont les vôtres. Vos enfants et les deux miens.* On distingue théoriquement : *Aimez cet enfant comme vôtre* (comme étant vôtre) et *comme le vôtre* (comme vous aimez le vôtre).

Mais il y a beaucoup d'autres emplois où l'on a indiscutablement des noms plutôt que des pronoms :

> *Chacun y mettra du sien* (sa contribution personnelle, son argent, ses idées, ses efforts). *Ils y ont mis du leur. Faire des siennes, des vôtres* (des fredaines ou agissements habituels). *Mes meilleurs vœux pour vous et les vôtres* (les personnes de votre famille).

3. *LA VÔTRE*

La vôtre pour *votre lettre* doit normalement renvoyer à *lettre* : *J'espère que vous avez reçu ma lettre. La vôtre m'est parvenue le jour même où je venais de vous écrire.* Mais c'est un tour à proscrire au début d'une lettre : [*J'ai reçu la vôtre du 7 janvier*].

De même, à *À votre santé!* on peut répondre *À la vôtre.* Mais *À la (bonne) vôtre!* employé en premier lieu est très familier.

4. DANS LES EMPLOIS FIGURÉS

On ne peut dire : [*Je ne connais pas de plus mauvaise tête ou de plus mauvaise langue que la sienne*], si l'on désigne par ce défaut une personne. Il faut dire : *que Jacques* ou *que lui.*

5. APRÈS *CHACUN*

Emploi de *le sien* ou *le leur* après *chacun* ▷ CHACUN, 2.2, 3.

Pronoms relatifs

▷ DONT, LEQUEL, 1, QUI, 1, QUE, pr., 2, QUOI, 1, SUBJONCTIF, 2.3.8.

Un pronom relatif renvoie en général à un pronom ou à un nom propre ou déterminé par un article, un déterminant démonstratif ou possessif.

> On ne dira pas : [*Il demanda grâce, qui lui fut refusée*] mais : *Il demanda sa grâce, qui lui fut refusée. Il demanda grâce, mais on ne l'écouta pas.*

Le pronom relatif peut toutefois renvoyer à un nom indéterminé pluriel ou à un nom attribut ou apposé :

> *Il est coupable de crimes qui méritent châtiment* (Littré). *Ce sont gens que nous respectons.*

Un ancien usage permettait au pronom relatif d'avoir une proposition ou une idée pour antécédent : *C'est dont je ne veux point de témoin que Valère* (Corneille). *Vous pensâtes même ne pas me trouver au logis, qui eût été une belle chose* (Mme de Sévigné). Nous disons : *ce dont, ce qui,* mais nous disons encore *qui plus est, dont acte, après quoi,* etc.

PROPHYLAXIE, n.f. Mesures de prévention, *moyens* **PROPHYLACTIQUES**.

PROPORTION, n.f. On parle de *la proportion entre deux choses, entre la hauteur et la largeur* ou de *la proportion de la hauteur et de la largeur* ou *de la hauteur à la largeur* ou *avec la largeur.* Le PR accepte le sens de *pourcentage,* sans que soient nommées les deux parties comparées : «*Proportion de décès normale, élevée, faible (par rapport à la population)*». Un salaire augmente **EN PROPORTION DE** la difficulté (on dit aussi **À PROPORTION DE**). **À PROPORTION** et surtout **EN PROPORTION**, loc.adv. *Son travail a été apprécié et il a été payé en proportion. Il était haï et jalousé **à proportion** ou, plus souvent, **en proportion*** (Ac.). *Sa réussite est hors de proportion* (ou *n'est pas en proportion*) *avec ses mérites.* **À PROPORTION QUE** se dit moins que **à mesure que, proportionnellement à, en proportion de**.

On écrit au singulier ou au pluriel : *Toute(s) proportion(s) gardée(s).*

PROPOS, n.m. *À propos de quoi? À ce propos. À propos de tout et de rien. À **tout** propos* (plutôt que : *À tous propos*). *Parler à propos, hors de propos, mal à propos. De propos délibéré. À propos, j'allais oublier de vous dire* (Ac.); cet emploi d'*à propos* en tête de phrase marque une rupture plutôt qu'un enchaînement. Trait d'union dans le nom composé *un* **À-PROPOS** (▷ À-PROPOS) et dans *l'esprit d'à-propos, manquer d'à-propos.*

PROPOSER (SE). *Elle s'est **proposé** de nous écrire. Elle s'est **proposée** pour cette mission. Elle s'est **proposé** plusieurs objectifs.* ▷ PARTICIPE PASSÉ, 6.

PROPRE, adj.

1. **Propre à** peut signifier «particulier à» (*Une qualité propre à la jeunesse*) ou «apte à» (fait pour, convenant pour) : *Un silence propre à la réflexion. Un objet propre à tel usage. Celui qui est propre à tout n'est propre à rien.* On ne dit plus : *être propre pour qqch.*

Propre à devant un infinitif : *C'était peu propre à me rassurer.*

PROPRE-À-RIEN, n.m. ou f. : *Cette femme **est une** propre-à-rien* (elle *n'est propre à rien faire,* elle ne sait ou ne veut rien faire). *Des **propres-à-rien**.*

2. Quand il s'agit de propreté, on dit fort bien : *Être propre sur soi* (Ac.). Quand il exprime la propreté, le soin, *propre* suit toujours le nom : *Un enfant propre. Les mains propres.*

3. **Le mot propre, le terme propre, en propres termes,** etc. *Parler en employant le mot propre, le terme propre* (approprié, qui convient). *Voilà, en propres termes* (exactement, en répétant les termes) *ce qu'il m'a dit. Répéter les propres paroles de qqn. Ce sont ses propres termes.*

   Entre un adjectif possessif et un nom : *Il agira sous sa propre responsabilité. Il a écrit cela de sa propre main. Par ses propres moyens. Je l'ai entendu de mes propres oreilles. Dans son propre intérêt. De son propre cru.* La langue classique pouvait dans ce cas mettre *propre* après le nom.

   Noter qu'on écrit : *Remettre une chose à qqn* **en main(s) propre(s)**, *dans sa propre main* ou *dans ses propres mains.*

4. **Me voilà propre! Nous sommes propres** se disent par antiphrase : *Je suis* ou *nous sommes dans une mauvaise situation.*

5. **Propre,** n.m., se dit aussi par antiphrase dans : *c'est du propre.* Autres emplois : *Avoir un bien en propre. Posséder en propre. Rire est le propre de l'homme. Au propre et au figuré.* METTRE AU PROPRE se dit aussi bien que *mettre au net* et n'est pas un belgicisme.

6. AMOUR-PROPRE, n.m. Trait d'union : *Des* **amours-propres.**

7. Lorsque le wallon emploie *propre* pour «bien mis, bien arrangé», il reste fidèle à un usage classique : *Comment, Monsieur Jourdain? Vous voilà le plus propre du monde!* (...) *Vous avez tout à fait bon air avec cet habit* (Molière).

PRORATA, n.m. inv., AU PRORATA DE, loc.prép., «proportionnellement à».

PRORECTEUR, n.m., désigne dans des universités belges le recteur précédent.

PROROGER, v.tr.dir. *On proroge un terme, une échéance* (on les renvoie à plus tard), *un bail, un mandat, une assemblée* (on en prolonge la durée).

PROTAGONISTE, n.m. ou f., après avoir désigné l'acteur jouant le rôle principal d'une tragédie, s'est dit de toute personne qui joue le rôle essentiel ou même, simplement, un rôle très important dans une affaire : *Le ton montait entre les deux protagonistes.* Mais on ne peut parler de [*premier* ou *principal protagoniste*] ni employer *protagoniste* pour *partenaire.*

PROTÉGER, v.tr.dir., se construit avec **contre,** toujours devant un nom de personne, souvent devant un nom de chose ; dans ce dernier cas, il se construit plutôt avec **de** si le sens est simplement «mettre à l'abri» plutôt que «mettre à l'abri d'un danger» : *Un rempart protégeait la ville* **contre** *l'ennemi. Protéger un enfant mineur contre ceux qui voudraient nuire à ses intérêts. L'arbre nous protège* **du** *soleil. Elle se protégeait de la pluie avec un vieil imperméable. Ce mur nous protège contre le vent* ou *du vent.* On prendra garde que *de* peut aussi exprimer le moyen : *De son corps il protégeait l'enfant.*

▷ NOMS COMPOSÉS, 2.5 et *RO* II.2.

PROTESTATION, n.f. On dit fort bien : *Élever une protestation.*

PROTESTER, v.tr.dir. ou intr. ou tr.ind. *On proteste de ses bonnes intentions, contre un abus.* Vieilli, *protester que* (et l'indicatif), donner l'assurance que. *On proteste une lettre de change* (on fait un PROTÊT), on fait constater qu'il n'y a pas eu acceptation ou paiement à l'échéance.

PROU, adv., est un vieux mot français qui a signifié «profit», puis «beaucoup» et ne s'emploie plus guère que dans : PEU OU PROU, NI PEU NI PROU.

PROUVER, v.tr.dir. *Tout prouve qu'il* **a** *raison. Rien ne prouve qu'il* **a** (ou **ait**) *raison.*

PROVINCE, n.f. Il faut dire : *Province de Brabant, de Hainaut, de Limbourg, de Luxembourg,* quoiqu'on dise à bon droit : *Le Brabant,* etc. et donc *Le Conseil provincial du Brabant,* etc. *La province de Québec. Le Québec.*

PROVISEUR, n.m., ne désigne pas en Belgique le directeur d'un lycée mais l'adjoint du préfet. ▷ PRÉFET.

PROVISIONNÉ, adj., se dit d'un chèque qui a reçu une provision suffisante.

PROVOCANT, adj. ; PROVOQUANT, part.prés.

PRUDE, adj. et n., peut se dire, surtout comme adj., des hommes, mais se dit surtout des femmes. On dit aussi : *un air prude, des manières prudes.*

PRUD'HOMME, n.m., PRUD'HOMIE, n.f. Mais on écrit PRUDHOMMESQUE ; cet adj., venant de Joseph Prudhomme, héros de Henri Monnier, signifie : à la fois sentencieux, emphatique, banal et ridicule. Cette attitude, ce caractère, ce langage s'appellent PRUDHOMMERIE, n.f. — La PRUD'HOMIE désigne la juridiction des PRUD'HOMMES, des experts. Les *Rectifications de l'orthographe* de 1990 (*RO* III) proposent PRUDHOMMIE (ainsi que PRUDHOMME et PRUDHOMMAL). La graphie PRUD'HOMMIE avait été acceptée par l'Académie en 1975, puis rejetée par celle-ci en 1987.

PRUNEAU, n.m., désigne en français une prune séchée. En Belgique et en Suisse, un fruit frais, une sorte de prune.

PSEUDO-, préfixe invariable, s'unit par un trait d'union au mot avec lequel il forme un composé, si ce mot existe isolément: *le pseudo-classicisme, des pseudo-républicains, une pseudo-membrane, la littérature pseudo-classique.* Les rectifications orthographiques proposent d'écrire les composés avec éléments «savants» en un seul mot. Avec majuscule: *le Pseudo-Denys.* Mais: *pseudonyme, pseudopode,* etc.

PSYCHÉDÉLIQUE (pron. *ké*), adj. emprunté à l'américain, se dit proprement de l'état psychique résultant de l'absorption de drogues hallucinogènes ou s'applique aux drogues provoquant cet état. Couramment, il se dit de ce qui évoque les visions propres à cet état et s'applique à des dessins, à un spectacle, à une musique, à un éclairage, etc.

PSYCHIATRE, n., PSYCHIATRIE, n.f. (*chi* se prononce *ky*), n'ont pas d'accent circonflexe.

PSYCHOLOGIE, n.f., s'emploie couramment en dehors du nom de la science (*psychologie expérimentale, appliquée, animale,* etc.): *Ce romancier excelle à analyser la psychologie féminine* (Ac.). *Avoir de la psychologie. Manquer de psychologie* (Ac.). *La psychologie d'un roman, d'un romancier, de ses personnages. La psychologie de la bourgeoisie.*

Familièrement, on va jusqu'à employer *psychologie* dans le sens de *mentalité* ou de *comportement* en parlant d'une personne et non plus d'un groupe ou d'un personnage littéraire.

PSYCHOLOGIQUE, adj. *Le moment psychologique* est le plus favorable pour une action.

PSYCHOSE, n.f., désigne couramment une idée fixe, une obsession.

PUBLICISER, v.tr.dir., néologisme: faire connaître au public.

PUBLICISTE, n.m., est vieilli dans le sens de «spécialiste du droit public», également dans celui d'«écrivain qui s'occupe de politique ou d'économie», et tend à vieillir dans celui de *journaliste*; on a tendance à lui donner le sens d'*agent de publicité,* ou de PUBLICITAIRE, n.m. désignant un spécialiste de la publicité, un agent publicitaire.

PUBLIC RELATIONS, n.f.pl. À traduire par *relations publiques.*

PUDDING, n.m. d'un gâteau. Prononcer *pouding*. Ce mot est parfois écrit comme on le prononce.

PUGNACE, adj., PUGNACITÉ, n.f. Prononcer *g + n*.

PUIS, adv. On peut dire: *Et puis* ou, en interrogeant: *Et puis?* Mais on fera mieux d'éviter: (*et*) *puis après,* (*et*) *puis ensuite, puis alors.*

PUISQUE, conj. (plus souvent en seconde position, comme *car*), est plus proche de *car* que de *parce que.* ▶ CAR et PARCE QUE. Alors que *parce que* donne l'énoncé objectif de la cause, *puisque* présente comme une cause ayant une conséquence logique, dans un raisonnement justificatif, un fait auquel l'interlocuteur lui-même peut se référer, parce qu'il est antérieur, connu, déjà énoncé comme tel ou constaté, vérifiable, admis ou supposé tel: *Il ne pourra venir, puisqu'il est malade* implique que l'interlocuteur sait que cette personne est malade. *N'en parlons plus, puisque cela vous agace. Puisque personne ne vous attend, restez avec nous. Pourquoi ne viendriez-vous pas, puisque vous êtes libre? Vous voyez bien qu'il m'en veut, puisqu'il ne m'a pas salué;* on n'introduit pas la cause de *il m'en veut,* mais le fait connu qui permet de dire: *Vous voyez bien qu'il m'en veut. Je n'en avais nul droit, puisqu'il faut parler net* (La Fontaine, J. de, *Les animaux malades de la peste*); *puisque* renvoie à ce qu'a précédemment le lion: chacun doit être sincère.

Comparer: *Je ne nierai pas mes responsabilités, car je ne veux rien cacher. J'ai finalement cédé parce qu'il insistait. J'ai finalement cédé, puisqu'il insistait.* On voit que *puisque,* outre sa référence à un fait connu, ce qui le distingue de *car,* exprime quelque chose de plus subjectif que ne le ferait *parce que,* une relation plus impérieuse, aux yeux du locuteur, de cause à effet: il ne pouvait pas faire autrement. Notons que l'évidence exprimée par *puisque* empêche de la souligner en le faisant précéder de *c'est,* comme on peut le faire avec *parce que: C'est parce que je n'avais pas le temps que je ne suis pas venu.*

Dans des exclamations ayant valeur de proposition principale: *Mais puisque je vous le dis! Mais puisqu'il n'en veut pas!*

Ellipse du sujet et du verbe *être*, moins courante et plus critiquée qu'après *parce que.* ▶ PARCE QUE.

Élision de *e.* ▶ ÉLISION, 2, 3.

Puisque aussi bien. ▶ AUSSI BIEN.

PUITS, n.m. PUITS PERDU est synonyme de *puisard* et non de *fosse septique*; celle-ci ne recueille que les eaux des cabinets.

PULL-OVER, n.m., peut s'abréger en PULL, n.m.; c'est une sorte de chandail, qu'on met et qu'on retire en le faisant passer par-dessus la tête. Des ***pull-overs.*** Des ***pulls.*** On pourrait écrire, conformément à l'esprit des rectifications orthographiques, un PULLOVER, des *pullovers*.

PULLULER, v.intr., a pour sujet ce qui se répand avec profusion : *Les lapins pullulaient dans ces bois.* Tandis qu'*abonder* peut avoir pour sujet un lieu (▷ ABONDER).

PULVÉRISER, v.tr.dir., a des compléments d'objet très divers : *Pulvériser de la craie, du parfum, un insecticide, un objet, l'ennemi, un adversaire, des objections. Pulvériser un record* est familier. *Pulvériser une vigne, les arbres fruitiers, des légumes* est critiqué, mais ce sens, équivalant à «pulvériser un produit insecticide sur une vigne, des plantes», est devenu courant.

PULVÉRULENT, adj., évoque l'idée de poudre, de poussière, non celle de *pestilence* ni de *pus* (*purulent*) : *Une chaux pulvérulente. Narines pulvérulentes,* dont les poils sont chargés de poussière (GR).

PUNAISER, v.tr.dir., fixer au moyen de punaises. *Il a punaisé aux murs des photos de starlettes. Punaiser des photographies sur les murs* (Butor, M., *Passage de Milan*).

PUNCH, n.m., se prononce différemment selon qu'il s'agit d'une qualité sportive, de dynamisme (prononcer «unch» comme *œu + nch*) ou selon qu'il s'agit d'une boisson : on prononce alors *ponch(e)* et, on pourrait, si l'on suit les *Rectifications de l'orthographe,* l'écrire PONCH (*RO* III.10H).

PUNIR, v.tr.dir. *On punit un délit, un coupable, on punit qqn de qqch., on punit qqn de cinq ans de prison, Il a été puni de réclusion. on punit qqn de sa négligence* ou *pour sa négligence* ou *pour avoir été négligent. Il est puni de son insolence. La mort l'a puni de son crime. Il a été puni de sa présomption par ses échecs. Il est puni par où il a péché.*

PUPILLE, n.m. ou f. *Ille* se prononce beaucoup plus souvent comme dans *fille* que comme dans *fil,* quel que soit le sens du mot : orphelin(e) mineur(e) en tutelle (ou enfant pris en charge par une collectivité) ou *la pupille* (la prunelle) *de l'œil* (au centre de l'iris).

PUPITRE, n.m. Pas d'accent circonflexe.

PURÉE, n.f. *Une purée de marrons. Une purée de pois* peut se dire d'un brouillard très épais. *Être dans la purée,* dans une gêne financière, dans la misère. Invariable en apposition : *Des pommes purée. Des individus un peu purée* (minables).

[PURETTE], n.f. Le français dialectal de Wallonie dit [*en purette*] pour *en bras* (ou *en manches*) *de chemise.*

PURGATOIRE, n.m. On dit *en purgatoire* ou *au purgatoire,* parfois *dans le purgatoire.* — *Faire son purgatoire sur terre.*

PURGE, n.f., peut s'employer pour un PURGATIF, *un remède purgatif.* On ne parle plus dans ce sens de PURGATION, qui a d'ailleurs vieilli, même dans le sens de «action de purger», qui se dit aussi *purge.*

PURGER, v.tr.dir. *On purge un malade, une substance, un radiateur, une conduite d'eau, l'esprit, les passions.* On ne dit pas que qqn [*a purgé*]. On dit qu'*il s'est purgé,* que *son médecin l'a fait purger* (omission du pr. réfléchi après *faire*). *On purge* aussi *une peine, une condamnation, une hypothèque.*

PUR-SANG, n.m., est invariable et s'écrit avec un trait d'union : des **pur-sang**. Mais : *des chevaux de pur sang. Des chevaux pur-sang.*

PUTSCH, n.m., prononcer *poutch*. Des **putschs**.

PUZZLE, n.m., se prononce généralement à l'anglaise (*pœzl*).

PYGMÉE, **n.m.**, désignant des individus de petite taille, ne prend pas la majuscule : *Il a rencontré des pygmées.* **Adj.** *Un village pygmée, une femme pygmée.*

PYJAMA, n.m., s'écrit avec un *y* : *Porter un pyjama, des* **pyjamas**. *Être en pyjama.*

PYLÔNE, n.m. *Le pylône d'un temple égyptien. Les pylônes d'un pont. Des pylônes de haute tension.*

PYRRHONIEN, adj., relatif à Pyrrhon, fondateur d'une école de scepticisme : *École pyrrhonienne.*

PYTHIQUE, adj. *Les jeux pythiques* (ou *les jeux Pythiques*), célébrés à Delphes en l'honneur d'Apollon Pythien. *Les odes pythiques* ou *les Pythiques* (n.f.) de Pindare.

PYTHON, n.m., grand serpent. PITON, n.m., clou, pic ; fam., nez.

QUADR-. Il y a de l'hésitation, à des degrés variables, dans la **prononciation** de presque tous les mots commençant par *quadra* ou *quadri* ou *quadru*. On prononce presque toujours *kwa* dans *quadragénaire*, *quadragésime*, *quadrangulaire*, *quadratique*, *quadrature*, *quadrichromie*, *quadriennal*, *quadrifide*, *quadrifolié*, *quadrijumeaux*, *quadrilatère*, *quadrisyllabe*, *quadruple* (bien que dans *quadruple*, *quadrupler* on hésite plus souvent entre *kwa* et *ka*, avec une préférence pour *kwa*).

On prononce toujours *ka* dans *quadrant*, *quadrille*, *quadriller*, *quadrillage*, plus souvent *kwa* dans *quadrimestre*, *quadrupède*, *quadrige*, *quadrivalent*, *quadriréacteur*, *quadrimoteur*, *quadriphonie*, *quadriparti*, *quadripartite*.

QUADRIPARTITE, adj. ▶ BIPARTI.

QUALIFICATION, n.f., peut se dire en parlant d'un ouvrier ou d'un sportif.

QUALIFIER, v.tr.dir., se construit généralement avec *de* devant le nom de la qualité présentée comme attribut : *On le qualifie de duc, de baron* (Ac.). *Il se qualifie de marquis* (Ac.). *Qualifier qqn de fourbe, d'imposteur* (Ac.). *L'ouvrage fut qualifié d'hérétique* (Ac.). *L'homicide commis volontairement est qualifié de meurtre* (Ac.). La construction sans *de* est vieillie. Donnée encore par l'Académie (*Un fait qualifié crime*; *les lettres du roi, l'arrêt le qualifient chevalier*), elle se trouve surtout chez G. Duhamel : *Votre acte essentiel est pourtant de ceux que je qualifie créateurs* (*Paroles de médecin*). *Un sentiment qu'il eût été bien téméraire de qualifier amical* (*Le voyage de Patrice Périot*).

L'expression **qualifier qqch.** s'emploie surtout, sans qu'on nomme la qualité, pour un jugement très sévère : *Une conduite qu'on ne saurait qualifier* (Ac.).

Qualifier qqn pour qqch. : *Sa fidélité le qualifie pour parler en notre nom. Il est peu qualifié pour le dire. Un coureur qualifié pour les championnats.*

SE QUALIFIER : *Cette équipe s'est qualifiée pour la finale.*

Quand

1. QUAND, ADVERBE

Quand, adv., s'emploie fort bien dans l'interrogation directe, avec *est-ce que* (▶ EST-CE QUE, 1) ou avec les prépositions *à*, *de*, *depuis*, *jusqu'à*, *pour* :

> **Quand est-ce que** vous viendrez? **De quand** est ce journal? **Pour quand** me promettez-vous une réponse? (Ac.) **À quand** notre prochain rendez-vous?

L'emploi de *quand* après ces prépositions paraît familier lorsqu'une question ne porte pas vraiment sur l'adverbe : *Est-ce que vous voulez apprendre à danser pour quand vous n'aurez plus de jambes?* (Molière, *Le bourgeois gentilhomme*.)

> *Une chanson de quand j'étais petite* (Colette). *Il avait cette expression laide et touchante de quand il était enfant* (Mauriac, Fr., *Le nœud de vipères*).

2. QUAND, CONJONCTION

2.1. COMPARAISON DE QUAND ET SI

Quand, conj., marque le temps (comme *lorsque*) et ne se confond pas avec *si*, sauf dans certains cas comme les suivants : *Si je sortais, tout le monde se mettait aux fenêtres. Quand je dis oui, elle dit non* (chaque fois que...). ▶ SI, conj., 2.4.

Mais on distingue **Quand il ne pleuvra plus**, *je sortirai* et **S'il ne pleut plus**, *rien ne m'empêchera de sortir*.

2.2. EMPLOIS DES TEMPS AVEC *QUAND*

On remarque la symétrie des temps entre la principale et la subordonnée introduite par *quand*. Celui-ci peut aussi introduire un fait antérieur: *Quand il eut terminé, chacun se demanda ce qu'il avait voulu dire.*

2.3. SENS PARTICULIERS DE *QUAND*

2.3.1. EXCLAMATION

Quand je vous (le) disais que exprime familièrement l'idée «j'avais bien raison de vous dire que»: *Il a encore raté son train: quand je vous disais qu'il est toujours en retard!* (GLLF.) Avec une valeur exclamative: ***Quand je pense*** *que j'étais prêt à lui faire confiance (et dire que...)!*

2.3.2. OPPOSITION

Quand peut avoir le sens d'**alors que**, marquant à la fois le temps et l'opposition de deux réalités: *Vous m'offrez du brouet **quand** j'espérais des crèmes* (Rostand, E., *Cyrano de Bergerac*). L'opposition peut aussi se faire avec **quand même, quand bien même, même quand** (alors que, alors même que, lors même que):

> *Je sais que les hommes ne sont que des hommes, **quand bien même** ils sont très grands* (Duhamel, G., *Les maîtres*). *J'ai l'esprit d'austérité, quand bien même j'ai la passion de l'abondance* (Borgeaud, G., *Le voyageur étranger*).

A. Conditionnel après *quand (bien) même*

Mais *quand même* et *quand bien même* s'emploient surtout avec le conditionnel pour introduire une condition considérée comme irréelle et qui serait sans influence: ***Quand même** je le voudrais, je ne le pourrais pas.* Avec deux verbes subordonnés: *Quand même vous me le demanderiez **et que** je le voudrais, je ne le pourrais pas.* On peut employer *quand* dans le même sens.

B. Emploi absolu de *quand même*

Quand même peut aussi s'employer absolument, comme locution adverbiale, au sens de «malgré tout»:

> *Une chose étrangère et qui m'intéressait **quand même** au plus haut point* (Duhamel, G., *Biographie de mes fantômes*). *On me le défend, mais je le ferai **quand même**.*

Familièrement, au sens de «il faut l'avouer, à vrai dire»: *C'est **quand même** un peu raide!* Ou en guise de protestation: *Vous n'allez pas faire ça, **quand même!*** — ▸ MÊME, 8 (*Tout de même*).

QUANT s'écrit avec *t* dans la loc.prép. **quant** à, pour ce qui est de: *Quant à moi.* [*Tant qu'à moi*] est populaire ou dialectal. ▸ TANT, 5.

QUANT-À-SOI, n.m. inv.: *Le quant-à-soi. Son quant-à-soi. Tenir, garder son quant-à-soi*, une attitude réservée, distante. *Rester sur son quant-à-soi.*

QUANTIÈME, adj. et n., est vieilli. ▸ COMBIEN, 2.

QUANTUM, n.m., *quanta*. *Le quantum des dommages. La théorie des quanta.*

On prononce *kwan*, parfois *kan*. Un QUANTA, des **quantas** si l'on suit les rectifications orthographiques.

QUART, n.m., *Un quart d'heure* (▸ HEURE). *Un quart de beurre*, c'est 125 grammes. *Un* QUATRE-QUARTS. *Un* TROIS-QUARTS, n.m. ▸ TROIS-QUARTS.

QUARTE, n.f., **QUARTÉ**, n.m., **QUARTETTE**, n.m., **QUARTO**, n.m., dans les deux premiers le *qu* se prononce *ka*. Dans le troisième il y a hésitation entre *ka* et *kwa* mais dans le dernier il faut prononcer *kwa*.

QUARTERON, n.m., désigne proprement le quart d'un cent (*un quarteron d'œufs*); il peut se dire d'un petit nombre, d'une poignée, et est devenu péjoratif: *Un quarteron de généraux.* Un autre mot, d'origine espagnole, QUARTERON, *quarteronne*, désigne un métis ou une métisse, fils ou fille d'un Blanc et d'une mulâtresse ou d'un mulâtre et d'une Blanche. ▸ MÉTIS.

QUARTIER, n.m., est loin de désigner nécessairement un quart: *Un quartier d'orange. Des quartiers de viande ou de bœuf. Un quartier bourgeois. Le quartier des condamnés à mort.* Belgicismes: [*Quartier à louer*] pour *appartement à louer*. [*Fille de quartier*] pour *femme de charge, bonne*.

On écrit: *le quartier général* (en abrégé Q.G.).

QUASI, adv. (pron. *ka*), est joint par un trait d'union au nom auquel il se combine (un *quasi-délit*, des **quasi-délits**, ces *quasi-chefs-d'œuvre*, une *quasi-possession*, des **quasi-synonymes**), mais non à un adjectif ni à un adverbe (*quasi impossible, quasi jamais; ce quasi demi-siècle*).

QUASIMENT, adv., vieilli et plutôt régional: *Il avait quasiment (presque) fini.*

QUATRE, adj. numéral. ▸ ESCALIER, ŒIL. *Le* QUATRE HEURES, *son quatre heures* s'entendent non seulement en Belgique mais aussi assez largement en France (en dehors du français soigné) lorsqu'on parle du goûter des enfants: *Son quatre* heures (Pourrat, H., *Trésor des contes*). *Vers cinq heures, quand les gouvernantes ont appelé les enfants pour «leur quatre heures»...* (Cesbron, G., *Les innocents de Paris*).

Trait d'union inutile: *Elle n'apporta pas le quatre-heures* (Giono, J., *L'oiseau bagué*). On trouve aussi, dans des français régionaux de France, FAIRE QUATRE HEURES, se disant de ceux qui prennent leur goûter en dehors de chez eux.

QUATRE-VINGTS. ▶ NUMÉRAUX, 1; CENT, num., 1.

QUE, adv., introduit une phrase exclamative avec le sens de **combien** (*Que de discours! Qu'il fait beau! Que le vent est tiède!*). Familier dans le même sens et le même emploi devant un verbe, *ce que*: *Ce qu'il est bête! Ce qu'on s'embête ici!* Populaire, dans ce sens, *qu'est-ce que* (▶ CE, 2.6).

Que a le sens de **pourquoi** dans une interrogation directe dont le sujet est un pronom personnel, *ce* ou *on*: *Que ne l'a-t-il dit?* Parfois aussi, *que* a le sens de **combien** dans une interrogation directe: *Que gagne-t-il par mois?* ▶ NE employé seul, 6.2 (*Que ne le disiez-vous plus tôt?*) et NE PAS, 3 (*Que de fois ne l'ai-je pas regretté!*).

Que, pronom

1. *QUE*, PRONOM INTERROGATIF

Pron. interr. neutre: *Que dites-vous? Que faire? Que dire d'autre? Que devenir? Que devient-il? Qu'est-ce qu'il dit? Il ne sait que dire. Que se passe-t-il? Que vous en semble? Que sert-il* (à quoi sert-il) *de se fâcher? Qu'importent ces on-dit? N'avoir que faire de qqch.*

Dans son emploi en interrogation indirecte après *savoir*, *que* est souvent remplacé par *quoi* familièrement: *Il ne sait quoi faire.* ▶ QUOI, 2.2.

2. *QUE*, PRONOM RELATIF

2.1. EXEMPLES D'EMPLOIS

L'enfant que j'étais. Insensé que je suis. En bon juge qu'il était. L'homme que j'ai vu. Le chien que j'ai soigné. Fais ce que je te dis. Faites ce que bon vous semblera. Advienne que pourra. Il est innocent, que je sache. Les cent francs que cela m'a coûté.

Voir plus loin (▶ QUE, conj., 5) les remarques relatives à la succession de deux *que*, l'un pronom relatif, l'autre conjonction, ou de *que* et *qui*, tous deux pronoms relatifs.

2.2. CONCURRENCE ENTRE *QUE* ET *DONT* OU BIEN *OÙ*

Le moyen âge et la langue classique ont souvent substitué *que* à *dont* ou bien à *où* ou à un pronom relatif précédé d'une préposition (*dans lequel*, etc.):

> *Me voyait-il de l'œil qu'il me voit aujourd'hui?* (Racine.)
> *Du temps que les bêtes parlaient* (La Fontaine).

Aujourd'hui, d'une part la langue populaire emploie volontiers ce tour [*L'endroit que je l'ai rencontré. Le livre qu'il a envie*] et d'autre part la langue littéraire veut parfois rester fidèle à cet ancien usage en employant *que* au lieu de *où*:

> *L'hiver qu'il fit si froid* (Ac.). *Le jour que cela est arrivé* (Ac.). *Au moment que je le reverrai* (Ac.). *Au moment qu'il allait entrer* (...). *Certaine nuit que devait venir l'enlever son amant* (Gide, A., *Isabelle*).

L'usage normal est pourtant d'employer *où*. On notera toutefois qu'on doit employer *que* après certaines expressions marquant le temps, comme *aujourd'hui, à présent, maintenant, chaque fois, la première fois, il y a deux ans* ou *longtemps, voici* (ou *depuis*) *deux ans, voilà longtemps*:

> *Maintenant qu'il est là. Il y a un mois que je ne l'ai vu. Depuis trois ans qu'il vivait à l'étranger. Chaque fois que je l'ai vu.*

▶ CE, 2.5.2 (Mise en relief par *c'est* du complément prépositionnel): *C'est à vous que je parle. C'est en classe seulement qu'il est obéissant. C'est là que je l'attends.*

Que, conjonction

1. QUELQUES EMPLOIS

Que introduit des propositions subordonnées, à l'indicatif (*Je sais qu'il est là*), au conditionnel (*Je sais qu'il accepterait*) ou au subjonctif (*Je veux qu'il s'en aille*) ou des propositions indépendantes (*Qu'il s'en aille!* ▶ SUBJONCTIF, 2. Avec l'indicatif, voir plus loin).

Notons seulement quelques emplois:

On dit: **Si j'étais que de vous** (Ac.) ou plus souvent: **Si j'étais de vous** (Ac.). ▶ ÊTRE, 16.

En tête d'un chapitre, comme si l'on disait «où l'on va voir»: **Que la nature est corrompue** (Pascal).

Il introduit une subordonnée apposée à un nom ou complément d'un nom: *L'idée qu'il s'en ira me fait de la peine. Le fait qu'il soit parti* (▸ LE FAIT QUE). *Dans l'espoir qu'il viendra. À la nouvelle qu'il était parti.*

Ne pas laisser de ou **que de**. ▸ LAISSER, 3.

*C'est une belle chose (**que**) de garder le secret. C'est un grand défaut **que l'avarice**.* ▸ CE, 2.5.4.

Que peut précéder *si* en tête d'une phrase : **Que si** *vous m'objectez...* Autre emploi devant les adverbes *si, oui, non* : *Oh! que si!*

Dans des systèmes hypothétiques : *Vous me le refuseriez, (**que**) **je n'en serais pas étonné**.* ▸ SI, conj., INVERSION, 3.3.4 et 3.3.5.

Après un nom comme après un verbe, et suivi du même mode éventuellement : *La certitude **qu'il était** là* (J'étais certain qu'il **était** là). *L'espoir qu'il viendra* (J'espère qu'il viendra). *La crainte **qu'il ne s'en aille*** (Je crains **qu'il ne s'en aille**).

Éviter de doubler inutilement *quel* ou de réduire *est-ce que* à *que* dans l'interrogation. [*Quel âge qu'elle a? Comment que tu vas?*] au lieu de *Quel âge a-t-elle? Comment vas-tu?* ou *Comment est-ce que tu vas?* ▸ EST-CE QUE, 1.

2. SUCCESSION IMMÉDIATE DE DEUX *QUE*

On ne joint pas un *que* qu'on trouverait devant *cela* et un *que* introduisant une complétive : *Je ne demande pas mieux qu'il vienne* et non [*que qu'il vienne*]. On dirait : *que cela. Il ne manquerait plus qu'il soit malade. Quoi de plus naturel qu'il le fasse?*

Mais souvent on change le tour de la phrase. ▸ VALOIR, AIMER, 4, *Aimer mieux*, DEMANDER, 3. ▸ 5.

3. *QUE* REMPLAÇANT UNE AUTRE CONJONCTION

3.1. *QUE* EMPLOYÉ POUR ÉVITER LA RÉPÉTITION D'UNE CONJONCTION

3.1.1. **Règle générale**

Que, employé pour éviter la répétition d'une conjonction ou d'une locution conjonctive comprenant *que* (*comme, lorsque, quand, quoique, puisque, avant que, depuis que,* etc.), est suivi du même mode qu'elle :

> *Comme il se faisait tard et que nous n'**avions** plus de lumière... Bien qu'il fasse beau et que nous **ayons** le temps...*

3.1.2. ***Que*** remplaçant *si* conditionnel

La grammaire normative prétend — non sans un certain succès — imposer une exception : *que* remplaçant (souvent après *et, ou, mais*) le *si* conditionnel ou *comme si* doit en principe être suivi du subjonctif :

S'il vient *me voir **et qu'il se plaigne...*** (à côté de : *s'il vient me voir et s'il se plaint*). ***Comme si*** *le danger **était** écarté **et qu'on pût** se dispenser de toute vigilance.*

Cet emploi du subjonctif n'est certes pas rare en littérature.

> Même chez Giono, qui ne craint pas de prendre des libertés, on trouve : *Si par malheur j'avais attiré l'attention sur lui, **et que j'aie** parlé de ce vermillon (...) **et que je dise...*** (*Noé*). Et chez Céline, pourtant infiniment plus libre encore : *Comme si les paysans étaient partis **et qu'ils nous eussent** laissé en confiance tout ce qu'ils possédaient* (*Voyage au bout de la nuit*).

Mais l'usage courant ne craint pas d'employer dans ce cas l'indicatif (prés. ou imp. ou p.c.) et celui-ci ne peut être considéré comme fautif. Il se rencontre chez des écrivains classiques, malgré les prescriptions de Vaugelas. Il est loin d'être rare dans la littérature contemporaine, même chez d'excellents auteurs, et plusieurs grammairiens l'autorisent. Rien de choquant dans des phrases comme celles-ci :

> *Si l'affaire lui paraît plus grave que la sienne et que la sanction n'**a** pas été trop sévère, elle se reprend à espérer* (Floriot, R., *La vérité tient à un fil*). *Comme s'il avait été l'organisateur de cette diversion et qu'il n'**avait** jamais douté de l'effet qu'elle produirait* (Charles-Roux, E., *Oublier Palerme*). *Si elle vous quitte et que vous **savez** pourquoi, je vois mal ce que je peux ajouter (...). Ils continuaient à se parler de profil comme si le chanteur ne s'était pas tu et qu'un invisible spectacle se **déroulait** dans le salon* (Sagan, Fr., *Les merveilleux nuages*).

On a prétendu que le subjonctif était justifié par une perte, à distance, de la valeur de *si* ou par une valeur particulière de *que*, perçu dans ce cas comme signifiant «en supposant que». En fait, comme dans les autres emplois similaires, *que* est perçu avec la valeur de la conjonction qu'il remplace.

Ajoutons qu'à vouloir imposer le subjonctif après *que* remplaçant un *si* conditionnel, on a provoqué des emplois analogiques, mais peu justifiables, du subjonctif après *que* remplaçant un *si* qui n'a pas cette valeur, soit qu'il signifie «chaque fois que», soit qu'il ait le sens de «s'il est vrai que» (▸ SI, conj., 2.1 et 2.4). C'est l'indicatif qui est alors normal : *Si on l'interrogeait et qu'on lui **laissait** le temps de réfléchir, il répondait judicieusement.* ▸ SI, conj.

3.2. *QUE*, EMPLOYÉ AU LIEU D'UNE CONJONCTION

Que peut être employé au lieu de diverses conjonctions ou locutions conjonctives non exprimées précédemment, à condition que le sens soit clair. Il se construit alors comme les conjonctions dont il tient la place. Il peut notamment introduire:

a) Avec le sens de **alors que, quand, pendant que**, un fait simultané ou immédiatement postérieur à un autre: *Il parlait encore que je lui avais déjà tourné le dos. Il avait à peine dit cela que la porte s'ouvrit.*

b) L'explication d'une principale interrogative ou exclamative qui précède: *Vous l'aviez donc prévenu, qu'il a devancé mes objections?*

c) Une ou plusieurs hypothèses au subjonctif: **Qu'**il m'écrive et je lui répondrai. **Qu'**il l'ait fait ou qu'il l'ait laissé faire, il a eu tort.

d) Familièrement, une proposition consécutive à l'indicatif en supprimant la corrélation avec *tant, tellement,* etc., qui marquent un degré: *Il souffre que cela fait peine à voir* au lieu de *Il souffre tant que...*

e) Une proposition au subjonctif qui pourrait être introduite par **de peur que, avant que, sans que** et où l'emploi nécessaire de *ne* fait apparaître le sens de *que* et la valeur négative de la proposition subordonnée. *Ne* n'est donc pas explétif. Il convient de faire une distinction.

Après un impératif ou un tour équivalent, *que* peut remplacer *pour que, afin que*; s'il s'agit d'éviter une chose, celle-ci est niée avec *ne pas*:

> *Viens me voir, **que** nous réglions cela. Couvrez-le, **qu'**il **ne** prenne **pas** froid. Tu mettras cet argent de côté, que tu ne sois pas encore pris au dépourvu. Ferme la porte, qu'on ne nous entende pas.*

Si *que* signifie *de peur que* (tour littéraire), la négation est nécessaire, mais elle est réduite à *ne*, qui n'est pas explétif et révèle le sens de *que*. Sans lui, *que* pourrait parfois signifier *afin que, pour que*:

> *Sors vite, que je **ne** t'assomme* (Molière). *Fuyez, qu'à ses soupçons il **ne** vous sacrifie* (Corneille).

Après une principale négative, *que* peut remplacer *avant que* ou *sans que* et est toujours suivi de *ne*, qui est nécessaire et non explétif. Cette négation fait apparaître le sens négatif de la proposition et la corrélation entre celle-ci et la principale:

> *Il n'avait pas voulu partir **que** tout **ne** fût réglé* (avant que tout fût réglé; corrélation entre *il ne voulait pas partir* et *tout n'était pas réglé*).

*Il ne levait jamais les yeux **que** son regard **ne** croisât celui de Joseph* (Green, J., *Moïra*). Ici, *que* signifie *sans que*; corrélation entre *il ne levait pas les yeux* et *son regard ne croisait pas celui de Joseph* comme entre *chaque fois qu'il levait les yeux* et *il rencontrait le regard de*

*Joseph. On ne peut désespérer **qu'**on **n'**ait conservé* (sans avoir conservé) *quelque lien avec l'espérance* (Bosco, H., *L'antiquaire*).

Que remplace *avant que* après l'expression **n'avoir de cesse que** suivie d'un *ne* nécessaire et figé (▶ AVOIR, 12): *Il n'aura point de cesse **que** vous **ne** lui ayez donné ce qu'il demande* (Ac.). Mais ici encore on perçoit la même corrélation montrant que *ne* n'est pas explétif mais est employé seul avec un sens vraiment négatif: n'avoir pas de cesse (de répit) durera aussi longtemps que ne pas donner ce qu'il demande.

Ces tours avec *ne* vraiment négatif mais employé seul se rapprochent des nombreux cas où on le trouve après une négation. ▶ NE employé seul.

f) Une proposition causale, que pourrait exprimer *parce que*, soit après *c'est* (*Si je vous le dis, **c'est que** je le pense*), soit avec *non pas que, non point que, ce n'est pas que, non que,* expressions négatives qui, lorsqu'on remplace *parce que* par *que,* sont suivies du subjonctif: *Il le fera; **non qu'**il y **soit** résolu, mais parce que les circonstances l'y amèneront.*

On ne place pas parmi ces propositions causales celles où *que* est un pronom relatif suivant un adjectif ou un participe et introduisant une explication:

> *Il ne nous regardait plus, **fier qu'il était** de son nouveau titre. Ils ne vous accorderont qu'un instant, occupés qu'ils sont par leur travail.*

4. *QUE* INTRODUISANT LE SUBJONCTIF

4.1. INDÉPENDANTE OU PRINCIPALE

Que introduit le subjonctif dans une proposition indépendante ou principale: *Qu'il vienne! Moi, que je fasse une chose pareille!* ▶ SUBJONCTIF, 2.2.

4.2. COMPLÉTIVE EN TÊTE DE PHRASE

4.2.1. Subjonctif

Si *que* en tête de phrase introduit par anticipation une proposition complétive, le verbe de celle-ci est au subjonctif (puisque le fait est comme en suspens) et l'idée est reprise dans la principale sous la forme d'un pronom neutre ou d'un nom ayant un sens très général comme *le fait, la chose,* etc.; cette reprise n'a pas toujours lieu quand la subordonnée est sujet.

> *Qu'il **ait** tort, j'en suis persuadé* (comparer: *Je suis persuadé qu'il a tort*) ou *je le crois* ou *la chose est certaine.* Moins souvent: ***Qu'il ait** tort **est** certain.* Courant: ***Que** je l'**aie** fait cependant, **cela est** sûr* (Green, J., *Partir avant le jour*).

4.2.2. Indicatif et conditionnel

Parfois l'indicatif est très normalement substitué au subjonctif pour souligner la certitude, par exemple devant *savoir, croire*, etc.: *Qu'elle* **mentait***, nous le savions depuis longtemps. Que tu* **as** *le droit de te plaindre est un fait. Qu'un jour* **viendrait** *où il ferait faux bond, nous en étions assurés. Que tu* **serais** *capable de le faire, je le sais.*

5. QUE... QUE, QUE... QUI

▶ 2.

5.1. QUE... QUE

Il est normal de dire: *Le diamant que vous voyez que mon père a au doigt* (Molière, *L'avare*); le premier *que* est un pronom relatif, le second est une conjonction. D'où l'accord dans: *La faute qu'il croit que j'ai commise.* De même avec un pronom interrogatif: *Que voulez-vous qu'il fasse?*

5.2. QUE... QUI

Plus délicate est la succession de *que* et *qui*, tous deux pronoms relatifs. Dans le second de ces vers de Verlaine: *Que ton vers soit la chose envolée Qu'on sent* **qui** *fuit d'une âme en allée Vers d'autres cieux,* on retrouve l'équivalent de *On la sent qui fuit.* Comparez: *Qu'on sent fuir.* Mais ce tour n'a pas été réservé aux verbes de perception; on le trouve, dès le moyen âge et à l'époque classique aussi bien qu'aujourd'hui, avec des verbes exprimant une opinion, une volonté, etc. Il est lourd, mais correct:

> *Fais-nous un peu ce récit qu'on m'a dit qui est si plaisant* (Molière, *Les fourberies de Scapin*). *On lui mit par écrit ce que l'on voulait qui fût dit* (La Fontaine, J. de, *Fables*). *Ne t'attache en toi qu'à ce que tu sens qui n'est nulle part ailleurs* (Gide, A., *Nourritures terrestres*).

5.3. QUI... QUI

On trouve aussi le pronom interrogatif *qui* suivi du relatif *qui*: **Qui** *croyez-vous* **qui** *l'a dit?* Pour la possibilité de recourir à d'autres tours ▶ DONT, 4.

6. À CE QUE, DE CE QUE

À ce que et de ce que, loc.conj., sont très courants, parfois au lieu de *que*, après de nombreux verbes ou certaines expressions se construisant respectivement avec *à* ou avec *de*:

> *Il s'attend* **à ce que je vienne** *à côté de Il s'attend* **que je vienne***. Il n'y a rien d'étonnant à ce qu'il se soit trompé.*

Il se plaint de ce que je ne l'ai (ou aie) pas averti à côté de Il se plaint que je ne l'aie pas averti. Il est reconnaissant de ce qu'on l'a invité. À

distinguer de *Il est reconnaissant de ce qu'on a fait pour lui*, où l'on a un *que* pronom relatif ayant *ce* pour antécédent.

On trouvera ces mots à leur rang alphabétique, avec des indications sur l'emploi des modes qui sont parfois en concurrence après *de ce que*:

> *Il s'étonne qu'on ne l'***ait** *pas invité. Il s'étonne de ce qu'on ne l'***a** *pas invité ou de ce qu'on ne l'***ait** *pas invité.*

7. VOIR AUSSI...

▶ ASSEZ, 3, CE, 2.6, CONDITIONNEL, CONTRAIRE, MÊME, 3, NE employé seul, NE explétif, POUR, 7, TROP, 1, 6.

QUÉBEC. *La province de Québec.* **Dérivés:** QUÉBÉCISME, n.m., fait de langue propre au français du Québec; QUÉBÉCOIS, adj., QUÉBÉCOIS, n.

Quel, dét., adjectif ou pronom

1. QUEL, DÉTERMINANT ET ADJECTIF INTERROGATIFS

Quels *fruits choisissez-vous? À* **quelle** *heure viendrez-vous? Quel est ce clocher?* **Quel** *est cet homme?* (En concurrence avec **Qui** *est cet homme?* ▶ QUI, 2.)

> *Quel jour sommes-nous? En quel honneur ce dîner?* (En l'honneur de qui ou de quoi.) *Quel travail fait cet homme? Quelle heure est-il? Quel mariage a eu lieu ce matin? Quelle folie l'a pris?* ou *lui a pris?* ▶ PRENDRE. **Quel âge a** *cet enfant? Quel âge cet enfant* **a-t-il***? On demande quels livres il a lus.*

▶ INTERROGATION, 1.1, 1.2, INVERSION, 3.1.2.A et QUI, 2.

2. QUEL, DÉTERMINANT EXCLAMATIF

Quelle chaleur! Quelle belle ville! Notons qu'on dit avec l'article: **La** *belle histoire!* ou *La belle histoire que voilà!* mais **Quelle** *belle histoire! Quelle belle histoire il raconte! Quel beau temps il fait!*

3. QUEL DANS DES EXPRESSIONS

Quelle que *soit la solution* (▶ QUELQUE, 1). **Tel quel. Je ne sais quel***, on ne sait quel, Dieu sait quel,* etc.

> *Il y avait là je ne sais quelle odeur. Avec on ne sait quelle joie. Dans* **n'importe quel** *pays.*

Archaïsme: *en quel pays que ce soit* pour **en quelque pays que ce soit***.*

4. *QUEL*, PRONOM INTERROGATIF

Quel pouvait autrefois s'employer pour *lequel* : *Je viens vous annoncer la meilleure nouvelle du monde. — **Quelle?*** (Molière.) Certains écrivains emploient encore ce tour archaïque : *Quel des deux mots faut-il préférer?* Le tour n'est plus guère vivant aujourd'hui, à côté de *lequel*, qu'immédiatement devant le verbe *être* : *De ces deux livres, **quel** (ou **lequel**) est le meilleur?* En interrogation indirecte : *Elle a menti. Ou bien elle n'a pas menti. Il ne sait, des deux, quel est le pire* (Colette). On voit comment on passe de *Quel livre est le meilleur?* à *Quel est le meilleur livre?* où *quel* reste adjectif, et à *De ces livres, quel est le meilleur?* où *quel* est pronom. Après deux noms on emploie plutôt *lequel* : *De cette excursion ou de la précédente, **laquelle** a été pour vous la plus agréable?* S'ils ont un genre différent, on emploie le masculin : *Une liqueur ou un jus de fruit, **lequel** a vos préférences?* ▸ NE employé seul, 6.3, QUELQUE.

QUELCONQUE, adj.indéf., signifie «n'importe lequel». Il suit le nom : *Un point **quelconque** d'une droite. Il saisira un prétexte quelconque.* Après l'un : ***L'un quelconque** de ces régimes.* On le renforce parfois, inutilement, par *tout* ou par *généralement*, parfois par les deux : *Une fraude généralement quelconque. Toute fraude généralement quelconque.* Il peut suivre un nombre devant un complément partitif : ***Deux quelconques** de ces exercices.*

Adj.qual., il signifie «médiocre, banal, sans valeur, tel qu'on peut en trouver partout». Il peut recevoir des degrés et précéder ou suivre le nom : *C'est **un homme très quelconque** (Ac.). C'est **tout à fait quelconque**. Un **quelconque faiseur** de tours. Je le trouve quelconque.*

QUELLEMENT, adv. ▸ TELLEMENT.

Quelque et *quel que*

1. *QUEL QUE*

Quel que s'écrit en deux mots quand il est suivi immédiatement du verbe *être* ou d'un verbe similaire; *pouvoir, devoir* ou un pronom personnel peuvent précéder ce verbe. *Quel* est attribut et variable; on applique les règles de l'accord du verbe (▸ VERBE, Accord) :

> ***Quelles que** soient les difficultés, **quelles qu'**elles puissent être. **Quels qu'**en doivent être les résultats. **Quelle que** soit votre sagesse, votre bon sens (sujets synonymes).*

Ajoutons quelques remarques.

1.1. *TEL QUE*

L'ancien tour *tel que* (***tel qu'il soit***), dans le même emploi, est rare et affecté. ▸ TEL, 3.

1.2. *QUEL* ATTRIBUT DU COMPLÉMENT

Parfois *quel* est attribut du complément ou se rapporte au sujet du verbe *être* sous-entendu : *Un garçon de cet âge, **quel que** vous le supposiez (être), aura peur.*

1.3. *QUEL QUE* ET *QUI QUE*

Il y a une concurrence très limitée entre *quel que* et *qui que* pour les personnes. À la troisième personne, la langue actuelle préfère indiscutablement *quel* : ***Quel qu'il soit**, le coupable sera puni.* On dit toujours ***qui que ce soit**.* On peut distinguer entre ***qui que tu sois*** (marquant plutôt l'identité) et ***quel que tu sois*** (marquant plutôt la qualification).

1.4. CHOIX DU MODE

Tour concessif ou d'opposition, *quel que* exige le subjonctif. Mais quel mode employer après *quel que soit... qui* ou *que*? Logiquement, l'indicatif ou le subjonctif selon l'intention : *Quel que soit le respect que l'on **doit** aux aînés* marque la certitude de l'affirmation contenue dans la seconde proposition. *Quel que soit le respect que l'on **doive** aux aînés* peut marquer une réserve, un doute possible, mais le second subjonctif peut être dû simplement au fait que la concession, l'opposition porte sur l'ensemble, comme si l'on disait avec *quelque... que* (▸ 2) : *Quelque respect que l'on **doive** aux aînés.* Il peut aussi y avoir simplement attraction modale du premier verbe sur le second :

> *Quels que soient les lieux où il **a** vécu ou bien où il **ait** vécu. Quelles que soient les difficultés que vous **avez** (ou **ayez**) rencontrées. Quel que soit le don que vous **ayez** reçu* (Bernanos, G., *La joie*).

Le subjonctif est assez courant, mais on emploiera l'indicatif pour insister sur la certitude ou pour éviter par un futur l'équivoque que pourrait susciter un subjonctif présent : *Quel que soit celui qui vous **a** dit cela* souligne que l'on est sûr que quelqu'un a dit cela à l'interlocuteur, même si on ne sait pas qui l'a dit. *Quelles que soient vos dispositions.*

Après *qui que ce soit qui* ou *que*, on emploie toujours le subjonctif. ▸ QUI QUE CE SOIT QUI.

483

2. QUELQUE ET QUELQUE... QUE

Dans *quelque*, l'e ne s'élide que dans *quelqu'un*. On écrit : *quelque autre*.

2.1. QUELQUE SEUL DEVANT UN NOM

Quelque seul devant un nom est toujours un déterminant indéfini. Il exprime une indétermination, variable selon le contexte :

Au singulier, elle porte sur l'identité ou la quantité :

> On lit dans **quelque** auteur... Il a montré quelque surprise. Je cherche s'il y a quelque maison à vendre. Quelque chose. Il y a quelque temps.

Cela a **quelque** *importance* : ici, on suggère une quantité certainement non négligeable. De même dans : *non sans* **quelque** *solennité*.

Au pluriel, la valeur est différente ; l'indétermination porte sur le nombre, toujours petit :

> Il a commis **quelques** erreurs. Il n'y a que quelques nuages. Il a reçu quelques amis. Il y a quelques jours ou *quelques dizaines d'années*.

À la différence de *plusieurs*, *quelques* peut suivre un déterminant : **Les quelques** personnes que j'ai vues... **Ces quelques** notes suffiront.

Et quelques (noter l'accord), après un nombre rond, généralement de dizaine(s) ou de centaine(s), marque (comme *et des*, plus familier) que ce nombre est dépassé de façon imprécise :

> Trente et quelques francs ou, plus relâché, Trente francs et quelques. Nous étions là vingt et quelques. Le train de dix heures et quelques (minutes). En seize cent et quelques (années). Ne pas laisser *quelque* invariable dans ces cas et ne pas remplacer *et* par *ou* ; dire : *en seize cent ou peu après*. Cf. *B.U.*, n°s 566 et 610.

Très familier, sans nom : *Nous étions vingt et des*. Ce tour **et des** est proportionnellement rare en France et courant en Belgique, mais est très familier après le nom : *Cent et des francs. Cent francs et des.*

2.2. QUELQUE... QUE

Quelque... que peut ajouter à la même idée d'indétermination celle d'opposition. *Quelque* est alors toujours déterminant immédiatement devant un nom (sauf si celui-ci est attribut avec valeur d'adjectif), adverbe (▶ 2.3) devant un adjectif attribut et devant un adjectif suivi d'un nom attribut du sujet ou du complément d'objet direct. L'opposition marquée par *quelque... que* peut porter sur l'identité, la qualité, la grandeur, en y associant nettement, au pluriel, l'idée de quantité :

Quelque *service qu'il m'ait rendu* (qu'il m'ait rendu un service dont peu importe l'importance), *je ne puis supporter son impertinence*. **Quelques** *services qu'il m'ait rendus* (peu importe leur nombre, mais le contexte peut ajouter aussi une idée de qualité). **Quelque** *promesse qu'il m'ait faite*.

Quelque belle *promesse qu'il m'ait faite* explicite l'idée de qualité, de valeur de la promesse. Au pluriel, l'idée de pluralité l'emporte nettement, mais souvent associée à l'idée de qualité : **Quelques promesses** *qu'il m'ait faites*. Avec *belles* : *Quelques belles promesses qu'il m'ait faites* (le nom n'est pas attribut ▶ 2.3).

Si le nom est employé seul comme attribut avec valeur d'adjectif, *quelque* est adverbe : *Quelque princes qu'ils soient*.

On remarque que *quelque... que* introduisant une opposition est suivi du subjonctif. Le tour n'est possible que si le nom permet un certain jugement sur sa qualité, son importance ou sa valeur.

La langue actuelle a laissé tomber les tours classiques *quelque... dont* et *quelque... où*. On dit :

> **De quelque péril que** vous soyez menacé. **Dans quelque trouble que** tu sois ou *Quel que soit ton trouble*.

On dit encore *quelque... qui* : **Quelque** *chose* **qui** *arrive. Quelques difficultés qui puissent nous assaillir*. Mais : *Quelle peine qu'il ait* est archaïque ; on dit : *Quelque peine qu'il ait*.

2.3. QUELQUE, ADVERBE

Devant un nom de nombre quand il signifie *environ* : *Il y a* **quelque** *dix ans. Les quelque trente personnes qui étaient là*.

On n'écrit plus guère, en donnant à *quelques* (adj.) le sens de *plusieurs* : *avec quelques cents* (ou *quelques mille*) *hommes*. On trouve encore : *J'ai fait quelques cents mètres* (centaines de mètres). ▶ CENT, 2.

Devant un adverbe : **Quelque** *(si)* **adroitement** *qu'ils s'y prennent. Quelque peu*, variante de *un peu. Je suis* **quelque peu** *surpris*.

Devant un adjectif attribut inséré entre *quelque* et *que* :

> **Quelque** *grands* **qu'**ils soient. Rarement : *Quelque grands soient-ils*.

Si **l'adjectif** intercalé entre *quelque* et *que* **est suivi d'un substantif attribut** soit du sujet, soit du complément d'objet, *quelque* est adverbe et reste donc invariable. C'est le seul cas où, devant un adjectif suivi d'un nom, il soit adverbe :

> **Quelque bons orateurs qu'ils soient. Quelque bons juges que vous les croyiez.**

C'est que *quelque* continue à porter sur l'adjectif, sur son degré et non sur le substantif qui suit; c'est pourquoi on ne pourrait supprimer l'adjectif. Comparer:

J'ai entendu quelques bons orateurs. **Quelques bons orateurs que j'aie entendus.** *De quelques grands périls que vous soyez menacés.*

Dans ces exemples, *quelques* retrouve son sens de quantité indéterminée et se rapporte aux noms. A fortiori on écrit:

Quelques orateurs que j'aie entendus...

Dans *quelque... qui* (▶ 2.2), marquant une opposition ou une concession, *quelque* est toujours adjectif:

Quelques grandes difficultés qui *vous assaillent.*

───────────

QUELQUE CHOSE, loc.pron. indéf., est considéré comme neutre ou masculin et désigne une chose indéterminée. Il peut être précédé d'un article ou d'un adjectif démonstratif: *Dites donc* **quelque chose.** **Un** *petit* **quelque chose.** **Ce quelque chose** *qui se trouve là...* **Ce quelque chose** *fait toute la différence.* **Quelque chose** *qui n'était pas moins* **important.**

Il est uni par *de* à l'adj. (ou au participe) m. qui le qualifie: *Quelque chose* **de bon.** ▶ CHOSE, 1. *Chose* reste un nom fém. dans *quelque chose* lorsque les deux mots gardent leur valeur et signifient «une certaine chose»: *Il y a toujours* **quelque chose urgente** *à faire* (à côté de **quelque chose d'urgent** *à faire*). Et dans *quelque chose que*, suivi du subjonctif et signifiant «quelle que soit la chose que»: *Quelque chose qu'il ait faite.* À distinguer de: *Il y a quelque chose que j'ai* **oublié.** **Quelque chose comme** (ressemblant à): *Il y a quelque chose comme une ombre.*

───────────

Quelquefois, adverbe, et *quelques fois*

Quelquefois ne s'emploie plus dans le sens de «une fois, une certaine fois»: *Ce cas n'arrive pas quelquefois en cent ans* (La Fontaine). Il signifie aujourd'hui «en quelques occasions, parfois, de temps en temps»: *Je le rencontre* **quelquefois.** À distinguer de *quelques fois* (un petit nombre de fois): *Je l'ai vu* **quelques fois** *cet été, quelques rares fois. Je ne l'ai rencontré que quelques fois.* Sens de «par hasard» (donné sans réserves par GR): *Si quelquefois il n'était pas là.* Populaire: [*Quelquefois* (ou *des fois*) *qu'il ne serait pas là*].

───────────

QUELQU'UN, pr.indéf., désigne de façon indéterminée une personne, homme ou femme. Avec *de* et un adj. ou un adverbe employé comme adj.: *Quelqu'un* **de grand,** *de bien.* *Quelqu'un* **d'autre.** Avec un participe ou un adjectif complété, on omet parfois *de*: *Quelqu'un semblable à toi.*

Devant un complément de la totalité, *quelqu'un* a un féminin, *quelqu'une, quelques-unes*: **Quelqu'une** *de vos amies.* Au pluriel (avec un complément éventuel introduit par *de*), ils se disent de personnes ou de choses dont le nombre n'est pas déterminé: *Parmi ces livres,* **quelques-uns** *sont rares* ou *Quelques-uns de ces livres sont rares.* **J'en ai trouvé quelques-uns.** *J'ai aimé* **quelques-unes** *de ses gravures. Je crains que* **quelques-uns** *ne s'étonnent.*

Dans le sens de «personne considérable»: *Elle a l'air de* **quelqu'un.** *Elle se croit* **quelqu'un.**

───────────

QU'EN-DIRA-T-ON, n.m. invariable; trois traits d'union.

───────────

QUÉRIR, v.tr.dir. (accent aigu), ne s'emploie qu'à l'infinitif, après *aller, venir, envoyer, faire.*

───────────

Qu'est-ce?

1. VOIR AUSSI...

▶ CE, 2.6, EST-CE QUE et POUR, 9.

2. *QU'EST-CE* DANS L'INTERROGATION

On évitera en langue soutenue le tour exclamatif [*Qu'est-ce que c'est beau!*], mais on admettra le tour interrogatif: **Qu'est-ce qu'il a** *comme argent? Qu'est-ce que disent les Français?* (Assurément plus lourd que: *Que disent les Français?*) Mais dans l'interrogation indirecte, on dit: *Demandez-lui* **ce qu'il a** *comme argent.*

───────────

QUESTION, n.f.

1. LA QUESTION, devant un nom en apposition, au lieu de LA QUESTION DE, est un tour peu soigné, familier: *La question argent n'a pas été abordée.* Sans article, devant un nom, dans le sens de «au point de vue de», le tour est nettement suspect: *Question prix, il est avantageux.* Mais on dit familièrement dans le sens de «affaire de»: *Question d'habitude.*

2. *Il a été question de vous confier ce travail. Là n'est pas la question. La question est de savoir qui* (ou *s'il*) *a dit cela. Il est question qu'il s'en aille. Il n'en est pas question. Pas question.*

3. QUESTION DE suivi d'un infinitif pour marquer le but (au lieu de *pour, afin de*) est populaire: *Il dit ça, question de vous faire enrager.*

4. On dit *Mettre* (ou *Remettre*) *qqch.* EN QUESTION.

───────────

QUÊTER, v.tr.dir., mais qui ne peut avoir pour complément direct un nom de personne, s'emploie aussi absolument: *Il quête les faveurs. Elle quête sur les boulevards, pour les sinistrés.*

QUETSCHE, n.f., variété de prune et d'eau-de-vie. Noter la graphie, le genre féminin et la prononciation *cwètch*.

QUEUE, n.f. *La queue d'un cortège. Être à la queue du peloton. Ils font* **la queue** *devant le guichet. On fait* **queue** *devant sa porte. À la queue leu leu.*

Composés. Les véritables composés désignant par métaphore autre chose qu'une queue d'animal s'écrivent avec des traits d'union; *queue* seul varie: *Faire des* **queues-de-poisson.** *Porter une queue-de-cheval. Des* **queues-de-rat.**

QUEUX,

1. **N.f.**, pierre à aiguiser; on a écrit aussi QUEUE.

2. **N.m.** sans trait d'union: *Un maître queux*, cuisinier.

Qui

1. *QUI*, PRONOM RELATIF

1.1. *QUI* SUJET

Comme sujet, il s'applique à des personnes, à des animaux ou à des choses: *L'homme (ou le chien ou la chaise) qui est là. Sans antécédent: Voilà qui est bien. Qui mieux est, qui pis est. Et qui plus est. Qui vivra verra.* ▶ VERBE, Accord, 2.1.3.

1.2. *QUI* COMPLÉMENT DIRECT

Formant avec ce qui le suit un complément d'objet direct, il s'emploie pour des personnes avec quelques verbes, sans antécédent: *J'ai rencontré qui vous savez. Embrassez qui vous voudrez.*

1.3. *QUI* COMPLÉMENT PRÉPOSITIONNEL

Comme complément prépositionnel, il se dit surtout des personnes: *L'agent à qui je me suis adressé. C'est à qui applaudira le plus fort.* ▶ LEQUEL, 1. Il peut aussi se dire des animaux, surtout des animaux domestiques, et des choses qui se prêtent plus ou moins à une personnification:

> *Un chien à qui elle fait mille caresses* (Ac.). *Rochers à qui je me plains* (Ac.). *Cette place de village déserte sur qui tombait la neige* (Giono, J., *Noé*). *Un œil restait hermétiquement clos; l'autre, vers qui remontait le coin de la lèvre* (Gide, A., *Isabelle*).

Sans antécédent: *Je le dirai* **à qui de droit.** *Il se montre aimable envers qui il veut. Pour qui le connaît. À qui que ce soit. Dont et de qui* ▶ DONT, 1 et DROIT.

[*Tout qui*] ▶ TOUT, 2.2.1.

Tout vient à point *à qui* sait attendre: cette forme moderne du proverbe a remplacé celle où *qui* signifiait «si l'on»: *Tout vient à point qui sait attendre.*

1.4. *QUI... QUI*

Qui... qui a un sens distributif: *Ils accouraient,* **qui** *tête nue,* **qui** *en chapeau. Chacun s'en va, qui d'un côté, qui de l'autre.*

1.5. *QUI QUE*

Qui que tu sois, qui que tu reçoives, à qui que tu te sois adressé.

1.6. VOIR AUSSI...

Qui et **qu'il** ▶ CE QUI, 4. Pour le mode dans la relative ▶ SUBJONCTIF, 2. ▶ QUE, conj., 5.2.

2. *QUI*, PRONOM INTERROGATIF

Pr. interr., *qui* se dit des personnes, est généralement du m.sg. et s'emploie comme sujet, attribut ou complément, dans l'interrogation directe ou indirecte:

> **Qui** *est à l'appareil?* **Qui** *est venu en mon absence? Je me demande* **qui** *a dit cela. Je ne sais* **qui** *a dit cela.* **Qui** *êtes-vous? Dis-moi* **qui** *tu es.* **Qui** *choisira-t-on? J'ignore* **qui** *on choisira. On ne sait plus* **qui** *est* **qui.** *À* **qui** *parlez-vous? Il ne sait* **à qui** *s'adresser.* **Par qui** *a-t-il été nommé?* **Chez qui** *allons-nous?* **Qui va là?** *(traits d'union inutiles).*

2.1. *QUI EST-CE QUI ?*

Au lieu de **qui** *est là?* ou de **qui** *avez-vous vu?* on dit très souvent **qui est-ce qui** *est là?* ou **qui est-ce que** *vous avez vu?* ▶ EST-CE QUE.

2.2. *QUI SONT...*

Qui peut s'employer comme attribut d'un sujet pluriel ou féminin avec le verbe *être*: **Qui** *sont ces enfants?* **Qui** *étaient ces dames?*

2.3. *QUI ET QUEL*

Quel devient synonyme de *qui* en parlant de personnes: **Quelle** *est cette dame?* On le préfère à *qui* dans le cas où le sujet est suivi du relatif *qui*: **Quel** *est celui qui s'est plaint?* **Quel** *est le prétentieux qui peut se vanter de ne s'être jamais trompé?*

Mais si le sujet est un pronom personnel ou *ce*, on emploie *qui*: **Qui** *est-il?* **Qui** *est-ce?*

2.4. *QUI DE NOUS...*

Qui interrogatif peut être suivi d'un complément de la totalité: **Qui de nous** le fera? **Qui d'entre vous** oserait? **Qui parmi vous** ne s'est étonné? ▶ NE employé seul, 6.

2.5. *QUI D'AUTRE*

Avec *autre*: *Qui d'autre s'en souviendra? À qui d'autre le diriez-vous?*

2.6. *QUI DIABLE*

On notera la différence entre *Quel démon a fait cela?* et **Qui diantre** (ou *qui diable*) *a fait cela?*

QUIA (À), loc.adv., s'écrit sans trait d'union et avec un accent grave sur le premier *a*. *Ils sont restés à quia. On l'a mise à quia.* Prononciation: *k* + semi-voyelle + *i* + *ya*.

QUICONQUE, pr. relatif indéfini ou pr. indéfini. Emploi plutôt littéraire.

1. **Pr.rel.indéf.**, il signifie «toute personne qui», n'a pas d'antécédent et ne peut être précédé de *tout* (▶ TOUT, 2.2.1) ni suivi de *qui*: [*Tout quiconque l'a vu. Quiconque qui l'a vu*]. Il a une fonction dans deux propositions; sujet dans la subordonnée, il est sujet ou complément dans la principale: *Quiconque a beaucoup vu peut avoir beaucoup retenu* (La Fontaine). *Et l'on crevait les yeux à quiconque passait* (Hugo).

   Dans une phrase comme le premier exemple, la langue classique pouvait reprendre le sujet sous la forme de *il*; cela peut encore apparaître, mais c'est exceptionnel, quand *quiconque* est fort éloigné du verbe principal et pour permettre l'expression de la conjonction *que* devant un subjonctif: *Quiconque ne sait pas dévorer un affront, Ni de fausses couleurs se déguiser le front, Loin de l'aspect des rois qu'il s'écarte, qu'il fuie* (Racine, J., *Esther*).

   Normalement de la 3e personne et du masculin singulier, *quiconque* peut désigner aussi, grâce à la précision d'un complément, une 2e personne: **Quiconque de vous s'absentera sera puni**.

   Dite à des écolières, cette phrase deviendrait: *Quiconque... sera punie*. Si le contexte ou les circonstances marquent nettement que *quiconque* se rapporte à un féminin singulier, les mots qui s'y rapportent se mettent au féminin: *Quiconque sera paresseuse ou babillarde sera punie* (Littré).

2. **Pr. indéfini**, *quiconque* signifie «n'importe quelle personne, personne, n'importe qui» et n'appartient qu'à une seule proposition. Rare autrefois, cet emploi est aujourd'hui courant en littérature et peut être considéré comme tout à fait régulier; *quiconque* est alors sujet ou surtout complément: *Il fera cela aussi bien que* **quiconque**. *Il n'a jamais fait de tort à* quiconque. *Il est impossible à quiconque de s'y tromper.*

QUIDAM, n.m., s'emploie familièrement pour désigner «un certain individu» dont on ne précise pas le nom: *Un quidam se présente*. L'Académie donne encore le pluriel **quidams**. **Prononciation**: *kidam* ou souvent *k* + *ui*, *ui* se prononçant comme dans *lui*. On a autrefois nasalisé la finale.

QUIET, adj., QUIÉTISME, n.m., QUIÉTUDE, n.f. Prononciation: *kyè* (parfois *kwiyè*), *kyétism* (parfois *kwiyétism*), *kyétud*.

QU'IMPORTE. ▶ VERBE, Accord, 2.3.3. *Qu'importe que* est suivi du subjonctif: *Qu'importe qu'il s'en aille.*

QUINT, adj. numéral ordinal venu de *quintus*, cinquième, prend une majuscule dans *Charles Quint, Sixte Quint*. Pas de trait d'union.

QUINTUPLÉ, n.m., QUINTUPLER, v.tr.dir. Prononciation: *Kin*.

QUIPROQUO, n.m. (les 2 fois, *qu* se prononce *k*), méprise qui fait prendre une personne ou une chose pour une autre. Mais le mot tend à se dire, par une extension regrettable, d'un malentendu quelconque.

QUI QUE CE SOIT QUI (ou QUE) est suivi du subjonctif: **Qui que ce soit qui** vous l'ait dit, il s'est trompé (Ac.). **Qui que ce soit**, *qui que ce puisse être* **qui** *ait fait cela, c'est un habile homme* (Ac.). À **qui que ce soit que** *vous le demandiez...*

D'une manière absolue, *qui que ce soit* peut former une proposition complète: **Qui que ce soit**, *interrogez-le*. Il peut aussi, en étant souvent figé au présent, avoir le sens, mais renforcé, plus expressif, de «n'importe qui» ou, en phrase négative, de «personne»: *Je défie* **qui que ce soit** *de faire mieux. Il ne se confiait à* **qui que ce fût** *ou à* **qui que ce soit**. *Je n'en dirai rien à* **qui que ce soit**.

QUITTE, adj., est variable (▶ 5, *quitte à*).

1. **ÊTRE QUITTE** de qqch. ou **de qqn** ne se dit que dans le sens d'être libéré débarrassé, avec soulagement, de qqch. (ou parfois de qqn) de déplaisant: *Nous sommes* **quittes** *de nos ennuis. J'étais enfin* **quitte** *de ces importuns*. En parlant de biens: *Des biens* **quittes** (libérés) *de toute hypothèque*. En Belgique, le sens est plus large; on emploie aussi *être quitte de* en parlant d'une chose à laquelle on tenait (de son argent, de son manteau, de son portefeuille, de son emploi) et qu'on a perdue ou qui a été volée. D'où l'emploi de: [*se faire quitte de qqch.*] pour *se débarrasser de qqch.*

2. **Être quitte, être quitte d'une chose** *envers qqn,* **en être quitte** *pour*: *Nous nous sommes dit nos vérités: nous sommes quittes. Il est quitte de ses obligations envers moi.* Ne pas dire [*avec moi*]. *Ils en ont été quittes pour la peur. Je voudrais en être quitte pour une dizaine de mille francs.*

À côté de *nous sommes quittes,* l'Académie donne: *Nous sommes* QUITTE À QUITTE; dans cette expression où chacune des deux parties est quitte envers l'autre, il est normal que *quitte* soit au singulier.

3. TENIR QUITTE DE: *Je les tiens quittes de leur dette. Je les tiens quittes envers nous.*

4. JOUER À QUITTE OU DOUBLE ou JOUER QUITTE OU DOUBLE signifie, au figuré, «risquer le tout pour le tout». *Ils ont joué quitte ou double.*

5. QUITTE À + *infinitif,* loc.prép., a deux sens: 1) Au risque de, en acceptant de subir l'inconvénient de: *Ils y sont allés,* **quitte à être mal accueillis,** **quitte à être blâmés.** 2) En se réservant de, avec la possibilité de: *Je vous adresserai une note pour ce jour-là,* **quitte à** *vous fournir un rapport complémentaire. Quitte* peut varier (comme adjectif) dans *quitte à,* mais il reste plus souvent invariable parce qu'on prend la locution prépositive comme un tout, ainsi qu'on le fait avec *sauf à.* Le changement de sujet amène à dire *quitte à ce que: Ils y sont allés,* **quitte à ce que** *la foule les prenne à partie* (subjonctif).

QUITTER, v.tr.dir., est vieilli dans le sens de céder, laisser: *Et je ferai bien mieux de lui quitter la place* (Molière) et dans celui d'exempter qqn de qqch.: *Je le quitte de ses dettes.* On dit fort bien: *quitter* (ou *ôter*) *sa robe, un manteau* ou *quitter sa maison, un ami.* Au téléphone: *Ne quittez pas, restez en ligne.*

QUITUS, n.m. (pron. *K* et *s* final; un seul *t*). *Donner quitus à qqn.*

QUI VIVE, loc.interj., cri d'une sentinelle, s'écrit sans trait d'union, à la différence du n.m.: *Être* (ou *se tenir*) *sur le* QUI-VIVE.

QUO (A). Dans le langage juridique belge, on trouve *a quo* notamment pour *dont appel.*

Quoi

1. *QUOI,* PRONOM RELATIF

Pr. relatif, *quoi* s'emploie après une préposition pour représenter quelque chose d'indéterminé (pronom ou parfois nom) ou pour représenter une idée qui vient d'être exprimée:

Ce **pour quoi** *je lutte, c'est... C'est* **en quoi** *vous vous trompez. Ce sont des choses* **à quoi** *vous ne prenez pas garde. Il y a quelque chose à quoi je pense. Il n'est rien à quoi je ne sois prêt. Il fit semblant de ne pas me voir; à quoi je fus très sensible.*

En guise de conclusion on dirait: *de tout quoi il résulte* (ou *nous avons un constat*).

J'avais confiance, **en quoi** *je me trompais. Le président dit quelques mots;* **sur quoi** (ou **après quoi**) *il aborda l'ordre du jour.*

Cependant:

1.1. *QUOI* POUR *LEQUEL*

Par un archaïsme littéraire, *quoi* renvoie encore assez souvent, au lieu de *lequel,* au nom d'une chose déterminée, masculin ou féminin, singulier ou pluriel:

Voici de petits vers sur de jeunes amants, **Sur quoi** *je voudrais bien avoir vos sentiments* (Molière). *Le feu se fortifiait des flammes* **par quoi** *on avait...* (Mauriac, Fr., *Le désert de l'amour*). *Voici quelques signes* **à quoi** *les reconnaître* (Le Bidois). *Des événements* **après quoi** *on ne rougit pas de se dire superstitieux* (Bosco, H., *Le sanglier*).

1.2. *QUOI* SANS ANTÉCÉDENT

Quoi s'emploie parfois sans antécédent, surtout devant un infinitif:

Il a **de quoi** *nous contenter. Nous avons de quoi nous tirer d'affaire.*

Familièrement:

C'est un homme qui a de quoi (pour vivre dans l'aisance). *Il n'y a pas de quoi vous tourmenter.*

Couramment:

Il n'y a pas de quoi (me remercier). *Il s'est trompé;* **comme quoi** (ce qui prouve que) *personne n'est infaillible.*

Très familier:

Produire un certificat comme quoi (attestant que) *on était présent.*

1.3. *QUOI* QUE

Quoi que, à ne pas confondre avec *quoique* (▶ QUOIQUE).

2. *QUOI,* PRONOM INTERROGATIF

Pronom interrogatif, *quoi* se réfère aux choses.

2.1. DANS L'INTERROGATION DIRECTE

2.1.1. *QUOI*, SUJET

Quoi est sujet dans des phrases elliptiques où il est complété par un adjectif, une expression à valeur d'adjectif ou un adverbe : **Quoi** *d'étonnant ? Quoi de plus en vogue ? Quoi de mieux ?*

Suivi de *donc* : **Quoi** *donc me retient auprès d'elle ? Quoi donc me fait supporter, désirer parfois sa présence ?* (Colette).

2.1.2. *QUOI*, ATTRIBUT

Quoi est attribut devant *devenir* : **Quoi** *devenir ?* (on dit plus souvent : *Que devenir ?*) ou après le verbe : *Tu seras* **quoi** *? Tu deviendras* **quoi** *?*

2.1.3. *QUOI*, COMPLÉMENT DIRECT

Quoi est complément d'objet direct (usage familier) devant certains infinitifs : *dire, faire, manger, répondre, voir,* etc. *Mais* **quoi** *répondre ?* (on dit plutôt : *Que répondre ?*) **Quoi** *faire ?* Après un verbe à un mode personnel : *Vous disiez* **quoi** *?* (*Que disiez-vous ?*) ou après un infinitif : *Il veut que j'avoue, mais avouer* **quoi** *?* ▶ POURQUOI.

2.1.4. *QUOI*, COMPLÉMENT PRÉPOSITIONNEL

Quoi est complément prépositionnel (c'est l'usage le plus général) : **À quoi** *cela sert-il ?* **En quoi** *cela peut-il vous intéresser ?* **De quoi** *avez-vous besoin ?* **Sur quoi** *comptez-vous ?*

2.1.5. *QUOI* EMPLOYÉ SEUL

Employé seul, *quoi ?* avait valeur d'**interjection** dans la langue classique : **Quoi ?** *Vous avez le front de trouver cela beau ?* (Molière.) On emploie aujourd'hui *quoi !* (▶ 3.)

Employé **pour faire répéter quelque chose** qu'on n'a pas compris, *quoi ?* est regardé comme impoli, vulgaire. On dit : *Pardon ?* ou *Plaît-il ?* ou *Comment ?* ou *Vous dites ?* ou *Comment dites-vous ?*

Quoi ? est beaucoup mieux accepté, comme familier, **pour faire compléter une phrase** : *Est-ce que vous répéteriez aujourd'hui ce que vous disiez l'autre jour ? —* **Quoi ?** *; J'en ai assez —* **De quoi ?** *; Même si... — Même si* **quoi ?** *; Je voudrais bien, mais... — Mais* **quoi ?**

2.2. DANS L'INTERROGATION INDIRECTE

Dans l'interrogation indirecte, *quoi* ne peut être sujet, mais il peut être attribut (devant *devenir*) ou complément d'objet direct, surtout après *savoir* pris négativement, ou complément prépositionnel :

Il ne sait **quoi** *devenir* (ou *que devenir*). *Je ne sus d'abord* **quoi** *leur répondre* (Gide, A., *Attendu que*). *Je ne savais* **quoi** *écrire* (Id., *La porte étroite*). *Ne plus savoir ni* **quoi** *dire ni* **quoi** *faire* (Clavel, B., *Le voyage du père*). *Dites-moi* **de quoi** *il se plaint. Je me demande à quoi il pense.*

Emploi courant de *je ne sais quoi* sans infinitif qui suit : *Il y avait là* **je ne sais quoi**. *Il y avait dans son ton* **un je ne sais quoi** *d'arrogant.*

3. *QUOI*, INTERJECTION

Interjection, *quoi !* marque la surprise, l'indignation : **Quoi !** *vous l'excusez ?* On le renforce par *hé* : **Hé quoi !** ou *eh bien* : **Eh bien quoi !**

Il s'emploie aussi pour achever une explication, une énumération : *Il lit n'importe quoi, ouvre et ferme son poste, il s'ennuie,* **quoi !**

Quoique et *quoi que*

Quoique, conjonction, et *quoi que*, locution pronominale. ▶ ÉLISION, 2.

Bien que *quoique* vienne de *quoi que*, l'usage actuel les distingue nettement quant au sens et à l'orthographe.

Quoique signifie « bien que » : **Quoiqu**'*il fasse son possible. Quoiqu'il ait tort. Quoiqu'il arrive un peu tard, nous l'inscrirons.* Tandis que **quoi que**, en deux mots, veut dire « quelle que soit la chose que ou qui » et s'emploie devant un verbe impersonnel ou un verbe transitif direct : **Quoi** *qu'il dise, quoi qu'il fasse,* **quoi** *qu'il arrive.* **Quoi que** *j'aie pu faire ;* comparer avec *quoi qui* : **Quoi qui** *puisse vous arriver* (quelle que soit la chose qui puisse vous arriver).

1. *QUOIQUE CE SOIT* ET *QUOI QUE CE SOIT*

Même distinction entre *quoique ce soit* et *quoi que ce soit*. **Quoique ce soit** *lui qui l'a dit.* **Quoi que ce soit** *qui vous arrive, quoi qu'il vous arrive.* Comme complément, l'expression est un indéfini signifiant « une chose quelconque » et peut être figée au présent, même s'il s'agit du passé : *Ils n'avaient pas conscience (...) de se priver de* **quoi que ce fût** (Romains, J., *Les humbles*). *Lui a-t-on reproché* **quoi que ce soit** *?*

Comparer : *Il ne l'a dit à* **qui que ce soit** (à personne). ▶ QUI QUE CE SOIT QUI.

2. *QUOI QUE J'EN AIE*

Quoi que j'en aie, qui a été longtemps discuté, est aujourd'hui considéré comme tout à fait correct (ainsi que *quoi qu'il en ait*) ; c'est le résultat d'une contamination entre l'emploi de *quoi que* et l'ancienne expression *malgré que j'en aie, malgré qu'il en ait*

(▸ MALGRÉ), ayant le même sens: quelque mauvais gré que j'en aie, quelque dépit que j'en aie.

3. [*QUOIQUE ÇA*]

Notons à ce propos qu'on dit: *malgré cela*, mais que, *quoique* n'étant pas une préposition, on ne peut dire [*quoique ça*], populaire.

4. *QUOI QUE DE*

Quoi que... de, suivi d'un substantif, est un tour vieilli. L'Académie blâmait déjà ce vers du *Cid*: *Et quoi que mon amour ait sur moi de pouvoir*. Tour normal: *Quelque pouvoir que mon amour ait sur moi*.

5. MODE: UN OU DEUX SUBJONCTIFS

On emploie le subjonctif après *quoi que* et *quoique*. Sur l'emploi fautif ou suspect de l'indicatif ou du conditionnel après *quoique* ▸ BIEN QUE, 1. On peut expliquer le subjonctif **dans une relative** après *quoique ce soit... qui* (ou *que*) dans une phrase comme *Quoique ce soit un homme qui me* **déplaise** en disant qu'on pense *Quoique cet homme me déplaise*. Mais on dit également très bien: *Quoique ce soit un homme qui me* **déplaît**, car on marque la réalité du verbe subordonné (il me déplaît); on doit le faire dans: *Quoiqu'ils prétendent qu'on ne les* **a** *pas avertis. Quoiqu'il ait répété ce que j'***avais** *dit*. Emploi de *quoique* dans: *Quoique étant malade* ou **Quoique malade** ▸ BIEN QUE, 2, 3.

QUOTA, n.m., **COTE**, n.f., **QUOTE-PART**, n.f. Ces trois mots ont une origine commune, le latin *quota* lui-même abrégé de *quota pars*. — **Quota**, pron. *kota* ou *kwota*, un *quota*, des **quotas**, «pourcentage déterminé». *Sondage par quota. Un quota d'immigration, d'exportation.* — **Cote**, montant d'un impôt demandé à chaque contribuable: *cote mobilière*; au sens figuré *cote mal taillée* signifie répartition approximative ou compromis. Représente aussi la marque servant à un classement; fam.: *Sa cote d'amour est en baisse.* — **Quote-part** ou QUOTEPART (*RO* III.2B), traduction du latin: part qui revient à chacun, dans la répartition d'une somme à recevoir ou à payer: *Chacun paiera cent francs comme quote-part du cadeau.* Pluriel: des **quotes-parts**.

QUOTIDIEN, adj. *Biquotidien, bimensuel*, etc. ▸ BI-, BIS.

RABÂCHER (attention à l'accent circonflexe, comme dans **RABÂ-CHAGE** et **RABÂCHEUR**), v.tr.dir. ou intr.: *Rabâcher toujours les mêmes arguments. Rabâcher un refrain, un air à la mode*, les redire constamment et de façon lassante. *Ces vieilles gens rabâchent*, mais *Elles nous* **rebattent** *les oreilles.*

RABAT-JOIE, n.m. Un *rabat-joie*. Des *rabat-joie(s)*. ▶ NOMS COMPOSÉS, 2.5, et *RO* II.2.

RABATTRE, REBATTRE, v.tr.dir. On **rabat** le gibier, les prétentions de *qqn*, le bord de son chapeau, une somme (on la retranche), etc. On rabat son caquet à *qqn*. Mais non les oreilles. *On* **rebat les oreilles à** *qqn. Rebattre les oreilles à qqn de qqch. On nous en a rebattu les oreilles. Avoir les oreilles rebattues de qqch.* On dit aussi: **Rebattre qqch.** (**aux oreilles de qqn**). *Des idées* **rebattues.**

Rebattre sans cesse la même chose est assurément redondant; mais ce pléonasme d'insistance n'est pas plus choquant que celui qu'on trouve dans *Tu répètes toujours la même chose* (Ac.).

RABBIN, n.m., **RABBINIQUE**, adj. Deux *b*. *Le rabbin Siméon.*

RABIOT, n.m., évoque familièrement l'idée de supplément dans les vivres, le service militaire, le temps de travail, etc.

RABIQUE, adj., relatif à la rage, propre à la rage.

[**RABISTOQUER**], v.tr.dir., et [**RABISTOCAGE**], n.m., wallonismes pour *rafistoler* et *rafistolage*.

RÂBLE, n.m., **RÂBLÉ**, adj. Accent circonflexe.

[**RAC**]. En Belgique, [**ÊTRE EN RAC**] pour *être en panne* ou **ÊTRE EN RADE** (fam.), dans l'impossibilité momentanée de continuer.

RACAILLE, n.f., canaille (sens collectif), ensemble de personnes méprisables. Ne pas dire [**RASCAILLE**].

RACCOMMODER, v.tr.dir. Deux *c*, deux *m*.

RACCOMPAGNER, v.tr.dir., ce n'est pas «accompagner une seconde fois», mais «reconduire qqn qui prend congé ou qui repart»: *Il me raccompagnait jusqu'à la porte ou jusque chez moi.*

RACCORDER, v.tr.dir., c'est joindre par une liaison: *On a raccordé le village à l'autoroute.* Ne pas dire [*raccorder un piano*]: on **accorde** un piano.

RACCOURCI, n.m. *Prendre* ou *emprunter un raccourci.*

RACCOURCIR, v.tr.dir. ou intr. *On raccourcit une robe, un séjour, un discours. Sa robe* **est** *raccourcie. Les robes* **ont** *raccourci. Les jours raccourcissent.*

RACCOUTUMER (SE). On dit surtout: **SE RÉACCOUTUMER.**

[**RACCUSER**], v.tr.dir., est wallon, comme [**RACCUSETTE**]: on dit: *rapporter, un rapporteur.*

RACKET, n.m., anglais américain, extorsion de fonds par chantage, etc. *Des* **rackets** *internationaux.* Dérivés: **RACKETTER**, v.tr., **RACKETTEUR**, n.m.

RACLÉE, n.f., volée de coups ou défaite complète. Pas d'accent circonflexe.

RACLETTE, n.f., désigne une variété de fondue ou certains outils qui servent à racler. Pas d'accent circonflexe, ni à **RACLURE**, **RACLOIR**, etc. On notera que, proprement, **RACLER**, c'est enlever en grattant. Ce sens se retrouve dans *racloir* mais non dans des ustensiles servant à nettoyer les vitres ou les plats ni dans ce que le *GLLF* appelle *une* **RACLETTE DE TABLE**, synonyme de *ramasse-miette(s)*.

RACOLER, v.tr.dir., «recruter» (péjoratif), **RACOLAGE**, **RACOLEUR**. Un *c*, un *l*.

RACONTAR, n.m. (pas de *d*), et non [**RACONTAGE**], vieilli, ni [**RACONTERIE**].

RADIER, v.tr.dir., est devenu synonyme de *rayer* (une personne) sur une liste.

RADIN, adj. populaire, «ladre, pingre»: *Elle est un peu radin* (*radine* est rare).

RADIO-, préfixe évoquant l'idée de «rayon», n'est obligatoirement suivi d'un trait d'union que devant *i* et *u*: *radioélectricité, radiotélévision,* mais *radio-isotope*.

RADJAH, n.m. On écrit aussi **RAJA**.

RAFFOLER (deux *f*), v.tr.ind., aimer follement qqn, avoir un goût très vif pour qqch.: *Il raffole de fruits, de la lecture.*

RAFFUT, n.m. Deux *f*. Pas d'accent circonflexe.

RAFISTOLER, v.tr.dir. familier, raccommoder avec des moyens de fortune. *Un* **RAFISTOLAGE**.

RAFLE, n.f., action de *rafler* ou résultat de cette action. Un seul *f*.

RAFRAÎCHIR, v.tr.dir. Un seul *f* et accent circonflexe sur le premier *î*. Les *Rectifications de l'orthographe* de 1990 proposent de supprimer l'accent circonflexe dans **RAFRAICHIR** et ses dérivés (*RO* II.4).

RAGAILLARDIR, v.tr.dir., a pratiquement éliminé **REGAILLARDIR**.

RAGLAN, n.m., est invariable comme adj.: *Des manches raglan.*

RAGOÛT, n.m. Accent circonflexe ou pas (*RO* II.4), de même dans **RAGOÛTANT**.

RAGOÛTANT, adj., après s'être dit uniquement d'un mets qui excite l'appétit, s'emploie souvent au figuré, surtout avec une négation: *Un travail qui n'est guère ragoûtant. Trempés, nous n'étions pas ragoûtants.*

RAI, n.m. La graphie **RAIS** au sg. se rencontre encore, mais elle est vieillie: *Un rai de soleil, de roue.*

RAIDE, adj., est parfois encore concurrencé par **ROIDE** dans la langue littéraire. *Une corde raide. Une pente raide. J'ai les jambes raides. Ce que vous dites est un peu raide.* **Adv.** *L'escalier tourne raide. Les côtes montent raide. Ils ont été tués raide,* brusquement. *Tomber* **RAIDE MORT**, tomber mort brusquement, brutalement. Il est certain que dans cette expression *raide* est adverbe. Il serait donc logiquement invariable. Toutefois la tradition le considère comme variable, au même titre que *mort*: *Elles sont tombées raides mortes.* On peut y voir une influence de *ivre mort,* où l'on a deux adjectifs (ivre au point d'avoir perdu toute conscience, comme un mort).

RAINETTE, n.f. (sorte de grenouille), à distinguer de **REINETTE**. ▶ REINETTE.

RAISON, n.f.

1. *Avoir des raisons de refuser*. On trouve aussi *pour refuser*. ▶ MOTIF. ▶ 3.

2. **À RAISON** s'emploie couramment dans **À TORT OU À RAISON**. On l'emploie parfois dans le même sens au lieu de **AVEC RAISON**, qui est beaucoup plus courant: *On estimait, et à raison, à cette époque* (Aragon, L., *La mise à mort*). *On l'a renvoyé avec raison.* Ne pas dire: [*à juste raison*] calqué sur *à juste titre*.

À RAISON DE et **EN RAISON DE** ont l'un et l'autre deux sens:

a) À proportion de, sur la base de: *Il doit être payé en raison du temps qu'il y a mis* (Ac.). *On paya cet ouvrier à raison de l'ouvrage qu'il avait fait* (Littré). Mais quand on précise un prix, une quantité, c'est **à raison** qu'on emploie: *Sur ce vaisseau, la disette de l'eau obligea à ne la distribuer qu'à raison d'un demi-litre par tête* (Littré). *À raison de quatre cents kilomètres par jour, il nous faudra quatre jours. Je paierai à raison de tant par mois. À raison de cent kilomètres à l'heure, nous arriverons avant midi.*

b) À cause de, en considération de: *Il put circuler librement à raison de son passeport* (Littré). *Cet employé, à raison de ses bons services, vient de recevoir une gratification* (Littré). Mais dans ce sens causal, c'est **en raison de** qui s'emploie surtout: *En raison de son extrême jeunesse* (Ac.). *En raison du mauvais temps, la partie est remise.*

On dit toujours: **EN RAISON DIRECTE DE, EN RAISON INVERSE DE**: *Sa vitesse est en raison directe du temps. Certaines gens n'apprécient les arts qu'en raison directe de leur utilité.*

3. **AVOIR DES RAISONS** (une dispute) *avec qqn* est vieux et familier. **AVOIR RAISON** *de qqn, de qqch.,* en venir à bout.

4. **DEMANDER** *à qqn* **LA RAISON** (le motif) de sa conduite. **DEMANDER RAISON** *à qqn* (de qqch.), lui demander réparation. **SE FAIRE RAISON** *à soi-même,* se faire justice soi-même. **SE FAIRE UNE RAISON**, se résigner.

5. **POUR RAISON DE SANTÉ** et non [*Pour cause de santé*], bien qu'on dise: *pour cause de maladie.* ▶ CAUSE, 1. Dans *pour raison de santé,* il y a une sorte d'euphémisme avec ellipse: pour une raison qui relève de la santé, ce dernier mot étant pris dans un sens général. L'article est omis normalement après *pour* introduisant la cause, comme dans: *condamné pour vol à main armée, puni pour indiscipline.* Bien que *raison* puisse avoir le sens de «cause», «motif», «ce qui permet d'expliquer», *pour raison de* n'est pas assimilable à *pour cause de,* loc.prép.

En dehors de l'expression *pour raison de santé* (et de *en raison de*, eu égard à), *raison* est accompagné d'un article ou d'un autre déterminant: *Il l'a dit* **pour une raison** *évidente. C'est pour* **cette** *raison qu'il est parti. Pour* **quelle** *raison est-il absent? Je ne dis rien, pour* **la** *raison que je n'ai rien à dire.* Mais on dit: **raison de plus**, *c'est une raison de plus.*

6. COMME DE RAISON, comme il convient, comme de juste.

7. À PLUS FORTE RAISON. ▷ INVERSION, 3.3.2.

RAISONNER, v.intr., tr.ind. ou tr.dir.

1. Fam. RAISONNER COMME UNE PANTOUFLE, COMME UN TAMBOUR MOUILLÉ (jeu de mots avec *résonner*), COMME UN TAMBOUR, très mal.

2. *Raisonner de* vieillit: *Raisonner de tout.* On dit elliptiquement: *Raisonner métaphysique.* Courant: *raisonner sur qqch.*

3. **Raisonner qqn**, chercher à l'amener à une attitude raisonnable.

RAJEUNIR, v.tr.dir. ou intr. **Tr.** *Cela me rajeunit, m'a rajeuni.* **Intr.** *Il* **est** *vraiment rajeuni* (état). *Il* **a** *rajeuni pendant ces vacances.*

RAJOUT, n.m., ce qui est rajouté, ajouté de nouveau ou par surcroît.

RAJUSTER, v.tr.dir. *On a* **rajusté** *les salaires. Le* RAJUSTEMENT *des traitements de base.* On emploie souvent aujourd'hui RÉAJUSTER, RÉAJUSTEMENT, dans le même sens.

[RALLER], v.intr., ne se dit plus. [S'EN RALLER] est dialectal.

RALLONGE, n.f. *Mettre une rallonge à une table, à un vêtement, à bien des choses, vacances, pourboire, budget, etc.* ALLONGE se dit beaucoup moins.

RALLONGER, v.tr.dir. et intr. ▷ ALLONGER.

RAMAGE, n.m., RAMAGER, v.intr., se disent proprement des oiseaux et, par extension, des enfants. Les sens plus larges sont régionaux.

RAMASSAGE, n.m. *Le ramassage scolaire* (par autobus scolaire). Le terme est courant et admis, bien qu'au sens propre on ne «ramasse» pas les élèves. Mais on parle aussi du *ramassage du lait dans les fermes.*

RAMASSER, v.tr.dir., est d'un emploi très large: *Ramasser une pierre, un coup, la grippe, ses idées, son style, ses affaires, un vagabond, se faire ramasser* (à un examen), etc. RAMASSE-POUSSIÈRE, RAMASSETTE (▷ POUSSIÈRE, 2, régionalismes, RACLETTE). RAMASSE-MIETTE (▷ NOMS COMPOSÉS, 2.5 et RO II.2).

RAMENER, v.tr.dir., n'est pas synonyme de *rapporter.* ▷ AMENER.

RAMOLLIR, v.tr.dir. ou intr., c'est rendre (ou devenir) mou ou moins dur: *La chaleur ramollit la cire. La cire* **a** *ramolli* ou *est ramollie. L'asphalte* **a** *ramolli* ou *s'est ramolli. L'âge l'a ramolli. C'est* **un vieux ramolli**.

RAMONAGE, n.m., RAMONER, RAMONEUR. Un seul *n*.

RAMPONNEAU (ou RAMPONEAU), n.m. Partant du nom (Ramponneau) d'un cabaretier parisien célèbre au XVIIIᵉ siècle, on a ainsi baptisé des objets nouveaux. Le mot a eu plusieurs sens, notamment «petit couteau», «coup, bourrade» ou «marteau de tapissier dont une extrémité permet d'arracher les clous», mais c'est en Wallonie seulement et dans des endroits proches de celle-ci qu'il a désigné un filtre à café en tissu. Il y a à Paris une *rue Ramponeau.*

RANCART ou **RENCART**, n.m. *Mettre* ou *jeter au rancart*, au rebut. Un autre mot, avec *d* ou parfois *t*, appartient à l'argot (RENCARD, RANCARD ou RENCART, RANCART) et signifie «renseignement confidentiel» ou «rendez-vous».

RANCUNEUX, adj., a vieilli, sauf régionalement. On dit: RANCUNIER.

RANG, n.m., s'oppose normalement à *file*; on s'y trouve l'un à côté de l'autre, tandis qu'on est l'un derrière l'autre dans une file. *On se met* **sur deux rangs**, **en rang(s)**. *Parler dans les rangs. Se mettre* **en rang d'oignons**, sur une seule ligne, l'un à côté de l'autre. *Être* ou *se mettre* **sur les rangs**, en compétition.

En français régional, notamment en Wallonie, *rang* se dit pour une *petite porcherie* (appelée régionalement *soue*).

RANGER (SE). *On se range* **sous un drapeau**, **du côté de** *qqn, à son avis.* Absolument: *Un noceur finit par se ranger. Un bateau se range à quai. On se range pour laisser passer un convoi. — Ils se sont rangés à notre avis.*

RANIMER. ▷ RÉANIMER.

RAPATRIER, v.tr.dir.:

1. Faire rentrer dans le pays d'origine, par des voies officielles, des personnes (voyageurs, naufragés, soldats, émigrants, etc.) ou des choses, des capitaux: *Le consul a rapatrié les voyageurs. Rapatrier les prisonniers de guerre. Rapatrier un salaire perçu à l'étranger.* On parle dans ces deux cas du RAPATRIEMENT des prisonniers, des devises, etc.

2. Dans un emploi vieilli, considéré comme familier par certains dictionnaires et comme classique et littéraire par d'autres, «réconcilier des personnes brouillées»: *On les a rapatriés. Se rapatrier avec qqn.* On parle alors de RAPATRIAGE (réconciliation), n.m.

Le verbe pronominal SE RAPATRIER, encore employé dans le sens de «se réconcilier», s'emploie rarement dans le sens de «retourner dans sa patrie» ou, au figuré, dans celui de «retrouver sa sérénité, son calme dans une atmosphère détendue»: *Il faisait calme (...). Je me rapatriais d'instant en instant* (Blondin, A., *Les enfants du bon Dieu*).

RÂPE, n.f., **RÂPER**, **RÂPEUX**. Accent circonflexe.

RAPETASSER, v.tr.dir., «rapiécer grossièrement», est familier.

RAPHIA, n.m. (*ph*), vient d'un mot malgache.

RAPIAT, adj., est familier. Au féminin, **rapiat** ou **rapiate** (qui regarde trop à la dépense). Le verbe plaisant **RAPIATER** et le nom **RAPIATERIE** sont familiers. *Rapiater dans tous les coins (...). Un extrême de rapiaterie* (Dutourd, J., *Pluche*).

RAPLATIR, v.tr.dir. Un seul *p*.

RAPPEL, n.m. On parle en français du rappel de réservistes, d'une classe, de sous-officiers, etc., mais on ne dit pas des intéressés (comme en Belgique) qu'ils font un rappel. En bon français, *ils font une période* (militaire).

RAPPELER, v.tr.dir. **SE RAPPELER**. *Rappelle-moi son adresse. Je m'en rappelle tous les détails* (*en* ne dépend pas de *rappelle*). *Rappelle-moi de quelle manière il t'a reçu* (*de* dépend de *a reçu*). Devant un infinitif: *Rappelle-moi de lui écrire* (ce n'est pas le *de* fautif qu'on aurait devant *qqch.*, mais un *de* de liaison). *On se rappelle **qqn**, **qqch**.* et non [*de qqn, de qqch.*] comme après *se souvenir. Rappelle-moi qui te l'a dit* ou *Rappelle-moi combien ça coûte*.

Devant un infinitif, *se rappeler* peut encore être suivi par *de*, le tour peut cependant paraître vieilli et l'on dit plutôt: *Il se rappelle l'avoir rencontré.* À l'impératif: *Souviens-toi de lui écrire.* Ne pas remplacer *que je sache* (▶ SACHE) par *que je me rappelle*.

Se rappeler ne peut se dire avec *me, te, nous, vous,* on emploie *se souvenir: Je me souviens de toi* (ou *de vous*). *Il se souvient de nous* (ou *de moi*).

RAPPLIQUER, v.intr., ne s'emploie plus guère dans le sens tr. d'«appliquer de nouveau», mais est très vivant dans la langue populaire au sens de «revenir»: *On vous verra rappliquer. Ils ont rappliqué.*

RAPPORT, n.m.

1. **SOUS LE RAPPORT DE**, au sens de «pour ce qui concerne, du point de vue de», est correct, quoi qu'ait dit Littré: *Cette voiture est excellente sous le rapport de la commodité* (Ac.). On peut dire: *Sous ce rapport, à cet égard. Sous tous rapports* ou *sous tous les rapports*.

2. **AVOIR RAPPORT à** ou **avec**. De deux choses qui ont *entre elles* un rapport, on dira que *l'une a un rapport avec l'autre* ou qu'*elle est en rapport avec l'autre.* Aujourd'hui, *avoir rapport à* n'a plus guère ce sens, mais signifie «avoir trait à, concerner»: *Ceci a rapport aux cyclistes. Cette question a rapport à notre ordre du jour.*

3. **ÊTRE EN RAPPORT avec, sans (aucun) rapport avec, n'avoir aucun rapport, avoir** (ou **entretenir**) **des rapports avec**: *Le style de cet ouvrage n'est pas en rapport* (en accord) *avec le sujet, avec les idées* (Ac.). *Ses dépenses ne sont pas en rapport avec sa fortune, ne sont pas proportionnées à sa fortune. Je suis en rapport avec lui. Je l'ai mis **en rapport avec** le fonctionnaire compétent. Ces deux choses n'ont **aucun rapport** ou sont **sans rapport**.* Avec le pluriel: *Il a eu **des rapports avec** l'ennemi.*

4. Dans le sens de «exposé, compte rendu»: *Juger **sur** le rapport des experts* (Ac.). **Suivant** *ce rapport, voilà ce qui s'est passé.* **Faire rapport** (sur une question). *Il a fait son rapport. Présenter un rapport d'activité.*

5. **RAPPORT À**, au sens de «à cause de, au sujet de, à propos de», est populaire ou très familier: *Il est venu me voir rapport à son procès.* À proscrire: [RAPPORT QUE], [RAPPORT À CE QUE], employés pour *parce que.*

6. **PAR RAPPORT À**, «en comparaison de» ou «à l'égard de»: *Il dépense trop par rapport à ses revenus. On déplore son attitude par rapport à ses subordonnés.*

RAPPORTER, v.tr.dir. *Les on-dit qu'on m'a rapportés. Les cent francs que cela m'a rapportés.* **SE RAPPORTER**. *Cela se rapporte à telle affaire.* — *Se rapporter à qqn de qqch.* est vieilli: *Ils se sont rapportés du prix à un tel* (Ac.). On dit: *Ils **s'en sont rapportés** à un tel. Ils s'en sont rapportés à votre arbitrage* (ils lui ont fait confiance; ils s'en sont remis à votre arbitrage). On trouve dans le style administratif, en France, l'emploi intransitif: *Rapporter sur une question.* Dire: **faire un rapport sur**.

RAPPRENDRE, v.tr.dir., on dit plutôt **RÉAPPRENDRE**: *Il a réappris sa leçon.*

RAPPROCHER, v.tr.dir., mettre plus près: *Rapprochez votre chaise.* **SE RAPPROCHER**, venir plus près, devenir plus proche: *Il s'est rapproché de mon quartier* (Ac.). *Ils se sont rapprochés de nous.*

RAPPROPRIER (SE), belgicisme: se nettoyer, mettre des vêtements propres.

RAREMENT, adv. ▶ INVERSION, 3.3.2. *Rarement vit-on victoire plus éclatante* (Bainville, J., *Napoléon*). Ne pas l'accompagner d'un *ne* qui fait contresens et qui serait normal avec *jamais*: *Rarement la critique parisienne [ne] s'est pareillement déchaînée.* La faute est courante.

RARRANGER, v.tr.dir., est déclaré familier par l'Académie: *Ce mécanisme fonctionne mal, il faut le rarranger* (Ac.), raccommoder, réparer.

RAS, adj. *Il a la tête rase, les cheveux ras.* **Adv.**: *Il a la moustache coupée* **ras**. Expression très familière mais très répandue pour «en avoir assez»: *En avoir* **RAS LE BOL**. Comme nom: *le* **RAS-LE-BOL**. On dit: *Au ras de terre* (ou *à ras de* terre); *au ras de l'eau* (ou *à ras de l'eau*), *au ras du sol, au ras des toits. Une robe* **ras du cou** (dont l'encolure s'arrête au cou). *Un ras-de-cou. Un verre plein à ras bords.*

RASER, v.tr.dir., est familier au sens figuré d'«ennuyer». De même **SE RASER**, s'ennuyer. En parlant des bêtes, se tapir contre terre: *Ce n'est pas un réflexe de crainte qui brusquement arrête le chaton noir, qui le (le chaton) fait se raser sur lui-même, prêt à bondir (...). Toujours rasé sur le bord du trottoir...* (Genevoix, M., *Rroû*). On écrit: *en* **RASE-MOTTES**, *faire du rase-mottes*.

RASEUR, adj. et n.m. ou f. (**raseuse**) et **RASOIR**, n.m., invariable dans ce cas, se disent familièrement, comme adj. ou n., d'une personne (homme ou femme) qui *rase* (ennuie) son entourage: *Quel rasoir! Ah! ce qu'elle est raseuse ou rasoir! Ils sont rasoir.* Comme nom: *Ce sont des raseurs.*

RASIBUS, adv., est très familier, «tout contre, de très près, à ras».

RASSEOIR ou **RASSOIR** (*RO* III.10H), **RASSIS**, **RASSIR**. *Rassis* est le participe passé de *rasseoir*: *du pain rassis* (qui n'est plus frais), *une existence rassise*, trop calme. À partir de là s'est formé le verbe *rassir*, aujourd'hui admis: *Laisser rassir le pain. Le pain commence à* **rassir**, *à* **se rassir** (alignés sur *finir*). Comme on ne peut employer *rasseoir* dans ce sens, il faudrait dire avec *rassis*: *Laisser le pain devenir rassis.*

RASSORTIMENT, n.m., et **RASSORTIR**, v.tr., sont beaucoup moins employés que **RÉASSORTIMENT** et **RÉASSORTIR**.

RASSURER, v.tr.dir., n'ayant pas de nom correspondant, certains écrivains risquent **RASSUREMENT**, n.m.

RASTAQUOUÈRE, n.m. Abréviation familière: **RASTA**, n.m.

RAT, n.m. Au féminin normal et habituel **rate** (sauf pour *les rats de l'Opéra*), l'Académie des sciences a préféré **ratte** pour éviter toute confusion avec l'organe appelé *rate*. L'usage reste fidèle à *rate*. On dit d'un homme très avare: *C'est un rat* ou *Ce qu'il est rat!*

RATATOUILLE, n.f., est loin d'être toujours péjoratif: *Ratatouille niçoise.* L'abréviation **RATA**, n.m., est généralement péjorative.

RATÉ, adj. et n. *Cet homme est un raté. Une* **ratée**. *Les ratés d'un moteur.*

RÂTEAU, n.m., **RÂTELER**, **RÂTELÉE**, **RÂTELIER**, **RÂTELURES**, accent circonflexe. Mais non dans **RATISSER**, ni dans **RATISSAGE**, **RATISSURE**. Cependant, sous l'influence de *râteau*, ratisser a substitué au sens de «nettoyer en raclant légèrement» (du cuir, des carottes, etc.) celui de «nettoyer à l'aide d'un râteau»; d'où les emplois figurés et familiers dans le sens de «ruiner, dépouiller». **Râteler** peut avoir les sens de *ratisser*, «nettoyer à l'aide d'un râteau» (*râteler* ou plus souvent *ratisser une allée*), ou «ramasser avec un râteau»: *râteler* (ou *ratisser*) *des feuilles mortes, du foin*.

RATIBOISER, v.tr.dir., déformation de *ratisser*, est nettement familier: *Elle m'a encore ratiboisé cent francs. Quelle voleuse!* (Curtis, J.-L., *La parade*.) *Il est complètement ratiboisé*, ruiné, perdu.

RATIOCINATION, n.f., **RATIOCINER**, v.intr. Prononcer *syo*. Péjoratif. Raisonnement exagérément subtil. Ergoter.

RATTACHISME, **RATTACHISTE**, adj. et n., se disent en Belgique de l'attitude ou de la personne favorable au rattachement de la Wallonie à la France.

RATTRAPAGE, n.m., *cours* (ou *classe*) *de rattrapage*, cours organisé à l'intention d'étudiants étrangers ou pour permettre de rattraper un retard.

RAUGMENTER, v.tr.dir., augmenter de nouveau, est familier; on trouve aussi **RÉAUGMENTER**, qui n'a pu s'imposer.

RAUQUE, adj., se dit de la *voix* d'une *personne enrouée*.

RAVALER, v.tr.dir. *Ravaler sa honte, sa salive, une façade.*

RAVI, adj. *Je suis ravi que vous soyez là. Ravi de votre succès, de vous voir.*

RAVIGOTER, v.tr.dir., est familier: *Ce congé m'a ravigoté.*

RAVIOLI, n.m.pl., proprement invariable, est parfois écrit avec s à cause de sa francisation. D'où: *un ravioli, des raviolis.*

RAVOIR, v.tr.dir. À l'infinitif: *Il voudrait ravoir* (avoir de nouveau) *ce qu'il a donné*; à la forme négative surtout: *Je n'arrive pas à ravoir* (à remettre en bon état) *ce poêlon* (ou *ce veston, ces cuivres*). On ne dit donc pas, comme en Belgique, [*Je vous raurai*] mais: *Vous me le payerez*; on ne dit pas non plus: [*Il ne parvient pas à s'en ravoir*] pour: *à retrouver son état physique normal* après un effort, une émotion.

RAYER, v.tr.: *Rayer du papier, un mur, du verre, une reliure.* Une RAIE.

RAYONNER.

1. **V.intr.**: *Le soleil rayonne sur les cimes. Son visage rayonne de joie. L'armée rayonnait de là sur le pays voisin.*

2. **V.tr.dir.** Proprement, garnir de rayons (rare): *Rayonner un bureau.* Un autre emploi transitif est déjà ancien: *Grazia rayonnait d'ailleurs sur ceux qui l'entouraient le charme silencieux de son harmonieuse nature* (Rolland, R., *La nouvelle journée*). *Vous qui rayonnez la foi et la tendance* (Colette); emploi factitif, au lieu de *faire rayonner.*

RAZZIA, n.f. Des **razzias**. Verbe: RAZZIER, tr.dir.

RE ou RÉ sont préfixes dans un grand nombre de mots; tous ceux-ci ne sont pas dans les dictionnaires. Ce préfixe marque souvent — pas toujours — la répétition de l'action exprimée par le verbe simple (*lire — relire*) ou le retour à un état antérieur (*refermer*); il peut se faire que cette seconde opération ait deux sens: *récrire une lettre*, c'est en recommencer l'écriture ou la rédaction. *Repiquer* des salades, ce n'est pas les piquer à nouveau. *Remplir un tonneau*, c'est parfois l'emplir. ▸ REMPLIR. Il faut se méfier de la tendance à redoubler *re* par *de* (ou *à*) *nouveau*.

Re s'emploie généralement devant une consonne (*rejeter*) et *ré* devant une voyelle (*réarmer, réexaminer, rééditer*). Mais on trouve aussi en concurrence devant une voyelle *re*, réduit à *r*, et *ré*: *rapprendre* et *réapprendre, rassortir* et *réassortir, récrire* (mais on doit dire *réécriture*) et *réécrire, rajuster* et *réajuster*). ▸ RES. On dit toujours *rouvrir* à côté de *réouverture.*

RÉAJUSTER. ▸ RAJUSTER.

RÉALISER, v.tr.dir., incorrect dans [*réaliser un but*], admis dans *réaliser ses espoirs, ses promesses, réaliser ses biens*, est discuté dans le sens, dû à l'anglais, de «prendre conscience de, se rendre compte de»: *Réalisez-vous bien les difficultés de cette entreprise?* Cet emploi a pourtant d'excellents et nombreux répondants: *Je ne peux réaliser ce deuil* (Gide, A., *Journal*). Évidemment, il faut éviter l'équivoque; il est facile de ridiculiser cet emploi en inventant la phrase: *Je réalise les desseins de mes ennemis!*

Parallèle à *réaliser qqch.* dans ce sens, **réaliser que**: *Je réalise mieux qu'il m'en veut.* Ou sans complément: *Je sens qu'il ne réalise pas.*

SE RÉALISER, devenir réel, se traduire (*Ses prédictions se sont réalisées*) ou accomplir pleinement sa nature, son idéal: *Elle s'est réalisée très jeune.*

RÉANIMER, RANIMER, v.tr.dir. *On **ranime** une personne évanouie, un feu, l'ardeur.* Au sens médical, quand il s'agit des fonctions respiratoires et cardiaques gravement atteintes, on emploie **réanimer** et RÉANIMATION.

RÉAPPARAÎTRE ou RÉAPPARAITRE (*RO* II.4), v.intr., apparaître de nouveau, paraître de nouveau: *C'est sur ces bases que la presse française **avait** réapparu du jour au lendemain* (Gaulle, Ch. de, *Le Salut*). *Le mal **a** (ou **est**) réapparu.*

RÉATTAQUER, v.tr.dir., est correct, malgré le silence des dictionnaires: *Une pause avant de réattaquer* (Butor, M., *Passage de Milan*). Ne pas dire [RATTAQUER].

[RÉBELLIONNER (SE)], inutile; à proscrire. Dire: *se révolter, se soulever.*

REBIFFER (SE). *Elle s'est rebiffée contre nos projets.*

REBOND, n.m., «le fait de rebondir». Mais on dit couramment: *Le* REBONDISSEMENT *d'une balle. Les rebondissements d'une affaire.*

REBOURS (À), loc.adv., est beaucoup plus fréquent que *au rebours*, tandis qu'on dit plus souvent *au rebours de* (loc.prép.) qu'*à rebours de.*

REBUFFADE, n.f., «mauvais accueil, refus brutal». *Essuyer une rebuffade.*

RECALER, v.tr.dir. ▸ EXAMEN.

RECELER, v.tr.dir. (▸ VERBE, Conjugaison, 1.1), sans accent d'après l'Académie, est souvent écrit RECÉLER (*RO* III.6D). On écrit toujours RECÈLEMENT, mais souvent RECELEUR (ou RECÉLEUR).

RECENSER, v.tr.dir., c'est dénombrer, inventorier, mais non rendre compte (d'un livre), bien qu'une RECENSION puisse être un compte rendu.

RECÉPER, v.tr.dir. ▸ VERBE, Conjugaison, 1.1. L'usage, à défaut de l'Académie, admet qu'on écrive *recéper*, RECÉPÉE, RECÉPAGE plutôt que RECEPER, RECEPÉE, RECEPAGE.

RÉCEPTION, n.f. ▸ ACCUSER.

RÉCEPTIONNER, v.tr.dir. *Réceptionner des marchandises*, recevoir et vérifier. *Le réceptionnement des marchandises.*

RÉCESSION, n.f., en termes d'économie politique, dit moins que *crise*; il marque une diminution de l'activité industrielle, commerciale.

RECEVEUR, n.m. On dit en France : *receveur des postes*, **percepteur** *des contributions*. En Belgique : *percepteur des postes, receveur des contributions*.

RECEVOIR, v.tr.dir.

1. *On reçoit qqn, qqch*. Sans complément d'objet : *Madame Durand reçoit le lundi*. Passif : *On est reçu à l'Académie*, **chez** *qqn*, **par** *qqn*, **à** *un examen*, **au** *baccalauréat*.

2. **REÇU**, employé sans auxiliaire et devant le nom de ce qui est reçu, reste invariable : *Reçu trois cents francs. Reçu ce matin une visite*. ▶ REÇU.

3. **SE RECEVOIR** peut signifier «prendre convenablement contact avec le sol après un saut» : *Il se reçoit sur l'asphalte* (Decoin, D., *John l'enfer*).

RECHAPER, v.tr.dir. *On a rechapé mes pneus*.

RÉCHAPPER, v.intr. ou tr.ind., n'implique aucune idée de deuxième fois mais signifie «échapper (plus ou moins par chance) à un péril grave» : *Personne n'a réchappé. Il **a** réchappé **de** la guerre. Si vous réchappez de cet accident. Si vous **en** réchappez*. Sous l'influence d'*échapper*, réchapper tend parfois, mais il faut l'éviter, à se construire avec *à*.

RECHERCHER, v.tr.dir., ne signifie pas seulement «chercher de nouveau», mais «chercher avec soin, chercher à découvrir». Il ne faut pas l'employer pour *chercher* : *Cette société **cherche un ingénieur**. Au lieu de *Tous les hommes recherchent d'être heureux* (Arland, M., *Antarès*) on dira : **cherchent à être heureux** ou **recherchent** *le bonheur*.

RÉCIPIENDAIRE, n.m., ne désigne pas le candidat qui se présente à un examen, mais celui qui est reçu avec un certain cérémonial dans une compagnie comme une Académie ou celui qui reçoit un diplôme universitaire.

RÉCIPROQUE, adj. Tandis que MUTUEL peut se dire quand deux ou plusieurs personnes sont en cause, **réciproque** ne s'emploie que lorsqu'il y a deux personnes, deux groupes, deux propositions, etc.

RÉCIPROQUER, v.tr.dir., est un vieux verbe français tombé en désuétude en France, sauf dans certaines régions, mais resté très vivant en Belgique, surtout en parlant de ce qu'on appelle, en français généralisé, des *vœux réciproques* ou **rendre la réciproque**, la pareille. Ne pas ajouter : *de part et d'autre*.

RÉCITAL, n.m. Des *récitals*.

RÉCLAME, n.f., reste normalement invariable comme une abréviation de *en réclame* quand il est apposé : *Des **cendriers-réclame*** (Aragon, L., *La mise à mort*). *Des **ventes-réclame**. Des **articles-réclame***. Trait d'union.

RÉCLAMER (SE). *On se réclame de qqn, de qqch.*, on se recommande de lui, de cela. *Ils se sont réclamés de vous*.

RECLUS, *recluse*, adj. et n., qui vit retiré, à l'écart du monde : *Mener une existence recluse. Vivre en reclus*.

RÉCOLEMENT, RECOLLEMENT, n.m. Le premier correspond à *récoler*, dénombrer, vérifier (*Faire un **récolement** dans une bibliothèque*), le second est issu de *recoller*, coller de nouveau (*Le **recollement** ou le* RECOLLAGE *d'un panneau*).

RECOMMANDATION, n.f., singulier dans *lettre de recommandation*.

RECOMMANDER, v.tr.dir., «attirer l'attention sur, appuyer, envoyer par la poste avec une garantie», ne peut se dire pour «faire une nouvelle commande». *On recommande qqch. à qqn. Le prêtre recommande les défunts*. D'où : *la* RECOMMANDATION *des défunts. Elle s'est recommandée à Dieu, à tous les saints. Ils se sont recommandés de vous*, ils ont invoqué votre appui.

RECONDUIRE, v.tr.dir., **RECONDUCTION**, n.f., se disent non seulement pour un contrat ou un bail qu'on renouvelle (*par reconduction expresse* ou *par tacite reconduction*), mais de ce qui est maintenu en vigueur, prorogé (*reconduire des mesures provisoires*, **reconduire une taxe**). Dans le sens d'accompagner qqn qui a rendu visite, *reconduire* a pour substantif correspondant RECONDUITE, qui est très rare.

RECONNAISSANT, adj., **RECONNAISSANCE**, n.f. En parlant de gratitude : *Être **reconnaissant à** qqn d'un bienfait, des services qu'il vous a rendus. Je vous **en** suis très reconnaissant. Être reconnaissant **envers** qqn. Avoir de la reconnaissance **envers** lui. Je suis plein de **reconnaissance pour** vos bontés. Ne craignez pas de montrer votre reconnaissance pour le bien qu'on vous a fait. Je vous serais reconnaissant de me répondre au plus tôt. **En reconnaissance de** ce que vous faites pour moi*.

Après *être reconnaissant **de ce que**...*, il est normal et recommandable d'employer l'indicatif : *Il lui était reconnaissant de ce que rien n'**était** changé dans la maison de ses parents*. Par assimilation aux verbes de sentiment, on emploie parfois le subjonctif : *Noël fut reconnaissant à sa fille de ce qu'aucun changement n'**apparût** dans l'ordonnance de la vie* (Druon, M., *Les grandes familles*).

RECONSIDÉRER, v.tr.dir. ▶ VERBE, Conjugaison, 1.1. *Reconsidérer la question, sa position*.

RECORD, n.m., employé comme adjectif, varie: *Des ventes* **records**.

RECOURS, n.m. *Avoir recours à qqn, à qqch. En dernier recours. Il n'y a aucun recours contre cela.*

RECOUVRER, RECOUVRIR, v.tr.dir. À ne pas confondre. Il *recouvre*, il *recouvra*, il *recouvrera*, il *a recouvré. Recouvrer son bien, une créance, la santé, la liberté.* Il *recouvre*, *recouvrit*, *recouvrira*, *a recouvert. Recouvrir un livre, le lit, le sol.*

RÉCRIRE, RÉÉCRIRE, v.tr.dir., **RÉÉCRITURE**, n.f. La forme *réécrire* est devenue courante; *réécriture* l'emporte très nettement aujourd'hui sur **RÉCRITURE**. ▶ RE.

RECROÎTRE. ▶ CROÎTRE.

RECRU, *recrue*, adj., est le participe passé de l'ancien verbe *se recroire*, signifiant «se remettre à la merci, se rendre». Il impliquait l'idée de fatigue ou d'épuisement et pouvait donc s'employer sans ou avec *de fatigue*. Aujourd'hui, on met généralement un complément; *recru de fatigue* est courant (épuisé de fatigue). On trouve aussi d'autres compléments; *recru de souffrances, de cauchemars, de fatigue et de tourments, de bruits.* De Gaulle écrit: *Vieil homme recru d'épreuves, détaché des entreprises (Le salut).*

RECTA, adv. familier, «ponctuellement, exactement». À Bruxelles, [C'EST RECTA], ça se produit toujours.

REÇU, n.m., désigne un écrit attestant qu'on a reçu qqch. mais s'emploie couramment et chez de bons auteurs dans l'expression AU REÇU DE pour «à la réception de»: *Au reçu de votre lettre.* ▶ RECEVOIR, 2.

RECUEILLIR, v.tr.dir. *Recueillir des dons, l'eau d'une source, une déclaration. La somme qu'ils ont recueillie est insuffisante. Recueillir des comptines. Les mille deux cents voix qu'il a recueillies. Recueillir les animaux abandonnés. La religieuse s'est recueillie pieusement.*

RECULER, v.tr.dir. ou intr. **Tr.**: *reculer un meuble, une cloison, une date, etc.* **Intr.**: *Il recule pour mieux sauter. Il recule devant les difficultés.* SE RECULER: *Ils se sont un peu reculés pour la laisser passer* ou *Ils ont peu reculé.*

RÉCUPÉRER, v.tr.dir. (▶ VERBE, Conjugaison, 1.1.) *On récupère une somme, ses forces, un jour de congé. Récupérer ses enfants à la fin des vacances. Récupérer des blessés. Récupérer un mouvement de contestation,* le détourner et l'annexer. **Intr.** *Il lui a fallu quelque temps pour récupérer,* pour retrouver ses forces.

RECYCLAGE, n.m. *Le recyclage des cadres. Un cours de recyclage.*

REDAN, n.m., s'écrit aussi **REDENT**, en termes de fortifications ou d'architecture.

REDEVABLE, adj., qui demeure débiteur de qqn: *Être redevable d'une somme à un créancier.* Au figuré, être redevable d'une qualité ou d'un avantage que l'on possède grâce à un autre: *Je lui suis redevable de ma formation. C'est à ses sacrifices que je suis redevable de ma situation.* Mais on ne dira pas qu'on est redevable à qqn de ses conseils au lieu de: *Je dois beaucoup à ses conseils.*

REDEVOIR, v.tr.dir., se conjugue comme *devoir*. Attention à **redû**, **redue**.

RÉDIGER, v.tr.dir. *Rédiger une lettre, un contrat, un compte rendu* (à l'intention de qqn).

REDIRE, v.tr.dir., dire de nouveau (*Vous redites toujours la même chose*), critiquer, blâmer: *Trouver à redire à qqch. Je ne vois rien à redire à cela. Qu'avez-vous à redire?*

REDOUBLANT, REDOUBLER. ▶ DOUBLER.

REDOUTER, v.tr.dir. Emploi du mode et de *ne* ▶ CRAINDRE.

[**RÉÉLARGIR**] n'est pas français. Dire: **RÉLARGIR**.

RÉEMBALLER, v.tr.dir. On dit surtout: **REMBALLER**.

RÉEMBARQUER, v.tr.dir. On dit souvent: **REMBARQUER**.

RÉEMBAUCHER, v.tr.dir. On dit aussi: **REMBAUCHER**.

RÉEMPLOYER, v.tr.dir., est correct à côté de **REMPLOYER**. De même **RÉEMPLOI** à côté de **REMPLOI**.

RÉENGAGER, v.tr.dir. On dit plus souvent: **RENGAGER**.

RÉENSEMENCER, v.tr.dir., ensemencer de nouveau.

RÉESSAYER, v.tr.dir. On dit aussi **RESSAYER**.

[**RÉÉTABLIR**] est inutile. Dire: **RÉTABLIR**.

RÉÉTUDIER, v.tr.dir., étudier de nouveau.

REFAIRE, v.tr.dir., se conjugue comme *faire*. Fam., duper, tromper: *Il a tenté de me refaire. Je suis refait.*

[**RÉFECTIONNER**], v.tr.dir., est inutile. Dire: *réparer.*

RÉFÉRENCE, n.f. *Donner une référence. Indiquez-moi la référence de cette citation. Des ouvrages de référence* (le mot reste au singulier). *Il se présente avec les meilleures références. Il a d'excellentes références. Ce n'est pas une référence.*

RÉFÉRENCÉ et non [RÉFÉRENCIÉ], adj., «accompagné d'une référence». *Un exemple référencé.*

RÉFÉRENDAIRE, n.m. (pron. *an*), titre de certains membres de la Cour des comptes; adj., «relatif à un référendum»: *campagne référendaire.*

RÉFÉRENDUM, n.m. Noter les accents. *Des référendums.* On prononce généralement *rando-m*, parfois *rin*, qui est à éviter et qui peut paraître plus soutenu.

RÉFÉRER, v.tr.ind. (▸ VERBE, Conjugaison, 1.1.) *En référer à qqn, au président. Il en sera référé au juge. J'en référerai à mon chef.* L'emploi transitif (dans le sens d'«attribuer») est vieilli. Il en est de même pour l'emploi dans le sens de «faire référence à»; on dit *se référer à* qqn, à un écrit, à un avis: *Cette observation se réfère à tel texte.* Éviter [s'en *référer à*], calqué sur *s'en rapporter à.*

RÉFLÉCHIR, v.tr.dir. ou ind. ou v.intr. *Le miroir réfléchit les objets. Il a mûrement réfléchi (pesé) sa décision. Tout bien réfléchi. Il a réfléchi que c'était inutile, qu'on le lui reprocherait quand même. Cela donne à réfléchir. Laissez-moi le temps de réfléchir sur cette question. Réfléchissez aux conséquences, à ce que je vous dis.*

REFLÉTER, v.tr.dir. ▸ VERBE, Conjugaison, 1.1. *La vitre reflète la lumière. Son visage reflète ses sentiments. Ses sentiments se reflètent, se sont reflétés sur son visage.*

REFRÉNER (on trouve **RÉFRÉNER**), v.tr.dir. ▸ VERBE, Conjugaison, 1.1. *Refrénez votre impatience. Le* **REFRÈNEMENT** *des abus.*

REFROIDIR, v.tr.dir. ou intr. *Son accueil m'a refroidi. Le thé a refroidi; il est refroidi. Vous allez vous refroidir. Le temps* SE REFROIDIT ou *refroidit.*

REFUS, n.m. *Opposer un refus à qqn. Essuyer un refus.* Fam.: *Cela n'est pas de refus, j'accepte bien volontiers.*

REFUSER, v.tr.dir. L'Académie donne *refuser qqn,* qui est vieilli: *Il a déjà refusé tous ceux qui l'ont prié* (Ac.). Mais on dit encore: *Refuser sa fille à qqn. Refuser du monde parce que tout est complet. Refuser un peintre* (à une exposition), *un candidat* (à un examen). Avec pour complément un nom de chose: *Refuser une faveur, une permission, un cadeau. Refuser sa porte à qqn. Il a refusé qu'on nous reçoive. Ils ont refusé de répondre.*

SE REFUSER: *Ils ne se sont rien refusé. Ils se sont refusés à l'évidence. De tels avantages ne se sont jamais refusés* (sens passif).

Devant un infinitif. Le tour habituel est *se refuser à faire qqch.,* ne pas y consentir: *Ils se sont refusés à nous aider* (accord du participe). Certains écrivains emploient *se refuser de faire qqch.,* dans un autre sens, en laissant le participe invariable, *se* étant compl. ind.: *Ils s'étaient refusé de penser à autre chose* (Céline, L.-F., *Voyage au bout de la nuit*). L'usage courant dit plutôt dans ce sens *s'interdire de.*

RÉGAL, n.m. *Des régals.*

REGARD, n.m. AU REGARD DE *la loi,* du point de vue de la loi. EN REGARD, en face: *Un texte avec la traduction en regard.* EN REGARD DE: *C'est peu de chose, en regard de ce que j'ai dû supporter,* comparativement à.

REGARDER.

1. **V.tr.dir.** *Regarder qqn, qqch. Regarder les passants, un paysage. Regarder qqn dans le blanc des yeux. Regarder sa montre, regarder l'heure.* Comparer: *Vous regardez à votre montre: il n'est que trois heures et demie* (Butor, M., *La modification*). *Regarder à la pendule quelle heure il est. Regarder qqn de travers. Le regarder comme un homme de bien. Regarder l'univers comme sa patrie. J'ai regardé par la fenêtre. Cela ne le regarde pas,* ne le concerne pas. *C'est moi* (ou *c'est lui*) *que ça regarde. Regarder la pluie tomber. Regardez-moi faire. Je les ai regardés passer. J'ai regardé passer les soldats.* Fam.: *Vous ne m'avez pas regardé!* se dit pour écarter une proposition, pour opposer un refus.

2. **V.tr.ind.** *Regarder à qqch.* a deux sens: a) Considérer avec attention, prendre garde à, tenir compte de: *Regarder à ses intérêts, à la qualité, à ce qu'on va dire. Y regarder à deux fois. Y regarder de près;* b) *Regarder à la dépense, à un franc, à quelques centimes,* hésiter à dépenser. On étend trop le premier sens (faire attention) lorsqu'on dit: *Regardez à vos pieds,* voyez où vous les mettez, où vous marchez.

3. Fautes: [*Cela ne lui regarde pas*]. ▸ 1. [*Regarder après qqch.* ou *qqn*]. ▸ APRÈS, 9. *Regardez voir* appartient à la langue populaire.

4. SE REGARDER: *Ils se sont regardés dans la glace. Se regarder dans les yeux, en chiens de faïence. Il ne s'est pas regardé,* il critique alors qu'il a aussi des défauts.

RÉGENT, n.m. (fém. *régente*), survit en Belgique pour désigner un agrégé de l'enseignement secondaire inférieur. Pour désigner les études de régent on dit: *Il a fait son* RÉGENDAT.

REGIMBER, v.intr. *Elle a regimbé contre nos idées.* Synonyme, SE REGIMBER: *Elle s'est aussitôt regimbée.*

REGISTRE, n.m. Et non [RÉGISTRE]. *Inscrire **dans** un registre ou **sur** un registre.*

RÈGLE, n.f. *Les règles d'un jeu, d'un sport, d'un classement.*

RÈGLEMENT, RÉGLEMENTAIRE. L'Académie, en 1975, a décidé qu'on pouvait écrire RÉGLEMENTER, RÉGLEMENTATION, RÉGLEMENTAIRE, RÉGLEMENTAIREMENT avec è comme dans *règlement*. Décision annulée en 1987, mais les *Rectifications de l'orthographe* proposent RÈGLEMENTAIRE, RÈGLEMENTAIREMENT, RÈGLEMENTATION et RÈGLEMENTER (*RO* III.7E).

RÉGLISSE, n. Le nom de la plante est féminin. Celui de la racine (ou de la pâte) est féminin ou masculin. *Sucer **de la** réglisse ou **du réglisse**.*

RÉGNICOLE, n., personne ayant la nationalité du pays qu'elle habite.

RÉGRESSER, v.intr. *La douleur régresse, a régressé.*

REGRET, n.m. *Je suis **au regret** d'avoir dit cela. J'en suis au regret. J'ai **le regret** (ou j'ai beaucoup de regret) **de** constater... ou je suis au regret **qu'il soit** parti. J'ai cédé **à regret**.*

REGRETTER, v.tr.dir. *Je regrette **d'avoir** dit cela, de n'avoir pas été là. Je regrette **de devoir** le dire. Je regrette **qu'il soit** parti. Vous ne le regretterez pas. Il regrette cette dépense ou de s'être donné ce mal.*

REGROUPER, v.tr.dir., c'est grouper de nouveau, mais aussi réunir, pour former un groupe, des éléments qui étaient séparés: *Regrouper des industries, des communes.*

REINE-CLAUDE, n.f. *Des **reines-claudes**;* on ne tient plus compte de l'étymologie: prune de la reine Claude, femme de François Ier.

REINE-MARGUERITE, n.f. *Des **reines-marguerites**.*

REINETTE, n.f., peut se dire pour *pomme **de** reinette*, ne pas dire [*pomme reinette*]. Ne pas l'écrire RAINETTE, nom d'une petite grenouille.

REJOINTOYER, v.tr.dir., **REJOINTOIEMENT.** ▷ JOINTOYER. Fr. Nourissier (*Le maître de maison*) dit REJOINTER, ignoré des dictionnaires.

RÉJOUIR (SE), éprouver de la joie à propos d'un fait présent ou passé: *Je me réjouis de son succès* (présent ou passé). *Je me réjouis qu'il soit là, qu'il ait été là. Je me réjouis de ce qu'il est là. Je me réjouis de vous voir* (maintenant). En Wallonie, on donne à *se réjouir* le sens de «attendre impatiemment, se faire d'avance une joie de»: [*Je me réjouis de le voir la semaine prochaine*]. On dira de préférence: *Je me réjouis à la pensée que je le verrai.*

RELÂCHE, n., est **masculin** (parfois féminin) dans le sens de «interruption momentanée d'un travail, d'un effort, d'un mal, détente»: *Son mal commence à lui donner **du** relâche* (Ac.). *Sans relâche. Donner relâche à qqn. S'accorder quelque relâche.* Il est souvent **masculin** (mais aussi féminin) dans le sens de «fermeture momentanée d'une salle de spectacle»: *Les relâches sont **fréquents** à ce théâtre* (Ac.). *Ce théâtre annonce **un** relâche.* Il est **féminin**, en termes de marine, quand il désigne pour un bateau l'action de faire escale ou le lieu de cette escale.

RELÂCHER, v.tr.dir. *On relâche un prisonnier* (▷ RELAXER), *un lien, les muscles, les intestins, l'attention, la discipline. Ne rien relâcher de ses prétentions. La discipline se relâche. Vos muscles se relâchent.* Les emplois de *se relâcher de* sont moins vivants que dans la langue classique.

RELAIS, n.m., a pu s'écrire RELAI (Ac., 1975). L'Académie est revenue sur sa décision en 1987. Les *Rectifications de l'orthographe* de 1990 proposent *relai*, sur le modèle de *balai, balayer* ou *essai, essayer.*

RELANCER, v.tr.dir. *On relance une balle, un cerf, un débiteur, un moteur,* mais aussi *un projet, l'économie d'un pays.* **Nom**: *La **RELANCE** d'une idée.*

RELATION, n.f. *Nouer **des** relations avec qqn. Avoir avec qqn **des** relations d'amitié.* Mais être **en relation avec** qqn plus souvent qu'*en relations avec*: *Le gouvernement français était en relation avec le gouvernement polonais* (Gaulle, Ch. de, *Le salut*). *Mettre en relation(s) avec qqn. J'ai des relations en Espagne. Ce n'est pas un ami, c'est **une relation*** (Ac.). *Il a obtenu cet emploi **par relations*** (Ac.). *Relations épistolaires, diplomatiques, publiques, internationales, sexuelles,* etc.

Relative (proposition)

▷ SUBJONCTIF, 2, DONT, QUE, conj., QUI, 1.

RELAVER, v.tr.dir. Seul sens: laver de nouveau.

RELAXATION, n.f., **RELAXER**, v.tr.dir. *Relaxer* ou *relâcher* (▷ RELÂCHER) *un prisonnier, ses muscles. Relaxez-vous. La **relaxation** d'un prisonnier, des muscles.* On parle aussi de l'*élargissement d'un détenu.*

RELAXE ou **RELAX**, *relaxe*, adj. *Un fauteuil relax(e),* favorable à la détente. *Une balade relax(e). Une tenue relax(e). C'est vraiment relax(e).* La forme sans *e* signifie le maintien de l'anglicisme tel quel. Une **RELAXE**, n.f., est une décision d'un tribunal de cesser les poursuites.

RELAYER (SE). *Les coureurs se sont relayés en tête du peloton.* Éviter d'ajouter *tour à tour* ou *successivement* ou *l'un après l'autre.*

RELEVANCE, n.f., **RELEVANT**, adj. **SANS RELEVANCE** est employé en Belgique par archaïsme dans le langage juridique avec le sens approximatif de «sans importance, sans effet». Le même langage emploie *relevant* (*Les faits relevants*, pertinents), qui a retrouvé le même sens en linguistique française, sous l'influence de l'américain.

RELEVER, v.intr. *Relever de couches, de maladie, d'une grave maladie.* **SE RELEVER** (sortir de son lit): *J'ai dû me relever cette nuit.*

[RELOQUETER], v.tr.dir., belge. Dire: *nettoyer, laver, passer la serpillière.*

REMAILLER, v.tr.dir., ou **REMMAILLER** (Ac.). *Remailler des bas, un tricot.*

REMARQUER QUE. ▷ OBSERVER.

REMBALLER, v.tr.dir. familier ou, plus courant, **REMBARRER**: *Je l'ai rembarré,* envoyé promener.

REMBOURSER, v.tr.dir.

1. *Rembourser **qqch.** (à qqn).* *Rembourser un emprunt, une avance, un achat, un billet de loterie, une place, des frais. Les places ont été remboursées. On lui a remboursé ses frais. Ses frais ont été remboursés intégralement. Les mille francs qu'on lui a remboursés.*

2. *Rembourser **qqn** (de qqch.).* *Rembourser un créancier. Il s'est remboursé. Nous l'avons remboursé de tous ses frais.* ▷ DÉFRAYER.

REMÈDE, n.m. *Le remède à (ou de, contre, pour) ce mal.*

REMERCIEMENT, n.m. **REMERCÎMENT** est sorti de l'usage. On peut dire avec la loc.conj. *de ce que* ou avec *en*: *Je vous fais mes remerciements **de ce que** vous nous avez accordé cela* (Ac.). *Je vous **en** fais mes remerciements* (Ac.). Mais on dit généralement: *Je vous fais mes remerciements* (ou *Tous mes remerciements*) *pour votre obligeance, pour ce que vous avez fait.* Plutôt sans s: *Lettre* (ou *discours*) *de remerciement,* exprimant la gratitude.

REMERCIER de ou **pour**. Au choix: *Je l'ai remercié de son obligeance* ou *pour son obligeance. Je vous remercie de* (ou *pour*) *votre offre, mais je ne puis l'accepter.* **Devant un infinitif,** *de* s'impose: *Je les remercie d'y penser.* Parfois, *remercier* a le sens de «renvoyer poliment».

REMETTRE, v.tr.dir.

1. [*Commerce à remettre*], expression belge et suisse. Il faut dire: *à céder.* Notons que *remettre* n'implique pas toujours l'idée de retour à un état antérieur (*remettre qqn* ou *qqch. à sa place, en place, remettre de l'ordre, en question, en état, à neuf,* etc.). *On remet qqch. à qqn, en sa possession, on lui remet* (on lui confie) *un objet, on remet un coupable à la justice* (on le lui livre), *on remet* (on donne) *sa démission. Remettre une pendule à l'heure. Remettre une lettre en main(s) propre(s). Remettre sa dette à qqn, lui remettre ses péchés.* On dit très bien: *Accompagnez l'enfant. Vous le remettrez à Madame* (Sabatier, R., *Trois sucettes à la menthe*). *Remettre un enfant à sa famille.*

2. **Remettre qqn,** c'est proprement se remettre son visage dans l'esprit: *J'ai peine à vous remettre* (Ac.). *On remet qqn,* on le reconnaît: *Maintenant je le remets* ou, vieilli, *je me le remets.* On pourrait dire: *Je me souviens de lui.*

3. Belgicisme: [*remettre sur cent francs*] au lieu de: *rendre la monnaie de cent francs.*

4. *Il est tout à fait **remis*** (de sa maladie). *Il a bien de la peine à **SE REMETTRE**. Se remettre d'une émotion. Elle ne s'en est jamais remise.*

5. Vieilli: *se remettre à qqn de qqch.* ou *sur qqch.* On dit aujourd'hui: **S'en remettre à** *qqn, s'en remettre à son jugement, à sa décision. Je m'en remets à lui. Elle s'en est remise à nous.*

6. En termes de jeu: *Remettre **une partie**,* la recommencer. *Ce n'est que partie remise. Remettre **un coup** à qqn,* l'autoriser à recommencer. *À remettre* (Ac.). D'où, en langage populaire, *Remettre ça,* recommencer: *J'ai l'envie de **remettre ça**. On remet ça.* Au café: *Remettez-nous ça.*

7. *Remettre qqch. au lendemain, d'un jour à l'autre, de jour en jour.*

8. *Remettre* ne signifie pas *rendre* dans le sens de vomir. ▷ RENDRE.

9. *Le temps **se remet*** (au beau).

REMMENER, v.tr.dir., implique une idée de retour plus l'idée d'emmener avec soi: *Elle est chargée d'amener l'enfant à l'école et de le remmener chez lui.* On pourrait dire: *le ramener.* ▷ EMMENER.

REMONTER, v.intr., n'implique pas toujours une idée de répétition. Il signifie alors «aller vers le haut»; on ne peut donc dire [*Remonter à la base*], mais on dit très bien: *remonter à la source, vers la source, jusqu'à la source. On remonte à l'origine, à la cause, au principe.*

REMONTOIR, n.m.: *Le remontoir d'une montre.*

REMONTRER, v.intr. EN REMONTRER À QQN, se montrer supérieur à lui, lui faire la leçon. On ne dit plus guère *remontrer à qqn son tort, ses fautes.*

RÉMOULEUR, n.m., se dit de l'artisan ambulant qui aiguise les instruments tranchants. Mais on ne peut parler de [RÉMOULER] ni de [RÉMOULAGE]. On dit: *aiguiser, aiguisage.*

REMOUS, n.m., s'écrit avec s. *Un remous.*

REMPLIR, v.tr.dir., peut signifier simplement «emplir» (*Remplir une bouteille*) ou «combler les vides» (*Remplir un questionnaire*) ou «accomplir» (*Remplir une mission*). *La salle se remplit.* ▸ BUT.

REMPLOI, n.m., **REMPLOYER**, v.tr. ▸ RÉEMPLOYER.

REMUER, v.tr.dir. Certains veulent que l'objet remué soit qqch. qu'on déplace (un sac), un ensemble formé de parties mobiles (des cendres, du grain, de la salade), une partie du corps (les bras, les jambes, le petit doigt, la queue) et déclarent abusivement qu'on ne peut donc *remuer son café* avec sa cuiller pour faire fondre le sucre ni *remuer une sauce.*

Remuer ou SE REMUER, «faire des mouvements» en parlant de personnes: *Il faut bien qu'ils remuent* ou *se remuent.*

Composés: REMUE-MÉNAGE, des ***remue-ménage(s)***; un (ou des) ***remue-méninge(s)***. ▸ NOMS COMPOSÉS, 2.5; *RO* II.2 et BRAINSTORMING.

RÉMUNÉRER, v.tr.dir. (▸ VERBE, Conjugaison, 1.1), et non [RÉNUMÉRER]. Le verbe est en rapport avec le latin *munus*, don, faveur, et non avec *numéraire*. De même: RÉMUNÉRATION.

RENÂCLER, v.intr. ou tr.ind. *Il n'accepte qu'en renâclant. Il renâcle à la besogne, à une démarche.*

RENARD, n.m. Femelle: ***renarde***. Jeune: RENARDEAU.

RENCONTRER, v.tr.dir., s'emploie abusivement en Belgique dans [*rencontrer un argument, une objection*] au lieu de *discuter, prendre en considération.* Américanisme: *rencontrer des vœux* au lieu de *les satisfaire.* Mais on peut dire: *rencontrer qqn* ou *l'adhésion* ou *l'opposition de qqn. Nous nous sommes rencontrés hier. Se rencontrer avec qqn.*

RENDEUR, n.m. (fém. ***rendeuse***), est un vieux mot français conservé dans la province de Liège pour désigner le maître de l'ouvrage.

RENDEZ-VOUS, n.m. *J'ai (un) rendez-vous avec lui demain dans un café. Il m'a donné rendez-vous au lendemain. Le matin, il lui avait donné rendez-vous pour le lendemain. Mon rendez-vous avec lui est à cinq heures. Recevoir sur rendez-vous. Accorder un rendez-vous. Un rendez-vous manqué.*

RENDRE, v.tr.dir., peut signifier «rejeter hors de soi, vomir»: *Rendre le sang par le nez* (Ac.). *Rendre de la bile* (Ac.). *Rendre son déjeuner.* Absolument: *Le malade a rendu plusieurs fois dans la journée* (Ac.).

On m'a rendu vingt francs sur un billet de cent. On m'a rendu la monnaie sur cent francs. On m'a rendu la monnaie (de ma pièce). Un prêté pour un rendu. ▸ COMPTE, PRÊTÉ, VISITE.

RENFERMÉ, adj. *Un garçon renfermé,* peu communicatif. N.m.: *Cela sent le renfermé.*

RENFLAMMER, v.tr.dir., enflammer de nouveau.

RENGAGER (ou **RÉENGAGER**), v.tr.dir. ou intr., RENGAGEMENT ou RÉENGAGEMENT. *Rengager la conversation, un ancien chauffeur. Ce soldat a rengagé* ou *s'est rengagé. Un soldat rengagé. Un rengagé.*

RENGAINE, n.f., **RENGAINER**, v.tr.dir. Pas d'accent circonflexe. Fam.: *Rengainer un compliment, des excuses* (Ac.).

[RENON], n.m., **RENONCE**, n.f., **RENONCER**, v.tr.ind.

1. En parlant d'un bail, on ne peut, comme en Belgique dans des textes officiels, dire [*renoncer un bail*] ni [*le renon ou le renom d'un bail*]. Le propriétaire ou le locataire *donne congé* à l'autre. On dit aussi en Belgique: [*Le propriétaire a renoncé son locataire*], pour *lui a donné congé.* On résilie (ou *on rompt*) un bail, un contrat. *La résiliation d'un bail, d'une assurance. Le congé donné à qqn. Recevoir congé. Accepter le congé.*

2. Au jeu de cartes, on emploie aussi à tort [*un renon*] pour *une renonce,* [*Avoir un renon en cœur*] pour *avoir une renonce à* (ou *en*) *cœur. Renoncer à pique* (Ac.) ou *en pique. Faire une renonce* (Ac.), ne pas fournir une carte de la couleur demandée. *Se faire une renonce en pique, à pique* (Ac.), se mettre en état de couper cette couleur en se débarrassant des cartes de cette couleur.

3. On dit absolument: *Je renonce* ou, avec un complément, *Renoncer à qqch., à qqn, à faire qqch. Renoncer **à ce que**,* suivi du subjonctif: *Je renonce à ce qu'on l'**avertisse**.*

   Renoncer qqn ou *qqch.* (renier, désavouer) est vieilli ou littéraire: *Avant que le coq chante, tu me renonceras trois fois* (Ac.). *Renoncer qqn **pour** son parent, pour son ami. Tout ce que j'ai renoncé (...), je le réclame* (Duhamel, G., *Les plaisirs et les jeux*).

RENONCEMENT, n.m., **RENONCIATION**, n.f. *Le **renoncement** aux plaisirs, aux honneurs. Un entier renoncement des choses de ce monde* (Ac.). Le nom implique une idée d'abnégation, d'ascèse. En termes généraux ou d'affaires ou de jurisprudence, on emploie *renonciation: Une **renonciation** verbale. Une renonciation à une succession, à une hypothèque, au trône. On parle couramment d'une renonciation à une opinion, à un projet.*

RENSEIGNER, v.tr.dir. On évitera de suivre l'usage très répandu en Belgique qui donne à *renseigner* le sens d'*indiquer*, de *signaler*, de *mentionner*, au lieu de celui de «donner des renseignements»: [*Renseigner (à quelqu'un) le bon chemin, une adresse, un hôtel*]. Mais cette formulation n'est pas due à une influence flamande, c'est un archaïsme, un régionalisme gardant à *renseigner* un ancien sens d'*enseigner*. L'usage se retrouve d'ailleurs en wallon. *Renseigner*, c'est fournir (à qqn) un renseignement sur qqch.: *Elle était chargée de nous guider et de nous renseigner. Voulez-vous m'**indiquer** le chemin? Ce dictionnaire ne **mentionne** pas ce mot. Une brochure qui renseigne les touristes. Le dictionnaire est là pour **renseigner sur** l'emploi des mots.*

Renseigner si n'est pas à conseiller. Au lieu de dire: [*Les documents ne peuvent nous renseigner s'il a réussi*], on dira: *ne peuvent nous renseigner sur sa réussite, ne nous disent pas s'il a réussi. Je me suis renseigné pour savoir s'il était bien rentré.* On entend parfois [*renseigner une fiche*] pour *remplir une fiche*: on ne fournit pourtant pas à la fiche les renseignements qu'elle demande. Certains fonctionnaires disent de même [*renseigner une notice*] au lieu de *remplir une notice!*

RENTRER, v.tr.dir. ou intr. Alors qu'on accepte l'emploi de *remplir* pour *emplir*, on continue à condamner celui de *rentrer* quand il n'y a pas l'idée d'entrer de nouveau, de revenir, de reprendre une activité. On admet: *Rentrer chez soi, rentrer dîner, rentrer de congé. Les tribunaux ne rentreront que dans un mois.* Précisons.

Rentrer se dit fort bien figurément dans *rentrer dans ses droits, dans ses frais, dans ses dépenses, dans son argent.* Mais, sans qu'il y ait idée de retour, *rentrer* se dit des choses qui pénètrent, s'enfoncent, heurtent avec violence, s'emboîtent: *Les jambes lui rentraient dans le corps* (Ac.). *Ses mains rentrent dans ses manches* (GR). *Un clou qui rentre dans le mur. Sa voiture est rentrée dans un arbre. Ces tubes rentrent les uns dans les autres.* D'une personne: *Rentrer en soi-même. Je voudrais rentrer sous terre.* Familièrement: *Il lui est rentré dedans.*

En dehors de cela, s'il est régulier de dire, avec le verbe **transitif direct**, *rentrer les foins, rentrer sa voiture au garage, rentrer le ventre, rentrer ses griffes, ses larmes, rentrer sa colère*, on fera mieux, malgré l'usage courant, de ne pas employer l'**intr.** *rentrer* pour ENTRER quand il n'y a pas d'idée de répétition, de violence ou de retour. On dira: *Faites*

entrer cette personne. Il est entré à la maison de retraite. Le jour entre à peine dans la pièce. Il est entré dans l'administration. Cela n'entre pas dans le tiroir.*

RENVERSER, v.tr.dir. *Renverser un adversaire, une chaise, un verre, sa soupe, du vin. Renverser un liquide se dit très bien. Renverser un obstacle, l'ordre établi, un ministère. Renverser le courant, la vapeur. Cette nouvelle m'a renversé. Une nouvelle **RENVERSANTE**, adj. **Intr.** et familier, Le lait bout, il va renverser,* déborder. **SE RENVERSER**: *La voiture s'est renversée dans le fossé. Elle se renversait sur sa chaise ou dans un fauteuil. La chaise s'est renversée. La bouteille s'est renversée.*

Bien distinguer les adjectifs **RENVERSABLE**, «qui peut être renversé», et **RÉVERSIBLE**, «qui peut être reversé ou inversé ou porté à l'envers comme à l'endroit»; *réversible* peut donc se dire d'une *rente*, d'une *réaction*, d'un *mouvement*, d'une *équation*, d'un *tissu*, d'une *veste*.

RENVOYER, v.tr.dir. On condamne comme un pléonasme *renvoyer à plus tard*. Or le complément n'est pas inutile pour marquer le sens qu'a ici *renvoyer*, remettre à une date ultérieure: *L'affaire est renvoyée à huitaine, à une date ultérieure, à plus tard.* Le meilleur usage et les dictionnaires accueillent ces expressions.

[**RÉOUVRIR**], v.tr.dir., et [*réouvert*] ne sont pas corrects. On dit **ROUVRIR**, *rouvert*, bien qu'on dise: la **RÉOUVERTURE**.

REPARAÎTRE ou **REPARAITRE** (*RO* II.4), v.intr. **Auxiliaire**: il semble qu'on maintienne pour ce verbe la distinction entre l'action en train de s'accomplir (*avoir*) et le résultat (*être*): *L'image a reparu. Elle est reparue.* — *Il **avait** reparu le surlendemain* (Druon, M., *Les grandes familles*).

REPARTIE, n.f., réponse vive. *Avoir de la repartie. Avoir la repartie facile.* On trouve **RÉPARTIE**: *Cette faculté de répartie* (Duhamel, G., *Biographie de mes fantômes*). Mais à cause du verbe **REPARTIR** employé dans ce sens et distingué de **RÉPARTIR**, les dictionnaires, comme l'Académie et l'usage soigné, n'accueillent pas *répartie*, pourtant conforme à la prononciation habituelle.

REPARTIR, v.tr.dir. ou intr., **RÉPARTIR**, v.tr.dir. **Repartir**, c'est partir après un arrêt (auxiliaire *être*) ou répondre vivement (auxiliaire *avoir*). *Ils **sont** repartis. Il ne repart, n'a reparti que des injures.* Conjugaison des formes simples comme *partir*, dans les deux sens. *On repart à zéro.* ▸ ZÉRO. **Répartir**, c'est partager d'après certaines conventions: *Répartir une somme.* Conjugaison comme *finir*: *Je **répartis**, je **répartissais**. J'**ai réparti**.* Le nom correspondant est **RÉPARTITION**, n.f.

REPENSER, v.tr.dir. ou ind. *Je repenserai à ce que vous m'avez dit. Repenser une question, un problème, une doctrine, un projet.*

REPENTIR (SE). *Je me* **repens**, *il se* **repent**. *On se repent* **d'**une *chose, d'avoir fait qqch. Elle s'est repentie.*

REPÈRE, n.m. Invariable dans *des points de repère.*

RÉPÉTER, v.tr.dir. (▶ VERBE, Conjugaison, 1.1), c'est dire ce qu'on a déjà dit. Proprement, *répéter deux fois*, c'est dire trois fois la même chose. *On répète la même chose, on répète toujours la même chose, on la répète dix fois, vingt fois.*

REPLET, adj. Féminin: **replète**.

RÉPLÉTIF, adj., **RÉPLÉTION**, n.f. *Une injection réplétive*, qui sert à remplir. *La réplétion de la vessie. Une sensation de réplétion.*

RÉPONDRE, v.tr.dir. ou intr., **et dérivés**. *L'écho répond. Il m'a répondu des injures. Répondre à qqn par retour du courrier. Lui répondre deux mots* ou *une longue lettre. Répondre* **à** *une accusation, à la confiance de qqn.* On ne dit plus *répondre une lettre* dans le sens de *répondre* **à** *une lettre* (faire réponse à). On dit encore parfois cependant: *une lettre répondue* (à laquelle on a répondu); on dit surtout *répondre la messe* (répondre aux paroles prononcées par le célébrant) et *répondre une requête* ou *une pétition* (inscrire au bas de la requête ou de la pétition la décision qu'on a prise). *Répondre* **de** *qqn, être son répondant*, c'est se porter garant pour lui, s'engager pour lui. On dit aussi *répondre des dettes de qqn*, s'engager à les payer ou *répondre* **pour** *un débiteur*. Le **RÉPONDANT** n'est donc pas celui qui répond à un questionnaire, mais celui qui répond la messe ou qui donne sa caution. **RÉPONDEUR**, adj., se dit de celui qui a l'habitude de répliquer: *Une enfant répondeuse.* Le nom désigne un appareil: *Répondeur automatique.* **SE RÉPONDRE**: *Elles se sont répondu des gentillesses.*

REPORTER, n.m. Pron. *reportèr* ou *reporteur*.

REPOUSSER, v.tr.dir., se dit parfois, inutilement d'ailleurs et non sans équivoque, pour «remettre à plus tard»: *Le rendez-vous a été repoussé.* Comparer à: *repousser une offre, une demande, une pensée*, les écarter.

REPRENDRE, v.tr.dir., ne peut s'employer, comme en Belgique, dans le simple sens de *mentionner*: [*Les auteurs repris dans la liste ci-dessus*]. *On reprend la plume, un travail, une lecture, sa parole, du vin, une formule. On reprend du poil de la bête* (reprendre le dessus). *On reprend ses activités* mais non *un commerce* ou *une entreprise* dont on est acquéreur.

REPRISE, n.f. À *différentes* (ou *plusieurs* ou *maintes*) *reprises.* Mais on n'ajoutera pas *différentes* à un nombre: [*À trois reprises différentes*]. On dira: *À trois reprises.*

REPRISER, v.tr.dir. *Repriser un vêtement, des chaussettes.*

RÉPUGNANCE, n.f., **RÉPUGNER**, v.tr.ind. (ou dir.). *Je répugne à cela, à faire cela. Cela* **lui** *répugne* (À éviter: *Cela le répugne, le dégoûte*). *Elle éprouve une répugnance à faire cela. Sa répugnance* **au** *mensonge* ou **pour** *le mensonge.*

RÉPULSION, n.f. *Avoir de la répulsion pour* (ou à l'égard de) *qqn, qqch.*

RÉPUTÉ, adj. et part. *Ce climat est réputé sain. Cet hôtel est réputé* **pour** *son accueil. Ce maître est réputé exercer une profonde influence* (et non *d'exercer* comme après *a la réputation*).

REQUINQUER, v.tr.dir., peut se dire familièrement pour «redonner une belle apparence, des forces, de l'entrain à qqn»: *Ça m'a requinqué. La voilà toute requinquée.*

RÉQUISITOIRE, n.m., implique une intervention du ministère public ou une accusation. En langage officiel belge, se substitue à **RÉQUISITION** pour un billet délivré par une administration officielle et donnant droit à un titre de transport.

RES- ou **RESS-**. On notera l'emploi de deux *s* (on prononce «re», sauf dans **RESSUYER**, **RESSAYER** et **RESSUSCITER**) dans **RESSAIGNER**, **RESSAISIR**, **RESSASSER**, **RESSAUT**, **RESSAUTER**, **RESSEMBLER**, **RESSEMELER**, **RESSEMER**, **RESSENTIR**, **RESSERRE**, **RESSERVIR**, **RESSORTIR**, **RESSOUDER**, **RESSOUFFLER**, **RESSOURCE**, **SE RESSOUVENIR**, **RESSUER**, **RESSUIVRE**, **RESSURGIR**, **RESSUYER**. Mais on écrit, en prononçant *s* dur comme dans *sel*, **RESALER**, **RESALIR**, **RESCINDER**. On peut écrire **RÉESSAYER**, **RESURGIR**.

RÉSERVE, n.f. *Donner un accord sans réserve, sous réserve, sous toute réserve* ou *sous toutes réserves, sous réserve de résiliation en cas de vente, sous réserve que les délais soient respectés* (subj.).

RÉSERVER, v.tr.dir. Dans *Pouvez-vous me réserver deux places pour ce concert?* ou *Il a réservé à chacun sa part*, on voit l'idée de «tenir en réserve» ou «assigner, destiner». Ce sens peut apparaître dans *Réserver un accueil favorable* (ou *cordial*) *à qqn* si cet accueil a été prévu, préparé. Mais on critique l'emploi de *réserver bon accueil à qqn* dans le simple sens d'«accueillir», sans qu'il y ait volonté préalable. Il est vrai qu'il suffit de dire *faire bon* (ou *mauvais*) *accueil à qqn*. Distinguer: *Ils se sont réservé une chambre* et *La chambre qu'ils se sont réservée.*

RÉSIDANT, part.prés. et adj., **RÉSIDENT**, n. *Les Français résidant à l'étranger. Les membres résidants* (opposés à *correspondants*) *d'une Académie.* Mais comme **nom**: *Les résidents français en Chine.* — *Une* RÉSIDENCE *secondaire* ou *une seconde résidence.* — RÉSIDENTIEL, adj. *Un quartier résidentiel.*

RÉSIDUAIRE, adj., qui forme un résidu, un dépôt: *Les eaux résiduaires.*

RÉSIPISCENCE, n.f., prononcer *sc* comme un *s* dur, n'a aucun point commun avec des mots comme *recevoir, réception*; il vient d'un mot du latin ecclésiastique et signifie «reconnaissance de sa faute avec amendement»: *Venir à résipiscence.*

RÉSISTER, v.intr.: *On résiste à qqn, à qqch. à faire qqch.*

RÉSISTIBLE, adj., «auquel on peut résister», devient moins rare.

RÉSOLUMENT, adv. Pas d'accent circonflexe.

RÉSOLUTION, n.f., se dit encore, mais de moins en moins, dans le sens de solution d'une difficulté, d'un problème, d'une énigme. On parle de *la résolution d'une équation* ou *d'un triangle.* Autre sens ▸ RÉSOLUTOIRE.

RÉSOLUTOIRE, adj. *Une clause* (ou une *condition*) *résolutoire* entraîne la *résolution* (c'est-à-dire la *dissolution*) *d'un contrat* pour non-exécution des conditions. ▸ RÉSOUDRE.

RÉSONANCE, **RÉSONNER**, **RÉSONANT**, **RÉSONNANT**. ▸ ASSONANCE.

RÉSORBER, v.tr.dir. *Résorber le chômage, un déficit. La crise s'est résorbée.*

RÉSOUDRE, v.tr.dir.

1. **Conjugaison** comme *absoudre*, mais passé simple *je résolus* et deux part. passés: **résous, résoute**, forme vieillie, ne pouvant se dire que des choses qui passent d'un état à un autre (*brouillard résous en pluie, vapeur résoute en gouttelettes*); *résolu* (qui s'emploie d'ailleurs aussi au lieu de *résous*) dans tous les autres sens (*j'ai résolu de me taire; j'ai résolu ce problème*; *le contrat, le bail est résolu*, dissous, privé d'effet).

   RÉSOLU s'emploie comme adjectif et comme nom: *C'est un homme résolu; c'est un résolu, lui. Être résolu à qqch., à faire qqch.* (*de qqch., de faire qqch.* appartient à la langue classique et a vieilli).

   Attention aux formes: *Je résous*, il *résout*, nous *résolvons*, je *résoudrai*, qu'il *résolve*, etc.

2. Devant un infinitif, *résoudre* se construit avec *de* sans complément de personne: *J'ai résolu de lui écrire.* Mais on dit: **résoudre qqn à faire qqch.** et SE RÉSOUDRE *à faire qqch. Elle s'est résolue à agir.*

3. **Se résoudre à ce que** et le subjonctif: *Il faut se résoudre à ce que chacun soit averti.* De même **être résolu à ce que**: *Je suis bien résolu à ce qu'on ne l'inscrive pas sans une enquête préalable.* Sens différents.

4. **Résoudre que** (décider que) est suivi de l'indicatif (ou du conditionnel). *Elle a résolu que sa fille nous rejoindrait.* Impersonnel: *Il a été résolu qu'on le prierait de s'expliquer.*

RESPECT, n.m., est vieilli dans le sens de «motif, point de vue, rapport», sensible encore dans la locution AU RESPECT DE (par rapport à, à cause de). «On entend encore quelquefois des vieillards de la campagne dire: *au respect de*, au lieu de: *à l'égard de*» (Littré). *L'homme au respect duquel j'ai été vous trouver.* — *On manque de respect à qqn* ou *envers qqn, on inspire du respect à qqn. Le respect de ses parents* ou *pour ses parents.* On dit, pour s'excuser d'une parole qui pourrait choquer: *Sauf votre respect* ou *Sauf le respect que je vous dois.* On dit souvent: *Pardonnez-moi l'expression.* — On présente à qqn ses respects. *Je prie un correspondant d'agréer l'expression de mon respect.*

RESPECTIF, adj., veut dire «de chaque personne ou de chaque chose parmi plusieurs»: *Évaluer la force respective de chacun.* Déterminer *les positions respectives* (ou *la position respective*) *des deux astres. Jacques, Pierre et Paul se plaignent de leurs chefs respectifs.* On trouve aussi le singulier: *de leur chef respectif*, mais il n'est pas à conseiller.

RESPONSABILITÉ, n.f. *Assumer* ou *fuir ses responsabilités. Faire porter à* (ou *par*) *qqn la responsabilité d'un échec* (faire peser sur lui).

RESPONSABLE, adj., suppose une charge, un compte à rendre: *Être responsable de qqn, de sa conduite, de sa santé*; il n'est pas normal de dire qu'on est responsable des progrès de qqn, alors qu'on en est la cause, qu'on est à l'origine de ces progrès. *On cherche les responsables de cette méprise. Nous en discuterons avec les responsables. Un responsable syndical.* C'est un anglicisme d'employer *responsable* au lieu de «prudent, sérieux, raisonnable» dans des phrases comme: *Agir de façon raisonnable. Vous devez être assez prudent pour ne pas courir de risques inutiles.*

RESS-. Verbes commençant par *ress-* ou *res-*. ▸ RES.

RESSEMBLER, v.intr. *Une personne ressemble à une autre. Elles sont ressemblantes. Elles se sont toujours ressemblé.* On emploie parfois comme sujet un indéfini négatif singulier au lieu de pluriel: *Aucune maison ne se ressemble dans cette rue* (GR). Absolument: *Il faut qu'un portrait ressemble* (Ac.). On dira plutôt: *soit ressemblant*. Au lieu de: *Quatre romans dont aucun ne se ressemble*, dire *dont aucun ne ressemble aux trois autres* (ou *à un des trois autres*) ou *quatre romans totalement dissemblables*.

SE RESSEMBLER COMME DEUX GOUTTES D'EAU ▸ COMME, 5.

RESSORT, n.m. Il n'est pas anormal de parler des ressorts d'un lit, mais on ne peut, comme en Wallonie, employer le singulier [*ressort*] au lieu de *sommier*. Pron. *re*.

RESSORTIR, v.intr. ou tr.ind., n'a qu'une prononciation (*re*) mais, selon qu'il évoque l'idée de sortir ou celle de ressort, de compétence, se conjugue et se construit différemment.

1. Dans les sens de «sortir de nouveau, sortir peu après être entré, faire saillie, former relief, devenir plus apparent, résulter» et, dans l'emploi impersonnel, «apparaître comme une déduction», il est **intr.** et se conjugue comme *sortir* avec l'auxiliaire *être*: *Il entre et ressort constamment. Le rouge ressort sur fond blanc. Il est ressorti de notre conversation qu'un accord était possible.*

   Familièrement, emploi **transitif** avec *avoir*: *Il a ressorti un vieux costume. Il nous a ressorti les mêmes rengaines.*

2. Dans les sens de «être du ressort, de la compétence de quelque juridiction, relever de», il est **tr. ind.**, se conjugue comme *finir* avec l'auxiliaire *avoir* et se construit avec *à* (éviter, bien qu'elle se répande par analogie avec celle de *dépendre, relever*, la construction avec *de*): *Cette affaire ressortit (a ressorti) au tribunal de commerce. Ces romans ressortissent à la science-fiction.*

RESSOURCE, n.f., se met au pluriel quand il s'agit de moyens, de possibilités d'action: *Ses ressources sont modestes. Les ressources de l'État. Avoir des ressources variées. Les ressources d'une langue. Un vieillard sans ressources.* Mais: *En dernière ressource. Être perdu sans ressource.*

RESSOURCEMENT, n.m., **SE RESSOURCER**, évoquent le retour aux sources: *Il est utile parfois de se ressourcer.*

RESSURGIR, v.intr., autre graphie correcte de **RESURGIR**, plus courant.

RESSUSCITER, v.tr.dir. ou intr. **Tr.**, se conjugue avec *avoir*: *Le Christ a ressuscité Lazare. Ce remède l'a pour ainsi dire ressuscitée.* **Intr.**, il s'emploie aujourd'hui couramment avec *être*, même s'il s'agit d'exprimer l'action en train de s'accomplir: *Lazare est ressuscité à la voix de Jésus.* Littré employait *avoir*. Pron. *rè* (ou *ré*).

RESTANT, n.m., s'emploie parfois pour *reste*, plutôt familièrement, surtout en parlant de choses matérielles: *Je vous paierai le restant avec les intérêts* (Ac.). *Un restant de bronchite.*

Adj.: *Les cent francs restants. Le franc dix restant. Poste restante.*

RESTAURATION, n.f., ne signifie pas «action de servir des repas», «restaurant» (sens qu'il a en Allemagne), mais peut désigner le métier de restaurateur: *Travailler dans la restauration.* On ne devrait donc pas afficher [*Restauration à toute heure*], mais *Repas à toute heure*.

RESTE, n.m.

1. Accord avec *le reste* et *ce qui reste de* ▸ VERBE, Accord, 2.1.2.A.

2. **AU RESTE, DU RESTE**, loc.adv., sont devenus synonymes: *au reste* est aujourd'hui plutôt littéraire et se met souvent en tête de la phrase; *du reste* est plus courant. Leur sens est «au surplus, d'ailleurs»: *Cela n'est pas grave; au reste, j'avais pris mes précautions. Il est un peu lent, du reste très travailleur. J'approuve cette proposition; je la connaissais du reste. On ne semble pas désirer mon intervention; du reste on ne m'a pas invité.*

   DE RESTE, loc.adv., «plus qu'il n'en faut»: *Il a du temps de reste.*

3. **Être** (ou **demeurer**) **EN RESTE avec qqn**, être son obligé.

RESTER, v.intr.

1. **Auxiliaire** *être* dans tous les cas: *Il est resté deux jours à Paris. Il ne lui est resté que l'espérance.*

2. Accord du verbe avec (**tout**) **ce qui reste** ▸ VERBE, Accord, 2.1.2.B. **Rester** en tête de la proposition ▸ VERBE, Accord, 2.3.4.

3. *Rester* est très suspect dans le sens d'«habiter»; considéré alors comme vulgaire ou populaire ou régional, rural par certains, il est au moins très familier: *Je restais alors rue Descartes.* Mais on dit fort bien: *Où reste-t-il?* dans le sens de *Où s'attarde-t-il?*

4. **CE QU'IL ME RESTE** ou **CE QUI ME RESTE**. ▸ CE QUI, 4.

5. Après l'impersonnel **IL RESTE**, l'infinitif exprimant ce qui est encore à faire est introduit aujourd'hui par *à*: *Il nous reste à ne pas vous décevoir. Il ne lui restait plus qu'à partir.* De est plutôt vieilli dans ce sens mais s'impose si l'infinitif exprime un fait qui a eu lieu: *Si ce que j'ai fait est vain, qu'il me reste au moins de m'être dépassé en le faisant* (Montherlant, H. de, *Pitié pour les femmes*).

   Il reste que (ou **reste que**) est suivi de l'indicatif. *Votre démarche a réussi; il reste* (ou *il n'en reste pas moins* ou *reste*) *qu'elle était irréfléchie.*

6. *Rester* **devant un infinitif**. On dit: *La chose qui reste à faire.*
    Reste (ou *il reste*) *à fixer le jour de notre prochaine séance.*

    Dans un autre sens de *rester*, «ne pas s'en aller, afin de»,
    l'infinitif qui suit et qui marque le but se construit avec
    pour ou avec *à* ou aussi parfois sans préposition. *Restez*
    avec nous pour dîner ou *Restez à dîner avec nous* ou *Restez*
    dîner avec nous.

    Dans le sens de «s'occuper à, passer son temps à», on peut
    mettre ou omettre *à*: *Puis il rentre dîner (...) et reste à bavar-*
    der avec sa logeuse (Estang, L., *Les stigmates*). *Carmela*
    avait pris l'habitude (...) de rester un moment bavarder avec
    celle-ci (Druon, M., *La volupté d'être*). On emploie néces-
    sairement *à* si le sens est «continuer à»: *Il resta quelque*
    temps à nous regarder. En cas d'hésitation, employer *à*.

    Ne pas dire: [*Ils restent bien à venir*] pour *Ils tardent bien*
    à venir.

7. Quelques expressions: *Rester sur le cœur, sur l'estomac, sur*
    sa faim, sur la bonne bouche, dans un lieu, un emploi, un
    état, dans la mémoire, dans le souvenir, dans le droit che-
    min. Rester deux ans dans la même place. Rester au bas de
    la côte. Rester à la maison. La tache reste. Rester en route.
    Rester court (*court* est invariable); ne pas dire [*à court*]. *Il*
    est resté deux heures sur son travail. Restons-en là. ▷ PLAN
    (*rester en plan*). *Rester le bec dans l'eau*, dans l'attente.

8. On laisse *reste* invariable dans: *De 8, ôtez 5, il reste 3* ou
    reste 3.

RESTOROUTE, n.m., est plus courant que **RESTAUROUTE** (n.m.), mais
c'est proprement un nom déposé réclamant la majuscule.

RESUCÉE, n.f. familier, «nouvelle quantité d'une boisson, répétition».

RÉSULTER, v.intr. **Auxiliaire** *être*, généralement, dans tous les cas
(mais on trouve encore parfois *avoir* pour l'action en train
de s'accomplir): *Il en est résulté des rixes autour des urnes*
(Giraudoux, J., *Intermezzo*). *Un bien a* (ou *est*) *résulté de*
notre erreur.

RÉSURGENCE, n.f. (pron. *zu*), se dit proprement des eaux souter-
raines qui ressortent à la surface (▷ CHANTOIR), mais
s'emploie très bien au figuré: *La résurgence des féodalités*
(Peyrefitte, A., *Le mal français*).

RESURGIR, v.intr. On écrit aussi **RESSURGIR**.

RETABLE, n.m., et non plus **RÉTABLE**, vieilli.

RETARDATAIRE, **RETARDATEUR**, adj. et n., **RETARDER**, v.tr.dir. ou intr.
Distinguer **retardataire**, «qui est en retard», et **retarda-**
teur, «qui cause du retard». *Je retarde de deux minutes*
(*Ma montre retarde de deux minutes*). *Retarder sur son siè-*
cle. Retarder les horloges. Un obstacle retardateur. Un élève
retardataire.

RETENIR, v.tr.dir. Il faut se garder d'ajouter *d'avance* quand il
s'agit de réservation: *On retient une place, une chambre.*

RÉTICENCE, n.f., **RÉTICENT**, adj. On retrouve dans le mot latin *reti-*
centia la racine du verbe *tacere*, taire. Le sens premier de
réticence est donc: suppression ou omission volontaire de
ce qu'on pourrait dire. On parle des réticences d'un diplomate, d'un exposé plein de réticences, d'aveux accompagnés
de réticences (de dissimulations). Par un glissement naturel, que l'Académie et des linguistes ont condamné, *réti-*
cence, écartant ou voilant l'idée de silence, a signifié:
hésitation, réserve dans l'attitude, les paroles ou le comportement, exprimant une résistance, une désapprobation: *Sa*
réticence, ou résistance, à cet endroit se marque même nette-
ment (...). Enfin ces objections, ces réticences que des adver-
saires pourraient m'opposer (Gide, A., *Journal*). *De tous les*
côtés le public éclairé accueillit avec une réticence étonnée le
livre dont tout le monde parlait (Thibaudet, A., *Histoire de la*
littérature française de 1789 à nos jours).

Réticent a subi la même évolution que *réticence*. Du sens
premier, «qui ne livre pas toute sa pensée» (*Un interlocu-*
teur réticent, un langage réticent), on est passé à celui de
«hésitant, qui fait des réserves», entré dans l'usage, même
littéraire: *Il a consenti, mais je l'ai senti réticent sur ce point.*
La presse, loin d'être entièrement favorable, a été très réti-
cente. — Sa voix était encore plus réticente que ses paroles
(Beauvoir, exemple cité par *GLLF*). *Il est réticent à s'engager.*

Les deux sens peuvent d'ailleurs se rejoindre; la différence
essentielle est que, au sens premier, il est question de silence,
de choses tues. Chacun peut maintenir cette distinction,
mais l'idée de simple réserve est entrée dans le bon usage.

RETOUR, n.m. *Être de retour*, être revenu. *Il est de retour chez lui.*
Un match retour. ▷ ALLER.

De retour du bureau ou **Au retour du bureau** ou, considéré
par certains comme familier mais entré dans l'usage littéraire, ***Retour du bureau***, il a trouvé ma lettre. On supprime
un des deux *de*. Mais on ne dira pas [*Retour à son bureau*]
pour *De retour à son bureau* (ou *Revenu à son bureau*). **ÊTRE**
SUR LE RETOUR, *sur son retour*, être sur le point de repartir, de
retourner à l'endroit d'où l'on vient; l'expression a vieilli dans
le sens de «commencer à vieillir», bien qu'on parle encore de
RETOUR D'ÂGE pour l'âge de la ménopause.

*Que me donnerez-vous **en retour**? Payer **de retour**,* rendre la pareille. *Sans espoir de retour,* sans espoir de réciprocité. *Répondre **par retour du courrier*** (abrégé parfois familièrement en *par retour*). *Atteindre un point de **non-retour**.* ▸ POINT, 4.

Si *de retour* ou *en retour* peuvent marquer la réciprocité, l'échange, si donc on peut dire: *Je fais ceci et en retour vous ferez cela,* on ne peut employer [*donner qqch. de retour*] pour *rendre, restituer qqch.,* ni [*avoir de retour*] pour *ravoir: Je veux ravoir mon argent.*

RETOURNER, v.tr.dir. ou intr. **Intr.**, se conjugue avec être. **Tr. dir.**: *Retourner la terre, sa veste, la salade, le fer dans la plaie. Retourner une lettre, un compliment. Retourner qqn* (familier) a deux sens: le faire changer d'avis, l'émouvoir violemment: *Il était de notre avis, mais on l'a retourné* (Ac.). *Il s'est laissé retourner* (Ac.). *Cette nouvelle m'a tout retourné* (Ac.).

Impersonnel: *Vous ne savez pas de quoi* IL RETOURNE (Ac.).

SE RETOURNER peut s'employer absolument dans le sens de «s'adapter aux circonstances»: *Les affaires traversent une crise, mais il saura bien se retourner* (Ac.). *Laissez-lui le temps de se retourner* (Ac.).

Belgicisme: [*Je ne me retourne pas pour cela* ou *après cela*] pour *Je ne m'inquiète pas de cela.*

RETRAITE, n.f. *Un fonctionnaire à la retraite* ou *en retraite, mis à la retraite. Prendre sa retraite.* Bien que *retraite* évoque essentiellement l'action de se retirer (de la vie active), et non pas nécessairement l'idée d'une pension, **RETRAITÉ** implique l'idée d'une pension de retraite, appelée aussi une retraite. ▸ PENSIONNÉ.

RETRANCHER, v.tr.dir. *J'ai dû retrancher une phrase en publiant ce discours. Retranchez de cette somme les frais généraux. Retrancher un nombre d'un plus grand. Retrancher d'un salaire une certaine somme. Il vit retranché du monde. Ils se sont retranchés du monde.*

[**RÉTROACTES**], n.m.pl., s'emploie en Belgique, non pas pour évoquer un caractère **RÉTROACTIF**, c'est-à-dire une action sur ce qui est antérieur, mais *les antécédents* d'une affaire, son historique, c'est-à-dire le passé agissant sur le présent.

RÉTROAGIR, v.intr., avoir un effet rétroactif, agir sur le passé. *Cette disposition rétroagira à partir du 1ᵉʳ janvier.*

RETROUSSER, v.tr. *Retrousser sa jupe, ses manches* (sens propre et figuré).

RETROUVAILLES, n.f.pl., est français.

RETROUVER (S'Y). SE RETROUVER DANS SES COMPTES, c'est s'y reconnaître. **S'y retrouver**, sans complément, est français et familier et veut dire «rentrer largement dans ses débours, compenser ses frais avec un bénéfice»: *À ce prix-là, comment voulez-vous que les maraîchers s'y retrouvent?*

RÉUNIR, v.tr.dir. *On réunit qqch.* (ou *qqn*) *à qqch.* (ou *à qqn*), on les rapproche pour les unir, on les met en rapport. *On réunit deux choses* ou *deux personnes. Nous nous réunirons entre amis. Nous nous réunissons, mon frère et moi, avec quelques amis.* Plus rare, dans le sens de «se joindre à», «se rapprocher de»: *J'espère me réunir à lui* (Littré). ▸ UNIR.

RÉUSSIR, v.intr. ou tr.dir. On dit très bien: *réussir un portrait, un examen, une affaire, un coup difficile, un travail, un but, une sauce, un dîner, un roman.* ▸ EXAMEN. *Réussir à faire qqch. Réussir au baccalauréat. Cela lui a réussi.* — Belgicisme: [*Ça veut juste réussir!*] pour *Quelle coïncidence!*

REVANCHE (EN). ▸ CONTRE.

REVANCHER (SE) et non [SE REVENGER].

RÉVEIL, n.m. On écrit: *un réveil, des **réveils**,* mais: *un* RÉVEILLE-MATIN, *des **réveille-matin*** ou ***réveille-matins*** (RO II.2).

RÉVÉLER, v.tr.dir. (▸ VERBE, Conjugaison, 1.1.) SE RÉVÉLER, se faire connaître comme: *Ils se sont révélés très compétents.*

REVENDICATEUR, adj., a un sens plus général que REVENDICATIF, qui s'applique surtout à des revendications sociales: *Un programme revendicatif. Une démarche revendicatrice.*

REVENDIQUER, v.tr.dir. *On revendique qqch.* [*On ne se revendique pas de qqn* ou *de qqch.*], on s'en réclame.

REVENIR, v.intr. *Revenons à la question, à notre sujet. Revenons à nos moutons. Il n'y a pas à y revenir. Le malade revient de loin. Je n'en reviens pas,* je suis très étonné. *Revenir sur une affaire, sur une question,* la traiter de nouveau. *À quoi bon revenir là-dessus? Sa tête ne me revient pas,* ne m'est pas sympathique. — *Son nom ne me revient pas;* je ne me rappelle pas son nom. — Belgicisme: [*Ne pas revenir sur qqch., sur un nom, sur une adresse*], etc. au lieu de *Ne plus s'en souvenir.* Mais on peut dire: *Ce détail va me revenir,* je vais m'en souvenir.

RÊVER, v.intr., tr.dir. ou tr.ind.

1. **Intr.** Faire des rêves: *J'ai rêvé toute la nuit. Il me semble que je rêve. On croit rêver. Laisser aller son imagination,*

être distrait: *Cet élève ne fait que rêver. J'ai rêvé toute la soirée.* Divaguer: *Cessez donc de rêver. Rêver tout éveillé.* — *Rêver sur qqch.*, y penser profondément, est devenu rare. On dit plutôt: *à qqch.* (▶ 2).

2. **Tr.ind.**, se construit avec *à* ou avec *de* selon le sens. **Rêver à qqch.**, y songer plus ou moins vaguement ou y réfléchir: *À quoi rêvez-vous? Il rêve à ses voyages.* **Rêver de qqn, de qqch.**, voir en rêve, en dormant: *J'ai rêvé de vous cette nuit. J'ai rêvé de cet accident.* Désirer vivement, avec nostalgie, songer à: *Le père Gornac rêve de ces beaux jours où les récoltes étaient belles* (Mauriac, Fr., *Destins*). *Il rêve d'un sort meilleur. La tranquillité dont je rêve. À cet âge-là, je rêvais de politique comme on rêve d'aventures* (Mallet, R., *Une mort ambiguë*). *Il rêve d'une voiture de course.* Devant un infinitif, on emploie *de*: *Il rêve d'être député. Je rêve d'être seul quelques jours.*

3. **Tr.dir.**, *rêver qqch.* peut avoir les sens de «rêver de, voir en rêve», mais signifie surtout «voir comme dans un rêve, se représenter ce qu'on désire, désirer vivement»: *J'ai rêvé une chute, un incendie* (Ac.), mais on dit plus souvent: *J'ai rêvé d'une chute, d'un incendie. L'amour qu'on rêve et l'amour qu'on rencontre se heurtent* (...). *Une nostalgie de ces âmes que j'avais rêvées* (Bosco, H., *L'antiquaire*). *On ne rêvait pas une liberté plus grande* (Green, J., *Mont-Cinère*). *On n'aurait pu rêver une journée plus belle* (Id., *Moïra*). *Cette réconciliation, c'est vous qui l'avez rêvée* (vue en songe).

Avec *cela, ce que* ou un nom sans article: *C'est vous qui avez rêvé cela. Ce que j'ai rêvé, j'ai cru le vivre* (Bosco, H., *L'antiquaire*). *Rêver mariage. Ne rêver que plaies et bosses.*

Avec **que** et l'indicatif: *J'ai rêvé que nous nous étions disputés, que je gagnais le gros lot, qu'on nous réconciliait.*

Devant un **infinitif**: *Rêver de faire qqch.* (le souhaiter).

───────

RÉVISER, RÉVISEUR, RÉVISION. Littré écrivait *reviser*, mais *réviseur, révision*; il regrettait cette anomalie et, au mot *réviseur*, souhaitait qu'on mît ou qu'on enlevât l'accent dans les trois mots. L'Académie a unifié les graphies en supprimant l'accent. Toutefois celui-ci a survécu et les meilleurs dictionnaires n'ont pas osé le proscrire; ils admettent REVISER et *réviser*, REVISEUR et *réviseur*, REVISION et *révision*. Certains même ne donnent plus que *réviser, réviseur, révision*, qui sont certainement plus courants.

───────

REVOIR, n.m. ▶ AU REVOIR. Un AU REVOIR, des *au revoir*.

───────

RÉVOLTÉ, adj. *Il est révolté contre les abus. Révolté de voir la fourberie récompensée* ou *de voir qu'on rejetait sa requête* (plutôt que *révolté que* ou *de ce que*).

REVOLVER, n.m. On prononce *ré* mais on écrit *re*. Le verbe est généralement écrit RÉVOLVÉRISER; on écrit aussi REVOLVERISER. Les *Rectifications de l'orthographe* proposent RÉVOLVER et RÉVOLVÉRISER (*RO* II.9G).

───────

RÉVOQUER, v.tr.dir. *Révoquer un fonctionnaire, une donation, un testament.*

RÉVOQUER EN DOUTE, mettre en doute, contester. *Je n'ai jamais révoqué en doute que vous ayez fait votre possible.* Construction ▶ DOUTE, 2.

───────

REWRITER, n.m., correspond en français au *rédacteur-réviseur*. La forme francisée de l'emprunt est REWRITEUR, où le *i* reste cependant prononcé à l'anglaise. Le verbe, qui a été également francisé en REWRITER (pron. *é* en finale), se traduit par *récrire* ou *réécrire*. L'action est la *réécriture*.

───────

REZ, ancienne préposition, ne se retrouve plus que dans des noms composés (REZ-DE-CHAUSSÉE, invariable) et dans les locutions vieillies À REZ DE (terre), SUR LE REZ DE (la nuit; à l'approche de).

───────

RH. *Rhabiller, rhénan, rhéographe, rhéologie, rhéostat, rhésus, rhéteur, rhétique, rhétorique, rhéto-roman, rhingrave, rhinite, rhinocéros, rhinologie, rhinopharynx, rhinoscopie, rhizophage, rhodien, rhododendron, rhombe, rhotacisme, rhubarbe, rhum, rhumatisme, rhume*, etc. On écrit généralement *rhapsode* et *rhapsodie* mais aussi *rapsode* et *rapsodie*.

───────

RHÉTORIQUE, n.f., a désigné plus longtemps en Belgique qu'en France la dernière classe de l'enseignement secondaire.

───────

RIBOTE, n.f., joyeux excès de table ou de boisson, est vieilli ou plaisant: *Faire ribote, être en ribote.*

───────

RICHELIEU, n.m. sorte de chaussure: *Des richelieus* (parfois *x*). ▶ MOLIÈRE.

───────

RIC-RAC, loc.adv. (on a dit autrefois RIC-À-RAC), «avec une exactitude rigoureuse»: *Payer ric-rac. C'est compté ric-rac.*

───────

RIEN, n.m., pr.ind. ou adv.

1. **N.m.** *Rien* a gardé de son origine latine (*rem*, une chose) la possibilité d'être employé comme nom masculin avec un sens positif: *Il se fâche pour un rien*, pour peu de chose. *Perdre son temps à des riens. En un rien de temps*, en un petit peu de temps. *Avec un rien de mépris.* C'est **un rien trop petit**, c'est légèrement trop petit. *Il fait cela comme un rien*, «très facilement», semble une déformation de *Il fait cela comme rien*, même sens.

N.m. ou **f.**: *Un* ou *une* ou *des* **rien du tout**. Mais: *Je n'y comprends* **rien du tout**.

2. **Pr.indéf.** (ou nominal): a) Généralement, il a un sens négatif (aucune chose) et est accompagné de la négation *ne*: *Il n'a rien contre vous. Ce n'est rien. Ça ne fait rien. Il n'en est rien. Cet homme ne m'est rien* (je n'ai aucun lien avec lui). *Je ne sais rien de tout cela. Elle ne pense à rien. Il ne fera jamais rien qui vaille* (locution figée au présent). *Cet homme n'est plus rien dans cette société, il n'a plus aucune importance. Cette mésaventure n'est rien auprès de celle qui m'est arrivée. Vous ne ferez semblant de rien.* ▶ SEMBLANT, NE employé seul, 2.

b) *Rien*, gardant son sens négatif, s'emploie parfois sans *ne* après une préposition (*De rien, pour rien*), dans des phrases elliptiques (*Que faites-vous là? — Rien*), en opposition à *tout* ou à *cela, ce que* ou *telle chose* (*C'est cela* **ou rien**. *Ce qu'il a fait ou rien, c'est la même chose*). *Un homme de rien. Comptez-vous cela* **pour rien**? *Il est sorti de rien, il est d'origine humble.* Même emploi dans quelques expressions: *Merci. — De rien. Rien de plus, rien de moins. — C'est* **moins que rien**. *En moins de rien. Il fera cela* **comme rien**, *facilement. Je jure de dire la vérité, toute la vérité, rien que la vérité. Cela est à moi, rien qu'à moi, à moi seulement. J'aurais voulu être là, rien que pour voir sa tête. Trois fois rien* (▶ FOIS, 3, b).

c) *Rien* ne s'emploie plus avec *ne pas* que pour nier *Ce n'est rien* dans **Ce n'est pas rien**, qui ne peut plus être discuté aujourd'hui. On emploie fort bien *ne pas* dans une autre proposition dont dépend celle qui contient *rien*: *Je ne vois pas qu'il ait rien dit de mal* (rien: qqch. ▶ d).

d) *Rien* a un sens positif (quelque chose) dans quelques cas, dans un contexte qui n'est pas affirmatif, dans des phrases interrogatives ou dubitatives, ou après *sans, sans que, avant, avant que, trop... pour, trop... pour que*: *Y a-t-il* **rien de plus beau**? *Je doute qu'il ait pu rien faire d'autre. S'il s'avisait de rien dire. On nous interdit de rien faire. Incapable de rien répliquer. Le président leva la séance avant que l'opposant pût rien répliquer. Avant qu'on eût rien remarqué. Il est trop confiant pour rien soupçonner.* On conseillera: *partir sans rien dans les poches* (sens positif) plutôt qu'*avec rien dans les poches* (sens négatif) qu'on trouve chez quelques auteurs.

e) Devant un adjectif (ou un participe) précédé ou non d'un des adverbes *moins, plus, mieux, pis, trop, très, si* ou devant *moins, plus, mieux, pis, trop* employés seuls, *rien* est suivi de *de*: *Rien de tel, de plus facile, de si intéressant.*

Rien de trop. Il n'y a rien de perdu. **Rien d'autre** remplace couramment *rien autre*, qui reste littéraire; *rien autre chose* a vieilli. On dit: *N'avez-vous pas autre chose à dire?*

3. **Adv.**, *rien* appartient à la langue très populaire, qui lui donne le sens de «très, fameusement» par antiphrase: *Elle est rien bête.* À distinguer de l'emploi du nom *un rien* (▶ 1) comme adverbe devant un adjectif, dans le sens de «un peu»: *C'est un rien trop petit.*

4. COMME SI DE RIEN N'ÉTAIT, comme s'il ne s'était rien passé, en affectant l'innocence ou l'ignorance: *Vous parlerez comme si de rien n'était.* Ne pas dire: [COMME SI RIEN N'ÉTAIT].

5. NE SERVIR À RIEN ou DE RIEN. ▶ SERVIR, 2.

6. JE N'EN SAIS RIEN et non [je ne sais de rien]. Mais *Ne savoir rien de rien*, être dans une ignorance absolue.

7. RIEN DE MOINS. *Il n'y a rien de moins facile* s'oppose à *Il n'y a rien de plus facile* (c'est très facile) et signifie donc: Ce n'est pas facile du tout, c'est très difficile. *Il m'a dit cela, rien de moins, il m'a bel et bien dit cela. Je n'attendais rien de moins, c'est bien ce que j'attendais.*

8. RIEN MOINS QUE, RIEN DE MOINS QUE. Il peut paraître facile d'expliquer l'opposition entre les deux expressions: *Il n'est rien moins que brave*, il n'est aucune chose moins que brave, la bravoure est la qualité qu'il possède le moins, il n'est pas brave du tout (sens négatif). *Il n'est rien de moins que votre bienfaiteur*, il n'est aucune chose de moins que votre bienfaiteur, il est bel et bien votre bienfaiteur, et rien de moins. *Il ne s'agit de rien de moins que d'une calomnie.* Ce sens positif apparaît devant un infinitif: *On ne parle de rien de moins que de l'arrêter*, on parle bel et bien de l'arrêter.

Cependant de nombreux et excellents écrivains continuent à donner à *rien moins que* un sens positif, plus fréquent même que le sens négatif; *rien de moins que* est plus rare et est parfois employé par de bons écrivains au sens négatif. Nous conseillons de ne pas recourir à ces expressions, ambiguës dans l'usage et toujours faciles à remplacer. Si on veut en user, il convient de donner à *rien moins que* le sens de «nullement» et à *rien de moins que* celui de «bel et bien», «véritablement». Et dans les deux cas on se gardera de supprimer *ne*.

9. RIEN QUE. On distinguera l'emploi de *rien que... ne* et celui de *rien que* sans négation. Le vers de La Fontaine *Rien que la mort n'était capable d'expier son forfait* signifie: Rien d'autre que la mort n'était capable..., la mort seule était capable... On exclut toute autre chose.

Rien que la façon dont elle me disait cela me pénétrait doucement (Bazin, R., *Une tache d'encre*) a un autre sens: on veut indiquer que ce qui est introduit par *rien que* suffit à produire l'effet indiqué. *Rien que d'y penser on en est effrayé* (Ac.). *Rien qu'à le voir on prenait de lui une bonne opinion* (Ac.). *Rien que parce que nous le voulions, il refusait.*

N'AVOIR RIEN QUE DE renforce l'adjectif: *Cela n'a rien que de très naturel.*

10. RIEN DU TOUT. *Un rien du tout* (▷ 1). *Il n'aura rien du tout* (Ac.). Ne pas dire [*Un morceau de rien du tout*] pour *Un tout petit morceau.*

11. **Place** de *rien* complément d'objet direct. Employé seul, il suit le verbe ou l'auxiliaire: *Je ne vois rien, je n'ai rien vu.* En dépendance d'un infinitif: *Je ne veux rien vous cacher. Sans rien oser dire* ou *Sans oser rien dire. Sans avoir rien dit* (plus fréquent que *Sans rien avoir dit*). S'il a un complément: *Je ne vois rien de tel. Je n'ai rien vu de tel.*

Rien précède ou suit *en* et *y* devant l'infinitif: **Ne rien y voir** ou **n'y rien voir. Sans rien en faire** (plus rare: *Sans en faire rien*).

12. **Je n'y peux rien.** ▷ POUVOIR, 2, c.

RIGOLADE, n.f., RIGOLARD, RIGOLARDE, adj. et n., RIGOLER, v.intr., RIGOLO, RIGOLOTE, adj. et n., sont familiers.

RINCE-. **Composés** ▷ NOMS COMPOSÉS, 2.5 et RO II.2.

RING, n.m., devrait être réservé à l'estrade où se disputent des combats de boxe ou de lutte. On l'applique officiellement et abusivement en Belgique à une voie de communication rapide destinée à détourner et à accélérer de façon permanente la circulation routière aux abords d'une ville. On s'est demandé s'il convenait de dire ROCADE, n.f., qui en termes militaires évoque une ligne parallèle au front. On aurait pu adopter PÉRIPHÉRIQUE, n.m., qui a le tort d'évoquer peut-être l'idée de boulevard périphérique, mais qui situe bien cette route dans le pourtour d'une ville. CEINTURE n'eût pas convenu, parce que le terme implique un cercle complet autour d'une ville ou de son centre. Mais **rocade** se dit fort bien d'une route qui contourne une ville: «Voie destinée à détourner la circulation d'une région déterminée, soit en la contournant, soit en la longeant, et qui prend son origine et aboutit à une voie principale» (*GLLF*). On avait donc le choix entre *rocade* (à préférer) et *périphérique*.

RINGARD (*ringarde*), adj. et n., médiocre, incapable, démodé.

RIOTER, v.intr., «rire doucement», vieilli ou régional.

RIRE, v.intr. ou tr.ind. *Je riais, nous riions. Il ne supporte pas que nous riions. C'est à mourir de rire. Rire de qqn ou de qqch.* Ne pas dire dans ce sens *Rire avec qqn*, qui signifie: en sa compagnie. *Ils se sont ri de nous.* PRÊTER À RIRE est plus courant qu'*apprêter à rire*, qui est vieilli. *Ce qu'il dit prête à rire. Il a dit cela* POUR RIRE; on laissera au langage populaire [POUR DE RIRE]. *Rire dans sa barbe. Rire aux anges. Pouffer de rire. Rire aux larmes. Rire jaune.* **N.m.**: *Des fous rires.*

RIS DE VEAU, n.m., s'écrit sans traits d'union: *Un ris de veau. Des ris de veau.*

RISOTTO, n.m., riz préparé à l'italienne. S se prononce z. *Des risottos.*

RISQUE, n.m., RISQUER, v.tr.dir., ne peuvent normalement (en dépit de quelques auteurs) s'employer que si l'issue envisagée est fâcheuse. ▷ CHANCE. On ne dira pas: [*Il risque de gagner. Il n'y a pas le moindre risque de retrouver un survivant*]. On dira: *Il a des chances de gagner. Il n'y a pas la moindre chance de retrouver un survivant.* Au lieu de [*Ces propositions risquent d'être très utiles*], on dira: *Ces propositions peuvent être utiles.* Mais: *Il risque de perdre, d'échouer, de tomber. Il risque ainsi que son nom soit oublié au moment des récompenses.* L'idée d'un certain risque à courir se retrouve dans: *Risquer une allusion, une comparaison, un regard, un gros mot. Risquer sa fortune, sa réputation.* Mais: **Tenter** *sa chance.*

Tandis que devant un infinitif *risquer* se construit avec *de*, on dit **se risquer à**: *Il risque de pleuvoir demain. Elle s'est risquée à nous déplaire.*

RISSOLER, v.tr.dir. ou intr. *Rissoler un poulet, des pommes de terre. Les pommes de terre rissolent.*

RITE, n.m., s'est adjoint les sens qu'avait autrefois RIT, n.m.: *Le rite latin.*

RIVAGEOIS, n.m. Wallonisme pour *riverain.*

RIVALISER, v.intr. *On rivalise d'adresse avec qqn. Ils rivalisent de courage.*

ROBE, n.f. Dans les composés, *robe* est suivi d'un trait d'union là où le second élément, qui varie, est une sorte d'apposition: *robe-chemisier, robe-chasuble, robe-manteau, robe-tablier, robe-sac.* Mais on écrit *une robe princesse, des robes princesse* (ou *des robes princesses*). On parle en France comme en Belgique de *pommes de terre* EN ROBE DE CHAMBRE ou (moins souvent) EN ROBE DES CHAMPS ou EN CHEMISE. Il semble que *robe de chambre* ait été favorisé par l'idée de «négligé».

ROCKING-CHAIR, n.m. Des *rocking-chairs*. En français *berceuse* ou *fauteuil à bascule* (ou, comme au Canada, **CHAISE BERÇANTE**).

ROCOCO, adj., est invariable: *Des meubles rococo* (de style rococo).

RODER, v.tr.dir., **RÔDER**, v.intr. *On* **rode** *une soupape, une voiture, une équipe, de nouvelles méthodes. On les soumet au* **RODAGE**. *On* **rôde** *dans la campagne, on rôde autour de qqn, dans une rue.* — **RÔDEUR**, *euse*. Très rare et littéraire: *une* **RÔDERIE**, le fait de rôder.

ROGNER, **RONGER**, v.tr.dir. **Rogner**, c'est raccourcir en coupant qqch. sur les bords: *Rogner les griffes à un chat, la tranche d'un livre, rogner les ailes (à qqn), rogner les ongles, rogner à qqn ses revenus, son traitement. Rogner sur qqch.,* faire de petites économies. Autre verbe **ROGNER**, fam., intr., être en rogne. — **Ronger**, c'est déchiqueter à petits coups de dents, mordiller, détruire peu à peu: *Ronger un os. Les vers rongent le bois, la mer ronge les falaises, la rouille ronge le fer, le chagrin ronge cet homme. Être rongé par qqch. Il ronge son frein. Elle s'est rongé les poings.*

ROIDE, adj., se rencontre encore parfois au lieu de **RAIDE**.

ROMAN, **ROMAND**, adj. Bien qu'on parle des *langues romanes*, issues du latin, on parle de la *Suisse romande* (avec *d* par analogie avec *allemand*) pour la partie de la Suisse où l'on parle le français. *Les problèmes romands. Un Suisse romand. Le drapeau romand. La Romandie.*

ROMPRE, v.tr.dir. *Je* **romps**, *il* **rompt**. On dit très bien *rompre* (ou *casser*) *un mariage*, l'annuler. Mais *rompre*, sans complément d'objet, et *rupture* ne se disent guère de gens mariés, mais de fiancés ou d'amants. *Les fiancés ont rompu. Leurs fiançailles se sont rompues* ou *sont rompues.*

ROMSTECK, n.m., l'a emporté sur **RUMSTEAK** et **RUMSTECK**.

RONCHONNER, v.intr., donné parfois comme populaire, est tout au plus familier: manifester son mécontentement en grognant.

ROND, adj. *Ça m'a coûté mille francs tout ronds. Un compte rond. Un chiffre rond. Mille francs en chiffre rond* ou *en chiffres ronds. Une somme ronde.* D'une personne: *un caractère tout rond,* affable. *Il est complètement rond,* ivre. On écrit: *une* **RONDE-BOSSE**, *en* **RONDE BOSSE**, *un* **ROND-POINT**, *des* **ronds-points**.

RONDELLE, n.f. Bien qu'une rondelle de métal soit généralement évidée au centre, on peut employer *rondelle* pour une petite tranche ronde (de saucisson, de citron, etc.), **ROUELLE** étant vieilli dans ce sens.

ROQUETTE, n.f., a heureusement remplacé **ROCKET**.

ROSAT, adj., est invariable: *Une pommade rosat,* où il entre des roses.

ROSBIF, n.m., a éliminé la forme anglaise **ROASTBEEF**.

ROSE, n.f. *Eau de rose. Huile de roses, essence de roses, confiture de roses. Le pot aux roses. Des tissus roses, rose clair, rose saumon.* ▸ ADJECTIFS QUALIFICATIFS, 2.3.

ROSETTE, n.f., insigne du grade d'officier (décoration). L'insigne du grade de commandeur peut s'appeler une *rosette à socle* (Druon, M., *Les grandes familles*); on dit familièrement: un *canapé*.

RÔTIR, v.tr.dir., et ses dérivés: accent circonflexe. On prononce un *o* ouvert.

ROUFLAQUETTE, n.f. Il est abusif de considérer ce nom comme populaire.

ROUGE, adj. *Des étoffes rouges* ou *rouge foncé. Ils étaient rouges de colère.* Adv.: *Ils ont vu rouge. Ils se sont fâchés tout rouge.* **ROUGEÂTRE**, adj. **ROUGEOYER**, v.intr.

ROULANT, adj., est familier dans le sens de *tordant,* très drôle.

ROULER, v.tr.dir., peut se dire familièrement pour *duper.* Belgicisme: [*Une maladie qui roule*], qui court.

ROUSPÉTANCE, n.f., **ROUSPÉTER**, v.intr. (▸ VERBE, Conjugaison, 1.1), **ROUSPÉTEUR**, *rouspéteuse*, n., sont familiers.

ROUTE, n.f., *Une route enneigée, verglacée. Une grand-route.* ▸ GRAND. *Semer qqn en route. Voyager par la route. Mettre en route. Faire route. Faire fausse route. Un carnet de route. Changer de route.* Ne pas substituer *route* à *circulation* dans *La circulation est déviée.*

ROUTER, v.tr.dir. *Router* (grouper par destinations) *des imprimés envoyés par la poste. Router un navire* (lui fixer sa route). *Le* **ROUTAGE** *d'un mensuel, d'un navire.*

ROUVRIR, v.tr.dir. et non [**RÉOUVRIR**]. [**RÉOUVRIR**].

ROYALTIES, n.f.pl., peut être remplacé par *redevance.*

RUBANER, v.tr. Avec un seul *n*. *Rubaner du cuir, du métal;* du marbre **RUBANÉ** (comme couvert de rubans). *La mercerie et la* **RUBANERIE**. *Un maître* **RUBANIER**. Tandis que **ENRUBANNER** (orner de rubans), **ENRUBANNÉ** et **ENRUBANNAGE** prennent deux *n*.

RUBRIQUE, n.f. *Cet article a paru* **sous** *la rubrique «Enseignement», sous la rubrique sportive.*

RUE, n.f. *Une rue passante*, fort fréquentée. *Mettre qqn à la rue. Être à la rue. Une chambre donnant sur la rue. Jouer dans la rue* et non [*en rue*], mais *en pleine rue. Ses bureaux sont rue de la Paix. J'habite dans la même rue que lui.* ▷ NOMS, 3.2, *Noms de rues.* DANS, 4, 7.

RUFFIAN, n.m., peut s'écrire **RUFIAN**.

RUGBYMAN, n.m., faux anglicisme à remplacer par *joueur de rugby*.

RUINE, n.f. On écrit généralement *tomber en ruine* (Ac., à *Ruine*), mais on écrit aussi *tomber en ruines* (Ac., à *Tomber*). On parle des *ruines d'un château*, mais on écrit très bien: *Un château en ruine. Menacer ruine. Cet homme n'est plus qu'une ruine.*

RUPTURE, n.f. *En rupture de stock. Une rupture de rythme.* On dit: *Rompre avec qqn, avec son passé, avec la tradition* et donc *Sa rupture avec son ami, avec sa fiancée*, plutôt que *Ma rupture d'avec Rachel* (Tournier, M., *Le roi des Aulnes*).

RUSE, n.f., évoque l'idée de procédés habiles pour tromper et réussir: *Recourir à la ruse. User de ruses.* Emplois belges: [*Avoir des ruses avec qqn. Faire des ruses* (ou *chercher des ruses*) *à qqn*] au lieu de: *Avoir des difficultés, des démêlés, des ennuis avec qqn. Faire des difficultés à qqn, chercher noise à qqn.*

RUSH, n.m. À traduire par *effort final* lorsqu'il s'agit d'un coureur et, dans un sens général, par *ruée*. Dans le langage du cinéma, dire *épreuves de tournage* au lieu de **rushes** (ou **rushs**, RO II.7).

RUSTINE, n.f., étant une marque déposée, devrait s'écrire avec une majuscule, mais on écrit: *démonter un pneu et coller des rustines.*

RUTILANT, adj. ou part.prés., **RUTILER**, v.intr., **RUTILATION**, **RUTILANCE**, n.f., **RUTILEMENT**, n.m., peuvent se dire non seulement de ce qui est d'un rouge éclatant, mais aussi, et depuis longtemps en dépit des puristes, de ce qui brille d'un vif éclat, quelle que soit la couleur. Le latin *rutilus* avait d'ailleurs déjà élargi son sens de *rouge éclatant* à *brillant, éclatant. Il lui passa au doigt un anneau orné de deux brillants. (...) Ils rutilaient sur sa main sèche de ménagère, pareils à des gouttes d'eau sur une écorce* (Mauriac, Fr., *La robe prétexte*). *Et, à leurs éclats* (il s'agit de pierres), *répondaient ceux des coléoptères argentés, dorés, métalliques, rutilant de diverses couleurs* (Sabatier, R., *Les noisettes sauvages*).

S DUR. Le *s* dur est celui qu'on entend dans *sable*.

SABIR, n.m., s'applique à toute langue mixte ou composite.

SABLE, n.m. On entend en Belgique **SABLE BOULANT**, au sg., au lieu de **SABLES MOUVANTS**. C'est qu'on est influencé par le dialecte et que, d'ailleurs, *sables boulants* s'est dit en français (*GR*). *Une eau* **SABLEUSE**. *Un terrain* **SABLONNEUX**. *Un pavement* **SABLÉ**, recouvert de sable.

SABLER a signifié «avaler d'un trait». **SABLER LE CHAMPAGNE**, en boire lors d'une réjouissance. Dans certains milieux on dit *sabrer le champagne* parce qu'on tranche d'un coup de sabre le goulot des bouteilles.

SAC, n.m., suivi de *de* ou *en* indiquant la matière: *Sac de* (ou *en*) *papier, jute, toile, cuir, plastique* (on dit aussi *un sac plastique*); suivi de *de* pour le contenu: *sac de terre, de riz, de sable, de farine.* On dit: *sac à provisions, à ouvrage, sac à main. Sac à vin,* ivrogne. Ancien juron: *sac à papier.*

SACHE, subj. prés. de *savoir*, v.tr.dir.

1. **QUE JE SACHE**, correspondant au latin **quod sciam**, est une proposition relative, employée dès le moyen âge, où *que* représente l'énoncé auquel, à la fin de la phrase ou en incise, on apporte une atténuation; d'où le subjonctif (sans la conjonction *que*) traduisant une idée de doute; on veut dire que, si le fait est autre qu'on ne le dit, on l'ignore: *Il n'a pas fait la guerre, que je sache. Cet homme, que je sache, n'avait aucun mandat.* La phrase où intervient *que je sache* est généralement négative, mais, depuis toujours, elle peut être affirmative ou, plus rarement encore, interrogative, à condition qu'elle soit l'objet d'une atténuation: *Il vous a pourtant rendu service, que je sache. Est-il venu quelqu'un que vous sachiez, que tu saches?* (Littré.) On observe que, si le tour habituel est à la première personne, on emploie parfois *que tu saches, qu'on sache, que nous sachions* (et non *sachons*, impératif).

2. **JE NE SACHE PAS QUE** vient sans doute de *que je sache*: **Je ne sache pas qu'il ait fait la guerre** correspond à *Il n'a pas fait la guerre, que je sache*; on atténue la déclaration négative en faisant passer la négation dans la proposition principale et en faisant suivre celle-ci du subjonctif, puisque le fait est l'objet d'un doute, d'une restriction. Tour utile, moins catégorique que *Il n'a pas fait la guerre* et qui dit plus que si on employait *savoir si*: *Je ne sais pas s'il a fait la guerre.* Il y a donc emploi de deux subjonctifs. On emploie parfois *on ne sache pas que, nous ne sachions pas que*: *Nous ne sachions pas que ce soit défendu.*

3. **JE NE SACHE PERSONNE, RIEN**, etc. *Je ne sache personne qu'on* **puisse** *lui comparer* (Ac.; noter les deux subjonctifs). *Je ne sache rien de si beau* (Ac.). On trouve aussi, parallèlement à *je ne connais pas* avec *de* devant le complément: **Je ne sache pas de client** *plus difficile.*

SACHET, n.m., désigne proprement un petit sac en papier (un sachet de bonbons, un sachet de thé) ou un petit sac ou coussin contenant des plantes parfumées (un sachet de lavande). Alors qu'en France on dit *sac* ou *poche*, on parle parfois, en Belgique, de *sachet* pour un sac en papier contenant les achats du client.

SACOCHE, n.f., désigne proprement une sorte de gros sac de cuir ou de toile forte, retenu par une courroie et qui se porte au côté ou dans le dos: *La sacoche du facteur, d'un encaisseur.* Il se dit pourtant aussi d'autres contenants plus petits, de formes diverses: *Sacoche de bicyclette, de motocyclette, d'écolier* (PR). En Belgique et au Canada dans un usage courant, en France dans un usage infiniment plus rare et régional, *sacoche* se dit abusivement pour *sac* (de dame) ou *sac à main.*

SACRÉ, adj. *Le Sacré Collège. La basilique du Sacré-Cœur.* Fam. et péjoratif: *Un sacré caractère.*

SAIGNER, v.tr.dir. et intr. Je *saignais*, nous *saignions*. SAIGNER À BLANC *un animal*, le vider de son sang, *une personne* (au figuré), l'épuiser.

SAILLIR, verbe défectif, a une conjugaison très hésitante. On peut toujours le conjuguer comme *assaillir*, avec un futur possible *saillira*; dans le sens de «déborder, être en saillie» on trouve parfois une conjugaison comme *finir*. D'autres divergences apparaissent dans l'usage. Le participe présent est généralement *saillant* comme l'adjectif et le nom masculin.

SAINT. ▶ MAJUSCULES, 3, TRAIT D'UNION, 3. On écrit: *les saints Innocents, le Saint-Sépulcre, la Sainte-Chapelle.* **Pluriel**, invariabilité des noms de lieux: *Plusieurs Saint-Cyr*, mais dans les dérivés le second élément varie: *Les Saint-Cyriens.* De même: *Les Saint-Simoniens.* Nom de localité: *(les) Saintes-Maries-de-la-Mer.* Avec minuscule, sans trait d'union: des *saintes nitouches. Des airs sainte nitouche.* On écrit: des *saint-bernard* (chiens), des *saint-honoré* (gâteaux), des *saint-germain* (poires) ou des *saint-bernards*, des *saint-honorés*, des *saint-germains*; il faudrait encourager ces dernières formes (accord du second élément). Pour les noms de saints ou de leurs images et statues, *de grands saints de bois*; on dira devant le nom propre: *des sainte Marie* (à côté *des saintes Marie*), *des saint Antoine* (à cause de la liaison). *De pauvres petits saint Jean* (Guéhenno, J., *Journal d'un homme de quarante ans*).

SAISIR, v.tr.dir., peut se dire pour «porter (une affaire) devant» une juridiction: *Le ministre est saisi de la question.*

Autre sens: «faire une impression très vive». D'où: *J'en suis encore tout saisi. Sa vue m'a saisi. Être saisi de joie, de pitié, de peur, d'étonnement, de respect, être saisi par la beauté du spectacle.* SAISI s'emploie comme adjectif ou comme nom en français régional de Belgique avec un sens voisin de *ahuri*: [*Il a un air saisi. C'est un saisi*]. Autre emploi belge, *se saisir* pour «être surpris»: [*Je me suis saisi*].

SALADE, n.f., désigne soit le mets préparé avec des feuilles d'herbes potagères assaisonnées d'huile, de vinaigre et de sel, soit aussi la plante elle-même (la *laitue* est une sorte de salade): *Une salade pommée. Un cœur de salade.* On parle aussi d'une *salade de fruits.* Mais c'est en Belgique seulement que la *mâche* ou la *doucette* s'appelle SALADE DE BLÉ. Sens figuré et familier de *salade*: mélange confus d'explications, de notions.

SALAIRE, n.m., ne s'oppose pas toujours aux appointements d'un employé, au traitement d'un fonctionnaire. Il peut prendre un sens très large, «rémunération d'un travail, d'un service»: *Salaire d'ouvrier, de prolétaire, de jardinier, de professeur, de député* (GR).

SALAUD, n.m. ou adj., a été doublé par SALOP, qui ne survit plus que dans son féminin *salope* (*salaude* est inusité). Ces mots sont populaires.

SALE, adj. *Le linge sale.* Wallon et picard: [*Le sale linge*]. Avant le nom, peut évoquer l'idée de laid, désagréable ou le dégoût: *C'est une sale histoire.*

SALICYLIQUE, adj., et SALICYLATE, n.m. Attention à l'orthographe. Espèce d'antiseptique.

SALIGAUD, *aude*, adj. et n. populaires, formes modernes de SALIGOT.

SALLE, n.f. Certains compléments se mettent au singulier, d'autres au pluriel, d'autres à l'un ou à l'autre nombre: *Salle d'eau, de réception, de classe, d'audience, du trône, de spectacle, de danse, d'attente, de théâtre, de bal, d'entrée, de rédaction, de cinéma, de police, d'embarquement, de billard, de garde, de musique, d'opération, de réanimation, de contrôle.* — *Salle de jeux, d'armes, de conférences.* — On écrit souvent: *salle de bains, salle de concert*, on hésite davantage pour *salle d'étude.*

SALONNARD, n.m. Deux *n*.

SAMOURAÏ, n.m. On écrit aussi SAMOURAI ou SAMURAI, sans changer la prononciation.

SAMPAN, n.m. On écrit aussi SAMPANG.

SANCTIONNER, v.tr.dir., ne signifie pas seulement «approuver légalement, confirmer» (*Sanctionner une loi, un usage*), mais «punir», et c'est normal puisque SANCTION peut depuis longtemps ajouter à son sens d'«approbation officielle» celui de «peine prévue»: *Infliger une sanction à qqn. Sanctionner une faute.*

SANCTUAIRE, n.m., est un anglicisme dans le sens de territoire protégé où vivent des espèces menacées (*réserve naturelle*), ou dans le sens de lieu protégé des combats, au cours d'un conflit.

SANDWICH, n.m. Pluriel: écrire des *sandwichs* (plutôt que, à l'anglaise, des *sandwiches*). Le mot désigne un ensemble formé de deux tranches de pain, entre lesquelles on place du jambon, du fromage, de la salade, etc. D'où *structure en sandwich*, être (ou *prendre*) *en sandwich*, HOMME-SANDWICH. Il est abusif de parler de petits sandwichs pour des *canapés* servis avec un apéritif. — En Belgique, un sandwich est une sorte de petit pain allongé.

SANG-FROID, n.m. *Perdre son sang-froid. Être de sang-froid.*

SANGLIER, n.m. La femelle s'appelle une LAIE et le petit un MARCASSIN.

SANGUINOLENT, adj. Attention à la finale (mot savant).

SANS, prép. ▸ NI, 1.1.3.

1. L'emploi de *sans* comme **adv.** est familier, souvent même incorrect et d'un emploi beaucoup plus limité que celui d'*avec*: *Si l'on gouverne mal avec eux, on ne gouverne pas mieux sans* (au lieu de *sans eux*). *Passe-moi mes lunettes, je ne puis lire sans. Cet article, nous sommes sans.*

2. *Sans*, **prép.**, devant un substantif. Celui-ci est généralement employé sans article. Il est très souvent au singulier, parce que c'est un nom abstrait ou parce qu'il évoque l'unité: *sans hâte, retour, dégoût, effort, faute, difficulté*, etc. Il est normal qu'on écrive *sans visage, un homme sans chapeau* et *un vêtement sans manches, une chambre sans porte ni fenêtres, un lit sans draps, un voyageur sans bagage(s)*. On emploie le singulier dans *travailler sans arrêt, passer sans transition d'un sujet à un autre, livrer sans délai, du café sans sucre, avancer une chose sans preuve* (sans aucune preuve); on écrit généralement *se dérouler sans incident, voir partir qqn sans regret, agir sans précaution, sans raison, une règle sans exception, sans explication, sans murmure* mais on peut avoir en tête une idée de pluralité, penser à des preuves, à des incidents, à des raisons, à des exceptions, à des précautions, à des regrets et mettre le pluriel. De même pour *sans témoin, sans commentaire, sans préjugé, sans ménagement, sans scrupule, sans réserve, sans nuance.*

Bien qu'on dise *faire des façons*, on écrit plutôt SANS FAÇON: *Une personne* (ou *un dîner*) *sans façon, agir sans façon.* ▸ 5. On écrit: *un* SANS-FAÇON. Il est normal qu'on écrive *venir sans faute* et *un devoir sans faute* ou *un devoir sans fautes*; mais *un visage sans couleurs, un ciel sans étoiles.*

Si l'article est généralement exclu, il s'emploie quand le nom est déterminé par une épithète ou un complément: *Je n'aurais rien su sans l'indiscrétion de votre collègue* ou *sans une indiscrétion fortuite.* Mais si l'expression s'emploie sans article, on la voit s'accommoder aussi d'une détermination. Ainsi: *sans hâte inconsidérée, sans retour possible, sans dégoût apparent, sans raison plausible, sans autre explication, sans vaine discussion.*

On marque l'insistance par l'article *un* (un seul): *Il a obéi sans un murmure.* Comparer: *Il partit sans dire mot* et *sans dire un mot.*

On dit: *Il a déposé plainte sans attendre la réponse* ou, en pensant à une réponse, *sans attendre de réponse.* On écrit: *Il a approuvé sans objection* ou *sans faire d'objection(s)* ou *non sans faire une objection* ou *non sans faire des objections.* ▸ ARTICLE, 2.4.

On dit: *sans émotion et sans surprise*, mais: *sans émotion ni surprise.*

SANS ÉGAL ▸ ÉGAL, 1. **SANS PAREIL**, *excellent.*

Composés: Un ou des ***sans-abri, sans-cœur, sans-emploi, sans-façon, sans-fil, sans-gêne, sans-le-sou, sans-logis, sans-soin, sans-souci, sans-parti, sans-patrie, sans-travail.*** Mais un SANS-CULOTTE, des ***sans-culottes***, un SANS-FILISTE, des ***sans-filistes***. Les *Rectifications de l'orthographe* proposent de marquer le pluriel en mettant chaque fois un *s* au deuxième élément: des ***sans-abris***, des ***sans-cœurs***, des ***sans-emplois***, des ***sans-façons***, etc. (RO II.2).

3. Faute courante: [*Vous n'êtes pas sans ignorer*] au lieu de **Vous n'êtes pas sans savoir**, vous savez. *Non sans bougonner* signifie «en bougonnant». Ne pas confondre *Que ne ferait-on pas sans lui?* et *Que ne ferait-on pas avec lui?*

4. SANS DOUTE peut signifier «certainement»: *Vous le connaissez? — Sans doute.* On peut dire: *sans aucun doute, sans nul doute.* Généralement, *sans doute* signifie «probablement»: *Il aura sans doute été empêché.* ▸ INVERSION, 3.3.2. Après SANS DOUTE QUE, on emploie l'indicatif ou le conditionnel, selon le sens: *Sans doute qu'il restera quelques jours. Sans doute qu'il m'en voudrait s'il savait cela.*

5. SANS PLUS: *Il m'a envoyé une invitation imprimée, sans plus. Sans plus de façons* ou *Sans faire plus de façons.*

6. On emploie *sans* et l'infinitif si le sujet de celui-ci représente le même être que le sujet principal ou le complément d'un impersonnel: *Il a dit cela **sans rougir**. Il ne peut parler sans faire de fautes. Il lui arrive de rester plusieurs mois sans nous écrire.* En dehors de ces cas, on emploie SANS QUE suivi du subjonctif, tout à fait normal puisqu'il s'agit d'un fait qu'on écarte. Le subjonctif est assez souvent accompagné de *ne* explétif, même chez de nombreux et excellents écrivains, surtout quand la principale est négative ou quand la subordonnée contient un mot négatif comme *aucun, personne, rien*, mais positif en l'occurrence. Logiquement, cet emploi est abusif, puisque *sans* a déjà un sens négatif; mais le *ne* explétif a pour caractéristique d'être appelé, sans nier vraiment, par une idée parallèle négative qu'on peut souvent trouver là où il apparaît; dans les deux cas où il est particulièrement fréquent après *sans*, on pourrait voir une sorte de redondance,

de contagion, d'influence abusive de la négation précédente ou de celle qui est associée à *rien, aucun, personne, jamais, nul.* Mais il s'agit plutôt d'un *ne* explétif, dont la fréquence est en opposition avec sa tendance à être beaucoup moins employé dans la plupart des autres cas. On déconseillera ce *ne. Il l'a fait **sans qu'on le lui ait dit** (Ac.). Je ne puis parler sans qu'il m'interrompe (Ac.). L'émotion s'accrochait, sans que nul s'en pût formaliser, aux tours même les plus argotiques (Gandon, Y., Le démon du style). Sans que personne puisse s'y opposer (Ac.). Vous me comprenez sans que je doive ajouter aucune explication. Il ne partira pas sans qu'on le lui dise.* On notera que *ne* explétif ne peut accompagner **non sans que** ni **sans que en tête de phrase**: *La séance sera brève, non sans que chacun puisse s'exprimer. Sans qu'on le lui ait demandé, il nous a avertis ou il n'a rien fait contre nous.*

SANSEVIÈRE, n.f. (venu d'un nom propre), s'écrit avec *an.*

SANSKRIT, adj. et n., s'écrit aussi SANSCRIT (Ac.).

SANTAL, n.m., arbuste, bois de cet arbre, essence. Pluriel rare, plutôt *santals*, sauf dans *poudre des trois **santaux**.*

SANTÉ, n.f. *Pour raison de santé.* ▷ RAISON, 5.

SAOUL, adj., SAOULER, v.tr.dir. ▷ SOÛL.

SARRAU, n.m. Des *sarraus.*

SARRIETTE, n.f., plante odoriférante. Deux *r.*

SATIRE, n.f., SATYRE, n.m. ou n.f. *Une **satire** de Boileau ou d'Horace. Il se conduit comme **un satyre**. La satyre* grecque n'avait rien d'une satire; on l'appelle aussi DRAME SATYRIQUE, parce qu'elle met en scène des satyres.

SATISFAIRE, v.tr.dir. ou ind.

1. **Tr.dir.** *Satisfaire* (contenter) *tout le monde, ses créanciers, la curiosité de qqn, sa faim, son ambition, une attente.*

2. **Tr.ind.** On ne dit plus *satisfaire à qqn*, lui accorder réparation. *Une personne satisfait **à** ses devoirs, à ses engagements, à ses obligations, elle s'en acquitte. Elle ne peut plus satisfaire à la demande, y répondre.* En parlant d'une chose, remplir les conditions requises: *Ce projet satisfait aux exigences du propriétaire, aux normes légales.*

3. SE SATISFAIRE *de qqch., de faire qqch.*, s'en contenter. *Elle s'est satisfaite de notre réponse.*

SATISFAIT, adj. *Ils sont satisfaits de votre succès, d'apprendre que vous avez réussi. Je suis satisfait qu'il soit là.*

SATISFECIT ou SATISFÉCIT (*RO* III.9G), n.m., pl. invariable ou avec *s*, en langage vieilli désignait le billet obtenu par l'élève qui avait

satisfait son maître par ses connaissances acquises, c'est le grade actuel: SATISFACTION (▷ GRADE).

SAUCER, v.tr.dir., tremper dans la sauce, mouiller abondamment (*saucer son pain*). Le *PR* et le *GR* enregistrent le sens moderne d'«essuyer en enlevant la sauce (pour la manger)»: *Saucer son assiette avec du pain.*

SAUF, adj. ou prép., se prononce avec un *o* ouvert (comme dans *or*) ou, au féminin *sauve*, un *o* fermé (comme dans *sauce*).

1. **Adj.** *Elles sont rentrées saines et sauves. Avoir la vie sauve.*

2. **Prép.**, sans porter atteinte à (*Sauf le respect que je vous dois. Sauf votre respect*), excepté: *Sauf quelques livres, sauf erreur ou omission, sauf l'honneur, sauf urgence, sauf eux, sauf toi, sauf deux. Il en a donné à tous, sauf **à** moi. Il est content de tous, sauf **de** vous* (remarquer la répétition de la préposition après *sauf*).

3. SAUF À, loc.prép. **devant un infinitif**, ne signifie pas «sauf si, excepté si, à moins que» mais «sous la réserve de» ou «quitte à» au deuxième sens de cette locution (▷ QUITTE, 5). Le sujet accepte un certain risque, mais se réserve le droit ou la possibilité de faire plus tard autre chose: *Ils n'insisteront pas, sauf à revenir ensuite à la charge. Il les flattait pour leur tirer les vers du nez, sauf à les dénoncer ensuite*; tour littéraire.

4. SAUF QUE, loc.conj., «si l'on ne tient pas compte du fait que, si ce n'est que», est suivi de l'indicatif ou du conditionnel, selon le contexte: *Tout s'est bien passé, sauf que le train avait du retard.*

SAUF SI: *Il sera à l'heure, sauf si le train a du retard.*

SAUF-CONDUIT ou SAUFCONDUIT (*RO* III.2B), n.m. Des **sauf-conduits** ou **saufconduits** (des conduits qui rendent sauf le possesseur).

SAUGRENU, adj., se dit surtout des choses: *Une question saugrenue.* Pour les personnes, on dit plutôt *bizarre, ridicule* ou *farfelu.*

SAUMÂTRE, adj., ne qualifie pas une eau sale, mais un mélange d'eau douce et d'eau de mer. Au figuré, *une plaisanterie saumâtre*, désagréable, difficile à accepter. Fam.: *La trouver saumâtre*, trouver la chose déplaisante.

SAUPOUDRER, v.tr.dir., en dépit de son étymologie, ne signifie plus «poudrer de sel», mais «répandre une couche légère, notamment sur un mets»: *saupoudrer (un plat) **de** sucre, de sel, de fromage râpé, de chapelure.* Une SAUPOUDREUSE. Le verbe s'emploie aussi au figuré: *La neige saupoudre les arbres. Le col de son veston est saupoudré de pellicules.* Autre sens figuré, «attribuer de très modestes crédits à de nombreux bénéficiaires»: *Le ministère saupoudre (de subventions médiocres) trop d'associations.*

SAUTÉ, n.m. On dit très bien: *un sauté de veau, de volaille, de lapin* (viande en morceaux réguliers que l'on fait sauter dans une poêle ou une sauteuse).

SAUTE-MOUTON, n.m. d'un jeu, s'écrit avec un trait d'union: *Jouer à saute-mouton. Une partie de saute-mouton.* On a dit autrefois dans ce sens **SAUT-DE-MOUTON**; ce dernier terme a pris aujourd'hui un sens technique dans le langage des chemins de fer, de la circulation (passage surélevé).

SAUTER, **v.intr.** Auxiliaire *avoir.* Quelques constructions: *Sauter par la fenêtre, à la corde, à la perche, aux nues, au plafond, en hauteur, en longueur. Sauter sur qqn, à son cou, sur ses genoux, sauter en selle, en l'air. Sauter à bas de son lit* ou *du lit, à pieds joints, à cloche-pied, dans l'eau, en parachute. Sauter d'un train en marche, de son siège, d'un sujet à l'autre.* — **Tr.dir.**: *Sauter un obstacle, le mur, un fossé, une ligne, une classe, le pas.* ▶ NOMS COMPOSÉS, 2.5.

SAUTERNES, n.m. *Boire du sauternes* (avec s).

SAUVAGE, adj. et n. L'adj. se dit d'êtres humains, d'animaux, de plantes, d'eaux (de ruissellement diffus), de ce qui se fait ou se déroule en dehors des normes (*grèves, ventes, concurrences sauvages*), sans qu'il y ait pour cela nécessairement désordre ou anarchie.

Le féminin du substantif comme celui de l'adjectif est *sauvage.* Vieux et littéraire: une *sauvagesse* (femme qui ignore les usages).

SAUVAGEON, n.m. et adj., est un terme d'arboriculture qui, comme adjectif, au figuré, signifie *fruste.* Fém., *sauvageonne.*

SAUVE-QUI-PEUT, n.m. Un *sauve-qui-peut*, des *sauve-qui-peut.* Mais en dehors de l'emploi comme nom, pas de traits d'union: *Quelqu'un cria: «Sauve qui peut!»*

SAUVER (SE) a été et est encore concurrencé par le terme régional **S'ENSAUVER**.

SAUVETTE (À LA), loc.adv., à la hâte, avec une précipitation suspecte, en cachette.

SAUVEUR, adj., a pour féminin *salvatrice*, dont le masculin est inusité: *Une vertu salvatrice.* Le nom masculin peut s'appliquer à une femme. *Vous avez été, madame, mon sauveur.*

SAVANT, adj. et n. *Cette femme est **savante**, est un grand **savant**.* Adv. **SAVAMMENT**.

SAVOIR, v.tr.dir.

1. **Conjugaison.** Notons le futur (*saurai*) et le conditionnel (*saurais*), l'impératif présent (*sache, sachons, sachez*) et le subjonctif présent (*que je **sache**, que nous **sachions***). ▶ SACHE. Part. prés., *sachant.* Part. passé, *su, sue.*

2. **CE NE SAURAIT** (ou *sauraient*) *être qu'eux.* ▶ VERBE, Accord, 2.3.1.B.

3. **SAVEZ-VOUS?** (au sens de *n'est-ce pas?*) a été souvent raillé par les Français chez les Belges; ce n'est pas un belgicisme, mais un tic trop fréquent et souvent inutile, mais qui suppose qu'on vouvoie. On peut aussi classer comme wallonisme à éviter le fait d'ajouter *savez* en fin de phrase.

4. **SAVOIR PAR CŒUR** est une expression correcte: *Il savait son discours par cœur* (Ac.). Fam.: *Savoir qqn par cœur*, connaître parfaitement son caractère, ses habitudes. ▶ CONNAÎTRE, 4.

5. **IL NE VEUT RIEN SAVOIR** est correct à côté de *Il ne veut rien entendre.* [NE SAVOIR DE RIEN]. ▶ RIEN, 6.

6. *Ne pas* ou *ne* avec *savoir.* ▶ SAVOIR et POUVOIR et NE employé seul.

7. **JE NE SAIS QUI, QUOI, QUEL, COMMENT** (▶ NE employé seul), ou *on ne sait qui*, etc. En dépendance d'un verbe au passé, *sais* ou *sait* peut être figé au présent dans ces expressions, mais *savoir* se met souvent au passé si l'ignorance se situe dans le passé: *Il travaillait je ne sais comment* (je ne sais pas encore maintenant), *je ne savais comment* (alors). *Je vis qu'il hésitait à prendre je ne savais quelle décision* (Daniel-Rops, *Mort, où est ta victoire?*). *Elle me donnait l'impression que je la suivais à travers un bois d'ombre et d'or, où je ne savais quelles fées murmuraient des chansons* (Simon, P.-H., *Les raisins verts*). *Son attitude avait on ne sait quoi de troublant.*

8. **SAVOIR**, conj. de coordination, ou **À SAVOIR** s'emploient dans le sens de «c'est-à-dire», surtout dans une énumération. On ne dit plus *c'est à savoir*; **ASSAVOIR** est un archaïsme: *Différents meubles, savoir un lit, une armoire et deux chaises.*

9. Ne pas employer [SAVOIR DE] pour *devoir*: [*Quand je saurais de le fâcher*] au lieu de *Quand je devrais le fâcher* ou *Quand je saurais que je vais le fâcher.* Ni non plus avec *rien.* [*Je ne sais de rien*] s'entend à Bruxelles pour: *J'ignore tout de cela, je ne suis pas au courant.*

10. [JE NE SAIS PAS DE CHEMIN AVEC LUI]. Flandricisme substitué à: *Il me met hors de moi* ou *Il m'énerve* ou *Je ne sais comment m'y prendre avec lui* ou *Je ne sais comment faire* ou *Je n'en viens pas à bout*, etc.

11. *Si j'avais su* ou *si je l'avais su. Comme tu sais* ou *Comme tu le sais.*

12. On peut dire: *J'ai lu cela **dans je ne sais quel** livre* ou *J'ai lu cela **je ne sais dans quel** livre. Je ne sais à quel propos* ou *à je ne sais quel propos.* On dit: *Je ne sais **quelle est** la plus jolie.*

13. **Savoir** qqn est vieilli et littéraire (on dit *connaître*), mais se dit très bien si le complément est un pronom et a un attribut: *Je le savais malade.*

14. *Ne savoir **que** dire* ou ***quoi** dire.* ▶ QUOI, 2.2. *Ne savoir **comment** faire. Je ne sais **à quel propos** il a dit cela.*

15. **Savoir que** et **savoir si** sont suivis de l'indicatif ou du conditionnel: *Je ne sais s'il est venu, s'il est là, s'il sera là, s'il l'aurait fait* (au cas où on le lui aurait demandé). *Je ne savais si on pouvait le lui demander.*

    Même usage normalement après **ne pas savoir que**. Le subjonctif, beaucoup plus rare que l'indicatif, ne peut apparaître qu'après un temps passé de *ne pas savoir* ou de *savoir* interrogatif ou introduit par *si* conditionnel: *Vous ne savez pas qu'il nous a écrit. Sait-il qu'on a besoin de lui? Je ne savais pas qu'il était là* (*qu'il fût là* était beaucoup plus fréquent autrefois qu'aujourd'hui). *Je ne savais pas qu'il l'aurait fait volontiers. Saviez-vous qu'il était là* (ou *fût là*)? *Si vous ne savez pas qu'on vous attend... Si je savais qu'il peut* ou *pourrait* (ou *pût*) *me recevoir.*

16. SAVOIR GRÉ. *Je lui sais gré de son dévouement, de nous avoir avertis. Je vous saurais gré de le faire.* Ne pas dire [*Je vous serais gré*].

17. **Composés**: *Avoir du* SAVOIR-FAIRE, *du* SAVOIR-VIVRE.

Savoir et *pouvoir* devant un infinitif

1. UN EMPLOI RÉGIONAL ?

La confusion entre les deux verbes au profit de *savoir* est volontiers présentée par les Français comme typiquement belge. Elle se retrouve cependant çà et là en France, non seulement dans le Nord mais en Lorraine notamment. Il importe d'ailleurs d'observer que, même chez de bons écrivains français, dans des cas toutefois limités, *savoir* se substitue à *pouvoir*. Il y a là une survivance d'un usage classique, moins rigoureux que le nôtre dans sa distinction.

2. *SAVOIR*

Savoir (lié à l'idée de **science**, de connaissance), c'est avoir la science, la compétence, la connaissance, une capacité foncière qui ne dépend pas de conditions ou circonstances extérieures, occasionnelles ou momentanées; il peut s'agir d'une aptitude naturelle ou d'une habileté, d'une capacité acquise par l'apprentissage,

l'entraînement ou des connaissances. *On sait lire un texte parce qu'on a appris à lire, parce qu'on est capable, à cause de ses études ou de son expérience, de déchiffrer telle écriture: Je sais lire l'arabe. Cet enfant ne sait pas rester tranquille,* on ne le lui a pas appris, il n'en a pas l'habitude.

> *Savoir jouer du piano. Si cela arrivait, je saurais me défendre. Il faut savoir se contenter de peu. Cet enfant sait déjà marcher. Il saura se débrouiller. Cette élégante sait s'habiller.*

3. *POUVOIR*

Pouvoir, en dehors des cas où il marque le souhait (*Puisse-t-il arriver à temps!*), met en cause quelque chose d'extérieur, comme une permission ou des circonstances, ou qui est dû à l'état du sujet: *Je puis lire ce texte,* parce que j'ai de bons yeux ou parce qu'il fait assez clair ou parce qu'on m'en donne l'autorisation.

> *Je puis vous répondre. Il ne peut se déplacer. Il peut arriver qu'il soit absent. Ce vieillard ne peut marcher sans canne.*

4. COMPARAISON DES EMPLOIS

Je suis trop nerveux, je ne puis rester tranquille (je ne suis pas en état de rester tranquille). Comparer à l'exemple ci-dessus: *Cet enfant ne sait pas rester tranquille.* Comparer aussi: *Fiez-vous à lui, il ne vous trahira pas, il sait se taire* et *Pardonnez-moi d'intervenir, je ne puis me taire.* Ou: *Je n'ai pas pu lui en parler* (je n'en ai pas eu la force, ou bien les circonstances m'en ont empêché) et *Je n'ai pas su lui parler* (je me suis mal exprimé, je n'ai pas parlé comme il fallait). De même: *Je lui ai demandé ce qu'il avait fait ce jour-là, il n'a pas pu me le dire* et *Je me suis demandé d'où venait ce mot, personne n'a su me le dire.*

5. LE VERBE S'APPLIQUE À DES CHOSES OU À DES PERSONNES

5.1. LE VERBE S'APPLIQUE À DES CHOSES

Il est utile de distinguer entre choses et personnes. *Savoir* ne peut proprement se dire des choses, sauf s'il y a une sorte de personnification ou une métonymie (on prend la partie pour le tout) ou une métaphore:

> *Ce sont les plantes grimpantes qui ne savent pas se tenir debout, fermement, à la place assignée, qui, toujours, rêvent de conquêtes* (Duhamel, G., *Le bestiaire et l'herbier*). Baudelaire emploie maintes fois *savoir* pour des raisons de métonymie, de personnification ou de métaphore: *Et mon esprit subtil, que le roulis caresse, Saura vous retrouver* (*La chevelure*). *Ton œil sait plonger dans les gouffres* (*Épigraphe pour un livre condamné*). *Et mes ongles, pareils aux ongles des harpies, Sauront*

jusqu'à son cœur se frayer un chemin (Bénédiction). Son courage, affolé de poudre et de tambours, Devant les suppliants sait mettre bas les armes (Sésine). Ce ne seront jamais ces beautés de vignettes, (...) Ces pieds à brodequins, ces doigts à castagnettes, Qui sauront satisfaire un cœur comme le mien (L'idéal). Le vin sait revêtir le plus sordide bouge D'un luxe miraculeux (Le poison).

Autre exemple qui n'étonne pas ; il s'agit du Grand Palais qui obstrue la vue sur plusieurs monuments de Paris : *C'est ce maudit palais qui me les escamote. Par chance, il n'a pas su me dérober la Butte* (Dorgelès, R., *Au beau temps de la Butte*). Ou encore : *Il me regardait avec des yeux qui ne savaient même plus pleurer* (Duhamel, G., *Cri des profondeurs*). Mais on ne peut parler de métonymie ni de personnification dans cette phrase : *Ils partiront. Ils abandonneront tout. Ils fuiront. Rien n'aura su les retenir* (Perec, G., *Les choses*). Il y a d'ailleurs des limites à cet emploi, si étendu qu'il soit. On ne peut dire : [*Cette plante ne sait pas pousser dans ce pot*] ni [*Cela ne sait plus continuer*], ni, en parlant du temps ou de résultats scolaires, [*Ça ne saura être très mauvais*], ni en parlant d'une voiture, [*Elle ne sait plus démarrer*] ; ce sont là des belgicismes.

5.2. LE VERBE S'APPLIQUE À DES PERSONNES

S'il s'agit de personnes, on voit de bons écrivains employer *savoir* à la place ou à côté de *pouvoir*. C'est qu'il y a une connexion entre «être en état de faire qqch.» (*pouvoir*) et «avoir la capacité de faire qqch.» (*savoir*). Des Français notent comme belges des tours où *savoir*, sans éliminer *pouvoir*, apparaît aussi en France dans le meilleur usage : *Ne savoir rien refuser à qqn. Ne savoir en venir à bout. Tout vient à point à qui sait attendre.* On peut citer des écrivains qui emploient *savoir*, surtout dans des phrases négatives, là où parfois l'on attendrait *pouvoir* : *Pour avoir l'air naturel, il s'efforçait à un petit sourire. Mais il avait des larmes dans les yeux, qu'il ne savait pas cacher* (Bosco, H., *Malicroix*). *À présent, je ne sais plus m'arrêter de travailler* (Colette, *Le fanal bleu*). *Je n'avais jamais su supporter qu'on me touche* (Anouilh, J., *Pièces brillantes*). Comparer cet autre emploi, conforme au sens de *savoir* (ibid.) : *Dans un monde où l'on vocifère, (...) nous avons su garder le sourire tous les deux.*

Des auteurs juxtaposent les deux verbes : *Quentin eût aimé lui poser des questions savantes, lui tendre des pièges adroits, l'amener à lâcher un mot, mais il ne pouvait pas, il ne savait pas. On ne s'improvise pas policier* (Clavel, B., *Le voyage du père*) ; *pouvoir* marque ici l'impuissance due aux circonstances, *savoir* va plus loin et marque une incapacité foncière.

Damon, qui me veut du bien, m'engage à me reposer... Je ne sais plus, je ne peux plus, je ne veux plus me reposer... Puis-je

trouver la quiétude si le monde misérable ne m'en donne pas l'exemple ? (Duhamel, G., *Le bestiaire et l'herbier*.) Ici, *savoir* précède.

Si l'on voit des auteurs employer *savoir* pour *pouvoir*, on trouve d'autre part *pouvoir* là où l'on attendait *savoir*.

Par exemple dans ces phrases de Julien Green : *Quand on me demandait mon nom, je répondais d'un trait : «Joujou Guitte». Guitte, parce que je ne pouvais pas dire Green (Partir avant le jour). C'était bien cela que j'éprouvais et ne pouvais dire (Ibid.* ; il s'agit bien d'une incapacité à exprimer ces choses).

On voit que la distinction de sens et d'emploi entre les deux verbes est plus nuancée qu'on ne le dit. Mais il faut se garder d'employer *savoir* au lieu de *pouvoir* dans des phrases comme *Je ne pouvais pas dormir* ou *Je ne puis dire au juste ce qui s'est passé* ou *Nous ne pouvons que faire une supposition* ou *Il n'a pu me dire à quelle heure le téléphone avait sonné. On ne peut pas savoir ce qu'il pense.* Belgicisme : [*Je ne sais rien là contre*] pour *Je ne puis rien contre cela.*

6. *SAURAIS* + INFINITIF

À noter un emploi, assez ancien, de *ne saurais* ou *ne saurait* (sans *pas*) devant un infinitif complément, parfois d'ailleurs sous-entendu, avec la valeur d'un indicatif présent (*ne puis* ou *ne peut*) : *Qui était-ce ? Je ne saurais le dire* ou *Nul ne saurait le dire. On ne saurait mieux dire. Je ne saurais faire ce que vous me dites.* Dans ce cas, on trouve même *savoir* avec pour sujet un nom de chose : *La pluie ne saurait tarder à tomber.* Ou employé impersonnellement : *Il ne saurait rien arriver de plus fâcheux.* Parfois au passé : *Il n'eût su le dire* (Il ne pouvait le dire). Les grammairiens citent aussi des phrases affirmatives ou interrogatives, mais le conditionnel semble y garder sa valeur : *Après ce qu'il a fait, que saurait-il donc faire ? Il vous aurait déplu s'il pouvait vous déplaire* (Racine, J., *Andromaque*). *Tout ce que je saurais vous dire, c'est que sa famille est fort riche* (Molière, *L'Avare*). *Vous auriez fort bien su vous débrouiller tout seul* (Butor, M., *La modification*). Comparer : *Je saurais lire ce qu'il y a d'inscrit sur les poteaux si tu voulais bien ralentir* (Beaumont, G., *La harpe irlandaise*). Cette valeur de conditionnel peut d'ailleurs parfois apparaître avec *ne* : *Un sentiment que je ne saurais guère définir* (Gracq, J., *Le rivage des Syrtes*). Mais d'ordinaire on emploie alors *ne pas* : *Minne ne saurait pas dire, vraiment, pourquoi elle est plus frileuse le dimanche* (Colette, *L'ingénue libertine*).

SAVON, n.m., s'emploie familièrement pour une forte réprimande : *Recevoir un bon savon. Donner, passer un savon à qqn. S'en tirer avec un savon.*

SAVONNER, dans ce sens, s'entend moins : *Savonner la tête à qqn* (plus rarement : *de qqn*).

[**SAVONNÉE**], n.f. courant en Wallonie, n'est pas français. On dira donc : *eau* **SAVONNEUSE** ou *eau de savon*.

SAVONNETTE, n.f., petit pain de savon de toilette.

SAYNÈTE, n.f., désigne en histoire littéraire une petite pièce bouffonne du théâtre espagnol ; dans le langage courant, correspond à un *sketch*, petite pièce comique en une seule scène, avec peu de personnages.

SCÉNARIO, n.m. Accent et accord : des **scénarios**.

SCÈNE, n.f. *Porter une action sur la scène* ou *à la scène*. *Adapter pour la scène. Paraître en scène* ou *sur la scène* ou *sur scène*. *Entrer en scène. Sortir de scène.*

SCHELEM, SCHLEM, n.m. ▶ CHELEM.

SCHIZO, premier élément de plusieurs mots où il exprime la dissociation, se prononce *skizo*. Pas de trait d'union.

SCHNOCK, adj. et n. Invariable. Autres graphies, dont **CHNOQUE** ; fam. : fou. *Je ne suis pas du tout un vieux schnock qui refuse le progrès* (Clavel, B., *Bernard Clavel, qui êtes-vous ?*).

SCINTILLER, v.intr. Pron. *iyé* ; mais on entend *ila* ou *iya* dans **SCINTILLATION**, n.f.

SCOLIE, n.m., est vieilli dans le sens de «remarque complémentaire à propos d'un théorème». **N.f.**, note philologique. Un **SCOLIASTE**.

SCONSE, n.m. Il existe d'autres graphies, dont **SKUNKS**. Fourrure de la mouffette. *Un manteau de sconse.*

SCOOP, n.m., information importante donnée en exclusivité par un journal. On dira : une *exclusivité*.

SCORE, n.m., mot anglais, peut difficilement être toujours remplacé par *marque* ou *cote* ou *résultat*. Il faut en tout cas éviter le verbe [**SCORER**], marquer (un point).

SCRIPT, n.m.

1. Ce mot anglais désigne une sorte d'écriture où les caractères, proches des caractères d'imprimerie, ne sont pas liés : *Écriture en script. L'écriture script. Ils ont renoncé au script.*

2. Dans le langage du cinéma et de la télévision, *script* a des sens variés, mais désigne souvent le *scénario*, avec les dialogues, divisé en scènes. Le terme français recommandé est le *texte*.

SCRIPTE, n.m. ou f., **SCRIPT-GIRL**, n.f. *Script-girl* désigne la collaboratrice du metteur en scène ou du réalisateur, chargée de noter tous les détails techniques et artistiques pendant les prises de vues. On a proposé officiellement comme équivalent *secrétaire de plateau*. Mais on parle couramment d'*une scripte* et même d'*un scripte*. **SCRIPTEUR** : sens beaucoup plus large, celui qui écrit.

SCRUPULE, n.m. *Un homme sans scrupule(s). Vaincre ses scrupules. Les scrupules ne l'étouffent pas. Avoir* ou *éprouver un scrupule à faire qqch.* ou *Avoir scrupule à faire qqch.*, hésiter à. *Faire scrupule à qqn de qqch.* (*Je lui ai fait scrupule de son oisiveté*) est vieilli. *Se faire scrupule de faire qqch.* : *Je me ferais scrupule de le lui dire* (j'hésiterais à).

SCULPTEUR, n.m. *Cette femme est un bon sculpteur.* On dit : *Une femme* **sculpteur**. *Une* **sculptrice** (▶ GENRE, 1). On ne prononce pas *p*.

SÉANCE, n.f. **SÉANCE TENANTE**, *sur-le-champ*.

SÉANT.

1. **Part. prés.** de *seoir*, siéger (dans le langage juridique). *La cour d'appel* **séant** *à Paris* ou, conformément à un ancien usage, **séante** *à Paris* (Ac.).

2. **Adj.**, peut signifier «qui est assis» ou, plus souvent, «qui convient», moralement ou socialement : *Une conduite peu séante. Il n'est pas séant de l'inviter. Il n'est pas séant qu'il agisse à sa tête.* On retrouve ici le sens de *Il sied, il ne sied pas, il convient, il ne convient pas.* Mais **SEYANT**, part. prés. de *seoir* ou adj., se dit de ce qui convient ou va bien au physique de qqn, à sa toilette : *Une coiffure seyante, une étoffe seyante.*

3. **N.m.** *Se mettre sur son séant* (dans la posture d'une personne assise). *S'asseoir sur son séant* se dit depuis des siècles.

SEAU, n.m. *Il pleut à seaux. La pluie est tombée à seaux.* Distinguer de **SCEAU**, cachet.

SÉBILE, n.f. *Tendre la sébile*, demander l'aumône. En Belgique, on écrit parfois [**SÉBILLE**] à cause d'une mauvaise prononciation, *sébiy*.

SÉBORRHÉE, n.f. Finale en -*rrhée*. *La séborrhée du cuir chevelu.*

SEC, adj., *sèche*. *Du linge sec. Un fruit sec.* Fam. : *Être, rester sec*, incapable de répondre (comparer **SÉCHER**, en argot scolaire, dans le sens de «être incapable de répondre») : *Il était resté sec devant le tableau noir* (Troyat, H., *Les Eygletière*).

N.m. *Mettre au sec. Être à sec*, hors de l'eau, sans eau, sans idées ou sans argent. **Adv.** *Boire sec. Démarrer sec. Jouer sec. Couper sec.*

EN CINQ SEC ▶ CINQ.

SECOND, adj. ▷ DEUXIÈME.

SECRET (EN), loc.adv., signifie «sans témoins», «en se cachant ou en cachant ses sentiments», et rejoint facilement le sens de *secrètement*: *Je lui ai parlé en secret* (Ac.). *En secret, il lui en voulait, il en était jaloux.*

SECRÉTAIRE, n. *Un secrétaire d'État. La secrétaire de séance.*

SECRÉTAIRERIE, n.f., non [SECRÉTAIRIE], service du secrétaire d'État au Vatican.

SÉCRÉTER, v.tr.dir. (▷ VERBE, Conjugaison, 1.1), **SÉCRÉTION**, n.f. Remarquer les accents. *Le foie sécrète la bile. Il ne pouvait s'empêcher de sécréter l'ennui.* Ne pas confondre avec le terme technique **SECRÉTER**, le **SECRÉTAGE** étant l'opération qui consiste à traiter les peaux avec une solution appelée le **SECRET**.

SECTIONNER, v.tr.dir., c'est soit couper nettement, soit diviser en sections: *Sectionner un tendon, un doigt. Sectionner un département en plusieurs circonscriptions.*

SÉCURISER, v.tr.dir., «donner un sentiment de sécurité, de confiance en soi», dit autre chose et plus que *rassurer*.

SÉGRÉGÉ (ou **SÉGRÉGUÉ**), adj., «objet de la **SÉGRÉGATION** raciale». V.tr.dir.: **SÉGRÉGER** ou **SÉGRÉGUER**.

SÉGUIA, n.f., canal d'irrigation en Afrique du Nord. On écrit aussi **SEGHIA**.

SEICHE, n.f., mollusque. On prononce (et parfois on écrit à tort) *è*.

SEINE, n.f., filet de pêche. On écrit aussi **SENNE**.

SEING, n.m., n'a aucun rapport avec *sceau* (lui-même distingué de *seau* par le *c*), mais signifie «signature apposée sous un acte pour en garantir l'authenticité». **ACTE SOUS SEING PRIVÉ** (ou un **SOUS-SEING**, nom invariable) se dit d'un acte qui n'a pas été passé devant un notaire, par opposition à *acte authentique*. Noter: *Sous le* **CONTRESEING** *d'un ministre*. Un **BLANC-SEING**. *Des* ***blancs-seings***. *Donner un blanc-seing.*

SÉISME, n.m., s'est imposé dans le sens de «secousse sismique», «tremblement de terre». Les dérivés commencent plutôt par *sism* (que l'on préférera à *séism*).

SÉLECT ou **SELECT**, adj. *Select* est invariable en genre; *sélect*, forme francisée, à privilégier, varie en genre et en nombre: *Une plage* ***sélecte*** (ou ***select***). *Une réception très select.*

SELF est entré dans la composition de plusieurs noms: **SELF-CONTROL** (maîtrise de soi), **SELF-INDUCTION** (remplacé par *auto-induction*),

SELF-MADE-MAN, **SELF-SERVICE** (dire *libre-service*). Des ***libres-services*** plutôt que des ***self-services***.

SELLE, n.f. On entend en Belgique [ALLER À SELLE] pour ALLER À LA SELLE (premier sens: sur la chaise percée).

SELON et **SUIVANT**, prép., s'emploient devant des noms au sens de «d'après»: *Selon* (ou *suivant*) *Descartes* ou *les circonstances*. Devant un pronom, on ne peut employer que *selon* (ou *d'après*): *Selon moi*.

Emploi adverbial de *selon*: **C'est selon**, c'est possible, mais cela dépend des circonstances ou de la façon d'examiner la question.

SELON QUE et **SUIVANT QUE** sont toujours suivis de l'indicatif ou du conditionnel et expriment la proportion ou l'alternative: *J'en userai avec lui selon qu'il en usera avec moi* (Ac.). *Selon que vous serez puissant ou misérable... Je l'accueillerais ou le blâmerais selon qu'il viendrait ou non.*

SEMAINE, n.f. Souvent on fait commencer la semaine le dimanche, lendemain du samedi, jour consacré par les juifs au culte et au repos. Mais non moins souvent on considère le lundi comme le premier jour. On dit: ***au début*** (ou *à la fin*) ***de*** *la semaine* ou ***en début*** (ou *en fin*) ***de*** *semaine*. ***En semaine***, on ne le voit presque pas (opposé à: *Le dimanche,...*). *Louer une voiture* ***à la*** *semaine* (comme *à la journée, au mois*). *Trois fois* ***la semaine*** ou ***par semaine***. On parle familièrement d'*une façon de vivre* ou d'*une politique* À LA PETITE SEMAINE, c'est-à-dire au jour le jour, sans idée directrice.

SÉMASIOLOGIE, n.f. Prononcer *s* sonore (*z*) et deux *o* ouverts. La *sémasiologie* part du mot pour en étudier le(s) sens. Cette démarche est celle des dictionnaires traditionnels. Le chemin inverse, c'est-à-dire partir d'une notion ou d'un sens pour trouver le mot qui y correspond, relève de l'**ONOMASIOLOGIE** (prononcer *s* sonore [zj] et *o* ouvert).

SEMBLANT, n.m., signifie «apparence», en opposition au réel: *Ce commerce honteux de semblants d'amitié* (Molière). *Ce ne sont là que de beaux semblants. Un semblant de bonheur.* Un **FAUX-SEMBLANT**.

FAIRE SEMBLANT, loc.v., «se donner l'apparence de qqch., feindre, essayer de faire croire cette chose»: *Il n'est pas fâché, il fait semblant.*

Devant *de* et un infinitif et devant *que* et l'indicatif: *Il fait semblant* ***d'être*** *content. Il fait semblant* ***qu'on*** *lui a volé son portefeuille.* On distingue nettement: *Il fait semblant de n'être pas fâché* et *Il ne fait pas semblant d'être fâché*; cette dernière phrase nie la feinte.

On distinguera nettement: *Ne faites pas semblant d'être impatient* (ne tâchez pas de faire croire que vous êtes impatient) et *Faites semblant de ne pas être impatient* (tâchez de faire croire que vous n'êtes pas impatient), comme: *Il n'a pas feint d'être au courant* et *Il a feint de ne pas être au courant.*

On a dit autrefois: *Ne faire aucun semblant de rien.* On dit aujourd'hui NE FAIRE SEMBLANT DE RIEN, *en ne faisant semblant de rien,* en feignant l'indifférence ou l'ignorance, en s'abstenant de toute réaction. Dans la conversation, on omet souvent *ne*: *Il fait semblant de rien.* Mieux vaut employer *ne*. Avec *sans*: *Sans faire semblant de rien.*

SEMBLER, v.intr.

1. **Emploi du mode** après IL SEMBLE et IL ME SEMBLE; en principe, la simple apparence est mieux exprimée par le subjonctif, tandis que l'indicatif tend vers l'affirmation d'une réalité dépassant la simple apparence. Les deux modes se suivent parfois, plus ou moins chargés de ces nuances: *Il semble qu'il l'*a *dit et qu'on ne s'en* **soit** *pas inquiété.* Il faut toutefois distinguer:

A. Après **il semble que** (sans objet indirect) pris **affirmativement**, le subjonctif est nettement plus fréquent que l'indicatif, permis lui aussi. Le subjonctif peut souligner l'hésitation à affirmer: *Il semble que nous nous* **soyons** *trompés.* Mais la plupart du temps le subjonctif, étant le mode habituel dans ce cas, n'exprime pas de nuance et l'indicatif lui-même, quoique plus rare, s'emploie très bien alors qu'on n'exprime qu'une simple apparence: *Il semblait que les états-majors, moins convaincus que le Premier Ministre de l'importance, ou bien des chances, de l'entreprise,* **eussent** *rogné sur les moyens initialement prévus (...). Bien que le récent discours de Churchill manifeste une tendance inquiétante, il semble que le modus vivendi (...)* **doive** *être maintenu* (Gaulle, Ch. de, *L'appel*). On peut trouver l'affirmation d'une conviction dans l'emploi de l'indicatif: *Je trouvai en M. Molotov un homme dont il semblait, au physique et au moral, qu'il* **était** *fait de toutes pièces pour remplir la fonction qui lui était dévolue* (Id., *Ibid.*). Mais Giono n'exprime qu'une simple apparence dans ces phrases où il emploie aussi l'indicatif: *Il semblait qu'on* **avait** *étayé les murs avec une carène de navire (...). Il semblait qu'on* **essayait** *de déraciner les arbres* (Giono, J., *L'oiseau bagué*). De même: *La voiture tanguait très fort et il semblait parfois que la terre se* **mettait** *à danser comme un immense océan de grisaille* (Clavel, B., *L'Espagnol*). On peut constater que l'indicatif est plus fréquent (sans s'imposer) après *il semblait que.*

On voit plus facilement apparaître l'indicatif après IL SEMBLE BIEN QUE: *Il semble bien que, dès ce moment, le Führer, dans sa lucidité, sut que le charme était rompu* (Gaulle, Ch. de, *Le salut*).

Le fait éventuel dépendant de *il semble que* est exprimé au conditionnel: *Il semble que chacun s'en plaindrait bientôt* (en indépendante: *Chacun s'en plaindrait bientôt*). Mais on mettrait plutôt l'indicatif après un conditionnel qui marque déjà l'incertitude: *Il semblerait qu'on ne l'a pas informé à temps.*

Après *il semble que* pris **négativement ou interrogativement**, le subjonctif est encore plus courant: *Le visage si froid, si parfaitement impassible qu'il ne semblait pas que le moindre sentiment* **pût** *l'habiter* (Vercors, *Le silence de la mer*). *Semble-t-il seulement qu'on s'en* **soit** *aperçu?*

Après *il semble* suivi d'un **adjectif attribut**, le mode est déterminé par cet adjectif comme si celui-ci suivait l'impersonnel *il est*: *Il semble certain qu'il s'*est *trompé, qu'on le lui* **reprocherait**. *Il semble douteux qu'il ne l'*ait *pas remarqué.*

B. Après *il semble que* accompagné d'un complément d'objet indirect (**il me semble que, il lui semble que, il semble à ses amis que**), l'indicatif l'emporte: *Il semble à chacun que nous* **avons** *tort*; rattachée à une personne déterminée, l'opinion prend plus de crédit, de fermeté, s'assimile à *je crois*. Toutefois le subjonctif se rencontre, non seulement pour souligner qu'il s'agit d'une simple impression, d'une apparence, mais même sans cette valeur: *Ces vibrations affectives où il me semblait que se* **prolongeât** *mon sang* (Simon, P.-H., *Les raisins verts*).

Après le tour **négatif ou interrogatif**, on met généralement le subjonctif, mais on trouve parfois l'indicatif: *Il ne me semble pas qu'il se* **soit** *trompé* (ou *qu'il s'est trompé*). Le conditionnel peut s'employer pour marquer que le fait est hypothétique: *Vous semble-t-il que j'aurais dû le faire?*

Après *il me semble* suivi d'un **adjectif attribut**, celui-ci règle le mode comme s'il suivait l'impersonnel *il est*: *Il me semble normal que vous y* **alliez**. *Il me semble certain qu'il s'*est *trompé ou qu'on le saurait. Il me semble douteux qu'il ne s'en soit pas aperçu.*

2. **Devant un infinitif**: *Il (me) semble l'avoir dit.*

3. On trouve **être** après *sembler*: *Cela semble être devenu courant.* On peut trouver qu'*être* est ici inutile; mais il devient nécessaire s'il a un complément ou un attribut

reprenant un attribut précédent. *Cette attitude semble **lui** être coutumière. Est-ce difficile? Cela semble **l'être**.*

4. On dit: *À ce qu'il semble.* Pour *ce qui vous semble bon* et *ce que bon lui semble* ▸ CE QUI, 4.2.5.

5. CE ME SEMBLE a le sens de *il me semble*, mais s'emploie toujours sans complément. *Elle s'est trompée, ce me semble.*

6. QUE VOUS SEMBLE *de cette gravure?* paraît recherché. On dit plus couramment: *Que pensez-vous de cette gravure?*

SEMI, premier élément de noms ou d'adjectifs composés où il signifie «à moitié», est invariable et, comme *demi*, suivi d'un trait d'union: *Une **SEMI-REMORQUE***. *Des armes **semi-automatiques**. Une semi-vice-présidence. Une publication* SEMI-MENSUELLE (ou *bimensuelle*), *qui paraît deux fois par mois.* ▸ BI-.

Semi-voyelles

Les semi-voyelles correspondent respectivement à *i* (yod, *fille*), à *u* (*fuir*), à *ou* (*oui*).

SEMOIS, n.f. d'un affluent de la Meuse qui, dans son cours français, porte le nom de SEMOY. Pour le tabac on dit *du semois*, comme *du gruyère*.

SENEÇON, n.m. (Ac.), s'écrit souvent SÉNEÇON ou SÈNEÇON (*RO* III.6D), variété de plante.

SENESCENCE, n.f. (Ac.), SENESCENT, adj., s'écrivent couramment SÉNESCENCE, SÉNESCENT.

SENESTRE, adj. (Ac.), s'écrit aussi SÉNESTRE (les deux graphies correspondent à deux prononciations différentes).

SENIORIE, n.f. On donne ce nom en Belgique à des résidences collectives pour personnes âgées, nom déposé (sans accent, mais on prononce *é*). Ces résidences sont également appelées en Belgique *maisons de retraite* et régionalement *homes*.

SENS, n.m. L's final se prononce (même dans *sens commun*), sauf dans *sens dessus dessous*. On dit: *tomber sous les sens* ou *sous le sens*.

SENSATIONNALISME, n.m., parfois un seul *n*; mais SENSATIONNEL, deux *n*.

SENSÉ, adj., contraire de *insensé*. ▸ CENSÉ.

SENSORIMOTEUR, adj. On écrit aussi SENSORI-MOTEUR.

[SENTE], n.f., appartient au français régional dans le sens de *sentier*.

SENTIMENT, n.m. *Croyez à mes sentiments dévoués. Agréez l'expression de mes sentiments distingués.* En raccourci: *Sentiments distingués.*

SENTIR, v.tr.dir.

1. **Conjugaison**: comme *dormir*. Ne pas dire [*senté-je*], mais *sens-je?* ou plutôt *est-ce que je sens?*

2. SE SENTIR. *Il se sent bien, mieux, plus mal. Ils se sont sentis revivre. Elle s'est sentie fatiguée,* avoir l'impression. *Ils se sont sentis gênés. Ils se sont senti **bouleverser** par cette nouvelle* évoque l'action de *bouleverser.* Plus souvent: *Ils se sont sentis **bouleversés** par cette nouvelle,* ils ont senti qu'ils étaient bouleversés. ▸ INFINITIF, 2.1.2.C et INFINITIF, 2.1.2.E, *Remarque.* — *Je ne m'en sens pas le courage.*

3. *Je ne puis pas le sentir* (supporter). *Ils ne peuvent se sentir.*

4. ▸ BON, 9, a. GOÛTER. *Cette pièce sent le renfermé.*

5. *Sentir que.* Emploi du mode ▸ CROIRE.

SEOIR, v.intr., est vieilli au sens d'«être assis» (▸ SÉANT, SIS) et défectif au sens de «convenir»: *Il **sied**, ils **siéent** (rare), il **seyait**, ils **seyaient**, il **siéra**, ils **siéront**, il **siérait**, ils **siéraient**, qu'il **siée**, **seyant** (**séant*** se dit dans la langue juridique).

SEP, n.m., partie de la charrue, s'écrit parfois CEP, comme *un cep de vigne.*

SÉPALE, n.m. *Un des sépales d'une fleur.*

SÉPARÉMENT, adv., à part, en séparant. *Séparément de,* indépendamment de (Littré): *séparément l'un de l'autre* paraît souvent pléonastique.

SÉPARER, v.tr.dir. *On sépare deux choses* ou *deux personnes, A et B, A de B* (on ne dit plus *d'avec*). *Elle s'est séparée de lui.*

SEPT, adj.num. Le *t* se prononce toujours.

SEPTANTE, adj.num. ▸ NONANTE. On utilisera sans hésitation ce mot qui est une ancienne forme française, au même titre que SEPTANTAINE, SEPTANTIÈME. Dans le style biblique traditionnel, le mot désigne un grand nombre. On parle aussi de *la traduction des Septante.*

SEPTEMBRE, n.m. On prononce le *p*.

SEPTIQUE, adj. *Une piqûre septique,* infectieuse. FOSSE SEPTIQUE (▸ PUITS).

SERF, n.m. Si *f* n'est pas prononcé, on allonge le son *è* comme dans *mer*.

SERINGA, n.m. Éviter la graphie avec *t* final.

SERMON, n.m. On parle du *sermon* d'un prêtre catholique et du **PRÊCHE** d'un pasteur protestant. Les dérivés de *sermon* prennent deux *n*.

SERPILLIÈRE ou **SERPILLÈRE** (*RO* III.11), n.f. ▶ [RELOQUETER], TORCHON. *Donner un coup de serpillière.* Pron.: *-piyère.*

SERRÉ, adv., ne s'emploie plus guère que dans *jouer serré,* agir avec prudence. Vieilli ou dialectal dans le sens de «fortement»: *Le père les tenait assez serré* (Pourrat, H., *Le trésor des contes*). *Ils sont liés plus serré les uns aux autres que les alpinistes par leur chaîne* (Giraudoux, J., *La folle de Chaillot*). En Wallonie, adj., angoissé: [*J'ai été serré*].

SERRER, v.tr.dir. Wallonisme: *Ces enfants sont insupportables.* [*Il faut les serrer*], les traiter avec sévérité.

Composés ▶ NOMS COMPOSÉS, 2.5.

SERTIR, v.tr.dir., se dit en joaillerie de la pierre encastrée *dans* une monture, mais aussi de la monture incrustée *de* pierres: *Une émeraude sertie **dans** une bague. Une bague sertie **d'**une émeraude.*

SERVANTE, n.f., est plus ou moins vieilli ou régional en France, où l'on dit plutôt *domestique* et surtout *bonne*, employés aussi en Belgique.

SERVICE, n.m. *Faire son service militaire* (ou *son service*) se dit en France comme en Belgique. *Des offres de service*, bien qu'on dise *offrir ses services. Une société de services. Des états de service. Être **au service de** qqn, **en service chez** qqn. Avoir trente ans de service.* ▶ LIBRE-SERVICE.

SERVIETTE, n.f. *Une serviette* (de table). *Une serviette à thé. Une serviette de toilette. Une serviette hygiénique* (utilisée par les femmes pendant leurs règles). *Une* **SERVIETTE-ÉPONGE**, des ***serviettes-éponges****. Une serviette d'avocat, d'écolier,* etc. ▶ CARTABLE, TORCHON, ESSUIE-MAIN.

SERVIR, v.tr.dir. ou ind. ou intr.

1. Conjugaison: comme *dormir. Ces repas qu'on lui a servis. Ce garçon nous a bien servis. Ils nous ont servi du gibier. Nous nous sommes servis nous-mêmes. Ils se sont servi du vin. Elle s'est servie d'un entonnoir* (utiliser). *Elle s'est bien servie de l'outil que nous lui avions donné. Cette carte leur a bien* (ou *beaucoup*) *servi. Sa devise: servir.*

2. NE SERVIR À RIEN (courant) ou (plus littéraire ou archaïque) DE RIEN. *Il ne sert à rien de se plaindre. À quoi vous sert-il de vous plaindre? Ça ne sert pas à grand-chose.* On dit encore: *Rien ne sert de courir.*

3. *Cette échelle lui sert pour atteindre les rayons supérieurs. Ce bateau sert à passer le fleuve. Servir de guide à qqn.*

SET, n.m. Cet anglicisme s'applique proprement à une *manche* dans un match, à un *plateau* sur lequel on tourne un film ou à l'ensemble des *napperons* d'un service de table plutôt qu'à un *seul* (ce qui est cependant courant).

SEUL, adj.

1. Distinguer, selon la place de l'adj., **un seul homme** (unique) et **un homme seul** (sans compagnie). En tête de phrase, et se rapportant au sujet: *Seule une intervention chirurgicale pourrait le guérir;* on pourrait mettre *seule* après *pourrait;* on peut aussi dans ce cas faire l'inversion du sujet: *Seule pourrait le guérir une intervention chirurgicale.*

2. **Mode** après *le seul qui* ▶ SUBJONCTIF, 2.3.8.

3. **Il n'y a qu'un seul Dieu.** Proprement, il y a pléonasme si on emploie à la fois *ne que* et *un seul.* Le tour est admis cependant: *Il n'y a qu'une seule personne qui puisse vous en donner des nouvelles* (Ac.).

4. SEUL À SEUL, traditionnellement invariable (*Les époux furent laissés seul à seul; Elle restait seul à seul avec sa mère*), varie souvent aujourd'hui selon le sens: *Elle l'a vu seule à seul. Elle a vu son amie seule à seule. Nous sommes restés seul à seule, mon mari et moi. Il était seul à seule avec elle.*

5. À SEULE FIN DE ou QUE est une altération de l'ancienne expression *à celle* (cette) *fin de* ou *que: Il viendra me voir à seule fin de me consulter* (uniquement pour me consulter). On voit que *seul* y a son sens.

6. TOUT SEUL (***toute seule***) se dit non seulement d'une personne (*Il a fait cela tout seul*), mais aussi d'une chose, si le sens est «sans difficulté» ou «sans intervention humaine»: *Cela va tout seul. Cette affaire réussira toute seule. Le feu ne prend pas tout seul* (GR).

SEULEMENT, adv.

1. Avec un **impératif**, *seulement* peut avoir son sens fondamental, «uniquement», «rien de plus»: *Faites-lui seulement un sourire et il sera tranquillisé.* Un régionalisme, qu'on trouve notamment en Belgique et dans le nord de la France, mais aussi ailleurs, lui donne le sens de «donc», souvent pour atténuer l'ordre ou l'invitation, parfois pour insister: *Allez-y seulement. Dites-le seulement, n'ayez pas peur.*

2. Avec un sens temporel, «pas avant tel moment», «à l'instant»: *C'est seulement à dix heures qu'il s'est présenté. Le courrier vient seulement d'arriver.* Ne pas lui donner le sens de «surtout alors».

3. En tête de proposition, *seulement* indique une opposition, une restriction, une précision: *Vous pouvez aller le voir; seulement ne restez pas trop longtemps* (Ac.).

4. Dans une **phrase négative ou interrogative**, *seulement* peut avoir le sens de *même* et se construire comme lui: *Cet homme, que l'on disait mort, n'a **pas seulement** été malade* (Ac.). *Il est parti sans prendre seulement le temps de nous rencontrer. A-t-il seulement pris le temps de réfléchir?* Dans ce cas, on n'attend pas un membre symétrique comme après *non seulement* (▸ NON, 4). Tandis que la symétrie est requise après *pas seulement*, non précédé de *et*, employé dans un **contexte positif**: *Cet ouvrage s'impose à nous, pas seulement comme un dictionnaire, mais comme un livre passionnant.*

Avec un verbe à un temps composé, on emploie plutôt *pas seulement* au sens de *pas même* devant le participe, mais on trouve aussi *seulement pas*, moins rare avec des temps simples, mais toujours suspect (populaire aux yeux des Le Bidois): *Il ne savait seulement pas ce qu'on lui voulait* (comparer *même pas*). *Il ne l'exigeait pas, il ne le souhaitait seulement pas. Je n'en ai pas seulement eu connaissance.*

5. **SI SEULEMENT**, si au moins: *Si seulement il voulait faire un effort. Si seulement je savais ce qu'il veut!*

6. **NE... SEULEMENT QUE.** ▸ NE QUE, 2. Éviter les pléonasmes du genre [*Se contenter seulement de*], [*Se borner seulement à*].

SÉVÈRE, adj. On a critiqué le sens, influencé par l'anglais, de «très grave par son importance». Il s'est pourtant imposé: *Des pertes sévères.*

SÉVICE, n.m., s'emploie surtout au pluriel: *Des sévices violents.*

SEX-SHOP, n.m. (le féminin est rare, bien qu'il s'agisse d'une boutique). Un *sex-shop*, des **sex-shops**.

SEYANT. ▸ SÉANT, 2 et SEOIR.

SHAKE-HAND, n.m. invariable. Dire: *poignée de main.* ▸ MAIN.

SHAKER, n.m. prononcé *chèqueur*, n'a guère de chance d'être remplacé par son équivalent, *secoueur, remueur.*

SHAKO, n.m. Éviter la graphie en *sch*.

SHAMPOOING et ses **dérivés**. Les dictionnaires, comme les fabricants et la publicité, maintiennent dans ce mot les deux *o* du verbe anglais *to shampoo*, masser. Le suffixe *ing* désigne le massage en train de se faire.

La francisation du mot est accomplie dans la prononciation, que Littré notait «cham-pouingue». On prononce aujourd'hui «cham-pwin». Pourquoi ne pas franciser aussi la graphie?

Inutile, pour cela, de renoncer à *sh*: cette graphie nous est devenue familière, avec valeur de *ch*, dans plusieurs termes d'origine anglaise. Mais la seconde syllabe est exceptionnelle et aberrante pour celui qui ne connaît pas l'étymologie. On écrit spontanément *shampoing*. SHAMPOING et SHAMPOUINER sont à conseiller.

Pour l'employée qui fait le shampooing, on trouve plusieurs noms, SHAMPOOINGNEUSE, SHAMPOOINEUSE, CHAMPOOIGNEUSE, etc. Le meilleur est SHAMPOUINEUSE et au masculin SHAMPOUINEUR.

SHANTUNG, n.m. On écrit aussi SHANTOUNG, CHANTOUNG, CHANTUNG.

SHERRY, n.m. Vin anglais (en usage en Belgique), appelé en France *Xérès* et en Espagne *Jerez*. Ne pas confondre avec **CHERRY** (cerise): *cherry-brandy.*

SHOOT, n.m. Dire, en langage de football: *tir*. Verbe: *tirer.*

SHOPPING ou **SHOPING**, n.m. *Faire du* (ou *son*) *shopping*, doit être remplacé par *faire ses achats, ses emplettes, courir les magasins*. On a proposé aussi *chalandage, lèche-vitrines, magasinage.*

SHOPPING CENTER ou **SHOPING CENTER**, n.m., américanisme à remplacer par *centre commercial.*

SHOW, n.m. À traduire par *spectacle* ou *récital*. On écrit souvent **SHOW-BUSINESS**. On dit, fam., **SHOWBIZ**, industrie du spectacle. Pl.: des **shows**.

Si, conjonction

Si devient *s'* devant *il* ou *ils*. Pour l'emploi du mode après *que* remplaçant *si* ▸ QUE, conj., 3.1. Subjonctif après *si tant est que* ▸ TANT, 3.

1. DANS UN SYSTÈME HYPOTHÉTIQUE COMPLET

Dans un système hypothétique complet où il y a une subordonnée introduite par *si* exprimant une condition ou une hypothèse probable ou éventuelle ou contraire à la réalité et une principale en rapport avec cette subordonnée, *si* n'est jamais suivi d'un passé simple, d'un futur ni d'un conditionnel. Il faut distinguer trois cas:

1.1. HYPOTHÈSE POSSIBLE, GLISSANT VERS LA RÉALITÉ

Si introduit sans réserve une hypothèse possible, qu'on fait glisser vers la réalité, et qui peut se situer dans le présent, le passé ou l'avenir. Il est alors suivi d'un ind. présent (à valeur de présent ou de futur simple) ou d'un passé composé (à valeur de passé ou de futur antérieur). La principale est à l'indicatif; un ordre ou une invitation peuvent s'exprimer par l'impératif ou le subjonctif:

S'il est là, faites-le entrer ou qu'il entre ou je vais le recevoir. Si tu viens me voir demain, nous prendrons une décision. Si ta sœur est rentrée demain, qu'elle vienne me voir. S'il est parti quand nous arriverons, nous lui laisserons un mot. Si tu as dit cela, tu t'es trompé ou je ne puis te donner raison. Si on te le demande, tu diras que tu n'en sais rien.

Malgré l'emploi de l'ind.prés. ou passé comp. après *si*, on emploie parfois un conditionnel d'atténuation ou de conjecture dans la principale, comme on le ferait si la proposition était indépendante :

Elle pourrait aussi bien devenir anticanadienne ou antisoviétique, si l'on sait la prendre (Daninos, P., *Le major tricolore*). *Si tu veux voyager à tes frais, je comprendrais très bien...* (Mallet-Joris, Fr., *Les signes et les prodiges*). *Si tu y tiens, je pourrais lui parler. Si vous êtes prêt à nous aider, nous pourrions prendre aussitôt quelque arrangement. Si vous croyez qu'il va arriver, vous feriez bien de vous préparer. Si vous avez terminé ce travail, nous pourrions le corriger tout de suite. Si je vous comprends bien, il aurait refusé.*

1.2. Hypothèse potentielle

L'hypothèse (ou l'éventualité) est réalisable dans l'avenir, mais n'est que potentielle, problématique, soumise à une réserve que l'on souligne en la faisant glisser vers l'irréalité (sans l'y inclure) par l'emploi de l'ind. imparfait après *si* et du conditionnel présent dans la principale. *Si tu revenais sur ta décision, nous nous reverrions. Si un jour on me reprochait ma faiblesse, je répondrais...* On peut avoir dans la principale un impératif (*Si tu revenais sur ta décision*, **viens** *me trouver* ou *dis-le-moi*) ou un subjonctif (*Si Pierre arrivait*, **qu'on m'en informe !**).

Au lieu de dire : *Si on me le demandait, j'irais volontiers* ou *Si on vous en priait, vous accepteriez sans doute*, on peut formuler la conséquence en intercalant un verbe qui, à l'indicatif présent, exprime une croyance, une conviction ou une affirmation : *Si on me le demandait, je suis prêt à y aller* ou *il n'est pas impossible que j'y aille. Si on vous en priait, je suppose* (ou *je suis sûr* ou *j'espère*) *que vous accepteriez.*

L'indicatif présent peut aussi souligner le caractère inéluctable de la conséquence :

S'il m'échappait un mot, c'est fait de votre vie (Racine, J., *Bajazet*). *S'il nous trahissait, nous sommes perdus.*

Signalons que l'éventualité peut être renforcée par **même si** ou **surtout si** ou rendue restrictive au moyen de **sauf si, excepté si**. La construction est alors, selon le sens, celle de l'hypothèse possible (► 1.1) ou de l'éventualité problématique (voir ci-dessus) :

Même s'il pleut, je sortirai. Même s'il ne l'a pas fait exprès, certains lui en voudront. Même s'il pleuvait, je sortirais. Sauf s'il pleut, je fais chaque jour une promenade. J'irais le voir, sauf si on me le défendait.

Emploi de l'indicatif ou du conditionnel après **si c'était... qui** ou **que** ► CE, 2.5.2.

1.3. Hypothèse irréelle

L'hypothèse est présentée comme irréelle, exclue de la réalité, dans le présent ou le passé ; si elle se situe dans le présent, on l'exprime à l'ind. imparfait et la principale se met au cond. présent (parfois au passé selon le sens) ; si elle se situe dans le passé, elle se met à l'ind. plus-que-parfait et la principale se met, selon le sens, au cond. passé ou présent :

Si tu étais plus patient, tu réussirais mieux. Si j'étais de vous (► DE, 7), *je ne répondrais pas. Si j'étais votre ennemi, aurais-je agi de la sorte ? Si nous acceptions cela maintenant, tous nos efforts depuis un an auraient été inutiles. Si tu l'avais dit, tu le regretterais.*

Si la condition et la conséquence se rapportent au passé, on peut, dans le style littéraire ou soutenu, employer le **subj. plus-que-parfait** (ayant valeur de cond. passé) dans les deux propositions ou dans l'une des deux seulement :

S'il l'avait pu, il y serait allé ou *s'il l'eût pu, il y fût allé* ou *s'il l'eût pu, il y serait allé* ou *s'il l'avait pu, il y fût allé.*

L'indicatif imparfait peut se substituer au conditionnel passé dans la principale pour exprimer ce qui se serait fait certainement et même a été bien près de se réaliser (► IMPARFAIT DE L'INDICATIF, 2.1.3, imparfait de l'imminence contrariée), mais il faut qu'il s'agisse d'un fait brusque, frappant, définitif. On dira : *S'il avait réfléchi un peu, il n'aurait pas dit cela* ; l'indicatif imparfait surprendrait. Mais :

S'il avait encore dit un mot, je le mettais dehors. S'il n'avait pas freiné, j'étais écrasé. Si les policiers eussent été résolus, l'attaque échouait (Malraux, A., *La condition humaine*). *Si la bataille d'Austerlitz avait été perdue, la Prusse intervenait* (Bainville, J., *Napoléon*). *Si la grille n'eût été ouverte, le malheureux était perdu* (Green, J., *Léviathan*).

On ne confondra pas cet emploi avec celui où, dans le discours indirect ou indirect libre (sans verbe introducteur), l'imparfait transpose un ind. présent du discours direct :

Un phénomène étonna ma mère : si on fermait les yeux sur la tache, ma chemise bleue unie et la chemise bleue à raies blanches, c'est-à-dire mes chemises moyennes, étaient les deux qui avaient le moins souffert (Guth, P., *Le naïf aux quarante enfants*).

Je constate qu'il peut réussir s'il le veut vraiment devient, situé dans le passé, *Je constatais qu'il pouvait réussir s'il le voulait* et, en monologue intérieur, en discours ind. libre : *Il pouvait réussir s'il le voulait.*

2. DANS UN SYSTÈME COMPLET NON HYPOTHÉTIQUE

Dans un système complet non hypothétique avec une principale et une subordonnée introduite par *si* ne marquant pas une condition, une hypothèse, cette conjonction peut être suivie parfois, nous allons préciser à quelles conditions, d'un passé simple, d'un futur ou d'un conditionnel.

2.1. OPPOSITION

On peut avoir, au lieu d'une condition suivie de sa conséquence, deux faits ou deux énoncés mis en opposition, et laissés tels quels, ou l'expression d'une concession ; *si* veut nettement dire **s'il est vrai que** :

> *S'il fut mon ami, il a cessé de l'être. Vous dites qu'il ne vous écoutera pas ; eh bien, s'il ne vous écoutera pas, il m'écoutera* (on oppose deux affirmations).

Si cela nous ***étonnera*** *toujours, faisons un effort pour comprendre. Vous dites que vous ne le direz (ou diriez) pas: eh bien, si vous ne le direz (ou diriez) pas, moi je le dirai. S'il me le* ***demanda***, *ce fut avec discrétion. Si Pierre est plus intelligent, Paul est plus travailleur. Et si vous vous promîtes d'être épargnés par nous, vous vous trompâtes fort* (Verlaine). *Ce drame n'est pas même italien; s'il* ***aurait pu***, *avec autant de vraisemblance, se dérouler à Venise ou à Florence, Nice lui eût convenu également, et Saint-Moritz, voire Paris et Londres* (Bourget, P., *Cosmopolis*). *Si on* ***souhaiterait*** *plus de clarté, il faut reconnaître que cet exposé ne manque pas d'intérêt. Si cela vous* ***fera*** *plaisir, les autres ne penseront peut-être pas comme vous.*

Dans ces emplois, il doit être clair que *si* marque quelque chose de plus qu'une simple condition.

2.2. CAUSE

Si peut introduire une cause ou la raison d'un autre fait :

> *Il fit courageusement son devoir et, s'il le* ***fit***, *vous devez en tenir compte* (s'il est vrai qu'il le fit, puisqu'il le fit). *Comment l'aurais-je fait si je n'étais pas né?* (La Fontaine.) *Si cela vous* ***fera*** *plaisir, comme vous le dites, je le ferai.*

Le sens possible de «s'il est vrai que», «s'il faut admettre que» élargit la possibilité d'emploi des temps exclus après *si* (▶ 1).

2.3. CONSÉQUENCE

Si peut introduire une conséquence, la cause (ou l'explication) étant ensuite indiquée par **c'est que** ou **c'est parce que** (▶ CE, 2.5.5).

> *Si je le dis, c'est que je le pense. Si je ne la* ***reconnus*** *pas, c'est qu'elle avait changé.* Voici un exemple d'emploi de l'ind. futur : *Les Soirées* contenaient Boule de suif, *un des chefs-d'œuvre de la nouvelle française. Maupassant l'a écrit avant trente ans, et s'il ne la* ***dépassera*** *pas, c'est qu'on ne dépasse pas la perfection* (Thibaudet, A., *Hist. de la litt. fr.*).

Observons la possibilité d'employer un passé simple ou un futur après *si* devant **c'est** mettant en relief une explication, une précision :

> *S'il le fit, c'est par prudence. S'il me le demanda, c'est avec discrétion. S'il le dira, ce sera timidement.* Comparer : *Il le fit par prudence. Il le demanda avec discrétion. Il le dira timidement.*

2.4. RÉPÉTITION

Si peut signifier **quand, lorsque, chaque fois que**, lorsqu'il y a une idée de répétition indéfinie, mais il ne peut dans ce cas être suivi d'un passé simple, d'un futur ni d'un conditionnel :

> *Si je sortais, tout le monde se mettait aux fenêtres* (Montesquieu). *Si je dis oui, elle dit systématiquement non.* ▶ QUE, conj., 3.

2.5. INTERROGATION INDIRECTE

Interrogation indirecte, après les verbes qui expriment une demande ou ceux qui permettent d'impliquer une question, tels que *dire* ou *savoir* ou les verbes exprimant une perception sensorielle ou une opération intellectuelle. On peut avoir, après *si* introduisant l'interrogation indirecte, tous les temps de l'indicatif ou du conditionnel (ou le subj. plus-que-parfait à valeur de conditionnel) :

> *Je me demande s'il parle* ou *parlait* ou *parla* ou *avait parlé* ou *parlera* ou *aura parlé* ou *parlerait* ou *aurait parlé* ou *eût parlé. Dites-moi s'il nous accompagnera* (on demande s'il accompagnera). *Il écouta si on entendait quelque chose là-haut* (entendait-on qqch.?). *Il hésita s'il rentrerait dîner. Je doute si j'accepterais une telle offre* (▶ DOUTE, 1). *Voyez s'il eut tort.*

Dans certains cas, le *si* de l'interrogation indirecte marque aussi l'intensité (▶ SI, adv. d'intensité) :

> *On sait si cet homme était maniaque!*

Ou si. Fréquente autrefois, plus rare aujourd'hui, sa fréquence étant toutefois grande chez certains écrivains, la construction littéraire et plutôt affectée avec *ou si* introduit une sorte d'interrogation indirecte, sans inversion, après un premier membre en interrogation directe; on insiste généralement sur le deuxième terme de l'alternative; *si* pourrait être remplacé par *est-ce que*:

> *Est-ce que vous viendrez ou si c'est lui? (Ac.) Mesurait-il mieux le chemin fait, le divorce consommé? Ou si, confusément, pressentant un allié, il appelait à l'aide? (Plisnier, Ch., Meurtres.) Se trouvaient-elles déjà reprises chacune par leur propre destin? Ou si, plutôt, elles venaient d'échanger leurs fardeaux? (Id., Ibid.) Dormait-il vraiment encore, ou bien s'il s'était aperçu qu'à son côté le lit était vide? (Pieyre de Mandiargues, A., La motocyclette.)*

2.6. Après certains verbes ou locutions

Après quelques verbes (ou locutions verbales) de sentiment, *s'étonner, se plaindre, avoir du regret, être content*, etc., employés à la forme négative (surtout à l'impératif) ou interrogative, *si* peut introduire une **proposition complétive** qui n'est pas une condition, une hypothèse, mais exprime une réalité bien constatée:

> *Faut-il s'étonner s'il est déjà parti? Ne vous étonnez pas s'il **perdit** cette bataille (le passé simple est possible, non le futur ni le conditionnel). Plaignez-vous dès lors s'il n'est pas content. Ne vous plaignez pas si les enfants ne vous ont pas reconnu. On dirait à la forme affirmative: Je m'étonne qu'il soit parti. Je me plains qu'il ne soit pas content.*

Avec un *si* introduisant une hypothèse:

> *Je serai bien étonné s'il le fait. Je serais surpris s'il le faisait. Je ne m'étonnerai pas s'il oublie une fois de plus notre rendez-vous.*

2.7. Atténuation

Après quelques expressions, *si* intervient pour exprimer non une hypothèse mais un fait constaté, dont l'affirmation est, grâce à *si*, un peu adoucie: **peu importe, qu'importe, c'est tout au plus, c'est à peine, c'est tout juste, pardonnez-moi, excusez-moi, c'est ma faute, c'est miracle, c'est bien le diable**, etc. On peut alors employer le passé simple, le futur ou le conditionnel comme on le ferait dans une proposition indépendante:

> *Qu'importe si personne ne l'a reconnu? Peu importe s'il oubliera une bonne partie de ce qu'il a appris. C'est tout au plus si on pourrait s'inquiéter. Ce n'est pas ma faute s'il n'est pas venu. Ce fut sa faute s'il échoua. C'est à peine si je m'en étonnerais. C'est bien le diable s'il le saura jamais. C'est miracle s'il ne mourut pas de faim.*

Notons que, si l'on a une vraie hypothèse, on retrouve les restrictions, notées plus haut (▷ 1), à l'emploi des modes et des temps:

C'est (ou *ce sera*) *miracle si vous le rencontrez à la prochaine réunion. Ce serait merveille s'il ne revenait pas à la charge.*

On peut avoir les locutions réduites **à peine si, du diable si**, etc. *Je vais te faire une piqûre; à peine si tu la sentiras. Du diable si je saurai jamais ce qu'il a dit. Du diable si je l'aurais reconnu.*

3. *Comme si*

Comme si introduit une proposition comparative conditionnelle et peut devenir une simple particule exclamative. ▷ COMME, adv. et conj., 2.3.

4. Locutions diverses

S'il vous plaît, si je ne me trompe, si on veut, si j'ose dire, si on peut dire, s'il en fut, si ce n'est.

> *Deux des meilleurs romans de la saison, **si ce n'est** les meilleurs. Si ce n'est eux, quels hommes eussent osé l'entreprendre? (Ac.)*

Noter l'emploi du passé simple après *si* dans *s'il en fut*, locution généralement figée:

> *C'était un brave homme **s'il en fut**, incontestablement, autant que n'importe qui.*

S'il en est, obligatoire avec un autre présent (*C'est un brave homme s'il en est*), est rarement employé au lieu de *s'il en fut* en rapport avec un passé. On se gardera de la faute courante (de typographie?) qu'on trouve chez certains auteurs: [*s'il en fût*].

5. Phrases tronquées

Dans certaines phrases tronquées, *si* garde sa valeur conditionnante et exclut le conditionnel, le passé simple et le futur sans qu'il soit besoin d'exprimer la conséquence.

5.1. Comparaison

Dans une phrase où l'on énonce une comparaison: *J'ai plus de souvenirs que (je n'en aurais) si j'avais mille ans* (Baudelaire).

5.2. Invitation, suggestion...

On exprime, sous forme d'interrogation ou d'exclamation, une invitation, une suggestion, un souhait, un regret, une crainte, un refus, etc.

5.2.1. *Si j'appelais le médecin?*

Et si elle ne répond pas? On présente une hypothèse en attendant de l'interlocuteur un acquiescement (cela ne vaudrait-il pas mieux? ne seriez-vous pas content?) ou simplement une réponse.

Un domestique peut dire: *Si Monsieur veut bien s'asseoir? Je vais prévenir Monsieur le directeur*; simple invitation polie, atténuée.

5.2.2. *Si je pouvais gagner le gros lot!*

Si nous pouvions le convaincre! Souhait (comme nous serions contents, comme tout deviendrait plus facile!) *Si au moins je savais ce qu'il veut!* Regret. Avec un plus-que-parfait:

> *Si j'avais pu l'avertir à temps! Si au moins il nous avait écrit! Ah! si la guerre n'avait pas éclaté!* Regret.

À la deuxième personne:

> **Si tu acceptais de nous aider!** *Si tu savais ce qu'il a dit de toi! Si seulement vous montriez un peu de bonne volonté! Si tu savais combien il est difficile de s'entendre avec lui! Si vous l'aviez entendu parler de vous! Si vous aviez vu comme il s'amusait!*

5.2.3. **Sentiments**

Toutes sortes de sentiments peuvent ainsi s'exprimer à toutes les personnes, sous forme interrogative ou exclamative:

> *Si encore ça servait (ou avait servi) à quelque chose! Et s'il n'y avait que lui pour nous tirer d'affaire? Si tu trouves que ce n'est pas assez! Si ce n'est pas encore suffisant! Mon Dieu! si je l'avais froissé!*

6. VOIR AUSSI...

Si pas ▶ SINON, 2. [*Si vite que*] ▶ VITE.

SI, n.m., est invariable. *Des si et des mais.* Aussi comme note de musique: *Des si bémols.*

SI, adv.

1. **Adv. d'affirmation** dans une réponse. ▶ NON, 6 et 7 [*Non fait*].

2. **Adv. d'intensité.** ▶ AUSSI, 1 et 5. Il se joint à un adjectif, à un part. passé pris adjectivement ou à un adverbe: *Il est si grand! Un salaire si bien mérité! Une règle si mal observée! Il travaille si bien!* On peut dire: *J'ai si peur, si faim, si soif!* Mais non [*J'ai si besoin*]. ▶ AVOIR, 17, TELLEMENT.

   Si ne peut s'employer devant un verbe; il est exclu devant un participe passé conjugué avec *avoir*; il faut alors employer *tant* ou *tellement* qui sont concurrencés par *si* lorsque le part. passé est employé avec *être* ou avec une valeur verbale nettement établie, malgré l'absence d'auxiliaire, par un complément d'agent: *Vous l'avez tant (ou tellement) aimé! Il est tellement (ou tant ou si) aimé de ses élèves! Un professeur tellement (ou tant ou si) aimé de ses élèves!* Ne jamais dire [*si tellement*]. ▶ SITÔT.

SI... QUE peut introduire une comparaison, une conséquence ou une concession:

a) Une **comparaison** devant un adjectif ou un adverbe dans une phrase négative: *Il n'est pas si malade que vous le croyez, qu'on l'aurait cru*; le verbe se met à l'indicatif ou au conditionnel selon le sens.

b) Une **conséquence** envisagée; le verbe se met à l'indicatif ou au conditionnel selon le sens si la principale est affirmative; au subjonctif si elle est négative ou interrogative: *Il est si entêté qu'il n'acceptera pas (ou n'accepterait pas). Il n'est pas si entêté qu'on ne puisse (ou n'ait pu) le convaincre. Est-il si habile qu'il soit irremplaçable?*

Même construction de *si bien que*: *Son train avait du retard, si bien qu'il a manqué sa correspondance. Il s'est si bien expliqué que nous devons lui donner raison. Vous verrez qu'il s'expliquera si bien qu'on lui donnera raison.* S'il y a intention, finalité, le subjonctif s'impose, même après un verbe affirmatif (le sens est alors *tellement bien que*): *Faites si bien ce travail qu'on vous en soit reconnaissant.*

c) Une **concession**, une **opposition**; on emploie alors le subjonctif: *Si grand qu'il soit*, il a encore besoin d'être conseillé. On peut dire, en supprimant *que* et en plaçant le pronom sujet après le verbe: *Si grand soit-il.* Mais, avec un adverbe, on doit dire: *Si habilement qu'il travaille.*

Parfois, au lieu de *si... que* concessif, on trouve *aussi... que* et le subjonctif (▶ AUSSI, 5). On trouve aussi *pour... que* (▶ POUR, 4) ou, rarement, *quelque (que)* ou *tout (que)*. Mais on ne peut employer à la fois *pour* et *si* dans ce sens.

Si + adj. + que de + infinitif (de conséquence): tour classique, comme **si... de**, mais resté plus vivant que ce dernier: *Qui te rend si hardi de troubler mon breuvage?* (La Fontaine.) *Je ne suis pas si sot que de lui faire confiance.* On dit plus souvent: *assez sot pour lui faire confiance.* Mais ce n'est pas toujours possible. On dira: *Étiez-vous si malade que de ne pouvoir me téléphoner?* Ou *Étiez-vous si malade que vous n'ayez pu venir?*

SIBYLLE, n.f., **SIBYLLIN**, adj. Attention à l'orthographe. Pron. *il*.

SICCATIF, adj. et n.m. Deux *c*.

SIDE-CAR ou **SIDECAR** (*RO* III.8F), n.m. Pron. *sidcar*. Des **side-cars** ou des **sidecars**. Un **SIDE-CARISTE** (ou **SIDECARISTE**).

SIDÉRÉ, adj., est passé du sens de «anéanti, frappé de mort subite» (par l'action funeste des astres) à celui de «frappé brusquement d'une profonde stupeur». **SIDÉRER**, V. (▶ VERBE,

Conjugaison, 1.1 et *RO* II.3), même sens: *Cette nouvelle l'a sidéré. Il en est sidéré.*

SIÈCLE, n.m., peut s'écrire avec une minuscule dans *le grand siècle, le siècle d'or, le siècle des lumières.* — *Au XVIIe et au XVIIIe siècle* (▶ ARTICLE, 3). On écrit: *de siècle en siècle.*

SIÈGE, n.m. *Les sièges arrière d'une voiture. Le Saint-Siège.*

SIEN, pron.poss. (voir cette rubrique). *Y mettre du sien. Faire des siennes.*

SIGISBÉE, n.m., cavalier servant d'une dame.

Sigles

1. REMARQUES GÉNÉRALES

Notre époque assemble volontiers des initiales (parfois des syllabes initiales) pour remplacer un groupe de mots et forme ainsi des sigles: C.I.L.F. (Conseil international de la langue française), H.L.M. (habitation à loyer modéré), C.G.T. (Confédération générale du travail). Ces lettres écrites en capitales sont généralement (pas toujours) suivies d'un point et le mot ainsi formé se prononce par épellation, comme dans les deux derniers exemples.

2. ACRONYME

Mais si le sigle se prête à être prononcé comme un mot (c'est alors un *acronyme*), on en profite et on supprime généralement les points; il y a même une tendance dans ce cas à ne mettre la majuscule qu'au début de cet ensemble: le CILF ou le Cilf, l'OTAN ou l'Otan (traité, donc masculin), l'ONU ou l'Onu (organisation, donc féminin), l'UNESCO ou l'Unesco (généralement masculin malgré organisation).

Si le sigle est devenu un nom commun (*laser, ovni*), il s'écrit avec une minuscule.

3. GENRE DU SIGLE

Quant au genre donné au sigle, c'est normalement celui du nom de base de l'ensemble: le CILF, la C.G.T., mais une ou un H.L.M.

SIGNATAIRE, n., celui ou celle qui signe. ▶ PARAFEUR.

SIGNATURE, n.f. ▶ SOUS.

SIGNE, n.m. On parle depuis longtemps des signes du zodiaque et, partant de *né sous le signe du Taureau, du Bélier,* etc., on a pu dire *né sous le signe de la chance.* Une mode a favorisé un certain temps l'expression *sous le signe de: La réunion se tiendra sous le signe de la bonne humeur* au lieu de *dans la bonne humeur.*

SIGNIFIER, v.tr.dir.; *gn* se prononce comme dans *signe. On leur a signifié de partir* ou *qu'il fallait partir. On lui a signifié son congé* (ou *qu'il s'en aille*). *Cela signifie* (veut dire) *qu'il a tort.*

SILVANER, n.m. Mieux vaut écrire un SYLVANER.

S'IL VOUS PLAÎT. ▶ PLAIRE.

SIMILAIRE, adj., s'applique à des choses plus ou moins semblables. *Des produits similaires. Un produit similaire. Un hôtel similaire.* On ne dira pas qu'*un article est* [*similaire à*] *un autre.* On dira qu'il est *comparable à..., analogue à..., du même type que...*

SIMILI, premier élément d'un composé. Pas de trait d'union, sauf dans SIMILI-RÉVOLUTION et devant *i* (SIMILI-IVOIRE, un SIMILI-INTELLECTUEL). *Du* SIMILICUIR (*du simili*), *une* SIMILIGRAVURE (ou *une simili*). *Ce n'est pas de l'or, c'est du simili.*

SIMPLE, adj. Généralement, placé **devant le nom**, il veut dire qu'il n'y a rien d'autre, rien de plus: *une simple coïncidence, une simple éventualité, des souliers à simple semelle, demander un simple renseignement.* **Après le nom**, *simple* évoque souvent l'idée de «facile, qui n'offre aucune complication»: *méthode* (*mécanique, question*) *très simple.*

SINGLE, n.m. prononcé à l'anglaise, se traduit couramment par *simple* en termes de sport: *Un simple messieurs.* En langage de tourisme, compartiment (cabine) de wagon-lit à une place: un *individuel.*

[SINGLET], n.m., se dit en Belgique pour *maillot de corps.*

Sinon

Emplois et sens de *sinon*, conjonction, préposition ou adverbe.

1. *SINON* INTRODUIT UNE EXCEPTION, UNE RESTRICTION

Il introduit fréquemment, comme le ferait **sauf**, une exception ou une restriction à une négation absolue ou à l'intérieur d'une interrogation oratoire tendant vers la négation. Sens: *si ce n'est, sauf, excepté.*

> *Je n'ai rencontré personne,* **sinon** *un veilleur de nuit* (sauf que j'ai rencontré un veilleur de nuit). *Cela ne se fait pas, sinon quand on y est invité. Je ne m'explique pas sa conduite, sinon par son surmenage. Il ne se préoccupe de rien,* **sinon de** *manger et de boire* (Ac.). *Je n'ai rien à lui dire,* **sinon à** *le remercier. Cela ne sert à rien,* **sinon à** *passer le temps.*

Au lieu de *sinon,* on pourrait dans ce cas (devant un infinitif), après un pronom neutre, *rien, autre, autre chose,* employer *que* suivi de la préposition requise par le verbe qui précède ou, s'il n'y a pas cette exigence, suivi de *de* :

> *Cela ne sert à rien* **qu'à** *passer le temps. Je ne vois pas d'autre solution* **que de** *lui écrire.*

On peut encore, comme le faisait davantage la langue classique, employer *sinon de*, assez courant lorsque l'infinitif ne dépend pas grammaticalement d'un terme précédent.

> Ainsi s'opposent : *Il n'a rien appris,* **sinon à** *sourire un peu. Il a l'ambition de réussir,* **sinon de** *briller et Il n'a rien pour lui,* **sinon d'**être aimable. Que fait-il, **sinon de** nous agacer?* Dans cette dernière phrase, *de* a tendance à disparaître parce que l'opposition se fait avec un verbe (*faire*).

Même emploi de *sinon* dans une **interrogation oratoire**.

> *À qui nous en prendre,* **sinon à** *nous-mêmes?* (Nous ne pouvons nous en prendre à personne, sinon à nous-mêmes.) *Qui connaît cette mésaventure,* **sinon** *nous deux?* (Nous seuls nous la connaissons.) *Que voulait-il,* **sinon** *plaire?*

Dans ce cas aussi la langue classique a employé *sinon de* :

> *Que fera-t-il donc sinon d'apercevoir quelque apparence?* (Pascal.) Nous dirions plutôt : *sinon apercevoir...*

Mais on trouve encore *sinon que de* :

> *Il n'avait plus rien à y faire, sinon que de disparaître* (Druon, M., *Les grandes familles*). On pourrait dire : *sinon* **à** *disparaître* (il avait à disparaître).

Cet emploi restrictif dans le sens de *sauf*, introduisant une exception, est très rare aujourd'hui après une affirmation :

> *Tous les peintres de ce demi-siècle s'y trouvaient éreintés, sinon Soutine* (Arland, M., *Lettres de France*). *Partout, sinon chez les Verdurin, où il redevenait instinctivement lui-même, il se rendit froid, silencieux, péremptoire quand il fallait parler* (Proust, M., *À la recherche du temps perdu*).

On dit : *Tous l'ont reconnu,* **sauf vous**.

Sinon que a vieilli dans beaucoup d'emplois (par exemple il ne s'emploie plus devant un adjectif ni au sens d'*à moins que*), mais il reste usuel lorsque *que* est appelé par ce qui précède. On le trouve particulièrement après un pronom neutre, après *peu*, *rien*, etc. :

> *Qu'est-ce à dire, sinon qu'il s'est trompé? Je ne sais rien, sinon qu'il est venu. Il ne demande rien, sinon que justice soit faite. Que veut-il, sinon qu'on le reçoive? On sait peu de chose de sa famille, sinon qu'elle vient de Bretagne.*

Pour *sinon que de* devant un infinitif ▶ DE, 3.5.

Notons tout de suite que *sinon que* peut intervenir au sens qui va être indiqué (▶ 2) : *Pour moi tant de preuves concordantes démontraient à n'en pouvoir douter, sinon qu'Odile était la maîtresse de François, du moins qu'elle le voyait secrètement* (Maurois, A., *Climats*).

2. *SINON* OPPOSE UN TERME À UN AUTRE

Sinon, généralement dans une proposition affirmative, oppose un terme à un autre qui lui est préféré, mais avec des nuances variables. Il a toujours la valeur fondamentale de **si ce n'est** et on ne pourrait plus le traduire par *sauf*; aucune idée d'hypothèse, notons-le.

On trouve, assez couramment en Belgique, beaucoup plus rarement en France, mais le *B.U.* (n° 1054, c, 2) signale le tour chez quelques écrivains français comme Bourget, Gide, Aymé, Ikor, Aragon, Chamson, etc., **si pas** dans cet emploi au lieu de *sinon* ou *si ce n'est* :

> *Qui pourrait vous dire cela, si pas moi?* (Martin du Gard.) *Il a au moins vingt-cinq ans, si pas plus* (Bourget).

▶ PAS et POINT, 3.

Le terme qui suit *sinon* est écarté au profit d'un autre, moins fort et syntaxiquement symétrique. Il peut être vraiment écarté, pour des raisons de fait; il peut l'être à regret, on peut laisser entendre qu'on serait tenté de l'adopter, tout en n'osant pas le faire; on peut ainsi suggérer que c'est vers celui-là qu'on pencherait volontiers, mais qu'on emploie l'autre parce que celui-ci, moins fort, ne peut être mis en discussion. C'est le contexte, la situation qui peut dissiper l'équivoque, acceptée ou voulue parce que la chose est délicate :

> *Il travaillait avec conscience, sinon avec enthousiasme;* on laisse subsister un doute sur l'absence totale ou constante d'enthousiasme. Comparer : *Il travaillait avec conscience, sinon toujours avec enthousiasme. Il travaillait au moins avec conscience, sinon avec enthousiasme. Il a eu toutes ces propriétés pour un morceau de pain, légalement sinon légitimement* (ici on exclut *légitimement*). *Je vaux autant que lui, sinon mieux* (peut-être même mieux). *Il y avait autant de monde qu'à la première séance, sinon davantage. Une attitude froide, sinon hostile,* peut-être même hostile. *Il est un des rares, sinon le seul, à s'être inquiété;* on a vraiment envie de dire qu'il est le seul. *Depuis que vous me connaissez, vous me connaissez battu des vents, comme vous, sinon des mêmes, battu d'épreuves, comme vous, souvent des mêmes, assailli de misères de toutes sortes* (Péguy, Ch., *Victor Marie, comte Hugo*).

J. Girodet note : «Attention aux tours équivoques tels que *La réunion doit être reportée, sinon annulée*. On peut comprendre : «La réunion doit être reportée et même annulée» ou bien «La réunion doit être reportée, sans être pour autant annulée». Selon le sens qu'on veut exprimer, on dira: *La réunion doit être reportée, pour ne pas dire annulée* (ou *et même annulée*), ou bien *La réunion doit être reportée, mais non annulée.*»

On peut aussi inverser les termes et placer en tête celui qui est introduit par *sinon*, souvent précédé d'une virgule ; l'autre terme est alors précédé de *au moins, du moins, tout au moins* ou parfois de *en tout cas* :

> *Songera-t-il jamais à faire, sinon de grandes découvertes, au moins de petites remarques?* (Maurois, A., *À la recherche de Marcel Proust.*) Mme *Walewska sera, sinon le grand amour (...), du moins l'inclination de son âge mûr* (Bainville, J., *Napoléon*).

3. *SINON* EN EMPLOI ABSOLU

Sinon, en emploi absolu, signifie *sans cela, faute de quoi, dans le cas contraire, s'il n'en est* (ou *était*) *pas ainsi* et s'oppose à ce qui précède en remplaçant une proposition conditionnelle :

> *Ne partez pas, sinon* (si vous partez) *vous le regretterez.*
> *Écoutez-le, sinon* (si vous ne l'écoutez pas) *il vous en voudra.*

On peut parfois se contenter de *sinon*, menaçant et suspensif :

> *Il faut que je sois heureux, sinon!...* (Bernanos, G., *Journal d'un curé de campagne.*) *Obéissez, sinon!...*

La disjonction peut être soulignée par *ou* devant *sinon* : *Obéis à l'instant,* **ou sinon** *tu seras châtié* (Littré).

En Wallonie, *ou sinon* (ou bien *sinon* seul) est parfois remplacé par [*aussi non*] :

> *On fixe au bébé un horaire régulier;* [*aussi non*] *la vie serait trop bouleversée.*

Comme on ajoute parfois *parce que* devant *sinon* dans de telles phrases (*parce que, sinon, la vie...*), ceux qui emploient dans ce cas *ou sinon* [*parce que ou sinon la vie*] ou qui remplacent *ou sinon* par [*aussi non*], et qui disent [*parce qu'aussi non*], en arrivent à dire [*pascaussinon*] !

4. *SI OUI, SI NON*

Après une question (ou une alternative), on peut n'envisager qu'une hypothèse et l'exprimer par *si oui* ou *sinon* (parfois *si non*), ou les envisager toutes deux et les exprimer par *si oui* et par *si non* (parfois *sinon*) :

> *Conte fait-il vraiment la basse foire, la noce méprisable? Et si oui, d'où tenez-vous vos informations?* (Saint Pierre, M. de, *Les aristocrates.*) *S'en rend-il compte? Si oui, il est à plaindre... Si non, plus à plaindre encore* (Daniel-Rops, *Mort, où est ta victoire?*). *Ou j'y ai droit ou je n'y ai pas droit. Si oui,*

qu'on m'ouvre les bras; sinon qu'on m'ouvre la porte (Bazin, H., *La tête contre les murs*). *Est-ce (...) qu'il pourrait affronter Simon (...)? Et si non, à quoi bon cette comédie?* (Mallet-Joris, Fr., *Les signes et les prodiges.*)

On trouve généralement, dans les questionnaires, après une question posée, des sous-questions commençant par *si oui* ou *si non* en deux mots. C'est normal.

SIOUX, n. invariable, est toujours terminé par *x*. *Un Sioux, une ruse de Sioux*. Noter la majuscule, sauf dans *le sioux*, la langue des Sioux.

SIROP, n.m. On parle en français de poires au sirop, d'un sirop de groseille, de grenadine, d'un sirop contre la toux. En Wallonie, on donne ce nom à une sorte de mélasse composée d'un jus concentré de poires, de pommes, de betteraves; on le fabrique dans une «**SIROPERIE**»; on donne aussi le nom de **POIRET** (autre belgicisme) à cette mélasse.

SIS, *sise*, adj., «situé», s'emploie dans la langue juridique ou littéraire.

SISMIQUE, adj. On a longtemps dénoncé un pléonasme dans *secousse sismique*, cet adjectif évoquant étymologiquement l'idée de choc. On peut dire assurément *phénomène sismique* ou *secousse tellurique*, mais aussi sans hésiter *secousse sismique*. ▶ SÉISME.

SITÔT, adv. *Sitôt* et *si tôt*. On peut, s'autorisant de l'usage classique, d'une certaine tradition et de l'Académie, toujours écrire *sitôt* en un seul mot: *Elle devait périr sitôt!* (Bossuet.) *Votre affaire ne sera pas sitôt finie que la mienne* (Ac). *Je n'arriverai pas sitôt que vous* (Ac). *Sitôt qu'il reçut cette nouvelle, il partit* (Ac).

Une autre tradition, qui se manifeste chez maints écrivains et grammairiens et qu'il faut encourager, garde la graphie en un mot dans la loc.conj. **SITÔT QUE**, dès que, aussitôt que, dans **DE SITÔT** et dans *sitôt* suivi d'un participe ou d'un nom suivi d'un participe: **Sitôt dit, sitôt fait. Sitôt la porte fermée.** *De sitôt* ne s'emploie que dans une proposition négative: *Il ne partira pas* **de sitôt**. *Je ne le reverrai pas de sitôt.*

Mais on ne craint pas d'opter logiquement pour *si tôt* en deux mots chaque fois qu'il correspond à *aussi tôt*, aussi vite (▶ AUSSITÔT) et qu'apparaît l'opposition avec *aussi tard, si tard*: *Hé, vous voilà? je ne vous attendais pas si tôt!* (Ac., à *Hé.*) *Je n'arriverai pas si tôt que vous. Votre affaire ne sera pas si tôt finie que la mienne. Je ne me décide pas à partir si tôt. Si tôt que nous partions* (indic. imparf.), *il était là avant nous. Si tôt que nous partions, il sera là avant nous.*

Si tôt qu'elle se levait (ou, littéraire : *se levât*), *elle arrivait toujours en retard.*

Il faut reconnaître que l'existence d'une double tradition favorise les hésitations. Il faut surtout éviter d'écrire *si tôt* en deux mots quand il ne s'oppose pas à *si tard*, et notamment dans la locution conjonctive **sitôt que** et dans **sitôt après** correspondant à *aussitôt que, aussitôt après* : *Il nous a fait signe sitôt qu'il nous a vus. Il est parti sitôt après.* Mieux vaut s'abstenir d'écrire *pas de si tôt* ; l'expression ne s'oppose pas à «pas de si tard» mais à *pas si tard*. On écrira : *Cela n'arrivera* **pas de sitôt.**

SITUER (SE). On abuse, en en faisant un cliché, de l'expression *se situer* remplaçant *avoir lieu, se passer, se trouver*, etc.

SIX, adj.num. Prononciation ▷ DIX.

SKAÏ, n.m. Nom déposé. A perdu sa majuscule. Prononcer la finale comme *rail. Un sac en skaï noir.*

SKATEBOARD devrait être remplacé par *planche à roulettes* et **SKATEBOARDER** par *planchiste*.

SKETCH, n.m. Des *sketches* ou *sketchs* (*RO* II.7).

SKI, n.m. *Aller* **à skis** ou **en skis.**

SKIPPER, n.m. Anglicisme pour *commandant (de bord), capitaine* ou *barreur*, selon les cas. Les *Rectifications de l'orthographe* proposent **SKIPPEUR** (*RO* IV.9).

SKUNKS, n.m. ▷ SCONSE.

SLOGAN, n.m., est bien installé en français.

SMALA, n.f. *Toute la smala le suivait.* À préférer à **SMALAH.**

SMART, adj. inv., a vieilli dans le sens d'*élégant*, de *chic* et est réapparu pour désigner certaines boissons stimulantes appelées *smart drinks* ou pour désigner plus généralement les *smart drugs*, assimilées à des drogues et jugées illégales. Une voiture de petit format, adaptée à la circulation urbaine, a été appelée *Smart*.

SNACK-BAR, ou **SNACK**, n.m. Des **snack-bars.** Des **snacks.**

SNOB, adj. et n., a un pluriel mais pas de forme féminine : *Elles sont* **snobs.** *Des snobs désœuvrés.* **SNOBER** *qqn*, le traiter de haut ; *snober une réunion*, s'abstenir d'y assister.

SNOW-BOOT, n.m., peut se traduire par *caoutchouc, bottillon.*

SOCIAL-CHRÉTIEN, SOCIAL-DÉMOCRATE, adj. et n. Les deux éléments de ces composés s'accordent : *Les* **sociaux-chrétiens,** *les voix* **sociales-chrétiennes,** *les* **sociaux-démocrates.** Mais

la **SOCIAL-DÉMOCRATIE,** *les formations social-démocrates* (par référence aux situations allemandes).

SOCIO, premier élément d'un mot composé, est agglutiné au suivant, sauf si cela provoque une fausse lecture : *socioculturel, socioéconomique*, etc.

SOCKET, n.m. Ce mot anglais, qui désigne la cavité où s'emboîte qqch., s'est introduit en Belgique avec l'électricité et y est devenu courant pour désigner la **DOUILLE**, à pas de vis ou à baïonnette, dans laquelle vient se fixer le **CULOT** d'une ampoule électrique, appelé tout aussi abusivement [SOCKET] ou [SOQUET] ou [SOCQUET].

SOCQUE, n.m. d'une chaussure que portaient les acteurs dans les comédies et, aujourd'hui, d'une chaussure à épaisse semelle (de bois).

SOCQUETTE, n.f., chaussette basse arrivant au-dessus de la cheville. Attention à l'orthographe : *cqu.*

SŒUR, n.f. *J'ai rencontré sœur Marguerite. Bonjour, ma sœur. Les sœurs de charité. Les sœurs de la Charité ou de la Miséricorde. Les Petites sœurs des pauvres.* Apposé : *Des* **sociétés-sœurs.**

SOFA, n.m. On n'écrit plus **SOPHA.**

SOFTWARE, n.m., se traduit par le *logiciel.* ▷ HARDWARE.

SOI, pr.pers. réfléchi (c.-à-d. qu'il renvoie au sujet), s'emploie très rarement comme sujet ou comme attribut (▷ 4).

1. Il se rapporte généralement à un sujet indéterminé, vague, général ou non exprimé : *Chacun pour soi. Alors on ne pense qu'à soi. Celui qui ne pense qu'à soi ne peut être aimé. Ne travailler que pour soi. Être propre sur soi.* On peut renforcer *soi* en *soi-même*. ▷ ON, 3.

   Après *chacun, chaque, aucun*, on emploie aussi très bien *lui, lui-même, elle*, etc. ▷ CHACUN. C'est même le tour habituel quand *aucun* ou *chacun* sont accompagnés d'un complément déterminatif : *Aucun d'eux ne pense à lui-même.*

   Il est anormal d'employer *soi* ou *soi-même* pour renvoyer à un sujet pluriel comme *ceux qui*. On dira : *Ceux qui ne pensent qu'à eux* ou *qu'à eux-mêmes.*

2. Dans certaines expressions, *soi* peut fort bien, et même doit parfois renvoyer à un sujet qui, désignant une chose (au singulier ou au pluriel), n'a rien d'indéterminé : *Un bienfait porte sa récompense* **avec soi** (Ac.).

   DE SOI : *Cela va* **de soi.** *Une explication qui va de soi. Ce sont des choses qui vont de soi. — Les autres réponses iront de soi* (Anouilh, J., *L'alouette*).

EN SOI. On dit: *Le beau en soi*. Et de là: *Les choses belles en soi. Cette attitude est en soi défendable*. Des philosophes opposent *l'en-soi* et le POUR-SOI.

Renvoyant à des personnes, À PART SOI (dans son for intérieur): *Faire des réflexions à part soi*. On dit aussi À PART MOI, *à part nous*, etc., mais il faut que le contexte exclue le sens de «excepté». ▸ PART, 3.

3. Pour renvoyer à un sujet, personne ou chose, qui n'a rien d'un neutre ni d'un indéfini, on emploie généralement *lui, elle, eux, elles*: *C'est pour lui qu'il travaille, pas pour les autres* (Ac.). *Il se croyait aimé pour lui-même* (Ac.). *Il n'est plus lui-même* (Ac.).

Cependant, suivant encore l'usage d'autrefois, les écrivains ne craignent pas d'employer *soi* pour renvoyer à un sujet bien déterminé. Mais il faut se garder de renvoyer à un pluriel en employant *soi* ou *soi-même*: *Elle lève la tête, regarde autour de soi* (Arland, M., *Antarès*). *Puis elle redevint plus maîtresse de soi* (Pieyre de Mandiargues, R., *La motocyclette*). *Philippe la pressait contre soi* (Ormesson, J. d', *L'amour est un plaisir*).

On emploiera *soi* pour éviter une équivoque: *L'ami de mon frère me parle toujours de soi* (ou *de lui-même*). Et généralement pour désigner un type d'individu: *L'égoïste ne pense qu'à soi*.

4. *Soi* est très rare comme **sujet**; on le trouve après *comme*, le verbe n'étant pas répété: *On voudrait que tout le monde fût honnête comme soi*. Ou bien on emploie *soi-même*: *Il était impossible de la sauver sans risquer soi-même sa vie. Il est nécessaire de prendre soi-même les précautions qui s'imposent*.

On trouve rarement aussi *soi* **attribut**: *Il faut oser être soi*.

5. SOI-MÊME, après un nom de personne déterminé, est familier, plaisant et même railleur; il veut dire qu'elle aime à faire parler d'elle: *On y entendait Sacha Guitry soi-même!* On se gardera donc de dire *soi-même* au lieu de *lui-même* pour répondre au téléphone à la troisième personne: *C'est M. X? — Lui-même*.

SOI-DISANT, adj. invariable, est un reste de l'ancienne syntaxe où la forme forte *soi* pouvait, comme *lui* ou *moi*, être complément direct. Le bon usage se reporte au sens premier (qui se dit) pour rejeter la graphie [SOIT-DISANT] et imposer l'invariabilité du part. prés. *disant*, selon la syntaxe actuelle. Il importe de le noter, car par ailleurs on se rend compte que le sens premier est depuis longtemps dépassé. Au départ, *soi-disant* ne pouvait se dire que des êtres doués de la parole et ne pouvait s'appliquer qu'à une qualité qu'ils s'attribuaient eux-mêmes: *De **soi-disant** docteurs. Une soi-disant marquise*.

Les soi-disant héritiers. Si l'on s'en tient à ce sens premier, il est absurde d'appliquer *soi-disant* à des choses ou à des défauts: *Une soi-disant expérience. Une soi-disant escroquerie*. À cela on peut opposer l'évolution sémantique qui, pour bien des mots, les éloigne de leur sens premier. D'autre part, Littré condamne comme une «grosse faute» l'application de *soi-disant* à des choses, par exemple *de soi-disant faveurs*, où *soi-disant* a le sens de *prétendu*, qui se dit d'une personne ou d'une chose qui passe pour ce qu'elle n'est pas. Mais il accepte sans réserve le sens de *prétendument* et cite l'exemple: *Soi-disant, j'ai le ton trop plaisant*. Ne peut-on s'expliquer aisément le glissement de sens? On a pu appliquer *soi-disant*, au sens de *prétendument*, à des adjectifs se rapportant à des choses plus ou moins personnifiées: *Il faisait grand cas d'une amitié soi-disant inaltérable*, qui se disait inaltérable. *Une théorie soi-disant irréfutable*, qui se disait irréfutable ou, c'est aussi le sens de *se dire*, «qui était dite irréfutable». De là on a pu appliquer *soi-disant* à des choses dites ceci ou cela (Marivaux parle d'*agréments soi-disant innocents*), à des défauts comme à des qualités, dans le sens de *prétendu* (*Un soi-disant service. Une soi-disant escroquerie*) ou de *prétendument* (*Une réunion soi-disant sérieuse*).

Le fait est incontestable; depuis plus de deux cents ans, dans l'usage courant et en littérature l'évolution s'est affirmée. Au sens de *prétendu* ou, devant un adjectif, de *prétendument*, *soi-disant* s'est de plus en plus appliqué à des choses et même à des défauts comme à des qualités. L'Académie elle-même a défini *Empirique: Qui s'appuie sur une soi-disant expérience*. Et de nombreux et excellents écrivains peuvent être cités. *Un soi-disant «accord de compensation»* (Gaulle, Ch. de, *Le salut*). *Le renflouement soi-disant refusé* (Druon, M., *Les grandes familles*). *La soi-disant réalité* (Giono, J., *Noé*). *La soi-disant faute dont elle se gausse* (Châteaubriant, A. de, *La réponse du Seigneur*). *Ce soi-disant défaut* (Barrès, M., *Au service de l'Allemagne*). *Des vers soi-disant traduits du français* (Maurois, A., *Byron*). On dit aussi, mais moins, en parlant de personnes: *de soi-disant escrocs*.

Aucune réserve n'est à faire à propos de *soi-disant* employé pour *prétendument* comme ci-dessous, appliqué à un verbe, à un complément: *Valdo jouait soi-disant pour faire travailler Cécile* (Duhamel, G., *Le jardin des bêtes sauvages*). *Il est en voyage soi-disant pour affaires. Il m'a écrit soi-disant à cause d'un malentendu*.

On laissera au langage familier SOI-DISANT QUE, substitué à «parce que, prétendument», «sous prétexte que», «il paraîtrait que»: *Il refuse, soi-disant qu'il est trop vieux. Soi-disant qu'il vous a écrit*.

SOIF, n.f. *Avoir grand-soif, très soif* (▷ AVOIR, 17). *Il fait soif* est très familier (on a soif).

SOIFFARD, adj. et n., «qui boit avec excès», est familier, ainsi que son synonyme **SOIFFEUR** et le verbe **SOIFFER**, boire.

SOIGNER, v.tr.dir. *Soigner sa toilette, ses relations, ses intérêts, un malade, une maladie, son foie. Soigner qqn* **pour** *une maladie, pour une fracture* (rarement: *soigner qqn de qqch.*). Mais il faut éviter le germanisme [*soigner pour*] employé pour *avoir soin de, veiller à* ou *sur, se charger de*. Et aussi [*soigner que*]. On dira: *Je veillerai à ce qu'il vienne. J'aurai soin de lui.*

SOI-MÊME. ▷ SOI, 5.

SOIN, n.m. *Avoir* (ou *prendre*) *soin* **de** (*qqn, qqch.* ou infinitif) ou *que* + subjonctif.

SOIR, n.m. On a le choix entre *hier soir* et *hier au soir, demain soir, dimanche soir, lundi soir* et *demain au soir, dimanche au soir, lundi au soir* (que le *GLLF* condamne à tort mais qui sont moins fréquents), *le lendemain soir* ou *le lendemain au soir*. Mais on doit dire: *La veille au soir, le 15 au soir.* — *Ce soir. À ce soir. D'ici ce soir. Tous les soirs. Tous les lundis soir* ou *tous les lundis soirs.* ▷ DATES, 4. *Le soir* (ou *au soir*), *il nous a quittés.*

SOIT, **adv.** d'affirmation ou **interjection**, exprime une concession: *Vous le voulez, soit!* (prononcer le *t*, qui ne s'entend pas, sauf en liaison, dans les autres emplois).

Conj. SOIT... SOIT (alternative): *Soit les uns, soit les autres. Soit les uns* **ou** *les autres.* **Verbe** ▷ VERBE, Accord, 2.3.5 et OU, 1.

S'il y a un troisième terme: *Soit lui, soit vous ou votre frère.* L'alternative marquée par *soit... soit* ne peut porter sur des verbes ou des propositions. On emploie alors *ou... ou*: *Ou vous viendrez, ou j'irai vous voir.*

SOIT QUE... SOIT QUE, SOIT QUE... OU QUE. Si les propositions introduites par *soit que* dépendent d'un verbe, c'est lui qui régit le mode après *soit que*: *Cela montre soit qu'il était mal informé, soit qu'il était complice. Je veux soit qu'il me reçoive, soit qu'il m'écrive.*

Si elles ne dépendent pas d'un verbe, elles se mettent au subjonctif: *Soit qu'il le fasse, soit qu'il s'abstienne, on le blâmera.*

SOJA, n.m. On écrit aussi **SOYA**.

SOLDAT, n.m. Pop.: *Mon fils est parti soldat.* ▷ PARTIR, 1.

SOLDE, **n.m.** *Le solde d'un compte. La semaine des soldes. J'ai acheté un solde.* Éviter d'employer le féminin en parlant d'une marchandise soldée.

N.f. *La solde d'un soldat. Être à la solde de qqn, d'un parti,* être payé pour le soutenir.

DEMI-SOLDE est féminin quand il désigne la solde réduite d'un militaire en non-activité; masculin quand il désigne le militaire qui touche une demi-solde.

SOLDER (SE). *Le budget se solde par un déficit.*

SOLÉCISME, n.m., faute contre les règles de la syntaxe.

SOLEIL, n.m.

1. **FAIRE DU SOLEIL, FAIRE SOLEIL.** On peut dire: *il y a du soleil, il fait du soleil* (ou *grand soleil*, ou *trop de soleil*), *rester au soleil.* ▷ DANS, 2.

2. **SOLEIL DE PLOMB, SOLEIL D'APLOMB.** Les expressions *soleil de plomb, chaleur de plomb* évoquent un soleil accablant. Plus rare et d'un tout autre sens, *sous un soleil d'aplomb, tombant d'aplomb,* à la verticale.

SOLIDAIRE, adj. *On est* (ou *on se déclare*) *solidaire* **d'une personne, de** *qqn* (plus rare: **avec une personne, avec** *qqn*), **avec lui** (*avec* est nettement plus fréquent que *de* devant un pronom personnel): *Je suis solidaire des engagements qu'il a pris. Un mécanisme est solidaire d'un autre. Ces deux personnes* (ou *ces deux mécanismes*) *sont solidaires. Dans ces démarches, je suis solidaire avec toi.*

SOLIDARISER (SE), SE DÉSOLIDARISER. Attention aux prépositions: **Se solidariser avec** *qqn.* **Se désolidariser de** *qqn* ou **d'avec** *qqn.*

SOLIDARITÉ, n.f. *La solidarité entre deux créanciers, entre X et Y, de deux créanciers, de X et de Y, de X avec Y.*

SOLIFLUXION, n.f., glissement du sol. Éviter [**SOLIFLUCTION**].

SOLLICITER, v.tr.dir. *Solliciter qqn, qqch.* (un emploi, une faveur, un texte). *Solliciter* **qqch. de** *qqn* ou *de qqch. J'ai l'honneur de solliciter de votre bienveillance l'autorisation de m'absenter. Solliciter* **qqn de faire** *qqch.* (*à faire* (Ac.) est vieux et littéraire). On ne dit plus: *La faveur dont je vous sollicite*; on dit: *La faveur que je sollicite de vous.* Au lieu de *solliciter qqn à la révolte,* on dit: **Pousser** *qqn* **à la révolte.** *Solliciter un texte,* lui faire dire ce qu'on veut.

SOLO, n.m. *Des* **solos** (plutôt que des **soli**). *Un violon solo. Les violons solos. Un spectacle solo. Jouer en solo.*

SOLUTION, n.f. Une **SOLUTION DE CONTINUITÉ** est une rupture, une interruption. *Sans solution de continuité* veut donc dire: sans interruption. *Trouver la solution d'une équation, d'un problème, d'une difficulté. Une solution de facilité,* cherchant le moindre effort.

SOLUTIONNER, v.tr.dir., doit surtout sa fortune à l'ignorance, où sont trop de gens, de la conjugaison de *résoudre*, qu'il faut préférer.

SOMBRE, adj. ▶ COUPE.

SOMME, n.f. *Une somme d'argent* peut se dire.

SOMME, n.m. On dit *faire un somme*, mais *avoir sommeil*.

SOMMET, n.m. *Une conférence au sommet* ou *Un sommet*.

SOMN- en tête d'un mot évoque l'idée de *sommeil*: *Somnambule, somnifère, somnolent,* etc.

SOMPTUAIRE, adj., a d'abord, dans l'expression **LOI SOMPTUAIRE**, signifié «qui règle les dépenses»; d'où le sens a glissé vers «qui règle les dépenses de luxe»; l'adjectif s'est appliqué à ce qui est de luxe et non utilitaire: *les arts somptuaires*. Influencé par **SOMPTUEUX**, l'adjectif a pris encore un autre sens et l'on a parlé de *dépenses somptuaires,* c'est-à-dire excessives, fastueuses ou de prestige, d'apparat (appelées parfois *voluptuaires*). Ces emplois, attestés chez d'excellents écrivains, restent critiqués.

SONGER, v.tr.dir. ou intr., ne signifie plus «voir en rêve», mais «penser à» (*Songez aux difficultés, à dire cela*) ou, devant une complétive ou une interrogation indirecte, «s'imaginer» ou «prendre en considération»: *Songez combien ils sont irritables*. Absolument: *Il passe des heures à songer*.

SONNAILLE, n.f., **SONNAILLER**, v.intr. Deux *n*.

SONNER, v.intr. et tr.dir.

1. **Auxiliaire**. On emploie *avoir* pour la sonnerie en train de s'accomplir et souvent *être* (*avoir* n'est pas exclu) quand l'action est considérée dans son résultat: *Neuf heures n'avaient pas encore sonné. Neuf heures sont sonnées. Dix heures ont sonné depuis longtemps* (Mauriac, Fr., *Destins*). ▶ HEURE.

2. Wallonismes: [*On sonne à mort*] pour *On sonne le glas* et [*Sonner à messe*] pour *Sonner la messe* (comme *sonner l'Angélus*, l'annoncer).

3. *Sonner la femme de chambre*, l'appeler en sonnant. Mais on ne sonne pas qqn au téléphone, *on l'appelle*. On dit: *Le téléphone sonne. On sonne à la porte. Cela sonne faux* ou *juste* ou *creux*.

4. Fam., assommer, étourdir. *Son échec l'a sonné*. **SE FAIRE SONNER**, se faire durement remettre à sa place. **SE FAIRE SONNER LES CLOCHES**, se faire réprimander.

5. *Les oreilles lui sonnent*, lui tintent, lui cornent (il entend un bruit sourd).

SOPHISTIQUÉ, adj., ne se dit plus de ce qui est frelaté, mais de ce qui est d'une subtilité excessive, de ce qui manque de naturel par excès de recherche ou de ce qui est d'une technique de pointe, par exemple d'un raisonnement, d'une femme, d'une toilette, d'un appareil.

SOPRANO, n.m. quand il désigne la voix ou la personne, est souvent féminin quand il désigne une femme. *Des sopranos* plutôt que des *soprani*.

[**SOQUET**] ou [**SOCQUET**], n.m. ▶ SOCKET.

[**SORET**] ou [**SAURET**], n.m. remplaçant l'adj. **SAUR** (écrit parfois **SOR**), qui ne se dit que du hareng, s'emploie en Belgique pour **HARENG SAUR**. On a parlé autrefois en français d'un *hareng sauret*.

SORT, n.m. *Faire un sort à qqch.*, c'est le mettre en valeur: *Ce mot serait passé inaperçu si vous ne lui aviez fait un sort en le répétant* (Ac.). Mais dans la langue familière, c'est utiliser à son profit, déguster: *Faire un sort à une bonne bouteille*.

SORTABLE, adj. *Un parti sortable*, bien assorti. *Un ami sortable*, qu'on peut sortir, montrer.

SORTE, n.f. *Il a composé une sorte de comédie*. Attention aux accords: *Quelle sorte de touristes avez-vous fréquentés? Quelle sorte de gens se trouvaient là? Une sorte d'employé endimanché s'est présenté*. Pour l'accord du verbe ou de l'adjectif ▶ VERBE, Accord, 2.1.1. *Toutes sortes de gens sont venus*. On trouve parfois *toute sorte de*, même devant un pluriel, mais cet emploi a vieilli: *Toute sorte de livres ne sont pas également bons* (Ac.). *Il me fait entendre toute sorte de cris d'animaux* (Tournier, M., *Le roi des aulnes*). — *Il y a plusieurs sortes de menteurs;* mais le nom abstrait complément peut être au singulier: *Plusieurs sortes de bonheur (ou de bonheurs). Je vous souhaite toutes sortes de bonheurs (ou toute sorte de bonheur ou toutes sortes de bonheur). Des bonheurs de toutes sortes (ou de toute sorte)*. ▶ TOUT, 2.2.1.

DE SORTE QUE, DE TELLE SORTE QUE, EN SORTE QUE sont suivis de l'indicatif ou du conditionnel s'ils expriment la conséquence, du subjonctif s'ils marquent la finalité, la visée:

Elle était bien maquillée, de sorte qu'on ne lui donnait pas son âge ou qu'on aurait pu ne pas la reconnaître. Agissez de telle sorte qu'on soit content de vous. Faites en sorte qu'on n'ait rien à vous reprocher (▶ FAIRE, 39).

EN QUELQUE SORTE, loc.adv., *pour ainsi dire : Il est en quelque sorte ma conscience.*

SORTIE-DE-BAIN, n.f. Des *sorties-de-bain.*

SORTIR, v.intr. et tr.dir.

1. **Conjugaison** comme *dormir* ; auxiliaire : *être* dans l'emploi intransitif, *avoir* dans l'emploi transitif.

   N.B. Dans un emploi (rare) comme terme juridique, au sens de «produire, obtenir» (*sortir son effet*), *sortir* se conjugue comme *finir* et avec l'auxiliaire *avoir : Le jugement sortissait son plein et entier effet.*

2. On dit très bien : *Sortir sa voiture, un produit nouveau, un roman, une plante, un ami, un malade, un enfant, son chien, son mouchoir, sortir un ami du marasme, cela nous a sortis de l'ordinaire* (auxiliaire *avoir*). Mais on ne confondra pas : *J'ai sorti mon grand-père, je l'ai fait sortir, c'est moi qui ai dirigé cette sortie* et *je suis sorti avec mon grand-père, je l'ai accompagné.*

   Emploi familier au sens d'«expulser» : *Cet énergumène troublait la réunion. On l'a sorti* (Ac.). *On l'a sorti par la fenêtre.* Ou, au sens de «dire, débiter» : *Il n'a sorti que des banalités.*

3. **Sortir de** s'emploie non seulement devant un nom désignant l'endroit que l'on quitte ou la situation d'où on se tire (*sortir d'embarras, de table, de la messe, du spectacle*) mais très familièrement devant un infinitif pour indiquer un passé tout récent : *Je sors de le voir, de lire ce bouquin.* Ce tour est surtout vivant dans : *Je sors d'en prendre, je ne suis pas disposé à recommencer.*

4. EN SORTIR, S'EN SORTIR. *Je n'en sors pas* se dit aussi bien et même mieux que *Je ne sors pas d'embarras. Il en est sorti à son honneur* (Ac.). Dans le même sens de «s'en tirer», on dit plus ou moins familièrement *s'en sortir : Comment voulez-vous que je m'en sorte ? Il s'en est sorti à son honneur.* S'en sortir a l'avantage d'évoquer l'effort personnel qui n'est nullement suggéré par *en sortir.*

SOTTIE, n.f., est préféré à **SOTIE** dans plusieurs dictionnaires et par divers écrivains d'histoire littéraire.

SOUCHE, n.f., partie restante, est parfois pris à tort en Belgique au sens de *volant* (feuille détachée). ▶ TALON.

SOUCIER, v.tr.dir., est vieilli dans le sens de «donner du souci» (*Cela me soucie*) et comme verbe impersonnel (*Il ne me souciait pas de le rencontrer*). La forme vraiment vivante est SE **SOUCIER de** : *Il se soucie trop du qu'en-dira-t-on.* Emploi surtout fréquent en phrase négative ou avec *peu : Je ne me soucie pas de le rencontrer. Il se souciait fort peu de plaire.* Suivi du subjonctif, *se soucier* **que** dans des phrases négatives ou avec *peu : Il se soucie peu qu'on le reconnaisse.*

SOUFFLER, v.tr.dir. et intr. *Souffler une bougie. L'explosion a soufflé la maison. Souffler son rôle à qqn.* Fam. : *Souffler son emploi à qqn,* le lui enlever. *Cette nouvelle m'a soufflé,* extrêmement surpris. — *Le vent souffle. Il souffle un vent du nord, un vent froid.* Fam. : *Ça souffle.*

SOUFFRETEUX, adj., dont le sens étymologique était «qui est dans la disette, dans la misère», a été rattaché à *souffrir* et a signifié «qui est souffrant, momentanément», mais veut dire aujourd'hui «qui est de santé débile, qui est habituellement souffrant».

SOUFFRIR, v.tr.dir. et intr. *Cela ne souffre aucune contradiction. Souffrez* (permettez) *qu'il nous rejoigne* (subj.). *Je ne peux pas souffrir* (supporter) *cet homme. Souffrir le martyre. Ces vins ne souffrent pas le transport. Il souffre de l'estomac. Il souffre de ne pouvoir dire ce qu'il pense,* il éprouve une souffrance parce qu'il ne peut pas... *J'ai souffert pour lui faire comprendre cela. Les maux qu'il a soufferts. Les mois qu'il a souffert* (pendant lesquels).

SOUHAITER, v.tr.dir. **Devant un infinitif,** on emploie ou non *de* sans exprimer aucune nuance particulière. Cette alternance n'est pas rare chez un même auteur : *Il est de ceux, somme toute rares, dont j'eusse souhaité devenir l'ami* (...). *Vildrac souhaitait d'éprouver ma sœur* (...). *L'étudiant qui souhaite de parvenir* (Duhamel, G., *Biographie de mes fantômes*). Mais si *souhaiter* a un complément d'objet indirect représentant la personne à qui s'adresse le souhait, *de* est nécessaire : *Je lui souhaite de réussir.* **Souhaiter que** est suivi du subjonctif.

SOUILLON, n., est des deux genres pour désigner une personne extrêmement malpropre (*un petit souillon, une petite souillon*), mais s'emploie aujourd'hui plutôt au féminin.

SOÛL ou **SOUL** (*RO* II.4), adj. et n.m., **SOÛLER** ou **SOULER** (*RO* II.4), v.tr.dir. : *Cet homme est soûl. Ils ont bu tout leur soûl.* ▶ DESSOÛLER. **SOÛLOGRAPHIE** ou **SOULOGRAPHIE** (*RO* II.4), *ivrognerie,* habitude de s'enivrer.

SOULEVER, v.tr.dir. *Soulever un fardeau, un enfant, un malade, le cœur, l'indignation, les applaudissements, une discussion,* *des difficultés, une question, des problèmes.* Mais non [*soulever un lièvre*] pour *le lever.* — *On se place à un point de vue pour soulever une objection,* mais non *un point de vue.*

SOULIGNER, v.tr.dir. *Souligner un mot en rouge.* Au figuré: *Souligner une réplique, l'importance de qqch.* On a souligné **que** *nous avions tort.*

SOUPÇON, n.m. *On est* **à l'abri de** *tout soupçon* ou **au-dessus de** *tout soupçon* et non [*au-dessous de tout soupçon*].

SOUPÇONNER, v.tr.dir., en dehors du sens de «concevoir, pressentir, imaginer» (*Je ne soupçonnais pas les charmes de ce pays*), implique normalement une opinion désavantageuse et donc a pour complément qqch. qui n'est pas une qualité; on soupçonne donc *l'inexactitude* d'un propos, *la mauvaise foi* d'un adversaire, etc. Mais on **suspecte** (on met en cause) *sa sincérité, sa bonne foi.* On soupçonne qqn *d'avoir menti,* on le soupçonne *de mensonge.* On a pu autrefois donner à *soupçonner* le sens de «suspecter», «mettre en doute la réalité d'une qualité» (*soupçonner la bonne foi de qqn*), mais le tour doit être évité. Avec **que**: *Je soupçonne qu'ils se sont trompés. Je ne soupçonnais pas qu'ils fussent* (ou *étaient*) *complices. Pouvait-il soupçonner qu'on voulût* (ou *voulait*) *le tromper?* ▶ SUSPECTER.

SOUPE, n.f., quand il est synonyme de *potage,* est nettement moins distingué. On dit *manger la soupe* parce que la soupe, autrefois, était du pain trempé (d'où *être trempé comme une soupe*) ou un liquide épaissi par du pain. On dit souvent: *prendre le potage.*

SOUPER, v.intr. ▶ AVEC, 2, RESTER, DÉJEUNER.

SOUPIRER, v.intr., *Soupirer* **après** *qqn* ou *qqch.* reste plus vivant que le tour vieilli *soupirer* **pour** *qqn* ou *qqch.* Peut aussi s'employer sans complément: *Il soupira.*

SOURDINGUE, adj. et n., «sourd», est populaire.

SOURD-MUET, adj. et n., ***sourde-muette.***

SOUS, prép. Quelques expressions: *Sous son règne, sous les drapeaux, sous peu,* mais non [*sous la date de*], *sous forme de, sous prétexte de, sous les lois de, inscrire sous tel numéro, passer sous le nez, sous silence, être sous le coup d'une accusation, d'une émotion, sous bénéfice d'inventaire, sous cet angle, sous cet aspect, sous condition.* Survit, surtout dans la langue de la procédure: *sous* (dans la) *huitaine* (ou *quinzaine*).

Ne pas dire: *cinq degrés* [*sous zéro*]; on dit: *au-dessous de zéro.*

On peut dire qu'*un roman a paru sous la signature de...,* parce que *sous* peut marquer un rapport de dépendance.

Composés. Si l'on écrit **SOUSCRIRE**, etc., les composés formés de *sous* et d'un autre mot français ont toujours un trait d'union: **SOUS-MAIN, SOUS-DÉVELOPPÉ.** ▶ EAU, ENDÉANS, PEINE, 2, POINT DE VUE, RAPPORT, 1 et RO II.2.

DE SOUS: on peut tirer qqch. *de dessous la table* ou *de sous la table.*

SOUS-BOCK, n.m., désigne un dessous-de-verre (à bière) en carton, que l'on pose sur la table du consommateur au café. Utilisé par un plus large public en Belgique qu'en France, ce mot est parfois remplacé par **SOUS-VERRE**, dont le sens est pourtant réservé à l'image placée sous plaque de verre.

SOUSCRIRE, v.tr.dir., signer pour s'engager: *Souscrire un contrat, un abonnement. Un capital entièrement souscrit.* Tr.ind., consentir, s'engager: *Souscrire* **à** *un emprunt, à un arrangement, à ce que dit qqn.*

SOUS-MAIN, n.m. *Des* ***sous-main****. Agir en sous-main. Il cherche à me nuire sous main* (pas de trait d'union) ou **en sous-main** (Ac.).

SOUS-OFF, n.m. fam. *Des* ***sous-offs****.*

SOUS-ORDRE, n.m. *Des* ***sous-ordres****. En sous-ordre.*

SOUS-PLAT, n.m., est courant en Belgique pour un **DESSOUS-DE-PLAT**, terme français, n.m.inv.

SOUSSIGNÉ, adj. et n. *Je soussigné, Alexis Dupont* (ou ***Je soussignée****, Marie Dupont*), **reconnais...** *La soussignée* **reconnaît...** *Les soussignés déclarent... Les témoins soussignés reconnaissent...*

SOUS-SOL, n.m. *Les* ***sous-sols****.* De même: *sous-titre, sous-vêtement,* etc.

SOUS-TASSE, n.f., était autrefois écrit **SOUTASSE**; est courant en Belgique à côté de *soucoupe.* Le mot est connu et utilisé, beaucoup moins qu'en Belgique, dans plusieurs régions de France et en Suisse: *Toujours mettre une sous-tasse sous le vase* (Triolet, E., *Le premier accroc...*), mais il reste moins répandu et apparaît plutôt comme un régionalisme.

SOUS-TENDRE, v.tr.dir., s'écrit en deux mots.

SOUS-VERRE, n.m. invariable (montage sous verre). *Des* ***sous-verre****.*

SOUS-VÊTEMENT, n.m., s'emploie surtout au pluriel et pour les hommes: *Des* ***sous-vêtements****.* On dit *du linge de corps.*

SOUTENIR, v.tr.dir. *Je soutiens que c'est possible. Je ne soutiens pas que c'est* (ou *que ce soit*) *possible.*

SOUTIEN-GORGE, n.m. et non [SOUTIENT-GORGE]. *Des* ***soutiens-gorge****.*

SOUVENIR, v.impers. et pron. L'impersonnel **IL ME SOUVIENT** est aujourd'hui littéraire : *Il me souvient de cela, de l'avoir rencontré. Vous en souvient-il ? Il me souvient qu'il était absent.* ▸ RAPPELER.

SE SOUVENIR se construit avec *de* : *se souvenir de qqn, de qqch. Je m'en souviens comme si c'était hier,* non pas [*d'hier*]. *Souviens-t'en. Je me souviens* **de l'avoir dit.** On omet souvent *de* devant un infinitif : *Je me souviens* **l'avoir dit.** Avec **que** : *Je me souviens qu'il l'a dit. Je ne me souviens pas qu'il* **l'ait** *dit.* On peut faire suivre *se souvenir* d'une interrogation indirecte : *Je me souviens combien il était prudent, de quoi nous avons parlé. Je ne me souviens pas qui m'a posé cette question, à qui j'ai répondu cela, si vous étiez là quand c'est arrivé.* Même construction de **se rappeler combien, que, qui**, etc.

Je m'en souviendrai peut exprimer une reconnaissance ou une menace.

SOUVENIR, n.m. On assure de *son bon* (ou *fidèle* ou *meilleur*) *souvenir* qqn qu'on n'a plus vu depuis quelque temps.

SOUVENT, adv., peut s'employer au comparatif et au superlatif : *Nous nous verrons plus souvent. Le plus souvent il est à l'heure. Pop. Plus souvent !* jamais de la vie. *Plus souvent que* a le même sens : *Plus souvent que je me fierai encore à lui !* ▸ ARRIVER, 3. — **SOUVENTES FOIS** ou **SOUVENTEFOIS**.

SPACIEUX, adj., avec *c*, qui est vaste.

SPAGHETTI, n.m.pl. inv. Des **spaghetti.** On écrit souvent : des **spaghettis.**

SPARADRAP, n.m., *p* final comme dans *drap.*

SPATIAL, adj., avec *t*, se rapporte à l'espace.

SPEAKER ou **SPEAKEUR** (*RO* IV.9), n.m. (fém. **speakerine**), pourrait se dire, à la radio et à la télévision, *annonceur* ou *commentateur* ou *présentateur.*

SPÉCIEUX, adj., se dit de ce qui a une apparence seulement de vérité.

SPÉCIFIQUE, adj., se dit de ce qui a ses lois propres, de ce qui est caractéristique, propre à une espèce (humaine, animale ou végétale), à qqn ou à qqch. Le mot s'applique à des noms comme *propriété, qualité, fonction, exigence, remède, droits, poids, réaction, odeur, maladie, volume, langage,* etc. *Le remède spécifique* **d'une maladie** (noter que *propre* se construit avec *à*). On ne parle pas d'un «terme spécifique» pour *un terme propre* ou *précis.* Remarquons que **SPÉCIAL**, parfois voisin, pour le sens, de *spécifique,* peut s'en éloigner et s'appliquer surtout à ce qui est particulier ou exceptionnel : *cours, classe, section, train, timbre, commerce, appareil, dictionnaire, édition, sens, cas, salle, arme, caractère, envoyé, mœurs, goûts,* etc.

SPÉCIMEN, n.m. *Des brochures* **spécimens.**

SPECTACULAIRE, adj. : *Un accident spectaculaire. Des résultats spectaculaires,* qui frappent les yeux et l'imagination.

SPÉCULATION, n.f., se dit de recherches philosophiques, de considérations théoriques, de calculs, d'opérations financières. Éviter le sens de «conjecture» : [*Se livrer à des spéculations sur les causes d'un accident*].

SPÉCULAUS (ou **SPÉCULOOS**), n.m. (dans l'Est, **SPÉCULATION**, n.f.), nom belge d'un biscuit sec ayant, selon les régions, des formes et des goûts différents.

SPEECH, n.m., *allocution.* Pluriel courant : **speeches,** à l'anglaise, ou **speechs** (*RO* II.7).

SPHINX, n.m., s'écrit avec *i.*

SPINOZISME, **SPINOZISTE**, n.m., à préférer à **SPINOSISME**, **SPINOSISTE**, puisqu'on écrit *Spinoza.*

SPIRALE, n.f. Parce que, au sens premier, *une spirale* est une courbe géométrique plane, on a blâmé à tort *escalier en spirale* (Ac.).

[**SPITANT**], adj. et [**SPITER**], v.tr.dir. ou intr., wallonismes traduisant l'action de «jaillir», de «pétiller», d'«éclabousser» et, pour l'adjectif, le sens de «vif» : [*De l'eau spitante. Une fille spitante. Une façon spitante. L'auto m'a spité*]. [Des **SPITES,** des **SPITURES**], n.f., pour des *éclaboussures.*

SPONSOR, n.m. anglais, doit être remplacé par *commanditaire* (ou *parrain*) ; **SPONSORING** par *parrainage* et les verbes **SPONSORISER** et **SPONSORER** par *commanditer, parrainer.*

SPORADIQUE, adj., se dit de ce qui se présente çà et là ou de temps en temps, irrégulièrement : *Des interventions sporadiques.* ▸ INTERMITTENCE.

SPOT, n.m. On dira : *un message publicitaire* au lieu d'*un spot publicitaire.* Le mot *spot* désigne aussi un petit projecteur, un repère lumineux.

SPRINT, n.m. anglais, a donné les noms **SPRINTER** (prononcé à l'anglaise) et **SPRINTEUR**, où l'on prononce $i + n$ comme dans le verbe intr. **SPRINTER**.

SQUARE, n.m. Pron. *wa* en France.

541

STAFF, n.m., anglicisme, désigne l'*équipe* assurant une fonction déterminée dans une entreprise ou formant les conseillers du directeur.

STAGNATION, n.f., **STAGNER**, v.intr., **STAGNANT**, adj. On prononce *g + n*.

STALAGMITE, **STALACTITE**, n.f. On peut, pour retenir la différence de sens, se rappeler qu'une *stalagmite* (noter *gm*) monte et qu'une *stalactite* (noter *ct*) tombe.

STANDARD, n.m. et adj., est un mot anglais qui signifie «type, étalon» et désigne ce qui est conforme à un type de fabrication, ce qui est *normalisé*: *Un modèle standard, un pneu standard.* D'où, avec le sens de «qui manque d'originalité», *une pensée standard.* On laisse généralement l'adj. invariable au pluriel. On parlera de *niveau de vie* (plutôt que de *standard de vie* ou de STANDING) et d'un *central téléphonique.* — *Le* ou *la* STANDARTISTE.

STANDING, n.m. Cet anglicisme se remplace aisément par *niveau de vie, rang, classe*: *Une personne de son rang. Un immeuble de classe, de luxe.*

[**STATER**], v.tr.dir., flandricisme, «arrêter, suspendre (des travaux)».

STATION, n.f., s'applique très bien en français aux endroits aménagés pour l'arrêt des taxis, des autobus, du métro: *Une station de taxis.* Mais, pour les chemins de fer, *gare* l'a nettement emporté, même en Belgique où l'on trouve encore cependant, dans beaucoup de localités, *rue de la Station* pour *rue de la Gare.* — Une STATION-SERVICE, des *stations-service*; le mot ne peut désigner qu'un poste où s'ajoute au ravitaillement en essence la possibilité de recevoir quelques services: lavage, graissage, etc.

STATIONNER, v.intr., «rester à la même place», se conjugue avec *avoir*, au contraire de *rester*. Fam. (v.tr.dir.): *stationner sa voiture*, la garer, la ranger.

STATIONNÉ, adjectif: *Une voiture (est) stationnée plus bas.*

STATUFIER, v.tr.dir., est familier non seulement au sens propre, mais au sens figuré où il a pour sujet un nom de chose: *Son intervention statufia ses collègues*, les rendit immobiles, semblables à des statues, les pétrifia.

STEAK, n.m. synonyme de *bifteck. Des **steaks**.* Noter qu'en France *un steak tartare* (ou *un tartare*) est formé de viande crue et hachée, mélangée avec un jaune d'œuf et un assaisonnement relevé. En Belgique, on parle de *filet américain.* On écrit: *un steak frites, un steak salade.* ▶ BIFTECK, ROMSTECK.

STÉNODACTYLO, n., s'écrit en un mot.

STEPPE, n.f. (autrefois masculin). *La steppe.*

STÈRE, n.m. *Un stère* (de bois).

[**STERFPUT**], n.m., belgicisme désignant un dispositif muni d'un siphon pour l'évacuation des eaux.

STERLING, adj.inv. *Cent livres sterling.*

STEWARD, n.m. (pron. *stiou* ou *sti*), membre du personnel au service des voyageurs à bord d'un paquebot ou d'un avion. *Des **stewards**.* Pour une femme, sur un avion, on dit *hôtesse de l'air.*

STICK, n.m., sorte de canne souple ou article de toilette.

STIGMATISER, v.tr.dir., ne s'emploie au figuré que dans un sens nettement péjoratif, «condamner avec force». Éviter de l'employer dans le sens d'«évoquer avec force et précision».

STIMULUS, n.m., «un excitant». *Des **stimuli*** (ou *des **stimulus***).

STIPULER, v.tr.dir., «énoncer comme condition expresse», «spécifier», est suivi de l'indicatif. *Stipuler une garantie, un avantage. L'annonce stipule qu'il faut écrire à l'adresse du journal.*

STOCK, **STOCKAGE**, n.m., **STOCKER**, v.tr.dir. Attention à *ck.*

[**STOEMELINGS (EN)**], à Bruxelles: *en tapinois.*

STOMACAL, **STOMACHIQUE**, adj. **Stomacal** a vieilli et peut se dire encore de la digestion, d'une colique: *Des troubles stomacaux.* **Stomachique** concurrence *stomacal* mais a surtout un sens médical («qui facilite la digestion»): *une poudre stomachique.* Comme n.m.: *Un bon stomachique.*

STOPPER, v.tr.dir. ou intr., «arrêter» ou «s'arrêter»: *Stopper l'avance, un train, la maladie. Leur voiture a stoppé devant chez nous. Ils ont stoppé net.*

STRASS, n.m., est aujourd'hui préféré à STRAS.

STRESS, n.m. qui a des sens multiples, peut souvent être remplacé par *agression*, parfois par *choc*. Être STRESSÉ, tendu, angoissé.

STRUCTURER, v.tr.dir. *Structurer un projet, un discours.*

STUPÉFAIT, adj. **STUPÉFIER**, v.tr.dir. Ne jamais employer *stupéfait* comme participe passé, ni *stupéfié* comme adjectif, faute très courante. Dire: *Sa conduite m'a stupéfié. Il en est resté stupéfait. Il a été stupéfié par cette nouvelle* ou *stupéfait d'apprendre cela.*

STYLÉ, adj., se dit d'un domestique qui remplit sa tâche dans les formes. **STYLER** *qqn* ou (beaucoup plus rare) *qqch.*, le dresser, le façonner pour qu'il réponde à certaines exigences.

Subjonctif

1. VOIR AUSSI...

▷ CONCORDANCE DES TEMPS.

2. EMPLOI DU SUBJONCTIF

2.1. INTRODUCTION

On trouvera des indications précises aux endroits où une remarque s'impose: verbes, conjonctions, locutions, etc. Il n'est pas question de présenter ici les diverses théories expliquant les emplois du subjonctif. Ce mode se prête comme une forme adéquate à l'énoncé de ce qu'on se refuse ou hésite à placer sur le plan de la réalité. On ne s'engage donc pas sur la réalité du fait visé; celle-ci est souvent incertaine; pas toujours cependant, notamment après certains verbes de sentiment, après des impersonnels, après *bien que* et dans certaines relatives. C'est que l'emploi du subjonctif a subi, au cours des siècles, l'influence de l'analogie. Il a fortement évolué; aussi notre syntaxe diffère-t-elle sur ce point, comme sur d'autres, de celle du XVIIe siècle ou même du XIXe, mais le subjonctif reste très vivant et très utile.

▷ CONCORDANCE DES TEMPS, 2.

2.2. DANS UNE PROPOSITION INDÉPENDANTE OU PRINCIPALE

En proposition indépendante ou principale, le subjonctif exprime un ordre, une défense, une exhortation, un conseil, un souhait, un désir, une crainte, un regret, une concession, une supposition, une éventualité, une hypothèse repoussée avec indignation, etc. Il exprime en somme la virtualisation du procès (M. Wilmet):

> *Que personne ne sorte! Dieu vous entende! Vive le roi!*
> *Plaise au ciel! Puisse-t-il réussir! Que je le reçoive, moi?*

▷ SACHE.

Le subjonctif imparfait ou plus-que-parfait avec une inversion du pronom sujet (pronom personnel, *ce, on*) peut marquer, en proposition indépendante, une hypothèse en opposition. ▷ INVERSION, 3.3.5 et 3.3.6.

> *L'eût-on invité, il ne serait pas venu.*

2.3. DANS UNE PROPOSITION SUBORDONNÉE

2.3.1. APRÈS LES VERBES DE VOLONTÉ, ETC.

Le subjonctif s'emploie après les verbes qui marquent une volonté, un ordre, une défense, un désir, un souhait, un empêchement, une prière, une permission, un consentement, une attente, une supposition (▷ ORDONNER, EMPÊCHER, VOULOIR, etc.). Certains verbes comme *dire, écrire, entendre, prétendre* peuvent perdre leur sens déclaratif, qui entraîne l'indicatif, et exprimer la volonté, le commandement, etc.; ils sont alors suivis du subjonctif (on trouvera ces verbes à leur rang alphabétique).

2.3.2. APRÈS LES VERBES DE SENTIMENT

Le subjonctif s'emploie après les verbes ou les expressions qui traduisent un sentiment de crainte, joie, douleur, regret, plainte, surprise, etc. ▷ AIMER, CRAINDRE, ÉTONNER, PLAINDRE, etc. On notera que l'usage actuel diffère nettement de l'usage classique, qui était loin d'avoir généralisé dans ce cas le subjonctif:

> *Je m'étonne qu'il soit déjà là.*

Il arrive même qu'après un infinitif comme *voir, penser,* réclamant l'indicatif mais dépendant d'un verbe ou d'une locution exprimant un sentiment, on emploie le subjonctif comme si on n'avait pas intercalé cet infinitif:

> *Je suis heureux de voir que vous soyez content.*

2.3.3. APRÈS LA FORME NÉGATIVE OU INTERROGATIVE DES VERBES D'OPINION, ETC.

Le subjonctif s'emploie après la forme négative ou interrogative des verbes d'opinion, de déclaration ou de perception et de ceux qui expriment l'idée de *montrer, indiquer, manifester.* De même s'ils sont introduits par un *si* conditionnel. L'usage actuel est beaucoup moins rigoureux que celui du XIXe siècle. ▷ CROIRE, 1, IGNORER, MONTRER, OUBLIER.

2.3.4. APRÈS CERTAINS VERBES EXPRIMANT UN DOUTE, UNE CONTESTATION, UNE NÉGATION

▷ CONTESTER, DOUTER, NIER.

2.3.5. APRÈS CERTAINES FORMES IMPERSONNELLES

On emploie le subjonctif après les formes impersonnelles, sauf après celles, employées affirmativement, qui expriment la certitude, la probabilité, la vraisemblance. ▷ ARRIVER, CERTAIN, 4, JUSTE, PROBABLE, POSSIBLE, SUFFIRE, VRAISEMBLABLE, etc.:

Il est normal qu'on l'entende. Il est remarquable que tous se soient trompés. Il est significatif qu'ils ne vous aient pas attendu.

De même, subj. après *paraître, trouver,* etc., construits avec un adj. qui, dans une forme impersonnelle, entraînerait le subjonctif.

On trouve parfois, après une expression assimilée à un impersonnel, *c'est que* suivi d'un subjonctif, c'est-à-dire qu'on emploie alors le même mode que s'il n'y avait pas **c'est que** :

> *L'odieux, c'est que le mot amour serve à tout et ne puisse être remplacé par un autre mot* (Bazin, H., *La mort du petit cheval* ; comme si l'auteur avait écrit : *Il est odieux que...*).

On remarque l'emploi normal de deux subjonctifs.

2.3.6. SUBORDONNÉE EN TÊTE DE PHRASE

Quand la subordonnée introduite par *que* est placée en tête de la phrase. ▶ QUE, conj., 4.2, LE FAIT QUE.

2.3.7. SUBORDONNÉE DÉPENDANT D'UNE PROPOSITION AU SUBJONCTIF

A. **Dans la langue classique**

Parfois, sans que cela s'impose toujours, dans une proposition subordonnée dépendant d'une proposition au subjonctif. Cela était assez fréquent dans la langue classique, où l'on a pu dire qu'il y avait **attraction modale** du conditionnel ou du subjonctif :

> *Je pourrais dire que son succès aurait passé mes espérances* (Racine). *Si Babylone eût cru qu'elle eût été périssable* (Bossuet). *Il est essentiel que les domestiques ici ne sachent pas que je vous connaisse* (Marivaux).

On emploierait maintenant des indicatifs : *a passé, était, connais.*

B. **Dans l'usage actuel**

Cela ne se présente plus guère que dans des propositions relatives, après *quel que soit... qui* ou *que, quel que soit celui qui* ou *que* (▶ QUELQUE, 1.4), *qui que ce soit qui* ou *que* (▶ QUI QUE CE SOIT), *quoique ce soit... qui* ou *que* (▶ QUOIQUE, mode) et après *que ce soit* (ou *fût* ou *serait*)... *qui* ou *que.* ▶ 2.3.8.

Après *si c'était* (ou *si ç'avait été*)... *qui* (ou *que*), on emploie couramment l'indicatif, mais la langue littéraire emploie parfois le subjonctif :

> *Si c'était moi qui avais dit cela. Si ç'avait été moi qui l'avais interrompu. — Si c'était au prix de la guerre qu'il fallût acheter le mot «volupté», je m'en passerais* (Giraudoux, J., *La guerre de Troie n'aura pas lieu*).

2.3.8. DANS CERTAINES PROPOSITIONS RELATIVES

Pour faire suite à ce qui vient d'être dit (▶ 2.3.7), notons l'emploi possible du subjonctif après *que ce soit* (ou *fût*) *vous... qui* ou *que* : *Je regrette que ce soit lui qui ait été nommé.* Il s'agit moins d'attraction modale que d'une relation avec le verbe principal, qui a lui-même nécessité *ce soit,* comme si l'on disait : *Je regrette qu'il ait été nommé.* Mais alors que le subjonctif est nécessaire dans cette dernière phrase, on dirait très bien, pour marquer la réalité de la nomination : *Je regrette que ce soit lui qui a été nommé.*

Je suis heureux que ce soit à vous qu'on a (ou *qu'on ait*) *demandé ce rapport.* Mais on dira normalement, *venir* étant laissé hors du champ de la réalité : *Est-il nécessaire que ce soit lui qui vienne ?* Tandis qu'on pourra dire : *Je ne pense pas que ce soit un homme à qui l'on puisse se fier* ou *à qui l'on peut se fier* ou *à qui l'on pourrait se fier.*

Même dans ce cas, on voit que l'emploi de l'indicatif ou du subjonctif dans les relatives dépend du fait qu'on place ou non le procès sur le plan de la réalité.

C'est ce qui explique aussi l'emploi du subjonctif dans les relatives exprimant une possibilité (on peut souvent comprendre : *qui puisse, qui soit capable de, de nature à*), un but, une intention ou aussi une restriction, une atténuation portant sur la principale. Dans certains cas, il faut reconnaître qu'il y a eu, par analogie, extension de l'emploi du subjonctif. Et dans la plupart des cas le choix reste permis dans la relative entre l'indicatif (ou le conditionnel) et le subjonctif.

Si la principale est négative (de forme ou de sens), interrogative ou hypothétique, le mode normal de la relative est le subjonctif :

> *Il ne fait rien qui vaille. Je ne connais personne qui s'en soit vanté. J'en connais peu qui soient contents. Y en a-t-il un qui veuille m'accompagner ? S'il y en a un qui y tienne...*

On voit la distinction traduite par le mode entre *Y a-t-il quelqu'un qui* **veuille** *me faire ce plaisir ?* et *Je connais quelqu'un* (ou *Je trouverai bien quelqu'un*) *qui me* **fera** *ce plaisir.*

De même entre *Je cherche qqn qui* **fasse** *ce travail* (je le cherche, mais le trouverai-je ?) et *qui* **fera** *ce travail* (je marque ma confiance) ou *qui* **ferait** (éventuellement) *ce travail.* Ou entre :

> *Je viens de découvrir un endroit qui me* **plaît** et *Si je découvre un endroit qui me* **plaise.** Distinction essentielle : *Elle ne prononçait aucune des paroles que Robert* **attendait** *et où se* **fût** *trahie la fureur d'une femme humiliée* (Mauriac, Fr., *Les chemins de la mer*).

Dans ces paroles, réellement attendues, se serait trahie la fureur (valeur de conditionnel du subj.). Même valeur de conditionnel dans cette phrase:

> *Une étrange odeur l'y accueillit, chimique et poussiéreuse, comme s'il venait d'entrer dans un laboratoire où l'on* **fabriquât** *scientifiquement du temps passé* (Cesbron, G., *Les innocents de Paris*).

A. Après un antécédent vague, un superlatif relatif, etc.

On retiendra que le subjonctif, sans être obligatoire, n'est pas rare après un antécédent vague, indéterminé ou après **le premier, le dernier**, qu'il est beaucoup plus courant, sensiblement plus fréquent que l'indicatif après **le seul, l'unique** ou une expression analogue (*un des rares qui*) et surtout après un superlatif relatif (**le plus, le moins, le meilleur, le mieux**); on semble alors marquer une légère réserve, une atténuation:

> *C'est le plus beau voyage que nous* **ayons** *fait.*

C'est ainsi qu'après **le seul** on peut avoir:

soit l'**indicatif**:

> *C'est le seul collaborateur dont il n'est pas* (ou *n'était pas* ou *n'a pas été* ou *n'avait pas été*) *content. C'était le seul dont il n'était pas* (ou *n'avait pas été*) *content. Ce sera peut-être le seul dont il ne sera pas* (ou *n'aura pas été content*). *Ce fut le seul dont il ne fut pas content*;

soit le **subjonctif**, plus fréquent:

> *C'est le seul dont il ne soit pas* (ou *n'ait pas été*) *content. C'était le seul dont il ne fût pas* (ou *n'eût pas été*) *content.*

B. Affirmation d'un réalité constatée

Ajoutons que l'**indicatif** s'impose si l'on affirme sans réserve un fait considéré dans sa réalité bien constatée:

> *C'était la première fois qu'il nous rencontrait. Ce soir, on peut dire que c'est le meilleur qui a gagné. C'est le candidat le plus méritant qui a été choisi.*

2.3.9. APRÈS CERTAINES LOCUTIONS CONJONCTIVES

Après certaines locutions conjonctives, qu'on trouvera à leur rang alphabétique. ▶ APRÈS QUE et AVANT QUE, 2, BIEN QUE, etc.

2.3.10. DANS L'INTERROGATION INDIRECTE

Au contraire de la langue classique, le français moderne n'emploie pas le subjonctif dans l'interrogation indirecte. Comparer

> *Peu importe qu'il l'***ait** *dit* et *Peu importe à qui il l'***a** *dit, comment il* **fera**.

SUBLIMER, v.tr.dir., «épurer, transformer», se dit en psychologie comme en chimie. **SUBLIMISER** a un autre sens: rendre sublime.

SUBSIDE, n.m., **SUBSIDIER**, v.tr.dir., **SUBVENTION**, n.f., **SUBVENTIONNER**, v.tr.dir., peuvent être synonymes, mais les deux premiers sont beaucoup plus vivants en Belgique qu'en France.

Subside (prononcé avec *bz*) a en France comme en Belgique, parmi d'autres sens, celui d'«aide financière accordée à un particulier ou à un groupement». **Subvention** a d'utiles dérivés, également courants: *subventionner*, **SUBVENTIONNÉ** (*Théâtres subventionnés*), **SUBVENTIONNEL** (*Une aide subventionnelle*), **SUBVENTIONNABLE**.

En Belgique, l'emploi habituel de *subside* a favorisé *subsidier* qui a disparu des dictionnaires, **SUBSIDIATION** (le fait de subsidier) et **SUBSIDIABLE**, qui ne sont pas français. Puisque *subside* seul est aujourd'hui français dans sa série, mieux vaudrait opter pour l'autre: *subvention, subventionner, subventionnel, subventionnable*.

Notons que **SUBSIDIAIRE** et **SUBSIDIAIREMENT** sont aujourd'hui sans rapport avec *subside*: *Un moyen subsidiaire* (destiné à être utilisé en second lieu). *Une question subsidiaire. Il sera chargé subsidiairement de la surveillance.*

SUBSTANCE, n.f., s'écrit avec *c*; **SUBSTANTIEL**, adj., avec *t*. **EN SUBSTANCE**, *essentiellement. Un exposé* ou *un repas* ou *un bénéfice substantiel, riche, considérable.*

SUBSTITUER, v.tr.dir. *On* **substitue** *A à B*; c'est A qui **remplace** *B*, qui **SE SUBSTITUE** *à B*, qui *est* **substitué** *à B*, tandis qu'on **remplace** *B par A*, que *B est* **remplacé** *par A*. — *Ils se sont* **substitués** *l'un à l'autre, chacun a pris la place de l'autre.*

SUBTIL, adj., évoque l'adresse, l'ingéniosité, la finesse: *Le subtil Ulysse. Un raisonnement subtil. Un esprit subtil. Avoir l'odorat subtil.* En Wallonie, on lui donne aussi le sens de *rapide*: [*Il s'est laissé rattraper, il n'a pas été assez subtil*]. De même **SUBTILEMENT** y est employé pour *rapidement*.

SUBVENIR, v.tr.ind. Auxiliaire *avoir. Subvenir à ses besoins.*

SUCCÉDER, v.tr.ind. ▶ VERBE, Conjugaison, 1.1 et RO II.3. *Succéder à qqn*, ne s'emploie pas au passif: *Ils se sont* **succédé**. *Il sera* **suivi** *à la tribune par un député de l'opposition.*

SUCCESSEUR, n.m. En droit, le masculin *successeur* désigne aussi bien l'homme que la femme. À la suite de l'application abusive des règles de féminisation des noms de métier, fonction, grade ou titre (▶ GENRE, 1), sont apparues, par contamination, des formes telles que [*successeuse*], ou pire [**successrice**], qu'il convient de bannir. *Madame X est le successeur du ministre Y.* ▶ DÉFENSEUR.

SUCCINCT, adj. Prononcer *suk-sin*. Au féminin et dans l'adverbe **SUCCINCTEMENT**, on prononce évidemment le *t*, mais pas le *c* qui précède.

SUCCION, n.f. (action de sucer), pron. *u-sion* plutôt que *uk-sion*.

SUCCOMBER, v.intr. ou tr.ind. Auxiliaire *avoir*. Seul le v.intr. signifie «mourir»: *Le blessé a succombé; il a succombé à la suite d'une fracture du crâne.* Il signifie aussi «être vaincu»: *Succomber sous le nombre.* Ou «être accablé sous un poids trop lourd»: *Succomber sous un fardeau.*

Le v.tr.ind. se conjugue avec *à* et signifie «céder à, ne pas résister à»: *Succomber à une tentation, à un désir, au sommeil. Y succomber.*

SUCETTE, n.f., est français dans le sens de «tétine non adaptée à un biberon et qu'on donne parfois à sucer aux enfants» (on dit plutôt **TÉTINE**) et dans celui de «bonbon à sucer et emmanché à l'extrémité d'un bâtonnet»: *Une sucette à la menthe.*

SUCRE, n.m., peut se dire pour «morceau de sucre»: *Il remue un sucre dans sa tasse. Combien de sucres? Mettre deux sucres dans son café.*

En Belgique les *dragées* de baptême, connues sous ce nom, s'appellent aussi des **SUCRES DE BAPTÊME**. *Sucre* est également utilisé en Belgique pour désigner une pièce en matière isolante servant à la connexion de deux fils conducteurs.

SUCRER (SE) est français mais très familier pour «se servir de sucre, sucrer son café, son thé». Familier au sens figuré: «s'attribuer dans une affaire des avantages pécuniaires excessifs».

SUER, v.intr., se dit fort bien pour «transpirer»: *Il suait d'angoisse. Suer à grosses gouttes.* **Tr.dir.** *Suer sang et eau. Cette ville sue l'ennui.*

Distinguer les noms f. de la transpiration: la **SUÉE** (généralement très familier) et la **SUEUR**.

SUFFIRE, v.tr.ind. et intr. Ils *suffisent, suffisaient*. Que cela *suffise. Cela a suffi.*

1. En emploi absolu, *il suffit* se dit beaucoup moins que *ça suffit* ou, plus familièrement, *suffit.*

2. **Suffire à, suffire pour**: a) **Devant un nom ou un pronom**, on emploie couramment *à*: *Ça suffit à mon bonheur. Peu de bien suffit au sage* (Ac.). *S'il perd ce procès, tout son bien n'y suffira pas* (Ac.). *Un comptable lui suffit. Deux jours lui suffisent amplement. À chaque jour suffit sa peine.*

Si j'avais suffi à son cœur comme elle suffisait au mien (Rousseau). *Un supplice léger suffit à sa colère* (Racine).

On emploie aussi *pour* devant un nom, comme dans *être suffisant pour*: *Un comptable suffit pour ces diverses écritures. Cinq cents francs ne peuvent suffire pour toutes ces emplettes* (Ac.). *Un mot suffit pour le froisser. Ces croissants ne suffisent pas pour notre déjeuner.* On trouve *à*: *Un ami tel que lui suffisait au bonheur de la vie* (GR).

b) **Devant un infinitif**, on emploie *à* ou *pour*: *Une goutte d'eau suffit à* (ou *pour*) *faire déborder le vase. Une goutte d'eau suffit pour le tuer* (Pascal). *La plus légère contrariété suffit pour l'irriter* (Ac.). *Un domestique ne saurait suffire à servir tant de personnes* (Ac.). *Cette somme ne suffit pas pour payer vos dettes* (Ac.). *Tous deux me disent que leurs moyens ne suffisent pas à aller plus avant* (Gaulle, Ch. de, *Le salut*). *Les vingt années écoulées ne nous auraient pas suffi à aller plus avant* (Id., *Ibid.*). *Un quart d'heure lui suffit, malgré ses platitudes, à assurer la conversation sur le sujet de l'argent* (Bosquet, A., *Les bonnes intentions*).

On peut, dans toutes ces phrases, employer *à* ou *pour*. Celui-ci semble s'imposer si le contexte laisse indéterminé le sujet de l'infinitif: *Certains jours, la vue d'un téléphone suffisait pour déclencher des associations d'idées* (Charles-Roux, E., *Oublier Palerme*). *Un mois suffira pour prospecter la clientèle. Un rien suffit pour être heureux.*

3. Complément de l'impersonnel **IL SUFFIT**. On emploie *de* devant le nom ou l'infinitif exprimant ce qui suffit: *Il suffit à chacun de faire son possible. Il suffit d'un sou, d'un rien, d'un conseil. Il lui suffit de votre permission.*

On emploie *pour* devant l'infinitif exprimant le but ou l'effet après *il suffit* (ou avec *il suffit que*): *Il suffit d'un mois pour prospecter la clientèle. Il suffit d'un rien pour le contenter. Il suffit d'un imprudent* (ou *de commettre une imprudence*) *pour tout compromettre. Il suffit que vous le rencontriez pour l'amener à de meilleurs sentiments.*

4. **IL SUFFIT QUE** est suivi du subjonctif: *Il suffit qu'il leur écrive.* Dans la langue classique, l'indicatif soulignait la réalité du procès de la subordonnée: *Ne vous suffit-il pas que je l'ai condamné?* (Racine, J., *Andromaque*); cet usage est vieilli.

À ne pas confondre avec **IL SUFFIT POUR QUE**: *Il suffit d'un rien* (ou *Cela suffit*) *pour qu'il se mette en colère. Il suffit que vous soyez content pour que je le sois aussi.*

SUFFISAMMENT, adv., est à éviter dans le sens de «avec prétention, avec suffisance». Il marque une quantité suffisante et peut avoir un complément déterminatif: *Il a suffisamment de* *bien pour vivre* (Ac.). *Il porte suffisamment d'intérêt à la chose pour que nous l'écoutions.* Éviter [*suffisamment assez*] et [*suffisamment... que pour*].

SUFFISANT, adj. ou participe. L'adj. se construit avec *pour* ou *pour que*: *C'est suffisant* **pour** *un dessert. C'est suffisant pour me mettre en colère* ou *pour que je me mette en colère.* Ne pas dire [*assez suffisant*]. Autre sens, «qui a une trop haute idée de soi»: *Ces gens ignorants sont suffisants* ou *pleins de* **SUFFISANCE**.

SUFFOCANT, adj., **SUFFOQUANT**, part.prés., **SUFFOQUER**, v.tr.dir. et intr.

Comme dans *communicant, communiquant* ou *provocant, provoquant*, la graphie distingue l'adjectif *suffocant* du participe présent *suffoquant*, où l'on retrouve le radical du verbe *suffoquer*. Mais on a voulu maintenir, au moins dans la langue écrite, une différence de sens et n'accorder à l'adjectif qu'une des deux acceptions du verbe. Celui-ci en effet change de signification selon qu'il est transitif ou intransitif.

Suffoquer, tr.dir., signifie «empêcher qqn de respirer, gêner sa respiration ou, au figuré, le remplir d'une émotion qui lui coupe le souffle»: *Cette chaleur le suffoquait. La colère le suffoquait.*

Intr., «respirer difficilement, être en proie à un sentiment tel qu'on peut à peine respirer»: *Le malade suffoquait, suffoquait d'indignation.*

D'où les emplois et les sens du part. présent **suffoquant**: *Une fumée suffoquant les convives. Une audace suffoquant l'auditoire. Elle s'est arrêtée, suffoquant d'indignation.* Il est normal que le part. passé **SUFFOQUÉ**, pris adjectivement, ait le sens passif; *on est suffoqué par la chaleur, par des sanglots, par une émotion.*

Quant à l'adjectif **suffocant**, les dictionnaires ne lui ont longtemps reconnu qu'un sens actif, «qui cause une suffocation, qui gêne ou empêche la respiration»: *Une chaleur suffocante. Une fumée suffocante. Une révélation suffocante.*

Dans le sens correspondant à celui du verbe intransitif, «qui respire difficilement», les dictionnaires ne permettaient que *suffoquant*, participe présent: *Suffoquant d'indignation, il s'en alla.* Verlaine a pourtant écrit dans *Chanson d'automne* (*Poèmes saturniens*): *Tout suffocant Et blême, quand Sonne l'heure, Je me souviens Des jours anciens Et je pleure.* Le sens est clair: «qui respire difficilement, sous l'effet de l'émotion». Comme ce sens était réservé par les dictionnaires au participe présent *suffoquant*, plusieurs anthologies ont «corrigé» Verlaine et remplacé *suffocant* par *suffoquant*, sans s'apercevoir qu'elles commettaient ainsi à la fois un abus de pouvoir et une faute grammaticale. Il est clair en effet que Verlaine a voulu employer l'adjectif, coordonné d'ailleurs à *blême* et précédé de l'adverbe *tout*, qui ne peut déterminer un verbe, sauf si celui-ci est au participe passé ou au gérondif. S'il s'agissait d'une femme, on écrirait: *Toute suffocante et blême*, comme *Toute tremblante et blême*.

Les dictionnaires reconnaissent aujourd'hui à *suffocant*, adjectif, le deuxième sens: «qui respire difficilement». Citons encore ces emplois corrects: *Je suis tombé à la renverse suffocant.* (...) *L'opéra est pour moi l'un de ces lieux suffocants* (Tournier, M., *Le roi des aulnes*).

SUGGÉRER, v.tr.dir. (▶ VERBE, Conjugaison, 1.1), **SUGGESTIF**, adj., **SUGGESTION**, n.f. (prononcer *g + j + è + st*; ne pas confondre *suggestion* et *sujétion*). *Suggérer une chose à qqn. Un peintre suggestif. Un déshabillé suggestif. J'ai suivi sa suggestion.*

SUICIDE, n.m.: *Un avion-suicide. La prévention(-)suicide. Prix(-)suicide* (▶ PRIX).

SUICIDER (SE) a été formé sur *suicide*, sans qu'on tînt compte du fait que cela formait pléonasme; l'usage a imposé la forme pronominale et le nom *suicidé*. Mais *suicider qqn* (pousser au suicide, faire croire qu'il s'est suicidé) n'a pu s'employer qu'avec un sourire, à vrai dire déplacé.

SUISSE, adj. *Une femme* **suisse** (plus courant que le féminin du nom, *une* **Suissesse**, à côté de *une* **Suisse**, plus fréquent).

Manger (ou *boire*) *en suisse*, manger (ou boire) tout seul, sans inviter les amis: *Un sandwich au saucisson dont il arrache en suisse une petite bouchée* (Bataille, M., *Les jours meilleurs*): l'expression, qui n'est pas nouvelle, paraît injuste, déconcertante et assez difficile à justifier (cf. A. Rey et S. Chautreau, *Dict. des expressions et locutions*).

SUITE.

1. **SUITE À**. On s'est acharné sur cette locution et on a voulu lui en substituer d'autres non seulement beaucoup plus rares mais plus étranges. Les dictionnaires de langue accueillent aujourd'hui *suite à*, mais le réservent au style commercial: *Suite à votre commande du..., nous vous informons que... Suite à votre lettre du...* Certains proposent une autre formule passe-partout, dont *suite à* ne serait qu'une ellipse: **COMME SUITE À**. Le tour existe et s'écrit. **POUR FAIRE SUITE À** s'utilise également dans ce sens. On écrirait mieux: *En réponse à* **votre** *lettre du* ou *En référence à.* Mais: *Pour faire suite à* **ma** *lettre du..., j'ai le plaisir de...* C'est moi qui apporte une suite à ma lettre.

2. **À LA SUITE**, loc.adv., l'un après l'autre: *Écrire deux lettres à la suite.*

   À LA SUITE DE, loc.prép., exprime la place derrière qqn ou qqch., ou la succession dans le temps, ou l'enchaînement, la cause: *Ils sont entrés à la suite du président. À la suite de chaque chapitre, on trouve quelques notes. À la suite de cette démarche, nous avons rompu. Il est resté paralysé à la suite d'une attaque.* Distinguer de: *Il est mort des suites d'un accident.*

3. **PAR SUITE**, loc.adv., par conséquent: *Vous parlez trop bas, et par suite je vous comprends mal.* Ne pas confondre avec **PAR LA SUITE**, plus tard, dans la période suivante; on peut dire *dans la suite.*

   PAR SUITE DE, loc.prép., marque la conséquence. *Par suite des arrangements pris entre eux, vous serez payé* (Ac.).

4. **ENSUITE DE**, loc.prép. très rare, même sous la forme **EN SUITE DE**: *En suite de sa promesse, il m'a envoyé ce livre.* On dit plutôt: *à la suite de.*

5. **DE SUITE** et **TOUT DE SUITE** ▷ TOUT, 4.4.11.

SUIVANT, prép., **SUIVANT QUE**, loc.conj. ▷ SELON.

SUIVANT (EN) pour « d'affilée » ou « de suite » est nettement populaire: *Boire trois verres en suivant.*

SUIVEUR, n.m., homme qui suit les femmes dans la rue, ou personne qui, à titre officiel ou professionnel, suit une course, ou personne qui imite autrui, sans esprit critique.

SUIVI, n.m. *Assurer le suivi d'une affaire*, lui donner une suite, en surveillant attentivement.

SUIVRE, v.tr.dir. ▷ ENSUIVRE. *Nous avons été suivis par deux rôdeurs. Il était suivi de* (ou *par*) *son chien. Vous agirez* **COMME SUIT**.

SUJET, n.m., ne peut se dire, comme on l'a fait en Belgique, pour *domestique, employé de maison.* Adj.: *Elle est sujette à des migraines.*

SULFURE, n.m. d'un composé chimique, désigne aussi les boules de cristal colorées pouvant servir de presse-papier.

SUPER. Les composés s'écrivent en un mot, sans trait d'union, sauf **SUPER-HUIT**. *Du super* pour *du* **SUPERCARBURANT**. Adj.: *Des spectacles supers* (ou *super*).

SUPÉRETTE, n.f. ▷ HYPERMARCHÉ.

SUPÉRIEUR, adj. ▷ INFÉRIEUR.

Superlatif relatif

1. SUPERLATIF RELATIF OU ABSOLU

Le superlatif relatif (*le plus grand, le meilleur*, tandis que *très grand, très bon* sont des superlatifs absolus) suppose que le nom est déterminé par un article défini: *Les États-Unis, la puissance la plus forte et la plus riche* (noter la répétition de l'article).

Si le nom est précédé d'un déterminant possessif, le superlatif placé avant le nom ne comprend pas l'article:

> *Mon plus cher ami* comme *le plus cher ami.* Mais: *Mon ami le plus cher.*

2. PLACE DU SUPERLATIF PAR RAPPORT AU NOM

La langue hésite à placer avant le nom le superlatif d'un adjectif trop long par rapport au nom. On ne dira pas: *C'est le plus intelligent élève*; on dira: *C'est l'élève le plus intelligent.*

Mais *élève* étant suivi d'un complément déterminatif qui fait corps avec lui: *C'est le plus intelligent élève de sa classe* (ou *C'est l'élève le plus intelligent de sa classe*).

> *C'est le défenseur le plus intelligent* (on trouve: *C'est le plus intelligent défenseur*).

3. APRÈS *CE* SUIVI DE *DE*

C'est du meilleur goût (comme *C'est de bon goût*) mais, si *de* est séparé de *ce* par un relatif et un verbe: *Ce qu'il y a de meilleur, de plus beau. Ce que j'ai vu de plus intéressant.*

4. APRÈS UN NOM PRÉCÉDÉ DE L'ARTICLE INDÉFINI

C'est un archaïsme d'employer le superlatif relatif après un nom précédé d'un article indéfini:

> *C'est une chose la plus aisée du monde* (Molière) au lieu de: *la chose la plus aisée. Un épisode assurément le plus intéressant de ma vie* (Green, J., *Jeunesse*).

5. ACCORD DE L'ARTICLE

Le plus jolie ou *La plus jolie* ▷ ARTICLE, 1.

6. ACCORD DE L'ADJECTIF APRÈS *DES PLUS* OU *UN DES*

▷ ADJECTIFS QUALIFICATIFS, 2.6.

7. EMPLOI DU MODE APRÈS *LE PLUS*

▷ SUBJONCTIF, 2.3.8.

SUPPLÉER, v.tr.dir. ou tr.ind. Dans l'usage actuel:

1. **Tr.dir.** *Suppléer qqn*, le remplacer momentanément ou partiellement dans ses fonctions: *Suppléer un professeur, un juge. Se faire suppléer par qqn. Ces collègues se sont suppléés.*

   Suppléer qqch.: a) Ajouter ce qui manque pour rendre complet: *J'ai suppléé les cent francs qui manquaient. Suppléer le mot sous-entendu, suppléer une lacune.* Absolument: *J'ai suppléé.*

   b) Mettre une chose à la place d'une autre, qui est insuffisante: *S'ils (certains titres) ne plaisent point assez, l'on permet d'en suppléer d'autres* (La Bruyère). Le complément est donc ce qui remplace. Ce tour n'est guère usuel.

   c) Remplacer (ou renforcer) qqch. pour le rendre complet, suffisant ou pour en tenir lieu. *Il lui était séant de se maintenir près des maîtres; l'intelligence de ceux-ci suppléait avantageusement la sienne (qu'il a fort médiocre)* (Gide, A., *Journal*). *L'homme demande aux animaux (...) des vêtements pour suppléer l'insuffisance de sa fourrure* (Duhamel, G., *Paroles de médecin*). Il s'agit bien de remplacer en comblant un manque, en complétant. Mais un peu plus loin, l'auteur emploie *suppléer* dans le sens de «remplacer une chose pour en tenir lieu»: *Il est clair que les appareils et les machines tendent non seulement à prolonger, à compléter, à corriger, à multiplier nos sens, mais encore à les suppléer. Des bras qui suppléaient aux cordes vocales, devenues impuissantes, une télégraphie de sourds-muets* (Druon, M., *Les grandes familles*); ici aussi, *suppléer* a un complément d'objet direct, *une télégraphie*, mais il y a en outre un objet indirect, *aux cordes vocales*.

2. **Tr.ind.**, avec à: *Suppléer à qqch.*, apporter à une chose insuffisante ce qui lui manque, y remédier par qqch. *Suppléez au peu d'art que le ciel mit en moi* (La Fontaine). *Il suppléait à tout ce qui manquait.* Ou bien remplacer une chose par une autre qui en tient lieu, quoique de nature différente: *Vous êtes peu nombreux, mais la qualité supplée à la quantité. Sa bonne volonté suppléera-t-elle à son inexpérience?*

   Il faut donc bien distinguer: *suppléer une lacune* (⮞ 1, a), c'est la combler; *suppléer à une lacune*, c'est y remédier, parfois en la remplaçant par qqch. d'une autre nature.

SUPPLIER, v.tr.dir. *Supplier qqn, supplier qqn **de faire** qqch. Il suppliait **qu'on vînt** à son secours* (subjonctif).

SUPPORTER, v.tr.dir. L'Académie ne connaît que *porter bien le vin*, être capable d'en boire beaucoup sans être incommodé. On dit très bien, et surtout: *Supporter le vin, la boisson, l'ail,* comme *le froid, la chaleur, un lainage, la fatigue, un affront, le bruit, un bavard, son sort,* etc.

Avec **de** et l'infinitif: *Il (ne) supporte (pas) **d'être** interrompu.* Avec **que** et le subjonctif: *Il supporte qu'on **l'interrompe**.* Autre sens, venu de l'anglais: *Ils étaient nombreux à supporter leur équipe* ou *ce coureur.* On dira plutôt: *à soutenir, à encourager.*

SUPPORTER, n. que certains ont proposé d'écrire **SUPPORTEUR**, *supportrice*. On prononce *èr* ou *eur*.

SUPPOSER, v.tr.dir., **SUPPOSÉ**, part. et adj.

1. **Supposer que** peut être suivi de l'indicatif, du conditionnel ou du subjonctif. Il est faux de dire qu'on n'a le choix selon le sens qu'après l'emploi à la forme affirmative et que le subjonctif est obligatoire après les formes négative ou interrogative. L'emploi du mode, quelle que soit la forme de *supposer*, peut dépendre du degré de vraisemblance ou de probabilité donné à l'hypothèse exprimée par la subordonnée. L'indicatif peut la situer catégoriquement dans la réalité, la présenter comme un fait admis ou à admettre ou comme une condition nécessaire; le subjonctif ne la place pas sur ce plan; le conditionnel souligne l'éventualité. *Il me dit: Vous ne supposez pas que nous allons sottement laisser la France se relever à notre frontière? Non* (Vercors, *Le silence de la mer*). Interrogation purement oratoire; celui qui parle présente l'hypothèse comme un fait admis par son interlocuteur: «*Vous supposez sans doute que...*». *Pourquoi supposez-vous que nous avons fait la guerre?* (Id., *Ibid.*) La guerre est un fait bien réel. *Mais comment pouvez-vous supposer que je croie au démon?* (Mauriac, Fr., *Les anges noirs.*) Il n'est pas question d'admettre une telle croyance. *Suppose que je sois absent, que ferais-tu?* Mais: *Décide-toi, voyons. Suppose que je suis absent et que tu dois prendre une décision.* L'hypothèse est présentée comme un fait admis. *Je suppose que vous ne seriez pas content si je refusais. Nous ne supposions pas qu'il était à l'étranger et nous ne comprenions pas son silence (il était effectivement à l'étranger). Supposons que cela soit vrai, que A soit égal à B; pure hypothèse. Je ne suppose pas qu'il m'en veuille et je continue à compter sur lui.* Mais, au sens de «présumer»: *Je suppose que vous l'avez averti. Je suppose qu'il sera là mardi.*

   SUPPOSÉ QUE et **À SUPPOSER QUE** sont normalement suivis du subjonctif: *Supposé (ou à supposer) qu'il ait manqué son train, il va sans doute nous téléphoner.*

2. **Supposé**, adj., «admis comme hypothèse ou par convention ou comme probable». D'où, «présumé»: *Le nombre*

supposé des morts et des blessés. Ils sont supposés avertis. On pourrait dire *censé* dans ce dernier cas, lorsqu'il y a un attribut (*Ces projets supposés réalisables*), mais non dans l'autre ni dans *Un nom supposé, un testament supposé.* On peut dire: *Il est supposé avoir compris.*

3. Dans le sens de «en supposant, en admettant», *supposé* est préposition et invariable: *Supposé même ces conditions réunies...*

4. L'emploi de *supposer de* **devant un infinitif** est peu courant. On dira plutôt: *supposer que...*

SUR, prép., est d'un emploi plus étendu, en bon français, qu'on ne le prétend. Certains emplois sont incorrects: plusieurs paraissent influencés, en Belgique, par le néerlandais, mais certains se retrouvent au Québec.

1. **Emplois corrects**, parfois injustement condamnés ou suspectés. *Marcher sur une ville, opérer sa retraite sur (ou vers) telle ville. Être d'accord (ou tomber d'accord) sur qqch. Tomber sur tel passage d'un livre.*

    Tomber sur qqn a deux sens figurés: le rencontrer par hasard ou dire du mal de lui.

    Inscrire son nom sur (ou dans) un registre, noter sur (ou dans) un agenda. ▸ DANS, 1, *Dans le journal.*

    Aller sur ses soixante ans (ou sur soixante ans).

    Rester sur son appétit ou sur sa faim. De même: sur son envie.

    Tirer sur a deux sens: *Le chasseur tire sur un lièvre. Un vert tirant sur le jaune, s'en rapprochant.* ▸ TIRER, 2.

    La clé est sur la porte. ▸ CLÉ. *Être sur place, sur les lieux.*

    S'asseoir sur un canapé, dans (ou plus rarement sur) un fauteuil. ▸ DANS, 1, 5.

    Sur les dix heures, sur l'heure du dîner, sur la fin de l'hiver, sur la fin de sa vie, sur le moment, au premier moment, *sur le coup de midi.* ▸ COUP. *Partir sur le tard.*

    Un sur dix, deux cents sur trois cents, une semaine sur deux.

    Fermer la porte sur qqn. Cela lui retombera sur le dos.

    Juger qqn sur sa mine, sur les apparences. *Le croire sur parole. Cet appartement donne sur la rue. Habiter sur un boulevard.* Mais: *se promener dans la rue.* ▸ DANS, 4.

    Vivre sur la fortune de sa femme, sur sa réputation. ▸ VIVRE.

    Être sur son départ, près de partir. *Sur ces entrefaites. Sur ce, il s'est fâché. Une femme sur le retour. Sur l'heure.*

    Tourner sur la droite, sur la gauche ou plus souvent *tourner (ou prendre) à droite, à gauche. Une maison sur le bord (ou*

au bord) *de la route. Un village sur la frontière. Passer ses vacances sur la côte.* ▸ CÔTE.

Monter sur une bicyclette, sur le vélo de son frère, mais *aller à (ou en) vélo.* ▸ À et EN, 1.

Porter un sac sur son dos, dormir sur le dos, mais *porter un sac au dos.*

Travailler sur tel sujet, méditer sur un problème. Être sur la défensive.

Se précipiter sur qqn. Un vêtement sur mesures (ou sur mesure).

Faire une chose à la demande de qqn, à sa requête, à sa demande ou *sur sa demande. Sur cette réplique, sur cette bonne parole.*

Se promener sur l'eau, sur la Seine, sur un lac.

Être sur un sujet, sur un chapitre.

Être blasé sur tout ou *de tout.* ▸ BLASER.

Mettre un ouvrier sur un travail.

Être propre sur soi. ▸ PROPRE.

Se méprendre sur (ou à) qqch.

Paraître sur la scène ou *sur scène.* ▸ SCÈNE.

Loucher sur qqch. Prendre exemple sur qqn.

Prendre sur soi. ▸ PRENDRE, 6.

Se mettre sur deux rangs, mais *parler dans les rangs.* ▸ RANG.

2. **Emplois fautifs.** ▸ FIER (se).

    [*Sur le temps que*], pendant que, [*Sur ce temps-là*], pendant ce temps-là. *Faire une chose* [*sur deux heures*], en deux heures.

    Deux fois [*sur la semaine*], deux fois la semaine, deux fois par semaine.

    [*Être sur la porte*], sur sa porte, sur le pas de sa porte. ▸ PORTE.

    [*Jouer sur la rue*], dans la rue. Au Canada et en Bretagne, on entend aussi *sur* pour *dans. Sur cette place.* ▸ PLACE, 3.

    [*Brouter sur une prairie*], dans une prairie.

    Il n'y a rien de nouveau [*sur l'année dernière*], par rapport à... *Le thermomètre indique vingt degrés* [*sur Paris*], à Paris. Cet emploi de *sur* au lieu de *à* devant un nom de localité se répand dans la langue populaire ou familière. Mais on dit très bien: *Il neige sur Paris.*

    [*Travailler sur un bureau*] (flandricisme), *dans un bureau.* [*Travailler sur une ferme*], dans une ferme. [*Trouver à* redire sur tout], à tout. [Monter sur un train], dans un train. [Sur le grenier], au grenier.

[Être fâché sur qqn], contre qqn.

[Je ne reviens pas sur son nom], je ne me rappelle pas son nom.

DE SUR (pour de dessus) est vieilli ou familier: Lever les yeux de sur son travail. On dit: prendre un livre sur la table plutôt que de sur.

Crier sur qqn est populaire. On dit plutôt crier après qqn, crier contre qqn, le gronder, le quereller.

Sur le tram s'entend régionalement en France pour dans le tram.

3. Tous les **composés** s'écrivent sans traits d'union: SURDOUÉ, etc. Cependant on écrit faire du SURPLACE ou du SUR-PLACE.

SUR, adj. à distinguer de SÛR: Ces pommes sont **sures**, aigres, SURETTES.

SÛR, adj. et adv. Un abri sûr. En lieu sûr. Un ami sûr. Une valeur **sûre** (ou **sure**: RO II.4). Un remède sûr. À coup sûr. Le temps n'est pas sûr. Être sûr de soi, de ce qu'on dit. Une chose est sûre. Il est sûr qu'on ne nous **a** pas invités. Être sûr d'avoir fait qqch. ou qu'on a fait qqch. Je ne suis pas sûr qu'on me l'**ait** demandé. Êtes-vous sûr qu'il l'**ait** dit? Être sûr et certain de ou que est familier. — Adv. BIEN SÛR. Fam.: Bien sûr que. Régional, POUR SÛR, pour sûr que. Wallonisme: [Il viendra sûr me voir] pour Il viendra sûrement me voir. Fam.: Sûr qu'il viendra me voir.

SURANNÉ, adj. Deux n. Une mode surannée.

SURCROÎT, n.m. Accent circonflexe. PAR SURCROÎT (ou DE SURCROÎT).

SÛREMENT ou SUREMENT (RO II.4), adv. Il le fera sûrement. Sûrement qu'il le fera.

SURET, surette, adj. Un goût suret.

SURIR, v.intr. Pas d'accent circonflexe.

SUR-LE-CHAMP, loc.adv. Traits d'union.

SURPLACE, n.m. Faire du surplace (ou du SUR-PLACE). Mais: Rester sur place.

SURPLOMBER, v.intr. ou tr.dir. Un mur qui surplombe est en surplomb, penche. Des rochers qui surplombent le chemin viennent au-dessus du chemin, en surplomb. Le premier étage surplombe la rue (vient au-dessus de la rue). Surplomber est donc plus précis que le verbe dominer employé dans ces contextes.

SURPLUS, n.m. Loc.adv., AU SURPLUS, au reste, d'ailleurs; EN SURPLUS, en supplément; DE SURPLUS, en plus, est rare. Ne pas dire [au surplus de qqch.].

SURPRENDRE, v.tr.dir. Être surpris de (ou par) qqch. ▸ DE, 8. Être surpris que ou si ▸ ÉTONNER. Se laisser surprendre par qqch.

SURPRISE, n.f. Postposé comme adjectif variable signifiant «inattendu» et formant des noms composés: des **attaques-surprises**. Des **cornets-surprises**. ▸ CORNET. Des **grèves-surprises**. Des **pochettes-surprises**. Des **visites-surprises**. On écrit: une SURPRISE-PARTIE, des **surprise-parties** (ou des **surprises-parties**) à côté de une SURPRISE-PARTY, des **surprise-parties** ou des **surprise-partys** (ces termes ont vieilli).

SURRÉSERVATION, n.f. remplaçant SURBOOKING.

SURSEOIR, v.tr.dir. ou ind. Je **sursois**, nous **sursoyons**, je **sursoyais**, je **sursis** (rare), je **sursoirai**, que je **sursoie**, que nous **sursoyions**, **sursoyant**, **sursis**, sans féminin. L'emploi transitif direct ne subsiste qu'en termes de procédure: surseoir un jugement, l'exécution d'un arrêt. Couramment, surseoir à: Surseoir aux poursuites, au jugement, à une décision.

SURTOUT, n.m., sorte de cape (vieilli), pièce de vaisselle. Des **surtouts**.

SURTOUT QUE, loc.conj. (d'autant plus que), est critiqué mais peut se dire: Je partirai de bon matin, surtout que les journées sont très courtes.

SURVENIR, v.intr. Auxiliaire être.

SUS, adv. (Courir sus à l'ennemi). Loc.adv., EN SUS, en plus. Loc.prép., EN SUS DE. L'agglutination du préfixe s'impose dans SUSDIT et se recommande, malgré des hésitations, dans SUSDÉNOMMÉ, SUSMENTIONNÉ, SUSNOMMÉ, etc.

SUSCEPTIBLE, adj. On ne discute pas le sens de susceptible en emploi absolu: «particulièrement sensible dans son amour-propre, qui se vexe facilement». Ce qu'on a mis en cause, c'est le sens de CAPABLE lorsqu'il s'agit d'une possibilité active. Littré, reprenant d'ailleurs des observations précédentes, a prétendu qu'en raison de l'étymologie du mot (suscipere, recevoir), on ne pouvait être susceptible que de recevoir, d'éprouver, de subir, tandis qu'on était capable de donner ou de faire. **Capable** s'applique aux personnes ou aux choses et exprime une possibilité active ou passive, fondée sur l'aptitude: Il est capable de tout, de réussir, de vous faire du tort, d'être froissé. Cette émotion est capable de le tuer. Lui seul peut exprimer la capacité légale: Il est majeur et capable de contracter.

Susceptible se dit aussi des choses comme des personnes, mais exprime une capacité latente, qui peut se manifester occasionnellement, non seulement en subissant mais en agissant: *Ce travail est susceptible d'amélioration* ou *d'être amélioré* (on ne peut pas dire *capable*). *Cette découverte est susceptible d'étonner.* L'on pourrait citer de nombreux écrivains employant *susceptible*, en parlant de personnes ou de choses, dans le sens de «en état de» ou «de nature à» faire qqch.: *Il déclara ne pouvoir indiquer, même approximativement, vers quelle date le corps expéditionnaire (...) serait susceptible de retourner à la bataille* (Gaulle, Ch. de, *L'appel*).

SUSPECT, adj. On ne prononce généralement pas les consonnes finales au masculin.

SUSPECTER, v.tr.dir. ▶ SOUPÇONNER. *On suspecte la bonne foi* (une qualité) *de qqn*, on la met en doute. Mais déjà Littré observait que, depuis très longtemps, *suspecter* était «un terme de palais» qui pouvait dire *soupçonner* et se substituait à ce verbe. *On le suspecte d'avoir menti. On le suspecte de diverses indélicatesses* (GR).

SUSPENS, n.m. *Une affaire en suspens.* Emploi plutôt littéraire: *Un long suspens.* Ce mot remplace parfois **SUSPENSE**, n.m.

SUSPENSE, n.m. emprunté à l'anglais, se prononce à l'anglaise ou plutôt à la française: *Un roman policier à suspense. Nous avons vécu un suspense angoissant.* ▶ SUSPENS.

En droit canon, *la* **SUSPENSE** est la sanction qui interdit à un prêtre (qui devient **SUSPENS**) d'exercer les fonctions de son état.

SUSURRER, v.intr. ou tr.dir. Attention à l'orthographe, venue du latin. *Le ruisseau* (ou *cette personne*) *susurre. Susurrer des mots tendres à l'oreille.*

Syllabes. Division des mots en fin de ligne

Les mots sont divisés en fin de ligne par un tiret (qui n'est pas repris à la ligne suivante).

1. CONSONNES

On divise avant la consonne unique ou avant la dernière consonne d'un groupe de deux consonnes ou plus; mais on ne sépare pas *l* ni *r* de la consonne précédente, à moins que le groupe ne soit *lr* ou *rl* ou *ll* ou *rr*. On ne sépare pas non plus *ch*, *gn* (prononcé *n* mouillé comme dans *agneau*), *ph*, *rh*, *th*, *ill* se prononçant *y* (comme dans *vieillard*), *ps* ou *th* d'origine grecque. On ne laisse pas en fin de ligne une voyelle isolée, ni une apostrophe, ni un *t* intercalé (*ora-cle*, *d'au-jour-d'hui*; *va-t-il* se coupe après *va-*).

2. VOYELLES

On évite de séparer au bout de la ligne des voyelles qui se suivent (*théâ-tre*); on ne peut séparer des groupes de lettres notant un seul son (*on*, *ain*, etc.); on ne renvoie guère à la ligne suivante une syllabe finale muette. On tient compte souvent de l'étymologie, dans la mesure où on la perçoit, surtout pour les préfixes.

3. EXEMPLES

Voici des exemples de coupures normales:

> *sous-traire*, *sur-prendre*, *ma-gni-fique*, *res-plen-dis-sant*, *ir-ré-sis-tible*, *ci-toyen*, *pau-vre*, *oa-sis*, *al-ler*, *ar-bre*, *es-clan-dre*, *re-cher-cher*, *dif-fus*, *sub-stan-tif* (ou *subs-tan-tif*), *ca-tas-trophe*, *pa-lim-pseste*, *ap-prou-ver*, *cu-rio-si-té*, *con-science*, *cons-truire*, *par-ler*, *élu-der*, *théo-lo-gie*, *pay-san*,

mais *boa*, *croyons*, *lion*, *ayons*, *bien*, *œuvre*, *tuyau*.

4. CHIFFRE + NOM

On ne sépare pas en allant à la ligne un chiffre du nom qui le suit (*200 pages*) ni un nom du nombre qui suit: *Louis XIII, août 1914, livre II.*

Symboles légaux des unités de mesure

▶ ABRÉVIATIONS, 2

SYMPA, adj. souvent invariable, abréviation familière de **SYMPA-THIQUE**, se dit d'une personne, d'un accueil, d'une réunion, d'un livre, d'une maison.

SYMPATHIE, n.f. ▶ TÉMOIGNER, 2.

SYMPATHIQUE, adj. C'est à tort qu'on a condamné sévèrement *sentiments sympathiques* dans, par exemple: *Croyez à mes sentiments sympathiques*; il y aurait là pléonasme, puisque la sympathie est un sentiment! C'est oublier que *sentiment* a un sens général, qu'il convient de préciser. Des sentiments peuvent être de colère, de haine, de reconnaissance, de tendresse, de sympathie, sympathiques ou antipathiques. L'Académie donne d'ailleurs l'exemple: *Croyez à mes sentiments bien sympathiques.* Ce qu'on pourrait observer, c'est que *sympathique* est beaucoup plus souvent pris dans un sens actif, «qui inspire la sympathie», que dans un sens passif, «inspiré par la sympathie».

L'ENCRE SYMPATHIQUE est ainsi appelée parce qu'elle reste invisible tant qu'on ne la soumet pas à l'action d'un corps avec lequel elle est «en sympathie».

SYMPOSIUM, n.m., peut être avantageusement remplacé par *colloque, congrès, rencontre,* etc.

SYMPTÔME, n.m. Prononcer *p* et *t*, et aussi dans SYMPTOMATIQUE, qui n'a pas l'accent circonflexe de *symptôme.*

SYNCHRONE, adj., se dit des choses qui se font en même temps : *Les rues, désertes et longues, larges, sonores, résonnaient sous leurs pas synchrones* (Perec, G., *Les choses*).

SYNDICAT D'INITIATIVE. ▶ INITIATIVE.

SYNDROME, n.m., terme médical. *Un syndrome* (pas d'accent circonflexe) *est une association de plusieurs symptômes* (accent circonflexe).

SYNTACTIQUE et SYNTAXIQUE, adj., ne sont pas proprement synonymes. *Syntactique,* relatif à la structure de la phrase, à la succession des mots. On dit que la liaison est un fait de *phonétique syntactique.* On parle de *doublets syntactiques* (*un bel enfant, un beau garçon*). *Syntaxique,* relatif à la syntaxe, aux règles régissant l'arrangement et l'accord des mots, la construction des phrases, l'emploi des modes et des temps. Mais on voit les dictionnaires Robert et d'autres donner *syntaxique* et *syntactique* comme deux formes synonymes. On parle d'un SYNTACTICIEN, spécialiste de la syntaxe.

SYSTÉMATIQUE, adj., «qui se rapporte à un système, qui forme un système ou agit selon un système sans finesse ni souplesse, conçu par l'esprit»: *Un raisonnement systématique, une obstruction systématique, un esprit systématique.*

T. Ne pas confondre le *t* analogique ou euphonique suivi d'un trait d'union mais qui n'intervient jamais après *d* (▶ INVERSION, 2.4.1) : *chante-t-il, va-t-il, s'en va-t-en guerre,* mais *entend-il* ; et le *t* suivi d'une apostrophe où l'on a *te* élidé substitué parfois à *toi* accompagnant un impératif devant *en* ou *y* : *va-t'en, fie-t'y, ne t'y fie pas.*

TABLE, n.f. *Une table **de** toilette, de jardin, de jeu, de nuit, de chevet, d'opération. Une table **à** dessin, à ouvrage. Mettre la table, dresser la table* ; à l'inverse : *débarrasser la table* ou *desservir.* On dit : *faire table rase de qqch.*

TABLER, v.tr.ind. (pas d'accent circonflexe) : *Tabler sur qqch.,* compter sur.

TABOU, adj. et n.m., est normalement variable : *Un sujet tabou* (auquel on ne peut toucher). *Des institutions **taboues.** Les **tabous** sexuels.* On laisse parfois invariable l'adjectif. Mieux vaut l'accorder.

TACHE, n.f., **TACHER,** v.tr.dir., salir en faisant une ou plusieurs taches : *Faire une tache, La tache ne s'en va pas. Faire s'en aller* (ou *en aller*) *une tache.* Distinguer TACHE et TÂCHE (verbe TÂCHER), TÂCHERON. *Il a taché la nappe. Son veston est taché. Tacher une réputation.* SE TACHER. *Ma robe s'est tachée au lavage. Prenez garde, vous allez vous tacher.* TACHETER (*Je **tachette,** nous **tachetons***), v.tr.dir., couvrir de nombreuses petites taches ; le verbe exclut l'idée de souillure, associée au verbe *tacher* : *Le grand soleil lui a tacheté le visage. Une étoffe tachetée de rouge. Un dahlia tacheté de blanc.*

TÂCHER, v.tr.ind. Devant un infinitif, la langue classique a dit *tâcher à* et *tâcher de.* On a voulu en vain associer à *tâcher à* l'idée d'un effort particulier. L'usage actuel ne s'en soucie d'ailleurs pas et a opté pour **tâcher de** : *Tâchez d'arriver à temps.* Emplois littéraires : *tâcher à* et *y tâcher.* Avec le subjonctif, **tâcher que** : *Tâchez qu'on soit content de vous.* Inutile et rare : [*tâcher à ce que*]. Laisser au français populaire [*tâcher moyen de*] (+ infinitif) ou [*tâcher moyen que*] (+ subjonctif). Redondance : [*tâcher de faire en sorte que*].

TAGÈTE, n.m., *de beaux tagètes* (variété de fleurs).

TAGUEUR, n.m., désigne celui qui dessine des *tags* (anglicisme), aussi appelé *bombeur* ou *graffiteur,* et s'inscrit dans une dérivation orthographiquement francisée (TAG, TAGUER), différente de celle de *jogger* (verbe) et *joggeur.*

TAHITIEN, n. et adj. Le *t* intérieur se prononce *s.*

TAÏAUT, interj., et non plus TAYAUT.

TAIE, n.f. *Une taie d'oreiller* et non [*tête*].

TAILLE-CRAYON, n.m., etc. ▶ NOMS COMPOSÉS, 2.5 et *RO* II.4.

TAILLEUSE, n.f., s'est dit en France (et survit régionalement) pour *couturière.*

TAIN, n.m. (altération de *étain*). *Le tain d'une glace.*

TAIRE, v.tr.dir. SE TAIRE. *Ils se **turent.** Elle s'est tue. Les choses qu'ils se sont tues. Ils se sont tu trop de choses.* Emploi belge de *Tais-toi* (ou *Taisez-vous*) pour marquer la surprise dans une conversation.

TAISEUX, adj., ancien mot français, s'entend encore en Belgique dans le sens de «qui ne parle guère», «taciturne».

TALISMAN, n.m. Prononcer *an.*

TALLEYRAND, nom propre, se prononce *tal(e)ran,* ou *taill(e)ran.*

TALOCHE, n.f., coup donné sur la tête ou sur la figure avec le plat de la main. Synonyme de *gifle, calotte* (fam.), il s'applique surtout aux enfants.

Taloche désigne aussi l'outil du plâtrier pour étendre le plâtre.

TALON, n.m. Le talon est la partie non détachable d'une feuille de *carnet à souches*; la partie détachable s'appelle le **VOLANT**.

TAMBOUR, n.m. **TAMBOUR BATTANT** (vivement, d'une manière expéditive), de même que **SANS TAMBOUR NI TROMPETTE** (sans bruit, discrètement), est une locution invariable au sens figuré.

TAMTAM, n.m. Des *tamtams*. On trouve aussi: un *tam-tam*, des *tam-tams*.

TANAGRA, n.m. (ou f.), qu'il s'agisse d'une statuette de Tanagra ou d'une jeune fille gracieuse: *Un* (ou *une*) *tanagra. Mon petit tanagra* (GR).

TANDIS QUE, loc.conj. (mieux vaut ne pas prononcer *s*), est suivi de l'ind. ou du conditionnel. Le sens classique, «aussi longtemps que», est vieilli; le sens moderne est «pendant que» ou «alors que», ou «bien que»: *On nous a téléphoné tandis que nous étions au bureau. Il travaille tandis que nous nous reposons. Il se plaint sans cesse, tandis que les autres sont souriants*; on pourrait écrire: *Il se plaint sans cesse. Tandis que... Tout le monde le croit heureux, tandis qu'il est rongé de soucis et de remords* (Ac.). ▶ PENDANT, 4.

TANIN, n.m., s'écrit plutôt avec un *n* qu'avec deux. De même **TANISER, TANISAGE**.

TANNANT, adj., se dit très familièrement d'une personne agaçante qui revient sans cesse sur les mêmes choses (**TANNER**: agacer).

TANT, adv.

1. Emploi avec un verbe ou avec un nom pour marquer l'**intensité**, la **quantité** (▶ SI, adv., 2): *J'aurais tant de plaisir à vous rencontrer. Il travaille tant* (ou *tellement*)! *Il a tant de travail! Tant de gens se trompent!* **Comparaison** dans une phrase négative: *Il ne travaille pas tant* (ou *autant*) *que nous.* En phrase positive, *tant* pour *autant* n'intervient que dans quelques cas: *Tous tant qu'ils sont. Tous tant que nous sommes. Tant que ça? Boire tant qu'on veut.* Surtout avec *pouvoir*: *Il travaille tant qu'il peut. En faire tant et plus...* Notons aussi **TANT ET SI BIEN QUE** et une conséquence. Sur l'emploi belge de *autant* pour *tant* ▶ AUTANT, 2.

   TANT... TANT marque une égalité, surtout dans des sentences: *Tant vaut l'homme, tant vaut la terre. Tant vaut l'un, tant vaut l'autre.*

   Tant **en tête d'une phrase** ou d'une proposition peut signifier «à tel point». *Tant il était abusé! Tant le monde est crédule! Tant il est difficile d'être impartial. Tant il est vrai que...*

2. **TANT IL Y A QUE** ou, archaïque, **TANT Y A QUE** (l'ancienne langue omettait souvent *il*) signifient «tant et si bien que» ou plus souvent «quoi qu'il en soit», «enfin, bref»: *Il ne cesse de se vanter; tant il y a qu'il se rend insupportable. Je ne sais pas bien ce qui donna lieu à leur querelle; tant il y a qu'ils se battirent* (Ac.). Ces deux tours sont plutôt littéraires.

3. **SI TANT EST QUE**, «à supposer que, en admettant que», présente la condition avec réserve, sans confiance, et est donc suivi du subjonctif: *Je ne manquerai pas d'y aller, si tant est que je le* **puisse** (Ac.). *Si tant est que cela* **soit** *comme vous le dites* (Ac.).

4. **TANT QUE** a plusieurs sens:

   a) Tellement que (*tant* + nom + *que*): *Il montre tant de courage qu'il* **doit** *réussir. Tant d'ardeur l'animait qu'il ne put se contenir. A-t-il tant de soucis qu'il ne* **puisse** *nous écrire?* Subjonctif après une principale négative ou interrogative; le fait est exprimé comme douteux, simplement visé.

   L'emploi de *tant* + adj. + *que* au lieu de *si... que* restrictif est un tour vieilli et aujourd'hui fautif. On dit: *Si faible qu'il soit.* ▶ AUTANT, 3.

   b) Autant que (dans une proposition négative): *Il n'aimait rien tant qu'à persuader autrui* (Martin du Gard, R., *Les Thibault*). *Il n'a pas tant* (ou *autant*) *de livres que moi* ▶ 1.

   c) Aussi bien... que: *Tant bien que mal. Tant chez lui que chez vous. Les auteurs tant anciens que modernes. Je le sers tant pour lui que pour me faire plaisir* (Ac.). *Tant avec lui qu'avec les autres.* Remarquer la répétition de la préposition.

   d) Aussi loin que: *Tant que la vue peut s'étendre* (Ac.).

   e) Aussi longtemps que: *Je travaillerai tant que j'en aurai la force.* On ne dit plus *jusqu'à tant que* (+ subjonctif).

   On se gardera de dire [*tant que j'y suis, tant que j'y pense*], dans le sens de *pendant que j'y suis, que j'y pense.*

5. Il faut soigneusement distinguer **TANT QU'À** et **QUANT À**. Devant un nom, un pronom ou un infinitif, **quant à** signifie «pour ce qui est de, en ce qui concerne» et met un terme en relief au début, généralement, d'une phrase: *Quant à ma femme, elle est d'accord. Quant aux détails, nous en discuterons. Quant à lui, il ne se plaignait pas. Quant à céder, je n'y pense pas. Il s'intéresse à ce travail, mais quant à nous aider, il n'en est pas question.* Le français populaire ou dialectal remplace *quant à* dans ces phrases par *tant qu'à*: [*Tant qu'à ma femme, tant qu'à nous aider*]. Mais une distinction s'impose **devant un infinitif**, où *tant qu'à* est correct, quoique encore suspect et critiqué, lorsqu'au lieu de signifier *quant à* il a un sens concessif. Il faut distinguer **Quant à l'inviter**, *il n'en est pas question* et **Tant qu'à l'inviter**, *nous inviterons aussi sa*

femme, qui veut dire: «Si nous devons l'inviter». Ce tour a dans ce sens des répondants; on le trouve surtout avec *faire* ayant un sens très large: **Tant qu'à faire**, *nous inviterons aussi sa femme*. On emploie aussi *faire* avec un complément: *Tant qu'à faire quelque chose, écrivons-lui*. Ou bien *faire* est précisé par un infinitif, introduit soit par *que de*, soit par *de* tout seul: *Tant qu'à faire (que) de l'inviter, invitons aussi sa femme*. Les puristes ont tort de critiquer ce tour en y dénonçant une «grossière confusion avec quant à»; les deux locutions n'ont pas le même sens. Mais au lieu de dire *Tant qu'à faire que de l'inviter*, qui est correct mais lourd, je dirais **Tant qu'à l'inviter**. *Tant qu'à m'ennuyer (ce que je trouve toujours inutile), je préfère que ce ne soit pas avec M.* (Gide, A., *Journal*).

On dit et on écrit aussi, et le tour est clair et n'est pas critiqué: *À **tant faire que** de m'ennuyer* (parfois *À tant faire que m'ennuyer*). *Pour tant faire que de m'ennuyer* est aussi très clair et logique. *À tant que faire* est rare: *À tant que faire, pourquoi se priver de modifier son passé, de l'embellir?* (Bosco, H., *L'antiquaire*.) *Tant qu'à faire* serait préférable.

6. FAIRE TANT QUE DE, aller jusqu'à: *Quand on fait tant que de se présenter,...* On ne supprime plus *que* comme pouvait le faire Mme de Sévigné.

Pour *à tant faire que* ▷ 5.

7. Au lieu de *J'ai constaté une amélioration [tant au point de vue physique que moral]*, on dira, *tant au point de vue physique qu'au point de vue moral* ou *tant au physique qu'au moral*. Il faut garder la symétrie.

8. [*Un tant*] est incorrect. On dit: *Je leur donnerai tant* (▷ AUTANT, 2). Mais on dit fort bien UN TANT SOIT PEU ou TANT SOIT PEU: *Donnez-leur un tant soit peu* ou *tant soit peu. Il me paraît tant soit peu égoïste.* ▷ PEU, 1, A.

9. On entend en Wallonie: [*un* TANT À FAIRE] pour désigner une personne affairée, la mouche du coche, qqn qui prétend avoir tant à faire.

10. EN TANT QUE, «dans la mesure où»: *Il ne s'intéresse à nous qu'en tant que nous pouvons l'aider*. Ou «comme»: *En tant que Français, nous ne pouvons rester indifférents*. Expression juridique: *en tant que de besoin*.

11. Il suffira de noter: TANT MIEUX, TANT PIS et de dénoncer [TANT PIRE].

12. TANT S'EN FAUT, il s'en faut de beaucoup, loin de là. ▷ FALLOIR, 4.

TANTE, n.f. Quand on s'adresse à sa tante, on dit généralement *Tante* ou *Ma tante* ou *Tante Céline*. Quand on parle d'elle: *Ma tante, tante Céline*; parfois *Tante* si le contexte précise bien de qui il s'agit.

TANTIÈME, adj.,et n.m. *La tantième partie d'un nombre. Les tantièmes des administrateurs. Il a perçu son tantième.*

TANTINET, n.m., diminutif marquant une très petite quantité, s'emploie avec *un* et peut former une loc.adv. *Donnez-moi* UN TANTINET *de pain* (Ac.). *Elle était un tantinet fâchée contre vous* (Ac.).

TANTÔT, adv., a changé de sens et d'emploi et est encore aujourd'hui discuté, sauf quand il est répété et exprime la succession ou l'alternance: *Tantôt plus, tantôt moins.* Voir plus bas.

Tantôt a signifié *aussitôt*, puis *il y a peu de temps* ou *dans peu de temps*, à l'intérieur du jour où l'on parle, puis *cet après-midi* (écoulé ou à venir). Ce dernier sens a été confirmé par plusieurs linguistes, qui y ont vu un usage parisien. Les Parisiens s'en défendent aujourd'hui et voient là un usage provincial. Les sens «il y a peu de temps» et «dans peu de temps» sont restés vivants dans certaines régions de France comme en Belgique; quant au sens «cet après-midi», il a certainement été vivant à Paris comme en province où il survit. En réalité, on n'est pas toujours certain d'être bien compris quand on emploie *tantôt* et mieux vaut dire *tout à l'heure* (*Je l'ai vu tout à l'heure. À tout à l'heure*) ou *cet après-midi*.

Archaïque ou littéraire au sens de *bientôt*: *Il est tantôt minuit* (Ac.). Ne pas dire: [*là tantôt*].

Comme nom, *le tantôt* est devenu plus ou moins un régionalisme et signifie «l'après-midi». Il est plutôt populaire; on l'a même employé sans article, comme *matin* et *soir*, à côté de *hier, le lendemain*, etc.: *Le lendemain tantôt*. On a dit aussi *sur le tantôt*, mais le tour est vieilli, comme les autres emplois du nom.

Tantôt peut être introduit par les prépositions *à, de, pour, jusqu'à*: *À tantôt. D'après ses déclarations de tantôt. Venez çà, que je vous distribue mes ordres pour tantôt* (Molière). *Attendez jusqu'à tantôt.*

TANTÔT... TANTÔT marque l'alternance: *Il dit tantôt oui, tantôt non.* Éviter *tantôt... ou* et *tantôt... parfois*. On veillera à la symétrie. Au lieu de: *Ils voyaient, tantôt avec une fierté amusée, tantôt un peu d'agacement, les inventions mécaniques* (Druon, M., *Les grandes familles*), mieux vaut dire: *tantôt avec une fierté amusée, tantôt avec un peu d'agacement* ou *avec tantôt une fierté amusée, tantôt un peu d'agacement*. Pour l'accord du verbe après deux sujets introduits par *tantôt... tantôt* ▷ VERBE, Accord, 2.2.10.

TAON, n.m. Pron. *tan*, comme le n.m. TAN désignant l'écorce du chêne pulvérisée.

TAPECUL, n.m., s'écrit plutôt en un mot; *l* ne se prononce pas. Des *tapeculs*. Parmi ses sens: voiture mal suspendue; il a signifié autrefois: porte à bascule des poternes. En wallon et en français régional: trappe (porte horizontale au niveau du plancher), tombereau. On trouve TAPE-CUL.

TAPER, v.tr.dir. et intr., TAPANT, adj. Un seul *p*. *Taper trois coups à la porte.* Au sens de «dactylographier», «frapper»: *Taper une lettre. Une lettre tapée à la machine. Taper en double.* Fam., *Taper qqn*, lui emprunter de l'argent. Fam., SE TAPER *un boulot, une corvée.* Pop., *Tu peux te taper* (c'est inutile). Fam., *Se taper la tête contre les murs, se taper le derrière par terre. Se taper les cuisses de contentement.*

L'emploi transitif avec pour complément d'objet direct ce qui est frappé (*taper un enfant*) est tout à fait exceptionnel avec un nom de chose: *Le Président tape sa table* (Benjamin, R., *La cour d'assises*). On dit: *taper sur la table.* L'Académie enregistre comme familier: *Une réponse bien tapée*, bien envoyée.

Taper sur qqn, lui donner des coups ou, familièrement, dire du mal de lui. *Taper sur le ventre à qqn, sur l'épaule, taper à la vitre du café, sur un tapis; taper du pied; taper dans l'œil à qqn*, lui plaire vivement, *taper dans le mille*, deviner juste.

Tapant, comme *sonnant*, varie ou non dans: *À six heures tapant(es)* (▶ HEURE).

Composé: un ou des TAPE-À-L'ŒIL, *des mobiliers tape-à-l'œil.*

TAPETTE, n.f., a entre autres sens ceux de: petite tape, sorte de petite raquette flexible servant à battre les tapis ou à tuer les mouches (*une tapette à mouches*), et, au figuré, la langue d'un bavard ou, par extension, une bavarde; en français très familier, un pédéraste.

TAPIS, n.m., TAPIS CLOUÉ, MOQUETTE, [TAPIS PLAIN].

Pour désigner ce qu'en France on a appelé *tapis cloué*, mais qui s'appelle aujourd'hui couramment *moquette*, on a employé en Belgique TAPIS PLAIN ou *tapis plain*.

La moquette, précisait Bescherelle, est unie ou à dessins; on en faisait des tapis ou on en couvrait des sièges. C'est encore le sens attesté par Littré. Dans le *PR*: «tapis cloué couvrant généralement toute la surface d'une pièce». *Tapis cloué* a vieilli à mesure qu'on ne clouait plus les tapis. François Nourissier a écrit en 1968: *À Paris la moquette avale tout. Enfant, j'avais été émerveillé quand on avait posé dans le salon ce que Maman appelait du «tapis cloué»* (Le maître

de maison). La moquette s'employant aussi pour des sièges et n'étant pas réservée au tapis recouvrant toute la surface d'une pièce, on comprend qu'on ait préféré d'abord, dans ce dernier sens, *tapis cloué*, puisqu'il fallait clouer cette moquette. Mais on s'explique aussi que les Belges aient écrit *tapis plain*, puisque ce tapis recouvrait pleinement le sol d'une pièce, mur à mur. Toutefois, bien que l'adjectif *plain* fût aussi vieilli en Belgique qu'en France dans l'usage courant, des critiques ont pensé que *plein* se substituait abusivement à *plain* dans *tapis plain* comme dans *de plain-pied* (▶ PLAIN). Et leur acharnement est parvenu à éliminer *tapis plain*; on a fini par écrire couramment en Belgique *tapis plein*, ce qui a fait croire à certains qu'il s'agit de tapis sans dessins en relief. Conformément à l'usage actuel, qui se répand d'ailleurs en Belgique, il convient d'employer *moquette*, opposé à *carpette*, de dimensions plus réduites.

TAPIS-BROSSE, n.m., désigne une sorte de *paillasson*: Des **tapis-brosses**.

TAPISSER, v. tr. *On tapisse un mur de papier peint. On achète des rouleaux de papier à tapisser.* Dans certaines régions de Belgique, on parle logiquement de TAPIS pour désigner le papier peint. ▶ TAPIS.

TAPUSCRIT, n.m., opposé à *manuscrit* pour désigner des textes dactylographiés, dit aussi plus savamment DACTYLOGRAMME, n.m.

TAQUE, n.f., peut se dire de la plaque de fonte appliquée au fond d'une cheminée et formant contrecœur, mais est belge pour désigner le dessus d'une cuisinière, le couvercle d'un poêle de cuisine ou d'une citerne.

TARDER, v.intr. et tr.ind. *Il ne va pas tarder. Venez sans tarder. Il a trop tardé à nous avertir. Il ne tardera pas à venir. Le temps lui tarde de nous rejoindre, que tout soit terminé.* **Il me tarde de** *le recevoir. Il me tarde qu'il nous rejoigne* est peu vivant. Pas de *ne* explétif.

TARIFER, v.tr.dir. Éviter [TARIFIER].

TARIR, v.tr.dir. et intr. *Tarir un étang, les larmes de qqn. La source a* **tari** *hier*, **est tarie** *depuis hier*, **s'est tarie**. *On ne tarit pas d'éloges sur sa conduite. Ses collègues ne tarissent pas moins d'éloges.*

TARMACADAM, n.m., se dit beaucoup moins que MACADAM ou que TARMAC. *L'avion roule sur le tarmac.*

TARTE, n.f. *Une tarte aux fruits, aux pommes, à la crème.* Dans *L'école des femmes*, de Molière, Arnolphe, faisant le portrait de la femme pour lui idéale, ignorante des jeux de société, souhaite qu'elle réponde «*Une tarte à la crème*» au lieu de répondre par un mot en *-on* lorsqu'on lui demande ce qu'on met dans le corbillon. C'est ainsi que TARTE À LA CRÈME est devenu synonyme de lieu commun, éculé, banal.

Tarte s'emploie dans la langue très familière avec des sens spéciaux: *C'est pas de la tarte,* ce n'est pas facile. *Il a reçu une tarte,* une gifle. *Ils sont vraiment trop tartes,* trop laids, trop ridicules.

TARTINE, n.f., désigne la tranche de pain destinée à être recouverte de beurre ou de confiture ou la tranche ainsi recouverte (ainsi TARTINÉE) et qui s'appelait autrefois *une beurrée*: *Se tailler une tartine. Couper le pain en tartines. Une tartine de beurre, de confiture. Une tartine beurrée.* Au figuré, fam., longue tirade, développement trop long et ennuyeux.

TARTUFE, n.m. Bien que Molière ait écrit le nom propre avec deux *f,* on écrit, avec un *t* minuscule, *un tartufe* (italien *tartufo*) et TARTUFERIE.

TAS, n.m. On peut parler familièrement d'un *apprentissage sur le tas,* d'une *formation sur le tas* (comme d'une *grève sur le tas*), sur le lieu de travail.

TASTE-VIN (ou TÂTE-VIN), n.m., des *taste-vins* (ou *tâte-vins*). Il s'agit du petit récipient utilisé pour goûter le vin. *Les chevaliers du taste-vin.*

TATILLON, *tatillonne,* adj., et dérivés. Pas d'accent circonflexe.

TÂTONS (à), loc.adv., s'écrit toujours avec s. TÂTONNER, TÂTONNEMENT, deux *n.*

TAULE, n.f. populaire: chambre, prison.

TAXER, v.tr.dir. *Taxer les objets de luxe, les riches. Taxer qqn **de négligence,*** l'en accuser. *Taxer d'impertinence une remarque judicieuse,* la traiter d'impertinente, ou parfois *la taxer d'impertinente.*

TAXIMAN, n.m., belgicisme pour «chauffeur de taxi».

TÉ, n.m. *Un fer à té* ou *un fer en té, un fer à double té.*

TEA-ROOM, n.m. Des *tea-rooms.* Dire plutôt *salon de thé.*

TECHNOLOGIE, n.f., étude des techniques.

TECK (ou TEK), n.m. d'un arbre et d'une sorte de bois.

TE DEUM, n.m. inv. Des *Te Deum.*

TEEN-AGER (ou TEENAGER), n., «jeune homme ou jeune fille de 13 à 19 ans» (l'équivalent anglais pour les nombres de 13 à 19 étant thirteen, fourteen... nineteen). Cette tranche d'âge ne correspond pas exactement à l'adolescence. Des *teen-agers* ou *teenagers.*

TEE-SHIRT ou T-SHIRT. Des *tee-shirts,* des *t-shirts.*

TEINDRE, v.tr.dir. Je *teins,* il *teint,* nous *teignons,* je *teignais,* nous *teignions,* etc. *On teint un costume en noir.* Ne pas confondre avec TEINTER (noter *ein*), revêtir d'une teinte légère, colorer légèrement: *Du papier teinté. Un intérêt teinté de condescendance.* À distinguer de TINTER, sonner.

TEINT, adj. et n.m. *Une étoffe teinte. Une personne teinte. Avoir le teint bronzé. Des étoffes grand teint, bon teint.*

TEK, n.m. ▶ TECK.

TEL, adj. ou pr.indéf.

1. **Accord de l'adjectif.** Inutile de nous arrêter aux cas qui ne présentent aucune difficulté: *Une telle femme. Une telle sottise. Il me doit telle somme. De tels acteurs sont rares. Telle a été sa conduite. Ils sont tels que je m'y attendais. Vous trouverez ces livres tels que vous me les avez prêtés. Tel père, tel fils. Rien de tel que l'instruction.*

Il n'y a problème que dans les cas où *tel,* **avec ou sans *que,*** **introduit un ou plusieurs exemples ou une comparaison:**

a) Dans TEL QUE suivi d'un nom ou d'un pronom, on accorde *tel* avec le terme qui généralement précède, illustré par le ou les exemples ou par une comparaison: *Les bêtes féroces, telles que le tigre, le lion, etc.* (Ac.). *Plusieurs grammairiens, tels que Brunot. Si vous consultez un grammairien tel que Brunot ou Dauzat... Tels que la haute mer contre les durs rivages, À la grande tuerie ils se sont tous rués* (Leconte de Lisle). *Ils se sont rués sur lui tels que des bêtes féroces.*

Un style un peu soigné évite *tel que* devant un participe avec ellipse du sujet et du verbe être: *Tel que convenu.* On dit: *comme convenu.*

b) Lorsque *tel* est employé **sans *que,*** l'usage, les grammairiens et les écrivains hésitent visiblement; ils optent soit pour l'accord avec le 1er terme de la comparaison, comme s'il y avait ellipse de *que* (▶ a), soit pour l'accord avec le 2e terme, nom ou pronom, qui suit *tel,* comme s'il y avait ellipse du verbe *être*; les deux usages et les deux analyses sont acceptables: *Les enfants grouillaient, tels des fourmis* ou *telles des fourmis* (telles étaient des fourmis). *Tels des fourmis* (ou *telles des fourmis*), *ils grouillaient.* Il y a toutefois dans l'usage une préférence, qu'il faut suivre et encourager, pour l'accord avec le nom qui suit: *Oncle Rat,* **telle une fumée,** *avait disparu* (Bosco, H., *Malicroix*). *On peut craindre qu'ils soient voués, telle Pénélope, à retisser le jour la toile qu'a défaite la nuit* (Peyrefitte, A., *Le mal français*). *Ceux qui, tel votre frère...*

Dans CONSIDÉRER COMME TEL, CROIRE TEL, RECONNAÎTRE POUR TEL, etc., *tel* s'accorde avec le complément dont il est attribut. *Cette maison n'est pas un bâtiment public, mais certains la considèrent comme telle*; comme si on disait: *Elle est telle*. On accorde aussi *tel* dans EN TANT QUE TEL: *La plainte, en tant que telle, n'est pas recevable.*

2. TEL QUEL, se rapportant à un nom, signifie «tel qu'il est, sans aucune modification»: *Il a laissé les choses telles quelles* (telles qu'elles étaient). L'expression a pris un sens péjoratif, «défauts y compris»: *Des gens tels quels* (Ac.). *Ces meubles seront vendus tels quels.* La langue populaire substitue volontiers TEL QUE à *tel quel* dans cet emploi. Le tour est sévèrement condamné comme incorrect par les lexicographes, bien que de bons écrivains l'emploient spontanément, en lui enlevant même sa connotation péjorative: *Tel que, le texte en question occupe le Maréchal* (Aron, R., *Histoire de Vichy*). On fera bien d'éviter ce tour.

Mais ce qu'il faut très nettement proscrire, c'est l'emploi de **tel que** dans le sens de *comme*. Par exemple: *Une nouvelle réunion se tiendra l'automne prochain [tel que prévu].* Le tour semble familier aux Canadiens, non seulement devant un participe passé se rapportant à un nom qui précède (*Voici le texte [tel que demandé]* au lieu de *tel que vous l'avez demandé*), mais même sans ce rapport: *[Tel que suggéré] dans votre lettre, j'ai fait retaper le texte.* On préférera: *Comme vous l'avez suggéré...*

3. La langue classique employait *tel que* avec le subjonctif au lieu de *quel que, quelque... que*. On dit aujourd'hui: **quel qu'il soit**, *quelle que puisse être sa conduite, à quelque prix que ce soit.* ▸ QUELQUE, 1.

4. **Tel**, TEL OU TEL, TEL ET TEL s'appliquent à des personnes comme à des choses: *J'en ai parlé à tel avocat. Je verrai tel ou tel député. Il agira de telle ou telle façon. En telle et telle circonstance.* Le nom reste généralement au singulier; l'expression peut faire allusion à plus de deux personnes ou choses non précisées. Mais rien n'empêche de mettre au pluriel *tel et tel, tel ou tel* et le nom qui suit pour marquer qu'on pense à un nombre assez élevé: *On a restauré tels ou tels tableaux. Telles et telles façades ont été restaurées.* Même si *tel et tel* sujet est suivi comme il se doit d'un nom au singulier, on met généralement le verbe au pluriel: *Tel et tel ministre prendront la parole.* Tandis que TEL OU TEL, suivi ou non d'un singulier, appelle plutôt le singulier: *Tel ou tel vous le dira. Tel ou tel ministre interviendra.* ▸ VERBE, Accord, 2.2.12.F.

5. *Tel*, **pronom**, s'emploie surtout au singulier quand il s'agit d'une personne (*Tel est pris qui croyait prendre. Tel qui croyait prendre sera pris. Tel et tel vous diront; tel ou tel vous dira*; ▸ 4) ou avec un complément déterminatif s'il s'agit d'une chose (*Telle de ses robes coûtait cher*).

6. UN TEL, désignant une personne, s'écrit avec une grande hésitation dans l'usage: *un tel, une telle, M. Untel, Mme Unetelle, M. Un Tel, Mme Une Telle, Messieurs un tel et un tel,* etc. *Une Telle et Une Telle, une telle et une telle, la famille Untel, les Untel(s).* On peut conseiller: *un tel, une telle. M. Untel, Mme Unetelle. Les PP. Untel* (▸ PÈRE).

Lorsqu'il s'agit de choses, on n'emploie plus *un tel*, mais *tel* devant le nom: *J'irai le voir **tel jour**, à telle heure. Nous partirons telle semaine.*

TÉLÉ, n.f., abréviation de TÉLÉVISION: *Regarder la télé.* En Belgique: la *TV* (ou la *T.V.*).

TÉLÉ-, préfixe, est agglutiné à l'élément suivant, sauf dans TÉLÉ-ENSEIGNEMENT: TÉLÉAFFICHAGE, TÉLÉIMPRIMEUR, TÉLÉSKI, TÉLÉOBJECTIF, TÉLÉPROMPTEUR (on prononce *pt* comme dans le mot anglais *prompter*, qui veut dire «souffleur de théâtre»; appareil, non vu par le TÉLÉSPECTATEUR, permettant à l'intervenant de lire son texte sur un écran en regardant la caméra), TÉLÉFÉRIQUE (ou TÉLÉPHÉRIQUE), TÉLÉGÉNIQUE (qui fait bonne impression physiquement à la télévision). ▸ TÉLESCOPER.

TÉLÉPHONE. Le nombre particulier à une zone téléphonique s'appelle l'INDICATIF. *Téléphoner à qqn. Téléphoner une nouvelle. Utiliser un (téléphone) portable.* En Belgique, on utilise un **MOBILOPHONE** ou un **GSM** (global system for mobile communication), qui est donc un emprunt sous forme de sigle.

TÉLESCOPER, v.tr.dir., a élargi son sens: deux véhicules peuvent SE TÉLESCOPER, même si l'un est à l'arrêt; deux faits, deux idées peuvent se télescoper.

TELLEMENT, adv., marque le degré élevé de ce qui est exprimé par un adjectif, un adverbe, une quantité, un verbe: *Il est tellement gentil! C'est tellement bien! Il est tellement au-dessus de tout soupçon!*

Il peut remplacer **si** devant un adj. ou un participe pris adjectivement, suivi ou non de *que*, à condition qu'on n'exprime pas une comparaison. On dit: *Il n'est pas si malade que vous le croyez*, mais: *Il est tellement (ou si) aimable qu'on ne peut rien lui refuser. Est-ce tellement (ou si) difficile?* On peut dire: *J'ai eu tellement (ou si) froid, faim, soif, envie de*, etc. ▸ SI, adv., 2 et AVOIR, 17.

Il perd parfois son sens exclamatif et se rapproche de **très**, surtout dans des phrases négatives ou interrogatives: *Ce n'est pas tellement grave*. Ou de **beaucoup**: *Il ne travaille pas tellement*. Cet emploi est considéré par certains comme familier. Ce qu'il faut condamner, c'est [SI TELLEMENT].

Devant un nom, TELLEMENT DE peut remplacer **tant de**: *Il y avait tellement d'invités qu'on s'y perdait. Nous avons tellement de soucis!*

Devant *plus, davantage* ou un comparatif, c'est *tellement* qu'il faut employer: *Il est tellement plus attentif que vous! Je m'y intéresse tellement davantage! C'est tellement mieux!*

Avec un **verbe**, on emploie *tant* ou *tellement*: *J'ai tellement attendu.*

Après TELLEMENT QUE, dans une phrase affirmative, on emploie l'indicatif ou le conditionnel ou, s'il y a finalité, le subjonctif: *Il est tellement avare qu'il ne* **veut** *rien prêter. Il est tellement distrait qu'on ne* **pourrait** *lui confier ce travail. Faites tellement bien ce travail qu'on* **soit** *content de vous.* ▷ SI, adv., 2, *Si... que*. Si *tellement* se trouve dans une proposition négative ou interrogative, on emploie le subjonctif après *que*: *Il n'est pas tellement sot qu'il ne* **comprenne** (il comprend certainement). *Est-ce qu'il est tellement médiocre qu'il* **faille** *le renvoyer?*

Tellement peut suivre en introduisant une cause (au lieu de *tant*): *Il m'ennuie, tellement il est bavard*. Ne pas dire: [*tellement qu'il est...*].

TELLEMENT QUELLEMENT, «tant bien que mal», est vieilli: *Il a fait cela tellement quellement.*

TÉMOIGNAGE, n.m. *On l'a condamné sur le témoignage d'un témoin. En témoignage de reconnaissance.* Rendre témoignage *à qqn*, lui rendre hommage: *Je veux rendre témoignage à son honnêteté.* Rendre témoignage **de** *qqch* se dit beaucoup moins et signifie «attester que c'est vrai»: *Le témoin ne doit rendre témoignage que de ce qu'il a vu.*

TÉMOIGNER.

1. **V.intr.** Rapporter ce qu'on sait, en justice ou ailleurs: *Il ne peut pas témoigner en justice. Témoigner* **contre** *qqn. Témoigner* **en faveur de** *qqn.*

2. **V.tr.dir.**, avec **pour sujet un nom de personne**, faire paraître ses sentiments, sa pensée: *Témoigner (à qqn) sa reconnaissance*; avec l'article partitif: *du mépris, de l'amitié.* Tour vieilli: *Cet écrivain témoigne un grand talent*, montre un grand talent. Suivi d'une proposition ou d'un infinitif, «montrer, faire paraître sa pensée»: *Il témoigna que cela ne lui plaisait pas* (Ac.). *Je lui ai assez témoigné*

quelle était ma pensée là-dessus (Ac.). Même construction possible dans le premier sens: *Il a témoigné qu'il avait vu l'accusé ce soir-là. Il a témoigné l'avoir vu à minuit.*

On ne témoigne pas des *marques* de sympathie; le complément ne peut être le témoignage, le signe, mais le sentiment lui-même: *On donne des marques ou des témoignages de sympathie, on témoigne sa sympathie (à qqn)*. On écrit donc: *Touchés de la sympathie que vous leur avez témoignée...*

Avec **pour sujet un nom de chose**, si l'on en croit de bons dictionnaires, même sens qu'en 3, c, être le signe, la preuve: *Tout cela témoigne une grande lâcheté.* On dit beaucoup plus souvent *témoigner de.*

3. **V.tr.ind.**, *témoigner de qqch.* a) Porter témoignage de, affirmer, certifier: *À peine la liberté lui était-elle rendue qu'il témoignait publiquement de sa confiance à mon égard* (Gaulle, Ch. de, *Le salut*). Le sens ne serait pas le même (▷ 2) si l'on disait: *qu'il me témoignait sa confiance.* Notons qu'on ne dit pas: [*Il leur a témoigné de sa reconnaissance*]. On dit: *Il leur a témoigné sa reconnaissance* (▷ 2).

b) Se porter garant de: *Je témoignerai de son innocence.*

c) Être le signe, la preuve de: *Sa conduite témoigne de sa lâcheté. Votre offre témoigne de votre bonne volonté.* Ce tour est très vivant.

TÉMOIN, n.m., pas de féminin: *Cette femme a été le témoin de la défense.*

Témoin reste généralement invariable (c'est ce qui est à conseiller malgré quelques exemples d'accord chez de bons écrivains) dans PRENDRE À TÉMOIN et dans l'emploi devant le nom désignant la personne ou la chose qu'on prend à témoin: *Je les ai tous pris* **à témoin** (mais: *Il les a pris* **pour témoins**). *Il a travaillé avec négligence,* **témoin** *les erreurs qu'il a faites.*

Employé comme apposé après un nom, *témoin* n'est généralement pas précédé d'un trait d'union: *un secteur témoin, un appartement témoin, une lampe témoin.* Tous deux varient au pluriel: *des* **appartements témoins**.

TEMPÊTE, n.f. Adj.: TEMPÉTUEUX, avec *é*. Une LAMPE-TEMPÊTE, des *lampes-tempête*.

TEMPO, n.m., terme de musique, se dit pour «rythme d'exécution, de travail» ou en parlant d'un roman, d'un récit. Invariable comme *crescendo*.

TEMPS, n.m., relatif à la notion de **climat, température**. *Sortir par un tel temps!* ne pas dire [*avec un tel temps*].

TEMPS, n.m., relatif à la notion de **durée**. Quelques expressions :

Au temps (ou *du temps*) de ma jeunesse. *Dans mon jeune temps* ou *de mon temps*. Arriver *à temps*, mais *en temps normal, en temps utile, en temps opportun. En ce temps-là.* DE TEMPS EN TEMPS. *De mon temps. De temps à autre.* PAR LE TEMPS QUI COURT (Ac.). DANS LE TEMPS, autrefois. DANS LE TEMPS QUE, AU TEMPS OÙ, DANS LE TEMPS OÙ, à l'époque où, au moment où. LE TEMPS QUE, LE TEMPS OÙ : *Quand reverrons-nous le temps où...? Un temps fut que, un temps fut où. Il fut (il y a eu) un temps où.* ▶ QUE, pr., 2.2 ; DÉBUT. Ne pas dire : [*Sur le temps que*]. ▶ SUR, 2.

LE TEMPS DE, LE TEMPS QUE : *Voyez-le deux minutes, le temps de le rassurer* ou *le temps que j'aille téléphoner* (noter l'emploi du subjonctif : juste assez de temps pour que j'aille...). *Le temps des cerises* (l'époque, la saison).

TOUT LE TEMPS QUE, PENDANT UN CERTAIN TEMPS, PENDANT PEU DE TEMPS, *pendant un temps, pendant tout le temps que,* PENDANT TOUT UN TEMPS : *Pendant tout un temps, j'ai cru qu'il était mort.* Mais on se gardera de réduire cette dernière expression à *tout un temps* en supprimant *pendant*, comme on le fait en Belgique. *Un temps a un autre sens : Cette mode n'a duré qu'un temps*, a eu une durée limitée. On dit aussi : *Je l'ai vu un certain temps*, pendant une certaine durée. *Pour un temps*, pour une durée limitée. Attention aux expressions : *Il y a mis le temps. Il a mis **peu de temps** à comprendre. Il a mis **longtemps** à comprendre.*

Autant substitué à AU TEMPS. ▶ AUTANT, 9.

À TEMPS PERDU : *Il fera cela à temps perdu*, dans ses moments de loisir.

TUER LE TEMPS, s'occuper pour échapper à l'ennui.

DE TOUT TEMPS, EN TOUT TEMPS (*tout* étant au singulier), toujours.

IL EST TEMPS DE *faire telle chose* et non [*Il devient temps de...*]. *Il est grand temps de...* Avec *que* et le subjonctif : *Il est temps que nous partions.*

Travailler À PLEIN TEMPS ou *à temps plein, à mi-temps, à temps partiel. Il travaille à mi-temps. Il a un mi-temps. La première mi-temps. La mi-temps du match.* Mais : *le* TIERS-TEMPS, répartition du temps en trois parties dans les écoles maternelles françaises. — *En une heure* (ou *en deux heures*) *de temps* (au lieu de *en une heure*) est français mais vieux (GR). Wallonisme : [*Il a le temps long*] au lieu de : *Il trouve le temps long. Le temps lui dure.*

Se donner (ou **prendre**) DU BON TEMPS. *C'était le bon temps.*

En peu de temps, *en un rien de temps. À **peu de temps** de là. **Tout le temps*** (continuellement). *Je l'ai vu **ces derniers temps**.*

DANS L'ENTRETEMPS. ▶ ENTRE-TEMPS.

Le TEMPS MATÉRIEL : *Je n'ai pas le temps matériel de faire cela*, le temps nécessaire pour le faire. Expression critiquée, mais vivante : AVOIR MATÉRIELLEMENT LE TEMPS DE.

Temps verbaux

▶ VERBE, Conjugaison, CONCORDANCE DES TEMPS et voir, à leur rang alphabétique, les noms des temps et des modes.

TENAILLE, n.f. *Arracher un clou avec une tenaille* ou *des tenailles*.

TENDANCE, n.f. *Sa tendance à l'exagération. Avoir tendance à se vanter.*

TENDANT, adj., est aujourd'hui hors d'usage et a été remplacé par le part. prés. invariable de *tendre* : *Des informations **tendant à** nuire.*

TENDRETÉ, n.f. *La tendreté d'un gigot, de ces légumes.*

TÉNÈBRES, n.f.pl., en dépit de quelques exemples littéraires où il signifie « obscurité profonde », ne s'emploie pas normalement au singulier.

TÉNIA, n.m. Ne plus écrire TAENIA.

TENIR, v.tr.dir., tr.ind. et intr. ▶ TENU.

1. **Tenir (pour) + attribut**, considérer comme. Le tour classique (*Je tiens leur culte impie. Je le tiens un brave homme*) est encore vivant en littérature, mais le tour courant est *tenir pour : Je le tiens pour responsable. Ils ne se tiennent pas pour battus. Je tiens ces gens pour indélicats* (*Tenir comme* est vieilli). Ne pas confondre avec *tenir qqn + attribut*, signifiant « conserver dans un certain état » : *Elle tient propre son enfant. Je vous tiendrai informé* ; plus usuel : *Tenir qqn au courant.*

   SE LE TENIR POUR DIT : *Je me le tiens pour dit. Tenez-vous-le pour dit. Tiens-le-toi pour dit.* ▶ IMPÉRATIF.

2. SE TENIR : *Elles se sont **tenues** par la taille. Ils se sont tenu les mains. Elle s'est tenue pour battue. Les propos qu'elles se sont tenus.*

3. Ne pas dire : [*Tenez cela pour vous*] au lieu de *Gardez cela pour vous*, ne le racontez pas, mais *tenir* signifie ailleurs garder : *Tenez les yeux ouverts. Tenir à distance. Tenir un plat au chaud.*

4. TENIR À CŒUR, TENIR AU CŒUR veulent un complément d'objet indirect : *Cela lui tient à cœur.* ▶ CŒUR.

5. **Tenir à qqch., à qqn.** Deux sens: être attaché à, dépendre de. *Ses sandales ne lui tiennent pas aux pieds. Cela ne tient qu'à vous. Il ne tient à rien, à personne. Qu'à cela ne tienne! Je tiens à vous rencontrer. Je n'y tiens pas. Il tient beaucoup **à ce que** nous l'accompagnions* (subjonctif; *à ce que* s'impose).

6. Après l'impersonnel IL TIENT À... QUE (il dépend de... que), on emploie le subjonctif; celui-ci est souvent accompagné de *ne* explétif si l'impersonnel a été employé interrogativement ou négativement, mais pas s'il a été employé avec *ne... que*: *Il ne tient qu'à vous qu'il **soit** nommé. Il tient à moi que cela se fasse ou ne se fasse pas. À quoi tient-il que nous **ne partions**?* (Ac.) *Il ne tient pas à moi qu'un tel **n'ait** satisfaction* (Ac.).

Devant un infinitif (identité du sujet du verbe subordonné et du complément de *tient*), on emploie *de*: *Il ne tiendra qu'à vous de le voir.*

7. [TENIR SES PÂQUES] est un flandricisme. On dit: *faire ses Pâques.*

8. **Tenir de qqn, de qqch.**, marque une filiation ou une analogie: *Il tient de son père. Il a de qui tenir. Cette comédie tient du vaudeville.*

9. On ne dit pas [*tenir collection*], flandricisme, pour *faire collection*, ni [*tenir les timbres*] pour les *collectionner. Tenir des lapins* pour *élever des lapins* est belge. Mais *on tient* (on vend) *telles marchandises, de l'épicerie, de la charcuterie. On tient la caisse, son journal, une assemblée, on tient le coup*, etc. *Tenir la dragée haute à qqn*, lui tenir tête.

10. EN TENIR POUR, fam., avoir de l'inclination pour.

11. NE POUVOIR SE TENIR DE RIRE est vieux et littéraire; on dit: **se retenir.**

12. On écrit: *Elle s'est tenue droite. Ils se tiennent droits.* Mais: *Elles se sont tenues debout.* ▷ DEBOUT.

13. S'EN TENIR À QQCH. *Je m'en tiens à l'horaire prévu, à ce que vous avez dit, je tiens compte de cela seulement. Tenons-nous-en là. Je sais à quoi m'en tenir à son sujet. Elles s'en sont tenues à nos conventions.*

14. TIENS! avec valeur d'interjection, peut s'associer à *vous*: *Tiens! Vous êtes là?*

TENNISMAN, n.m., n'est même pas anglais. Dire: *joueur de tennis.*

TENTACULE, n.m. *Un tentacule.*

TENU, part.p. et adj., a des emplois qui ne correspondent pas à ceux du verbe *tenir. Je suis très tenu ces jours-ci. Je suis tenu par divers engagements.* Avec *à*: *Être tenu à la discrétion, à une visite. À l'impossible nul n'est tenu.* En droit: *Le locataire*

est tenu (responsable) *des dégradations.* Devant un infinitif: *Être tenu d'obéir* (*à* est beaucoup plus rare).

TÉRÉBENTHINE, n.f. Attention à *th*. Prononcer *ban*.

TERME, n.m., est un belgicisme quand il s'applique au service militaire [*faire son terme*]. Notons: *un moyen terme, à court* (ou *moyen* ou *long*) *terme, à terme échu, payer le terme de septembre, vendre à terme, marché à terme, être en bons termes avec qqn.* — *En propres termes*, fidèlement rapportés; *en termes de droit*, dans le langage du droit, *en termes de poésie.*

TERMINAL, adj. et n.m., fait au pluriel **terminaux.** *La classe terminale* de l'enseignement du second degré s'appelle en France *la terminale* et prépare au baccalauréat.

TERMINER, v.tr.dir., se construit avec *par* devant un nom (*terminer une phrase **par** un point*), mais non devant un infinitif; on emploie le gérondif: *terminer un discours en faisant un éloge.* Dans un autre sens, *finir* ou *achever*: *Je termine de l'interroger.* — SE TERMINER: *La fête se terminera par un bal* (ou *au cinéma*). *Le clocher se termine en pointe. Les mots qui se terminent en x* ou *par x.*

Comme on dit EN FINIR, soit en emploi absolu, soit avec un complément introduit par *avec* (*Il faut en finir. On n'en a pas fini avec cette affaire, avec cet individu*, on ne s'en débarrassera pas facilement), on peut dire EN TERMINER: *J'irai dès que **j'en aurai terminé avec lui*** ou *avec cette corvée. La hâte d'en avoir terminé* (RM).

TERNIR, v.tr.dir. (*ternir une glace, une réputation*), est très rare comme v.intr., dans le sens de SE TERNIR, perdre son éclat, au propre ou au figuré: *La nature morte parut ternir* (Curtis, J.-L., *La parade*).

TERRAIN, n.m. On écrit: *un terrain d'aviation, d'exercice, de football, de chasse, de tir*, mais: *un terrain de jeux, de sports* ou *un terrain de jeu, de sport. Une voiture tout terrain* ou *tous terrains.*

TERRASSE, n.f. *Être à la terrasse d'un café. Nous dînerons sur la terrasse.*

TERRE, n.f. Quoi qu'ait dit Littré, on a le choix entre *tomber **à** terre* ou ***par** terre*: *Votre livre est tombé à terre* (Ac.). *Il a jeté ce papier à terre* (Ac.). *Se jeter à terre, par terre* (Ac.). De même avec *regarder, lancer, mettre. Ces expressions se disent très bien s'il s'agit d'un tapis, d'un parquet.*

Avec **en**: *mettre un genou en terre.* Avec **à**: *aller, courir ventre à terre, mettre pied à terre.* Avec **sur**: *Avoir les pieds* sur terre, rester sur terre. Avec **par**: *Voyager, laver, se coucher, répandre par terre.*

Composés: *Des esprits* TERRE À TERRE (plutôt que TERRE-À-TERRE). Un TERRE-PLEIN, des *terre-pleins*. Un ou des TERRE-NEUVE. Un ou des PIED-À-TERRE.

TERRIBLE, adj., est proprement associé à l'idée de *terreur*; il peut se dire de ce qui est violent, difficile à supporter, très pénible. On l'emploie, comme *formidable*, pour *très grand* (*J'ai un appétit terrible*) ou pour ce qu'on imagine difficilement (*C'est terrible ce qu'il m'en veut*), même pour des qualités. Éviter ces excès et surtout l'emploi comme adverbe au sens de *très bien*. **TERRIBLEMENT**, adv., est très familier dans le sens d'*extrêmement*.

TERRIL, n.m. Mieux vaut écrire *terril* que TERRI, mais ne pas prononcer *l*.

TEST, n.m. *Des tests probants.* Apposé dans des composés: une ZONE-TEST, une EXPÉRIENCE-TEST. Au lieu de TEST-MATCH, on dira: la *belle*.

Le verbe **TESTER**, intr. quand il signifie «faire son testament», est à distinguer du v. transitif en rapport avec *test: Tester des candidats, un médicament, la capacité d'achat d'une clientèle.*

TÊTE, n.f.

1. On peut dire: *Il a* **la tête** *de plus que moi.* ▶ PLUS, 9.

2. *Je ne connais pas de plus mauvaise tête que lui*, et non [*que la sienne*]. ▶ PRONOMS POSSESSIFS, 4. **FAIRE LA TÊTE**, *Je voudrais voir quelle tête il va faire* ou *la tête qu'il fera.* ▶ TIRER, 7, [*tirer une tête*].

3. On peut parler de *têtes de bétail*: *Posséder cent têtes de bétail* (Ac.).

4. Quand *tête* désigne le siège de la mémoire, on dit: *Avoir qqch.* **en tête** ou **dans la tête**. *Se mettre qqch. en tête* ou *dans la tête. Chercher qqch.* **dans sa tête**.

5. [TÊTE PRESSÉE] se dit en Belgique pour *fromage de tête.*

6. ▶ À et EN, 14: *à la tête* et *en tête.*

7. *Avoir* **un mal de** tête. *Avoir* **mal à** la tête.

8. **Composés**: TÊTE-À-TÊTE et TÊTE-À-QUEUE, n.m., ▶ TÊTE À TÊTE. *On les a placés* TÊTE-BÊCHE. *Se servir d'une* TÊTE-DE-LOUP (*des* **têtes-de-loup**) *pour nettoyer le plafond. Ce papillon est* **une** TÊTE-DE-MORT. *Un velours* TÊTE-DE-NÈGRE.

TÊTE À TÊTE, loc.adv., TÊTE-À-TÊTE, n.m. La locution adv. *tête à tête* s'écrit sans traits d'union. On hésite pour *en tête à tête. On les a laissés tête à tête* ou *en tête à tête* ou *en tête-à-tête. Se*

trouver *tête à tête* (comparer: *nez à nez*). Les traits d'union ne sont obligatoires que dans le nom: *Un tête-à-tête. De fréquents tête-à-tête.* De même: un TÊTE-À-QUEUE.

TÉTER, v.tr.dir. ▶ VERBE, Conjugaison, 1.1. Il **tète**, il **tétait**, il **tétera**. N.f., une TÉTÉE (pron. *tété*).

TÉTINE, n.f. ▶ SUCETTE.

THAUMATURGE, n.m. Attention au *th* initial.

THÉ, n.m., se dit de la boisson préparée avec les feuilles de l'arbre ainsi nommé. Au lieu de parler, comme en Belgique, de thé de tilleul, etc., il faut parler d'*infusion* de tilleul, de camomille. On parle aussi de *tisane* si l'infusion est faite avec des plantes médicinales. *Prendre le thé. Assister à un thé.*

THERMO, préfixe, s'agglutine plutôt, dans les composés, à l'élément qui suit: THERMOÉLECTRIQUE.

THERMOS, n.m. ou f. Nom d'une marque commerciale, *Thermos* est devenu nom commun, abrégé de *bouteille Thermos*, et s'est écrit avec une minuscule. Le masculin semble l'avoir emporté aujourd'hui. L's final se prononce; l'*o* est moins souvent ouvert que fermé.

THROMBOSE, n.f. *Th* initial dû à un mot grec signifiant *caillot.*

THUNE, n.f. populaire, pièce de cinq francs. On écrit aussi TUNE.

TICKET, n.m. ▶ BILLET.

TICTAC ou **TIC-TAC**, n.m. Des **tictacs** ou (invariable) des **tic-tac**. Employé comme onomatopée (mais non comme substantif), s'écrit en deux mots et sans trait d'union: *L'horloge* **fait tic tac**.

TIERS, adj., féminin **tierce**. TIERCE PERSONNE (ou un TIERS) ne peut se dire que d'une personne qui s'ajoute à deux autres ou, par extension, d'une personne étrangère à un groupe, à une affaire qui intéresse celui-ci. Mais il ne peut s'appliquer à une deuxième personne. Le TIERS MONDE (ou le TIERS MONDE), plutôt sans trait d'union, mais TIERS-MONDISME, TIERS-MONDISTE.

TILDE, n.m., signe en forme de S couché, intervenant au-dessus du *n* en espagnol quand ce *n* se prononce *gn*: *Le tilde. Doña.*

TILT, n.m. FAIRE TILT signifie «attirer l'attention», comme dans un appareil à sous où ce bruit indique un arrêt; parfois «faire mouche, être efficace, comprendre»; le sens d'«échouer» est plus rare.

TIMBALE, n.f. ▶ CYMBALE.

TIMBRE, n.m. **Composés**: Un TIMBRE-POSTE, des **timbres-poste**. Les dictionnaires hésitent sur le pluriel de TIMBRE-QUITTANCE.

Il convient de le traiter comme *timbre-poste* : des **timbres-quittance** ; on dit d'ailleurs aussi TIMBRE DE QUITTANCE. De même : des **timbres-amende**, des **timbres-taxe**.

___

TIME, mot anglais. Ne pas parler du [PREMIER TIME] d'un match ni d'un HALF-TIME. Dire : *la première mi-temps, la mi-temps*. ▸ MI, TEMPS.

___

TIMING, n.m., à remplacer selon les cas par *calendrier, minutage*, etc.

___

TINTINNABULER, v.intr. Deux *n*. Sonner (comme un grelot).

___

TINTOUIN, n.m. familier. *Avoir* (ou *donner*) *du tintouin*, du souci, du tracas. Le mot est très ancien. Attention à *ouin*.

___

TIQUER, v.intr., ne s'emploie plus guère dans le sens de «avoir un tic» mais se dit familièrement dans celui de «manifester par un mouvement de recul ou une mimique son mécontentement ou son dépit» : *Il a tiqué sur cette plaisanterie. Cela m'a fait tiquer.*

___

TIRÉ À PART, adj. et n. *Une brochure **tirée à part**. Un **tiré à part**. Vingt tirés à part*, faisant partie d'*un tirage à part*. Pas de traits d'union.

___

TIRER, v.tr.dir. ou tr.ind.

1. *On tire un coup de fusil. On tire un lièvre, on tire **sur** qqch., **sur** qqn*, on le prend pour cible. Rare : *Celui qui cherche à fuir sera tiré* (Lanoux, A., *Le berger des abeilles*). *Tirer à l'arc. Tir au pigeon. Tir à blanc.*

2. Autres sens de **tirer sur** : *Tirer sur sa cigarette, sur la ficelle, sur une corde. Tirer sur telle couleur*, s'en rapprocher. D'où l'expression *Cet enfant tire sur son père*, «il lui ressemble» ; en Belgique, [*tirer après son père*].

3. Belgicismes : [IL TIRE], impersonnel, ou [ÇA TIRE] pour *Il y a un courant d'air*.

4. TIRER SON PLAN, se débrouiller. ▸ PLAN. TIRER UN PLAN, le tracer.

5. *On tire la sonnette, la chasse d'eau* et non *sur* ni *à*. *Tirer une conséquence*.

6. Avec *à* : *tirer à la ligne, au flanc, à sa fin. Tirer à conséquence*.

7. [TIRER UNE TÊTE], belgicisme pour *faire la tête* ou (pop.) FAIRE LA GUEULE, bouder.

8. On a pu dire : *tirer une photo* (pour *prendre une photo*), *un portrait, se faire tirer le portrait*, mais ces expressions ont vieilli ou sont devenues plaisantes. On emploie *tirer* dans le sens de *imprimer* (une épreuve photographique, une estampe). BON À TIRER, n.m.

9. *Se tirer d'affaire, d'un mauvais pas. S'en tirer.*

10. ▸ MARRON (*Tirer les marrons du feu*), BOUTEILLE, PHOTO.

11. **Composés** : Un TIRE-BOUCHON, des **tire-bouchons**. De même TIRE-BOTTE, etc. (▸ NOMS COMPOSÉS, 2.5 et *RO* II.4). À TIRE-D'AILE, *à* TIRE-LARIGOT, un TIRE-AU-FLANC (invariable). TIRE-BOUCHONNER ou TIREBOUCHONNER : *Son pantalon tire-bouchonne. Des pantalons tire-bouchonnés* (prenant la forme d'un tire-bouchon).

___

TIRETTE, n.f. C'est à tort qu'en Belgique on emploie *tirette* pour *fermeture à glissière*. ▸ ÉCLAIR. Une tirette est notamment une planchette mobile qui prolonge un meuble (*table, bureau à tirette*) ou un cordon au moyen duquel on ouvre ou ferme des rideaux ou qui, placé avec un gland au bas de stores automatiques, sert à les faire fonctionner.

___

TISSU, n.m. Des **tissus-éponges**, des **tissus-feutres**.

___

TITRE, n.m. *À titre gracieux. À quel titre venez-vous ? Il a fait cela à titre d'ami* (en qualité d'ami). *À titre temporaire*. Le TITRE COURANT est le titre repris dans le corps de l'imprimé.

___

Titres d'œuvres

1. VOIR AUSSI...

▸ TOUT, 2.1.2.B.b ; ÉLISION, 3.

2. CONTRACTION DE L'ARTICLE

Contraction, en tête du titre, de l'article défini *le* ou *les* après *à* ou *de*. La contraction peut être considérée comme générale et obligatoire (sauf dans le cas développé ci-dessous où le titre est formé de deux noms communs unis par *et* ou bien *ou*) :

> *Le succès du «Cid», des «Caves du Vatican», des «Dieux ont soif», du «Roi s'amuse». Le procès fait aux «Fleurs du mal».*

On met les guillemets ou on commence les italiques après l'article contracté : *Le lecteur du «Fleuve Alphée»*. On écrit évidemment, puisque le premier nom est un nom propre : *Le succès d'«Augustin ou le maître est là»*, ou parce qu'il n'est pas précédé de l'article : *Le succès de «Mon oncle et mon curé»*.

On trouve moins souvent : *L'auteur de «Le roi s'amuse»*.

On peut toujours intercaler entre *à* ou *de* et le titre un nom, *roman*, etc. : *L'auteur du roman «Les dieux ont soif»* (▸ 2.1.3).

2.1. TITRE FORMÉ DE DEUX NOMS COORDONNÉS

Lorsque le titre est formé de deux noms communs coordonnés par *et* ou bien *ou*, il y a plus d'hésitation et l'on trouve les solutions suivantes,

565

dont les trois premières sont préférables parce qu'elles ne défigurent pas le titre. Pour l'emploi actuel des **majuscules** ▶ MAJUSCULES, 7.

2.1.1. L'auteur du «Rouge et le Noir»

Les premiers vers du «Corbeau et le renard». Ce tour est très courant ; le premier article est contracté ; on n'introduit pas la préposition à l'intérieur du titre.

> *La source du «Meunier, son fils et l'âne». Les quatre recueils des «Feuilles d'automne», des «Chants du Crépuscule», des «Voix intérieures», des «Rayons et les Ombres»* (Thibaudet, A., *Hist. de la litt. fr.*). *Dans la fable des «Deux Mulets», dans celles du «Loup et le Chien», du «Chêne et le Roseau»* (Faguet, É., *Hist. de la poésie fr.*).

2.1.2. L'auteur de «Le Rouge et le Noir»

> *Les premiers vers de «Le Corbeau et le Renard».*

Tour tout à fait régulier et recommandable, ne faisant pas la contraction et gardant l'intégralité du titre.

> *La fin de «Le Rouge et le Noir»* (Duhamel, G., *Défense des lettres*). *Quand M. de Tracy m'a parlé de «Le Rouge et le Noir»* (Stendhal, *Vie de Henri Brulard*). *Pensons, à propos de l'auteur de «Le Mythe et l'Homme» et de «L'Homme et le Sacré»...* (Yourcenar, M.).

2.1.3. L'auteur du roman «Le Rouge et le Noir»

> *Les premiers vers de la fable «Le corbeau et le renard».*

On laisse le titre intact et on le fait précéder d'un nom comme *le roman*, etc. Tour commode et régulier, mais parfois un peu encombrant.

2.1.4. Les premières pages du «Rouge et du Noir»

> *Les premiers vers du «Corbeau et du Renard» ou du «Corbeau» et du «Renard».*

On contracte les deux articles. Le tour n'est pas rare, mais on déforme le titre.

> *La fable du «Loup et de l'Agneau»* (Ac.). *La fable du «Cochet, du Chat et du Souriceau»* (Faguet, É., *op. cit.*). *Voyez la fable du «Loup et du Chasseur»* (Ibid.)

2.1.5. La lecture du «Rouge et Noir»

On fait la contraction de l'article initial et on supprime le second. Tour peu fréquent, qui déforme aussi le titre :

> *Le véritable commentaire du «Rouge et Noir» (...). La lecture du «Rouge et Noir»* (Albérès, R.-M., *Histoire du*

roman moderne). *Des «Odes et Ballades» aux «Rayons et Ombres»* (Bellessort, A., *Victor Hugo*).

2.1.6. La valeur de «Rouge et Noir»

On supprime les deux articles. Tour peu fréquent, changeant aussi le titre. André Le Breton abrège volontiers de la sorte le titre du roman de Stendhal, même sans y être entraîné par le problème de la contraction :

> *Qu'est-ce donc, en somme, que «Rouge et Noir» (...). Telle est la supériorité de «Rouge et Noir» (...). Peu de romans sont mieux composés que «Rouge et Noir» (...). («Le Rouge et le Noir» de Stendhal).*

2.1.7. Le sous-titre du «Rouge»

On ne retient que le premier nom, en faisant la contraction :

> *Le sous-titre du «Rouge» (...). La première partie du «Rouge»* (Thibaudet, A., *op. cit.*).

Cette façon de faire est peu courante lorsqu'il s'agit de noms communs et elle n'est pas recommandable ; on la tolère mieux si le titre doit être fréquemment cité. Elle n'est pas rare lorsque le titre est formé d'un ou plusieurs noms propres, surtout s'ils sont très particuliers : *Maleine* pour *La princesse Maleine*, *Pelléas* pour *Pelléas et Mélisande*, *Meaulnes* pour *Le grand Meaulnes*, etc. :

> *Le premier acte de «Maleine».*

3. TITRES FORMÉS D'UN PLURIEL NEUTRE LATIN

On notera l'emploi de l'article masculin singulier devant les titres formés d'un pluriel neutre latin pour désigner un recueil :

> *le Hugoliana, le Voltairiana.*

4. ACCORD DU VERBE

▶ VERBE, Accord, 2.1.4.

5. AVEC *TOUT*

*J'ai lu **tout** «Les Misérables»*. ▶ TOUT, 2.1.2.B.b.

TOASTEUR, n.m., est un synonyme de *grille-pain*, plus courant : *Elle avait laissé une tranche de pain se carboniser dans le toasteur* (Curtis, J.-L., *La parade*). On n'écrit plus TOSTE, bien que ce mot soit la forme originelle du mot français emprunté à l'anglais.

TOCANTE, n.f. populaire, «montre». On écrit aussi TOQUANTE.

TOCARD, adj. et n., populaire, «laid, sans valeur». On écrit aussi TOQUARD, *toquarde*.

TOFFÉE, n.m., anglicisme désignant des bonbons caramélisés ou au beurre.

TOILETTE, n.f., s'emploie couramment en Belgique au lieu du pluriel **toilettes** pour *cabinets* (d'aisances), *water*, *water-closet*, *W.-C. Aller aux toilettes.*

TOILETTER, v.tr.dir. *On toilette un animal domestique*; c'est le **TOILETTAGE**.

TOKAY, n.m. On écrit aussi **TOKAÏ**. Mieux vaut prononcer *tokè*.

TOLÉRER, v.tr.dir. (▸ VERBE, Conjugaison, 1.1), est suivi du subjonctif après *que. Je **tolère**, nous **tolérons**, je **tolérerai** qu'il s'en aille.*

TOLLÉ, n.m. *Des **tollés**.*

TOMBÉ, adj. *Des fruits tombés. Un auteur tombé*, dont la notoriété est tombée.

TOMBER.

1. **V.tr.dir.**, familier: *Tomber un adversaire, tomber la veste. Tomber une femme.* Auxiliaire *avoir.*

2. **V.intr.** Auxiliaire **être**. L'usage actuel a abandonné la distinction entre l'action en train de s'accomplir (*avoir*) et le résultat (*être*): *Pendant sept heures, la neige qui brillait maintenant au soleil avait tombé* (Green, J., *Moïra*). *Le vent est tombé*, a cessé de souffler. On dit aujourd'hui: *La neige est tombée pendant sept heures* comme *La fièvre est tombée. La nuit est tombée très tôt*, a commencé très tôt.

a) **TOMBER SOUS LE SENS.** ▸ SENS.

b) **TOMBER À TERRE, PAR TERRE.** ▸ TERRE.

c) **TOMBER D'ACCORD.** ▸ ACCORD, 2.

d) **Tomber sur qqn** ou **sur qqch.** peut signifier «rencontrer par hasard»: *Je suis tombé sur le directeur, sur un passage difficile.* Au figuré, *tomber sur qqn*, c'est le critiquer sans ménagement. Fam., *tomber sur le dos de qqn.*

e) **CELA TOMBE BIEN** ou **MAL** est français dans le sens de «arriver à propos ou non». **Vous tombez bien**, vous avez de la chance. Mais on se gardera de dire: [*C'est bien tombé qu'il fait si mauvais*] au lieu de: *C'est bien regrettable qu'il fasse si mauvais.*

f) Autre faute courante en Belgique: [CELA VEUT JUSTEMENT TOMBER] pour: *Cela tombe justement bien.*

g) **TOMBER DANS LES POMMES** veut dire, familièrement, s'évanouir.

h) ▸ FAIBLE (*tomber faible*), LAC, ŒIL.

TOME, **n.m.** Proprement, *tome* désigne une division faite par l'auteur lui-même à l'intérieur de la matière qu'il traite;

cette répartition peut correspondre ou non à la division en volumes. En fait, tome et volume se confondent généralement. *La* TOMAISON *d'un dictionnaire.* À distinguer du **n.f.** d'un fromage, TOMME (ou TOME).

TOMMETTE (ou **TOMETTE**), n.f. *Petite brique de carrelage.*

TON, n.m. *Élever le ton. Baisser le ton. Si vous le prenez avec moi* **sur** *un ton de supériorité* (Ac.). *Ne pas le prendre sur ce ton. Parler **d'**un ton convaincu ou **sur** un ton convaincu. Je le ferai chanter sur un autre ton* (Ac.). *Je le lui ai répété sur tous les tons. Se mettre au ton de qqn. Une élégance de bon ton. Le ton d'un discours. Ne pas être dans le ton. Donner le ton. Sortir du ton.* En parlant de couleurs: *Des tons neutres, chauds, criards, dégradés.*

TONDRE, v.tr.dir. Après avoir dit d'un avare: *Il tondrait sur un œuf*, on dit aujourd'hui: *Il tondrait un œuf.* — *Il y avait quatre pelés et un tondu* est familier.

TONITRUANT, adj. *Une voix tonitruante*, qui fait un bruit de tonnerre, qui tonitrue.

Ni **TONITRUANCE**, n.f., ni **TONITRUEMENT** ne sont très vivants pour désigner le caractère de ce qui est tonitruant ou des paroles prononcées d'une voix tonitruante.

TONNEAU, n.m., se dit d'une voiture à cheval à deux roues et à deux places, non couverte, aux flancs arrondis et dans laquelle on pénètre par derrière.

TONNERRE, n.m., est vieux et littéraire pour désigner la foudre elle-même. Il désigne un bruit (*coup de tonnerre*). Fam.: **DU TONNERRE**, loc.adj., formidable, extraordinaire: *Une fille du tonnerre.*

TOPOGRAPHIE, n.f. *La topographie* (configuration) *d'un terrain, d'une ville, d'une région.*

TOQUÉ, adj. familier, «un peu fou, bizarre». *Être toqué de*, être épris de.

TOQUER, v., a été transitif. D'où la locution proverbiale, peu vivante: *Qui toque* (offense) *l'un, toque l'autre.* Aujourd'hui, v.intr. dialectal ou familier: *Toquer au carreau, à la porte*, frapper à la porte. Sans complément: *Il a poussé la porte vitrée de la concierge, toqué...* (Aragon, L., *Aurélien*).

SE TOQUER *de qqn* ou *de qqch.*, avoir une **TOQUADE** ou **TOCADE** (*RO III.10H*) **pour** qqn ou qqch., un engouement brusque, peu raisonnable et souvent passager (▸ TOQUÉ).

TORCHER, v.tr.dir., est employé abusivement dans certaines régions de Wallonie pour *tordre*. Mais il s'emploie encore en France, surtout dans le langage populaire, dans le sens d'«essuyer, avec un linge ou du papier, les saletés qui se trouvent sur qqch.»: *Sur le seuil, une femme jetait des seaux d'eau et, la serpillière à la main, torchait les marches* (Juin, H., *Les hameaux*). Fam.: *Torcher son assiette*, l'essuyer avec du pain.

Aucune idée de saleté dans BIEN ou MAL TORCHÉ, bien ou mal fait.

TORCHON, n.m., se dit en français de ce qui sert à essuyer la vaisselle ou les meubles. Pour ceux-ci on dit aussi *chiffon*. En Belgique on dit *essuie* pour la vaisselle comme pour le corps (▸ ESSUIE-MAIN), *chiffon* ou [*loque à poussière*] pour les meubles; pour le sol, on dit *torchon*, ou [*loque à reloqueter*], alors qu'en France on dit *serpillière* ou, moins répandu, *wassingue*. En français, donc: *Donner un coup de torchon sur la table* ou, au figuré, *dans une affaire. Le torchon brûle* (il y a désaccord, querelle) s'explique par un ancien sens de *torchon*, poignée de foin ou de paille tordue. *Il ne faut pas mélanger les torchons avec les serviettes* (mélanger les choses ou les gens de qualités différentes) montre la différence entre les torchons, qui essuient les choses, et les serviettes, destinées aux personnes. ▸ LOQUE.

TORCHONNER, v.tr.dir. ou intr., c'est essuyer avec un torchon ou exécuter de grossiers travaux de nettoyage; par extension, familièrement, exécuter un travail rapidement et mal: *Torchonner le comptoir, la vaisselle. Elle nettoie et torchonne. Torchonner la besogne.*

TORDANT, adj. familier: *Une histoire tordante, une personne tordante*, très amusante.

TORDU, adj., peut s'employer pour TORTU, devenu plus rare: *Un arbre tordu. Un vieil homme tout tordu. La bouche tordue.* Fam.: *Avoir l'esprit tordu*, bizarre, extravagant.

TORGNOLE, n.f. (gifle), est très populaire.

TORPÉDO, n.f. aujourd'hui: *Une torpédo.*

TORS, adj., ancien participe de *tordre*, a eu un féminin **torte**, devenu rare: *De la soie torse. Des jambes torses.*

TORT, n.m. *Faire tort à qqn* est vieilli. On dit aujourd'hui *faire du tort: Cela lui a fait du tort. Accuser qqn à tort ou à raison. Parler à tort et à travers. Avoir tort. Donner tort à qqn.*

TÔT, adv. ▸ AUSSITÔT, BIENTÔT, SITÔT.

TOUAREG ou **TARGUI**, adj. et n. réputé invariable, est parfois traité comme variable en genre (*touarègue* pour une femme ou une *Targuie*) ou en nombre (*des Touaregs* ou *des Targuis*).

Dire ou écrire: un ou une *Touareg*, au fém. des *Touarègues* ou des *Targuies.*

TOUCHE, n.f. Littré donne encore le sens: «Petit brin de bois ou de quelque autre chose dont les enfants qui apprennent à lire touchent les lettres qu'ils veulent épeler». D'où, peut-être, en Belgique et en Suisse, l'emploi de *touche* pour *crayon d'ardoise.*

TOUCHER, v.tr.dir. ou ind. *Ne me touchez pas. Toucher terre. Toucher le fond de qqch. Cette affaire ne me touche pas. Je lui en ai touché un mot. Toucher un pourcentage, son traitement. Vos reproches m'ont touché. Toucher au vif. Je suis touché de* (ou *par*) *votre sympathie. Je suis touché **que vous ayez** pris cette peine ou **de voir** que vous avez pris... Toucher un sujet a vieilli. On dit: Toucher à un sujet. Toucher à ses économies. Ne pas toucher aux allumettes. Toucher à un plat. Toucher à des usages*, y apporter des corrections. *Sans avoir l'air d'y toucher. Un enfant qui touche à tout* (un ou des **TOUCHE-À-TOUT**). *Une affaire qui touche à sa fin.*

TOUER, v. tr. dir. Prononcer *twé*. Dans le domaine de la marine, signifie faire avancer une embarcation en tirant à bord sur une amarre.

TOUFFEUR, n.f., est peu courant et littéraire: *La touffeur d'un salon où l'on étouffe. Une touffeur d'orage.*

TOUILLER, v.tr.dir., est familier: *Touiller une crème, une potée. Touiller la salade. Touiller les cartes, les battre, les mêler.*

TOUJOURS, adv. L's final ne se lie pas.

1. De tout temps: *J'ai toujours entendu dire que... Il est toujours si serviable! Il se promène toujours avec le même chapeau. Depuis toujours. Pour toujours. Comme toujours. Presque toujours. C'était le public de toujours. Il le regrettera toujours. Il ne dira **pas toujours** cela. Il n'est pas toujours à l'heure.*

2. Encore (au moment où se situe le procès du verbe): *Jacques dormait toujours, la bonne aussi* (Duras, M., *Les petits chevaux de Tarquinia*). *Les autres ont déjà remis leur copie et il écrit toujours. Il pleut toujours*, il continue à pleuvoir. C'est à tort que, dans certaines régions dont l'Alsace et la Belgique, on dit dans ce cas *encore toujours*, au lieu de *toujours* ayant le sens de *encore*. Dans ce sens de *encore*, *toujours* précède *pas*: *Ils ne sont **toujours pas** arrivés. Il ne pleut toujours pas.*

3. En attendant: *C'est toujours ça de pris. Je vous rejoindrai, allez toujours. Prenez toujours cela. Payez toujours, on verra ensuite.*

4. En tout cas, quoi qu'il arrive: *Toujours est-il qu'il était fâché. C'est toujours ça de pris sur l'ennemi. Il y aura toujours bien*

une place pour nous. Sauf dans *toujours est-il que...*, ces emplois appartiennent surtout à la langue parlée et deviennent même nettement familiers quand *toujours* est rejeté en fin de phrase: *C'était ça de pris sur l'ennemi, toujours.*

Avec *pas* suivant *toujours*, comme en 2: *Ce n'est **toujours pas** (en tout cas pas) la bonne volonté qui lui manque.* — Fam.: *Tu peux toujours courir, tu n'obtiendras rien, quoi que tu fasses.*

TOUR, n.m.

1. FAIRE UN TOUR *au jardin, en ville, sur le port, dans les bois, aux Champs-Élysées. Je vais faire un tour.* Distinguer de FAIRE LE TOUR *du parc.*

2. JOUER UN BON TOUR, *un mauvais tour, un sale tour, un tour de cochon (à qqn).* ▸ COCHON.

3. TOUR À TOUR, loc.adv., «l'un après l'autre, alternativement», implique une pluralité dans les sujets, les compléments, les états ou les actions: *Nous le ferons tour à tour. Il nous a reçus tour à tour. Il a été grave et plaisant tour à tour. Montrer tour à tour du courage et de la faiblesse.*

4. On dit: *Attendre son tour, passer son tour. Un tour de faveur.* — C'EST MON TOUR ou C'EST À MON TOUR, *c'est au tour de mon frère* ou *c'est le tour de mon frère*; CHACUN À SON TOUR ou (détaché du verbe) À CHACUN SON TOUR ou CHACUN SON TOUR: *Patientons. Chacun son tour.* Mais: *Chacun parlera à son tour, chacun l'a fait à son tour. Parler plus souvent qu'à son tour.* Devant un infinitif: *C'est à mon tour (ou au tour de Paul) d'y aller.* Plus rare: *C'est mon tour d'y aller.* Vieilli: *à y aller.*

5. EN UN TOURNEMAIN, très rapidement, reste correct mais est plutôt littéraire. On dit couramment: EN UN TOUR DE MAIN.

6. *À tour de bras. Un tour de reins. Un tour de taille. Un tour de ville.*

TOURNER, v.tr.dir. *Tourner le coin de la rue, une difficulté, la loi. Tourner la page, tourner la tête à qqn, tourner le dos à qqn, tourner un reproche en compliment, tourner qqch. à son profit.*

V.intr. *La tête lui tourne. Ça ne tourne pas rond. Tourner autour de qqn. Tourner de l'œil. Tourner court. Tourner à gauche. Le vent tourne. Ce jeune homme a mal tourné. Le lait a tourné. Le vent tourne au nord. Le temps tourne au froid. Cela tourne au tragique (évolue vers). Sa grippe tourne à une bronchite.* — Belgicismes: *Tourner*, «donner comme atout»: [*Il tourne du pique*]; *les salades tournent bien, des salades tournées* (▸ POMMÉ); *faire tourner [à] bourrique* au lieu de *en*; [*tourner à rien*], dépérir, dégénérer;

[*faire tourner sot qqn*] par hyperbole, le faire devenir fou; [*tourner sot* ou *fou*], *tourner à vide*, foirer; [*être bien* ou *mal tourné*], être de bonne ou de mauvaise humeur. ▸ BOUTEILLE, NOMS COMPOSÉS, 2.5 et *RO* II.2.

TOURNIS, n.m. On ne prononce pas l's. Nom d'une maladie des bêtes à cornes qui se traduit notamment par une sorte de vertige. D'où l'emploi familier, en français, dans le sens de «vertige»: *J'ai le tournis. Vous me donnez le tournis.* Le français régional de Wallonie, à l'imitation du dialecte, prononce l's et fait de ce mot un adjectif appliqué aux personnes prises de vertiges: [*Je suis tournis*].

TOURNOI OPEN. Dire: *tournoi ouvert.*

TOUR-OPÉRATEUR, n.m., francisation partielle de TOUR OPERATOR (ou TOUR-OPERATOR), qui est à éviter. On recommande *voyagiste* (très rare) ou *organisateur de voyages.* ▸ VOYAGISTE.

Tout

Tout peut être nom, adjectif, déterminant, pronom ou adverbe.

1. NOM

Tout (*un tout, des touts*) signifie soit l'ensemble, la somme des parties, soit ce qu'il y a d'essentiel:

> *Risquer le tout pour le tout. Le grand Tout. Il y a une différence du tout au tout. Mon tout (le mot entier, dans une charade). Le tout est de bien finir.*

Il ne s'emploie sans déterminant (article, etc.) que dans l'expression **tout ou partie** suivie d'un complément:

> *Il pourra reprendre tout ou partie de ce qu'il aura apporté.*

Du tout (en dehors de *du tout au tout*) est vieilli dans une phrase affirmative. Il ne s'emploie plus que dans une phrase négative (*ne pas, ne plus, ne rien, sans*) et renforce la négation:

> *Il ne fait pas froid du tout. Je n'y tiens pas du tout. Ce n'est pas cela du tout* ou *Ce n'est pas du tout cela. Ce n'est pas du tout présentable. Je ne le vois plus du tout. Il n'aura rien du tout. Sans du tout savoir que c'était défendu. Sans rien du tout.*

Par ellipse, *du tout* peut parfois s'employer au lieu de *pas du tout*:

> *Pensez-vous qu'il se soit excusé? Du tout.*

569

2. ADJECTIF OU DÉTERMINANT

2.1. ADJECTIF QUALIFICATIF

2.1.1. SENS ET EMPLOI

Adjectif qualificatif, *tout* signifie «entier, complet» ou «véritable» ou «unique» et ne s'emploie qu'au singulier. On le trouve devant un article défini ou indéfini, un déterminant démonstratif ou possessif, un nom commun sans article (▶ 2.1.2.A), un nom propre (▶ 2.1.2.B), les pronoms démonstratifs *ce, ceci, cela, celui* (▶ 2.1.2.C), un pronom personnel (▶ 2.1.2.D), le relatif *quoi* régi par une préposition (▶ 2.1.2.E).

> *Toute* **la** *nuit, tout le monde le dit, toute* **une** *nuit, tout un temps* (▶ TEMPS). **C'est toute une affaire, toute une histoire, tout un problème,** *c'est une véritable (et grave) affaire, etc.* — *Toute* **cette** *saison, de tout* **mon** *cœur, toute mon amitié, s'étendre de tout son long.* — *C'est tout* **bénéfice,** *donner toute satisfaction, avoir tout intérêt à, à toute allure, à toute vitesse, à toute extrémité, en toute liberté, en toute impunité, en toute amitié, de toute éternité, de tout cœur, de tout repos, etc.* — *Toute la* **France,** *tout Rome, tout Mme de Sévigné.* — *De tout* **quoi** *il résulte.*

Il est également employé comme adjectif détaché, toujours dans le sens de «tout entier», qui d'ailleurs le remplace souvent dans la langue de tous les jours.

> *Cette somme est toute où vous l'avez laissée. Elle tremblait toute. Un voile qui la couvrait toute* (▶ 2.1.2.F).

2.1.2. REMARQUES

A. *Pour tout* **devant un nom commun sans article**

Devant un nom commun sans article, *pour tout* signifie généralement «pour unique», «pour seul» et s'emploie rarement aujourd'hui devant un pluriel, à moins que le nom ne soit usité (dans ce sens) qu'au pluriel:

> *pour toute nourriture, pour tout potage, pour toute réponse, pour tout vêtement, pour tous gages.*

B. **Noms propres et titres d'œuvres**

a. Devant un nom propre

Le nom propre peut désigner un pays, une ville, une personne (pour désigner l'ensemble de son œuvre), un titre. Si l'on parle, avec une certaine hyperbole, de tous les habitants d'une ville, on laisse *tout* invariable. Il y a plus d'hésitation s'il s'agit de la ville elle-même, mais on emploie souvent le masculin:

> *Tout Rome assista à son triomphe. Tout Rome* (ou *toute Rome*) *brûlait.* On dit avec l'article: *Toute la Rome des empereurs. Le Tout-Paris.*

b. Devant un titre d'œuvre

Tout reste invariable si le titre est cité avec un déterminant (article, etc.) qui y est inclus:

> *J'ai lu tout «Les rayons et les ombres», tout «Les misérables»,* mais *tous les «Contes d'Espagne et d'Italie».*

On n'hésite pas à dire cependant: *J'ai lu toutes «Les fleurs du mal»;* confusion peut-être avec *toutes les «Fleurs du mal».*

> On dit: *J'ai lu tout «Phèdre», tout «Madame Bovary», tout «Les affaires sont les affaires».*

On fait généralement l'accord si le titre commence par un article féminin singulier:

> *Toute «La Chartreuse de Parme»* (ou *«La Chartreuse de Parme» en entier*).

C. *Tout* **devant un pronom démonstratif**

On dit *tout ceci, tout cela,* mais *tout ce, tout celui, toute celle* ne s'emploient que devant une relative:

> *Je reverrai tout cela. Tout ce que je sais. Il dit tout ce qui lui passe par la tête. Tout le mal qu'il fait et tout celui qu'il peut faire. Tous ceux qui l'ont vu.*

D. *Tout* **devant un pronom personnel**

Rares et plutôt affectés sont les emplois de *tout* devant un pronom personnel:

> *C'est* **tout lui,** *c'est tout toi.*

E. *Tout* **entre une préposition et** *quoi*

Assez rare (et juridique) est l'emploi de *tout* entre une préposition et *quoi*:

> **De tout quoi** *on a dressé procès-verbal.*

F. **Attribut de l'objet (***tout entier***)**

En elle, je me retrouve tout (si le sujet est masculin), *toute* (si le sujet est féminin).

> *Je connaissais cette plaine (...). Et je la reconnaissais toute* (Genevoix, M., *Un jour*).

Au pluriel, *tout* ne peut être employé de la sorte: *tous* et *toutes* sont alors pronoms (▶ 3.2) et signifient «tous, toutes, sans exception». Comparer:

> *Cette conversation, je pourrais la redire toute* (tout entière). *Ces conversations, je pourrais les redire toutes* (sans exception).

Il faudrait, pour exprimer l'idée de «tout entières», dire: *je pourrais les redire tout entières* ou *tout à fait.* ▶ 4.4.3, ***Tout*** *suivi d'un complément prépositionnel.*

G. *Tout à tous*

Dans *être (se faire, se donner) tout à tous* ou *tout à chacun,* le singulier *tout* signifie «tout entier»; il est attribut du sujet ou du pronom réfléchi complément et il s'accorde:

> Cette femme charitable **se fait toute** à tous, se donne tout
> entière à chacun.

Mais si l'expression se rapporte à un pluriel, *tout,* pour éviter l'équivoque avec le pronom (▶ 3), prend une valeur d'adverbe (▶ 4) et signifie «entièrement»: *Ils étaient tout à tous;* en effet, *ils étaient tous à tous* voudrait dire: tous sans exception étaient à tous. On ne confondra pas cet emploi de *se faire à* avec celui qui signifie «s'habituer à»:

> Elles se faisaient toutes à leurs nouvelles voisines; ici, *toutes*
> est pronom apposé à *elles.*

2.2. DÉTERMINANT «INDÉFINI»

2.2.1. AU SINGULIER

Tout signifie «chaque, n'importe quel, toute espèce de»; le nom s'emploie sans article:

> **À *toute heure du jour*** ; *à **tout moment*** (ou *à **tous
> moments***); ***de toute sorte*** (ou ***de toutes sortes***); ***pour
> tout renseignement*** (ou ***tous renseignements***); *contre
> toute attente. Toute information ou publicité.*

Tout (ou *toute*) *autre* ▶ 4.4.4. *Toute espèce de* ▶ VERBE, Accord, 2.1.1.

Devant certains noms abstraits, au lieu de signifier, comme déterminant indéfini, «toute espèce de» (*abandonner toute pudeur*), *tout* peut marquer la totalité:

> de tout cœur, à toute vitesse, de toute éternité, en toute ami-
> tié, en toute simplicité, en toute hâte, en toute franchise, en
> tout bien tout honneur.

Tout un chacun, n'importe qui. *Tout un chacun vous le dira.*

[*Tout qui*], belge, ne peut remplacer *quiconque*:

> Quiconque l'a entendu sait à quoi s'en tenir. Pour quicon-
> que réfléchit.

Mais on dit très bien: *Il le dit à qui veut l'entendre.* Éviter [*tout quiconque qui*]. ▶ QUICONQUE.

2.2.2. AU PLURIEL

A. **Place**

Tous (dont l's ne se prononce pas, sauf en liaison) signifie «la totalité de, sans exception». Il est suivi d'un nom ou d'un numéral précédé ou non d'un déterminatif; il précède les pronoms démonstratifs *ceux-ci, celles-ci*; il suit les pronoms personnels *nous, vous, eux, elles*:

> Tous les hommes, toutes ces joies, à tous égards, en toutes
> lettres, tous deux ou tous les deux, tous ceux-ci, nous tous,
> elles toutes.

a. *Tous (les) deux*

À propos de *tous (les) deux, toutes les deux minutes,* observons que l'article, si un nom ne suit pas le numéral, est d'un usage courant; il est facilement omis jusqu'à quatre, rarement au-delà:

> Ils étaient là tous les cinq.

b. Expressions

Notons l'emploi de *tous, toutes* dans certaines expressions où il n'y a que deux choses: s'enfuir **à toutes jambes**, *écouter de toutes ses oreilles, regarder de tous ses yeux.*

c. Devant un nom sans article

Devant un nom sans article et avec lequel il s'accorde, on emploie *tous* (prononcé sans s, sauf en liaison) et *toutes* pour inclure sans exception les personnes ou les choses dans l'espèce désignée par le nom:

> Il fut obligé de solliciter, d'avancer de l'argent, de répondre:
> toutes choses fort désagréables (Littré). J'amènerai Pierre, Jean
> et Louis, tous garçons sympathiques. **Ce sont toutes fables**
> que vous contez là. Ce sont tous contes à dormir debout. Ce
> sont tous tissus infroissables. Ce sont tous mensonges.

En Belgique mais aussi en français populaire, on met parfois *des* entre *tous* et le nom. On laissera aussi à la langue populaire l'emploi de *tout* au lieu de *tous* dans de telles phrases:

> [C'est tout mensonges ou c'est tout des mensonges ou Ce
> sont tous des mensonges].

Mais on pourrait dire *autant de.*

B. **Répétition, périodicité**

Tous, toutes peuvent marquer la répétition, la périodicité devant un nom pluriel exprimant un laps de temps ou un espace:

> Tous les deux ans; toutes les heures; tous les premiers diman-
> ches du mois; tous les cent mètres; toutes les dix pages.

Familier : *tous les combien*. ▶ COMBIEN, 2.

2.2.3. REMARQUES

A. *Tout le premier*

Tout le premier varie : *Nous y avons cru, tous les premiers.* Mais on dit beaucoup plus souvent *le tout premier* (▶ 4.2).

B. **Singulier ou pluriel dans certaines expressions**

On a le choix, mais le singulier tend parfois à l'emporter (sauf dans *de toutes sortes*), sans toutefois s'imposer, dans *en tout cas, toute affaire cessante, tout compte fait, de toute façon, de tout genre, en tout genre, en tout lieu, de toute manière, à tout moment, en toute occasion, de toute part, à tout point de vue, à tout propos, en toute saison, en tout sens, de toute taille, de tout temps, en tout temps, une voiture tout terrain* (ou *tous terrains*), *à tout venant*.

On écrit plus souvent *de toutes sortes, en tous points, toutes proportions gardées*.

On écrit *de tout côté* ou *de tous côtés*. On préfère *toute espèce de* au singulier : *Il se livre à toute espèce de suppositions.* Le sens appelle le singulier ou le pluriel dans *pour toute raison*. ▶ CAS.

a. *Toute sorte de*

On écrit généralement *toute sorte de* devant un singulier et *toutes sortes de* devant un pluriel :

> *Toute sorte de fraude est interdite. Ils se livrent à toutes sortes de fraudes.*

Mais on trouve *toute sorte de napperons* (Aragon, L., *La mise à mort*).

b. Singulier

Singulier dans : *à tout âge, à toute allure, contre toute attente, en tout bien tout honneur, à toute bride, de tout cœur, à toute force, à tout hasard, à toute épreuve, à tout prix, en toute simplicité, de toute nature, à toute heure, à toute minute, en toute hâte, en toute liberté, à toute vitesse*, etc.

c. Pluriel

Pluriel dans *à tous crins, à tous égards, à toutes jambes, en toutes lettres, être à toutes mains, inventer de toutes pièces, toutes voiles dehors, tourner à tous vents, toutes choses égales*, etc. ▶ COUP.

C. *Tous côtés*

Emploi belge : *tous côtés* dans le sens de *partout* ou *de tous côtés*.

> [*Ils ont couru tous côtés. Regardez bien tous côtés*].

D. **Négation**

On dit parfois qu'il y a déplacement de la négation avec l'adjectif ou le pronom *tout*. C'est faux. La négation porte sur le verbe :

> *Toutes ces distinctions n'ont plus aucune utilité. Toutes questions qui n'ont jamais reçu de réponse. Toute sa science ne l'empêche pas de se tromper. Tout cela ne m'intéresse pas.*

On ne nie pas *tout*, mais ce qui, dans une phrase positive, serait dit du sujet, comme dans : *Tout cela m'intéresse.*

> De même dans cette phrase de Littré : *Tout ce qui est créé n'est pas éternel* (Rien de ce qui est créé n'est éternel) ; on nie la possibilité d'appliquer le caractère éternel à la totalité de ce qui est créé.

Si, dans certains cas très usuels, *ne pas* restreint *tout*, il faut observer que la négation n'est pas déplacée ; *ne pas* ne peut encadrer que le verbe : *Tous vos collègues ne sont pas de votre avis* ; la totalité n'est pas dans l'état indiqué ; elle comporte des exceptions. C'est ce qu'on peut exprimer dans une phrase positive en disant *pas tous* dans le corps de la phrase (*Certains de vos collègues, pas tous, sont de votre avis*) ou en apposant *tous* au sujet après le verbe nié : *Vos collègues ne sont pas tous de votre avis* (▶ 3).

> *Tout ce qui reluit n'est pas or. Toute vérité n'est pas bonne à dire* (N'importe quelle vérité n'est pas bonne à dire. La vérité n'est pas toujours bonne à dire). *Ils ne mouraient pas tous.*

Cette nécessité de placer *ne pas* aux côtés du verbe peut créer une équivoque.

> *Tous les candidats n'ont pas répondu à cette question* pourra d'ailleurs se dire, selon le sens : *Aucun candidat n'a répondu à cette question* ou *Les candidats n'ont pas tous répondu à cette question.*

> Il n'y a certes aucune équivoque dans *Toutes les réponses ne sont pas satisfaisantes*, mais on peut dire : *Certaines réponses seulement sont satisfaisantes* ou *Certaines, pas toutes, sont satisfaisantes.*

E. **Répétition de *tout***

Généralement, *tout* se répète devant chacun des noms juxtaposés ou coordonnés qu'il détermine, surtout s'ils ne sont pas de même genre :

> *Toutes promesses, tous engagements. Toutes les promesses, tous les engagements.*

On peut dire : *Tous les jeux et divertissements* (deux synonymes). *Toutes les personnes ou les choses dont il s'agit* (il s'agit d'un ensemble).

3. Pronom ou nominal

Pour la négation ▶ 2.2.3.D.

3.1. Sans antécédent

Tout, pronom, peut être employé sans antécédent ou bien résumer ce qui précède ou annoncer ce qui suit :

> *Après tout. Tout compris. En tout et pour tout. Tout a été dit. J'ai tout prévu. Femmes, moine, vieillards, tout était descendu* (La Fontaine). *Mais tout dort, et l'armée, et les vents, et Neptune* (Racine). *Il faut de tout pour faire un monde. Il y a là tout ce que vous cherchez.*

Avec une négation : *Tout n'a pas été dit* ; la négation restreint *tout* (▶ 2.2.3.D).

3.2. *Tous, toutes*

Tous (on prononce s), *toutes* sont employés seuls quand est clair le sens de «tout le monde» (*Tous l'ont deviné. Il étale sa richesse aux yeux de tous*) ou peuvent représenter un mot précédent (*Je connais vos amis. Tous sont sympathiques. Une fois pour toutes*) ou être mis en apposition à un nom ou à un pronom qui précède (*Elles me font* **toutes** *pitié. Vous êtes tous ainsi. J'ai interrogé plusieurs personnes, qui toutes m'ont répondu. Ils sont presque tous morts. Je les ai tous reconnus. Il nous a tous trompés. Je les connais tous. Ils espèrent tous*) ou qui suit (*Ce que tous nous pensons. Tu peux toutes les prendre. Ce sont tous d'anciens combattants*). Dans ce dernier cas, on y verra un pronom ; on peut avoir d'autres pronoms ainsi employés :

> *Je le crois, lui. Il me croit, lui. Ce que chacun nous pensons. Je les recevrai chacun à son tour.*

On n'emploie pas le pluriel *tous, toutes* comme complément d'objet.

> On dit : *Je les connais tous. Je les ai tous rencontrés.* Mais : *Je connais toutes ces personnes.*

Comme tout porte l'adjectif au superlatif :

> *Facile comme tout.*

Tout ce qu'il y a de ▶ VERBE, Accord, 2.1.2.B et ADJECTIFS QUALIFICATIFS, 2.9. Dans **tout ce qu'il y a de plus**, le verbe *avoir* reste au présent si la locution est figée dans le sens d'*extrêmement*.

> *Ce café était tout ce qu'il y a de plus fort.*

Mais on dirait : *Tout ce qu'il y avait de plus distingué se pressait à cette réception*, on n'a plus une locution figée.

4. Adverbe. Sens et emploi

4.1. En général

Tout, adverbe, signifie «entièrement, tout à fait» ou, dans le tour concessif *tout... que*, «si» ou «quelque» (▶ 4.4.13). Il peut porter sur un adjectif, une locution adjective, un adjectif verbal, un adverbe, une préposition (*tout à côté de*, *tout contre*), un participe passé à valeur d'adjectif, un gérondif, mais non un verbe.

> On ne peut dire : [*Il va tout se salir*].

Il peut aussi s'employer devant un nom dans le sens de «entièrement». ▶ 4.

> On doit écrire : *Une aventure tout aussi drôle que la nôtre. Une route tout en bosses. Elle était en tout aussi bonne santé que lors de ma dernière visite.*

4.2. Comparaison avec *très*

4.2.1. Devant un adjectif

Très marque un degré très élevé. On a souvent (pas toujours) le choix entre *tout* et *très* devant un adjectif. Mais *tout*, d'un emploi beaucoup plus limité, convient particulièrement dans le sens, noté plus haut, de «tout à fait», s'il s'agit d'un état momentané :

> *La bouteille est toute pleine. Son linge est tout mouillé. Elles sont tout étonnées. Le ciel est tout bleu. Elles se sont fâchées tout rouge.*

Il est très aimable peut marquer la constance ou le degré passager, mais *Le voilà tout aimable* marque mieux un état passager. Cependant *Un tout grand savant* dit nettement plus qu'*un très grand savant* ; il marque en quelque sorte une limite idéale. Mais on ne dira pas en guise d'éloge : *un tout vieux bijou*, parce qu'il n'y a pas de limite idéale à la vieillesse d'un bijou. Par contre, on parlera d'*un tout* (ou *très*) *bon travail*.

> On dit : *Je suis tout content* (ou *très content*), mais non [*Je suis tout satisfait*].

> On distingue : *C'est très juste, extrêmement juste* et *C'est tout juste* qui peut avoir deux sens très différents : «C'est à peine suffisant» ou «Cela convient exactement».

Tout seul ▶ SEUL, 6.

4.2.2. *Tout* dans les expressions

Tout s'emploie avec la valeur de «tout à fait» comme devant des adjectifs et reste parfois invariable (▶ 4) dans de nombreuses expressions :

être tout en larmes, tout en sang, tout en sueur, tout feu tout flamme, tout yeux, tout oreilles, tout hors d'haleine, aller tout de travers, tout à la fin du livre.

Aussi devant certains adverbes:

parler tout haut, tout bas (à côté de *très haut, très bas* qui, notons-le, disent davantage), *refuser tout net, tout bonnement, tout simplement.*

4.2.3. *TOUT* DEVANT LE GÉRONDIF

Devant un gérondif, on emploie *tout*, qui marque l'aspect de la durée; dans ce cas, il ne se répète pas:

Tout en parlant et en marchant, il observait son ami.

Le même tour marque souvent une opposition:

Tout en souriant, il enrageait.

4.2.4. *TRÈS* DANS CERTAINES EXPRESSIONS

On emploie uniquement *très* dans certaines expressions comme *frapper très fort, voir très clair, entendre très bien, écrire très lisiblement, raisonner très juste, agir très habilement,* etc.

4.2.5. *TOUT* AVEC *PREMIER, DERNIER*

Par contre, on ne peut dire que **le tout premier**, *le tout dernier, en toute première ligne, en toute dernière position, les tout derniers jours du mois.*

4.3. ACCORD

Tout, adverbe, est normalement invariable. Mais on a gardé l'ancien usage, qui traitait les mots selon leur nature (*tout* étant par nature adjectif), lorsque *tout* **précède un adjectif féminin** commençant par une consonne ou un *h* aspiré (très rarement devant une semi-voyelle; on écrit généralement: *tout ointe, tout huileuses*) et on y a vu partiellement une justification phonétique. *Tout* varie alors non seulement en genre mais en nombre.

*Ils sont **tout tristes**. Ils se font tout petits. Elles sont **toutes surprises**, tout attristées.*

▶ 4.4.13.

Elles sont toutes surprises peut signifier aussi: «Toutes sont surprises». On peut recourir à ce dernier tour pour dissiper l'équivoque.

Il semble qu'on veuille faire parfois une distinction au singulier.

Colette écrit: *Vous me vouliez toute empêtrée de crêpe (La retraite sentimentale*; de la tête aux pieds, *toute la personne)*

et *tout empêtrée de sa lampe* (*L'ingénue libertine*; très fortement empêtrée).

De même Julien Gracq, qui respecte la règle générale, écrit en parlant d'une ville: *Maremma toute injectée de lumière, Maremma tout emmêlée à sa nuit m'apparaissait comme une nébuleuse de ville, tout entière en vagues caillots de brouillard (Le rivage des Syrtes); toute injectée* veut faire comprendre que le sens n'est pas «tout à fait», mais «entièrement, toute la ville, la ville entière». De telles subtilités se justifient mais ne s'imposent pas.

Il arrive que, par archaïsme ou par analogie avec l'exception qu'entraîne un adjectif féminin commençant par une consonne, certains écrivains fassent l'accord de *tout*, du moins au singulier, devant un adjectif commençant par une voyelle ou un *h* muet, mais il vaut beaucoup mieux écrire: ***tout entière**, tout attristée.*

Tout peut aussi avoir le sens d'«entièrement», et exprimer la plénitude **devant un nom au singulier**, épithète, apposé, attribut. Il rappelle un usage antérieur à l'implantation de l'article. *Il est tout énergie* signifie «Il est entièrement énergie, plein d'énergie», mais est souvent interprété comme l'équivalent, un peu renforcé, de «Il est très énergique». On peut soit laisser *tout* invariable, soit l'accorder avec le nom qui suit, soit le traiter comme devant un adjectif (trois solutions, donc):

Il est tout ombre et tout soleil (Colette). *Lui-même était tout réticence* (Green, J., *Les années faciles*). *Dans sa vie intérieure, Douve, tout imagination et sensibilité, passait d'un extrême à l'autre* (Estang, L., *Les stigmates*). *J'étais tout consentement, tout adoration* (Genevoix, M., *Un jour*). *Ces astres qui sont toute énergie* (...). *Tam-tam, vous êtes toute musique* (Bedel, M., *Traité du plaisir*). *Découpé sur cette lueur, tout ombre, il projetait contre le mur sa silhouette aiguë* (Bosco, H., *Malicroix*). *J'étais tout passivité* (Id., *L'antiquaire*).

Le traitement de *tout* peut être influencé par le sujet. Si celui-ci est féminin, on fera plus facilement l'accord de *tout* avec le nom féminin qui suit:

Mme *Peloux était toute âme* (Colette).

L'usage est si indécis qu'il est impossible de privilégier vraiment une des trois solutions citées plus haut. On peut seulement conseiller, en tenant compte des fréquences et du sens, de traiter *tout* comme devant un adjectif, c'est-à-dire de le faire varier si le nom qui suit est féminin et commence par une consonne ou un *h* aspiré:

Une jeune vie humaine, tout ignorance et tout audace (Bernanos, G., *Monsieur Ouine*). *Elle est tout silence* (Cesbron, G., *Notre prison est un royaume*). *Mais ce jeune*

Caillois, tout intelligence (Yourcenar, M., *Discours de réception à l'Académie française*). *Il est toute sagesse. Elle est tout innocence. Elle est tout cœur et toute passion. Ce sont des gens qui sont tout cœur et toute générosité.*

Devant un nom propre de personne, *tout* reste invariable (tour familier):

> *Ça, c'est tout Suzanne!*

Tout reste généralement invariable, dans le même emploi (apposition ou attribut), **devant des noms au pluriel**, décrivant un état:

> *Les mouches, tout nerfs et tout ailes, faisaient vibrer l'air* (Bosco, H., *Antonin*). *C'est tout plumes ornementales* (Id., *L'antiquaire*).

Tout reste également invariable dans quelques expressions: *Une étoffe tout laine; un foulard tout soie; être tout yeux tout oreilles, être tout feu tout flamme.*

Tout que ▶ 4.4.13.

4.4. REMARQUES

4.4.1. *DANS SA TOUTE JEUNESSE*

Sur le modèle de *toute-puissance*, correspondant à l'adjectif *tout-puissant*, et de *en toute amitié* (en complète amitié ▶ 2.1), on a formé des expressions insolites comme *la toute jeunesse, la toute enfance*, correspondant à *tout jeune, tout enfant*. On dira plutôt: *Dans son extrême jeunesse, dans sa petite enfance.*

4.4.2. *LE TOUT DÉBUT, AU TOUT DÉBUT*

Les tours *au tout début* et *le tout début* ne sont plus à critiquer. On écrit *le tout début du règne* ou *du siècle* (pour *les premières années du règne* ou *du siècle*), *le tout début du printemps* (pour *les premiers jours du printemps*), *au tout début* (pour *tout au début*).

4.4.3. *TOUT* SUIVI D'UN COMPLÉMENT PRÉPOSITIONNEL

Tout à, de, en, entre. L'usage est hésitant: il traite parfois *tout* comme adverbe, beaucoup plus souvent comme adjectif détaché (▶ 2.1.2.F). On peut profiter de cette latitude, mais au pluriel on se gardera de l'équivoque:

> *Elles étaient toutes en noir* veut dire «toutes sans exception», tandis que *Elles étaient tout en noir* signifie: Elles étaient tout à fait en noir.

> Comparer de même: *Ils sont tout à leur devoir* et *Ils sont tous à leur devoir.*

Colette écrit: *Elle était toute à son souci* (*La maison de Claudine, Amour*), puis croit devoir corriger: *Elle était tout à son souci.*

> *Elle était toute à la pensée des injustices* (Aymé, M., *Le vin de Paris*). *Toute en deuil* (Sarraute, N., *Portrait d'un inconnu*). *La soupe elle-même était rude (...), toute en pain* (Bosco, H., *Malicroix*). *Elle (ma maison) est haute et étroite, toute en fenêtres pour prendre le jour* (Blondin, A., *Les enfants du bon Dieu*). *Ma chambre (...) est toute en longueur* (Duhamel, G., *Le bestiaire et l'herbier*). *Elle (la cuisine) était toute en longueur* (Giono, J., *L'oiseau bagué*). *Sa longue figure de coin, toute en nez* (Yourcenar, M., *L'œuvre au noir*). *Il y en avait une, très blonde, toute en noir* (Ormesson, J. d', *L'amour est un plaisir*). *Une jolie petite vieille toute en dentelle* (Jouhandeau, M., *Chaminadour*). *J'étais déjà toute en sueur* (Butor, M., *Passage de Milan*). *Elle était toute en jambes* (Curtis, J.-L., *Un jeune couple*). *Henriette se déchaîne comme une furie, toute en gestes, en paroles, avec de longues tirades* (Triolet, E., *Le premier accroc...*). *Toute en virages, la route...* (Clavel, B., *L'espion aux yeux verts*).

Moins souvent, on laisse *tout* invariable:

> *Elle était tout en noir* (Mallet-Joris, Fr., *Le jeu du souterrain*). *Elle était tout en larmes* (Ac.).

Dans tous ces exemples, la préposition (*à, en, entre*) se lie à *tout* et l'oreille ne distingue pas *tout* et *toute*. Si la préposition commence par une consonne, on fait couramment l'accord au singulier avec le nom auquel l'expression se rapporte:

> *La première journée ici, toute de fatigue* (Green, J., *Les années faciles*). *Une vie toute de travail. Une pièce toute de circonstance. Un sujet tout de circonstance.*

Mais on dit: *Elle était vêtue tout de noir.* Au pluriel, l'accord peut entraîner une équivoque (▶ 2.1.2.F et 3.2).

Tout d'une haleine, tout d'une pièce, tout d'une traite, tout de travers, etc. sont généralement invariables. Mais l'invariabilité n'est exigée que si ces expressions se rapportent à un verbe et non pas à un nom ou à un pronom:

> *Elle se dressa tout d'une pièce. Elles se tiennent tout de travers.*

> Mais: *Cette femme est toute (ou tout) d'une pièce. Des colonnes toutes (ou tout) d'une pièce.*

Attention au pluriel: *Ils se dressent tous d'une pièce, Elles se tiennent toutes de travers* auraient un autre sens: tous ou toutes, sans exception. Garder à **tout à fait** son sens de *entièrement, complètement* et ne pas l'employer pour *oui* ou *certainement* ou *assurément*.

Tout reste invariable dans *tout de mon long*, **tout de son long**:

Étendez-vous tout de votre long. Elles s'étendirent tout de leur long.

On dit souvent: **De tout son long**, de tout leur long (*tout* adj.). **Tout court**, invariable. ▶ COURT, 9.

Je suis toute à vous. Si une femme écrit: *Je suis tout à vous*, la formule n'est que de politesse; *toute à vous* peut être interprété comme exprimant la passion ou la tendresse.

4.4.4. *TOUT AUTRE*

Tout est déterminant et variable s'il signifie «n'importe quel»; il peut alors être rapproché du nom, suivi de *autre*:

> *Toute autre attitude m'aurait déçu. Demandez-moi toute autre chose* (toute chose autre, n'importe quelle autre chose).

Tout est adverbe s'il signifie «tout à fait» et ne peut être séparé de *autre* ou *un autre*:

> *C'est tout autre chose. C'est une tout autre affaire. De tout autre façon* (de façon tout autre). *C'est tout une autre affaire* (tout à fait une autre affaire).

4.4.5. *C'EST TOUT COMME*

C'est tout comme est correct et signifie «c'est exactement comme si...»: *Il ne l'a pas dit nettement, mais c'est tout comme.*

4.4.6. *TOUT PARTOUT*

Tout partout, populaire, est une survivance de l'ancienne langue.

4.4.7. *TOUT PLEIN, À TOUT LE MOINS*

Tout plein (▶ PLEIN).

À tout le moins (▶ MOINS).

4.4.8. *TOUT À COUP, TOUT D'UN COUP*

Tout à coup, tout d'un coup n'ont pas le même sens, mais la distinction entre les deux n'est pas toujours sensible ni respectée. Si *tout d'un coup* doit s'employer dans le sens de «tout en une fois» (*Il fit sa fortune tout d'un coup*), encore qu'on dise plutôt *d'un coup, d'un seul coup*, il s'emploie parfois en concurrence avec *tout à coup* (pas de traits d'union) dans le sens de «soudainement»:

> *Tout d'un coup, j'aperçus un trou de ténèbres* (Sartre, J.-P., *Les mots*). *Tout d'un coup papa s'est levé pour aller chercher des vers que je venais de faire* (Gide, A., *Les faux-monnayeurs*). *Tout d'un coup la lune se couvrit d'un gros nuage* (Supervielle, J., *Premiers pas de l'univers*). *Ils se retrouvent tout d'un coup avec leurs millions* (Anouilh, J., *Pièces brillantes*). *Je les rencontrais tout d'un coup de plain-pied.*

J'avais brusquement la connaissance automatique de tous leurs drames particuliers (Giono, J., *Noé*).

On peut regretter la confusion, elle est dans l'usage et sans gravité.

4.4.9. *TOUT À L'HEURE*

Tout à l'heure ne s'emploie plus dans le sens de «tout de suite, sur-le-champ, sur l'heure». Il se rapporte au passé ou, plus souvent, à l'avenir: il y a un moment, très peu de temps, dans un moment, après un bref laps de temps.

> *Vous disiez tout à l'heure que...* (Ac.). *Je suis à vous tout à l'heure* (Ac.). *Tout à l'heure, j'irai voir la mer* (Gide, A., *Journal*).

4.4.10. *TOUT DE MÊME*

Tout de même est vieilli dans le sens de «tout à fait de même», sauf dans *tout de même que*: *Pierre s'est trompé, tout de même que Paul.* Il n'a plus aujourd'hui que le sens de «malgré cela, néanmoins»:

> *Je ne l'avais pas rappelé. Il est revenu tout de même* (Gide, A., *Attendu que*). *Colère sainte sans doute, mais colère tout de même* (Gide, A., *Journal*).

Comme interjection: *Tout de même! Supposez qu'il me plaise de rester là* (Bernanos, G., *La joie*).

4.4.11. *TOUT DE SUITE ET DE SUITE*

Tout de suite a toujours le sens de «immédiatement, sur-le-champ». *De suite* garde son sens traditionnel, le seul admis par l'Académie, «sans interruption, l'un après l'autre», mais a pris en outre le sens de *tout de suite*:

> *L'aspect aimable de Bouvard charma de suite Pécuchet* (Flaubert, G., *Bouvard et Pécuchet*). *Parfois des rages me prennent de lâcher tout, de suite, de décommander les leçons* (Gide, A., *Journal*). *Puis de suite, la seconde d'après* (Giono, J., *L'oiseau bagué*). *Je trouve l'occasion d'une personne qui part de suite à Paris pour te donner de mes nouvelles (...). Écrivez-moi donc, mais de suite, à Agen, poste restante* (Nerval). *Envoie-moi cette plaquette de suite (...). J'ai voulu t'écrire de suite après ta lettre si excellente. (...) J'arrête de suite* (Valéry, P., *Correspondance Gide-Valéry*). *Quelques mots gentils, faits pour être oubliés de suite* (Mallet-Joris, Fr., *Allegra*).

Aucune équivoque dans ces emplois, condamnés cependant par les puristes. *Tout de suite* reste d'ailleurs très vivant dans son sens premier:

> *Je reviens tout de suite* (Genevoix, M., *Un jour*). *C'est à lui que je pensai tout de suite (...). Tout de suite après (...).*

Nous commençons tout de suite à dévaler cette pente raide (Giono, J., *Noé*).

Familier: *tout de suite que*, aussitôt que.

4.4.12. *TOUT-PUISSANT, TOUTE-PUISSANCE*

Tout-puissant, adj. ou nom (*Tout-Puissant*) et *toute-puissance*, n.f., s'écrivent avec un trait d'union. Dans *tout-puissant*, l'adv. *tout* ne varie qu'au féminin: *Ils sont tout-puissants. Des reines toutes-puissantes. Le Tout-Puissant* (Dieu). *La toute-puissance d'un tyran.* Mais on notera qu'il n'y a pas de traits d'union dans **tout à fait**, loc.adv.

4.4.13. *TOUT... QUE* CONCESSIF

Tout attentif qu'il **est** (ou *qu'il* **soit**), *il a oublié un détail.* On emploie l'indicatif, suivant l'usage classique toujours vivant, ou, presque aussi souvent et de plus en plus, le subjonctif, par analogie avec *quelque... que.* On a donc le choix, qu'il y ait doute possible ou affirmation d'une réalité dans cette opposition.

Tout est suivi d'un attribut du sujet ou de l'objet. Il reste invariable s'il porte sur un masculin. Mais s'il porte sur un féminin, adjectif, participe ou nom, il varie devant une consonne ou un *h* aspiré. C'est à tort qu'on prétend que l'emploi devant un nom n'est plus vivant. Littré exigeait l'invariabilité devant un nom de chose; elle reste permise dans ce cas, mais on peut s'affranchir de cette exception:

> *Tout prudents qu'ils sont* (ou *qu'ils soient*), *ils se sont trompés. Toutes prudentes qu'elles soient... Tout averties qu'elles sont...*
>
> *Toutes peu informées qu'elles soient* est possible, *tout* portant sur *informées* mais précédant immédiatement *peu*; on dira plus souvent: *Si peu informées qu'elles soient.*
>
> *Ma réceptivité, tout abnégation qu'elle pût être* (Genevoix, M., *Un jour*). *Toute hardiesse qu'il soit, il n'est pas imprudent. Toute femme qu'elle est... Toute poussière qu'il est...*

Devant deux attributs, on se contente généralement d'exprimer *tout* une seule fois.

> *Tout prudents et rusés qu'ils soient... Toute femme et reine qu'elle est.*

On ne confondra pas ce tour concessif avec celui, plus rare, où *tout* est suivi d'un adjectif et de *que* pour exprimer une cause et est donc toujours suivi de l'indicatif:

> *Il ne nous écoutait guère, tout attentif qu'il était aux bruits du dehors*, parce qu'il était tout attentif...

Invariabilité ou accord de *tout* comme dans le tour concessif.

4.4.14. *TOUT UN TEMPS*

▷ TEMPS.

TOUT-À-L'ÉGOUT, n.m. Des *tout-à-l'égout*.

TOUT-COMPRIS, comme n.m., est invariable et s'écrit avec un trait d'union: *La formule du tout-compris.* Mais: *Cent francs,* **tout compris**.

TOUT-PETIT, n.m. Trait d'union dans le nom: les **tout-petits**. Mais: *Les tout petits enfants. Une toute petite fille.*

TOUT-VENANT, n.m. et adj., est invariable: *Du charbon tout-venant. Du tout-venant.* Le nom est inusité au pluriel.

TOUX, n.f. Des Wallons, sous l'influence des dialectes ou de formes verbales, prononcent [*la tousse*].

TRAC, n.m., peut se dire de toute espèce d'appréhension, d'angoisse, mais se dit surtout de celle qu'on éprouve avant d'affronter le public. *Avoir le trac.*

TOUT À TRAC, loc.adv., avec brusquerie, sans préparation, ni réflexion: *Il dit tout à trac ce qui lui passe par la tête.*

TRACHÉE, n.f., se prononce avec *ch*, mais les **dérivés**, **TRACHÉAL**, **TRACHÉEN**, **TRACHÉITE**, **TRACHÉO-BRONCHITE**, **TRACHÉOTOMIE**, etc., se prononcent avec *k*.

TRACTATION, n.f., s'emploie surtout au pluriel et est devenu péjoratif pour désigner des démarches avec des manœuvres, des marchandages.

TRACTER, v.tr.dir., tirer au moyen d'un tracteur ou d'un autre véhicule ou d'un procédé mécanique.

TRADITIONALISME, n.m., **TRADITIONALISTE**, adj. et n., un seul *n*. Mais **TRADITIONNEL**, **TRADITIONNELLEMENT**, deux *n*.

TRADUIRE, v.tr.dir. *Traduire* **d'une** *langue* **dans** *une autre. Traduire dans une langue. Traduire en latin. Traduire en prose. Traduire en justice. Traduire un auteur. Traduire un mot par une locution.*

TRAFIC, n.m., a vieilli dans le sens général de «commerce» (*le trafic des vins, des cuirs*). Il est devenu péjoratif, au propre comme au figuré, et s'applique à un commerce clandestin, illicite: *Le trafic des stupéfiants, d'armes. Un trafic d'influence.* Le nom est courant pour désigner une grande circulation, sur une même ligne, non seulement des trains, mais des bateaux, des avions, des autos: *Un trafic intense. Un grand trafic de voiture.*

TRAFIQUANT, n., s'écrit avec *qu* comme le participe présent de **TRAFIQUER**. Il a pris comme ce verbe un sens péjoratif évoquant des opérations malhonnêtes (*une boisson trafiquée, trafiquer un moteur*). **TRAFIQUEUR** est rare, **TRAFICOTER**, **TRAFICOTEUR** sont familiers et péjoratifs.

TRAGI-COMÉDIE ou **TRAGICOMÉDIE** (*RO* IV.2), n.f. Des *tragi-comédies*. *Des aventures* **tragi-comiques** (ou **tragicomiques**, *Ibid.*).

TRAIN, n.m. Parmi ses sens, «manière de se comporter». *Mener grand train, bon train. À fond de train. Un train de vie.* **EN TRAIN DE**: *Il est en train de téléphoner. Je ne suis pas en train, pas bien disposé.* — *Une mise en train.*

TRAIN, n.m. désignant une locomotive et des wagons. *On voyage* **en train** (comme *en avion, en bus, en bateau*) ou **par le train**, mais non [*par train*] ni [*au train*] ni [*sur le train*]. *On arrive par le train de midi. La langue populaire dit: au train de midi. On se rencontre dans un train.*

On a essayé de garder l'utile distinction entre *le train de Paris* (qui part de Paris) et *le train pour Paris* (qui va à Paris); mais on dit de plus en plus, dans les deux sens: *le train de Paris* ou *le train d'Italie.*

Un train express (▶ EXPRÈS, 2), *un train de banlieue* (▶ BANLIEUE), *un train omnibus. Avoir son train. Manquer son train, rater son train. Prendre le train. Train autos-couchettes* (▶ AUTO). *Dédoubler un train.*

TRAÎNARD, TRAÎNEAU, n.m., **TRAÎNE**, n.f., **TRAÎNER**, v., etc. Accent circonflexe ou non si l'on suit les *Rectifications de l'orthographe* (*RO* I.3.3). Un **TRAÎNE-SAVATE**, des **traîne-savates** (▶ NOMS COMPOSÉS, 2.5).

TRAIN-TRAIN, n.m., écrit aussi **TRAINTRAIN**, a couramment remplacé **TRANTRAN**: *Le train-train quotidien. Aller* (ou *continuer*) *son petit train-train.*

TRAIRE, v.tr.dir. *Je* **trais**, *il* **trait**, *nous* **trayons**, etc. Imparfait et subj.prés. Nous **trayions**. Pas de p.s. ni de subj. imparfait.

TRAIT (D'UN), TRAITE (D'UNE). À côté du sens qu'a *d'un trait* dans *barrer, biffer d'un trait* (*de plume*), il a le sens de «en une seule fois»: *Il a vidé son verre d'un trait, d'un seul trait* (comparer: *boire à longs traits*); d'où, au figuré, le sens de «sans interruption»: *Dormir d'un trait jusqu'au lendemain.* Dans ce sens, *d'un trait* devient synonyme de *d'une traite, d'une seule traite,* où l'on retrouve le sens de *traite*: trajet effectué sans s'arrêter (*faire une longue traite*): *Débiter d'une traite sa tirade. Je dormis d'une traite jusqu'à minuit* (Bosco, H., *Malicroix*). On peut donc dire: *J'ai lu ce livre d'un trait* ou *d'une traite.*

Trait d'union

1. VOIR AUSSI...

On trouvera à leur rang alphabétique les mots qui appellent une remarque sur l'emploi des traits d'union. ▶ ANTI-, ARRIÈRE, CENT, 4, DEMI, GRAND, IMPÉRATIF, 2.1, JUSQUE, LÀ, MÊME, NON, NU, NUMÉRAUX, 1, PRONOMS PERSONNELS, 1.2, QUASI, SAINT, TÊTE À TÊTE, TOUT, 4.4.12, etc.

2. PRÉNOMS

En français, seuls les deux éléments d'un prénom composé sont unis par un trait d'union: *Jean-Jacques, Marie-Thérèse, Jean-Louis.* On ne met pas de traits d'union mais parfois une virgule entre les autres prénoms de l'état civil: *Louis Joseph Edmond Ghislain Dupont.*

On ne met pas de trait d'union dans les noms propres de personnes formés d'un prénom et d'une épithète:

Philippe le Bon, Alexandre le Grand.

3. NOMS DE RUES, DE BÂTIMENTS, ETC.

On écrit: *le Pont-Neuf, le Palais-Bourbon.* En France, surtout à Paris, mais avec des exceptions, on écrit: *rue Victor-Hugo, rue Charles-Nodier, rue de l'Hôtel-de-Ville, l'allée du Champ-de-Mars, la gare Anatole-France, le lycée Louis-le-Grand.* Cet usage a été critiqué, mais est bien installé et conservé dans certains guides. On n'est pas tenu de le suivre cependant. On peut, comme en Belgique, écrire: *avenue Victor Hugo* et classer cette rue à Hugo, et *avenue du Bois de la Cambre.* — On écrit: *le Mont-Saint-Michel.*

TRAITER, v.tr.dir. ou ind. ou intr. *Bien traiter qqn* peut signifier «bien agir envers lui» ou «bien le recevoir à sa table». *Traiter qqn de fourbe,* l'appeler fourbe. *Il traite ses enfants en camarades,* il agit avec eux comme envers des camarades. *Traiter un malade, une maladie.* **Traiter un sujet**, *une question,* l'étudier systématiquement, *traiter* **d'un sujet**, *d'une question,* disserter sur, parler de. *On dira que tel livre traite des plantes d'appartement. On traite un sujet dans le style plaisant. On traite avec l'ennemi.*

TRAÎTRE, adj. et n. (accent circonflexe ou non si l'on suit les *Rectifications de l'orthographe, RO* I.3.3), féminin **traîtresse**: *C'est une traîtresse. Une âme traîtresse. Des faveurs traîtresses. Une liqueur traîtresse.* On laisse parfois **traître** au féminin comme adjectif: *Cette femme, traître à sa patrie.* Fam., *pas un traître mot,* pas un seul mot: *Je n'y ai pas compris un traître mot.*

PRENDRE EN TRAÎTRE. On peut écrire : *Ils m'ont pris en traître*, en considérant *en traître* comme une locution adverbiale, mais on écrit plutôt : *Ils m'ont pris en traîtres*, en accordant *traîtres* avec le sujet. Si le sujet est féminin, on écrit *en traître*, loc. adverbiale : *Elle m'a pris en traître. Elles m'ont pris en traître*. Parfois : *Elles m'ont pris en traîtres*.

TRAMINOT, n.m. formé sur le modèle de *cheminot* pour désigner un employé des tramways. En Belgique, on dit [**TRAMWAYMAN**].

TRANCHE, n.f., **TRANCHER**, v.tr.dir. et intr. Le verbe « s'emploie au figuré pour exprimer une décision nette et rapide : *trancher une question*. On l'emploie moins au sens de « couper des tranches » ; on coupe le pain en tranches, on ne le *tranche* pas. On parle donc de **PAIN COUPÉ**. Cependant : *Un paquet de pain tranché* (Clavel, B., *Maudits sauvages*) atteste que *trancher* a été autrefois plus courant dans le sens de « couper en tranches du pain, du jambon ». *Une couleur **tranche sur** une autre, sur un fond. Trancher dans le vif*.

On écrit : *Un livre doré sur tranche* (sur la tranche). *Le crédit sera débloqué par tranches*.

TRANQUILLE, adj., rime avec *ville*.

TRANSAT, n.m., abréviation familière de **TRANSATLANTIQUE** ; on prononce le *t* final.

TRANSCENDANCE, n.f., **TRANSCENDANTAL**, adj. Attention à *sce* et *dan* comme dans **TRANSCENDANT**, participe (et adj.) du verbe *transcender*.

TRANSE, n.f. (pron. *s* et non *z*), a signifié « agonie », « passage de la vie à la mort ». D'où l'expression liégeoise [*sonner une transe*] pour *sonner le glas*. Le mot se dit encore en français généralisé, surtout au pluriel, pour une inquiétude, qui, sans être mortelle, est très vive, accompagnée d'angoisse. *Être **dans les transes*** (de voir arriver qqch. ou que qqch. ne se produise). Dans un autre sens, par référence à l'état d'un médium dépersonnalisé, *entrer **en transe***. Par extension, *être en transe, entrer en transe*, s'agiter, s'énerver, être hors de soi.

TRANSFERT, n.m. *Le transfert d'un prisonnier* ; dans ce cas, on emploie aussi **TRANSFÈREMENT**. *Un transfert de reliques. Le transfert du corps d'un mort* ; dans ce sens, on dit aussi **TRANSLATION**. *Le transfert d'un joueur. Un transfert de capitaux*.

Pour un fonctionnaire déplacé, on parle de **DÉPLACEMENT**, de **MUTATION** et non de « transfert ». ▶ MUTER. En psychanalyse, on parle de *transfert*.

TRANSIR, v.tr.dir. et intr., se dit de celui qui est pénétré par le froid ou en proie à un sentiment très fort qui en quelque sorte paralyse : *Le froid me transit. Je suis transi* (*de froid, de peur*). *Je sentis tout mon corps et transir et brûler* (Racine). On prononce *s* comme dans *ainsi* ou, beaucoup plus souvent, comme dans *base* et *transition*. — Emploi belge de *transir*, intr., dans le sens de « s'inquiéter », « s'impatienter », « être dans les transes ».

TRANSLITTÉRER, v.tr.dir., **TRANSLITTÉRATION**, n.f., s'écrivent avec deux *t* comme *lettre, littéral*.

TRANSMUER ou **TRANSMUTER**, v.tr.dir., sont synonymes ; le premier est plus courant : changer un élément en un autre. *Transmuer en victoire une défaite. Transmuter un souhait en un ordre*. N.f. *La* **TRANSMUTATION**.

TRANSNATIONAL, adj., est entré dans l'usage pour désigner des associations internationales non gouvernementales et non lucratives. Les sociétés lucratives internationales s'appellent des **MULTINATIONALES**.

TRANSPARAÎTRE, v.intr. Auxiliaire *avoir* : *Rien n'a transparu* (Gracq, J., *Un beau ténébreux*).

TRANSSONIQUE, adj., **TRANSSUBSTANTIATION**, n.f. Il y a deux *s* dans les mots où *trans* est suivi d'un second élément commençant par *s* : **TRANSSEXUEL**, **TRANSSIBÉRIEN**, etc.

TRAQUE, n.f., action de rabattre le gibier. En Hainaut et à Namur, [**TOUT D'UNE TRAQUE**] s'emploie pour « sans interruption ».

TRAVAIL, n.m. Des *travaux*, sauf pour l'appareil avec lequel on maintient les animaux que l'on ferre (des *travails*).

TRAVAILLER, v.tr.dir. ou ind. ou intr. *Travailler le fer. Il travaille bien. On travaille à qqch., à faire qqch. Il travaille à ce qu'on mette fin à cette situation*.

TRAVERS (À), loc.adv. ou prép., **AU TRAVERS**, loc.adv., **AU TRAVERS DE**, loc.prép., **EN TRAVERS**, loc.adv., **EN TRAVERS DE**, loc.prép., **DE TRAVERS**, loc.adv. Au contraire de ce qui se passait à l'époque classique, on ne met jamais *de* après *à travers*, sauf si c'est un *de* partitif ou un *des* indéfini : *à travers du beurre, à travers des difficultés*.

À travers et **au travers**, loc.adv., sont synonymes. La nuance perçue autrefois entre les loc.prép. **à travers** et **au travers de**, celle-ci impliquant davantage une résistance à franchir, s'est affaiblie jusqu'à disparaître couramment dans l'usage moderne : *La foule était compacte, mais il a passé à travers ou au travers. Une grille fermait l'entrée, mais il a passé la main au travers. On ne voyait le soleil qu'à travers les nuages* (Ac.). *Regarder au travers des rideaux* ou *à travers les rideaux. Marcher à travers champs. Sourire à travers ses larmes.*

En travers, en travers de: *La route était bloquée, un arbre était tombé en travers. Un arbre était tombé en travers de la route*, transversalement, dans le sens de la largeur. *On avait tendu une corde en travers de la route.* Au figuré, *se mettre en travers de qqch.*, s'y opposer.

De travers: *Marcher de travers*, dans une direction ou une position hors de la normale. *Tout va de travers. Regarder qqn de travers. Raisonner de travers. Prendre les choses de travers. Sa cravate est tout(e) de travers* (▶ TOUT, 4.4.3).

TRAVERSE, n.f. Un **CHEMIN DE TRAVERSE** est un chemin plus court, qui coupe. **À LA TRAVERSE**, loc.adv., **À LA TRAVERSE DE**, loc.prép. classique et littéraire, «de façon à faire inopinément obstacle»: *Notre marché eût été conclu, si un tel ne fût venu à la traverse, ne se fût pas jeté à la traverse* (Ac.). *Les rivaux qui se jettent à la traverse d'une inclination* (Molière).

TRAVERSER, v.tr.dir., c'est passer d'un bord à l'autre. C'est en vain qu'on a prétendu que, s'il était normal de *traverser une rue, une rivière*, on ne pouvait dire *traverser un pont* lorsqu'on le parcourait dans toute sa longueur. Le meilleur usage admet l'expression dans ce sens.

TRAVERSIER, n.m., se dit très justement au Canada pour *ferry-boat* et *bac*.

TRÉBUCHER, v.intr. *On trébuche sur* (ou *dans* ou *contre*) *qqch.* Ne pas dire [SE TRÉBUCHER].

TRÉFONDS, n.m., reste l'orthographe usuelle, bien que l'Académie ait admis en 1975 **TRÉFOND**, qu'elle a d'ailleurs rejeté en 1987.

Tréma

1. USAGE

Traditionnellement il se place sur les voyelles *e, i, u* pour montrer qu'elles se détachent de la voyelle précédente. Il surmonte tantôt une voyelle qui doit être prononcée isolément (*haïr, maïs, Saül, Moïse, Noël*), tantôt une voyelle qui ne se prononce pas (*aiguë, ciguë*).

2. HÉSITATION DE L'USAGE

Cet usage est devenu de nouveau la règle depuis que l'Académie française a décidé, en mars 1987, d'abroger la faculté, qu'elle avait accordée en 1975, de mettre le tréma sur la voyelle prononcée avec son timbre propre (*aigüe, cigüe*) ou comme semi-voyelle (*ambigüité, contigüité*). L'Académie a en même temps renoncé, en 1987, à mettre un tréma sur *u* dans certains mots pour lutter contre une prononciation défectueuse: *argüer, gageüre, mangeüre, vergeüre.* Les *Rectifications de l'orthographe* de 1990 (*RO* III.4,5) retrouvent la position de l'Académie de 1975 (*ambigüe, gageüre...*).

3. ORTHOGRAPHE TRADITIONNELLE DE QUELQUES MOTS

Rappelons l'orthographe traditionnelle de quelques mots: *oindre, oui, ouïe, ouïr, ouï-dire, coïncidence, aïeul, faïence, Esaü, Caïn, Noël, Israël, Saint-Saëns*, Mme *de Staël.*

4. LE TRÉMA SUR LE *O* DANS CERTAINS NOMS ÉTRANGERS

Dans certains noms étrangers où *e* ne se prononce pas, on met le tréma sur *o* pour dire qu'il se prononce *e*: *maelström* (l'*e* après *a* ne se prononce pas).

TREMBLER, v.intr. *On tremble de voir arriver une chose* (plus tard) ou *qu'elle* (*ne*) *se fasse. On tremble à la voir se réaliser* (en la voyant se réaliser).

TREMBLOTER, v.intr. Un seul *t.*

TRÉMIE, n.f. qui proprement désigne une sorte de grand entonnoir, s'emploie en France comme en Belgique dans *trémie d'accès* (à un tunnel routier). Le *GR* note: «Par anal. *Trémie d'aération. Passage souterrain avec trémies couvertes.*»

TRENTE-ET-UN, n.m. Deux traits d'union: *jouer au trente-et-un. Se mettre sur son trente-et-un* (parfois *sur son trente et un*). Mais on écrit toujours: **TRENTE ET UN** *jours, trente et un francs.*

TRÉPASSER, v.intr. **Auxiliaire**. On peut distinguer entre l'action (*Il **a** trépassé à six heures*) et l'état (*Il **est** trépassé depuis hier*). Mais *être* l'emporte, à cause de son emploi constant avec *mourir* et *décéder*. — *La fête des trépassés*, le 2 novembre.

TRÈS, adv., s'emploie normalement devant un adjectif, un adverbe ou un participe passé ayant une valeur passive ou pris adjectivement: *Il est très gentil, très aimé par ses parents, très surpris. Très souvent. Très vite.* ▶ BIENTÔT, TOUT, 4.2, TROP, 1.

Il ne peut modifier un verbe à la voix active. On emploie *fort* ou *beaucoup*: *J'ai beaucoup réfléchi. Je l'ai fort apprécié*, comme *Je l'apprécie beaucoup* ou *fort* ou *extrêmement*.

Dans la langue familière, on emploie parfois *très* dans les réponses en faisant l'ellipse de l'adjectif employé dans la question: *Est-il intelligent? — Pas très.*

On peut employer *très* **devant un nom** dans certains cas:

1. Quand ce nom est employé adjectivement comme épithète ou attribut: *Il est encore très enfant. Elle est très femme. Il*

reste *très bébé. Il est très ami du directeur. C'est très dommage.* C'est aussi le cas de certaines expressions ayant valeur d'adjectif: *Une étude très en surface, être très en colère, être très au courant, très vieux jeu.*

2. Au lieu de *bien* ou *grand*, qui sont corrects, dans certaines locutions verbales formées d'un verbe (surtout *avoir*, parfois *faire*) et d'un nom sans article. ▶ AVOIR, 17. *Sa naissance ne nous a pas fait très plaisir* (Druon, M., *Les grandes familles*). Il ne semble pas y avoir d'audace à dire *se faire très mal, faire très peur, très attention,* ni *Il fait très vieille France*; il y en a beaucoup et même trop à dire *faire très pitié* et à intercaler *très* dans *faire fortune, faire silence, avoir tort, avoir hâte, chercher querelle, prendre garde.*

TRESSAILLIR, v.intr. Attention au futur et au conditionnel (Je **tressaillirai**, je **tressaillirais**) et au subj.prés. (que nous **tressaillions**). ▶ ASSAILLIR.

TRÊVE, n.f. Accent circonflexe. *Sans trêve.*

TRIBAL, adj. Pluriel masculin: **tribaux**. *Des conflits tribaux.*

TRIBORD, n.m. ▶ BÂBORD.

TRIBU, n.f., **TRIBUT**, n.m. à distinguer: *La **tribu** de Juda. Une tribu du Congo. Suivre sa tribu. — Payer un **tribut**. Un tribut d'éloges.*

TRIBUNE, n.f. *L'orateur monte **à** la tribune. Il est resté une heure à la tribune. Les tribunes* (les gens placés dans les tribunes, sur les gradins) *ont applaudi.* — Nom donné en Belgique à un *cadre de marche*, ou *déambulateur*, assemblage en métal que poussent devant eux, en marchant, des handicapés.

TRICOT, n.m. *Un tricot de corps*, un maillot de corps.

TRICYCLE, n.m. *Aller **en** tricycle.*

TRILLE, n.m., rime avec *fille.*

TRIMBALER, v.tr.dir. familier. On écrit aussi *trimballer.* Préférer l'orthographe avec un seul *l*, qui est celle de l'Académie: *Elle a trimbalé cet enfant dans tout le voisinage* (Ac.).

TRIMER, v.intr. familier: travailler dur, faire des besognes pénibles: *J'ai trimé toute la journée. Faire trimer quelqu'un* (Ac.).

TRINÔME, n.m. Accent circonflexe.

TRINQUER, v.intr. *Ils ont trinqué. J'ai trinqué avec lui.* Pop., *C'est moi qui ai trinqué*, subi un préjudice, écopé.

TRIOMPHAL, **TRIOMPHANT**, adj. *Triomphal* ne se dit que des choses (*accueil, arc, char, entrée, marche*). *Triomphant* se dit surtout des personnes et de ce qui, chez elles, marque la joie du vainqueur, de l'homme content de soi, une majesté éclatante (*rival, troupe, air, visage, regard, sourire, démarche, expression, joie*).

TRIOMPHE, n.f. Wallonisme pour *atout.* ▶ ATOUT.

TRIPARTI, adj., **TRIPARTISME**, n.m. ▶ BIPARTI.

TRIPATOUILLER, v.tr.dir., est familier et péjoratif, «remanier abusivement un texte ou une comptabilité, des écritures». **TRIPATOUILLAGE, TRIPATOUILLEUR.**

TRIPLÉS, n.pl. *Elle a mis au monde des triplés.* Au singulier, un de ces triplés.

TRIPOTER, v.tr.dir. et intr. familier. **Tr.dir.**, «manier sans soin, tâter avec insistance ou machinalement» (*Ne tripote donc pas ces fruits* ou *mes affaires. Il tripotait sa barbe*), «manipuler malhonnêtement» (*Tripoter des fonds*). **Intr.**, «s'occuper à manier, à manipuler des choses» (*Il tripote dans mes affaires, dans mon tiroir, dans ses papiers*), «faire des opérations malhonnêtes» (*Il tripote dans beaucoup d'affaires*). Dérivés: **TRIPOTAGE, TRIPOTEUR.**

TRIPTYQUE, n.m. Attention à l'orthographe; comparer à *diptyque, polyptyque* et à *triangle.*

TRISTE, adj. *Une personne triste*, qui a du chagrin. *Un triste personnage*, médiocre. *Un quartier triste, une couleur triste. Faire triste figure. Être dans un triste état.* La place de l'adjectif ne modifie pas toujours le sens.

TRISYLLABE, n.m. et adj., **TRISYLLABIQUE**, adj. Un seul *s* de préférence.

TROIS-QUARTS ne prend un trait d'union que comme nom ou pris adjectivement: *Un trois-quarts. Un vêtement trois-quarts.* On écrit: *les trois quarts de la somme, un verre aux trois quarts vide.*

TROLLEYBUS, n.m. formé d'après *autobus*, s'est imposé; il désigne la voiture, tandis que **TROLLEY** désigne proprement le dispositif de contact.

TROMBONE, n.m. Si l'on parle d'*une attache*, en général, pour tout ce qui sert à attacher des documents, on appelle *un trombone*, à cause de sa forme, la petite attache ou agrafe de fil de fer replié en deux boucles servant à cet usage. *Trombone*, toujours masculin, désigne aussi l'instrument de musique ou celui qui en joue.

TROMPE-L'ŒIL, n.m. *Des trombe-l'œil. En trompe-l'œil.*

TROMPETTE, **n.f.** quand il désigne l'instrument; **n.m.** quand il désigne celui qui en joue à l'armée. Celui qui joue de la trompette d'harmonie s'appelle *un trompette* ou *un* **TROMPETTISTE**; si c'est une femme, *une trompettiste.* Au figuré, *trompette* s'est dit, au masculin ou plus souvent au féminin, pour celui qui colporte des rumeurs. Verbe : TROMPETER ; un seul *t*.

TROP, adv. (*C'est trop difficile. Il travaille trop. En faire trop*), peut devenir un **déterminant** (*trop de gens, trop de bruit*), un **nominal** (*C'est trop, c'en est trop, demander trop*) ou un **nom** (*Le trop de confiance. Le trop et le pas assez*). Il marque proprement l'excès et dit donc plus que *très*.

1. **Emploi pour *très*.** *Trop* a pu autrefois s'employer avec le sens de *très*. Il le peut encore dans des formules de politesse : *Je serai trop heureuse de l'accueillir.* Mais non dans : *Vous êtes trop aimable, Vous êtes trop bon*, où *trop* est très élogieux. Il peut, comme *très*, s'employer dans certaines expressions ou devant un nom pris adjectivement (▸ TRÈS) : *Il est trop homme d'affaires, trop enfant. Il est trop en colère. Cela ne me fait pas trop plaisir. Cela me fait trop mal. J'ai **trop faim**, **trop envie***, etc. Il a un sens affaibli dans certaines phrases négatives : *Je ne sais trop ce qu'il en a fait. Il est parti **sans trop comprendre**. Je n'ai pas trop aimé ce livre.* Avec *ne... que* on marque un degré largement dépassé : *Cela n'est que trop vrai.* **On n'a que trop tardé.** *Vous n'avez que trop raison de le regretter.*

2. **PAR TROP** remplace parfois *trop* en le renforçant : *C'est par trop difficile. Je m'ennuyais par trop.*

3. On dit : BEAUCOUP TROP, *bien trop, un peu trop, en avoir trop, n'en avoir pas trop, jamais trop, travailler trop, c'en est trop, manger trop.* Dans toutes ces expressions, *de trop* serait une faute.

4. DE TROP ou, plus rarement, EN TROP, employés avec un nom, un pronom, une expression de quantité (sauf *beaucoup, bien, un peu*) ou le verbe *être*, marquent que cette personne ou cette quantité est en surnombre : *Il y a quelqu'un de trop. J'ai un livre (ou un franc) de trop. Une semaine, ce n'est pas de trop. Il n'a pas dit un mot de trop. Tout ce qu'on dit de trop. Vous pouvez rester, vous n'êtes pas de trop* (tandis que *Vous êtes trop* : vous êtes trop nombreux). *Nous sommes quelques-uns en trop.*

   Remarquer que TROP PEU (pas assez) s'oppose à *trop* et non à *de trop*. Comparer : *Il réfléchit trop. C'est trop dire. Il est trop confiant* et *Il réfléchit trop peu. C'est trop peu dire. Il est trop peu confiant.* Mais à *Il y a cinq francs de trop* s'opposera, non pas [*Il y a cinq francs trop peu*], mais *Il manque cinq francs.*

   [*En avoir* ou *en faire de trop*] relèvent du registre familier ou populaire. On dira : *en avoir trop* ou *en faire trop.*

5. On dit : *Il est arrivé **de trop bonne heure*** (car *trop* modifie *bonne*) et non *Il est arrivé* [*trop de bonne heure*].

6. TROP... POUR reliant deux verbes est suivi d'un infinitif, s'il y a identité des sujets, mais de *que* + subjonctif si les sujets sont différents : *Il a trop de bon sens pour agir de la sorte. Il est trop imprudent pour qu'on lui fasse confiance. Il est trop prudent pour qu'on ne lui fasse pas confiance. Cela est trop connu pour qu'il soit utile de le rappeler.* Dans ces expressions, la conséquence est exclue. Comme avec *assez*, éviter [*trop... que pour*]. ▸ ASSEZ, 3 et POUR, 7, c.

7. On rencontre couramment en Belgique la construction TROP (*assez, suffisamment*) QUE POUR + inf. au lieu de *trop* (*assez, suffisamment*)... *pour*. Le *que*, précédant la préposition suivie de l'infinitif, est probablement une trace de la syntaxe classique et s'est maintenu devant le *pour* lors de l'emploi de la conjonction. *Des lettres, Madame, sont des choses trop intimes que pour les confier à un étranger* (V. Feyder, cité par Beltext). ▸ ASSEZ, 3.

8. ▸ VERBE, Accord, 2.1.2.C.

TROPHÉE, n.m. *Un trophée.*

TROP-PLEIN, n.m. Trait d'union dans le nom : *Ce réservoir est trop plein. Le trop-plein du réservoir.* Des **trop-pleins**.

TROTTE, n.f., est familier : *Ça fait une bonne trotte*, une longue distance. *Tout d'une trotte*, sans faire de halte.

TROTTE-MENU, adj. invariable : *La gent trotte-menu* (La Fontaine), les souris.

TROTTER, v.intr. *Le cheval (ou le cavalier) trotte. Il trotte (il va et vient) du matin au soir. Quelles idées lui trottent encore dans (ou par) la tête ?*

   SE TROTTER, partir précipitamment, est très familier.

TROU, n.m. On ne dit pas : *La route était* [*couverte*] *de trous*, mais : *pleine de trous.*

TROUBLE-FÊTE, n.m. Des **trouble-fêtes**.

[**TROUET**], n.m., est un belgicisme qui désigne un œillet de ceinture ou de chaussure ou une perforation dans une feuille.

TROUILLE, n.f., est un synonyme familier, et plus fort, de *peur*. Le *PR* signale, en citant Sartre, l'expression plaisante : *Avoir le* **TROUILLOMÈTRE** *à zéro*, qui, curieusement, signifie non pas «être sans crainte», mais «avoir très peur». Tandis qu'*avoir le moral à zéro*, c'est l'avoir très bas.

TROUVER, v.tr.dir.

1. Avec un attribut du complément: *Je l'ai trouvé malade. Je l'ai trouvé au lit.* Malgré l'approbation de Littré, mieux vaut s'abstenir du tour étrange: *Je l'ai trouvé absent* ou *sorti* ou *parti.* Comparer: *Je l'ai trouvé chez lui.* Dire: **Il était absent.**
   TROUVER BON ou *trouver mauvais* implique un jugement sur qqch.: *Il a trouvé bon de m'en parler. Je trouve bon que vous lui en parliez.*

2. *Je trouve qu'il a tort. Trouvez-vous qu'il a tort* ou *qu'il ait tort? Je ne trouve pas qu'il ait tort* ou *qu'il a tort.*

3. **SE TROUVER.** *Ceux qui se trouvaient là, qui étaient là. Je me trouve dans l'impossibilité de le recevoir. Se trouver mal, bien (de qqch.). Cet homme se trouve être un de mes amis.* Impersonnel, *il se trouve que: Il se trouve que je le connais bien.* L'indicatif est normal et beaucoup plus fréquent que le subjonctif. Mais: *Dites-moi son nom et je lui écrirai,* **s'il** *se trouve que je le* **connaisse** *ou que je le connais.*

4. **SE TROUVER COURT.** ▷ COURT.

TRUBLION, n.m., «fauteur de troubles, agitateur», renvoie à un mot latin *trublium* et ne peut, sous l'influence de *trouble,* se dire [*troublion*].

TRUC, n.m., est courant et familier, qu'il évoque l'habileté (*Un bon truc. Trouver le truc. Il a tous les trucs*) ou une chose quelconque dont il remplace le nom (*Le truc qu'on nous a servi. À quoi sert ce truc-là?*).

TRUCHEMENT, n.m., a vieilli pour désigner un interprète, une personne qui sert d'intermédiaire. Il s'emploie surtout dans **PAR LE TRUCHEMENT DE,** par l'intermédiaire ou l'entremise de: *Donner un ordre par le truchement de sa secrétaire.* Ne pas dire: [*par le truchement d'un interprète*], car une certaine conscience subsiste du sens premier.

TRUCULENT, adj., n'a plus le sens de «farouche, terrible», mais signifie «haut en couleur», parfois «qui fait rire par son manque de mesure et son pittoresque»: *Un personnage truculent. La prose truculente de Rabelais.*

TRUQUER, v.tr.dir. *Truquer les cartes, les élections. Son jeu est truqué. Une scène truquée.* On écrit **TRUCAGE** ou aussi **TRUQUAGE,** n.m.

TSAR, n.m. Forme à préférer. **TSARISME, TSARÉVITCH.**

TSIGANE, n.m. On prononce *ts.* On écrit aussi **TZIGANE.**

TUBERCULE, n.m. *Un tubercule.*

TUE-MOUCHE, n.m. d'un champignon. Des **tue-mouches.** ▷ NOMS COMPOSÉS, 2.5. *Un papier tue-mouche, des papiers tue-mouches.*

TUER (SE) se construit avec *à,* soit devant un nom (*Se tuer à l'ouvrage, à la tâche*), soit devant un infinitif (*Je me tue à vous le répéter*), dans le sens courant et hyperbolique de «se donner beaucoup de mal».

TUE-TÊTE (À). *Crier à tue-tête.*

TUYAU, n.m., TUYAUTER, v.tr.dir. Le sens figuré et familier de *tuyau* (renseignement confidentiel, favorable au succès de qqch.), venu de «dire dans le tuyau de l'oreille», a donné naissance à l'emploi familier de **tuyauter** *qqn,* lui donner des tuyaux; *uyau* se prononce *ui* + *yau.*

TYPE, n.m. On ne dira pas sans discernement: *J'ai rencontré un type qui m'a dit...* Familier dans le sens d'*individu, type* s'accepte très bien s'il est accompagné d'une épithète flatteuse: *brave, chic, épatant,* etc. Mais il devient facilement péjoratif non seulement avec un mot comme *pauvre* ou *sale* mais sans épithète ni complément. À moins que l'intonation ne traduise l'admiration: *Quel type! Ça, c'est un type!* Le féminin **typesse** est peu usité et nettement populaire et péjoratif.

Un certain type de recherches ont été entreprises. ▷ VERBE, Accord, 2.1.1.

Apposé: Sauf dans *un* **CONTRAT-TYPE,** *des* **contrats-types** (qu'on écrit d'ailleurs aussi **CONTRAT TYPE**), pas de trait d'union. *Un cas type, une liste type, un produit type. C'est l'intellectuel type. Un personnage type peut paraître exemplaire.* Pluriel: *Des* **cas types,** etc. Mais: *Des locomotives du type 241* (ou *des locomotives types 241*) ou, dans l'argot du métier, par ellipse de *locomotive: une type 241, des types 241.*

TYPER, v.tr.dir., donner les caractères apparents d'un type: *Typer un personnage.*

TYRAN, n.m., s'applique aussi à un nom féminin. *Cette femme est un vrai tyran. La mode est un tyran.*

Dérivés: TYRANNIE, TYRANNIQUE, TYRANNISER, TYRANNICIDE, etc. Deux *n.*

TYRRHÉNIENNE, n. propre désignant une partie de la Méditerranée: *la mer Tyrrhénienne.*

U

UHLAN, n.m. *U* ne se lie pas à la consonne précédente et ne provoque pas l'élision.

UKASE, n.m. ▶ OUKASE.

ULCÈRE, n.m. *Un ulcère variqueux.*

ULTÉRIEUR, adj. *À une date ultérieure.* Ni comparatif ni superlatif.

ULTIME, adj., de même qu'*ultérieur*, n'a ni comparatif, ni superlatif: *Une ultime concession.*

ULTRA, préfixe entrant dans la composition d'adjectifs et de noms, peut toujours se lier à l'élément qui le suit (sauf si celui-ci commence par *i* ou *u*): *ultrachic, ultracourt, ultrapression, ultrason, ultramoderne.* On écrit: *statuer* **ULTRA PETITA** ou **ULTRA-PETITA**, au-delà de ce qui était demandé.

N.m., *ultra* varie: *Les* **ultras**. Adj., il s'emploie au féminin comme au masculin et a tendance à rester invariable.

Un

1. VOIR AUSSI...

▶ ARTICLE, notamment 2.4, NUMÉRAUX, 2, 3, 8, HEURE, 5, L'UN et UN.

2. ÉLISION DEVANT *UN*

On ne fait pas l'élision devant *un* quand celui-ci représente un numéro ou un chiffre ou quand il marque le point de départ d'une série numérale:

> *Le un de telle rue* (la maison qui porte le n° 1). *Voici la clé du 1* (de l'appartement n° 1). *Le un* (l'acte I). *La page un. Votre 1 est mal fait. Comptez de 1 à 10.*

On peut aussi ne pas faire l'élision quand on veut souligner le nombre *un* en le faisant précéder d'une petite pause:

> *Une pièce de un franc* (ou *d'un franc*). *Un saut de un mètre* (ou *d'un mètre*).

3. *UN* ET *L'UN*

▶ L'UN et UN, 2.

Un ne s'emploie plus guère pour renvoyer à un nom.

> On peut dire: *J'attendais plusieurs amis, un est arrivé hier,* mais on ne le dit guère.

D'autre part, on ne peut dire *l'un* sans employer un complément, car ici il y a plus de deux amis en cause (on dirait: *J'attendais deux amis, l'un est arrivé hier*). On dira donc: *J'attendais plusieurs amis, l'un d'eux* (ou *un d'eux*) *est arrivé hier* ou, avec l'impersonnel précédé de *en*: *il en est arrivé un.* Devant *seul*, on emploie toujours *un*:

> *Un seul est venu. Pas un seul n'est venu.*

De même après *pas*, avec ellipse de *seul*:

> *Pas un n'est venu.*

4. *UN QUI, UN QUE*

Un qui, un que signifiaient, dans la langue classique, *quelqu'un qui, quelqu'un que.* Cet emploi a gardé une certaine vitalité dans la langue littéraire et surtout dans la langue familière:

> *Un que je plains de tout mon cœur, c'est... Un qui a eu de la chance, c'est Paul. Il soupirait comme un qui a du chagrin. Il marche comme un qui a trop bu.*

On laissera au langage enfantin ou populaire [*des comme*]:

> [*Je n'en ai jamais rencontré des comme elle*].

5. *UN CHACUN*

Il s'empresse auprès d'un chacun.

6. *L'UN... L'AUTRE*

▶ L'UN et UN, 3, 5, 6, 9; VERBE, Accord, 2.1.3 (*un des qui*), 2.2.12 (*l'un et l'autre*, etc.).

7. VOIR AUSSI...

▸ BON, 6, UNE, MILLE, 4 (*vingt et un mille tonnes*).

8. *UN DE CES*

Après *un de ces* il est normal et à conseiller, nettement, de mettre le nom au pluriel : *j'ai un de ces maux de tête !* On entend : *J'ai un de ces mal de tête.*

UNANIME, adj. *Les témoins sont unanimes sur cette question. Ils sont unanimes à le reconnaître* (ou *pour le reconnaître*), *à penser que...* (ou *pour penser que...*). Ne pas ajouter *tous* devant *unanimes*.

UNDERGROUND, adj. et n.m. américain et invariable, qui signifie *souterrain*, pourrait se traduire, selon les circonstances, par *clandestin* ou par *marginal*, *contestataire* ; comme nom, par *contre-culture*.

UNE, n.f. *La une*, la première page d'un journal (*Être à la une. Faire la une*) ou la première chaîne de télévision ou de radio.

UNIMENT, adv. *Tout uniment*, tout simplement, sans détour. Pas d'accent circonflexe.

UNIR, v.tr.dir. *On unit deux choses* (ou *deux personnes*), *une chose et une autre* ou *avec une autre* ou *à une autre. Unir ensemble* a eu des défenseurs, mais n'est pas recommandable. ▸ RÉUNIR.

UNISSON, n.m. *Chanter à l'unisson.* **Un unisson parfait.**

UNIVERSITAIRE, adj., a généralement le même emploi en Belgique qu'en France : *Les études universitaires, un restaurant universitaire, les grades universitaires.* ▸ ACADÉMIQUE.

Mais quand il s'agit de personnes, il est réservé en France à ceux qui exercent une fonction d'enseignement dans l'Université, tandis qu'en Belgique il s'applique à tous ceux qui sont porteurs d'un diplôme d'université et même aux étudiants.

UNTEL ou **UN TEL**. ▸ TEL, 6.

URGENT, adj., ne signifie pas «nécessaire» mais «qui ne peut être remis à plus tard».

URGER, v.intr., est familier : *Rien n'urgeait*, ne pressait. *Ça urge. Il urge de s'en occuper.* Il suffirait de dire : *C'est urgent. Il est urgent de s'en occuper.*

US, n.m.pl. *Les us et coutumes.* On prononce *s.*

URTICAIRE, n.f. **Une urticaire déplaisante.**

USAGE, n.m. On peut parler d'*un usage abusif* ou d'*un emploi abusif.*

USER, v.tr.dir. (*User ses culottes, sa santé*) ou ind. (*User de son influence, d'un droit, d'un terme rare*, **en user** *bien ou mal avec qqn*), ne peut être employé intransitivement au lieu de *s'user*. On dit : *Ces bottes ne s'usent pas.*

USITÉ, adj., peut s'appliquer aux formes de langage dont on use : *Ce mot n'est plus usité.* Le verbe [USITER] n'existe pas, mais depuis des siècles *usité par* s'emploie avec *être* et un complément d'agent : *Cette expression est usitée par les meilleurs auteurs.*

UTILISER, v.tr.dir., est devenu synonyme d'*employer*, sans que soit requise l'idée d'utilité qui apparaît dans *utiliser les compétences* ; dans *utiliser un procédé, une formule, un outil, un personnel*, etc., le sens est «faire usage de, recourir à».

UTILITAIRE, adj., a débordé du domaine philosophique et moral (*une morale utilitaire* ou **UTILITARISTE**) et peut se dire de ce qui a pour fin le côté utile des choses : *Une activité utilitaire, un véhicule utilitaire.* Ce mot a souvent un sens péjoratif : *Des calculs utilitaires. Une époque utilitaire*, qui ne pense qu'à ce qui est utile, à des intérêts matériels.

V

VA, 2e pers. du sg. de l'impératif d'*aller* (▶ ALLER), s'emploie comme interjection, généralement par sympathie ou pour encourager: *Pauvre type, va. Ne te tracasse pas, va, tout s'arrangera.* À **DIEU VAT** ▶ ALLER, 1.

VACANCE, n.f. *La vacance d'un emploi, d'un siège. La vacance du pouvoir politique*, non en mesure de fonctionner. Toujours au pluriel dans le sens de *congé*: *Partir en vacances. Passer ses vacances à la mer.*

VACANCIER, adj. (fém. *vacancière*) et n.m. *Les migrations vacancières. Ce village est rempli de vacanciers.*

VACANT, adj. *Des emplois vacants. Une place vacante. Une succession vacante*, un héritage non réclamé. À distinguer du part. présent VAQUANT, de *vaquer*.

VACATAIRE, adj. et n. *L'emploi est tenu pour un temps par un vacataire.*

[VACATURE], n.f., est belge pour *vacance* (d'un emploi).

VACHE, n.f. La locution correcte PARLER FRANÇAIS COMME UNE VACHE ESPAGNOLE a un sens très clair: parler comme un étranger possédant très mal le français. Très ancienne, elle est d'origine obscure et discutée.

Emploi très familier et même populaire de *vache*, adj. ou n.f.: *Ce professeur a été vache avec moi. Le professeur est une belle vache. Il est vache aux examens. C'est une question plutôt vache. C'est vache*, «c'est sévère ou injuste» ou «quelle malchance!». VACHEMENT *drôle*, très drôle. *C'est vachement intéressant.* Familier.

VACHERIE, très familier: *Quelle vacherie! Dire ou faire des vacheries*, des actions méchantes.

Courants: *Vache à lait*, qu'on exploite. *Manger de la vache enragée*, devoir endurer de fortes privations.

VACILLER, v.intr., **VACILLEMENT**, n.m., etc. Pron. *iy* comme dans *fille*.

VA-COMME-JE-TE-POUSSE (À LA), loc.adj. ou adv. *Une éducation à la va-comme-je-te-pousse.* De même: *Travailler* À LA VA-VITE.

VACUITÉ, n.f. ▶ VIDUITÉ.

VADE-MECUM ou **VADÉMÉCUM** (*RO* III.9G), n.m. Pluriel: des *vade-mecum* ou des *vadémécums*.

VADROUILLE, n.f. familier, a désigné une femme de mauvaise vie et se dit d'une personne peu sérieuse, homme ou femme (un VADROUILLEUR, une *vadrouilleuse*), aimant la vadrouille, promenade sans but précis ou dans des endroits mal famés. VADROUILLER, se promener au hasard.

VA-ET-VIENT, n.m. Un ou des *va-et-vient*. Mais: *Il va et vient sans cesse.*

VAILLANT, adj. venu de l'ancien part.prés. de *valoir*: *De vaillants soldats. N'avoir pas* (ou *plus*) *un sou vaillant*, être tout à fait sans argent. Adverbe: VAILLAMMENT.

VAIN (EN), loc.adv. ▶ INVERSION, 3.3.2.

VAINCRE, v.tr.dir. Je *vaincs*, il *vainc*, nous *vainquons*, je *vainquis*, je *vaincrai*, que je *vainque*, que nous *vainquions*, etc. Attention à *vainc-t-il*.

VAINQUEUR, adj.m. et n.m. *Elle a été le vainqueur du tournoi.* Comme adj., on emploie le fém. de *victorieux*: *L'équipe victorieuse. Elle en est sortie victorieuse.*

VAIR, n.m., fourrure. Alors que Perrault, dans *Cendrillon*, a fait donner à son héroïne, par la fée, une paire de *pantoufles de* VERRE, certains ont cru devoir corriger en *vair*.

VAISSEAUX. Genre des noms de vaisseaux. ▶ GENRE, 4.2.2.

VAISSELLE, n.f. *Faire la vaisselle* est correct. On écrit: un VAISSELIER.

VAL, n.m. On trouve au pluriel *vals* ou *vaux* dans les toponymes. On dit: *les Vals de Loire, les Vaux-de-Cernay.* Mais: *par monts et par vaux.* ▶ VAU.

VALABLE, adj., est admis sans contestation dans ses emplois traditionnels où l'on retrouve le sens de «qui a la valeur requise»: *un billet valable, une quittance valable, une excuse valable*, admissible. Mais, parce qu'on percevait une influence de l'anglais *valuable*, on a critiqué trop vivement un glissement de sens vers «ayant des qualités qui lui donnent du mérite, de la valeur, qui le font apprécier»: *des sentiments valables, une œuvre valable, une réponse valable, une explication valable, un interlocuteur valable, un idéal valable.* Il peut paraître abusif de dire d'un bon acteur ou d'un bon roman qu'ils sont valables. Mais on admettra: *Personnalité d'ailleurs valable et considérée* (Gaulle, Ch. de, *L'appel*).

VALAISAN, adj., «du Valais». Féminin, *valaisane*. On écrit aussi *valaisanne*.

VALDÔTAIN, n. ou adj. Les lettrés du Val d'Aoste tiennent avec raison à l'accent circonflexe rappelant l's de *Aoste*.

VALEUR, n.f. On écrit: *des valeurs or*. Pas le trait d'union de *des francs-or*.

VALIDE, adj., se dit d'une personne (ou d'un de ses membres) dont la santé ou la capacité n'est pas altérée (*un homme valide, un bras valide*) ou d'une chose (*un passeport, une élection*) qui, présentant les conditions requises pour produire son effet légal, n'est entachée d'aucune cause de nullité.

La VALIDITÉ *d'un billet de chemin de fer. La* VALIDATION *d'une élection.*

VALLEUSE, n.f., désigne en Normandie une petite vallée entamant la falaise et aboutissant à la plage: *Elle approcha de la valleuse conduisant à la plage* (Déon, M., *Un parfum de jasmin*).

VALOIR, v.tr.dir. ou intr.

1. **Conjugaison**: Je *vaux*, il *vaut*, ils *valent*. Il *valait*. Il *valut*. Il *vaudra*. Qu'il *vaille*, que nous *valions*, qu'ils *vaillent*. *Valant, valu*. Se garder de dire ou écrire: [*Ne vaudrait-il pas dire?*] au lieu de *ne faudrait-il*. Ou, d'autre part, [*il faut mieux*] au lieu de *il vaut mieux*: *Il vaut mieux se taire*. Part. passé: *Les mille francs que cela a valu* (valoir combien?), mais *Les compliments que cela lui a valus* (fait obtenir).

2. **Il vaut mieux** (ou *Mieux vaut*) **lui en parler**. L'infinitif se construit directement. Subj. avec *que*: *Il vaut mieux qu'il s'en aille*.

3. a) **Il vaut mieux** (ou **Mieux vaut**) **rire que pleurer** ou **que de pleurer**. Emploi facultatif de *de* devant le second infinitif. Même construction de *autant vaut... que (de)*. On a employé *que si* dans de telles comparaisons, mais le tour est littéraire. *Il vaut mieux avoir occupé l'impertinente éloquence de deux orateurs autour d'un chien accusé que si l'on avait mis sur la sellette un véritable criminel* (Racine, *Les plaideurs*). Nous dirions: *que d'avoir mis*.

b) **Il vaut mieux tuer le diable que si le diable nous tue**; les sujets changent. On en est réduit à employer *que si* (ou à supprimer un des deux *que*). Le plus simple est d'introduire un infinitif comme *voir* ayant le même sujet et de le faire précéder de *de*: *que de voir* le diable nous tuer. ▶ AIMER, 4. Ou de dire (▶ a): *que d'être* (ou *qu'être*) *tué par lui*.

c) **Il vaut mieux qu'il parte que de rester**. Le premier verbe n'est pas à l'infinitif; on ne peut dire [*que qu'il reste*], on emploie l'infinitif avec *de*.

4. **Cela vaut mieux que de se plaindre**; on doit mettre *de* devant l'infinitif exprimant le deuxième terme de la comparaison si le premier terme n'est pas un infinitif.

5. **Cela lui vaut d'être récompensé ou puni**; on n'a pas ici *il vaut mieux* mais *valoir* avec pour sujet un nom de chose comme dans *valoir qqch. à qqn* (*Qu'est-ce qui me vaut cet honneur?*), le lui faire obtenir: *Cela lui vaut une récompense*. L'infinitif est précédé de *de* comme dans: *Cela vaut d'être tenté*.

6. Notons: **Cela vaut la peine**. *Cela vaut le détour. Ça ne vaut pas le coup. Ça ne vaut rien*. Fam.: *Ça ne vaut pas le diable, ça ne vaut pas tripette. Cela ne lui vaut rien. Le brouillard ne vaut rien pour ses bronches. Ça se vaut* (les deux choses se valent).

7. Expressions figées avec le subjonctif: RIEN QUI VAILLE, *vaille que vaille. Il ne faisait rien qui vaille. Il s'en est tiré vaille que vaille*. Mais on n'emploie plus l'expression TOUT COUP VAILLE, qui signifiait figurément «à tout hasard».

8. Wallonisme: [*Il pourrait valoir que vous réussissiez*] au lieu de *Puissiez-vous réussir!*

VALORISER, v.tr.dir., c'est donner plus de valeur ou mettre en valeur: *Valoriser un fonds de commerce. Valoriser une marchandise, un diplôme. Il cherche à se valoriser. La* VALORISATION *d'un métier.*

VALVE, n.f. courant en Belgique (et au Zaïre), au pluriel, dans l'expression *aux valves*, parfois remplacée par l'expression latine *ad valvas* (pour: *aux panneaux d'affichage, aux tableaux d'affichage*) dans les églises, les «maisons communales», les universités. En français, *une valve* désigne notamment un élément d'une coquille ou une soupape.

VANNER, v.tr.dir., c'est secouer (les grains) dans un van. D'où, familièrement, accabler de fatigue: *Ce travail m'a vanné. Je suis vanné.*

VANTAIL, n.m., «battant de porte ou de fenêtre», s'est autrefois écrit **VENTAIL**. L'Académie, en 1975, a accepté cette ancienne orthographe, qui est aussi celle du nom désignant la partie de la visière d'un casque clos par laquelle le combattant pouvait respirer. Mais elle l'a rejetée en 1987. Les *Rectifications de l'orthographe* de 1990 proposent *ventail* (RO III.10H). Pluriel de *vantail*, des *vantaux*.

VA-NU-PIEDS ou **VANUPIED** (RO III.1A; pl.: *vanupieds*), n. *Un ou une ou des* **va-nu-pieds**.

VARIA, n.m.pl., recueil d'œuvres variées. On a recommandé en France l'emploi de *varia*, n.m.sg., pluriel **varia** (ou **varias**), pour «article ou reportage sur des sujets variés et souvent anecdotiques» (en anglais: *features*).

VA-T-EN-GUERRE, n. invariable: personne qui recherche la dispute.

VATICINER, v.intr., «prédire l'avenir en parlant comme un oracle», a un sens péjoratif.

VA-TOUT, n.m. *Jouer son va-tout.*

VAU-L'EAU (À): *La barque s'en va à vau-l'eau*, au fil de l'eau, sans être dirigée. *Les affaires vont à vau-l'eau.*

VAUVERT. ▶ DIABLE.

VEAU, n.m. **VEAUX DE MARS**. Les noms d'animaux (veaux, bouquins, biquets, cabris, *cabris d'avril*) donnés en France, en Suisse romande et en Wallonie (*veaux de mars*) aux **giboulées** de mars ou d'avril s'expliquent peut-être, selon J.-M. Pierret, par des survivances d'une très vieille légende d'origine méridionale. Mars, insulté et défié par une vieille femme, emprunte trois jours à Avril pour faire périr le bétail de la vieille. ▶ PAIN, SAUTÉ.

VEDETTARIAT, n.m. *Accéder au vedettariat.*

VÉGÉTARISME, n.m. en rapport avec **VÉGÉTARIEN**. À ne pas confondre avec **VÉGÉTALISME**. Le premier admet des produits d'origine animale comme lait, beurre, œufs, miel.

VÉHICULAIRE, adj. *Langue véhiculaire* s'est imposé pour désigner la langue servant aux communications entre des communautés linguistiques différentes. On a parlé de *la langue véhiculaire de l'enseignement*.

VEILLER, v.tr.dir. ou ind. et intr. *La garde veille. Nous veillerons jusqu'au jour. Veiller qqn, un malade, un mort.* **Veiller à** qqch., à faire qqch.: *Veiller à l'ordre public, à sa tenue, au grain. Veillez à ne pas arriver en retard.* **Veiller à ce que** (+ subjonctif): *Veillez à ce qu'on soit content de vous.* On rencontre beaucoup moins souvent *veiller que* (+ subjonctif): *Veillez que j'en sois informé.*

Veiller sur qqn ou **sur qqch.**, c'est exercer sur cette personne ou cette chose une surveillance attentive: *Veiller sur des enfants, sur la santé de qqn, sur la bonne marche d'une affaire.*

VEILLE TECHNOLOGIQUE, n.f. Dans le domaine des sciences et des techniques, on désigne ainsi, depuis 1990 environ, la recherche et le traitement de l'information en vue de favoriser l'adaptation rapide aux changements de l'environnement industriel, scientifique et technique. Par extension, d'un point de vue linguistique, on parlera de *veille néologique* (relative aux néologismes) ou de *veille terminologique* (relative aux termes des langues de spécialité).

VEINE, n.f. *Être en veine. Se sentir en veine. Avoir de la veine. Être en veine de confidence. Il a eu de la veine* **de** *s'en tirer aussi facilement. Il a eu de la veine* **qu'on ne l'a** (ou *l'ait*) *pas aperçu.* Le dérivé **VEINARD**, *veinarde* est à peine familier.

VÉLIN, n.m., se dit non seulement d'une peau de veau très fine, mais d'un papier qui l'imite et qui est d'ailleurs souvent appelé *papier vélin.*

VÉLO, n.m. ▶ À et EN, 1. Un **VÉLOMOTEUR**.

VELPEAU est le nom d'un chirurgien français qui a créé des bandages élastiques qui portent son nom: *Des bandes Velpeau* (Bazin, H., *Lève-toi et marche*).

VÉLUM, n.m. Accent aigu.

VENDEUR, n.m. Féminin, *vendeuse. Venderesse* ne s'emploie plus qu'en termes de droit.

VENDRE. ▶ MÈCHE.

VÉNÉNEUX, VENIMEUX, adj. **Vénéneux** se dit des plantes mais aussi de ce qui, au propre ou au figuré, peut empoisonner: *Des champignons vénéneux. Les moules peuvent être vénéneuses.* **Venimeux** se dit des animaux qui ont du venin, de ce qui contient du venin ou, au figuré, d'une personne haineuse, méchante ou de son comportement: *La vipère est venimeuse. Une araignée venimeuse. Une piqûre venimeuse. Un collègue venimeux. Une langue venimeuse. Une attaque venimeuse.*

VÉNÉRER, v.tr.dir. ▶ VERBE, Conjugaison, 1.1. On *vénère un saint, un mort, sa mère*, une personne éminemment respectée. Rien n'empêche de dire: *vénérer un souvenir, vénérer la mémoire* (le souvenir) *d'un mort.* L'Ac. dit: *Sa mémoire est* *en* VÉNÉRATION. On dit: *Avoir qqn en vénération. Avoir de la vénération pour qqn.*

VENGEUR, n. et adj., a pour féminin, surtout comme adjectif, **vengeresse.**

VENIR, v.intr., se conjugue comme *tenir*, mais avec l'auxiliaire *être*, qui s'emploie aussi avec PARVENIR, SURVENIR, tandis que CIRCONVENIR et PRÉVENIR se conjuguent avec *avoir*.
▸ CONVENIR, DISCONVENIR.

1. **Subjonctif sans** *que*: *Vienne l'été, vienne une disgrâce, viennent des heures sombres* n'expriment pas un souhait mais l'idée de «quand viendra», «s'il arrive»: *Vienne la guerre, vous verrez qu'il s'engagera.*

2. **Devant un infinitif**:

   a) **Sans préposition**, *venir* marque la fin d'un mouvement, d'un déplacement spatial (ou conçu comme tel), qui aboutit à l'action exprimée par l'infinitif: *Je viens vous chercher. Ne venez pas me dire que vous ne le saviez pas.*

   b) **Venir à** marque un déroulement temporel qui en arrive à ce qu'exprime l'infinitif, et souvent une éventualité qu'on envisage: *Le directeur vint à passer. Les vivres vinrent à manquer. Je vins tout à coup à me le rappeler* (Ac.). *Si cette idée venait à me passer par la tête.* — Au lieu de: [*Cela ne vient pas à huit jours; à huit jours près*] on préférera: *Huit jours ne font rien à l'affaire* (▸ 8 et ÇA, 4).

   On emploie parfois **venir jusqu'à** ou, moins rare, **en venir jusqu'à**, pour exprimer l'audace, l'entêtement, etc., mais on dit surtout EN VENIR À, qui marque l'aboutissement. *Il vint jusqu'à me déclarer...* (Ac.). *Il en vint jusqu'à le menacer, jusqu'à l'insulter* (Ac.). *Il en vint à nous menacer. Il en vint à ne plus savoir ce qu'on lui voulait.*

   c) **Venir de** exprime un passé très rapproché par rapport au moment de la parole ou du contexte: *Je viens de le rencontrer. On m'a dit qu'il venait de partir. Venant d'arriver, je ne veux pas me mêler à la discussion. Quoique je vienne seulement d'arriver, je devine de quoi il est question. D'après le scénario, il viendra à peine de sortir quand vous arriverez ou il viendrait à peine de sortir quand vous arriveriez.*

3. **Devant un nom**, *venir à qqn, à qqch.*: *Les enfants vont à lui avec confiance. Une idée lui est venue. Il me vient à l'esprit de l'interroger. Il me vient l'idée que nous pourrions l'interroger. Les idées lui viennent facilement. Les larmes lui venaient aux yeux. Les jurons lui venaient aux lèvres. L'eau lui vient à la bouche. Vous viendrez à notre rencontre. Son fils lui vient à l'épaule. Venons* (ou *venons-en*) *à notre*

affaire. *En venir aux mains. Venir à composition. Il faudra bien qu'il y vienne.*

Venir de qqn ou *de qqch.*: *Cette maison me vient de mes parents. Mes parents viennent de viticulteurs alsaciens. Ils viennent d'une famille aisée. Venir de Paris. Le vent vient du Nord. Ce mot vient du latin. Les grandes pensées viennent du cœur. D'où venez-vous? Tout cela vient de votre naïveté* ou *de ce que vous êtes trop bon.*

4. **D'OÙ VIENT QUE, DE LÀ VIENT QUE** sont normalement suivis de l'indicatif (ou du conditionnel), parfois seulement du subj. *D'où vient que vous sortez si vite? D'où vient que nous supporterions plus mal son intervention que la vôtre?* On s'interroge seulement sur le pourquoi de cette réalité. Le subjonctif s'introduit parfois dans de telles phrases: *D'où vient qu'il me paraisse si difficile de parler des travaux?* (Nourissier, *Fr., Le maître de maison.*) Le fait sur lequel on s'interroge est pourtant bien constaté; le subjonctif me paraît analogique, amené par un sentiment d'étonnement; c'est comme si l'on disait: *Comment expliquer que?* ▸ EXPLIQUER.

   Compréhensible et admissible quand on s'interroge, le subjonctif peut paraître étrange et est d'ailleurs exceptionnel quand on affirme. On s'étonne de cette phrase de Marcel Arland: *De là vient que, parent pauvre, il ait conquis la première place.*

5. **Venir** et **aller**. *Venir* suppose un déplacement dans la direction de celui qui parle ou de celui à qui on parle ou pour accompagner celui qui parle:

   Je serai à la côte en juillet, viendrez-vous me voir? Il est venu à ma rencontre. Il viendra ce soir pour vous parler. Je vais à Paris, voulez-vous venir avec moi? Il est venu de Rome à Lyon, peut être dit par un Parisien, parce qu'il s'agit d'un rapprochement dans sa direction. Un ami m'invite: *Venez me voir.* Je réponds: *J'irai* ou *je viendrai vous voir* ou *Je viens.* Un Français dit: *Les Anglais viennent passer le week-end en France.* Un Anglais dira: *J'irai passer...* ou écrira à un Français: *Je viendrai passer...*

6. **VOIR VENIR** *qqn*, c'est deviner ses intentions (on peut ajouter: *avec ses gros sabots*). Ce n'est pas le regarder venir pour l'attendre au tournant, pour lui faire du tort. *Voir venir* s'emploie absolument dans le sens d'«attendre, regarder venir les choses, se préparer ainsi à agir».

7. **BIENVENU,** *ue*, **MALVENU,** *ue*, adjectifs ou noms, s'écrivent en un mot quand il s'agit d'accueil: *Vous êtes les bienvenus. Votre sœur sera la bienvenue.* Autre sens: *souhaiter la bienvenue à qqn. Un hôte malvenu. Vous serez bienvenu à notre*

service. *Une remarque malvenue.* Mais: *Il est bien* (effectivement) *venu la semaine dernière. Cet enfant est bien venu* (il se présente bien) ou *mal venu. Cet arbre est mal venu.* On doit écrire *mieux venu: Cela serait mieux venu si vous ajoutiez un mot.*

ÊTRE BIEN VENU et, plus courant, ÊTRE MAL VENU, être ou non fondé à, se construisent avec *à* ou, plus souvent, avec *de* et un infinitif: *Il est mal venu de* (ou *à*) *se plaindre. Je serais mal venu de vous le reprocher.* Impersonnel: *Il serait mal venu de nous en plaindre.* ▶ BIEN, adv., 11.

Notons aussi TARD VENU, qui se dit d'un enfant né longtemps après ses frères ou sœurs ou né de parents âgés. Et **premier venu**, *dernier venu*, **nouveau venu**. Les deux mots varient: les **premiers venus**. La **nouvelle venue**.

8. ▶ AVEC, 1 (*Venir avec*) et ÇA, 4 [*Ça ne vient pas à un jour*].

9. *La semaine* (ou *l'année*) *qui vient* (prochaine), admis par le *GLLF* (*venir*, II, 1) mais on emploiera plutôt *prochaine*.

VENT, n.m. On écrit habituellement *contre vent et marée*, mais parfois *contre vents et marées*.

VENTAIL, n.m. ▶ VANTAIL.

VENTE, n.f. *Vente au comptant* ou *à tempérament* (ou *à crédit*). *Service* APRÈS-VENTE (trait d'union).

VENTÉ, adj., est rare. On dit plutôt VENTEUX, peu courant cependant: *Un plateau venteux*; autre sens: qui produit du gaz, des vents dans l'intestin.

VÊPRES, n.f.pl. *Aller* **aux vêpres** plutôt que *à vêpres* (vieilli).

VÉRACITÉ, n.f. ▶ VÉRIDIQUE.

VÉRANDA, n.f., ne s'écrit plus avec un *h* final. Une véranda est une terrasse couverte et fermée par des vitres. Il est normal de dire: *Nous dînerons* **dans** *la véranda.* Marguerite Duras, citée par le *Lexis*, emploie *sous* (sous le toit): *Quand il pleuvait, Suzanne rentrait, s'asseyait* **sous** *la véranda.* **Sur** n'étonne pas quand la véranda est en surplomb, plus haute que le sol: *Heurteur me préceda* **sur** *une véranda qui dominait un étang* (...) (Modiano, P., *Rue des boutiques obscures*). **Sur** *la véranda, il aspira profondément* (Green, J., *Moïra*).

Verbe

LA TRANSITIVITÉ

Distinction entre **transitif direct, transitif indirect et intransitif**. On aura vu que l'on fait des distinctions dans les emplois entre les verbes tr.dir. (*chercher, recevoir, attendre*), qui ont ou peuvent avoir un complément d'objet direct, les verbes tr.ind. (*obéir, nuire*) qui se construisent avec un complément d'objet indirect, c'est-à-dire introduit par une préposition, et les verbes intr. (*venir, aller*), dont l'action ne passe pas sur un objet. Un verbe transitif dir. ou indir. peut être employé de façon absolue, sans complément d'objet: *J'attends. J'obéis.* Beaucoup de verbes peuvent, selon le sens, être tr.dir. ou tr.ind. ou intr.

Être, devenir, etc., qui lient le sujet à l'attribut, sont des verbes **copules**.

LA CONJUGAISON

1. GROUPES VERBAUX

1.1. VERBES EN -ER

Dans les verbes en **-cer**, cédille devant *a* et *o* pour conserver la prononciation:

> *nous commençons, en commençant.*

Dans ceux en **-gner**, ind.imparf. et subj. en *-gnions*:

> *nous soignions.*

Ceux en **-guer** conservent toujours *u*:

> *nous naviguions, naviguant.*

Dans ceux en **-ger**, *e* après *g* devant *a* et *o* pour garder la prononciation en *j*:

> *nous voyageons, en voyageant.* Mais *nous voyagions.*

Dans les verbes en **-yer**, *y* devient *i* devant un *e* muet:

> *je nettoie, il nettoiera, il appuie.*

Il ne faut pas oublier *i* après *y* ou *i* ou *ill*, quand la terminaison est *-ions, -iez*:

> *nous nettoyions, que vous criiez, nous veillions, vous brilliez.*

Les verbes en *-eyer* conservent toujours *y*:

> *il grasseye.*

Ceux en *-ayer* peuvent toujours le conserver, la prononciation rappelant celle de l'infinitif si on écrit *y*:

> *il paye, il payera*; mais *il paie* («pè»).

Ceux qui ont un *é* à l'avant-dernière syllabe de l'infinitif (sauf ceux en *-éer*) ne changent cet *é* en *è* (du moins dans l'écriture) que devant une syllabe muette finale (donc ni au futur ni au conditionnel):

> *il crée, il révèle, il révélera.*

Les *Rectifications de l'orthographe* de 1990 proposent de changer le *é* en *è* non seulement devant la syllabe muette finale mais aussi au futur et au conditionnel: *je cèderai, je révèlerai (RO II.3.a)*. Les verbes en **-éer** conservent *é* dans toute la conjugaison:

> *il créera.*

Ceux qui ont un **e** à l'avant-dernière syllabe de l'infinitif changent *e* en *è* devant une syllabe muette:

> *je sème, je sèmerai.*

Cette règle ne vaut que pour un petit nombre de verbes en **-eler** et en **-eter**. Citons parmi les plus courants, à écrire avec un accent grave devant une syllabe muette:

> *il cèle, cisèle, congèle, décèle, dégèle, démantèle, écartèle, gèle, harcèle, martèle, modèle, pèle, recèle, regèle,* — *achète, corsète, crochète, furète, halète, rachète* (au futur: *il cèlera, il achètera,* etc.), à côté de *nous celons, nous achetons,* etc.

Les autres verbes en *-eler* et en *-eter* doublent *l* ou *t* devant une syllabe muette.

> Par exemple, *il amoncelle, appelle, chancelle, ficelle, grommelle, renouvelle, ruisselle,* — *banquette, becquette, brevette, cachette, caquette, craquette, déchiquette, empaquette, étiquette, feuillette, jette, mouchette, soufflette, trompette, volette* (au futur, *il appellera,* etc.) à côté de *nous appelons, nous jetons,* etc.

Les *Rectifications de l'orthographe* de 1990 invitent à étendre la règle de transcription du *e* ouvert en *e* accent grave à tous les verbes en *-eler* et en *-eter* (sauf *appeler, rappeler, jeter* et ses composés). Cf. *RO* I.4 et II.5.

De semblables distinctions ont été faites dans des substantifs comme *décèlement, démantèlement, écartèlement, harcèlement, martèlement, halètement* ou *amoncellement, chancellement, ruissellement, étiquette, ficelle, mouchette, trompette.*

L'Académie a autorisé en 1975, et annulé en 1987, la liberté de toujours choisir entre le doublement de la consonne et l'accent grave devant une syllabe muette. En 1990, les *Rectifications de l'orthographe* conseillent l'accent grave pour les noms en *-ement* issus des verbes en *-eler* et en *-eter* (RO II.5).

1.2. VERBES EN *-INDRE* ET EN *-SOUDRE*

Ils ne gardent le *d* que devant *r*, comme à l'infinitif, donc au futur simple et au conditionnel présent; à la 3e personne de l'indicatif présent, la finale est *t*:

> *je peins, il peint; je résous, il résout.*

Part. passé des verbes en *-soudre* ▶ 3.

1.3. VERBES EN *-DRE* ET EN *-TRE*

La consonne finale du radical se maintient au singulier de l'indicatif présent et de l'impératif présent dans les autres verbes en **-dre** et **-tre**; *battre* et *mettre* ne gardent évidemment qu'un *t*:

> *je prends, il prend; je bats, il bat; je couds, il coud.*

1.4. VERBES EN *-AÎTRE* OU EN *-OÎTRE*

Ils ont toujours un accent circonflexe sur *i* devant *t*:

> *je parais, il paraît, nous paraissons, il paraîtra, il croîtra.*

Les *Rectifications de l'orthographe* de 1990 proposent de l'omettre (RO II.3.3).

2. RADICAL ET FORMATION DES TEMPS

On a vu que l'impératif présent ressemble, pour la plupart des verbes, à l'indicatif présent, mais qu'il ne se termine pas en *-es*, sauf devant les adverbes pronominaux *en* et *y* non suivis d'un infinitif:

> *plante, plantons, plantez; plantes-en, plantes-y.* De même: *va, vas-y.*

Dans la plupart des verbes on trouve le même radical au participe présent, à l'indicatif présent pluriel, à l'indicatif imparfait et au pluriel du subjonctif présent:

> *recevant, nous recevons, vous recevez* (mais *ils reçoivent*), *je recevais,* etc., *que nous recevions, que vous receviez* (*qu'ils reçoivent*).

Notons que si le radical se termine par *i* ou *y*, on a *iions, iiez* ou bien *yions, yiez* à l'ind.imp. et au subj.prés.:

> *nous voyions, vous criiez.*

On peut former le subj. imparfait en partant de la 2e personne du passé simple:

> *tu fus, que je fusse; tu chantas, que je chantasse.*

Troisième personne: *qu'il fût, qu'il chantât,* accent circonflexe.

Inutile d'insister sur la parenté habituelle entre l'infinitif et le futur simple ou le conditionnel présent.

3. LA FINALE DU PARTICIPE PASSÉ MASCULIN

S'inspirer de la prononciation du féminin, retrancher *e* (*lu, lue, ouvert, ouverte, inclus, incluse*) sauf pour *absous, dissous* et *résous* dont les féminins sont *absoute, dissoute, résoute*. ▸ ABSOUDRE, DISSOUDRE, RÉSOUDRE, CROÎTRE, DEVOIR, MOUVOIR.

4. TEMPS SURCOMPOSÉS

Aux temps simples s'opposent non seulement les temps composés (passé composé, plus-que-parfait, etc.), mais les temps surcomposés, dont l'existence est ancienne et qui expriment l'aspect de l'accompli. Chaque temps surcomposé correspond à un temps composé et se forme en mettant l'auxiliaire de celui-ci au temps composé correspondant : *J'ai reçu*, passé composé, devient, au passé surcomposé, *j'ai eu reçu. J'étais parti* devient *J'avais été parti* (plus-que-parfait surcomposé).

Le plus employé de ces temps est le passé surcomposé qui, en rapport avec un passé composé, correspond au passé antérieur en rapport avec un passé simple.

> *Quand il eut terminé, le public l'acclama* devient *Quand il a eu terminé, le public l'a acclamé.*

▸ PASSÉ ANTÉRIEUR, 2. *Quand ils ont été partis. Quand on les a eu remerciés* : le premier participe fait partie de l'auxiliaire et ne varie pas.

Les **verbes pronominaux** n'ont pas de temps surcomposés.

Autres temps surcomposés, outre le plus-que-parfait surcomposé : le futur antérieur surcomposé (*il aura eu fini*), le conditionnel passé surcomposé (*il aurait eu fini*), le subj. passé surcomposé (*que j'aie eu fini*), le subj. plus-que-parfait surcomposé (*que j'eusse eu fini*), l'infinitif passé surcomposé (*avoir eu fini*) et le participe passé surcomposé (*ayant eu fini*).

5. PRONONCIATION

Il convient de prononcer, fût-ce faiblement, les 2 *t* et l'*e* dit muet qui est entre eux dans *chante-t-il, discute-t-il.*

On ne doit pas craindre de marquer légèrement la différence entre *nous sourions, vous criez* et *nous souriions, vous criiez*, ou la différence — que la plupart des Français ne marquent pas oralement — entre la désinence -*ai* du futur (prononcer «é») et la désinence -*ais* du conditionnel (prononcer «è»). Distinguer *je marchais* et *je marchai.*

ELLIPSE DU VERBE

Il n'avait pas dix ans, mais vous quinze. Elle a été choquée; nous aussi, dirent-ils. Il n'est pas nécessaire qu'il y ait identité de temps, de genre, ou de nombre pour procéder à l'ellipse du verbe lorsque deux phrases sont coordonnées.

L'ACCORD DU VERBE

▸ PARTICIPE PASSÉ, PARTICIPE PRÉSENT.

1. RÈGLE GÉNÉRALE

Accord en nombre et en personne (et en genre pour le participe passé conjugué avec *être*) avec le sujet. On trouve celui-ci en posant la question *qui est-ce qui* ou *qu'est-ce qui?* Seul le verbe impersonnel reste invariable : *Il s'est produit plusieurs accidents.*

Remarques. Sauf dans certains cas où l'on exprime l'espèce (▸ 2.1.1) ou une quantité (▸ 2.1.2), on ne peut faire l'accord avec le complément pluriel du sujet, que le mot sujet complété soit un nom ou un pronom comme *aucun, chacun, un, l'un, pas un, personne, qui* :

> *Qui de nous l'**aurait** cru? Chacune d'elles **a** refusé. Pas un d'entre eux ne s'en **est** aperçu.*

L'accord avec le complément peut se présenter sous les meilleures plumes, distraction à éviter : *Partout, la fumée d'herbes se [mêlaient] aux brumes du soir* (Clavel, B., *L'Espagnol*).

Pour le cas d'un verbe copule placé entre un sujet singulier et un attribut pluriel ▸ 2.1.5. ▸ 2.3.1.

2. RÈGLES PARTICULIÈRES

La règle générale s'assortit de nombreuses règles particulières qui vont être réparties en trois groupes :

2.1. **Il n'y a qu'un seul sujet**. Pour *c'est* ▸ 2.3.1.

2.1.1. *Espèce, façon, manière,* etc., *de*. — 2.1.2. Quantité, collectif, *le reste, la plupart, le surplus, dizaine, tout ce qu'il y a de*, attribut pluriel, adverbe de quantité, *trop, beaucoup, peu, tant, plus d'un, moins de deux*, etc., fraction, heure, pourcentage, nombre pluriel. — 2.1.3. Pronom relatif *qui, un des qui*, etc. — 2.1.4. Titre d'une œuvre. — 2.1.5. Attribut pluriel. — 2.1.6. Mot considéré matériellement. — 2.1.7. Apposition. — 2.1.8. ▸ ON.

2.2. **Il y a plusieurs sujets**.

2.2.1. Sujets de personnes différentes; exclusion, comparaison. — 2.2.2. Sujets désignant un seul être. — 2.2.3. Un ou des sujets **après** le verbe. — 2.2.4. Sujets **précédant** le verbe. Synonymie. Gradation. Alternative. *Et même, et surtout*, etc. *Ceci et cela, ce que et ce que*, etc. — 2.2.5. Sujets repris par un mot. — 2.2.6. Sujets unis par *comme, ainsi que, aussi bien que*, etc. — 2.2.7. Sujets unis par *mais encore*. — 2.2.8. Sujets unis par *non, plus que, non moins que, plutôt que*, etc. — 2.2.9. Répétition de *chaque, tout, nul,* *aucun, pas un.* — 2.2.10. Sujets unis par *ou*; *tantôt... tantôt.* — 2.2.11. Sujets unis par *ni.* — 2.2.12. *L'un et l'autre, l'un comme l'autre, ni l'un ni l'autre, l'un ou l'autre, tel et tel, tel ou tel.*

2.3. **Cas spéciaux.** 2.3.1. *C'est, ce doit être, fût-ce,* etc. — 2.3.2. *N'était, n'eût été.* — 2.3.3. *Qu'importe.* — 2.3.4. *Reste.* — 2.3.5. *Soit.* — 2.3.6. *Mieux vaut.* — 2.3.7. *Vive.* — 2.3.8. *Égale.*

2.1. IL N'Y A QU'UN SUJET

2.1.1. NOM DÉSIGNANT L'ESPÈCE SUIVI D'UN NOM COMPLÉMENT

Espèce, façon, manière, sorte, type (c'est-à-dire noms désignant l'espèce) *suivis d'un nom complément.* C'est celui-ci qui détermine couramment l'accord du verbe comme celui de l'adjectif ou du participe qui suit. Le cas se présente parfois aussi avec **genre** :

> *Une espèce de clochard **était couché** sur un banc. Un certain type de recherches ont été entreprises. Une espèce d'idiot très excité s'est précipité sur la scène. Toute espèce de difficultés que je n'avais pas prévues m'ont empêché de faire ce que je voulais.* C'est que la valeur du premier nom se réduit à celle d'un complément ou d'un adjectif: un clochard plus ou moins caractérisé, des recherches d'un certain type, etc.

Mais si le premier nom est précédé d'un démonstratif, il est mis en relief et il détermine l'accord: *Cette sorte de snobs **est** assez **courante** dans ce milieu.*

> *Ce type de recherches a déjà été entrepris. Ce genre de plaisanteries ne me plaît guère.*

2.1.2. LE SUJET EXPRIME UNE QUANTITÉ

Tout en reconnaissant que l'usage hésite souvent, nous allons essayer de définir ses tendances et de préciser des principes.

A. Nom collectif

Bande, foule, infinité, majorité, multitude, un grand (ou *petit*) *nombre, nuée, partie, quantité, totalité, troupe,* etc.

a. Sans complément

S'il n'est pas suivi d'un complément, c'est le collectif qui détermine l'accord: *La foule se **pressait** sur la place. La majorité applaudit.* Toutefois si, d'après le contexte qui précède, il est clair qu'un complément pluriel est sous-entendu, on applique la règle ci-dessous (2.1.2.A.b):

> *Ils étaient une bande qui **revenaient** de l'école* (Estang, L., *Les stigmates*). *Les tribus se révoltèrent, mais bientôt une partie se **soumirent.***

b. Avec un complément au pluriel

S'il est suivi d'un complément au pluriel, c'est le sens ou l'intention qui règlent l'accord ou laissent parfois le choix. On accorde avec le collectif si l'on considère en bloc — ou si l'on souligne — la totalité, le groupement ou l'idée abstraite du collectif; avec le complément si l'on pense individuellement aux êtres, aux objets qui constituent cet ensemble :

> *Au coup de fusil, une bande de moineaux **s'envola** bruyamment. Un torrent de pensées lui **roulait** dans la tête. Le gros des troupes a quitté la ville. Une nuée d'oiseaux s'élevait des arbres. La foule des spectateurs arrivait. Une série de déclics jouait, des roues dentées se mettaient en mouvement* (Mistler, J., *Le bout du monde*). *Une troupe de garnements chantait du côté de la rue et cadençait le pas* (Genevoix, M., *Rroû*).

> Mais : *Une foule de gens diront qu'il n'en est rien* (Ac.). *Un assez grand nombre d'exemples ont vieilli* (Ac.). *Au carrefour de deux couloirs, un groupe de docteurs discutaient* (Cesbron, G., *Les innocents de Paris*).

*Une infinité de gens se **demandent**,* parce que ce sont les gens qui se demandent, mais le singulier ne serait pas absurde, parce que la masse peut s'interroger. En fait, l'usage hésite, mais laisse place à la logique.

Commentons quelques exemples: *J'avais **présents** sous les yeux des quantités de personnages qui ne **sont** pas **entrés** dans l'histoire* (dans le roman qu'il écrivait. Giono, J., *Noé*). *Un cercle d'enfants, les mains derrière le dos, l'**observaient** avec une curiosité respectueuse* (Alain-Fournier, *Le grand Meaulnes*). *Une foule d'officiers de tous grades **arrivaient** (ou **arrivait**) chaque jour. Le reste des naufragés **a** (ou **ont**) péri.* On comprend pourquoi le choix est libre dans les deux dernières phrases. Le singulier serait inacceptable dans celle d'Alain-Fournier: le complément *les mains derrière le dos* montre que la pensée s'arrête sur les individus formant un cercle. De même: *Une bande d'enfants piailleurs allaient à l'école, gracieux et ronds comme des rouges-gorges dans leurs vifs habits* (Yourcenar, M., *L'œuvre au noir*). Quant à Giono, il pense aux personnages eux-mêmes qui ne sont pas entrés dans son roman.

Il suffit qu'une apposition attire le regard ou la pensée sur les individus pour que le pluriel s'impose :

> *Et l'armée de tous les saints, portant des flambeaux dans leurs mains, s'**avancent** à ma rencontre* (Claudel, P., *Partage de Midi*). De même dans cette phrase d'un autre type: *Toute leur armée, officiers, sous-officiers et soldats, (...) se **firent** un plaisir de s'y conformer* (France, A., *L'île des pingouins*). *Une foule de ménagères se **bousculaient** autour des étalages, telles*

des mouches sur une flaque de miel (Troyat, H., *L'araigne*). Sans l'apposition (telles...), le singulier serait concevable. On voit qu'il s'impose dans: *La foule des curieux fut coupée en deux par le service d'ordre.*

Il est naturel, à cause du sens, d'accorder avec **l'ensemble, la totalité**: *L'ensemble des médecins* **proteste**. Mais il est possible d'employer le pluriel pour mettre l'accent sur les individus constituant l'ensemble.

Une série d'appels téléphoniques lancés dans toutes les directions (...) **n'avaient** *rien donné* (Chaban-Delmas, J., *L'ardeur*). On voit l'importance de «lancés dans toutes les directions».

Le pluriel s'imposait aussi dans cette phrase d'Henri Troyat: *Une poignée de bonshommes, ridiculement petits,* **s'affairaient** *autour d'un appareil qui venait d'atterrir* (*Les Eyglétière*); c'est sur les individus eux-mêmes qu'on veut porter l'attention, tout en indiquant qu'ils sont peu nombreux.

Aussitôt une volée de flèches brûlantes ont percé ma face, ma poitrine et mes mains (Tournier, M., *Vendredi*).

D'autre part on dit, à cause de l'attribut pluriel: *Le reste des naufragés* **sont** *des inconnus. La majorité des naturalisés* **sont** *des hommes,* mais: *Le reste des naufragés a péri ou ont péri.*

Pluriel à cause du complément *en semelles*: *Tout le reste des gens* **vivaient** *dans la maison en semelles de feutre* (La Varende, J. de, *Le troisième jour*).

Si le collectif est **précédé d'un article défini** ou d'un adjectif démonstratif ou possessif, l'accord avec le collectif est général et toujours possible:

La foule des piétons bloquait la rue. La grande masse des Français l'approuve. Comparer: *Une masse de Français l'approuvent.* Cet usage ne s'oppose pas au principe de l'influence du sens ou de l'intention.

On constate qu'**armée**, ainsi déterminé, est régulièrement suivi du singulier: *L'armée des Barbares, au contraire, n'***avait** *pu maintenir son alignement* (Flaubert, G., *Salammbô*). Mais on voit que l'attention se porte sur l'ensemble.

Il y en a une infinité qui **pensent** *que...*; le pluriel s'impose après un collectif précédé du complément *en*, attirant l'attention sur la pluralité:

J'en connais un grand nombre qui **seront** *contents.*

On peut arriver à des phrases comme celle-ci: *Un long triangle de canards* **vole** *très bas, comme s'ils* **voulaient** *prendre terre* (Daudet, A., *Lettres de mon moulin*). L'auteur, après avoir vu le vol du groupe,

pense aux canards qui, individuellement, veulent se poser sur le sol. Nuances dont ne se préoccupent pas toujours les écrivains et que néglige souvent l'usage courant. Tout à fait justifiée, dans la phrase suivante, la succession d'un pluriel (s'appliquant aux individus) et d'un singulier (fixant l'attention sur l'ensemble): *Si une masse d'hommes* **sont** *devenus des robots du travail de série, une minorité de régleurs de machines, d'outilleurs,* **doit** *sans cesse élever son niveau de capacités pour répondre aux exigences du travail moderne* (Navel, G., *Travaux*).

Le singulier s'impose s'il s'agit de la **majorité** (ou de la **minorité**) au sens strict et mathématique: *La majorité des actionnaires a approuvé les comptes.*

Après **quantité**, **nombre**, employés sans article, l'accord se fait toujours avec le complément pluriel:

Quantité de gens (*nombre de gens, bon nombre de gens*) *le disent.*

Le surplus veut normalement le verbe au singulier: *Le surplus des sacs est perdu.* De même: *Le nombre des victimes est élevé.*

On se gardera d'assimiler aux collectifs suivis d'un nom pluriel pouvant déterminer l'accord les noms comme **réunion, assemblée**, qui se chargent clairement de l'idée principale:

Une réunion des chefs d'État **est** *prévue. L'assemblée des actionnaires* **a** *élu son président.*

Avec **la plupart**, le verbe se met au pluriel, à moins que le complément ne soit au singulier:

La plupart le **savent**. *La plupart des gens le disent. La plupart du temps se* **passe** *à discuter.*

Si le complément est *nous, vous* ▶ 2.1.2.C.

Autres expressions comme **(tout) ce qui reste de, (tout) ce qu'il y a de, (tout) ce que j'ai de**, devant un pluriel: le verbe est généralement au singulier: *Ce qui restait d'habitants s'est enfui.* Mais le pluriel n'est pas exclu: *Tout ce que Port-Albert compte de dignitaires et d'affairistes* **feront** *queue pour lui présenter leurs hommages* (Cesbron, G., *Je suis mal dans ta peau*). Devant un **attribut pluriel**, on met parfois le verbe au pluriel ou plutôt on emploie *ce sont*: *Tout ce qu'il y a d'intéressant dans ce rapport* **est** *emprunté.* Mais: **sont** (ou, **ce sont**) *des idées empruntées.*

c. Avec un complément au singulier

Si le complément est au singulier, le verbe et l'attribut s'accordent généralement avec le nom de la quantité:

Une partie du travail est achevée.

B. Collectif numéral

Un autre nom, collectif numéral comme **dizaine**, **douzaine**. S'il s'agit d'une quantité précise, ce nom détermine l'accord :

> *Une douzaine de ces brochures nous coûtera cent francs.*

S'il s'agit d'un nombre approximatif, on accorde (comme en 2.1.2.A) avec le collectif ou avec son complément :

> *Une douzaine de jeunes gens en surplus* **chantent** *du grégorien* (Green, J., *La bouteille à la mer*); on pense aux individus groupés. *Une dizaine de soldats* **avaient** *seuls échappé au massacre* (Arland, M., *Antarès*). *Pendant deux ans une douzaine d'empêchements se* **succédèrent** : l'emploi du pronominal empêche de penser qu'une douzaine se succéda; ce serait absurde. *Une quinzaine de jours* **fut** *nécessaire* (Morand, P., *Montociel*): on pense à l'ensemble plutôt qu'au détail des jours. *Une quinzaine de francs* **suffiront** (ou **suffira**) *pour sa dépense* (Ac.). *Un millier de mains applaudirent.*

C. Adverbe ou nom sans article exprimant une quantité

Adverbe de quantité (*trop, beaucoup, peu*, etc.) ou nom sans article exprimant une quantité (*force, nombre de, bon nombre de, quantité de*). Le verbe s'accorde avec le complément; si celui-ci n'est pas exprimé, il est censé être au pluriel :

> *Beaucoup de patience* **sera** *nécessaire. Beaucoup de temps se* **perd**. *Beaucoup de gens l'* **ont** *dit. Beaucoup s'en* **sont** *aperçus. Nombre de gens* **ont** *pu le voir. Force paroles* **ont** *été prononcées en vain.*

Si le mot qui exprime la quantité (▸ 2.1.2.A et 2.1.2.B) est complété par *nous* ou *vous*, l'accord se fait avec l'expression de la quantité :

> **La plupart d'entre nous** *en* **ont** *fait l'expérience. Trois d'entre vous* **resteront**. *Nombre d'entre vous s'en réjouiront.* **Beaucoup d'entre nous regretteront** *ce départ.*

Dans ce dernier cas, l'accord avec *nous* permet de marquer qu'on se met dans le nombre : *Beaucoup d'entre nous l'***avons** *regretté.* Un tel accord n'est pas courant; il est très rare avec *vous*.

Si, en employant l'adverbe de quantité, on s'arrête surtout à l'idée même de quantité, on met logiquement le verbe au singulier :

> *Je prendrai quelques précautions. — Beaucoup de précautions* **vaut** *mieux.* **Trop de plaisirs est** *malsain* signifie : «Un excès dans le nombre des plaisirs est malsain». **Trop de plaisirs sont** *malsains* : ce n'est plus l'ensemble qui est malsain parce qu'il est excessif, mais chacun des plaisirs envisagés est malsain. *Il est impossible que tant de souffrances ait été dépensé en*

pure perte (Troyat, H., *Étrangers sur la terre*); il serait possible, ici, d'accorder avec *souffrances*.

Plus d'un est suivi du verbe au singulier : *Plus d'un critique l'***a fait** *observer.* On trouve le pluriel chez de bons écrivains : *Non, ces hommes n'étaient ni des médiocres, ni des mauvais Français! Plus d'un* **étaient** *brillants* (Peyrefitte, A., *Le mal français*). Mais cela reste moins fréquent. Le pluriel s'impose au contraire si *plus d'un* est répété ou s'il y a réciprocité :

> *Plus d'un malade, plus d'un infirme lui* **ont** *voué une profonde reconnaissance. Plus d'un fripon se* **dupent** *l'un l'autre.*

Moins de deux, qui ne s'emploie normalement qu'à propos de choses qui se divisent, est suivi du verbe au pluriel : *Moins de deux ans* **sont** *passés.* A. Peyrefitte, qui emploie le pluriel après *plus d'un* (voir plus haut), met le singulier après *moins de deux* : *Moins de deux minutes* **avait** *suffi* (*Le mal français*). C'est insolite. Mais le singulier s'impose dans une phrase comme celle-ci, d'ailleurs étrange, où l'on retient surtout l'idée de *moins*, suivi d'un complément pluriel exprimant des choses non divisibles. *Moins de deux gardes du corps ne* **pouvait** *le ramasser.*

Après **pas moins de**, on accorde le verbe avec le complément :

> *Pas moins d'une heure s'***est** *écoulée. Pas moins de quatre pages* **sont** *nécessaires* (Bertault, Ph., *Balzac*).

Peu (de). Même accord qu'après *beaucoup* :

> *Peu de monde l'***a** *vu. Peu de gens l'***ont** *vu. Peu s'en* **doutent**. *Bien peu l'***écoutaient**.

Un peu de ne marque pas, comme *peu de*, une petite quantité comparée avec une quantité supérieure, mais une petite quantité comparée avec une quantité nulle. Le *GLLF* dit que le complément doit être «un nom non nombrable». Il est vrai que tous les dictionnaires ne donnent que des exemples de ce genre : *un peu de viande, un peu d'amour, un peu de patience*, etc. L'accord du verbe se fait parfois avec *un peu* : *Un peu de charlatanerie* **est** *toujours* **permis** (Baudelaire, cité par *GR*). Les Le Bidois déclarent que «l'accord semble facultatif» : *Comme si un peu de nuit* **était entrée** *d'un bond* (Dorgelès, R.). *Avant qu'un peu de terre,* **obtenu** *par prière...* (Boileau). Ils ajoutent : «dans cette dernière phrase, l'invariabilité est peut-être due aux nécessités du vers». Ils considèrent donc que l'accord se fait plutôt avec le complément. C'est effectivement l'usage habituel.

Après **le peu de (mon peu de, ce peu de)**, il faut renoncer à la distinction entre quantité insuffisante (le trop peu de) et quantité suffisante : elle est souvent valable, mais ne peut justifier l'accord avec *le peu* dans une phrase comme celle-ci, où pourtant il s'impose : *Le peu d'exigences qu'a montré cet homme me l'***a** *fait* embaucher. Le principe est simple et facile à appliquer: l'accord se fait avec *le peu* s'il exprime l'idée dominante; on ne peut alors supprimer *le peu*; sinon l'accord se fait avec le complément; on peut alors supprimer *le peu* en laissant son sens à la phrase:

> *Le peu de qualités dont il a fait preuve l'**a** fait éconduire* (Ac.). *Le peu de consistance des preuves **est** oublié* (Floriot, R., *Les erreurs judiciaires*). *Le peu d'hommes qui se promènent **ont** le col relevé; le peu n'a pas un autre sens ici que quelques;* on pourrait dire: *les hommes qui se promènent... Le peu de services qu'il a rendus **ont** paru mériter une récompense* (Ac.).

Des écrivains hésitent cependant à appliquer ce principe.

Dans certains cas, les deux accords sont possibles et marquent si l'on met ou non l'accent sur *le peu*:

> *Le peu d'observations que j'ai fait* (ou *faites*) *à ce propos s'**est effacé*** (ou *se **sont** effacées*) *de ma mémoire.*

Le peu de témoins que j'ai interrogés (ou *interrogé*) *ne m'**ont*** (ou *ne m'**a***) *pas assez éclairé pour que j'aie une opinion ferme, bien que je ne puisse **leur** reprocher d'être mal **informés** ni suspecter **leur** bonne foi.* On observe que, même lorsque l'accord est fait avec *le peu*, les autres mots (*leur, informés*) qui renvoient ensuite à (*le peu de*) *témoins* sont au pluriel.

D. Fractions

Fraction **au singulier** (*la moitié, un tiers*, etc.). S'il s'agit d'une quantité précise, l'accord se fait avec la fraction:

> *La moitié des actionnaires **a** rejeté la proposition. La moitié des députés **a** voté pour, et l'autre moitié contre le projet de loi* (Littré).

Si le nombre est approximatif, l'accord se fait avec le complément, mais peut se faire aussi avec la fraction quand la pensée est orientée vers le terme quantitatif, que le complément soit ou non exprimé. Dans beaucoup de cas, on a le choix:

> *Les figues ont été véreuses et plus de la moitié s'en **est** perdue* (Monnier, Th., *L'huile vierge*). *La moitié des assistants **protestèrent**. La moitié de mes amis me **reprochent** d'être trop bon.*
>
> *Beaucoup d'abonnés se plaignent; la moitié **n'est pas contente** ou, plus souvent, **ne sont pas contents**.*
>
> *Un bon tiers des gens interrogés **a** répondu: Non ou **ont** répondu: Non. Un tiers de la région **a été ravagé** ou **ravagée**. Un sixième des votants s'y **est** opposé ou s'y **sont** opposés.*

En Grande-Bretagne, un tiers des aveugles âgés de 16 à 65 ans travaille ou suit des cours d'instruction (*Revue politique et parlementaire*). On pourrait écrire: *travaillent et suivent.*

Un bon tiers des chevaliers n'avaient pas rejoint (Druon, M., *Les rois maudits*). *Un bon tiers des Polonais avait refusé de quitter l'uniforme* (Ambrière, Fr., *Les grandes vacances*).

Fraction **au pluriel**. Elle régit souvent l'accord (masculin pluriel):

> *Deux tiers de la contrée **ont** été ravagés. Les trois quarts de la récolte **sont perdus**. Un peu plus des deux cinquièmes de la population sont économiquement actifs.*

Toutefois, si le complément est au féminin pluriel, l'accord se fait plus souvent avec celui-ci:

> *Deux tiers des maisons ont été **détruites**.*

En arithmétique, quand la fraction est employée sans complément, on dit: *La fraction 2/5 est trois fois plus grande que la fraction 2/15 ou 2/5 est trois fois plus grand que 2/15 ou,* plus rarement, *Combien de fois 2/15 sont-ils contenus dans 2/5?*

Et demi, et quart, etc. C'est le premier élément de l'expression fractionnaire qui commande l'accord s'il n'y a pas de complément ou si le complément est un singulier:

> *Un mètre et demi suffira. Huit heures et demie sonnaient* (▶ HEURE, 4). *Deux semaines et demie se sont écoulées. Un mètre cube et demi de terre a été retiré.*

Dans une statistique: *1,9 habitant au km².*

Avec un complément au pluriel: *Un mètre cube et demi de décombres a été retiré* (ou *ont été retirés*). Même accord si le complément qui vient d'être exprimé au pluriel est sous-entendu: *Le déblaiement des décombres se poursuit, et ce matin un mètre cube et demi a été retiré* (le pluriel n'est pas inconcevable).

E. Pourcentage

▶ CENT, num., 3. Observons qu'on peut dans tous les cas faire l'accord avec l'expression (au pluriel) de pourcentage, considérée comme un masculin:

> *(Les) 30 % de notre dette **sont dus** aux dépenses militaires. 80 % des récoltes **ont** été détruits.*

Cet accord s'impose quand l'expression de pourcentage est précédée de l'article *les* ou d'un déterminatif pluriel (*ces, nos*, etc.). Mais généralement on n'emploie pas d'article ni de déterminatif. Dans ce cas, si l'accord avec l'expression de pourcentage est toujours permis, il ne s'impose pas toujours:

a. Complément au singulier

Si le complément est au singulier, il commande souvent l'accord:

> *Vingt pour cent de la population s'est abstenue. Soixante-cinq pour cent de cette somme **est couverte** par la vente des places. Or, 60 % de notre production **était destinée** à l'étranger.*

Mais on peut faire l'accord avec l'expression de pourcentage (masculin pluriel):

> *30% du budget américain **consacrés** à la défense nationale. 40% de la population française **souffrent** d'anomalies certaines.*

On trouve parfois l'expression de pourcentage traitée comme un masculin singulier, avec une valeur abstraite:

> *Dix pour cent de la population du globe est plus ou moins concerné.*

S'il y a comme attribut un substantif pluriel, on doit mettre le verbe au pluriel:

> *Dix pour cent de la population **sont** des vieillards.*

Si le complément est employé sans article ou sans déterminatif, il ne peut déterminer l'accord:

> *Un eugéniste a calculé que 10 p. 100 de sang frais **deviendraient** nécessaires à chaque génération (Bazin, H., Les bienheureux de la désolation). Dix pour cent d'augmentation **seront** accordés à partir du 1er janvier.*

b. Complément au pluriel

Si le complément est au pluriel, on peut accorder avec l'expression de pourcentage, considérée comme un masculin:

> *10 % seulement de nos importations ne **sont** pas **couverts** par des exportations. 1 % de nos importations **est constitué** par...*

Mais on fait très souvent l'accord avec le complément:

> *23 % d'entre elles sont obligées de franchir les limites de leur commune. Plus de 92 % des voix se sont portées sur la liste du «Front populaire». Lors de la visite d'admission, 1 % des enfants sont reconnus inaptes à la vie scolaire. 63 % des personnes interrogées se sont déclarées contre la venue de ce général.*

c. Complément sous-entendu

S'il y a un complément sous-entendu, il est normal de faire l'accord avec l'expression de pourcentage (au masculin):

> *La taxe locale est au taux de 1,5 % et 60 % seulement **sont perçus** directement par la commune.*

Toutefois si ce complément sous-entendu est un pluriel, l'accord se fait tout naturellement avec lui, du moins s'il s'agit de personnes:

> *Cinquante candidates se sont présentées: 12 % ont été **refusées**.*

d. Remarques

Si l'expression de pourcentage se suffit à elle-même, sans complément sous-entendu, elle a une valeur d'abstraction et on met le verbe au singulier et l'attribut ou le participe au masculin: *Quel pourboire faut-il donner? — Quinze pour cent me **paraît suffisant**. On dit d'ailleurs: du 15 %.*

Si l'on emploie *sur* au lieu de *pour*, le cas est différent: on place *sur* (dix, cent) après le nom et on accorde avec celui-ci:

> *Une maison sur dix **a** été construite pendant la crise.*

F. **Nombre pluriel**

D'habitude, on pense à une pluralité d'unités. On met donc le verbe au pluriel:

> *Trois nous l'**ont** déjà dit. Dix ans sont passés. Huit heures sonnaient. Mille francs sont vite dépensés. Quatre années de misère ont miné sa santé.*

Avec un article ou un déterminatif (démonstratif ou possessif), le pluriel s'impose:

> *Ces mille francs sont une somme. Les dix francs qu'il a reçus lui sont venus à point.*

Mais si le sujet, non précédé d'un déterminant, est pensé comme un ensemble, comme une seule unité globale, le verbe se met au singulier, qu'il soit suivi ou non d'un attribut au singulier:

> *Vingt généraux allemands à nommer sans erreur **représente** déjà, pour un Français, ce qu'on appelle une gageure (Roussin, A.). Mille francs **est** une somme. Vingt ans **est** un bel âge. Trois plats de viande **est** (ou plus souvent: **c'est**) lourd à digérer. On distingue ainsi Huit heures **sonnaient** et Huit heures **est** le meilleur moment de la journée.*

2.1.3. PRONOM RELATIF *QUI* SUJET

Accord en nombre et en personne (et en genre pour le participe conjugué avec *être*) avec l'antécédent de *qui*:

> *Ma femme et son père qui nous **accompagnaient**; l'antécédent est: ma femme et son père. Ma femme et son père qui nous accompagnait; l'antécédent est son père seul. Il n'y a que vous qui l'**ayez** vu. Ce n'est pas moi qui l'**ai** dit. Ce n'est pas mon frère qui l'**a** dit, c'est moi. Il est normal de dire: Ce n'est pas lui, c'est nous qui l'**avons** dit, puisque le seul sujet retenu est nous. Il en va de même si c'est n'est pas répété: Ce n'est pas lui mais nous qui l'**avons** dit. De même: Ce n'est pas moi seul, c'est tout le conseil d'administration qui **a***

été de cet avis ou *Ce n'est pas moi seul mais tout le conseil d'administration qui **a** été de cet avis.*

N.B. L'antécédent règle généralement aussi l'accord quand il est complément d'un verbe ayant un sujet d'une autre personne : *Nous formions un groupe qui se **réunissait**...* (Maurois, A., *Le dîner sous les marronniers*) ou quand il a un complément d'une autre personne : *Ceux d'entre nous qui **étaient** là* (▶ 2.1.2.C, où il s'agit d'un adverbe de quantité).

L'accord avec *nous* complément permet de marquer qu'on se met dans le nombre : *Ceux d'entre nous qui le lui **avons** reproché.* Peu courant.

Si *chacun* est apposé à *qui* renvoyant à un pluriel, le verbe se met au pluriel :

> *Plusieurs volumes qui **contiennent** chacun un autographe.*

Après un antécédent du type **un homme comme moi** (ou *toi, vous*), *des gens comme nous* (ou *vous*), l'accord peut se faire avec le pronom mais se fait plus souvent avec le nom (*homme*, etc.) :

> *J'en crois un homme comme vous qui **a*** (plus rarement : *qui avez*) *une telle expérience* ou *qui **a** vu par ses yeux* ou *qui avez vu par vos yeux* (Littré, au mot *Qui*, 5).

Si l'antécédent est un mot mis en **apostrophe**, le verbe se met à la 2e personne :

> *Jeunes gens qui **aimez** l'aventure, écoutez ceci. Notre Père qui **es** aux cieux. Insensé, qui crois que je ne suis pas toi !*

Si l'on ne s'adresse pas à la personne, on a la 3e personne :

> *Insensé, qui croit que je le jalouse !*

Lorsque le relatif a pour antécédent un **attribut qui se rapporte à un pronom personnel de la 1re ou de la 2e personne**, l'accord avec cet attribut est toujours permis. Il s'impose dans les propositions négatives ou interrogatives et lorsque l'attribut est un nom propre avec déterminatif :

> *Je ne suis pas celui qui **a** dénoncé le scandale* ; ce serait un non-sens de mettre la 1re personne, puisqu'on refuse d'identifier *je* et *celui qui*. *Êtes-vous celui qui s'est plaint ?* L'attribut est « celui qui s'est plaint » et on interroge sur l'identification avec « vous ». *Vous êtes donc ce Durand qui m'a écrit hier.*

Cet accord avec l'antécédent attribut est général et nettement préférable si l'attribut est un nom précédé de l'article défini ou d'un démonstratif ou est un démonstratif :

> *Vous êtes les enfants qui **ont** si bien travaillé. Vous êtes le concurrent qui **a** envoyé la meilleure réponse. Nous sommes les deux délégués qui **ont*** (ou *avons*) été désignés. *Je suis cet homme* (ou *celui*) *qui a dénoncé le scandale.*

L'accord avec le pronom personnel après *celui qui* a été autrefois régulier : il est devenu exceptionnel et archaïque (*Je suis celui qui suis*). Il est habituel si l'attribut est formé d'un nombre, **deux, trois**, etc., sans article défini ni démonstratif (attention à cette double condition) ou d'une **expression numérale** comme *beaucoup, plusieurs, quelques-uns, une dizaine, un groupe, un certain nombre* :

> *Nous sommes **quatre camarades qui avons** décidé de partir ensemble. Nous sommes **des milliers*** (ou *beaucoup* ou *tout un groupe*) ***qui pensons** de même.*

L'usage hésite quand l'attribut est précédé d'un article indéfini, ou est **le seul, le premier, le dernier**, etc., ou est un **nom propre** sans déterminatif :

> *Je suis **une vieille carcasse qui s'ennuie*** (Anouilh, J., *Pièces roses*). *Je suis une fille du Carmel qui va souffrir* (Bernanos, G., *Dialogues des carmélites*). *Je suis **un paresseux qui ne me plais** qu'à dormir au soleil* (Aymé, M., *Les contes du chat perché*). *Je suis un naïf qui croit tout ce qu'on lui dit* (ou *qui crois tout ce qu'on me dit*). *Vous êtes le premier qui l'a* (ou *l'avez*) *dit. Vous êtes les seuls qui soient* (ou *soyez*) *scandalisés.*

Un(e) des, un(e) de ces, attribut ou non. La langue classique laissait la liberté d'accorder avec *un* ou avec le complément. L'usage est resté hésitant. Il ne devrait pas l'être dans certains cas où le sens indique clairement quel est le sujet :

> *Il répondait à un des juges qui l'interrogeaient* marque bien qu'on pense aux juges qui interrogeaient. *Il répondit à un des juges qui l'interrogeait* indique qu'il s'agit d'un seul des juges, de celui qui interrogeait ; on peut mettre une virgule ou faire une pause après *juges*. De même : *Je me suis adressé à un de vos employés, qui m'a fort bien reçu.* Ou avec *c'est... qui* : *C'est un de mes amis qui a été nommé.*

Charles Bruneau conseillait de conserver « pieusement la liberté de l'ancienne langue » et d'écrire : *Cézanne demeure un des peintres qui, depuis cinquante ans, suscite* (ou *suscitent*) *le plus de discussions passionnées*, selon qu'on détache Cézanne de la foule ou qu'on évoque une catégorie de peintres discutés. Il semble pourtant que le sens habituel soit le second lorsque l'antécédent est attribut. Mais cette phrase contient d'autre part dans la relative un superlatif et certains grammairiens ont pensé que dans ce cas l'accord se fait le plus souvent avec *un*. Même si certains écrivains ont cette tendance, l'usage reste hésitant et il n'est pas rare de voir apparaître le pluriel :

*Un des traits qui **frappent** le plus un Français* (Maurois, A., *Mes songes que voici*). *Une des choses qui m'**ont** le plus profondément marqué dans mon enfance* (Green, J., *Journal*). ▶ AUCUN, 3.

Le pluriel paraît mieux répondre au sens : *Vous êtes un de ceux qui m'**ont** le mieux compris.* Surtout après *un de ceux qui, un de ces... qui.* Lorsque J. Green écrit : *Peut-être suis-je un des seuls hommes de ce pays qui fasse ses livres «à la main»* (*Journal*), on peut croire qu'il pense : *à peu près le seul homme de ce pays.*

En conclusion, on ne peut nier la traditionnelle hésitation de l'usage, mais on peut conseiller l'emploi du pluriel après *un des*, sauf dans les cas où le sens est très clair et où *un* correspond à *celui* :

> *Il répondit à un des juges qui l'interrogeait.*

Encore vaut-il mieux, quand c'est possible, employer un article ou un démonstratif :

> *J'ai remercié l'ami* (ou *celui de mes amis*) *qui m'avait envoyé un télégramme. Ce qui m'a peut-être fait le plus de plaisir* (plutôt que : *Une des choses qui m'a fait le plus de plaisir*).

2.1.4. TITRE D'UNE ŒUVRE

A. Accord au masculin singulier

On envisagera ici l'accord de l'article, de l'adjectif ou du pronom aussi bien que celui du verbe ou du participe. Notons d'abord que si le titre est précédé d'un nom commun comme *la pièce, le roman, la fable,* etc., c'est lui qui détermine l'accord :

> **La fable** *«Le loup et l'agneau» **est tirée** de Phèdre.*

Il arrive que, contrairement aux observations notées ci-dessous, l'auteur sous-entend avant le titre un nom de ce genre et fasse l'accord en conséquence :

> *«Tite et Bérénice» est présentée dans l'édition originale* (Clarac, P., *Littérature française. L'âge classique*) ; l'auteur sous-entend «la tragédie».

Mais on sous-entend plutôt un nom masculin comme *le livre, l'ouvrage* ou bien on considère le titre comme un ensemble neutre et on emploie le masculin singulier :

> *«Phèdre et Hippolyte» **fut joué** le 1er janvier 1677* (Lemaitre, J., *Jean Racine*).

Cette tendance s'est nettement accentuée à l'époque contemporaine et l'on trouve donc très souvent le masculin singulier, même quand il y a un article ou un déterminatif ou un nombre faisant partie ou non du titre exact :

*«Une vengeance de femme» **est intéressant*** (Strowski, F., *La Renaissance littéraire dans la France contemporaine*), *Du Romanée! C'est ce qu'on boit dans «La Dame de Montsoreau», que j'ai vu hier* (Green, J., *Journal*). *«Les Grands cimetières sous la Lune» (...) abat ses colères sur les naturalistes français* (Clouard, H., *Histoire de la litt. fr. du symbolisme à nos jours*). *«Les Amants d'Avignon» a été publié illégalement* (Triolet, E., *Le premier accroc...*).

Ce singulier peut être favorisé, non imposé toutefois, par une apposition ou un attribut au singulier :

> *«Les Travailleurs de la mer», le chef-d'œuvre de Hugo romancier avec «Les Misérables», **est le seul récit** (...). «Les Travailleurs de la mer» sont le livre d'un manichéisme que Hugo surmontera* (Picon, G. dans *Histoire des littératures*). *«Les Dames de Sauve», ce court cahier, donne...* (Clouard, H., *op. cit.*).

On peut donc considérer que le **masculin singulier** fortifie sa position. Il s'impose généralement lorsque le titre est un complément prépositionnel :

> *«De l'Allemagne» **est divisé** en quatre parties. «Par les champs et par les grèves» parut en 1885.*

On trouve cependant l'accord exceptionnel avec le nom féminin formant le complément prépositionnel :

> *«De l'Allemagne», une fois utilisée, a été de moins en moins lue* (Thibaudet, A., *Hist. de la litt. fr.*).

B. Autres accords

Sans reprendre chaque fois des exemples d'accord au masculin singulier, voici surtout quelques autres accords groupés selon les cas :

a. Le titre commence par un déterminant

Un article ou un déterminatif ou un nombre commence ou précède le titre formé par un ou plusieurs noms, avec ou sans complément. Accord fréquent avec le nom initial :

> *«Les Misérables» **sont** un poème* (Picon, G., *op. cit.*). *La «Condition humaine» **est vécue*** (Albérès, R.-M., *Hist. du roman moderne*). *«Trois longs regrets du lis des champs» (...) **forment** le bilan de l'activité du marchand* (Delvaille, B., *Introduction à Toi qui pâlis au nom de Vancouver de M. Thiry*). *«Les Martyrs», vaste épopée en prose, **appliquent** les doctrines littéraires du Génie* (Jasinski, R., *Hist. de la litt. fr.*). — *«Le Rouge et le Noir» **reste** un grand roman.*

Contraction de l'article dans l'énoncé d'un titre ▶ TITRES.

b. Le titre est un nom sans article

Le titre est un nom (ou plusieurs noms) sans article. Le masculin singulier est courant (très rare, l'accord avec le nom féminin ou pluriel):

> «*Paludes*» **est** *une ébauche* (Albérès, R.-M., *op. cit.*). «*Volupté*» **est écrit** *dans l'ombre de Lamennais* (Thibaudet, A., *op. cit.*). «*Regards sur le monde actuel*» *développe...* (Clouard, H., *op. cit.*). «*Terrains à vendre au bord de la mer*», *publié un quart de siècle après* (Thibaudet, A., *op. cit.*). «*Guerre et Paix*» *est la plus vaste épopée de notre temps* (Rolland, R., *Vie de Tolstoï*). «*Servitude et grandeur militaires*» *plaide la cause d'un autre* «*paria*» (Jasinski, R., *op. cit.*).

On distingue donc dans ce cas: *Les* «*Serres chaudes*» *de Maeterlinck* **ont** *été imprimées en 1889*, où l'on met un article devant le titre (▶ 2.1.4.B.a), et «*Serres chaudes*» **a** *été imprimé en 1889*.

c. Le titre est un nom propre

Le titre est formé d'un nom propre, suivi ou non d'un autre. Accord avec ce nom propre:

> «*Esther*» *fut* **représentée** *en costumes* (Clarac, P., *op. cit.*). «*Rome, Naples et Florence*» *est un agréable vagabondage* (Le Breton, A., *Le Rouge et le Noir*).

On peut dans tous les cas employer le masculin singulier. L'article ajouté avant le titre prend le genre du nom propre qui suit immédiatement:

> *La* «*Phèdre et Hippolyte*» *de Pradon* (...). *Le* «*Tite et Bérénice*» *de Corneille ne fut* **représenté** *que le 28 novembre* (Adam, A., *Hist. de la litt. fr. classique*).

d. Le titre est une phrase

Le titre est formé d'une phrase ou d'une partie de phrase autre qu'un nom suivi ou non d'un complément. Le masculin singulier est général:

> «*Les dieux ont soif*» *révèle...* (Picon, G., *op. cit.*) «*Quatre-vingt-treize*» *est le dernier roman de Victor Hugo*.

Le pluriel peut apparaître après un titre formé d'une phrase complète commençant par un article pluriel:

> «*Les Affaires sont les Affaires*» (...) *ont mérité...* (Thibaudet, A., *op. cit.*). «*Les affaires sont les affaires*» (...) *créent* (...) *un type inoubliable* (Jasinski, R., *op. cit.*).

Ou il s'impose à la suite d'un déterminatif pluriel placé devant un titre ne commençant pas par un pluriel:

> *Ses* «*Une heure avec*» *ont rassemblé...* (Clouard, H., *op. cit.*).

2.1.5. SUJET SINGULIER + *ÊTRE* + ATTRIBUT PLURIEL

La langue classique n'hésitait pas à dire: *La plus grande des preuves de Jésus-Christ sont les prophéties* (Pascal). Cet accord est rare aujourd'hui; on recourt plutôt à *ce sont* (plus souvent qu'à *sont*, qui n'est pas exclu), mais la plupart du temps on accorde avec le terme qui précède le verbe et qui est bien le sujet, le point de départ de l'énoncé:

> *La meilleure preuve en est ces quelques réflexions* (Jean-Charles, *Vingt cancres après*). *Tout cela me paraît* (ou *ce sont*) *des folies.* ▶ 2.3.1 (*c'est*), ATTRIBUT, 3, ÇA, 1.

2.1.6. MOT AUTONYME

Si un mot sujet est **considéré matériellement en tant que mot** (autonymie), le verbe reste au singulier et l'attribut ou le participe au masculin:

> «*Fataux*» *ne se dit pas.* «*Ingrate*» *est excessif.*

2.1.7. L'APPOSITION AU SUJET

L'apposition au sujet ne modifie pas l'accord:

> *La victime, un policier, a été atteinte de quatre balles. Jamais peut-être l'inépuisable séduction de l'église: grondement, plaintes ou clameur de l'orgue, voix audacieuse et irrésolue des jeunes filles, (...) ne m'*emplit *d'un abandon plus délicieux* (Arland, M., *Antarès*).

Sa Majesté le roi. Son Excellence l'ambassadeur. ▶ ADJECTIFS QUALIFICATIFS, 2.12.

2.1.8. *ON*

▶ ON.

2.2. IL Y A PLUSIEURS SUJETS

Pour **c'est** ▶ 2.3.1.

2.2.1. SUJETS DE PERSONNES DIFFÉRENTES

A. Choix de la personne

Le verbe se met au pluriel et à la personne qui a la priorité pour l'accord; la 1re l'emporte sur les 2 autres, la 2e sur la 3e:

> *Vous et moi les* **accompagnerons***. Vous et lui le ferez.*

On reprend souvent le sujet dans un pronom pluriel de la personne qui a la priorité:

> *Vous et moi,* **nous** *les accompagnerons. Vous et lui,* **vous** *le ferez.*

Même accord avec *ou* et *ni* (▶ 2.2.10 et 2.2.11):

*Lui ou moi **ferons** cela* (Littré) ou *Lui ou moi, nous ferons cela. Ni vous ni lui ne m'**avez** compris.*

Mais *Ni vous ni personne ne l'**a** soupçonné*: personne englobe le premier sujet et commande l'accord (▶ 2.2.11).

Le roi, l'âne ou moi, nous mourrons (La Fontaine). *Ni lui ni moi nous ne **ferons** cela.*

Toutefois si l'un des sujets est exclu, on dira plutôt: *Lui ou moi, l'un de nous fera cela.* Si la présence d'un singulier qui suit marque nettement l'exclusion d'un des sujets, on ne peut mettre le verbe au pluriel. On ne peut dire: *Lui ou moi serons nommés président* (ou *présidents) de cette assemblée*, puisqu'un seul pourra être nommé président. On dira: *Lui ou moi, **c'est l'un de nous qui sera** nommé président* ou *qu'on nommera président.* Avec ni: *Ni lui ni moi, **aucun de nous ne sera** nommé président.* Avec **qui** ▶ 2.1.3.

On ne dira donc pas: *Il y a sûrement une erreur; [c'est vous ou moi qui nous trompons]* ni *[qui se trompe].* On dit: *Un de nous deux se trompe.* La langue populaire emploie la 3e personne après *moi* et dit: *[C'est moi qui se trompe].*

B. Sujets unis par *comme, ainsi que*

Si les sujets sont unis par *comme, ainsi que*, etc., il faut voir le sens (▶ 2.2.6): *Vous comme lui (et lui) l'avez dit. Pierre, comme vous, l'a déclaré. Un garçon comme vous ne **devrait** pas agir de la sorte.* Si un seul sujet précède le verbe, c'est lui qui commande l'accord: *Vous l'avez cru aussi bien que moi.* Si les deux sujets suivent le verbe, on met *nous* ou *vous* devant celui-ci: *Comme nous l'avons déclaré, ma femme et moi.*

Comme vous l'avez constaté, vos parents et vous.

C. Comparaison

Lorsque, par une comparaison ou le recours à une expression comme **et non pas seulement** ou **personne d'autre que**, on introduit une autre personne qui n'est pas vraiment un second sujet ajouté au premier, cette personne n'a aucune influence sur l'accord du verbe (▶ 2.2.8):

*Bien des Français, et non pas seulement nous très jeunes gens, **semblaient** des parents à qui on interdit la chambre d'un malade aimé* (Prévost, J., *Dix-huitième année*). *Personne d'autre que vous ne **serait** aussi indulgent. J'aime mieux que ce soit lui que moi qui **ait** fait cette erreur.*

On dira donc, parce que **le premier sujet** (*aucun, chacun, tout, personne*, etc.) **contient le second**:

*Chacun, moi y compris, s'en est étonné. Personne, et moi-même, n'**avait** rien compris.*

D. *Sinon, si ce n'est*

Il en est de même lorsque **sinon** ou **si ce n'est** suit le véritable sujet corrigé par cette précision: *Qui donc, sinon moi, osera te parler du plaisir qu'il y a à descendre en soi-même?* (Bedel, M., *Traité du plaisir*.)

2.2.2. LES SUJETS DÉSIGNENT UN SEUL ÊTRE, OBJET OU CONCEPT

Si les sujets désignent un seul être, un seul objet, un seul concept, le verbe se met au singulier, même s'ils sont unis par *et*:

*Il me connaît assez pour savoir que le vieux bourgeois bordelais de souche landaise, que le catholique augustinien que je suis, **est** l'homme le moins enclin à comprendre et à goûter la civilisation américaine* (Mauriac). *Un homme, un pèlerin, un mendiant, n'importe, **Est** là qui vous demande asile* (Hugo, V., *Hernani*).

*Bien écouter et bien répondre **demande** beaucoup de qualités.* Mais: *Promettre et tenir **sont** deux.*

2.2.3. LE VERBE EST SUIVI D'UN DES SUJETS OU DE TOUS LES SUJETS (DE LA 3e PERSONNE DU SINGULIER)

Pour les sujets de personnes différentes ▶ 2.2.1.

A. Un seul sujet devant le verbe

Si un seul sujet précède le verbe, il détermine l'accord:

*La justice l'**exige**, et la charité.*

B. Tous les sujets après le verbe

Si tous les sujets suivent le verbe, celui-ci est généralement au pluriel:

*À quoi **ont** servi cette prudence, ce retard?*

Les Le Bidois ont noté que le verbe, pour diverses raisons, reste «souvent» ou «assez souvent» au singulier. Disons plutôt que des raisons de parenté sémantique ou de vision globale ou de mise en évidence du premier sujet ou des raisons de style peuvent, même s'il y a coordination, amener l'accord, qui reste exceptionnel, avec le premier sujet. Les Le Bidois citent: *Demain viendra l'orage, et le soir, et la nuit* (Hugo, V., *Les feuilles d'automne*); ils croient que le singulier «marque que les faits énoncés par ces sujets arriveront successivement»; le contexte indique plutôt que le poète voit cela, de même que ce qui suivra, l'aube, les clartés, la nuit, comme un ensemble, comme un «pas du temps qui s'enfuit».

Les Le Bidois citent d'autres exemples, entre autres: *Tout ce qu'**a** de cruel l'injustice et la force* (Racine). *Tous les instants que lui **avait** laissés sa rude existence de soldat, le triste ciel décoloré, les eaux sans nuance des étangs* (Benoit, P.).

*Là **est** le bonheur et la véritable liberté* (Proust). *L'essoufflement que me **donnait** l'exercice musculaire et l'ardeur du jeu* (Proust).

Ch. Bruneau, se justifiant d'avoir écrit: *Tout ce que **peut** inventer l'imprudence, la bêtise et même la méchanceté humaine*, déclare que les trois choses lui sont apparues «comme une manière de famille. Ce singulier est un singulier de groupement».

Ajoutons encore quelques exemples pour montrer comment le second sujet, coordonné ou non, peut apparaître comme le simple prolongement du premier, avec lequel se fait l'accord:

*Une grande révolution commençait; quel en **serait** le progrès, l'issue, les résultats?* (Michelet, cité par Brunot.) *Incroyable **était** alors leur félicité, leurs inépuisables et absorbantes délices* (Gracq, J., *Au château d'Argol*). *Une mer que n'**a** encore salie la fumée d'aucune chaudière, l'huile d'aucun carburant* (Yourcenar, M., *Archives du Nord*). *En cercles qu'**atteint** de moins en moins la lumière et la vibration essentielles* (Colette, *La maison de Claudine*).

Mais répétons que le verbe est généralement au pluriel. ▸ 2.2.7.

2.2.4. LES SUJETS DE LA 3ᴱ PERSONNE PRÉCÈDENT LE VERBE

Qu'ils soient ou non coordonnés, le pluriel s'impose, à moins qu'ils ne soient à peu près **synonymes** ou **en gradation**; dans ce dernier cas, même s'il y a coordination — ce qui est plus rare —, il n'y a pas addition et l'accord se fait normalement avec le dernier sujet:

*Un geste inopportun, une parole mal placée **risquait de reboucher la source*** (Troyat, H., *Les Eygletière*). *La puissance dissolvante, l'enchantement de la nuit **parut** diminuer sensiblement* (Gracq, J., *Au château d'Argol*). *La voix de son fils, une pression de ses doigts, sa seule présence **réussissait** toujours à l'apaiser* (Bernanos, G., *La joie*). *Le respect des combattants, le culte de l'aviateur **comptait** beaucoup plus* (Prévost, J., *Dix-huitième année*).

Accord avec le dernier sujet quand il corrige et en quelque sorte écarte le premier:

Jamais le génie, en tout cas jamais le talent n'a été l'apanage de la misère (Ormesson, J. d', *L'amour est un plaisir*).

Cependant on trouve parfois le pluriel, même lorsqu'il y a une évidente gradation; la pensée s'arrête sur la pluralité des sujets plutôt que sur le dernier:

*L'attente, le chagrin, la misère **ont** allumé en elles une espèce de frénésie* (Estang, L., *Les stigmates*). *Entre les étrangers, la connaissance, l'amitié **demeurent** possibles* (Troyat, H.,

L'araigne). *Un geste, un souffle, une pensée **peuvent** soudain changer le sens de tout le passé* (Sartre, J.-P., *Baudelaire*). *Mais l'épouvante, l'horreur même qu'elle éprouvait ne **parvenaient** pas à produire en elle un véritable mouvement de refus et d'orgueil* (Romains, J., *Les hommes de bonne volonté*).

Si, malgré l'absence de *ou*, il y a **alternative**, on emploie le singulier:

Jusqu'au jour où une pneumonie, une hernie met fin à leur métier (Demaison, A., cité par Damourette et Pichon).

Pour l'alternative marquée par **tantôt... tantôt, parfois... parfois, soit... soit** ▸ 2.2.10.

Si l'on emploie **pas plus que, non plus que**, on n'introduit pas réellement un second sujet: *Cependant la religion pas plus que la chirurgie ne **paraissait** la secourir* (Flaubert, G., *Madame Bovary*). On trouve cependant parfois le pluriel comme après *ni... ni* (▸ 2.2.11): *Le Don Quichotte, non plus que les pièces de Calderon, ne **sont** classiques — ni romantiques* (Gide, A., *Incidences*). Au contraire, logiquement, avec **ce n'est pas... mais**: *Ce n'est pas Pierre, mais son frère et sa sœur qui l'ont dit.* ▸ 2.1.3.

Si les sujets sont unis par **et même, et surtout, et principalement, ou plutôt, et notamment, voire**, etc., ou si *même* suit le dernier sujet, il est fréquent que le second sujet détermine l'accord, parce qu'il apparaît comme éclipsant le premier (voir plus haut). Mais ce second sujet peut n'être perçu que comme une parenthèse, une précision complémentaire et le verbe s'accorde alors avec le premier sujet. On peut aussi penser à une addition, même en dépit de la ponctuation, et faire l'accord avec l'ensemble des sujets. On voit que l'accord dépend de l'intention, de la façon dont on voit les choses (▸ 2.2.10).

*Son visage, son cou même **avait** rougi* (Arland, M., *Antarès*). *Une telle plénitude pouvait-elle durer? Demain, ce soir peut-être, un mot, un geste, pas même, un commencement d'habitude l'**aurait** détruite* (Id., *Ibid.*). *Une femme, et même une enfant, **peut** faire fonctionner cette machine.*

On peut fort bien justifier par une sorte de gradation un accord comme celui-ci: *Tout le monde, et vos supérieurs eux-mêmes, **conviendraient** qu'un prêtre aussi jeune que vous ne saurait prétendre diriger la conscience d'une jeune fille de cet âge* (Bernanos, G., *Journal d'un curé de campagne*). Le singulier n'étonnerait d'ailleurs certainement pas, *tout le monde* comprenant ce qui suit. Ailleurs l'accord se fait avec le premier sujet, englobant le second: *Dans l'ensemble, la moitié nord de la France, et plus particulièrement les provinces proches de Paris (Île-de-France, Normandie), nous **a** donné bien plus de réponses que les régions éloignées*. Plus étonnant: *La suite, et surtout la longue*

603

interruption, **ont** inquiété (Thibaudet, A., *Hist. de la litt.*). *L'envie, l'animosité et même la haine **passaient** et **repassaient** sans qu'il les vît jamais devant ses yeux candides* (Bosco, H., *Les Balesta*). Il était ici impossible d'accorder avec *la haine*, à cause de la reprise des trois sujets sous la forme *les*, comme complément de *vît*.

Si le deuxième terme reprend le premier, qui est au singulier, en le déterminant davantage, le verbe est mis au singulier:

> *Jamais le Français, et surtout le Français moyen, n'**admettra** cela.*

Ceci et cela, ce que et ce que, etc. On peut, à cause de l'addition, mettre le verbe au pluriel, mais on le laisse souvent au singulier: «Doit-on dire: *ceci et cela me plaisent* ou *ceci et cela me plaît?* La seconde manière est préférable, à cause du vague dans lequel l'esprit reste après avoir entendu les mots ceci et cela» (Littré, à *Ceci*, rem. 1).

> *Ce que j'ai vu et entendu m'**a** suffi. Ce que j'ai vu et ce que j'ai entendu m'**a** (ou m'**ont**) suffi.*

2.2.5. SUJETS ANNONCÉS OU REPRIS PAR UN MOT AU SINGULIER

Sujets annoncés ou repris par un mot au singulier comme *aucun, cela, chacun, nul, personne, rien, tout,* etc. C'est lui qui commande l'accord:

> *Femmes, moine, vieillards, tout **était** descendu* (La Fontaine). *Remords, crainte, péril, rien ne m'**a** retenue* (Racine). *Rien, ni les prières de sa mère ni les supplications de ses enfants, n'**a** pu le retenir.*

2.2.6. SUJETS UNIS PAR *COMME, AVEC, AINSI QUE,* ETC.

Sujets unis par *comme, avec, ainsi que, aussi bien que,* etc. Si la conjonction garde son vrai sens, l'accord se fait normalement avec le premier sujet; le second, qui est simplement complémentaire ou qui marque une comparaison ou un accompagnement, est souvent — pas toujours — entre deux virgules. S'il y a en fait addition dans la pensée comme si l'on disait *et*, l'accord se fait avec les deux sujets:

> *Cependant Rodolphe, avec Madame Bovary, **était** monté au premier étage de la mairie* (Flaubert, G., *Madame Bovary*). *Cette réception, ainsi que la précédente, **fut** un succès. Le jeune homme, avec sa fiancée, ne **savait** où se mettre. Le singe avec le léopard **gagnaient** de l'argent à la foire* (La Fontaine). *Rostand comme France **apportent** l'intelligibilité dans les lettres françaises* (Thibaudet, A., *Hist. de la litt. fr.*). *Votre caractère autant que vos habitudes me **paraissent** un danger pour la paroisse* (Bernanos, G., *Journal d'un curé de campagne*).

2.2.7. SUJETS UNIS PAR *MAIS ENCORE, MAIS (AUSSI),* AYANT LE MÊME SENS

Sujets unis par *mais encore* ou *mais, mais aussi,* ayant le même sens. Il y a gradation (► 2.2.4) et donc accord avec le dernier sujet: *Non seulement notre admiration, mais notre reconnaissance lui **est** due.* On trouve parfois le pluriel cependant.

Si le verbe précède des sujets dont le premier est masculin et l'autre féminin, on ne peut mettre au féminin le participe ou l'attribut. On met donc plutôt le verbe au pluriel et le participe ou l'attribut au masculin pluriel:

> *Ce présent de l'artiste, où **se trouvaient résumés** non seulement son grand talent mais leur longue amitié.*

Mais si les sujets précèdent, on peut fort bien accorder avec le dernier: *où non seulement son grand talent, mais leur amitié **se trouvait résumée**.* Aucune difficulté si les deux sujets qui suivent sont féminins: *où **se trouvait résumée** non seulement sa maîtrise mais leur amitié.*

2.2.8. SUJETS UNIS PAR *NON, MOINS QUE, PAS PLUS QUE,* ETC.

Sujets unis par *non, et non, moins que, non moins que, pas moins que, pas plus que, (non) plus que, plutôt que,* etc. On insiste sur le premier sujet et parfois même on ne retient que lui. C'est donc lui qui commande l'accord: *Et Madame Bovary, non plus que Rodolphe, ne lui **répondait** guère* (Flaubert, G., *Madame Bovary*). *Sa femme, plutôt que lui, **sera séduite** par ce projet. Sa négligence, non moins que ses dépenses excessives, l'**a** ruiné.* On dira d'ailleurs souvent: *Sa négligence l'a ruiné, non moins que ses dépenses excessives.* On trouve cependant l'accord avec les deux sujets qui précèdent quand ceux-ci sont perçus comme additionnés. Grevisse assimile ce cas à celui de *comme, avec, aussi bien que,* examiné plus haut (2.2.6).

Après **bien moins que** devant deux sujets, il est logique d'accorder avec le second sujet:

> *Ce sont bien moins les enfants que le professeur qui **est** responsable.* À cette phrase théoriquement correcte, on préférera: *Ce ne sont pas les enfants, c'est le professeur qui est responsable* ou *Ce sont bien moins les enfants qui sont responsables que les parents eux-mêmes.*

Pour **et même, ou plutôt, ou pour mieux dire** ► 2.2.4 et 2.2.10.

2.2.9. RÉPÉTITION D'UN DÉTERMINANT DEVANT PLUSIEURS SUJETS NON COORDONNÉS

Répétition d'un déterminant, **chaque, tout, un, nul, aucun, pas un** devant plusieurs sujets non coordonnés. Il y a hésitation sur l'accord. Il se fait avec le sujet le plus rapproché (à cause de la disjonction ou de la gradation) ou avec l'ensemble des sujets (addition).

*Chaque réflexion, chaque allusion, chaque sourire **était** interprété* (ou ***étaient** interprétés). Tout artiste, tout philosophe, tout poète court le risque d'être incompris.* On mettrait le singulier, malgré l'absence de gradation, mais on trouve le pluriel dans des cas semblables. *Chaque buisson tordu, chaque oiseau **finissaient** par paraître comme (...) une caricature* (Gary, R., *Les racines du ciel*). *Il avait des droits qu'aucune coutume, aucune loi ne **régissaient*** (Juin, H., *Les hameaux*). *Chaque seconde, chaque pas l'**éloignent** de Veronka* (Sabatier, R., *La mort du figuier*). *Ses volets étaient clos. Pas une lueur, pas un bruit ne s'en **échappaient*** (Bosco, H., *Le mas Théotime*).

L'emploi d'un possessif peut favoriser le singulier: *Chaque fille, chaque garçon aura son livre.* Dans la langue parlée, *auront leur livre* ne se distinguerait pas de *auront leurs livres*. Si la phrase exprime une possibilité, on perçoit facilement le sens disjonctif: *Tout député et tout sénateur **peut** poser à un ministre une question écrite.* On voit ici le singulier en dépit de la conjonction *et*. Grevisse cite un exemple plus insolite où le verbe est au singulier malgré l'absence de disjonction: *Chaque peine et chaque mal **est** infini dans sa substance* (Yourcenar, M., *L'œuvre au noir*). On remarque dans cette phrase, où le verbe s'accorde avec le sujet le plus rapproché, que l'adjectif (ou le participe) fait de même. C'est logique et courant. Étrange est l'accord suivant: *Tout émoi, tout élan du cœur, toute effusion tendre, en **était souillé*** (Bosco, H., *L'antiquaire*). À vrai dire, on évite plutôt de faire l'accord avec un féminin précédé d'un masculin. Plutôt que d'écrire: *Chaque homme, chaque femme était **stupéfaite*** ou *Aucun livre, aucune revue ne m'a été **remise***, on écrira: *Chacun, homme ou femme, était **stupéfait**. Aucune revue, aucun livre ne m'a été **remis*** ou on mettra le verbe au pluriel et l'attribut ou le participe au masculin pluriel: *Chaque homme, chaque femme **étaient stupéfaits***.

2.2.10. SUJETS UNIS PAR *OU*

L'accord est réglé par la prédominance dans l'esprit de l'idée de conjonction (les deux sujets peuvent faire l'action au même moment ou à des moments différents) ou bien de disjonction ou d'opposition. Le pluriel est fréquent, sans s'imposer. Le singulier l'emporte s'il y a opposition, surtout, logiquement, s'il est prévu qu'un seul des sujets peut faire l'action, excluant l'autre, ou s'il y a rectification, c'est-à-dire en fait exclusion ou mise à l'ombre du premier sujet par **ou** seul, **ou plutôt, ou mieux, ou même, ou pour mieux dire**, généralement précédés d'une virgule (▶ 2.2.4):

*Papa ne la troublait pas plus (cette histoire) que ne **faisaient** le bœuf ou le chien* (Mauriac, Fr., *Le sagouin*). *Leur malchance ou leur maladresse les **faisaient** rentrer bredouilles;* ils peuvent être à la fois malchanceux et maladroits; toutefois on pourrait laisser le verbe au singulier en pensant qu'ils rentrent bredouilles soit à cause de leur malchance, soit à cause de leur maladresse. *Le goût de l'ivresse ou celui du déguisement nous **est** commun avec d'autres espèces animales* (Yourcenar, M.). *Sa vie ou sa mort me **sont** indifférentes;* on peut penser: les deux me sont indifférentes; mais le singulier est possible. *Quelle peine ou quelle joie trop intense **serait** capable d'émouvoir cette vieille carcasse?* (Anouilh, J., *Pièces roses*); noter le singulier *intense*. *La douceur ou la violence en **viendra** à bout;* l'une exclut l'autre. *Le mari ou sa femme **doit** signer la déclaration. C'est X ou Y qui **présidera** la séance. Il leur semblait que c'était là une voie, ou une chance de voie qui les **définissait** parfaitement* (Perec, G., *Les choses*). *Son père, ou plutôt sa mère, lui **permet** tout. Sa patience, ou pour mieux dire son indolence, le **rendait** docile. Quoi qu'on puisse penser des exigences de la communication, le linguiste a le droit de se demander si une langue, ou même un type isolé d'expression, les **satisfait**, et quelle est la dose d'effort psychique qu'ils **nécessitent*** (Bally, Ch., *Linguistique générale et linguistique française*); *satisfait* se justifie par la gradation, mais *nécessitent* s'impose parce qu'il se rapporte aussi bien à la langue qu'à un type isolé d'expression.

Si l'un des sujets est au pluriel, on met normalement le verbe au pluriel, sans devoir, notons-le, placer le sujet pluriel en second lieu, près du verbe au pluriel:

*Je ne sais si c'est votre titre ou vos recommandations qui l'**ont** le plus impressionné. Les menaces ou la douceur en **viendront** à bout. L'une ou plusieurs d'entre elles nous accompagneront.*

Le singulier, étonnant dans la phrase suivante, s'explique (sans se justifier) par l'homophonie du singulier et du pluriel (*vienne* et *viennent*): *Pour peu qu'un ami ou deux vienne bavarder avec vous l'après-midi, le tour est joué* (Anouilh, J., *Pièces brillantes*). On dira sans hésiter: *Un ou deux exemples **suffiront**.*

Après **tantôt... tantôt, parfois... parfois, soit... soit, ou... ou**, etc., qui marquent une alternative, le verbe peut se mettre au pluriel mais se met plus souvent au singulier.

*Tantôt un client, tantôt un fournisseur **vient** (ou **viennent**) me déranger.*

Si un sujet est au pluriel, on met le pluriel:

Tantôt les enfants, tantôt le jardinier **viennent** *crier sous ma fenêtre.*

Soit Pierre, soit Paul **décrochera** *la place* (un seul des deux pourra la décrocher).

*Soit le professeur, soit les élèves s'***impatientaient.**

Tel ou tel ► 2.2.12.F.

2.2.11. SUJETS UNIS PAR *NI*

Le pluriel est fréquent, mais aussi l'accord avec le dernier sujet. Ce dernier accord paraît plus fréquent si l'on ne peut rapporter l'action ou l'état qu'à un seul des sujets ou bien si le second est ou contient un mot plus fort comme *aucun, personne, rien*:

La plainte ni la peur ne **changent** *le destin* (La Fontaine). *Rien ni personne ne* **pourra** (mais on trouve *ne* **pourront**) *me faire changer d'avis. Ni vous ni moi ne le ferons* (► 2.2.1). *Ni vous ni personne ne s'en* **préoccupe** (bien que les sujets soient de personnes différentes, c'est *personne* qui commande l'accord). *Ni lui ni sa femme n'***avait** *élevé la moindre objection contre le mariage de leur fille* (Billy, A., *Le narthex*).

Si le verbe ne se prononçait pas de la même façon au singulier et au pluriel, l'auteur aurait senti qu'à cause de *leur* qui vient ensuite, il y avait lieu de mettre le verbe au pluriel: *Ni lui ni sa femme ne* **craignent** *pour leur fille.*

Si l'un des sujets est au pluriel, on met le verbe au pluriel:

*Ni les menaces ni la douceur n'***ont pu** *en venir à bout. Ni lui ni ses parents n'***avaient** *élevé la moindre objection.* ► 2.2.12, *ni l'un ni l'autre.*

2.2.12. *L'UN ET L'AUTRE, NI L'UN NI L'AUTRE, L'UN OU L'AUTRE, L'UN APRÈS L'AUTRE, TEL ET TEL, TEL OU TEL*

A. *L'un et l'autre*

L'un et l'autre, pronom, est suivi du verbe au singulier ou, aussi souvent, au pluriel:

L'un et l'autre se **disent** (ou *se* **dit**).

Si le pronom *l'un et l'autre* renvoie à des sujets de personnes différentes (► 2.2.1) qui viennent d'être employés, on fait l'accord avec, au pluriel, la personne qui a la priorité, comme on vient de le faire: *Lui et moi l'écoutions et l'un et l'autre* **étions** *impressionnés.* On dirait plus souvent: *et* **étions** *l'un et l'autre impressionnés.*

Après l'adjectif, le nom est normalement au singulier, mais cela n'empêche pas le verbe d'être au pluriel aussi bien qu'au singulier: *L'une et l'autre saison* **est** *favorable* (Ac.).

L'un et l'autre consul vous **avaient** *prévenue* (Racine). *L'une et l'autre affaire se* **tiennent** (Henriot, E., *Les fils de la louve*).

On met parfois le nom au pluriel, du moins quand celui-ci se prononce comme le singulier; le verbe doit alors être au pluriel:

L'un et l'autre facteurs **ont** *concouru à la produire* (Saussure, F., *Cours de linguistique*).

B. *Ni l'un ni l'autre*

Même usage qu'après *l'un et l'autre*:

*Ni l'un ni l'autre ne l'***ont** *dit* (ou *ne l'***a** *dit*). *Ni l'un ni l'autre ne* **sera** *nommé président* (aucun des deux). *Je vous connais; ni l'un ni l'autre ne* **ferez** *la moindre objection* (ni vous ni lui). ► 2.2.12.A.

*Ni l'un ni l'autre raisonnement n'***est** *juste* (ou *ne* **sont** *justes*); préférence pour le singulier parce que le nom est au singulier.

C. *L'un ou l'autre*

L'un ou l'autre, à cause de son sens disjonctif, est suivi du verbe au singulier; le pluriel est rare et à déconseiller, à moins que l'expression ne signifie «certains» au sens indéfini; le pluriel est alors permis:

L'un ou l'autre se **dit**. *L'un ou l'autre de vos enfants vous* **préviendra**. *L'une ou l'autre expression* **est** *permise.*

*L'une ou l'autre de ces nombreuses explications m'***a** *étonné* ou *m'***ont** *étonné.*

D. *L'un après l'autre*

On ne dit guère: *Une lampe après l'autre s'éteint.* On emploie plutôt d'autres tours: *Les lampes s'éteignent l'une après l'autre* ou *Une à une, les lampes s'éteignent.*

E. *L'un comme l'autre*

► 2.2.6.

Selon qu'il y a comparaison ou addition: *L'un comme l'autre s'en* **étonnera**. *L'un comme l'autre* **sont** *prêts à vous accompagner.*

F. *Tel et tel, tel ou tel*

Tel et tel, même suivi d'un nom au singulier, appelle généralement le pluriel du verbe:

Tel et tel **protesteront**. *Tel et tel de mes adversaires s'***étonneront**. *Tel et tel ministre* **prendront** *la parole.*

Tel ou tel est suivi du verbe au singulier, rarement du verbe au pluriel:

> *Tel ou tel s'en **occupera**. Tel ou tel ministre **prendra** la parole.*

Après *tels et tels* ou *tels ou tels*, le verbe, comme le nom qui suit éventuellement, est au pluriel:

> *Tels et tels s'en **étonneront**. Tels et tels tableaux **ont** été restaurés. Tels ou tels livres **sont** abîmés.* ▸ TEL, 4, 5.

2.3. CAS SPÉCIAUX

2.3.1. *C'EST*

A. *C'est* désigne un nom, un pronom, etc.

a. Devant un pronom personnel

Contrairement à un ancien usage (*Ce suis-je, c'estes-vous*), on dit: *c'est moi, c'est toi, c'est nous, c'est vous*. La langue parlée, où l'on ne distingue pas *c'était* de *c'étaient*, prolonge nettement cette évolution en disant couramment *c'est eux, c'est elles* (et elle ne recule pas devant *ce sera eux*). L'emploi du singulier, comme celui de *c'était eux*, apparaît aussi dans la langue écrite et il est abusif de vouloir le limiter à des cas précis, de distinguer entre propositions affirmatives et propositions négatives ou interrogatives et entre les cas où *eux* est ou non l'antécédent d'un relatif sujet ou complément:

> *Est-ce eux qui l'**ont** dit? Ce n'**est** pas eux. On sonne, c'**est** eux. C'**est** eux que je distinguerai* (Nimier, R., *Les épées*). *C'**est** eux qui auraient à choisir* (Gaulle, Ch. de, *Le salut*). *C'**est** eux qui les ont laissées tomber ici, ces roses* (Triolet, E., *Le premier accroc...*). *C'**est** elles dont on entend l'arroi* (Romains, J., *Les amours enfantines*). *C'**était** eux qui en décideraient* (Faure, L., *Mardi à l'aube*).

Avec **bien**, on dit toujours: *C'**est** bien eux.*

Il n'y a donc pas lieu d'hésiter à employer *c'est eux, c'était eux*, bien que le pluriel soit plus fréquent en littérature: *Ce sont eux qui me l'ont demandé.*

b. Devant un nom ou un pronom au pluriel

Devant un nom ou un pronom (autre que personnel) au pluriel, la langue parlée préfère nettement le singulier, comme devant *eux* ou *elles*; l'usage littéraire est plus hésitant, mais ne refuse pas le singulier, qui était courant dans la langue classique. Il ne faut en tout cas chercher aucune intention de mettre l'accent sur *ce* ou sur le nom selon qu'on emploie le singulier ou le pluriel. On opte pour l'un ou pour l'autre par habitude, par archaïsme, par un souci (très subjectif) d'euphonie ou de distinction.

Il est certain que *c'est* déconcerte parfois, sans être incorrect, dans la langue écrite ou surveillée.

> On trouvera plus distingué de dire: *Ce **sont** des sentiments louables.* On trouvera un air familier à: *Tout cela, c'**est** des histoires* (Mauriac). On préférera écrire: *Ce ne **sont** pas des choses qu'on dit* (Estang, L., *Les stigmates*). D'autres ne craignent pas d'écrire: *C'**est** les vendanges* (Navel, G., *Travaux*). *C'**est** encore les autres qui remercieront* (Bosquet, A., *Les bonnes intentions*). Un auteur emploie à quelques pages de distance *ce sont* et *c'était*: *Ce **sont** les pluies et les vents qui annoncent l'automne* (...). *C'**était** de très beaux nuages, mais qui allaient leur chemin sans s'arrêter* (Clavel, B., *Le seigneur du fleuve*).

C'est un fait que, parce que l'oreille ne perçoit aucune différence entre *c'étaient* et *c'était*, celui-ci concurrence davantage celui-là:

> *Un peu plus loin, c'**était** des plantées qui n'étaient pas encore vendangées* (Id., *L'Espagnol*). *C'**était**, vers le couchant, les sentiers* (...) *que je prenais de préférence* (Jouhandeau, M., *Chaminadour*). ***Était**-ce des injures? **Était**-ce des mots doux?* (Romains, J., *Éros de Paris*.) *C'**était** des majuscules de laiton* (...). *C'**étaient** des crises passagères* (Prou, S., *La terrasse des Bernardini*). *Il lui semblait que c'**était** les âmes des tués qui fuyaient là-haut* (Tournier, M., *Le roi des aulnes*). *C'**étaient** ces gens-là que j'admirais* (Billy, A., *Le narthex*). *C'**étaient** des dangers imminents* (Bosco, H., *Malicroix*). *Ce n'**étaient** plus des hommes vêtus d'uniformes* (Vialar, P., *Le bal des sauvages*). *Non, ce n'**étaient** pas des secours qu'il distribuait* (...). *C'**était**, du moins,* (...) *les pensées que le docteur Rioux agitait* (...). *Et c'**était** aussi celles dont il lisait les reflets sur le visage de ses amis* (Camus, A., *La peste*). *C'**étaient** ceux-là que je voyais passer* (Mallet-Joris, Fr., *La chambre rouge*). *C'**était** bien ces traits fins* (Ibid.; noter *c'était bien*). *N'**était**-ce pas les paroles mêmes qu'avait prononcées d'Aubel?* (...) *Ce **sont** de bons serviteurs* (Genevoix, M., *Un jour*). *C'**étaient** les clientes les plus âgées, les plus bourgeoises, qui montraient leurs seins* (Mallet-Joris, Fr., *Allegra*).

Mais il est normal que le même auteur, qui emploie souvent le pluriel, mette le singulier quand *ce* ou *c'*, équivalant à *cela*, reprend une idée précédente: *Que la cousine Giula, de Gênes, se soit conduite «comme une traînée»* (...), *qu'Octave et Amélie, en Corse, soient en train de mener leur exploitation à la ruine,* (...) *ce n'**était** que des accidents, des anecdotes.*

> *Il s'imaginait* (...). *C'**était** des rêveries.*

On trouve le pluriel surtout devant plusieurs noms (▸ 2.3.1.A.c). *Le bonheur, c'**était** leurs corps, mais le plaisir c'**étaient** peut-être ces vêtements qui en retardaient l'approche* (Ormesson, J. d',

L'amour est un plaisir). Le même auteur emploie généralement *ce sont, ce soient, c'étaient, ce seraient*. Telle est bien la préférence de la langue littéraire, mais elle accepte certainement le singulier.

c. Devant plusieurs noms

Devant plusieurs noms, le pluriel l'emporte dans la langue écrite, surtout au présent et si le premier nom est au pluriel, mais on peut employer le singulier; même quand le premier nom est au singulier, le pluriel n'est pas rare:

> *La banlieue, c'**était** les pavillons, des caves juxtaposées, et les petits jardins ouvriers pour faire croire qu'on avait encore la campagne. Le peuple des villes, c'**est** maintenant le métro et les embouteillages, des gens qui ont peur de se parler* (Domenach, J.-M., *Ce que je crois*). *Ce qui comptait pour cette femme, uniquement, c'**était** les choses et les êtres d'aujourd'hui* (Mauriac). *C'**est** M. et Mme Leroy* (...). *C'**étaient** bien Mamy et l'oncle Rodolphe* (Estang, L., *Les stigmates*). *Ce ne **sont** pas le père et la mère, dit Irénée, ce **sont** celles-ci que le chat prendra* (Genevoix, M., *Rroû*). *Ce **sont** un théoricien et un praticien de l'économie qui retombent ensemble sur l'adjectif «magique»* (Antoine, G., *Liberté, égalité, fraternité*). *Ce n'**étaient** plus Claude et François qui parlaient* (...), *c'**étaient** une femme et un garçon qui venaient de se rencontrer* (Nimier, R., *Les épées*). *Mais l'arme la plus méchante* (...), *c'**étaient** encore Irène et Denis qui la lui fournissaient* (Simon, P.-H., *Les raisins verts*). *Ce **sont**, le plus souvent, ce scrupule et ce chagrin qui l'emportent* (Id., *Ibidem*). *Ici, c'**étaient** déjà la terre, le pain et le vin, les fermes, la vie tranquille, les animaux familiers. Quand on regardait au loin, ce n'**était** pas toujours de l'eau et puis la courbure de la terre, mais vingt espèces d'arbres différentes* (Ormesson, J. d', *L'amour est un plaisir*). *Ce **sont** parfois le chagrin et la désillusion qui attendent ceux qui reviennent* (Gaulle, Ch. de, *Le salut*). *C'**est** la gloire et le plaisir qu'il a en vue* (Littré). *Ce **sont** le goût et l'oreille qui décident* (Littré). *Ce **sont** (ou c'**est**) mes parents et ma tante qui me l'ont offert. Ce **sont** (ou c'**est**) mon père et ma mère qui me l'ont dit.*

Si l'attribut formé de deux singuliers développe un pluriel ou un collectif qui précède, des grammairiens imposent le pluriel. Là encore on doit avoir le choix, bien que le pluriel l'emporte:

> *Vos maîtres, ce ne **sont** ni Pascal, ni saint François de Sales, ni saint Ignace* (Billy, A., *Le narthex*). *Un seul groupe s'avança, causant. C'**étaient** le Ministre, le Père Jousselin, le Procureur, le Père Darbois, et le Préfet des études, le Père Sixte* (Estaunié, E., *L'empreinte*). *Mais les vrais responsables*

*de cette calomnie, ce n'**était** cette fois ni son mari ni la baronne* (Mauriac, Fr., *Le sagouin*).

On s'étonnerait cependant de ne pas trouver le pluriel, exigé par le sens, dans cette phrase: *Le colosse, le farfadet, c'**étaient** le notaire et son clerc* (Bosco, H., *Malicroix*).

B. *Ce doit être, ce peut être, ce ne saurait être*

Ce doit être, ce peut être, ce ne saurait être suivent théoriquement la même règle que *c'est*. Cependant le singulier est courant, surtout au présent où l'oreille distingue *doit* et *doivent, peut* et *peuvent*.

> *Ce **doit** être eux. Ce ne **peut** être que des bohémiens. — Ces voyageurs* (...), *ce **doit** être ceux qui reviennent* (Butor, M., *La modification*). *Bien sûr, ce **devait** être le grand Mouleyre, ou Pardieu, le fils du charron, qui avaient fait le coup, poussés par les filles peut-être?* (Mauriac, Fr., *Les anges noirs*.) *Ce **doit** être des rêveries* (...). *Ce **devait** être de tout petits bourgeois* (Ormesson, J. d', *L'amour est un plaisir*). *Ce **devait** (ou **devaient**) être des voleurs. Ce ne **saurait** (ou **sauraient**) être que des étrangers.*

Ç'allait être. ▶ ÇA, 1.

C. Formes cacophoniques

Plusieurs formes de la conjugaison de *c'est* sonnent mal ou font sourire. Cela peut être très subjectif. On peut hésiter à dire *C'en sont*, ne pas aimer *Fut-ce mes sœurs qui le firent* (Littré), ni *A-ce été, ont-ce été, c'eussent été, eussent-ce été*, etc. Ne vaut-il pas mieux dire: *C'en est, Est-ce que ce fut* (ou *furent*, ou *sont*) *mes sœurs qui le firent*?

D. *Fût-ce, ne fût-ce que, si ce n'est, si ce n'était*

Fût-ce, avec l'accent circonflexe, dans le sens de «même», figé, ne change pas. Ni non plus *ne fût-ce que* (quand ce ne serait):

> *Il voudrait nous accompagner, fût-ce deux jours seulement ou ne fût-ce que deux jours.*

On aura soin de ne pas écrire *fusse* (ou *fussent*) pour *fût-ce*, pas plus d'ailleurs que pour *fut-ce*.

Si ce n'est (excepté), *si ce n'était* s'accordent très rarement et sont souvent figés. Il convient de les laisser invariables:

> *Si ce n'est eux, qui donc l'a fait?*

E. *C'est* suivi d'une prép. et d'un n. ou d'un pr.

On ne peut faire l'accord quand *c'est* est suivi d'une préposition et d'un nom ou d'un pronom:

> *C'est d'eux que cela dépend. C'est par bandes qu'ils volent.*

F. *C'est* suivi d'un chiffre

C'est onze heures qui sonnent. **C'est dix millions** qui seront **nécessaires** *pour sauver l'entreprise*: malgré le pluriel de la subordonnée, *c'est* reste invariable parce qu'on pense à l'heure qui sonne, à une somme globale, à un tout. Mais si l'on considère les unités qui constituent l'ensemble, le prix, l'heure, on emploie généralement *ce sont*: Ce **sont** trois heures qui m'ont paru longues. Ce **sont** (ou *c'est*) deux cents francs que je ne regrette pas.

> *Ce chapitre est terne, ce* **sont** *trente pages qui m'ont paru ennuyeuses.*

2.3.2. *N'ÉTAIT, N'EÛT ÉTÉ*

N'était, n'eût été (si ce n'était, s'il n'y avait eu, sans, sauf) peuvent s'accorder avec le pluriel qui suit — c'est plus fréquent — ou être assimilés à des prépositions ou considérés comme des locutions figées et rester invariables:

> **N'étaient** (ou **n'était**) *ses cheveux blancs, on ne lui donnerait pas cet âge. — Le visage aurait paru passable,* **n'eût été** *les yeux gonflés de batracien* (Mauriac, Fr., *Les anges noirs*). **N'étaient** *ces malheureuses jambes insensibles et inertes, je me croirais à peine en danger* (Bernanos, G., *Dialogues des carmélites*).

Pas d'accord à la 1re ou à la 2e personne;

> on dit: **N'était** *lui et moi.* **N'était** *vous et lui.*

2.3.3. *QU'IMPORTE, PEU IMPORTE, N'IMPORTE*

Qu'importe peut rester invariable ou s'accorder avec le sujet, même s'il y a un complément d'objet indirect:

> *Qu'**importent** (ou qu'**importe**) ces difficultés? Que m'**importe** (ou que lui importe) ou que m'**importent** (ou que lui importent) ces cancans?*

L'usage littéraire hésite.

Peu importe est traité de même. L'accord reste hésitant si le verbe a un complément indirect (*lui, nous*).

> *Peu **importe** (ou peu **importent**) les détails. Peu lui **importent** (ou peu **lui importe**) nos plaintes.*

N'importe reste invariable:

> *N'**importe** quels ouvriers le feront mieux que ceux-ci.*

2.3.4. *RESTER*

Rester, placé en tête de la proposition, s'accorde généralement avec le sujet qui suit. On le laisse parfois invariable en le considérant comme une locution figée ou comme un impersonnel avec ellipse de *il*:

> **Restaient** *les autres. — Saint-Cyr? Il n'en a ni le goût ni la santé.* **Reste** *les sciences politiques* (Kessel, J., *Discours de réception à l'Académie française*).

On écrit: **Reste** *nous deux. Trois ôté de cinq,* **reste** *deux.*

2.3.5. *SOIT*

Soit (où le *t* ne se prononce que dans l'interjection *Soit!* ou en liaison) peut:

Introduire une alternative; il est alors conjonction et reste invariable: *Nous les rencontrerons,* **soit** *les uns,* **soit** *les autres.*

> *Nous partagerons* **soit** *leurs joies,* **soit** *leurs peines.*

Introduire une hypothèse (*supposons*); il peut alors varier ou être considéré comme une sorte de présentatif invariable:

> **Soient** (ou **soit**) *deux droites parallèles.*

Signifier «c'est-à-dire»; il est alors conjonction et est invariable:

> *Quinze enfants,* **soit** *dix garçons et cinq filles.*

2.3.6. *MIEUX VAUT*

Mieux vaut, senti comme l'équivalent de l'impersonnel **il vaut mieux**, reste invariable:

> *Mieux vaut des enfants qui questionnent toujours que des enfants sans curiosité.*

Le tour est surtout fréquent avec des infinitifs: *Mieux vaut souffrir que mourir.*

2.3.7. *VIVE*

▷ VIVRE.

2.3.8. *ÉGALE*

▷ ÉGALER.

VERDURIER, *verdurière*, n., désignant celui ou celle qui vendait des légumes, est sorti de l'usage en France mais est resté vivant en Wallonie et dans le nord de la France. Tandis qu'ailleurs on dit: le *marchand de légumes* ou le *fruitier*, qui évoque cependant plutôt l'idée de fruits.

VERGÉ, adj. *Du papier vergé* (ou *du vergé*), dont le filigrane présente des **VERGEURES** (aux emplacements occupés par les fils de laiton pendant la fabrication à la main). Pour rapprocher l'orthographe de la prononciation, l'Académie a recommandé, en 1975, la graphie **VERGEÜRE**, qu'elle a condamnée en 1987, mais que l'on retrouve dans les *Rectifications de l'orthographe* de 1990 (*RO III.5*).

VERGLACÉ, adj., (couvert de verglas), s'écrit avec *c*. De même **VERGLAÇANT**: *une pluie verglaçante*. Le verbe **VERGLACER** a été formé sur *glace*.

VÉRIDIQUE, adj., **VÉRIDICITÉ**, **VÉRACITÉ**, n.f. **Véridique** ne se dit pas seulement des personnes qui disent la vérité, mais d'assertions, d'écrits, etc.: *Un témoin véridique. Un témoignage véridique. Une histoire véridique. Un livre véridique.* Le substantif correspondant est **véridicité**, qui est plutôt littéraire: *La véridicité d'un historien, de la mémoire, d'un document, d'un récit.* Le substantif courant est **véracité**, qui se dit même de celui qui croit dire la vérité: *Raconter avec véracité. Je crois à sa véracité* (à sa sincérité).

VÉRIFIER, v.tr.dir., peut avoir des choses pour sujet: *Je dois vérifier cette addition, cette nouvelle, cette déclaration*, voir si elle est exacte. *Les faits ont vérifié nos hypothèses*, les ont justifiées. *La chose s'est vérifiée.* On ne dit guère *vérifier que* (avec l'indicatif) mais **vérifier si**: *Vérifier si la porte est bien fermée, si le musée est ouvert, si le dossier est complet.*

VERMEIL, adj. et n.m. *Un teint vermeil. Un bouchon de vermeil, des couverts en vermeil. Une bouche vermeille.* La S.N.C.F. a nommé *carte vermeil* la carte payante, réservée aux personnes âgées, donnant droit à un tarif réduit; c'est, a-t-on expliqué, par référence à la *médaille en vermeil du travail*, accordée pour de longues années de travail.

VERMOULU, adj. *Des poutres vermoulues.* Un verbe, d'un emploi assez rare, a été formé sur *vermoulu* (et non sur *moudre*): **SE VERMOULER**, appliqué au bois qui devient vermoulu ou, au figuré, pris dans le sens de «s'altérer, se dégrader».

VERMOUTH, n.m. d'origine allemande, s'est écrit aussi **VERMOUT**.

VERNIR, v.tr.dir., se conjugue comme *finir*. Le participe et l'adjectif s'écrivent donc sans *s* au singulier. *Un banc verni. Une table vernie.* Familièrement, *cet homme est verni*, il a de la chance. Le nom s'écrit avec *s*: *Un VERNIS épais. Ce n'est qu'un vernis.* S'il s'agit de poterie, on dit *vernisser*.

VERNISSAGE, n.m., s'est dit d'abord de l'inauguration d'une exposition de peinture, les artistes étant autorisés à achever d'y vernir leurs tableaux. Mais le mot s'est naturellement appliqué à d'autres expositions; on n'a retenu que l'idée d'inauguration avec réception.

VERROU, n.m. *Pousser* ou *tirer le verrou. Mettre le verrou. Mettre qqn sous les verrous. Être sous les verrous.* **VERROUILLER**, v.tr.dir. **VERROUILLAGE**, n.m.

VERS, prép. L's ne se lie pas généralement; il ne le fait que dans de très rares cas, en style très soutenu (*vers elle*). *Aller vers qqn, se diriger vers qqch., aller l'un vers l'autre, se tourner* ou *regarder vers qqn, vers qqch. Vers où va-t-il? Vers la droite, on apercevait...* Le sens de «envers», «à l'égard de», est vieilli: *Et m'acquitter vers vous de mes respects profonds* (Racine).

Vers marque aussi l'approximation, surtout dans le temps: *Vers midi. Vers les quatre heures. Vers la Toussaint. Vers Pâques. Vers 1940. Vers le milieu du siècle.* Plus rarement dans l'espace, au lieu de «aux environs de», qui est conseillé: *L'appareil s'est abattu vers le carrefour. Vers 2000 m d'altitude, il commença à éprouver des difficultés respiratoires* (GLLF).

VERSE (À), loc.adv. *Il pleut à verse.*

VERSER, v.tr.dir. et intr. ▶ RENVERSER et VIDER. *Verser du vin dans un verre.* Très familièrement, *verser un verre, verser un bain*; on dit plutôt *faire couler un bain.* — *L'orage a versé les blés. Les blés ont versé* ou *sont* (maintenant) *versés. Ma voiture a versé. Verser dans le mauvais goût.*

VERT, adj. et n.m. *Donner le feu vert à qqn. Le signal est au vert. Une robe verte. Le vert de cette robe. Un vert jaune. Mettre un cheval au vert*, le laisser brouter en liberté, le nourrir de fourrage frais. *Se mettre au vert*, prendre du repos à la campagne. Mais l'expression **AU VERT** désignant la préparation de certains poissons (*anguilles au vert*) est belge.

L'Académie donne encore l'expression *prendre qqn sans vert* (au dépourvu), qui est vieillie ou littéraire, l'allusion à un ancien jeu du mois de mai n'étant plus comprise.

Fam.: *En voir des vertes et des pas mûres*, subir des choses choquantes. *En dire* (ou *en raconter*) *de vertes*, tenir des propos lestes, scabreux.

On écrit: *un vert galant, du vert-de-gris, des blouses vert pomme, vert bouteille, vert tendre, vert foncé, vert-de-gris.*

VERTICAL, adj. On a dénoncé une tautologie dans **une chute verticale**, équivalent courant, au figuré, d'une *chute à pic*. Mais cette dernière expression, non critiquée, ne traduit-elle pas aussi l'idée de «verticalement», en ligne droite? Et n'y a-t-il pas des chutes, comme celle des feuilles mortes, qui ne sont pas verticales? Cela dit, il est clair qu'on ne remet pas en question par là le principe de la chute des corps, mais qu'il ne faut pas abuser de l'expression incriminée.

VESPRÉE, n.f., forme ancienne, aujourd'hui plutôt dialectale, de **VÊPRÉE**, n.f., lui-même vieilli et littéraire, poétique, pour «fin d'après-midi, soirée».

VESTE, n.f., n'est pas synonyme de **VESTON**, n.m. qui désigne une partie d'un complet d'homme: *Une veste de sport.* Fam., *tomber la veste, retourner sa veste, ramasser une veste* (subir un échec).

VESTIAIRE, n.m., désigne l'endroit où l'on dépose des vêtements d'extérieur, des parapluies, etc. ou les vêtements ou objets qui y sont déposés: *Le vestiaire d'un musée, d'un restaurant. Déposer son manteau au vestiaire. Réclamer son vestiaire.* Dans un stade ou une piscine, *vestiaires* (généralement au pluriel) désigne l'endroit où les sportifs se changent. Dans une usine, les meubles (ou les endroits) aménagés pour le dépôt des vêtements. *Vestiaire* se dit aussi de l'ensemble des vêtements d'une personne: *Elle a un vestiaire bien fourni. Renouveler son vestiaire.*

VÊTIR, v.tr.dir. Je *vêts*, il *vêt*, nous *vêtons*. Je *vêtais*, nous *vêtions*. Il *vêtit*. Je *vêtirai*. Que je *vête*. Qu'il *vêtît*. *Vêtant. Vêtu.* Certains écrivains ont parfois employé des formes en *-iss* (ils se *vêtissent*, il se *vêtissait*, se *vêtissant*). À éviter aujourd'hui. — *Être vêtu de laine, de noir.*

VETO ou **VÉTO** (pl.: *vétos*; RO III.9G), n.m. *Un droit de veto. Mettre son veto* (ou *opposer son veto*) *à une décision.*

VÊTURE, n.f., n'a plus le sens de «vêtement» mais se dit d'une prise d'habit dans un couvent.

VIANDEUX, adj., est courant en Belgique, dans le monde des éleveurs, en parlant d'un bétail bien fourni en chair.

VICE- se joint, invariable, à certains noms de charges ou de titres de fonctions exercées en second à la place de qqn ou pour indiquer celui qui est adjoint à une personne en charge: *Un vice-amiral, vice-consul, vice-chancelier, vice-directeur, vice-président, vice-recteur, vice-roi. Vice-consulat, vice-royauté. Des vice-amiraux.*

VICE VERSA (ou **VICE-VERSA**), loc.adv. Premier *e* pron. *é* ou muet.

VICINAL, adj., se dit étymologiquement de ce qui relie des bourgs voisins: *un chemin vicinal.* On n'a donc pas eu tort en Belgique de parler de *chemins de fer vicinaux*, auxquels on a donné le nom **un vicinal**, *des vicinaux*.

VICISSITUDE, n.f., ne s'emploie plus guère au singulier pour «changement, succession». Il s'emploie surtout au pluriel: *Les vicissitudes de la vie, des mœurs.* Se dit aussi des situations malheureuses dues à ces changements: *Nous avons alors éprouvé bien des vicissitudes.*

VICOMTÉ, n.f. d'un titre ou d'une terre: *Le vicomte ne résidait pas toujours dans sa vicomté.* Seul ce mot est resté féminin alors que *comté* et *duché* sont devenus masculins (sauf dans *la Franche-Comté*).

VIDANGE, n.f. *On fait **la vidange** d'un lavabo, d'une citerne, de fosses d'aisances, d'un fossé, d'un réservoir, d'une auto; on les **vidange**.* On appelle *vidange(s)* ce qui est ainsi enlevé. L'idée de «vide» associée au mot *vidange* ne justifie pas l'emploi belge, au lieu de *consigne, verre consigné*, pour un emballage, une bouteille qu'on peut se faire rembourser et qui s'oppose à *verre perdu, non repris.* On rapporte donc au commerçant *les bouteilles* ou *les bouteilles consignées* ou *les consignes* et l'on recouvre ainsi *la consigne.* Ne pas employer *caution* dans ce sens. ▶ CONSIGNE et CAUTION.

VIDÉ, n.m., se dit en Belgique de la *croûte* ou pâte feuilletée destinée à recevoir une garniture d'aliments pour former une *bouchée* (*à la reine*) ou un petit *vol-au-vent*.

VIDÉO, n.f., *s'intéresser à la vidéo. Regarder des vidéos* (films tournés en vidéo). Adj.inv., *Des cassettes vidéo* (ou *des vidéocassettes*).

VIDÉO-, élément initial utilisé dans la composition de mots techniques appartenant au domaine de l'audiovisuel. Pas de trait d'union: *vidéoclub, vidéoconférence.*

VIDER, v.tr.dir. Tenir compte de l'idée de «rendre vide». On peut dire: *vider un verre* (boire ce qu'il contient) comme *vider une bouteille, vider son cœur*, etc. *On **vide** une bouteille de vin* (ou *on verse le vin*) *dans une carafe*, mais *on **verse** du vin dans un verre. On vide l'eau d'un verre.* **VIDER LES LIEUX**, quitter la place. Au figuré, **VIDER UNE QUERELLE**, *un différend, une affaire, un débat*, les régler, leur apporter une solution.

On ne vide pas seulement le contenant (*les poches, le cœur, une bouteille, un tiroir*), mais aussi le contenu, liquide ou non; on peut indiquer par *dans* ou *sur* l'endroit où l'on répand ce contenu: *Vider le tiroir sur la table. Vider les eaux sales dans l'égout. Vider le sucre du paquet* (ou *un paquet de sucre*) *dans le sucrier.*

Composés: Un **VIDE-POMME**, un **VIDE-POCHE**, un **VIDE-ORDURE**, des *vide-pommes*, des *vide-poches*, des *vide-ordures*. ▶ NOMS COMPOSÉS, 2.5. On donne à tort en Belgique le nom de [**VIDE-POUBELLES**] au conduit par où, à chaque étage, on évacue les ordures et qui s'appelle le **VIDE-ORDURE(S)**. Et l'on substitue [*local vide-poubelle(s)*] à *local à poubelles.*

VIDUITÉ, n.f., a pour origine un mot latin (*viduus*) qui signifie «veuf» et dont est sorti un autre mot latin, *viduitas*, privation, veuvage, état de femme veuve. *Viduité*, au sens de veuvage, se dit surtout des femmes. Figurément et littérairement il tend à se dire d'un état d'abandon, de solitude, de disponibilité (*la viduité d'une vie*), mais il ne peut être rattaché à l'idée de «vide» et s'employer pour VACUITÉ; on parle de *la vacuité des heures, d'une œuvre, des propos d'un bavard.* — U est semi-voyelle.

VIEILLARD, n.m., a un féminin *vieillarde*, rare et souvent péjoratif: *Cette vieillarde hystérique* (Druon, M., *Rendez-vous aux enfers*).

VIEILLIR, **v.tr.dir.** *La maladie l'a vieilli. Ce vêtement la vieillit. Il n'a pas cet âge, vous le vieillissez.* **Intr.** *Il ne vieillit pas.* Auxiliaire **avoir**: *Il a vieilli de dix ans. Comme il a vieilli! Cette locution a vieilli.* Avec *être*, c'est l'adjectif *vieilli* qui est employé. *Ce mot vieillit*, il est encore compréhensible, mais sort peu à peu de l'usage. *Ce mot est vieilli*, il est employé de plus en plus rarement. ▸ VIEUX.

VIEUX, *vieille*, adj. et n. Seul l'adj. fait généralement VIEIL devant un nom m.sg. commençant par une voyelle: *Un vieil ami.* Cependant on trouve parfois *vieux*, accentuant l'idée de vieillesse. ▸ BEAU. Si, dans un dictionnaire, on trouve *vieux*, à côté d'un terme, cela indique que celui-ci n'est plus dans l'usage général. VIEILLOT, *vieillotte*, impliquent l'idée de démodé (et même de ridicule).

En principe on distingue *Un vieux incorrigible* (*vieux* est substantif) et *un vieil incorrigible* (le nom est *incorrigible*). On dit très bien de qqn qui est *plus âgé que son frère* qu'il est **plus vieux** *que son frère*, quel que soit l'âge dont il est question. Mais il y a des gens sensibles à cette différence entre *vieux* et *âgé* et qui supporteraient mal de s'entendre dire: *Je suis moins vieux que vous.* — Si l'on dit: **Un vieux garçon, une vieille fille**, on dit aussi: *Un vieux jeune homme* (Vaillant, R., *Bon pied, bon œil*).

VIEUX-CATHOLIQUE, *vieille-catholique*, adj. ou n. Trait d'union (et minuscules) quand il s'agit de catholiques allemands qui ont refusé d'adhérer au dogme de l'infaillibilité pontificale.

VIF-ARGENT, n.m. Ancien nom du mercure. Trait d'union.

VIGNEAU, n.m. (bigorneau). On écrit aussi VIGNOT.

VILLAGE, n.m. [VILLAGE ÉCLATÉ] est officiellement proscrit dans le langage du tourisme; il faut dire: *village de vacances dispersé.*

VILLE, n.f. Attention à l'emploi des prépositions dans: *Aller, dîner, habiter en ville. Se promener en ville* ou *dans telle ville. Faire un tour de ville* ou *en ville. Aller à la ville. Tenue de ville. Une ville d'eau. La ville lumière.*

Composés: une VILLE-DORTOIR (plus souvent une CITÉ-DORTOIR), des *villes-dortoirs*; VILLE SATELLITE, VILLE UNIVERSITAIRE.

Genre des noms de villes. ▸ GENRE, 3.

VILLÉGIATEUR, n.m., désigne celui qui est *en* VILLÉGIATURE, en vacances, en train de VILLÉGIATURER, v.intr.; il a fait place couramment à *estivant, vacancier.*

VINCULÉ, adj., est signalé par Littré comme un «ancien terme de droit, encore usité en Belgique» dans le sens de «qui n'est possédé que sous certaines obligations». On emploie aussi en Belgique le verbe [VINCULER], lier, enchaîner (au sens moral).

VINGT, adj.num. *Prononciation.* Dans *vingt* non suivi d'un nombre, le *t* ne sonne que devant une voyelle (*le vingt août, vingt enfants*) ou un *h* muet. On ne l'entend pas normalement dans *ils sont vingt.* On l'entend dans *vingt et un*, et, assimilé à *d*, dans *vingt-deux*, etc. Mais non dans *quatre-vingts, quatre-vingt-un, quatre-vingt-huit.* Pour l'accord ▸ CENT, 1 et NUMÉRAUX, 1.

Quatre-vingts et l'expression figée désignant un hospice, *les Quinze-Vingts*, sont des survivances de l'ancienne numération vicésimale.

On écrit: *Dans les années quatre-vingt. Une carte au vingt millième, au quatre-vingt millième.*

VINGT-ET-UN, n.m. d'un ancien jeu de cartes. Mais *vingt et un francs.*

VIRAGE, n.m. ▸ NÉGOCIER. — Fam.: *Prendre un virage sur les chapeaux de roues*, à grande vitesse.

Virgule

1. FONCTION DE LA VIRGULE

On n'oubliera pas que la virgule marque une pause, même très légère, entre des termes de même fonction non coordonnés (en principe) ou qu'elle encadre des éléments détachés: *Sa femme, son père, son fils l'attendaient.* On a généralement renoncé aujourd'hui à mettre une virgule après le dernier de plusieurs sujets juxtaposés.

> *Il s'ennuie, bâille et s'agite. Il est beau, blond, élancé. Mon cher, n'oublie pas cela. Il faut, n'est-ce pas, s'en souvenir.*

2. Avec un point d'interrogation, d'exclamation, avec des termes unis par *et*, *ou*, *ni*

La virgule est généralement omise après un point d'exclamation et surtout après un point d'interrogation. Souvent utile à la clarté, elle marque en quelque sorte la respiration de la phrase et il y a une grande différence parfois, à ce propos, d'un auteur à l'autre. Quand les termes sont coordonnés par *et*, *ou*, *ni*, on ne met généralement pas de virgule, surtout s'ils ne sont que deux:

> *Il n'est ni sourd ni aveugle. Il est aveugle et sourd. Il ne montrait ni surprise ni indignation.*

Mais il suffit d'une insistance pour que la virgule apparaisse, surtout s'il y a plus de 2 termes. On consultera A. Doppagne, *La bonne ponctuation*, Duculot. ▶ OR, POINT.

VIRTUELLEMENT, adv., signifie «en puissance» et, par extension «selon toute probabilité, presque»: *Il est virtuellement vainqueur du tournoi.* Mais ce sens, voisin de «en principe», ne justifie pas l'emploi de *virtuellement* pour «en principe», «théoriquement», dans tous les cas: [*Virtuellement je suis à mon bureau, en fait je suis chez moi*].

VIS, n.f. *Serrer la vis à qqn.*

VISAGE, n.m. *Trouver **visage de bois** plutôt que *porte de bois.* ▶ PORTE.

VIS-À-VIS, loc.adv., loc.prép. ou n.m.: *Ils étaient assis **vis-à-vis** ou **vis-à-vis l'un de l'autre** ou **l'un vis-à-vis de l'autre**.* On ne supprime pas généralement *de* dans la locution prép. *vis-à-vis de* signifiant «en face de» et qui peut s'employer en parlant de choses ou de personnes: **Vis-à-vis de** *l'église.* **Vis-à-vis** *l'église* (Ac.). On ne peut le supprimer devant un pronom personnel. *Asseyez-vous **vis-à-vis de moi**.*

Vis-à-vis de (l'omission de *de* est vieillie ou canadienne) a le sens de «à l'égard de, envers», rejoignant même le sens de «devant»; la locution est correcte et très vivante, non seulement devant des noms de personnes, mais aussi, en dépit de condamnations ou de réserves, devant les noms de choses; *Il montre vraiment trop de sans-gêne vis-à-vis de ses camarades. Je reste, vis-à-vis du luxe, d'une timidité quasi insurmontable* (Gide, A., cité par *GLLF*). On voit dans ce dernier cas l'équivalence avec *devant*, comme d'ailleurs dans: *Quelle attitude adopter vis-à-vis de ce problème?* Autre sens, suspect, «en comparaison de, au regard de»: *Ma fortune est modeste vis-à-vis de la sienne* (*GR*).

Comme **nom m.**: *Je l'ai rencontré; ce vis-à-vis a été déplaisant. J'avais à ce dîner un charmant vis-à-vis, la fille du juge.*

Nous avons le parc pour vis-à-vis. EN VIS-À-VIS: *La plupart des prisonniers arabes ainsi que leurs familles s'étaient accroupis **en vis-à-vis*** (Camus, A., L'étranger).

VISER, v.tr.dir.: *Viser la tête. Viser qqn à la tête. Je me suis senti visé. Cela nous vise particulièrement.* Au figuré: *Viser un but, un objectif.* S'appliquer à: *Cela vise chacun de nous.* Ne pas substituer **visé** à *mentionné, énoncé.* — **Tr. ind.** *Viser à la tête, à un résultat, à l'émotion.* Devant un infinitif: *Viser à émouvoir.* Avec **à ce que** et le subj.: *Viser **à ce que** cela se fasse.* — **Intr.** *Viser haut, bas, juste, loin, droit.*

VISIONNER, v.tr.dir. *Visionner un film, une séquence,* l'examiner d'un point de vue technique (*GR*). *Visionner des diapositives,* les regarder dans une **VISIONNEUSE**.

VISITE, n.f., **VISITER**, v.tr.dir. *Une visite de courtoisie, de condoléances. Être en visite. Une visite domiciliaire* (une perquisition). *Une visite à domicile. Une visite médicale; aller à la visite; passer à la visite ou passer la visite. Une visite de douane. Recevoir de la visite. J'ai reçu une visite. Je lui ai fait ma visite de Nouvel An. Visite sur rendez-vous. Nous bavardions quand une visite* (une personne en visite) *est arrivée. Une carte de visite. Droit de visite.*

1. **FAIRE VISITE** *à qqn* a été critiqué à tort. *Je leur ai fait visite la semaine dernière.* On dit plus souvent *faire une visite (à qqn)* et *rendre visite.*

2. **RENDRE VISITE** *à qqn* n'implique nullement une idée de réciprocité: *Je lui ai souvent rendu visite.* Si l'on veut spécifier qu'on rend à qqn une visite reçue, on emploie un article ou surtout un possessif: *Rendre **une** visite à qqn. Je lui ai rendu **sa** visite. Je vous rendrai votre visite.*

3. **Visiter qqn**, c'est tout simplement aller le voir: *Visiter un client, un ami, un malade, les détenus.* **Visiter qqch.**, *une ville, des boutiques, un appartement, des bagages,* etc.

VISUALISER, v.tr.dir., ne signifie pas «voir» mais «rendre visible», «afficher sur un écran». Sens critiqué, en termes de cinématographie: «mettre en images» un sujet, un roman, un récit.

VITE, adj., a vieilli, mais a été remis en usage par le sport. *Les coureurs les plus vites,* les plus rapides. *On a choisi les avants parmi les plus vites.* On parle même abusivement (anglicisme) d'une voiture très vite et de pistes ou de vélodromes plus vites que d'autres, qui se prêtent plus que d'autres à la vitesse.

Adv. et invariable: *Ils courent vite. Rouler vite. On sera vite arrivé.* On dit aussi: *Ne conduisez pas trop vite. Répondez-moi au plus vite. Ce sera vite fini.* Fam.: *Il a eu **vite fait de***

comprendre, il a eu vite compris. ▶ FAIRE, 37. Loc.adv. fam. : **VITE FAIT**. *Il l'a réparé vite fait*, en un temps très court.

Belgicisme : *Nous vous rejoindrons [aussi vite que nous aurons fini ce travail ou si vite que...]* au lieu de *aussitôt que* (ou *sitôt que* ou *dès que*).

[**VITOLET**] ou [**VITOULET**], n.m. Belgicisme pour *boulette de viande hachée*.

VITRAIL, n.m. *Des **vitraux**.*

VITRAUPHANIE, n.f. *L'autre* (porte vitrée) *couverte de vitrauphanie* (Sabatier, R., *Trois sucettes à la menthe*). Absent de plusieurs dictionnaires, ce mot, qui n'est pas rare, est parfois écrit **VITROPHANIE**. Il s'agit d'une sorte de décalcomanie sur vitre.

VITUPÉRER, v.tr.dir. et ind. ▶ VERBE, Conjugaison, 1.1. *Vitupérer qqn* ou *qqch.*, le blâmer vivement, a un peu vieilli et est plutôt littéraire. On dit couramment et correctement (sous l'influence de verbes comme *protester, pester*) *vitupérer **contre** qqn* ou *qqch.*, élever de vives protestations contre qqn ou qqch.

VIVABLE, adj., se dit de ce qui peut être vécu sans trop de difficultés (*Ce n'est pas vivable*) ou d'un endroit où l'on peut vivre convenablement (*Un appartement vivable*) ou d'une personne qui a bon caractère et avec laquelle il est facile de vivre (*Ce collègue n'est pas vivable, il est invivable*).

À ne pas confondre avec **viable** : *Cet enfant est viable. Cette entreprise est viable*, elle peut vivre.

VIVAT, n.m. *Des **vivats**.* On ne prononce généralement pas le *t*.

VIVIFIER, v.tr.dir., c'est, au figuré, donner vie ou donner plus de vie, plus de force : *La grâce vivifie. Un climat vivifiant. L'historien vivifie le passé.*

VIVOIR, n.m., peut, comme *salle de séjour* ou *séjour*, remplacer *living*. Courant au Québec, le mot n'est guère vivant ailleurs.

VIVOTER, v.intr. Un seul *t*.

VIVRE, v.intr. ou tr.dir. *Je **vis**, je **vivais**, je **vécus**.* ▶ PARTICIPE PASSÉ, 5.2.3.B.

1. **Vive les Français ! Vive les vacances !** On a voulu faire une distinction, à la 3e personne, entre l'accord avec les noms de personnes et l'invariabilité avec les noms de choses. L'usage littéraire en offre des exemples, comme d'ailleurs de l'invariabilité ou de l'accord dans les deux cas. Mais *vive* est aujourd'hui perçu comme une formule d'acclamation et n'implique pas un souhait de longue existence. Aussi l'invariabilité est-elle courante dans les deux cas.

2. **Vivre sur qqch.** ou **de qqch.** *Cet homme vit de ses rentes*, ce sont elles qui assurent sa subsistance. *Vivre d'amour et d'eau fraîche. Vivre de son travail.* Mais on dit *Vivre sur son capital* (en prélevant sur son capital), *sur ses économies. Vivre sur la fortune de sa femme*, comme, au figuré, *vivre sur sa réputation.*

3. On dit très bien : *Cela me rapporte assez **pour vivre**. Un homme facile* (ou *difficile* ou *fatigant*) *à vivre*, d'un caractère agréable, accommodant (ou difficile).

VIVRE, n.m. *Le vivre et le couvert*, la nourriture et le logement. ▶ COUVERT.

Au pluriel : *Des vivres abondants.* **Couper les vivres à qqn**, lui supprimer toute aide pécuniaire.

VŒU, n.m. *Une carte de vœux. Former des vœux. Offrir des vœux. Présenter ses vœux. Mes vœux se sont réalisés.* ▶ MEILLEUR.

VOGELPIK, n.m. flamand désignant le *jeu de fléchettes au mur*.

VOICI, VOILÀ, présentatifs, renvoient respectivement, en principe, à *ici* et à *là* associés au verbe *voir* mais, en dehors des cas où les deux termes s'opposent, *voici* est couramment remplacé par *voilà*. Pour présenter qqch., on dit *Voici* ou *Voilà*.

1. En parlant de **personnes** : *Voici qu'il vient* ou **Le voici qui** *vient. L'homme que voici vous répondra. Voilà quelqu'un qui vous répondra. Voici à qui vous vous adresserez.*

En parlant de **choses** : *Voilà qui vaut mieux. Voilà qui m'étonne. Voici ce que je pense. Voilà à quoi je pense* ou *voilà ce à quoi je pense. Voilà ce dont je voudrais vous parler. Voilà ce que c'est **que de** ne pas écouter* (ou, plus courant, **de** ne pas écouter). *Voilà huit jours que je n'y suis allé* (▶ NE employé seul, 10). *Voilà que vous recommencez.*

2. On dit : *Il est souriant dans son malheur, voilà qui est beau* ou *voilà ce qui est beau* ; mais *voilà ce que j'admire.*

3. **NE VOILÀ-T-IL PAS** est réduit familièrement à **VOILÀ-T-IL PAS QUE** : *(Ne) voilà-t-il pas qu'il se met à rire ?* (Peut se dire en exclamation.)

4. **VOICI VENIR**. Devant l'infinitif d'un verbe de mouvement suivi de son sujet, surtout devant *venir*, *voici* marque le déroulement ou l'approche de l'action : *Voici venir le printemps* (Ac.).

5. Devant un participe passé : *Voilà revenues les longues soirées* ou *Voilà les longues soirées revenues.*

Avec un complément de temps : *Voici le moment de nous quitter.*

6. **EN VOILÀ**. *En veux-tu, en voilà. En voilà assez. En voilà un qui ne se gêne pas. En voilà une affaire ! En voilà deux*, etc.

VOIE, n.f. EN VOIE DE, suivi d'un nom ou d'un infinitif, marque l'évolution en train de se faire dans un sens déterminé: *Les pays en voie de développement. Il est en voie de réussir. Son état est en voie d'amélioration.* Même sens favorable de EN BONNE VOIE: *Les pourparlers sont en bonne voie.* ▸ AVEU. **PAR LA VOIE** hiérarchique. *Par la voie de la douceur. Par des voies détournées. Par voie de conséquence.* Ne pas confondre avec VOIX: *La voix du cœur. Avoir voix au chapitre. La voix passive.*

VOILE, n.f. *Un bateau à voiles. La marine à voiles. Mettre les voiles* (fam.), partir.

VOIR, v.tr.dir. ou ind. et intr. Je *vois*, nous *voyons*. Je *voyais*, nous *voyions*. Je *vis*. Je *verrai*. Je *verrais*. Que je *voie*. Qu'il *vît*. Les *composés* se conjuguent comme *voir*, sauf PRÉVOIR au futur et au conditionnel (*je prévoirai*) et POURVOIR au futur et au conditionnel (*je pourvoirai*), au passé simple (*je pourvus*) et au subj. imparfait (*qu'il pourvût*). ▸ VU.

1. **Voir que** dans le sens de «se rendre compte que» (autre sens ▸ 3): *Je vois qu'il était de bonne foi, qu'il pourrait convenir. Je ne vois pas qu'il ait fait le nécessaire.* **Voir si**: *Voyez s'il est arrivé, si c'est juste, si cela vous convient.*

2. **POUR VOIR** peut signifier «pour savoir à quoi s'en tenir»: *Il y est allé pour voir.* Il peut aussi marquer familièrement une menace, un défi: *Faites cela pour voir* (Ac.). *Essayez pour voir* (Ac.). L'emploi de *voir* seul après un verbe sans complément, dans la langue populaire, semble être une réduction de *pour voir*: **Regardez voir**. *Attendez voir. Écoutez voir.* Plus étrange encore: *Voyons voir!*

3. **Tr.ind.**, *voir à*, veiller à, prendre des mesures pour: *Voyez à la dépense* (Ac.). *Voyez à ce qui se passera* (Ac.). *Voyez à nous avertir.* Dans le même sens, vieillis, **voir à ce que** et **voir que**: *C'est à vous à voir qu'il ne lui manque rien* (Ac.). *Voyez que le repas soit prêt à temps.*

4. **VOIR VENIR** qqn, deviner ses intentions: *Je vous vois venir.* Absolument: *Voyons-les venir* (Ac.), attendons (▸ VENIR, 6).

5. Faute: [*Je viens voir après ce dossier*] pour: *Je viens le chercher.*

6. **FAIRE VOIR**, montrer: *Il m'a fait voir son appartement. Je lui ai fait voir qu'il se trompait. Il m'en a fait voir de toutes les couleurs*, il m'a causé toutes sortes de soucis. *Il tâche de ne pas se faire voir.*

   Fam.: SE FAIRE VOIR (GLLF), se faire attraper, avoir une déconvenue. Fam.: *Si cela ne lui plaît pas, qu'il aille se faire voir*, qu'il aille au diable.

7. **Intr.** *Je n'y vois pas bien. Y voir clair. Je vois mal.*

8. **SE VOIR.** Attention à l'accord ou à l'invariabilité du **participe passé** devant un infinitif, comme après *voir* (▸ PARTICIPE PASSÉ, 5.2.14). Il y a possibilité dans *se voir*, comme d'ailleurs après *voir*, de faire suivre *vu* d'un participe ou d'un infinitif; le participe n'est possible après *vu* que s'il est attribut du compl. dir. de *voir* (ou du pronom réfléchi compl.dir. dans *se voir*). Comparer (▸ SENTIR, 2): *Je les ai vus mourir* et *Je les ai vus morts. Ils se sont vus mourir. Elle s'est vue menacée* (elle s'est vue elle-même dans cet état). *Elle s'est vu menacer* (on la menaçait). *Elle s'est vu refuser l'entrée.* En cas d'hésitation, on remplacera le verbe en -er par un verbe d'une autre conjugaison: *Elle s'est vu battre. Elle s'est vue contrainte d'accepter. Elle s'est vu contraindre à accepter* (▸ CONTRAINDRE). *Elle s'est vu interdire l'entrée. Elle s'est vu refuser ce droit. Elle s'est vue interdite de séjour.* ▸ PARTICIPE PASSÉ, 6.2.6.B. L'arrêté Haby de 1976 proposait de ne pas faire l'accord du participe passé conjugué avec *avoir* et suivi d'un infinitif. Cette tolérance n'est pas souvent suivie. On a tendance à faire l'accord avec le sujet dans la plupart des cas.

9. **N'AVOIR RIEN À VOIR.** *Cela n'a rien à voir avec notre affaire. Je n'ai rien à voir dans cette histoire ou là-dedans, cela ne me concerne pas.*

10. **EN VOIR (DE BELLES)**, par antiphrase: *Il en a vu de belles* (de choses désagréables). *Ah! ce qu'il en a vu! J'en ai vu bien d'autres.*

11. **FAIRE BEAU VOIR**: *Il ferait beau voir qu'il reçoive le prix! Il ne manquerait plus que cela!*

12. **ALLER VOIR.** *Aller voir qqn ou qqch.*

13. Fam.: *Je l'ai assez vu, je ne tiens plus à le voir.*

14. **N'Y VOIR GOUTTE.** ▸ GOUTTE.

VOIRE, adv., n'est plus une réponse approuvant ce qui précède, mais une réponse ironique et fortement dubitative: *Cela, un grand film? Voire!*

Voire a d'abord signifié «vraiment, sans aucun doute», puis est devenu une conjonction ayant le sens de «et même» (*Plusieurs semaines, voire des mois*); d'où l'emploi pléonastique de **VOIRE MÊME**, aujourd'hui admis: *Ce remède est inutile, voire même pernicieux* (Ac.).

VOIRIE, n.f., vient du n.m. VOYER (officier chargé des voies publiques) et s'écrit sans e intérieur.

VOISIN, adj., ne se construit plus avec à. *Ils sont voisins. La rue voisine de la mienne. Je suis voisin d'un original.*

VOISINER, v.intr., est devenu régional dans le sens de «fréquenter ses voisins»: *Il ne voisine pas.* On ne dit plus *voisiner qqch.*, être voisin de. Le seul emploi courant est **voisiner avec**, être placé près de: *Je voisinais à table avec Madame X. Sur son bureau, un dictionnaire voisine avec un fichier.* Parfois sans complément avec un sujet au pluriel: *Ces deux monuments voisinent.* On ne dit pas que la température [*voisine les dix degrés*]. ▷ AVOISINER.

VOL, n.m. À VOL D'OISEAU, «en ligne droite»: *Une vue à vol d'oiseau.*

VOLAILLE, n.f. *Engraisser, vendre **de la volaille**. Découper, manger **une volaille**.*

VOLATIL, adj. *Un produit volatil, une substance volatile,* qui passe facilement à l'état de vapeur. **VOLATILE**, adj. ou n.m. *Un insecte volatile. Un volatile.*

VOL-AU-VENT, n.m. *Un ou des **vol-au-vent**.* Nom dû à la légèreté de la pâte.

VOLCANOLOGIE, VULCANOLOGIE, n.f., et **VOLCANOLOGUE, VULCANOLOGUE,** n., sont couramment confondus, *volcan* étant rapproché du nom du dieu Vulcain. Mais, avec les scientifiques, il faut employer la racine *vol* pour ce qui se rapporte aux volcans et la racine *vul* pour ce qui se rapporte au traitement du caoutchouc ou des substances analogues.

VOLONTAIRE, adj., se dit des personnes ou de ce qui témoigne d'une volonté, mais non d'une plante. *Engagé volontaire* est dans Littré et *GR*.

VOLONTIERS, adv., se dit des choses pour ce qui se fait facilement, habituellement: *Les petites rivières débordent volontiers dans cette saison* (Ac.). Il se dit surtout des personnes qui font qqch. avec plaisir ou naturellement: *Je ferai cela volontiers. Elle est volontiers médisante.* Wallonisme, *se voir volontiers* pour *s'aimer,* en parlant d'une affection amoureuse.

VOLTE-FACE, n.f., pluriel invariable (*volte-face*).

VOTE, n.m. **VOTATION** est un archaïsme qui survit en Suisse. *Vote à main levée* ou *à mains levées, par assis et levé.*

VOTER, v.intr. ou tr.dir. *On votera dimanche. Voter **pour** qqn, pour une liste* (et non [*voter une liste*], qui se dit en Suisse). *Voter une loi, des crédits, des félicitations. Ils ont voté socialiste* (pour le parti socialiste). *Ils voteront à gauche.*

VOTRE, adj.poss. Distinguer, comme pour *notre, nôtre,* la forme tonique, marquée par l'accent circonflexe. *Je suis VÔTRE* et *Je suis votre ami.* Au pluriel: *Nous sommes vos amis. Nous sommes respectueusement vôtres.* ▷ PRONOMS POSSESSIFS.

VOULOIR, v.tr.dir.

1. **Conjugaison.** *Je **veux**, je **voulais**, je **voulus**, je **voudrai**, que je **veuille**, qu'il **voulût**, **voulant**, **voulu**.*

   Impératif présent. Les formes courantes sont **veuille, veuillez**: *Veuillez le lui dire.* Elles sont devenues des formules de politesse. Les autres, **veux** (**voulons**), **voulez**, sont très rares à la forme affirmative (sens fort). Elles font appel à une ferme volonté et s'emploient surtout avec une négation: *Ne m'en **voulez** pas.* Mais on dit fort bien et beaucoup plus souvent: *Ne m'en **veuille** pas, ne m'en **veuillez** pas.*

   Subjonctif présent. Le radical du singulier (*que je* **veuille**, *que tu* **veuilles**, *qu'il* **veuille**) se retrouvait autrefois au pluriel, non seulement à la 3e personne, *qu'ils* **veuillent**, mais aussi aux deux autres. On dit aujourd'hui: *que nous **voulions**, que vous **vouliez**.* Les formes *que nous* **veuillions**, *que vous* **veuilliez**, préférées par Littré, sont archaïques; c'est à tort que des écrivains les emploient encore parfois.

2. **Sens** de *vouloir.* Voir plus loin (▷ 5) **vouloir bien**. Nous venons de voir le sens affaibli, jusqu'à une formule de politesse, à l'impératif: *Veuillez me faire ce plaisir.* Mais en dehors même de ce cas, il faut noter que *vouloir* peut exprimer soit une volonté nette, soit un souhait très vif ou le consentement: *Fais ce que tu veux. Je voulais une explication franche et je l'ai obtenue. Je voulais le rencontrer. Je veux de la poudre et des balles* (Hugo). *Je veux voir ce qu'il répondra. Je veux qu'il s'en aille. Il me veut du bien. Je veux plutôt du café. Je voudrais un kilo de sel. Si vous voulez m'accompagner.* Mêmes nuances avec une négation: *Je ne lui veux pas de mal. Je n'ai pas voulu le froisser. Je ne veux pas qu'il s'en aille* (ma volonté n'est pas qu'il s'en aille), *je demande seulement qu'il soit un peu plus discret. Il ne veut rien savoir. Je ne veux pas qu'il s'en aille et que notre collaboration s'arrête là* (je refuse). *Je ne veux pas le voir aujourd'hui, je le verrai quand il sera prêt à présenter ses excuses.* ▷ NE PAS, 2.4.1 (*Déplacement de la négation*) et PARTICIPE PASSÉ, 5.2.14.B.b.

3. **Il veut pleuvoir.** Dans plusieurs provinces françaises, *vouloir* se substitue comme auxiliaire à *aller* pour marquer un futur prochain. On dit par exemple dans le Lyonnais: *Il ne veut pas venir ce soir* pour *Il ne viendra pas ce soir.* On a noté *Il veut pleuvoir* dans de vieux textes, dont un de la région de Dijon. L'expression est courante en Wallonie où elle correspond à un emploi dialectal. On la trouve dans plusieurs régions de France.

On l'interprète généralement comme l'expression d'un futur prochain, «être sur le point de». Dans ce sens elle me paraît se substituer indûment et inutilement à *il va pleuvoir*.

Mais n'exprime-t-elle pas, tout aussi fautivement d'ailleurs, quelque chose de plus : la menace, plutôt que la certitude de l'imminence ?

Vouloir ne s'emploie pas seulement avec un nom de personne pour sujet. Il se dit aussi, et depuis très longtemps, des choses auxquelles on prête plus ou moins une volonté, une exigence : *La loi veut qu'on les avertisse. Le malheur veut qu'il soit parti. Cette plante veut un terrain humide* (Ac.). *«Souhaiter» veut le subjonctif. La gravité de la situation veut que nous restions calmes.* Notons aussi : *Que veut dire ce mot ?* Chacun comprend : «Que signifie ce mot?».

L'Académie donne l'exemple : *Ce bois **ne veut pas brûler**.* Comme on dit *Je ne veux pas le voir* pour *Je ne consens pas à le voir*, on prête en quelque sorte à la matière la volonté d'un refus s'opposant à l'attente où l'on est, aux efforts qu'on fait pour l'enflammer.

On dira de même : *Cette machine ne veut pas marcher* (Ac.). *Le soleil ne veut pas se montrer. Le vent ne veut pas tomber. Le café ne veut pas passer. Cette tache ne veut pas partir. La voiture n'a pas voulu démarrer* (GR). Le tour est usuel avec une négation. On dit fort bien : *Une blessure qui ne veut pas guérir, une plaie qui ne veut pas se cicatriser. Ce rhume qui ne veut pas me quitter !* Ces phrases sont correctes et je ne les réserverais pas au langage familier.

Beaucoup plus rare et moins justifié dans la plupart des cas est l'emploi à la forme affirmative. *On dirait que le soleil veut se montrer* : on dirait que le soleil fait des efforts pour se montrer, malgré la brume ou les nuages. *On dirait que cet **enfant veut faire une rougeole*** est un emploi régional. Il est en effet impossible d'imaginer ici, même avec bonne volonté, des efforts du sujet et de voir un emploi normalement intensif de *vouloir*, impliquant volonté, disposition, désir ou consentement. Il y a simplement menace, indice d'un danger sans intervention active du sujet, même au figuré.

C'est aussi d'une simple menace qu'il s'agit dans : *Il veut pleuvoir*. Si l'on prétend qu'il y a ici une sorte de volonté de la nature, il faut constater que *vouloir*, qui peut avoir pour complément *se montrer* dans *Le soleil veut se montrer*, ne peut avoir pour complément *pleuvoir* : la nature ne veut pas pleuvoir, mais faire pleuvoir.

On observera en outre qu'il y a ici un emploi impersonnel, tout à fait insolite, de *vouloir*. Comparons-le à *il peut* dans : *Il **peut pleuvoir***, qui est correct. *Pleuvoir* est le sujet logique de

peut (est possible), comme *un malheur* est sujet logique de *peut arriver* dans : *Il peut arriver un malheur*. Dans la phrase *Il veut pleuvoir*, l'infinitif, qui ne peut être complément de *veut*, ne peut non plus en être le sujet logique.

On préférera aux expressions régionales *Il veut pleuvoir, On dirait qu'il veut faire beau*, la formulation : *Il va pleuvoir*, etc.

[*Cela veut réussir*] est employé en Wallonie pour : *Cela tombe bien* ou *mal. Quelle coïncidence ! Quelle malchance !*

4. Dans une **interrogation**, on trouve normalement le verbe à la 2ᵉ ou à la 3ᵉ personne (*Veut-il nous accompagner ? Que voulez-vous que j'y fasse ? Que veux-tu ?*) ; on l'emploie aussi à la 1ʳᵉ pers. quand on s'interroge vraiment soi-même : *Veux-je vraiment sa perte ? Voulons-nous l'aider, oui ou non ?* Mais on ne dira pas, comme en wallon : [*Veux-je vous aider ?*] au lieu de *Dois-je vous aider ?*

Par contre, on n'hésitera pas à dire, comme en wallon : *Voulons-nous faire une promenade ?* Le tour est attesté depuis longtemps pour traduire la sollicitation polie d'un accord de l'interlocuteur. Célimène demande à Arsinoé : *Voulons-nous nous asseoir ?* (*Le Misanthrope.*)

5. **VOULOIR BIEN** et **BIEN VOULOIR**. Les deux formules ne se font concurrence qu'à l'infinitif. Partout ailleurs, *bien* suit le verbe conjugué ou l'auxiliaire : *Il veut bien nous recevoir*, il consent à... *Il a bien voulu nous recevoir*. On a prétendu qu'à l'infinitif *vouloir bien* était plus catégorique. C'est un fait que, dans *parler bien*, par exemple, l'adverbe est plus fortement accentué que dans *bien parler* et qu'on peut donc voir une gradation entre *bien parler* et *parler bien*. Mais c'est tellement subjectif ! Cette distinction s'impose d'autant moins pour *vouloir bien* que l'expression a, à tous les temps, un sens (*consentir*) très éloigné du sens habituel de *vouloir* : *Je veux bien. Je le veux bien. Nous commencerons, si vous le voulez bien.* Sauf dans une interrogation ou une exclamation, où *vouloir bien* peut, comme *vouloir*, transposer un ordre : *Veux-tu te taire* ou *Veux-tu bien te taire ? Voulez-vous bien vous taire, voulez-vous bien finir !* (Ac.)

Vouloir peut aussi, dans certaines expressions et surtout dans des phrases interrogatives, marquer comme *vouloir bien* le consentement : *Si tu voulais m'accompagner... Voulez-vous avoir l'obligeance de m'accompagner ? Je veux bien qu'il le fasse* (▶ 6). Il est normal que *vouloir bien*, quand il signifie «admettre», «reconnaître», soit suivi de l'indicatif : *Je veux bien que je n'avais pas tout à fait raison.*

Quoi qu'on dise, **je voudrais bien** peut, comme *je voudrais*, exprimer le désir, le souhait : *Je voudrais bien un peu de café* (Anouilh, J., *Antigone*). *On lit dans le dernier article* de Gaston Deschamps: «*Je voudrais bien trouver des chefs-d'œuvre...*» (Gide, A., *Journal*). *Je voudrais bien savoir si la grande règle de toutes les règles n'est pas de plaire* (Molière, *La critique de l'École des femmes*). D'ailleurs, on dit par antiphrase: *Je voudrais bien voir ça* (on exprime un défi).

6. **Mode** après *vouloir que*. Qu'il signifie *ordonner* ou *souhaiter* ou *consentir*, on emploie le subjonctif après *vouloir que*. Le plus souvent aussi lorsque *vouloir* signifie *prétendre*: *La légende veut que Charlemagne **ait** eu une grande barbe* (*GLLF*).

Après **le malheur** (ou **le hasard**) **veut que**, le subjonctif s'impose si l'on veut vraiment marquer la volonté du destin: *Un malheureux hasard voulut qu'ils ne **fussent** point réunis* (Alain-Fournier, cité dans *PR*). Le subjonctif est d'ailleurs courant, à moins qu'on ne veuille simplement dire «malheureusement, par hasard»; on emploie alors l'indicatif comme dans une indépendante exprimant la constatation d'un fait réel: *Le hasard voulut qu'on l'**interrogea** le premier. Le malheur veut que les spécialistes ne **savent** pas toujours écrire* (Green, J., *Le bel aujourd'hui*). *La jeune femme sort de son appartement (...). Le malheur veut que le policier qui conduisait la voiture-piège **avait** quitté son véhicule pour prêter main-forte à ses collègues* (Floriot, R., *Les erreurs judiciaires*). **Vouloir bien que**: ▷ 5.

7. **Vouloir de qqn** ou **de qqch.**, consentir à accepter, à garder: *Je veux bien de lui dans notre équipe.* Ce tour est courant avec une négation: *Je ne veux pas de cela. Je ne veux pas de cet argent.*

Ne pas confondre avec l'emploi de *vouloir*, tr., suivi d'un partitif: *Je veux du pain. Je n'en veux pas.*

8. **EN VOULOIR À QQN**, avoir du ressentiment contre lui: *Il en veut à son frère. Ne m'en veuillez pas. Il lui en voulait de sa froideur, à cause de sa froideur.*

9. **SE VOULOIR** se répand dans le sens de «il veut être, il prétend être»: **Il se veut** *impartial. Une analyse qui s'est voulue objective.*

Autre sens: *Elle **s'en est voulu** (participe invariable) de ne pas l'avoir écouté* (▷ 8).

VOUS, pr.pers. ▷ PRONOMS PERSONNELS, 1.

VOUVOYER, v.tr.dir., a couramment remplacé **VOUSSOYER**; *v* s'est redoublé comme le *t* dans *tutoyer*. Même choix entre **VOUVOIEMENT** et **VOUSSOIEMENT**.

VOYAGE, n.m., peut se dire pour la course faite par un chauffeur pour transporter qqn ou qqch.: *Il a dû faire deux voyages pour évacuer ces détritus.*

VOYAGER, v.intr. *Voyager à pied, en voiture, en train, par Air France, par mer.*

VOYAGISTE, n.m., est officiellement recommandé, à côté d'*organisateur de voyages*, et de *tour opérateur* pour *tour operator*.

VOYOU, adj.m. et f. et n.m. *Des mots **voyous**. Des manières **voyous**.* L'emploi de l'adj. appliqué à un nom féminin est rare, mais plus rare encore la forme **voyoute**: *Des accolades un peu trop voyoutes* (Prévost, J., *Dix-huitième année*).

VRAI, adj. et n.m. Les loc.adv. DE VRAI, POUR VRAI sont vieillies. Assez courant, AU VRAI: *C'est, au vrai, très étrange. Voilà au vrai comme la chose s'est passée* (Ac.). Fam.: POUR DE VRAI (▷ POUR, 12). [COMME DE VRAI] est incorrect. L'adv. *vrai* (au lieu de *c'est vrai* ou de *à dire vrai* ou *à vrai dire*) s'emploie familièrement en tête de phrase ou en incise: *Vrai, je n'y avais pas pensé. Eh bien, vrai! je n'y pensais pas.* Fam.: VRAI DE VRAI, «absolument vrai, authentique»: *C'est du champagne, du vrai de vrai.*

VRAIMENT, adv. Pas d'accent circonflexe.

VRAISEMBLABLE, adj. *Il est vraisemblable qu'il s'en **est** aperçu. Il n'est pas vraisemblable qu'il s'en **soit** (ou s'en **est**) aperçu.* ▷ SUBJONCTIF, 2.3.5.

VU, part.p. *Ni vu ni connu. Être bien* (ou *mal*) *vu.* Jouant le rôle d'une préposition, donc invariable: *Vu ses bons antécédents. Vu les circonstances.* N.m.: *C'est du déjà vu. Il a fait cela au vu* (et au su) *de tous. Sur le vu de sa déclaration.*

On critique l'emploi de **être vu** dans le sens de «être attrapé, trompé, déçu». Ce n'est pourtant que la transposition de l'expression familière *se faire voir*, *se faire attraper*. ▷ VOIR, 6.

VUE, n.f. *Connaître qqn de vue. Un changement à vue. Déchiffrer une partition à vue. Changer à vue d'œil*, vite. *À vue de nez*, approximativement. *À première vue. Avoir qqch. en vue. Faire des préparatifs en vue d'une visite. Je le ferai, en vue de lui être agréable. En mettre **plein la vue** à qqn*, l'éblouir. *Une identité de **vues**. Un échange de vues. J'apprécie sa hauteur* (ou *sa largeur*) *de vues.* ▷ POINT DE VUE.

VULCANOLOGIE, n.f. ▷ VOLCANOLOGIE.

VULGUM PECUS, n.m. (pseudo-latin): *C'est incompréhensible pour le vulgum pecus*, pour le commun des mortels.

W se prononce *v* dans les mots francisés, mais doit garder sa prononciation locale (*w*) dans plusieurs mots belges, y compris les toponymes: *wallon, Wallonie, Wavre, Waterloo, Watermael*, etc.

WAGON, n.m. Pron. *vagon*; mais la graphie avec *v* n'a pu s'imposer. Employé surtout, en France, pour les voitures affectées au transport des marchandises ou des animaux, il s'y dit aussi couramment, mais moins que *voiture*, pour celles qui servent au transport des personnes. Aussi continue-t-on à dire **WAGON-LIT**, **WAGON-RESTAURANT**, bien qu'on dise surtout aujourd'hui *voiture-lit, voiture-restaurant, voiture à couloir central, voiture-bar, voiture de seconde classe*, etc. Pluriel: Des *voitures-restaurants* ou des *wagons-restaurants*, des *wagons-lits*, etc.

WALLINGANT, adj. et n., est péjoratif comme *flamingant*; il se dit des partisans d'une solution extrémiste en faveur de la Wallonie.

WALLON, adj. et n.m., **WALLONIE**, n.f., doivent se prononcer avec *w*. *Wallonie* n'a qu'un *n*, mais le féminin *wallonne* en a deux.

WALLONISME, n.m., fait de langue propre aux Wallons.

WASSINGUE, n.f., serpillière, se dit dans le nord de la France. ▷ LOQUE.

WASTRINGUE, n.m. (attention au genre), sorte de rabot.

WATER-CLOSET, n.m., ne se dit plus guère sous sa forme complète (les *water-closets*); on dit et on écrit surtout *les waters* (pron. *w*), parfois même *les vatères*; plus souvent on écrit *les W.-C.* et l'on prononce «double vécé» (ou «vécé»). Le pluriel est courant en France, même s'il n'y a qu'un cabinet; on dit d'ailleurs aussi dans ce cas *les cabinets* ou mieux *les toilettes*; n'oublions pas que ces endroits accueillaient souvent, autrefois, deux personnes. En Belgique, on emploie beaucoup plus souvent le singulier: *le W.-C., la toilette*.

WATERZOOI, n.m., désigne une spécialité belge qu'il faut éviter de nommer *une matelote*. On écrit aussi **WATERZŒI**.

WATTMAN, n.m., est vieilli pour désigner le conducteur d'un tramway. Des *wattmen* ou des *wattmans* (*RO* II.7).

WEEK-END ou **WEEKEND** (*RO* III.8F), n.m., n'a pu faire place en français généralisé à *fin de semaine*. Des *week-ends* ou des *weekends*.

WEIGELIA, n.m. écrit également *weigela*, du nom du professeur de botanique allemand *C. E. Von Weigel*. Arbuste, haut de deux ou trois mètres, dont les fleurs vont du rosé au rouge.

WELCOME SERVICE. Traduire par *service d'accueil*.

WHISKY, n.m. Des *whiskies* ou des *whiskys* (*RO* II.7).

WHITE-SPIRIT, n.m. *White* se prononce à l'anglaise. Des *white-spirits*.

WISIGOTH, adj. et n. On écrit plutôt *w* et on prononce *v*, on écrit parfois **VISIGOTH**. *Les peuplades wisigothes*. L'adjectif est parfois concurrencé par **WISIGOTHIQUE**: *L'écriture wisigothique*.

WITLOOF, n.f. ▷ CHICON.

X. Rappelons qu'on le prononce parfois *ks*, parfois *gz* (à l'initiale, devant une voyelle), *z* dans *deuxième* et *s* dans *Bruxelles, soixante, Auxerre*.

Une table en X. Les x et les y. Il y est resté x années. Une plainte en justice contre X. Un x. On ne fait pas la liaison dans *rayons X*.

XÉNOPHOBE, adj. L'initiale se prononce aujourd'hui *gzé*.

XÉRÈS, n.m. d'un vin espagnol, s'écrit plutôt **JEREZ**. On prononce habituellement *kérès*. Bien connu aussi sous son correspondant anglais, *sherry*.

XH, qui apparaît dans certains noms propres liégeois pour marquer l'aspiration, ne se prononce pas en français.

XIÈME. ▷ NIÈME.

Y initial, semi-consonne devant une voyelle, refuse la liaison et l'élision (*le yod, le yacht, le yatagan, le yaourt*) sauf dans *l'yeuse, les yeux, l'y, l'ypérite, l'ypérité*.

Y

Y, pronom adverbial, exprime un complément de lieu, au propre ou au figuré, ou représente un nom de chose (ou *cela*), précédé de *à* et complément d'objet indirect : *Viens me voir chez moi, j'y suis tous les matins. Il avait fabriqué, pour y placer ses livres, une élégante bibliothèque. Quand mon ami est dans la peine, j'y suis aussi. Ces injures sont grossières, je ne veux pas y répondre. Cela s'est fait quand nous n'y pensions plus. Pensez-y bien : l'occasion ne se présentera peut-être plus. Là, il y a un agent.*

1. Remarques

1.1. Noms de chose

Bien qu'il s'agisse de représenter un nom de chose précédé de *à*, mais qui n'est pas un complément de lieu, on emploie *lui, leur* et non *y*, à condition qu'il n'y ait pas d'équivoque ou pour qu'il n'y en ait pas, avec des verbes comme *comparer, conférer, demander, devoir, donner, préférer, reprocher*, etc., qui admettent *lui* comme complément d'objet indirect : *Ces arbustes vont périr si on ne **leur** donne de l'eau* (Ac.). *Les grandes courses organisées dans ce petit village **lui** conféraient un intérêt passager. Je ne regrette pas ce travail, je **lui** dois beaucoup de satisfactions.* Mais parce qu'on ne peut dire [*Je lui pense*], [*Je lui renonce*], etc., on dira : *Je vous avoue, pendant que j'**y** pense... Cette situation offre beaucoup d'avantages et cependant il **y** renonce.*

Avec des verbes comme *répondre, consacrer* ou *obéir* qui peuvent avoir *lui* pour complément, on réserve celui-ci aux personnes :

> *Il m'a écrit et je **lui** ai répondu. Il m'a envoyé une gentille lettre et j'**y** ai répondu.*

Le choix entre *y* et *lui* peut être dicté par le souci d'éviter une équivoque, même légère. On dira très bien :

> *Ce film était très beau ; je lui ai trouvé du charme* ou *j'y ai trouvé du charme*, mais : *Ma solitude m'a semblé sévère, mais je lui ai trouvé du charme ; y voudrait dire : dans ma solitude. Son insolence m'a agacé ; j'y ai répondu par la fermeté ; lui renverrait à l'insolent.*

Il suffit d'autre part d'une certaine personnification ou d'une insistance pour qu'on remplace *y* par les formes toniques *à lui*, etc., après le verbe :

> *Ces souvenirs, j'aime à m'y attarder* ou *à m'attarder à eux.*

1.2. Noms d'animaux

Avec des noms d'animaux, on emploie *y* sauf avec les verbes comme *donner*, etc., cités plus haut :

> *Ce chien est dangereux ; ne vous **y** fiez pas. Le chat miaule parce qu'il a faim ; je vais **lui** donner à manger.*

Si l'on parle d'un animal en général, non individualisé, on emploie *y : Bœuf ressemblera ou ne ressemblera pas à un chat. — S'il doit y ressembler dans dix minutes, il y ressemble déjà* (Duhamel, G., *L'œuvre des athlètes*). Mais : *J'ai vu chez lui un gros chat ; eh bien ! cet homme **lui** ressemble.*

1.3. Noms de personnes

Avec des noms de personnes, on emploie *lui* :

> *Cet homme me donne des soucis ; je m'intéresse **à lui**.*

On trouve encore parfois *y*, comme dans la langue classique.

> *C'est un homme équivoque, ne vous **y** fiez pas* (Ac.).

1.4. *Y* dans la proposition où est exprimé le complément prépositionnel

L'emploi de *y* dans la proposition où est exprimé le complément prépositionnel qu'il représente est considéré comme un pléonasme, à moins que *y* ne précède et qu'il n'y ait là un effet d'insistance :

*Tu **y** penses encore à cet individu? Quand il **y** entra, dans ce couloir, il eut peur.*

Mais, le nom étant d'abord présenté sans préposition:

*Ce refus, tu **y** penses encore?*

1.5. GALLICISMES

Nombreux sont les gallicismes où *y* intervient sans avoir un sens très précis, mais où l'on peut souvent retrouver l'idée de *en cela, à cela*:

*Comme vous **y** allez! Il **y** va de votre intérêt. Il s'**y** prend mal. Si l'on **y** regarde de près. J'**y** regarderai à deux fois. Il s'**y** connaît. Je n'**y** vois pas. Je n'**y** tiens pas. Vous **y** êtes? (Vous êtes prêts?) Vous n'**y** êtes pas, ce n'est pas cela. Il n'**y** paraît pas. Il n'**y** a pas moyen. Je ne m'**y** retrouve pas.*

1.6. DEVANT LE FUTUR ET LE CONDITIONNEL D'*ALLER*

Devant le futur et le conditionnel d'*aller*, on supprime *y* pour éviter un hiatus:

J'irai. J'irais volontiers avec vous.

Mais on dit très bien:

*Je m'**y** installerai. Son roman est un peu fade; il **y** idéalise trop les situations; il s'**y** agit de situations trop romanesques.*

1.7. VOIR AUSSI...

▷ IMPÉRATIF, 2; PRONOMS PERSONNELS, 3; ALLER.

1.8. *Y* ET *LE*

Il faut se garder de substituer *y* à *le* comme pronom attribut du sujet ou d'un complément(▷ LE, LA, LES, 2.1). *Y* forme alors un complément de lieu et s'il correspond à *à*, c'est avec un sens locatif:

*Est-il à Paris? Il **y** est. Mais: Sont-ils arrivés? Ils **le** sont. La fenêtre est-elle ouverte? Elle **l'**est.*

On dit donc: *Cela était à la mode et **l'**est encore.* Dans ce cas, *à la mode* n'a pas un sens locatif, mais a une valeur d'adjectif. La langue classique ne craignait pas d'employer *y* dans ce cas. Fontenelle écrivait:

*Jamais philosophie n'a été plus à la mode qu'**y** fut celle de Platon.*

Nous dirions: *que (ne) le fut celle de Platon.* De même:

*Il est en colère et nous **le** sommes aussi. Mon cœur est à elle, et il **l'**est pour la vie. On ne peut être mieux ensemble que nous **le** sommes* (Mme de Sévigné employait *y*).

1.9. *JE N'Y PEUX RIEN*

On dit: *Je n'y peux rien* et non [*Je n'en peux rien*], mais (▷ POUVOIR, 2) *Il n'en peut mais.*

1.10. *Y* REPRÉSENTANT UN NOM DE PERSONNE

On emploie *y* pour représenter un nom de personne afin d'éviter la répétition d'un pronom personnel:

*Si tu laisses les gens venir à toi, ils **y** viendront.*

1.11. *Y* POUR *À LUI*

La langue populaire, dans certaines régions, emploie *y* pour *à lui*, en parlant d'une personne, en dehors des cas cités plus haut:

[*J'**y** donnerais bien un coup de main*]. [*J'**y** dirai un mot*].

1.12. DOUBLE *Y*

Ne pas écrire: [*Il y aurait dû y avoir un chemin*] en doublant *y*. Comparer: *Il doit y avoir un chemin.* On dira donc: ***Il aurait dû y avoir** un chemin.* ▷ INFINITIF, 1.4.

YACHT, n.m., vient du néerlandais; la prononciation assez courante, *yot*, à l'anglaise, ne s'impose pas. On pourrait prononcer *yak* ou *yakt*.

YACHTING, n.m., vient de l'anglais et se prononce *yoting* ou éventuellement *yakting*. On peut remplacer ce mot par son synonyme, *navigation de plaisance*. Celui qui pratique la navigation de plaisance peut s'appeler un *plaisancier* (plutôt que **YACHTMAN**).

YACK, n.m. d'un ruminant du Tibet, s'écrit aussi **YAK**.

YAOURT, n.m. On dit aussi **YOGOURT**, écrit également **YOGHOURT**.

YEUX. ▷ ŒIL.

YIDDISH, n.m. et adj. (à préférer à **YDDISH**): *La littérature yiddish.*

YOGA, **YOGI**, n.m. Celui qui pratique l'ascèse du yoga s'appelle un *yogi* (prononcer *g*).

YOGOURT, n.m. On écrit aussi **YOGHOURT**. ▷ YAOURT.

YSOPET, n.m. On écrit plutôt **ISOPET**.

ZAGAIE, n.f., est aujourd'hui remplacé par **SAGAIE**.

ZAKOUSKI, n.m.pl. russe. *Un plateau de zakouski (hors-d'œuvre variés précédant le repas russe). Prenez donc encore un de ces **zakouski** (ou **zakouskis** : RO II.7).* ▶ AMUSE-GUEULE.

ZAPPER, ZAPPEUR, ZAPPING, anglicismes.

ZÈBRE, n.m., désigne familièrement un individu bizarre : *Mon copain est un drôle de zèbre. Il y avait là un zèbre qui ne cessait d'intervenir.*

ZÉNITH, n.m., s'écrit avec *th*.

ZÉPHYR, n.m., a éliminé **ZÉPHIRE**.

ZÉRO, n.m. *Cet homme est un vrai zéro.* Au pluriel : *trois zéros. Le degré zéro. Ça m'a coûté zéro franc. Son moral est à zéro. Dix degrés au-dessus (ou au-dessous) de zéro* et non [*sous*] *zéro.* ▶ TROUILLE.

PARTIR DE ZÉRO, RECOMMENCER À ZÉRO, REPARTIR À ZÉRO. *On part d'un endroit, d'une ville, de zéro.* Le départ a lieu *à* tel endroit. Au sens propre, on repart *de* tel endroit, de telle ville, de tel niveau. On s'attendrait donc à *repartir de zéro*, qui se dit en effet dans le sens de «recommencer après un arrêt ou un retour en arrière à la roulette ou dans un calcul, ou au sens figuré, quand on reste dans la même direction, même après avoir été ruiné ou après la réorganisation d'un service». Dans ce sens figuré, *repartir à zéro* n'est d'ailleurs pas exclu. Mais il est le tour normal, par analogie avec *recommencer à zéro* et *reprendre à zéro*, quand on recommence sa vie dans une autre direction après que place nette a été faite, volontairement ou non, et que le passé a été effacé.

Le plus ancien exemple de *repartir à zéro*, dans la documentation du *TLF*, est celui de Jean Cocteau, en 1938 : *faire place nette, repartir à zéro* (*Les parents terribles*). On trouve *repartir à zéro* dans le même sens ou un sens voisin, notamment chez Francis Ambrière (à propos d'un changement total de milieu), Bernanos, Camus, Roger Martin du Gard et dans la célèbre chanson d'Édith Piaf, *Non, je ne regrette rien* : *Avec mes souvenirs J'ai allumé le feu, (...) Balayés les amours et tous leurs trémolos, Balayés pour toujours. Je repars à zéro* (paroles de Michel Vaucaire, 1960).

ZESTE, n.m. *Le zeste d'une noix* est la cloison qui la divise en compartiments. *Le zeste d'un citron* est le petit morceau qu'on découpe dans l'écorce pour parfumer une liqueur, une pâtisserie. D'où le sens de : très petite quantité.

ZESTER, v.tr. et intr., c'est peler pour enlever des zestes en les séparant de la partie blanche : *Zester un citron*, avec un *couteau à zester*.

ZIEUTER (ou **ZYEUTER**), v.tr.dir. très familier, *regarder*.

ZIEVEREER, mot bruxellois désignant un radoteur.

ZINNEKE mot bruxellois désignant un chien bâtard et devenu le symbole du mélange, de la mixité. Bruxelles célèbre son multiculturalisme en organisant une *zinneke parade*.

ZIGOMAR, ZIGOTO, ZIGOTEAU, n.m. *Zigomar* est plutôt vieilli. On dit *zigoto*. Souvent dans un sens péjoratif ou familier : *Faire le zigoto*, faire le malin, chercher à épater.

ZIGZAGANT, adj., **ZIGZAGUANT**, part.prés. *Des chemins zigzagants.*

[**ZINNE**], n.f. wallon, ne peut remplacer *lubie*.

ZINNIA, n.m. Deux *n*. *Des zinnias*.

ZIPPÉ, adj. ▶ ÉCLAIR.

ZONING, n.m., se dit en français **ZONAGE**, n.m., répartition d'un territoire en zones rurales, industrielles, zones d'habitation, etc. On dit : *parc industriel*.

ZOO, n.m., abréviation de **JARDIN ZOOLOGIQUE**, peut très bien se prononcer *zo* (avec *o* fermé) ; tandis que *zo-o* est la prononciation habituelle du préfixe dans *zoologie, zoologique, zoogéographie*, etc.

ZOOM, n.m. (où l'on prononce *ou* comme dans le mot américain *boom*), se dit de l'effet d'éloignement ou de rapprochement obtenu à l'aide d'un objectif spécial, appelé aussi *zoom*. Les Commissions officielles françaises de terminologie ont recommandé un **ZOUM** (nom) et **ZOUMER** (verbe).

ZUT, interj., est invariable : *des zut*.

ZWANZE, n.f., **ZWANZER**, v.intr., mots bruxellois connus en France. *Une zwanze* est une plaisanterie, une fumisterie. *La zwanze* est le type particulier d'humour qui se manifeste lorsqu'on zwanze, lorsqu'on plaisante ou mystifie de cette manière.

RO

LES RECTIFICATIONS DE L'ORTHOGRAPHE DE 1990 [1]

On trouvera ici le texte complet du *Rapport du Conseil supérieur de la langue française sur les rectifications de l'orthographe* tel qu'il a été publié, dans la collection des Documents administratifs (n° 100), par le *Journal officiel de la République française*, le 6 décembre 1990, sous la forme d'un fascicule de vingt pages. Ces rectifications ont été approuvées par le Conseil de la langue française du Québec et celui de la Communauté française de Belgique, présidé par J. HANSE. Elles ont été proposées aux enseignants par l'administration générale de l'enseignement et de la recherche scientifique de la Communauté française de Belgique le 30 mars 1998. Rappelons que les rectifications n'ont aucun caractère de contrainte et que l'on peut préférer les graphies anciennes.

---

1. Abrégé *RO* dans l'ouvrage.

LES RECTIFICATIONS DE L'ORTHOGRAPHE

CONSEIL SUPÉRIEUR DE LA LANGUE FRANÇAISE

RAPPORT

PLAN

INTRODUCTION

Dans son discours du 24 octobre 1989, le Premier ministre a proposé à la réflexion du Conseil supérieur cinq points précis concernant l'orthographe :

— le trait d'union ;

— le pluriel des mots composés ;

— l'accent circonflexe ;

— le participe passé des verbes pronominaux ;

— diverses anomalies.

C'est sur ces cinq points que portent les présentes propositions. Elles ne visent pas seulement l'orthographe du vocabulaire existant, mais aussi et surtout celle du vocabulaire à naître, en particulier dans les sciences et les techniques.

Présentées par le Conseil supérieur de la langue française, ces rectifications ont reçu un avis favorable de l'Académie française à l'unanimité, ainsi que l'accord du Conseil de la langue française du Québec et celui du Conseil de la langue de la Communauté française de Belgique.

Ces rectifications sont modérées dans leur teneur et dans leur étendue.

En résumé :

— *le trait d'union* : un certain nombre de mots remplaceront le trait d'union par la soudure (*exemple* : **portemonnaie** comme **portefeuille**) ;

— *le pluriel des mots composés* : les mots composés du type **pèse-lettre** suivront au pluriel la règle des mots simples (des **pèse-lettres**) ;

— *l'accent circonflexe* : il ne sera plus obligatoire sur les lettres **i** et **u**, sauf dans les terminaisons verbales et dans quelques mots (*exemples* : **qu'il fût, mûr**) ;

— *le participe passé* : il sera invariable dans le cas de **laisser** suivi d'un infinitif (*exemple* : **elle s'est laissé mourir**) ;

— *les anomalies* : - mots empruntés : pour l'accentuation et le pluriel, les mots empruntés suivront les règles des mots français (*exemple* : un **imprésario**, des **imprésarios**) ;

        - séries désaccordées : des graphies seront rendues conformes aux règles de l'écriture du français (*exemple* : **douçâtre**), ou à la cohérence d'une série précise (*exemples* : **boursoufler** comme **souffler**, **charriot** comme **charrette**).

Ces propositions sont présentées sous forme, d'une part, de règles d'application générale et de modifications de graphies particulières, destinées aux usagers et à l'enseignement, et, d'autre part, sous forme de recommandations à l'usage des lexicographes et des créateurs de néologismes.

PRINCIPES

La langue française, dans ses formes orales et dans sa forme écrite, est et doit rester le bien commun de millions d'êtres humains en France et dans le monde.

C'est dans l'intérêt des générations futures de toute la francophonie qu'il est nécessaire de continuer à apporter à l'orthographe des rectifications cohérentes et mesurées qui rendent son usage plus sûr, comme il a toujours été fait depuis le XVIIe siècle et comme il est fait dans la plupart des pays voisins.

Toute réforme du système de l'orthographe française est exclue : nul ne saurait affirmer sans naïveté qu'on puisse aujourd'hui rendre «simple» la graphie de notre langue, pas plus que la langue elle-même. Le voudrait-on, beaucoup d'irrégularités qui sont la marque de l'histoire ne pourraient être supprimées sans mutiler notre expression écrite.

Les présentes propositions s'appliqueront en priorité dans trois domaines : la création de mots nouveaux, en particulier dans les sciences et les techniques, la confection des dictionnaires, l'enseignement.

Autant que les nouveaux besoins de notre époque, le respect et l'amour de la langue exigent que sa créativité, c'est-à-dire son aptitude à la néologie, soit entretenue et facilitée : il faut pour cela que la graphie des mots soit orientée vers plus de cohérence par des règles simples.

Chacun sait la confiance qu'accordent à leurs dictionnaires non seulement écrivains, journalistes, enseignants, correcteurs d'imprimerie et autres professionnels de l'écriture, mais plus généralement tous ceux, adultes ou enfants, qui écrivent la langue française. Les lexicographes, conscients de cette responsabilité, jouent depuis quatre siècles un rôle déterminant dans l'évolution de l'orthographe : chaque nouvelle édition des dictionnaires faisant autorité enregistre de multiples modifications des graphies, qui orientent l'usage autant qu'elles le suivent. Sur de nombreux points, les présentes propositions entérinent les formes déjà données par des dictionnaires courants. Elles s'inscrivent dans cette tradition de réfection progressive et permanente. Elles tiennent compte de l'évolution naturelle de l'usage en cherchant à lui donner une orientation raisonnée et elles veillent à ce que celle-ci soit harmonieuse.

L'apprentissage de l'orthographe du français continuera à demander beaucoup d'efforts, même si son enseignement doit être rendu plus efficace. L'application des règles par les enfants (comme par les adultes) sera cependant facilitée puisqu'elles gagnent en cohérence et souffrent moins d'exceptions. L'orthographe bénéficiera d'un regain d'intérêt qui devrait conduire à ce qu'elle soit mieux respectée, et davantage appliquée.

À l'heure où l'étude du latin et du grec ne touche plus qu'une minorité d'élèves, il paraît nécessaire de rappeler l'apport de ces langues à une connaissance approfondie de la langue française, de son histoire et de son orthographe et par conséquent leur utilité pour la formation des enseignants de français. En effet, le système graphique de français est essentiellement fondé sur l'histoire de la langue, et les présentes rectifications n'entament en rien ce caractère.

Au-delà même du domaine de l'enseignement, une politique de la langue, pour être efficace, doit rechercher la plus large participation des acteurs de la vie sociale, économique, culturelle, administrative. Comme l'a déclaré le Premier ministre, il n'est pas question de légiférer en cette matière. Les édits linguistiques sont impuissants s'ils ne sont pas soutenus par une ferme volonté des institutions compétentes et s'ils ne trouvent pas dans le public un vaste écho favorable. C'est pourquoi ces propositions sont destinées à être enseignées aux enfants — les graphies rectifiées devenant la règle, les anciennes demeurant naturellement tolérées ; elles sont recommandées aux adultes, et en particulier à tous ceux qui pratiquent avec autorité, avec éclat, la langue écrite, la consignent, la codifient et la commentent.

On sait bien qu'il est difficile à un adulte de modifier sa façon d'écrire. Dans les réserves qu'il peut avoir à adopter un tel changement, ou même à l'accepter dans l'usage des générations montantes, intervient un attachement esthétique, voire sentimental, à l'image familière de certains mots. L'élaboration des présentes propositions a constamment pris en considération, en même temps que les arguments proprement linguistiques, cet investissement affectif. On ne peut douter pourtant que le même attachement pourra plus tard être porté aux nouvelles graphies proposées ici, et que l'invention poétique n'y perdra aucun de ses droits, comme on l'a vu à l'occasion des innombrables modifications intervenues dans l'histoire du français.

Le bon usage a été le guide permanent de la réflexion. Sur bien des points il est hésitant et incohérent, y compris chez les plus cultivés. Et les discordances sont nombreuses entre les dictionnaires courants, ne permettant pas à l'usager de lever ses hésitations. C'est sur ces points que le Premier ministre a saisi en premier lieu le Conseil supérieur, afin d'affermir et de clarifier les règles et les pratiques orthographiques.

Dans l'élaboration de ces propositions, le souci constant a été qu'elles soient cohérentes entre elles et qu'elles puissent être formulées de façon claire et concise. Enfin, les modifications préconisées ici respectent l'apparence des textes (d'autant qu'elles ne concernent pas les noms propres) : un roman contemporain ou du siècle dernier doit être lisible sans aucune difficulté. Des évaluations informatiques l'ont confirmé de manière absolue.

Ces propositions, à la fois mesurées et argumentées, ont été acceptées par les instances qui ont autorité en la matière. Elles s'inscrivent dans la continuité du travail lexicographique effectué au cours des siècles depuis la formation du français moderne. Responsable de ce travail, l'Académie française a corrigé la graphie du lexique en 1694, 1718, 1740, 1762, 1798, 1835, 1878 et 1932-1935. En 1975, elle a proposé une série de nouvelles rectifications, qui ne sont malheureusement pas passées dans l'usage, faute d'être enseignées et recommandées. C'est dans le droit fil de ce travail que le Conseil a préparé ses propositions en sachant que dans l'histoire, des délais ont toujours été nécessaires pour que l'adoption d'améliorations de ce type soit générale.

En entrant dans l'usage, comme les rectifications passées et peut-être plus rapidement, elles contribueront au renforcement, à l'illustration et au rayonnement de la langue française à travers le monde.

I. — ANALYSES

1. Le trait d'union

Le trait d'union a des emplois divers et importants en français :

— Des emplois syntaxiques : inversion du pronom sujet (*exemple* : **dit-il**), et libre coordination (*exemples* : la ligne **nord-sud**, le rapport **qualité-prix**). Il est utilisé aussi dans l'écriture des nombres, mais, ce qui est difficilement justifiable, seulement pour les numéraux inférieurs à cent (*exemple* : **vingt-trois**, mais **cent trois**). (Voir Règle 1.)

— Des emplois lexicaux dans des mots composés librement formés (néologismes ou créations stylistiques, *exemple* : **train-train**) ou des suites de mots figées (*exemples* : **porte-drapeau**, **va-nu-pied**).

Dans ces emplois, la composition avec trait d'union est en concurrence, d'une part, avec la composition par soudure ou agglutination (*exemples* : **portemanteau**, **betterave**), d'autre part, avec le figement d'expressions dont les termes sont autonomes dans la graphie (*exemples* : **pomme de terre**, **compte rendu**).

Lorsque le mot composé contient un élément savant (c'est-à-dire qui n'est pas un mot autonome : **narco-**, **poly-**, etc.), il est généralement soudé (*exemple* : **narcothérapie**) ou, moins souvent, il prend le trait d'union (*exemple* : **narco-dollar**). Si tous les éléments sont savants, la soudure est obligatoire (*exemple* : **narcolepsie**). Dans l'ensemble, il est de plus en plus net qu'on a affaire à un seul mot, quand on va de l'expression figée au composé doté de trait d'union, et au mot soudé.

Dans une suite de mots devenue mot composé, le trait d'union apparaît d'ordinaire :

a) lorsque cette suite change de nature grammaticale (*exemple* : il intervient **à propos**, il a de l'**à-propos**). Il s'agit le plus souvent de noms (un **ouvre-boîte**, un **va-et-vient**, le **non-dit**, le **tout-à-l'égout**, un **après-midi**, un **chez-soi**, un **sans-gêne**). Ces noms peuvent représenter une phrase (*exemples* : un **laissez-passer**, un **sauve-qui-peut**, le **qu'en-dira-t-on**). Il peut s'agir aussi d'adjectifs (*exemple* : un décor **tape-à-l'œil**).

b) lorsque le sens (et parfois le genre ou le nombre) du composé est distinct de celui de la suite de mots dont il est formé (*exemple* : un **rouge-gorge** qui désigne un oiseau). Il s'agit le plus souvent de noms (un **saut-de-lit**, un **coq-à-l'âne**, un **pousse-café**, un **à-coup**) dont certains sont des calques de mots empruntés (un **gratte-ciel**, un **franc-maçon**).

c) lorsque l'un des éléments a vieilli et n'est plus compris (*exemples* : un **rez-de-chaussée**, un **croc-en-jambe**, à **vau-l'eau**). L'agglutination ou soudure implique d'ordinaire que l'on n'analyse plus les éléments qui constituent le composé dans des mots de formation ancienne (*exemples* : **vinaigre**, **pissenlit**, **chienlit**, **portefeuille**, **passeport**, **marchepied**, **hautbois**, **plafond**, etc.).

d) lorsque le composé ne respecte pas les règles ordinaires de la morphologie et de la syntaxe, dans des archaïsmes (la **grand-rue**, un **nouveau-né**, **nu-tête**) ou dans des calques d'autres langues (**surprise-partie**, **sud-américain**).

On remarque de très nombreuses hésitations dans l'usage du trait d'union et des divergences entre les dictionnaires, ce qui justifie qu'on s'applique à clarifier la question, ce mode de construction étant très productif. On améliorera donc l'usage du trait d'union en appliquant plus systématiquement les principes que l'on vient de dégager, soit à l'utilisation de ce signe, soit à sa suppression par agglutination ou soudure des mots composés. (Voir Graphies 1, 2, 3; Recommandations 1, 2.)

2. Les marques du nombre

Les hésitations concernant le pluriel de mots composés à l'aide du trait d'union sont nombreuses. Ce problème ne se pose pas quand les termes sont soudés (*exemples*: un **portefeuille**, des **portefeuilles**; un **passeport**, des **passeports**).

Bien que le mot composé ne soit pas une simple suite de mots, les grammairiens de naguère ont essayé de maintenir les règles de variation comme s'il s'agissait de mots autonomes, notamment:

— en établissant des distinctions subtiles: entre des **gardes-meubles** (hommes) et des **garde-meubles** (lieux), selon une analyse erronée déjà dénoncée par Littré; entre un **porte-montre** si l'objet ne peut recevoir qu'une montre, et un **porte-montres** s'il peut en recevoir plusieurs;

— en se contredisant l'un l'autre, voire eux-mêmes, tantôt à propos des singuliers, tantôt à propos des pluriels: un **cure-dent**, mais un **cure-ongles**; des **après-midi**, mais des **après-dîners**, etc.

De même que **mille-feuille** ou **millefeuille** (les deux graphies sont en usage) ne désigne pas mille (ou beaucoup de) feuilles, mais un gâteau, et ne prend donc pas d'**s** au singulier, de même le **ramasse-miettes** ne se réfère pas à des miettes à ramasser, ni à l'acte de les ramasser, mais à un objet unique. Dans un mot de ce type, le premier élément n'est plus un verbe (il ne se conjugue pas); l'ensemble ne constitue donc pas une phrase (décrivant un acte), mais un nom composé. Il ne devrait donc pas prendre au singulier la marque du pluriel. À ce nom doit s'appliquer la règle générale d'accord en nombre des noms: pas de marque au singulier, **s** ou **x** final au pluriel. (Voir Règle 2.)

3. Le tréma et les accents

3.1. Le tréma:

Le tréma interdit qu'on prononce deux lettres en un seul son (*exemple*: **lait** mais **naïf**). Il ne pose pas de problème quand il surmonte une voyelle prononcée (*exemple*: **maïs**), mais déroute dans les cas où il surmonte une voyelle muette (*exemple*: **aiguë**): il est souhaitable que ces anomalies soient supprimées. De même l'emploi de ce signe doit être étendu aux cas où il permettra d'éviter des prononciations fautives (*exemples*: **gageure**, **arguer**). (Voir Graphies 4, 5.)

3.2. L'accent grave ou aigu sur le e:

L'accent aigu placé sur la lettre **e** a pour fonction de marquer la prononciation comme «**e** fermé», l'accent grave comme «**e** ouvert». Il est nécessaire de rappeler ici les deux règles fondamentales qui régissent la quasi-totalité des cas:

Première règle:

La lettre **e** ne reçoit un accent aigu ou grave que si elle est en finale de la syllabe graphique: **é/tude** mais **es/poir**, **mé/prise** mais **mer/cure**, **inté/ressant**, mais **intel/ligent**, etc.

Cette règle ne connaît que les exceptions suivantes:

— l'**s** final du mot n'empêche pas que l'on accentue la lettre **e** qui précède: **accès**, **progrès** (avec **s** non prononcé), **aloès**, **herpès** (avec **s** prononcé), etc.;

— dans certains composés généralement de formation récente, les deux éléments, indépendamment de la coupe syllabique, continuent à être perçus chacun avec sa signification propre, et le premier porte l'accent aigu. *Exemples*: **télé/spectateur** (contrairement à **téles/cope**), **pré/scolaire** (contrairement à **pres/crire**), **dé/stabiliser** (contrairement à **des/tituer**), etc.

Deuxième règle :

La lettre **e** ne prend l'accent grave que si elle est précédée d'une autre lettre, et suivie d'une syllabe qui comporte un **e** muet. D'où les alternances : **aérer**, il **aère** ; **collège**, **collégien** ; **célèbre**, **célébrer** ; **fidèle**, **fidélité** ; **règlement**, **régulier** ; **oxygène**, **oxygéner**, etc. Dans les mots **échelon**, **élever**, etc., la lettre **e** n'est pas précédée d'une autre lettre.

À cette règle font exception : les mots formés à l'aide des préfixes **dé-** et **pré-** (se **démener**, **prévenir**, etc.) ; quelques mots, comme **médecin**, **ère** et **èche**. L'application de ces régularités ne souffre qu'un petit nombre d'anomalies (*exemples* : un **événement**, je **considérerai**, **puissé-je**, etc.), qu'il convient de réduire. (Voir Règle 3 ; Graphies 6, 7 ; Recommandation 3.)

3.3. L'accent circonflexe :

L'accent circonflexe représente une importante difficulté de l'orthographe du français, et même l'usage des personnes instruites est loin d'être satisfaisant à cet égard.

L'emploi incohérent et arbitraire de cet accent empêche tout enseignement systématique ou historique. Les justifications étymologiques ou historiques ne s'appliquent pas toujours : par exemple, la disparition d'un **s** n'empêche pas que l'on écrive **votre**, **notre**, **mouche**, **moite**, **chaque**, **coteau**, **moutarde**, **coutume**, **mépris**, etc., et à l'inverse, dans **extrême** par exemple, on ne peut lui trouver aucune justification. Il n'est pas constant à l'intérieur d'une même famille : **jeûner**, **déjeuner** ; **côte**, **coteau** ; **grâce**, **gracieux** ; **mêler**, **mélange** ; **icône**, **iconoclaste**, ni même dans la conjugaison de certains verbes (**être**, **êtes**, **était**, **étant**). De sorte que des mots dont l'histoire est tout à fait parallèle sont traités différemment : **mû**, mais **su**, **tu**, **vu**, etc. ; **plaît**, mais **tait**.

L'usage du circonflexe pour noter une prononciation est loin d'être cohérent : **bateau**, **château** ; **noirâtre**, **pédiatre** ; **zone**, **clone**, **aumône** ; **atome**, **monôme**. Sur la voyelle **e**, le circonflexe n'indique pas, dans une élocution normale, une valeur différente de celle de l'accent grave (ou aigu dans quelques cas) : comparer il **mêle**, il **harcèle** ; **même**, **thème** ; **chrême**, **crème** ; **trêve**, **grève** ; **prêt**, **secret** ; **vêtir**, **vétille**. Si certains locuteurs ont le sentiment d'une différence phonétique entre **a** et **â**, **o** et **ô**, **è** ou **é** et **ê**, ces oppositions n'ont pas de réalité sur les voyelles **i** et **u** (comparer **cime**, **abîme** ; **haine**, **chaîne** ; **voûte**, **route**, **croûte** ; **huche**, **bûche** ; **bout**, **moût**, etc.). L'accent circonflexe, enfin, ne marque le timbre ou la durée des voyelles que dans une minorité de mots où il apparaît, et seulement en syllabe accentuée (tonique) ; les distinctions concernées sont elles-mêmes en voie de disparition rapide.

Certes, le circonflexe paraît à certains inséparable de l'image visuelle de quelques mots et suscite même des investissements affectifs (mais aucun adulte, rappelons-le, ne sera tenu de renoncer à l'utiliser).

Dès lors, si le maintien du circonflexe peut se justifier dans certains cas, il ne convient pas d'en rester à la situation actuelle : l'amélioration de la graphie à ce sujet passe donc par une réduction du nombre de cas où le circonflexe est utilisé. (Voir Règle 4 ; Recommandation 4.)

4. Les verbes en -eler et -eter

L'infinitif de ces verbes comporte un « **e** sourd » qui devient « **e** ouvert » dans la conjugaison devant une syllabe muette (*exemples* : **acheter**, j'**achète** ; **ruisseler**, je **ruisselle**).

Il existe deux procédés pour noter le « **e** ouvert » ; soit le redoublement de la consonne qui suit le **e** (*exemple* : **ruisselle**) ; soit le **e** accent grave, suivi d'une consonne simple (*exemple* : **harcèle**).

Mais, quant au choix entre ces deux procédés, l'usage ne s'est pas fixé, jusqu'à l'heure actuelle : parmi les verbes concernés, il y en a peu sur lesquels tous les dictionnaires sont d'accord. La graphie avec **è** présente l'avantage de ramener tous ces verbes au modèle de conjugaison de mener (il **mène**, elle **mènera**).

Quelques dérivés en **-ement** sont liés à ces verbes (*exemple* : **martèlement** ou **martellement**).

On mettra fin sur ce point aux hésitations, en appliquant une règle simple. (Voir Règle 5.)

5. Le participe passé des verbes en emplois pronominaux

Les règles actuelles sont parfois d'une application difficile et donnent lieu à des fautes, même chez les meilleurs écrivains.

Cependant, il est apparu aux experts que ce problème d'orthographe grammaticale ne pouvait être résolu en même temps que les autres difficultés abordées. D'abord il ne s'agit pas d'une question purement orthographique, car elle touche à la syntaxe et même à la prononciation. Ensuite il est impossible de modifier la règle dans les participes de verbes en emplois pronominaux sans modifier aussi les règles concernant les emplois non pronominaux : on ne peut séparer les uns des autres, et c'est l'ensemble qu'il faudrait retoucher. Il ne sera donc fait qu'une proposition, permettant de simplifier un point très embarrassant : le participe passé de **laisser** suivi d'un infinitif, dont l'accord est pour le moins incertain dans l'usage. (Voir Règle 6.)

6. Les mots empruntés

Traditionnellement, les mots d'emprunt s'intègrent à la graphie du français après quelque temps. Certains, malgré leur ancienneté en français, n'ont pas encore subi cette évolution.

6.1. Singulier et pluriel :

On renforcera l'intégration des mots empruntés en leur appliquant les règles du pluriel du français, ce qui implique dans certains cas la fixation d'une forme de singulier.

6.2. Traitement graphique :

Le processus d'intégration des mots empruntés conduit à la régularisation de leur graphie, conformément aux règles générales du français. Cela implique qu'ils perdent certains signes distinctifs « exotiques », et qu'ils entrent dans les régularités de la graphie française. On tiendra compte cependant du fait que certaines graphies étrangères, anglaises en particulier, sont devenues familières à la majorité des utilisateurs du français.

On rappelle par ailleurs que des commissions ministérielles de terminologie sont chargées de proposer des termes de remplacement permettant d'éviter, dans les sciences et techniques en particulier, le recours aux mots empruntés. (Voir Règle 7 ; Graphies 8, 9 ; Recommandations 4, 5, 7, 8, 9.)

7. Les anomalies

Les anomalies sont des graphies non conformes aux règles générales de l'écriture du français (comme **ign** dans **oignon**) ou à la cohérence d'une série précise. On peut classer celles qui ont été examinées en deux catégories :

7.1. Séries désaccordées :

Certaines graphies heurtent à la fois l'étymologie et le sentiment de la langue de chacun, et chargent inutilement l'orthographe de bizarreries, ce qui n'est ni esthétique, ni logique, ni commode. Conformément à la réflexion déjà menée par l'Académie sur cette question, ces points de détail seront rectifiés. (Voir Graphies 10, 11, 12, 13 ; Recommandation 6.)

7.2. Dérivés formés sur les noms qui se terminent par **-on** et **-an** :

La formation de ces dérivés s'est faite et se fait soit en doublant le **n** final du radical, soit en le gardant simple. L'usage, y compris celui des dictionnaires, connaît beaucoup de difficultés et de contradictions, qu'il serait utile de réduire.

Sur les noms en **-an** (une cinquantaine de radicaux), le **n** simple est largement prédominant dans l'usage actuel. Un cinquième des radicaux seulement redouble le **n** (pour seulement un quart environ de leurs dérivés).

Sur les noms en **-on** (plus de 400 radicaux, et trois fois plus de dérivés), la situation actuelle est plus complexe. On peut relever de très nombreux cas d'hésitation, à la fois dans l'usage et dans les dictionnaires. Selon qu'est utilisé tel ou tel suffixe, il peut exister une tendance prépondérante soit au **n** simple, soit au **n** double. On s'appuiera sur ces tendances quand elles existent pour introduire plus de régularité. (Voir Recommandation 10.)

II. — RÈGLES

1. Trait d'union: on lie par des traits d'union les numéraux formant un nombre complexe, inférieur ou supérieur à cent.

Exemples: elle a **vingt-quatre** ans, cet ouvrage date de l'année **quatre-vingt-neuf**, elle a **cent-deux ans**, cette maison a **deux-cents** ans, il lit les pages **cent-trente-deux** et **deux-cent-soixante-et-onze**, il possède **sept-cent-mille-trois-cent-vingt-et-un** francs. (Voir Analyse 1.)

2. Singulier et pluriel des noms composés comportant un trait d'union: les noms composés d'un verbe et d'un nom suivent la règle des mots simples, et prennent la marque du pluriel seulement quand ils sont au pluriel; cette marque est portée sur le second élément.

Exemples: un **pèse-lettre**, des **pèse-lettres**, un **cure-dent**, des **cure-dents**, un **perce-neige**, des **perce-neiges**, un **garde-meuble**, des **garde-meubles** (sans distinguer s'il s'agit d'homme ou de lieu), un **abat-jour**, des **abat-jours**.

Il en va de même des noms composés d'une préposition et d'un nom. *Exemples*: un **après-midi**, des **après-midis**, un **après-ski**, des **après-skis**, un **sans-abri**, des **sans-abris**.

Cependant, quand l'élément nominal prend une majuscule ou quand il est précédé d'un article singulier,

il ne prend pas de marque de pluriel. *Exemples*: des **prie-Dieu**, des **trompe-l'œil**, des **trompe-la-mort**. (Voir Analyse 2.)

3. Accent grave: conformément aux régularités décrites plus haut (Analyse 3.2):

a) On accentue sur le modèle de **semer** les futurs et conditionnels des verbes du type **céder**: je **cèderai**, je **cèderais**, j'**allègerai**, j'**altèrerai**, je **considèrerai**, etc.

b) Dans les inversions interrogatives, la première personne du singulier en **e** suivie du pronom sujet **je** porte un accent grave: **aimè-je**, **puissè-je**, etc. (Voir Analyse 3.2; Graphies 6, 7; Recommandation 3.)

4. Accent circonflexe:

Si l'accent circonflexe placé sur les lettres **a**, **o** et **e**, peut indiquer utilement des distinctions de timbre (**mâtin** et **matin**; **côte** et **cote**; **vôtre** et **votre**; etc.), placé sur **i** et **u** il est d'une utilité nettement plus restreinte (**voûte** et **doute** par exemple ne se distinguent dans la prononciation que par la première consonne). Dans quelques terminaisons verbales (passé simple, etc.), il indique des distinctions morphologiques nécessaires. Sur les autres mots, il ne donne généralement aucune indication, excepté pour de rares distinctions de formes homographes. En conséquence, on conserve l'accent circonflexe sur **a**, **e** et **o**, mais sur **i** et sur **u** il n'est plus obligatoire, excepté dans les cas suivants :

a) Dans la conjugaison, où il marque une terminaison :

— Au passé simple (première et deuxième personnes du pluriel) :

nous **suivîmes**, nous **voulûmes**, comme nous **aimâmes** ;

vous **suivîtes**, vous **voulûtes**, comme vous **aimâtes**.

— À l'imparfait du subjonctif (troisième personne du singulier) :

qu'il **suivît**, qu'il **voulût**, comme qu'il **aimât**.

— Au plus-que-parfait du subjonctif, aussi nommé parfois improprement conditionnel passé deuxième forme (troisième personne du singulier) :

qu'il **eût suivi**, qu'il **eût voulu**, comme qu'il **eût aimé**.

Exemples :

Nous **voulûmes** qu'il **prît** la parole ;

Il **eût préféré** qu'on le **prévînt**.

b) Dans les mots où il apporte une distinction de sens utile : **dû**, **jeûne**, les adjectifs **mûr** et **sûr**, et le verbe **croître** (étant donné que sa conjugaison est en partie homographe de celle du verbe **croire**). L'exception ne concerne pas les dérivés et les composés de ces mots (*exemple* : **sûr** mais **sureté** ; **croître** mais **accroitre**). Comme c'était déjà le cas pour **dû**, les adjectifs **mûr** et **sûr** ne prennent un accent circonflexe qu'au masculin singulier.

Les personnes qui ont déjà la maîtrise de l'orthographe ancienne pourront, naturellement, ne pas suivre cette nouvelle norme. (Voir Analyse 3.3 ; Recommandation 4.)

Remarques :

— Cette mesure entraîne la rectification de certaines anomalies étymologiques, en établissant des régularités. On écrit désormais **mu** (comme déjà **su**, **tu**, **vu**, **lu**), **plait** (comme déjà **tait**, **fait**), **piqure**, **surpiqure** (comme déjà **morsure**), **traine**, **traitre**, et leurs dérivés (comme déjà **gaine**, **haine**, **faine**), et **ambigument**, **assidument**, **congrument**, **continument**, **crument**, **dument**, **goulument**, **incongrument**, **indument**, **nument** (comme déjà **absolument**, **éperdument**, **ingénument**, **résolument**).

— Sur ce point comme sur les autres, aucune modification n'est apportée aux noms propres. On garde le circonflexe aussi dans les adjectifs issus de ces noms (*exemples* : **Nîmes**, **nîmois**).

5. Verbes en -eler **et** -eter

L'emploi du **e** accent grave pour noter le son « e ouvert » dans les verbes en **eler** et en **eter** est étendu à tous les verbes de ce type.

On conjugue donc, sur le modèle de **peler** et d'**acheter** : elle **ruissèle**, elle **ruissèlera**, j'**époussète**, j'**étiquète**, il **époussètera**, il **étiquètera**.

On ne fait exception que pour **appeler** (et **rappeler**) et **jeter** (et les verbes de sa famille), dont les formes sont les mieux stabilisées dans l'usage.

Les noms en **-ement** dérivés de ces verbes suivront la même orthographe : **amoncèlement**, **bossèlement**, **chancèlement**, **cisèlement**, **cliquètement**, **craquèlement**, **craquètement**, **cuvèlement**, **dénivèlement**, **ensorcèlement**, **étincèlement**, **grommèlement**, **martèlement**, **morcèlement**, **musèlement**, **nivèlement**, **ruissèlement**, **volètement**. (Voir Analyse 4.)

6. Participe passé: le participe passé de **laisser** *suivi d'un infinitif* est rendu invariable: il joue en effet devant l'infinitif un rôle d'auxiliaire analogue à celui de **faire**, qui est toujours invariable dans ce cas (avec l'auxiliaire **avoir** comme en emploi pronominal).

Le participe passé de **laisser** suivi d'un infinitif est donc invariable dans tous les cas, même quand il est employé avec l'auxiliaire **avoir** et même quand l'objet est placé avant le verbe. (Voir Analyse 5.)

Exemples:

Elle **s'est laissé mourir** (comme déjà elle **s'est fait maigrir**);

Elle **s'est laissé séduire** (comme déjà elle **s'est fait féliciter**);

Je **les ai laissé partir** (comme déjà je **les ai fait partir**);

La maison qu'elle **a laissé saccager** (comme déjà la maison qu'elle **a fait repeindre**).

7. Singulier et pluriel des mots empruntés: les noms ou adjectifs d'origine étrangère ont un singulier et un pluriel réguliers: un **zakouski**, des **zakouskis**; un **ravioli**, des **raviolis**; un **graffiti**, des **graffitis**; un **lazzi**, des **lazzis**; un **confetti**, des **confettis**; un **scénario**, des **scénarios**; un **jazzman**, des **jazzmans**, etc. On choisit comme forme du singulier la forme la plus fréquente, même s'il s'agit d'un pluriel dans l'autre langue.

Ces mots forment régulièrement leur pluriel avec un **s** non prononcé (*exemples*: des **matchs**, des **lands**, des **lieds**, des **solos**, des **apparatchiks**). Il en est de même pour les noms d'origine latine (*exemples*: des **maximums**, des **médias**). Cette proposition ne s'applique pas aux mots ayant conservé valeur de citation (*exemple*: des **mea culpa**).

Cependant, comme il est normal en français, les mots terminés par **s**, **x** et **z** restent invariables (*exemples*: un **boss**, des **boss**; un **kibboutz**, des **kibboutz**; un **box**, des **box**).

Remarque: le pluriel des mots composés étrangers se trouve simplifié par la soudure (*exemples*: des **covergirls**, des **bluejeans**, des **ossobucos**, des **weekends**, des **hotdogs**). (Voir Analyse 6; Graphies 8, 9; Recommandations 4, 5, 7, 8, 9.)

Tableau résumé des règles

N°	ANCIENNE ORTHOGRAPHE	NOUVELLE ORTHOGRAPHE
1	vingt-trois, cent trois.	**vingt-trois, cent-trois.**
2	un cure-dent(s).	**un cure-dent.**
	des cure-ongle(s).	**des cure-ongles.**
	un cache-flamme(s).	**un cache-flamme.**
	des cache-flamme(s).	**des cache-flammes.**
3a	je céderai, j'allégerais.	**je cèderai, j'allègerais.**
3b	puissé-je, aimé-je.	**puissè-je, aimè-je.**
4	il plaît, il se tait.	**il plait, il se tait.**
	la route, la voûte.	**la route, la voute.**
5	il ruisselle, amoncèle.	**il ruissèle, amoncèle.**
6	elle s'est laissée aller.	**elle s'est laissé aller.**
	elle s'est laissé appeler.	**elle s'est laissé appeler.**
7	des jazzmen, des lieder.	**des jazzmans, des lieds.**

III. — GRAPHIES PARTICULIÈRES FIXÉES OU MODIFIÉES

Ces listes, restreintes, sont limitatives.

Il s'agit en général de mots dont la graphie est irrégulière ou variable; on la rectifie, ou bien l'on retient la variante qui permet de créer les plus larges régularités. Certains de ces mots sont déjà donnés par un ou plusieurs dictionnaires usuels avec la graphie indiquée ici: dans ce cas, c'est une harmonisation des dictionnaires qui est proposée.

1. Mots composés: on écrit soudés les noms de la liste suivante, composés sur la base d'un élément verbal généralement suivi d'une forme nominale ou de « tout ».

Les mots de cette liste, ainsi que ceux de la liste B ci-après (éléments nominaux ou divers), sont en général des mots anciens dont les composants ne correspondent plus au lexique ou à la syntaxe actuels (**chaussetrappe**); y figurent aussi des radicaux onomatopéiques ou de formation expressive (**piquenique, passepasse**), des mots comportant des dérivés (**tirebouchonner**), certains mots dont le pluriel était difficile (un **brisetout**, dont le pluriel devient des **brisetouts**, comme un **faitout**, des **faitouts**, déjà usité), et quelques composés sur **porte-**, dont la série compte plusieurs soudures déjà en usage (**portefaix, portefeuille,** etc.). Il était exclu de modifier d'un coup plusieurs milliers de mots composés, l'usage pourra le faire progressivement. (Voir Analyse 1; Recommandations 1, 2.)

Liste A

arrachepied (d').	crochepied.
boutentrain.	croquemadame.
brisetout.	croquemitaine.
chaussetrappe.	croquemonsieur.
clochepied (à).	croquemort.
coupecoupe.	croquenote.
couvrepied.	faitout.

fourretout.	portevoix.
mangetout.	poucepied.
mêletout.	poussepousse.
passepartout.	risquetout.
passepasse.	tapecul.
piquenique.	tirebouchon.
porteclé.	tirebouchonner.
portecrayon.	tirefond.
portemine.	tournedos.
portemonnaie.	vanupied.

2. Mots composés: on écrit soudés également les noms de la liste suivante, composés d'éléments nominaux et adjectivaux. (Voir Analyse 1; Recommandations 1, 2.)

Liste B

arcboutant.	cinéroman.
autostop.	hautecontre.
autostoppeur, euse.	hautelisse.
bassecontre.	hautparleur.
bassecontriste.	jeanfoutre.
bassecour.	lieudit.
bassecourier.	millefeuille.
basselisse.	millepatte.
basselissier.	millepertuis.
bassetaille.	platebande.
branlebas.	potpourri.
chauvesouris.	prudhomme.
chèvrepied.	quotepart.

sagefemme.

saufconduit.

téléfilm.

terreplein.

vélopousse.

véloski.

vélotaxi.

3. Onomatopées : on écrit soudés les onomatopées et mots expressifs (de formations diverses) de la liste suivante (voir Analyse 1 ; Recommandations 1, 2.)

Liste C

blabla.

bouiboui.

coincoin.

froufrou.

grigri.

kifkif.

mélimélo.

pêlemêle.

pingpong.

prêchiprêcha.

tamtam.

tohubohu.

traintrain.

troutrou.

tsétsé.

4. Tréma : dans les mots suivants, on place le tréma sur la voyelle qui doit être prononcée : **aigüe** (et dérivés, comme **suraigüe**, etc.), **ambigüe**, **exigüe**, **contigüe**, **ambigüité**, **exigüité**, **contigüité**, **cigüe**. Ces mots appliquent ainsi la règle générale : le tréma indique qu'une lettre (**u**) doit être prononcée (comme voyelle ou comme semi-voyelle) séparément de la lettre précédente (**g**). (Voir Analyse 3.1.)

5. Tréma : le même usage du tréma s'applique aux mots suivants où une suite -gu- ou -geu- conduit à des prononciations défectueuses (il **argue** prononcé comme il **nargue**). On écrit donc : il **argüe** (et toute la conjugaison du verbe **argüer**) ; **gageüre**, **mangeüre**, **rongeüre**, **vergeüre**. (Voir Analyse 3.1.)

6. Accents : on munit d'un accent les mots de la liste suivante où il avait été omis, ou dont la prononciation a changé. (Voir Analyse 3.2 ; Règle 3 ; Recommandation 3.)

Liste D

asséner.

bélitre.

bésicles.

démiurge.

gélinotte.

québécois.

recéler.

recépage.

recépée.

recéper.

réclusionnaire.

réfréner.

sèneçon.

sénescence.

sénestre.

7. Accents : l'accent est modifié sur les mots de la liste suivante qui avaient échappé à la régularisation entreprise par l'Académie française aux XVIIIᵉ et XIXᵉ siècles, et qui se conforment ainsi à la règle générale d'accentuation. (Voir Analyse 3.2 ; Règle 3 ; Recommandation 3.)

Liste E

abrègement.

affèterie.

allègement.

allègrement.

assèchement.

cèleri.

complètement (nom).

crèmerie.

crèteler.

crènelage.

crèneler.

crènelure.

empiètement.

évènement.

fèverole.

hébètement.

règlementaire.

règlementairement.

règlementation.

règlementer.

sècheresse.

sècherie.

sènevé.

vènerie.

8. Mots composés empruntés : on écrit soudés les mots de la liste suivante, composés d'origine latine ou étrangère, bien implantés dans l'usage et qui n'ont pas valeur de citation. (Voir Analyse 6 ; Règle 7 ; Recommandations 4, 5, 7, 8, 9.)

Liste F
Mots d'origine latine
(employés comme noms — exemple : un **apriori**)

apriori.   statuquo.

exlibris.   vadémécum.

exvoto.

Mots d'origine étrangère

baseball.   harakiri.

basketball.   hotdog.

blackout.   lockout.

bluejean.   majong.

chichekébab.   motocross.

chowchow.   ossobuco.

covergirl.   pipeline.

cowboy.   sidecar.

fairplay.   striptease.

globetrotteur.   volleyball.

handball.   weekend.

9. Accentuation des mots empruntés : on munit d'accents les mots de la liste suivante, empruntés à la langue latine ou à d'autres langues, lorsqu'ils n'ont pas valeur de citation. (Voir Analyse 6 ; Règle 7 ; Recommandations 4, 5, 7, 8, 9.)

Liste G
Mots d'origine latine

artéfact.   désidérata.

critérium.   duodénum.

déléatur.   exéat.

délirium trémens.   exéquatur.

facsimilé.   satisfécit.

jéjunum.   sénior.

linoléum.   sérapéum.

média.   spéculum.

mémento.   tépidarium.

mémorandum.   vadémécum.

placébo.   vélarium.

proscénium.   vélum.

référendum.   véto.

Mots empruntés à d'autres langues

allégretto.   méhalla.

allégro.   pédigrée.

braséro.   pérestroïka.

candéla.   péséta.

chébec.   péso.

chéchia.   piéta.

cicérone.   révolver.

condottière.   séquoia.

décrescendo.   sombréro.

diésel.   téocalli.

édelweiss.   trémolo.

imprésario.   zarzuéla.

kakémono.

10. Anomalies : des rectifications proposées par l'Académie (en 1975) sont reprises, et sont complétées par quelques rectifications de même type. (Voir Analyse 7.)

Liste H

absout, absoute (participe, au lieu de **absous**, **absoute**).
appâts (au lieu de **appas**).
assoir, rassoir, sursoir (au lieu de **asseoir**, etc.) (a).
bizut (au lieu de **bizuth**) (b).

bonhommie (au lieu de **bonhomie**).

boursoufflement (au lieu de **boursouflement**).

bourssouffler (au lieu de **boursoufler**).

bourssoufflure (au lieu de **boursouflure**).

cahutte (au lieu de **cahute**).

charriot (au lieu de **chariot**).

chaussetrappe (au lieu de **chausse-trape**).

combattif (au lieu de **combatif**).

combattivité (au lieu de **combativité**).

cuisseau (au lieu de **cuissot**).

déciller (au lieu de **dessiller**) (c).

dissout, dissoute (au lieu de **dissous, dissoute**).

douçâtre (au lieu de **douceâtre**) (d).

embattre (au lieu de **embatre**).

exéma (au lieu de **eczéma**) et ses dérivés (e).

guilde (au lieu de **ghilde**, graphie d'origine étrangère).

homéo- (au lieu de **homœo-**).

imbécilité (au lieu de **imbécillité**).

innommé (au lieu de **innomé**).

levreau (au lieu de **levraut**).

nénufar (au lieu de **nénuphar**) (f).

ognon (au lieu de **oignon**).

pagaille (au lieu de **pagaïe, pagaye**) (g).

persifflage (au lieu de **persiflage**).

persiffler (au lieu de **persifler**).

persiffleur (au lieu de **persifleur**).

ponch (boisson, au lieu de **punch**) (h).

prudhommal (avec soudure) (au lieu de **prud'homal**).

prudhommie (avec soudure) (au lieu de **prud'homie**).

relai (au lieu de **relais**) (i).

saccarine (au lieu de **saccharine**) et ses nombreux dérivés.

sconse (au lieu de **skunks**) (j).

sorgo (au lieu de **sorgho**, graphie d'origine étrangère).

sottie (au lieu de **sotie**).

tocade (au lieu de **toquade**).

ventail (au lieu de **vantail**) (k).

Notes :

(a) Le **e** ne se prononce plus. L'Académie française écrit déjà j'**assois** (à côté de j'**assieds**), j'**assoirai**, etc. (mais je **surseoirai**). **Assoir** s'écrit désormais comme **voir** (ancien français **veoir**), **choir** (ancien français **cheoir**), etc.

(b) À cause de **bizuter, bizutage**.

(c) À rapprocher de **cil**. Rectification d'une ancienne erreur d'étymologie.

(d) **Cea** est une ancienne graphie rendue inutile par l'emploi de la cédille.

(e) La suite **cz** est exceptionnelle en français. **Exéma** comme **examen**.

(f) Mot d'origine arabo-persane. L'Académie a toujours écrit **nénufar**, sauf dans la huitième édition (1932-1935).

(g) Des trois graphies de ce mot, celle-ci est la plus conforme aux règles et la moins ambiguë.

(h) Cette graphie évite l'homographie avec **punch** (coup de poing) et l'hésitation sur la prononciation.

(i) Comparer **relai-relayer**, avec **balai-balayer**, **essai-essayer**, etc.

(j) Des sept graphies qu'on trouve actuellement, celle-ci est la plus conforme aux règles et la moins ambiguë.

(k) À rapprocher de **vent**; rectification d'une ancienne erreur d'étymologie.

11. Anomalies : on écrit en **-iller** les noms suivants anciennement en **-illier**, où le **i** qui suit la consonne ne s'entend pas (comme **poulailler**, **volailler**): **joailler**, **marguiller**, **ouillère**, **quincailler**, **serpillère**. (Voir Analyse 7.)

12. Anomalies : on écrit avec un seul **l** (comme **bestiole**, **camisole**, **profiterole**, etc.) les noms suivants: **barcarole**, **corole**, **fumerole**, **girole**, **grole**, **guibole**, **mariole**, et les mots moins fréquents : **bouterole**, **lignerole**, **muserole**, **rousserole**, **tavaïole**, **trole**. Cette terminaison se trouve ainsi régularisée, à l'exception de **folle**, **molle**, de **colle** et de ses composés. (Voir Analyse 7.)

13. Anomalies: le **e** muet n'est pas suivi d'une consonne double dans les mots suivants, qui rentrent ainsi dans les alternances régulières (*exemples*: **lunette**, **lunetier**, comme **noisette**, **noisetier**; **prunelle**, **prunelier**, comme **chamelle**, **chamelier**, etc): **interpeler** (au lieu de interpeller); **dentelière** (au lieu de dentellière); **lunetier** (au lieu de lunettier); **prunelier** (au lieu de prunellier). (Voir Analyse 7.)

Liste des graphies rectifiées

abrègement.
absout.
affèterie.
aigüe.
allègement.
allègrement.
allégretto.
allégro.
ambigüe.
ambigüité.
appâts.
apriori.
arcboutant.
argüer.
arrachepied (d').
artéfact.
assèchement.
asséner.
assoir.
autostop.
autostoppeur, euse.
barcarole.
baseball.
basketball.
bassecontre.
bassecontriste.
bassecour.
bassecourier.
basselisse.
basselissier.
bassetaille.
bélitre.

bésicles.
bizut.
blabla.
blackout.
bluejean.
bonhommie.
bouiboui.
boursoufflement.
boursouffler.
boursoufflure.
boutentrain.
bouterole.
branlebas.
braséro.
brisetout.
cahutte.
candéla.
cèleri.
charriot.
chaussetrappe.
chauvesouris.
chébec.
chéchia.
chèvrepied.
chichekébab.
chowchow.
cicérone.
cigüe.
cinéroman.
clochepied (à).
coincoin.
combattif.

combattivité.
complètement.
condottière.
contigüe.
contigüité.
corole.
coupecoupe.
couvrepied.
covergirl.
cowboy.
crèmerie.
crènelage.
crèneler.
crènelure.
crèteler.
critérium.
crochepied.
croquemadame.
croquemitaine.
croquemonsieur.
croquemort.
croquenote.
cuisseau.
déciller.
décrescendo.
déléatur.
délirium trémens.
démiurge.
dentelière.
désidérata.
diésel.
dissout.

douçâtre.
duodénum.
édelweiss.
embattre.
empiètement.
évènement.
exéat.
exéma.
exéquatur.
exigüe.
exigüité.
exlibris.
exvoto.
facsimilé.
fairplay.
faitout.
fèverole.
fourretout.
froufrou.
fumerole.
gageüre.
gélinotte.
girole.
globetrotteur.
grigri.
grole.
guibole.
guilde.
handball.
harakiri.
hautecontre.
hautelisse.
hautparleur.
hébètement.
homéo-.
hotdog.
imbécilité.
imprésario.
innommé.
interpeler.
jeanfoutre.
jéjunum.

joailler.
kakémono.
kifkif.
levreau.
lieudit.
lignerole.
linoléum.
lockout.
lunetier.
majong.
mangetout.
mangeüre.
marguiller.
mariole.
média.
méhalla.
mêletout.
mélimélo.
mémento.
mémorandum.
millefeuille.
millepatte.
millepertuis.
motocross.
muserole.
nénufar.
ognon.
ossobuco.
ouillère.
pagaille.
passepartout.
passepasse.
pédigrée.
pêlemêle.
pérestroïka.
persifflage.
persiffler.
persiffleur.
péséta.
péso.
piéta.
pingpong.

pipeline.
piquenique.
placébo.
platebande.
ponch.
porteclé.
portecrayon.
portemine.
portemonnaie.
portevoix.
potpourri.
poucepied.
poussepousse.
prêchiprêcha.
proscénium.
prudhommal.
prudhomme.
prudhommie.
prunelier.
québécois.
quincailler.
quotepart.
rassoir.
recéler.
recépage.
recépée.
recéper.
réclusionnaire.
référendum.
réfréner.
règlementaire.
règlementairement.
règlementation.
règlementer.
relai.
révolver.
risquetout.
rongeüre.
rousserole.
saccarine.
sagefemme.
satisfécit.

saufconduit.

sconse.

sècheresse.

sècherie.

sèneçon.

sénescence.

sénestre.

sènevé.

sénior.

séquoia.

sérapéum.

serpillère.

sidecar.

sombréro.

sorgo.

sottie.

spéculum.

statuquo.

striptease.

suraigüe.

sursoir.

tamtam.

tapecul.

tavaïole.

téléfilm.

téocalli.

tépidarium.

terreplein.

tirebouchon.

tirebouchonner.

tirefond.

tocade.

tohubohu.

tournedos.

traintrain.

trémolo.

trole.

troutrou.

tsétsé.

vadémécum.

vanupied.

vélarium.

vélopousse.

véloski.

vélotaxi.

vélum.

vènerie.

ventail.

vergeüre.

véto.

volleyball.

weekend.

zarzuéla.

IV. — RECOMMANDATIONS AUX LEXICOGRAPHES ET CRÉATEURS DE NÉOLOGISMES

Les recommandations qui suivent ont pour but d'orienter l'activité des lexicographes et créateurs de néologismes de façon à améliorer l'harmonie et la cohérence de leurs travaux. **Elles ne sont pas destinées dans un premier temps à l'utilisateur, particulier ou professionnel, ni à l'enseignement.**

1. Trait d'union: le trait d'union pourra être utilisé notamment lorsque le nom composé est employé métaphoriquement: **barbe-de-capucin**, **langue-de-bœuf** (en botanique), **bonnet-d'évêque** (en cuisine et en architecture); mais on écrira **taille de guêpe** (il n'y a métaphore que sur le second terme), **langue de terre** (il n'y a métaphore que sur le premier terme), **langue de bœuf** (en cuisine, sans métaphore). (Voir Analyse 1.)

2. Mots composés: quant à l'agglutination, on poursuivra l'action de l'Académie française, en recourant à la soudure dans les cas où le mot est bien ancré dans l'usage et senti comme une seule unité lexicale. Cependant, on évitera les soudures mettant en présence deux lettres qui risqueraient de susciter des prononciations défectueuses ou des difficultés de lecture [1]. (Voir Analyse 1.)

L'extension de la soudure pourra concerner les cas suivants:

a) Des noms composés sur la base d'un élément verbal suivi d'une forme nominale ou de *tout* (voir plus haut, liste A, les exemples dès maintenant proposés à l'usage général).

b) Des mots composés d'une particule invariable suivie d'un nom, d'un adjectif ou d'un verbe; la tendance existante à la soudure sera généralisée avec les particules *contre*, *entre* quand elles sont utilisées comme préfixes, sur le modèle de *en*, *sur*, *supra*, et de la plupart des autres particules, qui sont déjà presque toujours soudées. L'usage de l'apostrophe sera également supprimé par la soudure.

Exemples: **contrechant** (comme **contrechamp**), à **contrecourant** (comme à **contresens**), **contrecourbe** (comme **contrechâssis**), **contrefeu** (comme **contrefaçon**), **contrespionnage** (comme **contrescarpe**), **contrappel** (comme **contrordre**), **entraide** (comme **entracte**), **entreligne** (comme **entrecôte**), **s'entrenuire** (comme **s'entrechoquer**), **s'entredévorer** (comme **s'entremanger**), etc.

c) Des mots composés au moyen des préfixes latins: *extra*, *intra*, *ultra*, *infra*. Exemples: **extraconjugal** (comme **extraordinaire**), **ultrafiltration**, **infrasonore**, etc.

d) Des noms composés d'éléments nominaux et adjectivaux, devenus peu analysables aujourd'hui.

---

1. Il y a risque de prononciation défectueuse quand deux lettres successives peuvent être lues comme une seule unité graphique, comme les lettres *o* et *i*, *a* et *i*, *o* et *u*, *a* et *u*. Exemples: **génito-urinaire**, **extra-utérin**. Pour résoudre la difficulté, la terminologie scientifique préfère parfois le tréma au trait d'union (**radioïsotope**, sur le modèle de **coïncidence**). Toutefois l'Académie a estimé qu'on pouvait conserver le trait d'union en cas de contact entre deux voyelles (**contre-attaque**, ou **contrattaque** avec élision comme dans **contrordre**). De même elle a jugé utile le recours éventuel au trait d'union dans les mots formés de plus de deux composants, fréquents dans le vocabulaire scientifique. Par ailleurs, on rappelle que le *s* placé entre deux voyelles du fait de la composition se prononce sourd: **pilosébacé**, **sacrosaint**.

Voir plus haut, liste B, les exemples dès maintenant proposés à l'usage général.

e) Des mots composés à partir d'onomatopées ou similaires, sur le modèle de la liste C (voir plus haut).

f) Des noms composés d'origine latine ou étrangère, bien implantés dans l'usage, employés sans valeur de citation. Voir plus haut, liste F, les exemples dès maintenant proposés à l'usage général.

g) Les nombreux composés sur éléments «savants» (en particulier en **o**). On écrira donc par exemple: **aéroclub, agroalimentaire, ampèreheure, audiovisuel, autovaccin, cardiovasculaire, cinéclub, macroéconomie, minichaine, monoatomique, néogothique, pneumohémor-ragie, psychomoteur, radioactif, rhinopharyngite, téléimprimeur, vidéocassette,** etc.

Remarque: le trait d'union est justifié quand la composition est libre, et sert précisément à marquer une relation de coordination entre deux termes (noms propres ou géographiques): les relations **italo-françaises** (ou **franco-italiennes**), les contentieux **anglo-danois**, les mythes **gréco-romains**, la culture **finno-ougrienne**, etc.

3. Accentuation des mots empruntés: on mettra un accent sur des mots empruntés au latin ou à d'autres langues intégrés au français (*exemples*: **artéfact, braséro**), sauf s'ils gardent un caractère de citation (*exemple*: un **requiem**). Voir plus haut, liste G, les exemples dès maintenant proposés à l'usage général. Certains de ces mots sont déjà accentués dans des dictionnaires. (Voir Analyses 3.2 et 6; Règle 3; Graphies 6, 7.)

4. Accentuation des mots empruntés et des néologismes: on n'utilisera plus l'accent circonflexe dans la transcription d'emprunts, ni dans la création de mots nouveaux (sauf dans les composés issus de mots qui conservent l'accent). On peut par exemple imaginer un **repose-flute**, mais un **allume-dôme**, un **protège-âme**. (Voir Analyses 3.3 et 6; Règle 4.)

TABLEAU SYNOPTIQUE DES CORRESPONDANCES entre analyses, règles, graphies et recommandations			
Analyses	Règles	Graphies	Recommandations
1	1	1, 2, 3	1, 2
2	2		
3.1		4, 5	
3.2	3	6, 7	3
3.3	4		4
4	5		
5	6		
6	7	8, 9	4, 5, 7, 8, 9
7		10, 11, 12, 13	6, 10

5. Singulier et pluriel des noms empruntés : on fixera le singulier et le pluriel des mots empruntés conformément à la règle 7 ci-dessus. (Voir Analyse 6 ; Règle 7 ; Graphies 8, 9.)

6. Anomalies : on mettra fin aux hésitations concernant la terminaison -otter ou -oter, en écrivant en **-otter** les verbes formés sur une base en **-otte** (comme **botter** sur **botte**) et en **-oter** les verbes formés sur une base en **-ot** (comme **garroter** sur **garrot**, **greloter** sur **grelot**) ou ceux qui comportent le suffixe verbal **-oter** (*exemples* : **baisoter, frisoter, cachoter, dansoter, mangeoter**, comme **clignoter, crachoter, toussoter**, etc.). Dans les cas où l'hésitation est possible, on ne modifiera pas la graphie (*exemples* : **calotter** sur **calotte** ou sur **calot**, **flotter** sur **flotte** ou sur **flot**, etc.), mais, en cas de diversité dans l'usage, on fixera la graphie sous la forme **-oter**. (Voir Analyse 7 ; Graphies 10, 11, 12, 13.)

Les dérivés suivront le verbe (*exemples* : **cachotier, grelotement, frisotis**, etc.)

7. Emprunts : on francisera dans toute la mesure du possible les mots empruntés en les adaptant à l'alphabet et à la graphie du français. Cela conduit à éviter les signes étrangers (diacritiques ou non) n'appartenant pas à notre alphabet (par exemple, å), qui subsisteront dans les noms propres seulement. D'autre part, des combinaisons inutiles en français seront supprimées : **volapük** deviendra **volapuk, muesli** deviendra **musli** (déjà usité), **nirvâna** s'écrira **nirvana**, le ö pourra, selon la prononciation en français, être remplacé par o (**maelström** deviendra **maelstrom**, déjà usité) ou œ (**angström** deviendra **angstrœm**, déjà usité, **röstis** deviendra **rœstis**, déjà usité). Bien que les emplois de *gl* italien et de *ñ, ll* espagnols soient déjà familiers, on

acceptera des graphies comme **taliatelle** (**tagliatelle**), **paélia** (**paella**), **lianos** (**llanos**), **canyon** qui évitent une lecture défectueuse. (Voir Analyse 6 ; Graphies 8, 9.)

8. Emprunts : dans les cas où existent plusieurs graphies d'un mot emprunté, on choisira celle qui est la plus proche du français (*exemples* : des **litchis**, un enfant **ouzbek**, un **bogie**, un **canyon**, du **musli**, du **kvas, cascher**, etc.). (Voir Analyse 6 ; Graphies 8, 9.)

9. Emprunts : le suffixe nominal **-er** des anglicismes se prononce tantôt comme dans **mer** (*exemples* : **docker, révolver, starter**), et plus souvent comme dans notre suffixe **-eur** (*exemples* : **leader, speaker**) ; parfois, deux prononciations coexistent (*exemples* : **cutter, pullover, scooter**). Lorsque la prononciation du **-er** (final) est celle de **-eur**, on préférera ce suffixe (*exemple* : **debatter** devient **débatteur**). La finale en **-eur** sera de règle lorsqu'il existe un verbe de même forme à côté du nom (*exemples* : **squatteur**, verbe **squatter** ; **kidnappeur**, verbe **kidnapper**, etc.). (Voir Analyse 6 ; Graphies 8, 9.)

10. Néologie : dans l'écriture de mots nouveaux dérivés de noms en **-an**, le *n* simple sera préféré dans tous les cas ; dans l'écriture de mots nouveaux dérivés de noms en **-on**, le *n* simple sera préféré avec les terminaisons suffixales commençant par *i, o* et *a*. On écrira donc, par exemple : **-onite, -onologie, -onaire, -onalisme**, etc. (Voir Analyse 7.)

Remarque générale. — Il est recommandé aux lexicographes, au-delà des rectifications présentées dans ce rapport et sur leur modèle, de privilégier, en cas de concurrence entre plusieurs formes dans l'usage, la forme la plus simple : forme sans circonflexe, forme agglutinée, forme en *n* simple, graphie francisée, pluriel régulier, etc.